THE AA GUIDE TO
Wales

About the author

Gwyneth Rees spent all of her childhood in Wales. She grew up in north Cardiff, spending any time she wasn't at school exploring the hills surrounding the city. Each holiday, she spent at the family caravan on Poppet Beach, Cardigan, where she still regularly visits. In her early twenties, she learnt of the joys of mountain biking and climbing, and this passion has taken her all around Wales, but particularly up to north Wales. She is now a mum of one, and works as a freelance writer from over the bridge in Bristol, most often writing fun talking-point features for *The Daily Mail*. She also writes travel and food articles for various publications.

Published by AA Publishing (a trading name of AA Media Limited, whose registered office is Fanum House, Basing View, Basingstoke, Hampshire RG21 4EA; registered number 06112600) © AA Media Limited 2014

Maps contain data from openstreetmap.org © OpenStreetMap contributors Ordnance Survey data © Crown copyright and database right 2014.

A CIP catalogue record for this book is available from the British Library.

ISBN: 978-0-7495-7600-4
ISBN (SS): 978-0-7495-7636-3

Cartography provided by the Mapping Services Department of AA Publishing

Printed and bound in the UK by Butler, Tanner & Dennis

A05140

▶ Finding your way

Use the maps below together with the atlas section and the town plans throughout the guide to explore Wales. The A–Z section lists the best of the region, followed by recommended attractions, activities and places to eat or drink. The Places Nearby section then lists other points of interest within a short travelling distance to help you explore a little further.

Many of the restaurants that we've included carry an AA Rosette rating, which recognises cooking at different levels nationwide, from the very best in the local area to the very best in the UK. Pubs have been selected for their great atmosphere and good food. You can find more Rosette-rated places to eat at theAA.com.

We're guessing you probably have your accommodation sorted already, but for those who like to play it by ear, we've recommended a few campsites to help you out (see page 54). Caravan and campsites carry the AA's Pennant rating, with the very best receiving the coveted gold Pennant award. If your tastes run more to luxury then theAA.com also lists AA-rated hotels and B&Bs.

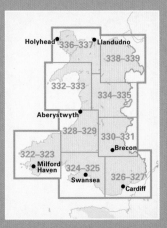

Isle of Man

DOUGLAS

Castletown

BARROW-IN-
FURNESS

Morecambe

Heysham

Fleetwood

M6

IRISH
SEA

BLACKPOOL

PRESTON

SOUTHPORT

Formby

Ormskirk

M6

CROSBY

WIGAN

LIVERPOOL

WIDNES

Holyhead

Llandudno

Colwyn
Bay

Rhyl

BIRKENHEAD

CHESTER

A55

A55

Bangor

Conwy

Abergele

A55

A494

A41

Caernarfon

Denbigh

A5

A470

Wrexham

A487

Betws-y-
Coed

A5

Oswestry

A41

A483

A5

A49

Porthmadog

SNOWDONIA
NATIONAL
PARK

Llangollen

Pwllheli

A470

A494

WALES

Dolgellau

A487

A458

SHREWS-
BURY

Barmouth

Welshpool

A470

Machynlleth

Cardigan Bay

Newtown

A470

ENGLAND

Aberystwyth

A44

A483

Ludlow

A49

Knighton

A470

A44

Leominster

A487

Llandrindod
Wells

Kington

A44

Aberaeron

A438

Cardigan

Lampeter

A483

Hay-on-
Wye

Hereford

Fishguard

A487

Llandovery

A470

Brecon

A479

Ross-on-
Wye

St Davids

A40

A40

A40

BRECON BEACONS
NATIONAL
PARK

A465

Abergavenny

Haverfordwest

A40

Carmarthen

A48

A470

Monmouth

A4042

A449

A48

PEMBROKESHIRE
COAST
NATIONAL PARK

A477

M4

A465

Merthyr
Tydfil

A465

Chepstow

Milford
Haven

Llanelli

Tenby

SWANSEA

Neath

NEWPORT

Port
Talbot

M4

Bridgend

CARDIFF

BRISTOL

Bristol

Channel

WESTON-
SUPER-MARE

Lundy

Ilfracombe

Minehead

EXMOOR
NATIONAL
PARK

A39

A37

Barnstaple

Bridgwater

Bideford

A361

Taunton

A358

Yeovil

A39

A386

A377

M5

A303

Tiverton

A39

A30

A35

A37

Bridport

A30

EXETER

0   10   20 miles
0 10 20 30 kilometres

INTRODUCTION

At around a sixth the size of England, with just three million people, Wales is the *cwtch* of Britain. This evocative Welsh word – pronounced 'cutsh' – refers to a snug, cosy place of warmth and comfort. It's a place where people still know each other, and the name of the local vicar and pub landlord.

Don't be mistaken, this is no sleepy backwater. It is a nation of bravado and fire, a nation where – as they boast at the Millennium Stadium come match day – *y ddraig goch* (the red dragon) roars. At the moment, Wales – or *Cymru*, rather – is definitely breathing fire.

You'll probably have heard that it rains – and yes, it does. That's what makes the grass so very green and lush and the air so fresh. But Wales, particularly the coastal regions, also has some serious micro-climates, where the sun beats down on you. What is more, short of a truly tropical climate, this nation has every conceivable holiday attraction you could wish for.

Just take its history and culture, for instance. Even if you spent a year trying, you wouldn't see half of its castles or dolmens – ancient neolithic tombs with their enormous

capstones. Now mostly under the care of Cadw, the Welsh government's historical environment arm, these ancient monuments are around every corner, perched on cliffs overlooking tidal estuaries or acting as lookouts on flat-topped hills. Clearly those who constructed these fortresses and sacred sites capitalised on the natural beauty of the land.

Fortunately, this beauty still exists today – from the craggy mountains of the north to the central verdant valleys and crumpled coasts. There's also no better place to try outdoor pursuits such as coasteering or scrambling, and Tryfan in Snowdonia is the pinnacle for these adventure sports. Even if you're planning a tour of the main cities – say, Cardiff, Swansea and Aberystwyth – you'll never be more than 20 minutes from remote landscapes where you can walk, cycle or meditate to your heart's content. It's this heady mix of culture and nature that makes Wales so appealing. Take this hearty brew and add a friendly, humorous, self-deprecating psyche – prone to singing, taking the mickey, drinking beer and chattering away in its own mother tongue – and you've got a killer destination.

There are no pretentions here – a spade is a spade and a leek a leek. Rain is rain, so put your coat on.

There's more though, like the sense of space, good food and sandy beaches galore, where seagulls will mug you for your fish and chips and the waves will tempt you in on your bodyboard. Again, due to Wales' status as a *cwtch*, all these gems are often found close together. It is one of the reasons why Wales is so popular with film crews, as they need an array of different backgrounds without the hassle of long-distance travel. The Welsh, of course, know this, though they're not a nation to boast. They spent 700 years fighting the English and fending off arrogant unfounded appraisals of their culture and intellect, but now they've got a Welsh Assembly, language and, most important, their own spirit and identity. The Welsh do still, of course, retain a good-natured antipathy to their neighbours. Some of the identities of Wales are perhaps slightly clichéd – the male voice choirs, the coal-town brass bands, the sheep-shearing farmers – but there's also so much that's new and refreshing. The nation is leading the environmental and safe-cycling movements across Britain. Restaurants and B&Bs have shaken off their tired, fusty images to become stylish and boutique. Old industrially scarred hillsides are being turned into world-class mountain-biking venues and the Eisteddfod,an ancient literary competition, is growing mightier year on year.

The television, film and music industries have done much to revive the image of the Welsh, while big names on the acting scene – think Rob Brydon and Ruth Jones from the popular sitcom *Gavin & Stacey* – have helped people associate Wales with big belly laughs. Importantly, Wales remains real, alive and gritty. It's not a Celtic pastiche. In stark contrast to Devon and Cornwall – its two main coastal rivals – Wales is not overrun with second-home owners and Jack Wills-wearing yachters. Here, at the height of summer, you can still find low-key campsites next to glorious blue-flag beaches (Wales has upwards of 40), usually with a relaxed seaside cafe just a stroll away. The westbound M4 comes to an end in Carmarthen, an hour from the coast, and much of the northern terrain is only accessible by winding country roads used regularly by tractors, and so Wales has managed to keep its original charm. Traditional communities do still exist, work and function here.

Wales is a nation with a vision too, and one that's embraced reinvention. It's got heaps of independent businesses, from the super-cool Howies alternative clothing store to children's clothing retailer JoJo Maman. It's got sporting prowess – not just rugby but also two premier league football teams, Cardiff and Swansea. It's gaining more and more powers from Westminster, and has an abundant history to fall back on. The iconic oval ball is being kicked high over the goalposts and it's going to land somewhere good.

TOP ATTRACTIONS

▲ Climb a mountain in Snowdonia National Park

No trip to Wales is complete without a visit to the country's oldest and largest national park (see page 299). An ascent up Snowdon (Yr Wyddfa) is the obvious attraction. Several tracks lead up to the summit, though be warned – even the easy ones, such as the Pyg track, can take you near steep edges and loose scree. The mountain railway chugs up to the warm, stylish Hafod Eryri visitor centre on the summit.

▼ Be the Doctor's companion

One of Wales' latest attractions is the Doctor Who Experience (see page 136), where kids and big kids can become the Doctor's companion, helping to fight off Daleks and Cybermen through time and space. If you survive, there's an exhibition to go round as well.

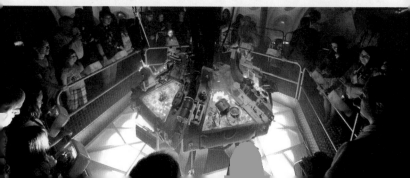

◀ Take a tour of the four great castles of North Wales

Of the many castles in Wales, Conwy (see page 151), Harlech (see page 177), Caernarfon (see page 114) and Beaumaris (see page 87) are among the finest and most fearsome. Built by Edward I in the 13th century, the Fab Four represent medieval architecture of international importance.

▶ Catch a game at Wales' Millennium Stadium in Cardiff

There's no better way to inhale a large dose of Welshness than watching a game of rugby at the iconic stadium (see page 129). It's not just the sport, it's the singing, the atmosphere, the brass bands and even the goat.

◀ Return to medieval times at St Fagans

St Fagans (see page 294) is Europe's largest open-air museum – and one that kids are welcome to run around. Explore Celtic roundhouses and workmen's institutes and feed the native livestock. It's a whistle-stop tour of Wales' heritage and culture.

▲ Watch wildlife on Skomer and Skokholm

Bring your binoculars for this one. Whether you want to see bottlenose dolphins, seals, the odd whale or even a leatherback turtle, these coastal islands are the place to hit (see page 297). They're teeming with birdlife, from thousands of nesting puffins to rare choughs. Back on the mainland there are also otters in the Bosherston lily ponds. If you've had your fill of nature and need some culture go inland and hit St Davids, named after Wales' patron saint and the smallest city in the UK.

▼ Visit Italy at Portmeirion

Privately owned Portmeirion (see page 271) is a fantasy; a classical Italianate village transplanted in northwest Wales. The project of architect Sir Clough Williams-Ellis, it's a world of Mediterranean piazzas and pastel-painted buildings. Pay the entrance fee and wander through the village and its gardens filled with exotic plants.

▲ Star gaze in the Brecon Beacons

Inspire your children to be astronauts and scientists with a night out under the stars. This national park (see page 105) is now the world's fifth and Wales' first destination to be awarded the prestigious International Dark Sky Reserve status. Check out the Milky Way and remind yourself how light from distant stars and galaxies can take millions of years to reach us. By the way, daytime in the Beacons isn't bad either.

▼ Get lost in Bodnant Garden

The plants at this spectacular 80-acre, National Trust site come from all over the world, grown from seeds and cuttings collected over a century ago. Bodnant (see page 100) includes terraces, woodland, formal gardens and herbaceous borders in an ever-changing landscape that's a sharp contrast to the views across nearby Snowdonia.

◄ Explore Cardiff Castle

Vast Cardiff Castle (see page 126), in the heart of the city, has stood – bits of it at least – for 2,000 years, from Roman fort to Norman castle to Victorian Gothic fantasy. It's far less traditional than the castles you'll encounter in north Wales, but no less interesting.

► Go deep, deep, deep underground

So much of the making of Wales is down to its geology. At the Big Pit National Coal Museum in the south Wales valleys (see page 97) you can descend 300 feet down an old colliery, where a former coalminer will take you on a fascinating tour. See life on the coalface before resurfacing to explore the rest of this Heritage Site.

◄ Go up Great Orme

Take the tram or cable car – or, if you feel entirely up to it, walk – up Great Orme (see page 204) from Llandudno for wide-ranging views across this stretch of the Welsh coastline, and plenty of historical bits to catch your interest – notably the Bronze Age Mines. If ancient remains and nature reserves get old, there's always the crazy golf.

HISTORY OF WALES

You only need to glance at the castles, ancient hill-forts and derelict mines to understand that Welsh history is not something to be sniffed at. It's a history of great characters and dramatic events, riots and revolts. Most importantly, it's a 700-year roller-coaster struggle to free itself from the grip of the English.

Ancient Wales

Admittedly we don't know much about very early Welsh history. The earliest evidence of inhabitation dates from around 225,000 BC, in the shape of some teeth found in Pontnewydd Cave in Denbighshire's Elwy Valley. We also have a skeleton from around 24,000 BC, found in Paviland Cave on the Gower. It initially became known as the Red Lady of Paviland as the bones had been coloured with red ochre. Technological advancements, however, show it is actually the remains of a young man, and is Britain's earliest known example of a ritual burial. Between 9,000 and 5,000 BC melting ice caps meant Britain became an island, leaving Wales

▲ Roman amphitheatre, Caerleon

covered by a thick canopy of trees. Mesolithic communities lived by hunting and gathering, then gradually were sustained by agriculture. The most striking tomb or cromlech from this era is Barclodiad y Gawres (Welsh for 'apronful of the giantess') in Anglesey. Inside are stones decorated with spirals and chevrons, thought to be the earliest examples of art in Wales. By around 2000 BC Wales had received most of its original stock of peoples. It was around this time that 80 blue stones, each weighing an astonishing four tonnes, were quarried from the Preseli Hills and somehow transported to Wiltshire to form Stonehenge.

It was the arrival of the Celts from across Europe in AD 600 that really things. They brought with them the Druids, poets and priests, and then busied themselves constructing hill-forts, making great technical advances and bringing together a societal structure, comprising a new language, morals and oral traditions. The Druids, a priestly class who practised human sacrifice, were very important. According to the Roman historian Tacitus, when the Druids of Anglesey were attacked by the Romans in AD 61, their altars were 'drenched with the blood of prisoners'.

The Romans

This gruesome sacrifice didn't hold back the Romans, though. They conquered the nation and built a large fort at Caerleon. They also built the first proper town in neighbouring Caerwent. For the next 300 years they ruled Wales but, in many ways, their impact was minimal as the Welsh were able to live alongside them, keeping their language and traditions. Following the demise of the Roman Empire in the 5th century, visiting missionaries began spreading Christianity, with *Dewi Sant* (St David) becoming a key figure, and establishing his Pembrokeshire town as a centre of religion and learning. The first forms of Welsh literature date from this period – poems, written by Aneirin and Taliesin.

A new Wales

Although *Cymru* and its distinct identity was developing, it didn't stop territorial scuffles, a reminder of which is the 8th-century fortification of Offa's Dyke, marking the boundary between the Welsh and the Saxons. It wasn't just the Saxons who were after Wales, though. During the 9th and 10th centuries, Wales came under savage coastal attacks by Norse and Danish pirates. Rhodri Mawr (Rhodri the Great) managed to unite most of the kingdoms, but his careless sons then lost them again. His hugely popular grandson – Hywel Da (Hywel the Good) – reunified the country and made progressive changes to help the poor, women and children. For centuries to come, living under the Law of Hywel would be one of the defining times for the Welsh people.

The Princes of Wales

Alas, the good times didn't last long. Come 1066 the Welsh were being pushed back as William the Conqueror sought to secure his position. It was in the 12th and 13th centuries, though, that the real fights occurred. Llywelyn ap Gruffydd (Llewellyn the Last) adopted the title Prince of Wales and forced England – then ruled by Henry III – to recognise him as such. But when Edward III came to power all hell broke loose. Edward resented these feisty Welsh leaders and eventually killed both Llywelyn and his brother Dafydd. He then set up his Iron Ring of castles to prevent further revolt. Needless to say, this didn't go down too well with the Welsh. By 1400 they were ready for another fight, this time led by Owain Glyndwr, who declared himself the new Prince of Wales. He captured Harlech and Aberystwyth, and even held a parliament at Machynlleth, but then he too started suffering too many defeats and his army began to desert him.

Come the 16th century big changes were afoot with Henry VIII's Acts of Union, giving England sovereignty over Wales and making the English language and law official. He also dissolved the many Cistercian abbeys, which had been centres of learning for so long.

Industrial times

The Victorians may have put the Welsh coast on the map, but there was also a bigger factor – the Industrial Revolution. Initially it was iron, not coal, that transformed the face of the valleys of south Wales and the maritime ports around the country. These huge exports, however, didn't make the workers happy. People began to demand the universal right to vote, better working conditions and pay. The year of 1839 saw the Chartist Riots break out in Newport, while the Rebecca Riots took hold in the rural west. Farmers, angry at having to pay road tax, dressed in women's clothes and tore down the turnpike tollgates. They used the term 'Rebecca' in reference to a passage from Genesis in the Bible. Today a race across the Preseli Hills commemorates these riots – the winner smashes down a fence at the end of the race.

This fire in the bellies of the Welsh was stirred further by the publication of the *Blue Books* in 1847. An educational review found the Welsh education system to be inferior and low in moral structure, thus a ban was imposed on speaking Welsh in school, creating outrage and a renewed sense of nationalism. By the second half of the 19th century coal grew as the mineral of choice. Workers were given the vote and, over ensuing decades, reforms helped reduce some of the hardships faced by the industrial masses. During World War I living standards rose further and it was the boom time for many towns such as Blaenavon, now a World Heritage Site. Political fervour was also stirring at this time.

David Lloyd George, a Liberal MP in the Caernarfon Borough, led the country and a wartime coalition between 1916 and 1922. He was initially deemed the champion of Welsh democracy, however, his popularity faltered at the end of the war and he eventually resigned.

The year of 1925 saw the launch of *Plaid Cenedlaetol Cymru*, later shortened to Plaid Cymru, the first political Welsh party focused entirely on nationalism. Two decades later, in 1948, Aneurin Bevan – a Labour MP from Tredegar then serving as health minister in the post-war Attlee government – founded the National Health Service as a form of social justice for everyone.

Depression to nationalism

After the end of World War II Wales sunk into a depression, with former mining towns left ghostly and empty on the hills. The 1960s saw something of a revival, with a vibrant pop scene and growth of publishing houses. Support for Plaid Cymru grew, as did a vague notion of self-governance. In 1976 the Welsh Development Agency was created to establish new business ideas and an interest in the Welsh language was kick-started, helped by the launch in 1982 of S4C, the Welsh-language television channel. Still, these were shaky years, and the collapse of the miners'

▼ Preseli Hills

strike in the mid-1980s brought morals crashing down again. By 1997 Tony Blair's New Labour finally bought the issue of devolution to the table. A referendum scraped through and the National Welsh Assembly was created. Although it didn't have the powers of the Scottish parliament, it forged a new path for Wales. Redevelopment, particularly in Cardiff, took off with the Millennium Stadium stealing the rugby scene from England and new bands putting a cool, trendy Wales on the map. Pride began to soar again.

Modern Wales

This pride has surged ahead. Further developments at Cardiff Bay saw the opening of the *Senedd*, or National Assembly building, and also the Wales Millennium Centre, where the Welsh National Opera is housed. The Assembly pursues powers from England on matters that are close it its heart, such as the environment. Although no further plans for devolution are currently being considered, Wales will no doubt watch closely what happens in Scotland come the referendum vote on independence in 2014. Whether it retreats further from England or not over the coming decades and centuries, it has reached a place, solid and inspiring, from which it can move forward positively.

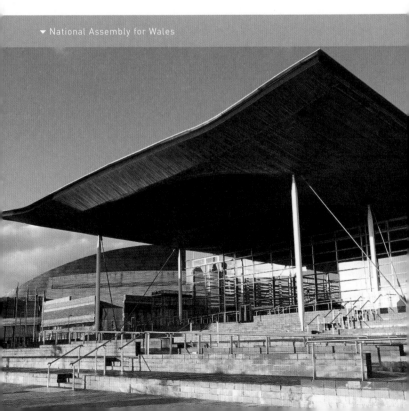

▼ National Assembly for Wales

BACK TO NATURE

You won't need to search hard in Wales to find stunning natural landscapes. It seems that almost around each corner there are mountains, lakes, forests, rocky outcrops and – due to the enormous tidal range – simply ridiculous amounts of sandy beach to explore.

Geology

Much of the gritty beauty of the Welsh landscape is down to what lies below the surface. Whether you are skimming stones by a lake, caving in the Brecon Beacons or eyeballing Llanberis' slate quarries, it's impossible to escape Wales' geology. The nation has one of richest geological heritages in the world. North Wales – once underwater – consists of a whole hotchpotch of rock, from sandstone to slate, granite to rhyolite. In fact, the rocks here are so important that scientists have used them to help date the Earth. The terms Cambrian, Silurian and Ordovician – all epochs used throughout the world – were named after Welsh tribes. Broadly speaking, these mountains were formed around 450 million years ago. Sat on a border between two grumbling tectonic plates, the region was frequently subject to massive volcanic eruptions, which, in turn, created mountains that would have been the size of today's Himalayas. Millions of years of erosion and

◀ Llanberis and Llyn Padarn
▲ Sgwd-y-Pannwr waterfall, Brecon Beacons

glacial periods – the last one being around 20,000 years ago – have worn them down to today's level. Massive sheets of ice, collecting high in the mountains, would have worked their way down the slopes, carving out the steep ridges and towering cliffs that climbers so enjoy today.

Further west, around St Davids in Pembrokeshire, some of the oldest rocks in the world can be found, while the Brecon Beacons have an equally distinct geology. Towards the eastern parts near Pen-y-Fan, it's mostly sandstone, graduating into limestone moving east towards the Usk Valley. The dissolution of this limestone by acidic rainwater has created astonishing waterfalls, cave systems and sink holes. Wales has two geoparks. For more information, visit fforestfawrgeopark.org.uk or geomon.co.uk.

Wildlife

Top tip – if you are looking for specific wildlife in Wales, you need to come at the right time of year. From April to August it's all about seabirds. The island of Grassholm has one of the world's largest gannet colonies, with 34,000 pairs nesting there during breeding season. Skomer and the lesser-known Skokholm islands are chock-full with puffins, guillemots and razorbills, while nearby Ramsey Island hosts around 30 per cent of the world's shearwater population and some rare choughs. Come late summer and autumn, and eyes switch from the skies to the seas. At this time of year bottlenose dolphins and porpoises swarm into Cardigan Bay. In September and early October Atlantic grey seals also deliver around 1,000 fluffy white pups on Pembrokeshire's shores. Salmon can also be seen leaping upriver, mainly at the cascading Cenarth Falls in Ceredigion – the first obstacle the migratory fish face in their return to the River Teifi. They can also be spotted at Gilfach Nature Reserve in Radnorshire. There are, however, year-round treats, namely the red kites. Wales' largest bird of prey is also its biggest success story. After being seen as a pest and nearly driven to extinction in the 16th century, 300 pairs are now thriving in mid-Wales. Machynlleth's ospreys also attract around 40,000 visitors a year. Pine martens and polecats are seen almost everywhere, while otters are re-establishing themselves along the River Teifi and in the Bosherston Pools in Pembrokeshire Coast National Park. For more information, see wtwales.org.

▼ Ramsey Island

Flora

Thanks to its industrialised past, only 12 per cent of the Welsh
countryside is still covered by woodland, however, what remains
is wonderful. The country has around 234,750 acres of ancient
woodland consisting of native oak, ash and birch, the largest
example being at Wentwood, near Newport. Variations in landscape
and rock type support a diverse plant life. Orchids can be found in
certain spots along the Gower Peninsula and Alpine-Arctic plants
breed in the mountainous regions. Marram grass, sea bindweed
and evening primrose may be spotted on the coast between dunes,
while the butterwort, one of Britain's few insectivorous plants,
devours insects in the grasslands of Cwm Cadlan, near Penderyn
in southwest Wales. Stunning wild flowers can be seen in the
Monmouthshire Hills at the Gwent Nature Reserve, and also at the
Ystradfawr Nature Reserve near Ystradgynlais in Powys. Some rare
species, such as the Ley's whitebeam or the Black Mountain
hawkweed are endemic and found only in Wales. Others are found
elsewhere globally, but only in Wales will you find plants such as
the Snowdon lily or yellow whitlow grass. Others are rare on an
international basis, such as perennial centaury or wild asparagus.

Environmental protection

Wales is pretty militant about protecting these natural wonders
– largely due to them being the main draw for so many tourists. It
boasts one marine nature reserve (Skomer Island), more than 60
on-land nature reserves, 216 Wildlife Trust reserves, 1,019 SSSIs
(Sites of Special Scientific Interest), 11 RSPB sanctuaries, three
national parks and at least six categories of protected land.
Important environmental protection work, which used to be
undertaken by the Countryside Council for Wales, Environment
Agency Wales and Forestry Commission Wales, has now been
taken over by one body, Natural Resources Wales. Its role is to
advise the Welsh government on policy, as well as managing and
promoting the environment. The Welsh Assembly – now with
independence from the rest of Britain to implement its own
environmental legislation – has stated a commitment to
sustainable development. By 2025 Wales aims to reduce the use
of carbon-based energy by 80–90 per cent and for all new buildings
to be carbon-neutral. In October 2011, it also imposed a five-pence
levy on plastic bags, the money from which goes to environmental
causes. In 2012, their usage was down 76 per cent, from 270
million in 2011 to 70 million in 2012. For more information, visit
naturalresourceswales.gov.uk.

LORE OF THE LAND

Legends of the land of the red dragon begin, naturally enough, with the beast itself. Long ago, a battle ensued between the red dragon of the Welsh and the white dragon of the Saxons. When their fearsome shrieks caused women to miscarry, Ludd, King of Britain, drugged the pair with mead and imprisoned them for hundreds of years at Dinas Emrys in Snowdonia. However, when King Vortigern tried to build a castle here, no walls would stay put. To solve the problem, a boy with no natural father was sought as a sacrifice. The boy, on hearing of his fate, told Vortigern about the dragons, which were then set free to resume hostilities. Finally, so the *Mabinogion* – a collection of medieval tales – tells it, the red dragon was the victor and so destined to become the symbol of the people whom Saxon invaders failed to conquer. It is now emblazoned on rugby shirts by the million.

◀ Llyn Llydaw, Snowdonia National Park

Arthurian connections

In Wales King Arthur imposes his character in no uncertain terms. Scattered around the country are caves, each reputed to be the place where he awaits the call to rescue the country from invasion or disaster. A stone on the banks of Llyn Barfog near Betws-y-Coed is said to bear the hoof mark of Arthur's horse Llamrai when the hero and his mount successfully dragged a monster from the deep waters of the lake. The pebble he removed from his boot and threw over his shoulder on his way to the Battle of Camlann now forms the massive Arthur's Stone on the Gower Peninsula. While on Snowdon Arthur is said to have killed the giant Rhitta – notorious for making a cape from the beards of his enemies – and covered the corpse with the stones that now stand on the mountaintop. Just below the summit is Llyn Llydaw, the lake into which Arthur's magical sword Excalibur was thrown, following the hero's final battle at Bwlch y Saethau (the Pass of the Arrows).

Claimed as a candidate for the fabled land of Avalon, Bardsey Island – off the coast of the Llyn Peninsula – is said to be where the body of Merlin lies in a glass coffin, surrounded by nine bardic companions and the 13 treasures of Britain, one of which is Arthur's mantle.

Dog of legend

Of all the animals in Welsh folklore, most famous is Gelert, whose grave can be found at Beddgelert. Gelert was presented as a gift to Llywelyn the Great by England's King John. One day, on his return from the hunt, Llywelyn discovered his dog with blood around his mouth, and his baby's cradle empty and overturned. Consumed with anger, Llywelyn immediately drew his sword and slew the dog. Then he heard the baby's cries and found him beneath the cradle alongside the body of a wolf that had attacked him, and been killed by Gelert. After this, it is said that Llywelyn never smiled again.

Spirit forms

Known as the Mother's Blessing (Bendith y Mamau) or the Fair Family or Folk (Y Tylwyth Teg), the fairies of Wales were once thought to be the souls of Druids who, although not Christian, were considered too good to suffer the fires of hell. Wales is also home to elves, goblins and bogeys that dress in garments of green or white. Many of these spirit forms were seen as lake-dwellers, inhabiting waters such as Llyn Irddyn and Llyn Barfog in north Wales, from where fairies would emerge on moonlit nights and dance holding hands in a circle. Any young man seeing these beautiful creatures was in danger of falling instantly in love, with dire consequences. Fairies could also be malign, stealing unguarded babies from their cradles.

Legend also tells of spirit marriages, sometimes with prenuptial arrangements that even movie stars might find hard to fulfil, as in the tale of the Lady of the Lake. The story goes that a young man fell in love with a woman who emerged from Llyn y Fan Fach, above Myddfai in Carmarthenshire. On condition that he was faithful, did not hit her or touch her with iron, marriage was allowed. After the wedding three sons were born, but the husband broke his vows (albeit in jest) and his wife returned to her watery home. The three sons were frequent visitors to the lake, and the lady told the eldest, Rhiwallon, that he must take up medicine. He duly did so, as did his sons. The fortuitous result was a treatise on herbal medicine called *The Red Book of Hergest*, packed with prescriptions for treating all kinds of ills.

The remote heights of Cadair Idris in Snowdonia are home to the giant astronomer and philosopher Idris, endowed with the power to bestow madness or poetic inspiration to anyone who spent a night at the summit – or to ensure that they never wake. The mountain was also the hunting ground of the warrior Gwyn ap Nudd and his canine companions. When his wild hounds howled, they presaged the demise of anyone witnessing their voices. As death ensued the dogs would sweep up their victim's soul and herd it directly to the Underworld.

The power of superstition

In a land where coal has been mined for centuries, strongly held superstitions – which could reduce the strongest man to a quivering wreck – reflect the dangers of the dark depths. If a miner, on his way to the mine, was unlucky enough to meet a rabbit, a bird or even someone with a squint, the encounter would force him to return home for the day. If any item should be forgotten, going home for it would also mean a day's lost labour. At the pithead, a robin, dove or pigeon seen flying around were omens of disaster, and the sight of them would make men refuse to enter the mine. Friday, associated with the death of Christ, was always an unlucky day – whether or not it was the 13th. Only the hardest hearted or impecunious miner would work on Good Friday. No miner wishing to live to an old age would ever whistle while underground, or let the word 'cat' pass his lips. Even outside the mines, whistling was frowned on, as it was considered a way of summoning up the Devil.

On 10 March 1890 an explosion hit the Marfa Colliery near Port Talbot, killing 87 miners. Some say that the disaster could have been foreseen, since the pit was filled with the scent of invisible

'death flowers' and lit by the flickering of ghostly lights, believed
to be the ghosts of dead miners and phantom horses pulling
coal trams.

In Wales even the trees evoke superstition. The yew tree was
once regarded as a sacred guardian of the dead and so should
never be cut down or burned. In the churchyard at Nevern grows
a mysterious bleeding oak from which blood-red resin drips. Here
an innocent monk was once hanged and it is said that the bleeding
will continue until a Prince of Wales is installed in the town. All
over the land groves of oak trees – places where Druids' spirits
assemble – were never entered at the midnight hour for fear of
invoking misfortune.

Folk hero

Wales' most famous everyday hero is Jack o' Kent, renowned for
making deals with – and getting the better of – the Devil. When
Jack promised the Devil the tops of his crops in return for good
growing weather, he planted turnips, leaving the Devil with only
the leaves. The following year the Devil was promised the bottoms
or 'butts', so Jack planted wheat. In another tale Jack persuaded
the Devil to build him a bridge, offering him the first human soul
to cross it. When the bridge was finished Jack threw over a bone,
which was chased by a hungry dog. At Trelleck in Monmouthshire
it is alleged that Jack hurled the standing stones into place in a
competition with the Devil.

Jack's effigy at Grosmont Church commemorates his final
promise to bequeath his corpse to the Devil, whether he was laid
inside or outside the church. But clever Jack fooled him one last
time by being buried neither in nor out of the building, but beneath
its walls.

▼ Craig Cau on Cadair Idris, Snowdonia National Park

LAND OF SONG

Rumour has it that when the Welsh are born, their first cry is a rendition of that old favourite hymn, *Calon Lan*. Indeed, an old Welsh proverb goes, 'To be born Welsh is to be born with music in your blood and poetry in your soul.' No nation on earth, it seems, can rival their honey baritones and nonconformist choral harmonies. If truth be told, if Wales had a solo entry to the Eurovision Song Contest, it would win hands down – fact.

It's the might of this talent that's produced some of the nation's most famous exports. It's got Tom Jones and Katherine Jenkins, Charlotte Church and Cerys Matthews. It's even got Goldie Lookin Chain, Newport's famous rap group – look them up if you haven't heard of them. More than this, though, come match day in the Millennium Stadium, it's got the combined efforts of 70,000 fans throwing their heads back to thunder out the anthem *Hen Wlad Fy Nhadau (Land of My Fathers)*. Even if most of them are dressed as giant leeks and daffodils, it's a formidable spectacle. New Zealand may have the *Haka*, but Wales has singing en masse.

As early as the first century there are references to the Welsh being a musical race, with scholars writing of bards – professional poets who wrote and sang songs of eulogy. From the early 19th century there are records of traditional Welsh songs and also a growing movement of folk music, accompanied by the national instrument, the harp. These were performed in folk dancing sessions, at festivals or traditional parties similar to Scottish ceilidhs. The *eisteddfod* (festival) also grew in popularity from the mid-1850s when a brutal English attack on the Welsh education system sparked public anger, leading to a renewed national pride. Its resurgence brought together musical tradition with poetry, the influence of chapel and the joy of choral music.

During the industrial boom there was also the rise of the male voice choirs, such as the Morriston Orpheus Choir and Treorchy Male Voice Choir. Although they dwindled in prominence with the collapse of the coal-mining communities, lately they've seen something of a resurgence, helped by television shows such as the BBC's *Last Choir Standing*. These choirs have helped keep national songs alive too. Favourite hymns include the 19th-century *Calon Lan (A Pure Heart)*, sung in Welsh before almost every test match, and *Men of Harlech*, a military song and march about the seven-year siege of the castle (1461–68). It gained international recognition when it featured in the 1964 film *Zulu. Myfanwy*, composed by Dr Joseph Parry, is another favourite of the choirs, as too is *Cwm Rhondda*, commonly known as *Bread of Heaven* and usually sung in English. As for the national anthem, it was written and composed by son and father Evan and James James, of Pontypridd, Glamorgan, in 1856. Although first performed in the vestry of the original Capel Tabor, Maesteg, it only really became a hit when it was sung at the Llangollen Eisteddfod of 1858. It gradually began being sung at patriotic gatherings, its original six-eight, quick-waltz tempo slowed to accommodate large crowds. In 1905 it became the first national anthem to be sung before a game was played – Wales were playing host to the first touring New Zealand team, and went on to win in a match that was dubbed the 'game of the century'.

Since then the Welsh music scene has continued to flourish, and change. During World War I singer-songwriter Ivor Novello became an international star – his name is still connected to one of the biggest annual British singing awards. Come the 1960s, and musicians such as Tom Jones, Shirley Bassey and John Cale – of 'Velvet Underground fame who went on to have a massive solo career – took the world by storm, closely followed by the likes of Bonnie Tyler in the 1970s and 1980s. They, together with such musical legends as Sir Harry Secombe, helped defined the Welsh vocal style for several generations. Later, in the 1990s, Welsh bands such as the Manic Street Preachers and Stereophonics didn't sing in Welsh, but helped towards creating a strong Welsh identity through their lyrics and accents.

The growth of the Welsh National Opera, established in 1946, and its stars such as Bryn Terfyl, helped draw global attention to the giant lungs of this small nation. Further support came from the unlikely source of Radio 1 disc jockey John Peel, who championed Welsh-language punk bands Anhrefn and Datblygu. Today, although not as prolific as the Cool Cymru 1990s, there's a vivid music scene. Popstar Duffy released her album *Rockferry* to global acclaim, winning a Grammy in 2009. Alternative rock band Feeder, from Newport, have carved out a name for themselves, as have Caerphilly's Attack! Attack! Other names to watch are Blackout and Funeral For A Friend, all with loyal fans. The huge popularity of music festivals – particularly The Green Man, held in August each year in the Brecon Beacons – has boosted interest in alternative Welsh music. Wales is still the land of song, and has much to sing about.

▼ The Green Man ▶ BikePark Wales

MOUNTAIN BIKE WALES

Wales may be the land of song. It's also the land of dirt, downhilling and varying degrees of danger, as the nation's love of two wheels is second-to-none and the array of sleek modern bike parks, the envy of the world.

Today, if you cross paths with anyone wearing heavy boots, a thick jacket and with muddy fingernails, chances are they'll be a 'trail builder'. It is these single-track trails of varying technicality that have become the backbone of the sport. The country now boasts 375 miles of them, criss-crossing the land from north to south, attracting hundreds of thousands of mud-splattered, adrenalin-seeking visitors each year and bringing new cash to deprived areas. The first one was Coed-y-Brenin in Snowdonia, built in the mid-1990s by forestry ranger Dafydd Davis. Initially, his concept of managed, waymarked trails for bikers was mocked. So he began building them himself unofficially with help from volunteers. Eventually, when he could prove his small trails were boosting numbers to the area, he was given a few thousand pounds to put up a visitor centre and cafe, and employ some labourers – locals from the RAF – to help lug rocks. It took just a few years for visitor numbers to skyrocket (the figure now is around 150,000 a year). South Wales' Afan Forest Park and Cwmcarn soon followed, as did

▲ BikePark Wales

Nant yr Arian in mid-Wales, and Gwydyr Forest and Coed Llandegla in the north. Nowadays the new tracks are much more technical than of old, largely because there's more money, so materials can be shipped in and experts used to build them. The breadth and depth of routes has also evolved, with many centres boasting runs of varying technicality (green to black) and length (5km–10km–30km-plus). With the increased demand, these trail centres have grown to include upmarket cafes, bunkhouses and tourist centres. Some even offer bike spares, bike hire and bike-washing facilities to keep you rolling. The fact many are so accessible, such as Afan, located just off the M4 by Port Talbot, means they attract people from all over Britain and, increasingly, further afield.

The Welsh mountain bike scene is far more than just trail riding, though. It also boasts downhill tracks, freeride hotspots and skills parks. In terms of downhilling there's plenty for the full-face gravity fans. Cwm Carn has both a fantastic new freeride area, while the legendary Y Mynnd has a permanent course, with huge wall rides, corkscrew bridge sections, rock gardens and jump

THE AA GUIDE TO
Wales

CONTENTS

fields. It's also got a dedicated uplift service via a van, so fans needn't push once. Other downhill sites can be found at Afan, Coed Llandegla and Brechfa.

Since August 2013 the nation has also welcomed BikePark Wales, Britain's first designated bike park where people pay to ride. Located in the heart of the south Wales valleys where, as one trail builder put it, 'there's an abundance of steep slopes no one really cares about', the park aims to rival those around the world. It took five years to build, but promises to offer an 'incredible biking experience unlike anything you've experienced in the UK before'. If you're struggling to imagine it, picture a ski resort, remove the snow, replace the pistes with an array of sweeping flowing bike trails meandering to the bottom of the mountain and you are close. Oh, and don't forget to replace the ski lifts with a fleet of mini-buses ready to transport you 1,610 feet (491m) to the top of Mynydd Gethin. Day passes without the lift are relatively inexpensive, but the price rises fairly steeply if you wish to use the lift. It might seem expensive, especially when you can ride for free in so many other places, but the money goes into improving the trails and creating new sections.

It's not all about extreme cycling though. There are family-friendly routes at the centre. Starter routes with no steep hills or traffic can also be found at Coed Llandegla and Coed-y-Brenin in north Wales. At Brechfa in Carmarthenshire there's the easy Derwen Route, and a great selection in the Brecon Beacons.

Trails are one thing, but there is also the great outdoors to explore too. From iconic routes in the Black Mountains to big rocky descents off Snowdon – where bikers are now allowed on some major bridleways – it's hard to beat Wales' natural mountain bike terrain. If you really fancy a challenge make for Sarn Helen, an epic route across the country through Snowdonia and the Brecon Beacons, roughly following an old Roman route. At 270 miles long and running from Conwy to Gower it's thought to be the most ambitious off-road ride in Britain and is estimated to take over a week to complete.

For more information check wmbwales.com, a site about the main bike parks, or wmtbwales.co.uk, which has articles on routes and where you can hook up with other riders. Information about BikePark Wales can be found at bikeparkwales.com. Local bookshops and bike stores stock relevant guides, but some of the best trails in the country are covered by *Bikefax: The Best Mountain Bike Trails in Snowdonia* and *The Good Mountain Biking Guide*.

▾ BikePark Wales ▸ Welsh-language version of Scrabble

THE WELSH LANGUAGE

It may feature the words *popty ping* for a microwave, *moron* for carrot and *pili pala bws* for a butterfly, but that doesn't mean the Welsh language should be taken anything but seriously. Welsh – *Cymraeg*, in fact – is the most ancient and, dare we say it, poetic language of Britain, dating back possibly 4,000 years. It evolved all those years ago from a language now known as Proto-Indo-European, a theoretical language, which developed into nine sub-languages, one of which was Celtic. This Celtic tongue again branched into different forms, and was spoken pre-Roman Empire across much of Europe.

The Celtic languages that survived were those that migrated from mainland Europe over to the western islands of Britain and Ireland. Closely related to Cornish and Breton, it's by far the strongest Celtic language in terms of numbers and relevance in society. This stake was drilled down in the sixth century when the written word migrated from the Bible to literature. The poems of early Welsh poets Taliesin and Aneirin, from the 6th and 7th centuries, are the earliest surviving examples of Welsh literature. Today, according to the 2011 census, roughly 19 per cent of the population are able to speak the language. Looking at it the other way, 73 per cent have no Welsh language skills at all. However, as the Minister for Heritage Alun Ffred Jones pointed out in 2010, the Welsh language is a source of great pride for the people of Wales, 'whether they speak it or not'.

Measures are now in place across the country to ensure Welsh speakers can access a range of facilities, from tribunals to train times – which, of course, can at times be slightly frustrating when you're late for a train, need to know what platform it's on and the helpful announcement is in Welsh. Really, it's just more incentive to learn it – and people are, especially the young. More and more children are attending Welsh-language schools. And even in English-speaking schools in Wales, children must learn it between the ages of five to sixteen. Helping promote it are the Welsh-language radio station Radio Cymru, the television channel S4C and a weekly news magazine *Golwg*.

While travelling around Wales you will come across it spoken freely, particularly in the west and north, though Cardiff has a vibrant Welsh-language community too, as many young people have migrated here to work in the media, National Assembly and other jobs. Even if you don't know any words, a friendly *diolch* (thank you) can go a long way. Take note on how to pronounce the 'ch' though – it gets the back of your throat. Admittedly, to an outsider, the language can look daunting, especially if you arrive at *Llanfairpwllgwyngyllgogerychwyrndrobwllllantysiliogogogoch* – a train station in Anglesey and also the longest place-name in Europe. It actually translates somewhat ridiculously as 'Saint

▼ Millennium Centre, Cardiff

Mary's Church in the hollow of the white hazel near a rapid whirlpool and the Church of Saint Tysilio of the red cave'. Other baffling words include *ddiddordebau* for 'hobbies', *llongyfarchiadau* for 'congratulations' and *cyfrifiadur* for 'computer'. By the time you've said 'pleased to meet you' – *braf eich cyfarfod chi* – the person will have probably disappeared around the corner *(rownd i gornel)*. Even the simple word for 'please' is *os gwelwch yn dda* – probably the reason some Welsh speakers say *plis*. Perhaps one of the simplest to learn is *bendigedig* for 'excellent' – one of the few that sounds as it is written, ben-di-ged-ig.

Really, there's no let up with the language. It's famously renowned for its mutations and complicated word endings. 'Earthquake' for instance is *daeargryn*; the plural, however, is *daeargrynfeydd* – a far cry from the English trick of adding a simple 's'. Don't be confused either by English-sounding words, as they are likely to have an entirely different meaning, such as *dim* (which means 'nothing'), *hen* (which means 'old'), *crows* ('brain') and *plant* ('children'). The only words that a listener might be expected to recognise are anglicised words, such as iPad. It might be prudent to try and get a grasp of words used frequently, though. Place-names are often linked to geographical features – *aber* is 'river', *llan* is 'church', *cwm* is 'valley' and *coed* is 'forest'. Do remember, if it all seems a bit much, even the Welsh struggle with it sometimes. Recently a town in Torfaen called 'Varteg' proposed to change its anglicised name to a Welsh version, as so many towns have in recent decades. The problem? There is no 'v' in Welsh, meaning it would be replaced by a 'f', rendering the town Y Farteg. If stressed out by it all, just remember that and laugh.

▼ Welcome sign at Llangua, Monmouthshire

LOCAL SPECIALITIES

Wales is full of specialities, from food to whisky, beer to art. These also range from the ancient, such as cheesy rarebit and cawl soup, to the cool and modern, like Penderyn whisky.

FOOD

You're lucky. Wales has had a food revolution of late, with a distinct move towards organic and locally sourced produce, preferably sold at local farmers' markets. If you're into meat, then try Welsh Black beef, an ancient breed descended from pre-Roman cattle, or salt-marsh lamb, which is reared in coastal locations such as Harlech in Snowdonia. The lamb's saline-rich diet imparts a sweet, delicate – though not salty – flavour. Other delights include oysters from the Conwy Estuary and Menai Strait, crab and lobster from Pembroke or Penclawdd cockles from The Mumbles, harvested on the Gower and sold at Swansea's farmers' market. Laver bread, despite its misleading name, is also a product of the water. It's a nutritious seaweed, cooked until it becomes like jelly, and then often mixed with oats and served in a traditional Welsh breakfast. Cawl is another big favourite, a hearty soup of lamb, leeks and potatoes.

Cheeses are big business, too. The best known is Caerphilly, a crumbly white variety from south Wales. Other types include Y Fenni and Tintern, Black Bomber from Snowdonia and Collier's Powerful Welsh Cheddar. Recently, artisan cheese-makers, such as Carmarthenshire's Caws Cenarth and Pembrokeshire's Pant Mawr, have become increasingly popular. Both have visitor centres and offer tastings. Cheese is also linked to a favourite Welsh export – rarebit, effectively a tasty mix of ale, cheese and mustard that's grilled on toast. Historians say its original name was Welsh rabbit – the idea being that the Welsh were too poor to buy meat, so referred to cheese as if it were meat as a joke – but rarebit has unfortunately stuck.

For pudding, the Welsh love nothing more than a slab of Bara brith, their old-fashioned fruited tea bread, or a Welsh cake, a type of flat scone cooked on a griddle and sprinkled liberally with caster sugar. Finally, if it's a little seasoning you're after, nothing beats Snowdonia's Halen Môn Sea Salt, an ingredient now used by top chefs throughout the world. To sample these delights head straight to the Bodnant Welsh Food Centre in the Conwy Valley (bodnant-welshfood.co.uk), the Rhug Estate Farm Shop (rhug.co.uk) or the Trealy Farm charcuterie (trealy.co.uk).

DRINK

Beer is the national drink of Wales, with SA Brain and Felinfoel breweries existing since the late 19th century. In 1854 it was noted that Welsh beer had its own distinct style, being made from pale malt and hops. Even though pubs are closing across the nation, microbreweries are booming – there are currently 52 breweries from which to choose. There are also more than 20 vineyards in the country, a leading one being Penarth vineyard (penarthwines.co.uk), which makes fruity wines. If spirits are more your thing, then try Wales' leading whisky – Penderyn – which was launched in 2000. It's not just alcohol though. The Welsh have a lot of water, and they bottle it. Leading brands include Brecon Carreg, Cerist Natural Mineral Water and Ty Nant.

ART

Wales has spawned a number of great artists, both ancient and modern. Anglesey has – or had rather – Sir Kyffin Williams, who died in 2006 and is highly regarded as one of the defining artists of the 20th century. West Wales has the brilliant John Knapp-Fisher (johnknapp-fisher.com), whose work defines moody Welsh landscapes like no other. Helen Elliot creates the most endearing and cheerful works of art (helenelliott.net), while a leading light is Eloise Govier, a contemporary fine artist who paints in neon colours (eloisegovier.com).

BEFORE YOU GO

THINGS TO READ

From top poetry – Dylan Thomas' *Do Not Go Gentle Into That Good Night* – to cutting-edge screenplays – think *'Oh, what's occurin?'* from *Gavin & Stacey* – Wales has got every conceivable genre of literature covered. Perhaps that's why it's home to one of the world's leading literary festivals at Hay-on-Wye, where this work is showcased annually.

In terms of Welsh-language literature, the national Eisteddfod is still the breeding ground for this. Inspiring poets and writers Menna Elfyn, Ifor ap Glyn and Iwan Llwyd have all helped popularise the medium in recent years.

There is plenty of English-language literature too. Key writers include R S (Ronald Stuart) Thomas, whose late 20th-century works concerned the Welsh landscape and people, and Dylan Thomas, acclaimed for writing a handful of the greatest poems in our language, including *Fern Hill* and *Do Not Go Gentle Into That Good Night*. *Under Milk Wood* was considered highly innovative at the time, as Dylan Thomas wrote it for radio; it is also hugely popular and entertaining, describing Wales' insular, gossipy community. The nation has also helped shaped the writing of classic children's author Roald Dahl, great contemporary writer Martin Amis and fantasy author Philip Pullman, who spent his youth in north Wales.

If you wish to learn about Wales, a great place to start is *The Story of Wales* by Jon Gower (2012), with an introduction written by veteran Welsh broadcaster Huw Edwards. Similarly, there's also *A History of Wales* by renowned historian John Davies (2007). He's also the co-author of *Wales: 100 Places to See Before You Die* (2010).

A brilliant modern travelogue is *Bred of Heaven* by Jasper Rees (2011). A charming book about one man's quest to reclaim his Welsh roots, it saw the author join a male voice choir, play rugby and learn the language. Older travelogues include Dannie Abse's *Journals from the Ant Heap* (1988) and Anthony Bailey's *A Walk Through Wales* (1992), an engaging account of a three-week cross-country ramble. There's also *Know Another Way* (2002), a compilation of stories by six of Wales' leading writers, reflecting upon the ancient pilgrimage route from Tintern Abbey to St Davids.

More historic travelogues from the 19th century include *A Tour in Wales* (1773) by Thomas Pennant – which popularised Wales during the Romantic Movement – and George Borrow's *Wild Wales: Its People, Language and Scenery* (1862). Both books can be picked up in second-hand books shops. Equally, if you are looking for more information on things to do and see in Wales, Daniel Start's *Wild Swimming* (2008) has a chapter on Wales. So too does *Tiny Islands: 60 Remarkable Little Worlds Around Britain* by Dixe Wills (2013).

For relatively recent novels from Wales try *Work, Sex and Rugby* (1999) by Lewis Davies. His critically acclaimed debut novel chronicles life on the dole in the south Wales valleys. *Grits* (2001) and *Sheepshagger* (2002), two books by Niall Griffiths, both chronicle gritty Welsh life. If you are interested in learning the lingo try *Spreading the Word: the Welsh Language* by Harold Carter (2001) and *Welsh Roots and Branches* (2005) by Gareth Jones. And if you are interested in Welsh food, try *The Very Best Flavours of Wales* (1997) by Gilli Davies – a celebration of Welsh cookery by a Cordon Bleu chef.

THINGS TO WATCH

Wales, and especially Cardiff, is a major centre for television and film, and is used as a film location for some of Britain's most popular programmes. The BBC Wales studios in Cardiff Bay were used for the filming of BAFTA-winning *Doctor Who*, *Casualty*, *Wizards vs Aliens* and the Welsh-language series *Pobol y Cwm*. Other programmes such as *Sherlock*, *Being Human* and the drama series *Merlin* are all filmed on location in and around the city. The latter drew on the legend of King Arthur and Merlin. Critically acclaimed comedy *Gavin & Stacey*, written by James Corden and Ruth Jones, was also filmed nearby in Barry, in the Vale of Glamorgan. The offbeat humour is very true to life. The 1960s television classic *The Prisoner* was filmed in the Italianate village of Portmeirion and fans from around the world still visit in droves.

Many movies have also been filmed in Wales, including *Mr Nice* (2010) starring Rhys Ifans and *Outlaw* (2007) with Sean Bean and Bob Hoskins. Snowdonia has provided the backdrop for an array of classic films, including *The Inn of the Sixth Happiness* (1958) and *Tomb Raider II* (2003).

The Wales Screen Commission markets Wales as a location for all types of productions, assisting them on a practical basis and ensuring that their spend within the Welsh economy is maximised. Older films about Wales include Karl Francis' *Above Us the Earth* (1977), set in the valleys and based on the true story of a colliery closure, and John Ford's *How Green Was My Valley* (1941). A more recent blockbuster was *The Edge of Love* (2008), about the life of Dylan Thomas, starring Matthew Rhys and Keira Knightley.

Media creations are not always positive about Wales, though. There have been numerous documentaries, in particular focusing on Cardiff as the binge-drinking capital of Britain. Recently BBC3 aired *Call Centre*, a fly-on-the-wall documentary based on a Swansea call centre and the characters who work in it – and there are an awful lot of characters.

THINGS TO KNOW ABOUT WALES

It's only small but Wales has produced an awful lot of famous people in its time, and not just singers. Famous actors and actresses include Timothy Dalton and Catherine Zeta-Jones, while the industrial town of Port Talbot alone has produced actor and comedian Rob Brydon, Richard Burton, Sir Anthony Hopkins and Michael Sheen. Others include

▼ Portmeirion

the geographer George Everest, after whom Mount Everest was named, the designer Laura Ashley and explorer Henry Morton Stanley, famous for his line 'Dr Livingstone, I presume?' Mary Quant was born in London but both her parents were Welsh. There are also plenty of famous Americans who think they are Welsh, or have legitimately descended from there.

Notable Americans with at least partial Welsh heritage include presidents Thomas Jefferson, John Quincy Adams, James Monroe and Abraham Lincoln, as well as architect Frank Lloyd Wright, aviator and film producer Howard Hughes, US Secretary of State Hillary Rodham Clinton and Hollywood actor Tom Cruise. Perhaps it's not surprising to see such an illustrious list, given that according to the 2000 census, 1.7 million Americans claim Welsh ancestry. The true figure is actually thought to be even higher due to the large number of Welsh surnames in the country. Such surnames include lots of given names but ending with an 's' – such as Williams, Davies, Edwards, Roberts, Hughes and Evans. Other traditional names include Owen, Lloyd, Morgan, Vaughan, Jenkins, Meredith and Griffith or Griffiths.

Wales is also home to quirky and record-breaking inventions. In 1873, it – or rather, a certain Major Walter Clopton Winfield – invented lawn tennis to entertain his guests at Nantclwyd House in Llanelidan, Denbighshire. The 16th-century Welsh mathematician Robert

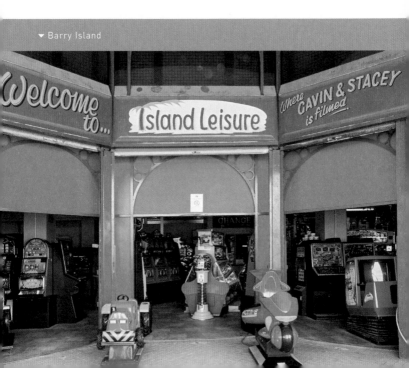

▼ Barry Island

Recorde invented the equal sign (=) and introduced the plus (+) and minus (-) signs as well as algebra to Britain. The nation also had the most successful pirate of the golden age of piracy, Pembrokeshire-born Bartholemew Roberts. It is also thought that he named the pirate's iconic flag 'Jolly Roger' in 1721.

In terms of breaking records Wales is also a success, and is home to Britain's oldest tombstone, that of *Cadfan ap Iago*, King of Gwynedd from AD 616 to AD 625. Cardiff has been home to Spillers record shop – the longest running in the world – since 1894. Wales also wins a record – somewhat unsurprisingly – for sheep. The Smithfield Livestock Market in Welshpool, Montgomeryshire, is the largest one-day sheep market in Europe.

THINGS TO PACK

Come to Wales and the chances are that you'll be doing something outdoorsy, be it canoeing, walking or cycling. For that you'll need proper outdoor equipment and clothing. This basically breaks down to waterproofs (top and bottom), fleecy layers, insulated bottom layers, proper walking socks and shoes, such as sturdy walking boots. If you are going up the high mountains of Snowdonia or visiting in winter you'll also need a thick hat and gloves, and a survival kit. For summer days on the beach you'll need the usual – swimming costume or wetsuit (the water never gets that warm), a towel, some flip-flops, high-factor sun cream and a hat. If you want to spot wildlife, then bring your binoculars and perhaps a notebook to record your sightings. A camera with a large lens might also be useful for catching shots of seal pups on rocky outcrops or soaring red kites. For those with kids, it's probably best to bring – or buy when here – some buckets and spades and maybe some crabbing or fishing lines.

Obviously you'll need to get around so a satnav is always handy. Be warned, though, in rural locations, they often aren't that accurate, so a good map is essential. Equally, if you plan on travelling by public transport, an iPod and earphones might be some comfort along the long and winding roads.

There are plenty of upmarket restaurants, so a 'tidy' outfit would be sure to get an outing. Clearly it does rain, so an umbrella or hood might come in useful but, unlike Scotland, midges aren't a problem here, so you won't need insect repellent. Remember that many attractions and national parks have smart phone apps you can access for free. A tide timetable might be helpful too. After that, all you need to pack is a smile and a good pair of lungs to join in the revelries.

USEFUL TIPS FOR TRAVELLING

Tourist information

Luckily Wales is blessed with an array of government-funded tourist offices in nearly every town, all run by local, knowledgeable staff. The provision can be a bit patchy, though. Mid-Wales is seeing cutbacks and some other offices may be extremely busy during peak periods. Staff can provide you with maps, ideas of where to go and what to see, and books on the local area. They can also suggest and book accommodation or events.

Shopping

Shops are open every day, with shorter trading hours on Sundays. Many – particularly in tourist hotspots – are open on bank holidays. Be warned, though, many towns are quite seasonal with cafes, bars and beach shacks shut in the winter, so it's a good idea to call or check before travelling to a particular restaurant or pub. Take cash as many of the more rural outlets and visitor centres often don't take credit cards.

Keeping the kids happy

Wales is a paradise for kids – it has rocks to climb, crabs to catch, waves to bodyboard and the amazing old-fashioned sweetshop called Yum Yums on Cardigan High Street, if they're in need of spoiling. The nation is well geared towards children. Even the high-end restaurants make them feel welcome and have doctored menus, to prevent any arguments. Facilities are uniformly good and many attractions have discounted tickets. Under-fives often go for free, as they do on trains. Public transport is quite easy to navigate with buggies, although if you plan on getting the bus into town from Cardiff Airport, be warned – it's not a terribly slick service, particularly with young, tired children.

If the weather is truly terrible during your visit there are plenty of things to keep kids occupied. One option is Greenwood Forest Park – an all-day centre with rides, activities and a very cool roller coaster (see page 173). A similar experience can be found further south in Oakwood (see page 256). The Centre for Alternative Technology (see page 222) is another sure-fire winner – and educational too. If they are into sci-fi, then a *Dr Who* close-up in Cardiff Bay is an obvious choice (see page 136). Swansea, meanwhile, has the National Waterfront Museum (see page 308), telling the story of Welsh innovation with many child-friendly exhibits. Pick up a copy of *Wales: View*, available from all tourist information offices, which gives plenty of tips for family-orientated holidays.

Gay and lesbian travellers

In general, Wales is tolerant of sexual preferences, especially in the cities. Cardiff and Swansea have active gay and lesbian scenes, as have Aberystwyth, Bangor and Newport, to a degree. Wales' biggest gay and lesbian festival is the Cardiff Mardi Gras, held in late summer.

Travellers with disabilities

Sadly, the provision for travellers with disabilities can be a case of 'sometimes good, sometimes bad', which isn't terribly helpful. New buildings and public transport have excellent facilities, but the older B&Bs and public buildings, due to their construction, don't allow easy access. It's best to ask in a tourist office for ideas of where to go, or call ahead to check what facilities might be available.

Internet access

If you are travelling with a portable laptop, tablet or smart phone, getting access to Wifi should prove to be very easy in Wales. Increasingly, it's offered for free in cafes and trendy bars, while most hotels and B&Bs will also have it – although sometimes password protected. If you don't have a laptop and need to get access to the web or print off a boarding pass, the best place to head for is a public library. Most towns will have a library with two or more computers that are free to use and have access to a printer. In some cases though, they can be busy so you may have to come back at another time or book a slot. Internet cafes are also popular in the main towns and generally charge per hour. Do remember to check there isn't a minimum charge for usage before you sit down.

▸ Centre for Alternative Technology, Machynlleth

FESTIVALS & EVENTS

From the insane to the quirky, Wales has a festival for everyone. Top of the list is the National Eisteddfod, an age-old competition of poetry and music that still forms the backbone of Welsh heritage. Each year it alternates between north and south Wales giving communities across the country a chance to welcome up to 160,000 visitors over an eight-day period. Occasionally, it used to be held in Liverpool or London, but this seems to have stopped. The Welsh language is integral to it, but the organisers go to great lengths to ensure that non-speakers enjoy themselves too. Many towns also have their own annual arts and food festivals. If you want to find something really obscure, try bog snorkelling in Llanwrtyd Wells, or maybe even coracle racing in Cilgerran. Following is a list of the top events throughout the year.

JANUARY–APRIL

▶ **Six Nations Rugby Championship**
Feb to Mar
Don't miss it – Wales are currently on fire.

▶ **St David's Day**
1 Mar
Wales' national day, with celebrations nationwide, particularly in schools.

▶ **Wonderwool Wales**
Mid-Apr;
wonderwoolwales.co.uk
Enjoy a brilliant range of artisan products and meet the makers.

MAY

▶ **Aberystwyth Cycle Festival**
late May
abercyclefest.com
With some of Britain's top cyclists making a rare appearance in mid-Wales, festival visitors can watch all the on- and off-road action, as well as experience the beautiful and undiscovered lanes of Ceredigion on two wheels.

▶ **Hay Festival**
Late May to early Jun;
hayfestival.com
You don't need to be a book fan to enjoy this one.

▶ **Urdd National Eisteddfod**
End May to first week
Jun; urdd.org
Witness a hugely enjoyable
youth eisteddfod.

▶ **St Davids Cathedral Festival**
End of May to first week Jun;
stdavidscathedral.org.uk
Who can resist 10 days of
classical music with acoustics
this good?

▶ **Snowdonia Slateman
Triathlon, Llanberis**
17–18 May
snowdoniaslateman.com
This brand new triathlon is to
be held over two days. The two
race options will be the Full
Slateman (1,000m swim, 51km
cycle and 11km run) or the
Slateman Sprint (400m swim,
20km cycle and 6km run).

▶ **Tredegar House Folk Festival**
May or Jun;
tredegarhousefestival.org.uk
Enjoy a weekend of
international dance, music
and song at this grand
17th-century mansion.

JUNE

▶ **Great Welsh Beer
& Cider Festival**
Mid-Jun; gwbcf.org.uk)
The best chance to sample
around 200 brews, many from
Wales.

▶ **Cardiff Singer of the
World Competition**
Mid-Jun, alternate years
Check out the star-studded
list of competitors from around
the world.

▶ **Gŵyl Ifan**
Mid-Jun; gwylifan.org
Enjoy a weekend of folk-dancing
workshops, displays and
processions in Cardiff.

▶ **Man Versus Horse Marathon**
Mid-Jun; green-events.co.uk
Watch this strange 22-mile race
at Llanwrtyd Wells, Powys,
between runners and horses.
Also hosts bog snorkelling and
the Real Ale Wobble.

▶ **Gower Walking Festival**
Mid-Jun;
gowerwalkingfestival.org
Get fit with 71 walks over
16 days.

JULY

▶ **Beyond the Border**
Early Jul;
beyondtheborder.com
Get creative at this three-day
international storytelling
festival at St Donats Castle,
Vale of Glamorgan.

▶ **Cardiff Festival**
Jul & Aug; cardiff-festival.com
This large and varied festival
encompasses theatre, food and
drink, a Mardi Gras and
lots more.

▶ **Cardigan Bay Seafood Festival**
Early Jul;
www.aberaeron.info/seafood
Treat your taste buds with fresh
fish and delights from the sea.

▶ **Gower Festival**
Last half of Jul;
gowerfestival.org
Get ready for two weeks of
mostly classical music in
churches around the Gower.

▶ **Llangollen International
Eisteddfod**
First or second week Jul;
international-eisteddfod.co.uk
This competition has more than
12,000 participants from all
over the world, including choirs,
dancers, folk singers, groups
and instrumentalists.

▶ **Snowdon Race**
Late Jul; snowdonrace.co.uk.
Feel for the runners of this
one-day race from Llanberis
up Snowdon.

▶ **The Big Cheese**
Late Jul; your.caerphilly.gov.uk/
bigcheese/great-cheese-race
Who can resist such a
quirky race?

▶ **Royal Welsh Show**
Late Jul; www.rwas.co.uk
Europe's largest agricultural
show and sales fair at Builth
Wells is an absolute Welsh
institution and a top day out.

AUGUST

▶ **Brecon Jazz Festival**
Mid-Aug; breconjazz.co.uk
This is widely regarded as one
of the best jazz festivals in
Britain; run over three days.

▶ **Cardiff Mardi Gras**
Aug; cardiffmardigras.co.uk
This lesbian and gay festival
takes over Coopers Field with
live music and lots of partying.

▶ **Green Man Festival**
Late Aug; greenman.net
This independent music festival
has evolved into a hugely
popular event, with live music
including psych, folk, indie,
dance and Americana across
five stages, as well as DJs
playing everything from
dub-reggae to electro and
stoner rock, all throughout the
night. There's also comedy,
secret gigs and things for the
kids. If you ask nicely they'll
even put up your tent for you.

▶ **Monmouth Show**
End Aug; monmouthshow.co.uk
Spend a day learning about the
country way of life.

▶ **Llandrindod Wells
Victorian Festival**
Late Aug; victorianfestival.co.uk
A week of family fun, street
entertainment and Victorian
costumes rounded off with a
firework display.

▶ **Royal National Eisteddfod**
First week Aug;
eisteddfod.org.uk
The centrepiece of Welsh
culture is Wales' biggest
single annual event, boasting
crafts, literature, Welsh-
language lessons, theatre
and more. Don't forget the
poetry competitions.

SEPTEMBER

▶ **Abergavenny Food Festival**
Mid-Sep;
abergavennyfoodfestival.com
This weekend scoff-fest is
Wales' premier gastronomic
event with a smorgasbord of
fresh food showcased by
celebrity chefs.

▶ **Abersoch Jazz Festival**
End Sep;
abersochjazzfestival.com
New Orleans comes to Wales'
beaches during this jazzy
spectacle.

▶ **Tenby Arts Festival**
Late Sep;
wwwtenbyartsfest.co.uk
This is a well-established
week-long arts romp in Tenby,
with a lively fringe too.

◀ Green Man Rising

OCTOBER

▶ **Artes Mundi**
artesmundi.org
Wales' biggest and most
exciting contemporary visual art
show. One of the shortlisted
artists is awarded £40,000, the
largest art prize in Britain.
The exhibition is biennial.

▶ **Sŵn**
Mid- to late Oct; swnfest.com
This showcases the best new
music from around Wales at
venues across Cardiff.

▶ **Swansea Festival of Music
and the Arts**
Oct; swanseafestival.org
Three weeks of jazz, opera and
ballet throughout the city.

NOVEMBER–DECEMBER

▶ **Bonfire Night and
Lantern Parade**
Early Nov
Superb procession in
Machynlleth, culminating in
fireworks and performance.

▶ **Dylan Thomas Festival**
Early Nov; dylanthomas.com
Held in Swansea with talks,
performances, exhibitions,
readings and music based
around Wales' greatest poet.
2014 marked the centenary
of the birth of infamous Welsh
poet Dylan Thomas, whose
most celebrated works include
*Do Not Go Gentle Into that Good
Night* and the play that he wrote
for radio, *Under Milk Wood*.

▼ Dylan Thomas Memorial Statue, Swansea Marina

CAMPSITES

For more information on these and other campsites, visit theaa.com/self-catering-and-campsites

Aeron Coast Caravan Park ▶▶▶

aeroncoast.co.uk
North Road, Aberaeron, SA46 0JF
01545 570349 | Open Mar–Oct
This well-managed family holiday park with direct access to the beach. On-site facilities include an extensive outdoor pool complex, multi-activity and outdoor sports area.

Caerfai Bay Caravan & Tent Park ▶▶▶▶▶

caerfaibay.co.uk
Caerfai Bay, St Davids, SA62 6QT
01437 720274 | Open Mar to mid-Nov
Offers magnificent coastal scenery and an outlook over St Brides Bay, and is close to a bathing beach. The facilities are great, and there is an excellent farm shop just across the road.

Daisy Bank Caravan Park ▶▶▶▶▶

daisy-bank.co.uk
Snead, Churchstoke, SY15 6EB
01588 620471 | Open all year
Located between Craven Arms and Churchstoke, this idyllic park is for adults only. The immaculately maintained amenity blocks provide smart, modern fittings and excellent privacy options. Camping pods, and free Wifi are also available.

Fishguard Bay Caravan & Camping Park ▶▶▶

fishguardbay.com
Garn Gelli, Fishguard, SA65 9ET
01348 811415 | Open Mar–9 Jan
A clifftop site with outstanding views of Fishguard Bay, the park is extremely well kept, with a good toilet block, a common room with TV, a lounge/library, decent laundry and a well-stocked shop.

Home Farm Caravan Park ▶▶▶▶▶

homefarm-anglesey.co.uk
Marian-glas, LL73 8PH
01248 410614 | Open Apr–Oct
A first-class park set in an elevated and secluded position sheltered by trees. The peaceful rural setting has views of farmland, the sea and the mountains of Snowdonia. There

La parade militaire d'Édimbourg

Renseignements
pratiques

Avant le départ

QUAND PARTIR ?

Parmi tous les pays à vocation touristique, la Grande-Bretagne est sans conteste celui dont l'évocation appelle le plus grand nombre d'images contradictoires de la part des visiteurs venus du continent. Pêle-mêle, le climat, la cuisine, les paysages sont décriés ou au contraire loués selon les sensibilités de chacun.

La réalité est autre. Un voyage outre-Manche bien préparé fera fi des idées toutes faites et laissera les meilleurs souvenirs à qui saura prendre le temps d'admirer les magnifiques paysages, visiter les trésors architecturaux et surtout voudra bien se laisser séduire par les charmes de la qualité de la vie, partout présente chez nos amis de Grande-Bretagne.

Juin et **juillet** comptent parmi les mois les plus agréables, car ils enregistrent un ensoleillement maximum et des températures très douces. Juin est recommandé pour visiter l'Écosse et le pays de Galles.

Le **printemps** est plus particulièrement favorable à une visite des côtes Ouest et Sud du pays, car abritées des vents du Nord prédominants en cette saison.

À la **fin de l'été**, les vents soufflent principalement du Sud-Ouest. C'est la saison la plus propice pour visiter la côte Est.

Quelques prétextes pour un voyage en Grande-Bretagne

Christmas Lights – Mi-novembre à Noël. Illuminations. Belles vitrines. Vente d'objets pour la décoration des arbres de Noël (à Londres : Regent Street et Oxford Street).

Les soldes – 27 décembre à mi-janvier. Dans toutes les grandes villes et spécialement à Londres.

Rugby (Tournoi des 6 Nations) – Janvier, février, mars. Londres, Cardiff, Édimbourg.

Tournoi de tennis de Wimbledon – Juin. Londres.

Les Proms – Mi-juillet à mi-septembre. Londres, Albert Hall.

Guy Fawkes – 5 novembre. Feux d'artifice.

ORGANISER SON VOYAGE

Pour organiser son voyage, rassembler la documentation nécessaire, vérifier certaines informations, s'adresser en premier lieu aux représentations de la **B.T.A. (British Tourist Authority)** ainsi qu'aux offices de tourisme locaux.

Représentations de la British Tourist Authority

Paris – **Maison de la Grande-Bretagne**, *19, rue des Mathurins, 75009 Paris. ☎ 01 44 51 56 20 (renseignements) ; fax 01 44 51 56 21 ; Minitel 3615 BRITISH ; www. grandebretagne.net*

La Maison de Grande-Bretagne regroupe le Tourisme de Grande-Bretagne, British Rail International, Brittany Ferries, Edwards and Edwards (réservation de places de théâtre...), le Shuttle, P & O European Ferries, Sealink France et l'Union nationale des organisations de séjours linguistiques.

Bruxelles – *B.T.A., 306, avenue Louise, B-1050 Bruxelles. ☎ (02) 646 35 10 ; fax (02) 646 39 86.*

Zurich – *B.T.A., Limmatquai 78, CH-8001 Zurich. ☎ (01) 261 42 77 ; fax 01-251 44 56.*

Toronto – *B.T.A., 5915 Airport Road, suite 120, Toronto, Ontario L4V 1T1. ☎ (905) 405 1835 ; travelinfo@bta.org.uk ; www.visitbritain.com/ca*

Formalités d'entrée

Papiers d'identité – Un passeport ou une carte d'identité en cours de validité sont exigés. Les ressortissants du Liechtenstein, de Monaco et de Suisse devront, en outre, remplir la Visitor's Card.

Animaux domestiques – Les chiens et les chats sont désormais autorisés à pénétrer au Royaume-Uni sans période de quarantaine préalable. Certificats de vaccination indispensables. Se renseigner à l'avance auprès d'un cabinet vétérinaire car certains examens sanguins de dépistage sont requis.

Documents pour la voiture – Outre les papiers du véhicule, il est avisé de se munir d'une carte verte internationale. À l'arrière du véhicule, la lettre signalant le pays d'origine est obligatoire.

Douanes – En règle générale, la législation en vigueur dans l'Union européenne est appliquée sur le territoire du Royaume-Uni, à l'exception des îles Anglo-Normandes et de l'île de Man, qui possèdent leur législation spécifique.

Le service des douanes britanniques publie une brochure sur les réglementations douanières et la liste complète des quantités autorisées de marchandises hors taxes. On peut se la procurer à l'adresse suivante : *HM Customs and Excise, Dorset House, Stamford Street, London SE1 9PY. ☎ (020) 7620 1313 (siège) ; (020) 7928 3344 (standard) ; (020) 7202 4227 (renseignements).*

Il est illégal d'introduire sur le territoire britannique drogues, armes à feu et munitions, matériel pornographique mettant en scène des enfants, produits de contrefaçon, produits alimentaires non autorisés (volailles et animaux), tout produit ayant un rapport avec les espèces animales en danger (fourrures, ivoire, objets en corne ou en cuir), ainsi que certaines plantes (pommes de terre, bulbes, graines, arbres).

Santé – En cas d'accident ou de maladie en cours de séjour, les ressortissants de l'Union européenne bénéficient de la gratuité des soins. Il est recommandé de se munir de l'imprimé E 111 que l'on obtiendra (en France) auprès de sa caisse de Sécurité sociale.
Sur place, le numéro téléphonique de secours est le **999**.

Comment se rendre en Grande-Bretagne

En avion – Les principales villes de Grande-Bretagne sont reliées aux capitales et autres grandes villes des pays continentaux. Se renseigner auprès des agences Air France, Sabena, Swissair, British Airways... de la ville de départ.
De nombreux vols charters existent sur Londres et Édimbourg. Se renseigner auprès de son agence de voyages. En liaison avec l'aéroport de Londres-Stansted, la compagnie « low-coast » de KLM, BUZZ offre des tarifs particulièrement avantageux au départ de Paris, Lyon, Bordeaux, Toulouse, Montpellier, Chambéry, Poitiers ou La Rochelle. Se renseigner auprès de son agence (un aller-retour peut être à moins de 1000 F).
Outre les taxis, divers services de bus (National Express, Airbus A1 et A2 au départ de Heathrow ; National Express, Flightline 777 et Speedlink au départ de Gatwick) relient les aéroports de Londres au centre de la ville. En outre, la ligne de métro *(Underground)* « Piccadilly Line » dessert tous les terminaux de Heathrow. En train, le Gatwick Express relie Gatwick à la gare de Victoria et le Stansted Express relie le nouvel aéroport de Stansted à la gare de Liverpool Street.

En bateau – Parmi les nombreuses traversées possibles, signalons les lignes Roscoff-Plymouth (6 h), Cherbourg-Southampton (6 h et 8 h de nuit), Caen-Portsmouth (6 h), Le Havre-Portsmouth (5 h 45), Calais-Douvres (1 h 40), Ostende-Douvres (4 h) et Zeebrugge-Hull (une nuit). Au départ de Boulogne et Calais, les traversées en aéroglisseurs demandent de 35 à 45 mn.
Les îles de Jersey et Guernesey sont reliées à St-Malo et Weymouth par catamarans géants transporteurs de voitures.
Pour les compagnies, les horaires et tarifs, se renseigner auprès des agences de voyages.

En train – Tunnel sous la Manche : les voitures sont acheminées par navettes ferroviaires de Calais à Folkestone en 35 minutes. Les billets peuvent être pris sur place. Pas de réservation.
Le train à grande vitesse **Eurostar** relie Paris (gare du Nord) et Bruxelles (gare du Midi) à Londres (Waterloo Station). Les plaines du Nord de la France sont traversées à 300 km/h dans un confort jusqu'à présent inégalé. Trois heures (dont 20 mn sous le tunnel) suffisent pour relier le centre de Paris aux berges de la Tamise.

Conduire à gauche ?

Au port de débarquement, à la sortie du tunnel sous la Manche, en prenant le volant d'une voiture de location aux aéroports... la conduite à gauche inquiète.
S'il est recommandé de conduire à allure modérée durant les premiers kilomètres, réflexes et assurance viennent pourtant rapidement dès lors que l'on voudra bien suivre quelques règles de base strictement appliquées par le conducteur britannique : calme, politesse, respect absolu du piéton.

Avant les premiers tours de roues
– Régler les rétroviseurs du véhicule.
– Si l'on doit rouler de nuit, penser à faire régler ses phares. À défaut, se procurer un cache qui empêchera la lumière d'aveugler les conducteurs qui viennent en sens inverse.
– La ceinture de sécurité est obligatoire pour les passagers à l'avant comme à l'arrière du véhicule.
– Venant du continent (conducteur à gauche) : attention en ouvrant votre portière !

Le voyage commence
– Conduire à allure modérée.
– Lesroutes de campagne sont souvent étroites et n'ont pas de bas-côtés.
– Faire particulièrement attention aux premiers ronds-points rencontrés. La circulation autour d'un rond-point se fait dans le sens des aiguilles d'une montre, la priorité est alors aux voitures qui viennent de la droite.
– Toujours signaler ses manœuvres à l'aide des clignotants.

Limites de vitesse – Sauf indication contraire, les limites de vitesse sont les suivantes :
– en ville : 50 km/h (30 mph).
– sur route : 96 km/h (60 mph).
– sur double-chaussée : 112 km/h (70 mph).
– sur autoroute : 112 km/h (70 mph).

L'âge minimum requis pour conduire est 17 ans. La conduite s'effectue à gauche et on double à droite. Les phares doivent être utilisés de nuit, même dans les aggloméra-tions, et dans la journée lorsque la visibilité est mauvaise. De sévères amendes sont appliquées aux automobilistes qui conduisent en ayant dépassé la dose d'alcool maximum autorisée. En cas de panne, utiliser un signal lumineux (triangle rouge) ou mettre les feux de détresse.

Les principaux panneaux de signalisation figurent à la fin du Guide Rouge Michelin de la Grande-Bretagne et de l'Irlande et correspondent en général aux normes internationales.

Essence – Seule l'essence sans plomb *(unleaded)* est en vente en Grande-Bretagne. Elle est dite **Premium** (indice d'octane 95) ou **Super** (indice d'octane 98).

La signalisation

Autoroute – M pour Motorway. Signalisation sur fond bleu.

Route de grande liaison et route principale – Repérées par les lettres A. Signalisation sur fond vert.

Route secondaire – Repérée par la lettre B. Signalisation sur fond blanc.

Une signalisation abondante et un grand nombre de giratoires (roundabouts) rangent les routes britanniques parmi les plus sûres d'Europe malgré leur fréquente étroitesse.

Quelques mots utiles

Clearway : interdiction formelle de stationner.

Cross roads : carrefour.

Dual-carriageway : route à chaussées séparées par un terre-plein central.

Entry : entrée.

Exit : sortie.

Forward : droit devant.

Get in lane : se placer dans la bonne file de circulation et rester dans sa file.

Give way : laisser le passage.

Junction : échangeur (sur les autoroutes, les échangeurs sont repérés par un numéro).

Left : gauche.

One way : sens unique.

R (Ring Road) : boulevard circulaire périphérique.

Reduce Speed Now : ralentir.

Right : droite.

Roundabout : rond-point.

Service area : aire de service.

Stop children : stop. Passage d'enfants.

Traffic lights : feux tricolores (avant de passer au vert, les feux rouges repassent à l'orange. Le feu orange maintient le stop).

Zebra crossing : passage pour piétons signalé à l'attention des automobilistes par deux boules orange clignotantes à chaque extrémité du passage. Attention, les piétons ont toujours priorité pour traverser une rue.

Stationnement – Les parcs de stationnement sont indiqués par des panneaux bleus avec la lettre « P ». Le **paiement** s'effectue soit en partant, soit à l'avance pour une cer-taine durée. Le stationnement peut également être régi par la présence de parcmètres, de zones à durée de stationnement limité gratuit (disques) ou payant (tickets à prendre à un distributeur et à placer derrière le pare-brise).

Dans les rues, des lignes de couleur au sol indiquent les possibilités de stationnement, qui peut être payant :
– double ligne rouge ou jaune : interdiction absolue de s'arrêter,
– simple ligne jaune : interdiction de stationner aux heures indiquées sur les panneaux,
– ligne jaune pointillée : autorisation de stationner à certaines heures.

Il est interdit de s'arrêter ou de stationner sur les lignes blanches disposées en zigzag avant et après les passages pour piétons quelle que soit l'heure. N'oubliez pas de donner la priorité aux piétons sur les passages zébrés de blanc et lorsque les feux de signalisation passent à l'orange.

Ne jamais laisser d'objets de valeur dans un véhicule vide.

Ces indications strictement générales, qui ne sauraient en rien engager notre respon-sabilité, peuvent varier selon les villes, et leur non-respect peut donner lieu à la mise en fourrière du véhicule : il est impératif de se conformer à la signalisation en place.

Secours routier – Il est assuré par les deux automobile-clubs de Grande-Bretagne, qui apportent leur aide aux membres de clubs étrangers affiliés :

Automobile Association – *Fanum House, Basingstoke, Hants. RG21 2EA.* ☎ *0990 448 866 ; www.theaa.co.uk*

Royal Automobile Club, RAC House – *1 Forest Road, Feltham, Middlesex TW13 7RR.* ☎ *(020) 8917 2500 et (0906) 834 7333 (information sur les itinéraires) ; fax (020) 8917 2525 ; www.rac.co.uk*

Billets et pièces

Le billet de 50£ représente Sir John Houblon (1632-1712), qui fut Gardien du Trésor à la Banque d'Angleterre.

Le billet de 20£ représente Michael Faraday (1791-1867), physicien qui inventa la dynamo.

Le billet de 10£ représente Charles Dickens (1812-1870), auteur notamment de *Les Aventures de M. Pickwick*, *Olivier Twist*, *Contes de Noël*, etc.

Le billet de 5£ représente George Stephenson (1781-1848), ingénieur qui mit au point la locomotive *Rocket* et établit la voie ferrée de Stockton à Darlington.

Tous les billets et pièces de monnaie portent sur l'une de leurs faces l'effigie du souverain. Une bandelette magnétique est incorporée aux billets de banque. Au revers des pièces de 1£ figurent des symboles différents selon la frappe d'origine, entre autres le blason royal et les trois lions rampants (Angleterre), le chardon (Écosse), le plumet du prince de Galles (pays de Galles).
Les billets de 1£ émis par la Banque d'Écosse ont cours sur l'ensemble du territoire britannique.

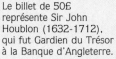

Vie pratique

VIE QUOTIDIENNE

Banques – En Angleterre et au pays de Galles, les banques sont ouvertes du lundi au vendredi de 9 h 30 à 15 h 30. En Écosse : du lundi au jeudi de 9 h 30 à 12 h 30 (et 16 h 30 à 18 h le jeudi), le vendredi de 9 h 30 à 15 h 30. En Écosse, à l'île de Man et dans les îles Anglo-Normandes, les billets de banque ne sont pas les mêmes qu'en Angleterre.
En principe, les billets écossais sont valables dans tout le Royaume-Uni, mais les commerçants anglais ne les acceptent pas toujours. Par contre, la monnaie des îles de Man et des îles Anglo-Normandes n'a pas cours dans le Royaume-Uni.
Au début de l'année 2001, la livre sterling (= 100 pence) valait environ 9,64 FF.

Heure et jours fériés – De fin octobre à fin mars, c'est l'heure de Greenwich GMT qui prévaut en Grande-Bretagne, de fin mars à fin octobre, c'est l'heure GMT + 1 heure. Le changement d'heure intervient toujours pendant le week-end en mars et en octobre.
Les *bank holidays* sont des jours où les banques sont fermées au Royaume-Uni en accord avec les lois de 1871 et 1875. Aujourd'hui, ces bank holidays sont des jours fériés pour tout le monde. Jours fériés : Nouvel An (auquel s'ajoute le 2 janvier en Écosse) ; Vendredi saint (Good Friday) ; lundi de Pâques (Easter Monday), sauf en Écosse ; 1er lundi de mai (May Day) ; dernier lundi de mai (Spring bank holiday) ; 1er lundi d'août en Écosse (fête de l'été) ; dernier lundi d'août en Angleterre et pays de Galles ; Noël et le 26 décembre (Boxing Day, fête de St-Étienne).
Aux congés scolaires de printemps, d'été et de Noël viennent s'ajouter des vacances en milieu de trimestre, en février, mai et octobre.

Magasins – Les grands magasins et les plus grandes boutiques sont généralement ouverts du lundi au samedi de 9 h à 17 h 30 ou 18 h, le dimanche de 10 h ou 11 h jusqu'à 16 h. À Londres, le jeudi, les magasins d'Oxford Street et Regent Street restent ouverts jusqu'à 20 h. En province, les magasins observent une demi-journée de fermeture hebdomadaire (early closing day : **ECD**). Cette demi-journée de fermeture varie d'une ville à l'autre. Elle est précisée dans le Guide Rouge Michelin Great Britain and Ireland.

Oxford Street

Poste et téléphone – Les lettres (d'un poids inférieur à 20 g) et cartes postales à destination d'un pays d'Europe seront affranchies à 36 pence (tarif 2001).
Les **bureaux de poste** sont ouverts du lundi au vendredi de 9 h 30 à 17 h 30 et le samedi matin de 9 h 30 à 12 h 30.
Du Royaume-Uni vers la France : 00 33 (32 vers la Belgique, 352 vers le Luxembourg, 41 vers la Suisse) + le numéro à 10 chiffres **sans** le premier zéro. De la France vers le Royaume Uni : 00 44 + indicatif de la localité **sans** le premier zéro + numéro du correspondant. En PCV ou avec la carte Pastel Internationale : 0 800 89 00 33.
Les cartes de téléphone *British Telecom* et *Mercury* permettent les appels internationaux. Elles sont en vente dans les bureaux de poste et chez de nombreux marchands de journaux. Certaines cabines permettent l'utilisation des cartes de crédit (Visa, par exemple). Suivre les indications qui apparaissent sur l'écran de l'appareil.

Les tarifs varient : pendant la journée, du lundi au vendredi de 8 h à 18 h ; le soir du lundi au vendredi avant 8 h et après 18 h ; le week-end du vendredi à minuit jusqu'au dimanche à minuit.

100 Opératrice
155 Opératrice internationale
192 Renseignements téléphoniques en Grande-Bretagne
155 Renseignements internationaux (appel payant).
999 Urgences (appel gratuit dans tout le pays) : demandez les pompiers, la police, une ambulance, la gendarmerie maritime, les services de secours en montagne ou spéléologiques.

Appareils électriques – Le voltage en Grande-Bretagne est de 240 V (50 Hz) en courant alternatif. Les prises de courant sont tripolaires. Il est recommandé de se munir d'un adaptateur international, notamment en cas de séjour chez l'habitant ou à l'hôtel dans de petites villes.

Essence – Attention ! Le carburant en Angleterre est cher. En fonction des itinéraires projetés, son prix est à prendre en compte dans son budget vacances.

Des forfaits intéressants

Transports londoniens

Visitor Travelcard – Valable 3, 4 ou 7 jours sur les bus et métros de Londres.
Se procurer cette carte, avant de partir, dans un bureau de la B.T.A.
Travelcard – Carte journalière valable sur tout le réseau métro/bus londonien. Utilisable à partir de 9 h 30 le matin du lundi au vendredi. Valable le samedi et le dimanche.

Train

Les cartes **Flexi-Pass** et **Britrail-Pass** permettent l'accès à tout le réseau d'Angleterre, d'Écosse et du pays de Galles.
Se procurer ces cartes, **avant de partir**, dans un bureau de la B.T.A.

Autocar (Coach)

Les compagnies National Express et Caledonian Express proposent des cartes de réduction pour circuler sur l'ensemble de leur réseau en Grande-Bretagne.

Demeures historiques

Un billet dit **Open to View**, délivré par la B.T.A. et par les offices de tourisme locaux, donne accès à plus de 600 demeures, châteaux et jardins historiques.

HÉBERGEMENT

Il faut le savoir, les hôtels comme certains bed and breakfast sont relativement chers. Ces prix élevés peuvent constituer un frein au tourisme en Grande-Bretagne. Privilégier les étapes dans les petites villes ou villages ou certaines chaînes d'hôtels comme Travel Inn ou Days Inn.

Guide Rouge Michelin Great Britain and Ireland – Mis à jour chaque année, il recommande un large choix d'hôtels établi après visites et enquêtes sur place.

Bed and Breakfast – Ce sont des chambres d'hôte qui offrent la chambre et le petit-déjeuner anglais pour une somme fort raisonnable. Ces B&B sont gérés par des particuliers et on en trouvera dans les villes, à la campagne, à la ferme ou près des sites très touristiques.

> **Les centres d'information touristique**
> Ils sont plus de 800 répartis sur tout le territoire. Certains assurent un service de réservation de chambres : « **Book-a-Bed-Ahead** ».

Leur style, l'accueil varient bien sûr selon les propriétaires mais, dans tous les cas, ils représentent un excellent moyen de mieux connaître le pays.
Des brochures avec la liste de tous les B&B sont en vente dans les offices de tourisme (B.T.A.). Pour Londres, consultez le 3615 Café Couette.
Le symbole ⌂ dans le Guide Rouge Michelin Great Britain and Ireland, signale une sélection de B&B.

Camping-Caravaning – Les bureaux de tourisme du B.T.A. proposent une brochure, *Camping and Caravanning in Britain*, qui donne une liste de terrains avec tous les renseignements utiles les concernant (localisation et confort).
Les terrains de la New Forest et des parcs forestiers sont gérés par l'Office des forêts britannique. Pour tout renseignement, s'adresser à : **The Forestry Commission**, 231 Corstophine Road, Edinburgh EH12 7AT ; ☎ (0131) 334 0066 ; fax (0131) 334 3047.
Le camping à la ferme est toujours possible, mais ne pas omettre de demander l'autorisation au fermier avant de planter la tente.

Auberges de jeunesse – La Youth Hostels Association gère de nombreux établissements (qui ne sont pas uniquement réservés aux jeunes).

Grande-Bretagne et pays de Galles – YHA National Office, Trevelyan House, 8 St Stephen's Hill, St Albans, Hertfordshire AL1 2DY. ☎ (01727) 855 215 ; fax (01727) 844 126 ; www.yha.org.uk

Écosse – SYHA National Office, 7 Glebe Crescent, Stirling FK8 2JA.

À côté de ces formes traditionnelles d'hébergement, il est possible de louer bungalows, chalets et cottages. Pour les adresses utiles, s'adresser aux B.T.A.

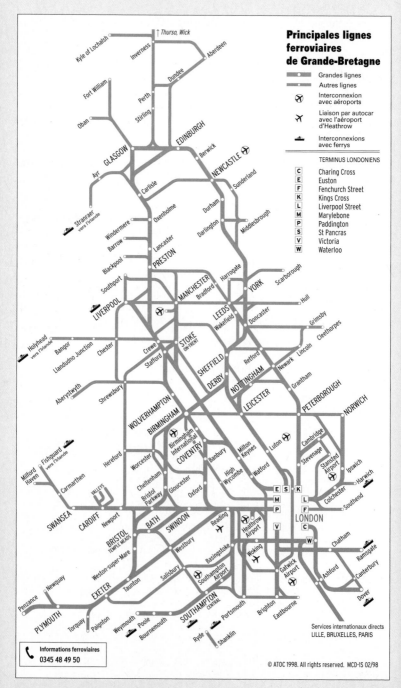

Principales lignes ferroviaires de Grande-Bretagne

Grandes lignes
Autres lignes
⊗ Interconnexion avec aéroports
✈ Liaison par autocar avec l'aéroport d'Heathrow
⚓ Interconnexions avec ferrys

TERMINUS LONDONIENS

C	Charing Cross
E	Euston
F	Fenchurch Street
K	Kings Cross
L	Liverpool Street
M	Marylebone
P	Paddington
S	St Pancras
V	Victoria
W	Waterloo

Services internationaux directs
LILLE, BRUXELLES, PARIS

📞 Informations ferroviaires
0345 48 49 50

RESTAURATION

À l'inverse de l'hébergement, il est plus facile d'équilibrer son budget « repas » lors d'un séjour en Grande-Bretagne.

Les pubs, musées et autres « fish and chips » offrent, en effet, de nombreuses possibilités de se restaurer à prix « normal ». Et puis ne pas oublier le large choix de sandwichs que l'on peut trouver dans de nombreux commerces... en ville comme dans les villages.

Guide Rouge Great Britain and Ireland – Il propose une très large sélection de restaurants qui permettront de découvrir et savourer les meilleures spécialités de Grande-Bretagne.

Les pubs – Dans un décor ancien ou traditionnel, ils proposent, au déjeuner, des repas simples : **pies** (pork pies ou steak and kidney pies), le **ploughman's** (cheddar ou stilton avec salade, pickles, pain et beurre), le **shepherd's pie** (agneau haché avec carottes et purée), les jacket potatoes ou le célèbre **Lancashire hot-pot** (viande mitonnée). Ces plats sont généralement accompagnés d'un grand choix de salades.
Les pubs sont ouverts tous les jours de 11 h (12 h 30 le dimanche) à 23 h. Les mineurs de moins de 18 ans peuvent faire l'objet de certaines restrictions et doivent être munis de papiers d'identité.

L'amateur de bière et les touristes désireux de s'arrêter dans les pubs les plus authentiques acquerront le Good Beer Guide de l'année (Campaign for Real Ale).

Les Wine Bars – Autour d'un buffet généralement bien garni, on y déguste le vin, vendu au verre ou à la bouteille.

Fish and Chips – C'est la formule la moins chère pour se restaurer. Le fish and chips traditionnel propose du poisson frit avec des pommes de terre frites. On mange debout ou, le tout étant présenté dans un cornet, en continuant de marcher.

Pique-nique – La Grande-Bretagne est le pays des sandwichs. Marks and Spencer, Tesco et les magasins Sainsbury's en proposent un grand choix.

Le thé – Partout en Grande-Bretagne, mais surtout dans les grandes villes, à partir de 16 heures, ne pas hésiter à s'asseoir à la table d'un confortable salon de thé afin de sacrifier à la tradition anglaise du thé. Des mini-sandwichs et de délicieuses pâtisseries accompagnent la cup of tea dans laquelle on aura, avant le thé, versé un peu de lait froid.

Pourboire – Dans les restaurants, le service n'est presque jamais inclus ; il est d'usage de laisser un pourboire de 15 % de la note. De même, on donne un pourboire aux chauffeurs de taxi, aux porteurs dans les hôtels et aux vestiaires. En revanche, on ne doit rien aux ouvreuses de cinéma et aux serveurs dans les pubs.

Sports et loisirs

Le climat tempéré de la Grande-Bretagne a concouru à en faire la terre d'élection de nombreux sports et activités extérieurs. Les jours de l'année où leur pratique est impossible sont rares, et que ce soit le long des côtes, en rivière ou sur plan d'eau, en montagne ou en plaine, de nombreux aménagements sont à la disposition de chacun.

Les terrains plats et herbeux se prêtent aux sports tels que le football, le rubgy, le hockey, le croquet – toujours apprécié des Britanniques, bien que ce jeu apparaisse des plus désuets aux continentaux –, le tennis ou encore le cricket. Lui aussi typiquement insulaire, il attire nombre d'amateurs de mai à septembre et on voit chaque week-end se dérouler maintes rencontres dans les campagnes.

La Commission du tourisme britannique (English Tourist Board) diffuse un guide annuel avec les coordonnées de nombreuses installations sportives.

Cyclisme et cyclotourisme – Plus de 200 clubs de cyclisme et cyclotourisme organisent des excursions pendant les mois d'été. Cela va de la simple promenade touristique sur chemin de campagne à l'ascension, plus ardue, de routes de montagne. La fédération publie des brochures détaillant des itinéraires, avec cartes et adresses, tandis que compagnies aériennes et ferroviaires assurent le transport des vélos en tant que bagages accompagnés.

Le réseau national est constitué de près de 8 050 km de pistes cyclables, de voies peu fréquentées et de routes secondaires. Pour obtenir des informations, s'adresser à :

SUSTRANS – Head Office, 35 King Street, Bristol BS1 4DZ. ☎ (0117) 926 8893 ; (0117) 929 0888 (renseignements) ; fax (0117) 929 4173 ; www.sustrans.co.uk Il existe des antennes SUSTRANS dans tout le pays.

Cyclists' Touring Club – Cotterell House, 69 Meadrow, Godalming, Surrey GU7 3 HS. ☎ (01483) 417 217 fax (01483) 426 994 ; www.ctc.org

Demeures historiques – Les organismes suivants possèdent ou entretiennent de nombreux manoirs, jardins, monuments et ruines historiques ; leurs membres bénéficient de l'entrée libre :

Le **Great Britain Heritage Pass** (valable 7 jours, 15 jours ou 1 mois) permet de visiter environ 600 domaines (manoirs, châteaux et jardins) dans tout le pays. On peut se le procurer auprès de la B.T.A. (British Tourist Authority) et des offices de tourisme locaux.

Le **English Heritage Overseas Visitor Pass** (valable 1 ou 2 semaines) permet un accès illimité aux demeures historiques English Heritage.

Cadw (Welsh Historic Monuments) – Plus de 120 demeures : Cadw, Brunel House, 2 Fitzalan Road, Cardiff CF2 1UY, Wales. ☎ (01222) 500 300 ; www.casltewales.com

English Heritage – Plus de 350 demeures ; Customer Services Department, PO Box 9019, London W1A 0JA. ☎ (020) 7973 3434 ; www.english-heritage.org.uk

Historic Scotland – Plus de 300 demeures : Longmore House, Salisbury Place, Edinburgh EH9 15 H, Scotland. ☎ (0131) 668 8800 ; fax (0131) 668 8888 ; www. historic-scotland.org.uk

Manx National Heritage – 8 sites principaux et 1 620 hectares – The Manx Museum, Douglas, Isle of Man, IM¹ 3LY. ☎ (01624) 675 522 ; fax (01625) 648 001. Des accords passés entre certaines des associations ci-dessus permettent à leurs membres de bénéficier de demi-tarifs.

National Trust – Angleterre : 36 Queen Anne's Gate, London SW1 H 9AS. ☎ (020) 7222 9251 ; fax (0171) 222 5097 ; www.nationaltrust.org.uk

Écosse – 5 Charlotte Square, Edinburgh EH2 4DU. ☎ (0131) 226 5922 ; fax (0131) 243 9501 ; www.nts.org.uk

Irlande du Nord – Rowallane House, Saintfield, Ballynahinch, Co Down BT24 7LH. ☎ (01238) 510 721 ; fax (01238) 511 242.

Pays de Galles – Trinity Square, Llandudno, Gwynedd LL30 2DE. ☎ (01492) 860 123 ; fax (01492) 860 233.

Équitation et randonnées à poney – Près de 600 établissements homologués permettent aux débutants et passionnés de pratiquer l'équitation. Les randonnées, le plus souvent en groupes et principalement au pas, constituent une façon merveilleuse de visiter la campagne inaccessible par tout autre moyen de transport.

Association of British Riding Schools – Queens Chambers, Office n° 2, 38-40 Queen Street, Penzance, Cornwall TR18 4BH. ☎ (01736) 369 440 ; fax (01736) 351 390 ; www.equiworld.net/abrs

British Show Jumping Association – British Equestrian Centre, Stoneleigh, Kenilworth, Warwickshire CV8 2LR. ☎ (02476) 698 800 ; fax (02476) 696 685 ; www.bsja.co.uk

British Horse Society – Stoneleigh, Deerpark, Kenilworth, Warwickshire CV8 2XZ. ☎ (01926) 707 700 ; fax (01926) 707800.

Countryside Alliance – 367 Kennington Road, London SE1 4PT. ☎ (020) 7582 5432 ; fax (020) 620 1401 ; www.country side/alliance.org

Racecourse Association Ltd – Winkfield Road, Ascot, Berkshire SL5 7 HX. ☎ (01344) 625 912 ; fax (01344) 627 233 ; www.comeracing.co.uk

Hurlingham Polo Association – Manor Farm, Little Coxwell, Faringdon, Oxon SN 7 7LW. ☎ (01367) 242 828 ; (01367) 242 829 ; www.hpa-polo.co.uk

Wales Tourist Board

Jardins – L'Angleterre offre un large choix de jardins ouverts aux visiteurs, depuis le vaste parc de château jusqu'au simple jardinet particulier, dont le nombre et la variété attestent la passion des Britanniques pour le jardinage. The National Gardens Scheme publie Gardens of England and Wales, un guide annuel des jardins privés occasionnellement ouverts au public au bénéfice d'œuvres caritatives.

The National Gardens Scheme – Hatchlands Park, East Clandon, Guildford, Surrey GU4 7RT. ☎ (01483) 211 535 ; fax (01483) 211 537 ; www.ngs.org.uk

Golf – La Grande-Bretagne compte un grand éventail de terrains, depuis le simple aménagement en bord de mer jusqu'au parc réunissant plusieurs parcours. Beaucoup d'entre eux sont privés, mais acceptent les visiteurs. Les terrains municipaux sont extrêmement fréquentés, aussi les queues s'allongent-elles au premier tee. Situation et informations pour une large sélection de terrains apparaissent sur les cartes Michelin nos 401 à 404 et dans le Guide Rouge Great Britain and Ireland.

English Golf Union – National Golf Centre, The Broadway, Woodhall Spa, Lincolnshire LN 10 6PU. ☎ (01526) 354 500 ; fax (01526) 354 020 ; www.englishgolfunion.org

English Ladies Golf Association – Edgbaston Golf Club, Church Road, Birmingham B15 3TB. ☎ (0121) 456 2088 ; fax (0121) 454 5542 ; office@englishladiesgolf.org

Royal and Ancient Golf Club of St Andrews – St Andrews, Fife KY16 9JD. ☎ (01334) 472 112 ; fax (01334) 477 580 ; www.randa.org

Chasse – Elle se pratique partout en Grande-Bretagne, mais la plus célèbre est celle du lagopède – la fameuse grouse –, qui se déroule en Écosse à partir du 12 août.

British Association of Shooting and Conservation – Marferd Mill, Rossett, Wrexham, Wales LL12 0 HL. ☎ (01244) 573 000 ; fax (01244) 573 001 ; www.basc.org.uk

Les parcs nationaux – Les 11 parcs nationaux d'Angleterre et du pays de Galles et les 4 parcs forestiers d'Écosse sont équipés de sentiers balisés, d'aires de pique-nique, de centres d'accueil et d'aménagements divers facilitant la pratique d'activités telles que le canotage, la voile, le canoë ou la randonnée à poney.

Council for National Parks – 246 Lavender Hill, London SW11 1LJ. ☎ (020) 7924 4077 ; fax (020) 7924 5761 ; www.cnp.org.uk

Forestry Commission – Headquarters, 231 Corstorphine Road, Edinburgh, Lothian EH12 7AT. ☎ (0131) 334 0303 ; fax (0131) 334 3047 ; www.forestry.gov.uk

Les réserves naturelles – Créées dans un but de protection naturelle (oiseaux, dunes,

K. J. Richardson/The National Trust

landes), elles n'en accueillent pas moins les visiteurs qui peuvent y trouver des sentiers dits de nature et des postes d'observation ; aussi est-on assuré d'y voir flore et faune se développer et vivre au... naturel. La plupart d'entre elles sont gardées, et certaines font l'objet de restrictions.

Royal Society for the Protection of Birds – The Lodge, Sandy, Bedfordshire SG19 2DL. ☎ (01767) 680 551 ; fax (01767) 692 365 ; www.rspb.org.uk

Wildfowl and Wetlands Trust – National Centre, Slimbridge, Gloucestershire GL2 7BT. ☎ (01453) 891 900 ; fax (01453) 890 827 ; www.wwt.org.uk

Scottish Wildlife Trust – Cramond House, Kirk Cramond, Cramond Glebe Road, Edinburgh EH4 6NS. ☎ (0131) 312 7765 ; fax (0131) 312 8705 ; www.swt.org.uk

Scottish Natural Heritage – 12 Hope Terrace, Edinburgh EH9 2AS. ☎ (0131) 447 4784 ou Battleby, Redgorton, Perth PH1 3EW. ☎ (01738) 627 921 ; www.snh.org.uk

Ski – Seule l'Écosse compte des stations de ski : Lochaber, Glenshee, Lecht, Aviemore et dans la chaîne du Nevis, près de Fort William. Elles disposent toutes d'écoles de ski et Aviemore, dans les Cairngorms, est la mieux aménagée. Des pistes de ski de fond ont été ouvertes. C'est en mars-avril que les conditions météorologiques sont les meilleures.

Scottish Tourist Board – 23 Ravelston Terrace, Edinburgh EH4 3EU. ☎ (0131) 332 2433 ou 19 Cockspur Street, London SW1Y 5BL. ☎ (020) 7930 8661 ; www.holiday.scotland.net

Marche, randonnée, escalade et alpinisme – Le pays est sillonné de chemins muletiers et de sentiers, dont les sentiers de grande randonnée (**Long Distance Footpaths**), qui permettent de parvenir à des sites exceptionnels par leur beauté. Si les parcs nationaux sont idéaux pour la marche, escalade et alpinisme se pratiquent surtout dans la région des lacs, au pays de Galles et en Écosse. En montagne, le temps changeant très rapidement, il est recommandé de porter des bottes appropriées et d'emporter avec soi des vêtements chauds et imperméables. Ne jamais oublier de laisser au camp de base son itinéraire ainsi que l'heure de retour prévue.

K. J. Richardson/The National Trust

Ramblers' Association – 2nd floor, Camelford, 87-90 Albert Embankment, London SE17 TW. ☎ (020) 7339 8500 ; fax (0171) 7339 8501 ; www.ramblers.org.uk

British Mountaineering Council – 177-179 Burton Road, West Didsbury, Manchester M20 2BB. ☎ (0161) 445 4747 ; fax (0161) 445 4500 ; www.thebmc.co.uk

Pêche à la ligne – Plus de 3,7 millions de Britanniques vont à la pêche. La saison ouvre le 16 mars et s'achève le 16 juin. Les permis sont délivrés dans les boutiques d'articles de pêche, où l'on vous conseillera sur les lieux de pêche de la région. D'excellents saumons et truites peuvent être pêchés en Écosse, ainsi que dans de nombreux lacs et rivières dans toute l'Angleterre et au pays de Galles. Un permis spécial est alors nécessaire. La pêche en mer est très répandue, en particulier le long du littoral du Sud-Ouest et du Northumberland.

National Federation of Anglers – Halliday House, Eggington Junction, Derbyshire DE65 6GU. ☎ (01283) 734 735 ; fax (01283) 734 799 ; www.the-nfa.org.uk

National Federation of Sea Anglers – 51a Queen Street, Newton Abbot, Devon TQ12 2QJ. ☎/fax (01626) 334 924 ; nfsaho@aol.com

Salmon and Trout Association – Fishmongers Hall, London Bridge, London EC4R 9EL. ☎ (0171) 283 5838 ; fax (0171) 626 5137 ; www.salmon-trout.org

Sports d'eau – Ratty, dans *Wind in the Willows* de Kenneth Grahame, dit à son ami Mole : « Rien de tel que de flemmarder sur un bateau. » Que ce soit en bachot dans les Backs à Cambridge, en yacht de croisière sur les Broads du Norfolk, sur un chaland le long des canaux et rivières d'Angleterre, en bateau à voile sur un lac ou un loch, ou encore le long du littoral au départ de ports ou de marinas, Britanniques et touristes étrangers disposent de multiples possibilités de « flemmarder » sur l'eau.

Canaux et voies navigables – Environ 3 200 km de ce qui constituait les artères industrielles et commerciales du 18e s. sont encore entretenus et gérés par British Waterways. Aujourd'hui, les voies sont la plupart du temps destinées au tourisme bien que des bateaux à vocation industrielle et commerciale continuent de naviguer.

Les canaux ont différentes utilisations. Une maison flottante, un chaland ou un bateau de croisière, dérivant lentement, constituent la façon idéale de prendre son temps. Une promenade le long des chemins de halage, une tranquille journée de pêche, une petite excursion en bateau (à moteur ou tiré par des chevaux) permettent de voir la campagne et les villes sous un angle différent.

Association of Pleasure Craft Operators – Parkland House, Audley Avenue, Newport, Shropshire TF10 7BX. ☎ (01952) 813 572 ; fax (01952) 820 363 ; www.bmif.co.uk

Norfolk Broad Authorities – 18 Colegate, Norwich, Norfolk NR3 1BQ. ☎ (01603) 610 734 ; fax (01603) 765 710.

British Waterways – Willow Grange, Church Road, Watford, Hertfordshire WD 17 4QA. ☎ (01923) 226 422 ; fax (01923) 201 400 ; www.britishwaterways.co.uk

Wales Tourist Board

British Canoe Union – John Dudderidge House, Adbolton Lane, West Bridgford, Nottingham NG2 5AS. ☎ (0115) 982 1100 ;fax (0115) 982 1797 ; www.bcu.uk

British Water Ski Federation – 390 City Road, London EC1V 2QA. ☎ (0171) 833 2855 ; fax (0171) 837 5879 ; info@bwsf.co.uk

British Surfing Association – Champions Yard, Penzance, Cornwall TR18 2TA. ☎ (01736) 360 250 ; fax(01736) 331 077 ; www.britsurf.co.uk

Trains à vapeur – De nombreux passionnés, s'adonnant à leur passe-temps favori, ont entrepris d'entretenir et de faire fonctionner les trains à vapeur.

The Association of Railway Preservation Societies Ltd – 7 Robert Close, Potters Bar, Hertfordshire EN 6 2DH – ☎/fax (01707) 643 568 ; www.ukrail.uel.ac.uk publie un guide annuel des trains à vapeur en activité et des musées afférents.

C'est en 1960 que la première voie ferrée à écartement normal devint propriété privée. Il s'agissait de la Bluebell Line, voie de 8 km située près d'East Grinstead, dans le Sussex. La voie ferrée Romney-Hythe-Dymchurch, ligne miniature, fut construite en 1927. Ses 21 km en font la ligne entièrement équipée la plus longue au monde dans sa catégorie. La voie du West Somerset est la ligne privée la plus longue d'Angleterre, avec 36 km de voie de Minehead jusqu'aux montagnes du Quantock au Nord. Celle de la vallée de la Severn possède plus de locomotives de grandes lignes que toutes les autres lignes privées, sur ses 25,5 km de voie entre Bridgnorth et Kidderminster. Sur les 11 km de la voie de la vallée de la Nene, près de Peterborough, circulent des locomotives provenant de 10 pays différents. Les 6,5 km de la ligne de la vallée de Keighley et Worth font encore partie intégrante de la vie communautaire locale. La voie du North Yorkshire Moors, à écartement normal, traverse 20 km de paysages magnifiques de Pickering à Grosmont.

Au **pays de Galles**, la voie étroite du vallon de Rheidol parcourt 37 km d'Aberystwyth jusqu'à Devil's Bridge et aux chutes de Mynach (Mynach Falls). La ligne de Ffestiniog (20 km) traverse de magnifiques paysages de montagne tandis que celle du Snowdon constitue depuis 1896 le meilleur moyen d'accès au sommet.

En **Écosse**, la voie ferrée du Strathspey (8 km) est célèbre pour permettre d'accéder à Boat of Garten, l'un des rares endroits des îles Britanniques où nichent les balbuzards pêcheurs.

Sur l'**île de Man** existent toujours 24 km d'une ligne à écartement de un mètre. Les trains circulent de Douglas à Port Erin depuis 1874.

Livres et films

Livres-souvenirs

Above London, R. Cameron et A. Cooke *(London, The Bodley Head)*.

Grande-Bretagne *(Paris, Nathan)*.

Les Hautes Terres d'Écosse, M. Ruetz *(Paris, Hologramme)*.

Illustrated guide to Britain *(Automobile Association)*.

Angleterre, pays de Galles, Écosse, B. Rapp *(Paris, Nathan)*.

Londres, M. et A. Bertineti, V. Manferto de Fabianis *(Paris, Image Magie)*.

Histoire

Histoire de la Grande-Bretagne, K. Morgan *(Paris, Armand Colin)*.

Histoire de la Grande-Bretagne du Ve siècle à nos jours, 2e éd. mise à jour. R. Marx *(Paris, Armand Colin)*.

La Révolution industrielle, 1780-1880, J.-P. Riaux *(Paris, Le Seuil)*.

Guillaume le Conquérant, M. de Boüard *(Paris, Fayard)*.

Élisabeth Ire d'Angleterre, M. Duchein *(Paris, Fayard)*.

Marie Stuart, M. Duchein *(Paris, Fayard)*.

Cromwell, B. Cottret *(Paris, Fayard)*.

Charles Ier, P. Gregg *(Paris, Fayard)*.

W. Churchill, W. Manchester, 2 tomes (1. Rêves de gloire 1874-1932 – 2. L'Épreuve de la solitude 1932-1940 *(Paris, Robert Laffont)*.

Henri VIII, le pouvoir par la force, B. Cottret *(Paris, Payot)*.

150 ans d'explorations, par un collectif de la Royal Geographical Society *(Paris, Éditions Place des Victoires)*.

Art

Les références bibliographiques sont, dans ce domaine, très nombreuses. Une sélection s'avère difficile. Signalons toutefois :

Les Préraphaélites, L. des Cars *(Paris, Gallimard, coll. Découvertes)*.

Gothic Revival : architecture et arts décoratifs de l'Angleterre victorienne *(Paris, RMN Édition)*.

Dictionnaire de la peinture anglaise et américaine *(Paris, Larousse)*.

Les Arts décoratifs anglais, S. Cliff *(Paris, La Martinière)*.

En Grande-Bretagne, l'amateur de livres d'art trouvera de nombreux ouvrages à prix modérés.

Quelques livres pour mieux comprendre la Grande-Bretagne

Campagne anglaise. Une symphonie pastorale, B. Mitchell *(Paris, Autrement)*.

Tout ce que vous avez toujours voulu savoir sur les Anglais sans jamais oser leur demander, Alain Woodrow *(Paris, Éditions du Félin)*.

English Country Pubs, D. Brabbs *(Weidenfelds Paperbacks)*.

Sir Thomas Lipton. De la conquête du thé à la quête de l'America's Cup, l'épopée d'un visionnaire, F. de Maulde *(Paris, Gallimard)*.

Le Livre du thé *(Paris, Flammarion)*.

Rolls-Royce, J. Wood *(Les Grandes Marques, Paris, Gründ)*.

Jaguar, histoire d'une passion, N. Wright *(Paris, Soline)*.

Delicious Home Cooking, Caroline Conran *(Londres, Conran Octopus Limited)*.

London Fashion, Andrew Tucker *(Londres, Thames & Hudson – diff. Seuil)*.

LITTÉRATURE

Outre les titres cités au chapitre d'introduction consacré à la littérature anglaise, nous vous proposons ci-dessous quelques ouvrages parus récemment en France, représentatifs des lettres britanniques contemporaines ou ayant fait l'objet d'une première ou nouvelle traduction.

Peter Ackroyd – Un Puritain au paradis *(Robert Laffont, coll. Pavillons)*.

Martin Amis – Train de nuit *(Gallimard)*, Les Monstres d'Einstein *(coll. 10/18)*.

Kate Atkinson – Dans les replis du temps *(De Fallois)*.

Julian Barnes – Outre-Manche *(Denoël)*.

Alain de Botton – Portrait d'une jeune fille anglaise *(Denoël).*

William Boyd – Armadillo *(Seuil).*

Anita Brookner – Regardez-moi *(Seuil, coll. Points-Roman).*

Jonathan Coe – La Maison du sommeil *(Gallimard).*

Ian McEwan – Délire d'amour *(Gallimard).*

Olivia Manning – Après la guerre si tout va bien *(NiL).*

Charles Morgan – Des êtres sous influence *(Autrement).*

Iain Pears – Le Cercle de la croix *(Belfond).*

Catherine Sefton – Frankie *(Éd. L'École des Loisirs, coll. Médium poche).*

Laurence Sterne – La Vie et les opinions de Tristram Shandy *(Tristram).*

Graham Swift – Hors de ce monde *(Robert Laffont, coll. Pavillons).*

Anne Tyler – Et la vie va presque droite *(Calmann-Lévy).*

Oscar Wilde – La Poésie des socialistes *(Les Belles-Lettres).*

VIDÉO ET CINÉMATHÈQUE

1948 **Oliver Twist**, de David Lean avec R. Newton et A. Guinness.

1948 **Hamlet**, de Laurence Olivier avec L. Olivier et J. Simmons.

1949 **Whisky galore** (Whisky à gogo), de A. McKendrick avec B. Radford.

1949 **Noblesse oblige**, de Robert Hamer avec A. Guinness.

1949 **Passeport pour Pimlico**, de H. Cornelius.

1954 **Hobson's choice** (Chaussure à son pied), de D. Lean avec C. Laughton.

1956 **The Lady Killers** (Tueurs de dames), de A. McKendrick avec A. Guinness.

1960 **Saturday Night and Sunday Morning**, de Karel Reisz avec A. Finney.

1962 **La Solitude du coureur de fond**, de Tony Richardson avec T. Courtenay et M. Redgrave.

1964 **A Hard Day's Night** (Quatre garçons dans le vent), de Richard Lester avec J. Lennon, P. Mc Cartney, G. Harrison et R. Starr.

1966 **Accident**, de J. Losey.

1968 **If**, de Lindsay Anderson avec M. Mc Dowell.

1970 **Music Lovers**, de Ken Russell avec R. Chamberlain et G. Jackson.

1971 **Clockwork Orange** (Orange mécanique), de Stanley Kubrick avec M. McDowell.

1971 **Le Messager**, de J. Losey avec J. Christie, A. Bates et M. Redgrave.

1981 **Les Chariots de feu**, de H. Hudson.

1981 **La Maîtresse du lieutenant français**, de Karel Reisz avec M. Streep et J. Irons.

1985 **My Beautiful Laundrette**, de Stephen Frears avec D. Day-Lewis.

1991 **Retour à Howard's End**, de J. Ivory avec A. Hopkins et E. Thompson.

1993 **Les Vestiges du jour**, de J. Ivory avec A. Hopkins et E. Thompson.

1995 **L'Anglais qui gravit une colline mais descendit une montagne**, de C. Monger avec H. Grant et T. Fitzgerald.

1996 **Secrets et Mensonges**, de Mike Leigh.

1997 **The Full Monty** (Le Grand Jeu), de P. Cattaneo.

1998 **Amour et mort à Long Island**, de Richard Kwietniowski, avec J. Hurt.

1998 **Les Ailes de la colombe**, de Iain Softley, avec H. Bonham Carter.

1998 **Shakespeare in love**, de John Madden, avec G. Paltrow et J. Fiennes. Ce film a obtenu, entre autres oscars, celui du meilleur film de l'année.

Principales manifestations

25 janvier

Toutes communautés écossaises............*Burns Night* – Fête de l'anniversaire du poète écossais Robert Burns (à travers le monde entier)

Dernier mardi de janvier

Lerwick, Shetland.................................*Up Helly Aa* – Grand défilé aux flambeaux, incendie d'un drakkar viking, chansons et fête toute la nuit

Avril

La Tamise, Londres..............................*Oxford-Cambridge Boat Race* – Course annuelle d'aviron (de Putney à Mortlake) opposant les deux universités

Début mai

Spalding, Lincs.....................................*Flower Parade and Festival* – Défilé d'objets flottants décorés de tulipes

8 mai (ou samedi précédent si cette date est un dimanche/lundi)

Helston, Cornouailles...........................*Flora Day Furry Dance* – 5 danses processionnelles à 7 h, 8 h 30, 10 h, 12 h et 17 h, dont celles de 10 h et de 12 h sont les plus spectaculaires

Dernier week-end de mai

Blair Castle, Écosse.............................*Atholl Highlanders Parade* – Rassemblement annuel du clan Atholl et jeux écossais

Mai

Londres...*Chelsea Flower Show* – Floralies de Chelsea au Royal Hospital

Début mai – août

Peak District...*Well Dressing* – Décoration florale autour des puits dans les villages (Eyam, Monyash, Warksworth, etc.)

Mai – août

Glyndebourne, East Sussex...................Festival annuel d'opéra et de musique

Mai – octobre

Pitlochry, Écosse..................................Festival annuel d'art dramatique

La journée des dames, à Ascot

A. Taverner

Fin mai – début juin	
Isle of Man	*TT Races* – Courses motocyclistes
Juin	
Doune, Écosse	*Doune Hill Climbs* – Course de côte
2ᵉ ou 3ᵉ samedi de juin	
Horse Guards Parade, Londres	*Trooping the Colour* – Grande parade à cheval à l'occasion de l'anniversaire officiel de la reine Élisabeth II
Juin – juillet	
Wimbledon, Londres	Championnat international de tennis
Début juillet	
Sur la Tamise	*Swan upping* – Marquage annuel des cygnes
Juillet	
Llangollen, pays de Galles	*Eisteddfod* – Festival international de musique et de tous les arts gallois traditionnels
Juillet – septembre	
Royal Albert Hall, Londres	*The Proms* – Festival de musique classique
1ʳᵉ semaine de juillet	
Henley	*Henley Royal Regatta* – Principales régates d'Angleterre pour amateurs
Juillet	
King's Lynn	Festival de musique et d'art
3ᵉ week-end de juillet – fin octobre	
Fountains Abbey, North Yorkshire	Illuminations (vendredi et samedi seulement) du crépuscule jusqu'à 22 h 30 avec chants grégoriens
Août	
Jersey	Bataille de fleurs et défilé de chars fleuris
Août	
Aboyne, Écosse	*Highland Games* – Jeux écossais
Août	
Édimbourg, Écosse	Festival international d'art, incluant le *Military Tattoo* (carrousel militaire)
Août	
Gloucester, Hereford et Worcester	*Three Choirs Festival* – Concerts de chant choral dans chacune des trois villes en alternance
Août	
Snape Maltings, Suffolk	*Aldeburgh Festival* – Festival musical et artistique en mémoire de Benjamin Britten
Premier samedi de septembre	
Braemar, Écosse	*Highland Gathering* – Rassemblement des clans et jeux écossais
Septembre	
Oban, Écosse	*Argyllshire Highland Gathering* – Rassemblement du clan Argyll et jeux écossais
Septembre – octobre	
Blackpool, Lancs	Illuminations au bord de la mer
Premier dimanche de novembre	
Londres - Brighton	Course de vieilles voitures
5 novembre	
À travers toute la Grande-Bretagne	Bonfire Night – Retraite aux flambeaux et feux d'artifice en souvenir de Guy Fawkes et de la conspiration des Poudres
Novembre	
Londres	Ouverture officielle de la session parlementaire
2ᵉ samedi de novembre	
La City, Londres	*Lord Mayor's Show* – Grand défilé à l'occasion de l'intronisation du nouveau lord-maire
2ᵉ samedi de novembre	
Ludlow, Shropshire	Festival, avec représentation de pièces de Shakespeare dans la cour intérieure du château

Le Snowdon et son « Fer à cheval »

Introduction
au voyage

Paysages

Les fondations géologiques exceptionnellement diverses de la Grande-Bretagne ont donné naissance à des paysages très variés. L'héritage naturel n'a pratiquement pas changé au cours des siècles. En effet, la présence humaine n'a pas eu pour effet de remodeler la nature, mais semble au contraire s'être adaptée à une nature perçue comme prioritaire, jusqu'à aboutir au paysage actuel, riche et unique, composé de champs et de landes, de bois et de parcs, de villages et de fermes. Célébré par l'art et la littérature, ce paysage, domestiqué dans l'ensemble mais parfois encore sauvage, est devenu une sorte d'emblème national aimé de ses habitants qui le défendent avec vigueur contre toutes les agressions des temps modernes.

LA STRUCTURE DU PAYS

Relief

Pour simplifier à l'extrême, on peut opposer une Grande-Bretagne des massifs et des plateaux, dite **Upland Britain,** à une Grande-Bretagne des plaines et basses terres dite **Lowland Britain**. La première zone, souvent composée de matériaux plus anciens et plus durs, comprend la majeure partie du Nord et du Sud-Ouest de l'Angleterre et pratiquement l'ensemble du pays de Galles et de l'Écosse. En sus de la lande sauvage et onduleuse, où à perte de vue s'étalent de vastes étendues d'herbe folle, de fougère et de bruyère, on y découvre des chaînes montagneuses, de faible altitude mais aux caractéristiques tout à fait comparables aux reliefs plus élevés et plus importants, qui attirent alpinistes et randonneurs de bon niveau.

Au Sud et à l'Est, le relief plus doux des plaines britanniques est essentiellement composé de matériaux plus récents et moins résistants. C'est, essentiellement, le bassin sédimentaire de Londres. La campagne y est élégamment formée de collines ondoyantes, calcaires, qui s'achèvent en escarpements abrupts entaillés par de vastes vallées argileuses.

Presque toute l'histoire de la Terre peut être retracée à partir de ces paysages. Au précambrien, il y a plus de 600 millions d'années, se formèrent les gneiss et les grès du Nord-Ouest de l'Écosse, ainsi que les plateaux compacts et isolés de Charnwood Forest et de Malvern Hills. L'activité volcanique de l'ordovicien déposa le schiste argileux et les ardoises du **massif du Snowdon** (voir Snowdonia p. 396) et de la **région des Lacs** (voir Lake District, p. 256). L'extrême pression du Sud-Est, à la période calédonienne, donna naissance aux chaînes et vallées, orientées Nord-Est/Sud-Ouest, si particulières à la majeure partie du pays de Galles et de l'Écosse. La plupart des abondantes réserves de charbon du pays proviennent de la luxuriante végétation tropicale du carbonifère.

Hormis l'extrême Sud, l'ensemble du pays fut affecté par l'action des couches de glace souvent très épaisses des époques glaciaires. Les formes sculptées, caractéristiques des hautes montagnes, témoignent de la grande puissance des glaciers qui avancèrent et reculèrent, érodant et transportant quantité de matériaux, répandus pour la plupart dans les plaines par les vigoureux ancêtres des rivières actuelles. La fonte des glaciers provoquant l'élévation du niveau de la mer, les terres qui unissaient la Grande-Bretagne au continent européen furent inondées, et la Tamise, jusque-là affluent du Rhin, disposa de sa propre embouchure sur la mer.

Rivières et côtes

La configuration irrégulière du pays combinée à une géologie complexe contribue à former un littoral long et superbement diversifié. Les montagnes rejoignent par endroits la mer, créant ainsi d'exceptionnels paysages côtiers. D'impressionnantes falaises de craie, notamment au Sud, d'un blanc éclatant, constituent le symbole même de l'insularité anglaise. Les stations balnéaires animées se sont approprié plusieurs des plus belles étendues de sable et de galets, mais il existe encore des plages tranquilles, des marais isolés et des dunes de sable désertes.

Le pays est bien arrosé, les pluies abondantes, emportées le long des collines par une multitude de cours d'eau, nourrissant les rivières qui, bien que courtes, s'achèvent souvent en de splendides estuaires introduisant à l'intérieur des terres l'eau salée et le souvenir de la mer.

Climat

Se plaindre du temps est une tradition anglaise ; pourtant, le climat océanique, frais et humide, offre de nombreux avantages. La grisaille semble prévaloir sur l'ensoleillement, mais les changements sont fréquents, et la pluie est le plus souvent accompagnée d'éclaircies. Les périodes extrêmes de grand froid ou de grande chaleur sont rares, ce qui signifie qu'il est toujours possible de pratiquer quelque activité extérieure. Ce n'est pas un hasard si la Grande-Bretagne est la nation des sports de plein air.

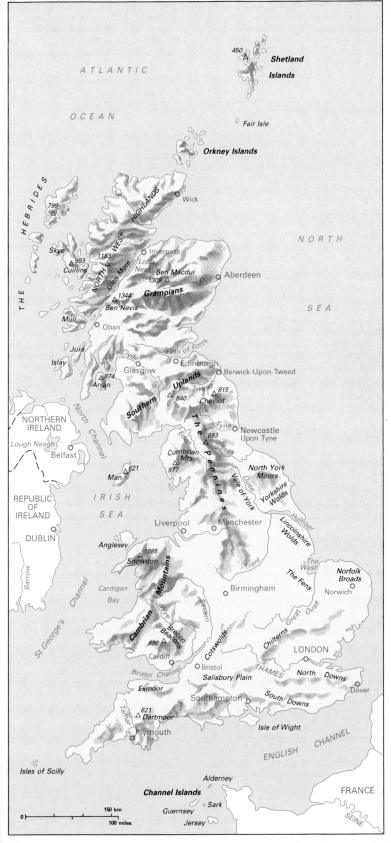

ATLANTIC

OCEAN

450 △ **Shetland Islands**

Fair Isle

Orkney Islands

Wick

NORTH

T H E   H E B R I D E S

799 △

Skye

993 △ 1183 △

Cuillins

WEST

Inverness

Loch Ness

Ben Macdui
1309 △

Aberdeen

Dee

Grampians

HIGHLANDS

Glen More

NORTH

1344 △

Ben Nevis

SEA

Mull

Oban

Jura

Islay

Firth of Forth

Clyde

Edinburgh

Glasgow

Berwick-Upon-Tweed

874 △

Arran

Southern **Uplands**

840 △

Tweed

815 △ **Cheviot**

NORTHERN IRELAND

Lough Neagh

Belfast

North Channel

Tyne

893 △ Newcastle Upon Tyne

REPUBLIC OF IRELAND

DUBLIN

Barrow

IRISH SEA

621 △ Man

Cumbrian Mts.
977 △

Eden

The Pennines

Tees

North York Moors

Vale of York

Ouse

Yorkshire Wolds

Liverpool

Manchester

Lincolnshire Wolds

Humber

St George's Channel

Anglesey

1085 △ Snowdon

Mountains

Cardigan Bay

Cambrian

Wye

Brecon
Beacons
886 △

Cardiff

Severn

Trent

Birmingham

The Wash

The Fens

Norfolk Broads

Norwich

Cotswolds

Great Ouse

Chilterns

LONDON

THAMES

North Downs

Dover

Exmoor

Bristol Channel

Bristol

Salisbury Plain

Southampton

South Downs

Tamar

621 △ Dartmoor

Isle of Wight

Plymouth

CHANNEL

ENGLISH

Isles of Scilly

Alderney

Channel Islands

Guernsey

Sark

Jersey

FRANCE

SEINE

0 ___ 150 km
100 miles

39

Les variations régionales et locales sont prononcées. Les montagnes occidentales reçoivent la quantité la plus élevée de précipitations (jusqu'à 5 000 mm ou même plus sur certains sommets !). C'est cependant à l'Ouest que se font sentir les effets tempérants du **Gulf Stream** et que peuvent fleurir, à l'abri, des plantes subtropicales. Le climat de l'Est et du Sud, plus sec et plus ensoleillé, est de nature plus continentale, aux hivers plus froids et aux étés plus chauds.

RÉGIONS

Angleterre

Le Sud-Est – La « campagne londonienne » est fortement urbanisée, mais son relief varié et l'abondance d'arbres, de bois et de parcs qu'elle recèle en font pour la population locale, aisée dans l'ensemble, un lieu d'habitation agréable.

Le bassin de Londres est ourlé de collines calcaires aux formes gracieuses : au Nord-Ouest, les **Chiltern Hills**, célèbres pour leurs hêtraies, et au Sud, les **North Downs**, qui se déploient selon un arc immense. Entre celles-ci et les **South Downs** se révèlent les profondes chênaies du **Weald**, ponctuées de collines sableuses et de vallées argileuses. Vers l'Est, flanqué de jardins maraîchers, de vergers et de plusieurs petites criques ou anses, s'étale le grand estuaire de la **Tamise**. Ce site côtier est tourné vers le continent européen, avec lequel il entretient de nombreux liens. Sa configuration a été autrefois grandement modifiée, les pertes sur la mer ayant été compensées par le gain de riches pâturages tels que le marais de Romney.

Le Sud – Les terrains crayeux, hauts et aérés, centrés sur la **plaine de Salisbury**, furent au cœur de l'Angleterre préhistorique. D'innombrables terrassements et d'autres traces d'habitations de moindre importance forment le cadre de monuments grandioses tels que Stonehenge.

Plus tard, des populations se sont installées dans les vallées fluviales au doux relief, ainsi que près des ports et du littoral, au large duquel se trouve la belle **île de Wight**. Les grandes étendues d'eau de mer qu'elle isole de la Manche en font un paradis pour les amateurs de voile. Vers l'Ouest, au-delà des bois et des landes superbes de la **New Forest**, s'étale la côte du **Dorset** à la géologie complexe et aux paysages fascinants.

Le Sud-Ouest – Le **Devon** et la **Cornouailles** sont unis par une arête de granit aux hautes landes rocailleuses surmontées de pics rocheux battus par les vents. Au Nord, le parc national de l'Exmoor est formé de grès rouge qui, dans les plaines du Devon, produit de riches sols agricoles. La configuration typiquement anglaise de champs en « patchwork », particulièrement luxuriants dans le Devon, cède le pas, dans l'environnement plus rude de la Cornouailles, à de petits champs, souvent d'origine ancienne, limités par des levées de terre ou des murs de pierre.

Le long littoral de la péninsule est magnifique ; toutes sortes de paysages côtiers y sont représentés, d'impressionnants bastions rocheux violemment assaillis par les lames atlantiques s'opposent aux baies abritées et aux bras de mer superbement boisés pénétrant les terres sur des kilomètres.

East Anglia – La plus vaste étendue de terres basses d'Angleterre est une région très particulière. Fortement peuplée à l'époque médiévale, l'East Anglia est riche en vieux villages et petites villes. Son climat sec et ses sols en général fertiles expliquent que la plupart des terres arables, légèrement ondulées, soient cultivées ; les champs sont vastes et un grand nombre d'arbres et de haies ont été arrachés. À l'Est de la capitale régionale, Norwich, se situent les **Norfolk Broads**, composées de vastes mais peu profondes étendues d'eau accumulée dans les cuvettes laissées par l'exploitation de la tourbe.

Le style des habitations révèle les liens passés avec les Pays-Bas. Ce furent des ingénieurs hollandais qui entreprirent la majeure partie des travaux pour transformer les marais et marécages situés autour du golfe du Wash en sols arables.

Les Midlands – Le centre de l'Angleterre est clairement limité au Nord par la **chaîne Pennine** et à l'Ouest par les monts Cambriens. Au Sud et à l'Est, la frontière, moins marquée, est formée d'une succession de larges vallons arrosés par de calmes rivières que dominent des hauteurs. Parmi celles-ci, la plus importante est la ceinture de calcaire oolithique qui s'étend du Dorset à la Humber ; sa partie la plus large est constituée par les **Cotswolds**, d'où l'on extrait cette belle pierre qui donne au paysage urbain son caractère particulier.

Ailleurs, le paysage se compose de façon moins cohérente de campagnes vallonnées où la polyculture est de règle, à l'exception de la lande et de secteurs boisés, tels le Cannock Chase et les forêts de Charnwood et de Dean.

Le dessin régulier des anciens chefs-lieux de comté (Gloucester, Northampton, Lincoln) établis au centre de leur *shire* fut masqué par celui, plus tardif, de la révolution industrielle. Fondée sur l'exploitation des diverses ressources minières de la région, la révolution industrielle, apparue à Ironbridge, fit de Birmingham une métropole et donna naissance aux tentaculaires banlieues du « pays noir » (Black Country) et des Potteries (région de Stoke-on-Trent), où les récentes friches industrielles sont maintenant en passe d'être transformées en parcs.

Le Nord de l'Angleterre – À partir d'une certaine latitude qu'il est difficile de préciser, le caractère du paysage anglais change de manière décisive. Un climat moins doux, de hautes landes et des montagnes rocailleuses dont la présence domine également les plaines, des pierres de construction utilisées de manière plus audacieuse que raffinée, ainsi que de nombreuses industries, contribuent à donner au « Nord » une identité distincte et fortement ressentie.

La longue **chaîne Pennine** marque le centre de la région, en dépit des vastes plaines qui la bordent ; à l'Ouest s'étendent les plaines du **Cheshire** et du **Lancashire**, celle-là aussi luxuriante et coquette que n'importe quel comté du Sud, celle-ci beaucoup plus urbanisée. À l'Est, au-delà du bassin houiller très peuplé du **Yorkshire**, s'étend une région également fertile, prolongée au Nord par la **plaine de York** (Vale of York) et limitée vers la mer par des plateaux de craie qu'échancre le grand estuaire de la **Humber**.

Riche de trois parcs nationaux, la **chaîne Pennine** même est loin de présenter une nature homogène. Tout à fait au Nord, dans le parc national du Northumberland, les monts **Cheviot**, sauvages et isolés, sont les restes élégants d'anciens volcans. Les **vallons du Yorkshire** (Yorkshire Dales – *voir p. 453*) sont caractéristiques des régions calcaires avec leurs amples plateaux s'élevant vers des sommets aplatis comme le **Pen-y-Ghent** (693 m), leurs gorges, leurs falaises, leurs grottes et leurs rivières souterraines. Là et dans la **région du Peak** *(voir Peak District p. 345)*, véritable aire de jeux pour le Lancashire industriel, la roche a permis l'apparition d'un harmonieux paysage urbain. Entre les deux s'étale sur des kilomètres un paysage d'altitude encore plus sévère. Les pluies abondantes alimentent des cours d'eau torrentueux, fournissant ainsi de l'énergie aux moulins et usines implantés dans les vallées très urbanisées, ou viennent gonfler des rivières intactes. À l'Est de la chaîne, un parc national occupe le large plateau couvert de bruyère des **North York Moors** *(voir p. 88)*, dont la frange maritime inexploitée est d'une grande beauté. À l'Ouest, la **région des Lacs**, où se dressent les pics les plus élevés d'Angleterre (**Scafell Pike**, 978 m), présente une fantastique variété de paysages de montagne, allant des sauvages escarpements rocheux battus par les tempêtes aux délicieux paysages de parc que reflète le lac Windermere.

Encore plus au Nord, la **Northumbrie**, région la plus septentrionale d'Angleterre, le contraste est encore plus frappant entre la campagne venteuse, les profondes vallées boisées et les conurbations groupées aux estuaires de la Tyne et de la Tees.

R Thrift/National Trust

Le Derwentwater et les Stable Hills

Pays de Galles

C'est par les **Marchlands** d'Angleterre que l'on aborde ce pays. Les Marchlands forment une région agricole charmante, dotée de nombreuses chaînes de collines annonçant les montagnes situées au-delà. Au Sud, à proximité de Chepstow, le défilé de la Wye, abondamment boisé, matérialise la frontière. La capitale, Cardiff, s'élève plus à l'Ouest parmi les anciens ports miniraliers de la côte. Ceux-ci voyaient transiter le charbon extrait jadis de l'important gisement houiller enfoui sous le haut plateau du Sud du pays de Galles, dont les profondes vallées étaient truffées de cités minières. Au Nord du gisement, les escarpements de grès rouge du **Brecon Beacons** constituent un imposant bastion, dominant un paysage à nouveau rural qui ondoie et s'achève sur les falaises et rochers du parc national de la **côte du comté de Pembroke** *(voir p. 349).*

Les charmants paysages verdoyants du centre du pays de Galles contrastent avec le caractère spectaculaire du **massif du Snowdon**, région majestueuse qui lance vers l'Ouest la péninsule de Lleyn. L'étroite plaine côtière du Nord du pays de Galles abonde en stations balnéaires. Au-delà du détroit de Menai se détache l'île d'Anglesey.

Écosse

De nombreux éléments du paysage anglais (champs, clôtures, parcs) se retrouvent en Écosse, souvent sous une forme moins élaborée. Cependant, le paysage écossais garde son individualité, avec une prédominance de montagnes et de landes. Le climat est nettement plus rigoureux (mais compensé par des hivers doux à l'Ouest et un air vif à l'Est). L'activité humaine est essentiellement concentrée dans les plaines et le long du littoral, ce qui met l'intérieur des terres à l'abri de toute intrusion urbaine, tout en l'exposant aux vivifiantes influences naturelles. Ce paysage riche et varié peut néanmoins être partagé en trois régions distinctes.

Les Southern Uplands – Les hautes terres du Sud sont constituées par une région frontalière très peu peuplée. Les sommets arrondis et couverts de landes sont isolés à l'Ouest par des vallons étroits et profonds, et à l'Est par les vallées plus larges et cultivées de la **Tweed** et de ses affluents.

Les Lowlands – Les basses terres centrales sont échancrées de manière spectaculaire par les grands estuaires de la **Tay**, de la **Clyde** et de la **Forth**. Cette région à forte densité de population, riche en minerais et à l'agriculture prospère, est le centre de la vie urbaine et industrielle de l'Écosse. La région, qui n'est basse qu'en comparaison des montagnes du Nord et du Sud, est parcourue de lignes de collines, les **Pentland Hills** et les **Campsie Fells**, derrière Édimbourg et Glasgow, les hautes **Ochil Hills**, qui donnent l'impression de barrer le passage vers le Nord.

Les Highlands – Cette région, dont la majeure partie s'élève à plus de 600 m d'altitude pour dépasser les 1 200 m dans les **Cairngorms** (Ben Macdui, 1 309 m) et au **Ben Nevis** (1 344 m), le sommet le plus élevé de Grande-Bretagne, est composée de deux grands ensembles séparés par une profonde dépression, le **Glen More**. Une histoire géologique complexe y a permis la formation de formes extrêmement variées. La partie méridionale, souvent appelée **monts Grampians**, présente des sommets doucement arrondis, tandis que la partie septentrionale, les Highlands proprement dites, offre des montagnes et falaises impressionnantes. Très fracturées, les Highlands se prolongent par des îles où le relief est parfois très tourmenté, comme les **Cuillins** sur l'île de Skye. L'eau est partout. Des ruisseaux bruns de tourbe s'en viennent nourrir de jolies rivières ; des lochs d'eau de mer et d'eau douce sont à découvrir ; à l'Ouest, la mer découpe les indentations d'un extraordinaire littoral.

La linaigrette et la bruyère couvrent les montagnes. Vers le Nord, les arbres se raréfient, bien que demeurent de magnifiques traces de l'ancienne forêt de pins calédonienne à Glenmore.

La présence rare de l'homme favorise la vie sauvage ; la côte est le refuge de multiples oiseaux de mer, notamment de macareux. On y trouve des phoques gris et des phoques communs. À l'intérieur des terres, les cerfs sont nombreux, et, dans les lieux les plus retirés, vivent le chat sauvage, l'aigle et le balbuzard, récemment réintégré au paysage.

Les îles – Au-delà du continent, la mer est parsemée d'à peu près 800 îles, en majorité inhabitées. Chacune possède son propre caractère : **Islay**, balayée par les vents, presque visible d'Irlande, **Skye**, aux paysages montagneux et côtiers quasi inégalés, les **Orcades**, riches en vestiges préhistoriques, et au loin les **Shetlands**, austères et dépourvues d'arbres.

Économie

L'AGRICULTURE ET LA PÊCHE

Jusqu'au 18e s., l'**agriculture** a représenté la base économique de la Grande-Bretagne. Au 14e s., l'épidémie de peste noire, en réduisant la population, avait favorisé le morcellement des terres et multiplié les terrains communaux, laissés au libre usage de tous. Au cours du 18e s., une profonde mutation intervint avec la généralisation du système des **enclosures**, entreprise sous les Tudors lors de la sécularisation des biens du clergé. Jusque-là, les terrains communaux occupaient encore des surfaces considérables, mais nombre de propriétaires, sous prétexte de favoriser l'élevage, plus rentable que la culture du blé, obtinrent, par actes privés du Parlement – essentiellement composé de seigneurs et de squires – la suppression progressive des communaux et entreprirent de clôturer leurs terres. Dès lors, beaucoup de paysans, qui ne pouvaient élever de bétail que sur ces terrains, abandonnèrent les campagnes, tandis que les yeomen, qui cultivaient des exploitations de taille moyenne, les quittaient, attirés par les colonies américaines ; de ce fait, les grands propriétaires, récupérant les terres délaissées et arrondissant leurs propriétés, y développèrent un système fondé sur la recherche du profit par la pratique de méthodes rentabilisées au maximum. Cette évolution fut marquée notamment par l'emploi des engrais, l'abandon des jachères triennales, l'introduction de nouvelles cultures (racines fourragères et prairies artificielles) qui provoquèrent un développement de l'élevage, lui-même plus sélectif. Actuellement, si nombre de très grandes propriétés exploitées sous le système du fermage ont disparu (72 % des terres appartiennent aux exploitants), la dimension moyenne des exploitations est de 71 ha, chiffre particulièrement élevé en Europe, et l'agriculture, mécanisée au maximum, n'emploie que 2,3 % de la population active. La pratique du mixed farming, combinaison d'élevage et de culture, permet aujourd'hui à la Grande-Bretagne de couvrir ses besoins en lait, œufs et pommes de terre, et, presque totalement, en viande (avec un troupeau d'environ 44 millions de têtes, le Royaume-Uni se place au 6e rang mondial du cheptel ovin, élevé en semi-liberté dans les vastes estates écossais). La production de blé est essentiellement destinée à l'élevage, les variétés cultivées se révélant peu panifiables. Neuvième producteur mondial d'orge, dont elle exporte une part importante, et 10e de betterave à sucre, qui ne fut introduite qu'après 1930 mais couvre plus de la moitié des besoins nationaux, l'agriculture britannique doit actuellement, sous l'effet de la politique agricole commune, réduire sa production laitière, devenue excédentaire, et revenir à des pratiques moins intensives. À la suite de récentes crises (au premier rang desquelles celle dite de la « maladie de la vache folle » qui a entraîné la réduction drastique du cheptel bovin) et d'une réduction certaine des revenus, le monde agricole a été contraint de procéder à de profondes mutations en diversifiant ses activités, notamment vers le tourisme et les loisirs.

La révolution industrielle du 19e s. avait été fatale à la **forêt**. Les rares témoins des boisements initiaux, constitués de feuillus dans les lowlands et de résineux et bouleaux dans les highlands, ne couvraient plus que 8 % de la surface totale du pays il y a quelques années. Cette proportion est maintenant passée à 10 % grâce à l'action de la Forestry Commission, qui a favorisé le reboisement de 800 000 ha. Mais s'ils permettent progressivement une réduction des importations de bois, ces reboisements s'avèrent peu rentables du fait de la lente croissance des espèces, plantées sur les sols les plus médiocres, et du coût même de l'opération, largement subventionnée par l'État.

Naguère omniprésente du fait de l'insularité, la **pêche** a considérablement perdu de son importance, en raison surtout des modifications apportées aux limites des eaux territoriales et des droits de pêche afférents. Les dispositions prises dans la zone anglo-irlandaise et les quotas autorisés stabilisent les prises autour de 1 000 000 de tonnes annuelles, mais n'ont pu empêcher le déclin des grands ports de pêche comme Hull et Grimsby, dont se sont éloignées les conserveries. Seuls les ports écossais ont pu maintenir leurs activités, et Peterhead est maintenant le principal port de pêche britannique.

LES SOURCES D'ÉNERGIE

Le charbon de bois avait été de tout temps la source d'énergie sur laquelle reposaient les activités métallurgiques artisanales. Bien qu'exploitée antérieurement au 18e s. (Newcastle exportait déjà 33 000 tonnes de charbon au milieu du 16e s.), la **houille** ne fit l'objet d'une utilisation importante qu'avec l'apparition de la machine à vapeur *(voir chapitre : Progrès scientifique)*. De riches gisements, répartis sur l'ensemble du territoire mais très importants sur le pourtour de la chaîne Pennine, facilement exploitables, firent l'objet d'une exploitation croissante, qui culmina en 1913 avec une production de 292 millions de tonnes, dont 74 destinées à l'exportation. Depuis, la production n'a fait que diminuer pour tomber, malgré une relance au cours de la décennie 1950-1960, à 93 millions de tonnes en 1990. Aujourd'hui, en raison de la fermeture des gisements épuisés (bassin du Kent en 1989) et de celle des puits les moins productifs, la production stagne autour de 40 millions de tonnes par an et se concentre surtout dans le bassin du Yorkshire et du Nottinghamshire, dont les réserves demeurent considérables et qui permet la concentration de grosses unités de production très mécanisées (exemple : la mine de Selby). Cette baisse s'explique aussi par le coût d'exploitation élevé de la plupart des puits (la Grande-Bretagne importe maintenant du charbon moins cher en provenance des nouveaux pays producteurs comme l'Australie), ainsi que par la concurrence des **produits pétroliers**, dont l'utilisation, encouragée par le gouvernement, avait généré la suprématie des hydrocarbures avant même la découverte des gisements de la mer du Nord.

Dès 1973, ces produits représentaient 59 % de la consommation énergétique britannique. Une importation massive de pétrole brut et de gaz liquéfié avait déterminé l'implantation de raffineries et de terminaux, notamment dans l'estuaire de la Tamise, celui de la Humber et la rade de Milford Haven au pays de Galles. Dans les années 1960, les prospections en mer du Nord apparaissaient suffisamment prometteuses pour que les États riverains s'accordent, par le *Continental Shelf Act* (1964), sur les concessions de secteurs d'exploration et d'exploitation. Dès 1977, la production de gaz naturel couvrait les besoins intérieurs. Aujourd'hui, la Grande-Bretagne, grâce aux gisements situés au large des côtes du Norfolk et du Lincolnshire, est le 4e producteur mondial, mais la croissance de la demande intérieure est telle qu'elle doit en acheter à la Norvège. Plus au Nord, au large des Orcades et des Shetland, les gisements de pétrole léger (Ecofisk, Forties, Brent entre autres), dont l'exploitation en eaux profondes et dans de mauvaises conditions climatiques est assez périlleuse, permettent une production croissante, passée de 90 millions de tonnes en 1990 à 131 en 1999, conférant à la Grande-Bretagne le 9e rang mondial. Les gisements sont reliés par gazoducs et oléoducs sous-marins à des terminaux comme Bacton, Cruden Bay, Flotta aux Orcades et Sullom Voe aux Shetland. Plus de la moitié de la production va à l'exportation et, s'il faut importer des produits lourds pour l'obtention du gazole, la balance commerciale reste bénéficiaire en ce domaine.

Comme la plupart des pays développés, le Royaume-Uni convertit une part importante de ses énergies primaires en **électricité**. Actuellement, environ 70 % de l'électricité produite est d'origine thermique (la centrale de Drax dans le Yorkshire est la plus puissante d'Europe). L'électricité d'origine hydraulique est pour ainsi dire anecdotique : le faible relief ne permet pas la réalisation de grandes centrales, et les quelques installations notables, fonctionnant selon le système de pompage-stockage, ne se rencontrent qu'en Écosse et au pays de Galles. L'énergie nucléaire, développée à partir de la mise en marche du réacteur expérimental de Calder Hall en 1956, est produite par une quinzaine de centrales, presque toutes situées sur les côtes pour en assurer le refroidissement ; mais depuis 1995 le programme de construction de centrales est gelé. L'énergie éolienne est entrée dans une phase de production sur le site de Burgar Hill, aux Orcades.

L'INDUSTRIE

En même temps qu'elle vivait sa révolution agricole, l'Angleterre connaissait une transformation rapide de son économie industrielle.

En raison de la présence de minerai de fer dans le Yorkshire, les Midlands et en Écosse, la **sidérurgie** moderne, inventée en Angleterre *(voir Ironbridge)*, fut l'une des industries de base du pays, concourant à sa puissance au 19e s. Mais les gisements sont épuisés depuis le début du 20e s., et il fallut renoncer à l'exploitation de gisements à faible teneur comme celui de Corby. Aussi la Grande-Bretagne est-elle contrainte à l'importation de minerais étrangers (19 millions de tonnes en provenance du Canada, du Brésil et de l'Australie), contrainte qui a participé au déclin des régions sidérurgiques intérieures (Durham, Midlands) au profit des régions littorales (Redcar, dans le Teesside, possède le plus important haut fourneau d'Europe) et du Sud gallois (Port-Talbot, Newport), qui produisent annuellement environ 12 millions de tonnes de fonte et 17 millions de tonnes d'acier.

La **métallurgie de transformation** plie cependant face à la concurrence étrangère : les chantiers navals de la Clyde, jadis les plus grands du monde et aujourd'hui convertis dans la construction de plates-formes de forage, s'ils permettent à la Grande-Bretagne de rester au 9e rang mondial de la construction navale, ne produisent, avec 8 navires en 1994, que moins de 2 % de la production mondiale, largement dominée par le Japon (45 %) et la république de Corée (22 %), alors que ceux de la Tyne, de la Mersey et de Barrow in Furness sont pratiquement désaffectés.

L'**industrie automobile**, avec une production de 2,3 millions de véhicules au milieu des années 1960, faisait du Royaume-Uni le leader européen en ce domaine, et comprenait aussi bien des entreprises nationales, parfois particulièrement prestigieuses (Austin, Morris, Triumph, Rover, Jaguar, regroupées au sein de British Leyland, ou

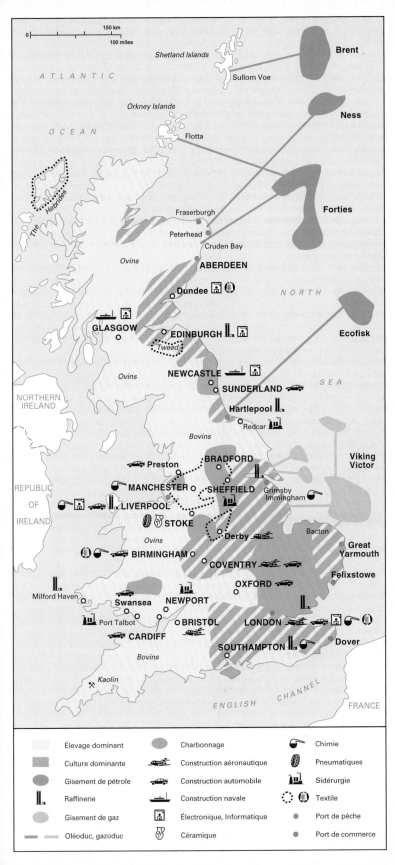

Élevage dominant	Charbonnage	Chimie
Culture dominante	Construction aéronautique	Pneumatiques
Gisement de pétrole	Construction automobile	Sidérurgie
Raffinerie	Construction navale	Textile
Gisement de gaz	Électronique, Informatique	Port de pêche
Oléoduc, gazoduc	Céramique	Port de commerce

Labels on map:

150 km / 100 miles

ATLANTIC
OCEAN

Shetland Islands
Sullom Voe
Brent
Orkney Islands
Flotta
Ness
The Hebrides
Fraserburgh
Peterhead
Cruden Bay
Forties
Ovins
ABERDEEN
Dundee
NORTH
GLASGOW
EDINBURGH
Tweed
Ecofisk
Ovins
NEWCASTLE
SEA
NORTHERN IRELAND
SUNDERLAND
Hartlepool
Redcar
Bovins
Viking Victor
Preston
BRADFORD
REPUBLIC OF IRELAND
MANCHESTER
SHEFFIELD
Grimsby Immingham
LIVERPOOL
STOKE
Derby
Bacton
Ovins
BIRMINGHAM
COVENTRY
Great Yarmouth
Felixstowe
OXFORD
Milford Haven
Swansea
NEWPORT
LONDON
Port Talbot
BRISTOL
CARDIFF
SOUTHAMPTON
Dover
Bovins
Kaolin
ENGLISH CHANNEL
FRANCE

45

Bentley et Rolls-Royce), que des firmes multinationales (Ford, General Motors avec Vauxhall, Peugeot avec Chrysler). Une crise de gestion sur fond de conflits du travail amena une réduction de la production et la cessation de réinvestissements, ce qui conduisit à la nationalisation de British Leyland en 1975, avant que le gouvernement Thatcher n'en décide la privatisation par secteurs : Jaguar en 1984, repris ensuite par Ford en 1989, les divisions autobus urbains et poids lourds en 1987, Rover, racheté par Aerospace en 1989, puis par l'allemand BMW. Dans le même temps, certaines usines étaient fermées (Peugeot-Chrysler à Linwood, Rover à Bathgate), tandis que le gouvernement, pour amoindrir les effets de la crise, facilitait l'implantation de firmes japonaises, d'abord par le biais d'usines de montage (Nissan à Sunderland), puis par des accords de coopération (Rover fabrique des voitures Honda à Longbridge), la percée japonaise se concrétisant également par le rachat du manufacturier Dunlop par Sumitomo. En 1994, la production britannique, contrôlée pour plus de moitié par des firmes étrangères (dont les mythiques Rolls-Royce et Bentley passées dans le giron de Volkswagen et de BMW), s'élevait à près de 1,8 million de véhicules (contre 1,6 en 1990), plaçant la Grande-Bretagne au 8e rang mondial, mais dans la nécessité d'importer (dans la proportion de 10 % de ses importations totales) plus qu'elle n'exporte (7 % du total de ses exportations). Les usines sont pour la plupart situées dans les Midlands (Birmingham, Coventry), le Sud-Est (Londres, Oxford, Luton), le Nord-Ouest (Liverpool, Preston) et le pays de Galles (Swansea, Cardiff), régions où l'on retrouve également les constructions aéronautiques (la Grande-Bretagne, avec notamment les sociétés British Aerospace Systems, est le 3e constructeur occidental et réalise les 3/4 de son chiffre d'affaires à l'export) et la métallurgie des métaux non ferreux.

Dans un tout autre domaine, si les découvertes des savants anglais ont participé à l'élaboration de l'**électronique** et de l'**informatique**, la Grande-Bretagne n'a pas été le théâtre du développement de ces techniques. Néanmoins, l'implantation en Écosse de sociétés étrangères comme Honeywell, Burroughs, IBM, Hewlett-Packard ou Mitsubishi a assuré la reconversion d'un territoire particulièrement touché par la disparition de ses activités traditionnelles.

Grâce aux troupeaux de moutons et à l'invention de la navette volante (1733), puis des métiers à tisser mécaniques, la Grande-Bretagne avait vu se développer une intense **industrie textile** dont elle fut le centre mondial jusqu'au milieu du 20e s. Le Yorkshire avec Bradford pour centre principal concentrait 80 % de la production lainière. S'il produit encore 69 000 tonnes de laine par an, le Royaume-Uni doit en importer 88 000 pour alimenter ses usines, qui, depuis les restructurations entreprises après 1950, produisent 56 000 tonnes de laines peignées et 90 000 tonnes de laines cardées, utilisées entre autres pour la fabrication de 17 500 tonnes de tissus, tant par les usines du Yorkshire que par quelques centres locaux de renommée comme ceux de la Tweed. Le Lancashire, autour de Manchester, s'était pour sa part spécialisé dans le travail du coton et employait 600 000 personnes en 1913. Avec une production de 21 000 tonnes de filés en 1998 contre 476 000 en 1938, cette activité n'est plus que l'ombre d'elle-même. Elle est largement devancée par les fibres synthétiques et cellulosiques surtout (la production annuelle est de l'ordre de 180 000 tonnes) dont la position dominante démontre la prépondérance prise par l'**industrie chimique** dans le domaine industriel. La production de soude, de colorants, de verre et de savons dans le Cheshire et le Lancashire à partir du sel gemme de l'estuaire de la Mersey, la fabrication de pneumatiques, d'engrais, de céramique, de porcelaine (2e producteur mondial de kaolin avec 2 millions de tonnes par an extraits dans le district de St Austell, la Grande-Bretagne est aussi la patrie de firmes de réputation internationale comme Wedgwood), et la pétrochimie, assurent 14,5 % des exportations totales. C'est dans cette branche de l'industrie que se situent les plus grands groupes britanniques : Coates Viyella, dont les activités se sont déplacées pour l'essentiel hors d'Europe, occupe le 6e rang mondial dans le domaine des fibres synthétiques ; Courtaulds, à l'origine spécialisé dans les fibres synthétiques également, s'est diversifié dans la production de peintures et de vernis et occupe le 7e rang mondial dans ce secteur, devancé par Imperial Chemical Industries (2e rang), que sa production d'engrais place au 4e rang mondial des sociétés chimiques, mais qui a entrepris de réorienter ses activités vers les produits à haute valeur ajoutée. Si la plus grande firme britannique est British Petroleum (pétrochimie), deux autres multinationales prépondérantes dans le domaine de la pétrochimie et celui des corps gras reposent sur une association financière anglo-néerlandaise : Shell et Unilever.

LES ÉCHANGES

Actuellement, la Grande-Bretagne est dans l'obligation d'importer plus de matières premières qu'elle n'en exporte, la part la plus importante de ses exportations étant constituée par les produits de son industrie : produits alimentaires (whisky, confiserie), machines, matériel de transport et produits chimiques. Si les échanges avec l'Amérique du Nord ont légèrement diminué, la part des partenaires de l'Union européenne a doublé depuis 1968 et représente aujourd'hui largement plus de la moitié du commerce extérieur anglais. La plupart de ces échanges ont été assurés pendant longtemps par la flotte marchande, 1re du monde jusqu'en 1939, mais qui n'occupe plus que le 21e rang mondial, la plupart des compagnies immatriculant maintenant leurs navires sous pavillon des Bahamas ou des Bermudes. Les ports anglais, dont la hiérarchie s'est trouvée modifiée en raison des déplacements des courants commerciaux, ont perdu de leur importance, et Londres, s'il demeure le premier port national, n'occupe qu'un rang modeste sur le plan international. Une part des échanges est effectuée par la flotte aérienne de la British Airways qui, depuis sa privatisation, a conquis la place de 1re compagnie européenne par le nombre de passagers, de 1re compagnie mondiale par ses résultats financiers et de 7e mondiale par le fret transporté. En règle générale, le montant des importations excède celui des exportations, mais la Grande-Bretagne réduit progressivement l'écart et tend peu à peu à l'équilibre de sa balance, grâce aussi aux services dits invisibles.

Les **services financiers** : marchés à terme, assurances maritimes et aériennes (l'existence de la Lloyd's, fondée au 17e s. dans la *coffee house* d'Edward Lloyd et première compagnie mondiale d'assurances contre les risques maritimes, a favorisé la spécialisation de Londres dans ce domaine), assurances-vie, prêts et dépôts bancaires font de la City la 3e place financière internationale. Même si l'amour-propre britannique a subi récemment quelques blessures (ruine de la banque Baring, passée sous contrôle néerlandais ; rachat de la S.G. Warburg, créatrice de l'euro-dollar, par la Société de banque suisse, développement de la Bourse de Francfort, etc.), les profits réalisés dans le domaine des services et les intérêts dégagés par les investissements à l'étranger assurent au Royaume-Uni les rentes qui compensent en partie le déficit de sa balance commerciale. Premier pays d'Europe à sortir de la crise, il voit baisser son taux de chômage, mais la reprise de la croissance tient plus à l'exportation qu'à la consommation interne, freinée par la morosité ambiante et la hausse des taux d'intérêt destinée à réguler le marché.

Quelques faits historiques

La **Grande-Bretagne** est située à la limite occidentale de l'Europe. Des vagues successives de peuples y ont mêlé leur culture, leur langage, leurs croyances et, par-dessus tout, leurs énergies, créant une nation insulaire qui a exploré, combattu, colonisé et commercé avec d'autres pays aux antipodes.

Il y a 8 000 ans, le retrait des glaciers causa l'élévation du niveau des mers et submergea les plaines de vase qui avaient uni la Grande-Bretagne au continent européen. Les agriculteurs arrivèrent vers 5000 avant J.-C. et donnèrent au paysage britannique une apparence qui demeura inchangée jusqu'au 20ᵉ s. Peu à peu, les clans installés, munis d'une économie solide, eurent l'inspiration et les possibilités d'organisation pour élever des monuments à leurs dieux, aussi majestueux que Stonehenge – des millions d'heures de travail entre 4000 et 1800 avant J.-C.

Le « **Beaker Folk** » (civilisation des poteries campaniformes) gagna l'Angleterre vers 2700 avant J-C., amenant dans son sillage les racines indo-européennes de la langue anglaise, ainsi qu'une connaissance du travail du fer.

Skara Brae, Orcades

Les Celtes – À partir de 700 avant J.-C., les colons celtes apportèrent avec eux leur langue, leurs chariots et un certain amour de la parure, de l'or et des ornements. Dans la bataille, les épées de fer donnaient l'ascendant aux Celtes sur les Bretons indigènes, qui furent repoussés vers l'Ouest. Les groupes d'immigrants celtes, à peu près trente par bateau, pouvaient à peine supplanter la société établie, estimée à environ un million de personnes, mais dès 100 avant J.-C., la vie et la tradition celtiques étaient déjà bien implantées en Grande-Bretagne. Ils avaient peu de chose en commun, si ce n'est leur dialecte, et c'est ce manque de toute idée de nation qui fit de la société celtique une proie facile pour la puissance civilisée de Rome.

Les Romains

43	Début de la conquête romaine.
61	Révolte des Icéniens conduits par la reine Boadicée.
122	Construction du mur d'Hadrien.

Les Romains – Britannia, cette île au large, n'avait pas d'importance stratégique pour Rome, mais l'attrait de l'or, du grain, du fer, des esclaves et des chiens de chasse fut suffisant pour rendre l'invasion de l'été 43 digne d'intérêt. Dès 70, la plus grande partie du Nord de l'Angleterre et du pays de Galles avait été assujettie. Cinquante villes ou plus étaient reliées entre elles par un réseau de voies. Rome avait déjà donné à la Grande-Bretagne une autre facette de sa culture – sa législation – et avait généralisé l'usage de la monnaie, introduite par les Celtes.

En 313, le christianisme avait été reconnu comme religion officielle en Grande-Bretagne. La domination romaine s'acheva en 411.

Les Anglo-Saxons

449	Les premières vagues d'Angles, de Saxons et de Jutes débarquent en Grande-Bretagne.
457-527	Fondation des royaumes anglo-saxons de Kent, Sussex, Wessex, Essex, Mercie, Estanglie et Northumbrie.
597	**Saint Augustin** fonde un monastère bénédictin à Canterbury.

627	Conversion au christianisme d'**Edwin**, roi de Northumbrie.
827	**Egbert**, roi de Wessex, devient « le premier roi de tous les Anglais ».
Vers 840	Les Danois fondent Dublin, et en 876 York.
871	**Alfred**, roi de Wessex, contient l'avance danoise en Angleterre.
1016-1035	**Canut le Grand**, premier roi danois d'Angleterre.
1042	Règne du roi anglo-saxon **Édouard le Confesseur**.

Les Saxons – Les mercenaires germains occupèrent bon nombre des forts du rivage, avant même la retraite finale des troupes de soldats romains. Comme la solde devenait insuffisante, ils s'emparèrent de bonnes terres agricoles et, avec leurs charrues plus lourdes, furent capables de labourer même les argiles les plus compactes. En 597, Augustin, envoyé en mission par le pape Grégoire pour convertir les Britanniques au christianisme, trouva le roi de Kent déjà marié à une princesse chrétienne. Cependant, il fallut attendre le **synode de Whitby**, en 664, soixante années après la mort d'Augustin, pour que le rite romain prévalût au détriment de l'Église celtique.

Le christianisme survécut à l'« âge des ténèbres » (le Haut Moyen Âge) et avec lui, l'enseignement des moines. Le vénérable Bede acheva en 731 son *Histoire ecclésiastique du peuple anglais*, au monastère de Jarrow.

Les royaumes anglo-saxons furent constamment engagés dans des luttes pour la suprématie entre Saxons, Angles et Jutes. En raison de leurs échanges commerciaux avec la Russie et Constantinople, les Saxons introduisirent encore d'autres influences.

Les Vikings – À partir de 851, les Vikings vinrent passer régulièrement l'hiver en Grande-Bretagne et devinrent donc eux-mêmes des colons. En 911, un homme de leur race, **Rollon**, fonda un royaume qui allait plus tard jouer un rôle prépondérant dans l'histoire de la Grande-Bretagne : la Normandie. Les Vikings prirent goût au commerce et au troc, qui leur semblait être la meilleure chose qu'être la piraterie. La cité de Londres redevint ce qu'elle avait été sous l'autorité romaine : un grand port de commerce. En 955, huit rois vassaux rendaient hommage au roi **Edgar**, représentant presque l'île entière, mais tous les rois ne furent pas aussi forts et capables que lui. Pendant le règne désastreux d'**Ethelred II le Malavisé**, les Norvégiens attaquèrent l'Angleterre. Ethelred s'enfuit en Normandie, laissant son fils Edmond Côte de Fer livrer seul une bataille contre les envahisseurs. À la mort d'Edmond, le **Witenagemot** – le Conseil des Sages –, préférant la force à la faiblesse, élut comme roi l'envahisseur danois Canut. Sept années après sa mort, les membres du Witenagemot durent à nouveau choisir un roi ; ils élurent Édouard, fils d'Ethelred II et de sa femme normande, Emma. Plus abbé que roi, il allait devenir **Édouard le Confesseur**.

Édouard le Confesseur donna terres et honneurs aux Normands qui regardaient cet Anglais complaisant avec un mépris à peine dissimulé, mais désigna pour héritier son beau-frère Harold après avoir promis sa succession au **duc de Normandie Guillaume**. Or, celui-ci avait fait prêter serment à Harold de l'aider à conquérir le trône anglais à la mort d'Édouard. Le 5 janvier 1066, quelques jours après la consécration de l'abbaye de Westminster, le gentil Confesseur mourut. En confirmant Harold pour roi, le Witenagemot provoqua la conquête normande. Pour de nombreuses personnes, l'« Histoire » de l'Angleterre commence le **14 octobre 1066** à la **bataille de Hastings**.

Les Normands

1066	À **Hastings**, Harold est vaincu par le duc de Normandie, Guillaume, couronné sous le nom de **Guillaume Ier**.
1086	Guillaume ordonne le recensement de tous les domaines et de leur contenu, qui va constituer le **Domesday Book**.
1100-1135	Règne de **Henri Ier** qui, en épousant Mathilde, petite-fille d'Edmond II, unit les maisons royales normande et saxonne.

1066-1154 : les Normands – Avec seulement cinq mille chevaliers et partisans, Guillaume conquit une nation de 1,5 à 2 millions d'hommes – descendants des Celtes, des Romains et des Vikings –, considérée comme l'une des plus riches d'Europe occidentale.

L'établissement du Domesday Book révèle que seule une poignée de noms anglais figurait au milieu de la liste des « tenanciers en chef », signe d'un important changement dans la propriété terrienne, et qu'un seul évêque sur seize était anglais. « À grand destructeur, grand bâtisseur. » Dès 1200, pratiquement toutes les cathédrales et abbayes anglo-saxonnes (symboles du grand passé des Anglais vaincus) avaient été détruites et remplacées par des ouvrages normands. Mais, quarante ans après la conquête, les soldats anglais combattaient déjà pour un roi, anglais de naissance, **Henri Ier**, sur ses territoires français. Le processus de la conquête se poursuivit par l'assimilation progressive des vaincus.

La dynastie des Plantagenêts

1154	Henri d'Anjou (Plantagenêt) devient le roi **Henri II**. Par son mariage avec Aliénor, l'Aquitaine et le Poitou sont rattachés à la couronne d'Angleterre.
1170	Thomas Becket est assassiné dans la cathédrale de Canterbury.
1189-1199	Règne de **Richard Ier Cœur de Lion**.

1199-1216	Règne de **Jean sans Terre.** Les plus grandes parties de la Normandie, du Maine, de l'Anjou et de la Bretagne (française) sont perdues au profit des Français (règne de Philippe Auguste).
1215	Les barons obligent Jean à ratifier la **Grande Charte** (Magna Carta), fondement des institutions anglaises, à Runnymede.
1216-1272	Règne d'**Henri III**, qui épouse Éléonore de Provence en 1236.
1258	Les **Provisions d'Oxford** placent l'administration royale sous le contrôle du Parlement.
1272-1307	Règne d'**Édouard Ier**. Début de ses campagnes galloises. Le prince de Galles, Llewelyn, est tué en 1282.
1296-1298	William Wallace ravage le Nord de l'Angleterre. Il est vaincu à Falkirk en 1298 et exécuté en 1305.
1307-1327	Règne d'**Édouard II**, qui épouse Isabelle de France, fille de Philippe IV le Bel.
1314	Édouard II est vaincu à **Bannockburn** par Robert Ier, roi d'Écosse. Retour de l'Écosse à l'indépendance.
1327	Édouard II est assassiné au château de Berkeley.
1327-1377	Règne d'**Édouard III**. Roger Mortimer et Isabelle sont régents.
1330	Édouard III écarte les régents et fait exécuter Roger Mortimer.
1337-1453	Début de la **guerre de Cent Ans** contre la France. Victoire anglaise à Crécy et prise de Calais.
1360	Paix de Brétigny. L'Aquitaine et le Poitou sont perdus par la France.
1377-1399	Règne de **Richard II.**
1396	Traité de Paris. La paix entre la France et l'Angleterre.
1398	Richard II bannit Henri Bolingbroke, qui revient et détrône Richard.
1399-1413	Règne de **Henri IV**. Richard meurt en 1400, probablement assassiné.
1413-1422	Règne de **Henri V.**
1415	Reprise de la guerre contre la France. Henri remporte la bataille d'Azincourt.
1420	Par le traité de Troyes, Henri V devient l'héritier du trône français. Début du redressement français. Jeanne d'Arc fait couronner Charles VII à Reims.
1422-1461	Règne de **Henri VI**. Les ducs de Gloucester et de Lancastre sont régents.
1453	L'Angleterre perd ses possessions sur le continent à l'exception de Calais.
1455	Début de la **guerre des Deux-Roses** à St Albans. Les York (dont les armoiries comportent une rose blanche) l'emportent sur les Lancastre (rose rouge).
1461-1483	Règne d'**Édouard IV** (fils de Richard d'York), après sa victoire de Towton sur les Lancastre.
1465	Henri VI est capturé et emprisonné à la Tour de Londres.
1467-1470	Le duc de Warwick complote contre le roi. Vaincu, il s'enfuit en France et se réconcilie avec les Lancastre. De retour en Angleterre, il rétablit Henri VI ; Édouard prend la fuite.
1471	Édouard débarque en Angleterre, bat et tue Warwick à Barnet. Après sa victoire à Tewkesbury, il fait assassiner Henri VI.
1483	Règne d'**Édouard V**. Avec son frère Richard, il est emprisonné dans la Tour de Londres.
1483-1485	Règne de **Richard III**. Cruel et tyrannique, il est vaincu et tué par Henri Tudor à Bosworth.

1154-1485 : les Plantagenêts – **Henri II**, comte d'Anjou, resta étroitement lié à ses domaines français. Sa dispute avec **Thomas Becket,** qu'il avait lui-même nommé archevêque de Canterbury, allait gâcher un règne qui mérite pourtant d'être rappelé. Henri II, en effet, restaura l'ordre dans un pays ravagé.

Parmi les réformes qu'il apporta au domaine juridique, il convient de rappeler l'établissement du système du jury et de la cour d'assises. Il réforma deux fois la monnaie, octroya des chartes à de nombreuses villes et encouragea l'expansion de l'élevage du mouton. La laine anglaise étant de grande qualité, de lourdes taxes étaient appliquées à son exportation qui devint un des plus importants facteurs de la prospérité de l'Angleterre.

La façon despotique de gouverner et de lever l'impôt, adoptée par son fils **Jean,** unit les barons qui, en 1215, le forcèrent à signer la **Grande Charte**, qui garantissait à tout homme la liberté face à une ingérence illégale sur sa personne ou sa propriété et fondait les bases de la législation anglaise ultérieure.

L'opposition des barons et les conflits internes marquèrent le règne inefficace du fils de Jean, **Henri III**. Le fils de ce dernier, **Édouard Ier** – Plantagenêt typique aux cheveux blonds, grand et énergique –, fut en guerre la plus grande partie de son règne, contre la France, le pays de Galles et l'Écosse. Il imposa à ces deux derniers pays l'administration et la justice anglaises. Au cours de son règne, l'importance constitutionnelle du Parlement s'accrut, et son « Parlement modèle » de 1295 comprenait des représentants des comtés, des cités et des municipalités.

Mais à nouveau un roi faible succéda à un fort. **Édouard II** ne s'intéressait guère qu'à ses amants et son règne vit la perte effective de tout ce que son père avait gagné. Humiliée, son épouse, Isabelle de France, avec le soutien de son propre amant, Roger Mortimer, déposa Édouard et installa sur le trône son fils, **Édouard III**. Celui-ci chercha à se réconcilier avec les barons et poursuivit une politique de commerce éclairée. Il réorganisa la marine, entraîna l'Angleterre dans la guerre de Cent Ans, en réclamant non seulement l'Aquitaine, mais aussi le trône de France. Il fit reconstruire presque entièrement le château de Windsor où il créa l'**ordre de la Jarretière en 1348**. Cette année-là, la peste, la « mort noire », atteignit l'Angleterre, réduisant d'un tiers la force de travail du pays. Le **Statut des travailleurs** de 1351, une tentative du gouvernement pour réglementer les salaires, fut l'une des causes de la **révolte des paysans de 1381**. Puis le trône passa à Richard, petit-fils d'Édouard III, puisque son propre fils, le **Prince Noir**, était mort avant d'avoir pu lui succéder.

Richard II fut très influencé par son oncle, Jean de Gand, duc de Lancastre, qui avait été régent. Richard fit preuve d'une grande bravoure personnelle lors de la révolte des paysans, mais il ne fut pas en mesure de contrôler ses barons, dont le plus turbulent était son propre cousin, Henri de Bolingbroke, fils de Lancastre, qu'il exila. À la mort de Lancastre, Richard tenta de s'emparer de ses domaines, aussi **Bolingbroke** revint-il en Angleterre et, avec le soutien du Parlement et des nobles, écarta Richard et devint **Henri IV**. Au cours de son règne, il dut faire face à la rébellion des Gallois et des Percy, comtes de Northumberland.

La guerre de Cent Ans reprend avec **Henri V**. L'Anglais revendiquait le trône de France et mourut en laissant un fils nouveau-né qui fut couronné sous le titre de **Henri VI**, à l'abbaye de Westminster en 1429 et à Notre-Dame de Paris en 1431. Une nouvelle régence, les fréquents accès de folie de Henri et les revendications opposées des maisons d'York et de Lancastre allaient entraîner l'Angleterre dans la **guerre des Deux-Roses**.

York et Lancastre – Les Lancastre – **Henri IV, Henri V** et **Henri VI** – réclamaient le trône en tant que descendants directs par les hommes de Jean de Gand, quatrième fils d'Édouard III. Les York – **Édouard IV, Édouard V** et **Richard III** –, qui descendaient d'Edmond, cinquième fils d'Édouard III, contestaient leurs droits, sous prétexte qu'ils descendaient par les femmes du troisième fils d'Édouard III, Lionel. La **guerre des Deux-Roses**, trente années de luttes sporadiques et de périodes de paix armée, entre 1455 et 1485, prit fin avec le mariage d'Henri VII – Lancastre par les femmes et premier roi de la dynastie Tudor – et d'Élisabeth d'York.

Les princes dans la Tour – Édouard V fut emprisonné dans la Tour de Londres, avec son frère Richard, par leur oncle Richard, duc de Gloucester, qui réclamait la couronne en vertu de leur illégitimité alléguée. Le Parlement lui ayant apporté son soutien, Gloucester devint **Richard III** et les deux princes furent assassinés.

Une des plus glorieuses dynasties anglaises : les Tudors

1485-1509	Règne d'**Henri VII** (Henri Tudor). Son mariage avec Élisabeth d'York (fille d'Édouard IV) met fin à la guerre des Deux-Roses.
1503	Jacques IV d'Écosse épouse la fille de Henri VII, Marguerite Tudor.
1509-1547	Règne d'**Henri VIII**. Il épouse Catherine d'Aragon, en 1509.
1513	Jacques IV d'Écosse est vaincu et tué à Flodden.
1515	**Wolsey** est fait chancelier.
1520	Entrevue du **Camp du Drap d'or** avec François Ier.
1521	Le pape Léon X confère le titre de « Défenseur de la foi » à Henri VIII, théologien reconnu, pour son livre qui attaque les enseignements de Martin Luther.
1533	Henri épouse secrètement Anne Boleyn après avoir obtenu son divorce de Cranmer, nouvellement nommé archevêque de Canterbury. Naissance de la princesse Élisabeth.
1534-1536	Henri VIII rompt ses relations avec Rome. L'**Acte de Suprématie** le reconnaît pour chef de l'Église d'Angleterre. **Dissolution** de tous les ordres religieux. Confiscation de leurs biens au profit de la Couronne. Henri VIII est excommunié.
1535	Le chancelier **Thomas More** est exécuté pour avoir refusé de signer l'Acte de Suprématie qui reconnaissait Henri comme chef de l'Église, à la place du pape.
1541	Henri VIII est proclamé **roi d'Irlande** par le Parlement irlandais.
1542	Marie Stuart, reine d'Écosse (1542-1587), naît à Linlithgow.
1547-1553	Règne d'**Édouard VI**. Premier livre du rituel anglican : le « Book of the Common Prayer », édité en 1549.

Henri VIII et Anne Boleyn – Gravure de William Hogarth

1553-1558	Règne de **Marie Ire Tudor**. Renoue avec Rome.
1554	Marie Tudor épouse Philippe II d'Espagne. Abolition de la Réforme.
1558-1603	Avènement de la reine Élisabeth Ire. Lord Cecil devient secrétaire d'État. Marie Stuart, reine d'Écosse, épouse François, le dauphin de France.
1559-1560	La religion protestante est rétablie, l'anglicanisme définitivement instauré. Le calvinisme s'installe en Écosse.
1561	**Marie Stuart**, la reine d'Écosse de 19 ans, revient de France après la mort de son époux.
1565	Marie Stuart épouse tout d'abord Darnley, puis Bothwell. Elle demeure le centre de l'opposition à Élisabeth.
1566	Création du Royal Exchange à Londres.
1567-1625	Règne de Jacques VI en Écosse. Moray est régent. Jacques régnera aussi sur l'Angleterre, à la mort d'Élisabeth Ire, sous le nom de Jacques Ier.
1568	Marie Stuart cherche asile auprès de sa cousine Élisabeth.
1587	Exécution de Marie Stuart. Drake attaque Cadix.
1588	Défaite de l'**Invincible Armada**, redoutable flotte armée par Philippe II d'Espagne pour venger la mort de Marie Stuart.
1592-1616	Shakespeare produit la plupart de ses plus grandes pièces.
1600	Création de la Compagnie anglaise des Indes orientales.

1485-1603 : les Tudors – **Henri VII** gouverna avec perspicacité, contrôla sévèrement les finances et restaura l'ordre après la guerre des Deux-Roses. C'est un trésor sain qu'il légua à son fils. **Henri VIII**, prince de la Renaissance, était à la fois musicien accompli, linguiste, érudit et soldat. Ce fut un monarque autocratique, de tempérament capricieux et de conscience élastique. Il acheva l'union avec l'Irlande et avec le pays de Galles, et renforça largement la marine. La laine, qui avait surtout été exportée à l'état brut au siècle précédent, était désormais en majorité transformée en drap. La **Dissolution des monastères** promulguée par Henri allait causer la plus grande redistribution de terres en Angleterre depuis la conquête normande.

Marie, fille de Catherine d'Aragon, succéda à son demi-frère, **Édouard VI,** fils de Henri et Jane Seymour, sa troisième épouse. L'insistance de Marie Ire à contracter un mariage avec Philippe II d'Espagne, ainsi que la condamnation à mort sur le bûcher de trois cents hommes présumés hérétiques ternirent sa popularité auprès des Anglais. La guerre qu'elle mena contre la France aboutit à la perte de Calais, dernière possession d'Angleterre en Europe.

Élisabeth Ire fut l'initiatrice d'un développement de la culture nationale et des arts. Elle restaura un anglicanisme modéré, malgré la répression impitoyable menée envers d'éventuels conspirateurs catholiques visant à renverser son pouvoir. La défaite de l'Armada espagnole constitua la plus éclatante victoire militaire d'un règne pendant lequel Élisabeth chercha à éviter le gaspillage des dépenses de guerre, en ayant recours à sa diplomatie et à un réseau d'informateurs contrôlé par ses ministres, Cecil et Walsingham.

Les Stuarts : une dynastie impopulaire

1603-1625	**Jacques VI d'Écosse** succède en Angleterre à Élisabeth sous le nom de **Jacques Ier.**
1605	Conspiration des Poudres.
1620	Les « Pères Pèlerins » émigrent au Massachusetts.
1624-1649	Règne de **Charles Ier.**

1626-1640	Le Parlement refuse d'accorder des subsides au roi. Charles Ier le dissout et gouverne sans le convoquer jusqu'en 1640.
1640-1653	Le Long Parlement siège sans discontinuer et fait adopter l'« Acte de Triennalité » qui assure des parlements réguliers.
1642-1649	La guerre civile éclate.
1649	Procès et exécution de Charles Ier (par le Parlement Croupion) ; abolition de la monarchie et de la Chambre des Lords. La république de Cromwell, le **« Commonwealth »**, est établie.
1651	Charles II, soutenu par les Écossais et les Irlandais, est couronné à Scone, mais, battu à Worcester, il fuit en France.
1653	Cromwell prend le titre de **Lord Protecteur**.
1656-1659	Guerre contre l'Espagne.
1660-1685	Règne de **Charles II**.
1661	Le code Clarendon rétablit l'Église anglicane.
1665	La **Grande Peste** tue plus de 68 000 Londoniens.
1666	Le **Grand Incendie** détruit les 4/5 de la Cité de Londres.
1672	La Déclaration d'indulgence atténue les effets des lois pénales contre les catholiques et les dissidents.
1672-1674	Guerre contre la Hollande.
1673	Le Test Act, promulgué par le Parlement, exclut les non-anglicans des fonctions civiles.
1677	Mariage de Marie, nièce du roi et fille du futur Jacques II, avec Guillaume d'Orange.
1679	La loi d'**Habeas Corpus** garantit tout individu contre toute arrestation arbitraire.
1685-1688	Règne de **Jacques II**.
1685	Rébellion de **Monmouth**. Assises sanglantes du juge Jeffreys *(voir p. 54 et p. 411)*.
1689-1694	Règne de **Guillaume III** et **Marie II**.
1689	Les jacobites écossais sont vaincus à Killiecrankie.
1689	Guerre contre la France. « Grande Alliance » entre l'Angleterre, l'Autriche, les Pays-Bas et les États allemands.
1690	Les jacobites irlandais sont vaincus à la bataille de la Boyne.
1694-1702	Guillaume III règne seul après la mort de Marie II.
1702-1714	Règne de la reine **Anne**.
1702-1714	Guerre de Succession d'Espagne.
1704	L'Angleterre s'empare de Gibraltar. Victoire de Blenheim.
1707	Acte d'union avec l'Écosse.
1714	Le traité d'Utrecht met fin à la guerre de Succession d'Espagne.

1603-1714 : les Stuarts et le Commonwealth – L'économie reposait toujours en majeure partie sur l'agriculture et la laine. En dépit d'une espérance de vie moyenne de 35 ans, l'accroissement de la population – passant de 2,5 millions dans les années 1520 à 5 millions vers 1650 – posa des problèmes de travail et d'alimentation. L'industrialisation augmentait, puisque la production de fer avait quadruplé de 1550 à 1650. Cependant, les petits artisans fabriquant des tissus en laine de qualité supérieure représentaient toujours l'assise principale du commerce.

Paul van Sommer/EXPLORER

Jacques Ier sembla pencher en faveur des protestants. Aussi, le 5 novembre 1605, bien qu'il ait consenti à élargir les mesures de tolérance, quelques catholiques tentèrent-ils de l'assassiner lors de la conspiration des Poudres (1605). Convaincu qu'il était roi de droit divin, il entra bientôt en conflit avec le Parlement, attitude que son fils **Charles Ier** adopta. Son mariage avec une catholique, Henriette-Marie de France, fut très impopulaire. Il fut finalement contraint de rappeler le Parlement, qui fit arrêter et exécuter le Premier ministre, le comte de Strafford, puis refusa d'accorder au roi les subsides qu'il demandait et enfin vota une loi interdisant la dissolution du Parlement sans l'accord... du Parlement. La crise constitutionnelle s'aggrava et aboutit à une rupture officielle quand Charles tenta d'arrêter cinq députés au début de l'année 1647. La guerre civile éclata au mois d'août.

Jacques Ier (VI d'Écosse)

La guerre civile (1642-1649) – Charles établit son quartier général à Oxford. Mais les Écossais prennent le parti des Parlementaires et leur permettent de remporter la victoire en 1644 à Marston Moor, où se distingue un *squire*, **Olivier Cromwell**, qui a levé à ses frais un régiment connu sous le nom de Côtes de Fer. À son initiative, le Parlement confie à Fairfax le commandement d'une armée « nouveau modèle », qui remporte une nouvelle victoire à Naseby en 1645, avant de marcher sur Oxford. Charles s'enfuit, se rendit aux Écossais, qui le remirent entre les mains des députés en 1647. Placé sous surveillance à Hampton Court, le roi cherchait à préserver ses prérogatives, montant les différentes factions du Parlement les unes contre les autres. Il promit aux Écossais une Angleterre presbytérienne en échange de leur aide tout en cherchant des fonds et des troupes à l'étranger et en tentant même de traiter avec Cromwell. S'étant enfui de Hampton Court, il finit par être capturé à la suite d'une invasion écossaise cruellement refoulée à Preston, en août 1648. L'armée réclama sa mort. Il fut jugé et décapité en janvier 1649.

La république et le Protectorat (1649-1660) – La monarchie et la Chambre des Lords furent abolies et remplacées par un Conseil d'État composé de 40 membres. Le Parlement « Croupion » ayant tenté de se transformer en organe permanent non élu, Cromwell décida de le dissoudre et constitua le **Protectorat** qui lui permit, en qualité de Lord Protecteur, de gouverner par décret. Il fut accepté par la majorité de la population, lasse des guerres. La promulgation de l'**Acte de navigation** en 1651, spécifiant que seuls les navires anglais pouvaient introduire des produits étrangers en Angleterre, contribua largement au développement du commerce. À sa mort, en 1658, Cromwell désigna son fils Richard pour successeur. Celui-ci abdiqua en 1659. Le **général Monk** marcha sur Londres, fit élire un nouveau Parlement et négocia avec Charles II.

La Restauration – **Charles II**, dans sa déclaration de Breda, promettait amnistie et liberté de conscience ; le nouveau Parlement vota alors la restauration des Stuarts. Le 25 mai 1660, l'entrée de Charles II à Londres mettait fin à dix années de restriction puritaine et inaugurait une période brillante qui vit l'épanouissement du théâtre, de la peinture et des arts. L'accession au trône de **Jacques II** remit en cause la stabilité connue sous le règne précédent. Le nouveau roi était ouvertement catholique. Les protestants tentèrent de lui opposer le **duc de Monmouth**, fils naturel de Charles II. La répression brutale de la rébellion et les orientations procatholiques de la politique royale provoquèrent un vif mécontentement. La naissance d'un prince héritier – le futur « Vieux Prétendant » – fit craindre une succession catholique. Les Dissidents, un groupuscule whig qui redoutait plus que tout les Stuarts et l'intolérance religieuse, contactèrent le gendre du roi, **Guillaume d'Orange**, qui débarqua à Torbay et marcha sur Londres. La totalité du royaume se rangea derrière lui : pris de panique, le roi s'enfuit. Ce fut la Glorieuse Révolution. La couronne fut proposée à Marie. Mais celle-ci refusa de régner sans son époux. **Guillaume III** et **Marie II** ratifièrent la Déclaration des Droits, qui déclarait illégaux les actes arbitraires de Jacques II. Les partisans de ce dernier, les jacobites, furent définitivement éliminés en Irlande et en Écosse. Une grande partie du règne de Guillaume, qui constitua la ligue d'Augsbourg avec l'Autriche, les Pays-Bas, l'Espagne et les États germaniques, fut consacrée à lutter contre les visées territoriales de Louis XIV en Europe. Mais c'est aussi sous son règne, après le décès du dernier enfant de la princesse héritière Anne, qu'est voté l'**Acte d'établissement** (1701), loi de succession qui accordait la couronne à Sophie, électrice de Hanovre, petite-fille de Jacques Ier, ou à ses héritiers, et en écartait tout prétendant catholique.

Fervente protestante, **Anne**, avait soutenu la Glorieuse Révolution de 1688 qui fit abdiquer son père. Elle poursuivit la lutte contre l'hégémonie de la France en Europe, politique qui fut couronnée par les victoires de **Marlborough** à **Blenheim** et aux Pays-Bas espagnols. En 1707, l'**Acte d'union** consacre la réunion des parlements anglais et écossais et crée le Royaume-Uni de Grande-Bretagne.

Les Whigs et les Tories – Deux partis étaient nés de la guerre civile. Les uns étaient partisans du roi ; leurs adversaires les baptisaient *tories*, ou brigands irlandais, insinuant par là qu'ils étaient papistes. Eux-mêmes désignèrent du nom de *whig* les ennemis du roi, en abrégeant le terme *whigamore*, ou paysan puritain de l'Ouest de l'Écosse. Les **Whigs**, qui avaient invité Guillaume à prendre la couronne, constituèrent de puissantes cabales sous son règne et celui d'Anne. Ils assurèrent la succession de la lignée de Hanovre. Les **Tories** acceptèrent la Glorieuse Révolution mais penchèrent pour le retour des Stuarts, ce qui leur valut une disgrâce qui ne prit fin qu'en 1783 avec l'arrivée aux affaires du **Second Pitt**. Le parti tory devint le parti conservateur, sous la direction de Peel, en 1834, tandis que les Whigs formèrent le **parti libéral** dans les années 1860.

Les Hanovre

1714-1727	Règne de **George Ier**.
1715	Rébellion jacobite, dirigée par Jacques Stuart, le « Vieux Prétendant ».
1727-1760	Règne de **George II. Robert Walpole**, Premier ministre. Les Irlandais catholiques sont privés du droit de vote en 1728.
1731	La charrue à cheval et le semoir de Jethro Tull contribuent à révolutionner l'agriculture.
1733	John Kay, fabricant de peignes à tisser, invente la navette volante.

1745	« Bonnie Prince Charlie » dirige la seconde rébellion jacobite.
1756	Début de la guerre de Sept Ans. Le **Premier Pitt** forme son ministère.
1757	Prise de Calcutta. Par sa victoire à Plassey, Clive assied la suprématie anglaise aux Indes.
1760-1820	Règne de **George III**. La conquête du Canada est achevée en 1760.
1763	Fin de la guerre de Sept Ans. Le traité de Paris consacre la cession par la France du Canada, des territoires situés à l'Est du Mississippi et des possessions de l'Inde.
1769	La machine à vapeur de Watt et le métier à tisser d'Arkwright sont brevetés.
1776	Déclaration d'Indépendance américaine.
1781	Les Britanniques capitulent à Yorktown.
1783-1801	Ministère du Second Pitt.
1783	La guerre d'Indépendance américaine s'achève avec la signature du traité de Versailles.
1787	Cartwright invente le métier à tisser mécanique.
1792-1793	Ambassade de McCartney auprès de l'empereur de Chine.
1793	Guerre contre la France révolutionnaire.
1799	L'impôt sur le revenu est levé pour la première fois, pour financer la guerre.
1805	Victoire navale de Trafalgar. Nelson est tué au cours de la bataille.
1807	Abolition du commerce des esclaves.
1815	Napoléon est vaincu à Waterloo. **Congrès de Vienne**.
1820-1830	Règne de **George IV**.
1825	Ouverture des lignes de chemin de fer de Stockton et de Darlington. Telford achève le pont de Menai *(voir p. 106)*.
1829	L'Acte d'émancipation reconnaît le droit de vote et l'éligibilité aux catholiques.
1830-1837	Règne de **Guillaume IV**.
1832	Premier acte de réforme électorale.
1834	Les « Martyrs de Tolpuddle » sont déportés en Australie, puisqu'ils ont été jugés coupables d'avoir formé un « syndicat » agricole.

Les Jacobites – Jacques II ayant été détrôné, les revendications de son fils, le « Vieux Prétendant », furent ignorées, conduisant au soulèvement jacobite de 1715. **Charles Édouard Stuart**, « Bonnie Prince Charlie » (le bon prince Charlie), fils aîné du Vieux Prétendant, prit la tête d'un soulèvement similaire qui se termina en 1746 à **Culloden**, dernière bataille menée par le sol britannique. Il mourut en exil en 1788 et la cause des Stuarts prit fin avec la mort de son frère cadet en 1807, le cardinal Henri Stuart.

1714-1837 : les Hanovre – Quand **George Iᵉʳ** accéda au trône, la Grande-Bretagne avait assis sa puissance en Europe en contribuant largement à l'affaiblissement de l'influence française. Bien qu'il se soit fréquemment heurté à son père lorsqu'il était prince de Galles, **George II** maintint Walpole comme Premier ministre. Il prit une part active dans la guerre de Succession d'Autriche et fut le dernier monarque à commander personnellement les troupes au combat, à Dettingen, en 1743. La médiocrité des deux premiers souverains de la dynastie, plus attachés à leur électorat allemand qu'à la couronne britannique, contribua largement à l'instauration de la monarchie parlementaire. Petit-fils et successeur de George II, **George III** tenta de rétablir le pouvoir personnel du roi, ce qui lui aliéna l'opinion. Sa constante préoccupation de mettre un terme aux guerres pour se consacrer à la politique intérieure. Mais il dut se résigner à reconnaître la réalité de la « politique des partis ». Après qu'il eut donné des signes de démence, la régence fut confiée à son fils, qui lui succéda plus tard sous le nom de **George IV**. Ce dandy bigame fut vite confronté à une situation intérieure explosive : la révolution industrielle provoquait du chômage et engendrait la misère, le peuple réclamait l'élargissement du suffrage, les catholiques l'émancipation, les commerçants le libre-échange, et les nantis… l'ordre. **Guillaume IV** était âgé de 65 ans lorsqu'il succéda à son impopulaire frère. Le mécontentement était tel alors que les radicaux révolutionnaires faillirent se joindre au peuple. Il fit appel aux Whigs, et le Premier ministre, lord Grey, ne parvint à imposer la réforme électorale, à laquelle les Chambres étaient opposées, qu'en amenant le roi à menacer de désigner cinquante nouveaux pairs pour faire voter la loi (1832) par la Chambre des Lords.

La révolution industrielle – La relative stabilité politique qui avait suivi la Glorieuse Révolution avait encouragé le renforcement d'un solide système bancaire et de crédit. L'empire outre-mer fournissait les matières premières et les marchés pour les biens manufacturés.

D'importants changements sociaux se produisirent en raison de l'exode rural vers les villes surpeuplées, créant souvent des tensions entre ouvriers et employeurs. Les guerres napoléoniennes stimulèrent cette industrialisation et aggravèrent ces troubles. Néanmoins, vers le milieu du 19ᵉ siècle, il fut évident que la révolution industrielle ne serait pas suivie d'une révolution politique.

1837-1901	**Règne de la reine Victoria**
1840	Victoria épouse le prince Albert de Saxe-Cobourg et Gotha.
1842	Le mouvement chartiste fait campagne pour des réformes parlementaires.
1846	Corn Laws. Libéralisme économique.
1848	Épidémie de choléra. Acte de santé publique.
1851	Exposition universelle de Londres.
1854	Guerre de Crimée.
1855	**Palmerston** Premier ministre.
1856	Invention du convertisseur par Bessemer.
1857-1858	Révolte indienne. Transfert du gouvernement des Indes de la Compagnie des Indes orientales à la Couronne.
1858	Suppression du cens d'éligibilité.
1861	Mort du prince Albert.
1863	Inauguration du métropolitain de Londres.
1868-1874	Premier ministère **Gladstone.**
1874-1880	Ministère **Disraeli.**
1876	Victoria impératrice des Indes. Enseignement primaire obligatoire.
1880-1885	Deuxième ministère Gladstone.
1884	Parsons invente la turbine.
1888	L'Acte de Gouvernement local établit les conseils des comtés et les circonscriptions électorales urbaines.
1895	Premier Salon de l'automobile à Londres.
1900	Le Parti travailliste (Labour Party) est formé. Premier métro électrique.

Dernier monarque de la maison de Hanovre, **Victoria** n'avait que 18 ans quand elle succéda à son oncle et inaugura le règne le plus long de Grande-Bretagne. Son nom reste associé à une époque illustre. Albert, son plus proche conseiller jusqu'à sa mort prématurée en 1861, la convainquit que la Couronne ne devait pas être assimilée à un quelconque parti politique. Principe qui a été maintenu. Il fut l'instigateur de la **Grande Exposition** (1851), qui se déroula dans Crystal Palace, un gigantesque pavillon de verre conçu par Paxton. De mai à octobre 1851, toutes les nations y glorifièrent la révolution industrielle, la créativité, les réalisations techniques et la prospérité, qui toutes ont marqué l'ère victorienne.

La maison de Saxe-Cobourg, puis de Windsor

1901-1910	Règne d'**Édouard VII**. La paix de Vereeniging achève la seconde guerre des Boers, en 1902.
1903	Le mouvement des suffragettes débute avec **Mrs Pankhurst**.
1904	Entente cordiale avec la France.
1905	Les premiers autobus sillonnent les rues de Londres.
1908	Introduction de la pension vieillesse.
1910-1936	Règne de George V.
1914	Première Guerre mondiale. L'« Armée des volontaires » de Kitchener est formée.
1916	Soulèvement de Pâques en Irlande.
1917	Le roi adopte pour la famille royale le nom de Windsor.
1918	Fin des hostilités. Le droit de vote est accordé aux femmes de plus de 30 ans. **Lloyd George** Premier ministre.
1921	Création de l'État libre irlandais. Partition de l'Irlande.
1926	Grève générale.
1928	Le droit de vote est étendu à toute femme de plus de 21 ans.
1931	Crise. Chômage massif. Dévaluation de la livre.
1936	Avènement, puis abdication d'**Édouard VIII**.
1936-1952	Règne de **George VI**.
1938	Neville Chamberlain négocie les accords de Munich avec Hitler.
1939	Seconde Guerre mondiale.
1940	Évacuation de Dunkerque, suivie de la bataille d'Angleterre. **Churchill** prend la tête d'un gouvernement d'union nationale et promet au pays « des larmes et du sang ».
1945-1951	Gouvernement travailliste d'Attlee.
1946	Les Actes de l'assurance nationale et de la santé nationale (assurance contre le chômage et sécurité sociale) sont introduits sous le gouvernement **Attlee**. Nationalisation de la Banque d'Angleterre, des mines, puis, en 1947, des chemins de fer.
1947	L'Inde obtient l'indépendance et est divisée.
1949	La république d'Irlande devient indépendante. L'Organisation du traité de l'Atlantique Nord (OTAN) est fondée. Les industries du fer et de l'acier sont nationalisées.

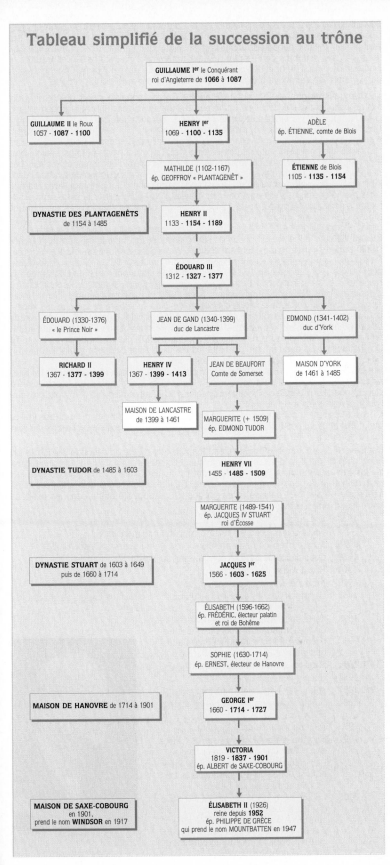

Édouard VII, éloigné des responsabilités de la Couronne jusqu'en 1892, accrut le prestige de la monarchie par son charme personnel et en remettant à l'honneur les cérémonies royales publiques. **George V** et la reine effectuèrent de nombreux voyages dans les pays membres de l'Empire, visitant notamment l'Inde en 1911. Il instaura la tradition des vœux de Noël du souverain, communiqués aux peuples du Commonwealth par la radio, et s'employa à exercer une influence restreinte sur la politique.

La Grande-Bretagne au 20ᵉ s. – La Première Guerre mondiale, après quatre-vingt-dix ans de paix, marqua le début de nombreux changements dans l'histoire moderne de la Grande-Bretagne. Sa puissance navale fut défiée. L'exportation du tiers de la production industrielle nationale ne suffisait plus à maintenir un excédent de la balance commerciale. Les revenus provenant de la pêche, des investissements outre-mer et des assurances ne pouvaient plus compenser les pertes. Les concurrents étrangers éliminaient les produits britanniques de nombreux marchés traditionnels d'outre-mer et des marchés nationaux. Les idées libérales des années 1890 entraînèrent l'apparition de syndicats dans l'industrie et du **mouvement travailliste**. La profonde fierté pour « l'Empire », qui avait marqué cette même décennie, s'estompa dans les années 1920 pour laisser la place à un sentiment de gêne, qui réapparut après 1945, lorsque les dominions autonomes, qui s'étaient tenus si fermement aux côtés de la Grande-Bretagne au cours des deux guerres mondiales, se modifièrent subtilement pour devenir le **Commonwealth britannique des nations**.

Édouard VIII était populaire en raison de son charme et de l'intérêt qu'il porta aux chômeurs durant la crise, mais souhaitant épouser Wallis Simpson, une Américaine divorcée, il abdiqua. Son frère cadet lui succéda sous le nom de **George VI**. Le roi et la reine (Élisabeth Bowes-Lyon, épousée en 1923) furent très aimés et considérés comme des symboles respectés de la détermination britannique et de la résistance durant la Seconde Guerre mondiale. Après l'évacuation de Dunkerque en 1940 et la déconvenue des plans d'invasion de Hitler, au cours de la **bataille d'Angleterre** de juillet à octobre de cette même année, la Grande-Bretagne se retrouva seule et de nombreuses villes furent victimes de massifs bombardements aériens – le « Blitz ». Activement soutenues par les États-Unis, qui entrèrent dans le conflit après Pearl Harbor en décembre 1941, les forces britanniques et du Commonwealth se battirent sur plusieurs fronts. La Grande-Bretagne devint le tremplin de la reconquête de l'Europe et de la victoire finale.

Après 1945, l'État-providence fut créé, avec la Sécurité sociale, l'amélioration des pensions et des allocations pour le chômage, ainsi que la nationalisation des industries clés. L'Inde ouvrit la voie de l'indépendance en 1947, suivie jusqu'en 1957 par presque toutes les colonies d'outre-mer.

La reine **Élisabeth II**, qui accéda au trône en 1952, ainsi que son mari, le prince Philip, duc d'Édimbourg, ont beaucoup contribué à renforcer le rôle de la monarchie au sein du royaume et à l'étranger.

Depuis 1945, la Grande-Bretagne s'est adaptée aux réalités du monde moderne. En dépit d'un recul de sa puissance économique, elle conserve son rang traditionnel dans les affaires internationales tout en forgeant de nouveaux liens économiques avec ses partenaires de la Communauté européenne. Quant aux créations du Parlement écossais et de l'Assemblée galloise, elles marquent une nouvelle étape dans les relations entre les diverses entités du Royaume-Uni.

1952	Début du règne d'**Élisabeth II**.
	Vol du Comet, premier avion à réaction commercial.
1956	Mise en service de la première centrale nucléaire à Calder Hall.
1959	Découverte de pétrole dans la mer du Nord.
1964	**Harold Wilson** Premier ministre.
1965	Mort de Winston Churchill.
1969	Le prince Charles est élevé à la dignité de prince de Galles, au château de Caernarfon. Des troubles commencent en Ulster.
1973	La Grande-Bretagne devient membre de la Communauté économique européenne (devenue depuis l'Union européenne).
1978-1990	**Margaret Thatcher** Premier ministre.
1982	Guerre des Malouines.
1990-1997	John Major Premier ministre.
1994	6 mai : inauguration du tunnel sous la Manche.
1995	50ᵉ anniversaire de la Victoire.
1997	Énorme majorité travailliste aux élections. **Tony Blair** Premier ministre.
	Des référendums approuvent la création d'Assemblées particulières en Écosse et au pays de Galles.
2000	Réouverture de l'Assemblée d'Irlande du Nord dont un référendum avait approuvé la création en 1998. Réunie à la fin de 1999, elle avait été suspendue en raison d'une vague d'attentats après 72 jours de session.

OUR SKIPPER

Winston Churchill

Les institutions

La Grande-Bretagne est composée de l'Angleterre, du pays de Galles, de l'Écosse, des îles Anglo-Normandes et de l'île de Man. Les trois premiers constituent avec l'Irlande du Nord le Royaume-Uni, lequel ne comprend pas les îles Anglo-Normandes ni l'île de Man, qui ont leurs propres Parlements et dépendent de la Couronne.

Le Parlement et la Constitution – La Grande-Bretagne n'a pas de constitution écrite. Ce n'est qu'à contrecœur que le roi Jean apposa son sceau à la **Grande Charte** (Magna Carta), le 15 juin 1215, à Runnymede (des copies de la Charte se trouvent dans les cathédrales de Salisbury et de Lincoln ; deux sont à la British Library). La clause 39 garantit la sécurité de chaque homme libre contre toute atteinte à sa personne et à sa propriété. Depuis le règne d'Henri VII, l'**Habeas Corpus** protège l'individu de toute arrestation arbitraire, en rendant obligatoire la parution de l'accusé devant un tribunal dans un délai déterminé.

L'institution suprême en Angleterre est le Parlement, composé de la **Chambre des Lords** (House of Lords) et de la **Chambre des Communes** (House of Commons). Les rois, cependant, devaient convoquer le Parlement pour lever des impôts. C'est pourquoi de fréquentes réunions du Parlement ne rencontraient pas la faveur du peuple. Le Parlement dut se réunir à intervalles réguliers après la Glorieuse Révolution de 1688-1689, mais les deux Chambres restèrent dominées par l'aristocratie terrienne, à peu près jusqu'au milieu du 19e s. Entre 1430 et 1832, le droit de vote n'était accordé qu'à qui possédait une propriété foncière d'une valeur de 40 shillings. Il fut étendu par la loi de 1867, dite **Reform Act**, à tout propriétaire résidant dans une municipalité électorale, puis, en 1884, à tous les propriétaires sans distinction. En 1918, l'électorat était constitué de tout homme de plus de 21 ans et de toute femme de plus de 30 ans. En 1928, le droit de vote fut étendu aux femmes de plus de 21 ans. Aujourd'hui, le droit de vote est accordé à partir de 18 ans.

Les membres de la **Chambre des Communes** sont élus au scrutin majoritaire à un tour. Jusqu'au règne d'Henri VI, le souverain assistait toujours aux assemblées de la **Chambre des Lords**. La Chambre Haute est composée de membres ecclésiastiques, les évêques, dits **Lords Spiritual**, et de membres laïques, par ordre de rang, ducs, marquis, comtes, vicomtes et barons, dits **Lords Temporal**. L'**Acte du Parlement** de 1911 limitait le pouvoir de la Chambre des Lords à un délai de réflexion, ce qui lui permettait de retarder le vote d'une loi. En 1949, les Lords perdirent tout droit de regard sur les lois de finances.

La monarchie – L'Angleterre est une **monarchie constitutionnelle**, forme de gouvernement selon lequel le **souverain**, le roi ou la reine, se voit investi du pouvoir suprême. La monarchie trouve son origine dans les sept royaumes anglais qui existèrent du 6e au 9e s. : la Northumbrie, l'East Anglia, l'Essex, la Mercie, le Wessex, le Sussex et le Kent.

© Crown Copyright HRP

La couronne impériale

La cérémonie du couronnement, surtout à partir de la conquête normande, conféra au roi consacré une dimension sacerdotale. Ce n'est que progressivement que la monarchie devint héréditaire. La rivalité dynastique et la guerre des Deux-Roses dominèrent le 15e s., et les Tudors tirèrent profit de la mystique royale et remplacèrent le titre « Votre Grâce » par celui de « Votre Majesté ». La nature entêtée des Stuarts et l'accent mis par Charles Ier sur le « Droit divin des rois » furent en partie responsables de la guerre civile, de la chute du roi et de son exécution, événements qui, par la suite, conduisirent à la seule période (1649-1660) durant laquelle l'Angleterre ne fut pas une monarchie.

À la Restauration, les pouvoirs du souverain se virent considérablement réduits. Ils furent néanmoins renforcés lors de la **Glorieuse Révolution** de 1688-1689.

Sous le règne de Victoria, le droit du monarque fut défini comme étant « le droit à être consulté, à encourager et à prévenir », bien que Victoria elle-même s'attachât à exercer un contrôle sur l'Empire et les Affaires étrangères.

Les nations de l'« Empire », aujourd'hui indépendantes, ont conservé entre elles des liens nombreux et solides par le biais du Commonwealth britannique des Nations.

Administration régionale – Sous la Couronne, le **corps législatif** (les deux Chambres du Parlement) promulgue les lois selon lesquelles le pays est gouverné, tandis que le **corps judiciaire** (la Cour suprême, la Cour criminelle) veille à leur application. Le **Parlement d'Écosse** et l'**Assemblée du pays de Galles** établis depuis 1999, légifèrent dans les domaines, plus ou moins étendus, que leur concède Westminster.

Alors qu'une première réforme avait, en 1974 et 1975, modifié les limites administratives de l'Angleterre, de l'Écosse et du pays de Galles, avec la création de comtés métropolitains dans les zones à forte densité de population, une deuxième, actuellement en cours d'application, a déjà entraîné, en avril 1996 puis en avril 1997, la disparition de certains comtés au profit d'une nouvelle unité administrative de base dite **Unitary Authority**.

Architecture

ARCHITECTURE RELIGIEUSE

Tours saxonnes

EARL'S BARTON, Northamptonshire – fin du 10ᵉ s.

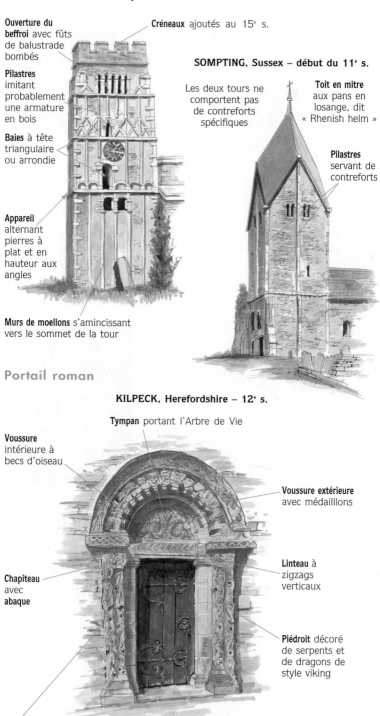

Ouverture du beffroi avec fûts de balustrade bombés

Créneaux ajoutés au 15ᵉ s.

Pilastres imitant probablement une armature en bois

Baies à tête triangulaire ou arrondie

Appareil alternant pierres à plat et en hauteur aux angles

Murs de moellons s'amincissant vers le sommet de la tour

SOMPTING, Sussex – début du 11ᵉ s.

Les deux tours ne comportent pas de contreforts spécifiques

Toit en mitre aux pans en losange, dit « Rhenish helm »

Pilastres servant de contreforts

Portail roman

KILPECK, Herefordshire – 12ᵉ s.

Tympan portant l'Arbre de Vie

Voussure intérieure à becs d'oiseau

Voussure extérieure avec médailllons

Chapiteau avec **abaque**

Linteau à zigzags verticaux

Piédroit décoré de serpents et de dragons de style viking

Fûts sculptés

R. Corbel/MICHELIN

Cathédrale romane

La **cathédrale de Durham** fut en grande partie construite entre 1095 et 1133. Elle est l'exemple même de la noblesse et de la solidité de l'architecture romane. L'arc en plein cintre prédomine, mais les voûtes en berceau brisé préfigurent la structure accomplie du style gothique.

Verticalement, la **nef** se décompose **en triforium**, ou **claire-voie**, et **bas-côté**, dit galerie en Angleterre

Corbeau

Arc diaphragme en plein cintre

Croisée d'ogives

Voûte en berceau brisé

Arcature aveugle

Pilier rond incisé de **chevrons**

Colonne engagée

Colonne avec motifs en losanges

Nef

Chœur

Chapiteau à coussinet

Rosace du 18e s.

Jubé du 19e s.

R. Corbel/MICHELIN

FENÊTRES

Fenêtre de **style gothique Early English** (vers 1100) à **5 lancettes** simples, hautes, étroites et se terminant en **arc brisé** aigu

L'espace entre les lancettes est égayé par un **quadrilobe** (vers 1270)

Fenêtre de **style gothique Decorated** présentant un **remplage** extrêmement développé (vers 1350)

Grande fenêtre de **style gothique Perpendicular** constituée d'un **arc en accolade** et une profusion d'**impostes** horizontales

CATHÉDRALE DE SALISBURY (1220-1258)

Très longue et de plan très compartimenté comme la plupart des cathédrales anglaises, Salisbury fait néanmoins exception par son unité de style, le **gothique Early English,** qu'elle doit à la courte durée de sa construction. La seule modification notable est l'adjonction de la tour et de la flèche (123 m), construites vers 1334.

Enclos : élément caractéristique de nombreuses cathédrales anglaises, cette enceinte comprend des maisons à l'usage du chapitre

Nef **Transept** **Flèche** et **tour de la croisée**

Chœur **Transept**

Sanctuaire

Lady Chapel, ou **chapelle de la Vierge :** chapelle axiale dédiée à la Vierge Marie

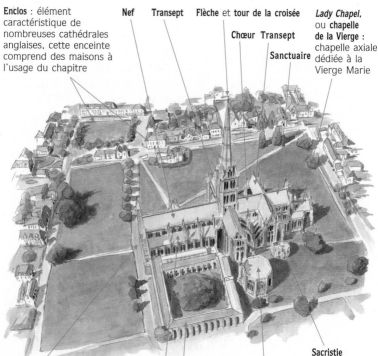

Façade principale : dans la conception médiévale des églises, elle constitue le jubé de la nef et présente donc une certaine analogie avec les espaces et la structure intérieurs

Bas-côté

Bâtiments conventuels

Salle capitulaire : salle de réunion pour le chapitre

Sacristie renfermant les vêtements sacerdotaux et la vaisselle liturgique

R. Corbel/MICHELIN

LA VOÛTE

Bossage, ou **clef de voûte**   **Nervure**   **Liernes :** nervures auxiliaires joignant la clef de voûte aux tiercerons

Tiercerons : nervures auxiliaires joignant les liernes aux angles de la voûte

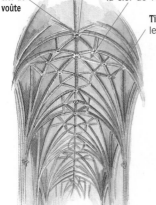

Voûte de la cathédrale de Canterbury (vers 1390-1405)

Voûte en éventail avec culs-de-lampe : l'ultime développement de ce type de voûte très ornemental est la chapelle Henri VII de l'abbaye de Westminster (1503-1512)

Le baroque anglais

Façade principale de la CATHÉDRALE ST-PAUL, Londres (1675-1710)

Son auteur, Christopher Wren, associe avec une parfaite maîtrise éléments Renaissance et baroques. Le dôme, inspiré de celui de St-Pierre de Rome, est constitué de trois parties emboîtées. Un premier dôme à tambour, visible de l'extérieur, camoufle un cône de brique portant la lourde lanterne. Celui-ci repose sur un deuxième dôme (intérieur) correspondant à la coupole.

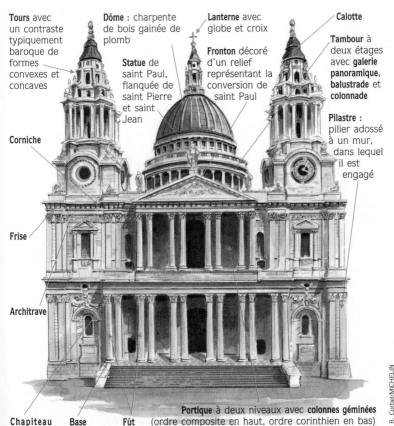

Tours avec un contraste typiquement baroque de formes convexes et concaves

Dôme : charpente de bois gainée de plomb

Statue de saint Paul, flanquée de saint Pierre et saint Jean

Lanterne avec globe et croix

Fronton décoré d'un relief représentant la conversion de saint Paul

Calotte

Tambour à deux étages avec **galerie panoramique, balustrade et colonnade**

Pilastre : pilier adossé à un mur, dans lequel il est engagé

Corniche

Frise

Architrave

Chapiteau   **Base**   **Fût**

Portique à deux niveaux avec **colonnes géminées** (ordre composite en haut, ordre corinthien en bas)

ARCHITECTURE MILITAIRE

Châteaux médiévaux

Motte normande et basse cour

Immédiatement après la conquête, les Normands construisirent des châteaux en bois, utilisant une motte de terre artificielle ou naturelle. Derrière une palissade, la basse cour regroupait les étables, les réserves, etc. À partir de 1150 environ, la pierre se substitua au bois.

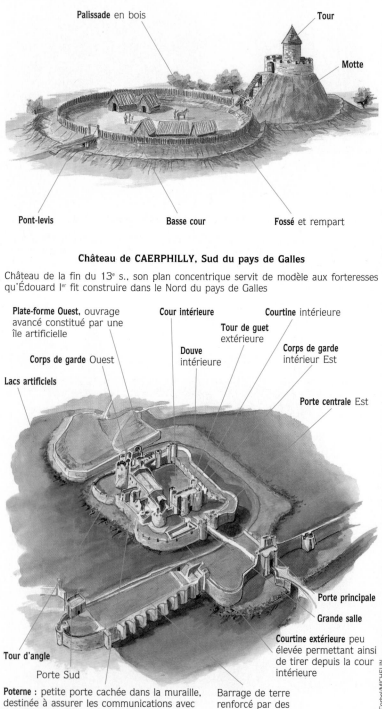

Palissade en bois

Tour

Motte

Pont-levis

Basse cour

Fossé et rempart

Château de CAERPHILLY, Sud du pays de Galles

Château de la fin du 13e s., son plan concentrique servit de modèle aux forteresses qu'Édouard Ier fit construire dans le Nord du pays de Galles

Plate-forme Ouest, ouvrage avancé constitué par une île artificielle

Cour intérieure

Courtine intérieure

Tour de guet extérieure

Corps de garde Ouest

Douve intérieure

Corps de garde intérieur Est

Lacs artificiels

Porte centrale Est

Porte principale

Grande salle

Courtine extérieure peu élevée permettant ainsi de tirer depuis la cour intérieure

Tour d'angle

Porte Sud

Poterne : petite porte cachée dans la muraille, destinée à assurer les communications avec l'extérieur en cas de siège

Barrage de terre renforcé par des contreforts en pierre

CAERNAFON – Bastide et château (fin du 13ᵉ s.), Nord du pays de Galles

Les rois anglais firent construire plusieurs **bastides** (villes neuves fortifiées), afin d'attirer les colons et de contrôler les territoires, notamment en Gascogne et au pays de Galles. Bien que les maisons des colons anglais aient disparu depuis longtemps, Caernafon a gardé son château, ses murailles et son quadrillage de rues.

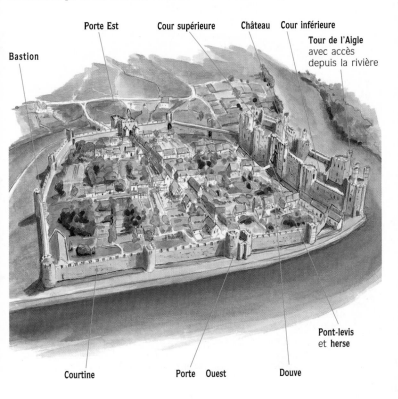

Porte Est　　Cour supérieure　　Château　　Cour inférieure

Bastion

Tour de l'Aigle avec accès depuis la rivière

Pont-levis et **herse**

Courtine　　Porte　Ouest　　Douve

Château de BODIAM, Sussex

Construit sur le modèle des forteresses françaises et d'Italie du Sud du siècle précédent, le château (fin du 14ᵉ s.) est une réalisation de plan carré, entourée d'un fossé et pourvue de nombreux éléments défensifs bien préservés.

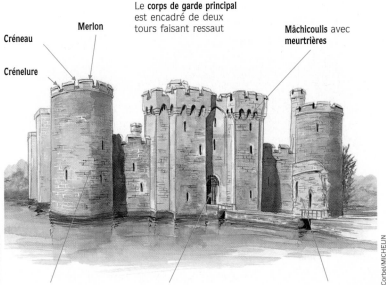

Le **corps de garde principal** est encadré de deux tours faisant ressaut

Merlon

Créneau

Mâchicoulis avec meurtrières

Crénelure

Tour d'angle ronde　　Herse　　Ruines de la **barbacane**

R. Corbel/MICHELIN

65

MAISONS DE CAMPAGNE

LITTLE MORETON Hall, Cheshire

Ce manoir entouré de douves présente un colombage très travaillé et des ornementations sculptées, caractéristiques des Marches galloises, du Cheshire et du Lancashire. Bien que construit entre le milieu du 15e s. et 1580, il garde, comme beaucoup d'autres demeures de ce type, un caractère médiéval.

Butte servant probablement à voir le jardin d'herbes

Imposantes **souches de cheminées** en brique

Jardin d'herbes régulier, avec plantes florales et arbustes taillés, dit *knot garden*

Grande salle

Fenêtres polygonales en saillie

Cour ouverte sur le côté Ouest

Toit couvert de feuilles de **pierre meulière**

Chapelle

Grande galerie faisant office de salle de jeux et d'exercices, éclairée par un bandeau de fenêtres

Cabinets d'aisances se déversant autrefois dans la douve

Étages supérieurs du corps de garde en encorbellement

Palais et parc de BLENHEIM, Oxfordshire

Construit de 1705 à 1722 par John Vanbrugh, ce palais, aux proportions démesurées et à la profusion de formes, représente l'apogée du style baroque en Angleterre. Le parc fut transformé entre 1764 et 1774 par Lancelot « Capability » Brown, dont c'est le chef-d'œuvre.

Arbres plantés en bosquets ou isolément de façon à **simuler un paysage naturel**

Portail du parc

Allée de 3 km, conservée d'un premier parc régulier

Ceinture d'arbres sur tout le pourtour du parc

Monument

Pont palladien (inachevé)

Rideau d'arbres dissimulant la ville

Cour des écuries

Grande cour

Corps de logis

Lacs artificiels sinueux

Vastes pelouses remplaçant un parterre à la française

Jardins réguliers à la française ajoutés au début du 20e s.

R. Corbel/MICHELIN

66

HABITAT ET URBANISME GEORGIENS

Au 18e s. et au début du 19e, l'essor des villes d'eau, puis, plus tard, des stations de bord de mer, vit l'intégration des jardins dans l'aménagement urbain. À Bath, John Wood l'Aîné et John Wood le Jeune érigèrent de splendides ensembles tels que Queen Square (1736), Gay Street (1734-1760), The Circus (1754) et Royal Crescent, élégante succession de maisons accolées identiques *(terrace)* ouvrant sur un parc.

Royal Crescent

Landsdown Crescent, de plan onduleux peu fréquent (1792)

The Circus   Gay Street

Terrasse limitée par un **saut-de-loup** et permettant de dégager la vue

À Londres, il existe un règlement précis concernant l'aspect des maisons attenantes les unes aux autres – **terraced houses** –, classées en quatre catégories selon leur taille et leur valeur.

Les **fenêtres à guillotine** avec de minces croisillons en bois concourent à l'homogénéité des façades. L'aspect classique de l'immeuble est renforcé par la **faible pente des toits** (parfois dissimulés par une balustrade) et la petite taille des cheminées. De **hautes baies** marquent l'importance des **pièces de réception au 1er étage**.

Maison de première catégorie   Maison de deuxième catégorie   Maison de troisième catégorie   Maison de quatrième catégorie

R. Corbel/MICHELIN

ARCHITECTURE VICTORIENNE

Gare ST PANCRAS, Londres

L'hôtel Midland, de **style néogothique** (Revival), achevé en 1876 par George Gilbert Scott, dissimule la grande halle de verre et de fer qui était à l'époque la plus haute (76 m) au monde. Associant les styles gothiques vénitien, français, flamand et anglais, l'ouvrage de Scott était aussi un chef-d'œuvre de fonctionnalité, rassemblant les multiples activités d'un terminus ferroviaire dans un espace restreint et triangulaire.

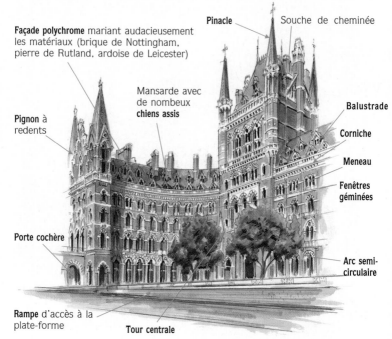

Façade polychrome mariant audacieusement les matériaux (brique de Nottingham, pierre de Rutland, ardoise de Leicester)

Pinacle

Souche de cheminée

Mansarde avec de nombeux **chiens assis**

Balustrade

Pignon à redents

Corniche

Meneau

Fenêtres géminées

Porte cochère

Arc semi-circulaire

Rampe d'accès à la plate-forme

Tour centrale

DÉBUTS DE L'ARCHITECTURE MODERNE

École des Beaux-Arts, à Glasgow

En relation avec l'Art nouveau continental et anticipant le fonctionnalisme du 20e s., Charles Rennie Mackintosh était également inspiré par les formes vigoureuses de l'architecture civile écossaise. L'école, édifiée entre 1897 et 1909, associe l'utilitaire à des éléments décoratifs de l'Art nouveau et à d'autres formes novatrices.

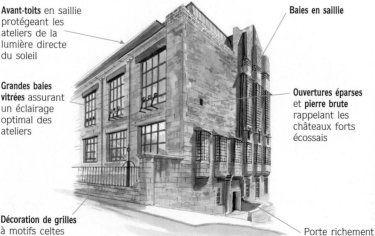

Avant-toits en saillie protégeant les ateliers de la lumière directe du soleil

Baies en saillie

Grandes baies vitrées assurant un éclairage optimal des ateliers

Ouvertures éparses et **pierre brute** rappelant les châteaux forts écossais

Décoration de grilles à motifs celtes ou japonais

Porte richement ornée

ARCHITECTURE TRADITIONNELLE

Chaumière à crosse du Herefordshire (fin du Moyen Âge)

La forme la plus simple de construction à **colombage**, utilisant les deux moitiés d'une branche ou d'un tronc d'arbre de grosse taille et incurvé, dites **crosses** (cruck)

Maison à CULROSS, Écosse (16e s.)

Pignon à redents

Murs de moellons crépis et badigeonnés

Maison des régions boisées du Kent (vers 1500)

Étage en **encorbellement**

Comble en croupe, couvert de chaume à l'origine, de tuiles aujourd'hui

Armature de **poutres verticales** très rapprochées

Orifice à fumée, remplacé ensuite par une souche de cheminée

Maison à pans de bois du Kent (17e s.)

Ce type de maison était couvert de matériaux qui, par leur nature et leur disposition, créaient un effet de contraste : **tuiles accrochées** à l'étage, **planches à recouvrement** pour le rez-de-chaussée

Cottages en pierre du Gloucestershire

Construits en pierre calcaire, ils servirent peut-être de bergeries au 14e s. avant d'être transformés en petites maisons au 17e s.

Toits à forte pente couverts d'ardoise

Maisons mitoyennes de banlieues

Dans toutes les proches banlieues de Grande-Bretagne, vers 1930

Formes et détails sont typiques des concepts du mouvement Arts and Crafts. Le traitement des deux maisons est destiné à créer un contraste entre le **badigeon** à gauche et le **placage imitant le colombage** à droite

R. Corbel/MICHELIN

69

Quelques termes d'art

Abside : espace arrondi ou polygonal ouvert sur la nef principale d'une église.

Arc à lancette : arc brisé en fer de lance, typique du gothique Early English (13e s.).

Arc de décharge : arc dans un mur plein qui soulage les parties inférieures.

Baldaquin : dais reposant sur des colonnes et surmontant un autel, un trône ou une tombe.

Barbacane : ouvrage extérieur d'un château fort, généralement circulaire, chargé de défendre une porte ou un pont.

Bas-relief : sculpture en faible saillie sur un fond uni.

Bras de transept : chacune des deux parties du transept, de part et d'autre de la croisée ; on les nomme également **croisillon**.

Cannelures : étroits sillons parallèles creusés sur le fût d'une colonne.

Chapelle votive : chapelle vouée aux services religieux consacrés au salut de l'âme du fondateur.

Chapiteau : élément couronnant une colonne ou un pilier.

Chevet : extrémité extérieure de l'église, du côté du maître-autel.

Chœur : partie de l'église réservée aux clercs, comprenant généralement le sanctuaire, situé entre le jubé et le chevet.

Claveau : l'une des pierres fermant un arc ou une voûte, taillée en forme de coin.

Corbeau : pierre partiellement engagée dans un mur dont la saillie, souvent richement sculptée, porte une charge.

Corinthien : le plus fin des trois ordres d'architecture grecque, caractérisé par des chapiteaux généralement ornés de feuilles d'acanthe.

Corniche : dans l'architecture classique, couronnement allongé formé de moulures en saillie. Désigne également toute décoration en saillie autour d'un plafond.

Coupole : voûte hémisphérique.

Crédence : dans une église, niche aménagée dans le mur, près de l'autel.

Croisée : point central des églises cruciformes où se croisent la nef et le transept. Une tour s'élève souvent sur cette travée.

Crypte : chapelle construite sous le sol d'une église.

Dais : couverture en surplomb.

Déambulatoire : galerie tournant autour du chœur.

Dorique : le premier et le plus simple des trois ordres d'architecture grecque.

Entablement : dans l'architecture classique, couronnement situé au-dessus des colonnes et comprenant l'architrave, la frise et la corniche.

Flèche : couverture s'élevant sur la base d'une tour carrée sans parapet.

Feston : guirlande de feuilles et de fleurs liées en cordon.

Fleuron : ornement en forme de fleur qui couronne ou termine pinacle, pignons, banc, etc.

Fresque : peinture murale exécutée sur un plâtre encore frais.

Frise : partie centrale de l'entablement ; tout motif décoratif long et horizontal, en hauteur.

Ionique : second ordre d'architecture grecque, caractérisé par des chapiteaux aux angles ornés de volutes.

Jubé : clôture souvent richement sculptée séparant la nef du chœur liturgique.

Mâchicoulis : dans l'architecture militaire médiévale, ouvertures pratiquées dans la partie inférieure des coursières, par lesquelles on peut faire tomber des projectiles sur l'ennemi.

Miséricorde : dans les stalles du chœur, saillie sur laquelle peut se reposer une personne qui doit rester debout pendant un long office.

Ogive : arc en nervure, partagé en deux branches par la clef.

Retable : cloison ou panneau décoratif placé au-dessus et derrière l'autel.

Rococo : style altéré de décorations de la fin de l'âge baroque qui se caractérise par des assemblages abstraits de coquilles et de volutes.

Sanctuaire : partie de l'église où se trouve le maître-autel.

Stalles : sièges de bois réservés aux clercs et groupés en un ensemble monumental dans le chœur liturgique.

Stuc : composition de plâtre et de colle abondamment utilisée à partir de la Renaissance pour la décoration en relief des murs et des plafonds.

Volute : enroulement sculpté en spirale aux angles des chapiteaux ioniques, corinthiens ou composites.

STYLES

Préroman – Il subsiste peu de monuments de cette période, de 650 jusqu'à la conquête par les Normands. Les édifices saxons, en bois, furent détruits pour la plupart lors des raids vikings. **All Saints, à Brixworth** (vers 680) dans le Northamptonshire, a intégré la brique romaine et l'abside est entourée d'une crypte circulaire externe. Près de **Earl's Barton, All Saints** possède une tour de la fin de l'époque saxonne. On trouve des cryptes saxonnes à **Hexham, Repton** et **Ripon.**

Roman ou **normand** – On continua d'ériger ces monuments massifs et vigoureux jusqu'après le décès de Henri II en 1189, et il n'existe nulle part ailleurs en Europe une telle richesse ou variété d'œuvres romanes, ni une telle abondance de témoignages de cet art. Dans les cathédrales anglaises, les nefs sont généralement beaucoup plus longues que celles du continent, par exemple celles d'**Ely** (13 travées) et de **Norwich** (14), tandis que l'extrémité située à l'Est était habituellement plus courte. La cathédrale de **Durham,** commencée en 1093, où tout l'intérieur est conçu sur le modèle roman, constitue un bel exemple de ce style en Grande-Bretagne, bien que seules les parties basses extérieures de la tour, la nef et le chœur illustrent clairement l'art roman. Ses voûtes en pierre, complétées en 1133, ont conservé leur forme d'origine. La façade principale de celle de **Southwell,** élevée vers 1130, fut décorée plus tard de vitraux de style gothique Perpendicular finissant. L'extrémité Est de la cathédrale de **Norwich** présente trois absides. Sa flèche et ses fenêtres hautes datent du gothique tardif, mais le reste est roman. **Rochester, Gloucester, Peterborough, Lincoln, Exeter, Hereford, St Albans,** et les églises abbatiales de **Tewkesbury** et **Waltham,** appartiennent toutes à l'héritage roman en Angleterre.

Chaque comté s'enorgueillit de posséder nombre d'églises paroissiales dont un vaisseau, une tour, un portail ou une voûte de chœur sont de style roman. L'église d'**Iffley** (façade principale, vers 1170), dans le comté d'Oxford, l'église **St Mary and St David** (vers 1140), à **Kilpeck,** dans le comté d'Hereford, dont les sculptures témoignent d'une influence scandinave, et **St Nicolas,** à **Barfreston** (Kent), parmi des centaines d'autres, méritent d'être visitées.

La tour Blanche

Les édifices civils les plus anciens sont des ouvrages défensifs. La **tour Blanche,** donjon de la Tour de Londres et première construction de Guillaume Iᵉʳ (1080), est particulièrement représentative de cette fonction avec ses murs massifs de plus de 6 m d'épaisseur à la base et ses petites ouvertures bien protégées. Le château de **Rochester** (vers 1130), bien qu'en ruine, donne un aperçu du mode de vie, avec ses couloirs, ses armoires et ses chambres dont les murs avaient 3,5 m d'épaisseur. Le château de **Chepstow** (1067) est l'un des plus anciens édifices en pierre de Grande-Bretagne.

Gothique – L'abbaye de St-Denis près de Paris constitue le premier exemple de ce style apparu dans le Nord de la France. Les conceptions gothiques permirent d'élargir et de rehausser les églises, les inondant ainsi de lumière. Les lourds piliers furent remplacés par de minces colonnes en faisceau, les tours se firent plus élevées et plus élancées. Quatre phases d'architecture gothique se succédèrent en Angleterre, où le style perdura plus qu'ailleurs en Europe. Chaque phase présente certaines caractéristiques typiquement anglaises.

Transitional – Il commença en Angleterre vers 1145 et dura jusqu'à l'accession de Richard Iᵉʳ au pouvoir en 1189. Les constructions « de transition » possèdent à la fois des arcs brisés et en plein cintre, particulièrement pour les ouvertures et les voûtes. La cathédrale de **Ripon** (1181) en est un exemple, mais le modèle le plus remarquable doit être le chœur de la cathédrale de **Canterbury**.

Early English – Le style « primitif anglais » couvre la période s'étendant de 1190 environ jusqu'à la mort d'Édouard Iᵉʳ, en 1307. Ses caractéristiques sont les voûtes sur croisées d'ogives, les arcs brisés étroits et les fenêtres lancéolées. La cathédrale de **Salisbury**, construite, à l'exception de sa tour et de sa flèche, entre 1220 et 1258, est la seule cathédrale anglaise à avoir été bâtie d'un seul jet et par conséquent, dans un style unique. À remarquer également **Wells**, les façades de **Peterborough** et de **Ripon**, la majeure partie de **Lichfield**, et les abbayes de **Tintern** et **Fountains**, ainsi que le prieuré de **Bolton**.

Cathédrale de Wells – Détail de la façade principale

Decorated – Le gothique « orné » apparut vers 1280, bien avant son équivalent flamboyant du continent, et dura environ jusqu'à la mort d'Édouard III, en 1377. La cathédrale d'**Ely**, avec sa tour-lanterne octogonale (1323-30), est l'une des premières tentatives de ce style recherchant l'espace et la lumière. Les façades principales d'**Exeter** et de **York** en constituent d'autres exemples.

Perpendicular – C'est la dernière, la plus longue et la plus originale des phases de l'architecture gothique en Grande-Bretagne. Elle connaît son plein développement au moment où le continent voit déjà se développer l'influence des artistes de la Renaissance. Les lignes verticales prédominent, mais les caractéristiques principales sont les lambris ornant tout l'édifice, des surfaces vitrées plus grandes et le développement important – beaucoup plus tardivement qu'en France – des arcs-boutants. On appréciera les **voûtes en éventail**, de conception proprement anglaise, dont les meilleurs exemples se trouvent à la chapelle du King's College de **Cambridge** (1446-1515), à la chapelle du **collège d'Eton** (1441) et à la chapelle St George de **Windsor** (1475-1509).

De nombreuses cathédrales et simples églises paroissiales illustrent cette période : la nef de **Canterbury** (commencée en 1378), celle de **Winchester** (1450), la tour centrale de **Gloucester** (1450), les voûtes de l'abbaye de **Sherborne**, la chapelle Henri VII à l'abbaye de **Westminster** et, bien sûr, l'abbaye de **Bath**.

Le développement des **plafonds en bois** est contemporain de la voûte en éventail, et également purement anglais. À l'entretoise et au collet des 13e et 14e s. se substituent aux 15e et 16e s. des formes plus complexes telles que les **plafonds en carène renversée**, dont les plus beaux exemples sont visibles à **Westminster** (Hugh Herland, vers 1395), dans la grande salle de **Hampton Court** (1535), et au vieux manoir de **Rufford**, près d'Ormskirk, dans le Lancashire (1505).

Les châteaux des Marches galloises – Les quatre châteaux les mieux conservés (Conwy, Caernarfon, Harlech et Beaumaris) comptent parmi les monuments médiévaux les plus remarquables d'Europe.

Entre 1276 et 1296, Édouard Ier et les seigneurs des Marches construisirent ou remplacèrent les fortifications de 17 châteaux afin de consolider le pouvoir anglais dans le Nord du pays de Galles.

Pour la plupart d'entre eux, Édouard fit appel au meilleur architecte militaire de l'époque, le Savoyard **maître Jacques de Saint-Georges**. Ils furent conçus pour être ravitaillés par mer, les troupes royales ne pouvant traverser en sécurité le massif du Snowdon. Les tours rondes, moins vulnérables, se substituèrent aux tours carrées ; les défenses concentriques, plus hautes vers l'intérieur, firent leur apparition. Ce système permettait de diminuer en nombre les garnisons, constituées de 30 hommes d'armes seulement, d'une petite cavalerie et d'arbalétriers.

Période Tudor-Jacques Ier – Elle s'étend de l'accession au trône de Henri VII en 1485 au classicisme. Les meilleurs exemples de gothique Tudor sont, dans le domaine civil, le palais de brique de **Hampton Court**, dans le domaine religieux, l'abbaye de **Bath**.

Entre 1550 et 1620, une classe moyenne prospère et une aristocratie aisée se firent bâtir des résidences dont il subsiste un grand nombre. Les châteaux de **Longleat** (1550-1580), dans le Wiltshire, de **Montacute** (1588-1601), dans le Somerset, et le manoir d'**Hardwick** (1591-1597), dans le Derbyshire, sont des exemples remarquables. Le plan médiéval qui disposait les différents bâtiments autour d'une cour intérieure est abandonné au profit d'un plan en E ou en H, où un bâtiment central rectangulaire est doté d'ailes en saillie. La grande **galerie**, utilisée en hiver pour les exercices physiques, devint de règle dans toutes les grandes demeures de l'époque élisabéthaine.

Les maisons à colombage furent érigées dans des régions où la pierre était rare : manoirs de **Little Moreton** (1559), dans le Cheshire, et de **Speke**, près de Liverpool. L'escalier commença à gagner de l'importance dans les plans des demeures élisabéthaines et, à l'époque de Jacques Ier, il devint le noyau autour duquel était organisé l'intérieur : Hatfield, Knole, Audley End et Ham.

Les concepts architecturaux de la **Renaissance** furent introduits en Angleterre par **Inigo Jones** (1573-1652). Ses deux réalisations les plus admirables sont **Banqueting Hall** (1619-1622), à Londres, et le **pavillon de la Reine** (Queen's House, 1616-1635), à **Greenwich**. Il rebâtit une partie du château de **Wilton** (1647-1653, Wiltshire) où la salle du « Double Cube » témoigne de son adhésion aux proportions classiques.

Les forteresses Tudor – À partir de 1538, devant la menace d'invasion de l'Angleterre afin d'y rétablir l'autorité du pape, Henri VIII entreprit d'édifier le long des côtes une série de forts et de batteries.

Les premiers construits – Deal, Walmer et Douvres dans le Kent, Calshot et Hurst destinés à protéger la rade de Southampton et la passe du Solent, St Mawes et Pendennis en Cornouailles – étaient trapus, avec des murailles épaisses et des parapets arrondis. Un donjon circulaire central y était soit entouré de bastions bas, soit cerné par une courtine également circulaire. Leur défense était assurée par des canons montés sur des chariots et installés sur des plates-formes en gradins afin de racheter le pointage vertical de chacun. Le pointage latéral n'était assuré que par les canons des ports.

Classicisme – Bien qu'introduit par **Inigo Jones**, c'est sous le règne de Charles Ier, à partir de 1625, qu'il commença réellement à marquer le patrimoine anglais. Son représentant le plus notable en est **Christopher Wren** (1632-1723). Après le Grand Incendie de Londres, on lui confia la reconstruction de 53 églises et de la nouvelle cathédrale **St Paul**. Il conçut aussi l'**École navale de Greenwich** et une nouvelle aile pour le palais de **Hampton Court**, qu'il harmonisa à la brique de la période Tudor. L'**amphithéâtre Sheldon** (1669), à **Oxford**, et la **bibliothèque du Collège de la Trinité**, à **Cambridge** (1676-1684), constituent deux de ses plus célèbres constructions hors de Londres.

Soldat et dramaturge, **John Vanbrugh** (1664-1726) se tourna vers l'architecture en 1699. Il fut l'un des chefs de file du **baroque** en Angleterre. Ses œuvres maîtresses, réalisées en collaboration avec **Nicholas Hawksmoor** (1661-1736), sont le **château Howard**, le **palais de Blenheim** et Seaton Delaval. En 1711, Hawksmoor fut chargé de concevoir six églises londoniennes. **St Mary Woolnoth**, dans la Cité, a été préservée et offre un exemple de son style.

L'architecture baroque apporta fantaisie et mouvement à l'ordre classique, mais elle trouva peu d'écho en Angleterre et fut remplacée vers 1720 par le **palladianisme**. Ce style, adopté avec enthousiasme par des architectes tels que **Colen Campbell** (château de Houghton) et **William Kent** (château de Holkham), était à nouveau d'origine étrangère, mais du moins apportait-il la symétrie. On prit soin d'y adjoindre des parcs paysagers – dont un grand nombre furent dessinés par **Capability Brown** – en réaction contre le formalisme des jardins français et italiens de l'époque.

Fils d'un architecte écossais, **Robert Adam** (1728-1792) revint d'un *Grand Tour* en ayant intégré les principes de l'architecture antique et assimilé la plupart des théories néoclassiques. En 1758, avec ses frères, il appliqua ses connaissances à Londres, où il construisit des maisons particulières d'un style plus léger, plus décoratif que les monuments palladiens alors en vogue.

L'architecture des 19ᵉ et 20ᵉ siècles – Le 19ᵉ s. fut avant tout une période qui vit les styles se renouveler. La révolution industrielle et l'exode rural dynamisèrent la construction de logements, d'usines et d'ateliers. Le fer et le verre jouèrent un rôle prépondérant dans la production en série des immeubles, bien que l'artisanat individuel demeurât manifeste dans les moulures, la décoration et le mobilier.

Architecte de nombreuses *terraces* autour de Regent's Park, **John Nash** (1752-1835) dessina également les plans de Regent Street à **Londres** et du Pavillon royal à **Brighton**. **John Soane** (1753-1837), probablement le dernier des architectes originaux, est représenté par sa demeure à Lincoln's Inn Fields, aujourd'hui le **musée Sir John Soane**.

À partir de 1840, une renaissance du gothique, dite **Gothic Revival**, trouva son apogée entre 1855 et 1885. **Charles Barry** (1795-1860) reconstruisit le **palais de Westminster** après l'incendie de 1834. Alfred Waterhouse (1830-1905) conçut le musée d'Histoire naturelle et bâtit l'hôtel de ville de Manchester.

Le 19ᵉ s. fut aussi l'ère du chemin de fer avec **Isambard K. Brunel** (1806-1859), ingénieur en chef de la Great Western Railway en 1833. Il conçut le **pont suspendu de Clifton**, qui, faute d'argent, ne fut érigé qu'après sa mort. **Thomas Telford** (1757-1834) construisit des routes, des ponts et des canaux partout en Grande-Bretagne. Sa route de Londres à Holyhead traverse le détroit de Menai sur le pont qu'il édifia et qui fut inauguré en 1826.

Au 20ᵉ s., les Anglais n'ont guère prêté attention à l'Art nouveau en architecture, même si un intérêt passager s'est fait sentir pour les décorations d'intérieur et les vitraux de ce style. Le béton armé constitue la principale modification architecturale, au même titre que le fer et l'acier au 19ᵉ s.

Dans l'entre-deux-guerres, l'architecte le plus remarquable fut probablement **Edwin Lutyens** (1869-1944), qui adapta le classicisme aux besoins de l'époque, aussi bien dans les plans pour les collectivités et les maisons particulières, que dans les projets d'édifices religieux. Il conçut le **Cenotaph** à **Whitehall** ainsi que la cité-jardin de Hampstead. **Giles Gilbert Scott** (1880-1960), petit-fils de George, architecte du 19ᵉ s., édifia la dernière grande cathédrale gothique, la **cathédrale anglicane** de Liverpool. Il mit aussi au point le modèle des centrales électriques avec ses plans de 1929 pour la **centrale de Battersea**.

La planification urbaine n'est pas une idée du 20ᵉ s. : Haussmann redessina une grande partie de Paris dans les années 1860 et l'architecte de la Renaissance Bernardo Rossellino conçut l'urbanisation planifiée du centre de la petite ville de Pienza (Toscane). En Grande-Bretagne, **Welwyn Garden City**, près de St Albans, fut en 1920 la première des villes nouvelles, une prolongation de l'idée de la cité-jardin, imaginée par Lutyens et construite à Hampstead en 1907. L'aménagement prévu des rues, des impasses et des enclos, aux noms romantiques et bordés de maisons jumelées et individuelles, fut copié dans tout le pays après la guerre de 1939-1945 pour tenter de contrôler le « raz de marée urbain » à Londres, dans le Lancashire, la vallée de la Clyde et le Sud du pays de Galles. La loi de 1946 sur les villes nouvelles concernait 28 villes de ce type. La **ville nouvelle de Harlow** fut édifiée par Gibberd en 1947, **Cumbernauld**, près de Glasgow, dans les années 1950, et **Milton Keynes**, dans le comté rural de Buckingham, dans les années 1970. Cependant, la construction de villes nouvelles entières fut arrêtée en raison de l'escalade des coûts et de l'inquiétude croissante concernant la détérioration au centre des villes. Les zones piétonnes et l'interdiction de la circulation ont en partie contribué à sauver à la fois la structure et l'esprit de ces centres-villes. Le village de **Poundbury** à Dorchester (1993-94), qui met l'accent sur l'importance d'une architecture à échelle humaine et qui est parrainé par le prince de Galles, témoigne de la dernière tendance en matière de planification urbaine.

La **cathédrale de Coventry** par **Basil Spence** constitue un des exemples hors pair de l'architecture du 20ᵉ s. Elle est remarquable tant par son style que par le fait qu'elle se fond harmonieusement dans son environnement. Le plan circulaire de la **cathédrale métropolitaine du Christ-Roi** à **Liverpool** est dû à **Frederic Gibberd**. Les mondes universitaire et artistique ont également permis la réalisation d'ouvrages publics innovants, tels le Centre d'arts visuels Sainsbury (1991), de Norman Foster, à l'université d'East Anglia à Norwich, la bibliothèque du collège Downing (1987) à Cambridge, de Quinlan Terry, et la cour du collège St John (1993), à Oxford. Parmi les musées réalisés, signalons la galerie qui abrite la collection Sainsbury (vers 1970), par Norman Foster à Norwich, la Collection Burrell à Glasgow (B. Gasson) et la Tate Gallery à St Ives (1993, Evans et Shalev).

En général, la réhabilitation de friches industrielles et surtout de vieux docks a permis la conservation et la conversion de bâtiments existants tout en stimulant l'architecture contemporaine. Centres sportifs (Mc Alpine Stadium à Huddersfield en 1994 ; tribune du terrain de cricket Lord, à Londres, par Michael Hopkins), salles d'opéra (Glyndebourne, par Michael Hopkins en 1994), bureaux (immeuble de la Lloyd's, à Londres, par Richard Rogers en 1986 ; Canary Wharf, Broadgate, The Ark, à Londres), gares (Waterloo International, à Londres, par Norman Grimshaw ; terminal du Tunnel sous la Manche) et immeubles commerciaux (Renault Centre Distribution, à Swindon, par Norman Foster en 1983 ; supermarché Sainsbury, à Harlow, par Terry Farrel) jouent la carte de l'innovation dans la technologie des matériaux et des structures. D'importantes commandes – Millenium Dome, Millenium Bridge, Dynamic Earth (Édimbourg), Great Glass House (pays de Galles) – annoncent l'explosion d'une architecture de conception originale au début du 21e siècle.

Ph. Gajic/MICHELIN

L'immeuble de la Lloyd's

L'habitat rural traditionnel

À partir de la fin de l'époque médiévale, la paix civile relative signifia que la sécurité n'était plus d'une importance primordiale. Le château fort put être remplacé par la résidence rurale, conçue comme un lieu destiné à cette culture caractéristique qui, au meilleur d'elle-même, combinait mécénat et érudition avec vie sociale élégante, activités de plein air avec développement agricole. Les résultats sont étonnants, chaque génération de famille riche et puissante signifiant son statut en construisant et reconstruisant, et cela en accord avec les préceptes de la mode architecturale nationale et internationale.

Mais c'est dans l'architecture ordinaire des cottages, fermes et granges que résonne l'intime dialogue entre les matériaux régionaux et les compétences locales, expression la plus éloquente de l'individualité de chaque lieu. Toutes les variétés de pierre ont été extraites et modelées, des granits les plus intraitables d'Aberdeen en Écosse, de Peterhead et de Cornouailles à la craie du Sud, friable et à peine appropriée. Fréquemment exploité, le calcaire produit des effets étonnants, entre autres dans les **Cotswolds** et les **Yorkshire Wolds**. Là où la pierre manque, on utilise le bois. Ce matériau sert comme structure, dans les cottages à madriers de Weobley par exemple, ou dans la plupart des maisons des Midlands, à colombage et au style recherché ; il est également utilisé pour les bardages goudronnés ou peints de la côte Sud-Est. Sur les terres argileuses, la plupart des villages possédaient autrefois leur propre briqueterie, fournissant des tuiles caractéristiques et des briques, tandis que les lits de roseaux procuraient le chaume pour recouvrir les habitations.

Les formes des constructions sont aussi variées que le sont les matériaux utilisés. Ainsi, la solide maison de bois d'un fermier propriétaire du Kent (Weald and Downland Open Air Museum) s'oppose très nettement à l'humble logis d'une unique pièce du petit fermier du Nord-Ouest de l'Écosse (Black House).

L'occupation de l'espace est elle aussi extrêmement diverse. Les hauteurs se caractérisent par l'implantation de fermes isolées, protégées dans certains cas par un rideau de sycomores. Dans l'Ouest, bien arrosé, quelques cottages et fermes sont parfois réunis en petits hameaux aérés. Ailleurs, on trouve de véritables villages, soit villages-rues s'étirant le long d'une route, soit villages agglomérés autour d'une place herbeuse dite *green* (Long Melford et Dalmeny). Un grand nombre d'entre eux existent depuis plusieurs siècles et sont l'image même de la tranquillité éternelle ; d'autres sont beaucoup plus frustes, tels les villages de pêcheurs exposés aux tempêtes (Craster, Polperro et Crail), ou les villages industriels du 19e s., aux longues rangées de maisons ternes formant trait d'union entre le pub et l'église, à l'ombre d'une mine ou d'une usine (Pontypool et Longton).

Sculpture

L'idée d'ériger des statues, en pierre et en bronze, introduite principalement par les Romains, tomba en désuétude en Angleterre au cours du Haut Moyen Âge. Cependant, les influences païennes et les ornementations celtiques furent progressivement intégrées aux œuvres chrétiennes, sur les croix et dans la décoration des églises. Les sculptures massives des édifices romans firent place à des festons, des vitraux, des nervures et des voûtes resplendissant dans les églises et cathédrales du gothique primitif anglais et du gothique perpendiculaire. Ces ornementations furent complétées par des miséricordes en bois sculpté, des détails garnissant des banquettes, des jubés, des fonts baptismaux. L'imposante statuaire, telle que celle de la façade principale de la cathédrale de Wells, a survécu à la Réforme et aux dégradations des puritains et donne un aperçu du talent d'artisans anonymes.

Mais, jusqu'à l'épanouissement de l'art britannique entre 1720 et 1840, l'art de la statuaire tendait à demeurer réellement confiné aux tombes et aux monuments commémoratifs. Cependant, la mode pour les bustes fut remise au goût du jour, et des monuments commémoratifs, d'abord classiques puis baroques, abondèrent dans les cathédrales et les églises paroissiales anglaises. À l'époque victorienne, des statues furent érigées à la mémoire d'industriels et de bienfaiteurs, de notables municipaux et de héros militaires dans chaque ville et à la campagne. Les guerres, elles aussi, furent à l'origine de monuments commémoratifs sculptés, dont la qualité est souvent inégale bien que certains fassent montre d'un grand raffinement. Au cours de ce siècle, la sculpture britannique a été animée par l'œuvre parfois controversée de **Jacob Epstein** et celle de **Henry Moore**, dont la technique de « sculpture naturelle » permet au grain et à la forme du matériau de dicter la forme finale de l'œuvre. De nos jours, d'autres sculpteurs, tels **Barbara Hepworth**, qui s'établit à St Ives en 1943, **Reg Butler** et **Kenneth Armitage**, maintiennent la tradition.

Petworth House – Motif sculpté (détail)
par Grinling Gibbons

J Whittaker/National Trust

Les sculptures monumentales de Jacob Epstein, Eric Gill, Frank Dobson, Henry Moore, Barbara Hepworth et Eduardo Paolozzi, entre autres, établissent le nouveau standard d'un art destiné au grand public, dans les villes, en bord de mer et à la campagne. Des projets modernes et d'envergure – Broadgate (Londres), le parc de sculptures de Herne Bay (Kent), le front de mer de Brighton, les sculptures de Goodwood (près de Chichester, West Sussex), le projet artistique de la vallée de la Stour (Suffolk), le parc de sculptures du Yorkshire (au Sud de Leeds), celui des berges de la Tyne à Gateshead (Northumbria), ou encore à Glenrothes (Écosse) – ont inspiré aux plus grands artistes de grandes sculptures présentées en plein air et suscitant un intérêt plus large pour l'art.

Dans l'art contemporain, la tendance est à la rupture avec une certaine représentation du passé : de nombreux artistes, parmi lesquels Damian Hirst, Anish Kapoor, Richard Deacon, Cornelia Parker, Alison Wildong, Stephen Hughes, Tony Cragg, Rachel Whitread, inventent de nouveaux modes d'expression, parfois provocants. Le prix Turner, décerné par la Tate Gallery, est souvent controversé. Les œuvres dont l'ambition n'est autre que de modifier la perception du public ont un succès grandissant.

Peinture

L'art primitif – Les peuples celtiques adoraient le rythme, les entrelacs et les volutes, dont ils ornèrent les bijoux et plus tard les manuscrits. Les Romains introduisirent leurs peintures murales et leurs mosaïques qui inspirèrent par la suite les murs des églises médiévales, celles-ci récupérant ces allégories destinées à impressionner et à instruire. Certaines de ces peintures sont les plus anciennes de Grande-Bretagne. La peinture qui subsiste des périodes saxonne et médiévale représente principalement des œuvres raffinées sur des manuscrits enluminés, tels que les **Évangiles de Lindisfarne**, bien que les dessins de **Matthew Paris** marquent nettement une rupture avec ces travaux stylisés. Le diptyque de **Wilton** (vers 1400), l'une des peintures anglaises les plus anciennes, est exposé aujourd'hui à la National Gallery de Londres.

Du 16ᵉ au 18ᵉ siècle – Les artistes britanniques ont toujours peu apprécié la portée du mécénat accordé aux artistes européens par les monarques absolus et la papauté. À l'exception de ceux réalisés par **Holbein** pour Henri VIII et sa cour, la plupart des portraits que produisirent alors les peintres britanniques témoignent d'une absence de profondeur, d'une certaine solennité, voire de rigidité. Toutefois, l'art de la miniature qui s'épanouit à la cour d'Élisabeth Iʳᵉ créa de véritables chefs-d'œuvre qui captaient à la fois la ressemblance et l'esprit des modèles. **Nicholas Hilliard** et **Isaac Oliver** sont sans conteste les deux artistes majeurs de cette période.

L'Anversois **Antoon Van Dyck**, anobli par Charles Iᵉʳ, bénéficia de sa protection. Il fut le premier à capter l'atmosphère de la cour des Stuarts, avant la guerre civile, dans ses portraits en pied. Canaletto, un Vénitien, jouit de soutiens aristocratiques vers 1740, de même que **Peter Lely** et **Godfrey Kneller**, tous deux d'origine germanique, mais qui vécurent suffisamment longtemps en Angleterre pour être considérés comme les fondateurs de l'école anglaise de l'art du portrait. **William Hogarth**, né et élevé en Angleterre, célèbre pour la forme narrative et satirique qu'il donna à ses portraits de groupe, lança l'idée de procéder à des expositions publiques, idée qui se concrétisa par la suite par la fondation de l'**Académie royale** en 1768, dont **Joshua Reynolds** inaugura la présidence. De concert avec son contemporain **Thomas Gainsborough**, Reynolds donna ses lettres de noblesse à la peinture anglaise, principalement aux portraits, bien qu'ils fussent toujours grandement influencés par les modèles hollandais et italiens.

Membre fondateur de l'Académie royale, **Richard Wilson** fut grandement inspiré par les maîtres français, le Lorrain et Nicolas Poussin. Il fut l'instigateur de l'école anglaise de la **peinture de paysages**, une mode qui apparut en Angleterre et s'étendit aux marines et aux représentations de demeures et domaines.

Le mouvement romantique – **William Blake**, en visionnaire, annonça l'aube du romantisme anglais. Les portraits réalisés par **Thomas Lawrence** – en particulier la série « Congrès de Vienne » à Windsor – et les œuvres de l'Écossais **Henry Raeburn** ajoutèrent le romantisme aux traditions établies par Reynolds. **John Crome** fonda l'École de Norwich en 1803, un style régional de peinture de paysages qui était spécifiquement anglais. **John Cotman** en reprit le flambeau à sa mort. Au 19ᵉ s., **John Constable** et **Joseph Turner** perpétuèrent cette tradition et poursuivirent les études sur les effets de lumière changeante. De 1840 à 1850, le groupe de **Dante Gabriel Rossetti**, les préraphaélites, et **Edward Burne-Jones** adhérèrent pendant un court laps de temps aux valeurs de base et aux sujets religieux et moraux. Leurs œuvres inspirèrent l'Art nouveau, dont **William Morris** et **Aubrey Beardsley** sont les meilleures illustrations en Angleterre.

Avec la permission de la Tate Gallery, Londres

St Ives, Cornwall, par Ben Nicholson

Les tendances du 19e siècle – Né à Paris, mais de parents anglais, **Alfred Sisley** fut un artiste impressionniste dont le sens de la couleur et des tons doit beaucoup au fondateur du mouvement, Claude Monet. Le **groupe de Camden Town**, autour de **Walter Sickert**, retourna au réalisme des post-impressionnistes, dont les œuvres furent exposées par Roger Fry en 1911. Les vingt années suivantes virent l'apparition de nombreux « mouvements » libres, sporadiques et éphémères, tels que le **groupe de Bloomsbury**. **Augustus John** choisit un style presque impressionniste pour ses portraits à la mode, tandis que sa sœur, **Gwen**, adopta les nuances sobres qu'elle avait étudiées chez Whistler, à Paris.

Le 20e siècle – Dans l'entre-deux-guerres, les noms les plus connus furent ceux de **Paul Nash** (paysages et symbolisme confondus), de **Graham Sutherland** (thèmes religieux) et de **Stanley Spencer** (scènes bibliques replacées dans le cadre quotidien britannique). Vers 1950, **Ben Nicholson** était le principal représentant de l'art abstrait. Les optimistes années 1960 virent l'apogée du pop art avec **Peter Blake**, **David Hockney** et Bridget Riley. L'art du portrait manifeste au contraire un pessimisme exacerbé avec **Francis Bacon** et Lucian Freud.

Gilbert and Georges, Paula Rego, Beryl Cooke, Ken Currie, Adrian Wizniewski, Stephen Conroy, Peter Howson, Lisa Milroy, Richard Wentworth, Julian Opie, Damien Hirst comptent parmi les artistes contemporains en faveur auprès de la critique. Le Goldsmith College of Art et le Glasgow School of Art sont deux célèbres écoles d'art qui favorisent l'épanouissement des jeunes talents. Le mouvement Young British Artists (ou yBa : Angela Bulloch, Michael Landy, Gary Hume, etc.) explore de nouveaux modes d'expression. Ses créations ont été exposées non seulement à Londres (Saatchi Gallery, Whitechapel Gallery et Tate Gallery), mais aussi à l'étranger.

Musique

De la musique polyphonique aux œuvres instrumentales – Tout comme la peinture et la sculpture, l'essentiel de la musique anglaise antique et médiévale trouva son inspiration dans la religion. La **Chapelle royale** (une institution, et non un édifice) encouragea la musique anglaise dès 1135. **Thomas Tallis** (vers 1505-1585) est considéré comme le précurseur de la riche tradition de **musique sacrée** dont l'Angleterre s'enorgueillit à juste titre. Il fut d'abord organiste à l'abbaye de Waltham (avant la Dissolution des monastères vers 1535-1536), non loin de Londres, puis à la chapelle royale de la reine Élisabeth. Il composa l'harmonie des répons des plains-chants du service de l'Église anglaise de Merbecke (répons de fête polyphoniques), toujours chantés de nos jours. Il mit également en musique des cantiques et composa plusieurs *anthems*, des arrangements pour ensemble vocal en latin, des motets, dont le plus célèbre est *Spem in Alium*, et enfin son célèbre *Canon*. **William Byrd** (1542 ou 1543-1623) est aussi un talentueux et prolifique compositeur de musique sacrée. Il partagea la charge d'organiste à la chapelle royale avec Thomas Tallis ; tous deux obtinrent de la reine Élisabeth Ire le monopole de l'édition musicale en Angleterre (1575). Le **madrigal**, forme musicale polyphonique d'origine italienne chantant les joies et les tourments de l'amour dans le style des pastorales italiennes, connut son âge d'or en Angleterre de la fin du 16e s. aux années 1630. Les plus grands musiciens de l'époque, William Byrd ou le luthiste John Dowland (1562-1626), en composèrent. La musique folklorique, bien plus ancienne, accompagnait les danses folkloriques, connues de nos jours sous le nom « Morris Dance ». William Byrd et **Thomas Morley** (1557-1602), qui écrivit des compositions pour de nombreuses pièces de Shakespeare, introduisirent la musique au théâtre. **John Bull** (1562-1628), talentueux exécutant, composa le premier recueil anglais de pièces pour virginal (épinette en honneur à la période élisabéthaine). Il compte parmi les fondateurs du répertoire pour clavier. Il a également participé de loin à la mélodie originale de l'hymne national. Le poète Ben Jonson (1573-1637) et le compositeur **Henry Lawes** (1596-1662) sont associés à la **pantomime**, dite ici *masque*, l'équivalent du ballet de cour français. Ce genre théâtral populaire aux 17e et 18e s. allie la musique et la danse à un spectacle fastueux agrémenté de machineries. **Orlando Gibbons** (1583-1625), organiste à la chapelle royale sous le règne de Jacques Ier (1603-1625), fut l'un des meilleurs interprètes de cette époque au clavier. Il composa de nombreuses pièces de musique sacrée, des madrigaux, des pièces pour viole et pour virginal. **Henry Purcell** (1659-1695), considéré comme le plus grand compositeur anglais de sa génération (et par certains, de tous les temps), a laissé une œuvre abondante tant religieuse que profane (contribution musicale à l'opéra *Dido et Æneas*, 1689) ou de circonstance (musique du couronnement de Guillaume III et de Marie II). Son inspiration mélodique, originale et expressive, souvent audacieuse, fait de lui un précurseur de l'évolution musicale ultérieure.

Le drame lyrique – La **musique de chambre** (destinée à être exécutée chez un particulier) n'apparut vraiment qu'au 18e s., qui vit aussi se développer l'**opéra** anglais et émerger un genre nouveau, l'**oratorio**, sous l'impulsion d'un compositeur d'origine allemande, **Georg Friedrich Haendel** (1685-1759). Son œuvre comprend plus de 40 opéras, environ 20 oratorios, des cantates, de la musique sacrée et de nombreuses pièces pour orchestre, chœur et instruments. Fondée en 1719-1728, l'Académie royale de musique se définit comme une institution vouée à l'opéra sous la houlette de Haendel. Au cours du 19e s., elle devint une institution destinée à l'éducation musicale, rejointe plus tard par le Collège royal de musique (1883) et l'École royale de musique (1927).

Post-romantisme et époque contemporaine – En 1740, le compositeur Thomas Arne (1710-1778) mit en musique le poème de James Thomson, *Rule Britannia*, dans une pantomime offerte au prince de Galles, Frédéric. À la fin du 18e s. et au début du 19e s., le romantisme déferla sur l'Europe et les arts, mais en Grande-Bretagne, il s'exprima surtout en littérature avec William Wordsworth, Samuel Coleridge et Walter Scott. Au 19e s., les cycles de mélodies romantiques furent à la mode parmi le public anglais.

Éminent compositeur, **Edward Elgar** (1857-1934) fut le premier depuis près de deux siècles à connaître une renommée internationale. Toute son œuvre musicale est imprégnée de son amour pour la campagne anglaise *(voir Worcester, Environs)* et de la fierté d'appartenir à une nation dont l'hégémonie était alors incontestable. Ses *Enigma* et *Le Songe de Gerontius* le rendirent célèbre dans le monde entier et ses nombreuses compositions orchestrales révèlent son sens de l'orchestration et son originalité *(Symphonie n° 1 en la bémol*, 1908 ; *Symphonie n° 2 en mi bémol*, 1911 ; *Concerto pour violoncelle*, 1919). Sous la houlette du chef d'orchestre Thomas Beecham, **Frederick Delius** (1862-1934) composa des variations orchestrales, des rhapsodies, des concertos et de nombreuses pièces orchestrales et chorales marquées par son approche très personnelle et chromatique de l'harmonie. **Ralph Vaughan Williams** (1872-1958) puisa son inspiration dans le folklore anglais et dans la musique sacrée de l'époque Tudor. Durant toute sa vie, il s'intéressa aux courants musicaux populaires. Souffrant d'une névrite de la main, **Gustav Holst** (1874-1934) ne put devenir pianiste ; il étudia la composition avec Charles Villiers Stanford (1852-1924), un compositeur irlandais de musique sacrée et de chant choral. Ardent socialiste, influencé par sa passion pour Grieg et Wagner et par un certain mysticisme naturel, Holst composa en 1914-1916 son œuvre la plus célèbre, une suite symphonique en sept mouvements, *The Planets*. **William Walton** (1902-1983) acquit la célébrité grâce à son arrangement instrumental de poèmes d'Edith Sitwell *(Façade*, 1923). Il composa des symphonies, des concertos, des opéras, l'oratorio *Belshazzar's Feast* (1930-1931) et plusieurs musiques de film *(Henri V*, 1943-1944 ; *Hamlet*, 1947 ; *Richard III*, 1955, de Laurence Olivier). **Michael Tippett** (1905-1998), dans son oratorio *A Child of Our Time* (1939-1941), rend l'atmosphère de ces années troublées. Ses productions sont riches et variées : opéras *(The Midsummer Marriage*, 1946-1952 ; *King Priam*, 1958-1961), symphonies et autres œuvres orchestrales d'une impressionnante puissance d'imagination et d'invention, s'inspirant autant de la musique anglaise d'un Purcell que du blues et du jazz. **Benjamin Britten** (1913-1976) étudia avec John Ireland (1879-1962) au Collège royal de musique. Après avoir passé deux ans aux États-Unis, il revint en Angleterre où il composa de nombreuses pièces vocales et orchestrales (une exception avec ses *Variations et Fugue sur un thème de Purcell*, ou encore **Young person's Guide to the Orchestra**), dont les opéras *Peter Grimes*, *Billy Budd* et *Le Songe d'une nuit d'été*, des œuvres conjuguant polyphonie et construction orchestrale *(A Ceremony of Carols*) ou son très émouvant *War Requiem*. **John Tavener** (1944-), dont l'obsédant *Song for Athene* conclut les funérailles de la princesse de Galles à l'abbaye de Westminster en septembre 1997, puise son inspiration dans sa foi orthodoxe.

Chaque été (de mi-juillet à mi-septembre), les **Promenade Concerts**, familièrement appelés « Proms », se tiennent au Royal Albert Hall de Londres : leur succès ne se dément pas depuis leur création, en 1895, par **Henry Wood** (1869-1944). L'œuvre la plus connue de Hubert Parry (1848-1918) est probablement le chœur *Jerusalem*, qui à la façon d'un *anthem* non officiel conclut la saison des Proms. Peter Maxwell Davies, Neville Marriner, Eliot Gardiner, Colin Davis, Simon Rattle, Christopher Hogwood et Andrew Davies perpétuent la tradition musicale anglaise, comme le font Eisteddfods (pays de Galles) et Mods (Écosse) pour la musique celtique. Des festivals, tels le **Three Choirs Festival** qui se déroule dans les cathédrales de Hereford, Worcester et Gloucester, et, dans un domaine différent, le festival lyrique de **Glyndebourne**, ainsi que l'**Opéra** national maintiennent l'intérêt du public pour les spectacles de musique classique.

Sur une note plus légère – En 1875, la rencontre de **William Gilbert** (1836-1911) et d'**Arthur Sullivan** (1842-1900) donna naissance à une tradition musicale tenace et appréciée des Britanniques : les opéras « Gilbert et Sullivan », mis en scène par Richard D'Oyly Carte. La **comédie musicale**, tendance anglaise dérivée de l'opérette européenne, naquit vers 1890 au Gaiety Theatre de Londres avec des spectacles tels que *The Gaiety Girl*. Une autre tradition typiquement britannique, le **music-hall**, devint également populaire : des distractions variées permettaient aux spectateurs de manger et de boire tout en assistant aux représentations. Les noms d'**Ivor Novello** (1893-1951) et de **Noël Coward** (1899-1973) demeureront à jamais associés à la comédie musicale de l'entre-deux-guerres, aujourd'hui poursuivie par **Andrew Lloyd-Weber** (1948-).

Littérature

Le Moyen Âge – Si l'on s'accorde à reconnaître en **Geoffrey Chaucer** (vers 1340-1400), le père des lettres anglaises *(Contes de Cantorbéry)*, il serait injuste d'oublier quelques noms qui, à leur façon, témoignent de la vie intellectuelle qui régnait dans l'Angleterre médiévale.

Dès le milieu du VIIe s., le moine **Caedmon** chante en saxon la Création et traduit la Bible. À la même époque, l'anonyme **Beowulf** offre un décalque de saga danoise. Peu après, **Bede le Vénérable** (673-735) compose en latin une *Histoire ecclésiastique de l'Angleterre*. La période anglo-normande voit une production dominée par les chroniques de Geoffroy de Monmouth et le *Roman de Brut* de Wace (écrit en ancien français, tout comme certaines versions de la légende de Tristan). Avec **Wycliff** (1320-1384), la Bible est pour la première fois traduite en anglais. C'est également l'époque où **William Langland** (vers 1332 ?-1382 ?) avec son *Pierre le Laboureur* parcourt en une suite de visions allégoriques toutes les strates de la société de son temps. Et c'est au tournant du Moyen Âge que **Thomas More** (vers 1478-1535) donne en latin sa célèbre *Utopia* (1516), ouvrage fondateur d'un genre et qui fut rapidement connu dans toute l'Europe.

R.M.N.

William Shakespeare par Coblitz

La Renaissance anglaise et la période élisabéthaine – Le sonnet fit son apparition et les vers sans rime devinrent la règle des poèmes dramatiques et épiques anglais. Cette époque dynamique et communicative reçut son couronnement suprême au théâtre. Les formes dramatiques ambitieuses développées par l'ardent **Christopher Marlowe** (1564-1594) furent affinées par le génie protéiforme de **William Shakespeare** (1564-1616), le plus grand dramaturge et poète de cette époque. Son œuvre monumentale de 37 pièces plut à toutes les classes sociales, depuis l'Anglais le plus simple jusqu'au noble. **Ben Jonson** (1572-1637) créa la comédie satirique *(Volpone)*.

Le 17ᵉ siècle – Courtier, soldat et, par la suite, doyen de St Paul, **John Donne** (1572-1631) fut le plus important des « poètes métaphysiques ». Ses « pensées spirituelles » concernaient l'interaction entre l'âme et le corps, la sensualité et l'esprit. **John Milton** (1608-1674), sans doute le plus grand poète d'Angleterre après Shakespeare, fut également un remarquable pamphlétaire voué à la cause puritaine. Il surmonta la cécité et sa déception politique pour écrire, en 1667, son chef-d'œuvre épique, le *Paradis perdu*.

La censure puritaine fut responsable de la fermeture des théâtres pendant près de vingt ans, jusqu'à la Restauration de Charles II en 1660. Durant cette période, le théâtre reflétait principalement le libertinage de la cour au travers de satires, de farces, de mots d'esprit et de comédies grivoises.

En prose, la Bible – en particulier la *version autorisée* de 1611 – exerça un fort ascendant, surtout évident dans l'œuvre de **John Bunyan** (1628-88), dont *Le Voyage du pèlerin* fut l'ouvrage le plus lu en anglais après le Livre. Extrêmement populaire aussi, mais dans un tout autre registre, *Le Guide du parfait pêcheur* d'**Izaak Walton** (1593-1683), qui ne se contentait pas de donner des conseils sur la pêche, mais offrait de plus une approche personnelle de la nature. Les carnets de **John Evelyn** (1620-1706) et **Samuel Pepys** (1633-1703) évoquent les plus infimes détails de la vie quotidienne de l'époque.

Le 18ᵉ siècle – L'œuvre de **Daniel Defoe** (1660-1731) illustre probablement le mieux les débuts du roman. Tandis que son *Journal de l'année de la peste* est un ouvrage vivant mais principalement factuel, *Robinson Crusoé*, bien qu'il recoure à un procédé identique – le compte rendu –, est une fiction pure. **Samuel Richardson** (1689-1761) innove dans le genre sentimental et moralisateur avec des romans épistolaires *(Pamela, Clarissa Harlowe)*, tandis que **Henry Fielding** (1707-1754) fait entrer le burlesque dans ses « poèmes héroï-comiques en prose » *(Joseph Andrews, Tom Jones)*, et que **Laurence Sterne** (1713-1768), dans *Vie et opinions de Tristram Shandy*, introduit au fil du récit de nombreuses digressions dont Diderot se souviendra.

Bien que l'apparition du roman (simultanément à celle des journaux) et l'expansion d'une nouvelle classe moyenne cultivée fussent les signes avant-coureurs des changements à venir, l'Âge de Raison fut tout aussi remarquable dans d'autres domaines littéraires. **Alexander Pope** (1688-1744), le poète satirique le plus subtil de l'époque, trouva son égal en poésie et en prose en la personne de **Jonathan Swift** (1667-1745), connu pour son incisive satire politique et sociale des *Voyages de Gulliver*. Cependant, cette période fut éclipsée par l'influence de **Samuel Johnson** (1709-1784), dont on se souvient surtout qu'il fut le sujet de la célèbre biographie de Boswell et l'auteur du premier *Dictionnaire d'anglais* en 1755.

Le 19ᵉ siècle – Le mouvement romantique s'inspira essentiellement de la Révolution française, privilégiant l'intensité de l'émotion à l'élégance et l'art, la liberté d'expression aux règles stylistiques. Mais deux figures anticipent le renouvellement romantique : l'Écossais **Robert Burns** (1759-1796), le poète-paysan chantre de la nature et des humbles, et surtout **William Blake** (1757-1827), poète, graveur et peintre, mystique et visionnaire, auteur d'une œuvre qui outrepasse sans cesse l'univers de la réalité. L'esprit de rébellion du mouvement pourrait être symbolisé par la vie aventureuse de **lord Byron** (1788-1824) qui mourut en défendant la lutte de la Grèce pour son indépendance, bien que **William Wordsworth** (1770-1850) et **Samuel Coleridge** (1772-1834), auteur des *Ballades lyriques*, soient peut-être de meilleurs représentants de la poésie romantique. Leurs poèmes reflètent, en effet, la croyance selon laquelle une joie intense pourrait émaner d'une profonde communion avec la nature. **Percy Bysshe Shelley** (1792-1822) s'attacha plus directement à décrire la puissance de la joie en tant qu'influence réformatrice, tandis que les vers intenses et lyriques de **John Keats** (1795-1821) insistaient sur le pouvoir de la beauté.

Bien que le lyrisme, la nature et l'exotisme continuent d'attirer les poètes victoriens tels que **Robert Browning** (1812-1889), la foi dans la joie et les sens s'estompe. Le vers de **lord Alfred Tennyson** (1809-1902) est noble mais sombre.

Parallèlement, le roman avait continué à se diversifier et à séduire. Les comédies minutieusement structurées de **Jane Austen** (1775-1817) sont de prime abord amusantes et profondément graves, bien que les romans historiques de son contemporain, **Walter Scott** (1771-1832), se révèlent plus populaires. Populaires également, les successeurs victoriens de Scott : **William Makepeace Thackeray** (1811-1863), **Anthony Trollope** (1815-1882), et surtout **Charles Dickens** (1812-1870), dont la vision sentimentale mais comique, et parfois désespérée, de la vie urbaine pendant la révolution industrielle fit vibrer la corde sensible des lecteurs. Sous le pseudonyme de **George Eliot**, Mary Ann Evans (1819-1880) écrivit des ouvrages réalistes sur les problèmes de la classe moyenne de province. Ses romans furent remarquables tant pour leur développement et l'interaction entre les person-

National Portrait Gallery

Charles Dickens

nages que pour l'intrigue et l'action. Les sœurs **Brontë**, **Charlotte** (1816-1855) et **Emily** (1818-1848), puisèrent leur inspiration dans leur éducation, qui s'était déroulée dans les marécages sauvages du Yorkshire, pour rédiger leur chef-d'œuvre respectif : *Jane Eyre* (1846) et *Les Hauts de Hurlevent* (1847). **Thomas Hardy** (1840-1928) figure parmi les auteurs majeurs de la fin du siècle. Ses romans expriment un sentiment exacerbé pour l'engagement tragique de l'homme dans la nature et son éloignement d'elle.

Influencé par le nouvel art dramatique en Europe, **George Bernard Shaw** (1856-1950) apporta de nouvelles intentions et une certaine gravité dans le théâtre anglais qui, deux siècles durant, n'était pas parvenu à trouver une direction significative. Les comédies spirituelles d'**Oscar Wilde** (1854-1900) – par ailleurs auteur d'un grand roman, le *Portrait de Dorian Gray* – étaient tout autant superficielles que talentueuses. Elles reflétaient les buts fixés par le mouvement décadent qui insistait sur la beauté amorale avec un esprit de scandale – une réaction sans détour contre la rigidité morale de l'ère victorienne.

Le 20ᵉ siècle – On reconnaît toujours la fibre victorienne dans les écrits des premiers maîtres modernes du roman : **Henry James** (1843-1916), **Joseph Conrad** (1857-1924) et **Edward Morgan Forster** (1879-1970). Cependant, le besoin de nouvelles formes d'expression personnelle, capables de cerner une perception grandissante de l'inconscient, engendra l'apparition d'un très important mouvement individualiste. Le Dublinois **James Joyce** (1882-1941) utilisa la technique de l'écriture automatique dans l'ouvrage hautement expérimental *Ulysse* (1922) et *La Veillée de Finnegan* (1939). Cette recherche poussée de l'expérience personnelle se retrouve également dans les romans fort différents les uns des autres de **Virginia Woolf** (1882-1941) et **David Herbert Lawrence** (1885-1930), qui défia les tabous de classes et de la sexualité dans des romans tels que *L'Amant de Lady Chatterley*. Parallèlement au roman littéraire « sérieux », un marché florissant de fictions plus légères – de détente – se développa pour répondre aux besoins d'un public de plus en plus cultivé, avec les romans d'aventure de **Robert Louis Stevenson** (1850-1894), *Les Aventures de Sherlock Holmes* d'**Arthur Conan Doyle** (1859-1930) ou les romans d'espionnage de **John Le Carré** et **Len Deighton**. **George Orwell** (1903-1959), dans des romans comme *La Ferme des Animaux* ou *1984*, dénonce toute forme de totalitarisme.

Tout au long du siècle, de nombreux écrivains, moins iconoclastes sans doute que les précédents, ont continué à s'intéresser à des sujets ou à des thèmes plus traditionnels. C'est le cas notamment d'**Aldous Huxley** (1894-1963), d'**Evelyn Waugh** (1903-1966) et de **Graham Greene** (1904-1991), qui connurent un succès commercial et littéraire considérable, tandis que **Somerset Maugham** (1874-1965) et **John Boynton Priestley** (1894-1984) triomphèrent à la fois comme romanciers et dramaturges.

Le roman est devenu de nos jours le mode d'expression littéraire prédominant. Il faut ranger parmi ses plus éminents représentants Anthony Powell qui brosse le portrait d'une société en crise sur fond d'événements politiques *(Une danse sur la musique du temps)*. Paul Scott (1929-1978) évoque la nostalgie d'un empire perdu *(The Raj Quartet, Staying on)*. Original et souvent provocateur, Anthony Burgess (1917-1993) manie le langage avec virtuosité et en multiplie les ressources créatrices (*L'Orange mécanique*, 1962). Lawrence Durrell (1912-1990) est l'auteur du *Quatuor d'Alexandrie* (1957-1960), très beau roman contemplatif. William Golding (1911-1993), auteur de *Sa Majesté des Mouches* (1954) et *Rites de passage* (1980), étudie le comportement de l'homme hors de son environnement. Écrivain prolifique, Iris Murdoch (1919) explore des sujets psychologiques complexes avec *Dans le filet* et *La Mer, la mer*. Les romans de John Fowles (1926), *Le Mage* et *Sarah et le lieutenant français* sont fascinants et inquiétants. Doris Lessing (1919) avec *Le Carnet d'or*, Muriel Spark (1918) avec *Le Bel Âge de Miss Brodie*, Daphné du Maurier (1907-1989) avec *Rebecca* et *L'Auberge de la Jamaïque*, ainsi que Olivia Manning (1917-1980 – *The Balkan Trilogy*) comptent également parmi les meilleurs écrivains britanniques.

Une nouvelle génération d'écrivains a les faveurs de la critique : Martin Amis *(London Fields, L'Information)*, Julian Barnes *(Histoire du monde en dix chapitres et demi)*, J.G. Ballard *(L'Empire du soleil, Crash, Cocaine Nights)*, Angela Carter (1940-1992 – *Magasin de jouets enchantés, Les Enfants avertis)*, A. S. Byatt *(Possession)*, Anita Brookner *(Hôtel du lac)*, Beryl Bainbridge *(Every Man for himself)*, Jeanette Winterson *(Oranges are not the only fruit)*, Graham Swift *(Last Orders)*, Pat Barker *(Regeneration Trilogy)*, Irvine Welsh *(Trainspotting)*.

Les écrivains du Commonwealth et des autres pays anglophones font valoir leurs propres perceptions et constituent une source d'enrichissement permanente de la littérature de langue anglaise : V.S. Naipaul, Caryl Philips (Caraïbes), Nadine Gordimer, André Brink, J.M. Coetzee et Ben Okri (Afrique) ; Peter Carey, Thomas Keneally, J.G. Ballard (Australie) ; Keru Hume (Nouvelle-Zélande) ; Salman Rushdie, Vikram Seth, Arundhati Roy (Inde subcontinentale) ; Timothy Mo (Hong-Kong) ; Kazuo Ishiguro (Japon), pour ne citer que ses principaux représentants.

Dans le domaine de la **poésie**, des changements fondamentaux sont apparus. La décadence romantique du début du 20ᵉ s. fut balayée par les poètes modernes **Ezra Pound** (1885-1972) et **T.S. Eliot** (1888-1965) dont *La Terre désolée* (1922) représente une méditation dense et hautement littéraire sur la situation de l'homme moderne. La poésie un peu plus récente de **Thomas Hardy** et **William Butler Yeats** (1865-1939) frappa, moins par sa modernité peut-être, mais elle fut tout aussi influente. Les poètes de la Première Guerre mondiale, notamment **Wilfred Owen** (1893-1918) et **Siegfried Sassoon** (1886-1967), exprimèrent leur horreur des génocides au travers d'images réalistes et poignantes qui auguraient aussi l'avenir sans jamais concerner le passé. **Wystan Hugh Auden** (1907-1973) fut à la tête d'un éminent cercle de poètes intellectuels de gauche dans les années 1920, bien que ce fussent les images exubérantes et la rhétorique lyrique de **Dylan Thomas** (1914-1953) qui captèrent l'imagination du public. **John Betjeman** (1906-1984), avec ses sympathiques panégyriques à l'adresse du monde et du quotidien, est parvenu à la popularité. Philip Larkin (1922-1985), figure de proue du groupe *The Movement*, rejette les débordements néoromantiques des années 1940 et, dans sa poésie, utilise un langage simple pour donner une image réelle du monde.

La poésie fantasque, tendre et instinctive de Stevie Smith (1902-1971) incarne l'esprit du milieu du 20e s. Ted Hughes (1930-1998), qui accepta le rôle de « poète lauréat » en 1984, exprime dans ses poèmes nerveux son admiration pour l'énergie sauvage du monde animal. Tom Paulin, Andrew Motion, Roger MacGough, Benjamin Zephaniah, Carol Ann Dufy, Wendy Cope et Helen Dunmore méritent aussi d'être cités. Le **théâtre** de la première moitié du siècle fut dominé par des pièces « traditionnelles » bien structurées et les comédies sophistiquées de **Noël Coward** (1899-1973). Cependant, dans les années 1950, de nouvelles voix commencèrent à se faire entendre. Le théâtre de l'absurde, qui percevait l'homme comme une créature sans défense dans un univers dépourvu de sens, fut exploré par l'écrivain irlandais **Samuel Beckett** (1906-1989), et, plus tard au cours de cette même décennie, la désillusion de l'Angleterre contemporaine éclata au travers de la pièce de **John Osborne** (1929-1994), *La Paix du dimanche (Look Back In Anger)*. Les savoureuses « comédies de menace » de **Harold Pinter** (né en 1930) et les pièces socialistes d'auteurs tels qu'**Arnold Wesker** (né en 1932) eurent également beaucoup d'impact et conduisirent au développement d'un théâtre contemporain varié et audacieux qui reflétait la fragmentation et les problèmes de la société moderne. Les pièces incisives d'Edward Bond (1934), de Peter Shaffer, d'Alan Ayckbourn (1939), de David Hare (1947) et de Tom Stoppard (1937) font les succès du théâtre britannique. Le Festival d'Édimbourg et le Fringe sont la scène idéale pour les pièces d'avant-garde composées par des auteurs dramatiques en herbe et qui sont ensuite souvent jouées avec succès dans les principaux théâtres anglais.

LA LANGUE

Langue indo-européenne du **groupe germanique**, l'anglais s'est construit au fil d'évolutions qui recoupent les diverses invasions et colonisations de la « Bretagne ».

Formation du vieil anglais – À l'origine peuplé de **Celtes**, le territoire fut d'abord l'objet de la convoitise des Romains. Ceux-ci, après la médiocre tentative de César, s'implantèrent sur la quasi-totalité de l'île à partir des règnes de Claude et de Domitien (43-85). Ils ont, linguistiquement, laissé trace de leur passage dans la toponymie : ainsi *castra* (le camp) se retrouve-t-il dans le -*chester* de Man*chester*, Win*chester*, etc. ; de même le village latin, *vicus*, est-il à l'origine du –*wich* que l'on rencontre dans Green*wich* ou autre Wool*wich*...

Dès le Ve s., les pirates germains font leurs premières incursions, rejetant progressivement les populations celtes vers l'Ouest du pays. Prenant possession des terres, ils imposent progressivement leurs langues, et l'onomastique actuelle rend compte de la présence plus ou moins localisée de ces divers groupes : les Saxons descendus de l'Ouest du Danemark n'ont-ils pas donné leur nom à certaines régions (Sus*sex*, Wes*sex* ou Es*sex*) ? L'Angleterre elle-même n'est-elle pas la terre des Angles venus du Schleswig ? L'arrivée des Vikings, autre peuple de langue germanique, accentue encore la domination linguistique germaine : ce sont eux qui donnent les désinences en –*by* (village, ferme), en –*beck* (ruisseau), en –*garth* (enclos)... à de nombreuses villes ou villages ; eux, encore, à qui l'on doit cette terminaison en –*son* si répandue dans les patronymes d'outre-Manche ; eux, toujours, qui donnent le nom de leurs dieux aux jours de la semaine : *Wednes*day est consacré à Wotan ou Odin, *Thurs*day à Thor et *Fri*day à la blonde Freya (pour leur part, les Romains ont laissé leur *Saturni dies* devenir *Satur*day) ; eux, surtout, qui ont imprimé leur marque à la grammaire à travers des personnels *(they, them, their)* et des prépositions *(till, from...)*.

Autre temps, autre conquête : la flotte normande de Guillaume aurait pu imposer sa langue comme elle sut imposer son roi. Mais, hormis la cour et l'Église, son langage ne parvint jamais aux « petites gens qui s'en [tinrent] à l'anglais et à leur propre langue » ainsi que le note Robert de Gloucester en 1298. Rien d'étonnant que l'anglo-normand, dès lors, n'ait subsisté que dans les domaines administratifs *(state, royal, government)*, religieux *(clergy, abbey, sermon, prayer)*, juridiques *(justice, jury, prison)* ainsi que dans ceux qui font la vie de cour, de la mode *(fashion, boot, collar...)* aux plaisirs culinaires *(dinner, supper, sole, salmon)*.

De l'anglais « standard » à l'anglais contemporain – Dès la fin du XIVe s., l'anglais a reconquis son statut de langue officielle. Ce « standard », d'abord écrit, s'élabore à partir de Londres, ville de pouvoir politique, économique et culturel.

Progressivement, en partant du foyer londonien, ce « standard » va diffuser dans les régions cette langue, caractérisée par ce que l'on appelle le Grand Changement Vocalique, qui entraîne la diphtongaison de toutes les voyelles longues, par la systématisation de l'emploi de l'auxiliaire *do*. Cette diffusion n'aurait pas été aussi facile si l'Angleterre ne s'était engagée dans la voie de la Réforme, rompant ainsi avec le latin théologique, et consacrant les efforts entrepris dès le 14e s. par un Wycliff pour traduire la Bible en langue vernaculaire. C'est également le « standard » qui, à la fin du 16e s., va être l'objet de réformes orthographiques visant à stabiliser la langue écrite. Depuis lors, des modifications phonétiques et des simplifications syntaxiques ont permis au « standard » d'évoluer sans véritables à-coups jusqu'à l'anglais contemporain. Lequel, s'il est aujourd'hui dominant en Grande-Bretagne, n'en a pas pour autant totalement évincé de certains bastions les anciens parlers celtiques.

Présidence du concours de musique et de poésie

Gallois – Par la loi de Rhuddlan de 1284, Édouard Ier reconnut le gallois comme langue officielle et juridique. Après l'assassinat de Bosworth qui mit un terme à la guerre des Deux-Roses, l'aristocratie galloise, pleine d'espoir, suivit les monarques Tudor à Londres, mais Henri VIII décréta que seuls pouvaient exercer un emploi public au sein du royaume ceux qui parlaient la langue anglaise.

Les **bardes** et les concours de musique et de poésie préservèrent la tradition poétique et littéraire du gallois dont les origines remontent à Taliésin au 7e s. En 1588, l'évêque Morgan publia une Bible en gallois, et ce fut essentiellement la volonté de l'Église galloise de prêcher en gallois qui évita à cette langue de subir le même sort que le gaélique écossais et l'irlandais. Un mouvement, le Sunday School Movement, dont l'activité commença à Bala en 1789, encouragea la lecture du gallois et, en 1893, l'Université du pays de Galles fut fondée. Grâce à l'enseignement du gallois en primaire à partir de 1939 et dans le secondaire depuis 1956, Channel 4, S4C, peut aujourd'hui diffuser de nombreux programmes télévisés en gallois, et ce pour des Gallois qui parlent quotidiennement une langue bien vivante.

Gaélique – En Écosse, le **Gàidhealtachd**, la zone où l'on parle le gaélique, est essentiellement confiné aux îles occidentales. Le gaélique, langue natale de 50 % de la population du 16e s., est parlé aujourd'hui par 2 % des Écossais. Les rois d'Écosse « normandisés », surtout David Ier (1124-1153), introduisirent l'anglo-normand. Plus tard, des contacts avec la cour d'Angleterre firent de l'anglais la langue de l'aristocratie. Juste après l'union des deux royaumes en 1603, la loi de Iona tâcha d'imposer l'enseignement de l'anglais aux fils des chefs et, en 1616, le Parlement de Westminster décréta l'abolition de l'écossais.

La Grande-Bretagne celtique a toujours été le talon d'Achille de la succession protestante. Durant les rébellions jacobites, les Highlands restèrent fidèles au catholicisme, tant et si bien que le gaélique, aux yeux des Anglais et même des Écossais des Lowlands, fut associé au papisme, à la rébellion et à la trahison. Les Gaéliques écossais et irlandais ont perdu de leur importance et ont été supprimés principalement parce qu'ils se sont toujours trouvés du côté des perdants lors des querelles entre l'Angleterre et le pape. Cependant, le nombre d'Écossais parlant le gaélique augmente peu à peu, surtout dans les régions des Lowlands.

Cornouaillais et mannois – Le cornouaillais et le mannois, langues celtiques disparues, étaient autrefois largement répandus, le **cornouaillais** étant la seule langue parlée sur la péninsule jusque vers la fin du règne d'Henri VIII. On dit souvent que Dolly Pentreath, née à Mousehole en 1686 et morte en décembre 1777, fut la dernière personne à parler le cornouaillais. Il y en eut certainement d'autres. Aucune cependant n'a pu connaître le 19e s. Le **mannois** ressemblait au gaélique des îles occidentales. Néanmoins, il n'y a eu aucune communauté viable parlant le mannois depuis 1940.

Vieux norrois – Dans les îles Orcades et Shetland, le **norrois**, langue viking ressemblant à l'islandais, survécut jusqu'au 18e s. Principale langue aux Orcades jusqu'en 1379, qui vit des Écossais, les Sinclair, devenir comtes de l'archipel, le norrois resta la langue des Shetland bien après que les îles septentrionales eurent été promises à Jacques III d'Écosse, en 1468-1469. Les dialectes modernes qui y sont parlés contiennent encore de nombreux mots issus du norrois : des noms relatifs au vent et au temps, aux fleurs et aux plantes, aux animaux, aux saisons et aux jours fériés. Dans les îles, de nombreux noms de lieux sont norrois.

Depuis une centaine d'années, par le biais de l'**immigration**, de nombreuses autres langues sont quotidiennement utilisées en Grande-Bretagne par des communautés multiples. Des Juifs parlant le yiddish sont arrivés de Russie au 19e s. et au début du 20e. Les Juifs d'Allemagne fuirent la persécution nazie dans les années 1930. Les plus larges communautés d'immigrants sont aujourd'hui d'origine européenne, surtout allemande, italienne, polonaise et espagnole, ou proviennent, en quantité à peu près égale, de Hong Kong, de l'Inde et du Pakistan. Les dernières arrivées provenaient du nouveau Commonwealth, des Antilles et d'Afrique. Les générations nées en Angleterre parlent souvent, avec l'accent appris à l'école, un dialecte local. Tous cependant contribuent à l'évolution de la langue anglaise.

Progrès scientifique

De 1760 à 1850, la **révolution industrielle** a fait de la Grande-Bretagne la première nation industrielle du monde. Les machines à propulsion mécanique remplacèrent la force musculaire, la production des usines supplanta la production artisanale du Moyen Âge effectuée à domicile. Les marchés en expansion exigèrent de nouvelles méthodes, et de nouvelles machines furent inventées pour satisfaire une demande croissante.

L'énergie – En 1712, **Thomas Newcomen** conçut la première machine à piston et à vapeur. Son idée fut largement améliorée ensuite par **James Watt**. De telles machines étaient nécessaires pour pomper l'eau, pour remonter hommes et minerai du fond de la mine. Elles remplacèrent bientôt les roues à eau pour produire l'énergie exigée par les filatures de coton qui se développaient dans le Lancashire. Puis, **Richard Trevithick** (1771-1833), un mineur d'étain de Cornouailles, inventa une chaudière à chambre de combustion interne qu'il montra à **George Stephenson** (1781-1848) et à son fils **Robert** (1803-1859) : ce fut l'origine des premières locomotives.

Sans l'abondance du charbon, on n'aurait certes pas pu produire toute la fonte nécessaire à ces nouvelles machines. En 1880, 154 millions de tonnes de charbon furent transportées à travers le pays. La fonte fut produite pour la première fois, en 1709, par **Abraham Darby**, maître de forges du Shropshire, à Coalbrookdale *(voir Ironbridge)*, et fut utilisée pour construire les cylindres des premières machines à vapeur, des ponts et des aqueducs. Le fer forgé, d'une plus grande résistance à la tension, se développa dans les années 1790 et permit de réaliser des machines, des rails et des matériaux pour la construction de ponts plus solides et plus sûrs. En 1856, **Henry Bessemer** inventa un procédé de pulsion d'air comprimé dans le métal en fusion pour le débarrasser de ses impuretés et produire un acier résistant.

Transport – Les « Turnpike trusts » – sociétés des barrières de péage – ont posé, entre 1751 et 1772, les bases d'un réseau routier cohérent, et, en 1830, on comptait 20 000 miles de routes. Elles étaient toutefois souvent impraticables, et le moyen de transport le moins cher, pour les grosses quantités de marchandises, restait le canal. On comptait 4 000 miles de canaux, dont le creusement avait été développé par **James Brindley** (1716-1772). **Thomas Telford** (1757-1834) construisit des routes et des ponts qui permirent aux diligences et aux chariots à grandes roues de transporter passagers et marchandises. Ces routes remplirent leur fonction jusqu'à ce que le train prenne en charge le trafic des passagers sur les longues distances, et les canaux celui des marchandises lourdes.

En 1825, **George Stephenson** réalisa la ligne Stockton-Darlington, la première au monde à transporter des passagers avec une motrice à vapeur. En 1835, l'extension des doubles voies et l'établissement des horaires firent du chemin de fer l'élément vital de la révolution industrielle : le moyen rapide, sûr et bon marché de transporter dans tout le pays aussi bien les matières premières que les produits finis. Le succès de la Rocket de Stephenson prouva l'efficacité des locomotives. **Isambard Kingdom Brunel** (1806-1859), ingénieur en chef du Great Western Railway, conçut le pont suspendu de Clifton, ainsi que le premier navire à vapeur qui réussit, en 1837, la traversée de l'Atlantique, le Great Western. C'est à son père, sir **Marc Isambard Brunel** (1769-1849), que l'on doit le percement du premier tunnel sous la Tamise, entre 1825 et 1843. Le plus influent des constructeurs automobiles anglais, **William Henry Morris** – lord Nuffield – avait commencé par produire des bicyclettes ; sa première voiture sortit en 1913. Plus que son œuvre philanthropique, par le biais de fondations médicales, c'est sa création, en 1959, de la « Mini » qui le rendit célèbre. **John Boyd Dunlop** commença également comme fabricant de bicyclettes. C'est en 1888 que ce chirurgien-vétérinaire inventa le premier pneumatique. C'est à **John Loudon McAdam**, un ingénieur de l'Ayrshire, que l'on doit le revêtement des routes qui porte son nom.

Plus récemment, **Christopher Cockerell** fit breveter le premier hovercraft (véhicule à coussin d'air) en 1955.

Aviation – Les noms de **Charles Rolls** et **Henry Royce** resteront toujours associés aux prestigieuses voitures qu'ils ont créées, même si leur contribution à l'aéronautique est, en fait, plus importante encore. C'est un moteur Rolls-Royce qui équipait le Gloster E 28/29 de **Frank Whittle**, le premier avion à réaction, et le Comet de **De Havilland**, le premier avion à réaction de transport de passagers, dont le vol inaugural eut lieu en 1949. Les ingénieurs aéronautiques britanniques ont collaboré avec leurs homologues français à la construction du Concorde, le premier avion supersonique de ligne.

Science – La **Royal Society** (Académie des sciences) fut fondée en 1660 (elle reçut l'aval de Charles II en 1662) pour « promouvoir les échanges d'idées, en particulier dans les sciences physiques ». Robert Boyle et Christopher Wren comptèrent parmi les membres fondateurs, et Isaac Newton en fut le président de 1701 à 1727. **Michael Faraday** fut nommé assistant de **Humphrey Davy**, l'inventeur de la lampe de sécurité des mineurs, en 1812. Ce sont les travaux de Faraday sur l'électromagnétisme qui permirent la conception de la dynamo et du moteur électrique. Une première ébauche d'ordinateur, la « machine différentielle », fut inventée par **Charles Babbage** en 1833.

Elle est visible aujourd'hui à la bibliothèque du King's College de Cambridge. **Edmond Halley**, un ami de Newton, fut nommé en 1720 astronome du roi. Il est surtout connu par la comète à laquelle il a donné son nom et dont il avait correctement prédit le cycle de 76 ans et sa réapparition en 1758. Pour le retour de la comète de Halley en 1985, c'est une sonde de British Aerospace – Giotto – qui alla à sa rencontre et transmit quantité d'informations sur sa nature et sa composition. Installé par Bernard Lovell en 1955, le radiotélescope de Jodrell Bank est toujours l'un des plus grands du monde, et contribue à l'extension de nos connaissances sur l'univers. Enfin, c'est à **Antony Hewish**, un astronome britannique de Cambridge, que l'on doit la découverte des pulsars, sources de rayonnements radioastronomiques. Le professeur Stephen Hawking étudia les trous noirs et écrivit un important traité, *Une brève histoire du temps*.

Médecine – **William Harvey**, le médecin de Jacques Ier et de Charles Ier, découvrit la circulation du sang. Plus près de nous, des progrès en médecine dus à des Britanniques ont été le fait du Dr Jacob Bell qui, avec le Dr Simpson d'Édimbourg, introduisit l'anesthésie par chloroforme, officiellement approuvée après que la reine Victoria l'eut expérimentée lors de la naissance du prince Léopold en 1853.

Alexander Fleming découvrit les effets mortels de la pénicilline sur les bactéries en 1928, mais la production à grande échelle de cet antibiotique ne commença qu'en 1943. La structure « en double hélice » de l'ADN (acide désoxyribonucléique) – le composant essentiel des chromosomes transmettant l'information génétique et contrôlant les caractères héréditaires – fut proposée par **Francis Crick** qui travaillait au Cavendish Laboratory de Cambridge, et son collègue américain James Watson, en 1953.

Autre découverte plus récente : la cyclosporine, due au Dr **Tony Allison**, de Cambridge, qui réduit les réactions de rejet d'organes de donneurs. Quant au clonage de la brebis Dolly par l'institut écossais Roslin, il marque une nouvelle étape dans la technique génétique.

Histoire naturelle – Les Tradescant, père et fils, jardiniers de Charles Ier, plantèrent le premier jardin botanique en 1628. Le Chelsea Physic Garden, jardin botanique médicinal fondé en 1673, recèle près de 5 000 espèces : graines de coton des mers du Sud, thé de Chine, quinine et hévéa d'Amérique du Sud. Le traité intitulé *A Theory of the Earth* (1785) de **James Hutton** (1726-1797) est à la base de la géologie moderne.

Premier directeur des jardins de Kew, William Hooker fut un botaniste distingué. **Joseph Banks** (1743-1820), botaniste et explorateur, accompagna James Cook dans son expédition autour du monde (1768-1771) et rassembla des plantes jusqu'alors inconnues. Avec le botaniste Thomas Huxley (1825-1895), il influença les recherches pionnières de **Charles Darwin** (1809-1882), qui, après s'être documenté au cours d'un voyage au bout du monde, exposa sa théorie de l'évolution dans *De l'origine des espèces par voie de sélection naturelle*, dont l'impact sur les sciences naturelles fut ensuite considérable.

Naturaliste et géologue, **John Muir** (1838-1914) est célébré comme le fondateur des parcs nationaux américains.

La passion des Britanniques pour les jardins a suscité la domestication de certaines espèces exotiques (azalées, rhododendrons, orchidées, etc.), et, depuis plus deux siècles, les jardins de Kew ont accumulé une banque de graines (plus de 5 000 espèces) qui contribue à préserver la flore de la planète. Le zoologue Desmond Morris a émis des théories provocatrices sur le comportement humain, fondées sur les études animales. L'ornithologue Peter Scott et les naturalistes Gerald Durrell, David Bellamy et Richard Attenborough ont attiré l'attention du public sur la protection et la conservation de l'environnement naturel.

Exploration – La découverte de nouveaux mondes fut la conséquence de l'esprit d'entreprise du 16e s. La rivalité commerciale entre les nations européennes, les progrès du matériel de navigation, les améliorations apportées à la construction navale favorisèrent les voyages de découverte.

En suivant les traces des explorateurs portugais, **Jean Cabot** (vers 1450-vers 1500), un Génois installé à Bristol, découvrit la Nouvelle-Écosse et la Nouvelle-Guinée. C'est le Devon qui a fourni le plus gros contingent de marins anglais, dont John Hawkins (1532-1595), introducteur du tabac et des patates douces en Angleterre ; **Francis Drake** (vers 1540-1596), le premier Anglais à faire le tour du monde ; **Walter Raleigh** (1552-1618) découvrit la Virginie ; Martin Frobisher (1535-1594) explora l'Atlantique Nord à la recherche du passage du Nord-Ouest et découvrit l'île de Baffin (1574). L'explorateur Henry Hudson (vers 1550-1611) donna son nom à la célèbre baie canadienne (1610). Le capitaine **James Cook** (1728-1779) explora le Pacifique, dressa la carte des côtes d'Australie et de Nouvelle-Zélande et fit un relevé de la côte de Nouvelle-Guinée.

Autre célèbre explorateur, **Mungo Park** (1771-1806) explora l'Afrique de l'Ouest et tenta de remonter le cours du Niger. **David Livingstone** (1813-1873), médecin et missionnaire, fit campagne contre le commerce des esclaves. Il fut le premier à traverser le continent africain d'Est en Ouest, découvrit les chutes Victoria et le lac Nyassa (maintenant appelé lac Malawi, en Afrique orientale) en 1859. Alexander Mackenzie (1755-1820) fut le premier à traverser le continent américain (1783), et enfin John McDouall Stuart (1815-1866) explora le désert australien.

Les Britanniques et la nature

Le cadre physique extrêmement contrasté dans lequel s'est constitué le Royaume-Uni a permis qu'à côté de régions à forte densité de population subsistent des territoires pratiquement vierges. Les populations, attirées par la mer et ses ressources, ont toujours déserté les milieux plus hostiles de la montagne, battue par les vents. Lorsque la révolution industrielle remodela la société britannique, les déplacements de population s'effectuèrent vers les bassins houillers, eux-mêmes concentrés dans des zones territoriales de dimension réduite. Le développement urbain qui en fut la conséquence fut alors limité par un système de planification permettant un contrôle strict des constructions.

PRÉSERVATION DE LA NATURE

La concentration urbaine à l'écart des landes et des prairies a assuré le maintien de zones naturelles intactes, que l'État britannique, soutenu dans son action par une opinion spontanément favorable à la préservation de ces zones, a entrepris de sauvegarder.

Les parcs nationaux

Ces derniers comprennent les plus beaux paysages de plateaux que recèlent l'Angleterre et le pays de Galles, la majeure partie étant cultivée et privée, mais contrôlée et gérée par les autorités des parcs nationaux afin que la beauté du paysage soit préservée et que l'accès en soit rendu public.
Ils furent institués en 1961 afin de préserver certaines caractéristiques de zones rurales anglaises et galloises, à l'exclusion de l'Écosse où l'espace n'était pas menacé en raison du très faible peuplement.
Selon la situation de chacun d'entre eux, il est possible d'y pratiquer diverses activités de plein air telles que la marche, la randonnée à cheval, la spéléologie, la pêche, le canotage, la voile, la planche à voile ou la rame.

Northumberland – La plus grande partie du parc englobe les landes des Cheviot, où viennent paître les moutons. Une section du mur d'Hadrien en longe la limite méridionale. À l'Ouest, le lac Kielder est une zone récréative très fréquentée.

Lake District – Le plus grand des parcs nationaux associe relief et eau, forêt et cultures. Les glaciers y ont laissé leurs traces, façonnant sommets et vallées.

Yorkshire Dales – Il est pour moitié constitué de terres cultivées. Durant quatre siècles, les troupeaux y ont tracé à travers les collines des chemins qu'empruntent aujourd'hui les sentiers de randonnée. La nature des sols a permis que s'y développe une végétation aimant le calcaire et l'ombre. Les vallons accueillent d'adorables villages sertis dans les prairies.

North York Moors – Si ce parc paisible protège la lande qui s'étend de la Tees au Nord jusqu'à Pickering et la plaine de York au Sud, il préserve aussi des sites géologiques tels que le gisement d'ambre de Whitby ou historiques (abbayes de Rievaulx et de Rosedale).

Peak District – Les vallons encaissés et les murets ceignant la campagne du White Peak sont assiégés par la lande et les tourbières du Dark Peak. Outre la marche, on peut y pratiquer la pêche, la promenade à vélo, mais aussi l'escalade, le parapente et la planche à voile.

Snowdonia – Le massif du Snowdon, au cœur du parc, et le Cadair Idris sont ses pôles d'attraction. Le sommet du Snowdon est foulé chaque année par un million de pieds, dont un quart seulement s'est laissé porter par le petit train. Les monts d'Aran et le Rhynogydd sont nettement moins courus !

Pembrokeshire Coast – C'est par la surface l'un des plus petits : sa largeur est souvent inférieure à 6 km. Il est remarquable essentiellement pour ses falaises élevées, ses formations rocheuses, ses baies échancrées invitant à la baignade et à la plongée. Les petites îles au large sont le paradis des oiseaux de mer.

Brecon Beacons – Ses escarpements de grès rouge marquent la limite entre la montagne du centre du pays de Galles et les régions minières et industrielles du Sud. Son élément le plus spectaculaire est sa ceinture méridionale de falaises calcaires, gorgée d'avens et de grottes.

Exmoor – Domaine venteux du faucon, haché de vallées profondes où bouillonnent des chutes, c'est un site privilégié où nidifient les oiseaux de mer. Avec les Quantocks, c'est le dernier refuge d'Angleterre méridionale pour le cerf commun. Un petit troupeau de poneys d'Exmoor y a été établi pour s'y reproduire et enrayer le déclin de l'espèce.

Dartmoor – Deux plateaux s'élevant à plus de 600 m, séparés par la Dart, assurent la préservation d'une tourbière climatique *(blanket bog)* et d'une brande. Des poneys gambadent en liberté dans la bruyère. Les sites mégalithiques foisonnent.

Fritillaire pintade

I. Arnot/JACANA

Violette

Wisniewski/JACANA

Orchis pourpre

M. Berthoule/JACANA

Norfolk and Suffolk Broads – Après que l'on eut exploité la tourbe à partir du 9e s., s'est formé un ensemble de lacs et de marécages *(broads)* drainés et canalisés au 14e s. Devant la dégradation du milieu naturel, le parc fut institué en 1989. L'eau recouvre peu à peu sa pureté mais il est nécessaire encore que chacun respecte le site.

Les réserves naturelles

D'autres parties du littoral et des campagnes sont protégées sous une diversité d'appellations : sites d'intérêt scientifique (Sites of Special Scientific Interest), zones environnementales sensibles (Environmentally Sensitive Areas), réserves naturelles (National Nature Reserves) ou régions naturelles de grande beauté (Area of Outstanding Natural Beauty), telles les Cotswolds et les **Chiltern Hills**, des sections de littoral à préserver, dites Heritage Coast, et la ceinture verte (Green Belt) de Londres. Les nombreuses réserves naturelles ou ornithologiques (dites *sanctuary*) ont mission de protéger l'habitat d'espèces rares ou en voie de disparition, indigènes ou migratrices. La Société de protection des oiseaux (Royal Society for the Protection of Birds) administre plusieurs réserves ornithologiques. Le Syndicat pour la protection du gibier d'eau et des terrains humides (Wildfowl and Wetlands Trust) a entrepris de mieux informer le public en multipliant les contacts avec la nature.

Dans les parcs zoologiques, l'accent est mis également sur les risques encourus par certaines espèces en voie de disparition. De nombreux lieux touristiques sont aujourd'hui la propriété du National Trust qui, avec succès, marie préservation et accès public.

PARCS ET JARDINS

Déjà au Moyen Âge, la vie à la campagne et les plaisirs de la nature étaient vivement appréciés. À l'époque, les forêts royales couvraient la majeure partie de l'espace et toute personne d'importance se devait de posséder son parc à cerfs. C'est au 18e s., cependant, que l'aspect des plaines anglaises fut transformé par le **mouvement paysager anglais**, en réponse à la recherche d'un idéal esthétique permettant à la campagne d'apporter la « plus grande contribution originale aux arts ». Après s'être impitoyablement débarrassées des avenues grandioses, des parterres et des arbres savamment taillés, héritages des précédents paysagistes, la grande et la petite noblesse de l'époque georgienne, aidées de professionnels comme **Lancelot « Capability » Brown** (1716-1783) et **Humphry Repton** (1752-1818), éliminèrent les « frontières » séparant maisons, jardins et campagnes, afin de créer d'ambitieuses compositions mariant bâtiments et statuaire, pelouse et bois, lacs et rivières, dans la vision pittoresque d'une nature idéalisée. Plusieurs de ces créations remarquables sont mondialement connues (Blenheim, Stourhead), et peu de régions de Grande-Bretagne ont échappé à ce programme d'embellissement du paysage.

Cette passion persistante pour les aménagements paysagers et l'horticulture a laissé en héritage un ensemble de jardins souvent ouverts à la visite. En raison des caprices du climat et de l'influence du Gulf Stream, les conditions étaient réunies pour que soient acclimatées des espèces végétales en provenance de toutes les parties du monde. C'est aux 18e et 19e s. que prédomina le goût pour les collections de plantes. Le grand nom de la conception paysagère à la fin du 19e s. et au début du 20e fut celui de Gertrude Jekyll (Knebworth et Broughton), qui travailla souvent en collaboration avec l'architecte Edwin Lutyens.

Une action sélective et des **études** sur les plantes sont menées aux jardins de Kew (Londres), dans ceux de la Société royale d'horticulture, à Wisley (Surrey), à Harlow Carr et aux jardins botaniques d'Édimbourg et de Glasgow. Quelques **jardins de plantes médicinales** (les premiers à avoir donné lieu à une recherche) existent encore – jardin botanique d'Oxford (1621), jardin médicinal de Chelsea à Londres (1673).

Un musée consacré à l'**histoire des jardins** occupe aujourd'hui l'ancienne église paroissiale et le cimetière de Lambeth (Londres), où est enterré John Tradescant, jardinier de Charles Ier. C'est là que fut créé, ainsi qu'à Hampton Court, l'un des premiers jardins d'agrément. Il subsiste des jardins à la française à Hampton Court, Ham House et Pitmedden *(voir p. 103)*. Mais on trouve majoritairement des parcs à l'anglaise, aménagement paysager préconisé par « Capability » Brown et Humphry Repton.

L'art de la **topiaire** (art de tailler les arbres) est la spécialité de Levens Hall et de Earlshall en Écosse ; la mode des folies (ruines artificielles) a donné Studley Royal, qui atteint au summum du concept par sa perspective sur les ruines (réelles cette fois) de Fountains Abbey.

Moins artificiels, certains jardins tirent parti de la nature du terrain qu'ils occupent ; c'est le cas pour **Glendurgan**, blotti dans une combe de la côte de Cornouailles. D'autres profitent d'un microclimat qui met les plantes hors d'atteinte du gel, que ce soit les **jardins de l'abbaye de Tresco**, aux Sorlingues (les plus méridionaux) ou ceux d'**Inverewe**, dans les Highlands (les plus septentrionaux). Les jardins de Sissinghurst et ceux du château de Crathes sont représentatifs des jardins à thèmes, où chaque partie est conçue en fonction des espèces végétales, de leur période de floraison et de la couleur des fleurs.

Balbuzard pêcheur

Faucon pèlerin

91

Coutumes et traditions régionales

Les coutumes populaires nous ramènent aux plus anciennes traditions britanniques et même au-delà. Mais beaucoup se perdent peu à peu ou ont disparu, du fait des déplacements de population, de la disparition – au profit de constructions – de terrains longtemps voués à certaines festivités, et de l'adoption de nouvelles méthodes agricoles qui ont rendu désuètes les fêtes de la tonte des moutons ou des récoltes. D'autre part, la pratique intensive des activités de plein air, en particulier des sports et de l'équitation, en a relégué un certain nombre au rang d'événements élégants du calendrier mondain.

Morris Dancing – Les origines de cette danse sont relativement obscures. Certaines opinions estiment que le mot dériverait de « Moorish ». Particulièrement dynamique et épuisante, elle n'est pratiquée que par les hommes, entièrement vêtus de blanc et portant des grelots attachés sous les genoux. Certains tiennent deux mouchoirs, d'autres un gros bâton qu'ils entrechoquent avec celui de leur vis-à-vis. Accordéon, violon, ou bien cornemuse et tambour constituent l'accompagnement musical.

Morris Dancing

Arbre de mai – Jusqu'au 17e s., de nombreuses communes arboraient en permanence ce symbole païen de fertilité, tacitement accepté par l'Église chrétienne. Banni par les puritains en 1644, il fut remis à l'honneur avec la Restauration, à la fois pour marquer le premier lundi de mai et l'entrée de Charles II à Londres (Oak Apple Day). Des mais permanents existent encore à Barwick-in-Elmet (Yorkshire) et à Welford-on-Avon. L'église St Andrew Undershaft à Londres doit son nom au mai qui se dressait devant sa porte et qui fut abattu en 1517 par des apprentis insurgés contre des commerçants étrangers.

Pancake Day – Le Mardi gras, qui précède le début du carême, est l'occasion de manger les délicieuses crêpes, arrosées de sucre et de jus de citron. On en profite pour organiser des courses au cours desquelles les concurrents doivent parcourir une certaine distance en faisant sauter une crêpe sur une crêpière.

Cheese rolling (paroisse de **Brockworth**, Gloucestershire) – Pour fêter le lundi de Pentecôte et les vacances de printemps, on fait dévaler une pente raide à une meule de fromage que les jeunes sont autorisés à poursuivre après avoir compté jusqu'à trois. Le premier lundi de mai, à Randwick, dans le Gloucestershire, le fromage est porté en procession tout autour de l'église.

Furry dance – La seule danse fêtant l'arrivée du printemps qui nous soit parvenue se déroule depuis des siècles à **Helston** (Cornouailles), le 8 mai, jour de la fête du saint patron de la paroisse, saint Michel Archange. La jeunesse danse durant la matinée, mais la danse principale de la journée commence à midi en compagnie du maire qui porte les attributs de sa fonction. La chanson qui est reprise indique clairement l'origine de cette manifestation : « Car l'été arrive, car l'hiver s'en va. » Les danseurs vont et viennent dans toutes les maisons, boutiques et jardins, entrant par une porte et sortant par une autre, pour apporter la chance et l'été. Malgré les milliers de touristes qui viennent y assister, la danse a conservé intact son caractère et n'a jamais servi à amasser des fonds dans un but quelconque. Elle est restée une simple fête communale de printemps, selon un rite que les ancêtres païens des habitants actuels de la ville n'auraient aucune peine à reconnaître.

Décoration des puits – Même dans l'Europe du Nord au climat humide, les puits et les fontaines – parce qu'ils fournissent l'eau, élément fondamental de toute vie – ont longtemps été vénérés comme le siège de forces mystérieuses qu'il fallait apaiser. Le christianisme interdisant le culte voué à ces esprits des eaux, de nombreux puits furent simplement « purifiés » pour être consacrés cette fois à la Vierge ou à l'un des saints. Dans le Derbyshire, la coutume de décorer puits et sources avec des fleurs se perpétue sous les auspices de l'Église. De grandes compositions florales sont réalisées sur des planches recouvertes d'argile et ornées de cailloux, de coquillages et d'autres objets naturels. Ni étain, ni verre, ni produits fabriqués ne sont utilisés. On raconte à Tissington que la décoration des puits sous sa forme actuelle a commencé après la sécheresse prolongée de 1615, où, de tous les puits du district, ceux de Tissington furent les seuls à fournir de l'eau.

On dit également que cette coutume proviendrait d'une action de grâces effectuée pour la délivrance de la peste noire qui sévit en 1348-1349. La fontaine St Anne, près de Buxton, est décorée le jeudi le plus proche de la Saint-Jean. Cette fontaine doit son nom à la statue – sans doute un ex-voto des Romains destiné aux esprits des eaux – qu'on y a trouvée au Moyen Âge. Elle a été pieusement conservée dans une chapelle (saccagée par un des agents de Thomas Cromwell en 1538), en même temps que les diverses offrandes des pèlerins reconnaissants : béquilles, robes, chemises. Plus tard, Buxton devint une ville thermale où les cures médicales avaient perdu toute signification religieuse.

Eisteddfodau – Le pays de Galles est célèbre pour ses festivals internationaux associant chant, musique et danse (Builth Wells, Llangollen). De nombreux participants portent alors le costume national.

Highland Games – Ces jeux, pratiqués depuis le 11e s. et célébrant l'art de la guerre, se déroulent en Écosse de juin à septembre. Leurs principales épreuves sont le lancer du poids et du marteau, mais surtout le *tossing the caber*, sport spécifique qui consiste à lancer un tronc de mélèze tenu verticalement par le petit bout pour le faire retomber le plus loin possible sur le gros bout. Parmi les autres manifestations, on recense des épreuves sportives, des concours de danse et de cornemuse et des rassemblements d'ensembles de cornemuse.

Manifestations de plein air – L'été est prétexte à de nombreuses manifestations à caractère mondain. Les principales sont l'exposition florale de Chelsea en mai, la semaine de courses d'Ascot en juin, le tournoi de tennis de Wimbledon à la fin du même mois, les régates d'Henley début juillet, et la semaine de régates de Cowes (île de Wight) en août, moment marquant de l'Admiral's Cup tous les deux ans, s'achevant par la célèbre course au large connue sous le nom de Fastnet.

Manifestations équestres – Le cheval est depuis longtemps associé au quotidien des Britanniques, notamment à la campagne et lors des cérémonies royales.

La cavalerie de la Maison royale participe à deux des grands événements de la vie londonienne : la relève de la garde, à la caserne des Horse Guards, et au Trooping the Colour, en juin, qui constitue l'anniversaire officiel de la souveraine. Les visiteurs officiels sont en général reçus au palais de Buckingham dans des attelages découverts ; un cheval et une voiture font la navette chaque jour entre les palais St James et de Buckingham, pour porter les communications officielles.

Les courses, qui se déroulent tout au long de l'année (courses sur terrain plat de mars à novembre, courses d'obstacles de mai à septembre), connaissent leur apothéose lors de la semaine royale d'Ascot.

La chasse au renard se pratique dans la plupart des comtés anglais, mais elle rencontre, tout comme la chasse à courre, une opposition de plus en plus vive de la part des défenseurs de la nature.

Les compétitions de saut d'obstacles ont pour cadre des manèges couverts de Londres, mais les réunions de Badminton et d'Hickstead, qui combinent sur trois jours épreuves de dressage, de cross-country et de saut, voient accourir un grand nombre de spectateurs et sont retransmises par la télévision.

Quant au polo, également très apprécié des Britanniques, les principales compétitions ont lieu à Richmond Park (agglomération londonienne), à Ham Common (Windsor) et à Cowdray Park (Sussex).

Les batailles historiques – La nostalgie naturelle des Britanniques est particulièrement mise en évidence par les activités d'une société telle que la **Sealed Knot**, dont les membres participent régulièrement à la reconstitution des engagements qui opposèrent Cavaliers et Têtes rondes au cours de la guerre civile. L'état-major de la Commanderie fournit en permanence un calendrier sans cesse actualisé de ces reconstitutions et événements similaires.

Nombre de champs de bataille sont maintenant pourvus d'un musée et font l'objet d'une cartographie spécifique et de visites commentées. C'est le cas notamment à **Battle**, site de la bataille d'Hastings (1066), à **Bannockburn** (1314), à **Culloden** (1746) et à **Killiecrankie** (1689).

Goal !!!

Il est en général admis que les Anglais ont inventé le **sport**. Si le mot est en effet dérivé du verbe *to disport (oneself)* (s'amuser, s'ébattre), l'expression est une reprise du vieux verbe français *desporter* – lui-même venu du verbe latin *deportare* –, que les Normands importèrent en Angleterre, tandis que les Français le délaissaient au 16e s. (mais Rabelais l'utilisait encore dans *Gargantua*) pour ne plus parler que d'« esbats » et d'« ébattements »... Et comme la France montrait alors l'exemple en ce domaine, les Anglais furent tentés de reprendre ébattements à leur compte !

Quoi qu'il en soit, les ébattements du 16e s. étaient surtout individuels et n'avaient rien de ludique : il fallait apprendre à se défendre, et, selon la classe sociale à laquelle on appartenait, on maniait surtout l'épée, la masse d'armes, l'arbalète, la hallebarde ou le fauchard : une forme d'entraînement militaire qui n'est pas sans rappeler les pratiques des Highland Games... On apprenait aussi la lutte (et celle de Henri VIII et de François Ier au camp du Drap d'or aurait pu être fatale pour l'amour-propre de l'un des souverains si la faim n'avait mis un terme à l'engagement) et le lancer de pierres ; ce dernier fut à l'origine des premières épreuves par équipes, pour autant que l'on puisse ainsi qualifier la soule pratiquée en France ou le *hurling to goals* de Cornouailles, où les pavés avaient été remplacés par des boules de bois ou de cuir (remplies alors de foin ou de son, ce qui ne diminuait guère la gravité des dommages).

Ces jeux furent condamnés par les Anglais, autant pour leur violence que par résistance à l'influence française. En 1598, Darrington estimait en effet que les Français pratiquaient les exercices physiques de manière *very immoderate* et que, toujours tentés de les imiter, les Anglais risquaient de se corrompre : ne venait-on pas d'introduire le jeu de paume, que l'Angleterre allait pourtant remanier au 17e s. sous le nom de **tennis** ! Progressivement, on établit des règles destinées à développer l'esprit d'équipe et civiliser le jeu. Tant et si bien qu'au siècle suivant Voltaire s'étonnait de l'activité sportive outre-Manche, quand les Français ne connaissaient plus que les courses de chevaux. En codifiant les sports qu'ils pratiquaient, les Anglais avaient inventé le sport moderne dont ils allaient au 19e s. faire l'un des principes éducatifs de base.

En 1823, le jeu de balle au pied donnait naissance au **rugby** quand, lors d'une rencontre qui se déroulait à Rugby, un futur pasteur fit une entorse au règlement en s'emparant du ballon avec la main. En 1848, les étudiants de Cambridge établissaient les règles définitives du **football**. Les Anglais ont ainsi défini les codes de très nombreux sports, insistant sur l'obéissance aux règles techniques du jeu, la courtoisie à l'égard de l'adversaire, l'absence de brutalité, tandis que s'est établi avec le public un code moral non écrit que respectent les véritables *fans*, contrairement aux *hooligans* dont la sauvagerie ternit l'image du sport. Et leur intérêt pour toutes les disciplines est tel que Pierre de Coubertin aurait pu être frustré de toute intervention dans le rétablissement des Jeux olympiques si les *Olympic Games* de **Much Wenlock**, en 1869, avaient connu un franc succès...

La table

Si la Grande-Bretagne peut offrir une cuisine internationale, elle possède aussi une riche tradition de plats régionaux qui mettent en valeur son poisson et son gibier, ses fruits et ses produits de la ferme.

QUELQUES SPÉCIALITÉS RÉGIONALES

Londres et le Sud-Est – Le **pâté à la viande et aux rognons** *(steak and kidney pie)* est le plus apprécié de tous ceux qu'offre la région. Les marais du Kent produisent un agneau délicat, et toute la côte fournit les **soles de Douvres** et d'autres poissons frais. Le Sussex présente une grande variété de **potées** *(hotpot)* et de **tourtes** *(pie)* essentiellement à base de mouton ou d'agneau, et un excellent maquereau fumé. Whitstable, dans le Kent, est célèbre pour ses huîtres. Parmi les plats londoniens, citons l'omelette « Arnold Bennett », au haddock et au fromage, et les **Chelsea Buns**, petits pains fourrés de fruits secs, appréciés depuis l'époque georgienne. Les **Maids of Honour** – demoiselles d'honneur – sont de petites pâtes feuilletées aux amandes.

Sud-Ouest – La Cornouailles est célèbre pour sa crème caillée, servie sur des galettes avec de la confiture de fraises. Cette crème est délicieuse sur les **tourtes aux pommes** *(apple pie)* – pour lesquelles la région est réputée –, relevées avec de la cannelle et des clous de girofle.
Le lait caillé du Devon, au rhum ou au brandy, rappelle les goûts des contrebandiers du passé.
Le steak braisé du Dorset, cuit avec de la chair à saucisse et du porto, apprécie l'accompagnement du pain au gingembre de Widecombe, ou du cake au cidre de Taunton (fait d'une grosse pomme et de raisins, le cidre étant réduit pour concentrer le parfum de la pomme).
Le maquereau, frais ou en terrine, est une des richesses de la côte, tout comme le pilchard.
Le **Cheddar** est un fromage qui doit son nom aux grottes où il est affiné.

La Tamise et les Chilterns – La **Brown Windsor soup** est un délicieux potage à base de bœuf, mouton, carottes nouvelles et oignons. Le canard d'Aylesbury aux petits pois, le soufflé au porc du Hertfordshire et le lapin de garenne aux boulettes s'accompagnent volontiers des **Bucks cherry bumpers**, des cerises à l'eau-de-vie en croûte, ou d'une tourte aux pommes de Banbury. Un petit-déjeuner ne saurait se terminer sans un toast à la **confiture d'Oxford** *(Oxford marmalade)*, confiture d'oranges avec quartiers entiers.

Comté de Warwick – La vallée d'Evesham est le verger de l'Angleterre, dont les spécialités sont les prunes, les reines-claudes, les pommes et les poires. Le Herefordshire produit un excellent bœuf et un cidre local, boisson rafraîchissante mais traîtresse, que l'on retrouve dans la composition de savants plats locaux, notamment la cassolette de pigeon au cidre et à l'orange. Le Gloucestershire produit d'excellents fromages. Le Worcestershire donne, en saison, des asperges incomparables, et la **sauce Worcester**, qui combine anchois, ail, et épices, est appréciée dans le monde entier depuis 1839.

East Midlands – Le Lincolnshire produit de belles pommes de terre que l'on retrouve dans de nombreuses préparations, en particulier dans la délicate échine de porc farcie, qui se présente en tranches roses, vertes et blanches – on l'obtient en farcissant d'herbes vertes un morceau gras d'échine de porc. Trois fromages de la région sont appréciés dans tout le pays : le **Stilton**, le **Red Leicester** et le cendré de Derby.
Les **tartes de Bakewell** *(Bakewell tart)* sont des pâtes feuilletées fourrées aux amandes et à la confiture. Ashbourne produit, tout comme Grantham, un pain au gingembre, et les pikelets, pâtisserie tenant de la galette et de la crêpe, sont une spécialité régionale.
Les **tourtes de Melton Mowbray** *(Melton Mowbray pie)*, délicieux maigre de porc en gelée servi en croûte et légèrement

relevé aux anchois, rivalisent avec les tourtes au chevreuil de Sherwood que l'on déguste chaudes ou froides avec de la gelée de groseille. Les escalopes de veau à l'orange étaient, dit-on, le plat favori d'Oliver Cromwell.

East Anglia – Le Norfolk est réputé pour ses **boulettes** *(dumpling)*. On y apprécie aussi les moules au cidre et à la moutarde et, l'été, la salicorne, « l'asperge du pauvre », qui pousse à l'état sauvage dans les prés salés et que l'on mange avec du beurre fondu. Le Suffolk propose des tourtes de crevettes, épicées, cuites en croûte avec du vin, du macis et des clous de girofle. Les black caps sont de grosses pommes cuites après avoir été vidées, puis fourrées à la cassonade, à l'écorce d'orange et aux raisins. Les crabes de Cromer ont une chair très parfumée, et les huîtres de Colchester, dont l'introduction remonte aux Romains, sont renommées.

Yorkshire, Humberside et Nord-Est – Le **pudding du Yorkshire au rosbif** *(Roast beef and Yorkshire pudding)* – délicieuse pâte imprégnée du jus de cuisson d'un rosbif –, le **jambon d'York** et le parkin – gâteau d'avoine noir à la cannelle, au gingembre, à la noix de muscade et à la mélasse – sont les contributions majeures du Yorkshire à la gastronomie britannique. Les fromages de la vallée de Wensley sont fort prisés après une des nombreuses tourtes de gibier, ou une **terrine de grouse** *(potted grouse)*, pour lesquelles la région est réputée.
Le Humberside offre de nombreux plats de poisson. Newcastle a pour spécialité la terrine de saumon, et, tout le long de la côte du Northumberland, les harengs cuits au four avec de la menthe, de la sauge et du poivre, sont un mets délicat dégusté chaud ou froid.

Cumberland, Nord-Ouest et île de Man – Les poissons très variés de la mer d'Irlande, les coques, les coquilles Saint-Jacques, les petites *Queenies* de l'île de Man, la terrine de crevettes de Morecam Bay au beurre et les harengs fumés de l'île de Man assurent la gloire culinaire de la région. L'omble, un poisson des lacs profonds du Lake District, se mange fraîchement pêché ou en terrine.
Le cake de Goosnargh est un pain local au gingembre.
Le **Cheshire** produit deux bons fromages, l'un à pâte claire et l'autre bleu. Le jambon et les tourtes de chevreuil doivent s'accompagner de sauce Cumberland.

Pays de Galles – En Angleterre, l'agneau se sert traditionnellement avec une sauce à la menthe, et le mouton avec une gelée de groseille. L'agneau au miel du pays de Galles est délicieux, cuit au cidre avec du thym et de l'ail, et enduit de miel. **Caerphilly** produit un fromage léger qui s'émiette. Le poireau, qui est l'emblème national, figure dans de nombreux plats, dont le cawl cenin, une délicieuse soupe aux poireaux. La tourte au crabe et aux coques cuite au four est une spécialité de la péninsule de Gower. La truite de mer locale, le sewin, est fourrée aux herbes avant la cuisson. Les cakes gallois sont de petites galettes aux groseilles cuites sur une plaque ; comme les **crempogs**, des petites crêpes molles, ils sont à déguster chauds avec du beurre. Le **Bara brith** est un pain riche, à la pâte humide, garni de raisins, de raisins secs, de groseilles et d'écorces d'orange.

Écosse – Le bœuf d'Aberdeen et le mouton sont réputés à juste titre, tout comme le chevreuil, la perdrix (en saison) et le saumon. Le Partan Bree est une excellente soupe de crabe ; on trouve à Arbroath des harengs et autres poissons fumés qui valent le kedgeree, plat de riz au saumon, au haddock ou à d'autres poissons, avec des œufs durs et du beurre.
La **panse de brebis farcie** se sert avec des navets *(haggis and neeps)*. Ce plat savoureux s'accommode d'un verre de whisky. Les tourtes de mouton ont une pâte cuite à la vapeur et les galettes d'avoine sont enduites de miel local. À Dundee se prépare une **confiture d'oranges**, avec des quartiers de fruits, aussi riche et épaisse que celle d'Oxford. Les **rowies** au beurre d'Aberdeen sont de petits pains de pâte feuilletée.

Boissons

Bière – C'est l'une des plus anciennes et plus populaires boissons alcoolisées du monde. La bière à la pression traditionnelle est à base d'orge malté.
En Grande-Bretagne, on distingue deux sortes de bières : les **Lager** (fermentation froide) et les **Ale** (fermentation chaude), mais la distinction peut se faire aussi selon leur mode de conditionnement, keg ou cask. La **bière keg** est filtrée, pasteurisée et refroidie, puis conservée dans des tonnelets en bois ou en métal de moins de 45 l (keg). La **bière cask**, dite aussi Real Ale, n'est ni filtrée, ni pasteurisée, ni refroidie. Elle est tirée du fût avec des pompes manuelles. Certains la considèrent comme une bière naturelle avec plus de caractère et de saveur.
La **Bitter** est la bière traditionnelle la plus populaire en Angleterre et au pays de Galles. Il n'en existe pas de définition précise, mais elle est habituellement plus pâle et plus sèche que la Mild, et amère car bien houblonnée.
La **Mild** est surtout répandue au pays de Galles, dans les West Midlands et au Nord-Ouest de l'Angleterre. C'est une Ale légèrement houblonnée, pas très forte mais parfumée, et parfois très foncée. Sa teneur en alcool est faible, sa couleur parfois très sombre est due au malt torréfié.
Les meilleures **Stout** brutes sont brassées en Irlande. On les reconnaît à leur couleur presque noire et à leur col mousseux. Elles ont un arôme de caramel ou de chocolat, auquel s'ajoute l'amertume du houblonnage. La Sweet Stout contient un sucre lacté (la lactose). On distingue plusieurs types de bières Ale : la Pale Ale, la Brown Ale et la Old Ale.

Les brasseries britanniques ont coutume d'appeler leur Ale la plus forte « vin d'orge » (Barley Wine).

Les bières écossaises ont beaucoup de corps et sont maltées. Elles sont souvent simplement connues sous les noms suivants : 60!, 70!, 80! ou 90! (par référence au shilling qui indiquait le prix du baril à la fin des années 1800) ou encore Light, Heavy ou Export (référence au corps et à la force de la bière).

L'Irlande est célèbre pour ses stouts, mais elle produit sa propre variété de bière maltée, ronde et fruitée, et à la couleur rougeâtre.

Les pubs sont en général liés à une brasserie, mais il existe aussi plusieurs brasseurs indépendants qui approvisionnent des établissements indépendants. Le CAMRA (Campaign for Real Ale) publie un très bon guide de la bière avec des listes de pubs locaux.

Whisky et whiskey – Le mot whisky vient du gaélique écossais *uisge beatha* et du gaélique irlandais *uisce beathdath*, termes qui signifient « eau-de-vie ». Le terme whisky fait habituellement référence au whisky écossais *(Scotch whisky)*, produit exclusivement en Écosse et issu de la distillation d'orge, malté ou non, ou encore du mélange de whisky de malt et de whisky de grain, les deux grandes catégories de whiskies écossais.

Whisky de malt – Comme leur nom l'indique, ces whiskies sont élaborés uniquement à partir d'orge malté. Après avoir macéré dans l'eau, l'orge est séché dans une sorte de four alimenté par de la tourbe. Le malt une fois séché est ensuite concassé, puis mélangé avec de l'eau. Lors du brassage, l'amidon contenu dans le malt se transforme en sucres fermentables, ce qui permet d'obtenir un moût sucré appelé wort. Sous l'action de levures sélectionnées, la fermentation des sucres commence. Suit une double distillation du moût fermenté. Enfin, le vieillissement en fût – idéalement en fût *(sherry cask)* de 500 l où a vieilli du xérès – affecte la couleur, les arômes et le goût. Le whisky de malt doit vieillir plus de trois ans pour arriver à maturité.

Les whiskies de malt ont une odeur plus prononcée et une saveur plus intense que les whiskies de grain. Chaque distillerie produit un whisky unique et complexe. Un *single malt* est le produit d'une distillerie unique. En Écosse, la production des whiskies de malt est répartie sur quatre régions : Lowlands (Sud), Highlands (centre et Nord), presqu'île de Campbletown (Sud-Ouest) et île d'Islay. Aujourd'hui, il existe environ 100 distilleries de whisky de malt en Écosse.

Whisky de grain – Il est élaboré à partir d'un mélange de céréales (orge, maïs, blé), maltées ou non, réduites à l'état de farine grossière pour libérer l'amidon. Après brassage et fermentation, il est distillé en continu. Il parvient à maturité plus rapidement que le whisky de malt. Les whiskies de grain servent souvent à la fabrication des blends.

Blended whisky – Le blend est un assemblage de whisky de grain et de whisky de malt afin de produire une boisson à la saveur maltée, complexe et d'une grande richesse. Il existe de très nombreux mélanges qui forment la majorité de la production de whisky écossais.

Whiskies « De Luxe » – La particularité de ces whiskies réside dans leur âge et dans la proportion de malt et de whisky de grain apportée dans leur composition. Habituellement, ils contiennent plus de malt que la plupart des blends.

La plupart des distilleries écossaises accueillent les visiteurs et leur proposent la visite de la distillerie, ainsi que des présentations et des conférences *(voir Elgin)*.

Les whiskeys irlandais – Ils diffèrent des whiskies écossais, non seulement par leur orthographe, mais aussi par leur fabrication. Le *pot still whiskey* (ou whiskey irlandais traditionnel) est élaboré à partir de 50 % d'orge malté et de 50 % d'orge non malté. Le single malt irlandais est élaboré à partir de 100 % d'orge malté. Enfin, les blends irlandais sont un assemblage *(blend)* de single malt irlandais et de whisky de grain (maïs, blé, seigle). Ces whiskeys sont distillés trois fois, et ils doivent vieillir plus de trois ans pour arriver à maturité. Ils sont souvent plus fruités. Les différentes marques sont aussi distinctives que les single malts.

Cidre – Si l'on en croit l'histoire, la fabrication et la consommation de « vin de pomme » (ou pommade) remonte aux Celtes. Pour fabriquer le véritable cidre de la West Country, seules les pommes amères sont utilisées : ce cidre est sec de goût, non pétillant et il titre à 5,5 %-5,8 % d'alcool. Il est possible de boire dans les pubs du cidre tiré au tonneau et ayant du corps. Pour obtenir du cidre mousseux, il suffit de mettre le cidre récemment élaboré en bouteilles qui seront stockées aux fins de vieillissement (les bulles proviennent de l'achèvement de la fermentation alcoolique). Est également produite une eau-de-vie de cidre très forte. L'authentique Perry (poiré, ou cidre de poire) est fabriqué avec des poires amères spécifiques.

Vin – L'industrie viticole britannique a connu des hauts et des bas, mais il y a de remarquables viticulteurs au Sud de la Grande-Bretagne. Les vins blancs mêlent souvent une ou plusieurs variétés de raisins. Ce sont des vins légers, secs et fruités, similaires aux vins blancs allemands. Les vins rouges sont assez légers. En Grande-Bretagne, il existe aussi diverses liqueurs de fruits : *sloe gin* (cordial obtenu en faisant macérer des prunelles dans le gin), *ginger whisky* (liqueur de whisky au gingembre), *whisky mead* (liqueur de whisky à l'hydromel), *raspberry brandy* (eau-de-vie de framboise).

Stourhead – Le pont palladien et le Panthéon

Villes et curiosités

ABERDEEN★★

City of Aberdeen – 204 885 habitants
Carte Michelin n° 401 N 12 ou Atlas Great Britain p. 69

Majestueuse, Aberdeen, la « ville de granit » née de deux villages de pêcheurs sur les rivières Dee et Don, bénéficie d'un arrière-pays agricole fertile. L'exploitation du pétrole de la mer du Nord lui a redonné dynamisme et prospérité.

La ville de granit – Au 12e s., une importante communauté laïque prospérait aux portes de l'enceinte épiscopale. À la fin du 15e s., l'évêque Elphinstone y fonda une université. Un second bourg bien distinct du premier se développa autour du château pour devenir un port très actif dont les activités étaient fondées sur le cabotage et les échanges avec les pays de la Baltique. L'expansion de la ville nécessita la mise en œuvre d'un plan d'urbanisme, confié à Archibald Simpson (1790-1847), architecte natif d'Aberdeen, qui donna à la ville son caractère original en édifiant des bâtiments de granit empreints de simplicité et de dignité.

ABERDEEN

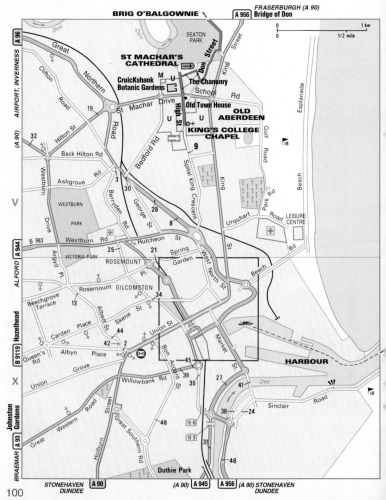

Une vocation maritime – Si la construction navale est une activité traditionnelle d'Aberdeen (nombre de baleiniers, de clippers ou de navires de guerre sont sortis de ses chantiers), c'est la mer du Nord qui lui apporta la prospérité avec la pêche (pêche à la baleine à partir des années 1750, « boom » de la pêche au hareng vers 1870 et, aujourd'hui, pêche du poisson blanc). Plus récemment, Aberdeen est devenue la « capitale européenne de l'offshore », avec les activités de recherche et d'exploitation pétrolière en mer du Nord mais aussi de ravitaillement des plates-formes.

★★ LE VIEIL ABERDEEN

Une promenade à travers les rues médiévales permet d'admirer la vieille ville, devenue bourg royal vers 1179, statut qu'elle garda jusqu'en 1891.

★ **King's College Chapel** ⓥ – La belle chapelle du collège royal, dans l'enceinte de l'université, est le seul bâtiment rescapé de l'université de l'évêque Elphinstone. L'élégant **campanile couronné★★★** de style Renaissance, les blasons sur les contreforts de la face

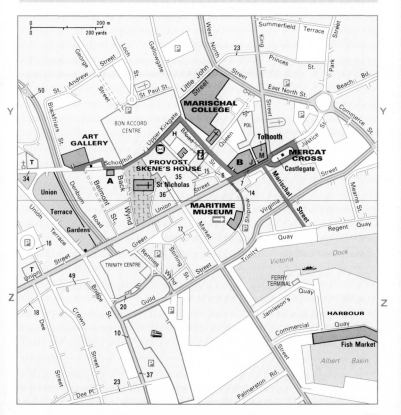

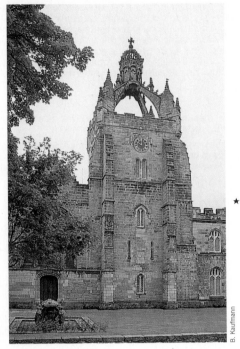

Le campanile de King's College

Ouest (dont ceux de Jacques IV et de la reine Margaret Tudor, sœur d'Henri VIII) et les exceptionnels **ornements médiévaux★★★** richement sculptés en sont les traits les plus remarquables.

Au carrefour de High Street et de School Road se dresse l'**ancien hôtel de ville**, très belle maison georgienne (18ᵉ s.). À côté se trouve la maison des chanoines, un enclos servant de résidence à l'évêque et aux autres clercs.

★★ St Machar's Cathedral ⊘ – Les flèches jumelées de la cathédrale dédiée à saint Macaire ont longtemps constitué un important point de repère pour Aberdeen. La cathédrale, qui date des 14ᵉ et 15ᵉ s., fut construite « dominant la courbe de la Don », conformément aux instructions de saint Colomba.

L'imposant extérieur est complété par le superbe **plafond aux armoiries★★★** du 16ᵉ s., dont les couleurs éclatantes représentent l'Europe vers 1520, l'année du camp du Drap d'or, et affirment avec force la place de l'Écosse au sein d'une Europe et d'une Église unies.

Aller vers **Brig o'Balgownie★** *(accès par Don Street)*. Ce pont, l'une des plus importantes constructions médiévales d'Aberdeen, date du début du 14ᵉ s. et comporte un arc en ogive gothique et un créneau de défense à son extrémité Sud.

CENTRE-VILLE

★ Maritime Museum ⊘ – *Provost Ross's House, Shiprow*. Installé dans deux maisons du 16ᵉ s. bordant Shiprow, un passage médiéval qui serpente depuis le port, le musée expose des modèles réduits de bateaux, des tableaux et divers objets retraçant l'histoire de la pêche, des constructions navales et de la recherche pétrolière en mer du Nord.

Au Moyen Âge, le marché se tenait sur **Castlegate**, le *gait* (de *gata*, mot viking signifiant chemin) qui monte jusqu'au château. La fontaine Mannie (1706), témoignage de la première adduction en eau, et la très belle **croix de marché★★** de 1686, ornée d'une licorne, d'une frise, de portraits en médaillons et d'armoiries, en sont les éléments les plus remarquables. C'est à côté de la croix, qui marquait le centre du bourg, qu'avaient lieu punitions et proclamations.

Derrière l'**hôtel de ville** (19ᵉ s.), dans Castle Street, s'élève la tour du **tolbooth** (prison) du 17ᵉ s., qui abrite le **musée d'Histoire** (Museum of Civic History) ⊘. Une magnifique maquette de la ville dans son état de 1661 y est exposée.

Marischal Street – Cette rue fut créée en 1767-1768. Les maisons qui la bordent sont d'une conception uniforme : trois étages et un grenier.

★ Marischal College – Fondé au 16ᵉ s. par le 5ᵉ comte Marischal dans l'ancien monastère des franciscains, le collège fusionna avec le King's College, plus ancien, pour former l'université d'Aberdeen. Son impressionnante façade de granit date du 20ᵉ s. Les très belles collections d'ethnographie du **Marischal Museum** ⊘ évoquent la préhistoire et l'histoire du Nord-Est de l'Écosse.

★ Provost Skene's House ⊘ – Dans la maison du prévôt Skene (17ᵉ s.), chaque pièce, réaménagée selon le style d'époques différentes, présente des plafonds à décor de stuc, des lambris et des dallages en pierre. Le remarquable **plafond peint★★** (17ᵉ s.) de la chapelle représente des scènes de l'Ancien Testament.

★★ Art Gallery ⊘ – La collection permanente est surtout consacrée à l'art contemporain. La **collection écossaise** présente des œuvres importantes de deux artistes originaires d'Aberdeen, Georges Jamesone (1588-1644), portraitiste du 17ᵉ s., et William Dyce (1806-1864), précurseur des préraphaélites *(Titians's First Essay in Colour ; A Scene* *in Arran*), ainsi que de William McTaggart (1855-1910), dont le style s'apparente à celui des impressionnistes (*A Ground Swell*), du coloriste écossais S.J. Peploe (1871-1935) et de Joan Eardley (1921-1963). La **collection Macdonald**★★ de portraits d'artistes britanniques est tout à fait représentative du monde artistique au 19ᵉ s.

Parcs et jardins – À juste titre, Aberdeen est réputée pour ses parcs et jardins. Elle a remporté neuf fois le concours anglais des villes fleuries. On pourra admirer d'étonnants massifs dans les jardins d'**Union Terrace**, dans les jardins d'hiver de **Duthie Park**, dans la roseraie et le labyrinthe de **Hazlehead**, sans oublier, à l'université, le jardin botanique **Cruickshank**.

EXCURSIONS

★★**Les bords de la Dee** – *Environ 103 km au Sud-Ouest par la A 93. Compter au moins une journée.* La splendide vallée de la Dee, rivière riche en saumons, pénètre loin dans le massif des Grampians. De nombreux et admirables châteaux – **Drum** ⊘, **Crathes**★★ *(voir p. 230)* – la jalonnent et, à environ 13 km au Nord de la rivière, on pourra visiter le chef-d'œuvre d'architecture de **Craigievar**. Le parc de **Aboyne** sert de décor aux pittoresques **Highland Games** du mois d'août.
Le **château de Balmoral** ⊘ est depuis l'époque de la reine Victoria la résidence d'été de la famille royale. **Braemar** a également son château, mais le village est plus connu pour le **Braemar Highland Gathering** qui s'y tient chaque année en septembre et auquel assistent généralement des membres de la famille royale. Au bout de la route, on s'arrêtera au célèbre point de vue de **Linn O'Dee**, d'où l'on peut voir sauter les saumons contre le courant.

★★**Jardins de Pitmedden** ⊘ – *22 km au Nord d'Aberdeen par la A 90, puis la B 999 à gauche.* Sir **Alexander Seton** (vers 1639-1719), peut-être influencé par les dessins de Le Nôtre ou les jardins de sir William Bruce à Holyrood, conçut les premiers jardins de Pitmedden. C'est en juillet et en août qu'ils sont le plus spectaculaires, car de 30 000 à 40 000 plantes annuelles y sont en pleine floraison. Un belvédère permet d'avoir un beau point de vue sur tout le jardin. Près du grand jardin se trouve le musée de la Vie à la ferme (Museum of Farming Life).

★★**Région des châteaux des Grampians** – *Voir Grampian's Castles.*

ABERYSTWYTH★

Ceredigion – 8 636 habitants
Carte Michelin n° 403 H 26 ou Atlas Great Britain p. 24

C'est depuis le sommet de Penglais Hill, devant la Bibliothèque nationale du pays de Galles, que l'on a la meilleure **vue**★ sur cette ville du littoral où, en 1872, fut fondé l'**University College of Wales**, dans un hôtel, sur le front de mer.

★**National Library of Wales** ⊘ – Outre une partie des archives légales nationales, la Bibliothèque nationale du pays de Galles abrite une inestimable collection de manuscrits et de trésors engendrés par la littérature galloise et celtique. Une sélection de ce patrimoine est présentée dans le cadre d'expositions temporaires, tandis que les textes et œuvres d'art regroupés dans la **collection permanente**★ forment une excellente introduction à l'histoire du pays de Galles.

★**Le front de mer** – Seules quelques rares intrusions modernes viennent troubler l'harmonie architecturale victorienne de Marine Terrace, alignement sinueux de petits hôtels et de pensions de famille avec vue directe sur la mer. Au Nord, un train à vapeur de la Cliff Railway, datant de 1896, escalade encore les pentes de Constitution Hill. Sur le promontoire qui surplombe la jetée à moitié détruite au Sud se dressent les vestiges du château, dont la construction fut entreprise en 1277 par Édouard Iᵉʳ sur le site d'une ancienne place forte. Le prince gallois Owain Glyn Dŵr le conquit en 1414 et y énonça la création de l'Église indépendante galloise et la fondation de deux universités.

★★**Vale of Rheidol Light Railway** ⊘ – Le **chemin de fer à voie étroite de la vallée de la Rheidol** emmène les touristes de la gare d'Aberystwyth jusqu'aux chutes de la Mynach *(voir ci-après)* à travers la merveilleuse vallée verdoyante de la Rheidol. Le trajet de 19 km nécessite 1 h : le train grimpe très lentement jusqu'au terminus (195 m d'altitude). La ligne fut construite en 1902 pour desservir les mines de plomb de la vallée. Les machines et les wagons sont tous d'origine.

EXCURSIONS

★★**Elan Valley** – *55 km par la A 44 jusqu'à Rhayader ; circuit des lacs : 40 km.* Entre 1892 et 1904, on aménagea des lacs artificiels dans la vallée de l'Elan afin d'assurer l'approvisionnement en eau de Birmingham, éloignée de 116 km. Le barrage de Claerwen, destiné à augmenter les réserves d'eau, fut inauguré par la reine Élisabeth en 1952.

Au pied du barrage de Caban Coch, le **Centre d'accueil de la vallée de l'Elan** (Elan Valley Visitor Centre) ⊙ propose des expositions sur la construction et le fonctionnement de ce grand ouvrage, véritable prouesse technique. Les visiteurs sont familiarisés avec l'écologie des forêts et hauts marais environnants et avec l'habitat d'un animal rare, le renard cendré. La conception des barrages et des bâtiments annexes n'a nullement gâché le paysage de cette vaste région de 180 km², qui, les années aidant, peut pleinement justifier de son appellation de « région des lacs gallois ». Nantgwyllt, la maison où le poète Shelley et sa jeune épouse ont séjourné en 1811 et 1812, est submergée.

Près de la jonction entre les vallées de l'Elan et de Claerwen, un viaduc routier au-dessus du barrage Garreg-ddu enjambe le lac Caban Coch ; c'est là que l'on puise l'eau destinée aux Midlands. Les quatre barrages sont spectaculaires en période de crue, quand de gigantesques chutes retombent en cascade.

★**Devil's Bridge/Pontarfynach** – *19 km par la A 4120. Réserver au moins 1 h pour la visite des chutes si l'on se rend sur place par le Vale of Rheidol Light Railway.* La localité est établie au confluent de la Rheidol et de la Mynach, qui forment une spectaculaire chute de 90 m, les **Mynach Falls**.

Le premier pont fut sans doute construit par les moines de Strata Florida au 12ᵉ s., même si la légende prétend que le diable le construisit pour permettre à une femme de la région de faire traverser son troupeau. Aujourd'hui, il y a trois ponts super-posés. Le deuxième a été construit en 1753, et le pont de fer qui le surmonte en 1901.

★**Strata Florida Abbey** ⊙, à **Pontrhydfendigaid** – *26 km au Sud-Est par la B 4340, puis une route secondaire.* De cette abbaye cistercienne fondée en 1164, il ne reste plus guère qu'un fragment du portail Ouest et la trace des murs.

Les idéaux cisterciens de simplicité et de pauvreté convenaient mieux au tempéra-ment gallois que la règle des bénédictins. Strata Florida, achevée en 1201, devint un des principaux centres de la culture et de l'influence galloises. C'est là que Llywelyn le Grand rassembla tous les princes gallois pour leur faire prêter allé-geance à son fils Dafydd. Parmi ces princes des temps passés, beaucoup sont enterrés sur les lieux, dans l'angle entre le sanctuaire et le bras droit du transept. L'abbaye fut endommagée sous les règnes d'Édouard Iᵉʳ et d'Henri IV ; à la dissolu-tion, les moines emportèrent leur bien le plus précieux, une coupe d'olivier qu'ils croyaient être le Saint-Graal.

★**St Padarn's Church**, à **Llanbadarn Fawr** – *Périphérie Est d'Aberystwyth, sur la A 44.* Cette église du 13ᵉ s. fut construite sur le site d'un monastère fondé par saint Padarn au 6ᵉ s. Le bras droit du transept témoigne de l'importance ancestrale de cette paroisse, où deux croix celtiques, datant probablement du 9ᵉ ou du 10ᵉ s., sont conservées dans un cadre moderne.

ALNWICK★

Northumberland – *7 419 habitants*
Carte Michelin n° 402 O 17 ou Atlas Great Britain p. 51

Cette charmante ville de pierre grise s'est constituée autour du grand château féodal dont les murs austères semblent, aujourd'hui encore, barrer la route de l'Écosse.

★★**Castle** ⊙ – Des nombreuses fortifications qui jalonnent cette région-frontière, objet de bien des batailles, le château d'Alnwick est assurément le plus grandiose. Sa construction commença à l'époque normande. En 1309, il devint la propriété des **Percy**, la famille la plus influente de la région, et l'est encore aujourd'hui. Considérablement retouché au 19ᵉ s., il a néanmoins conservé intactes ses carac-téristiques majeures. Dans un site charmant près de la rivière Aln, il symbolise l'idéal romantique de l'imprenable forteresse médiévale.

Venant de la ville, les abords sont défendus par un **corps de garde** et une **barbacane** du 14ᵉ s., tous deux particulièrement impressionnants. Ici comme dans d'autres parties du château, on peut admirer les sentinelles de pierre du 18ᵉ s. Les murailles délimitent deux vastes cours séparées par un imposant **donjon**, très restauré au milieu du 19ᵉ s. par le 4ᵉ duc. Le style néogothique de la cour intérieure dissimule une suite de pièces richement meublées et décorées dans le style Renaissance par une équipe de maîtres artisans et de créateurs italiens. De nombreux et admirables tableaux ornent les murs (œuvres de Titien et du Tintoret, un Turner...), entre autres un portrait du 10ᵉ comte par Van Dyck.

La terrasse septentrionale offre de jolies vues sur les vastes espaces verts dépen-dants du château. Conçus au milieu du 18ᵉ s. par Lancelot « Capability » Brown, ils sont agrémentés d'un grand nombre de folies, comme par exemple le château en trompe l'œil de **Ratheugh Crags**, à 4 km au Nord-Est.

Au Nord-Ouest, dans le parc **Hulne**, on peut voir les ruines du prieuré d'Hulne, ainsi que la tour Brislee (18ᵉ s.) du sommet de laquelle on a de belles perspectives sur la campagne environnante.

★ **La ville** – Bien que son plan remonte au Moyen Âge, son aspect sobre et harmonieux date du 18ᵉ s., période où l'on y construisit de beaux bâtiments de pierre. On y découvrira de nombreux témoignages de la domination de la famille Percy ; son emblème, un lion, domine le pont qui franchit l'Aln au Nord ainsi que la grande **colonne Tenantry** au Sud ; l'unique survivance des remparts, la **porte Hotspur** (15ᵉ s.), doit son nom à Harry Hotspur, à qui Shakespeare rendit hommage dans sa pièce *Henri IV*.

EXCURSIONS

Dunstanburgh Castle – *13 km au Nord-Est, dont 4 km à pied. Quitter Alnwick par la B 1340, direction Nord-Est. Tourner à droite au bout de 5 km.*

Craster – Robuste petit village de pêcheurs, réputé pour ses harengs. Les maisons ont été construites en pierre sombre.

À pied, prendre le sentier verdoyant qui longe la côte, rocheuse mais de faible altitude.

★ **Dunstanburgh Castle** ⊘ – Ces ruines dépouillées, posées sur un pic de roche volcanique, constituent un des lieux les plus émouvants de la côte de Northumbrie.
Vus du Sud, son mur d'enceinte et ses petites tours sont dominés par les ruines imposantes de deux tours de garde massives. Derrière s'étend l'espace verdoyant de la cour extérieure, protégée à l'Ouest par un mur et une tour surmontant une colline pentue, au Nord et à l'Est par la mer, dont les brisants se fracassent contre des falaises où nichent les oiseaux de mer. On découvre de part et d'autre de très belles vues sur cette côte – étonnamment intacte –, faite de promontoires rocheux et de baies limitées par des dunes.

Warkworth – *12 km. Quitter Alnwick par la A 1068 vers l'Est.* Les ruines d'un château, un village, une église et un pont fortifié sont nichés dans un site stratégique formé par une boucle de la rivière Coquet.

★ **Castle** ⊘ – Perché sur une haute colline qui domine la rivière, le château fut construit au 12ᵉ s. Depuis 1332, il appartient à la famille Percy. C'est de l'étage supérieur du **corps de garde** (13ᵉ s.) qu'on a le meilleur aperçu de son plan d'ensemble. Le mur d'enceinte jalonné de tours encercle une zone compacte comportant une cour intérieure et une cour extérieure séparées par les fondations de la chapelle. La tour qui donne accès à la **grande salle** à l'Ouest est ornée d'une curieuse interprétation à tête de chien du lion des Percy. Remarquez le très beau **donjon**, restauré, qui fut conçu dans une perspective de confort et de de commodité aussi bien que de défense. Partant du château, l'unique rue de la localité descend la colline jusqu'à l'**église romane St Lawrence** et à la rivière, où l'on notera une exceptionnelle **tour de pont** médiévale.

Hermitage ⊘ – *1 km en remontant la rivière. Accès par bateau de location, ou par sentier et bac.* Cet extraordinaire lieu de retraite de la fin du Moyen Âge, installé dans un site paisible au bord de la rivière, est en partie taillé à même la falaise de grès et abrite une chapelle et des habitations sur deux niveaux.

Rothbury – *18 km. Quitter Alnwick par la B 6341, direction Sud-Ouest.*
La route escalade les collines ; au bout de 7 km, on admire de belles vues au Nord-Ouest sur les collines arrondies précédant le point culminant des monts Cheviot (816 m).

★ **Cragside House** ⊘ – L'extraordinaire succès de son entreprise de mécanique et d'armement à Newcastle permit à **lord Armstrong** (1810-1900), sans doute le plus grand inventeur industriel de l'époque, de construire cette extraordinaire résidence de campagne qui combine, de façon romantique, le style germanique et celui de la vieille Angleterre. L'**intérieur**★ a été remarquablement conservé et donne une idée particulièrement juste du confort d'un manoir de la fin de la période victorienne.

Rothbury – Cette charmante petite ville située au bord de la Coquet est dominée au Sud par les sommets des collines Simonside. Elle constitue une base de départ idéale pour explorer le **parc national du Northumberland** ⊘. Cette vaste étendue de plateaux sauvages et peu peuplés est délimitée au Nord par les monts Cheviot et au Sud par le mur d'Hadrien.

Chillingham Castle ⊘ – *19 km au Nord-Ouest par la B 6346. Après 14 km, tourner à droite dans une route secondaire conduisant à Chillingham.* Ce château des 13ᵉ et 14ᵉ s. a gardé son caractère médiéval malgré sa restauration effectuée aux 18ᵉ et 19ᵉ s. Les descendants des comtes Grey, qui étaient d'origine normande, l'habitent toujours. Les donjons, les salles de torture et les **décorations d'intérieur** – le mobilier, les tapisseries et les armoiries – confirment l'histoire séculaire du château, en particulier pour ce qui concerne son importance stratégique lors des querelles de frontière. Ce château bénéficiait aussi d'une protection royale. Les magnifiques **jardins** et leurs allées furent conçus par sir Jeffrey Wyattville, architecte royal. La promenade menant au lac ouvre des **vues** splendides sur les forêts et les monts Cheviot.

Chillingham Wild Cattle ⊘ – Un troupeau de bovins blancs à l'état sauvage, derniers survivants d'une espèce qui peuplait autrefois, en toute liberté, la forêt située entre la mer du Nord et la Clyde, a trouvé refuge à Chillingham. De pure souche, sans aucun croisement avec du bétail domestique, ils vivent sur les lieux depuis 700 ans. Leur survie est attribuée au fait que seul un taureau dominant, « le roi », sert de géniteur, d'où une force héréditaire indomptable.

Isle of ANGLESEY★★

Île d'ANGLESEY – Ynis MÔN – Anglesey

Carte Michelin n° 403 G, H 23 et 24 ou Atlas Great Britain p. 32

Le nom gallois de l'île, Môn ou Mam Cymru, signifie « Mère du pays de Galles ». Séparée du pays de Galles par le **détroit de Menai**, elle offre des paysages de petites collines, différentes de celles que l'on peut voir dans le reste du pays de Galles. Anglesey et le détroit proposent au marcheur et à l'amateur de voile d'admirables possibilités pour pratiquer leur sport favori.

Llanfairpwllgwyngyllgogerychwyrndrobwllllantysiliogogogoch – Le nom de ce village, qui signifie « L'église Ste-Marie dans un creux de coudriers blancs près d'un rapide tourbillon d'eau non loin de la grotte rouge proche de l'église St-Tysilio » mais s'abrège en Llanfair P.G., fut certainement inventé au 19ᵉ s. pour amuser – et surprendre – les touristes anglais. Sur une colline haute de 34 m qui domine le village, une colonne et une statue ont été érigées en hommage à William Henry Paget, 1ᵉʳ marquis d'Anglesey (1768-1854), l'un des plus fidèles seconds du duc de Wellington.

Menai Bridge – **Thomas Telford** (1757-1834) construisit ce pont suspendu pour prolonger la route jusqu'à Holyhead. L'amirauté exigea une hauteur de 30 m au-dessus de l'eau. Le pont, avec une portée de 176 m entre les piliers, était, lors de son inauguration en 1826, le plus long pont métallique du monde.

Britannia Tubular Bridge – Conçu par **Robert Stephenson** et achevé en 1850, le pont tubulaire Britannia permettait au train de traverser le détroit. La voie pénétrait dans deux tubes indépendants qui furent gravement endommagés par le feu en 1970. Aujourd'hui, ce sont deux ponts séparés, posés entre les deux piliers d'origine, qui servent à la fois pour la route et le chemin de fer.

★★ **Plas Newydd** ⊙ – Demeure du marquis d'Anglesey, ce manoir de la fin du 18ᵉ s. est implanté sur un site magnifique. Avec son parc de 68 ha et son jardin donnant sur le détroit et les monts Snowdonia, il fut offert au National Trust en 1976. En 1936, on procéda à des modifications et on commanda à l'artiste **Rex Whistler** la décoration de la salle à manger, tout en longueur. Son chef-d'œuvre fantasque en trompe l'œil comporte de fréquentes références à la famille Paget, ainsi qu'un petit autoportrait en tenue de jardinier, en train de balayer les feuilles.

★★ **Beaumaris** – L'une des villes fortifiées fondées par Édouard Iᵉʳ à la fin du 13ᵉ s., Beaumaris est aujourd'hui un petit village touristique des plus paisibles, offrant de magnifiques vues sur le parc de Snowdonia à travers le détroit de Menai. Le **château**★ ⊙ fut la dernière et la plus vaste place forte construite par Édouard Iᵉʳ au pays de Galles. Il ne fut jamais achevé, mais demeure néanmoins le plus bel exemple de château de forme concentrique en Angleterre. Entouré de douves, il comporte un bassin fortifié capable d'accueillir des bateaux d'une jauge de 40 t. Les corps de garde ont été pourvus d'aménagements nombreux. La **grande salle**, déjà très impressionnante en l'état, aurait dû être deux fois plus haute et dominer la cour intérieure.

Le château de Beaumaris

St Nicholas Church – Cette église du 14e s. était celle du bourg qui se développa autour du château. Sous le porche se trouve le tombeau de la princesse Joan, fille du roi Jean sans Terre et épouse du prince de Galles Llywelyn le Grand.

Court House and Gaol ⊘ – Le curieux bâtiment du palais de justice date de 1614. Il contraste étrangement avec la prison (gaol) de Beaumaris, utilisée entre 1829 et 1875 et qui renferme de sinistres témoignages du système pénal victorien.

★**Oriel Ynis Môn** ⊘, à la sortie de **Llangefni** – Ce musée moderne à la périphérie de la bourgade réussit admirablement à expliquer l'identité de l'île d'Anglesey. Outre les évocations imaginatives du riche passé de l'île, le musée aborde des problèmes actuels. Il présente une reconstitution de l'atelier du paysagiste **Charles Tunnicliffe** (1901-1979), probablement le plus grand peintre naturaliste britannique du 20e siècle.

Holyhead – Le port fut longtemps le principal point d'embarquement vers Dublin pour Gallois et Anglais. Depuis Anglesey, on s'y rend en empruntant la route construite en 1822 par Thomas Telford pour relier l'île de Holy, dont les falaises escarpées sont aussi spectaculaires que celles d'Anglesey.

Les **falaises** (cliffs) **de South Stack**★ constituent un véritable sanctuaire pour les oiseaux, que l'on peut observer de diverses façons. Un centre ornithologique perché sur la falaise propose une vision par circuit télévisé intérieur ; un autre centre installé dans l'ancien logement du gardien du phare est consacré aux oiseaux de mer ; au bord de la falaise, **Ellin's Tower** ⊘ permet une observation rapprochée.

Îles ANGLO-NORMANDES★★

CHANNEL Islands - 146 314 habitants
Carte Michelin nᵒˢ 54 plis 4, 5 ou 403 plis L, M, 32, 33 - Atlas Great Britain p. 5

Situé à l'Ouest du Cotentin, l'archipel des îles Anglo-Normandes comprend cinq îles principales : **Jersey, Guernesey, Aurigny, Herm** et **Sarcq.**

Bénéficiant de l'influence du Gulf Stream, les îles jouissent d'un climat très doux favorable à la végétation. Au printemps et en été, Jersey et Guernesey se couvrent de fleurs.

Le calme, la beauté des sites, de belles plages de sable en font un paradis pour le tourisme.

On trouvera une description détaillée des îles Anglo-Normandes dans le Guide Vert Michelin Normandie-Cotentin.

Isle of ARRAN★★

Île d'ARRAN – North Ayrshire – 4 474 habitants
Carte Michelin nᵒ 401 E 17 ou Atlas Great Britain p. 53
Accès : voir le Guide Rouge Michelin Great Britain and Ireland

Arran, avec ses 32 km de long et ses 16 km de large, est la plus grande île du Firth of Clyde. Coupée par la faille des Highlands, c'est une « Écosse en miniature ». Sa partie Nord montagneuse (point culminant **Goat Fell**, 874 m) présente de profondes vallées et des landes. La partie Sud offre un paysage typique de basses terres.

Baies abritées, plages de sable, aménagements pour la voile, la natation, le golf, la pêche en mer font d'Arran un centre touristique apprécié. Le tourisme est d'ailleurs aujourd'hui la principale activité de l'île.

TOUR DE L'ÎLE

90 km – une demi-journée environ, visites non comprises. Avant de partir, assurez-vous que vous avez suffisamment d'essence : les stations-service sont rares.

La route, qui longe presque constamment la côte, permet d'admirer la diversité du paysage ; outre la route côtière, ne pas manquer de parcourir également String Road (16 km de long), qui traverse l'île en son milieu, entre Blackwaterfoot et Brodick.

★★**Brodick Castle** ⊘ – Place forte historique des Hamilton, ducs d'Arran, ce château du 13e s. fut agrandi par Cromwell en 1652, puis à nouveau, dans le style néo-gothique, par Gillespie Graham en 1844. Une belle collection d'argenterie, de porcelaine, de portraits de famille et de tableaux de Watteau, de Turner et de Herring, constituent les trésors des Hamilton et des Beckford.

Dans le salon, beau plafond armorié rehaussé de dorures. Le château est pourvu du traditionnel jardin clos, créé en 1710, et d'un **jardin de rhododendrons** (26 ha), l'un des plus beaux du pays grâce à la douceur du climat.

Machrie Moor Stone Circles – *3 km à l'intérieur des terres, au Nord de Blackwaterfoot.* Territoire marécageux avec un horizon de montagnes, c'est un paysage impressionnant qui sert de décor à des vestiges de l'âge du bronze, les **cercles de pierres de la lande de Machrie**, qui furent érigés à la même époque que les dernières parties de Stonehenge. Arran se trouvait sur l'itinéraire de migration principal des agriculteurs de l'ère néolithique qui s'acheminaient vers le front de mer occidental de l'Écosse.

Lorsque la route serpente autour de l'extrémité méridionale d'Arran, on peut admirer, au Sud, l'île granitique d'**Ailsa Craig** (300 m d'altitude). La route entre Lamlash Bay, abritée par Holy Island, et Brodick permet de profiter d'un spectaculaire panorama du château de Brodick dominé par le Goat Fell.

AYR

South Ayrshire – 47 872 habitants
Carte Michelin n° 401 G 17 ou Atlas Great Britain p. 48
Plan dans le Guide Rouge Great Britain and Ireland

Le charmant bourg qui s'est développé autour de son centre médiéval est une station balnéaire prospère dotée de belles plages de sable. Ayr, célèbre aussi pour ses champs de courses et ses terrains de golf qui accueillent des compétitions internationales, est connu surtout pour être le cœur du « pays de Burns ».

Burns Cottage, Alloway

Robert Burns

★**Alloway** – *5 km vers le Sud par la B 7024.* Alloway est le village natal du poète **Robert Burns** (1759-1796), dont l'anniversaire (le 25 janvier) est célébré par les Écossais du monde entier.

L'austère **musée Robert Burns**★ ⊙ évoque les humbles origines du poète et présente une riche collection de manuscrits, ainsi que de nombreux objets lui ayant appartenu. Au Sud, le **monument Burns** domine la Doon et le **Brig o'Doon** (pont du 13ᵉ s.). La présentation **Connaître Tam o'Shanter** (Tam o'Shanter Experience) ⊙ évoque la vie et l'époque du poète et introduit à l'Écosse du Sud-Ouest. L'**église romane** d'Alloway a été évoquée dans le poème de Robert Burns *Tam o'Shanter*.

EXCURSION

★**Culzean Castle** – *25 km au Sud-Ouest par la A 719.* La route côtière traverse Dunure, un charmant village de pêcheurs. Elle continue jusqu'au site d'**Electric Brae**. Là, une étrange illusion d'optique liée à la configuration du paysage environnant donne l'impression que la route descend, alors qu'en réalité elle monte.

Poursuivre sur 6 km.

Le **château de Culzean**★ ⊙ (prononcer Cullane), perché en haut d'un rocher escarpé, frappe par son **site**★★★. Il est l'œuvre de **Robert Adam** (1728-1792) à qui l'on doit également Hopetoun House et Charlotte Square, à Édimbourg *(voir p. 181).* Bien que d'obédience classique, Adam ajouta à ce château – le plus spectaculaire de ceux qu'il bâtit – des meurtrières et des créneaux pour donner une dernière touche à son aspect médiéval. L'intérieur, harmonieux, est mis en valeur par des frises, des cheminées et des plafonds finement décorés. L'élégant **escalier ovale**★★ ainsi que le **salon** illustrent bien le style original de l'artiste, qui dessina également le superbe mobilier. Dans le château, on peut visiter une exposition consacrée à l'ancien président des États-Unis, Dwight Eisenhower.

BANFF★

Aberdeenshire – 4 402 habitants
Carte Michelin n° 401 M 10 ou Atlas Great Britain p. 69

Située à l'embouchure de la Deveron, cette petite ville, qui fut bourg royal dès le 12ᵉ s., possède quelques intéressants **édifices du 18ᵉ s.** rassemblés dans Low Street, High Shore, Boyndie Street et High Street.

★★**Duff House** ⊙ – Ce splendide manoir baroque dessiné par William Adam, qui fut utilisé comme camp militaire durant la Seconde Guerre mondiale, a été récemment restauré dans les règles de l'art et mis en valeur par une riche collection de meubles, d'accessoires et de peintures (provenant de la Scottish National Gallery). Un escalier à double révolution conduit au grand corps de bâtiment central entouré

J. Mackenzie/National Gallery of Scotland, Édimbourg

Duff House – Le vestibule

d'arbres (les ailes ne furent jamais construites) et des piliers corinthiens supportent un fronton richement décoré. De petites pièces intimes entourent le spacieux vestibule dominé par une toile grandiose de William Etty, tandis que les murs du grand salon sont ornés de **tapisseries** des Gobelins et de pastorales de Boucher. De belles peintures parent la cage du **grand escalier** – où une patte de lion en porphyre avec un rafraîchissoir en marbre occupe la place d'honneur –, ainsi que d'autres pièces.

EXCURSIONS

Banff constitue un excellent point de départ pour des excursions le long du superbe littoral, offrant de magnifiques vues sur les falaises et les promontoires, et conduisant à de pittoresques **villages de pêcheurs** tels que Portsoy, Cullen, Buckie *(à l'Ouest)* et Macduff, Gardenstown, Crovie, Pennan *(à l'Est)*.

Museum of Scottish Lighthouses ⊘, à Fraserburgh – *64 km à l'Est par la B 9031.* Le premier phare (lighthouse) d'Écosse, édifié en 1787, était situé au dernier étage d'un manoir sur le cap Kinnairds, surplombant le port qui fut témoin de l'âge d'or de la pêche au hareng, au 19e s. et au début du 20e s. Le musée retrace l'étonnante histoire des phares du Nord, l'évolution constante de la technique, et évoque la vie des gardiens de phares, ainsi que l'extraordinaire travail des cinq générations de Stevenson qui, à eux seuls, ont bâti une centaine de phares.

BATH★★★

Wansdyke and Bath – 84 283 habitants
Carte Michelin n° 403 M 29 ou Atlas Great Britain p. 17

C'est au 18e s. que Bath est devenue une station thermale à la mode où l'on venait autant pour se soigner que pour goûter aux plaisirs de la vie mondaine ! Aujourd'hui encore, on vient à Bath, non pour y faire une cure, mais pour y retrouver l'atmosphère dix-huitième, y admirer les élégantes demeures et *terraces* georgiennes construites en pierre locale couleur de miel qui s'étagent sur les sept collines qui dominent l'Avon, ou pour mettre ses pas dans ceux de Jane Austen et de quelques-unes de ses héroïnes...

La légende et l'histoire – Les sources chaudes, uniques en Angleterre, jaillirent il y a quelque 100 000 ans. Selon la légende, en 500 avant J.-C., le prince Bladud, qui gardait un troupeau de porcs après avoir été contaminé par la lèpre, constata la guérison de ses porcs atteints d'une maladie de peau après qu'ils se furent roulés dans la boue ; il s'y plongea et fut guéri lui aussi. Il revint à la cour, fut couronné, engendra le roi Lear et s'installa à Bath. Légende ou réalité, Bath était déjà connue pour ses sources chaudes avant l'arrivée des **Romains** au 1er s. de notre ère. Ils firent de la ville la première « station thermale » d'Angleterre, y construisirent des thermes, un temple et peut-être un gymnase ou un théâtre. Quand ils quittèrent la ville, au 5e s., celle-ci connut une période de déclin ; au 6e s. les Saxons s'en emparèrent. Ils construisirent une ville à l'intérieur des murs romains, ainsi qu'une abbaye près du temple. On prétend qu'au 9e s., Alfred fit fortifier la ville ; en 973, **Edgar**, premier roi de toute l'Angleterre, fut couronné pour la deuxième fois dans l'abbaye saxonne.

Les barons normands ruinèrent tant et si bien la ville que **John de Villula**, originaire de Tours, évêque du Somerset et physicien, l'acheta pour 500 livres. Il entreprit la création d'un vaste prieuré bénédictin, construisit un palais, une maison d'hôtes, de nouveaux bains, une école et encouragea le traitement des malades. Il n'acheva jamais l'édifice, comme en témoigne l'abbaye qui occupe aujourd'hui le site prévu pour la nef. Bath devint alors une ville prospère grâce au négoce de la laine. Mais lors de la Dissolution, les moines furent déchus de leurs pouvoirs et vendirent certaines parties de l'abbaye. En 1574, la reine Élisabeth Ire lança une souscription pour restaurer l'abbaye ainsi que l'hôpital St John afin de transformer une « ville sans saveur... en une ville toute de douceur ».

En 1668, Samuel Pepys admirait la ville, mais émettait des doutes sur l'hygiène des thermes. Cela n'empêcha pas des foules entières de personnes moins méfiantes d'imiter la royauté en allant à Bath. Au début du 18e s., Bath était devenue une station thermale à la mode, mais ennuyeuse et mal organisée.

John Nash – Suivant la mode, le « beau » Nash (1673-1762) vint à Bath en 1704. Il fut nommé maître des cérémonies et conçut un programme pour la bonne société, du bain du matin jusqu'aux réunions du soir ; il fit illuminer la ville, interdit le port du sabre dans les rues et établit un contrôle sur les tarifs des chaises à porteur. C'est lui qui inaugura le premier **pavillon de la Source**, où l'on prenait les eaux et où se retrouvait la bonne société. Bath prospéra – Nash aussi – et devint la ville la plus en vogue du pays.

Ralph Allen et John Wood – Si Nash se chargea de remodeler la société de Bath, Allen et Wood transformèrent son architecture et son urbanisme. Allen (1694-1764), directeur des postes originaire de Cornouailles, s'installa à Bath en 1710 et fit fortune en mettant sur pied un service postal efficace pour toute la région. Il acheta alors des carrières à Claverton et Combe Down dans la perspective de construire une ville en utilisant cette belle pierre locale de couleur de miel. Wood l'Aîné (1700-1754), originaire du Yorkshire, s'était installé à Bath en 1728. Avec son fils, John Wood le Jeune (1728-1781), tous les deux classiques, ils s'inspirèrent du passé romain de la ville ; ils construisirent leurs édifices dans le style palladien en utilisant la pierre de Combe Down, aujourd'hui connue sous le nom de pierre de Bath.

> Afin de mieux s'imprégner du charme si particulier de Bath, il est, bien sûr, recommandé de faire la visite à pied.
> Si l'on ne dispose que de peu de temps, admirer l'architecture extérieure de l'**abbaye**★.
> Visitez le **pavillon de la Source**★ *(la visite des Bains romains demande une heure)*. Rejoindre Gay Street, qui mène au **Circus**★★★. Gagnez par la droite la **salle des Fêtes** (Assembly Rooms) et le **musée du Costume**★★★ ou faire le crochet à gauche jusqu'au **Royal Crescent**★★★.

CURIOSITÉS

★★ **Roman Baths** ⊘ – Les bains sont alimentés par une source d'eau chaude naturelle qui déverse environ 1 136 500 litres d'eau par jour dont la température s'élève à 46,5 °C. Lors de fouilles archéologiques, des silex du mésolithique furent retrouvés dans les eaux, preuve que cet endroit était habité par les hommes préhistoriques bien avant que la tribu celte des Dobunni, pour laquelle les sources étaient sacrées, ne s'y installe. Le Grand Bain, un grand bassin d'eau chaude aujourd'hui à ciel ouvert, et deux autres bains moins chauds constituaient l'ensemble du complexe des bains romains. Par la suite, un *frigidarium* fut construit à l'Ouest, s'ouvrant sur le Nord et surplombant la source sacrée, ainsi que deux salles plus chaudes (le *tepidarium* et le *caldarium*). L'extrémité Est fut donc agrandie de manière conséquente, les thermes y furent construits et le *frigidarium* fut transformé en un bassin d'eau froide rond. Après que les Romains eurent abandonné l'endroit, les canalisations non entretenues s'engorgèrent et le site fut envahi par la boue. Au début du Moyen Âge, les Normands construisirent le bain royal autour du réservoir que les Romains avaient bordé avec du plomb. En 1680, seuls les hommes et les femmes portaient des costumes de bain, car les enfants se baignaient nus ; les femmes arboraient des robes et des bonnets rayés de jaune et les hommes, des caleçons longs. En 1727, des ouvriers entreprirent la construction d'un égout le long de Stall Street et retrouvèrent la tête en bronze doré de **Minerve**, la déesse des sources thermales. Dès lors, les fouilles mirent au jour le temple, le complexe thermal et de nombreux objets maintenant exposés dans le **musée**.

★ **Pump Room** (Pavillon de la Source) ⊘ – Le pavillon actuel, construit en 1789-1799 après la mort de John Nash, est présidé par sa **statue**. Sa décoration intérieure est élégante avec des pilastres ornementaux à chapiteaux dorés, un plafond à caissons,

S. McBride/Bath and Northeast Somerset Council

Les bains romains

des fauteuils Chippendale, une horloge de parquet de Thomas Tompion et un lustre de verre. La baie arrondie surplombant King's Bath abrite la source à laquelle on peut toujours boire.

★ **Bath Abbey** ⊘ – L'édification de l'abbaye, qui s'élève sur les vestiges d'une église fondée au début du règne du roi Offa (757-796), fut entreprise en 1499 par l'évêque Oliver King. L'abbaye, de style Perpendicular tardif très pur, s'élève à partir des piliers de l'église romane. À la Dissolution des monastères (1539), l'édifice, qui n'était pas encore achevé, se dégrada, mais il fut restauré à la fin du 16e s. Par ailleurs, en 1864-1876, sir Gilbert Scott y apporta d'importantes modifications. À l'extérieur, cinq vitraux lancéolés sont encadrés par les arcs-boutants, des pinacles ciselés et un garde-fou ajouré et crénelé. La **façade principale** arbore une fenêtre de style Perpendicular, une porte du 17e s. et, sculptées dans la pierre, de grandes échelles que des anges descendent et remontent. À l'intérieur, la nef, le chœur et les étroits croisillons s'élèvent vers la **voûte à nervure en éventail**, œuvre de Robert et William Vertue (également auteurs de la voûte en éventail de la chapelle Henri VII de l'abbaye de Westminster).

Les « eaux » du 21e siècle

Pour célébrer le troisième millénaire, le **Bath Spa Project** a entrepris la rénovation de l'aile Ouest du Pavillon de la Pompe. L'emprise du projet englobe les deux sources d'eau chaude et six bâtiments qui retrouveront leurs fonctions originales. Des installations thermales modernes sont par ailleurs en construction dans les anciens bains de Beau Street qui servaient d'étuves. On trouvera dans ce centre ultramoderne et luxueux deux bassins, une cascade, une piscine-terrasse, des bains tourbillons, des saunas, un bain-plongeon, des salles de relaxation, de gymnastique, de repos et un restaurant.

BATH

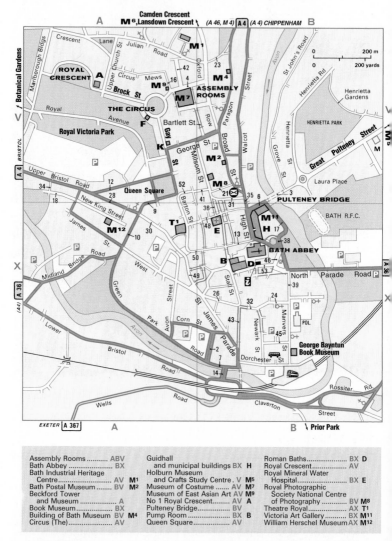

★**Pulteney Bridge** – Le pont, construit en 1769-1774 et conçu par Robert Adam, est bordé de chaque côté par de petites boutiques, des pavillons à dômes, et comporte une fenêtre centrale vénitienne.

Queen Square – C'est la première création urbanistique de Wood l'Aîné. Par **Gay Street**, qu'ouvrirent les deux Wood (père et fils) entre 1734 et 1760, on rejoint le Circus.

★★★**The Circus** – Le Circus fait partie des tout premiers projets de Wood l'Aîné, et pourtant, il ne fut construit qu'en 1754. Il consiste en un cercle de maisons toutes semblables, auxquelles on accède par trois rues équidistantes l'une de l'autre. Les maisons sont faites de pierre de Bath claire, ornées de colonnes jumelées. Leurs trois étages se terminent par une frise et une balustrade couronnée de glands.

Centre Jane Austen – *N° 40 Gay Street*. L'exposition est entièrement consacrée à l'écrivain qui séjourna à Bath avant d'y résider : on y verra tout ce qui concerne sa vie et celle de ses personnages, précisément localisé. La Bath georgienne est également représentée à travers dessins, tableaux, costumes de films et un montage audiovisuel.

Jane Austen (1775-1817)

Jane Austen visita Bath alors qu'elle séjournait chez son oncle et sa tante, les Leigh Parrot, au n°1 Paragon. *Catherine Morland* ou *L'Abbaye de Northanger* se déroulent pour la plus grande partie à Bath où Jane Austen vécut de 1800 à 1806. C'est en mai 1799 que la famille Austen s'installa à Bath, dans un logement situé au 13, Queen Square, puis déménagea au 4, Sydney Place et enfin au 27, Green Park Buildings. C'est ici que le père de Jane mourut en janvier 1805. Sa veuve et ses deux filles vécurent ensuite au 25 Gray Street et à Trim Street. Les lettres que Jane Austen écrivait à sa sœur Cassandra donnent l'image la plus vivante de Bath à cette époque.

★★★ Royal Crescent – Cette célèbre architecture classique, emblème de Bath, incurvée en forme de demi-ellipse, est bordée d'une *terrace* de 30 maisons aux façades monumentales, rythmées par 114 colonnes ioniques géantes s'élevant du premier étage à la balustrade. Elle est le chef-d'œuvre de John Wood fils, qui la construisit entre 1767 et 1774. Le **n° 1★★** ⊘ été parfaitement restauré et abrite une magnifique collection de mobilier Chippendale, Sheraton et Hepplewhite, ainsi que des porcelaines et de la verrerie du 18ᵉ s. **Brock Street** relie le Crescent au Circus : elle aussi fut construite par John Wood le Jeune en 1767.

★ Assembly Rooms ⊘ – Ces élégantes salles furent construites en 1769-1771 pour les réunions du soir : c'est là qu'on se rassemblait pour danser, jouer aux cartes, boire le thé et bavarder. La longue salle de bal vert-bleu pâle est aussi haute que large. Sa décoration est concentrée vers le haut de la pièce, au niveau des fenêtres, où des colonnes géminées s'élèvent pour porter un entablement profond et un élégant plafond en stuc, auquel sont suspendus cinq magnifiques lustres de cristal. L'**Octogone** devait servir de petite salle de jeux. Le **salon de thé** est luxueusement aménagé et sa partie Ouest est ornée d'une splendide clôture de colonnes à deux gradins.

Le **musée du Costume★★★** ⊘ permet d'admirer une gamme très riche de styles, de tissus et de motifs utilisés dans toutes sortes de vêtements ou d'accessoires, de l'époque des Stuarts jusqu'à nos jours. Remarquez tout particulièrement la tenue complète la plus ancienne du musée, la **robe en tissu argenté** (années 1660), et la sélection de superbes gants.

ENVIRONS

★★ American Museum in Britain ⊘, à **Claverton** – *3 km à l'Est par la A 36.*
Une gentilhommière néoclassique, Claverton Manor, abrite le **Musée américain**. Dans une suite de salles, dont les meubles datent de la fin du 17ᵉ s. jusqu'au milieu du 19ᵉ s., sont retracés deux siècles de modes de vie et de styles américains. Outre ces galeries spécifiques, le vaste domaine procède à d'autres présentations, par exemple un jardin d'herbes tropicales et un arboretum.

Ensemble georgien à Bath

A. Taverner

★★Bradford-on-Avon – *13 km par la A 4, puis par la A 363, direction Sud-Est.*
Les demeures construites en terrasses à flanc de colline, dominant la rivière Avon, donnent tout son charme à la ville. Les maisons les plus importantes, en pierre locale, de couleur jaune crémeux, reflètent l'aisance des drapiers des 17e et 18e s., époque où la ville était un centre textile prospère. Le **pont**★ à 9 arches, construit en 1610 et flanqué d'une petite chapelle carrée à dôme surmonté d'une girouette, est le meilleur point de départ pour la promenade.
Le caractère saxon de l'**église St Laurence**★★ laisse à penser qu'il pourrait s'agir de celle que, selon Guillaume de Malmesbury, saint Aldhelm construisit à cet endroit aux 7e-8e s. Le bâtiment servit successivement d'école, de maison et d'ossuaire avant d'être redécouvert en 1856. Minuscule, haut et étroit, aux toits pentus et aux **arcatures aveugles**, il fut probablement érigé d'un seul trait. Des fenêtres furent ajoutées à l'extrémité Ouest à la fin du 19e s.
La vaste **grange dîmière** (Tithe Barn) ⓥ du début du 14e s. se distingue par ses portes ornées de gables et par une charpente de construction admirable.

★Dyrham Park ⓥ – *15 km au Nord sur la A 46.*
La demeure du 17e s. fut construite pour William Blathwayt (1649-1717), ministre de Guillaume III. Son premier architecte déplaça la maison Tudor, qui existait déjà, vers la grande salle et, à la place, construisit une entrée classique en pierre locale. En 1700 commença la seconde phase de la construction, avec pour architecte « l'ingénieux M. Talman ». La façade Est (40 m de long) se compose de deux étages et un grenier, de la même balustrade que la façade Ouest, et est allégée par quelques décorations de style baroque. La maison contient du mobilier et des objets d'art des 17e et 18e s., provenant surtout d'Angleterre et des Pays-Bas. Le **jardin** et le **parc** furent conçus par Talman et George London, puis redessinés, par la suite, par Humphry Repton (1752-1818).

BERWICK-UPON-TWEED★★

Northumberland – 13 544 habitants
Carte Michelin n° 402 O 16 ou Atlas Great Britain p. 57

Depuis le 12e s., la ville de Berwick est passée alternativement des mains des Anglais à celles des Écossais. Les **murs d'enceinte**★ furent remplacés en 1558 par des remparts et des bastions dans le style que Vérone, Anvers et d'autres villes d'Europe venaient d'adopter. Il ne reste que des ruines du château où, le 17 novembre 1292, Édouard Ier reçut les candidatures des 13 prétendants au trône d'Écosse et se prononça en faveur de John Baliol. Certaines pierres servirent, en 1651, à la construction de l'église de la Sainte-Trinité, une des rares à avoir été construites pendant le Commonwealth de Cromwell. Puis, en 1720, le château fut réquisitionné pour servir de caserne ; les **Berwick Barracks** abritent aujourd'hui deux musées.
L'élégant **Old Bridge** à 15 arches édifié en 1611 est le cinquième à avoir été lancé entre Berwick et Tweedmouth.

> **Burrell at Berwick Collection** ⓥ – *Berwick Barracks, Clock Block.* On peut admirer les très belles pièces d'artisanat (porcelaine d'Imari, cuivre, art religieux médiéval, bronzes chinois et verrerie) de la collection du milliardaire William Burrell *(voir p. 221).*

> **Kings Own Scottish Borderers Museum** ⓥ – *Berwick Barracks.* Il retrace l'histoire de ce régiment, l'un des cinq qui n'ait jamais été réuni à un autre depuis sa création en 1689.

EXCURSIONS

★★Vallée de la basse Tweed – *Voir Tweed Valley.*

★Holy Island et **Bamburgh Castle** – *21 km au Sud par la A 1, puis à gauche une route secondaire, en partie submersible, jusqu'à Holy Island.*
Saint Cuthbert (vers 635-687), moine ermite de Holy Island, devint évêque de Lindisfarne en l'an 685. Il est enterré dans la cathédrale de Durham *(voir p. 197).* C'est également à cet endroit que furent écrits et somptueusement enluminés dans la tradition celtique les **Évangiles de Lindisfarne** que l'on peut aujourd'hui admirer au British Museum de Londres. Les **ruines du prieuré de Lindisfarne**★ ⓥ qui subsistent encore sont celles d'une maison bénédictine, fondée en 1093.

★Lindisfarne Castle ⓥ – Château du 16e s., restauré en 1902 par **Edwin Lutyens** qui en fit une maison d'agrément pour le fondateur du magazine *Country Life*, Edward Hudson. L'intérieur est austère, mais son aménagement est superbe, dans l'inimitable style « Lutyens ».

Revenir à la A 1, continuer sur 19 km vers le Sud, puis prendre à gauche la B 1342, direction Bamburgh.

Évangiles de Lindisfarne (détail)

★ **Bamburgh Castle** ⏱ – Le **donjon** roman domine ce château restauré à l'époque victorienne. Racheté par lord Armstrong en 1894, il abrite une belle collection d'armes et d'armures provenant de la Tour de Londres, ainsi que de belles pièces de porcelaine de Sèvres, de Derby, de Worcester et de Chelsea. On y admire aussi d'exquises petites collections de flacons de table en argent, de sculptures de Fabergé et de jade. Dans la pièce qui autrefois constituait probablement la salle de garde (aujourd'hui salle d'audience), on peut apprécier une série de portraits de famille (lady Armstrong, par Annigoni).

★ **Farne Islands** ⏱ – *24 km ; prendre la A 1 vers le Sud, puis la B 1342/1340 à gauche direction Seahouses. Du port, promenades en bateau autour de la réserve d'oiseaux. Escales possibles.* Sur ces 28 îles, 15 n'émergent qu'à marée basse. Elles offrent des sites de nidification pour 18 espèces d'oiseaux marins, et accueillent la plus importante colonie anglaise de phoques gris. Sur l'île d'**Inner Farne**, les escales sont possibles en fonction des périodes de couvaison. On peut y voir une petite chapelle dédiée à saint Cuthbert, qui vécut sur ces îles entre 676 et 685. C'est là que résidait Grace Darling. Le 7 septembre 1838, avec son père (gardien de phare), ils partirent à la rame secourir 9 personnes naufragées du *Forfarshire* réfugiées sur **Harcar's Rock**.

BEVERLEY★

East Yorkshire – 23 632 habitants
Carte Michelin n° 402 S 22 ou Atlas Great Britain p. 41

Derrière les façades georgiennes se cachent les anciennes constructions d'une ville qui, en 1377, comptait 5 000 habitants, deux fois moins que York et deux fois plus que Hull. Dissimulée par une façade datant de 1832, la maison des Corporations, **le Guildhall** (1762), est pourvue d'une très belle salle de tribunal dont le majestueux plafond en stuc est de Cortese.

★★ Minster ⊘ – John of Beverley, évêque de Hexham et de York, choisit de se retirer dans cet endroit isolé et y mourut, en 721. Il fut enterré dans l'église qu'il avait fondée 30 ans auparavant. L'édification de l'**église abbatiale**, telle qu'elle se présente aujourd'hui, fut commencée vers 1220 ; l'édifice précédent avait été complètement détruit par un incendie, le 20 septembre 1188. Les dimensions du bâtiment, long de 101 m, sont presque celles d'une cathédrale.

La construction débuta par le chevet. Le style gothique Early English et ses longues fenêtres lancéolées se retrouvent dans les croisillons. La nef, de style Decorated, est du début du 14e s., et les fenêtres hautes reflètent la transition au gothique Perpendicular. La **façade principale**, entièrement de ce style, fut achevée en 1420.

Les neuf ouvertures de la grande fenêtre Est, de style Perpendicular, sont composées de tous les fragments de vitraux médiévaux que possédait jadis l'église. Le double escalier orné du mur Nord du chœur menait autrefois à la salle capitulaire qui n'existe plus aujourd'hui. L'**orgue** Snetzler (1769, restauré en 1995) possède 4 000 tuyaux, 70 jeux et quatre claviers. La dorure, comme le jubé de George Gilbert Scott, datent de 1880.

J. Allan Cash Ltd /PIX

St Mary's Church – Plafond des rois

Le **tombeau des Percy** (1340-1349), paré d'un baldaquin sur lequel ont été sculptés un feuillage et des anges ainsi que des animaux symboliques, est le plus beau des monuments funéraires que l'on doit au style Decorated. Les 68 **miséricordes** des stalles du chœur, œuvre du début du 16e s. due à l'école des sculpteurs sur bois de Ripon, comptent parmi les plus belles de Grande-Bretagne.

★ St Mary's Church ⊘ – Fondée vers 1120, l'église fut bientôt adoptée par les corporations. Son transept et ses bas-côtés furent rapidement ajoutés. La minuscule chapelle St Michael (11 x 5,5 m), dont l'escalier en colimaçon est d'une grande ingéniosité, est contemporaine du tombeau des Percy qui se trouve dans l'église abbatiale. La façade principale, de style Perpendicular, ornée de fûts élancés et de fines moulures, ressemble à celle de la chapelle de King's College à Cambridge *(voir ce nom)*. Dès 1524, l'adjonction de la **tour** venait parfaire cette église paroissiale exceptionnelle.

L'église abbatiale et St Mary se partagent un ensemble de 140 sculptures d'instruments de musique médiévaux. Dans la nef, le **pilier des Ménestrels** (Minstrels'Pillar), peint de couleurs vives, est un don de la corporation des musiciens en 1524. Malheureusement, trois des musiciens qui y sont représentés ont perdu leur instrument. L'extraordinaire **plafond du chœur**, peint en 1445, recense les rois d'Angleterre. Les plus observateurs y reconnaîtront un portrait de George VI qui, en 1939, remplaça l'un des rois légendaires du dessin original. Vingt-trois **miséricordes**, dont les sculptures extraordinaires évoquent hommes et animaux, rehaussent les stalles du chœur. Un « Lapin pèlerin », sculpté vers 1325 sur une porte menant à la sacristie, a peut-être inspiré le « Lapin blanc » de John Tenniel lorsque ce dernier illustra *Alice au pays des merveilles*.

EXCURSION

★ Burton Agnes Hall ⊙, à **Burton Agnes** – *29 km au Nord par la A 164 vers Great Driffield, puis la A 166 vers Bridlington*. Exemple remarquable de l'architecture de la fin de l'époque élisabéthaine, cette maison en brique rouge tendre, dont la construction fut amorcée en 1598, fut achevée en 1610. L'édifice a peu changé depuis.

Dans la **grande salle** se trouvent une clôture et une cheminée d'albâtre, qu'orne une multitude d'incomparables sculptures fantastiques et allégoriques. Une **Danse macabre**, sculpture terrifiante mais d'une richesse de détails remarquable, surmonte la cheminée du salon. L'escalier permit aux sculpteurs sur bois élisabéthains de faire montre de leur talent. La **grande galerie**, dont la voûte en berceau en plâtre a été restaurée, est aujourd'hui présentée telle qu'elle était en 1610. Y sont exposées la majorité des toiles impressionnistes et post-impressionnistes que possédait la famille.

BIRMINGHAM★

West Midlands – 965 928 habitants

Carte Michelin n° 403 ou n° 404 O 26 ou Atlas Great Britain p. 27

Birmingham, deuxième ville du Royaume-Uni, fut l'un des centres de la révolution industrielle au 19ᵉ s. Aujourd'hui encore, l'agglomération est à l'origine d'une grande partie des exportations de produits manufacturés de Grande-Bretagne.

Lorsque l'industrialisation commença au milieu du 16ᵉ s., la ville était « grouillante de monde et retentissante du bruit des enclumes » (William Camden). Au milieu du 17ᵉ s., conformément à sa tradition radicale, Birmingham fournit épées et armes aux parlementaires, ce qui incita le prince Rupert à mettre la ville à sac.

Une ville d'inventeurs – Une excellente situation géographique servie par un réseau de voies de communication très dense, la proximité d'un riche bassin houiller et une population en accroissement constant firent de la région de Birmingham un creuset où se développèrent de nombreux progrès techniques et inventions dans tous les domaines de l'activité humaine.

James Watt (1736-1819) inventa la machine à vapeur à double effet, **William Murdock** (1754-1839) l'éclairage au gaz de houille. L'usine de Soho de **Matthew Boulton** (1728-1809) fut la première à être éclairée au gaz.

La réaction aux mauvaises conditions de vie, dues à la croissance phénoménale de la ville au 19ᵉ s., se manifesta d'une part, sur le plan politique, par une approche radicale de l'amélioration urbaine animée par **Joseph Chamberlain** (1869-1940), élu plusieurs fois maire, père de **Neville Chamberlain**, lui-même maire de la ville en son temps et Premier ministre et, d'autre part, du fait que la ville bénéficia de la philanthropie de l'exploitant de cacao, **George Cadbury** (1839-1922), qui permit la création de l'une des premières banlieues résidentielles du monde, Bournville.

Birmingham pratique

Office de tourisme – Les **Visitor Information Centre** peuvent être contactés aux adresses suivantes :
2 City Arcade, ☎ (0121) 643 2514 ; National Exhibition Centre, ☎ (0121) 780 4321 ; International Convention Centre, Broad Street, ☎ (0121) 665 6116 ; 130, Colmore Row, Victoria Square, ☎ (0121) 693 6300. Un site sur Internet est également à votre disposition : www.birmingham.gov.uk

Pubs et restaurants – Bars à vin à l'atmosphère animée, restaurants et traditionnels pubs anglais se trouvent dans Water's Edge et sur Gas Street Basin, la zone aménagée et rénovée de Brindley Place. Les restaurants de Birmingham proposent un grand choix gastronomique, mais la ville est surtout réputée pour ses restaurants chinois et indiens.

Shopping – Vous trouverez la plupart des grands magasins et des boutiques de marque qui bordent habituellement les avenues les plus prestigieuses dans les complexes commerciaux **The Pallasades** et **The Pavilions**. Le **quartier historique des Bijoutiers** (Jewellery Quarter) vaut le coup d'œil pour ses bijoux d'artisanat en or et en argent.

Loisirs – On peut écouter de l'excellent jazz au Ronnie Scott's Club, dans le quartier de Water's Edge, où se trouvent aussi des night-clubs. De nombreux événements se déroulent au NEC (National Exhibition Centre) : le Motor Show (Salon de l'automobile tous les deux ans), le Crufts Dog Show (célèbre exposition canine annuelle) et le défilé de mode de la BBC. Le Symphony Hall, également dans le NEC, propose des concerts de musique classique. Les concerts de musique pop et rock ainsi que les événements sportifs les plus importants ont lieu au NEC Arena.

BIRMINGHAM

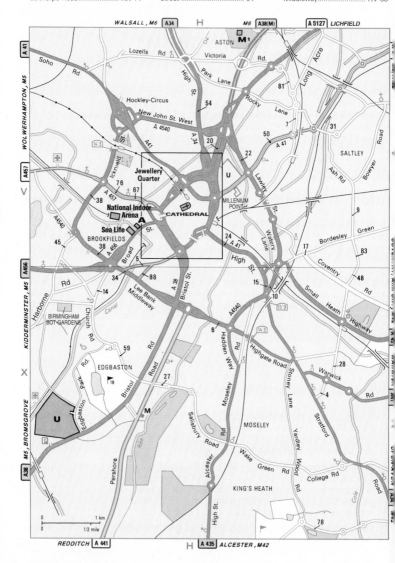

Modernisme – La configuration de la ville moderne doit beaucoup à l'ambitieux projet de développement élaboré au lendemain de la Seconde Guerre mondiale. Voies express, passages souterrains et tours n'ont pas façonné le paysage urbain le plus esthétique. Néanmoins, les centres commerciaux sont pratiques, et il existe de nouveaux pôles d'attraction : l'immense bibliothèque centrale et le Centre international de congrès. Bien que de nombreuses structures anciennes aient été démolies dans la vague enthousiaste de modernisation, suffisamment de beaux bâtiments de la fin du 19e et du début du 20e s. subsistent encore pour évoquer l'atmosphère qui régnait à Birmingham dans ses plus beaux jours. Summum du manque de sensibilité de l'architecture des années 1950, le **Bull Ring** est l'objet de nombreux projets de réaménagement.

La situation de la ville et de son arrière-pays, les West Midlands, pivot de la Grande-Bretagne industrielle, est consolidée par la position centrale qu'elle occupe dans le réseau autoroutier national. Un des échangeurs, particulièrement complexe, a été baptisé avec orgueil **Spaghetti Junction**. Le Centre national des expositions est situé à proximité de l'aéroport international de Birmingham.

La renaissance – Deuxième ville britannique depuis un siècle, Birmingham est en passe d'acquérir une nouvelle image et de devenir un centre d'affaires et de culture à l'échelle européenne. Certaines parties du paysage urbain ont été transformées : la recomposition intégrale de Victoria Square, désormais orné de sculptures modernes, est considérée par le grand public comme une réussite plus probante que le réaménagement de Centenary Square, surmonté par le monumental *Forward* (En avant) de Raymond Mason, sculpteur né en 1922 à Birmingham. Une superbe salle symphonique, aménagée dans le Centre international de congrès, est le foyer du CBSO (City of Birmingham Symphony Orchestra), le théâtre Hippodrome, rénové, est la nouvelle scène du Birmingham Ballet, et le National Exhibition Centre ainsi que la National Indoor Sports Arena accueillent un grand choix de spectacles et d'événements sportifs. Enfin, la zone de Gas Street Basin est devenue un centre de loisirs et d'activités très actif.

Le touriste de passage à Birmingham pourra, avec intérêt, organiser sa visite autour du thème de la révolution industrielle : les canaux, Gas Street Basin, ainsi que le musée d'Art.
Combinée avec la visite du Black Country (voir p. 123) et du site d'Ironbridge, cette découverte constitue le point fort d'un séjour en Angleterre pour les amateurs de tourisme industriel.

LES MUSÉES

★★ **Birmingham Museum and Art Gallery** ⊙ – Fierté d'une ville dont le blason porte une figuration masculine de l'industrie et une féminine de l'art, la galerie de Birmingham est réputée pour sa remarquable collection de **tableaux préraphaélites**. Le visiteur est accueilli, en haut des escaliers de l'entrée, par une ravissante fresque, scène de rue de 1914 due à l'artiste local **Joseph Southall**. Dans la spacieuse salle circulaire (galerie d'origine), des tableaux des 18ᵉ et 19ᵉ s. sont exposés, dont *February Fill Dyke* de **Leader** ; à l'opposé, le superbe *Sultanganj Buddha* qui, de la main droite offre la paix et de la gauche une bénédiction. Le travail de ferronnerie des deux niveaux de la galerie industrielle est un chef-d'œuvre de la fin de l'époque victorienne ; il fournit un cadre enchanteur à une belle exposition de céramiques et de vitraux. Plus loin, on est saisi par **le Salon de thé édouardien** que domine le *Lucifer* du sculpteur **Jacob Epstein**.

Une grande partie de la galerie est consacrée à de nombreuses toiles européennes. On peut notamment admirer *La Madone et l'Enfant* de **Bellini**, *Paysage près de Rome* du **Lorrain** et *La Mendiante romaine* de **Degas**. La peinture anglaise est représentée par Wright, Hogarth, Gainsborough, Constable et David Roberts, ainsi que par le peintre paysagiste de Birmingham, **David Cox**. Les préraphaélites forment cependant le cœur de la collection *(salles 17-19)*. Vers le milieu du 19ᵉ s., les préraphaélites entreprirent de régénérer la peinture par un retour à l'esthétique toscane des 14ᵉ et 15ᵉ s., d'où le nom de leur mouvement. Tous les maîtres de la confrérie sont représentés, principalement par des œuvres clés telles que *Le Dernier Regard sur l'Angleterre* de **Ford Madox Brown**, *L'Aveugle* de Millais, *Beata Beatrix* de **Rossetti** et *Les Deux Gentilshommes de Vérone* de **Hunt**. La série de panneaux évoquant Cupidon et Psyché est de **Burne-Jones**, natif de Birmingham. *Les Compagnons voyageurs*, assis à jamais dans un wagon ferroviaire italien, est une autre œuvre célèbre du 19ᵉ s., due à **Augustus Leopold Egg**. Parmi les toiles du 20ᵉ s. sont exposés *Le Mineur* de **Sickert** et *Paysage sous le premier quartier de lune* de **Paul Nash**.

D'autres salles sont consacrées à l'histoire, l'archéologie et l'histoire naturelle de la région. On y trouve un extraordinaire crâne de tricératops fossilisé, long de 2 m. La **galerie Pinto** contient une merveilleuse collection d'objets en bois de l'époque médiévale à nos jours.

Les Deux Gentilshommes de Vérone par William Holman Hunt

Birmingham Museum and Art Gallery, Birmingham

★★ **Barber Institute of Fine Arts** ⊙ – *Université de Birmingham. 4 km au Sud du centre-ville. De Bristol Road, prendre à droite Edgbaston Park Road vers le parking Sud de l'université. En train : de la gare New Street, descendre à la gare de l'Université.*
L'institut fait partie de l'immense campus de l'université, archétype de l'université anglaise « en briques rouges », fondation municipale qui acquit son statut en 1900. Une brique, très rouge, fut le matériau utilisé pour la construction des bâtiments formant un croissant autour de la cour du Chancelier, tout comme pour l'édification de l'extraordinaire campanile siennois haut de 100 m, dit **tour Chamberlain**.
La galerie est elle-même enfermée dans un bâtiment sévère de pierres et de briques, dont la construction débuta en 1935. À l'intérieur se trouve une petite collection de peintures sélectionnées avec soin, mise sur pied grâce au legs de lady M.C.H. Barber (décédée en 1933). Exposé aux côtés de meubles et autres objets d'art, l'ensemble baigne dans l'agréable atmosphère intime des collections privées. Sir Henry, qui n'appréciait nullement l'art moderne, stipula que toutes les œuvres devaient être antérieures à 1900 ; aujourd'hui, bien que la politique ait changé depuis, les anciens maîtres continuent de prévaloir. Parmi les Italiens, on trouve plusieurs Vénitiens : **Bellini**, *Portrait d'un jeune garçon*, **Cima**, *Crucifixion* et **Guardi**, *Régate*. Les peintures flamandes comprennent *Deux paysans liant des fagots* de **Bruegel le Jeune** et cette œuvre merveilleuse, fraîche et pure, de **Rubens**, *Paysage près de Malines*.
L'école française est bien représentée ; les toiles sont de Poussin, Watteau, Delacroix, Ingres, Corot et Courbet. On peut admirer un portrait de la comtesse Golovine dû à Élisabeth Vigée-Lebrun, ainsi que des œuvres impressionnistes et post-impressionnistes, notamment des tableaux de Bonnard, Degas, Gauguin, Manet, Monet, Renoir, Vuillard et Van Gogh.
Les réalisations anglaises sont illustrées par *La Charrette de foin* de **Gainsborough**, *Vue près de Harwich* de **John Bernay Crome**, *Rayon de soleil filtrant à travers la vapeur* de **Turner**, et une délicate étude de deux jeunes filles, *Symphonie en blanc* de **Whistler**.

AUTRES CURIOSITÉS

★★ **Aston Hall** ⊙ – Construit en 1618-1635 sous la direction de John Thorpe pour sir Thomas Holte, assiégé par les parlementaires en 1643 (des traces de balles sont visibles sur la balustrade de l'escalier où sont représentés des monstres marins), cadre du roman de Washington Irving, *Bracebridge Hall* (1822), loué de 1819 à 1848 au fils de James Watt, Aston Hall demeure plus que jamais « une noble structure qui par sa beauté et sa situation surpasse tout ce qui existe en ces lieux ».

Intérieur – Typique de l'époque de Jacques Ier (« uniforme à l'extérieur et pourtant strictement morcelé à l'intérieur », selon Francis Bacon), l'intérieur est remarquable par ses plafonds et cheminées splendides, surchargés de façon presque incongrue. Parmi les salles les plus belles, on remarquera la **grande galerie**. Les lambris cintrés sont en chêne et les tapisseries, évoquant *Les Actes des apôtres*, sont signées de La Planche. La grande salle à manger est ornée d'une frise représentant les Neuf Braves

> Au début du mois de décembre, pendant une semaine, **Aston Hall by Candlelight** recrée l'atmosphère d'un Noël à l'époque de Jacques Ier, avec des visites nocturnes de la maison éclairée seulement par des bougies. Des musiciens en costumes d'époque jouent de la musique du 17e s. dans la grande salle où couve un feu de cheminée *(réservations indispensables)*.

(Alexandre, Hector, César, Josué, David, Judas Maccabée, Arthur, Charlemagne et Godefroi de Bouillon). Les peintures sont de Romney et Gainsborough.

St Philip's Cathedral – Première grande commande faite à **Thomas Archer**, la cathédrale fut bâtie en 1711-1725, dans un style baroque classique très anglais. L'extérieur échappe à une trop grande austérité grâce à l'exubérance de la tour Ouest (concave, elle est couronnée d'un dôme et d'une lanterne) et de la porte Ouest (plaisanterie baroque composée d'une multitude de styles).
À l'intérieur, la nef, les arcades et les galeries d'Archer contrastent de manière émouvante avec les **gigantesques portraits sur vitraux★** de Burne-Jones représentant la Nativité, la Crucifixion, l'Ascension et le Jugement dernier.

Promenade du canal – Depuis Ludgate Hill, elle procure un panorama architectural des réalisations industrielles du 19e s.

Gas Street Basin – Ce bassin restauré est bordé de maisons neuves ou restaurées des 18e et 19e s. Parmi elles se trouvent un hôtel moderne et l'usine de Matthew Boulton, **The Brasshouse** *(Broad Street)*. Remise à neuf, elle a été transformée en restaurant et pub. Les bateaux étroits, peints de couleurs vives, amarrés le long du canal, sont caractéristiques des embarcations qui, jadis, encombraient les canaux des Midlands. Plus loin sur la rive Est se dresse la silhouette moderne de l'**International Convention Centre**. Onze grands halls sont bâtis le long d'une allée centrale.
Le site du nouveau centre sportif, le **National Indoor Sports Arena**, domine la jonction des deux canaux.

Sea Life Birmingham ⊘ – *Brindleyplace*. Un parcours ascendant en zigzag permet de découvrir poissons de mer et d'eau douce tandis que l'on change de paysages en passant de l'océan à l'estuaire et de la rivière à sa source. Une fois en haut, où s'offre une vue sur les canaux, les visiteurs prendront un ascenseur pour redescendre jusqu'au « fond de la mer » où il est possible de se promener sous les raies et les requins grâce à un impressionnant tunnel transparent.

Jewellery Quarter – Non loin du centre de Birmingham s'étend ce quartier très construit qui dégage encore l'atmosphère du début de l'ère industrielle à travers ses innombrables ateliers et échoppes d'artisans spécialisés. Un **musée** (Museum of the Jewellery Quarter) ⊘, aménagé dans les anciens locaux d'une joaillerie, retrace l'histoire du quartier et présente des démonstrations des techniques et métiers traditionnels. **St Paul**, une splendide église georgienne, constitue le cœur de St Paul's Square, dernier exemple des places construites à Birmingham au 18e s.

Soho House ⊘ – *3 km au Nord-Ouest du centre-ville*. En 1761, l'industriel Matthew Boulton acheta cette demeure georgienne qui dominait sa manufacture. Il engagea les architectes James et Samuel Wyatt pour la transformer en une merveille technologique pour l'époque : chauffage central, fenêtres en métal, toilettes avec chasse d'eau et eau courante chaude et froide. Un cadre tout idéal pour accueillir les réunions de la « Lunar Society », club des intellectuels de la ville. La maison a été entièrement rénovée pour devenir un musée consacré à Matthew Boulton et à ses contemporains progressistes.

Jardin botanique ⊘ – *Edgbaston*. Ouverts pour la première fois en 1832, ces 6 ha de jardins d'agrément demeurent en bonne partie fidèles au dessin original de J.C. Loudon. On peut y admirer des oiseaux exotiques dans des volières et d'élégantes **serres** du 19e s. qui comprennent une serre tropicale (Tropical House) où l'ananas, la banane, la canne à sucre, et, bien entendu, du fait de la proximité de Bournville, les cacaoyers poussent dans un climat tropical humide reconstitué. Les collections de ces jardins ont été récemment enrichies par la **Collection nationale de bonsaïs**, disposée derrière des grilles de l'autre côté du jardin japonais.

EXCURSIONS

New Art Gallery ⊘, à **Walsall** – *Gallery Square, 16 km au Nord par la M 6 ou la A 34*. À l'extrémité du canal, en face de l'église St Matthieu et près de l'hôtel de ville, ses cinq étages dessinent la fine silhouette de ce nouveau point de repère du Pays Noir, symbole du renouveau urbain local. Aux tons rougeoyants de la façade de brique s'oppose l'intérieur aux murs lambrissés qui offre des espaces propices au repos et à la méditation.
Une place de choix est réservée à l'éclectique collection **Garman-Ryan**★ qui rassemble aussi bien des chefs-d'œuvre de Dürer, Degas, Van Gogh, Matisse ou Picasso que des peintures de Lucian Freud, des sculptures et des dessins d'Epstein (dont Kathleen Garman fut l'épouse) ou des œuvres contemporaines de Jason Martin, Anish Kapsoor, Damien Hurst ou Andy Warhol.
De la terrasse, on découvre d'intéressantes **vues** sur le Pays Noir. À côté de la galerie, le Wharf Pub, moderne bâtiment au toit pentu.

National Motorcycle Museum ⊘, à **Bickenhill** – *13 km à l'Est de Birmingham par la A 45, au croisement de la M 42*. Les West Midlands furent autrefois le cœur de l'industrie motocycliste britannique. Les centaines de modèles exposés dans ce complexe, à mi-chemin entre le musée et l'espace de conférence, permettront aux fans de deux-roues de mieux apprécier l'évolution de la motocyclette au Royaume-Uni, depuis ses balbutiements au début du siècle jusqu'aux engins perfectionnés de la grande époque : les années 1950 et 1960.

★**Bournville** – *6 km au Sud-Ouest par la A 38 et la A 441*. En 1879, leur usine de cacao de Birmingham devenant trop petite pour un personnel toujours croissant, les **frères Cadbury**, des Quakers, durent la déplacer dans la banlieue rurale, sur le domaine de Bournbrook. Diverses installations, puis des maisons avec jardinet destinées aux ouvriers, furent construites autour du **pré communal** (Village Green). En 1914, les ouvriers de Cadbury du monde entier offrirent la **maison de repos** à M. et Mme George Cadbury, à l'occasion de leurs noces d'argent. C'est maintenant un centre d'information touristique. D'un côté, la tour de l'école abrite le **carillon** *(visites occasionnelles et démonstrations)* installé par George Cadbury en souvenir du vieux carillon de Bruges. Au Nord-Est du *green* se dresse **Selly Manor** (14e s.) et Minworth Greaves (13e-14e s.), des maisons à colombage restaurées que George et son demi-frère Laurence achetèrent et firent transporter, puis reconstruire à Bournville. Elles abritent maintenant une très belle collection de mobilier populaire allant du 13e s. jusqu'à 1750. C'est au Sud du *green* que se trouve la célèbre usine de chocolat que l'on peut aussi visiter. Le **Cadbury World** ⊘ est particulièrement apprécié des enfants, tant pour les fêtes qui y sont organisées que pour ses dégustations de chocolat et l'intérêt qu'ils prennent à s'initier aux méthodes de production et d'emballage.

Avoncroft Museum of Historic Buildings ○, à Bromsgrove — *21 km au Sud-Ouest ; à la sortie Sud de Bromsgrove au bord de la A 38*. Des bâtiments préservés venus de tous les Midlands ont été reconstruits dans ce musée de plein air couvrant une superficie de 6 ha et présentant un aperçu de la vie agricole, industrielle, domestique et sociale sur sept siècles. Le public peut assister à diverses démonstrations ; la plus insolite est sans conteste la **National Telephone Kiosk Collection** avec ses téléphones de police en état de marche et toutes les cabines téléphoniques existant depuis les années 1920. Au cœur de la collection se dresse un immeuble moderne, le New Guesten Hall, auquel a été incorporé le toit du 14e s. du Prior's Guest Hall (Worcester).

★**Black Country Living Museum** ○, à Dudley — *15 km au Nord-Ouest de Birmingham par la A 4123 ou 4 km à partir de la sortie 2 de la M 5*. Le paysage des bassins houillers du Sud du Staffordshire a pu être à l'origine de l'appellation « Pays Noir » qui désigne, aujourd'hui, les municipalités de Wolverhampton, Walsall, Dudley et Sandwell. Devenu une région industrielle, à la croissance rapide, le Pays Noir dispose d'un héritage passionnant, propre à attirer les visiteurs.

Le **musée**, qui s'étend sur 11 ha, est composé d'un ensemble de bâtiments préservés, témoins de l'ancien Pays Noir. L'industrie houillère est représentée par un **carreau de mine** reconstitué et par une impressionnante exposition souterraine sur les conditions de travail dans une mine de charbon dans les années 1850.

À proximité se trouve une réplique de la première locomotive à vapeur du monde, de 1712, en état de fonctionnement. Un tramway électrique mène les visiteurs au cœur de l'exposition, un **village industriel** situé entre deux canaux. Les éléments principaux de l'exposition sont les maisons, l'épicerie, la quincaillerie, la boulangerie, la pharmacie, la confiserie, la boutique du vitrier, celle du fabricant de chaînes, celle du marchand de clous, le laminoir, la forge, la cale à bateaux, la chapelle méthodiste et le pub.

The Lock Museum ○, à Willenhall — *24 km au Nord-Ouest par les M 6 et A 454 (indication à partir de l'échangeur 10)*. Si Burton se vante d'être la ville de la bière, Willenhall se targue d'être la capitale de la serrurerie depuis le 16e s. On y fabriquait, dans des centaines de boutiques, des serrures et des cadenas que l'on vendait ensuite dans le monde entier. La famille Hodson possède encore un atelier de ce genre (datant du début du 20e s.), avec les outils originaux *(au 54, New Road — téléphoner pour connaître les jours de démonstration au public)*. La boutique où Edith et Flora Hodson vendaient leurs nouveautés donne une idée de la vie quotidienne à cette époque. La collection de serrures anciennes est présentée à l'étage.

★★**Ironbridge Gorge Museum** — *56 km au Nord-Ouest. Voir ce nom.*

BLACKPOOL

Lancashire — 146 262 habitants
Carte Michelin n° 402 K 22 ou Atlas Great Britain p. 38
Plan dans le Guide Rouge Great Britain and Ireland

Des milliers de vacanciers viennent ici chaque année depuis 1846, date à laquelle le chemin de fer rendit possibles, pour la première fois, les vacances au bord de la mer. De nos jours, environ un tiers des touristes arrivent en septembre et octobre lorsque resplendissent les célèbres **illuminations de Blackpool**. Des plages qui semblent interminables, trois jetées, un parc d'attractions constituent un ensemble de distractions très apprécié. Une ligne de tramway, unique aujourd'hui en Grande-Bretagne, parcourt les 11 km de promenade, puis continue vers le Nord, en direction du port de Fleetwood. **Blackpool Tower**★ ○, tour haute de 158 m dont le sommet offre un splendide panorama, fut bâtie sur le modèle de la tour Eiffel. Dotée d'une salle de bal et d'un cirque, elle représente le symbole de Blackpool depuis son ouverture en 1894.

EXCURSIONS

Lytham St Anne's — Le moulin à vent ○ blanc est l'un de ceux qui, autrefois, peuplaient cette côte. Lytham St Anne's, avec ses plages et ses dunes de sable, est baignée d'une atmosphère tranquille et paisible. La ville possède également quatre superbes terrains de championnat de golf dont le Royal, ainsi que de nombreux chemins de randonnée pédestre et d'agréables sites touristiques.

Preston — *26 km à l'Est par les M 55 et A 6*. C'est dans cette ville animée, centre administratif du Lancashire, que naquit **Richard Arkwright** (1732-1792). Sa machine à filer fut l'une des inventions qui fondèrent l'industrie cotonnière anglaise et transforma Preston, ville georgienne à la mode, en centre industriel. L'histoire d'Arkwright est relatée au **Harris Museum and Art Gallery** ○ qui possède en outre d'intéressantes collections de céramiques, verrerie et costumes.

La tour de Blackpool

Samlesbury Old Hall ⊘, à l'Est de **Samlesbury** – *31 km à l'Est par les M 55, M 6 et A 677*. Exemple de manoir à colombage bien restauré, sa construction fut amorcée en 1325. De style essentiellement 15e et 16e s., il fut sauvé de l'abandon en 1875, puis en 1924, avant d'accueillir une exposition de meubles anciens.

Hoghton Tower ⊘ – *39 km à l'Est par la M 55, Preston et la A 675*. Château fortifié du 16e s., agrandi au 17e s., doté d'un jardin entouré de murs, Hoghton Tower fut construit sous la direction de sir Thomas Hoghton en 1565. L'accès au site est impressionnant : au sommet de la colline, à 170 m d'altitude, au bout d'une allée longue et droite. On dit qu'ici, en 1617, le roi Jacques Ier fit chevalier l'aloyau (« loin of beef »), appelé depuis « sirloin » par tous les Anglais.

Blackpool pratique

Office de tourisme – **Tourist Information Centre**, 1 Clifton Centre, ☏ (01253) 478 222 ou 477 477. Il est également possible d'obtenir des informations sur Internet à l'adresse suivante : www.blackpool.tourism.com

Lèche-vitrines – **Hounds Hill** Shopping Centre est le principal centre commercial, mais il existe aussi de nombreux magasins dans **Red Bank Road**, dans **Ocean Boulevard** et dans **Waterloo Road**.

Loisirs – La **Pleasure Beach** de Blackpool mérite le détour. C'est là que se trouve le « Pepsi Big Max », le grand huit le plus rapide (140 km/h) et le plus grand du monde (71 mètres). Cette plage de loisirs comprend aussi 140 manèges et attractions, dont onze grands huit.
Blackpool Tower est maintenant un parc thématique dernier cri : salle de tir, cirque, aquarium, voyage virtuel à travers l'histoire du monde, courses d'obstacles pour enfants, exploration scientifique et histoire de la tour.
Le **Golden Mile** propose des loisirs balnéaires plus traditionnels : barbes à papa, hamburgers et nombreuses machines à sous. Là aussi se trouvent des discothèques et des cabarets. Pour le théâtre et les autres spectacles, une visite au North Pier s'impose. Aquariums, personnages en cire, zoo, village miniature, patinage sur glace, karting et golf y sont proposés.

Illuminations – Un spectacle de tableaux lumineux se déroule sur le front de mer, illuminé sur 8 km de long (tous les automnes, de septembre à début novembre).

BLENHEIM Palace★★★

Oxfordshire

Carte Michelin n° 404 P 28 ou Atlas Great Britain p. 18

Le palais de Blenheim constitue la plus belle représentation du baroque anglais. Résidence des ducs de Marlborough, la beauté du palais rivalise avec le spectacle sublime de l'immense parc.

« Monument royal et national » – Le manoir royal de Woodstock, autrefois terrain de chasse des rois saxons, fut offert par la reine Anne Stuart à **John Churchill, duc de Marlborough** (1650-1722), afin de le récompenser d'avoir vaincu en 1704 les troupes de Louis XIV à Hochstädt, en Bavière, bataille que les Anglais connaissent sous le nom de Blenheim. Des fonds apparemment sans limites furent octroyés afin qu'un « monument royal et national » fût érigé pour célébrer le revers décisif infligé aux ambitions paneuropéennes de la France. On eut recours à des architectes et des ouvriers réputés, et notamment à l'un des architectes les plus originaux d'Angleterre, **John Vanbrugh**, qui put donner libre cours à son sens du spectacle et à sa créativité. Malheureusement, les critiques de la cour provoquèrent la disgrâce de Marlborough. Les crédits furent supprimés et les travaux s'arrêtèrent. Lorsqu'ils reprirent, ce fut aux frais du duc. Sa femme Sarah, qui avait compris quelle était la valeur de l'argent, s'insurgea contre ce qu'elle considérait comme un gaspillage et provoqua la démission de sir John Vanbrugh. Le gigantesque édifice, un monument plus qu'une résidence, ne fut achevé qu'après la mort du duc, en 1722. Un siècle et demi plus tard, le 30 novembre 1874, son descendant direct, **Winston Churchill**, y naquit. Cet illustre Britannique est enterré dans le cimetière de Bladon, un village voisin.

LE PALAIS ⏱ 3/4 h

Mélange d'inspirations palladiennes et du château de Versailles – les ailes et la cour d'honneur –, l'ensemble intrigue par sa démesure, voire sa théâtralité. L'élévation accuse une lourdeur baroque (voir les massives tours carrées des angles) avec ses colonnes d'ordre colossal, ses moulures, ses ouvertures coincées entre d'épais pilastres, jusqu'aux souches de cheminée contrefaites par leur décor. Tous les détails ici se contredisent pour illustrer peut-être la personnalité de Vanbrugh, qui transparaît à travers la violence et le mouvement de son architecture. En outre, les symboles représentent les prouesses militaires et le patriotisme abondent, tels ces monceaux de trophées entassés et ces centurions fièrement dressés – que dire du malheureux coq français malmené, au sommet du porche de la cour, par le lion anglais. Bien qu'influencé par Wren, Vanbrugh ne pouvait que choquer les adeptes du rationalisme en concevant ce palais spectaculaire long de 137 m.

Intérieur – Une série de salles superbement décorées se succèdent et s'articulent entre elles. L'énorme entrée conduit au **salon** principal situé au centre d'une enfilade de pièces, les portes étant, à l'instar de Versailles, disposées selon un axe unique. Ce salon possède une haute colonnade peinte qui semble toucher le ciel, ornée de personnages évoquant les quatre continents. Sur le plafond de la **grande salle**, haute de 20 m, est peinte une allégorie de Marlborough victorieux. La vie de Winston Churchill est célébrée dans des suites, en particulier dans la chambre où il est né. Les appartements officiels sont meublés de pièces d'origine, de grande valeur pour la plupart. Les murs sont ornés de portraits de Reynolds, Romney, Van Dyck ; une peinture de

Château de Blenheim

125

Sargent représente le 9ᵉ duc de Marlborough, en compagnie de sa famille et de sa femme d'origine américaine, Consuelo Vanderbilt. La **bibliothèque**, dotée d'un magnifique plafond de stuc, s'étend sur toute la longueur de la façade Ouest (55 m).

C'est peut-être à Blenheim que l'on comprend le mieux qu'alors un édifice n'était pas seulement lié à l'utilité, mais également à une fonction idéale qu'on appelait jadis l'étiquette. Cet aspect est parfaitement sensible lorsqu'on songe à la phrase de Pope : « Tout cela est bien beau, mais où dormez-vous ? où dînez-vous ? »

★★★LE PARC ◎

Cet ancien parc de chasse, peuplé d'arbres vénérables, comprend une enceinte de 15 km destinée à confiner les cerfs. Il fut conçu au début du 18ᵉ s. par des jardiniers royaux. Le **jardin italien**, à l'Est du palais, et l'impressionnant **jardin aquatique** sont modernes, tout comme les trophées, les canons et les trompettes qui se trouvent à l'intérieur de l'enceinte. Tous, cependant, conservent quelque chose des allées tracées au cordeau et des parterres géométriques qui furent pour la plupart supprimés par **Lancelot « Capability » Brown**, le plus grand des architectes paysagistes anglais. Le parc redessiné fut son chef-d'œuvre ; le paysage qui s'offre au promeneur à partir du portail de Woodstock a été décrit comme « la plus jolie vue d'Angleterre ». De majestueuses pentes herbeuses, de nobles bosquets d'arbres disséminés çà et là, un lac aux contours harmonieux enjambé par le **grand pont** de Vanbrugh : tout a été fait pour embellir la nature et donner au palais de Blenheim un parc digne de lui.

Une énorme **colonne dorique**, haute de 41 m, supporte une statue du 1ᵉʳ duc de Marlborough, tenant la victoire dans sa main ; elle constitue le point de convergence de l'axe récemment replanté qui part du flanc Nord du palais vers Ditchley Gate, éloigné de 3 km.

Près du lac, le site du vieux **manoir de Woodstock**, démoli depuis bien longtemps, se situe non loin du **puits de la belle Rosemonde** (Fair Rosamund's Well), souvenir d'une favorite d'Henri II. En aval, les installations hydrauliques de Lancelot « Capability » Brown s'achèvent avec la **grande cascade**, où le ruisseau Glyme retrouve son lit.

BOSTON

Lincolnshire — 34 606 habitants
Carte Michelin n° 404 T 25 ou Atlas Great Britain p. 37

Deuxième port d'Angleterre au 13ᵉ s., centre du puritanisme au 17ᵉ s., où furent emprisonnés les Pilgrim Fathers (pères pèlerins qui fondèrent la ville du même nom dans la nouvelle colonie des Amériques), Boston est composé d'élégantes maisons (Fydell House, *South Street*) et d'entrepôts georgiens bordant les rives de la Witham. Bourgade paisible animée par une vente aux enchères et un marché hebdomadaires, Boston tire aujourd'hui ses ressources de son industrie légère, de son agriculture et de son port de commerce.

★**St Botolph's Church** ◎ – *Market Place*. Lors de sa construction au 14ᵉ s., cette église était la plus vaste d'Angleterre et sa tour d'inspiration flamande, **Boston Stump**, était très certainement destinée à porter une flèche. Haute de 83 m (365 marches), elle permet les jours de beau temps d'apercevoir Hunstanton (64 km à l'Est) et Lincoln (50 km au Nord-Ouest). Le style est d'une unité architecturale dont peu d'églises peuvent se glorifier : la nef est de style Decorated, la tour et la lanterne octogonale de style Perpendicular. À l'intérieur, remarquez les **miséricordes** du 14ᵉ s. qui évoquent deux hommes étreignant des chats tels des cornemuses, soufflant avec leur bouche dans la queue des félins, un maître d'école menaçant trois élèves de son bâton ou un chasseur poursuivi par sa femme. La chapelle Sud-Ouest est dédiée à John Cotton (1584-1652), pasteur de St Botolph avant son départ pour Boston, dans le Massachusetts.

Guildhall Museum ◎ – Ce bâtiment de brique datant de 1450 est orné d'une magnifique fenêtre à cinq baies du 16ᵉ s., située au-dessus de l'entrée. Jadis palais de la corporation de St Mary, puis hôtel de ville, c'est aujourd'hui un musée régional. Au rez-de-chaussée se trouvent les anciennes cuisines remplies de marmites de cuivre et de vieux fourneaux, ainsi que les cellules dans lesquelles les pères pèlerins furent emprisonnés en 1607. À l'étage, la salle de tribunal, où eut lieu leur procès, et plusieurs salles retraçant l'histoire de Boston : la salle maritime, la salle du conseil, renfermant un portrait de sir Joseph Banks, botaniste et ancien chroniqueur de la ville, ainsi que des porcelaines et des verreries, la salle des cérémonies, avec son plafond d'origine, et la galerie des ménestrels, consacrée à l'archéologie et aux souvenirs locaux.

EXCURSIONS

Skegness – *35 km au Nord-Est par la A 52*. Cette ville du littoral réunit tous les agréments d'une station balnéaire britannique traditionnelle : front de mer, jeux vidéo (dans une galerie de jeux), impressionnantes montagnes russes, piscines à thème, vendeurs de *fish and chips*, pubs, grandes plages sablonneuses, sans oublier un climat réputé vivifiant. Installé dans les dépendances d'une vieille ferme, le **Church**

Farm Museum ⊘ *(Church Road, au Sud-Ouest du centre-ville)* expose avec goût des ustensiles et des instruments agricoles qui illustrent la vie quotidienne dans une ferme de la région au 19ᵉ s. Un exemple de la traditionnelle chaumière *Mud and Stud* (construction en terre et à colombage) du Lincolnshire y est aussi présenté. Le musée propose également un programme d'expositions et d'événements (démonstrations de tonte de moutons, etc.) durant la haute saison.

Au Sud de la ville, le **Gibraltar Point Nature Reserve** attirera les amateurs d'oiseaux et les curieux de faune et de flore spécifique aux dunes du littoral.

★**Tattershall Castle** ⊘ – *24 km au Nord-Ouest par la A 1121, la B 1192 et la A 153 (suivre les panneaux indicateurs).* Édifié par lord Ralph Cromwell, lord-trésorier et vétéran d'Azincourt, il ressemble plus à un château de plaisance français qu'à un château anglais du 15ᵉ s., annonçant ainsi le château de la Renaissance qui se veut signe extérieur de richesse, comme Oxburgh Hall (remarquez les fenêtres élégantes et ajourées). Le château est toutefois bien fortifié avec des doubles douves et des murs très épais (5 m). Son impressionnant **donjon** est un chef-d'œuvre de l'architecture de brique de l'Angleterre médiévale : les briques rouges, appareillées à l'anglaise, sont mariées à des briques bleuâtres jouant des effets de lumière et de couleur. Les encadrements des fenêtres sont en pierre blanche et la tour est surmontée par des mâchicoulis. Le château s'élève à 33,5 mètres au-dessus des plaines du Lincolnshire. Ses quatre étages renferment des cheminées dont les **magnifiques manteaux** (milieu du 15ᵉ s.) sont ornés des armoiries sculptées des familles liées avec celle des Cromwell et les symboles de sa charge. Des remparts s'ouvre une **vue** panoramique magnifique. Au début du 20ᵉ s., le château était en ruine, et le site sur le point d'être vendu à des spéculateurs. Mais il fut sauvé par lord Curzon, vice-roi des Indes, qui le fit classer monument historique. À la mort de lord Curzon (1925), la propriété fut léguée au National Trust.

Du parking à l'entrée du château, le visiteur longe la **collégiale de la Sainte-Trinité**, érigée après sa mort à la demande de Cromwell. Cet édifice de style Perpendicular en pierre à chaux est l'une des plus grandes églises paroissiales de la région. Dans le bras gauche du transept se trouvent d'intéressants ex-voto en laiton.

★**Battle of Britain Memorial Flight** ⊘, sur l'aérodrome de **Coningsby** – *22,5 km au Nord-Ouest par la A 1121, la B 1192 et la A 153.* Le mémorial, d'abord appelé Historic Aircraft Flight, fut fondé en 1957 à Biggin Hill (Kent) afin de préserver la plupart des célèbres avions en service durant la Seconde Guerre mondiale. On y compte maintenant cinq Spitfire, deux Hawker Hurricane, un Lancaster, un Douglas Dakota DC-3, deux Chipmunk (utilisés pour l'entraînement) et un Devon (conservé sur le site de Coningsby, mais encore en mesure de voler). Lorsque l'exposition est ouverte au public, on peut admirer ces avions historiques au cours d'une visite guidée du hangar et en compagnie de guides confirmés. On y apprend nombre de détails techniques sur les avions et on y entend aussi des récits nostalgiques du temps où ils volaient. La plupart de ces avions ont tenu la vedette au cinéma *(Battle of Britain,* 1968 : le MK II Spitfire P7350 qui y apparaît est le plus vieil avion de sa catégorie au monde encore en mesure de voler).

Spalding – *26 km au Sud par la A 16.* À l'orée Nord des plaines marécageuses (The Fens) s'étendant au-delà de la Welland, Spalding est, à l'instar de Boston, une ville georgienne qui, chaque printemps, lors du **festival du bulbe**, resplendit de milliers de fleurs.

Ayscoughfee Hall Museum ⊘ – *Churchgate.* Construite en 1430, mais largement remaniée aux 18ᵉ et 19ᵉ s., la demeure de Maurice Johnson, fondateur de la Spalding Gentlemen's Society (1710), l'une des deux premières sociétés d'antiquaires d'Angleterre – elle compta parmi ses membres Newton, Pope, Addison et Gray –, est aujourd'hui un musée d'histoire locale.

Champs de fleurs ⊘ – *Camelgate, au bout de Holbeach Road.* Réputés pour leurs roses et leurs tulipes, ils présentent sur 10 ha 250 000 plantes à repiquer.

BOURNEMOUTH

Dorset – 155 488 habitants
Carte Michelin n° 403 O 31 ou Atlas Great Britain p. 9
Plan dans le Guide Rouge Great Britain and Ireland

Depuis le 19ᵉ s., Bournemouth est un lieu de séjour estival et hivernal renommé. La ville et son bord de mer sont agrémentés de **deux jetées**, du pavillon (maintenant un théâtre), ainsi que de **jardins publics** toujours très colorés. Ville estudiantine animée, Bournemouth possède également de nombreux hôtels, des boutiques et des équipements pour les loisirs.

★★**Russell-Cotes Art Gallery and Museum** ⊘ – *Route de Russell-Cotes.* Ce musée se trouve dans **East Cliff Hall**. Sa décoration est caractéristique du style victorien le plus achevé (prolifération d'ornements, audace des motifs, polychromie...) et à son apogée : mobilier incrusté de marqueterie, plafonds peints, fenêtres décoratives et papier peint. La collection renferme de nombreuses peintures (William Frith, Edwin

Bournemouth pratique

Office de tourisme – **Visitor Information Bureau**, Westover Road, ☏ (01202) 451 700 (e-mél : info@bournemouth.co.uk) et **Seafront Information Centre**, ☏ (01202) 451 781. Internet : www.bournemouth.co.uk

Tourisme – Le Visitor Information Bureau propose des visites guidées de la ville. Des bus à plate-forme assurent une visite de la ville au départ du Centre international près de la jetée de Bournemouth. Une excursion en bateau vous permettra aussi de visiter la baie. Pour plus de détails, adressez-vous aux bureaux qui se trouvent sur le front de mer. Le « Shoreline Scenic » est un petit train touristique : il longe la promenade de Boscombe jusqu'à Southbourne, ce qui permet d'admirer la baie, l'île de Purbeck et l'île de Wight (parcours de 9,5 km).

Achats – Wimborne Market, qui comprend environ 400 boutiques, est ouvert le vendredi, le samedi et le dimanche.

Loisirs – Ville universitaire, Bournemouth connaît une vie nocturne intense : théâtres, casinos et clubs. Ascension en ballon, karting, saut à l'élastique, ball-trap, parachutisme, randonnées pédestres et sports nautiques sont aussi proposés.

Landseer, Frederic Leighton, Birket-Foster, D.G. Rossetti, Lawrence Alma-Tadema, Edwin Long), de la porcelaine anglaise, de la vaisselle en or et en argent, ainsi que des objets d'art provenant d'Égypte, d'Allemagne et d'Orient.

★**Christchurch** – Ce petit village du Hampshire n'est maintenant séparé de son important voisin que par des centres de loisirs modernes et des galeries marchandes. Un **prieuré**★ et un château, tous deux d'époque romane, se dressent au centre de la prospère petite ville côtière, rassemblée autour d'un port où foisonne l'artisanat pêcheur et touristique.

ENVIRONS

★★**Compton Acres** ◐ – *3 km à l'Ouest par la A 338*. Cet ensemble de neuf **jardins** (rocaille, jardins italien, japonais, aquatique...) s'étend sur plus de 6 ha, à l'abri dans une combe creusée dans les falaises de grès. Ces jardins doivent leur célébrité à leur floraison perpétuelle tout au long de l'année. Le **jardin à l'anglaise** permet de jouir du spectacle des couchers de soleil, ainsi que de la **vue**★★★, par l'Ouest, sur le port de Poole, l'île de Brownsea et les collines de Purbeck.

★**Poole** – *6 km à l'Ouest par la A 338. Plan dans le Guide Rouge Michelin Great Britain and Ireland*. Poole, ville aux belles plages de sable, est à la fois un port de plaisance très fréquenté et un port de ferries de première importance. Près du quai se trouvent la célèbre **poterie de Poole** ◐, l'**Aquarium Complex** ◐, le **RNLI Lifeboat Museum** ◐, ainsi que le vieux quartier aux maisons 18e s. Le **musée du Front de mer** (Waterfront

La rade de Poole vue de Studland Heath

Museum) ⊘ relate l'histoire de la ville et du port. Remarquez aussi **Scaplen's Court** ⊘, bâtiment domestique datant de la fin du Moyen Âge, ainsi que la maison des corporations *(Guildhall)*, bel édifice datant du 18ᵉ s., non loin de St James' Church.

★**Brownsea Island** ⊘ – Les bruyères et les forêts couvrent cette île dont la surface totalise 200 ha. Elle est également bordée par d'agréables plages sur son littoral Sud. Elle renferme deux réserves naturelles s'étendant de chaque côté de **Middle Street** qui divise l'île en deux parties distinctes. La réserve naturelle au Nord est un sanctuaire destiné au gibier d'eau et divers autres oiseaux. La réserve du Sud de l'île, où les visiteurs peuvent se promener à leur gré, accueille elle aussi de nombreux oiseaux dont des paons. De **Baden Powell Stone**, qui célèbre la première expérience de camp scout en 1907, s'ouvre une très belle **vue**★★ sur la baie de Poole jusqu'aux collines de Purbeck.

EXCURSION

Isle of Purbeck – *77 km ; une demi-journée.*

L'île de Purbeck est en fait une langue de terre limitée au Nord par la baie de Poole, à l'Est et au Sud par la Manche.

Quitter Bournemouth par la A 338 vers l'Ouest, puis prendre à gauche la A 35, puis la A 351 vers Wareham, où l'on prend à droite la A 352. À Wool, emprunter la B 3071 vers le Sud et West Lulworth.

★**Lulworth Cove** – Cette crique circulaire est presque entièrement enchâssée dans les falaises du Downland. De là, un sentier côtier conduit à **Durdle Door** à l'Ouest, une belle arche naturelle calcaire érodée par les flots, spectacle extraordinaire qui couronne la visite de cette magnifique zone de promontoires et de baies, qui semble avoir été conçue pour donner un cours intensif de géologie.

Revenir à West Lulworth et prendre la B 3070 vers Corfe Castle.

En longeant le **Blue Pool**★, un très beau lac bleu-vert (1,5 ha) bordé de bouleaux argentés, de pins, d'ajoncs et de bruyères et traversé de méandres sableux, on peut admirer les collines de Purbeck.

★**Corfe Castle** – La localité doit son nom au **château** ⊘ qui domine le paysage depuis le 11ᵉ s. Il fut tout d'abord une forteresse imposante, puis, à partir de 1646, une ruine spectaculaire. De la haute butte sur laquelle il est bâti, la **vue**★★ est magnifique. En 987, le roi Édouard, fils d'Edgar, y fut assassiné à l'âge de 17 ans par sa belle-mère, la reine Elfrida. Canonisé en 1001, il devint **saint Édouard, roi et martyr**. Le château fut par la suite la résidence de sir John Bankes, président de la cour d'appel du roi Charles Iᵉʳ. De 1643 à 1645, sa femme défendit avec ténacité cette demeure. Lorsque le château tomba, lors de la trahison d'un membre de la garnison, il fut pillé et détruit par les parlementaires.

Par la A 351, gagner Swanage à l'Est.

★**Swanage** – Une très belle route conduit à cette ville où sont exploitées des carrières de marbre (marbrières). C'est du port de Swanage que furent transportés la pierre et le marbre avec lesquels l'abbaye de Westminster et les cathédrales d'Exeter, de Lincoln et de Salisbury furent érigées. Swanage offre aussi une belle plage à ses visiteurs et propose de nombreux loisirs balnéaires.

Prendre vers le Nord la route secondaire vers Studland.

De **Studland**, on peut emprunter à l'Est le Dorset Coast Path afin de découvrir **Old Harry Rocks**★★. Ce couple de monticules calcaires scintillants (Old Harry proprement dit est plus imposant que sa moitié) faisait autrefois partie d'une ligne côtière ininterrompue qui joignait The Needles *(voir Wight)*.

Poursuivre vers le Nord et regagner Bournemouth en prenant le bac reliant Sandbanks.

BRADFORD★

West Yorkshire – 289 376 habitants
Carte Michelin n° 402 O 22 ou pli 19 ou Atlas Great Britain p. 39
Plan dans le Guide Rouge Great Britain and Ireland (voir Leeds)

Bradford, comme Leeds, ville voisine, prospéra grâce au commerce de la laine. En 1500, c'était une ville marchande, grouillante d'activité, qui devait déjà beaucoup à l'habillement. Le canal de Bradford ouvrit en 1774, ce qui facilita communication et commerce. En 1850, il y avait déjà 120 fabriques, et Bradford était devenue la capitale mondiale de la laine peignée. Ville essentiellement victorienne, la cité compte parmi ses enfants célèbres le dramaturge essayiste **J.B. Priestley** (1894-1984), le compositeur **Frederick Delius** (1862-1934) et le peintre contemporain **David Hockney** (né en 1937).

★**National Museum of Photography, Film and Television** ⊘ – *Prince's View.* Rattaché au musée des Sciences, ce musée possède le plus grand projecteur cinématographique de Grande-Bretagne, ainsi qu'un écran courbe, haut de 16 m et large de 20 m, conçu pour le système de projection canadien IMAX.

La **Kodak Gallery** retrace l'histoire de la photographie à travers la présentation d'appareils d'époque et jusqu'aux modèles les plus récents. Des salles sont consacrées à la publicité, à l'animation et aux images de synthèse.

Wool Exchange – *Market Street*. Construite en 1867 dans le style italianisant, la **Bourse de la laine** fut le centre mondial de ce commerce. Des courtiers s'y réunissent encore aujourd'hui, une fois par semaine. Les statues situées à l'entrée représentent saint Blaise, saint patron des peigneurs, et Édouard III, qui encouragea le développement de l'industrie de la laine. C'est aujourd'hui une librairie.

Cathédrale ⊘ – *Church Bank*. L'extérieur crénelé ne donne pas l'impression que la construction de certaines parties remonte aux années 1440 ; la tour Ouest à créneaux et pinacles date de 1493. L'église, dédiée à saint Pierre, reçut le statut de cathédrale en 1919. Le chœur est orné de quelques beaux vitraux, réalisés vers 1862 par William Morris, Rossetti et Burne-Jones.

Little Germany – *À côté de la cathédrale*. Ce quartier commerçant reçut le nom de **Petite Allemagne** au milieu du 19e s. alors que le commerce avec l'Allemagne était particulièrement florissant. Il fut assaini, puis restauré afin de mettre en valeur une architecture victorienne à son apogée. La plupart des édifices, conçus par Eli Mines (1830-1899), comptent parmi ses plus belles réalisations.

Colour Museum ⊘ – *Grattan Road, au Nord-Ouest du centre-ville*. Le fascinant petit **musée de la Couleur** abrite le siège de la Society of Dyers and Colourists (Société des teinturiers et marchands de couleurs). Unique en son genre en Grande-Bretagne, il recourt à des expositions interactives pour expliquer la théorie et l'utilisation de la couleur.

EXCURSIONS

Saltaire – *5 km au Nord par la A 650*. Ce village modèle fut construit et planifié de toutes pièces par sir Titus Salt (1803-1876), un industriel de Bradford qui s'était enrichi dans le tissage de l'alpaga et autres fibres rares. Sur une zone de 20 ha, il offrait à son personnel travail, logement décent, éducation et loisirs. Au Nord de la bourgade, il fit construire une nouvelle filature (1851) sur un site desservi par la rivière Aire, le canal reliant Leeds à Liverpool (1774) et l'extension vers Colne de la ligne de chemin de fer Leeds-Bradford (1846). Il dota en outre le village, dont la taille des maisons était proportionnelle au rang occupé par l'employé dans l'usine, d'un lycée, d'un hôpital, d'hospices, d'une église réformée de style néoroman, d'un institut, d'un parc et... d'une péniche sur la rivière. Seule omission mais non des moindres : le pub. La **1853 Gallery** ⊘ expose les œuvres de **David Hockney** sur les trois étages du vieil et impressionnant atelier de tissage, qui abrite également une librairie, une boutique de meubles et de vêtements, ainsi que le restaurant Salts Diner.
L'ancien institut, Victoria Hall, abrite aujourd'hui le **musée de l'Orgue et de l'Harmonium** (Reed Organ and Harmonium Museum) ⊘ : l'harmonica inventé en Chine 2 800 ans avant J.-C. évolua pour devenir l'instrument très en vogue au 19e s. Cette collection d'une grande richesse comprend des orgues d'église et de chapelle, de salon ou portables, avec claviers de transposition ou avec un système permettant de jouer sans connaître les notes. L'exposition présente également diverses partitions, ainsi que des posters et affiches publicitaires.

Halifax – *13 km à l'Ouest par la A 6036*. Bien que fondée au Moyen Âge dans une large cuvette au milieu des collines, cette ville industrielle présente aujourd'hui un visage essentiellement victorien avec ses rues bordées de majestueuses demeures en pierre de la région. L'**hôtel de ville**, construit en 1862 par Charles Barry et surmonté d'une flèche de 51 m, est certainement le plus beau de ces grands édifices du 19e s. Mais le plus extravagant reste sans nul doute **Piece Hall★** (1779). Ancien comptoir de vente des « fripiers », cette demeure georgienne cache derrière sa blanche façade de véritables splendeurs architecturales : une place Renaissance encadrée d'une colonnade descend doucement en pente, les galeries qui grouillaient autrefois de marchands abritent aujourd'hui diverses boutiques spécialisées et le **Calderale Industrial Museum** ⊘. Plus vaste encore, **Dean Clough** regroupe plusieurs anciennes manufactures de tapis du siècle dernier, réaménagées en commerces et pôle culturel avec galeries d'art et **musée** consacré à **Henry Moore** (Henry Moore Sculpture Trust Studio) ⊘. Destiné aux plus jeunes, **Eureka** ⊘ est un centre très moderne proposant des centaines d'expositions interactives multicolores qui feront la joie des moins de 12 ans.

BRECON BEACONS★★

Carmarthenshire, Merthyr Tydfil, Monmouthshire, Powys, Rhondda Cynon Taff
Carte Michelin n° 403 I, J, K 28 ou Atlas Great Britain p. 15 et 16

Ces montagnes de grès rouge culminent en un escarpement spectaculaire dominant, face au Nord, les plateaux du centre du pays de Galles. Au Sud de cette imposante barrière (sommet le plus élevé : Pen y Fan, 886 m) s'étendent de hautes landes ondulées entrecoupées de luxuriantes vallées, la plus large étant celle formée par l'Usk. En aval de Brecon, au centre du **parc national du Brecon Beacons**, la rivière s'écoule parallèlement à une superbe voie navigable, le canal de Monmouthshire et Brecon, long de 52 km.

Curiosités du parc national et de ses environs

Brecon (Aberhonddu) – Les Normands bâtirent en ces lieux un château, dont les ruines surplombent la confluence de deux rivières, la Honddu et la Husk, ainsi qu'un prieuré, dont l'église est aujourd'hui une cathédrale. Brecon, l'ancien chef-lieu du comté, a conservé son réseau complexe de rues médiévales et ses nombreuses et dignes maisons du 18e s. Le **musée de Brecknock** ◷ abrite une intéressante exposition sur la région.

★**Dan-yr-Ogof Caves** ◷ – *30 km au Sud-Ouest de Brecon par les A 40 et A 4067.* Ce complexe souterrain comprend la plus vaste et la plus longue grotte ouverte aux visiteurs en Grande-Bretagne. Le lieu abrite également des objets archéologiques, un « parc de dinosaures » et une exposition didactique.
Les grottes se sont formées dans les couches de calcaire perméable qui constituent le sous-sol du Sud des Beacons. L'action de l'eau sur la roche friable a donné naissance à de nombreux autres phénomènes géologiques calcaires : dolines et rivières souterraines dont on trouve plusieurs exemples aux alentours du village de **Ystradfellte**★, dans une région appelée « le pays des chutes d'eau » *(waterfall country)*.

Hay-on-Wye – *30 km au Nord-Est de Brecon par la A 470, la A 438 et la B 4350.* Cette calme ville marchande, située à l'extrémité Nord des Black Mountains, est devenue célèbre grâce à ses nombreuses boutiques de livres d'occasion et son festival littéraire qui a lieu chaque année. Elle possède un château féodal, élevé au 12e s.
Au Sud de la ville *(6 km par la B 4423, puis en suivant un sentier)* se trouve **Hay Bluff**★★, versant des Black Mountains duquel s'ouvre une **vue** splendide sur Wye Valley et loin jusqu'au cœur du pays de Galles.

★★**Prieuré de Llanthony** ◷ – *13 km au Sud de Hay-on-Wye par la A 4423.* Dans le Vale of Ewyas, non loin de la rivière Honddu, se dressent les ruines d'un prieuré augustin de la fin du 12e s. Huit arches splendides surmontées par le *triforium* délabré se dressent encore à côté des ruines de la tour de la croisée et de l'extrémité Est de l'église. Un petit hôtel a été aménagé dans une partie du prieuré. À la Dissolution (1536), le nombre des chanoines augustins tomba à quatre. Néanmoins, la communauté des augustins eut une durée de vie plus longue que celles qui s'y installèrent ensuite, attirées par la réclusion et la tranquillité. Le poète **Walter Savage Landor** (1775-1864) acheta le prieuré en 1807 et tenta en vain de le restaurer, puis **frère Ignatius**, prêcheur charismatique, et ses disciples s'y installèrent à la fin du 19e s., suivis par le graveur **Eric Gill** (1882-1940) et ses propres disciples dans les années 1920.

BRIGHTON★★

East Sussex – 192 453 habitants (Hove compris)
Carte Michelin n° 404 T 31 ou Atlas Great Britain p. 11
Plan dans le Guide Rouge Great Britain and Ireland

C'est à Brighton que fut lancée, en Angleterre, la mode des bains de mer. Sa plage bien orientée au Sud, ponctuée par ses célèbres pontons (piers) et bordée d'une large promenade, son élégante architecture georgienne, regency et victorienne, les ruelles tortueuses de son quartier de pêcheurs contrastant avec les espaces verts et les allées généreusement fleuries font de Brighton la reine des stations balnéaires anglaises.
L'histoire de la ville moderne de Brighton commence au milieu du 18e s., grâce au Dr Richard Russell qui vantait les bienfaits des bains de mer et de l'absorption d'eau salée. L'intérêt tout nouveau que l'on porta à ce qui était autrefois un vieux village de pêcheurs tombé en désuétude, du nom de Brighthelmstone, se confirma grâce à la séduction qu'il exerça sur le prince de Galles qui se montra fidèle à Brighton jusqu'à la fin de sa vie, depuis son premier séjour en 1783. Dès les années 1840, la compagnie de chemin de fer London, Brighton and South Coast permit à un nombre sans cesse croissant de vacanciers de toutes classes sociales de se rendre à Brighton, devenue un véritable « Londres-sur-Mer ».

Aujourd'hui, la ville a mûri mais a gardé toute sa jeunesse. Elle continue d'exercer une attraction irrésistible sur des générations successives de visiteurs, anglais et étrangers. Elle s'est aussi approprié toutes les caractéristiques d'une métropole en miniature : boutiques spécialisées, innombrables restaurants, loisirs de toutes sortes et même, à la limite de la ville, l'université moderne du Sussex.

★★★ PAVILLON ROYAL ⏱ *1 h*

Cet incroyable édifice à l'orientale, tout de stuc et de pierre, reflète l'éclatante personnalité de George, prince de Galles (1762-1811), futur Régent (1811-1820), puis roi sous le nom de **George IV**. Un an après son mariage clandestin en 1785 avec la jeune et séduisante roturière catholique Mme Fitzherbert, « Prinny » loua Brighton House. Après une série d'agrandissements et de transformations, il finit par faire appel à la collaboration du génial architecte John Nash et à des décorateurs de goût, créant ainsi un décor flamboyant unique pour les extravagantes festivités de cette véritable cour balnéaire, symbole de l'époque Régence.
On accède au pavillon par deux portes exotiques. Sa silhouette extraordinaire, toute de dômes bulbeux, de pinacles, de tourelles et de flèches, est une libre interprétation de l'architecture indienne, style auquel on donna le nom de « gothique indien ». À l'intérieur, toutes les pièces sont somptueusement décorées et meublées. Le style chinois prédomine, particulièrement dans le **salon de musique**, éclairé par des becs de gaz en forme de lotus, où serpents et dragons peints se lovent entre les écailles dorées d'un vaste dôme. La **salle des cérémonies** n'est pas moins somptueuse : accroché au centre de sa coupole haute de 14 m pend un lustre de cristal pesant 1 t ; au sommet, un gigantesque dragon ailé en argent se détache sur un fond en trompe l'œil de feuilles de plantain géantes. On accède aux **appartements royaux**, réaménagés, par un escalier dont la rampe en fer forgé imite malicieusement le bambou !

Brighton – Le Pavillon royal

Toute cette exubérance s'exprime dans un cadre de **jardins**, réaménagés et replantés afin de reproduire aussi fidèlement que possible l'état original de l'époque Régence. Le parc est limité au Nord-Ouest par les anciennes écuries, bâtiment massif de style pseudo-oriental qui abrite aujourd'hui la bibliothèque municipale, le musée et la salle de concerts du Dôme.

★★FRONT DE MER

La **promenade**, qui permet d'accéder à la mer, s'engage dans de massives voûtes de brique et conduit jusqu'au niveau de la mer par des rampes et des escaliers. Une profusion de détails futiles, splendides motifs de fer forgé, délicieux petits kiosques et abris, donne le ton des vacances et se prolonge sur la mer grâce au **West Pier**, construit en 1866 (on projette de le restaurer pour qu'il retrouve toute sa splendeur victorienne à l'aube du troisième millénaire), et au **Palace Pier**, plus récent, royaume du divertissement et de la consommation.

Le **Sea Life Centre** se dresse non loin du Palace Pier, point de rencontre des promenades supérieures et inférieures. Dans un aquarium en voûte d'époque victorienne, le plus grand du monde à son inauguration (1872), on peut observer la vie sous-marine sous toutes ses formes, et de très près : poissons tropicaux, poissons d'eau douce, raies que le visiteur peut nourrir de sa main et le « Royaume de l'hippocampe ». On peut aussi se promener dans un impressionnant tunnel transparent au-dessus duquel évoluent requins, pastenagues et anguilles de roche.

La **Volks Railway**, une des premières lignes de chemin de fer électriques (1883), s'oriente à l'Est, au pied de la falaise de calcaire, et conduit à la **marina** moderne, un peu en retrait de la ville, qui, avec ses 2 000 mouillages, peut se prévaloir d'être un des plus grands ports de plaisance d'Europe.

Parmi les immeubles qui constituent un mur continu en bordure de mer, on remarquera quelques ensembles architecturaux conçus pour améliorer le standing des premiers vacanciers et leur offrir une vue sur les vagues. Un des plus prestigieux jouxte le quartier de Hove : il s'agit de **Brunswick Square** (1825-1827), avec ses stucs, ses bow-windows, ses détails classiques et son élégante ornementation de fer forgé ouvragé. Le plus ancien, **Royal Crescent** (1798-1807), est caractérisé par des ardoises noires disposées de façon géométrique. Le plus grandiose se situe à l'extrémité Est : **Lewes Crescent/Sussex Square**, le cœur de Kemp Town, fruit des ambitions de **Thomas Reid Kemp** qui en entreprit la construction à partir de 1823. L'architecture victorienne est particulièrement bien représentée par le Grand Hôtel et l'hôtel Métropole, où la richesse de l'ornementation exprime l'élégance mais aussi toute l'emphase du panache d'une époque.

LE CENTRE-VILLE

★The Lanes – Véritable labyrinthe de ruelles très animées, dans la vieille ville, bordées d'innombrables boutiques et de magasins d'antiquités, le cœur de ce quartier est **Brighton Square**.

★St Bartholomew's ⊘ – Parmi toutes les églises victoriennes de Brighton, ce grand bâtiment (1872-1874) est l'un des plus remarquables. La sublime simplicité des murs de brique à motifs qui supportent une nef d'une hauteur impressionnante (41 m) contraste avec la riche **ornementation intérieure** (autel de la Vierge, maître-autel, gigantesques chandeliers), et ses chefs-d'œuvre de l'Arts and Crafts, mouvement décoratif du 19e s.

Art Gallery and Museum ⊘ – En plus d'une collection consacrée à l'histoire locale, on peut y admirer des tableaux flamands et anglais, de la porcelaine, de la poterie et une galerie consacrée à l'ethnographie et à la mode. Les anciennes écuries du Pavillon royal abritent également une très belle exposition d'**art décoratif du 20e s.★**, de l'Art nouveau au design scandinave de l'après-guerre.

ENVIRONS

Preston Manor ⊘ – *3 km au Nord par la A 23*. Au 19e s., la famille Stanford tirait sa fortune et son influence des vastes terres qu'elle possédait au Nord de Brighton et qu'elle refusait de céder, bloquant ainsi l'extension de la ville. Le manoir du 18e s., modifié en grande partie au début du 20e s., est superbement **meublé et décoré** dans le style affectionné par les riches propriétaires à la grande époque édouardienne.

Booth Museum of Natural History ⊘ – *2 km au Nord-Ouest par Dyke Road*. Cette institution fut fondée en 1874 par Edward Thomas Booth afin d'exposer ses **dioramas** révolutionnaires présentant des oiseaux empaillés dans des décors imitant leur environnement naturel. Ses collections riches de 621 000 spécimens zoologiques, géologiques et botaniques en font le plus grand musée d'histoire naturelle du pays, après celui de Londres. La section géologique explique dans le détail la formation de la roche de Brighton : une craie du crétacé qui constitue le sous-sol des South Downs. Outre les dioramas originaux de Booth, on en trouvera d'autres plus modernes, évoquant la richesse et la diversité du règne animal.

Devil's Dyke – *8 km. Sortir de Brighton par Dyke Road en direction du Nord-Ouest.* Les vastes étendues des South Downs, leur abrupt escarpement plein Nord suivi par un sentier de randonnée, le **South Downs Way**, permettent de retrouver le calme après l'animation de la ville côtière. On peut profiter de magnifiques **vues★** vers le Nord sur les bois et les villages du Sussex Weald, depuis les crêtes qui dominent Devil's Dyke, profonde faille qui pénètre les collines.

BRISTOL★★

Bristol – *407 992 habitants*
Carte Michelin n° 403 M 29 ou Atlas Great Britain p. 16

Bristol, capitale du Sud-Ouest, est une ville de commerce dynamique. Au 10e s., elle était située à la limite occidentale de l'influence saxonne, et ses échanges se faisaient surtout avec l'Irlande. Le port prospéra, et, au Moyen Âge, Bristol était devenue la deuxième ville du pays. Au 17e s., son commerce s'étendait jusqu'aux Canaries, à l'Amérique du Nord et du Sud, à l'Afrique et aux Antilles. Aux 18e et 19e s., de nouvelles industries se développèrent dans la région : fer, laiton, cuivre, porcelaine, verre, chocolat et tabac. La révolution industrielle concentra les intérêts dans le Nord du pays.

Sur le plan architectural, Bristol est le témoignage de plusieurs périodes prospères : architecture romane et gothique – principalement Perpendicular –, mais aussi de style Jacques Ier et palladien. Ses églises médiévales ont échappé aux restaurations du 19e s., et la ville a bénéficié du génie de l'ingénieur visionnaire **Isambard Kingdom Brunel** (1806-1859), concepteur du pont suspendu Clifton et du bateau à vapeur *Great Britain*. Il fut également l'architecte du Great Western Railway, réseau qui se caractérisait par un large écartement des rails (1841). Son terminus se trouve à Bristol, à **Temple Meads Station Building**. En 1940-1942, la ville fut très endommagée par les bombardements, et le centre-ville fut en majeure partie reconstruit après la guerre. Les quais sont devenus d'actives zones de loisirs et de distractions où se sont installés l'**Arnolfini Arts Center**, l'**Art Bristol** et, au Sud, le Maritime Heritage Complex.

Aujourd'hui, la prospérité et le dynamisme de Bristol sont renforcés par l'électronique : recherche et assemblage haute technologie (Rolls Royce, British Aerospace) maintiennent toujours la forte tradition en ingénierie de Bristol. La délocalisation de la haute finance et des services d'assurance de Londres procure de nombreux emplois dans le secteur financier.

Bristol pratique

Office de tourisme – **Tourist Information Centre**, Wildscreen Walk, Harbourside ☎ (0117) 926 0767 – Fax 0117 929 7703. Informations par courrier au Bristol TIC, St Nicholas Church, St Nicholas Street, Bristol BS1 1UE.

Tourisme – Contactez le TIC pour obtenir des informations sur les visites guidées en autobus découverts. Durant le circuit, vous pourrez monter ou descendre à votre gré (excursion « hop on-hop off ») pour mieux admirer les lieux et les monuments. Le départ a lieu à l'extérieur de Hippodrome Theatre (centre-ville). Des excusions pédestres (réserver à l'avance) sont aussi proposées. Il vous est aussi possible d'effectuer un tour du port à bord des ferries bleu et jaune de la Bristol Ferry Boat Company, qui fonctionnent non seulement comme des autobus, mais qui proposent aussi des excursions AR. Bristol et ses environs disposent à profusion de routes pour cycles.

Pubs et restaurants – On trouve de charmants établissements près du port et dans le quartier de Clifton. Dans les galeries marchandes, le Food Court propose une cuisine à la saveur internationale.

Achats – **Broadmead** et les **Galleries** sont les principaux centres commerciaux de Bristol. Le quartier de West End **(the Mail)** est l'endroit rêvé pour admirer vêtements, livres et cadeaux. **Christmas Steps** est bordée de charmantes boutiques. **Clifton Village** est spécialisé dans la mode, l'art, les antiquités et l'artisanat. Cabot Market (le samedi uniquement) et St Nicholas Market vendent des objets de l'artisanat, des bijoux, des souvenirs, des antiquités, des fleurs et des produits frais. Les magasins d'antiquités de Bristol sont réputés.

Loisirs – Le TIC publie un guide gratuit des événements, des festivals et des concerts. Il est possible de pratiquer l'équitation, le golf, le bateau, la plongée, le patin à glace, de faire des excursions en ballon et de l'escalade en intérieur. Il existe aussi des clubs de bowling et de tennis.

PRINCIPALES CURIOSITÉS

★★St Mary Redcliffe – « L'église paroissiale la plus honnête, la plus jolie et la plus célèbre d'Angleterre », si l'on en croit la reine Élisabeth Iʳᵉ, fut construite en pierre claire de Dundry. Son architecture est l'expression la plus parfaite du style gothique, évoluant du style Early English (12ᵉ-13ᵉ s.) au Decorated, puis vers le Perpendicular (à partir du 14ᵉ s. environ). La **flèche** (1872) s'élève à 90 m au-dessus de la ville. Des pinacles ajourés ornent la façade principale, celles du transept, les porches et les angles de la tour. Des arcs-boutants fleuronnés séparent les grandes fenêtres lancéolées de la nef et du chœur et soutiennent les fenêtres à claire-voie insérées après que la flèche originale se fut effondrée en 1446. Le **porche Nord** (1290), hexa-gonal, est de style gothique Decorated : c'est l'antichambre de la châsse de la Vierge Marie, conservée dans la partie interne d'un porche plus modeste et de style Early English, donc d'époque plus ancienne (1185). À l'intérieur, les gracieux piliers de la nef supportent **des voûtes d'ogives**. Chacune des quelque 1 200 croisées d'ogives est masquée par une clé de voûte différente (à l'exception de celles situées sous la tour) ; elles furent dorées en 1740. L'église renferme un certain nombre d'objets intéressants : la statue de bois (fin du 16ᵉ s.) de la reine Élisabeth Iʳᵉ et l'armure de l'amiral William Penn se trouvent dans la chapelle américaine, ou **chapelle St-Jean-Baptiste** ; des **fonts baptismaux** octogonaux médiévaux dans le bas-côté droit ; des effigies de William Canynges, membre du Parlement et bienfaiteur de Bristol, dans le bras droit du transept ; un **chandelier en cuivre** du 18ᵉ s. dans le déambulatoire.

★★Industrial Museum ⊘ – Le musée se trouve dans un entrepôt datant de 1950, sur le quai du port à flot. Il retrace la longue histoire industrielle de la ville, surtout des véhicules de transport : équipages attelés, calèches, wagons de chemin de fer, voitures, motos, etc. À l'étage, des panneaux aux informations très techniques rela-tent les développements pionniers de l'industrie aéronautique et surtout de la fabrication du moteur. Parmi ses nombreux trésors, la collection compte, amarrés le long de Princess Wharf, le **Mayflower Steam** (1861, le plus ancien remorqueur à vapeur), le **Pyronaut** (1934, bateau-pompe anti-incendie en service jusqu'en 1973) et le **John King** (1935, un remorqueur diesel remisé depuis 1970).

★★Maison georgienne ⊘ – *Park Street.* Elle fut construite en 1790 pour John Pinney, marchand et planteur de canne à sucre. L'architecte William Paty conçut pour lui une construction en pierre de Bath et typique de la fin du 18ᵉ s., une porte à fronton et une décoration intérieure inspirée par le style de Robert Adam (1728-1792). Pinney lui-même prêta attention au moindre détail des intérieurs élégants et sobres. Le mobilier de la maison comprend un **bureau-bibliothèque** (18ᵉ s.), un pupitre en acajou et une **horloge de parquet** (v. 1740). La plupart des meubles de la salle à manger bleu clair sont aussi en bois d'acajou. On peut admirer les candélabres dorés à plusieurs branches portés par un guéridon dans le salon de compagnie du premier étage. Un imposant **double bureau-bibliothèque** de style Sheraton (vers 1800) et le cabinet des collections se trouvent dans la salle de la bibliothèque dont les murs sont d'un beau vert. Les pièces de service se trouvent au sous-sol et comprennent un garde-manger, une **cuisine** bien équipée, une blanchisserie, la pièce du gardien et un **bassin d'eau froide** dans lequel Pinney se baignait tous les jours.

★Cathédrale ⊘ – Elle est de style gothique Perpendicular (14ᵉ-15ᵉ s.). Les fenêtres élancées sont encadrées de pinacles et d'arcs-boutants coiffés de fleurons, tandis que la belle tour de la croisée du transept est crénelée et couronnée de pinacles. La nef et les tours jumelées sont des ajouts datant de 1868-1888. Il s'agissait d'une abbaye d'augustins déjà âgée de 400 ans lorsque Henri VIII la supprima en 1539 ; trois ans plus tard, elle fut reconsacrée cathédrale.

Intérieur – Une **clôture** de pierre, très fine, ferme le chœur sans toutefois briser la perspective, car percée de 5 larges ouvertures.

Les stalles surmontées d'un dais présentent de belles miséricordes du 15ᵉ s. Les hautes voûtes sont tout à fait originales et uniques dans l'histoire des cathédrales anglaises – un exploit des bâtisseurs du 14ᵉ s.

L'**ancienne chapelle de la Vierge** (bras gauche du transept) date de 1210-1220. Sa voûte (1270) est remarquable de sobriété, ses chapiteaux reposant sur de minces colonnes de Purbeck ; ses figurines sculptées représentent saint Michel et le dragon, un renard, une oie, un lézard et des singes. La **chapelle de la Vierge** (1298-1330) se distingue par sa profusion d'enluminures et de couleurs. Remarquez les beaux vitraux du 14ᵉ s. représentant le martyre de saint Edmond. Dans le bras droit du transept, *Les Supplices de l'enfer*, extraordinaire sculpture saxonne millé-naire. La **salle capitulaire**, remarquable bâtiment de style roman tardif aux élégantes décorations géométriques, et son vestibule furent construits en 1150-1170. Les murs déclinent des entrelacs et les croisées d'ogives d'audacieux zigzags.

Harbourside – Canons Marsh situé au Nord du port flottant s'est vu attribuer un nouveau rôle passionnant centré sur **New World Square**. Cet espace découvert, qui relie les bâtiments anciens aux nouveaux et constitue le centre d'attraction du quar-tier, est entouré de cafés et de restaurants et rehaussé de sculptures, de jeux d'eau et d'effets de lumière le soir. The Horned Footbridge (1999), la passerelle qui enjambe **St Augustine's Reach**, a été dessinée par le sculpteur **Ellis O'Connell**.

BRISTOL

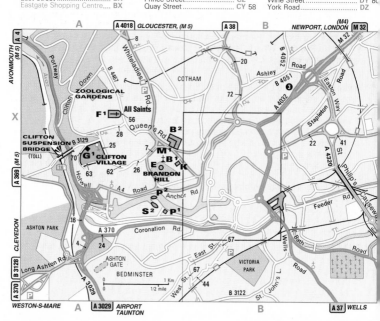

Wildscreen-at-Bristol ☉ – Ce nouveau bâtiment rond en brique rouge, inauguré en juin 2000, jouxte une serre de forme arrondie. Il abrite une forêt tropicale humide dans laquelle on peut se promener et est consacré à la préservation du monde naturel. On y trouve des images mobiles en trois dimensions, des oiseaux et des papillons en liberté, un cinéma IMAX géant sur quatre niveaux, et l'on peut y voir des films, assister à des conférences et participer à des ateliers. ARKive, une banque numérique d'images et de sons relatifs à l'histoire naturelle, est située comme il se doit à Bristol, qui est le centre de l'industrie des documentaires sur la faune et la flore.

« Aussi impeccable qu'à Bristol »

On inventa cette expression pour décrire les nombreux préparatifs qui précédaient le départ des navires qui remontaient la gorge de l'Avon jusqu'au port de Bristol. Du fait de la marée montante et descendante, les bateaux s'échouaient souvent sur les bancs de boue. Si le chargement n'était pas correctement fixé, il risquait de glisser ou de se répandre. Un natif de Bristol, **Samuel Plimsoll**, eut l'idée de limiter le poids du chargement et de vérifier s'il était correctement arrimé grâce au procédé qui porte son nom.

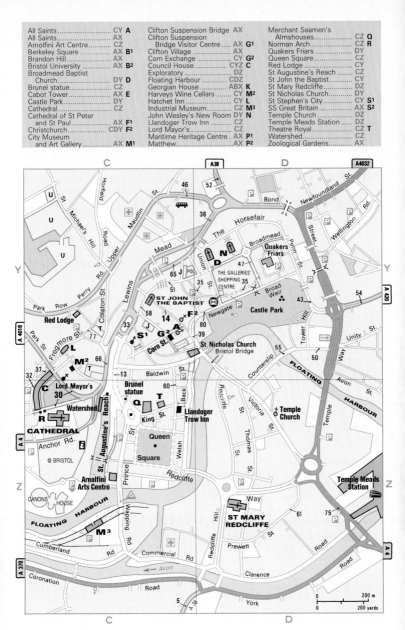

Explore-at-Bristol ⊘ – Ce musée interactif de la science inauguré en juillet 2000 est installé dans un ancien hangar de chemin de fer (sur trois niveaux). Il a pour vocation de promouvoir la recherche et l'enseignement de la science. L'exposition, qui englobe l'ancien Exploratory, étudie le fonctionnement du cerveau, les engins de manutention, les transports terrestres et aériens, les phénomènes naturels (le son, le magnétisme, les planétariums, les tornades, les images) et la communication (humaine, sociale, numérique, les studios de télévision, Internet).

★**SS Great Britain and the Maritime Heritage Centre** ⊘ – Lancé en 1843, le *SS Great Britain* (98 m de long sur 16 m de large) fut le premier bateau métallique à hélice à effectuer la traversée de l'Atlantique. En cours de restauration, il est exposé sur sa cale sèche d'origine. Le musée décrit les innovations apportées par Brunel, ainsi que la saga de ce grand navire et l'histoire de la construction navale à Bristol depuis le 18ᵉ s. The Maritime Heritage Centre (inauguré en 1985) présente des collections de maquettes et de plans de vaisseaux qui illustrent la transition de la voile au diesel en passant par la vapeur, ainsi que du bois à l'acier en passant par le fer forgé pendant la période d'activité du chantier naval, de 1773 à 1976.

AUTRES CURIOSITÉS

★**Lord Mayor's Chapel** ⊙ – La chapelle St-Marc faisait au Moyen Âge partie d'un hôpital. À droite de l'étroite nef Nord-Sud, une impressionnante chapelle de style Perpendicular renferme des tombeaux du 15ᵉ au 17ᵉ s. Remarquez le vitrail du 16ᵉ s., les blasons des maires, le porte-épée doré (1702) et les belles grilles en fer forgé.

★**St John the Baptist** – Cette église du 14ᵉ s. comporte une tour à créneaux, et sa flèche s'élance au-dessus d'un triple arc, l'une des six portes médiévales de la ville fortifiée. Elle renferme plusieurs objets en bois du 17ᵉ s. (lutrin, sainte table, sablier) et un ex-voto en laiton d'époque plus ancienne *(chœur)*.

★**St Stephen's City** ⊙ – La tour de l'église paroissiale (15ᵉ s.) s'élève à 40 mètres par étapes successives marquées par des ouvertures à contre-courbes formant une couronne distincte, puis par une balustrade ajourée à deux niveaux reliant les tourelles d'angle ornées d'une profusion de pinacles. L'intérieur abrite les souvenirs des anciens marchands de la ville, des portes en fer forgé (17ᵉ s.) et un lutrin médiéval avec son aigle.

★**City Museum and Art Gallery** ⊙ – Les collections riches et variées de ce musée attirent amateurs et spécialistes. Collections de céramiques de l'Antiquité, d'Extrême-Orient et de la région de Bristol, céramique, porcelaine, argent, archéologie et géologie locales, peintures (école italienne, école française du 19ᵉ s., école écossaise des 19ᵉ et 20ᵉ s.), une sélection de bijoux fantaisie (legs Hull-Grandy), antiquités assyriennes et égyptiennes, modèles réduits de locomotives et de l'histoire maritime y sont représentés.

Red Lodge ⊙ – L'extérieur de cette maison (fin du 16ᵉ s.) a subi de grandes modifications, mais son point fort est sa charpente et les cheminées de pierre qui se trouvent à l'intérieur, en particulier dans la grande salle de chêne.

Corn Street – Les **quatre tables en laiton** sur lesquelles les marchands concluaient leurs transactions et payaient au comptant attestent de l'importance de cette rue pour le commerce de la ville. Derrière, on peut voir la gigantesque **Bourse aux grains**, bâtiment à pilastre et fronton qui fut construit par John Wood l'Aîné au milieu du 18ᵉ s. À gauche du Council Hall, construit au 19ᵉ s. dans un sobre style dorique, on trouve la riche et exubérante façade de la Lloyds Bank (1854-1858). À voir également, la Coffee House construite au 18ᵉ s.

St Nicholas Church ⊙ – Cette belle église georgienne, dévastée en 1941 par le feu et reconstruite avec une flèche élancée en pierre blanche, abrite aujourd'hui le **retable de l'Ascension** de Hogarth (provenant de l'église paroissiale St Mary Redcliffe) et l'**Office de tourisme.**

King Street – Cette rue est bordée, à son extrémité proche du port, de pubs du 17ᵉ s. et d'entrepôts des 18ᵉ et 19ᵉ s. On y trouve aussi le **Théâtre royal**★★, qui fut inauguré en 1766 mais n'obtint la licence royale de George III qu'en 1778. C'est la plus ancienne salle de spectacle encore utilisée dans le pays. À l'extrémité Nord-Ouest, les **hospices des marins**★ (Mearchant Seamen's Almshouses), construits en 1544 et agrandis en 1696, sont ornés de blasons colorés sur le mur extérieur.

Temple Meads – C'est le nom porté par la gare de Bristol, qui comprend les installations modernes et l'ancienne gare, Great Train Shed (le grand dépôt), construite par Brunel en 1841 pour le compte de la Great Western Railway. Celle-ci abrite le **British Empire and Commonwealth Museum** ⊙.

★★CLIFTON

L'élégante banlieue de Clifton s'est développée sur les hauteurs dominant la gorge de l'Avon au début des années 1790, alors que des faillites en série mettaient un terme à une grande vague de constructions. Aux environs de 1810, le mouvement reprit et on adopta un style grec plus affirmé. C'est alors que naquirent de ravissants *crescents*, de petites places et des *terraces* généreusement parsemées de verdure. Dans le quartier de **Clifton Village**★, composé de rues aussi charmantes que le Mall, Caledonia Place, Princess Victoria Street et Royal York Crescent, on peut visiter l'**église de Tous-les-Saints** (All Saints), construite en 1868 par G. E. Street, avec des vitraux de John Piper.

> Parmi les innombrables anecdotes qui se rattachent au pont, la plus heureuse est sans conteste celle d'Ann Sarah Hanley : en 1885, à la suite d'une dispute avec son amoureux, elle se jeta du haut du pont... Mais son jupon se gonfla, faisant office de parachute ! Elle atterrit doucement sur l'herbe... et vécut jusqu'à 85 ans... après avoir épousé un autre homme.

Clifton – Le pont suspendu

★★ Pont suspendu de Clifton – Ce pont, conçu par Brunel (1829-1831), est sans doute le plus beau des premiers ponts suspendus en Angleterre. Malheureusement, le budget se révéla insuffisant et Brunel ne vit jamais ce pont long de 214 m : il mourut 5 ans trop tôt, en 1859. Le **Clifton Suspension Bridge Visitor Centre** *(Sion Place)* retrace, à travers photographies et cartes postales d'époque, l'aventure de la construction du pont.

Tout près, en haut de la tour de l'Observatoire (1729), se trouve une *camera obscura* du 18e s., qui permet de projeter la vue panoramique que l'on découvre à des miles à la ronde.

★★ Cathédrale St-Pierre-et-St-Paul – Consacrée en 1973, cette cathédrale catholique romaine est un impressionnant édifice hexagonal de béton blanc, de granit rose, de fibre de verre noire, de plomb et de verre. Les fenêtres sont remarquables, ainsi que le chemin de croix.

★★ Bristol Zoological Gardens ⊘ – Ce célèbre zoo (ouvert en 1836) présente de nombreuses espèces animales, du gorille dans son environnement reconstitué aux insectes. Leur habitat a été conçu par des architectes designers (maison des reptiles et des grands singes en particulier).

EXCURSION

★ Clevedon Court ⊘, à **Clevedon** – *16 km à l'Ouest par la A 370, la B 3128 et la B 3130.* Ce joli bâtiment du début du 14e s., bien conservé, prit l'apparence que nous lui voyons aujourd'hui vers 1570. Son ameublement intérieur n'est pas représentatif d'une époque particulière. L'ameublement de la chambre d'apparat (14e s.) est le reflet du goût de dix générations de la même famille. Dans la **salle de Justice**, on peut admirer une exposition de verre de Nailsea, production locale entre 1788 et 1873.

BURY ST EDMUNDS★

Suffolk – 31 237 habitants
Carte Michelin n° 404 W 27 ou Atlas Great Britain p. 22

Bury St Edmunds s'enorgueillit des ruines d'une des plus riches abbatiales de la chrétienté, d'une cathédrale bâtie par John Wastell (l'architecte de la chapelle du King's College de Cambridge), et d'un centre-ville en damier, modèle d'urbanisme le plus ancien depuis l'époque romaine.

Les styles architecturaux anglais s'y mêlent agréablement, depuis le 13e s. avec l'entrée de l'hôtel de ville en passant par les façades des 17e et 18e s., jusqu'au victorien avec la Bourse aux grains. La ville possède également deux bâtiments georgiens merveilleusement préservés : l'Athenaeum, où Charles Dickens donna lecture de son roman *Les Aventures de M. Pickwick*, et Manor House, construite en 1736 pour la famille du comte de Bristol et aujourd'hui reconvertie en musée *(voir ci-dessous)*. Le style Regency est représenté par l'élégant **Théâtre royal**.

*Ruines de l'abbaye – Fondée en 633, elle fut plus tard rebaptisée en l'honneur du roi et martyr saxon Edmond (décédé en 870), puis reconstruite par les moines bénédictins au 11e s. Il ne reste que deux de ses monumentales tours opposées, dont l'une porte une plaque à la mémoire de l'archevêque Langton et des 20 barons qui imposèrent au roi Jean sans Terre, en 1215, la **Grande Charte**. Les vestiges de la nef, du chœur et du transept, tout comme le grand portail, donnent une idée de son immensité (154 m de long, avec 12 travées).

Par la porte richement décorée de la tour romane, on aperçoit une sculpture en bronze de saint Edmond due à Élisabeth Frinck, et les maisons bâties à l'intérieur de l'enclos de la cathédrale, à l'extrémité Ouest de l'abbatiale.

Le **Visitor Centre** présente des panneaux explicatifs sur les ruines.

*St-Edmundsbury Cathedral ⊘ – Église paroissiale de Bury depuis 1530, elle était dédiée à saint Jacques jusqu'à son élévation au rang de cathédrale et sa dédicace à saint Edmond en 1914. Une parfaite composition de style Perpendicular tardif à 9 travées conduit le regard vers le chœur et le transept réalisés par Stephen Dykes Bower en 1960. Remarquez les vitraux flamands de sainte Suzanne (vers 1480) et les sculptures des anges au plafond (19e s.).

Moyse's Hall Museum ⊘ – *Main Square*. Ce vieux bâtiment de pierre, dont la grange est voûtée, renferme une exposition sur l'âge du bronze et présente des vestiges mis au jour dans les environs.

Manor House Museum ⊘ – *Honey Hill*. Sous des plafonds de plâtre décorés est présentée une collection d'horloges ainsi que différents habits, textiles, portraits et objets d'art légués par les familles locales.

St Mary's Church ⊘ – Cette église de 1430 est célèbre pour la spectaculaire **voûte de sa nef** dont les entretoises et les arcs diaphragmes sont supportés par des anges, tandis que des sculptures de dragons, licornes, poissons et oiseaux apparaissent sur les tympans. Observez aussi la voûte du chœur avec ses nombreuses clés de voûte sculptées, et le tombeau de Marie Tudor (1496-1533), sœur d'Henri VIII.

EXCURSIONS

*Ickworth House ⊘, à **Horringer** – *Emprunter la A 143 en direction du Sud-Ouest sur 5 km*. Au cœur de l'un des premiers jardins à l'italienne créé en Angleterre, Ickworth House est composée d'une rotonde couronnée par un ruban de frises inspirées des illustrations d'Homère par Flaxman et de deux ailes s'incurvant vers l'intérieur. La résidence fut construite entre 1795 et 1829 par le fabuleusement riche évêque de Derry, Frederick Hervey, 4e comte de Bristol, nationaliste irlandais et voyageur excentrique à qui tous les hôtels Bristol d'Europe doivent leur nom.

Intérieur – Les quatre colonnes en faux marbre de l'entrée du **hall** encadrent la Colère d'Athamas de Flaxman. Dans la **bibliothèque**, on peut admirer le *Groupe de maisons en Hollande* de Hogarth. Dans la **salle à manger** sont accrochées des toiles de Lawrence, Reynolds et Gainsborough, et, dans le **fumoir**, le *Portrait d'un homme* de Titien et l'*Infant Balthasar Carlos* de Vélasquez. Dans la galerie Ouest, on peut admirer une riche collection d'argenterie georgienne. Les superbes murs peints dans le style néoclassique de la pièce pompéienne sont l'œuvre de J.D. Crace, à qui l'on doit également les peintures de la bibliothèque de Longleat et de l'escalier de la National Gallery.

National Horse Racing Museum ⊘, à **Newmarket** – *19 km à l'Ouest par la A 45*. Consacré au sport des rois, le seul à passionner toutes les classes sociales d'Angleterre, le **musée national des Courses de chevaux** en retrace l'histoire depuis 2 000 ans avant notre ère. Y sont exposés notamment de belles peintures de Stubbs et de Herring, des bronzes et le squelette d'un célèbre cheval ; on peut visionner des clips de Persimmon, Arkle et Red Rum.

*Lavenham – *18 km au Sud-Est par la A 134 et la A 1141*. Ville lainière du Moyen Âge comptant de très nombreuses maisons à colombage. Les bâtiments les plus remarquables sont l'**église St-Pierre-et-St-Paul★** (fin du 15e s.), une des grandes églises « de la laine », et l'**hôtel de ville**, construit vers 1520, qui s'ouvre sur la place du marché et abrite un **musée** ⊘ consacré au commerce de la laine dans l'East Anglia.

CAERNARFON★★★

Gwynedd – 9 695 habitants
Carte Michelin n° 403 H 24 ou Atlas Great Britain p. 32

Site stratégique sur le détroit de Menai, Caernarfon offre du haut de ses remparts de vastes vues sur l'île d'Anglesey et les collines de la région du Snowdon. Les Romains construisirent à proximité le fort de Segontium. À l'emplacement actuel du château, les Normands élevèrent un fort en bois, que les princes gallois remplacèrent sans doute par un château de pierre avant qu'Édouard Ier, qui voulait en faire le centre de sa puissance, n'y construise son invincible forteresse. Le nom de la ville est d'ailleurs dérivé du mot gallois signifiant « fort sur le rivage ».

Aujourd'hui, la ville sert de point de ralliement aux touristes désireux de visiter la région du Snowdon et aux amateurs de navigation de plaisance.

★★★Castle ⊘ – *1 h sans le musée des Fusiliers royaux gallois.*

La construction commença en 1283 sous la direction de Jacques de Saint-Georges (v. 1235-1308), qui construisit pour son royal client un château aux murs ornés de bandes de pierre colorée et de tours polygonales d'inspiration byzantine. Grandiose par sa conception, il allait servir de siège au gouvernement anglais dans la principauté.

On doit l'aspect actuel du château au goût du gouverneur des années 1840, **sir Llewelyn Turner** (1823-1903), qui le nettoya, le restaura et le rénova, malgré une farouche opposition locale.

Les solides murailles dessinent grossièrement le chiffre 8 ; la basse cour est à droite, la haute à gauche. Le grand corps de garde aux tours jumelées, **King's gate**, était défendu par 5 portes et 6 herses.

Le château de Caernarfon

La **tour de l'Aigle** est couronnée de 3 tourelles, chacune surmontée d'un aigle comme à Constantinople. Actuellement, on peut voir dans cette énorme construction l'exposition *A Prospect of Caernarfon*, qui relate l'investiture de Charles, prince de Galles, en juillet 1969. C'est là que le premier prince de Galles anglais naquit en avril 1284. Il s'agissait du futur Édouard II. Depuis 1301, le titre de prince de Galles est porté par le fils aîné du souverain britannique. La **tour de la Reine** abrite le musée des Fusiliers royaux gallois. Autrefois, ce bâtiment était séparé de la tour Chamberlain par la grande salle.

Sur **Castle Square**, en face du balcon où Charles, prince de Galles, salua ses sujets, se dresse la statue de **David Lloyd George** (1863-1945), député libéral de Caernarfon pendant 55 ans et Premier ministre de 1916 à 1922.

AUTRES CURIOSITÉS

Town walls – La ville est comme blottie derrière son château. Les murs (734 m de long), les huit tours et les deux portes qui encerclent la ville médiévale furent construits en même temps que le château.

Fort romain de Segontium ⊘ – *À la périphérie Sud-Est de Caernarfon, par la A 487.* Le fort auxiliaire romain de Segontium domine la ville de Caernarfon. C'est l'un des plus célèbres d'Angleterre. Les ruines des bâtiments romains sont ouvertes au public. Le musée raconte l'histoire de la conquête et de l'occupation du pays de Galles par l'armée romaine, décrit l'organisation militaire de l'époque, les garnisons de Segontium et l'histoire du fort telle que la racontent ses ruines ; on peut également y admirer une partie du produit des fouilles qui ont été effectuées sur le site et qui éclairent d'un jour nouveau la vie quotidienne dans ce lointain avant-poste romain.

Llanbeblig Church ⊘ – Située hors de la ville, près de Segontium, c'est l'église paroissiale de Caernarfon. Peblig, qui est donné pour fils de Magnus Maximus, revint, dit-on, pour introduire le christianisme. Le bâtiment date en grande partie du 14ᵉ s. : on peut y admirer une étonnante tombe d'albâtre, dans la chapelle Vaynol.

Les **CAIRNGORMS**★★

Highland et Moray

Carte Michelin n° 401 I, J, K 11 et 12 ou Atlas Great Britain p. 67 et 68

Le terrain granitique s'étendant entre la vallée de la Spey et Braemar présente quelques-uns des paysages de montagne les plus sauvages et les plus impressionnants de Grande-Bretagne. Située pour la majeure partie à une altitude supérieure à 900 m (point culminant : le **Ben Macdui** – 1 309 m), la région doit pourtant son nom au **Cairn Gorm** (1 245 m). L'érosion glaciaire a travaillé les sommets jusqu'à former des plateaux sans relief, tandis que, dans le même temps, les glaciers ont évidé les dépressions créées par le loch Avon et la vallée de la Dee.

Un environnement hostile – Région isolée au climat changeant, les montagnes des Cairngorms peuvent tromper ceux dont l'équipement et l'expérience sont insuffisants, qu'il s'agisse de simples randonneurs ou d'alpinistes confirmés. Seule une flore arctique-alpine peut se développer sur ses sommets balayés par les vents et soumis à un climat si rigoureux. Les Cairngorms hébergent l'aigle royal, le lagopède des Alpes, le bruant des neiges, le pluvier guinard, de rares balbuzards (observatoire RSPB au Loch Garden). La **réserve naturelle nationale du Cairngorm** (26 000 ha) fut créée en 1954 afin de préserver la valeur scientifique et touristique du site. Le parc forestier de Glenmore accueille le seul troupeau de rennes de Grande-Bretagne. Le **sentier des rives de la Spey** (Speyside Way) serpente vers le Nord.

La pêche au saumon est une activité populaire : un club de pêche à la ligne se trouve à Grantown-on-Spey, et une exposition des pêcheries de saumon est présentée à la **glacière** (Ice House) ⊘ de **Tugnet**, non loin de Forchabers.

★★★**Panorama du Cairn Gorm** – Le télésiège ⊘, qu'utilisent les skieurs l'hiver, offre aux estivants moins dynamiques un moyen facile d'accéder à la magie et à la beauté de cette région montagneuse. Du terminus, près du restaurant Ptarmigan, à environ 1 100 m d'altitude, on bénéficie d'une **vue**★★★ grandiose vers l'Ouest, où

Vue sur le parc forestier de Glenmore

Présentation des Highlands

Le **Highland Folk Museum** ⊘ à **Kingussie** présente la vie des habitants des Highlands : vêtements, instruments de musique, outils agricoles et artisanat ancien. Il comprend aussi une maison en tourbe et un moulin à grain des îles Hébrides. Kingussie est également doté d'un centre équestre (randonnées à dos de poney).

Highland Folk Museum ⊘ à **Newtonmore** rassemble dans des bâtiments restaurés les arts et les traditions des Highlands. Des espèces rares vivent en liberté dans le **parc animalier des Highlands★** (Highland Wildlife Park) ⊘ près de **Kencraig**. Le **Landmark Forest Heritage Park** ⊘ à côté de **Carrbridge** propose une excellente introduction aux Highlands : sentiers forestiers, centre de nature et présentations audiovisuelles.

---

la vallée de la Spey s'élargit en cuvette, entre le loch Morlich et la station de ski d'Aviemore. 150 m plus haut, cette fois-ci à pied jusqu'au sommet du Cairn Gorm, on peut jouir d'une **vue panoramique★★★** compensant largement le petit effort fourni.

★Aviemore – La construction dans les années 1960 de la station d'Aviemore, complexe de boutiques, hôtels et lieux de distraction, fit du village la première station de sports d'hiver de Grande-Bretagne. On y trouve des patinoires, une piste de ski artificielle et une piscine. Grantown-on-Spey, élégante ville du 18ᵉ s., possède également des installations de sports d'hiver.
La **ligne de chemin de fer de Strathspey** (Strathspey Railway) ⊘ relie les 8 km séparant Aviemore et Boat of Garten par train à vapeur.

CAMBRIDGE★★★

Cambridgeshire – 95 682 habitants
Carte Michelin n° 404 U 27 ou Atlas Great Britain p. 29

Cambridge, la plus ancienne université d'Angleterre après Oxford, fonda sa réputation au début du 13ᵉ s. en attirant d'Oxford et de Paris des étudiants en théologie, ecclésiologie, droit civil et logique. Sa position avantageuse, à l'amont d'une rivière navigable et peu éloignée de Londres *(88 km au Nord)*, avait déjà attiré un grand nombre de monastères. Peterhouse fut fondé en 1284 : c'est le plus ancien collège de Cambridge. Dès 1352, sept autres collèges furent construits, tous dotés de leur caractéristique cour carrée intérieure. Cette communauté universitaire en plein essor fut reconnue par une bulle papale en 1318. Après Peterhouse, d'autres collèges furent édifiés pour offrir des logements aux étudiants. C'est le système collégial qui distingue Cambridge (et même Oxford) des universités plus récentes à administration plus centralisée.
Aujourd'hui, les 31 collèges sont gérés de manière autonome et indépendante alors que l'université assume tout l'enseignement et délivre les diplômes. Cambridge est une vitrine de l'architecture moderne, parfois controversée. On en trouve des exemples tant sur les sites des collèges qu'à l'Ouest de la ville, où de nombreuses facultés ont déménagé ; la dernière innovation architecturale en date est la faculté de Droit, un édifice tout en verre.

En semaine, le centre-ville est interdit aux véhicules à moteur de 10 h à 16 h. Certains collèges demandent un droit d'entrée de mars à septembre. La plupart ferment pendant la période des examens de mi-avril à fin juin.

★★★DE ST JOHN'S AU QUEENS' : LES COLLÈGES

Compter une journée

Les collèges sont regroupés sur la rive orientale de la Cam. Chaque collège communique par un pont avec la rive opposée, dite **The Backs★★**, large étendue gazonnée parsemée d'arbres.
Une promenade sur la rive occidentale est incontestablement pour le touriste qui saura prendre le temps de la flânerie une des plus agréables manières de se pénétrer de l'esprit qui habite ces lieux. La vue est meilleure depuis les *punts*.
Descendre St John's Street, Trinity Street, King's Parade, Trumpington Street.

★★★St John's College ⊘ – Une promenade dans le collège St John (fondé en 1511) est un voyage dans le monde de l'architecture. C'est le deuxième collège de Cambridge par ses dimensions ; son portail, décoré d'armoiries, est l'un des plus beaux de la ville.
Les première, deuxième et troisième cours sont essentiellement de style Tudor.
À l'arrière de la troisième cour, **Kitchen Bridge** permet d'accéder à une cour néogothique, **New Court**. Du pont (18ᵉ s.), on a une jolie vue sur le délicieux et romantique **pont des Soupirs** (Bridge of Sighs), œuvre de Hutchinson.

Cambridge pratique

Office de tourisme – Cambridge Tourist Information Centre, The Old Library, Wheeler Street, Cambridge CB2 3QB, ☎ (01223) 322 640 (heures d'ouverture variables selon les saisons).
E-mél : tourism@cambridge.gov.uk
Internet : http://www.cambridge.gov.uk

Tourisme – Pour tout renseignement sur les visites guidées, contactez le CTI ci-dessus. Les Guide Friday Tours organisent des excursions de la ville en bus à plate-forme (départ toutes les 10 à 20 mn). Les billets sont en vente auprès du chauffeur, au Cambridge Tourist Information Centre ou encore dans les Guide Friday Tourism Centres (☎ (01223) 362 444).

Achats – Les boutiques les plus prestigieuses et les grands magasins se trouvent dans **Petty Cury**, **Market Square**, **Lion Yard**, **St Andrew Street** et dans le **Grafton Centre**. Les touristes peuvent aller flâner dans les boutiques se trouvant dans **King's Parade**, **Rose Crescent**, **Trinity Street**, **Bridge Street**, **Magdalene Street**, **St John Street** et **Grenn Street**. Un grand marché a lieu tous les jours, sauf le dimanche, sur **Market Hill**.

Loisirs – Vous trouverez toutes les informations indispensables au Cambridge Tourist Information Centre *(voir ci-dessus)*.

Excursions en « punt » – Le *punt* est une longue barque à fond plat, menée à la perche, et un séjour à Cambridge serait incomplet sans une excursion en punt.

Cambridge Punting Company – Granta Place, Mill Lane. Excursion avec pilote et visite commentée par des étudiants. ☎ (01223) 327 280.

Cambridge Chauffeur Punt – Excursion avec ou sans pilote. ☎ (01223) 354 164.

Trinity Punts – Excursion autonome au départ de Trinity College. ☎ (01223) 338 483.

The Granta Boat & Punt Company – Excursion avec ou sans pilote. ☎ (01223) 301 845.

Scudamores Boatyard – Excursion avec ou sans pilote. ☎ (01223) 359 750.

Tyrell's – Excursion avec ou sans pilote. ☎ (01223) 352 847.

En direction du collège Magdelene, on découvre un bâtiment moderne, l'**édifice Cripps**, de Powell et Moya, ainsi que l'**école de Pythagore** (13e s.), la plus ancienne maison de pierre de Cambridge.

★★Trinity College ⊘ – Fondé en 1546 par Henri VIII, Trinity est le collège le plus vaste de Cambridge. Par la **porte principale** (achevée en 1535) surmontée par une statue d'Henri VIII, on pénètre dans la **grande cour** avec en son centre une fontaine Renaissance due à Thomas Neville, architecte responsable de la disposition actuelle des bâtiments. La tour du roi Édouard (1432) et son **horloge** complètent cet ensemble. La **chapelle** de style délibérément Perpendicular, construite à l'initiative de la reine Marie, contient dans le narthex des statues des grands anciens du collège : Newton, Macaulay, Bacon, etc.

Dans la **cour Neville** (1612), bordée de galeries, se trouve la **bibliothèque Wren**, achevée en 1695 et portant le nom de son concepteur. Les étagères sont ornées de sculptures sur bois de Grinling Gibbons et surmontées de bustes de grandes figures de la littérature. Parmi les manuscrits figurent les épîtres de saint Paul aux Corinthiens du 8e s., les premiers folios de Shakespeare et des livres d'heures enluminés du 15e s. À l'extérieur, le toit porte quatre statues incarnant la Divinité, la Loi, la Médecine et les Mathématiques, œuvres de Gabriel Cibber. Du côté opposé de la cour se dresse une tribune ornée de niches et de colonnes, également conçue par Christopher Wren.

Trinity Hall ⊘ – *En descendant Senate House Passage*. Il fut fondé en 1350. Derrière la pierre de taille du 18e s. de la **cour principale**, on distingue trois rangées de bâtiments de 1350 (la vue est meilleure de North Court), et plus loin, la ravissante **bibliothèque** élisabéthaine qu'Henry James nommait « l'endroit le plus joli du monde ».

Gonville and Caius College ⊘ – Ce collège fut fondé en 1348 par Edmund Gonville et à nouveau en 1557 par John Caius (prononcer « Kiz »), érudit et médecin de la Renaissance sous Édouard VI et la reine Marie. Pour symboliser les progrès de l'étudiant, Caius jalonna le collège de portes aux noms évocateurs : on entre par la **porte de l'Humilité** (aujourd'hui déplacée dans le jardin) pour pénétrer dans la **cour de l'Arbre** ; puis on s'engage dans la **cour de Caius** par la **porte de la Vertu**, avant de franchir la **porte d'Honneur** et de recevoir son diplôme dans ce qui est aujourd'hui Senate House.

Le **bâtiment Cockerell** fut élevé au 19e s. dans le style néoclassique.

À Oxford et à Cambridge, avant que n'existent les universités, l'enseignement était imparti aux écoles ecclésiastiques. Les étudiants logeaient souvent chez les particuliers ou dans des hostelleries appelées *halls*. Au début du 15ᵉ s., tous les étudiants non licenciés devaient faire partie d'un hall. Les collèges fondés plus tard furent exclusivement réservés aux étudiants munis d'une licence. À l'image des autres corporations médiévales, les membres du corps des licenciés vivaient en chambre individuelle, mais partageaient la salle commune et la chapelle. Un nouveau collège, celui d'Oxford, fondé en 1379 par Guillaume de Wykeham, fut le premier à mêler étudiants licenciés et non licenciés.

★**Clare College** ⊘ – Fondé en 1326, il fut d'abord baptisé University Hall, puis Clare Hall en 1338. Les rangées de bâtiments du 17ᵉ s. sont l'œuvre de **Robert Grumbold** et de son père **Thomas.** Ce sont les plus harmonieux de Cambridge. Le pont, **Clare Bridge,** fut construit par Thomas Grumbold, avant les bâtiments du 17ᵉ s. Remarquer le morceau manquant d'une des boules de pierre posée sur le parapet du pont. En effet, Grumbold avait fait le serment de ne pas achever la construction du pont avant d'être payé. Il ne le fut jamais.

Old Schools and Senate House – Ce sont les bâtiments centraux les plus anciens de l'université. **Old Schools,** école de droit et de théologie, fut dotée d'une façade palladienne. **Senate House** est un mélange de romanité à la Wren et du nouveau palladianisme dû à James Gibbs.

Great St Mary's ⊘ – La reconstruction de l'église de l'université commença en 1478 dans le style gothique Perpendicular tardif et ne fut achevée qu'en 1608, quand le grand-père de **Robert Grumbold,** prénommé également Robert, construisit la tour au sommet de laquelle la **vue** est extrêmement belle.

★★**King's College** ⊘ – Fondé en 1441 par le roi Henri VI, le collège s'ordonne autour de **Front Court.** Il est séparé de King's Parade par une **clôture** et une **porte d'entrée monumentale** néogothiques de William Wilkins (1778-1839), et dominé par le bâti-

Cambridge – La chapelle de King's College

CAMBRIDGE

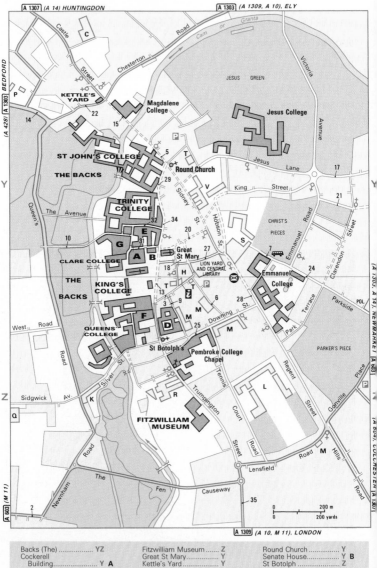

ment classique conçu par Gibb. À gauche s'étend un bâtiment également élevé par Wilkins, mais l'œil est rapidement attiré par les contreforts élancés de style gothique Perpendicular de la chapelle.

★★★ **Chapelle** – Construite entre 1446 et 1515 en grande partie à l'initiative des rois Henri VI, Henri VII et Henri VIII, elle est l'aboutissement et la consécration du style gothique Perpendicular. Turner l'a peinte, Wordsworth lui a dédié trois sonnets, et Wren, qui s'émerveillait de la voûte en éventail la plus vaste qui eût jamais existé, offrit d'en faire une lui-même à condition qu'on lui indiquât où poser la première pierre.

Extérieur – Ses dimensions (longueur : 88 m ; hauteur : 29 m ; largeur : 12 m) rappellent davantage celles du chœur d'une cathédrale que celles de la chapelle d'un collège. Les chapelles et portes latérales renforcent la puissance des 22 contreforts qui soutiennent le poids de la couverture.

Intérieur – La nef à 12 travées, œuvre de John Wastell, s'élève verticalement, soutenue par des contreforts si minces qu'ils semblent venir encadrer les 25 vitraux du 16ᵉ s. illustrant des épisodes de l'Ancien Testament (au-dessus) et du Nouveau testament (en bas). La voûte de 2 000 t semble planer dans l'espace. Il faut remarquer la splendeur du **jubé** et des **stalles**, du début de la Renaissance, conçus par des artisans étrangers, ainsi que *L'Adoration des mages* de **Rubens**. Derrière le jubé se trouve l'orgue enfermé dans son buffet (17ᵉ s.). Il est utilisé lors des services religieux comme le Festival of Nine Lessons et la traditionnelle retransmission télévisée du concert de Noël, célèbre dans le monde entier. Le chœur de la chapelle a une réputation internationale : les jeunes choristes qui en font partie sont formés dans un chœur spécial affilié au Collège.

Corpus Christi College ⊘ – *Entrer dans Old Court en passant par Bene't Street, et sortir par New Court*. Fondé en 1352, Corpus Christi est le second plus petit collège de Cambridge, mais c'est toutefois celui dont l'histoire est la plus intéressante. **Old Court** conserve encore des corps de logis de style monastique en pierres irrégulières aux parements d'argile (1352-1377). L'**église** saxonne **St Bene't** contiguë à Old Court est la plus ancienne de Cambridge. **New Court** fut conçue par William Wilkins, maintenant enterré dans la chapelle.

St Catharine's College ⊘ – Fondé en 1473, il comprend trois rangs de bâtiments construits par Robert Grumbold à la Restauration. La **chapelle** fleure l'influence de Wren, auprès de qui Grumbold fit son apprentissage.

★**Queens' College** ⊘ – *Entrée par Silver Street et Queen's Lane*. Ce collège, qui reçut sa première charte en 1446, fut patronné par deux reines, Marguerite d'Anjou, femme de Henri VI, et Élisabeth Woodville, épouse d'Édouard IV, ce qui lui valut son nom de « collège des Reines ». **Old Court**, achevé en 1449, est un exemple parfait de l'architecture en brique rouge de la fin du Moyen Âge. Le côté Nord de **Cloister Court** est occupé par **President's Lodge**, un édifice à colombage élevé au-dessus d'une galerie. Le philosophe hollandais Erasme enseigna le grec ici, mais il n'a pas été possible de déterminer où se trouvaient ses appartements. C'est en son honneur que fut élevé le **bâtiment Érasme**, un édifice en brique conçu par Basil Spence (1960). Une autre extension récente, Cripp's Court, associe verre et béton (Powell, Moya and Partners, 1981). Le pont de bois qui enjambe la rivière, **Mathematical Bridge**, est une copie (1904) de celui qu'avait conçu James Essex (1749).

St Botolph's Church – Le style gothique Perpendicular de l'église **St Botolph** est un enchantement. La nef fut construite entre 1300 et 1350 et la tour fut ajoutée vers 1400.

Pembroke College Chapel ⊘ – Première construction achevée de Wren et premier bâtiment classique de Cambridge (1663-1666), la chapelle fut commandée par Matthew Wren, évêque d'Ely, qui souhaitait en faire cadeau à son neveu. Le plafond est l'œuvre d'Henry Doogood qui travailla sur les plafonds de 30 églises bâties par Wren.

MUSÉES

★★**Fitzwilliam Museum** ⊘ – *Trumpington Street*. Conçu par Georges Basevi dans un style monumental néoclassique assez proche du baroque victorien, le célèbre musée de l'université a ouvert ses portes au public en 1843. Parmi ses trésors, on compte 25 aquarelles de **Turner** (don de John Ruskin en 1861), certaines parmi les meilleures œuvres de **William Blake** et une très belle collection de gravures de **Rembrandt**.

Galeries inférieures – Parmi les multiples collections, superbement exposées, d'antiquités orientales, proche-orientales et classiques, on peut admirer tour à tour dans les différentes galeries : des bas-reliefs assyriens ; des momies et sarcophages magnifiquement colorés, notamment le lourd couvercle en granit du tombeau de Ramsès III ; des vases ioniens aux figures noir et rouge et de petites figurines en terre cuite ; l'inestimable **sarcophage de Pashley** en marbre (130-150) représentant Dionysos rentrant des Indes ; des céramiques et bronzes chinois, un trépied en bronze niellé du début de la dynastie Shang (1523-1028 avant J.-C.) et un **buffle** chinois en jade (Ming 1368-1644) ; dans les galeries Marley : porcelaine anglaise, européenne et extrême-orientale, et Glaisher : collection incomparable de poteries anglaises et européennes. Des salles sont entièrement consacrées aux textiles, armures et verreries (petite galerie Henderson). La galerie Rothschild renferme des trésors d'émaux, de joyaux et de miniatures anglaises, ainsi que des manuscrits enluminés.

Galeries supérieures – Les salles consacrées à la peinture contiennent également de beaux meubles français et anglais, des majoliques italiennes, ainsi que des bronzes, tapis, céramiques et pièces d'argenterie, leur conférant un caractère très majestueux.

Les tableaux regroupent un grand nombre de toiles de **grands maîtres** de qualité exceptionnelle. La galerie Marlay est consacrée aux œuvres italiennes, notamment de superbes retables de Simone Martini (14e s.) et Domenico Veneziano (Vénitien du 15e s.) et des esquisses de Léonard de Vinci. La galerie Courtauld renferme des Titien, Véronèse, Canaletto et Palma Vecchio. La galerie flamande et espagnole présente des paysages et portraits signés Bruegel le Jeune et Rubens. La galerie hollandaise contient des toiles de Cuyp, Hals, Ruisdael, Hobbema et Rembrandt. La galerie V est consacrée aux impressionnistes français avec des paysages de Monet, Seurat et Cézanne, des études de Renoir et Degas, tandis que la galerie IV s'intéresse à la France avec des toiles de Poussin, Vouet et Delacroix. La galerie III nous ramène à l'école anglaise : belle collection d'œuvres du 18e s. signées Gainsborough, Reynolds, Stubbs et Hogarth, ainsi qu'une *Vierge à l'Enfant* de Van Dyck acquise en 1976. Dans la galerie II sont exposés des toiles de Constable (*Hampstead Heath*) et plusieurs tableaux préraphaélites. La galerie du 20e s. présente des Picasso, Nicholson et Sutherland. La galerie Broughton est consacrée à des peintures de fleurs par des artistes du 17e au 19e s. léguées par lord Fairhaven, et la galerie Shiba à des estampes et dessins japonais.

★**Kettle's Yard** ◷ – En opposition totale avec l'atmosphère académique du musée Fitzwilliam, Kettle's Yard est, selon son créateur Jim Ede, « un endroit vivant où les œuvres d'art peuvent être contemplées dans l'ambiance d'un lieu familial... ». Cette admirable collection d'art du 20e s., disséminée dans une maison peuplée de livres que l'on peut consulter et de sièges sur lesquels on peut s'asseoir, rassemble les travaux de Ben Nicholson, Henry Moore, Barbara Hepworth, Eric Gill, Henri Gaudier-Brzeska et Joan Miró, des amis d'Ede pour la plupart.

AUTRES CURIOSITÉS

Magdalene College ◷ – Cet édifice fut fondé en 1542 par lord Audley, de Audley End *(voir plus loin aux excursions)*, sur le site d'un collège bénédictin. La **première cour** fut en grande partie construite au 15e s., à l'exception de la loge et du hall, datant du 16e s. Derrière la **seconde cour** de la fin du 16e s. et du début du 17e s. se dresse **Pepys Building**, bâtiment abritant la bibliothèque personnelle de Samuel Pepys, que ce dernier légua au collège en 1703 et qui contient le manuscrit de son *Journal*, rédigé dans un langage codé.

Jesus College ◷ – Fondé en 1496, ce collège était autrefois un couvent bénédictin, édifié autour de la **cour du cloître** et de la chapelle du prieuré du 12e s. La **première cour**, dont la solide **entrée** date du début de l'époque Tudor, fut ajoutée au 16e s., la **seconde cour** et la **cour de la chapelle** au 19e s., et la cour Nord au 20e s.

Round Church – L'église du Saint-Sépulcre (Holy Sepulchre Church) est l'une des cinq églises romanes circulaires du pays.

Emmanuel College ◷ – Il fut fondé en 1584 par sir Walter Mildmay. « J'ai planté un gland qui, lorsqu'il deviendra chêne, Dieu seul sait ce qu'en sera le fruit », dit-il à la reine Élisabeth. Les seuls bâtiments restant du prieuré dominicain sont le **hall** et l'**ancienne bibliothèque**, dotés de façades de l'époque Tudor qui forment les côtés Sud et Est de **New Court**. La chapelle fut construite sous la direction de Wren (1668-1674) dans un style classique proche du baroque. Dans cette chapelle se trouve un monument à la mémoire de John Harvard, fondateur de Harvard College au 17e s.

Newnham College – *Sud-Ouest du centre-ville*. Après Girton College (construit en 1869 et maintenant mixte) fut fondé Newnham College (1871), le second collège de Cambridge destiné aux femmes (le troisième étant New Hall College, 1954). Par tradition, Newnham a toujours participé aux mouvements féministes tout en jouissant d'une réputation d'excellence. Il fut fondé par le moraliste et professeur à Cambridge, Henry Sidgwick, qui croyait au droit d'instruction de la femme. Ce bel édifice de style Reine Anne fut conçu par Basil Champneys (1875) : ses pignons hollandais en brique rouge et ses huisseries de couleur blanche se dressent parmi les jardins. Newnham a reçu une charte collégiale en 1917. C'est en 1948 que les femmes purent recevoir des diplômes.

EXCURSIONS

★**Imperial War Museum** ◷, à **Duxford** – *14 km au Sud par la M 11, près de la sortie 10*. Une collection d'avions de chasse et d'avions civils – dont un Concorde –, à bord desquels on peut monter, est abritée dans de vastes hangars qui servirent de base aérienne aux Anglais durant la bataille d'Angleterre, puis à l'US Air Force. Un bombardier B-52 dont les ailes ont une envergure de 56 mètres est la pièce maîtresse de la collection. Après avoir été restauré à Duxford, il fut transféré dans un bâtiment en béton et en verre conçu par Norman Foster. En été, des spectacles reconstituent des combats aériens.

★★ Audley End ⏱ – *21 km au Sud par Trumpington Road, la A 1309, la A 1301, puis la B 1383.* Lors de la Dissolution des monastères (1536), sir Thomas Andley reçut le monastère bénédictin et y construisit une demeure qui fut remplacée en 1605-1614 lorsque le domaine devint la propriété de **Thomas Howard, comte de Suffolk** et Grand Trésorier. Ce fut l'une des plus grandes résidences de style Jacques Ier en Angleterre. « Trop grande pour un roi, elle peut néanmoins convenir à un Grand Trésorier », déclara Jacques Ier qui contribua à son insu à en financer la construction. Plus tard, il fit emprisonner le comte pour détournement de fonds. Charles II en fut le propriétaire durant une courte période, puis l'édifice fut partiellement démoli en 1721, lorsque **Robert Adam** en redessina les intérieurs et que les parcs furent aménagés par **Capability Brown**. La maison actuelle est assez vaste, mais elle n'est qu'un reflet de sa splendeur passée.

Intérieur – Au cœur de la maison, on peut voir la **grande salle** et, se faisant face, ses deux clôtures : celle en chêne, superbe, de style Jacques Ier et celle en pierre de Vanbrugh datant d'environ 1721. Le **grand salon** aménagé par Adam (afin de donner une impression de « grandeur » à cette pièce, Adam fabriqua de petits meubles, ce qui lui conféra l'apparence d'une maison de poupée) et le **petit salon** furent conçus dans des styles très différents. De style classique, ce dernier comporte un plafond d'une architecture très travaillée, des lambris de Biagio Rebecca et de curieux chérubins inoubliables peints par Cipriani sur les boiseries des portes. À l'étage, les plafonds des **grandes salles de réception** sont remarquables. Dans la **chambre d'apparat**, le lit à baldaquin, aux rideaux brodés vieux de 200 ans, fut créé dans l'attente d'une visite de George III qui n'eut jamais lieu.

CANTERBURY★★★

Kent – 36 464 habitants
Carte Michelin n° 404 X 30 ou Atlas Great Britain p. 13

La capitale ecclésiastique de l'Angleterre, où règne encore une atmosphère médiévale, est dominée par sa célèbre cathédrale. Longtemps ouverte aux influences du continent, la ville s'est développée le long de Watling Street, grande voie romaine reliant Londres au port de Douvres. Elle constitue aussi l'aboutissement du **Pilgrims'Way**, un chemin d'origine préhistorique utilisé par les fidèles venus se recueillir sur la tombe de saint Thomas, martyr le plus célèbre d'Angleterre. Aujourd'hui, Canterbury est le siège d'une nouvelle université et exerce le même ascendant sur les touristes contemporains que jadis sur les pèlerins médiévaux.

UN PEU D'HISTOIRE

Bien que certaines fouilles de la période néolithique et de l'âge du bronze nous informent que des hommes vécurent en ces lieux en des temps très reculés, l'histoire de Canterbury commence réellement avec les conquêtes de l'empereur Claude, en 43 après J.-C., et la fondation de la ville fortifiée de Durovernum. Après le retrait des Romains, au début du 5e s., la ville fut envahie par les Saxons et rebaptisée Cantwarabyrig – « forteresse des hommes du Kent ». En 597, elle reçut **saint Augustin**, dépêché par Rome pour convertir la population païenne au christianisme. Sa mission eut un impact tel que la ville devint le centre de l'Église d'Angleterre et Augustin lui-même fut consacré premier archevêque.

En 1170, un autre archevêque, **Thomas Becket**, fut cruellement assassiné dans le croisillon gauche par quatre chevaliers d'Henri II Plantagenêt qui avaient interprété à la lettre le désir formulé par leur souverain de se débarrasser de « ce gêneur en soutane ». Thomas fut canonisé deux ans plus tard et sa tombe attira immédiatement une foule de pèlerins, dont nombre d'histoires sont relatées dans les *Contes de Cantorbéry* de **Chaucer**.

Le monastère de la cathédrale était le plus grand du pays et, au 13e s., les franciscains et les dominicains s'y étaient également établis. Cette vie monastique intense s'acheva à la Dissolution. Henri VIII s'empara des trésors de la cathédrale. Le lieu saint où étaient conservées les reliques du prélat fut détruit et les pèlerinages cessèrent. La période de la Contre-Réforme salua l'arrivée des huguenots français, venus s'y réfugier sur l'invitation d'Élisabeth Ire. Artisans expérimentés, ils contribuèrent à la prospérité de Canterbury. La ville poursuivit son essor, en dépit des déprédations commises par les puritains durant la guerre civile. Des dommages plus sérieux furent causés par les bombardements de 1942 qui ravagèrent une partie de la vieille ville. Miraculeusement, la cathédrale ne fut pas touchée et la reconstruction du quartier dévasté est désormais achevée.

★★★ CATHÉDRALE ⏱ *1 h*

Lanfranc ne tarda pas à réédifier la cathédrale, détruite par l'incendie de 1067. Les travaux furent en fait terminés en l'espace de 7 ans. Un archevêque non moins entreprenant, **Anselme**, remplaça le chœur de son prédécesseur par un nouveau chœur, largement plus ambitieux, plus long que la nef. Consacré en 1130, l'édifice fut de

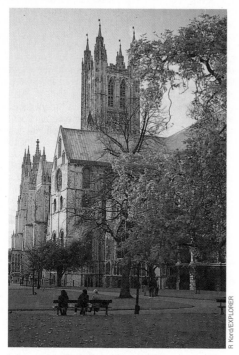

nouveau anéanti par le feu en 1174, 4 ans après le meurtre de Becket, mais la crypte et la nef furent épargnées. Alors que la cathédrale était devenue le centre le plus important de pèlerinage en Europe du Nord, on saisit l'opportunité de la rebâtir en rendant hommage au martyr. Les travaux furent entrepris par un architecte français, **Guillaume de Sens**, qui eut recours au gothique Early English, très présent dans le chœur et dans son extension vers l'Est (chapelle de la Trinité et la Couronne). Devenu infirme après être tombé d'un échafaudage, il fut remplacé par un autre Guillaume, « l'Anglais », qui acheva le chœur et dessina les plans de la crypte Est et de la chapelle de la Trinité. La **nef** et le **cloître** furent reconstruits dans le style Perpendicular au 14ᵉ s., tandis que le 15ᵉ s. vit l'achèvement des croisillons et la réfection des tours. La tour centrale, ou **tour de la cloche**

Canterbury – La cathédrale

Harry (hauteur : 76 m), couronnant l'ensemble du bâtiment, fut terminée à la fin du 15ᵉ s. Depuis, en dehors des saccages que les puritains causèrent aux vitraux, aux sculptures et au mobilier, le grand édifice a subi peu de changements notables. La tour Nord-Ouest fut démolie en 1832 et remplacée par une copie de la tour Sud-Ouest.

À partir de High Street ou dans le prolongement de St Margaret Street, c'est en empruntant Mercery Lane que l'on aura la meilleure approche de ce magnifique sanctuaire.

Célèbre artère de Canterbury, **Mercery Lane★** est une petite rue animée ayant conservé son charme médiéval. Elle offre une impressionnante vue sur les tours Ouest de la cathédrale et sur **Christ Church Gate★**, porte monumentale réalisée entre 1504 et 1521 et enjolivée d'armoiries, qui constitue l'entrée principale de la cathédrale.

Entrer par le porche Sud-Ouest.

Construite entre 1391 et 1404, la **nef** est l'œuvre de l'architecte **Henry Yevele**. Les colonnettes s'élançant d'un seul jet jusqu'à la haute voûte, les superbes bas-côtés et l'abondante lumière créent une impression de calme majestueux. La grande fenêtre Ouest (1) est ornée de vitraux du 12ᵉ s., incluant notamment une belle représentation d'Adam Delving. Vers la porte Nord se trouvent les **fonts baptismaux** en marbre de style classique du 17ᵉ s. (2), où l'on reconnaîtra, parmi les sculptures, les quatre évangélistes et les douze apôtres.

Quitter le bâtiment principal pour visiter le grand cloître.

Les galeries du **grand cloître** furent reconstruites en style Perpendicular vers 1400. Plus de huit cents armoiries décorent les voûtes très ouvragées. La galerie Est donne accès à la **salle capitulaire** coiffée d'un haut toit de chêne sur croisée d'ogives et dotée de fenêtres de style Perpendicular. Leurs vitraux représentent des personnages liés à l'histoire de la cathédrale.

Retourner vers l'édifice principal, puis remonter à gauche le bas-côté jusqu'au croisillon gauche.

C'est là que se déroula le **martyre de Becket** (**3**), commémoré de façon saisissante par l'« Autel de la pointe de l'épée » (Altar of the Sword's Point), restauré, et par une sculpture moderne cruciforme. Le pape Jean-Paul II et l'archevêque Runcie prièrent tous deux à cet endroit le 29 mai 1982.

Descendre quelques marches pour accéder à la crypte.

La mystérieuse **crypte** du 12ᵉ s. comprend une nef, des bas-côtés, deux croisillons et renferme de riches pièces du trésor de la cathédrale : les jubés magnifiquement ouvragés de la chapelle **Notre-Dame-de-la-Crypte** (Chapel of Our Lady Undercroft – **4**) ainsi qu'une collection de chapiteaux ouvragés, superbes exemples de l'imagination et du talent du sculpteur roman qui les exécuta. Le croisillon gauche abrite les autels de saint Nicolas (**5**) et de sainte Marie-Madeleine (**6**), tandis que le chœur, avec ses colonnes massives et ses voûtes pointues annonçant le nouveau style gothique, correspond à l'agrandissement survenu après 1174. C'est là que reposa le corps de **saint Thomas Becket** (**7**) jusqu'en 1220. Derrière se trouve le ravissante chapelle de Jésus (**8**). Le croisillon droit abrite la **chapelle funéraire du Prince Noir** (**9**), devenue par la suite l'église des huguenots. Aujourd'hui, elle est toujours utilisée pour les offices célébrés en français.

Quitter la crypte par l'escalier gauche et se diriger vers la croisée du transept, à droite.

Admirez la merveilleuse tour centrale, **Bell Harry Tower**, dont la **voûte en éventail** est semblable à de la dentelle (**10**) ; les clés de voûte sont décorées par les armoiries des personnes qui participèrent à la construction de la tour.

Entrer dans le chœur en franchissant les grilles.

Le chœur contient un **jubé** (**11**) du milieu du 15ᵉ s. orné des statues de six rois, le maître-autel et le **trône** (**12**) en marbre de **saint Augustin** (13ᵉ s.), traditionnellement utilisé pour introniser l'archevêque, primat d'Angleterre. Depuis chacun des croisillons, on peut juger en regardant vers la nef, de style Perpendicular, de l'évolution du style gothique durant trois siècles.

Remarquez les nombreux et merveilleux **vitraux médiévaux**. Celui de la chapelle de la Trinité relate les miracles (**13**) de saint Thomas. Son tombeau, placé ici en 1220, a disparu, mais il subsiste un joli dallage en mosaïque de l'époque romaine. Parmi les tombes les plus remarquables, on trouve celle du **Prince Noir** (**14**). Au-dessus de la célèbre effigie, on peut admirer des répliques de son heaume, de son cimier, de son casque, de ses gantelets et de son épée. Au Nord se trouve la somptueuse **tombe d'Henri IV** en albâtre (**15**). Seul roi anglais à être enterré dans la cathédrale, il y fut inhumé en 1413 avec la reine Jeanne de Navarre. Derrière la chapelle de la Trinité, l'édifice se termine par la **Couronne** (Corona – **16**), une chapelle circulaire où le crâne de saint Thomas aurait été déposé. Les **vitraux de la Rédemption** (**17**) du début du 13ᵉ s., derrière l'autel, sont particulièrement dignes d'intérêt.

A F Kersting

Gisant du Prince Noir

À l'angle Sud-Ouest de la chapelle de la Trinité se trouve la **chapelle St-Anselme** (**18**) bâtie dans un style typiquement roman. En haut de l'abside, belle peinture murale du 12ᵉ s.

Retourner vers le bras droit du transept, là où se situe la sortie principale.

Latéralement au croisillon s'élève la **chapelle St-Michel** (**19**), agrémentée d'une abondance de monuments commémoratifs baroques et Renaissance.

À l'extérieur, gagner le chevet de la cathédrale. On admirera la belle tour engagée dans le croisillon du chœur, magnifiquement décorée dans sa partie supérieure, la chapelle St-Anselme, le chœur et – dans son prolongement – la Corona.

LE CENTRE-VILLE

★★ **St Augustine's Abbey** ⊘ – L'abbaye fut fondée en 597 par saint Augustin. Il reste d'importantes ruines de la grande église abbatiale de la période romane qui remplaça les bâtiments saxons. On découvre également les vestiges de tombes saxonnes et, à l'Est, l'église **St Pancras**, ancien temple païen transformé par les chrétiens. L'abbaye fut dissoute en 1538 et l'église démolie.

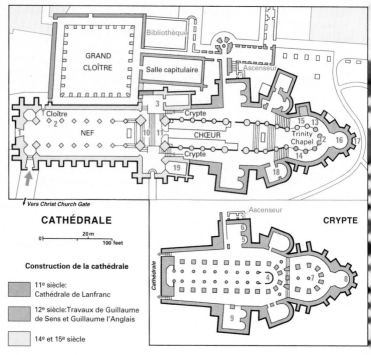

CATHÉDRALE

0 ⊢———— 20 m ————⊣
                100 feet

Construction de la cathédrale

11e siècle:
Cathédrale de Lanfranc

12e siècle:Travaux de Guillaume
de Sens et Guillaume l'Anglais

14e et 15e siècle

CRYPTE

Ce qui subsiste de l'abbaye est occupé par le **collège St-Augustin**. La **grande porte** du début du 14e s. est particulièrement intéressante.

Roman Museum ⊘ – Les vestiges romains mis au jour au-dessous du centre commercial de Longmarket sont présentés dans ce musée moderne qui fait appel à des techniques contemporaines pour redonner vie à la ville de Dunovernum Cantiacorum et familiariser le visiteur avec les aspects passionnants de l'archéologie.

★**King's School** ⊘ – Vieil institut dont les plans furent dressés par Henri VIII en 1541, l'école occupe les bâtiments de l'ancien monastère de la cathédrale pour la plupart regroupés autour de l'agréable espace de verdure de Green Court. On apprécie mieux l'incroyable longueur de la cathédrale en se plaçant à cet endroit. À l'angle Nord-Ouest se trouvent une porte et un splendide **escalier** romans (12e s.).

Blackfriars Monastery – Le Guest Hall *(à voir de St Peter's Lane)* et le réfectoire qui abrite le centre d'art de l'École du roi sont tout ce qui subsiste d'un monastère dominicain du 13e s., dissous durant la Réforme.

★**West Gate** – Il s'agit de la dernière porte qui fit jadis partie des remparts de la ville et qui servit plus tard de prison. Un **musée** ⊘ contenant une intéressante collection d'armes a maintenant été installé au-dessus de la porte.
Des remparts, on a une belle vue panoramique sur le centre-ville, dominé par la cathédrale.

Canterbury Weavers – Cet ensemble de pittoresques demeures de l'époque Tudor, tournées vers la rivière Stour, tire son nom des tisserands huguenots réfugiés qui s'établirent dans ce quartier.

Hospital of St Thomas the Martyr ⊘ – Fondé en 1180 par Édouard Fitzoldbold, un riche citoyen de Canterbury, les bâtiments d'origine servaient à l'accueil des pèlerins venus se recueillir sur la tombe de saint Thomas. Après avoir fonctionné sans interruption durant les 14e et 15e s., l'hospice partagea le destin des monastères à la Dissolution. Vers la fin du 16e s., l'archevêque Jean Whitgift avait assuré l'avenir de la propriété par un décret du Parlement ordonnant que l'hospice mette 10 de ses logements à la disposition des nécessiteux et fonde une école de garçons. Aujourd'hui, les bâtiments offrent toujours des logements pour les personnes âgées. Le hall d'entrée fut construit vers la fin du 11e s. À gauche, en entrant, se trouve une chapelle du 14e s., toujours utilisée pour le culte. En face de la porte d'entrée, on peut admirer la **crypte** du 12e s., qui était à l'origine un dortoir pour les pèlerins. À l'étage supérieur se situe le **réfectoire** du 12e s. Le mur Nord est décoré d'une fresque, représentant le Christ et les quatre évangélistes, découverte en 1879. La **chapelle**, juste au-dessus du hall d'entrée, remonte au 12e s. ; son toit et sa charpente en bois sont remarquables.

Greyfriars House ⓥ – Charmante demeure du 13ᵉ s. bâtie sur la rivière Stour, elle abritait à l'origine, les franciscains. La salle de l'étage supérieur est aujourd'hui une chapelle ouverte au public.

★**Canterbury Heritage Museum** ⓥ – L'hospice fut fondé au 13ᵉ s. pour servir d'asile pour pauvres. D'après l'historien de Canterbury, Thomas Wyke, qui vécut au 17ᵉ s., les bâtiments actuels dateraient de 1373. On peut y visiter un musée consacré à l'histoire de Canterbury et ses proches alentours. Le rez-de-chaussée est occupé par des vestiges romains, anglo-saxons et vikings, tandis que le premier étage est consacré à des expositions de la période romane, comprenant notamment une remarquable maquette de la reconstruction du chœur de la cathédrale après l'incendie de 1174.

The Canterbury Tales ⓥ – L'église St Margaret a été spécialement réaménagée pour accueillir une ingénieuse présentation multimédia des personnages hauts en couleur imaginés par **Geoffrey Chaucer** (v. 1340-1400) dans *Les Contes de Cantorbéry*.

Norman Castle – De ce château roman du 11ᵉ s. ne reste que le donjon massif.

City Walls – Un chemin de ronde couronne le haut des **murs médiévaux** bien préservés, solidement érigés sur des fondations romaines. Du haut du **Dane John Mound**, on a une vue charmante sur le parc et le **monument** élevé en l'honneur de **Christopher Marlowe**, le célèbre dramaturge de Canterbury.

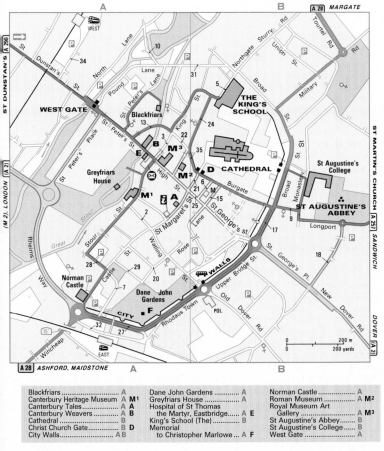

AUTRES CURIOSITÉS

St Dunstan's Church ☉ – Fondée vers la fin du 11ᵉ s. par Lanfranc, l'église accueillit Henri II en 1174 quand il fit pénitence pour avoir pris part au meurtre de saint Thomas Becket. Lorsque **Thomas More**, lord-chancelier d'Angleterre, fut décapité en 1535, sa fille Marguerite, épouse de Guillaume Roper, récupéra la tête de son père, qui repose désormais dans le caveau familial des Roper à l'intérieur de l'église.

★**St Martin's Church** ☉ – Construite sur la colline St-Martin et considérée comme la plus ancienne église paroissiale d'Angleterre, elle possède une imposante tour de style Perpendicular. La brique romaine utilisée dans la construction de ses murs est d'origine romaine. De conception simple, l'église possède des fonts baptismaux de facture romane, ainsi qu'une « fenêtre pour lépreux », située à 60 cm du sol, à l'arrière de la nef.

Royal Museum and Art Gallery ☉ – La collection d'art décoratif et de peinture comprend une galerie dédiée au peintre animalier victorien Thomas Sydney Cooper (1803-1902). Le **Buffs Museum** rend hommage au Royal East Kent Regiment, dont les soldats étaient surnommés Buffs du fait de la couleur chamois du revers de leur tunique rouge. L'exposition relate l'histoire militaire anglaise du 16ᵉ au 20ᵉ s. Le dernier message, écrit avec son propre sang par le capitaine James Fenwick durant la guerre d'Espagne, constitue un document émouvant.

EXCURSIONS

Isle of Thanet – *Quitter Canterbury par la A 290 au Nord*. Cette agréable excursion le long des côtes du Kent vous emmènera d'abord à **Whitstable**, célèbre pour ses huîtres. En poursuivant vers l'Est sur la A 299, vous traverserez la station balnéaire de **Herne Bay** avec son long front de mer.
Au-delà du fort romain en ruine de **Reculver** (réserve naturelle) surveillant une plage autrefois très exposée aux invasions se trouvent des stations balnéaires réputées : **Margate** (plages sableuses, théâtres et parcs d'attractions), **Broadstairs** (jolie baie, station balnéaire où Charles Dickens séjourna à maintes reprises entre 1837 et 1851) et **Ramsgate** (falaise de craie, architecture Regency et port).
Sur l'aérodrome de Manston *(à l'Ouest de Ramsgate par la A 253)*, le **Spitfire and Hurricane Memorial Building** ☉ rend un hommage à cette base de la Royal Air Force, la plus proche du continent durant la bataille d'Angleterre, et évoque le rôle prépondérant qu'elle eut à jouer. Continuer vers l'Ouest et prendre la route secondaire vers **Minster** (jolie abbaye des 11ᵉ-12ᵉ s.), au Sud.

★**Sandwich** – *21 km à l'Est par la A 257*. Un des « Cinq Ports » *(voir p. 192)* les plus originaux. Ce fascinant bourg médiéval est toujours entouré en grande partie par ses remparts de terre. Il semble avoir peu changé depuis le mouvement de retrait de la Stour amorcé au 15ᵉ s.
Ses jolies maisons de toutes les époques se resserrent autour de ses trois églises : St-Clément, flanquée d'une robuste tour romane à arcades, St-Pierre, couronnée par un dôme bulbeux reflétant une influence flamande, et Ste-Marie. Du côté du quai se trouve la pittoresque barbacane qui surveille la traversée du fleuve et la porte du Pêcheur, d'origine médiévale.

Richborough Roman Fort ☉ – *21 km à l'Est par la A 257, puis une route secondaire*. C'est probablement en ces lieux que l'armée d'invasion de l'empereur Claude arriva en 43 de notre ère. Le port romain de Rutupiae demeura l'un des plus importants de la province et devint, par la suite, le siège du comte de la côte saxonne chargé de repousser les assauts grandissants des envahisseurs germaniques arrivés par la mer. Les **murs massifs**, que l'on aperçoit des rivages monotones de la Stour, impressionnent toujours, bien que l'on ne puisse plus les voir de la mer. Celle-ci s'est en effet retirée à une distance de 3 km.

CARDIFF★★★

CAERDYDD – South Glamorgan – 262 313 habitants
Carte Michelin nº 403 K 29 ou Atlas Great Britain p. 16

Cardiff, la capitale du pays de Galles, s'est développée à partir du fort romain qui gardait le passage sur la Taff entre Caerleon et Carmarthen. C'était le principal port charbonnier du monde au début du 20ᵉ s., et une bonne partie de son aspect actuel peut être directement attribué à cette époque. Le rugby, sport national du pays de Galles, a pour quartier général le nouveau **Millennium Stadium** (inauguré en 1999) qui a remplacé le mythique **Arms Park**.

★**Castle** ☉ – Après Hastings, Guillaume Iᵉʳ le Conquérant laissa le champ libre à Robert FitzHamon dans les Marches du Sud. Celui-ci édifia à l'intérieur des ruines du fort romain un château avec une cour et des remparts en bois d'œuvre. Le donjon de pierre, de forme dodécagonale, date du 12ᵉ s.

CARDIFF

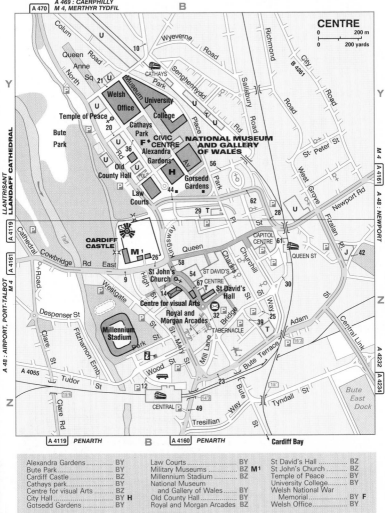

C'est le 3ᵉ **marquis de Bute** (1847-1900), qu'on tenait à l'époque pour l'homme le plus riche d'Angleterre, qui, en 1868, passa commande de travaux à l'architecte William Burgess (1827-1881). Laissant libre cours à son imagination, ce dernier réalisa une extraordinaire série d'**intérieurs exotiques★** (arabe, gothique et grec), pour créer l'exceptionnel monument, qui rend hommage à l'époque victorienne, que l'on peut voir aujourd'hui. Dans le parc se trouvent aussi le **Welsh Regiment Museum** et le musée des Dragons de la Garde (Queen's Dragoon Guards Museum).

★★★ **National Museum of Wales** ⊘ – Situé dans **Cathays Park,** vaste centre adminis-tratif de la ville, le bâtiment central du National Museum a été si superbement réaménagé et agrandi qu'il est aujourd'hui considéré comme l'une des plus grandes réussites architecturales de toute la Grande-Bretagne. Le musée présente de remarquables expositions sur l'archéologie, le verre, l'argenterie et les porcelaines. La collection de peintures et d'histoire naturelle compte parmi les plus riches du pays.

★★ **La formation du pays de Galles** – 600 millions d'années d'histoire sont retracés à travers diverses expositions évocatrices de la beauté des paysages naturels et leur formation souvent saisissante.

★★ **Collection de peintures** – Le musée possède une belle collection de peintures et de sculptures de la Renaissance à nos jours, notamment des œuvres de maîtres italiens, du **Lorrain** et de **Poussin**, et des toiles modernes signées Kokoschka ou Max Ernst. Mais la place la plus importante est accordée à la peinture britannique et aux impressionnistes français.

Naturellement, la peinture et les sujets gallois sont bien représentés avec des œuvres du paysagiste **Richard Wilson** (1713-1782) et de son élève **Thomas Jones** (1742-1803) qui signa des scènes dramatiques comme *The Bard*, prêt à se jeter d'une falaise devant ses persécuteurs anglais. Parmi les contemporains britanniques figurent des artistes gallois comme **Ceri Richards** (1903-1971), **Kyffin Williams** ou le flamboyant **Augustus John** (1878-1961) et sa sœur Gwendolen.

L'immense fortune amassée par le propriétaire minier David Davies (1818-1890) fut employée par ses petites-filles pour collectionner des tableaux des impressionnistes français. Après avoir acheté plusieurs Millet et Corot, les sœurs portèrent leur dévolu sur de merveilleuses toiles de **Monet, Manet, Pissarro, Sisley, Degas, Renoir, Cézanne** et **Van Gogh,** faisant de Cardiff un lieu de pèlerinage incontournable pour les amoureux de l'impressionnisme et du post-impressionnisme français.

★ **Cardiff Bay** – Le déclin du vaste quartier portuaire de Cardiff, autrefois plaque tournante de l'embarquement du charbon en provenance des mines du Sud du pays de Galles, est actuellement stoppé par un ambitieux programme de réhabilitation et la création de nouveaux centres culturels. Le projet repose sur la construction d'un barrage à travers l'estuaire de la Taff, qui permettra la création d'un plan d'eau douce de 200 ha avec 13 km de plages. **Butetown,** baptisé en l'honneur du 2e marquis de Bute qui fit construire les docks, est le cœur du quartier du port. Parmi les bâtiments progressivement sauvés du délabrement, on notera l'immense **bourse du Charbon** d'inspiration néo-

Hôtel de ville

Cardiff pratique

Office de tourisme – Le **Tourist Information Centre**, Central Cardiff Station, Central Square, ☎ (01222) 227 281, informe, conseille, procède à des réservations de chambres et vend des tickets de stationnement.
Internet : http://www.tourism.wales.gov.uk

Tourisme – Grâce aux bus découverts de **Cardiff Bus Tour**, vous pouvez visiter Cardiff dans les meilleures conditions : leur itinéraire comprend le centre-ville, avec des arrêts au Castle Museum, au National Museum, à Queen Street Station, Pier Head (Maritime Museum), Stuart Street (Techniquest), Mill Lane (shopping) et la Central Bus Station (Tourist Information Centre).

Achats – Les **Capitol Shopping Centre**, **St David's Centre** et **Queen's Arcade** sont des galeries marchandes dernier cri. Des arcades édouardiennes et victoriennes abritent des boutiques spécialisées. **Craft in the Bay** *(dans Bute Street)* est l'endroit où admirer les travaux des membres des Makers Guild of the Wales : céramiques, verre, textiles, joaillerie, bois et paniers. ☎ (01222) 756 428.

Pubs et restaurants – Le **Café Quarter** (Mill Lane) et le quartier de Cardiff Bay proposent un grand choix de restaurants. Harry Ramsden's (dans Stuart Street) est l'endroit idéal pour déguster des *Fish and Chips*.

Loisirs – Cardiff est une scène culturelle de premier choix avec ses Welshs Proms, le Welsh National Opera, le Cardiff Singer of the World Competition (juin), le Festival of Folk Dancing (juin) et un Summer Festival (juillet-août), sans oublier des comédies, des spectacles de rue, des événements destinés aux enfants, des concerts gratuits en plein air et des champs de foire. St David's Hall, New Theatre, **Cardiff International Arena** (s'y tiennent également des expositions), Sherman Theatre, Chapter Art Centre sont les principaux lieux de rendez-vous théâtral. Le **Wales Millennium Centre** sera un nouveau centre des arts (fin des travaux prévue en 2001).
On peut aussi pratiquer le patin à glace et le hockey sur glace au **Cardiff Ice Rink**, lieu de rencontre de toutes les manifestations sportives sur glace.
Atlantic Wharf Leisure Village *(Hemingway Road)* est un parc de loisirs à thème doté d'un cinéma multisalles, d'un bowling, de restaurants et de boutiques.
☎ (01222) 471 444.

Millennium Stadium – C'est là que se pratique le sport national, le rugby. Le stade a été reconstruit pour aborder le 21e s. avec faste.

Renaissance, achevée en 1866. La façade de brique rouge et de terre cuite du **Pierhead Building** (1896) contraste par sa couleur criarde avec les tuyaux argentés du **Cardiff Bay Visitor Centre** ⊘ où sont expliqués dans le détail les projets d'aménagement du quartier, qui prévoient une nouvelle salle pour le Welsh National Opera.

★**Techniquest** ⊘ – Regardant les anciens bassins de radoub, ce bâtiment ultramoderne alliant verre et acier abrite une remarquable exposition interactive destinée à illustrer les principes scientifiques par des expériences ludiques.

★**Llandaff Cathedral** – *Par la A 4119*. La légende veut que saint Teilo ait fondé en ces lieux une communauté vers l'an 560, donnant à son église *(Llan)* le nom de la rivière Taff toute proche. La cathédrale fut construite entre 1120 et 1280, mais

Wales Tourist Board

tomba en ruine après la Réforme. La tour du 13ᵉ s. et le toit s'écroulèrent lors d'une tempête en 1723, et ce n'est qu'au 18ᵉ s. que John Wood fut chargé de restaurer l'édifice. Son ouvrage fut presque entièrement détruit par une mine dont l'explosion toucha la partie Sud de la cathédrale, le 2 janvier 1941. Le chœur est maintenant séparé de la nef par une arche en béton agrémentée de quelques-unes des figures des stalles du chœur, datant du 19ᵉ s., et d'un imposant *Christ en majesté* en aluminium de Epstein. Remarquez dans la chapelle, dédiée au régiment gallois, le triptyque de Rossetti, *La Descendance de David*.

ENVIRONS

St Fagans Castle – *8 km à l'Ouest par la A 4161*. Construit vers 1580, il a été restauré et « rajeuni » selon un aspect 19ᵉ s. ; il est meublé en conséquence. Ses beaux jardins, très travaillés, comprennent des massifs de mûriers et des étangs peuplés, comme au 17ᵉ s. de carpes, de brèmes et de tanches. Ils servent de cadre au **musée d'Art et Traditions populaires gallois**.

★★ **Museum of Welsh Life** ⊘ – Les bâtiments reconstitués sont représentatifs de tout le pays de Galles : des cottages, des fermes, une chapelle, une boulangerie, une école, un moulin, une tannerie, une épicerie de village, ainsi que des édifices peu ordinaires comme un octroi et une arène de combat de coqs. Une exceptionnelle collection de coracles (bateaux de pêche du pays de Galles), une ferme en activité et un coron contribuent à la diversité de l'exposition. De nombreux artisans démontrent leur savoir-faire dans leurs ateliers. Des salles modernes présentent la vie traditionnelle – familiale, sociale et culturelle – du pays. Par ailleurs, des expositions sont consacrées aux costumes et à l'agriculture.

★★ **Castell Coch** ⊘, à **Tongwynlais** – *8 km au Nord par la A 470*. Forteresse pseudo-médiévale due, comme Cardiff Castle, conjointement à la fortune du marquis de Bute et à l'imagination de **William Burgess**. L'édification de ce château fantastique, rappelant le style du 13ᵉ s., commença en 1875 par des tourelles inspirées de Chillon et de Carcassonne, que complétèrent par la suite pont-levis, herse et meurtrières. La décoration intérieure combine les influences françaises, gothiques et mauresques.

★★ **Caerphilly Castle (Caerffili)** ⊘ – *11 km au Nord par la A 470, puis la A 469*. Cette forteresse massive se dresse d'une manière menaçante derrière de larges étendues d'eau à vocation défensive. Commencé en 1268 par l'influent baron **Gilbert de Clare**, ce château fut le premier de Grande-Bretagne à être bâti selon un plan parfaitement concentrique ; la conception de ses murs, de ses tours et de ses corps de garde comporte certaines caractéristiques novatrices. Il servit de modèle aux châteaux qu'Édouard Iᵉʳ devait construire peu après dans le Nord du pays de Galles *(voir en Introduction le chapitre L'architecture)*. L'un de ses propriétaires fut **Hugh Despenser**, le favori d'**Édouard II**. Celui-ci y séjourna brièvement en 1326 alors qu'il fuyait la reine Isabelle et son amant Mortimer. Le délabrement ultérieur du château fut accéléré par les destructions délibérées de la guerre civile ; la « tour penchée », à moitié en ruine, de l'angle Sud-Est de la cour principale, en constitue un témoignage cuisant. L'état actuel de cet impressionnant ensemble est dû en grande partie à la restauration générale qu'entreprirent aux 19ᵉ et 20ᵉ s. les 3ᵉ et 4ᵉ marquis de Bute.

Les visiteurs pénètrent dans le château par le grand corps de garde, situé dans la très longue **barbacane Est**, ouvrage fortifié séparant les douves intérieures et extérieures des pièces d'eau défensives qui se trouvent au Nord et au Sud. Derrière ces protections, le cœur du château est composé d'une cour extérieure munie de bastions semi-circulaires et d'une cour intérieure qui abrite des tours à tambour, d'énormes corps de garde et le **grand hall**, rebâti par Despenser vers 1317. Pour protéger le corps de garde Ouest, qui était l'entrée d'origine, on a construit un ouvrage extérieur considérable et, un peu plus loin, une redoute du 17ᵉ s., érigée à l'emplacement d'un fort romain.

EXCURSIONS

★★ **Tredegar House** ⊘, à **Newport** – *16 km. Prendre la M 4 vers l'Est et sortir à l'échangeur 28 ; le domaine est à peu de distance*. L'une des plus belles demeures construites en Angleterre et au pays de Galles dans les années qui suivirent la guerre civile. Érigé entre 1664 et 1672, ce grand manoir était la résidence des richissimes Morgan. Cette famille de propriétaires terriens, d'entrepreneurs et de promoteurs, créa le port de Newport au 19ᵉ s. La maison et les jardins sont méticuleusement restaurés pour redonner l'atmosphère qui régnait à Tredegar à l'époque où les Morgan n'avaient pas encore dilapidé leur fortune en yachts et en train de vie. L'intérieur est en grande partie redécoré avec des meubles d'origine. Parmi les plus belles pièces, on notera le salon brun, aux exubérantes sculptures, le salon doré et le cabinet de cèdre, aux lambris odoriférants. Le **parc★** a conservé quelques-uns de ses traits originaux, notamment un superbe portail en fer forgé et des parterres géométriques dont les formes ont été remblayées avec des matériaux de la région : poussière de charbon, coquillages et terres colorées.

★★ Caerleon ⊘ – *24 km. Prendre la M 4 vers l'Est jusqu'à l'échangeur 25, puis suivre les indications.* Isca pour les Romains, Caerleon ou la « cité des légions » en gallois a abrité la 2e légion impériale, qui comptait de 5 000 à 6 000 hommes, de 75 à 300 après J.-C. Les Romains édifièrent les énormes **bains de la forteresse★**, parfaitement conservés et présentés. Tout près, le **Roman Legionary Museum** ⊘ expose de manière exemplaire d'autres découvertes faites sur ce site important. L'**amphithéâtre★** situé juste à l'extérieur des murs de la forteresse fut bâti vers l'an 90. Les **cantonnements,** groupés par paires et pourvus de vérandas le long d'une rue centrale, abritaient huit hommes par pièce, le centurion étant logé à l'extrémité de chaque bloc ; ce sont les seuls cantonnements de légionnaires romains subsistant en Europe.

South Wales Valleys – Immédiatement au Nord de Cardiff et des autres ports du Sud du pays de Galles s'étend un des plus vastes bassins houillers de Grande-Bretagne, **The Valleys,** dont une seule mine est encore en exploitation. Dominées par les corons et leurs chapelles, les usines métallurgiques restantes, les carreaux de mine et les wagonnets qui les desservaient occupent le fond de profondes vallées, séparées les unes des autres par de hautes collines verdoyantes. C'est de cet endroit, où coexistent nature sauvage et industrie lourde, qu'est originaire Aneurin Bevan, tribun politique et fondateur du National Health Service (la « Sécurité sociale » anglaise). Une statue tournée au Nord, vers le bassin houiller, lui a été dressée à Cardiff. Un autre monument lui est dédié sur les hauteurs ventées qui surplombent Ebbw Vale, dont il fut député de 1929 jusqu'à sa mort en 1960.

La région entière est riche en vestiges de l'ère industrielle, mais sa quintessence semble concentrée dans les vallées de Rhondda Fawr et Rhondda Fach. À **Pontypridd** *(20 km au Nord-Ouest de Cardiff par la A 470),* où la Rhondda débouche dans la vallée de la Taff, une superbe chapelle abrite l'**Historical Centre** ⊘. Un peu plus loin, le **Rhondda Heritage Park★** ⊘, aménagé autour de la mine désaffectée de Lewis Merthyr, conte l'histoire à la fois fascinante et poignante de l'exploitation minière dans ces vallées et propose une descente impressionnante en train dans les galeries. Les visites guidées sont commentées par d'anciens mineurs, tout comme à **Blaenavon** *(45 km au Nord-Est de Cardiff par la M 4, la A 4042, puis la A 4043).* Dans cette localité, la **mine de Big Pit★** ⊘ fut fermée en 1980. Les installations de son ancien carreau sont maintenant ouvertes aux visiteurs, avec une grande exposition remémorant la réalité du quotidien dans cette industrie aujourd'hui presque disparue.

CARDIGAN

ABERTEIFI – Dyfed – 3 815 habitants
Carte Michelin n° 403 G 27 ou Atlas Great Britain p. 24 – Schéma : PEMBROKESHIRE

Les ruines du château roman gardent encore l'accès Sud à Cardigan, mais aujourd'hui la ville offre un aspect victorien. Un beau **pont** à six arches, roman à l'origine, fut reconstruit en 1640, après avoir été endommagé par la guerre civile. Des falaises, on a une jolie vue sur Gwbert, tout proche.

Excursions en bateau

Le Marine Wildlife Centre (voir ci-dessous) propose différentes formules (1 heure, 2 heures, 4 heures, 8 heures, cinq jours) qui permettent d'observer la faune de la baie de Cardigan et de St George Channel, en particulier des oiseaux aquatiques, des phoques, des dauphins et des baleines.

Marine Wildlife Centre ⊘ – Ce centre d'information interactif est consacré aux dauphins, aux phoques et autres espèces de la faune aquatique, ainsi qu'à l'observation de la mer et à la recherche. Les visiteurs de tous les âges peuvent y découvrir l'environnement marin grâce à un système de sonorisation. Activités pour les enfants, tableaux indiquant où la faune peut être observée sans être perturbée et excursions en bateau à Cardigan, Ray ou jusqu'à la côte irlandaise.

VALLÉE DE LA TEIFI

Excursion de 32 km. Quitter Cardigan par le Sud, par la A 478, puis tourner à gauche direction Cilgerran et suivre le fléchage « Welsh Wildlife Centre ».

La Teifi bénéficie d'une réputation flatteuse parmi les amateurs de pêche au saumon.

Welsh Wildlife Centre ⊘ – Un centre d'accueil dont la visite est vivement recommandée pour ses vues panoramiques sur les différents habitats de cette vaste réserve naturelle, située à l'endroit où la gorge boisée de la Teifi devient un marécage estuarien.

Cilgerran Castle ⊘ – Représentées par Turner à plusieurs reprises – un de ses tableaux se trouve au musée du Leicestershire –, ces ruines romantiques sont perchées sur un promontoire qui domine la profonde gorge boisée de la Teifi.

Ce château est probablement celui où en 1109, Owain, prince de Powys, enleva la belle Nest, épouse de Gérald de Windsor. Ses fils furent les fondateurs des puissantes familles anglo-irlandaises FitzRoy, FitzOwen et FitzGerald. Les tours circulaires de quatre étages qui défendaient l'approche par les terres dominent encore le paysage.

Suivre les indications, direction Llechryd, et tourner vers l'Est sur la A 484.

Chutes de Cenarth – En bas de cette jolie chute, la rivière sert de site pour une course annuelle de canots. Des paires de *coracles* – petits bateaux faits de branches de frêne entrelacées recouvertes de toile goudronnée – servent encore à la pêche au saumon et à la truite, sur cette rivière ainsi que sur la rivière Twyi.

Poursuivre sur la A 484 vers l'Est, puis tourner à droite sur une route secondaire 4,8 km après Newcastle Emlyn.

★**Museum of the Welsh Woollen Industry** ⊘, à **Dre-fach Felindre** – Dépendant du Musée national du Pays de Galles, le musée de l'Industrie lainière galloise est situé dans d'impressionnants bâtiments. On y retrace l'histoire d'une industrie rurale qui fut essentielle au pays de Galles, depuis ses toutes premières origines familiales jusqu'aux systèmes industriels de notre siècle.

CARLISLE★

Cumbria – 72 439 habitants
Carte Michelin n° 402 L 19 ou Atlas Great Britain p. 50
Schéma : HADRIAN'S Wall
Plan dans le Guide Rouge Great Britain and Ireland

Dans le centre-ville, la **croix de marché** s'élève à l'emplacement du forum de la cité romaine de Luguvalium. Les quatre siècles de présence romaine furent, pour Carlisle, suivis de cinq siècles de déclin, puis de quatre siècles de différends frontaliers et de guerre entre l'Angleterre et l'Écosse. Ces années tumultueuses n'encouragèrent évidemment pas les habitants à bâtir pour la postérité ! La **maison des Corporations**, à colombage, fut construite par Richard de Redness en 1407 ; une autre maison ancienne subsiste, **Tullie House** ⊘, qui date de 1609 et possède encore son escalier de chêne d'origine. Elle abrite maintenant une partie du Musée municipal.

Le 17 novembre 1745, le **prince Charles Édouard Stuart**, en route pour Derby, au Sud, entra dans la ville et, devant la croix de marché, proclama son père roi sous le nom de Jacques III. Le jeune prétendant descendit à Highmoor House, comme le fit son adversaire, le **duc de Cumberland**, qui reprit la ville le 30 décembre suivant, avant de pourchasser l'armée jacobite jusqu'en Écosse.

★**Cathédrale** ⊘ – En 1122, Henri Ier confia aux augustins un prieuré de la frontière, probablement fondé vers 1100, puis établit l'évêché de Carlisle en 1133. Tout ce qui reste de l'édifice roman est la nef tronquée et le bras droit du transept. Hugues de Beaulieu fut fait évêque en 1219 et de nouveaux travaux furent entrepris en 1225. Le nouveau chœur était plus large que la nef de 12 pieds. L'extension dut être faite vers le Nord, puisque les bâtiments du monastère étaient tous situés dans la partie Sud, ce qui explique le décalage entre la nef et le chœur. Les deux plus importantes réalisations de cette période sont la **baie de la façade**, un bel exemple d'entrelacs de style Decorated qui compte de nombreux vitraux originaux du 14e s. dans sa partie supérieure, et le chœur qui abrite une exceptionnelle série de 14 **chapiteaux sculptés**, dont 12 représentent les activités des mois de l'année. Le chœur offre une autre œuvre magnifique : le **plafond peint**★, achevé en 1360, représentant des soleils d'or et des étoiles sur fond bleu. Le **triptyque de Brougham**, du 16e s., visible dans le bras gauche du transept, est un chef-d'œuvre de l'école flamande.

Tullie House – Le bâtiment d'origine (1689) a gardé son grand escalier de chêne. Il a été agrandi pour héberger le Museum and Art Gallery ⊘ qui présente de façon très vivante l'histoire souvent mouvementée de cette ville-frontalière : le mur d'Hadrien et l'occupation romaine, le siège durant la guerre civile, etc.

Castle ⊘ – Le château fut élevé par Guillaume II en 1092 afin de barrer la route aux pillards écossais. Le donjon roman fut modifié à l'époque des Tudors pour substituer des canons aux archers. Du côté opposé à l'entrée du donjon se trouve l'ossature du hall médiéval, qui abrite maintenant le musée du King's Own Royal Border Regiment. De la tour, où fut détenue Marie Stuart, reine d'Écosse, il ne reste que l'escalier, à l'Est du musée. Une curiosité de la cour extérieure : la **batterie en demi-lune** – de l'époque des Tudors –, construite vers 1540 pour faciliter le déploiement des canons.

Church of St Cuthbert with St Mary ⊘ – Cette église de 1779 possède une chaire originale qui fut installée en 1905 pour permettre au prédicateur de s'adresser aux personnes assises dans les galeries. Elle était si massive que les paroissiens ne voyaient plus le chœur, aussi la plaça-t-on sur des rails pour ne la mettre en position qu'au moment du sermon.

★**Tithe Barn** – Construite par commodité près de la route reliant l'Ouest aux riches régions céréalières, cette grange dîmière (environ 1502) mesure 34 m sur 8 m ; elle est en grès rouge avec des poutres en chêne massif. Restaurée entre 1968 et 1971, elle sert dorénavant de salle paroissiale.

EXCURSIONS

★★**Mur d'Hadrien** – *Voir Hadrian's Wall.*

Lanercost Priory ⊘ – *18 km au Nord-Est par la B 6264 jusqu'à Brampton, puis une route secondaire.* Le prieuré fut construit entre 1200 et 1220, avec des matériaux provenant pour la plupart du mur d'Hadrien tout proche. Lors de la Dissolution des monastères, en 1536, on récupéra le plomb du toit, sauf celui du bras gauche du transept qui fut conservé comme église paroissiale. La **façade principale** est un bel exemple de style gothique Early English ; un portrait de sainte Marie-Madeleine, la sainte patronne du prieuré, a été placé dans une lancette au sommet du gâble. La nef et le bras gauche du transept sont aujourd'hui recouverts et servent encore d'église paroissiale. Le chœur, les croisillons et le sanctuaire, tous à ciel ouvert, contiennent les tombeaux de la famille Dacre, notamment celui de sir Thomas Dacre of Kirkoswald, gouverneur des Marches.

CHATSWORTH★★★

Derbyshire
Carte Michelin n° 402 R 24 ou Atlas Great Britain p. 35

Situé dans les limites du parc national de la région du Peak, près de la rivière Derwent, le château de Chatsworth, « un second Versailles » selon Charles de Saint-Amant (1854), présente une très riche collection d'œuvres d'art rassemblée par les ducs de Devonshire.

UN PEU D'HISTOIRE

Le premier château de Chatsworth fut élevé en 1551 par **sir William Cavendish** et **Bess de Hardwick**, cette femme indomptable de l'époque élisabéthaine qui survécut à ses quatre époux, augmentant sa fortune à chaque mariage. C'est à Chatsworth qu'elle donna pour la première fois libre cours à sa passion de l'architecture. Elle construisit un château Renaissance mais, décidant que son troisième mari, le comte de Shrewsbury, était « un coquin, un idiot et une brute » parce qu'il avait eu une aventure avec sa prisonnière, Marie Stuart, elle retourna à sa demeure de Hardwick, à 24 km de là, et construisit un second château.

Transformé en palais baroque par le 1er duc de Devonshire, entre 1686 et 1707, Chatsworth fut considérablement agrandi par le 6e duc entre 1820 et 1827.

LE CHÂTEAU (HOUSE) ⊘ *2 h*

Salle peinte – Les plafonds et les murs de cette pièce d'un baroque débridé, peints par **Laguerre**, évoquent les victoires de César dans une profusion de couleurs.

Grand escalier – Il date de 1912 et conduit au palier où l'on admirera un Mercure de bronze d'après Giambologna et trois figures sculptées de C.G. Cibber (1630-1700). Le plafond fut peint par Verrio. Sous l'escalier (et le soutenant) se trouve la **grotte**, qui contient de superbes sculptures de Samuel Watson.

Appartements de Marie Stuart – Ils ont été réaménagés et retapissés en chinoiserie Régence par Jeffry Wyatville depuis le séjour involontaire de Marie Stuart. Les deux trônes du vestibule ont servi à Guillaume IV et à la reine Adélaïde en 1830. Un grand paysage de Gaspard Poussin orne le **cabinet de toilette de satin vert**. On peut voir un des rares portraits de l'architecte William Kent dans la **chambre de satin vert**.

Grands appartements – Les salons les plus somptueux de la demeure se distinguent par leurs plafonds surchargés dus à Laguerre et Verrio et leur mobilier Louis XIV. Les dessertes dorées de la **salle à manger** sont de Kent ; les tapisseries du salon de réception proviennent des ateliers de Mortlake et ont été réalisées d'après Raphaël (v. 1635). Le violon sur la porte intérieure du salon de musique est un trompe-l'œil de Jan Van der Vaart (v. 1633-1727). Remarquez un Bruegel l'Ancien et la *Roue de la fortune* de Hans Schauffen (1533) dans le **cabinet chinois**.

Chatsworth – Salon de réception

Escalier Ouest – Les panneaux de fer forgé des paliers sont de Jean Tijou, le plafond qui représente *La Chute de Phaéton* est une des premières œuvres de James Thornhill (1675-1734) et le *Samson et Dalila* est dû au Tintoret (1518-1594). Trois autres tableaux, dont l'un était déjà en place du temps de Bess de Hardwick, montrent l'évolution de Chatsworth jusqu'au milieu du 18ᵉ s. Dans le vestibule, on peut voir deux tablettes funéraires égyptiennes vieilles de 3 800 ans.

Chapelle – Elle est restée inchangée depuis 1694 avec au plafond une Ascension de Laguerre et un *Thomas dans le doute* de Verrio, surmontant l'autel. Les sculptures sur bois de citronnier et les panneaux de cèdre sont de Samuel Watson et le majestueux autel baroque, de Cibber. À l'extérieur, dans le passage, on peut admirer *L'Adoration des mages* de Véronèse.

Bibliothèque – Longue de 28 m, elle contient 17 000 livres couvrant la presque totalité du mur Est. Au plafond, les stucs dorés d'Edward Goudge (l'élève le plus doué de Wren) encadrent des peintures de Verrio.

Galerie des sculptures – Elle fut construite sur les ordres du 6ᵉ duc pour abriter une collection incomparable de sculptures, parmi lesquelles on distingue l'*Hébé*, l'*Endymion* et la *Mère de Napoléon* d'Antonio Canova, ainsi que les bas-reliefs *Jour et Nuit* de Bertel Thorvaldsen. Remarquez le tableau de Rembrandt, *Le Roi Ozias*.

★★★LE PARC

Le génie de **Lancelot « Capability » Brown** fit de Chatsworth un des plus somptueux parcs du 18ᵉ s. L'attraction la plus étonnante en est sans doute la **cascade**, conçue en 1696 par Grillet, un élève de Le Nôtre. La hauteur différente de chaque marche fait varier les sons de l'eau qui tombe. L'eau disparaît dans des canalisations pour alimenter la **fontaine de l'Hippocampe** sur la pelouse Sud. Depuis les allées qui permettent d'approcher la fontaine, on a une belle vue sur la façade Sud du château, dessinée par W. Talman. Le jardin sous son aspect actuel est encore en grande partie celui qu'avait dessiné **Joseph Paxton** (1803-1865) pour le 6ᵉ duc de Devonshire. Au Nord de la fontaine se trouvent la serre et la roseraie datant de 1698. Au Sud, on peut se promener dans des jardins de rocaille datant de 1842 et voir la « fontaine du Saule » de 1692, restaurée depuis, qui intrigua tant Celia Fiennes. À son sujet, elle écrivit en 1696 : « Grâce à une vanne, la pluie tombe de chaque feuille et de chaque branche comme une averse ; elle [la fontaine] est faite de cuivre et de tuyaux, mais elle a tout à fait l'apparence d'un vrai saule. » Un labyrinthe couvre aujourd'hui l'emplacement de la grande serre de Paxton, démolie en 1920. Il la construisit onze ans avant de concevoir Crystal Palace pour la Grande Exposition de 1851.

CHELTENHAM★

Gloucestershire – 91 301 habitants
Carte Michelin n° 403 N 28 ou Atlas Great Britain p.18
Plan dans le Guide Rouge Great Britain and Ireland

Les bienfaits des eaux de cette élégante station thermale anglaise furent découverts au début du 18ᵉ s. pendant la Régence. Cheltenham devint alors une station très à la mode. Elle reste fière de son architecture classique, de ses places et de ses maisons en « terraces », de ses « crescents », bâtis parmi les arbres et les jardins. Lieu de résidence, de retraite et de distraction longtemps à la mode, cette ville d'eaux, où l'on peut notamment assister à des festivals littéraires et musicaux de renommée internationale, possède une vie culturelle d'une grande richesse. C'est également un centre touristique privilégié, au départ duquel on peut explorer les multiples paysages des environs de la vallée de la Severn, de la vallée de la Wye, de la forêt de Dean, des collines de Malvern et bien sûr des Cotswolds dont les escarpements se dressent juste à la sortie de la ville.

★**Centre-ville** – De l'époque où Cheltenham n'était pas encore une ville d'eaux subsiste l'église isolée St Mary, ainsi que le tracé de High Street, souvent reconstruite depuis. Perpendiculaire à cette ancienne artère, on trouve la **Promenade** dont la section inférieure, la plus spacieuse des rues commerçantes de la ville, est bordée d'un côté par les bureaux municipaux, imposante rangée de bâtiments datant de 1823. La partie supérieure de la Promenade, deux fois plus large, monte doucement vers la majestueuse façade en stuc de **Queen's Hotel** bâti en 1838. À l'Est, les **jardins impériaux** offrent l'été le spectacle d'un cocktail floral multicolore ; à l'Ouest, derrière une double allée d'arbres d'agrément, on peut admirer quelques-unes des **maisons Regency** les plus raffinées. Les détails sont classiques et les demeures sont pourvues de ces ravissants balcons en ferronnerie typiques de la ville. Plus au Sud, dans **Montpellier Walk**, des cariatides grecques séparent les façades des boutiques construites au milieu du 19ᵉ s. La rue s'achève sur la colonnade et le dôme de la source thermale, **Montpellier Spa** (aujourd'hui la banque Lloyds).

Museum and Art Gallery ⊘ – Parmi les toiles, les porcelaines, les poteries et autres nombreux objets caractéristiques de la région, une belle collection d'**art décoratif** illustre l'importance des Cotswolds dans le mouvement Arts and Crafts.

M. Short/Robert Harding

Quand jardins impériaux et ensembles Regency rivalisent d'éclat

Pittville – Le point de mire du quartier élégant de Joseph Pitt, composé de rangées de maisons et villas classiques, est **Pittville Park**, parc romantique dont le lac pittoresque, les grands arbres et les vastes pelouses constituent le cadre du **pavillon de la Source★** (Pump Room ⏱ – 1825-1830). Ce remarquable monument grec, à coupole et colonnade ionique, abrite une petite galerie de la mode où sont exposés, dans des décors historiques, des mannequins en costumes.

Près de l'entrée du parc, au 4 Clarence Road, une maison de style Regency où naquit le compositeur **Gustav Holst** (1874-1934), auteur des *Planètes*, est aujourd'hui un **musée** qui lui est consacré (Gustav Holst Birthplace Museum) ⏱.

EXCURSIONS

Deerhurst – *12 km au Nord par les A 4019 et 38, puis une route secondaire à l'Ouest.* Le village de Deerhurst possède **deux monuments anglo-saxons** importants : un ancien prieuré et une chapelle. Les parties les plus anciennes de l'**église St Mary★**, jadis église d'un monastère prospère, pourraient remonter au 8e s. Bien sûr, elle a été à maintes reprises reconstruite et agrandie, mais elle est restée profondément saxonne. Les murs grossièrement levés furent assurés par des pierres d'assises angulaires ; une étonnante fenêtre se terminant en triangle est ouverte sur la haute nef. Parmi les sculptures se trouvent une Vierge à l'Enfant, des têtes d'animaux, ainsi que, dans la partie supérieure et à l'extérieur, un ange. Les splendides **fonts baptismaux** sont également saxons. La plaque de cuivre, plus récente (15e s.), commémore non seulement sir John Cassey et son épouse, mais aussi leur chien favori, Terri.

Édifiée sur un tertre bas, émergeant au milieu du lit de la Severn coulant à proximité, la **chapelle d'Odda** ⏱ fut consacrée par le comte Odda en 1056. Encore contiguë à la ferme dont elle abrita autrefois la cuisine, la chapelle ne fut « redécouverte » qu'au 19e s. Elle est constituée d'une nef et d'un chœur, tous deux d'une émouvante simplicité.

★**Tewkesbury** – *12 km au Nord par les A 4019 et 38.* Cette petite ville, fondée à l'époque saxonne, est dominée par la présence imposante de la grande église abbatiale romane. Sa tour est visible, dans ce plat pays, à des kilomètres à la ronde, entre les Malverns et les collines de Cotswolds. Contournée par la voie ferrée et cernée de terres inondables aux environs du confluent de la Severn et de l'Avon, rivières navigables, Tewkesbury ne se développa guère au 19e s., et ainsi son caractère historique est resté presque intact.

En 1471, la ville fut le théâtre de massacres sanglants, pendant et après la **bataille de Tewkesbury** qui marqua la défaite décisive de la cause des Lancastre dans la guerre des Deux-Roses.

★★**Abbey** – L'église associe une sobriété structurale d'une grande noblesse à une grande richesse de détails, et rappelle ainsi l'opulence et l'importance de l'abbaye bénédictine de jadis. C'est parce que les nombreux nobles bienfaiteurs, sans lesquels cette dernière n'aurait pu être édifiée, sont enterrés en ces lieux que l'église reçut l'appellation d'« abbaye de Westminster des barons féodaux ». Lors de la Dissolution, elle échappa à la démolition grâce aux citadins, qui l'achetèrent.

La grosse **tour** du 12e s., et son aspect massif allégé par les motifs travaillés des niveaux supérieurs, est la partie la plus impressionnante. La complexité du chevet, due notamment à ses chapelles rayonnantes, contraste avec la grandeur de la **façade principale** dont on remarquera les arcs de décharge de 20 m.

Les huit travées de la **nef★★** romane, aux massives colonnes cylindriques, constituent l'un des plus beaux spectacles que nous offre l'architecture religieuse anglaise. La superbe voûte du 14e s. remplace le toit de bois de jadis. Les nombreux monuments funéraires sont rassemblés autour du chœur. Hugh et Elizabeth Despenser, qui contribuèrent à la reconstruction du chœur, reposent solennellement côte à côte sous un baldaquin en pierre délicatement sculptée (exemple précoce de voûte en éventail). L'extraordinaire orant d'Edward Despenser orne le plafond de son oratoire, tandis que l'évêque Wakeman est rappelé à la mémoire de façon sinistre par un cadavre en décomposition grouillant de vermine.

Dans le chœur, les vitraux du 14e s. dépeignent des notables de la région ainsi que des scènes bibliques. La **voûte★** est une complexe combinaison de nervures et de bossages. Un cercle de soleils, emblème des York, lui fut adjoint afin de célébrer la victoire de 1471.

Deux monuments de l'époque monastique ont résisté à l'usure du temps : la **maison abbatiale** et, juste à l'extérieur de l'enceinte, le beau **corps de garde**.

★**Sudeley Castle**, à **Winchcombe** – *11 km. Sortir de la ville au Nord-Est par la B 4632.* La route franchit l'épaulement de Cleeve Hill, l'un des sommets les plus élevés des Cotswolds, puis descend vers Winchcombe. Dans High Street, rue longue et sinueuse de cette ville saxonne jadis importante, se dresse la belle **église St Peter**, de style gothique Perpendicular, dont l'extérieur est animé de sculptures grotesques. À la sortie Sud-Est, **Sudeley Castle** ⏱ se situe au sein des escarpements spectaculaires des Cotswolds. Autrefois forteresse médiévale, puis demeure de **Catherine Parr**, la veuve d'Henri VIII, le château fut assiégé et détruit lors de la guerre civile. Au 19e s., la résidence fut restaurée ; certaines sections furent néanmoins laissées à l'abandon. L'intérieur recèle quelques **peintures**★ de Constable, Turner, Van Dyck et Rubens, ainsi que de la Tapisserie de Sheldon de la fin du 16e s.

Le paysage victorien, nostalgique, embrasse la charmante église St Mary, où fut inhumée Catherine Parr, les ruines romantiques de la grange dîmière, la salle de réception, et compose un ensemble harmonieux avec les jardins à la française et le grand parc. Le jardin de la Reine est agrémenté de la célèbre double haie d'ifs.

CHESTER★★

Cheshire – 80 110 habitants
Carte Michelin n° 403 L 24 ou Atlas Great Britain p. 34

La ville de garnison fortifiée, base de la flotte de Deva, couvrant environ 24 ha, fut bâtie sur une crête de grès dans une boucle de la rivière Dee. Elle fut l'une des plus importantes d'Angleterre et abrita la **20e légion Valeria Victrix** durant 200 ans. Watergate et la porte Est (East Gate) suivent le tracé de la Via Principalis, Bridge Street et la Via Praetoria. L'église St Peter (à la jonction de Watergate et de Northgate Streets) occupe l'emplacement de l'ancien quartier général des légionnaires. Les fortifications de Chester furent reconstruites au début du 10e s. par Aethelflaeda, fille d'Alfred le Grand ; elle prolongea les murs jusqu'à la mer et leur donna leur aspect actuel, celui d'un rempart long d'environ 3 km. **Hugues le Loup**, neveu présumé de Guillaume le Conquérant, devint le comte normand de Chester en 1070. Le comté revint à la Couronne en 1237 ; après qu'en 1301 Henri III l'eut attribué à son fils, le futur Édouard Ier, il est resté l'un des apanages du fils aîné des monarques.

Les vaisseaux de haute mer avaient utilisé le port depuis l'époque romaine. Chester connut son apogée du 12e au 14e s., et jusqu'à la fin du 16e s. considéra Liverpool comme une dépendance de son propre port. Toutefois, les navires furent contraints

CHESTER

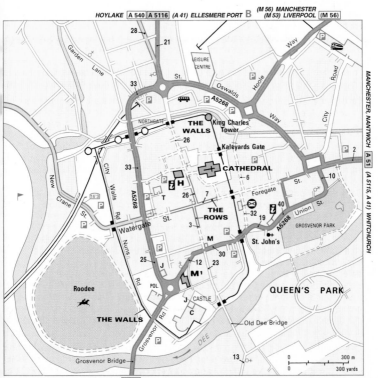

Prêt pour les emplettes dans les galeries de The Rows

de mouiller à une vingtaine de kilomètres en aval à cause de l'ensablement progressif de l'estuaire de la Dee amorcé au 15ᵉ s. L'endroit où les galères romaines jetaient l'ancre jadis est aujourd'hui occupé par un champ de courses, le **Roodee.** Des courses y sont organisées depuis qu'en 1540 on interdit les traditionnels jeux de balle au pied en raison de la violence croissante des spectateurs et du vandalisme...

★★**The Rows** – Ces **galeries commerçantes**, uniques en Grande-Bretagne, apparaissent pour la première fois dans les archives de la ville en 1331. Étant donné qu'elles ne s'étendent pas au-delà des remparts romains d'origine, on suppose que leur apparition coïncide avec les boutiques aménagées par des marchands au 14ᵉ s. à l'emplacement des gravats de bâtiments romains. Des marches et une galerie auraient été construites, puis des étages supplémentaires pour accueillir les marchands et leur famille.

Que cette hypothèse soit exacte ou non, on peut aujourd'hui faire ses courses dans les galeries en échappant aux aléas du temps et au désagrément causé par la circulation.

Sous la façade voûtée d'une demeure de 1664, aujourd'hui une librairie, fut bâtie une crypte du 13ᵉ s. ; sous une boutique voisine se trouve un système de chauffage romain.

★**Cathédrale** ⊙ – Le portail de l'abbaye, élevé au 14ᵉ s., relie la cour intérieure au cloître et à la cathédrale. L'église abbatiale romane fut remplacée par l'actuel édifice de grès rouge, bâti entre 1250 et 1540 et soigneusement restauré depuis 1868. Cependant, nombre de bâtiments de l'ancienne abbaye sont toujours rassemblés autour du cloître du 12ᵉ s. Accédant au cloître par quelques marches, le visiteur gagne le **réfectoire** dont le plafond en carène renversée a été magnifiquement restauré. Le doyen et le chapitre se réunissent aujourd'hui encore dans la **salle capitulaire** du 13ᵉ s.

Dans le bras gauche du transept se trouvent la partie structurelle la plus ancienne de l'édifice, une arche en plein cintre du 11ᵉ s., et un **plafond arqué** de bois, datant de 1518-1524, qui rassemble un splendide échantillonnage d'armoiries des Tudors ; c'est ici aussi que se trouve le monument funéraire de John Pearson, évêque de Chester de 1673 à 1686. L'angle Nord-Ouest de la nef présente des arcs romans supportant la tour qui s'élève au-dessus du baptistère.

C'est toutefois le **chœur** qui retiendra l'attention, surtout pour ses 48 magnifiques **stalles** sculptées vers 1390. La finesse du travail, les miséricordes en font un ensemble unique en Angleterre, comparable aux stalles de Lincoln et de Beverley. Les restaurations ont permis à la **chapelle de la Vierge** (Lady Chapel) de retrouver l'aspect qu'elle avait en 1250 ; la **châsse de sainte Werburg** (14ᵉ s.), fille du roi de Mercie morte vers l'an 700, est placée aujourd'hui dans le fond de la chapelle, derrière le grand autel.

★**The Walls** – Chester est l'unique ville d'Angleterre qui puisse se targuer d'avoir préservé un ensemble de **remparts** intacts. On peut voir des tronçons du mur romain entre la **tour du Roi Charles** (King Charles' Tower) – ainsi baptisée car le roi Charles aurait, de cet endroit, assisté à la défaite de ses troupes en septembre 1645 – et la porte Nord. De la **porte Est**, près de la tour de l'Horloge, en se tournant vers la flèche de l'ancienne église de la Sainte-Trinité, on peut alors se rendre compte de la largeur de la forteresse romaine.

La **porte de Kaleyards**, proche de la cathédrale, permettait aux moines du Moyen Âge d'accéder à leur potager. Il fallut une pétition adressée au roi Édouard Ier pour que l'abbé fût autorisé à ouvrir une brèche dans le mur, mais il dut y installer une porte suffisamment basse pour empêcher le passage d'un cavalier. Les autorités ecclésiastiques ont toujours la charge, après 700 ans, de fermer cette porte à 9 heures précises, chaque soir.

Grosvenor Museum ⊘ – Le musée est consacré à l'histoire de la ville, mettant fièrement en valeur la période romaine ; il possède en outre une intéressante collection de pièces, frappées à Chester à l'époque des Saxons, des Normands et pendant la guerre civile.

Town Hall ⊘ – Ce bel édifice gothique, bâti en grès rouge et gris, flanqué d'une tour haute de 49 m, remplaça en 1869 l'ancien hôtel de ville, détruit par un incendie. La chambre du conseil et les salles des fêtes sont ouvertes au public.

St John's Church – Commencée en 1075 sur l'emplacement d'une église saxonne du 7e s., l'église St-Jean, inachevée, demeura sans toit pendant un siècle. Des colonnes-tambours romanes sont délibérément penchées vers l'extérieur. Au-dessus des arcs, trois arcades reflètent nettement le passage du style roman au gothique Transitional jusqu'au gothique Early English reconnaissable au niveau des fenêtres hautes.

ENVIRONS

★**Zoo de Chester** ⊘ – _5 km au Nord, par la A 5116._ Dans ce très beau zoo, les animaux ne vivent pas dans des cages qui les séparent du public, mais dans de vastes enclos entourés de douves et de bordures de fleurs.
Un train aérien permet une visite agréable du parc.

CHICHESTER★★

West Sussex – 26 572 habitants
Carte Michelin n° 404 R 31 ou Atlas Great Britain p. 10
Plan dans le Guide Rouge Great Britain & Ireland

Au pied des South Downs et proche de la mer, la ville de Chichester, dominée par la flèche de sa cathédrale, représente un des paysages anglais les plus typiques.

De nombreuses villes anglaises ont été construites autour de leur cathédrale, mais Chichester existait déjà depuis un millénaire quand on songea à y bâtir cet édifice religieux. Ses rues Nord, Sud, Est et Ouest partant de la **croix de marché** (1501) sont demeurées fidèles au plan tracé par les Romains.

Chichester a connu son apogée au 18e s. et presque toute son architecture date de cette époque, ce qui explique l'harmonie du style georgien de la ville. On en apprécie davantage la beauté depuis les **Pallants**. En ville, le 20e s. est représenté par le **Chichester Festival Theatre**, de Powell et Moya, de forme hexagonale, bâti en 1962.

★★**Cathédrale** ⊘ – Commencée en 1091, achevée en 1184, la nef est romane ; les porches, l'arrière-chœur et les fenêtres hautes sont du gothique Early English ; la tour, les chapelles latérales et la chapelle de la Vierge sont de style gothique Decorated, tandis que le cloître, le clocher et la splendide flèche (reconstruite en 1861) sont de style gothique Perpendicular.

Intérieur – Il est caractérisé par le style et l'esprit romans, bien que chaque mouvement architectural du Moyen Âge ait laissé sa trace.

En dépit de l'austérité de son architecture romane, la **nef** (que l'on apprécie mieux en regardant vers l'Ouest) semble petite, presque intime. Le magnifique **jubé** est gothique Perpendicular. Des peintures du début du 16e s. représentent la cathédrale sont accrochées dans le **croisillon droit**, éclairé par une verrière de style Decorated. Dans le croisillon gauche, on remarque la tombe du compositeur Gustave Holst (1874-1934) et, à l'Est de celui-ci, des vitraux réalisés par le peintre Marc Chagall (1887-1985).

L'attention est également attirée par les peintures du plafond de la chapelle de la Vierge, mais la plus grande richesse de la cathédrale réside dans les **panneaux**★★ de pierre du 12e s. situés dans le chœur du collatéral Sud ; ils illustrent des scènes de la résurrection de Lazare et figurent parmi les exemples les plus raffinés de la sculpture romane en Angleterre.

★**St Mary's Hospital** ⊘ – _St Martin's Square._ Il s'agit d'un hospice médiéval (1290) comportant une grande salle latérale servant d'hôpital, prolongée par une chapelle. La **salle compartimentée** a conservé ses cheminées en brique du 17e s. et sa charpente médiévale. La chapelle possède des miséricordes intéressantes.

★Pallant House ⊙ – *9 North Pallant.* Construites en 1712, pour le marchand de vins Henry Peckham, les salles de cette demeure (époque de la reine Anne), meublées avec goût, accueillent des collections de porcelaines de Bow et des peintures (Henry Moore, Graham Sutherland, John Piper et Paul Nash).

EXCURSIONS

★★Fishbourne Roman Palace ⊙ – *2 km à l'Ouest par la A 259.* C'est le plus somptueux palais romain jamais mis au jour en Angleterre. Construit vers 75 après J.-C., on suppose qu'il fut la résidence de Cogidubnus. Des pavements de **mosaïques★** ont été superposés afin de modifier les dessins au gré de la mode romaine et ce, jusqu'au 3ᵉ s., époque de la destruction du bâtiment par un incendie. Découverte en 1960 par un ouvrier qui participait aux travaux de pose d'un oléoduc, l'aile Nord fait étalage à la fois des superbes mosaïques et du luxe dans lequel l'élite romaine vivait.

Goodwood House ⊙ – *8 km au Nord-Est, prendre la A 27 et la A 285, suivre les panneaux.* George Lennox, duc de Richmond, fils illégitime de Charles II, habita ce manoir à l'origine de style Jacques Iᵉʳ et agrandi au 18ᵉ s. Les élégants intérieurs de style Regency sont rehaussés par le mobilier français, des tapisseries (salle des tapisseries) et des porcelaines. Des portraits de famille et de très belles peintures de Canaletto (hall d'entrée), Lely, Stubbs, Reynolds, Romsey et Ramsay ornent les cérémonieuses pièces d'époque. La **salle à manger égyptienne** avec ses fastueuses plaques de *scagliola* jaune – une imitation de marbre en stuc coloré recouvrant des consoles, des tables ou des dessertes –, a été restaurée dans sa splendeur passée.

★★Arundel Castle – *18 km à l'Est par la A 27.* C'est la résidence des ducs de Norfolk, principale famille catholique d'Angleterre. Le corps de garde et le donjon d'origine, de style roman, ont survécu à 750 ans d'assauts et de sièges, ce qui n'est pas le cas des bâtiments en contrebas, en grande partie reconstruits par le 15ᵉ duc entre 1875 et 1900. Le donjon en moellons (119 marches) domine la cathédrale conçue par Joseph Hansom (dessinateur du fiacre Hansom).
Les salles victoriennes les plus raffinées sont la **chapelle** et la **salle des barons** (tableaux par Mytens, Kneller, Van Loo et Van Dyck) ; des portraits de Mytens, Van Dyck, Gainsborough et Reynolds sont exposés dans le **salon de réception**, tandis que la **bibliothèque** (construite vers 1800), de style néogothique, abrite une icône en argent de Fabergé et un portrait de Richard III.

Fitzalan Chapel – À la limite du parc du château et constituant la partie Est de l'église paroissiale, la chapelle Fitzalan, chapelle privée, de style Decorated, est remplie de tombeaux et monuments funéraires de la famille Howard.
À l'origine, l'église et la chapelle formaient un tout. L'église est devenue protestante, mais les Howard étant entrés en possession de la partie Est, la chapelle est demeurée catholique. C'est ainsi que les deux confessions célèbrent leur culte sous le même toit.

Le château d'Arundel

Bignor Roman Villa – *21 km au Nord-Est par la A 27 et A 29, suivre les panneaux*. Plus modeste que Fishbourne, la **villa romaine** ⊘ tient plus de la demeure patricienne que du palais. Elle possède néanmoins des **mosaïques**★ exceptionnellement belles, notamment la **mosaïque de Ganymède** dans la piscine, une **tête de Vénus** et un **Hiver** froidement austère dans l'aile Nord, une **tête de Méduse**, enfin, dans la partie réservée aux bains.

★★ **Petworth House** ⊘, à **Petworth** – *22 km au Nord-Est par la A 27 et la A 285*. Le style de cette magnifique demeure du 17ᵉ s. (1688) est, en Angleterre, l'édifice qui ressemble le plus à un château Louis XIV. La sobre façade Ouest se marie parfaitement avec les jardins de **Capability Brown** et la vue des collines des South Downs. Les salles renferment d'exquises sculptures *(illustration p. 76)* réalisées par **Grinling Gibbons** et **John Selden**, des statues antiques et une importante collection de peintures, parmi lesquelles des tableaux de Turner, qui fut souvent invité ici. L'élément le plus spectaculaire est le **grand escalier** dont les murs et le plafond ont été peints par Laguerre. La **salle Turner** abrite la plus grande collection d'œuvres de Turner après celle de la Tate Gallery à Londres. La salle de marbre propose des Reynolds, la salle à manger des Van Dyck et la salle de beauté des Kneller. *Les Enfants de Charles Iᵉʳ* de Lely se trouve dans le salon de chêne, *L'Adoration des mages* de Bosch est exposé dans la salle à manger et les sculptures de **Grinling Gibbons** ornent la **salle sculptée**. Un escalier en spirale ainsi qu'une fenêtre à meneaux provenant d'un édifice plus ancien datant probablement des 14ᵉ-15ᵉ s. ont été mis au jour lors des récents travaux de restauration près de la chapelle.

★★ **Weald and Downland Open Air Museum** ⊘, à **Singleton** – *10 km au Nord par la A 286. Suivre les panneaux*. Plus de 40 bâtiments traditionnels ont été reconstitués dans le magnifique parc de ce musée de plein air bien situé, ouvert en 1967 dans le but de sauvegarder les constructions rurales du Sud-Est de l'Angleterre. On peut y voir une chaumière, un magasin, une ferme médiévale, des halles de la période des Tudors, un moulin à eau en état de fonctionnement, un octroi et une école.

CHILTERN Hills

Buckinghamshire
Carte Michelin n° 403 Q-R 27-28 ou Atlas Great Britain p. 18, 19 et 28

Les Chiltern Hills sont des collines crayeuses qui s'étendent sur 96 km du Sud-Est au Nord-Est entre Londres et Oxford. Coombe Hill (260 m) en est le point culminant. Dans les années 1960, la Chiltern Society fut créée pour préserver la beauté de ce site naturel couvrant 1 683 km². Deux anciennes routes britanniques, **Icknield Way** et **Ridgeway** suivent le relief des collines. À l'âge du fer, les forêts furent éclaircies et les moutons vinrent paître sur les monts herbus. C'est au Moyen Âge que le bétail y fut conduit. Les hêtraies qui autrefois ravitaillaient les ébénistes de High Wicombe en bois sont moins abondantes aujourd'hui. Néanmoins, le spectacle des feuillages de la forêt de **Burnham Beeches** (18 ha) est toujours aussi beau en automne et au printemps.

CURIOSITÉS

Buckinghamshire County Museum ⊘, à **Aylesbury** – La **Dahl Gallery**, consacrée à l'écrivain Roald Dahl (1916-1990), est un régal pour petits et grands, surtout pour les enfants, qui raffolent de ses histoires inventives et pleines de verve. Le musée retrace l'histoire de la ville.

★★ **Waddesdon Manor** ⊘, à **Waddesdon** – *8 km au Nord-Ouest d'Aylesbury par la A 41*. Construit entre 1874 et 1889 pour le baron Ferdinand de Rothschild dans le style Renaissance française, le manoir contient la superbe collection Rothschild composée de toiles hollandaises, flamandes, françaises et anglaises, de mobilier, de porcelaines de Sèvres, de tapis français du 18ᵉ s. provenant de la Savonnerie et de nombreuses autres œuvres d'art. Sur les murs sont exposés des portraits de Gainsborough, de Reynolds et de Romney, des tableaux de Rubens, de Cuyp, de Van der Heyden, de Ter Borch et d'autres maîtres hollandais ou flamands. Au premier étage, les salles recèlent des collections de boutons, de dentelle, d'éventails, ainsi que des objets, des jeux ou souvenirs ayant appartenu à la famille Rothschild. Dans la salle bleu de Sèvres on peut admirer un service à dessert de Sèvres de plus de cent pièces. La maison est située dans un parc de 60 ha, conçu par **Élie Lainé**, jardinier paysagiste français.

★ **Claydon House** ⊘, à l'Est de **Steeple Claydon** – *16 km au Nord-Ouest d'Aylesbury par la A 41. Après Waddesdon, emprunter une route secondaire vers le Nord (signalisation)*. C'est un édifice rococo extravagant dû à **Hugh Lightfoot** (« une œuvre

La façade composite de Waddesdon Manor

telle que le monde n'en vit jamais »). Les plus belles excentricités de cette demeure sont l'escalier (fin placage d'ébène, d'ivoire, de buis et d'acajou) et les « chinoiseries gothiques » en bois de la chambre chinoise. Plus conventionnelles, mais tout aussi belles, sont les huiles de Mytens et, surtout, de Van Dyck.

★★**Stowe Gardens** ⊘, à **Stowe School** – *5 km de Buckingham en suivant une route secondaire (signalisation)*. Ce magnifique jardin paysager, l'un des plus beaux d'Europe, fut réalisé pour la famille Temple, propriétaire de Stowe. Deux siècles furent nécessaires à son élaboration qui commença en 1700, à l'Ouest de la maison. Conçu d'abord comme un jardin à la française, il comprend un saut-de-loup (fossé qui à l'origine défendait l'entrée d'une place forte, creusé ici pour limiter la propriété). En 1733, **William Kent** (1685-1748) redessina le jardin et adopta un plan général fondé sur des lignes plus sinueuses (jardin anglais). Les extensions à l'Est de la maison sont l'œuvre de **Lancelot « Capability » Brown** (1715-1783), alors jardinier en chef à Stowe (1741). En remontant la Grande Avenue *(2,5 km)* en ligne droite, les feuillages des arbres laissent entrevoir des temples, des colonnes et des arcs néogothiques, ainsi que la façade Nord de la maison *(propriété de l'école de Stowe)*. La **Vallée grecque**, non loin de l'entrée, est flanquée du **temple de la Concorde et de la Victoire** et du **temple de la Reine**. Les **Elysians Fields** (Champs-Élysées) longent la rivière Alder, renommée rivière Styx. Divers monuments typiques de l'art paysager du 18ᵉ s. se dressent sur chaque rive : le **temple des Notables de Grande-Bretagne**, le **temple de la Vertu antique** et l'**arche dorique**. Du **pont de la Coquille**, on aperçoit le **temple gothique** *(à l'Est)*. À l'Ouest, une cascade relie le **lac des Trois-Hectares** au **lac de l'Octogone**, ce dernier étant enjambé par le **pont palladien** *(à l'Est)*. Un court de golf entoure la **rotonde**, qui faisait autrefois partie du jardin à la française. L'**ancienne ménagerie** *(coin Sud-Ouest)*, qui abrite maintenant une boutique, se trouve à côté de la maison, ainsi que l'**église paroissiale**, unique vestige du village médiéval de Stowe.

Chiltern Hundreds

Lorsqu'un membre du Parlement désire abandonner ses fonctions entre des élections, il peut postuler la charge de sénéchal des Chiltern Hundreds ou du manoir de Northstead of Yorkshire, charge relevant de la Couronne et non cumulable avec des fonctions parlementaires. Un *Hundred* était une division d'un comté ayant son propre tribunal. Il existe trois Chiltern Hundreds – Burnham, Desborough et Stoke –, et le sénéchal a pour fonction de protéger les voyageurs contre les bandits de grands chemins.

COLCHESTER

Essex — 87 476 habitants

Carte Michelin n° 404 W 28 ou Atlas Great Britain p. 22

À l'origine appelé Camulodunum, ancienne capitale britannique du roi Cunobelin (le Cymbeline de Shakespeare), Colchester devint une colonie romaine sous le règne de Claude, en 50 de notre ère. Ses **huîtres** devinrent rapidement célèbres, et le sont toujours aujourd'hui. Après la conquête, la ville fut le site du plus grand donjon normand et de l'un des prieurés les plus riches d'Europe. L'huître demeura la principale source de richesse jusqu'au Moyen Âge, lorsque la **laine** prit le relais. Colchester, symbole de la prospérité économique du Sud et de l'Est de l'Angleterre, poursuit aujourd'hui son essor.

Fête de l'huître – En 1186, Richard Ier Cœur de Lion accorda à la ville de Colchester le privilège de l'ostréiculture dans l'estuaire de la Colne. Pour marquer le début de la récolte, le maire embarque sur un bateau pour lire une proclamation qui réaffirme ce droit, porter un toast au souverain avec du gin et du pain au gingembre, et récolter solennellement les premières huîtres. La fête de l'huître se déroule chaque année aux alentours du 20 octobre.

Roman Walls – *Balkerne Hill, Roman Road, Priory Street et Eld Lane.* Les remparts romains (3 m d'épaisseur) entourant le centre-ville sont construits en pierres cimentées entre des assises de briques. On en a la meilleure vue depuis **Balkerne Hill** où la porte de Balkerne, agrémentée d'arcades et flanquée de tours, s'étend sur 9 m en face du rempart.

★Castle ⊘ – Bâti avec des murs de 4 m d'épaisseur sur les voûtes du temple romain de Claude, ses dimensions imposantes (46 m sur 34 m) sont une fois et demie supérieures à celles de la Tour Blanche à la Tour de Londres. Il accueille un **musée** qui présente l'une des plus importantes collections d'antiquités romaines découvertes sur un même site en Grande-Bretagne.

St Botolph's Priory – *Priory Street.* De ce prieuré du 12e s., il ne subsiste que la carcasse qui donne cependant un aperçu de sa taille. Comme le château, il fut construit en briques romaines ; seuls les pieds-droits, le fronton Ouest (orné des vitraux circulaires les plus anciens de Grande-Bretagne) et la nef de 37 m ont survécu.

CONWY★★

Gwynedd — 3 627 habitants

Carte Michelin n° 403 I 24 ou Atlas Great Britain p. 33

Vus de la rive opposée, le château de Conwy, massif et hérissé de tours, la ville abritée derrière ses remparts, la rivière et les ponts qui la traversent constituent un spectacle enchanteur, sur fond de montagnes. Site naturel, à l'embouchure de l'estuaire, Llywelyn le Grand l'avait déjà choisi pour y être enterré et, à cette fin, y avait fait construire une abbaye cistercienne.

Lorsque Édouard Ier fit bâtir son imposante forteresse et la ville de garnison, les moines furent chassés jusqu'à Maenan. Tous les châteaux d'Édouard Ier au pays de Galles – hormis Harlech – étaient associés à une bastide, ville dont le plan suivait un dessin géométrique. La ville se développa à l'intérieur de ses murailles.

★★★Castle ⊘ – Ce chef-d'œuvre d'architecture médiévale, comme les autres châteaux d'Édouard au pays de Galles, était ravitaillé par la mer. La construction commença en 1283 et fut dirigée par Jacques de Saint-Georges. À la fin du mois de juin, elle était suffisamment avancée pour permettre au roi et à la reine d'y séjourner. Dès 1287, les travaux étaient quasiment terminés. Huit tours circulaires massives, à créneaux, protègent les deux cours du château, accroché à une arête rocheuse. On accédait à la cour intérieure, et donc aux

Quand le château semble se faire remorquer

appartements royaux, par voie d'eau, et à la cour extérieure par la ville. Dans la cour extérieure, la grande salle délimite le côté droit. Au-delà du puits, la porte intermédiaire permet d'accéder à la cour intérieure, au cœur du château, où l'on peut voir sur la droite l'entrée du roi et la tour du Roi. La porte d'eau, aujourd'hui disparue, était située à l'Est de la tour de la chapelle.

La ville – Construits en même temps que le château, les **remparts de la ville**★★ datent du 13ᵉ s. Ils mesurent 11 m de haut sur 2 m d'épaisseur et ferment la ville sur trois côtés. L'ensemble, défendu par 22 tours et 3 portes, constitue une agréable promenade entre Upper Church Gate et Berry Street. Le fondateur de Conwy, **Llywelyn le Grand**, domine, perché sur sa colonne de Lancester Square. Plus loin, dans High Street, au coin de Crown Lane, se trouve **Plas Mawr**★★ ⊘, un manoir construit en 1577 par Robert Wynne. Aujourd'hui, sa demeure évoque encore les plus délicieux moments de sa période élisabéthaine de construction. Au carrefour de Berry Street et de Castle Street se trouve **Aberconwy House** ⊘, maison médiévale datant de 1300 environ. Au rez-de-chaussée, on peut visiter une intéressante exposition consacrée à l'histoire de Conwy. Sur le quai, non loin, on cherchera la maison dite « la plus petite maison de Grande-Bretagne ».

Conwy Crossing – Pas moins de trois ponts enjambent l'estuaire de la rivière Conwy. Le premier, un élégant ouvrage suspendu, fut construit par **Thomas Telford** en 1826. Il est aujourd'hui réservé aux piétons. Le deuxième fut ajouté par **Robert Stephenson** en 1848 pour le passage de la voie de chemin de fer. Son style médiéval s'harmonise bien avec le château voisin. Le troisième, beaucoup moins distingué, date des années 1950. Tentative infructueuse pour désengorger la ville du trafic saisonnier, il fut remplacé par un tunnel autoroutier.

EXCURSIONS

★★**Bodnant Garden** ⊘ – *13 km au Sud par la A 470*. Plantés principalement à la fin du 19ᵉ s. et au début du 20ᵉ s., les 40 ha de ce jardin forment des terrasses bien structurées autour de la maison, et « le vallon », une zone de buissons et de promenades boisées. Célèbre pour ses rhododendrons, ses camélias et ses magnolias, il est également, à juste titre, réputé pour son « Arche Laburnum », tunnel en courbe parsemé de racèmes jaune d'or que l'on apprécie davantage fin mai ou début juin quand le temps est ensoleillé.

★★**Penrhyn Castle** ⊘, près de **Bangor** – *27 km à l'Ouest par la A 55*. Cette extraordinaire évocation du Moyen Âge fut construite entre 1820 et 1830 par l'architecte Thomas Hopper pour George Dawkins Pennant, richissime héritier des ardoisières de Penrhyn. Son donjon de 38 m lui confère l'apparence d'une imprenable forteresse normande, mais derrière cette façade se cache une maison de campagne d'une extrême somptuosité où les nobles anglais et irlandais faisaient halte sur leur route vers le port de Holyhead. La décoration intérieure est une belle réalisation de compagnons. Les meubles sont d'un luxe rarement égalé. Parmi les tableaux qui ornent la salle à manger figure une collection de **grands maîtres** (Rembrandt, Canaletto, Jan Steen, Van der Velde…) unique dans le Nord du pays de Galles. La propriété abrite également un Musée industriel du chemin de fer. Le vaste parc contient un jardin clos où poussent de nombreuses plantes rares.

CORNISH Coast★★★

Côte de CORNOUAILLES

Carte Michelin n° 403 D à H 32 et 33 ou Atlas Great Britain p. 2

Schéma : ST IVES

La péninsule de Cornouailles, au long littoral accidenté, charme par son isolement et son aspect sauvage. Le **sentier côtier de Cornouailles** (Cornwall Coast Path), très sinueux (430 km), serpente au-dessus de falaises abruptes et de criques dentelées. Le chemin est clairement balisé et, à l'intérieur des terres, de nombreux sentiers font office de raccourcis.

Pour une description détaillée des sites, voir PADSTOW (Côte Nord), ST IVES (Penwith et Land's End) et TRURO (Côte Sud).

Les COTSWOLDS★★★

S'élevant doucement de la haute vallée de la Tamise au Sud-Est vers les bords très escarpés dominant celle de la Severn, les Cotswolds offrent au visiteur l'essence de l'Angleterre rurale. Aux plateaux ouverts aux vents, abrités par endroits par de majestueuses barrières de hêtres, succèdent de profondes vallées parsemées de charmants villages et de petites villes.

La région a longtemps été un lieu de résidence convoité. Nombre des hauteurs à l'Ouest sont couronnées par les forts que construisirent sur les collines des hommes de la préhistoire, dont les cimetières – des tombeaux du néolithique aux tumulus ronds de l'âge du bronze – abondent. De grands domaines étaient exploités autour des villas romaines bordant Ermin Street et Foss Way. Au Moyen Âge, c'est la laine des innombrables moutons qui paissaient sur les vertes pâtures des vallons qui donna naissance à un commerce à l'échelle européenne et à une classe de marchands prospères ; ces derniers construisirent, avec le grès local, des monuments appelés « églises de la laine ».

Extraite partout, de couleur argent, crème ou or vif, cette pierre de construction fait partie du « charme des Cotswolds ». Mis à part la maçonnerie élaborée des manoirs, un toit de chaumière, le style fruste du mur d'une grange et même les clôtures des champs en pierre sèche concourent à créer une harmonie entre les constructions et le paysage.

Bien loin des mines de charbon et des grandes villes, la région a échappé aux effets de l'industrialisation ; son mode de vie rural a été préservé ; c'est un lieu idyllique pour explorer paisiblement le passé.

De Cirencester à Chipping Campden

64 km – prévoir une journée

Commençant au centre des Cotswolds, le circuit conduit vers le Nord ; on traverse de petites villes et villages parmi les plus charmants de la région, pour aboutir à une vue spectaculaire de l'escarpement au-dessus de Broadway.

★**Cirencester** – La « capitale des Cotswolds », qui est encore la ville marchande de cette région rurale prospère, fut d'abord une forteresse romaine, Corinium, fondée au début de la conquête romaine au carrefour de trois routes principales : Ermine Street, Akeman Street et Fosse Way. Elle devint dès le 2e s. une cité fortifiée dont la surface égalait presque celle de Londres, au cœur d'un luxuriant paysage en partie constitué de grands domaines.

La confusion et les ravages que connut le Haut Moyen Âge firent place à une longue période d'opulence grâce au commerce de la laine. De fait, une très belle église paroissiale fut édifiée.

La vieille ville est dense et cernée par les espaces verts de deux grands domaines : l'**abbaye**, totalement détruite lors de la Dissolution, avec ses jardins qui s'étendent jusqu'à la jolie Churn, et **Cirencester Park**, l'un des jardins à la française les plus beaux dont la large allée, **Broad Avenue**, s'allonge sur près de 8 km à travers la campagne. La grande maison préserve jalousement son intimité en n'offrant à la ville que le spectacle d'un haut mur et d'une haie d'ifs qui le dépasse.

★**Church of St John the Baptist** ⊙ – Cet édifice typique, l'une des « églises de la laine » des Cotswolds, est d'une grande beauté et d'un grand intérêt. La haute tour, qui date de 1400-1420, est soutenue par de solides arcs-boutants. S'élevant au-dessus de la ville, elle est visible des kilomètres à la ronde. Le singulier porche à trois niveaux donnant sur la place du marché a jadis servi d'hôtel de ville.

La nef est exceptionnellement haute et spacieuse. Sur les piliers, très élevés, on distingue des anges arborant les armoiries des pieux citadins auxquels on doit la reconstruction de 1516-1530. L'église, dans son ensemble, foisonne de détails : une curieuse chaire d'avant la Réforme, la coupe dorée faite pour Anne Boleyn, la **Boleyn Cup**, les plaques mortuaires en cuivre rassemblées dans la chapelle de la Sainte-Trinité ; dans la chapelle de la Vierge, les ravissantes effigies de Humfry Bridges (mort en 1598), de sa femme et de leurs nombreux enfants, leur attitude solennelle contrastant avec l'air insouciant de sir Thomas Master (mort en 1680) représenté à moitié allongé, en face.

★**Corinium Museum** ⊙ – Ce musée moderne et bien agencé retrace l'histoire des Cotswolds depuis leur formation jusqu'à notre époque. L'héritage romain est enrichi de nombreux matériaux découverts dans la région, notamment d'une étonnante série de **dallages en mosaïque**★.

Quitter Cirencester vers l'Est par la A 429, puis la B 4425.

★**Bibury** – L'accueillante rivière Coln, ses ponts en pierre, les chaumières de tisserands et les pignons de Bibury sur un fond boisé contribuent à justifier l'épithète de William Morris qualifiant Bibury de « plus beau village d'Angleterre ». **Arlington Mill** ⊙ est un moulin restauré qui constitue un musée folklorique digne d'intérêt.

Bibury – Arlington Row

Revenir vers le Sud-Ouest par la B 4425, puis tourner à gauche et gagner Poulton, où l'on prend la A 417 à gauche.

Fairford – Ce vieux village est réputé pour son **église St Mary★**, harmonieusement rebâtie à la fin du 15e s. Des sculptures, certaines grotesques et amusantes, ornent sa partie extérieure. À l'intérieur, les clôtures, stalles et miséricordes du chœur sont d'une qualité exceptionnelle. La pièce maîtresse de l'église reste cependant sa merveilleuse série de **vitraux★★** (vers 1500), qui retracent en couleur l'histoire biblique, depuis Adam et Ève jusqu'au Jugement dernier.

De Fairford, prendre la A 417 vers l'Est, puis la A 361 vers le Nord.

Cotswold Wildlife Park ⊘, au Sud de **Burford** – Le cadre naturel et paisible du parc (49 ha) et des jardins accueille un large éventail d'animaux sauvages : rhinocéros, zèbres et autruches protégés par de discrets fossés, tigres et léopards dans des enclos plantés d'herbe, singes et loutres dans l'ancien jardin clos, plantes et oiseaux tropicaux dans le pavillon tropical ; on y trouve également des vivariums réservés aux serpents et aux insectes, un aquarium ainsi qu'une aire de jeux et un petit train qui raviront la curiosité des plus jeunes. Dans les jardins, les pelouses offrent suffisamment d'espace pour les pique-niques sous les ombrages.

Poursuivre vers le Nord par la A 361.

Burford – Autrefois centre du commerce de la laine, puis importante étape pour diligences, Burford déclina à partir de 1812, lorsqu'une route à péage (aujourd'hui la A 40) la contourna. Riche de beaux bâtiments très bien conservés, la plupart en pierre à chaux de Cotswold, cette ville constitue aujourd'hui une étape typique pour les touristes qui visitent la région.

L'unique rue principale descend, d'abord en pente raide, puis plus doucement, vers la Windsrush, une jolie rivière qu'elle traverse. À mi-chemin environ, le Tolsey est un bâtiment du 16e s. ; jadis cour de tribunal, il abrite aujourd'hui un petit musée. Légèrement en dehors de la ville, la grande **église St John the Baptist★** dresse avec grâce sa haute flèche au-dessus des prairies inondables ; roman à l'origine, cet édifice est composé d'une grande variété d'éléments de diverses périodes. Le porche à pinacle à trois niveaux du 15e s. est remarquable. À l'intérieur, voir le mémorial à Édouard Harman (mort en 1569), un mur décoré de représentations de Peaux-Rouges et d'enfants à genoux.

De Burford, gagner Northleach à l'Ouest par la A 40.

Northleach – Dominant la place du marché, l'**église St Peter and St Paul★** est un bel exemple d'« église de la laine ». Le majestueux porche Sud à deux étages est orné de sculptures médiévales. Une remarquable collection de **bronzes★** ayant appartenu à des marchands de laine est exposée à l'intérieur ; elle constitue un clin d'œil à la prospérité d'antan.

Le passé rural de la région est évoqué par la **Cotswold Heritage Center** 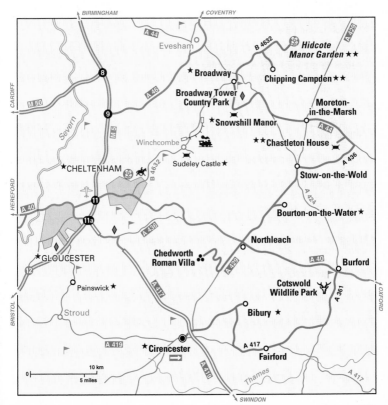, un musée moderne étrangement aménagé dans la maison de correction, prison qui fonctionna de 1791 à 1974. L'exposition recrée le mode de vie depuis longtemps disparu des collines et des fermes des Cotswolds.

Emprunter la A 429 vers le Sud et tourner à droite à Chedworth.

Chedworth Roman Villa ⓥ – Cette grande et superbe villa romaine se trouve à l'entrée de la petite vallée près de la source. C'est sans aucun doute l'un des monuments les plus grandioses des Cotswolds romains, notamment par des pavements en mosaïque.

Revenir à Northleach et poursuivre vers le Nord par la A 429.

★**Bourton-on-the-Water** – C'est l'un des centres touristiques les plus appréciés des Cotswolds, avec un village modèle, « Birdland », et un Musée de l'automobile. Bourton doit son charme aux eaux claires de la Windrush qui traversent des pelouses bien tondues, coulent le long de la rue principale et sous d'élégants ponts de pierre.

Par une route secondaire à l'Ouest de la A 429, faire un crochet par les Slaughters.

Les villages de **Lower** et **Upper Slaughter** bénéficient tous deux d'un site pittoresque au bord de la rivière Eye.

Se diriger au Nord-Est vers Stow-on-the-Wold par une route secondaire.

Stow-on-the-Wold – Ce village, le plus haut perché du Gloucestershire, s'est probablement développé à partir d'un poste de guet sur une route romaine, pour devenir un important marché lainier des Cotswolds. Les touristes y font souvent une étape pour chiner dans les boutiques d'antiquités et admirer la place du marché (14ᵉ s.) ou la *Crucifixion* de Gaspard de Crayer (1610) dans l'église.

De Stow, prendre la A 436 vers l'Est, puis s'engager à gauche sur la A 44.

★★**Chastleton House** ⓥ, à Chastleton – Dissimulé en bas de ruelles étroites se dresse ce manoir typique de l'époque Jacques Iᵉʳ, construit au début du 17ᵉ s. par un riche marchand de laine. Depuis, l'édifice a subi d'importantes transformations. La **façade** en pierres grises et dorées des Cotswolds est dotée de pignons symétriques et flanquée de deux tours massives abritant les escaliers. À l'intérieur, les lambris, les plafonds et le mobilier d'époque représentent admirablement l'architecture et la décoration de cette période. La **grande salle**, l'une des dernières de son genre à avoir été construite, la **grande chambre**, richement décorée, et la grande galerie voûtée occupant toute la longueur de l'étage évoquent l'atmosphère de la vie familiale au 17ᵉ s. Derrière l'une des chambres à coucher se trouve une pièce secrète où le propriétaire de Chastleton se serait caché pour échapper aux troupes de Cromwell, après la bataille de Worcester (1651). Les écuries (17ᵉ s.) se dressent d'un côté de l'avant-cour, et la modeste et petite **église St Mary** s'élève de l'autre côté. Un petit **jardin à la française** (vers 1700), une rareté, s'étend sur le côté Est de la maison.

Poursuivre sur la A 44 vers l'Ouest.

L'itinéraire traverse **Moreton-in-the-Marsh**, petite ville pleine de dignité où la Fosse Way s'élargit pour former la rue principale.

Parcourir 10 km avant de tourner à gauche dans la B 4081.

★**Snowshill Manor** ⊘, à **Snowshill** – Abrité par l'escarpement, il constitue un bon exemple des manoirs des Cotswolds que l'on bâtissait vers 1500. On y découvre un éventail inimaginable d'objets que l'excentrique Charles Wade collectionna tout au long de sa vie. Ce dernier aménagea également le charmant **jardin en terrasses**★.

Revenir vers le Nord-Est par la B 4081 et prendre une route secondaire à gauche.

Broadway Tower Country Park ⊘ – La **tour de Broadway**, extravagant monument crénelé de 1800, se dresse à l'un des points les plus élevés (312 m) de la région des Cotswolds. Le large **panorama**★★★ vers l'Ouest est l'un des plus beaux d'Angleterre. Le regard vagabonde sur le fertile vallon d'Evesham, la ligne dentelée des collines de Malvern et, par temps clair, jusqu'aux lointains points de repère qui marquent la frontière avec le pays de Galles : la forêt de Dean et les Black Mountains au Sud-Ouest, Clee Hill et le Wrekin au Nord-Ouest.

Poursuivre par la route secondaire jusqu'à la A 44, que l'on prend à gauche pour descendre la colline.

★**Broadway** – Situé au carrefour de deux grands axes, ce « village-vitrine » se consacre tout entier aux désirs de ses nombreux visiteurs. Il leur propose une grande variété de magasins d'antiquités et d'artisanat, de cafés et de restaurants, d'hôtels et d'auberges. La longue « route large » (broad way), en partie bordée d'arbres, monte en pente douce de la place du village jusqu'au pied de l'escarpement, bordée d'édifices en pierre tendre, tels que le majestueux Lygon Arms et les pittoresques cottages à toit de chaume.

Par la B 4632 vers le Nord, puis la B 4035 vers le Sud-Est, gagner Chipping Campden.

★★**Chipping Campden** – High Street, rue longue et courbe, bordée de bâtiments de tous âges construits dans le calcaire le plus tendre, fait de Chipping Campden, dont l'aspect est typique des Cotswolds, la ville la plus raffinée de la région. Prospère depuis la grande époque du commerce lainier, la ville attira, au début du 20ᵉ s., des artistes et artisans talentueux auxquels on doit, en partie, le parfait état de conservation de Chipping Campden.

Parmi les maisons de **High Street**, plusieurs sont très cossues ; malgré tout, plus que la beauté particulière de chacune, c'est l'harmonie de l'ensemble qui impressionne. Au cœur de la ville se trouve le **marché couvert** (1627). Plus au Nord, la **maison de William Grevel**, « la fleur des marchands de laine anglais », se distingue par sa fenêtre en saillie à deux niveaux (on pourra voir dans l'église paroissiale la belle plaque funéraire de cuivre signalant sa sépulture). Dans Church Street se dressent les hospices *(almshouses)*, édifiés en 1617 par Baptist Hicks.

Presque entièrement rénovée au 15ᵉ s. dans le style Perpendicular, **St James**, l'une des « églises de la laine » les plus nobles des Cotswolds, donne une impression d'unité et de quiétude.

Reprendre la B 4035 vers le Nord, puis une route secondaire vers Mickleton.

★★**Hidcote Manor Garden** ⊘, à **Mickleton** – Lorsqu'il créa ce jardin anglais, l'un des plus beaux du 20ᵉ s., l'horticulteur Lawrence Johnstone concocta, pour l'ornementation de ce petit espace de 4 ha, une multitude d'effets enchanteurs. Les calmes étendues gazonnées, les longues perspectives sur les allées ou sur la campagne avoisinante contrastent avec les zones luxuriantes au désordre savamment étudié. Un labyrinthe de « salles de jardin » enserre un arrangement compliqué d'herbes aromatiques, une composition de plantes toutes blanches et un étang mystérieux... Des haies d'ifs, de hêtres et de houx taillées harmonisent l'ensemble.

COVENTRY★

West Midlands – 299 316 habitants
Carte Michelin n° 404 P 26 ou Atlas Great Britain p. 27

L'histoire de Coventry remonte au temps des Saxons. Leofric, comte de Mercie, fonda un prieuré bénédictin en 1043, mais, écrasant la ville de lourdes taxes, il ne consentit à les lever qu'après que sa propre femme, **lady Godiva**, eut marqué sa désapprobation en traversant la ville nue sur son cheval. Le prieuré devint une cathédrale et l'événement une légende.

Au Moyen Âge, la cité s'enrichit grâce au commerce du drap et de la laine, tandis qu'une nouvelle église, St-Michael, fut construite vers 1200. Les industries légères du 20e s. procurèrent une nouvelle source de richesses à Coventry qui fit élever son église au rang de cathédrale en 1918. En 1900, la ville comptait 70 000 habitants, en 1930 il y en avait 250 000.

La ville fut en grande partie détruite le 14 novembre 1940 par le plus grand raid aérien de l'époque. Elle fut rebâtie sous la direction de Donald Gibson et Arthur Ling, autour de sa nouvelle cathédrale construite par **Basil Spence**. La reconstruction est une réussite, tant sur le plan esthétique que fonctionnel, du fait de la taille raisonnable donnée aux immeubles et de la manière dont les vestiges médiévaux, telles les maisons à colombage de **Spon Street**, ont été mis en valeur.

LES DEUX CATHÉDRALES *1 h*

★**Old St Michael's** – *Au Sud de la nouvelle cathédrale*. De la fin du 13e s., enrichie de nombreux éléments de style gothique Decorated et Perpendicular, la vieille cathédrale fut détruite en 1940, à l'exception des murs, de la crypte, de la tour et de la **flèche** haute de 90 m (l'une des merveilles architecturales d'Angleterre, surpassée en hauteur seulement par Norwich et Salisbury). À l'extrémité Est, la présence de l'autel est signalée par une simple croix de bois carbonisé, réplique de celle érigée par un pompier anonyme, qui utilisa deux poutres du toit lorsque cessa le sinistre.

★★★**New St Michael's** ⊘ – Jugée trop moderne par les conservateurs et trop traditionnelle par les modernistes, la cathédrale de Coventry fait partie des rares constructions de l'après-guerre à rencontrer la faveur des visiteurs. Son attrait réside sans doute autant dans ses dimensions traditionnelles que dans sa faculté à utiliser au mieux la lumière.

Extérieur – la nouvelle cathédrale est bâtie face au Nord comme faisant partie de l'ancienne cathédrale. La sobriété des murs de la nef met en valeur une sculpture de **Jacob Epstein**, *Saint Michel triomphant du démon* (près des escaliers d'entrée). Le porche majestueux fut conçu pour relier la nouvelle cathédrale aux ruines de l'ancienne et exprime de façon spectaculaire le sens de la mort et de la résurrection. L'autel de la Réconciliation, sauvé du sinistre, est le centre de la célébration liturgique du vendredi. La tour et sa flèche, haute de 90 m, dotées de cloches nouvellement restaurées, dominent la ville, réputée pour ses trois flèches.

Intérieur – L'effet dominant est une impression de hauteur, de lumière et de couleur.
Hauteur, car les piliers de la nef, dus à **Spence**, élevés et élancés, supportent une voûte aérienne ; lumière, car la grande clôture Ouest est un mur de verre gravé représentant patriarches, prophètes, saints et anges, de John Hutton ; couleur, puisque c'est une véritable

*Saint Michel triomphant du démon
par Jacob Epstein*

symphonie colorée que nous offre la fenêtre du Baptême, de John Piper, qui symboliquement évoque la lumière de la Vérité perçant à travers les conflits et désordres du monde. Les fonts baptismaux constituent la pièce la plus ancienne, grosse pierre brute, provenant des collines de Bethléem. Les 10 grandes fenêtres placées dans des recoins anguleux sont orientées vers le Sud afin de permettre au soleil de pénétrer par les vitraux colorés et inonder la nef de lumière.

Une immense tapisserie, *Le Christ en gloire*, par **Graham Sutherland** (la galerie d'art Herbert, située à proximité, expose les études de Sutherland pour cette œuvre), domine l'ensemble.

La chapelle de la Vierge (Lady Chapel) renferme une délicieuse statue de la Sainte Vierge. Contiguë, la chapelle du Christ à Gethsémani évoque l'ange au calice étincelant. Plus loin, la chapelle du Christ serviteur ne comporte qu'une croix et une

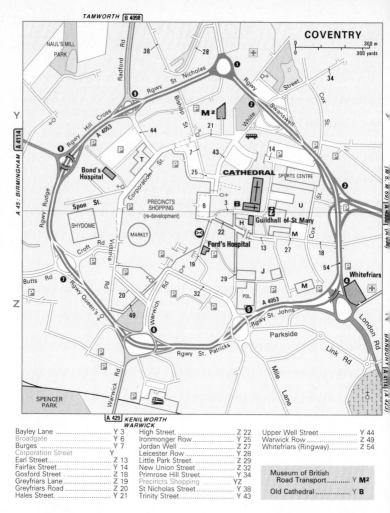

couronne d'épines. La chapelle de la Concorde (Chapel of Unity) présente plusieurs éléments remarquables : le parquet est l'œuvre de l'artiste suédois Einer Forseth ; au centre, une colombe sur un lit de flammes, symbole du Saint-Esprit, est entourée de représentations des cinq continents ainsi que de symboles chrétiens tradition-nels ; les hautes fenêtres, splendide assortiment de couleurs conçu par Margaret Traherne, projettent sur le sol de merveilleux motifs irisés lorsque brille le soleil.

AUTRES CURIOSITÉS

Guildhall of St Mary ⓥ – Fondé en 1342, il servit de prison à Marie Stuart en 1569. Ses trésors sont deux tapisseries (l'une, flamande, date de 1500 environ), représentant d'une part Henri VII à genoux et d'autre part la reine Élisabeth et ses courtisans. La **salle** possède un beau plafond en bois et des vitraux évoquant les rois et reines d'Angleterre.

Whitefriars – Ce monastère abrita des carmélites de 1342 jusqu'à la Réforme et fut par la suite transformé en hospice. Les cloîtres Est, aux très belles voûtes, et le dortoir des moines sont toujours visibles.

Les mystères

Les mystères ont exercé leur charme dès leurs premières représentations au Moyen Âge. Fables mêlant chant et musique, faisant appel aux effets spec-taculaires dignes de susciter la crainte de l'Enfer ou d'évoquer les merveilles du Paradis, elles s'inspiraient d'événements de l'Ancien Testament ou de la vie du Christ, et étaient jouées par cycle. Quand le théâtre médiéval échappa aux mains du clergé pour celles d'hommes de l'art, les représentations quit-tèrent les églises pour être données sur leurs marches et leurs parvis.
Deux de ces cycles nous sont parvenus et sont joués en extérieur à Coventry (tous les trois ans : 2002, 2005) et York (tous les quatre ans : 2004, 2008)

Ford's Hospital Ⓥ – Largement restauré après les dégâts causés par la guerre, ce bâtiment à colombage de 1509 abrite une cour tranquille, véritable enchantement de fleurs et de plantes grimpantes, au cœur de la ville moderne.

Bond's Hospital – *Extérieur uniquement.* Autre ravissant bâtiment à colombage, qui forme une cour avec **Bablake Old School**, et est orienté vers l'**église St John** du 14ᵉ s. La partie la plus ancienne est le **bâtiment Est** (vers 1500), œuvre de Thomas Bond.

★**Museum of British Road Transport** Ⓥ – C'est à Coventry que naquit l'industrie automobile britannique, avec Daimler en 1896. Plus de cent fabricants de véhicules à moteur (Daimler, Standard, Rover, Riley, Humber, Lea & Francis, Singer, Hillman, Triumph...) et de cycles à moteur (Swift, Rudge, Whitworth, Raleigh, Norton...) s'installèrent par la suite. Le **musée des Transports routiers anglais** évoque l'industrie, son développement et son déclin au cours de notre siècle. Les modèles les plus anciens sont magnifiquement présentés dans un décor de rue authentique. On peut admirer la Riley 1908 offrant comme option un système d'éclairage au carbure, la Morris (1922) tant aimée avec son « nez de taureau », la voiture officielle n° 1, une Daimler 1947, et la dernière Jaguar XJ8, expression du confort et de l'élégance. L'exposition s'achève sur la Thrust 2, ex-détentrice du record mondial de vitesse sur terre avec 1 019,468 km/h (record battu par la Thrust SSC, modèle non exposé ici, avec 1 227,968 km/h).

DARTMOOR★★

Massif du DARTMOOR – Devon
Carte Michelin n° 403 H, I 32 ou Atlas Great Britain p. 4

Le Dartmoor, dont la surface s'étend sur 945 km², est le plus grand des cinq massifs granitiques qui forment le noyau du Sud-Ouest de l'Angleterre. Au centre se trouve la lande, située approximativement à 300 m d'altitude, alors que les *tors* (buttes rocheuses), situés essentiellement au Nord et à l'Ouest, s'élèvent jusqu'à 600 m. Les deux points les plus élevés, le **High Willhays** (621 m) et le **Yes Tor** (619 m), sont des zones d'entraînement militaire, et donc souvent inaccessibles. À l'Est et au Sud-Est, on découvre des vallées boisées, des ruisseaux s'écoulant en cascade et de petits villages. Environ 282 km² de terres appartiennent au duché de Cornouailles (depuis 1503, domaine du fils aîné du monarque), le reste appartenant aux agriculteurs, au conseil du comté, à la Forestry Commission, à la Water Authority et au ministère de la Défense. Poneys, moutons et bovins paissent en toute liberté dans la lande. Buses, crécerelles et corbeaux peuvent être aperçus, tout comme, près des ruisseaux, pics, bergeronnettes et merles d'eau...

Le Dartmoor est classé **parc national**. Son accès au public est limité : dans la zone protégée, l'accès se fait uniquement par des sentiers et des pistes obligatoires (à noter qu'il est interdit de rouler ou de se garer à plus de 15 mètres à l'écart d'une route). Le nombre de visiteurs annuels se monte à environ 8 millions.

Les poneys du Dartmoor

Ch. Parker/BMV Picture Bank

LE SUD DU PARC

Ashburton – Ancien centre d'extraction d'étain, cette ville, sur un estuaire de la Dart, est le point de départ de la vieille route (B 3357) qui traverse la lande, en direction de Tavistock. L'église, dotée de style Perpendicular, fut construite au 15e s. alors que la ville était un centre lainier. Des maisons couvertes d'ardoise rappellent qu'Ashburton était aux 16e et 18e s. un centre de production d'ardoise.

À l'Ouest de la ville *(fléchage)*, le **River Dart Country Park** propose toutes sortes d'aménagements tant pour pique-niquer que pour observer les oiseaux.

Bovey Tracey – Cette petite ville se trouve au seuil du parc national du Dartmoor. La plupart de ses maisons sont construites en granit et arborent le toit de chaume caractéristique du Devon. On raconte que l'**église St Peter, St Paul and St Thomas of Canterbury**★ (1170) fut fondée par William de Tracey qui désirait ainsi expier sa complicité dans le meurtre de saint Thomas Becket. Bien que restaurée, l'église date surtout du 15e s. et renferme des tombes de l'époque de Jacques Ier, un lutrin du 15e s., une chaire joliment sculptée et un jubé. Un moulin au bord de l'eau abrite l'**Association des artisans du Devon** (Devon Guild of Craftsmen) ○. L'artisanat local y est exposé toute l'année.

BIDEFO

Becky Falls – Le Becka se jette d'une hauteur de 20 m. Croisement de nombreux sentiers de randonnée, c'est un excellent point de départ pour des promenades sur la lande.

Haytor Rocks – La route qui va de Bovey Tracey à Widecombe passe au pied de ce chaos rocheux (altitude : 454 m) d'où l'on jouit d'une **vue**★ étendue sur la côte de Widecombe.

Widecombe in the Moor – Dans une vallée peu profonde (large combe), cernée d'arêtes de granit s'élevant à 460 m, les charmantes chaumières aux murs blancs de ce village sont rassemblées autour de l'église. Vaste bâtiment long de 32 m, l'**église St Pancras**, de style Perpendicular, flanquée d'une haute (40 m) et imposante tour de pierre de taille en granit rouge, est parfois appelée la **cathédrale de la lande**. La voûte en berceau est ornée de beaux bossages sculptés. La **maison paroissiale** en pierre est à deux étages, avec, en façade, une loggia dotée de sept colonnes octogonales, et remonte à 1537, lorsqu'elle était l'hospice du village.

Dartmeet – La Dart Ouest et la Dart Est, en provenance des plateaux, convergent dans une vallée étroite, pour s'écouler entre des coteaux boisés, riches en espèces d'oiseaux et animaux sauvages.

Buckland in the Moor – Des maisons de pierre au toit de chaume situées dans un vallon boisé, à côté d'une église datant de la fin du Moyen Âge, composent un village du Devon tout à fait caractéristique.

Buckfast Abbey ○, au Nord de **Buckfastleigh** – Cette abbaye fut consacrée en 1932, environ 900 ans après sa fondation, pendant le règne du roi Canut le Grand (1016-1035). La nouvelle église, de style roman, reprend le plan du bâtiment cistercien qui fut démoli sous le règne de Henri VIII. Elle fut construite en calcaire gris, rehaussé par la pierre jaune de Ham Hill. L'intérieur est en pierre blanche de Bath, sobrement surmonté de voûtes s'élevant à 15 mètres au-dessus de la nef. Le **maître-autel** est décoré (or, émaux et bijoux) et la **chapelle du Saint-Sacrement** (1966), d'époque contemporaine, est cloisonnée de vitraux. Dans la **crypte**, une exposition retrace l'histoire de l'abbaye.

Buckfastleigh – Cette ville marchande située à la limite Sud-Est de la lande, qui inspira à Arthur Conan Doyle l'aventure de Sherlock Holmes, *Le Chien des Baskerville*, est le célèbre terminus de la **voie ferrée du Devon Sud** (South Devon Railway) ⊘, l'une des plus pittoresques d'Angleterre.

LE CENTRE DU PARC

Moretonhampstead – Connue localement sous le nom de Moreton, cette vieille ville marchande fut une étape pour les diligences reliant Exeter à Bodmin. L'église de granit des 14ᵉ et 15ᵉ s. est dotée d'une tour Ouest imposante. Remarquez également les **hospices** en granit, à toit de chaume et à colonnade, datant de 1637.

Postbridge – Dans ce village, **pont à trois arches** fait de grosses dalles de granit pesant 8 t et mesurant 5 m, dont chacune daterait du 13ᵉ s.

Two Bridges – Au carrefour des deux anciennes pistes traversant la lande (aujourd'hui la B 3357 et la B 3212), le village doit son nom à ses deux ponts, dont l'un est **médiéval**, enjambant la Dart Ouest.

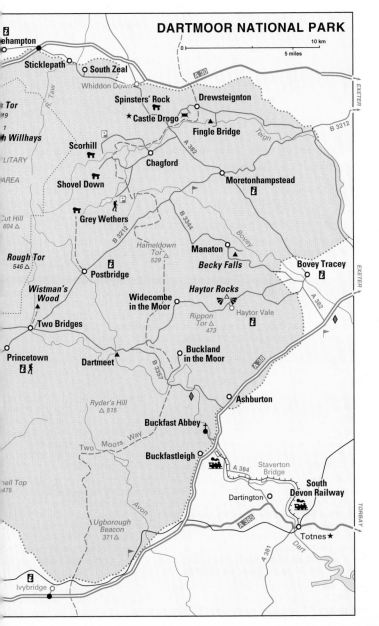

Wistman's Wood – *5 km à pied AR, au Nord de Two Bridges.* Sur les rives rocheuses et abruptes de la Dart Ouest poussent des chênes chétifs et moussus, survivants et descendants du bois originel qui jadis recouvrait ces hauteurs. À proximité se trouvent d'importants vestiges de l'âge du bronze.

Rough Tor – La tour (546 m) se dresse au centre de la lande, au Nord de Two Bridges.

Princetown – Ville la plus haut perchée d'Angleterre (425 m), elle est dominée par l'une des prisons les plus célèbres du pays, assurément l'endroit le moins accueillant du Devon ! Édifiée à l'origine en 1806-1808 pour recevoir les prisonniers des guerres napoléoniennes, elle vit ses occupants passer de 5 000 en 1809 à 9 000 en 1813. Transformée un temps en usine, elle redevint prison pour forçats lorsque la déportation fut abolie dans les années 1840.

LE NORD DU PARC

Fingle Bridge – Ce pont de granit à trois arches (16e s.) enjambe l'étendue la plus pittoresque de la gorge de Fingle. Au Nord, sur la colline, à une altitude de 213 m, se trouvent les ruines d'un fort de l'âge du fer, Prestonbury Castle.

Chagford – Cette ville marchande médiévale, une des quatre villes du Devon à avoir reçu au Moyen Âge une charte lui accordant le statut de centre d'extraction d'étain, domine la vallée de la Teign, offrant de très belles vues sur les tors rocheux et Castle Drogo. À l'ombre du **clocher** (15e s.), **la place du marché** est bordée de petites maisons de granit ou blanchies à la chaux, d'une auberge du 13e-16e s., et par le marché couvert au charme vieillot, le Pepperpot.

Scorhill Circle – *6 km à l'Ouest de Chagford sur la route allant de Teigncombe à Batworthy, puis à 2 km au-delà de la passerelle de Teign.* Cercle de pierres datant de l'âge du bronze, situé sur la lande.

Shovel Down – *2 km à pied, au Sud de Batworthy.* Ensemble intéressant datant de l'âge du bronze, composé d'un monolithe et d'alignements de cinq pierres.

★**Castle Drogo** ⊘, **à Drewsteignton** – Lorsqu'il découvrit qu'il descendait d'un aristocrate normand, Dru ou Drogo, ayant vécu au 12e s., le riche épicier Julius Drewe chargea **Edwin Lutyens** de créer un château extraordinaire à la gloire de son ancêtre. Ce château fut construit entre 1911 et 1930, en granit extrait de la propre carrière de Drewe ; l'extérieur est d'influence romane et Tudor, tandis que l'intérieur est du plus pur Lutyens (beaux équipements en chêne).

Sticklepath – Ce pittoresque village aux maisons couvertes de chaume ou de tuiles est le siège de la Finch Foundry ⊘, qui a restauré une usine d'affilage et une forge du 19e s. (l'exposition présente des outils agricoles et montre des roues à eau en action).

Okehampton – Ce bourg situé à la limite Nord du Dartmoor est d'origine saxonne, mais plus tard, les Normands le réaménagèrent pour en faire un centre de première importance. La petite ville devint un marché médiéval prospère à l'époque où la production lainière dominait. Les ruines du **château** ⊘ *(Castle Lane)*, à l'origine une motte féodale normande fortifiée, furent reconstruites au 13e s. : les corps de garde, une barbacane, des basses cours intérieure et extérieure, un donjon et une tourelle contenant un escalier lui furent ajoutés. Le **Museum of Dartmoor Life** ⊘ est installé dans une filature du 18e s. *(dans Museum Courtyard, à proximité de West Street).*

★★**Lydford** – Ce village s'étire depuis la route principale jusqu'à la Lyd et la gorge. Le château témoigne de l'importance militaire de Lydford qui, du 7e au 13e s., eut un avant-poste saxon ; le donjon, aujourd'hui en ruine, fut construit en 1195 pour détenir des prisonniers. À côté, **Castle Inn** occupe l'ancienne maison du pasteur (16e s.), de style Tudor, en bois de chêne. L'église St Petroc, fondée au 6e s., fut reconstruite et agrandie dans le style normand au 13e s. ; le bas-côté Sud et la tour le furent au 15e s. ; d'autres modifications eurent lieu au 19e s.

Lydford Gorge ⊘ – *2 h de promenade par les deux sentiers, inférieur et supérieur.* Cette gorge boisée, longue d'environ 2 km, comporte, en certains endroits, des abrupts rocheux d'environ 18 m. À partir de l'entrée principale, il existe trois sentiers signalisés. Le **sentier supérieur** suit le cours Nord-Est/Sud-Ouest de la gorge, offrant de superbes vues sur la rivière en contrebas et laissant apercevoir le Dartmoor. Le **sentier inférieur** contourne, au bord de l'eau, la rive Nord-Ouest de la rivière. Le **troisième sentier** va de Pixie Glen à Bell Cavern en passant par le tourbillon tonitruant appelé le **chaudron du Diable** (Devil's Cauldron). À l'extrémité Sud se trouve une cascade de 30 m, **White Lady Waterfall**.

Brent Tor – Cette colline de 344 m d'altitude, en pierre volcanique, est couronnée par St Michael, petite église du 13e s., dont la tour, basse et trapue, laisse découvrir une **vue**★★ magnifique, des kilomètres à la ronde.

DARTMOUTH★★

Devon – 5 282 habitants
Carte Michelin n° 403 J 32 ou Atlas Great Britain p. 4

Port d'eau profonde superbement situé dans une crique qui a des marées, presque invisible de la mer et entourée de collines, la ville est devenue prospère grâce au commerce. Au 17ᵉ s., cependant, lorsque Bristol et Londres eurent le monopole des échanges commerciaux, Dartmouth devint un simple port militaire, comme en atteste aujourd'hui la présence de l'École navale britannique (Britannia Royal Naval College), construite au début du siècle par Sir Aston Webb pour accueillir les élèves officiers ; nombre de membres de la famille royale y ont été formés – George VI et Édouard VIII, le prince Philip, les princes Charles et Andrew. Le quai, bâti en 1548, était au cœur des activités de la ville. Il est bordé de maisons de marchands du 17ᵉ s. Le **Butterwalk**★ *(Duke Street)* est un rang de quatre boutiques dotées d'étages en saillie supportés par onze piliers de granit (construites en 1635-1640, restaurées en 1943).

L'imposante École navale dominant la ville

Pannier Market – *Victoria Road, prolongement de Duke Street.* Le grand marché se tient le vendredi.

St Saviour's Church – *Anzac Street.* La haute tour carrée à pinacles est depuis sa construction (1372) un point de repère pour tous ceux qui naviguent vers l'amont. Noter surtout la porte Sud agrémentée de deux lions en ferronnerie et d'un Arbre de vie. Remarquez également l'autel médiéval dont les pieds sculptés représentent des figures de proue de navire.

The Shambles – Rue principale de la ville médiévale, elle présente encore des maisons du Moyen Âge. Remarquez plus particulièrement la **maison Tudor**, à quatre étages, du début du 17ᵉ s., ainsi que **The Carved Angel**, maison à colombage construite à la fin du 14ᵉ s., aujourd'hui transformée en auberge.

Castle ⊘ – *1,5 km par Newcomen Road, South Town et Castle Road.* La construction du fort fut engagée en 1481 par les marchands de Dartmouth, désireux de protéger leurs habitations, ainsi que le mouillage en eau profonde. Modifié et agrandi aux 16ᵉ et 18ᵉ s., il offre une **vue**★★★ superbe sur la mer et sur l'estuaire. C'est le premier château anglais dont le système défensif permettait surtout l'utilisation d'armes à feu. Les sabords d'armes sont ébrasés à l'intérieur pour obtenir le meilleur axe de vision sans pour autant que l'ouverture soit trop large.

EXCURSIONS

★**Torbay** – *Plan dans le Guide Rouge Great Britain & Ireland. De Dartmouth, traverser l'estuaire de la Dart par le ferry, puis prendre la A 379 et la A 3022 (16 km jusqu'au centre de Torquay).*
Cette agglomération, que ses habitants appellent fièrement « la Riviera anglaise », est constituée de **Torquay**, **Paignton** et **Brixham**, villages de pêcheurs à l'origine. Ces

villes ont tiré parti de leur climat doux, de leur végétation exotique (palmiers), des vues sur la mer et de belles plages sablonneuses. Elles bénéficient également d'hôtels, de promenades, de jetées, de pavillons et de jardins publics pour attirer les vacanciers. Le tourisme est maintenant la principale source de revenu de la population locale.

Torquay – Dans cette station balnéaire estivale du Devon plutôt animée, les maisons au-delà du rivage empiètent sur le flanc de la colline. Les villas et les grands hôtels édouardiens et victoriens aux façades claires s'élevant dans des jardins luxuriants ont été remplacés par des immeubles modernes et de grands hôtels, blancs la journée et constellés des lumières de leurs fenêtres la nuit. Visitant Torquay, Dickens la décrivit comme un « composé de Hastings et Tunbridge Wells, mâtiné des montagnes à l'image de celles qui entourent Naples ».

Des fouilles entreprises dans un ensemble de grottes, les **Kents Cavern**★ ⊘ *(Wellswood, Ilsham Road, à droite de Babbacombe Road, la B 3199)*, ont montré que ces grottes avaient abrité des animaux préhistoriques et des hommes pendant de longues périodes, de l'ère paléolithique, il y a environ 100 000 ans, jusqu'à l'époque romaine. La visite *(800 m)* conduit à des salles très diverses renfermant des « cascades » pétrifiées, des cristaux rouges, bruns ou verts et de multiples **stalactites** et **stalagmites**.

Entourée de magnifiques jardins, **Torre Abbey** ⊘ *(Torbay Road)* comprend une maison du 18e s., un bâtiment dit « la grange espagnole » et les ruines de l'abbaye médiévale. La maison, transformée en musée, abrite une collection d'**étains anglais**, de la verrerie des 18e et 19e s., ainsi qu'un ensemble unique d'illustrations originales du *Livre de Job* par **William Blake**.

★★ **Zoo de Paignton** ⊘ – *En périphérie Ouest de Paignton, le long de la A 385 (Totnes Road)*. C'est l'un des plus grands zoos de Grande-Bretagne (30 ha) : de nombreux animaux font partie d'un programme de préservation des espèces menacées. Il renferme aussi un luxuriant jardin botanique.

Une grande dame, Agatha Christie (1890-1976)

Agatha Miller est née et a grandi à Torquay. Au début de la Première Guerre mondiale, elle fut enrôlée dans le détachement de secours volontaire et travailla à la mairie, qui faisait alors office d'hôpital de la Croix-Rouge. Les nombreux réfugiés belges qui affluèrent à Torquay à cette époque lui inspirèrent le personnage de son célèbre détective belge, Hercule Poirot. Forte de son expérience d'infirmière, Agatha Christie devint pharmacienne et fut ensuite formée dans une pharmacie pour la Société des apothicaires, ce qui lui permit de s'initier aux mystères de la pharmacologie et de puiser l'inspiration et la matière nécessaires à ses romans policiers. Son premier mariage se conclut par un divorce. Son second mari, Max Mallowan, était un archéologue avec lequel elle voyagea beaucoup au Moyen-Orient. Agatha Christie publia de nombreux autres romans sous le nom de Mary Westmacott.

DERBY★

Derbyshire – 218 026 habitants
Carte Michelin n° 402 P 25 ou Atlas Great Britain p. 35
Plan dans le Guide Rouge Great Britain and Ireland

Romaine à l'origine (Derventio se trouvait sur la rive opposée de la Derwent), Derby était l'un des cinq « bourgs danois » avec Leicester, Lincoln, Nottingham et Stamford. L'armée de Bonnie Prince Charlie *(voir index)* y parvint avant sa retraite sur Culloden (1746). Dix ans plus tard, William Duesbury y fonda une industrie de porcelaine excellant dans les arts de la table et dans les figurines de style néoclassique.
Derby est aujourd'hui le siège de la firme Rolls-Royce.

Cathédrale – *Irongate*. Remarquable fusion de trois styles : début 16e s. (la grande tour), début 18e s. (la nef, due à James Gibbs) et fin du 20e s. (l'arrière-chœur). À l'intérieur, la simplicité classique contraste avec le magnifique **jubé** et les **grilles** en fer forgé de Bakewell, ainsi que par le baldaquin surmontant le grand autel. Au Sud du chœur repose Bess of Hardwick *(voir Chatsworth)*, éclipsant ses voisins dans la mort comme de son vivant.

★ **Museum and Art Gallery** ⊘ – *The Strand*. Le musée et la galerie d'art de Derby abritent deux superbes collections. Le **musée de la Porcelaine** contient la plus importante **collection de porcelaines de Derby**★, riche de près de 3 000 pièces illustrant les différentes époques de la manufacture. Les œuvres de la première période par André Planché sont particulièrement intéressantes. De même, on observera les figurines et groupes en biscuit non vernissés de Pierre Stephan de la période Chelsea (1770-

1784) ; les scènes de la période Crown (1784-1811) peintes par John Brewer, en particulier les fleurs et les paysages naturalistes ; les marines de George Robertson ; les paysages du Derbyshire (comté de Derby) de Zachariah Boreman, ainsi que les pièces plus élaborées de la période Robert Bloor (1811-1848). De plus, on peut y voir une belle sélection de la production de la Crown Derby Company, de sa fondation, en 1876, à nos jours.

La **Wright Gallery** détient quelques-uns des meilleurs tableaux et dessins de **Joseph Wright of Derby** (1734-1797) : de ses premières études en lumière artificielle (*Blacksmith's Shop, A Philosopher lecturing on the Orrery*), de ses portraits (*The Rev d'Ewes Coke group*), jusqu'aux chefs-d'œuvre romantiques en lumière naturelle (*Landscape with Rainbow, Indian Widow*) réalisés à la fin de sa vie.

Porcelaine de Derby, chandelier (1756-1760)

★**Royal Crown Derby Museum** ⊘ – *Osmaston Road*. Les nouvelles usines, fondées en 1847, abritent une collection de porcelaines de Derby de 1756 à nos jours. George III offrit sa protection en 1773 et le titre de Royal Crown Derby fut accordé par la reine Victoria en 1890. Dans la **Raven Room**, une collection inestimable de porcelaines est exposée comme elle aurait pu l'être dans une maison victorienne.

Industrial Museum ⊘ – *Full Street*. Collection de locomotives à vapeur, de moteurs aéronautiques Rolls-Royce et de pièces d'acier offrant un tour d'horizon des industries traditionnelles locales. Le musée est aménagé dans une filature de soie dont la cloche et la grange sont les seuls vestiges du bâtiment d'origine. Datant de 1718, celui-ci est considéré comme la première fabrique jamais érigée en Angleterre.

Pickford's House ⊘ – *41 Friar Gate*. Si vous souhaitez tout savoir sur le rôle de Joseph Pickford dans les Midlands ou vous initier aux activités domestiques du 18ᵉ s., ne manquez pas de visiter l'élégant hôtel particulier que cet architecte se fit construire en 1770. La demeure a été remise en son état d'origine et dispose en outre d'un charmant jardin georgien.

EXCURSIONS

★★**Kedleston Hall** ⊘ – *6 km au Nord-Ouest par Kedleston Road*. En 1758, sir Nathaniel Curzon commença à démanteler sa demeure de style Restauration et chargea Matthew Brettingham de la remplacer par une résidence de style palladien reliée par des arcades à quatre ailes distinctes. James Paine bâtit la façade Nord et, en 1760, **Robert Adam**, de retour de son voyage en Italie, fut appelé pour la conception de la façade Sud et la décoration intérieure (un de ses premiers chefs-d'œuvre). Le travail de trois architectes successifs sur cette demeure aurait pu donner un résultat désastreux, mais son unité de style néoclassique en fait l'un des fleurons de l'architecture anglaise du 18ᵉ s. Les Curzon ont vécu à Kedleston pendant plus de 500 ans. L'un d'entre eux fut vice-roi des Indes de 1898 à 1905. La façade due à Paine contraste avec la façade de Robert Adam, qui échappe au carcan classique par le mouvement de son escalier et de son dôme.

Les salons sont axés autour de l'**entrée en marbre**, et bénéficient d'un éclairage zénithal de façon à exalter la splendeur des dieux et déesses gréco-romains exposés dans les niches. Le plafond décoré d'arabesques en stuc est de Joseph Rose, le propre artiste plâtrier d'Adam. Le **salon de réception** est un exemple très coloré du style Adam (notez le *Paysage* de Cuyp et l'*Achille* de Véronèse). La **rotonde** est surmontée d'une majestueuse coupole de 19 m, aussi surprenante que le néoclassique *Scènes de l'histoire britannique* de Biagio Rebecca. Aux murs de l'antichambre et du cabinet de toilette, œuvres de maîtres des 17ᵉ et 18ᵉ s., tels que Van Dyck, Lely, Kneller et Jansen.

Poterie de Denby ⊘ – *13 km au Nord de Derby par la A 38 et la B 6179*. Les différentes phases d'élaboration des fameuses poteries de Denby, dont certaines sont tournées à la main, sont présentées au cours de la visite de l'usine. Le visiteur peut aussi réaliser son propre moulage et décorer une assiette. Les poteries de Denby sont en vente dans la boutique avec d'autres ustensiles de cuisine.

★**Calke Abbey** ⊘, à **Melbourne** – *16 km au Sud de Derby par la A 514, puis la B 587 à gauche via Melbourne. Après la localité, prendre à droite une route secondaire en direction du Staunton Harold Reservoir.* Une longue allée traverse un vaste parc ondoyant, puis conduit à cette demeure du 18e s., blottie dans une profonde vallée. Le domaine resta propriété de la même famille de 1622 à 1985. Les dernières générations ont su faire preuve d'une grande modestie et d'une excentricité contenue si bien que la maison a subi peu de changements depuis 1886.

Afin de préserver le caractère unique de Calke, seules deux pièces ont été redécorées : la salle des caricatures, dont les papiers peints humoristiques ont été imaginés par de grands caricaturistes anglais comme Rowlandson, Gillray et Cruikshank, et la salle à manger conçue par William Wilkins l'Ancien en 1793. Dans plusieurs pièces sont exposés des oiseaux empaillés apportant l'atmosphère d'un musée privé d'histoire naturelle. L'un des trésors de Calke, le **lit d'apparat,** est une magnifique création baroque, probablement réalisée pour George Ier vers 1715, mais retrouvée encore inutilisée dans son emballage d'origine. Les dais de soie de Chine ont ainsi conservé leurs couleurs splendides et leurs détails. Les cuisines datant de 1794 n'ont pas changé d'aspect depuis les années 1920.

Les écuries contiennent plusieurs vieux attelages et une sellerie. Les jardins clos (2,83 ha) regroupent un jardin des fleurs planté au 19e s. dans le style « mélangé », l'Auricula Theatre, un jardin de plantes médicinales et une serre (1777). Le parc a été conçu vers 1705 par London et Wise, jardiniers du roi. Huit étangs, disposés en chapelet, divisent la propriété en deux au Nord de la maison.

★★**Sudbury Hall** ⊘, à **Sudbury** – *24 km à l'Ouest par la A 516 et la A 50.* Il fut construit entre 1660 et 1702. L'extérieur est de style Jacques Ier très conservateur, alors que l'intérieur est une combinaison entre un style tardif de la Renaissance classique et un baroque naissant. Les anciens jardins très organisés furent remplacés par un parc paysager naturaliste au 18e s.

Le manoir offre de nombreuses peintures du 18e s., rehaussées par les travaux de Grinling Gibbons, Edward Pierce et James Pettifer, anciens collaborateurs de Wren, qui participèrent à l'élaboration des églises londoniennes. Les plafonds ont été peints par Louis Laguerre. Dans l'**entrée** et la **grande entrée**, on peut admirer une vue panoramique de Sudbury exécutée par Griffier, ainsi que des portraits de Reynolds et Lawrence. L'**escalier** est dû à Pierce et, au-dessus, les plâtres délicats sont l'œuvre de Pettifere. Dans le **salon**, deux toiles de Griffier et une de Hoppner sont dominées par un plafond orné de chérubins ailés. Mais le plafond le plus beau est sans conteste celui de la **grande galerie.**

DEVIZES

Wiltshire – 13 205 habitants
Carte Michelin n° 403 O 29 ou Atlas Great Britain p. 17

À l'origine petit village blotti autour d'un château féodal normand, Devizes s'est transformé en un prospère marché de drap, doté d'un harmonieux ensemble d'hôtels particuliers du 18e s. Le canal Kennet et Avon sert de nos jours à des activités de loisirs, mais il constituait à l'origine le principal moyen de transport des produits locaux (le drap de laine mince, connu sous le nom de *droguet*, et le tabac, largement cultivé dans la région au 17e s.).

The Ridgeway Path – Cette ancienne route commerciale était déjà utilisée par les peuples nomades du paléolithique et du mésolithique, qui suivaient la crête calcaire. Cet itinéraire était en effet plus commode que celui des pentes basses, boisées ou couvertes de broussailles. Le chemin contemporain, ouvert en 1973 et balisé de glands par la Countryside Commission, va de Overton Hill (près d'Avebury) à Ivinghoe Beacon, non loin de Tring (Hertfordshire), en longeant Uffington White Horse. Les cartes de randonnée au 1/500 000 de l'Ordnance Survey (numéros 173, 174, 175 et 165) sont utiles aux marcheurs qui désirent couvrir une partie de sa distance ou sa totalité (140 km). Le musée de Devizes expose quelques exemples de la flore rare du Downland, que le randonneur peut parfois rencontrer en chemin.

Kennet and Avon Canal – La voie navigable serpente à travers la vallée de l'Avon, la plaine de Pewsey et le Berkshire. Des renseignements sur les excursions en bateau et l'état du chemin en contrebas pour les marcheurs et les cyclistes sont disponibles au Kennet and Avon Canal Trust (voir ci-dessous).

★★**St John's** – Cette imposante église paroissiale romane comporte une **tour de croisée** massive et oblongue, dotée d'arcs en plein cintre du côté de la nef et du chœur, et, du côté des transepts, des premiers arcs en ogive. À l'intérieur, l'extrémité Est, voûtée, est typiquement romane : elle est décorée d'arcs entrecroisés, articulés par des chevrons et des moulures en zigzag qui contrastent avec des écoinçons en écaille. Les chapelles latérales (1483) sont séparées du chœur et du sanctuaire par des jubés de pierre décoratifs et possèdent de beaux plafonds à caissons reposant sur des corbeaux sculptés.

★**Devizes Museum** ◷ – *41 Long Street*. En sus des sections géologie et histoire naturelle et de sa galerie d'art, le musée abrite un **département d'archéologie** réputé, où sont exposées des maquettes de Stonehenge et Avebury, sites voisins, ainsi qu'une collection d'objets découverts sur place.

Centre-ville – La **bourse au blé**, à la façade classique couronnée d'une statue dorée de Cérès, date du 19ᵉ s. Faisant face à la large **Market Place**★ qui se développa autour du florissant commerce des moutons, l'**ancien hôtel de ville**, bel édifice en pierre de 1750, fait office de marché couvert. Sa façade à colonnes ioniques est surmontée d'un fronton portant une horloge et des putti. L'élégant **hôtel de ville** georgien de 1808 présente un rez-de-chaussée rustique aux fenêtres cintrées, embelli, au-dessus de la façade convexe, de hautes colonnes ioniques. **St John's Alley** est soulignée d'un rang serré de maisons élisabéthaines à colombage et encorbellements. De nombreux relais de poste subsistent, dont le **Black Swan** du 18ᵉ s. et le **Bear Hotel** du début du 18ᵉ s., connu pour les esquisses de portraits laissées par le fils du propriétaire des lieux, **Thomas Lawrence**. Remarquez également **Parnella House**, construite vers 1740 par un médecin qui en décora la façade avec une statue d'Esculape (copie contemporaine), dieu grec de la médecine. La vieille rue sombre connue sous le nom de **The Shambles** accueille toujours un marché *(y aller de préférence le jeudi et le samedi)*.

Kennet and Avon Canal Centre ◷ – *The Wharf*. L'exposition dans le vieil entrepôt à grains (1810) qui abrite le centre évoque la construction (1794-1810) par John Rennie du canal reliant Bristol à Londres.

Kennet and Avon Canal

En 1792, une annonce publicitaire parue dans un journal de Salisbury présentait le projet de construction d'un canal entre les parties navigables de l'Avon et du Kennet, qui relierait Bristol et Bath à Newbury et Reading. Les investisseurs privés étaient les bienvenus. L'ingénieur topographe **John Rennie** dessina une voie navigable qui pouvait accueillir de grandes péniches (4,2 m de large), d'une taille bien supérieure à celles qui circulaient sur les canaux du Midland (2,08 m). Les travaux commencèrent peu après que le roi eut donné son accord en 1794. La voie navigable de 92 km fut ouverte dès 1807. En 1810, les seize écluses furent mises en place sur le versant de Caen Hill. Le charbon en provenance de Radstock et de Poulton composait le plus gros des cargaisons. Mais l'apparition du Great Western Railway (1841) fit diminuer le trafic de fret, ce qui obligea les responsables du canal à vendre à la GWR, qui abandonnèrent délibérément ce dernier. Récemment rénové (de 1988 à 1990), le canal est à nouveau ouvert à la navigation et le chemin de halage aux marcheurs.

EXCURSIONS

★★**Avebury** – *11 km au Nord-Est par la A 361*. Moins réputé que Stonehenge, Avebury et le district environnant sont pourtant riches en monuments et ouvrages préhistoriques, le plus ancien datant de 3700-3500 avant J.-C. environ. Le site d'Avebury est d'autant plus fascinant que le village actuel se trouve au centre du cercle de pierres, à l'intérieur des « remparts » en terre. L'église du village présente une intéressante association des styles anglo-saxon, roman, gothique Perpendicular et du 19ᵉ s.

★**Les mégalithes** – Il est malaisé d'en avoir une vue d'ensemble depuis les talus de terre doublés d'un fossé intérieur qui entourent les 11 ha du site. Les talus sont interrompus en quatre endroits diamétralement opposés pour donner accès au centre. Ils enferment un anneau d'une centaine de monolithes (taillés dans les Marlborough Downs, *voir ci-dessous*) et deux cercles intérieurs. Du passage, une avenue jalonnée d'environ 100 paires de pierres (une bonne partie a disparu, réemployée à la construction de bâtiments du village), symboles mâles (pierres trapues) et femelles (pierres élancées), menait à un site funéraire appelé le Sanctuaire. Le **musée Alexander Keiller** ◷ apporte un complément d'information tout à fait intéressant sur Avebury et les sites voisins.

Les sites voisins – **Silbury Hill**★ *(3 km au Sud)* est un remblai artificiel de calcaire, l'un des plus importants d'Europe. Les raisons de sa construction demeurent mystérieuses. Le **West Kennet Long Barrow**★ *(5 km au Sud)*, le plus beau tumulus funéraire d'Angleterre (104 m x 23 m) fut édifié de 3500 à 3000 avant J.-C. L'entrée est située à l'Est, entre deux blocs de grès géants. Le couloir, les deux chambres latérales et la chambre du fond sont couverts par des dalles horizontales soutenues par des blocs de grès verticaux et des murs de pierres sèches. Environ 50 squelettes datant du début de la période néolithique y ont été découverts.

Troupe de mégalithes parmi les troupeaux, à Avebury

★ **Marlborough** – Cet ancien bourg, établi sur la rivière Kennet, célèbre pour son marché à bestiaux, fut un important relais de poste sur la route de Londres à Bath ; il est le siège d'une célèbre école depuis le 19ᵉ s. Au Nord de la ville s'étendent

Les chevaux blancs qu'aiment les Anglais

Dans la région de Marlborough, il n'est question que de « White Horses ». Le touriste français peut supposer que le poème de Paul Fort mis en musique par Brassens fait partie du programme d'études du Marlborough College... Le touriste autrichien peut se prendre à rêver que les ritournelles de l'opérette de Benatzky sont le fondement de l'enseignement musical... Tout continental normalement constitué peut imaginer qu'il y a là sans doute un vague rapport avec une marque bien connue de ce breuvage qui participe à la notoriété des Écossais et des Irlandais... Pas le moins du monde ! Ce qui fait l'orgueil des habitants du Sud-Ouest de l'Angleterre, ce sont, tracées à la craie sur des pentes bien vertes ou taillées à flanc de falaises calcaires, des silhouettes de chevaux.

Si vous le souhaitez, vous pouvez aller contempler :

Marlborough White Horse – *Au Sud de Bath Road (A 4), juste à l'Ouest de Marlborough College.* Ce petit cheval blanc bien déployé (19 m sur 14) fut conçu et gravé par les écoliers de la ville.

Hackpen – *10 km au Nord-Ouest de Marlborough, sur la A 4041.* Ce cheval aurait été gravé lors du couronnement de la reine Victoria (1838). Ses dimensions « au carré » (27 m sur 27) donnent à penser que l'on a cherché à racheter le défaut de pente en jouant sur la perspective. On le voit mieux encore de la route (à proximité de la A 346) qui va de Marlborough à Broad Hilton.

Pewsey Vale White Horses – *12 km au Sud de Marlborough sur la A 345.* Juste après Pewsey, le cheval de Pewsey (20 m sur 14) foule le flanc de la colline. Seconde figure de ce site, il fut gravé en 1937 pour célébrer le couronnement de George VI. Peu après Upavon en empruntant la A 342 en direction de Devizes, on rencontre le cheval d'Alton Barnes (49 m sur 51), tourné vers le Sud en direction de la plaine de Pewsey ; il fut gravé en 1812.

Cherhill Horse – *15 km à l'Ouest de Marlborough, visible de la A 4).* Du museau à la queue, ce cheval (1780) mesure 4 m sur 37.

Broad Town Horse – *17 km au Nord-Ouest de Marlborough, visible de la B 4041 de Broad Hinton à Wootton Bassett.* Il aurait été taillé par un fermier en 1864, ce qui expliquerait son apparence plus naturaliste et ses proportions (24 m sur 17).

Uffington White Horse – *33 km au Nord-Est de Marlborough, sur White Horse Hill, dans les Berkshire Downs. Visible de la A 420 ou de la B 4507, à l'Est de Swindon.* C'est l'une des plus anciennes figures de craie gravée d'Angleterre (entre 100 avant J.-C. et 100 après J.-C.). Il fait 111 m de long et, avec Osmington, c'est le seul cheval tourné vers la droite.

Westbury White Horse – *45 km au Sud-Ouest de Marlborough sur Bratton Down. On le voit mieux de la B 3098 entre Edington et Westbury.* C'est le plus ancien cheval blanc du Wiltshire. Taillé en 1778, il mesure 51 m sur 50.

les **Marlborough Downs**, traversées par le Ridgeway Path et... constellées de troupeaux de moutons ! **High Street**, qui traverse la ville du Green au Marlborough College, est bordée de jolies maisons, toutes différentes, parmi lesquelles on note deux **relais de poste** du 17ᵉ s. (Castle and Ball, Sun Inn). L'**église St Mary**, à l'extrémité Est de la localité, fut incendiée au cours du Commonwealth et reconstruite selon les principes du puritanisme le plus austère. À l'autre bout, l'**église St Peter and St Paul** (aujourd'hui un centre d'art et d'artisanat), d'origine romane, fut reconstruite au 15ᵉ s. et presque entièrement restaurée au milieu du 19ᵉ s. À sa fondation en 1843, **Marlborough College** *(privé)* comptait 200 élèves mâles ; ils sont aujourd'hui 900, sans distinction de sexe.

À environ trois kilomètres au Sud-Est de Marlborough, la **forêt de Savernake★★**, qui résonnait jadis des chasses royales, vit ses 1 616 ha replantés par « Capability » Brown. Aujourd'hui, chênes, frênes, mélèzes, hêtres surtout, forment une forêt magnifique de 1619 ha (encore propriété de la Couronne), coupée par la **grande avenue★★★** (4,8 km). C'est un endroit agréable que l'on peut explorer à pied ou à bicyclette.

Potterne – *3 km au Sud par la A 360*. La fierté de ce village est une maison (privée) à colombage du 15ᵉ s., **Porch House★★**. Bien qu'elle ait été transformée par la suite, l'**église St Mary** illustre bien le style Early English.

★**Bowood House** ⓥ – *16 km au Nord-Ouest par la A 342, puis la A 4 sur la droite*. Entreprise en 1725, la construction de cette demeure évolua sous la houlette de nombreux architectes célèbres. La maison fut vendue encore inachevée, en 1754, à la famille Lansdowne, futurs comtes de Shelburne. Le parc, dessiné en 1762-1768 par « **Capability** » Brown, comprend un lac, une espace boisé, et des spécimens d'arbres tels qu'un cèdre du Liban (qui fait aujourd'hui 43 m de haut). En 1955, la « grande maison » de Bowood fut démolie, à l'exception de l'orangerie (R. Adam) et de ses pavillons alentour, qui constituent une résidence et une galerie de sculptures. Outre les arbres magnifiques, le domaine est doté d'une cascade, d'un temple dorique du 18ᵉ s., d'une grotte, de terrasses à l'italienne et d'un jardin boisé (resplendissant de jacinthes des bois, de rhododendrons et d'azalées en mai et juin). L'accès à la maison se fait par l'orangerie, de dessin classique, réalisée par **Robert Adam** en 1769. À droite se trouve la petite pièce où Joseph Priestley découvrit l'oxygène en 1774 et Jan Ingenhouse (décédé en 1799), le processus de photosynthèse des plantes. Depuis les fenêtres du fond de la bibliothèque, dessinée par C.R. Cockerell, d'après Robert Adam (beaux décors et équipements), on bénéficie d'une belle **vue★** sur le parc. La galerie de sculptures, qui s'étend sur la longueur de l'orangerie, expose des peintures choisies, des statues et des tapisseries provenant de la collection Lansdowne.

DORCHESTER★

Dorset – 15 037 habitants
Carte Michelin n° 403 M 31 ou Atlas Great Britain p. 8

Les Romains bâtirent le village de Durnovaria au 1ᵉʳ s. après J.-C. sur la grande route reliant Londres et Exeter. Dorchester est aujourd'hui remarquable par ses maisons du 17ᵉ s., dont les façades ont souvent été modifiées au 19ᵉ s., procurant ainsi une variété d'apparence. Cette volonté de diversité trouve un écho dans le lotissement contemporain et controversé de Poundbury que l'on est en train d'aménager dans les faubourgs.

Les rues de Dorchester – Sur High East Street, une des artères principales de la ville, on remarque **King's Arms**, bâtiment déployant une façade imposante du début du 19ᵉ s., précédée d'un large porche à colonnes doriques.

South Street, la rue la plus commerçante de la ville, naît d'un impressionnant alignement de façades de briques rouges du 18ᵉ s. Le n° 10, où résidait le maire de Casterbridge dans le roman du même nom, aujourd'hui une banque, abrite une remarquable maison à trois étages de la fin du 18ᵉ s. Dans High West Street se dresse l'église **St Peter**, largement restaurée, dont le porche, la tour, les créneaux et les pinacles sont en pierre blanche. Le n° 6, où sé-

---

Thomas Hardy (1840-1928)

Né à Higher Bockhampton, près de Dorchester, fils d'un tailleur de pierre, il reçut une formation d'architecte, profession qu'il abandonna pour se consacrer à l'écriture. Ses romans, qui présentent de nombreux caractères communs, se déroulent souvent dans le Wessex (*Contes du Wessex*, 1888 ; *Tess d'Uberville*, 1891 ; *Jude l'Obscur*, 1895), ancien royaume saxon de Grande-Bretagne, qui englobait le Dorset, le Wiltshire, le Hampshire, certaines parties du Somerset, l'Oxfordshire et le Berkshire : en bref, la région des grands plateaux calcaires ayant pour centre Dorchester, qu'il rebaptisa Casterbridge.

journa le célèbre juge Jeffreys – en 1685, il jugea plus de 500 des partisans de Monmouth lors des **Assises sanglantes** –, est le seul édifice à colombage de la ville. Situé en haut de la rue, le **monument commémoratif de Thomas Hardy**, datant de 1931, dû à Eric Kennington, représente l'écrivain âgé, le chapeau sur les genoux, assis sur une souche d'arbre fleurie.

★**Dorset County Museum** ⊘ – *High West Street*. Une **galerie victorienne** splendide, ornée de colonnes de fonte peintes et d'arcs supportant une verrière, abrite des souvenirs de **Thomas Hardy** : meubles, tableaux et documents provenant de **Max Gate**, maison qu'Hardy se fit construire en 1885. On y trouve également une reconstitution du bureau de l'écrivain tel qu'il fut laissé à sa mort. Remarquez, en outre, la **galerie de Maiden Castle** *(voir plus bas)* et la collection de fossiles de la région.

Le cadre conçu par Thomas Hardy pour ses retours dans le passé

ENVIRONS

★★**Maiden Castle** – *3 km au Sud-Ouest par la A 354*. La construction des plus beaux **remparts en terre** de Grande-Bretagne fut amorcée vers 350 avant J.-C. sur le site d'un village néolithique datant d'environ 3000 avant J.-C. Quatre grandes phases furent nécessaires avant que cet énorme complexe de 19 ha ne fût équipé d'un système de défense complet, vers 60 avant J.-C. Cependant, la forteresse fut prise d'assaut par le futur empereur romain Vespasien en 43 après J.-C., lorsque son infanterie y pénétra, rempart après rempart, pour atteindre la cour intérieure et mettre le feu aux huttes.

★**Cerne Abbas** – *13 km au Nord de Dorchester sur la A 352*. La silhouette d'un géant nu, longue de 55 m et tracée à la craie dans l'herbe, a été associée à des rituels locaux célébrant la fertilité. Avec son gourdin, elle rappelle les représentations romaines d'Hercule et pourrait donc dater de l'occupation romaine.
Le **village**★ se caractérise par la rangée de superbes maisons du 16e s., aux façades de bois, ainsi que par l'**église St Mary**, mêlant les styles Early English et Perpendicular, et dont la **tour** spectaculaire est construite en pierre des collines de Ham.

★★**Chesil Beach** – *16 km au Sud-Ouest via Martinstown, le monument à l'amiral Hardy et Portesham*. Le village d'**Abbotsbury** est situé à l'extrémité du lagon formé par la plage de Chesil, remarquable banc de galets long de 13 km. Il doit son nom à l'abbaye bénédictine du 11e s., fermée en 1541, dont il ne reste que des ruines. L'exceptionnelle **colonie de cygnes**★ (swannery) ⊘, créée par des moines vers 1390, est composée aujourd'hui de plus de 400 oiseaux.
La luxuriance des **jardins subtropicaux**★ ⊘ contraste avec la rudesse de la chapelle de **Ste-Catherine**★, datant du 14e s., fouettée par les vents en haut d'une colline de 76 m.

★ **Bere Regis Church** – *18 km à l'Est par la A 35*. La belle église **St John the Baptist** bâtie en style Perpendicular est l'unique édifice qui survécut à une série d'incendies intervenus en 1788. Le **plafond**★★ sculpté et peint datant du 16ᵉ s. est une pure merveille. Remarquez les chapiteaux de l'arcade de la fin du 12ᵉ s. ornés de personnages sculptés souffrant de rage de dents ou de maux de gorge.

Abbey Church Milton Abbas ⊘ – *19 km au Nord-Est par la A 354 et une route secondaire*. En 1309, à la suite d'un incendie, l'**abbatiale** fut reconstruite dans les styles Early English et Decorated, mais les travaux furent interrompus par la peste noire de 1348. L'église, longue de 41 m, n'est composée que d'un chœur, d'un transept et de la croisée. La **résidence**, aux impressionnantes **salles de réception**, fut construite au 18ᵉ s. par William Chambers pour lord Milton au milieu d'un parc dessiné par Capability Brown. Ce dernier fit reconstruire le village de façon qu'il fût invisible de l'abbaye.

DOVER

DOUVRES – Kent – 34 179 habitants
Carte Michelin n° 404 X, Y 30 ou Atlas Great Britain p. 13
Plan dans le Guide Rouge Great Britain & Ireland

Flanquée des célèbres falaises blanches, Douvres est la porte de l'Angleterre depuis l'époque des Romains : elle accueille des bateaux à voile, à vapeur et des aéroglisseurs. L'ouverture du tunnel sous la Manche ne semble avoir produit qu'un effet marginal sur l'intense trafic de ferries traversant la Manche.
La ville fut sévèrement endommagée au cours de la Seconde Guerre mondiale. Des deux églises romanes, il ne subsiste que **St Mary** et les ruines de St James. Ont également survécu la **Maison-Dieu** (14ᵉ s.), **Maison-Dieu House** (17ᵉ s.), toutes deux dans Biggin Street, et **Waterloo Crescent** de Philippe Hardwick, de style fin Regency, qui confèrent à Douvres une touche d'élégance et une particularité rare pour un port en activité.

★★ **Castle** ⊘ – *Castle Hill Road*. Dès l'âge du fer, on édifia des fortifications sur les hautes terres qui, à l'Est, dominent la ville et le port. Les Romains érigèrent un phare (Pharos), qui se dresse toujours dans l'enceinte du château, et les Saxons une église (St-Mary-de-Castro). Les fortifications furent renforcées par Guillaume le Conquérant, puis par Henri II qui, dans les années 1180, ajouta le magnifique donjon, entouré d'un mur d'enceinte. La spectaculaire **tour du Gouverneur** (Constable's Tower) date du début du 13ᵉ s. Un labyrinthe de tunnels et des chambres secrètes – the Undergrounds Works – furent aménagés sous le château dès sa fortification, puis largement étendus à l'époque napoléonienne et pendant la Seconde Guerre mondiale. Ces galeries servirent de quartier général lors de l'opération Dynamo : l'évacuation des troupes britanniques depuis Dunkerque en 1940. Une visite guidée des **Secret Wartime Tunnels** entraîne les visiteurs dans les chambres

Le château

et passages faiblement éclairés de l'hôpital souterrain et du centre de communications des quartiers généraux alliés, connu sous le nom de Hellfire Corner. Effets sonores et autres accessoires parfois macabres recréent l'atmosphère de cet univers digne de George Orwell.

La ville – Douvres fut la ville du Kent la plus touchée par les bombes et obus allemands envoyés depuis les côtes françaises. Mais les efforts de reconstruction entrepris après la guerre ont révélé l'importance archéologique de ce port antique. Une **maison romaine** (Roman Painted House) ⏱ présente les plus beaux décors muraux visibles dans un intérieur au Nord des Alpes, ainsi qu'une section de mur qui faisait partie du fort saxon. Le spacieux **musée** ⏱ présente des vestiges couvrant toutes les périodes de la longue histoire de la ville, dont une partie d'un **bateau de l'âge du bronze**, vieux de 3 000 ans, découvert en 1992 à proximité de la ville. Les épisodes de l'histoire de Douvres sont présentés dans le spectacle son et lumière intitulé **Connaître les falaises** (White Cliffs Experience) ⏱.

Western Heights – On trouve ici, sur les terres crayeuses qui s'élèvent du port vers la falaise dite de Shakespeare, 5 km² de fortifications élaborées, parmi lesquelles la **redoute** de 1808 et l'exceptionnel escalier du **grand puits** (42 m), achevé un an plus tard.

EXCURSIONS

Deal – *14 km au Nord-Est par la A 258*. Une jetée moderne avance vers l'Est, de la plage de galets de Deal en direction des célèbres **Goodwin Sands**, où gisent des épaves de navires. Sur le bord de mer, on admirera une longue rangée de demeures, principalement georgiennes, derrière lesquelles on aperçoit des ruelles bordées de maisons de marins. Pour rappeler par son plan de masse la rose des Tudors, le solide **château** ⏱ édifié sous le règne de Henri VIII fut ourlé de « pétales », des bastions concentriques d'où les armes lourdes pouvaient riposter en cas d'agression par la mer. Par contraste, son jumeau, **Walmer Castle** ⏱ *(2 km au Sud)* fut transformé en une élégante demeure dotée de beaux **jardins** au 18ᵉ s. et servit de résidence officielle des **Lords Warden of the Cinque Ports** (gouverneur des Cinq Ports, c'est-à-dire : Douvres, Hastings, Hythe, Sandwich et Romney). On y voit de nombreux souvenirs liés aux gouverneurs successifs, en particulier les bottes du duc de Wellington (1769-1852) et le fauteuil dans lequel il mourut.

Folkestone – *13 km à l'Ouest par la A 20. Plan dans le Guide Rouge Great Britain and Ireland*. Folkestone a longtemps été le second après Douvres pour le trafic trans-Manche. Aujourd'hui, il ne subsiste plus qu'une seule liaison avec Boulogne. Le sommet de la falaise vers l'Ouest a été aménagé au milieu du 19ᵉ s. en une magnifique promenade dans la verdure, **The Leas★** (les grasses pâtures), quand la ville à son apogée était un lieu de villégiature très prisé. Par temps clair, le superbe **panorama★** qui s'ouvre sur la mer s'étend jusqu'aux côtes françaises. Les églises St Mary et St Eanswyth, du 12ᵉ s., jouxtent **The Bayle**, site d'un château antique. À la sortie Nord de la ville, au pied des North Downs se trouvent l'accès au tunnel sous la Manche et le complexe composant le terminal d'Eurotunnel.

Vaillance et courage

La bataille d'Angleterre qui fit rage pendant l'été 1940 dans le ciel du Kent est commémorée par le **Battle of Britain Memorial** ⏱ *(à Capel, sortir de la AE 20 entre Folkestone et Douvres)*, la statue de pierre d'un pilote assis regardant la mer depuis le sommet de la falaise, ainsi que par le **Kent Battle of Britain Museum** ⏱ *(à Hawkinge, 5 km au Nord de Folkestone par la AE 260)*. Les bâtiments de l'ancien poste de commandement de la Royal Air Force sont un cadre approprié pour amplifier l'effet des objets présentés. *Voir aussi les chapitres Excursions de BOSTON et de CANTERBURY*.

Hythe – *23 km à l'Ouest par les A 20 et A 259*. High Street, la grande rue de ce « Cinque Port », est maintenant à environ 1 km du moderne front de mer, le port de Hythe s'étant envasé depuis des siècles. De pittoresques ruelles nous conduisent par des pentes raides à l'**église St Leonard** ⏱, superbement perchée, à mi-chemin, sur le flanc de l'ancienne falaise. Le magnifique **chœur** du 13ᵉ s., étonnamment ambitieux pour une église paroissiale, est le reflet de la prospérité que connut la ville jadis. Au-dessus des toits de la ville, on peut admirer de belles vues sur la Manche et le littoral du marais de Romney, qui décrit une courbe jusqu'à la lointaine pointe de Dungeness.

Sur la côte du Sud-Ouest de l'Angleterre, de nombreux témoignages prouvent que la menace d'une invasion par les troupes de Napoléon avait été prise très au sérieux : 73 solides **tours Martello**, fortins circulaires en brique, furent bâties entre Folkestone et Eastbourne ; une voie d'eau, le **canal militaire royal**, fut creusée entre Hythe et Rye. Tous les deux ans, en août, ses berges dans la traversée de Hythe s'animent à l'occasion de la Fête vénitienne. Hythe est également le terminus du célèbre **chemin de fer miniature** (24 km) reliant Romney, Hythe et Dymchurch *(voir p. 373)*.

Port Lympne Wild Animal Park ⊘, à **Lympne** – *26 km à l'Ouest par les A 20, A 259, B 2067, puis une route secondaire*. Conçus pour sir Philippe Sassoon en 1912, la demeure en brique rouge et ses jardins traditionnels offrent des vues étendues sur le marais de Romney et la mer. On peut voir à l'intérieur une étonnante pièce, **Tent Room**, peinte en trompe l'œil par Rex Whistler, ainsi qu'une **fresque** de Spencer Roberts représentant des animaux asiatiques. À l'extérieur, dans les enclos et plus bas, en liberté sur les coteaux, vivent des rhinocéros, des tigres, des lions, des éléphants et les autres animaux du parc zoologique.

DUMFRIES★

Dumfries et Galloway – 21 164 habitants
Carte Michelin n° 401 J 18 ou Atlas Great Britain p. 49
Plan dans le Guide Rouge Great Britain & Ireland

La ville de Dumfries, « la reine du Sud », a longtemps été le chef-lieu du Sud-Ouest de l'Écosse, mais elle est surtout célèbre pour avoir été le théâtre d'événements historiques. **Robert Bruce** (1306-1329) y entreprit sa longue campagne pour libérer l'Écosse de l'emprise d'Édouard Ier en assassinant John Comyn, l'un des prétendants à la couronne écossaise. Il fut ensuite couronné à Scone (1306). Huit ans plus tard, sa victoire à Bannockburn (1314) marqua un moment capital pour l'indépendance de l'Écosse. Le **Dervorgilla Bridge** rend hommage à Dervorgilla, la femme de John Balliol, ex-prétendant à la couronne écossaise et fondateur de **Sweetheart Abbey** *(voir ci-dessous)*. Il fit construire un pont de bois enjambant le Nith (1270), qui fut remplacé, au 15e s., par le pont étroit à six arches qui existe toujours. Le poète **Robert Burns**, qui incarna l'esprit national écossais, fut l'un des citoyens les plus célèbres de Dumfries.

Robert Burns (1759-1796)

La statue du poète s'élève à Dumfries, à l'extrémité Nord de Hight Street. Le **Robert Burns Centre** ⊘ *(Mill Road)* constitue une excellente présentation de sa vie et de son œuvre *(Tom O'Shanter, 1790 ; Les Joyeux Mendiants, 1799)*. Il vécut et exerça son métier d'agriculteur dans son comté natal. En 1791, après avoir cédé sa ferme d'**Ellisland** ⊘ *(non loin de Dumfries)*, il prit un poste à plein temps au centre des impôts de Dumfries. Il habita **Burns House** ⊘ (maintenant un musée), où il passa les dernières années de sa vie. Au-delà de la vieille église en grès rouge se trouve le **mausolée** (1819) où sont enterrés Robert Burns, sa femme, Jane Armour, et plusieurs de leurs enfants. **Alloway**, où il naquit, est une étape du **Burns Trail** *(brochures dans les centres d'information touristique)*.

EXCURSIONS

★★**Drumlanrig Castle** ⊘ – *29 km au Nord-Ouest par la A 76*. Du 14e au 18e s., ce château fut l'une des citadelles des Douglas. Au 17e s., William Douglas, 1er duc de Queensberry, construisit une demeure digne de son rang, mais il fut tellement scandalisé par le coût qu'il n'y passa qu'une nuit avant de regagner la résidence familiale de Sanquhar. James, le 2e duc, fut le haut-commissaire qui, en 1707, présenta à la reine Anne l'Acte d'union *(voir p. 54)*.
Le château est majestueux, avec ses quatre tours carrées qui, selon l'authentique tradition locale, encadrent la cour intérieure. La façade principale est plus novatrice, avec ses terrasses, son escalier en fer à cheval, son spectaculaire alignement de tourelles et ses riches ornementations sculptées.

Intérieur – On peut y admirer une superbe collection de tableaux, parmi lesquels un Holbein, un Léonard de Vinci et la *Vieille femme lisant* de Rembrandt (1655). Tout le château contient de belles pièces de mobilier et de précieuses pendules. Dans la salle à manger, lambrissée de chêne, des panneaux sculptés attribués à Grinling Gibbons alternent avec des candélabres d'argent du 17e s. et des portraits de famille. Les armoiries des Douglas (un « cœur ailé ») figurent sur les moulures de plâtre, sur les tentures et les sculptures sur bois, ainsi que sur les cadres des tableaux.

★**Sweetheart Abbey** ⊘, à **New Abbey** – *13 km au Sud-Ouest par New Abbey Road (A 710)*. Fondée en 1273 par Dervorgilla, l'abbaye de Sweetheart fut la dernière fondation cistercienne d'Écosse. Son nom vient du fait que la dépouille de sa fondatrice fut déposée dans le sanctuaire auprès d'une cassette renfermant le cœur embaumé de son époux. La beauté et le charme de ces ruines naissent du contraste entre la chaleur du grès rouge et l'herbe rase des pelouses environnantes.

Revenir vers Dumfries, tourner à gauche juste après New Abbey.

Shambellie House ⊙ contient une **collection de costumes**★ joliment présentée, cédée au Royal Scottish Museum en 1977 par Charles Stewart. Costumes historiques et modernes sont exposés dans le cadre charmant d'une résidence de campagne.

★**Caerlaverock Castle** ⊙ – *15 km au Sud-Est par la B 725. Se diriger sur la droite à Bankend.* Dominant le Solway Firth, cet imposant château médiéval est ceint par une douve et des remparts en terre. Les formidables mâchicoulis, le donjon d'entrée et les courtines extérieures forment un étonnant contraste avec les **façades Renaissance de la cour intérieure**★★. Le château fut assiégé par Édouard Ier en 1300 et devint ensuite la résidence principale des Maxwell. Il fut abandonné au 17e s.

Château de Caerlaverock

★**Cross Ruthwell** – *26 km de Dumfries par la B 725, prendre à gauche à la fourche de Bankend et non pas à droite la direction de Caerlaverock.* Ce parfait exemple de l'**art chrétien primitif** (7e s.) est visible dans l'**église** ⊙. Ses sculptures racontent la vie et la Passion du Christ. Le réseau du décor – animaux et oiseaux – ainsi que les inscriptions runiques témoignent du goût et de l'habileté du sculpteur. La **croix** fut détruite en 1642 sur l'ordre de l'Assemblée générale ; les morceaux furent rassemblés au 19e s. par le révérend Henry Duncan, puis installés dans l'église en 1887. Duncan est célèbre pour une autre raison : la fondation à Ruthwell en 1810 de la première banque d'épargne, précurseur des établissements actuels.

DUNDEE★

City of Dundee – 165 873 habitants
Carte Michelin n° 401 K, L 14 ou Atlas Great Britain p. 62
Plan dans le Guide Rouge Great Britain & Ireland

Dundee jouit d'un emplacement idéal sur la rive Nord de la Tay, avec les collines de Sidlaw en toile de fond. Elle doit sa prospérité à trois éléments principaux : la toile de jute, la confiture (c'est là que Mme Keiller fabriqua pour la première fois sa célèbre **marmelade de Dundee** en 1797), et le journalisme à l'époque victorienne. Les industries traditionnelles ont fait place à des activités modernes, de haute technologie. Quatrième ville d'Écosse, c'est un port très actif, mais aussi un centre universitaire, et la capitale de la région de la Tayside.

C'est à Dundee que résidait l'inventeur du timbre-poste gommé, **James Chalmers** (1823-1853). La ville est également le berceau de l'empire de l'édition, Thomson. Elle devint le principal port baleinier d'Angleterre dans les années 1860, dépassant ainsi Peterhead qui elle-même avait supplanté Hull vingt ans plus tôt. L'huile de baleine était utilisée pour l'une des industries principales de Dundee, la toile de jute : on s'en servait pour assouplir les fibres avant de les traiter. Tout comme le négoce du tabac enrichit Glasgow, les industries baleinières et le jute firent la prospérité de Dundee.

★**The Frigate Unicorn** ⊘ – *Victoria Dock*. Cette frégate de 46 canons destinée à la Royal Navy fut mise à la mer en 1824. Il est possible de visiter le pont principal avec ses 18 pièces – chacune étant servie par une équipe de neuf hommes qui vivaient et dormaient près de leur canon.

★**RRS Discovery** ⊘ – *Discovery Quay, Craig Harbour*. Conçu tout spécialement à Dundee en 1901 pour des tâches d'exploration scientifique, ce navire est la fierté de la ville. Il constitue la pièce maîtresse d'une exposition audiovisuelle passionnante consacrée à l'expédition antarctique de 1901-1904 du capitaine Scott, au spectaculaire sauvetage du navire et à d'autres voyages.

Le pont ferroviaire sur la Tay

C'est dans l'estuaire de la Tay que fut mis en service en 1850, pour la première fois au monde, un ferry pour trains. En 1878, il fut remplacé par un pont de près de 3 km de long. En décembre 1879, une catastrophe eut lieu par une nuit de tourmente hivernale : le pont s'écroula et un train fut précipité dans les eaux glacées. Soixante-quinze personnes périrent. L'architecte du pont, Thomas Bouch, mourut peu après, très affligé par la tragédie. Il fallut attendre dix ans pour qu'on construisît à nouveau des ponts au-dessus des estuaires du Forth et de la Tay.

★**McManus Galleries** ⊘ – *Albert Square*. Un bel édifice de style victorien néogothique abrite le musée des Beaux-Arts et des galeries d'exposition. Les activités traditionnelles de la ville, des portraits et des **peintures de l'école écossaise**, ainsi qu'une collection originale d'arts et d'artisanat sont remarquablement présentés dans le superbe **Albert Hall**.

★**Verdant Works** ⊘ – *À l'Ouest de Henderson's Wynd*. Une manufacture de toile de jute, convertie en musée, relate l'histoire de l'industrie de la toile de jute qui se développa dans le monde entier.

EXCURSION

Broughty Ferry – *5 km à l'Est par la A 930*. En quittant Dundee par la côte, la route permet d'admirer les imposantes demeures construites par les « barons » du jute au 19e s. Broughty Ferry était le terminus du ferry dans les années 1850. Aujourd'hui, elle est devenue la station balnéaire de Dundee. Une partie intéressante du musée est consacrée à la pêche à la baleine. Tout près, au Nord, **Claypotts Castle** ⊘ est un parfait exemple de maison forte du 16e s.

★**Arbroath** – *28 km à l'Est par la A 94*. Ce port de pêche sur la côte d'Angus est célèbre pour son abbaye – mais certains s'en souviennent surtout pour ses *smokies*, nom donné au savoureux haddock fumé. **L'abbaye★** ⊘ fut fondée par Guillaume le Lion en 1178, en hommage à son ami d'enfance, Thomas Becket, assassiné à Canterbury 8 ans plus tôt. Guillaume mourut avant l'achèvement de l'abbaye : il est enterré devant le maître-autel. La **déclaration d'Arbroath**, qui affirmait l'indépendance de l'Écosse, fut rédigée et signée en ces lieux le 6 avril 1320. Même dans leur état actuel, ces « fragments de magnificence », comme les dénomme le docteur Johnson, donnent quelque idée des splendeurs passées.

DUNFERMLINE★

Fife – 29 436 habitants
Carte Michelin n° 401 J 15 ou Atlas Great Britain p. 56

Dunfermline fut autrefois la capitale de l'Écosse. On retrouve souvent son nom dans l'histoire de l'Écosse, associé à la grande abbaye et au palais royal. La ville est depuis longtemps un centre industriel qui doit sa prospérité aux mines de charbon et au tissage du lin. Aujourd'hui, ce sont les industries modernes qui ont pris la relève.

Résidence royale – **Malcolm Canmore** (vers 1031-1093) accueillit l'héritier du trône anglais, **Edgar Atheling**, et sa famille, qui fuyaient Guillaume le Conquérant après la bataille d'Hastings (1066). **Margaret**, la sœur d'Edgar, épousa le roi d'Écosse en 1070. Catholique fervente, elle est à l'origine de la propagation des idées qui peu à peu supplantèrent les rites de l'Église celtique. L'abbaye bénédictine, fondée par **David Ier**, fils de la reine Margaret, prospéra grâce aux revenus du charbon, du sel, des taxes foncières et des impôts sur le transport maritime. La ville en profita largement jusqu'au jour où, après la mort précoce d'Alexandre III et de Margaret de Norvège, Édouard Ier d'Angleterre fut appelé comme médiateur pour arbitrer la succession. À son départ, en 1304, les bâtiments monastiques tombaient en ruine.

Robert Bruce (1274-1329) contribua à la reconstruction de l'abbaye, où il est enterré, mais son cœur se trouve à l'abbaye de Melrose, dans la région des Borders. La maison des hôtes fut restaurée pour l'épouse française de Jacques V, mais ce fut Jacques VI qui offrit le palais à son épouse, Anne de Danemark. C'est là que Charles Ier naquit, ainsi que sa sœur, Élisabeth Stuart, reine de Bohême (1596-1662). Le palais reçut de brèves visites royales après la réunion des Couronnes en 1603.

CURIOSITÉS

★**Abbey** ⊘ – Cette abbaye bénédictine du 11ᵉ s. fut fondée sur l'emplacement d'une église celte. La nef romane de l'**église abbatiale**★★, dotée de piliers massifs et d'arches en plein cintre, est l'une des plus belles d'Écosse. L'extrémité Est (reconstruite au début du 19ᵉ s.) fait aujourd'hui office d'église paroissiale. Une plaque funéraire en cuivre marque la tombe de Robert Bruce. Il ne reste guère de vestiges du grand ensemble monastique. Le **logis de l'abbé** héberge maintenant le centre du patrimoine.

Andrew Carnegie Birthplace ⊘ – *Moodie Street*. Andrew Carnegie, self-made-man de l'acier et grand philanthrope (1835-1919), naquit dans cette maison avant d'émigrer en Amérique avec sa famille en 1848. Une exposition retrace sa vie et son œuvre.

> ### Le damas de Dunfermline
>
> L'industrie linière de Dunfermline, qui s'est développée à partir d'une tradition de travail à domicile sur des métiers à tisser à bras, était spécialisée dans le tissage complexe du damas de qualité. À la fin du 19ᵉ s., grâce à l'apparition de métiers à tisser mécaniques, les filatures prospérèrent tandis que la demande de linge de table raffiné augmenta. Après la Première Guerre mondiale, le déclin, dû à l'amoindrissement des marchés et à la concurrence de nouvelles étoffes, s'amorça. Le **musée** local retrace l'histoire de la confection du lin et expose des échantillons de tissu.

EXCURSIONS

Loch Leven Castle ⊘ – *19 km au Nord par la M 90. Bac au départ de Kinross*. **Marie Stuart**, reine d'Écosse, fut emprisonnée dans la forteresse de cette île, de juin 1567 jusqu'à son évasion en mai 1568. La forteresse Douglas comprend une tour du 14ᵉ s.

★★**Culross** – *10 km à l'Ouest par les A 944 et B 9037*. Si l'on en croit la légende, saint Mungo, saint patron de Glasgow, y naquit. Une maison cistercienne y fut fondée au 13ᵉ s., mais c'est le commerce avec les Pays-Bas, le sel et les mines de charbon qui permirent au village d'accéder au statut de bourg royal, accordé par Jacques VI en 1588.

Le « palais » de George Bruce, à Culross

Culross doit sa renommée à ses riches exemples d'architecture domestique écossaise des 16e et 17e s. Les petites maisons du **village***★★★* présentent à profusion linteaux gravés, fleurons décoratifs, pignons à créneaux, escaliers avancés, pierre blanche travaillée et moellons, portes et fenêtres à moulures. L'**hôtel de ville** (Town House – centre d'accueil du NTS) ⊘ est un bâtiment de pierre et d'ardoise, construit en 1625 dans le style flamand. Il offre un contraste saisissant avec la pierre blanche et les tuiles rouges des bâtiments environnants. La ruelle qui se situe derrière, Back Causeway, présente une ligne centrale de pavés légèrement surélevés, qui était exclusivement réservée à l'usage des notables locaux afin de préserver leurs pieds des souillures et de l'humidité. En face, la **Study**★ ⊘, avec son plafond peint du 17e s. (restauré) et ses lambris d'origine, est la plus vieille maison de Culross ; face au pignon, on peut voir une réplique de la croix de marché de 1588.

Le **palais**★★ ⊘, construit entre 1597 et 1611 par George Bruce, marchand et exploitant de mines de charbon, présente des pièces lambrissées de pin et 21 cheminées où brûlait du charbon et non du bois. Bruce utilisa pour le sol et le toit des tuiles flamandes qu'il transportait sur ses navires sous forme de ballast.

★ **Falkland** – *42 km au Nord-Est par la M 90, la A 91, puis la A 312.* Cet ancien bourg royal a conservé tout son caractère d'origine. Les venelles et les rues autour du palais sont bordées d'hôtels particuliers décorés de linteaux sculptés et de pierres de mariage, de bâtiments crépis aux toits de tuiles rouges imbriquées et de cottages à un étage construits dans le style du pays. Ces maisons étaient habitées respectivement par des officiers de la Couronne, des domestiques et des commerçants.

★ **Palace** ⊘ – La résidence de chasse des comtes de Fife fut confisquée par la Couronne en 1425 et devint un des palais royaux favoris des Stuarts. La porte d'entrée et la façade donnant sur la rue, construites en style gothique par Jacques IV, qui, en véritable prince de la Renaissance, entretenait une cour splendide, contrastent énormément avec l'ornementation Renaissance de la façade de la cour de l'aile Sud, ajoutée par son fils Jacques V pour son épouse française.

La visite comprend les appartements du gardien situés dans le corps de garde. Ils sont ornés de portraits royaux, d'armoiries et d'un élégant mobilier. L'aile Est abritait les appartements royaux. Du premier étage, on bénéficie d'une jolie vue de l'aile Sud. Tout au fond des très beaux **jardins**★ se trouve un véritable court de tennis.

DURHAM★★★

Durham – 36 937 habitants
Carte Michelin n° 401 P 19 ou Atlas Great Britain p. 46
Plan dans le Guide Rouge Great Britain & Ireland

Les rues calmes de cette petite cité médiévale ainsi que son château servent de repoussoir idéal à la cathédrale romane, imposante masse de grès qui s'élève au-dessus de la profonde gorge boisée de la Wear, sublime fusion entre l'architecture et le paysage, dans un **décor**★★★ vraiment remarquable.

UN PEU D'HISTOIRE

Christianisé très tôt, le royaume saxon de Northumbrie, situé en bordure de mer, était souvent la cible d'agresseurs venus de l'Est. En 875, les moines de l'île de Lindisfarne, fuyant une attaque danoise, partirent vers le Sud, emportant avec eux la dépouille de **saint Cuthbert** (mort en 687). Il fallut plus de 100 ans pour que ces reliques vénérées trouvent leur ultime lieu de repos sur les falaises peu accessibles d'un méandre de la Wear. En 1070, les Normands occupèrent le site afin de profiter de ses avantages naturels et construisirent leur château. En 1093, on posa la première pierre de la cathédrale. Cas unique en Angleterre, l'évêque de Durham n'était pas seulement un chef spirituel, mais aussi un seigneur laïc, le puissant prince d'une province longtemps en proie à la tourmente.

La ville est restée homogène, et l'activité industrielle, jadis intense, ne l'a pas défigurée. Sa réputation de ville intellectuelle fut confirmée par la fondation en 1832 de l'université, la plus ancienne après Cambridge et Oxford. Mais c'est aussi la capitale du comté et un important centre commercial administratif. Le deuxième samedi de juillet, la ville est envahie par des milliers de personnes venues assister à l'un des festivals anglais les plus populaires, le célèbre **Gala des mineurs**.

★★★ **CATHÉDRALE** ⊘ *1 h*

Il est difficile de stationner près de la cathédrale et du château. Il est conseillé de laisser sa voiture dans un des parkings du centre-ville.

La beauté de la cathédrale réside dans son unité. L'essentiel de sa construction se déroula sur une courte période, entre 1095 et 1133 ; en dépit des ajouts postérieurs, elle est un bel exemple d'harmonie et une splendide réussite de l'architecture romane.

Durham – La cathédrale

Extérieur – La cathédrale domine de toute sa masse impressionnante la **place du Palais**, les bâtiments universitaires qui la bordent et le château. La majesté solennelle de la nef et du chœur est rompue par les deux tours Ouest richement décorées, par la haute tour centrale, en grande partie du 15ᵉ s., et, à l'Est, par la superbe chapelle des Neuf-Autels, de style Early English.

L'entrée principale se fait par le portail au Nord-Ouest, doté d'un heurtoir, le **Sanctuary Knocker★**, à tête de lion, célèbre chef-d'œuvre de stylisation expressive du 12ᵉ s.

Intérieur – Dans la **nef★★★**, la première impression est une sensation de grande puissance et de sobriété. De fortes piles ornées de motifs géométriques variés alternant avec des piliers aux colonnes engagées sont reliés entre eux par des arcs en plein cintre qui soutiennent une tribune, des fenêtres hautes et une superbe voûte en croisée d'ogives qui témoigne de la première utilisation des arcs brisés. L'énorme poids de la maçonnerie – dont les arcs sont dotés de dessins d'entrelacs nombreux et variés – est cependant si bien étudié et proportionné que l'effet produit qui s'en dégage est celui d'un équilibre majestueux. La croisée offre une vue magnifique de la voûte qui la surplombe.

Dans le bras droit du transept se trouve une extraordinaire pendule du 16ᵉ s. peinte dans des couleurs très lumineuses. Dans le chœur, on peut admirer de très belles **stalles**, le **trône épiscopal** et le **tombeau** de l'évêque Hatfield (14ᵉ s.). Derrière le **jubé** (Neville Screen), un délicat ouvrage de pierre du 14ᵉ s., on peut voir le **reliquaire de saint Cuthbert**.

Dans la **chapelle des Neuf-Autels★★★**, le plancher a été surbaissé pour gagner de la hauteur. Ajoutée plus tard à la cathédrale dans le style Early English, la chapelle ne peut être comparée à nul autre édifice, hormis l'abbaye de Fountains (*voir FOUNTAINS Abbey*). Cet édifice avec ses fenêtres à lancettes d'une stupéfiante hauteur révèle une préoccupation nouvelle pour la légèreté et la verticalité. Les sculptures des clés de voûte et des chapiteaux sont d'une exceptionnelle richesse. À l'extrémité Ouest du bâtiment, perchée tout au bord du ravin, se trouve la **chapelle Galilée**. Douze colonnes élancées, aux arches abondamment décorées de zigzags sculptés, divisent l'intérieur, qui contient le tombeau de **Bède le Vénérable** (mort en 735), le premier historien d'Angleterre.

Du haut de la tour centrale de la cathédrale (*une longue montée de 325 marches ; accès par le bras droit du transept*), des **vues★** magnifiques accentuent encore le caractère spectaculaire du site de Durham.

Bâtiments monastiques – Autour du cloître, reconstruit à de multiples reprises, sont regroupés les bâtiments de ce qui constituait autrefois l'abbaye. On peut voir le dortoir des moines et le **trésor de la cathédrale★**, avec sa collection de broderies anglo-saxonnes, ses objets précieux, ses manuscrits et surtout les reliques de saint Cuthbert.

Au Sud, on découvre le paisible enclos du **collège** ; ses charmants bâtiments, principalement du 18ᵉ s., reposent sur des fondations médiévales.

AUTRES CURIOSITÉS

★**Castle** ⊘ – Son architecture romane a été souvent modifiée par les princes-évêques successifs. Aujourd'hui, le château fait partie de l'université de Durham, et son donjon fut transformé en résidence pour étudiants dès 1840.

Depuis la cour intérieure, dominée par le **donjon** perché sur un haut monticule de terre, le visiteur traverse la **cuisine** (15ᵉ s.), puis pénètre dans l'imposante **grande salle**. On accède aux étages supérieurs par les larges marches de l'impressionnant **escalier noir** (1662). La chapelle du 16ᵉ s. contient des miséricordes cocasses (un porc qui joue de la cornemuse, une épouse moqueuse dans une brouette).

La **chapelle romane**★ fut construite peu de temps après le château. Située beaucoup plus bas, elle évoque un univers plus primitif. Ses colonnes rapprochées offrent des chapiteaux de grès grossièrement ornés d'étranges silhouettes et de visages grimaçants.

La ville et les bords de la rivière – Le centre de la ville est devenu presque entièrement piétonnier. De **Market Place**, les rues descendent en pente raide vers le **Elvet Bridge** à l'Est et le **Framwellgate Bridge** à l'Ouest. De là, on bénéficie d'une jolie **vue**★★ sur la cathédrale avec, au premier plan, les austères murailles du château.

Avec leurs jolies maisons du 18ᵉ s., **North Bailey** et **South Bailey** suivent le tracé des murs de la ville. Près de l'église St-Mary-le-Bow, qui abrite aujourd'hui le Centre municipal du patrimoine, une allée descend vers la passerelle Kingsgate, construite en 1963, qui enjambe gracieusement la gorge pour relier la ville au bâtiment résolument moderne du syndicat des étudiants, **Dunelm House**.

South Bailey s'achève à l'ancienne porte d'eau (Watergate), d'où un sentier conduit au **Prebend's Bridge**. De là, comme du sentier situé de l'autre côté de la rivière ou de la berge même, on peut profiter des mêmes **vues**★★★ qui, depuis longtemps, fascinent écrivains et artistes ; une parfaite harmonie entre l'eau, les arbres et les humbles moulins met en valeur la noble architecture qui les domine.

★★**Oriental Museum** (Université de Durham) ⊘ – *Quitter la ville par la A 1050, puis prendre la A 167 au Sud en direction de Darlington.* Dans un cadre boisé, parmi les autres bâtiments de l'université dont il fait partie, ce musée moderne renferme des trésors d'art et d'artisanat orientaux.

Durham Light Infantry Museum ⊘ – *Aykley Heads. 2,5 km au Nord-Ouest sur la A 691 et la B 6532.* Non loin de la rivière, un bâtiment moderne se dresse dans un beau parc et abrite une exposition relatant deux siècles de l'histoire du régiment du comté (armes, uniformes et photos). Une exposition « sur le tas » évoque la vie dans le comté de Durham durant la Seconde Guerre mondiale. Des objets d'artisanat et des sculptures sont également présentés à la galerie supérieure.

EXCURSIONS

★**Le quai historique** ⊘, à **Hartlepool** – *23 km au Sud-Est.* À Jackson Dock, les mâts imposants de la frégate *Trincomalee* (1817) se dressent au-dessus du quai restauré, à proximité de la route conduisant aux docks modernes de Hartlepool. Parmi les bâtiments du 19ᵉ s. reconstruits, on peut voir une prison pour les prisonniers français des guerres napoléoniennes, les imprimeries de Cornelius Mumford et un approvisionneur de navires. Dans des galeries, des expositions évoquent, entre autres, la vie en mer lors des conquêtes coloniales ainsi que la réparation navale. Sur le même site, le **musée** présente des restes d'un monastère saxon et d'un port maritime médiéval.

The North of England Lead Mining Museum ⊘, à **Killhope** au Nord-Ouest de **Cowshill** – *45 km à l'Ouest par la A 689.* En allant sur Killhope, petite ville située dans une vallée entourée de bergeries, on peut admirer les splendides paysages de la campagne des Pennines du Nord. La pierre des bâtiments, les tramways, les énormes roues à aubes illustrent les difficiles conditions de travail au 19ᵉ s. dans cette ancienne région minière, pionnière en la matière, dont l'évocation historique a ici pour fil conducteur la vie de deux de ses habitants, William et Phoebe Millaun.

EASTBOURNE

East Sussex – 94 793 habitants
Carte Michelin n° 404 U 31 ou Atlas Great Britain p. 12
Plan dans le Guide Rouge Great Britain & Ireland

Abritée par les South Downs, Eastbourne jouit d'un climat exceptionnellement enso-leillé. La ville était autrefois un petit village agricole sans prétention, à 1,6 km à l'intérieur des terres. Elle devint la station balnéaire la plus élégante d'Angleterre grâce à William Cavendish, duc de Devonshire (1808-1891). À partir des années 1850, la mise en valeur soigneusement organisée de ses immenses domaines transforma le petit village en une ravissante station de bord de mer, avec ses majestueux hôtels et ses pittoresques villas longeant des avenues bordées d'arbres.

Reconnu comme le modèle de l'urbanisme victorien, Eastbourne a attiré et séduit de nombreux visiteurs, tel Claude Debussy, qui y écrivit une partie de son œuvre *La Mer*, avançant qu'Eastbourne était un lieu « où la mer s'exhibe avec une correction pure-ment britannique ».

Eastbourne pratique

Office de tourisme – **Tourist Information Centre**, Cornfield Road. ☎ (01323) 411 400, www.eastbourne.org

Pubs et restaurants – *Dining Out* est une brochure gratuite, disponible au Tourist Information Centre. Vous y trouverez des informations sur les nombreux pubs et restaurants se trouvant sur le front de mer ou en ville.

Shopping – Pour le shopping, trois centres sont à votre disposition. Les bou-tiques les plus prestigieuses se trouvent pour la plupart dans **Arndale Center**. Des boutiques plus spécialisées se trouvent dans **Enterprise Centre**. Le **Crumbles Centre** renferme un immense supermarché et de nombreux autres points de vente. D'autres boutiques se trouvent dans **Terminus Road, The Labyrinth, Seaside Road, Pevensey Road, Susan's Road, Langney Road, Cavendish Place, South Street** et **Grove Road**. **Cornfield Antiques Market** est tout indiqué pour les amateurs d'antiquités.

Loisirs – Vous trouverez la liste gratuite des night-clubs et des discothèques au Tourist Information Centre. Pour les cinéphiles, le cinéma Curzon, doté de trois salles, se trouve au centre-ville.
Randonnée et marche, bicyclette, bowling, golf, pêche à la ligne, sports aqua-tiques et petit train font partie des loisirs proposés à Eastbourne.

★Le front de mer – La longue promenade est ourlée de pelouses bien entretenues et de massifs fleuris. Le commerce n'y a pas droit de cité, et c'est un cadre idéal pour les traditionnels plaisirs du bord de mer. Le visiteur est plongé dans une ambiance de vacances dès qu'il aperçoit la **jetée** (1870) et le remarquable kiosque à musique de 1935, qui fait partie intégrante de la promenade.

Cette partie centrale du front de mer est délimitée par des murs de défense de l'époque napoléonienne ; à l'Est, la grande **redoute** abrite les musées du Royal Sussex Regiment et des Queen's Royal Irish Hussars ; à l'Ouest, la **tour Wish**, une des 73 tours Martello qui protégèrent la côte du Kent et du Sussex de l'invasion française, se dresse sur un promontoire d'où l'on jouit d'une jolie vue.

Derrière, King Edward's Parade conduit au sommet de la falaise, au pied des Downs. De là partent de nombreux sentiers de promenade.

La promenade aboutit à des jardins où l'on a de jolies vues sur la baie, jusqu'à Hastings.

Heritage Centre ⊘ – *Près du front de mer et du Congress Theatre*. Dans une curieuse petite tour, une exposition explique le développement de la ville depuis 1800. Tout près se trouvent le complexe de loisirs limitrophe du parc du Devonshire, le théâtre victorien du même nom, le célèbre jardin d'hiver et le palais moderne des Congrès.

EXCURSION

★★★Beachy Head (Cap Bézeviers) – *6 km. Quitter Eastbourne par la B 2103, tourner à gauche en haut de la montée en sortant de la ville*. C'est par une belle journée ensoleillée que l'on profitera le mieux de l'extraordinaire vision de la mer s'écra-sant contre le phare qui, du haut (150 m) des falaises, semble soudain miniaturisé. À l'Ouest de ce joli point de vue, la côte forme un vaste plateau qui se termine en promontoires calcaires plus petits mais néanmoins spectaculaires, les **Seven Sisters**, auxquels on ne peut accéder qu'à pied.

La liste du patrimoine mondial

En 1972, l'Organisation des Nations unies pour l'éducation, la science et la culture (Unesco) a adopté une convention concernant la protection des sites culturels et naturels. Aujourd'hui, plus de 150 « États parties » ont ratifié la Convention et plus de 500 sites de « valeur universelle exceptionnelle » de par le monde sont inscrits sur la liste du patrimoine mondial. Chaque État partie propose l'inscription de ses propres sites nationaux ; chaque année, les demandes sont examinées par un comité de représentants de 21 États membres, assisté d'organisations techniques : Icomos (Conseil international des monuments et des sites), Uicn (Union internationale pour la conservation de la nature), Iccrom (Centre international d'études pour la conservation et la restauration des biens culturels, Centre de Rome). La liste du patrimoine mondial s'enrichit ainsi au fur et à mesure que sont acceptées les nouvelles propositions et que de nouveaux pays signent la Convention.

La Convention définit comme éléments du **patrimoine culturel** des monuments (édifices, sculptures, structures de caractère archéologique), des ensembles (groupe de bâtiments) et des sites (œuvres combinées de l'homme et de la nature) ayant une valeur exceptionnelle du point de vue de l'histoire, de l'art ou de la science. Le **patrimoine naturel** est constitué, notamment, de monuments naturels, de formations géologiques, de zones strictement délimitées constituant l'habitat d'espèces menacées, enfin de sites naturels.

Les signataires de la Convention s'engagent à coopérer afin de préserver et protéger ces sites en tant que patrimoine universel et contribuent financièrement au **Fonds du patrimoine mondial**, utilisé aussi bien pour participer à la restauration d'un monument que pour aider à la surveillance d'un parc naturel.

Parmi les biens inscrits sur la liste du patrimoine mondial, on peut citer la Grande Barrière corallienne d'Australie (1981), la Grande Muraille de Chine (1987), le Mont-Saint-Michel et sa baie (1979) ou encore le canal du Midi (1996).

Au Royaume-Uni, les sites culturels et naturels inscrits sur la liste du patrimoine mondial de l'Unesco sont :

La cathédrale et le château de Durham

Ironbridge Gorge

Studley Royal Park et les ruines de Fountains Abbey

Les sites de Stonehenge, Avebury et les sites voisins

Les châteaux et enceintes d'Édouard Iᵉʳ au Nord du pays de Galles (Beaumaris, Caernarfon, Conway et Harlech)

L'île St Kilda

Le palais de Blenheim

La cité de Bath

Le mur d'Hadrien

L'abbaye et le palais de Westminster, avec l'église St Margaret

La Tour de Londres

La cathédrale de Canterbury, avec l'abbaye St Augustine et l'église St Martin

La vieille ville et la nouvelle ville d'Édimbourg

L'ensemble dit maritime de Greenwich

Le cœur néolithique des Orcades

Queen's House, Royal Naval College, Observatoire royal et parc

Paysage industriel de Blaenavon

EDINBURGH★★★

ÉDIMBOURG – City of Edinburgh – 418 914 habitants

Carte Michelin n° 401 K ou Atlas Great Britain p. 56

Édimbourg, capitale de l'Écosse, est construite sur des collines volcaniques qui fournissent chacune un point de vue différent sur cette belle ville. Le plus célèbre est sans doute **Arthur's Seat** (251 m), qui domine **Holyrood Park**. Édimbourg peut se glorifier de son riche passé historique. La vieille ville, blottie pendant des années sur l'arête qui descend de Castle Rock, contraste avec la Nouvelle Ville et l'élégance de ses rues et de ses places georgiennes. S'il est préférable de visiter la vieille ville à pied, c'est en revanche par le biais d'un circuit guidé à bord d'un autocar que l'on obtiendra la meilleure vue d'ensemble d'Édimbourg.

Une capitale, une citadelle – Castle Rock avait constitué un refuge très sûr pour des générations quand, à la fin du 11ᵉ s., Malcolm Canmore et la reine Margaret en firent leur résidence. Leur fils David Iᵉʳ apprécia le site et créa l'abbaye de Holy Rood. Sous le règne des premiers Stuarts, Édimbourg acquit, peu à peu, le statut de résidence royale, siège du gouvernement et capitale de l'Écosse. Avec l'union des Couronnes (1603) et le départ pour Londres de Jacques VI d'Écosse (Jacques Iᵉʳ d'Angleterre), Édimbourg perdit une grande partie de son prestige et de ses activités culturelles, puis son Parlement en 1707, avec l'union des Parlements.

C'est à la fin du 18ᵉ s., à l'époque des Lumières, période de bouillonnement intellectuel, qu'on dressa des plans pour un grand projet d'urbanisme : la création de la Nouvelle Ville, dans le style georgien.

Aujourd'hui, la ville a retrouvé son statut en accueillant l'Assemblée écossaise, symbole du renouveau de la politique d'indépendance de la nation écossaise, et dont la création a été approuvée par le référendum de 1997. Réunie en 1999, elle siégera dans un nouveau Parlement qui sera construit près du palais de Holyroodhouse.

Édimbourg pratique

Office de tourisme – **Tourist Information Centre**, 3 Princes Street, au Sud de Waverley Station. ☎ (0131) 473 3800. Le centre propose un service de réservation (hébergement et théâtre). Là se trouvent également un bureau de change, un service d'informations touristiques, une librairie et une boutique de souvenirs.

Transport public – Les bus sont fréquents et toujours à l'heure. Des *pass* touristiques, valables pour une période de 3 à 13 jours, ou encore un *Freedom Ticket*, valable pour une seule journée, sont en vente au Centre d'informations touristiques de Waverley Bridge, ☎ (0131) 554 4494.

Tourisme – Lothian Region Transport (☎ (0131) 220 4111) organise des excursions qui partent de Waverley Bridge.

Achats – Les boutiques de luxe (Jenners) et les magasins traditionnels des grandes avenues : John Lewis (St James Shopping Centre), Marks and Spencer, Littlewoods, Boots, se groupent dans Princes Street. Les boutiques à la mode et les magasins de musique occupent la rue parallèle, Rose Street. Les boutiques d'antiquités se sont installées près du Royal Mile : Victoria Street et Grasmarket dans Old Town, Dundas Street et Thistle Street dans New Town. Les beaux vêtements en tweed, en tartan, en cachemire et en laine sont en vente chez Jenners, Burberrys, The Scotch House, Romanes Patterson (dans Princes Street) et Kinloch Anderson. The Cashmere Store (sur le Royal Mile) et la boutique de Kinloch Anderson's Retail Shop (à l'angle de Commercial Street et Dock Street à Leith) valent aussi la visite. Edinburgh Crystal (à Penicuik) propose un grand choix d'objets en cristal dans son dépôt-vente (des navettes gratuites partent de Waverley Bridge).

Saumon fumé, hareng fumé et salé *(kipper)*, fromage, *haggis* (panse de brebis farcie), biscuits ou galettes d'avoine *(oatcakes)*, sablés *(shortbread)* et *Dundee cake* ainsi que whisky de malt sont en vente dans les épiceries fines du Royal Mile.

Pubs et restaurants – La meilleure façon de goûter à l'atmosphère locale est de « faire la tournée des pubs » : commencer par **Abbotsford** dans Rose Street, ou, sur Register Place, le **Café Royal**, lieu de prédilection des célébrités littéraires, qui propose aussi des huîtres ; passer par **Deacon Brodie's** (Lawnmarket) ou **Greyfriars Bobby** (Candlemaker Row), ils valent le détour ; terminer à Grassmarket avec les pubs plus populaires, que fréquentent les étudiants. Mais attention, dans ce jeu de l'oie, il y a aussi des cases prison... Pubs et bars à vin à la mode occupent aussi les quais, dans le quartier de Leith. On y trouve des plats simples à des prix raisonnables.

Les restaurants ne manquent pas. Les spécialistes de la cuisine écossaise arborent le logo *Taste of Scotland*.

Loisirs – Vous trouverez le programme des spectacles dans le magazine mensuel *What's on*. Les hôtels organisent des soirées écossaises et proposent alors des spécialités culinaires et des divertissements typiquement écossais (kilt pas obligatoire). Des pubs (**Ensign Ewardt** sur Lawnmarket et **Car Wash** dans North Bank Street) organisent des soirées de jazz ou des événements folkloriques.

★★ROYAL MILE, DU CHÂTEAU AU PALAIS

Une journée, y compris les visites du château et du palais

L'artère principale de la vieille ville part du château, dressé sur son site stratégique, et suit la corniche en direction de l'abbaye et du palais. Le Royal Mile est en fait constitué par la succession de quatre rues : Castle Hill, Lawnmarket, High Street et Canongate. « C'est probablement la rue la plus large, la plus longue et la plus belle pour la qualité de ses édifices et le nombre de ses habitants, non seulement en Angleterre, mais également dans le monde » écrivait Daniel Defoe au début du 18e s.

★★ **Castle** ⏱ – L'imposante silhouette du château et de son **rocher★★** est sans doute la curiosité la plus connue d'Édimbourg. Résidence royale depuis le 11e s., la plupart des bâtiments actuels ont été utilisés depuis plusieurs siècles pour la garnison militaire.

L'esplanade, terrain de parade du 18e s., sert de cadre à la manifestation la plus populaire du festival estival, la parade militaire *(illustration p. 18)*. Des fortifications, on jouit de splendides **vues** sur Princes Street, jusqu'à la nouvelle ville. À

Festival international d'Édimbourg★★★

Ce prestigieux festival *(3 semaines au mois d'août)*, depuis son inauguration en 1947, a été le cadre de représentations artistiques de toutes sortes. La **parade militaire** (Military Tattoo) est un spectacle haut en couleur, riche de traditions, de musique et d'enthousiasme, sous les projecteurs de l'esplanade du château. Une autre partie du festival, **The Fringe**, envahit les rues et places de la ville : plus de vingt pays présentent environ 1 000 spectacles, souvent d'avant-garde. Les festivités comprennent également un **festival de jazz** et un **festival de cinéma**.

treize heures, le salut aux couleurs est annoncé par l'une des batteries. Les principaux points d'intérêt sont les expositions, dans la salle de la Couronne, des joyaux de la couronne écossaise, dits **Honours of Scotland★★★**, et de la pierre de la Destinée *(voir p. 353)*, Mons Meg, un des plus anciens canons du monde, et le **Royal Scots Regimental Museum** ⏱ (le régiment le plus ancien de l'armée britannique, constitué en 1633). La petite chapelle St Margaret (12e s.) est dédiée à la reine Margaret. Autour de Crown Square se trouvent le Scottish National War Memorial (côté Nord), le Scottish United Services Museum (côté Ouest) ; le palais du 15e s. abrite les appartements royaux et la **grande salle** (16e s.).

Dans Castle Hill, on passe devant le **Scotch Whisky Heritage Centre** (exposition et film sur la distillation du whisky) ⏱ et la **tour de guet** (Outlook Tower), dont le sommet comporte une **chambre obscure** (Camera Obscura) qui offre une vue fascinante de la ville.

★ **Gladstone's Land** ⏱ – Cet immeuble étroit à six étages est typique des bâtiments construits au 17e s. à l'intérieur de l'enceinte. Thomas Gledstanes, un riche marchand, acheta la maison en 1617 et l'agrandit. L'ensemble, restauré, comprend une boutique et des appartements à l'étage supérieur.

Dans Lady Stair's House *(Lady Stair's Close)*, le **musée de l'Écrivain** (Writer's Museum) ⏱ est consacré à trois des plus célèbres écrivains écossais, **Robert Burns** (1759-1796), **Walter Scott** (1771-1832) et **Robert Louis Stevenson** (1850-1894).

★★ **Cathédrale St Giles** ⏱ – La *High Kirk* d'Édimbourg est sans doute la troisième église à occuper ce site. Malheureusement, de nombreux changements et restaurations ont radicalement modifié son caractère depuis sa reconstruction au 14e s. La seule partie extérieure qui soit d'origine est la **flèche★★★** ornée de gâbles et qui date de 1495. À l'intérieur, les monuments et les détails sont très intéressants, particulièrement la **chapelle du Chardon** (1911), construite par Robert Lorimer en style gothique flamboyant en l'honneur de l'ordre du Chardon, fondé en 1687, ainsi que les monuments dédiés à John Knox et au marquis de Montrose.

Au Sud de Parliament Square se trouve **Parliament Hall** ⏱, bâtiment du 17e s. construit sur l'ordre de Charles Ier. Aujourd'hui caché derrière une façade georgienne, il accueillait le Parlement écossais entre 1683 et 1707. Une statue équestre de Charles II (17e s.) est située à proximité. À l'extrémité Est de la place, on peut également admirer la **croix de marché**, autrefois pivot de la vie à Édimbourg, lieu de rencontre des négociants et des marchands, site des proclamations royales, des manifestations et des exécutions. En face, l'**hôtel de ville** (City Chambers) occupe l'ancienne Bourse royale construite en 1753.

La pittoresque **maison de John Knox** ⏱, construite aux environs de 1490, est associée à la fois à John Knox, le réformateur de la religion, et à James Mossman, l'orfèvre de Marie Stuart. Une exposition présente ces deux personnages et recrée l'atmosphère du 16e s.

EDINBURGH

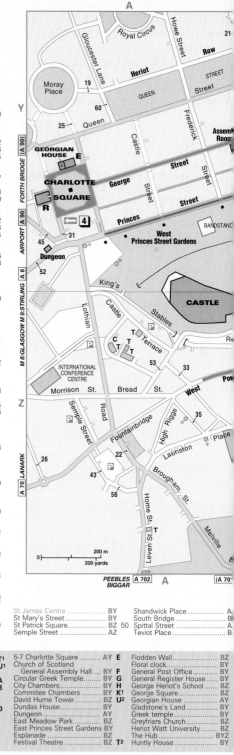

Sur le côté Sud du Royal Mile se trouve le **musée de l'Enfance** (Museum of Childhood ⊘), où une étonnante collection rassemble tout ce qui a trait à l'enfant. Juste avant l'église de Canongate se trouve la **prison★** (Tolbooth) **de Canongate**, jolie construction avec un clocher à tourelle qui abrite le **musée d'Histoire populaire** (People's Story Museum) ⊘. En face, trois manoirs du 16e s. connus sous le nom de **Huntly House** ⊘ accueillent aujourd'hui le musée d'histoire locale. Le bourg indé-

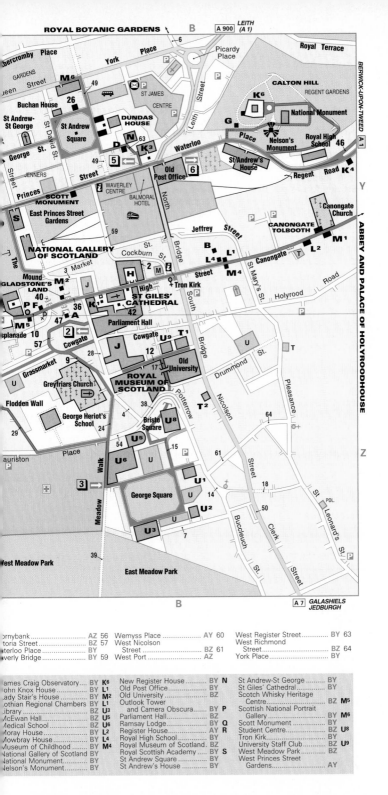

pendant de Canongate, situé près du palais, était le lieu de résidence de la noblesse et des officiers de la cour.

** **Abbey and Palace of Holyroodhouse** ⊘ – Le palais de Holyrood, résidence officielle du monarque en Écosse, est situé à l'extrémité Est du Mile Royal, au milieu des collines verdoyantes du parc Holyrood, sur le chemin d'Arthur's Seat. L'abbaye fut fondée par David Ier en 1128. Jacques IV commença à transformer l'hostellerie de l'abbaye en palais royal, mais ce fut Charles II qui, bien qu'il ne séjournât jamais au palais, chargea son architecte **William Bruce** d'en dresser les plans ; influencé peut-être par l'œuvre de Inigo Jones à Whitehall, Bruce créa ce magnifique exemple de style palladien que l'on peut admirer aujourd'hui.

Les bâtiments de la cour intérieure constituent un superbe exemple du style Renaissance de la période Stuart, un des premiers en Écosse. La décoration des appartements d'État est somptueuse, d'une habileté artisanale étonnante. Notez en particulier les **moulures de plâtre des plafonds**★★★, fruit de dix années de travail des maîtres mouleurs qui avaient travaillé à la Ham House de Londres pour les Lauderdale, clients de sir William, et également pour Charles II à Windsor. Les appartements historiques situés dans la tour ronde du 16ᵉ s. sont souvent associés à Marie Stuart, et contiennent des tapisseries provenant des ateliers de Mortlake, fondés par son fils ; les peintures du plafond sont superbes. C'est dans la petite pièce communiquant avec la chambre que le secrétaire italien de la reine Marie, Rizzio, fut assassiné en 1566.

L'abbaye – La nef sans voûte est le seul vestige de cette abbaye qui fut autrefois grandiose. Elle fut construite à la fin du 12ᵉ s. et au début du 13ᵉ s. C'est là que sont enterrés les restes de David II, Jacques II, Jacques V et aussi de lord Darnley, père de Jacques VI d'Écosse, qui réalisa l'union des Couronnes en 1603.

Dynamic Earth ⊘ – Au pied de Salisbury Crags, une exposition montre les dernières avancées en matière de connaissance de l'histoire des planètes, depuis le Big Bang et la formation du système solaire, l'apparition de la vie sur terre, la disparition et la mutation des espèces animales ou végétales, la vie dans les régions polaires, la beauté et l'influence des océans.

★★NEW TOWN (1767-1830)

Quand on décida d'agrandir la ville royale d'Édimbourg, ce fut un architecte inconnu, James Craig, qui remporta le concours et se chargea de réaliser le projet. Il fit ériger le pont Nord à travers la vallée et conçut la Nouvelle Ville suivant un plan géométrique qui favorisait les échappées sur la ville ancienne. Il fallut attendre 1782 pour que des règlements garantissent l'uniformité des façades et commerces. Bientôt, les personnes fortunées achetèrent des propriétés le long de ces rues élégantes et autour des splendides places.

★★★**Charlotte Square** – Robert Adam fut chargé, en 1791, de dessiner la plus élégante place de la nouvelle ville.
Au n° 5 se trouve le National Trust for Scotland, qui a rénové le n° 7, la **maison georgienne**★ ⊘ ; sa visite donne un très intéressant aperçu de ce qu'était la vie domestique entre 1790 et 1810.

George Street – La rue principale du plan de Craig est fermée à ses deux extrémités par Charlotte Square et St Andrew Square. Aux carrefours, jolies vues sur le Forth ou sur les jardins de Princes Street, avec le château à l'arrière-plan.

St Andrew Square – Cette place n'a pas l'élégance harmonieuse de sa rivale, Charlotte Square, mais ses maisons présentent une originalité et un charme intéressants. Aujourd'hui, elles sont occupées par des banques et des compagnies d'assurances.

New Register House – Ce bâtiment, orné d'un portail de fer forgé finement ouvragé, abrite les bureaux du Registre général d'Écosse et la Cour du Lord Lyon King of Arms, qui se charge de toutes les questions héraldiques d'Écosse, et officie lors de toutes les cérémonies publiques.

Princes Street et ses jardins – À l'origine, Princes Street constituait la frontière Sud de la nouvelle ville. C'était une rue entièrement résidentielle, qui donnait sur des jardins plantés sur le Nor'Loch qui venait d'être comblé. Aujourd'hui, c'est la principale artère commerciale de la ville. Le chemin de fer mis en service en 1845-1846 accéléra le développement de l'artère. Le côté Sud de la rue a été protégé de toute construction par un acte du Parlement et les jardins ont été ouverts au public en 1876.
Après la mort de Walter Scott en 1832, on lança une souscription publique, et la première pierre du **monument Scott**★ ⊘ fut posée en 1840. La grande pyramide gothique (61 m de haut) abrite une statue de Walter Scott en marbre de Carrare. Elle est entourée de 64 statuettes représentant des personnages de ses romans et de bustes de 16 poètes écossais.
Pour les plus agiles (*287 étroites marches à monter*), un belvédère offre du sommet une **vue**★ magnifique sur le centre d'Édimbourg.
Deux imposants bâtiments classiques divisent les jardins de Princes Street : il s'agit de la National Gallery et de la Royal Scottish Academy.
À l'Est de Princes Street, au-delà de l'élégante Waterloo Place s'élève **Calton Hill**, couronnée par des monuments néoclassiques qui ont valu à cette colline le nom d'« Acropole d'Édimbourg » : le **monument national** orné d'un portique, le **monument**

Princes Street

Nelson (1816), amphithéâtre circulaire duquel on peut admirer un très beau **panorama★★★**, un **temple** grec et l'**ancien observatoire** de 1792, qui présente aujourd'hui l'exposition **Connaître Édimbourg** (Edinburgh Experience).
Regent Terrace, **Calton Terrace** et **Royal Terrace** (19ᵉ s.), conçues par John Playfair, mêlent une architecture élégante à des structures fonctionnelles en acier.

Musées et galeries

La ville s'enorgueillit à juste titre de ses musées aux riches collections d'art international et écossais.

★★★ **Royal Museum of Scotland** ⊙ – *Chambers Street*. Le bâtiment principal arbore une façade raffinée de style Renaissance vénitienne qui contraste avec l'intérieur. Le grand hall, spacieux et bien éclairé, est un chef-d'œuvre de l'architecture victorienne (fonte et verrières). Les arts et les sciences sont bien représentés avec des collections consacrées à l'histoire naturelle, la géologie, la sculpture, les arts décoratifs, les arts asiatiques, européens et du Moyen-Orient.
Une tour saillante semi-circulaire en grès rose rehausse l'architecture originale du nouveau **Museum of Scotland** dont l'objectif est de retracer 3 500 ans d'histoire de l'Écosse, grâce à des collections uniques placées dans leur perspective historique et grâce à des animations multimédias. Les objets exposés *(commencer par les galeries du sous-sol)* expliquent le paysage naturel et la fondation géologique, le peuplement de la région, le royaume indépendant (1100-1707), l'état moderne (18ᵉ et 19ᵉ s.) et de nombreux autres aspects de l'Écosse.

★★**National Gallery of Scotland** ⊘ – Un imposant bâtiment de style classique abrite des collections de peintures exposées dans d'élégantes pièces octogonales reliées par des voûtes et rehaussées par des meubles d'époque. Le musée renferme des **chefs-d'œuvre de l'art européen du 15ᵉ au 19ᵉ s**. (Raphaël, Rembrandt, Vermeer, Poussin, le Lorrain, Boucher, Monet, Van Gogh). L'école anglaise y tient bonne place avec Turner, Gainsborough et Constable. On peut aussi admirer des œuvres de peintres écossais (Jamesone, Ramsay, Raeburn, McTaggart et l'école de Glasgow).

★**Scottish National Gallery of Modern Art** ⊘ – *Belford Road*. Le musée présente un panorama de l'art du 20ᵉ s. : fauvisme, cubisme et primitivisme russe, nouveau réalisme, Pop'art, ainsi que des œuvres de la peinture écossaise contemporaine, surtout des coloristes écossais et de l'école d'Édimbourg. Des sculptures d'Epstein, de Hepworth et de Moore se dressent dans le jardin du musée.

★**Scottish National Portrait Gallery** ⊘ – *1 Queen Street*. En 1882, le propriétaire de *The Scotsman* fit don du bâtiment où est installé le musée. Celui-ci a pour but « d'illustrer l'histoire écossaise par les portraits des hommes et des femmes y ayant joué un rôle ». Des portraits représentant la famille royale des Stuarts, des écrivains et des hommes politiques y sont exposés.

EXCURSIONS

★**Royal Yacht Britannia**, au port de **Leith** ⊘ – *3 km au Nord par Leith Walk*. Le visiteur traverse les appartements royaux, les quartiers d'équipage, la passerelle de commandement, la timonerie, la salle des machines. Le *Britania*, palace flottant, servait aussi bien lors des visites royales officielles que de vitrine pour la promotion des exportations britanniques.

★**Dalmeny** – *10 km à l'Ouest par la A 90*. Ce village est célèbre pour son **église St Cuthbert**★ ⊘, exemple exceptionnel de l'architecture romane, dotée d'une **porte Sud**★★ richement sculptée. À l'Est du village se trouve **Dalmeny House**★ ⊘, domaine des comtes de Rosebery. Archibald, 4ᵉ du nom, chargea William Wilkins de construire cette maison néogothique, achevée en 1817.
Archibald, 5ᵉ du nom, épousa Hannah de Rothschild et prit la succession de Gladstone au poste de Premier ministre en 1894. On peut y admirer la très belle collection Rothschild de mobilier français du 18ᵉ s., de porcelaines et de tapisseries, ainsi que les souvenirs de la salle Napoléon que collectionnait le Premier ministre Archibald.

★★**Les ponts sur le Forth** – *C'est de l'esplanade située à South Queensferry, à 15 km à l'Ouest par la A 90, que l'on pourra le mieux les observer*. Le premier service de ferry pour traverser la partie la plus étroite de l'estuaire (Forth) fut mis en place par la reine Margaret vers 1070, et était manœuvré par les moines de Dunfermline à l'intention des pèlerins qui se rendaient à l'abbaye. Au 17ᵉ s., il était devenu le ferry le plus fréquenté d'Écosse. Le **Forth Rail Bridge** fut commencé en 1883 – entreprise intrépide qui eut lieu immédiatement après la catastrophe du pont sur la Tay en 1879 – et fut ouvert en 1890. Le **Road Bridge**, un pont suspendu, à la fois étroit, élégant et étrangement incurvé, fut construit entre 1958 et 1964. Il comporte deux voies de 7 m de large, des pistes cyclables et des passages pour piétons.
Sur le côté Nord du pont, à **North Queensferry**, un spectaculaire aquarium, le **Deep Sea World** ⊘, constitue une attraction célèbre.

Le pont ferroviaire (rail bridge) sur le Forth

★★ **Hopetoun House** ⊘ – *18 km à l'Ouest par la A 90, puis la A 904.* Située dans un superbe paysage, Hopetoun House est une demeure pleine de contrastes. La maison d'origine, construite en 1699-1707 par **sir William Bruce**, est le résultat d'un classicisme plus « mûr ». L'escalier principal est richement embelli par des sculptures qui attirent l'œil vers la coupole peinte, unique témoin de l'art décoratif de l'époque baroque. Les extensions et la façade, construites ultérieurement dans un style flamboyant (1721-1767), sont l'œuvre de **William Adam**, et furent achevées par son fils John.

L'aspect grandiose et solennel des appartements d'apparat est complété par un mobilier d'origine, de magnifiques plafonds et une remarquable collection d'art.

The Binns ⊘ – *24 km à l'Ouest d'Édimbourg par la A 8 et la M 9.* Le salon et la salle du Roi de la maison de la famille Dalyell présentent d'intéressants plafonds. L'histoire de la maison est marquée par la personnalité haute en couleur du général Tam (1615-1685), royaliste forcené qui refusa de se laisser couper les cheveux et la barbe avant que la monarchie ne fût restaurée. Il fonda les Royal Scots Greys.

★★ **Linlithgow Palace** – *31 km à l'Ouest d'Édimbourg par la A 8 et la M 9.* L'histoire de la ville est aussi celle de son palais royal, autour duquel elle se développa à partir du 12ᵉ s. Après sa reconstruction en 1424, le palais connut un siècle de grandeur en tant que centre de la cour d'Écosse, jusqu'à l'union des Couronnes (1603).

Cette triste ruine abrite néanmoins encore quelques jolis ouvrages, comme une **fontaine**★ des années 1530, située dans la cour, et une **cheminée** superbement sculptée, située à l'extrémité du Great Hall.

Près du palais se dresse **l'église St Michael**★ ⊘ (15ᵉ-16ᵉ s.), de style gothique tardif, surmontée d'une flèche (1964) très controversée.

★ **Cairnpapple Hill** ⊘, à **Torphichen** – *39 km à l'Ouest d'Édimbourg par la A 8 et la M 9, direction Linlithgow, puis par la A 707 jusqu'à Torphichen. Cairnpapple se trouve à 1,6 km après Torphichen.* Ce site est unique : en effet, cinq phases de l'évolution préhistorique y sont représentées. Les premières sont des vestiges de crémations du néolithique tardif (v. 3000-2500 avant J.-C.). On peut également y voir un cercle de pierres, avec un fossé et une berge, datant de 2500-2000 avant J.-C. environ. À l'intérieur, légèrement au-dessus, se trouvent deux tumulus funéraires à la suite, le premier datant d'environ 1600 avant J.-C. (aujourd'hui reconstitué avec un dôme de béton) et le second, plus grand, datant d'environ 1300 avant J.-C. La dernière phase est illustrée par quatre tombeaux de l'âge du fer.

★★ **Rosslyn Chapel** ⊘, près de **Roslin** – *11 km au Sud d'Édimbourg.* Surprenant exemple d'artisanat, à la limite de la vallée de l'Esk, la chapelle de Rosslyn fut construite sur les instructions de sir William Saint Clair, troisième et dernier prince des Orcades (1396-1484). Les travaux durèrent de 1446 à 1486, immédiatement après la mort de sir William. À l'époque, seul le chœur de ce qui devait devenir une collégiale était achevé ; il fut endommagé en 1592, puis utilisé comme écurie par l'armée du général Monck en 1650. Parmi les incroyables richesses d'ornementation, la plus connue est sans doute le **pilier de l'Apprenti**★★★. Selon la légende, au moment où le maître maçon était à l'étranger, son apprenti sculpta ce pilier. Fou de rage, le maître, à son retour, aurait tué son apprenti trop doué.

ELGIN★

Moray – 11 855 habitants
Carte Michelin n° 401 K 11 ou Atlas Great Britain p. 68

Elgin est situé au Nord de la Lossie. Son plan d'origine n'a pratiquement pas changé, et la rue principale relie toujours les deux éléments principaux du bourg médiéval, la cathédrale et le château.

★ **Cathédrale** ⊘ – Le diocèse date de 1120, mais les ruines sont celles d'une cathédrale construite en 1270 et qui remplaça la précédente, détruite par un incendie. En 1390, le second fils du roi Robert II, **Alexander Stewart**, surnommé en raison de sa cruauté le « Loup de Badenoch », détruisit la cathédrale et la ville. Toutes deux furent reconstruites, et le **chapitre**★★ (13ᵉ s.) fut rebâti au 15ᵉ s., mais la cathédrale subit d'autres détériorations, car après la Réforme on ne l'utilisa plus comme lieu de culte. Après l'écroulement de la tour en 1711, les ruines servirent de carrière.

EXCURSION

★★ **Sueno's Stone**, à **Forres** – *À 19 km à l'Ouest par la A 96, puis la B 9011.* Cette pierre des Pictes superbement sculptée, qui se dresse à la périphérie de l'ancien bourg royal de Forres, est sans doute un monument funéraire commémorant une bataille. La grande stèle de grès haute de 6 m datant du 9ᵉ s. n'a pas son équivalent en Grande-Bretagne. Trois de ses faces sont décoratives – l'une d'entre elles est ornée d'une croix. La quatrième face, la plus spectaculaire, est narrative, et représente des cavaliers, des soldats et des corps décapités.

★**Brodie Castle** ⊘ – *32 km à l'Ouest par la A 96*. Siège de la famille Brodie depuis le 11ᵉ s., le château s'est développé au cours du temps à partir d'une maison forte du 16ᵉ s. jusqu'à l'édifice sous sa forme actuelle. Les intérieurs, de différentes époques, présentent de très belles collections de peintures (Van Dyck, Romney, école écossaise), de magnifiques horloges et des **meubles** français. Les **stucs des plafonds** datent du 17ᵉ s. Brodie est aussi réputé pour sa collection de jonquilles que l'on peut admirer au printemps.

La Route du whisky

Distillés selon des méthodes séculaires, les **whiskies pur malt** aux saveurs subtiles sont célèbres dans le monde entier. Un circuit touristique balisé *(Whisky Trail – 112 km)* à travers les vallées de la région de la Spey comprend la visite de distilleries renommées (Cardhu, Glenfarclas, Strathisia, The Glenlivet). La fascinante histoire de l'élaboration du « souverain liquide » y est relatée, depuis les méthodes artisanales employées par les moines (fin du 15ᵉ s. jusqu'à la Dissolution en 1536) aux modernes chais actuels où il parvient à maturité, « perdant des saveurs, mais en gagnant d'autres ». Une excellente présentation en est faite à la **distillerie Glenfiddich** ⊘ à **Dufftown**, la capitale du whisky de malt, et à la pittoresque **distillerie Dallas Dhu** ⊘ *(2 km au Sud de Forres)*. La fabrication des tonneaux est évoquée dans une tonnellerie, **Speyside Cooperage** ⊘.

Distillerie Glenfiddich – Cornues magiques pour élixir de longue vie

---

ELY

Cambridgeshire – 10 329 habitants
Carte Michelin n° 404 U 26 ou Atlas Great Britain p. 29

Autrefois appelé Elig ou Eel Island en raison de l'abondance des anguilles (eels) dans la région, Ely s'étend au bord de l'Ouse sur une élévation (21 m) dominant les terres plates du Fenland. Lieu de culte depuis sainte Etheldreda, reine saxonne qui y fonda une communauté religieuse et bâtit une abbaye au 7ᵉ s., la petite ville reste dominée par la cathédrale et les bâtiments monastiques et possède encore quelques maisons médiévales. C'est sur ces lieux qu'Hereward the Wake affronta une dernière fois les Normands en 1066. Au 17ᵉ s., Ely comptait un citoyen célèbre : Oliver Cromwell.

★★CATHÉDRALE ⊘

La très belle nef et le transept, romans, préparent peu le visiteur à la surprise qui l'attend : la splendide abside en gothique Decorated et la non moins fabuleuse chapelle de la Vierge, ainsi que ce chef-d'œuvre du 14ᵉ s., l'octogone. Un siècle après le sac de l'abbaye par les Danois en 870, des bénédictins fondèrent une nouvelle communauté. La cathédrale fut commencée en 1083 ; en 1250, l'abside romane d'origine fut rebâtie en marbre de Purbeck. En 1321, on commença l'édification de la chapelle de la Vierge, sous la direction du supérieur du monastère, Alan de Walsingham.

L'année suivante, la grande tour romane de la croisée s'effondra. Alan de Walsingham, aidé du maître charpentier W. Hurley, conçut alors le célèbre **octogone**, triomphe de l'ingéniosité médiévale. Il coupa les quatre angles de la croisée romane et construisit un ensemble octogonal, trois fois plus grand (52 m) que la tour précédente, créant un magnifique exemple de gothique Decorated.

Il est préférable d'admirer la cathédrale du Nord-Ouest si l'on veut apprécier sa longueur (164 m), sa **tour Ouest** ⊘ crénelée (66 m), le porche dit de Galilée (de style Early English), l'octogone et la lanterne en bois qui le couronne.

A Williams

Une cathédrale bien défendue

Intérieur – En entrant, le visiteur est immédiatement subjugué par la richesse des couleurs des plafonds, des vitraux et des piliers. Le **bras droit du transept** est un merveilleux exemple d'architecture romane du début du 13e s. Seule l'ornementation normande de la **porte du Prieur** vient perturber l'alignement ininterrompu de la longue nef élancée, aux arcades, au triforium et aux fenêtres de hauteur quasiment égale. Les voûtes en bois qui la coiffent ont été peintes par des artistes locaux à l'époque victorienne (1858-1861). L'œil est attiré par l'**octogone** ⊘ qui repose sur huit piliers portant 200 tonnes de verre, de plomb et de bois de charpente. Le bas de cette lanterne est couvert d'anges. Un **jubé** dessiné au 19e s. par George Gilbert Scott sépare l'octogone du chœur. Remarquez la voûte splendide de celui-ci, ses magnifiques **stalles** du 14e s. et ses baies lancéolées, réalisées pour les trois premières dans le même style gothique Decorated que l'octogone, pour les autres en style gothique Early English. Devant le maître-autel se dresse la châsse de sainte Etheldrède. Les plafonds des croisillons furent peints et décorés au 15e s. d'anges sculptés. La vaste et lumineuse **chapelle de la Vierge**, rythmée de niches, baldaquins et fenêtres, présentait en son temps la plus large ouverture à voûte unique. La plupart des statues et vitraux qui la rehaussaient furent détruits en 1541 lors de la Dissolution des monastères. Les chapelles de style Perpendicular de l'**évêque Alcock** et de l'**évêque West** servaient à l'origine d'oratoires.

Un escalier en colimaçon donne accès au triforium qui abrite un **musée du Vitrail** (Stained-Glass Museum) ⊘, illustrant par des dioramas la fabrication des vitraux et la coupe du plomb. Vue de près, la richesse des couleurs est encore plus magnifique. Les vitraux les plus anciens remontent au 13e s., mais la plupart des spécimens présentés furent fabriqués en Angleterre et dans d'autres pays européens aux 19e et 20e s.

Les communs et les ruines des cloîtres constituent l'ensemble architectural médiéval le plus vaste de toute l'Angleterre. Certains des bâtiments font partie de King's School ou appartiennent à des particuliers. La chapelle du prieur Crauden avec ses fresques du 14e s. est ouverte à la visite *(s'adresser à la porte Sud)*. La **porte d'Ely** (1396) constituait l'entrée de l'abbaye.

★**Oliver Cromwell's House** ⊘ – *29 St Mary's Street*. L'histoire de cette demeure ancienne (13e s.) et de son plus illustre locataire est retracée dans le détail à travers des commentaires, des films et des tableaux. Seuls la cuisine, la chambre à coucher et le bureau sont encore meublés, toutefois l'ambiance d'antan est superbement recréée. Collection de chapeaux anciens, d'armures et d'armes. Présentation d'un film sur les plaines marécageuses *(fens)*.

EXCURSIONS

Les Fens – Essentiellement situé en dessous du niveau de la mer et s'étendant de Cambridge à Boston, l'ensemble des marais et marécages fut drainé par l'ingénieur hollandais Cornélius Vermuyden au 17ᵉ s. C'est aujourd'hui une région agricole très fertile.

★**Wicken Fen** – *7 km au Sud, par la A 10 jusqu'à Stretham, puis 8 km à l'Est, par la A 1123.* Cette région sauvage où les broussailles le disputent aux marais, réserve naturelle la plus ancienne de Grande-Bretagne, abrite des espèces végétales et animales caractéristiques des plaines marécageuses des premiers âges.

EXETER★★

Devon – 94 717 habitants
Carte Michelin n° 403 J 31 ou Atlas Great Britain p. 4

Au 1ᵉʳ s. après J.-C., les Romains établirent leur forteresse la plus occidentale sur la rive occidentale de l'Exe. La ville saxonne construite par la suite fut à maintes reprises détruite par les Vikings danois entre 876 et 1003, mais n'en poursuivit pas moins son développement au point d'y voir transféré le siège épiscopal de Crediton en 1050. Au Moyen Âge, sa situation au point extrême de navigabilité de l'Exe lui assura un rôle commercial important, jusqu'à devenir l'un des principaux centres de commerce de la laine. L'utilisation de la machine à vapeur ayant contribué à diminuer la part qu'Exeter y prenait, la ville se mit alors à vivre au rythme plus calme d'une ville de comté.

Aujourd'hui, bien qu'une bonne partie de ses constructions médiévales ait disparu au cours des importants bombardements de 1942, Exeter doit une bonne part de son charme à ses *crescents* et *terraces*, à sa cathédrale grise contrastant avec le rouge des églises et des remparts en grès comme avec celui des maisons georgiennes en brique.

★★**Cathédrale** ⊘ – Les **tours romanes du transept** constituent la partie la plus ancienne de la cathédrale, puisque la majeure partie de l'édifice fut remaniée et améliorée au 13ᵉ s. sur l'initiative de l'évêque Bronescombe. Elle fut finalement achevée par l'évêque Grandisson.

Située dans son enclos, havre de paix au milieu de l'agitation urbaine, entourée de bâtiments d'époques diverses, la façade principale de la cathédrale offre plusieurs niveaux, tout d'abord ornés d'anges, d'évêques et de monarques, sculptés ensuite d'un réseau décoratif flamboyant, jusqu'aux parapets crénelés. Les tours, jumelles mais non identiques (la tour Nord étant plus ancienne), se dressent imposantes, ornées d'arcades et d'arcs croisés jusqu'aux créneaux et tourelles d'angle, coiffées de poivrières. À l'extrémité Ouest, la fenêtre supérieure sur pignon est à moitié cachée par la fenêtre principale qui, elle aussi, est masquée à sa base par le parapet percé bordant le splendide jubé (fin du 14ᵉ-début du 15ᵉ s.).

Intérieur – Le trait le plus frappant est la **voûte à tiercerons de la nef** qui, d'Ouest en Est, s'étend sur une longueur de 91 m en une suite ininterrompue de nervures entrecroisées, marquées aux intersections par d'importantes clés de voûte dorées

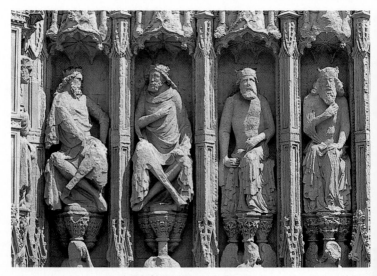

Cathédrale – La galerie des rois

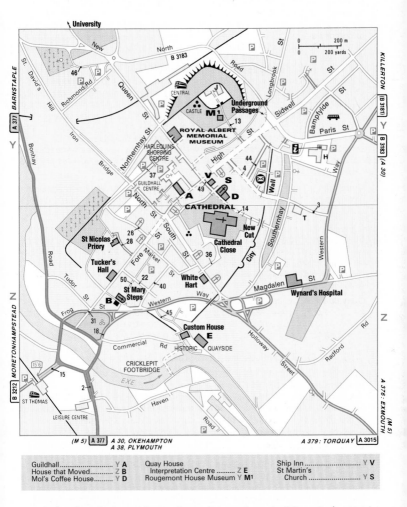

Guildhall	Y A	Quay House		Ship Inn	Y V
House that Moved	Z B	Interpretation Centre	Z E	St Martin's	
Mol's Coffee House	Y D	Rougemont House Museum	Y M¹	Church	Y S

et colorées. Sont également impressionnants les **corbeaux** du 14ᵉ s., situés entre les arcs brisés de l'arcade, que soutiennent des piliers formés par seize colonnes engagées à chapiteaux ronds et simples. Remarquez la **tribune des musiciens** du 14ᵉ s. (côté Nord), composée de quatorze anges jouant chacun d'un instrument, et la rosace à nervures réticulées (verre du 20ᵉ s.).

Derrière le maître-autel se dresse la **colonne d'Exeter**, prototype de toutes les colonnes de la cathédrale. Au travers des deux arcs brisés, situés derrière le maître-autel, sont visibles les colonnes du déambulatoire et, au-delà, la chapelle de la Vierge aux multiples clés de voûte et corbeaux. Dans le chœur, les stalles à baldaquin (1870-1877) de Gilbert Scott comprennent l'ensemble le plus ancien et le plus complet de **miséricordes** existant en Angleterre, puisque les sculptures datent de 1260-1280. Le magnifique trône épiscopal fut sculpté dans le chêne en 1312. Dominant le maître-autel, les vitraux de la fenêtre orientale de la fin du 14ᵉ s. sont en grande partie d'origine. Dans le bras gauche du transept, une horloge du 15ᵉ s. évoque les révolutions du soleil et de la lune autour de la terre.

Cathedral Close – L'enclos a la forme d'un diamant. Au centre se dresse la cathédrale, presque contiguë, à l'Est, au palais épiscopal construit en grès rouge et reconnaissable à ses nombreux pignons.

Il est délimité par les **vieux remparts**, l'**église St-Martin**, **Mol's Coffee House** (maison à colombage datant de 1596), la manécanterie de la cathédrale, et par une rangée courbe de magasins et de maisons des 17ᵉ, 18ᵉ et 19ᵉ s. aboutissant à une maison georgienne blanche, à trois étages, transformée en hôtel.

★Royal Albert Memorial Museum ⊘ – Ce bâtiment construit en l'honneur du prince Albert (1869) renferme de superbes collections couvrant quatre domaines principaux : histoire naturelle, archéologie, ethnographie, les beaux-arts et les arts décoratifs. Parallèlement, le musée poursuit une activité pédagogique.

La Devon Gallery présente la **géologie et l'écologie** du Devon. La collection d'histoire naturelle (animaux, végétaux et minéraux des cinq continents) est la plus importante de Grande-Bretagne après Londres. La section d'archéologie expose des **objets préhistoriques** exhumés lors de fouilles effectuées dans le Devon, ainsi que des objets datant de l'occupation romaine d'Exeter (vers 55 à 75 avant J.-C.) ou de l'époque médiévale.

Les collections d'**ethnographie** témoignent de l'intérêt des voyageurs originaires d'Exeter que leurs voyages commerciaux conduisirent jusqu'en Afrique de l'Ouest et dans le Pacifique. L'art tribal est notamment représenté par les souvenirs des premiers voyages du capitaine Cook. Les **arts décoratifs** du Devon sont représentés par des montres et des horloges des 18ᵉ et 19ᵉ s. d'Exeter et de Bristol, de l'argenterie du 16ᵉ au 19ᵉ s. (objets cultuels, pots à café, pots à tabac et pots à chocolat) dont un legs de 60 **cuillères du Sud-Ouest de l'Angleterre** (16ᵉ-17ᵉ s.), de la céramique du Devon et des objets en verre. La collection des **Beaux-Arts** couvre une période allant du 17ᵉ au 20ᵉ s., et se concentre surtout sur les artistes associés au Devon.

Guildhall ⊘ – Les caractéristiques les plus frappantes de cet ancien édifice municipal sont le portique Tudor magnifiquement orné, ajouté en 1593, la salle à charpente de bois de 1468-1470, ainsi que les boiseries élisabéthaines en chêne très décorées.

St Nicholas Priory ⊘ – Ce bâtiment en grès était l'hôtellerie d'un prieuré bénédictin fondé en 1087, avant de devenir la résidence d'un marchand élisabéthain. Dans la crypte romane, des colonnes rondes et massives soutiennent une voûte d'ogives assez basse. La salle d'hôte et la salle du prieur sont dotées d'un splendide plafond de bois et renferment un mobilier datant des 16ᵉ et 17ᵉ s.

Quayside – *Accès par le bac de Butts ou par la passerelle Cricklepit.* Le quai date de l'époque où Exeter était un port. Cette période prospère s'acheva brutalement au 13ᵉ s., quand la comtesse Isabelle du Devon construisit un barrage sur la rivière et détourna avec succès tout le commerce d'Exeter sur Topsham. Au 16ᵉ s., la rivière n'étant plus navigable, le premier **canal maritime** d'Angleterre fut creusé (1563-1566). Le **Quay House Interpretation Centre** ⊘ expose des maquettes, des peintures et des objets, ainsi qu'une présentation audiovisuelle de l'histoire d'Exeter.

Université – *3 km au Nord de la ville par Queen Street et New North Road.* Les nouveaux bâtiments de l'université, dont l'amphithéâtre Northcott, occupent le domaine de Streatham (140 ha). D'un point de vue botanique, le parc passe pour le plus beau et le plus intéressant de toutes les universités anglaises.

EXCURSIONS

★Bicton Gardens ⊘, à **East Budleigh** – *13 km au Sud-Est sur la B 3182, puis par la B 3179 et une route secondaire.* Les jardins de Bicton House (aujourd'hui collège agricole) furent conçus et plantés de spécimens d'arbres au cours des deux derniers siècles. Le **jardin américain** (aménagé à partir de 1830) est remarquable, ainsi que le **jardin d'ermite**. Noter aussi la collection d'outils et d'instruments utilisés dans la région depuis des siècles. Un petit train sillonne le parc et circule à proximité du lac.

★Ottery St Mary – *19 km à l'Est par les B 3183, A 30 et B 3174.* Plaisamment située sur l'Otter et entourée de vertes collines, la ville est un réseau de rues sinueuses et de petites places bordées de maisons du 17ᵉ s. et de l'époque georgienne. En haut de la colline se dresse l'église paroissiale **St Mary★**, flanquée de tours jumelles, et consacrée en 1260 sur un fief qui appartint à la cathédrale de Rouen de 1061 à 1336. À cette date, en effet, l'évêque Grandisson d'Exeter transforma l'église en collégiale. L'évêque fit modifier le chœur, la nef, l'allée centrale et la chapelle de la Vierge selon les critères de l'art gothique Decorated. Une grande partie du mobilier liturgique date de cette époque (1280-1377), notamment l'horloge de Grandisson, située dans le bras droit du transept, et l'aigle en bois doré, un des plus anciens et des plus beaux lutrins de cette forme de toute l'Angleterre. On remarquera également les diverses voûtes, les superbes clés de voûte colorées et les corbeaux.

EXMOOR★★

Massif d'EXMOOR – Somerset and Devon
Carte Michelin n° 403 I, J 30 ou Atlas Great Britain p. 6 et 7

Les 692 km² de landes réparties sur le Devon Nord et le Somerset présentent un paysage varié et admirablement équilibré. Les terres les plus élevées sont constituées par la chaîne des Brendon Hills que recouvrent les fougères bleues, les fougères impériales et les bruyères. Leur ondulation s'étend à perte de vue, tandis que la partie plus au Nord est occupée par la **forêt d'Exmoor**, forêt royale jusqu'en 1818 où l'on élevait du gibier en vue des chasses de la Cour. Cerfs, poneys sauvages d'Exmoor (une espèce protégée descendant directement de chevaux préhistoriques), moutons et paisibles troupeaux parcourent la lande que R.D. Blackmore a décrite de façon très vivante dans son célèbre roman intitulé *Lorna Doone* (1869). La côte accidentée qui surplombe le canal de Bristol offre, par ses multiples anfractuosités, un site accueillant pour toutes sortes de variétés d'oiseaux marins.

LE SUD DU PARC

★★**Dulverton** – Environné de paysages grandioses, le principal village de la région est situé à 137 m d'altitude. Son église imposante (reconstruite au 19ᵉ s.) comprend une tour Ouest du 13ᵉ s. De jolis cottages bordent la route principale et la place du marché.

★**Winsford** – De nombreux ruisseaux irriguent le village qui possède ainsi sept ponts distants de quelques mètres à peine les uns des autres. Le plus ancien, **Packhorse Bridge**, permet de franchir la rivière Exe.

★★**Tarr Steps** – Le plus joli **pont à dalles de pierre**★★ de la région, peut-être antérieur au Moyen Âge, franchit la rivière Barle à cet endroit.

LE NORD DU PARC

Dunster – Cette vieille ville d'une grande beauté, située au Nord-Est de l'Exmoor, profita d'un commerce prospère, côtier et continental, avec Bordeaux, l'Espagne, l'Italie et le pays de Galles, jusqu'à ce que la mer se retire aux 15ᵉ et 16ᵉ s. Par la suite, Dunster se tourna vers le commerce de la laine et la pratique du tissage. C'est maintenant une destination touristique prisée. Le **château**★★ ⊘ en grès domine la ville depuis la butte sur laquelle se dressait une fortification dès l'époque saxonne. Sa construction fut entreprise par le baron normand Guillaume de Mohun. En 1374, cependant, la lignée des Mohun s'éteignit et le château fut alors vendu à **lady Elizabeth Luttrell**. Lorsque George Fownes Luttrell hérita de la propriété en 1867, il chargea l'architecte Anthony Salvin de transformer le château et d'en faire ce qu'il est aujourd'hui : un manoir fortifié bâti dans le style de l'époque de Jacques Iᵉʳ. Le **moulin à eau** (Water Mill) ⊘, situé sur l'Avill, reconstruit et réaménagé depuis l'époque de Guillaume le Conquérant, tourna jusqu'à la fin du 19ᵉ s., reprit de l'usage durant la Seconde Guerre mondiale, fut reconstruit à nouveau et restauré pour reprendre du service vers 1980. La longue et large **High Street**, bordée de maisons et magasins des 17ᵉ-19ᵉ s., est ornée par un remarquable marché octogonal à lucarnes, **Yarn Market** (17ᵉ s.). Plusieurs bâtiments bordant **Church Street** dépendaient du prieuré fondé en 1090 et dissous en 1539 ; le couvent et le presbytère (restauré au 19ᵉ s.) datent tous deux du 14ᵉ s. ; derrière la porte du mur arrière du jardin du prieuré se dresse un **colombier**★ haut de 6 m (début du Moyen Âge). L'**église St George**★ fut, à l'origine, édifiée par les Normands au 12ᵉ s., puis reconstruite par les moines au 14ᵉ s. La **tour**, haute de 34 m, datant de 1443, renferme un carillon qui, tous les jours, se fait entendre à 9 h, 13 h 30 et 21 h. À l'intérieur, on peut voir des **voûtes en berceau**, une splendide **clôture sculptée** séparant la nef du chœur, des **fonts baptismaux** du 16ᵉ s., ainsi que les tombeaux des Luttrell.

Exmoor et la littérature

C'est au **Rising Sun Inn**, pub au toit de chaume (14ᵉ s.) situé sur Mars Hill, que **R.D. Blackmore** (1825-1900) aurait écrit son roman *Lorna Doone* (1869). Non loin de là, un sentier abrupt conduit de Lyn Valley vers Watersmeet. En 1797, **Wordsworth** et **Coleridge** parcoururent à pied les cinquante kilomètres qui les séparaient de Nether Stoway (dans les Quantocks Hills) et séjournèrent non loin de Culborn (maintenant rebaptisé Ash Farm).

Quelques années plus tard, en 1812, **Shelley**, le jeune poète désavoué, vint à Lynmouth avec Harriet Westbrook, sa jeune « fiancée » de 16 ans, sa sœur Eliza, une ancienne gouvernante et une domestique irlandaise. Durant son séjour, il distribua son pamphlet révolutionnaire *The Declaration of Rights* (La Déclaration des Droits), qu'il avait fait imprimer en Irlande. Il en scella quelques-uns dans des bouteilles emballées dans du tissu huilé, puis empaquetées dans des caisses fermées d'un sceau, qu'il lança à la mer. Il dispersa les autres dans de petites montgolfières qu'il lança du sommet de Countisbury Hill.

Le plus joli pont à dalles de pierre

★★★ **Panorama du Dunkery Beacon** – Avec ses 519 m, le signal de Dunkery est le point culminant, visible à des kilomètres à la ronde. Il offre une **vue**★★★ sur l'ensemble de la lande et, dit-on, sur seize comtés.

★**Porlock** – Ce tout petit village reste plein de charme malgré les foules qu'il attire. L'**église St Dubricius**★ (13ᵉ s.) fut dédiée à ce saint légendaire, qui aurait vécu 120 ans et aurait été l'ami du roi Arthur. À l'intérieur, remarquable tombeau surmonté d'un baldaquin et orné d'effigies d'albâtre.

Oare – Ce charmant village au fond d'une vallée verdoyante, à quelques kilomètres seulement de la côte, doit toute sa notoriété à *Lorna Doone (voir plus haut)*. La famille Doone est censée y avoir vécu, et c'est dans l'église restaurée aux 14ᵉ et 15ᵉ s. que Lorna épousa John Ridd. Un sentier conduit à **Doone Valley**★ *(9 km)*, célèbre depuis la publication du roman de Blackmore.

★**Watersmeet** – Bel endroit au confluent des rivières East Lyn et Hoaroak, dans une vallée boisée. Le lit de la rivière est jonché de galets.

★**Lynton** et **Lynmouth** – Ces villes complémentaires, situées l'une au sommet et l'autre au pied des falaises du Devon Nord, peuvent se prévaloir d'une **vue**★ magnifique qui porte sur le canal de Bristol et jusqu'à la côte du pays de Galles. À Lynton règnent les styles victorien et édouardien, tandis que Lynmouth est resté un village traditionnel de pêcheurs avec de petits cottages et de petites maisons de pierre. Un ensemble de rochers, la **vallée des Rochers**★ *(Valley of the Rocks – 2 km à l'Ouest)* s'élance de la vallée large et herbue jusqu'à la crête dénudée des falaises de grès et de schiste, spectaculairement découpée par le vent.

FOUNTAINS Abbey★★★
North Yorkshire
Carte Michelin n° 402 P 21 ou Atlas Great Britain p. 39

Situé à l'Est de **Ripon** dans la vallée boisée de la petite rivière Skell, cet ensemble de ruines cisterciennes, le plus complet qui nous soit parvenu, évoque admirablement la vie monastique au Moyen Âge.

C'est en 1132 qu'un petit groupe de moines bénédictins, révoltés par le relâchement de la discipline dans leur abbaye d'York, se vit attribuer une terre dans cet « endroit totalement retiré du monde ». Acceptés par saint Benoît dans son ordre austère, ces moines entreprirent de transformer ce désert inculte du Nord en une région florissante et productrice, digne de la ténacité cistercienne. En moins d'un siècle, Fountains fut le centre d'une énorme affaire qui gérait des fermes piscicoles, des serrureries, des forêts et de vastes terres agricoles, investissant les profits qu'elle en tirait dans un ambitieux programme de construction.

Ce grand complexe tomba en ruine à la suite de la dissolution des monastères, mais fut racheté, en 1768, par la famille Aislabie, qui souhaitait depuis longtemps ajouter ces belles ruines pittoresques à son somptueux domaine voisin, **Studley Royal**.

Dans ce seul et même domaine qui comprend à la fois Fountains Abbey et les jardins de Studley Royal, on peut entrer soit par l'Ouest, devant l'abbaye, soit par le Nord. Les entrées sont éloignées d'environ 1,5 km, ou davantage, si le visiteur accédant par le Nord, suit les conseils d'Aislabie et découvre l'abbaye à partir d'un point de vue situé sur un sentier qui court sur les hauteurs.

VISITE

L'histoire de l'abbaye est présentée au **centre d'accueil**. *De là, des sentiers mènent à l'abbaye, l'un escarpé et direct en 5 mn, l'autre plus long et moins pentu en une dizaine de mn. On peut aussi emprunter un minibus.*

Fountains Hall – Splendide maison à cinq étages, construite entre 1598 et 1611 avec des matériaux provenant de l'abbaye, cette demeure offre une impressionnante **façade★** principale. Sur la rive droite de la Stour, le musée propose une reproduction à grande échelle de l'abbaye.

Fountains Abbey ⊘ – Les terres verdoyantes du fond de la vallée conduisent jusqu'à la façade principale de l'abbatiale, dépourvue de couverture. Une très longue rangée de bâtiments monastiques, comprenant le dortoir des frères lais au-dessus du cellarium, s'étend au loin sur la droite. La haute tour de l'église fut érigée vers 1500 sur la nef romane préexistante, tandis qu'à l'Est la magnifique **chapelle des Neuf-Autels**, du 13ᵉ s., est d'une facture inhabituelle qu'on retrouvera plus tard dans la cathédrale de Durham, avec des arcs élancés et une immense verrière de style Perpendicular. Au Sud et le long de la rivière, les **quartiers des moines** se déploient sur des dizaines de mètres, et la recouvrent par endroits. Les fondations et les murs de soutènement de l'infirmerie et de la résidence du père supérieur sont impressionnants du côté Est, mais les vestiges les plus beaux et les plus complets sont ceux des bâtiments groupés autour du cloître selon le schéma cistercien classique : à l'Est, la **salle capitulaire**, à laquelle on accède par trois beaux arcs romans ; au Sud, le **grand réfectoire**, dont l'unique porte est un chef-d'œuvre de moulage élaboré ; et, à l'Ouest, le **cellarium** avec son étonnant intérieur voûté, long de 90 m.
À l'extérieur de l'enclos se trouvent la **maison des hôtes** et l'**infirmerie des frères convers**.

Studley Royal – *Les jardins ont été conçus pour être visités à partir de Canal Gate : promenade courte (45 mn), parcours moyen (1 h 45), tour complet (2 h en excluant le Seven Bridges Walk).*
Ancien chancelier de l'Échiquier tombé en disgrâce, John Aislabie jouissait d'une grande fortune personnelle qui lui permit de consacrer ses années de retraite (1720-1742) à transformer la vallée sinueuse de la Skell en un paysage spectaculaire, où les bois, les eaux et les constructions furent agencés de manière à célébrer Dame Nature et évoquer un passé romanesque.
Des centaines d'ouvriers remodelèrent le cours de la vallée pour créer une série d'étendues d'eau régulières ; l'**étang de la Lune** est dominé par un classique **temple de piété**, tandis que la rivière canalisée émerge d'une grotte sombre pour aboutir à une retenue et finalement se déverser dans le lac en une **grande cascade** flanquée de pavillons symétriques.
On aborde la promenade, tracée sur les hauteurs, par un sombre tunnel tortueux. Le sentier conduit, au-delà d'une **tour gothique** et d'un élégant **temple de la Renommée**,

B. Kaufmann

Ruines de l'abbaye

au « banc d'Anne Boleyn » (**A**) d'où s'offre la **vue** la plus remarquable sur les jardins aménagés de l'abbaye elle-même, acquise finalement en 1768 par William Aislabie à la mort de son père.

Emprunter le **Seven Bridges Walk**, très agréable chemin de promenade qui zigzague d'une rive à l'autre de la Skell.

En haut du vaste parc qui est une réserve de cerfs se dresse, derrière un jardin régulier, l'**église St Mary**, chef-d'œuvre gothique de la haute époque victorienne dû à William Burges. De cet endroit, une longue allée, tracée dans l'alignement des tours jumelles de la cathédrale de Ripon, part vers l'Est.

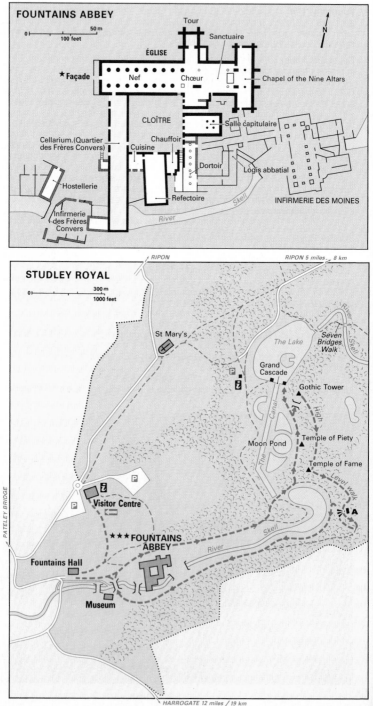

GLAMIS ★

Cet agréable village est situé dans la riche vallée agricole de Strathmore. Une jolie rue bordée de cottages abrite l'**Angus Folk Museum**★ ⊙, où est exposée une fascinante collection de divers ustensiles domestiques et agricoles qui évoquent la vie rurale du temps passé.

★★**Castle** ⊙ – Glamis *(prononcer Glèms)* représente la quintessence du château écossais ; sa masse de grès est hérissée de tours, de tourelles, de toits coniques et de cheminées ; il a son fantôme (lady Glamis, qui fut brûlée comme sorcière), ses connotations littéraires (Macbeth était baron de Glamis) et il appartient depuis 1372 à la famille Lyon (les ancêtres de l'actuelle reine mère).

Extérieur – Le bâtiment central, en forme de L, date du 15e s. Il a été modifié, et au long des siècles on y a ajouté d'autres bâtiments, ce qui donne à l'édifice actuel son apparence impressionnante.

Intérieur – Portraits de famille et autres peintures, armures et mobilier style Jacques Ier, intérieurs de diverses périodes : tout cela fait le charme de la visite guidée. Dans la chapelle, on peut admirer une série de tableaux représentant les apôtres et des scènes bibliques peints par Jacob de Wet (1695-1754), artiste néerlandais qui travailla également à Blair, puis à Holyroodhouse, et dans le splendide salon un plafond orné de moulures en plâtre (1621) et une superbe cheminée. Comme à Holyroodhouse, on peut y voir des tapisseries issues de l'atelier fondé à Mortlake par Jacques Ier, après son accession au trône. L'allée d'accès est longée de statues de ce dernier et de son fils, Charles Ier. Sur le côté, on observe un beau **jardin à l'italienne**.

EXCURSIONS

Pictish Stones – La région qui entoure Glamis est riche en pierres gravées par les Pictes. Ces gravures énigmatiques, réalisées à partir du 7e s., comportent des symboles chrétiens ajoutés ultérieurement, et illustrent avec éclat la vie et l'art de leurs auteurs. Le royaume picte et son art bien particulier durèrent quelque 500 années, mais disparurent après l'unification des trônes des Pictes et des Écossais par Kenneth MacAlpine en l'an 843.

B. Kaufmann

Pierre picte

★**Aberlemno Stones** – *20 km au Nord-Est par la A 94 et la B 9134.* On peut admirer sur le bord de la route et dans le cimetière quatre pierres sculptées ornées d'animaux et de symboles abstraits, de scènes de chasse et de bataille, ainsi qu'une croix flanquée d'anges.

★★**Meigle Museum** ⊙ – *11 km à l'Ouest.* Dans l'ancienne école du village, derrière l'église, est exposée une exceptionnelle collection de **monuments paléochrétiens**★★ dans la tradition picte, tous de provenance locale. La sculpture est pleine de vitalité et fait preuve d'une grande maîtrise de la technique.

★**Edzell Castle** ⊙ – *40 km au Nord-Est par la A 94, puis la A 90 (vers Aberdeen) et, après Brechin, la B 966 jusqu'au village d'Edzell.* Le château en ruine, ancien domaine de la famille Lindsay, comprend la maison forte d'origine (16e s. – vue sur le jardin clos depuis la grande salle), un bâtiment classique en forme de L avec des encorbellements décoratifs et une extension de la fin du 16e s. L'élément le plus marquant est le jardin clos à la française, le **Pleasance**★★★, unique dans toute la Grande-Bretagne. En le créant en 1604, sir David Lindsay (1550-1610) mettait en application les concepts acquis durant ses longs voyages. L'éclat de la lumière de l'été sur le rouge profond des murs peut détourner l'attention qu'il faut accorder aux **sculptures** héraldiques et symboliques des murs, dignes de l'intérêt qu'on leur portera.

GLASGOW ★★★

City of Glasgow – 662 853 habitants
Carte Michelin n° 401 H 16 ou Atlas Great Britain p. 55
Plan d'agglomération dans le Guide Rouge Great Britain & Ireland,
la carte n° 401 pli 41 ou l'Atlas Great Britain p. 117

Glasgow est la ville la plus peuplée d'Écosse. Centre industriel et port, elle est également en train d'acquérir une appréciable réputation de centre culturel.

UN PEU D'HISTOIRE

C'est dans cette région du royaume de Strathclyde que vint saint Mungo au milieu du 6e s. Il installa son église de bois sur la rive du Molendinar Burn, et devint le premier évêque, puis le saint patron de la ville. Au 17e s., Glasgow, qui avait toujours été une ville radicale, devint le centre de la cause protestante. Au 18e s., la ville s'était enrichie grâce au commerce des textiles, du sucre et du tabac. Les banques, les chantiers navals et l'industrie lourde contribuèrent à accroître sa prospérité au 19e s. Les arts se développèrent en même temps que l'économie : ni les **Glasgow Boys** (mouvement artistique résolument réaliste qui englobait W.Y. MacGregor, James Guthrie, George Henry et John Lavery, en pleine époque romantique), ni le mouvement moderne d'avant-garde, dirigé par Charles Rennie Mackintosh, n'auraient pu connaître un si large écho dans une autre ville. Les traditions réalistes et radicales y sont perpétuées encore de nos jours par les peintres Steven Campbell, Ken Currie, Peter Howson et Adrian Wisniewski. Aujourd'hui, Glasgow accueille le Scottish Opera, le Scottish Ballet et plusieurs collections d'art remarquables.

Glasgow pratique

Office de tourisme – Le **Greater Glasgow Tourist Board and Convention Bureau**, 11 George Square, Glasgow G2 1DY, ☎ (0141) 204 4400, propose un service de réservation (hébergement et spectacles). Vous y trouverez également un bureau de change, un service d'information touristique, une librairie et une boutique de souvenirs.

Transport public – Au Travel Centre (St Enoch's Square, ☎ (0141) 332 7133), vous trouverez des informations sur les *pass* pour voyager en métro, bus et train. Le billet **Underground Heritage Trail** est valable une journée et permet aux visiteurs de découvrir les diverses facettes de Glasgow en voyageant par le métro.

Tourisme – Les sites touristiques de Glasgow étant dispersés, mieux vaut utiliser les transports publics. Les stations de métro sont indiquées sur le plan de ville figurant dans ce guide. Les visites de la ville à bord d'autobus à plate-forme partent de George Square : **Scotguide Tours Service** (☎ (0141) 204 0444). Les excursions en hélicoptère de **Clyde Helicopters**, City Heliport SECC, Glasgow. (☎ (0141) 226 4261) vous garantiront une vue magnifique de Glasgow et du Loch Lomond. Enfin, les excursions en bateau « *doon the water* » (avec l'accent écossais) le long du Firth of Clyde sont aussi très agréables.

Pubs et restaurants – L'atmosphère animée et vive des pubs de Glasgow est réputée. **Rab Ha's** dans Hutcheson Street, **Times Square** sur Enoch's Square, **Jock Tamson's** et **Bonhams** dans Byres Road et **Dows** dans Dundas Street méritent le détour. Glasgow offre aussi un grand choix de restaurants pour tous les goûts. Pour une collation ou un thé, **Willow Rooms**, au 217 Sauchiehall Street, conçu par Charles Rennie Mackintosh, est tout indiqué.

Achats – Sauchiehall Street, Buchanan Street et Argyle Street sont des zones piétonnes idéales pour faire du lèche-vitrines. Le centre commercial de **Princes Street**, avec sa verrière (1841) donnant sur Buchanan Street, est un lieu agréable où l'on peut acheter des objets typiquement écossais. **Italian Centre**, au coin de John Street et Ingram Street, groupe non seulement les spécialistes de la mode italienne, mais aussi des brasseries, des restaurants, des cafés au décor agréable. Sur Princes Street, le **Scottish Craft Centre** propose des objets et souvenirs de l'artisanat écossais.
Le spectacle haut en couleur de **Barras**, grand marché couvert et de plein air, mérite une visite ; on peut aussi y faire de bonnes affaires.

Loisirs – Grâce à son théâtre d'avant-garde, la scène culturelle de Glasgow est dynamique : le Citizens Theatre, le Centre for Contemporary Arts, le Tramway Theatre et le Tron Theatre. Citons encore le Litchell Theatre, le King's Theatre et le Theatre Royal. Les expositions se déroulent au McLellan Galleries, au Third Eyes Centre et au Old Fruitmarket. *What's on* (mensuel) vous propose le programme des spectacles (cinéma, concert et théâtre) de Glasgow et des autres événements du grand Glasgow. Les billets de nombreux spectacles sont en vente au Ticket Centre (City Hall). Les amateurs de football ne manqueront pas les matchs des équipes locales : les Celtic, les Partick Thistle, les Queen's Park et les Rangers. Il est recommandé de s'y prendre à l'avance pour assister aux matchs Old Firm qui opposent traditionnellement les Rangers et les Celtic.

Glasgow – George Square

★★★ BURRELL COLLECTION ⊙
Pollok Park – 5 km au Sud-Ouest par la M 77

Cette collection qui appartenait à un seul homme, l'armateur **William Burrell** (1861-1958), a été donnée à sa ville natale en 1944. On peut aujourd'hui l'admirer dans une galerie conçue à cet effet, entourée d'un parc, « aussi simple que possible », comme le souhaitait Burrell. Cette exposition est organisée dans un vaste espace, en six sections.

La section consacrée aux **civilisations de l'Antiquité** présente des pièces égyptiennes, mésopotamiennes, italiques et grecques, en particulier le **vase de Warwick** (2e s.) et la **tête de Zeus** ou **Poséidon**, en porphyre (4e s.). La section réservée à **l'art oriental** propose des céramiques, des bronzes et des jades de toutes périodes, depuis le IIIe millénaire avant J.-C. jusqu'au 19e s. – en particulier une statue Ming émaillée d'un **lohan** ou disciple de Bouddha (1484). Burrell s'intéressait tout particulièrement à **l'art médiéval et post-médiéval** européen. On retiendra deux spécimens très intéressants : une tapisserie de Tournai du 15e s., *Paysans chassant le lapin au furet*, et un fragment d'un vitrail du 12e s. représentant le **prophète Jérémie**. Dans le département **peinture, dessin et bronzes**, on peut contempler une œuvre ancienne remarquable, la *Vierge à l'Enfant* de Bellini. On verra également un grand nombre d'œuvres françaises du 19e s., dont un pastel de Degas : *Jockeys sous la pluie*.

★ **Pollok House** ⊙ – L'aspect le plus intéressant de ce manoir du 18e s. est une belle collection de **tableaux espagnols**★★ acquis par sir William Stirling Maxwell (1818-1878), comprenant des portraits du Greco, des gravures de Goya et des œuvres de Tristan, Alonso Cano et Murillo, exposés dans des pièces meublées avec goût.

LA VILLE MEDIÉVALE

★★★ **Cathédrale** ⊙ – C'est du sommet de la nécropole toute proche que l'on voit le mieux cette cathédrale gothique, quatrième église édifiée sur le site du bâtiment d'origine construit par saint Mungo, qui date en grande partie du 13e et du 14e s. et les adjonctions du 15e s. (salle du chapitre, bas-côté Blacader, tour centrale et flèche de pierre). La **nef** est de style gothique tardif ; son élévation est richement modelée et équipée d'arcs brisés – davantage à chaque niveau – jusqu'à la charpente. Derrière le jubé de pierre du 15e s. – unique en Écosse – se trouve le **chœur**, datant de la moitié du 13e s., qui a été construit dans le plus beau style gothique Early English. Les triples lancettes des fenêtres hautes répondent au tracé de la fenêtre orientale. Par le déambulatoire, on accède à la **salle supérieure du chapitre** (reconstruite au 15e s.), où se tenaient les cours de l'université médiévale.

GLASGOW

L'église inférieure est une autre merveille gothique, où lumière et ombre jouent à l'envi parmi les piliers qui encadrent la **tombe de saint Mungo**, le saint patron de Glasgow, dont la légende est illustrée sur la **tapisserie de saint Kentigern** (1979). Avant de quitter la cathédrale, visiter le **bas-côté dit Blacader** (15ᵉ s.), partie ajoutée par le premier archevêque de Glasgow, caractérisée par une voûte à ogives très décoratives.

Cathedral Square – Cette place était le cœur de la ville ecclésiastique avant la Réforme. Des bâtiments d'origine, seuls ont survécu la cathédrale et **Provand's Lordship** (1471). La Royal Infirmary du 20ᵉ s. remplace l'hôpital qui avait été construit par les frères Adam (1792) près du site du château médiéval.
Le centre d'information abrite le **St Mungo Museum of Religious Life and Art** ⊘ consacré aux diverses croyances religieuses.

Glasgow Cross – Ce lieu fut le cœur de Glasgow jusqu'à l'époque victorienne ; le **clocher du Tolbooth★** est tout ce qui reste de son élégance évanouie.

Bridgegate – Autrefois jolie voie d'accès au premier pont de pierre de Glasgow (1345), tout ce qui reste de ces jours meilleurs est le clocher (50 m) du Glasgow's Merchants Hall (1659), naguère poste de veille pour les bateaux qui rentraient au port.

Glasgow Green – Cette place servait de pâturage mais aussi aux joutes, aux parades, aux pendaisons et, surtout, c'est là que l'on pouvait s'exprimer librement ; c'est l'emplacement populaire le plus historique de la ville. Le **palais du Peuple** (People's Palace ⊘) est un musée d'histoire sociale, agrémenté de jardins d'hiver exotiques.

The Barras – Ce marché aux puces, ouvert le week-end, est un des lieux les plus colorés et les plus animés de la ville.

QUARTIER UNIVERSITAIRE (UNIVERSITY)

Construite en 1451 sous Jacques II, l'université s'articule aujourd'hui autour du bâtiment néogothique de George Gilbert Scott, Gilmorehill Building (qui fut achevé par le fils de Scott, John Oldrid). L'université accueille 10 000 étudiants et abrite deux collections intéressantes.

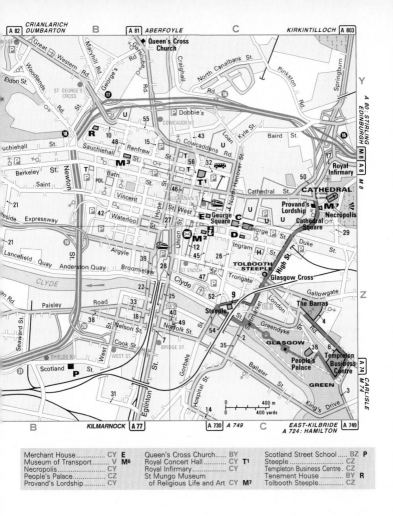

Merchant House	CY	**E**	Queen's Cross Church	BY		Scotland Street School	BZ	**P**
Museum of Transport	V	**M⁶**	Royal Concert Hall	CY	**T¹**	Steeple	CZ	
Necropolis	CY		Royal Infirmary	CY		Templeton Business Centre	CZ	
People's Palace	CZ		St Mungo Museum			Tenement House	BY	**R**
Provand's Lordship	CY		of Religious Life and Art	CY	**M⁷**	Tolbooth Steeple	CZ	

Hunterian Museum ⊘ – La collection de William Hunter (1718-1783), anatomiste et pionnier de l'obstétrique, est aujourd'hui répartie entre ce musée et le Hunterian Art Gallery.

Les collections géologique, anatomique, archéologique et ethnographique sont complétées par une belle exposition de **pièces et de médailles★**.

★★ **Hunterian Art Gallery** ⊘ – La collection d'art de l'université comporte de nombreuses œuvres de **James McNeill Whistler** (1843-1903), comme *Rose et Argent*, *La Jolie Mutine*, *Red and Black : The Fan* et *Blue and Silver*, *Screen with Old Battersea Bridge*.

L'**aile Mackintosh★★★** est une reconstitution de la maison de Charles Rennie Mackintosh (1869-1928), architecte et designer de Glasgow.

★★ **Art Gallery and Museum Kelvin-grove** ⊘ – Cet établissement fut ouvert en 1902 et financé par l'Exposition internationale de Glasgow de 1888 afin d'abriter les diverses donations des capitaines d'industrie de la région. Le département d'art européen se trouve dans les galeries du rez-de-chaussée. La collection de peintures hollandaises et flamandes comporte des œuvres de Jordaens, Rubens, Bruegel le Vieux, Rembrandt *(Homme en armure)*, ainsi que des paysages de Ruysdael. La peinture française du 19ᵉ s. et les mouvements du début du 20ᵉ s. sont représentés par Millet *(Départ pour le travail)*, Fantin-Latour, Courbet, ainsi que Monet, Pissarro, Renoir et Sisley pour les impressionnistes. Un

UNIVERSITY

223

portrait de Van Gogh (1887) représente un marchand de tableaux de Glasgow, Alexander Reid, avec lequel il avait partagé un appartement à Paris. Dans la section britannique, on verra des portraits de Ramsey, Raeburn, Reynolds et Romney, ainsi que des œuvres des préraphaélites. Remarquez la qualité lumineuse des peintures d'extérieur de William McTaggart, précurseur des Glasgow Boys de la fin du 19e s., école contemporaine de celles de Barbizon et de La Hague. L'œuvre de Henry, *Un paysage de Galloway*, et les compositions combinées de Henry et de Hornel révèlent une profonde influence japonaise.

Aujourd'hui, les œuvres très personnelles des coloristes écossais (Peploe, Hunter, Cadell et Fergusson) sont de plus en plus appréciées.

★★ **Museum of Transport** ⊘ – Le musée, dans ses nouveaux locaux, expose de nombreux tramways et trolleybus (1872-1967), voitures d'origine, et accorde une importance toute particulière aux **véhicules construits en Écosse**★★★ (Argyll, Albion et Arrol-Johnston), voitures de pompiers et bicyclettes.

L'exposition de Kelvin Street rassemble des souvenirs du métro avant sa modernisation. Dans la **salle Clyde** sont exposées des **maquettes de bateaux**★★★ et notamment les productions nombreuses et variées des chantiers navals écossais, surtout ceux de la Clyde.

CENTRE-VILLE

George Square – Bien que sa construction ait commencé en 1782, la place est superbement victorienne. Particulièrement remarquables, **Merchants' House** (1869) et, en face, les **City Chambers**★ ⊘, avec l'opulence et la splendeur de leur loggia, des salles de conseil et de banquet, nous rappellent que Glasgow était la deuxième ville de l'Empire à cette époque.

Hutcheson's Hall ⊘ – L'hôpital d'origine fut donné à la ville en 1639 par les frères Hutcheson, dont les statues ornent la façade du hall (1802-1805).
Aujourd'hui, c'est un centre d'accueil touristique du National Trust for Scotland.

★ **Gallery of Modern Art** ⊘ – Ce bel édifice néoclassique du 18e s. est doté d'un portique corinthien imposant et son splendide hall principal est surmonté par une voûte en berceau. Le musée renferme une collection consacrée à l'art moderne : peintures, sculptures, œuvres graphiques, photographies, mobiles et travaux divers. Parmi les œuvres britanniques, on remarquera *Karaoké* de Beryl Cook, *Illustrations from « Fourteen Poems » by C.P. Cavafy* de David Hockney et *Arrest III* de Bridget Riley. Les artistes européens y tiennent aussi bonne place avec Vasarely (pionnier du Op Art), Niki de Saint-Phalle *(Autel du chat mort)*, Eduard Bersudsky *(The Great Idea, Karl Marx)*. Sont aussi exposées d'étranges peintures aborigènes de Robert Campbell Jr et de Paddy Jalparri Sims.

★ **Glasgow School of Art** ⊘ – Conçue par Charles Rennie Mackintosh à l'âge de 28 ans, l'**école des Beaux-Arts** demeure son chef-d'œuvre construit en 1897-1899 et en 1907-1909. On admirera sa très célèbre bibliothèque.

Tenement House ⊘ – Véritable « tranche de vie » sociale et historique. Cet appartement de deux pièces plus une cuisine et une salle de bains munies de leur équipement d'origine reconstitue la vie au début du siècle, mais aussi celle de la communauté grâce à la traditionnelle cour arrière.

EXCURSIONS

★ **Hill House**, à **Helensburgh** – *34 km au Nord-Ouest par la A 82 et la A 814.*
La route suit la côte Nord de l'estuaire de la Clyde. En arrivant à Dumbarton, on laisse sur sa gauche les entrepôts douaniers et la distillerie, gardés par des oies, à la mode romaine. Perché sur Dumbarton Rock (73 m d'altitude), roche de basalte autrefois capitale du royaume de Strathclyde, le **château de Dumbarton**, avec ses fortifications du 18e s., offre des vues panoramiques sur la Clyde.

Charles Rennie Mackintosh (1868-1928)

Architecte et décorateur célèbre, Mackintosh trouva son propre style en alliant la tradition architecturale écossaise populaire aux influences de l'Art nouveau (dit Modern Style ou Liberty en Grande-Bretagne). À Glasgow, il a laissé en héritage des édifices et des intérieurs décorés pas ses soins : l'**école des Beaux-Arts**, l'**aile Mackintosh** de la galerie Hunter (université), les **salons Willow** (*217 Sauchiehall Street*), l'**église de Queens Cross** (*270 Garscube Road*), l'**école** située au 225 Scotland Street, ainsi que les bureaux du *Daily Record (Renfield Lane)* et du *Glasgow Herald (Mitchell Street)*. Hill House, à Helensburgh, est un régal pour les amateurs. La « **maison d'un amateur d'art** » (House for an Art Lover – *Bellahouston Park*), qu'il dessina en 1901 pour un concours proposé par un magazine allemand, ne fut construite qu'en 1995 grâce à la collaboration du Glasgow City Council et de la Glasgow School of Art.

Hill House, à Helensburgh

Sur le versant de la colline qui domine la Clyde, **Hill House** ⊘ *(Upper Colquhoun Street)*, conçue par Mackintosh, est un superbe exemple de l'œuvre de ce pionnier de l'architecture moderne et de la décoration intérieure.

★**Bothwell Castle** ⊘ – *15 km au Sud-Est par la A 74, puis la M 74, que l'on quitte à l'échangeur 5.*
Cette vaste forteresse de grès rouge de la fin du 13ᵉ s., aujourd'hui en ruine, continue de dominer la vallée de la Clyde. Le massif donjon circulaire date du 13ᵉ s., la grande salle, la chapelle et la tour Sud-Ouest du 15ᵉ s.
Tout près, à **Blantyre**, une minoterie, Shuttle Row, abrite le **musée David Livingstone**★ ⊘, qui décrit la vie et l'œuvre de ce missionnaire explorateur (1813-1873). L'exposition évoque ses voyages et son travail de pionnier sur le « continent noir », ainsi que sa rencontre avec Stanley.

★★**New Lanark** – *32 km au Sud-Est par la M 74 et la A 72.*
La ville de New Lanark fut fondée en 1785 dans les gorges de la Clyde par David Dale, banquier et manufacturier de Glasgow, et par son gendre Robert Owen (1771-1858), un réformateur social. Cette cité ouvrière entièrement imaginée et planifiée comprenait quatre filatures, des maisons, ainsi que des installations spécialement conçues pour les ouvriers. En 1986, le village fut inscrit au patrimoine mondial de l'UNESCO. Les crèches destinées aux enfants d'ouvriers indigents, la coopérative d'achat, la salle des comptables, les logements *(Caithness Row)* et un centre social comptent parmi les bâtiments les plus intéressants. Des quatre unités situées entre la rivière et le bief, l'**usine n° 3** ⊘ (exposition et centre d'accueil) est la plus séduisante. À la **teinturerie**, au bord de la rivière, on peut admirer une exposition consacrée à la faune et à la flore de la réserve. Les beaux paysages boisés des **chutes de la Clyde** sont célèbres : ce cadre paisible a inspiré de nombreux peintres (Turner), des écrivains et des poètes (Walter Scott et Wordsworth).

GLASTONBURY★★

Somerset – *7 747 habitants*
Carte Michelin n° 403 L 30 ou Atlas Great Britain p. 8

Bien que le lieu soit en ruine depuis des siècles, son nom évoque encore la grande **abbaye**, l'une des plus riches de la région et célèbre centre d'érudition. La ville s'est développée autour de l'abbaye pour devenir un centre spirituel important orienté sur le mode de vie alternatif, qui trouve son expression dans un grand **festival** de musique contemporaine en plein air.

Légende et histoire – Glastonbury Tor et Polden Hills furent autrefois des îles situées dans les marais et reliées à la mer par des canaux. À l'âge du fer (450 avant J.-C.), le haut des collines se couvrit de forts regroupant des huttes. D'après la légende du Graal, une abbaye fut fondée par Joseph d'Arimathie. Lorsque Joseph planta son bâton dans le sol, le bâton bourgeonna et devint la célèbre **aubépine de Glastonbury**, arbrisseau fleurissant à Noël et en mai. Une autre légende veut que le **roi Arthur** et la reine Guenièvre soient enterrés à Glastonbury et que leurs corps aient été « découverts » dans le cimetière en 1191.

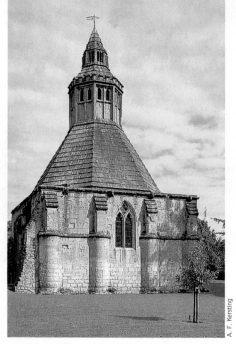

Cuisine pour abbé gourmet

A. F. Kersting

L'historien Guillaume de Malmesbury *(voir Lacock, Excursions)*, dans son histoire ecclésiastique de Glastonbury, nous fournit la première indication solide : en 688, Ine, roi des Saxons de l'Ouest, après avoir chassé les Celtes du Somerset, fit, sous la direction d'**Aldhelm**, ajouter une autre église à l'église existante. Bien que **Dunstan**, abbé de Glastonbury de 943 à 959, ait fait reconstruire l'abbaye, l'abbé nommé après la conquête normande jugea l'église trop modeste pour l'abbaye la plus riche du pays et entreprit d'en faire élever une autre.

Après que le feu eut totalement détruit les bâtiments en 1184, on releva d'abord la chapelle de la Vierge. Les travaux furent achevés en deux ans, puis prolongés au cours des deux siècles suivants. L'abbaye disposait de droits seigneuriaux et de vastes domaines lorsqu'elle fut victime de la Dissolution de 1539.

Ruines de l'abbaye ⓥ – Largement disséminées parmi les pelouses, les ruines se dressent fièrement au milieu d'arbres majestueux. La chapelle de la Vierge, en pierre de Doulting, possède une tourelle d'angle, des murs très ornés et d'admirables portes, celle au Nord étant enrichie de représentations sculptées de l'Annonciation, des Rois mages et de Hérode. À l'Est des impressionnantes colonnes gothiques du transept demeurent les murs du chœur et, derrière, l'ancienne chapelle d'Edgar, mausolée des rois saxons. Le **bâtiment des cuisines**★ (14ᵉ s.) est le seul qui soit intact. L'édifice carré soutient un toit à huit pans surmonté de deux tours octogonales superposées, permettant l'évacuation de la fumée.

Au Nord de l'abbaye, l'**aubépine de Glastonbury** continue de fleurir.

La ville – L'une des deux rues principales, **Magdalene Street**, est bordée de jolies maisons des 17ᵉ-19ᵉ s. ; l'autre, **High Street**, est dominée par l'**hôtellerie** (George and Pilgrims Hotel – 15ᵉ s.) et le **tribunal abbatial** (14ᵉ s.), qui relevaient autrefois de l'abbaye. À leur croisement s'élève la croix de marché victorienne néogothique. Le tribunal abrite l'Office de tourisme et un musée rassemblant des objets recueillis au cours de fouilles effectuées sur le site d'une **cité lacustre** de l'âge du fer (**Iron Age Lake Village** ⓥ, au Nord-Ouest de la ville). La tour de l'**église St John the Baptist**★★ (15ᵉ s.), haute de 41 m, est l'une des plus belles du Somerset avec sa croix de pinacles ajourés (la chapelle St Katherine, à l'intérieur, est un vestige de l'édifice du 12ᵉ s.). Le **musée de la Vie rurale**★ (Somerset Rural Life Museum ⓥ – *Bere Lane*) illustre la vie quotidienne d'une ferme du Somerset au 19ᵉ s. : la pièce maîtresse en est sans conteste la grange du 14ᵉ s. provenant de l'abbaye, avec sa très belle maçonnerie et son toit splendide.

★**Glastonbury Tor** – D'une hauteur de 159 m, cette butte sert de repère à des kilomètres à la ronde. La tour qui se trouve au sommet est l'unique survivance de l'église St Michael, construite au 14ᵉ s. La **vue**★★★ découvre les Quantocks, le canal de Bristol et les Mendips.

EXCURSION

Somerset Levels – *15 à 25 km au Nord-Est*. Ce vaste et plat pays qui s'étend au Sud des collines de Mendip et à l'Est des collines de Quantock est utilisé depuis des temps immémoriaux pour le pâturage d'été et les fertiles labours lorsque les rives des « rhines » sont couvertes de fleurs sauvages. En hiver, la plus grande partie de la région est imbibée d'eau, attirant, entre autres espèces, pluviers dorés, vanneaux et bécassines, qui y trouvent une abondante nourriture. C'est en avril et au début du mois de mai que l'activité des oiseaux est la plus intense. **Shapwick Heath**, les landes de Tealham et Tadham (au Nord-Est, le long de la B 3151 entre

Westhay et Wedmore) et la réserve de Sedgemoor Ouest de la Ligue britannique pour la protection des oiseaux (au Sud-Ouest le long de la A 378 entre Langport et Fivehead) comptent parmi les meilleurs endroits pour les observer.

Abbot's Fish House (14ᵉ s.) à **Meare** *(8 km au Nord-Ouest de Glastonbury par la B 3151)* servait à sécher, saler et conserver le poisson destiné à l'abbaye de Glastonbury *(pour visiter, s'adresser à la maison voisine)*.

C'est dans le village de **Wedmore** *(15 km au Nord-Ouest de Glastonbury par la B 3151)* qu'eut lieu la signature du traité entre le roi Alfred et les Danois en 878.

Le **Willows and Wetland Visitor Centre** ⊘ *(24 km au Sud-Ouest de Glastonbury par la A 39, puis la A 361 et des routes secondaires en direction de Meare Green aux abords de Stoke St Gregory)* décrit les marécages, leur faune et leur flore ainsi que l'industrie du saule (embarcations en osier et vannerie).

GLOUCESTER★

114 003 habitants
Carte Michelin n° 403 N 28 ou Atlas Great Britain p. 17
Plan dans le Guide Rouge Great Britain & Ireland

Au point de passage le plus bas sur le cours de la Severn, la place romaine de Glevum surveillait l'approche du pays de Galles. Les quatre portes de la ville médiévale, dont les axes se rejoignent encore au lieu dit « The Cross », rappellent ce que fut le plan du fort légionnaire. Aujourd'hui centre administratif, commercial et industriel actif, Gloucester a fait beaucoup d'efforts pour devenir une cité moderne. On ne peut donc qu'imaginer ce qu'était la ville d'autrefois, si joliment décrite par **Beatrix Potter** dans son conte *Le Tailleur de Gloucester*.

Gloucester reste cependant dominée par sa glorieuse cathédrale, ainsi que par toute une série de traces laissées par presque 2 000 ans d'histoire. Tous les trois ans, la ville accueille le **Festival des trois Chœurs** qui regroupe autour du Chœur de la cathédrale de Gloucester ceux de Worcester et d'Hereford.

Le mascaret de la Severn

L'estuaire de la Severn est affecté à chaque marée par un phénomène de mascaret. Imperceptible la plupart du temps, il se manifeste au moment des équinoxes par un flot rugissant haut de 2 m. Le meilleur endroit pour l'observer se trouve à proximité du village de Minsterworth *(5 km à l'Ouest de Gloucester par les A 40 et 48)*.

★★CATHÉDRALE ⊘ 1 h

La structure actuelle est en grande partie le résultat des aménagements entrepris au 14ᵉ s. par l'abbé bénédictin normand Serlo, et par ses successeurs qui adoptèrent très vite le style Perpendicular, décorèrent transept et chœur sous les auspices royaux et grâce aux dons des pèlerins qu'attirait en ces lieux le tombeau d'Édouard II, assassiné en 1327 au château de Berkeley, à quelques kilomètres de là. L'édifice fut agrandi au 15ᵉ s. quand la chapelle de la Vierge fut ajoutée.

Dans la **nef**, les énormes colonnes romanes, rougies à la base par l'incendie de 1122, donnent une impression de force colossale. Plus à l'Est, c'est l'élégance Perpendicular qui l'emporte : celle de la **voûte du chœur**, haute de 28 m, ou celle de l'étonnante **verrière** Est, la plus grande fenêtre ornée de vitraux médiévaux, commémorant la bataille de Crécy, ou encore celle de la **chapelle de la Vierge**, merveilleusement claire, datant d'environ 1500. L'effigie d'Édouard, au Nord du chœur, est protégée par un dais de pierre du 14ᵉ s. d'une grande finesse.

Dans le **grand cloître**, la voûte en éventail du 14ᵉ s., la première de ce type, est d'une exceptionnelle richesse, alors que le lavatorium évoque les rigueurs de la vie monastique. C'est dans la **salle capitulaire** attenante que Guillaume le Conquérant aurait ordonné l'étude du grand cadastre d'Angleterre (Domesday Survey).

La **tour**, haute de 69 m, date du milieu du 15ᵉ s. Couronnée d'un parapet et de pinacles, elle se dresse avec grâce au-dessus de **College Green**, composé essentiellement de maisons du 18ᵉ s. ayant remplacé les premiers bâtiments monastiques. La **porte Ste-Marie** est un beau vestige médiéval.

AUTRES CURIOSITÉS

★**Les docks** – Ce joli port fluvial du 19ᵉ s. est sans cesse aménagé, de nouveaux usages étant attribués aux solides entrepôts. Ainsi, le **musée des Voies navigables** (National Waterways Museum) ⊘, aménagé dans l'entrepôt Llanthory, explore la longue histoire de la navigation sur rivières et canaux en Grande-Bretagne à travers des maquettes, expositions, textes, simulations vidéo, et des bateaux d'époque

Nouvelles activités pour vieux entrepôts

amarrés à quai. Le **musée de la Publicité et du Conditionnement** (Museum of Advertising and Packaging) ⊘, hébergé dans l'entrepôt Albert, regroupe avec la **Robert Opie Collection** plus de 300 000 boîtes, bouteilles et autres formes de conditionnement ainsi que des affiches et des spots télévisés qui retracent un historique de ces activités.

Centre-ville – La **tour St Michael** (Office de tourisme) se situe là où se coupaient les rues romaines, près de la Croix centrale. L'ancien **logis de l'évêque Hooper★**, dans Westgate Street, qui abrite aujourd'hui le **musée des Traditions populaires** (Gloucester Folk Museum) ⊘, et la **nouvelle auberge** (New Inn) dans Northgate Street sont de remarquables exemples de bâtiments de la fin du Moyen Âge.

Via Sacra – Cette célèbre rue piétonne longe plus ou moins les remparts romains et relie la cathédrale au quartier commerçant moderne, ainsi qu'à d'autres lieux touristiques, notamment **Blackfriars**, monastère dominicain médiéval.

EXCURSIONS

★**Circuit à l'Est de Gloucester** – *11 km. Sortir de Gloucester par la A 417. Bifurquer à gauche au rond-point au sommet de la colline. Suivre ensuite les indications jusqu'à Crickley Hill Country Park.*

Crickley Hill Country Park ⊘ – Du haut du spectaculaire promontoire de l'escarpement des Cotswolds, où s'installèrent des colonies lors de la période néolithique, puis à l'âge du fer (informations disponibles, fouilles annuelles), on jouit d'une **vue★** splendide sur la vallée de la Severn, la forêt de Dean et au loin sur les montagnes noires du pays de Galles.

Revenir sur la A 417. Poursuivre jusqu'à Birdlip et suivre les indications jusqu'à Painswick. La route traverse de magnifiques forêts de hêtres.

★**Painswick** – Explorer les petites rues de ce village d'altitude, dont les nombreux bâtiments sont construits en pierre dorée des Cotswolds, avant de visiter le cimetière paroissial comportant des pierres tombales baroques richement travaillées, ainsi que 99 ifs taillés.

Revenir à Gloucester par la B 4073.

★**Westonbirt Arboretum** ⊘ – *32 km au Sud par les A 4173 et 46, via Stroud, puis la B 4014 à Nailsworth.* La B 4014 traverse **Tetbury**, gracieuse petite ville dont les élégantes maisons en pierres argentées entourent le marché couvert (1655) et la spacieuse église St Mary (18e s.), interprétation raffinée de motifs médiévaux. À la sortie de la ville, sur la droite, s'élève Highgrove, résidence du prince de Galles. Les premiers arbres de l'arboretum furent plantés en 1829 par Robert Halford. Depuis, la vaste collection de plantes s'est développée et comprend maintenant environ 14 000 arbres et arbrisseaux provenant des quatre coins du monde. Les Eaux et Forêts (Forestry Commission) y font des études poussées. Les visiteurs disposent néanmoins d'un centre touristique moderne, ainsi que de plusieurs kilomètres de promenade balisés. Parmi les arbres, certains sont, en Grande-Bretagne, les plus grands de leur espèce. Les nombreuses variétés d'érables garantissent un extraordinaire spectacle automnal.

★**Wildfowl and Wetlands Trust** ⊘, à **Slimbridge** – *24 km au Sud-Ouest par la A 38, puis une route secondaire à droite.* Situé le long des vastes marécages de la Severn – rivière affectée par les marées –, ce sanctuaire d'oiseaux aquatiques, dont la création complète, œuvre du défunt sir Peter Scott, nécessita 40 années, a acquis une renommée internationale grâce aux travaux de recherche et de protection de l'environnement qui y sont menés. C'est également un lieu touristique où le public peut observer d'exceptionnellement près une grande variété d'oiseaux sauvages indigènes ou exotiques, des flamants roses, ainsi qu'une infinité d'oiseaux migrateurs. Grâce à des cachettes et des observatoires, les observateurs d'oiseaux, amateurs comme professionnels, peuvent observer les oiseaux et profiter du spectacle, en hiver, de l'arrivée de milliers de canards sauvages, d'oies et de cygnes. Une observation plus précise de la vie des marécages est possible, entre autres, grâce à l'étang (Pond Zone). Slimbridge compte parmi les huit centres WWT existant en Grande-Bretagne.

★★**Berkeley Castle** ⊘ – *32 km au Sud-Ouest par la A 38, puis une route secondaire à droite.* Cette forteresse médiévale typique, point de commandement de la plaine étroite, est située entre les Cotswolds et la Severn. La cour intérieure est dominée par l'imposant bloc du **donjon** (1153) ; ses murs extérieurs laissent encore apparaître la brèche que provoqua un canon de Cromwell lors du siège de 1645. Du portail d'entrée, on aperçoit les prairies qui pouvaient être inondées afin de renforcer la sécurité du château.

À l'**intérieur**, un dédale de couloirs et d'escaliers tortueux, de caves voûtées, de vieilles cuisines et de profonds cachots rappelle au visiteur qu'il se trouve dans une forteresse. Plusieurs siècles furent nécessaires pour concilier confort, commodité et protection efficace. À travers une grille placée dans la galerie du Roi, on peut apercevoir la pièce, meublée avec sobriété mais éloquence, dans laquelle **Édouard II** détrôné fut maintenu prisonnier, puis perfidement assassiné. D'autres salles, richement meublées, abritent des souvenirs ayant appartenu à la famille Berkeley, qui, à partir du 12ᵉ s., occupa les lieux de façon permanente. Deux salles sont particulièrement intéressantes : la **grande salle**, pourvue d'un plafond de bois et d'une clôture décorée par estampage, et le **petit salon**, qui fut jadis une chapelle. Son plafond, décoré par le chapelain du château, John Trevisa, comporte des inscriptions extraites de la Bible traduite en français du 14ᵉ s.

Berkeley aux États-Unis

William Berkeley fut le premier gouverneur de Virginie de 1641 à 1677. Une partie de la bibliothèque de l'évêque **George Berkeley**, célèbre métaphysicien, fut léguée à sa mort, en 1753, à l'université de Yale, puis à l'université de Californie qui, en mémoire de sa célèbre phrase : « C'est vers l'Ouest que l'empire trace sa route », porte aujourd'hui son nom. George Berkeley (1684-1753) naquit à Thomastown en Irlande et devint évêque de Cloyne dans le comté de Cork, où l'on voit un mémorial à son nom dans le bras gauche du transept de la cathédrale.

GRAMPIAN Castles★★

Les châteaux des GRAMPIANS – Aberdeenshire

Carte Michelin n° 401 L, M et N 12 et 13 ou Atlas Great Britain p. 69

L'arrière-pays d'Aberdeen est riche en châteaux bâtis entre l'époque romane et l'âge d'or de la construction de châteaux (16ᵉ-17ᵉ s.), le style baronnial écossais. Les chefs-d'œuvre de cette période sont représentatifs d'une tradition locale prospère qui faisait preuve d'imagination.

★**Haddo House** ⊘, à **Methlick** – *42 km au Nord d'Aberdeen par la A 90 jusqu'à Ellon, puis par la B 9005.* Sur le domaine acquis par les Gordon en 1469, William, 2ᵉ comte d'Aberdeen (1679-1745), chargea William Adam de concevoir cette demeure. George Hamilton Gordon (1784-1860), Premier ministre pendant la guerre de Crimée, trouva le temps de réparer la maison qui tombait en ruine et de refondre le parc. L'intérieur fut transformé quand son fils cadet le rénova dans le style néo-Adam. Les pièces élégantes aux murs et plafonds boisés sont un décor idéal pour les portraits et les souvenirs de famille. Le parc offre de superbes vues.

★**Fyvie Castle** ⊘ – *42 km au Nord d'Aberdeen par la A 947.* Alexander Seton (1639-1719), chancelier et créateur des jardins Pitmedden, rénova le château de Fyvie et y ajouta les tours Preston et Meldrum. Le résultat est une impressionnante **façade** longue de 46 m, exemple frappant de l'architecture baronniale du 17ᵉ s. À la fin du 19ᵉ s., Fyvie fut racheté par un millionnaire américain, lord Leith, et rénové avec toute la richesse du style édouardien. Il aimait collectionner les objets d'art, notamment les portraits du maître portraitiste écossais **Henry Raeburn**. Les peintures (entre autres de Lawrence, Reynolds, Gainsborough) sont exposées dans de belles salles, dont certaines sont ornées de stuc.

Crathes Castle – Chambre de la Dame Verte (détail du plafond)

★★**Crathes Castle** ⏱, **à Banchory** – *24 km au Sud-Ouest d'Aberdeen par la A 93.* La ligne d'horizon merveilleusement dentelée de cette tour du 16ᵉ s. est un exemple éclatant de la créativité de la tradition locale. À l'intérieur, on trouvera quelques pièces de mobilier vernaculaire précoce, ainsi que de très beaux exemples de plafonds peints (la salle des Neuf-Nobles et la salle des Muses). Cette forme de décoration très animée, propre à la côte Est, a peut-être été inspirée de l'art scandinave. Au milieu du 17ᵉ s., la peinture décorative fut éclipsée par les moulures de plâtre. Des pendentifs appareillés et des peintures de blasons ornent la **grande salle** surmontée d'une voûte en berceau. En 1323, Robert Bruce céda la région au Nord de la rivière Dee à Alexander Burnett et lui remit la **corne de Leys**, corne en ivoire incrustée de pierreries. Ce souvenir est maintenant placé au-dessus de la cheminée. Le plafond en lambris de chêne est décoré de blasons et de motifs inspirés de la corne : c'est le seul ornement de la **longue galerie**. L'ensemble est mis en valeur par de délicieux **jardins★★★**, auxquels sir James et lady Burnett consacrèrent leur vie. Le visiteur les découvrira, tous différents les uns des autres.

★**Castle Fraser** ⏱, **près de Dunecht** – *24 km à l'Ouest d'Aberdeen par la A 944, puis prendre la B 993 à Dunecht.* Construit entre 1575 et 1636, le château Fraser fait partie des grandioses châteaux de Mar. C'est une maison à tour traditionnelle, et sa décoration est très originale. L'**extérieur★★** est remarquable. Le style local et son harmonieuse combinaison des caractéristiques traditionnelles – tourelles, toits coniques, pignons crénelés, cheminées, lucarnes et gargouilles décoratives – furent la seule contribution écossaise à l'architecture de la Renaissance. Le bloc central de ce château en Z se distingue par son superbe ornement héraldique. L'intérieur, rénové, reconstitue le style de vie simple du seigneur du 17ᵉ s.

★**Kildrummy Castle** ⏱ – *61 km à l'Ouest d'Aberdeen par la A 944, tourner à gauche à Mossat.* Les vastes ruines de ce château du 13ᵉ s., le « plus noble des châteaux du Nord », montrent que sa défense était assurée selon deux concepts différents. Le **pavillon d'entrée** (fin du 13ᵉ-début du 14ᵉ s.) a peut-être été construit pour le roi Édouard Iᵉʳ : il présente en effet d'étonnantes similitudes avec le corps de garde du château d'Harlech, au pays de Galles, tandis que la **tour de la Neige** (Snow Tower) rappelle le donjon du château de Coucy, en France, qui fut construit au 13ᵉ s. Bien qu'aujourd'hui il ne reste plus que les fondations de ce château, le plan d'ensemble (grande salle, *solar* – pièce réservée aux femmes – et chapelle) est encore apparent.

★★**Dunnottar Castle** ⏱, **à Stonehaven** – *29 km au Sud d'Aberdeen par les A 90 et 92.* La légende prétend que saint Ninian fonda une communauté chrétienne en ces lieux au 5ᵉ s. Sir William Keith construisit l'actuel château au 14ᵉ s. et fut excommunié pour l'avoir bâti sur un sol consacré. Situé sur un **promontoire★★★** quasiment inaccessible, bordé sur trois côtés de falaises très pentues, ce château fut le dernier à rester entre les mains des royalistes pendant la République de Cromwell, dont les troupes l'assiégèrent pendant huit mois en 1651-1652 alors que les Joyaux de la Couronne d'Écosse (royal regalia) y étaient conservés avant d'être finalement cachés tout près, dans l'église de Old Kinneff, où ils restèrent jusqu'à la Restauration. Le **corps de garde** crénelé et le **donjon** en forme de L contrastent avec le **logis Waterton** (17ᵉ s.) et les **bâtiments des 16ᵉ-17ᵉ s.** disposés en quadrilatère.

GUILDFORD

Surrey – 65 998 habitants
Carte Michelin n° 404 plis 41 et 42 ou Atlas Great Britain p. 10
Plan dans le Guide Rouge Great Britain & Ireland

Guildford s'est développée à la convergence de routes commerciales qui croisaient la crête crayeuse des Downs du Nord à travers la brèche creusée par la rivière Wey. Dès le Moyen Âge et jusqu'au 17ᵉ s., la richesse de la ville fut fondée sur l'industrie lainière. L'élégante **High Street** à pavés ronds qui descend vers la rivière Wey et, au-delà, vers les pentes verdoyantes du Mount, est à l'origine de la prospérité de la ville au 18ᵉ s., lorsque la foule des voyageurs envahissait les auberges pour faire étape entre Portsmouth et Londres. Depuis le milieu du 20ᵉ s., Guildford est aussi une ville universitaire.

Le centre – Comme au 18ᵉ s., la ville est dominée par l'**hôtel de ville** ⊘ avec ses horloges ornées et en saillie. Non loin de là, **Guildford House** ⊘, élégant hôtel particulier de la fin du 17ᵉ s., sert de cadre aux toiles de la collection Borough et à des expositions temporaires. Au cours de la **visite guidée de la ville** ⊘, on peut voir notamment une **crypte** voûtée de pierre construite au 13ᵉ s. par un marchand de laine *(High Street)* et **Abbot's Hospital**, un bâtiment de style Tudor, maintenant hospice, érigé en 1619 par l'archevêque Abbot.

Parc du château – Au-dessous des imposants murs en grès du donjon (12ᵉ s.), qui sont presque les seuls vestiges du château royal du Surrey, des parterres dont la couleur change au fil des saisons couvrent les talus. La sculpture de Jeanne Argent, *De l'autre côté du miroir* (*Alice Through the Looking Glass*, 1990) rend hommage à l'écrivain Lewis Caroll, qui séjournait souvent à proximité de Guildford où il avait loué une maison pour ses sœurs. Mort lors d'une de ses visites, il est enterré au cimetière du Mount.

Musée ⊘ – Lewis Caroll et Gertrude Jekyll, jardinier et écrivain, y ont leur place. Le musée retrace l'histoire de la ville et de ses premiers habitants. On remarquera également des monnaies saxonnes et des bijoux du 17ᵉ s., ainsi que des travaux d'aiguille de l'époque victorienne.

Cathédrale ⊘ – Conçue par Edward Maufe et construite entre 1936 et 1961, la cathédrale, juchée sur Stag Hill, surplombe la ville. La nuit, elle fait office de phare en éclairant les côtes.

ENVIRONS

Wisley Garden ⊘ – *9 km au Sud-Est par la A 3*. À chaque saison, les jardins de la Société royale d'horticulture ont une parure différente. Une grande variété de jardins s'étend sur un ancien site planté de très beaux arbres : pinède, jardin alpin, rocaille, jardins miniatures, jardins spécialement aménagés pour les infirmes. Parcs d'expérimentation divers et variés sont aussi d'un grand intérêt pour les jardiniers amateurs : ils peuvent en effet obtenir de nombreuses informations grâce à un service de conseils. Des plantes de belle qualité et souvent insolites sont aussi en vente dans la pépinière. La boutique propose aussi un grand choix de livres de jardinage.

EXCURSIONS

World of Adventures ⊘, à **Chessington** – *27 km au Nord-Est par les A 3, A 244 et B 280 (18 km au Sud-Ouest de Londres par la A 3 ou la A 243)*. Ce parc à thèmes traditionnel est célèbre parmi petits et grands et les amateurs de sensations fortes pour ses nombreuses attractions : *Ramseses Revenge*, *The Vampire* et le *Rattlesnake*. Et pour compléter les réjouissances, on peut applaudir les acrobates du Big City Circus et s'extasier devant les animaux sauvages ou les reptiles du Safari Skyway.

L'exil de la famille impériale

Après la défaite de Sedan, l'empereur Napoléon III fut déchu par l'Assemblée lors de la journée révolutionnaire du 4 septembre 1870 et s'exila en Angleterre. La famille impériale s'installa tout d'abord à Chislehurst, dans le Kent, dans la propriété de Camden Place, où Napoléon III mourut en 1873. Eugène Louis Napoléon, son fils unique, suivit à Woolwich les cours de l'Académie militaire jusqu'en 1875, puis s'embarqua pour le Natal en février 1879 avec l'autorisation de la reine Victoria. Il y trouva la mort quelques mois plus tard, lors d'une mission de reconnaissance, transpercé par les lances d'un groupe de Zoulous. Le corps du prince impérial fut acheminé jusqu'en Angleterre. L'impératrice Eugénie fit alors ériger, en 1881, à **Farnborough** *(Sud-Ouest de Londres, autoroute M 3, Sud de la sortie 4)* l'abbaye St Michael *(visite guidée, l'été, tous les samedis après-midi)* afin d'accueillir la dépouille de son mari et celle de son fils. Elle y fut elle-même inhumée, c'était là sa dernière volonté, à sa mort en 1920.

Birdworld ⊘, à **Farnham** – *20 km au Sud-Ouest par la A 31 et la A 325*. Les oiseaux auxquels le parc est consacré évoluent dans des jardins paysagers (14 ha), ou dans la plus grande volière de Grande-Bretagne. Le centre de recherches sur l'incubation assume un programme de reproduction. On peut encore s'étonner devant les crocodiles, les invertébrés, les poissons. À voir aussi, la ferme pour enfants de Jenny Wren.

Thorpe Park ⊘, à **Chertsey** – *20 km au Nord par la A 320, immédiatement au Nord de l'autoroute M 3 (34 km au Sud-Ouest de Londres par la M 3, la M 25 et la A 320)*. Ce parc aquatique a été aménagé autour d'une ancienne gravière : rafting sur *Thunder River*, plongeon impressionnant de *Logger's Leap* (ne pas oublier de sourire à l'objectif à la descente)... Des vedettes sillonnent le lac pour rejoindre *Thorpe Farm* (ferme de 1930). Des attractions aquatiques plus calmes sont également proposées aux jeunes enfants.

HADDINGTON★

East Lothian – *7 342 habitants*
Carte Michelin n° 401 L 16 ou Atlas Great Britain p. 57

Cette jolie ville commerçante s'est constituée au 12ᵉ s. autour d'un palais royal ; au 16ᵉ s., elle était devenue la quatrième ville d'Écosse par la taille, et au 18ᵉ s. elle inaugurait l'âge d'or de la prospérité agricole.

Le centre – Commencer par la visite de l'**église St Mary** ⊘, dans son paisible cadre au bord de la rivière. Ses dimensions impressionnantes nous rappellent que, lors de sa construction, c'était l'une des grandes églises écossaises. À l'intérieur, on notera le vitrail de Burne-Jones dans le bras droit du transept, et les quatre gisants de la famille Maitland, dans le **bas-côté Lauderdale** (17ᵉ s.).
Suivre The Sands et traverser **Nungate Bridge** ; on aboutit dans **High Street★** avec ses façades à pignons. Ce type de paysage urbain coloré et varié était représentatif de l'architecture écossaise des bourgs royaux. Plus loin, dans Lodge Street, on arrive à la maison où Jane Welsh (l'épouse de Thomas Carlyle) passa son enfance. Au carrefour de High Street et de Market Street se trouve la digne maison de William Adam (18ᵉ s.).

EXCURSIONS

★**Lennoxlove** ⊘ – *1,5 km au Sud par la B 6369*. Cette maison historique fut d'abord le domaine des Maitland, puis des ducs de Hamilton. Quelques collections familiales provenant du palais Hamilton, aujourd'hui démoli, y ont trouvé refuge. Elle est liée à plusieurs personnalités de l'histoire, parmi lesquelles Marie Stuart, reine d'Écosse, Frances Teresa Stewart ou « La Belle Stewart », le duc de Lauderdale, alias le « roi d'Écosse », ainsi que « Il Magnifico », le 10ᵉ duc de Hamilton, que font revivre les nombreux portraits.

★**Gifford** – *6 km au Sud par la B 6369*. Ce village de la fin du 17ᵉ s. début du 18ᵉ s. fait partie d'un ensemble de jolies localités (East Saltoun, Pencaitland, Garvald et Stenton) qui se nichent au cœur de la campagne vallonnée, au pied de la partie

Le sévère affrontement de Tantallon et de l'océan

Nord des collines Lammermuir. L'église en forme de T (1710) comporte une galerie ornée du blason seigneurial. Dans le cimetière, on trouvera un monument commémorant John Witherspoon, le seul ecclésiastique signataire de la Déclaration d'Indépendance des États-Unis.

★★**Tantallon Castle** ⊙, au Nord de **Whitekirk** – *21 km par la A 1, puis par la A 198 en direction de North Berwick*. La pittoresque route passe par le joli village de **Tyninghame**★. À proximité, on peut voir le **moulin de Preston**★, pourvu d'une roue à aubes et couvert d'un toit de tuiles rouges imbriquées (16ᵉ s.), et le pigeonnier de Phantassie, en forme de ruche. Dans le petit village de **Whitekirk**, jadis lieu de pèlerinage, l'église St Mary (15ᵉ s.), de grès rouge, comporte des pignons à redents et une tour trapue dotée d'un parapet en encorbellement.

Les vestiges impressionnants de la forteresse des Douglas fortement arrimés sur la falaise affrontent vents et marées. Des fossés et des talus défendent, côté terre, cette farouche ruine de grès rouge, agréablement patinée et si justement décrite par W. Scott dans *Marmion*.

HADRIAN'S Wall★★

Mur d'HADRIEN – Cumbria, Northumberland
Carte Michelin n° 402 L 19 M, N et O 18 ou Atlas Great Britain p. 50 et 51

En l'an 122 de notre ère, à l'occasion d'une tournée dans les provinces occidentales de l'Empire, l'empereur Hadrien visita la Grande-Bretagne. Il ordonna d'édifier un mur défensif à la limite la plus au Nord de l'Empire, sur les 117 km qui vont de Wallsend, sur la Tyne, à Bowness, sur le Solway Firth. Des portions de ce Mur sont encore visibles aujourd'hui ; musées, camps et colonies donnent une image de la vie civile et militaire à la « frontière Nord-Ouest » de l'Empire romain.

Le Mur – Le Mur fut bâti par des légionnaires, citoyens romains, et sa garnison ne comptait pas moins de 24 000 auxiliaires provenant des territoires conquis. Un fossé au Nord, une route militaire et un *vallum* au Sud délimitaient la zone militaire ; le Mur fut construit avec des pierres et des mottes de terre ; des fortins, des postes fortifiés et des tours furent élevés à intervalles réguliers sur toute sa longueur. Il suit le tracé le plus judicieux du point de vue géographique et stratégique, et, en certains endroits comme Cawfields ou Walltown Crags offre de superbes **vues**. Le **fort d'Arbeia** *(au Sud de Shields)* gardait l'entrée de l'estuaire de la Tyne – la porte Ouest reconstruite, les vestiges dégagés et un musée donnent un aperçu de la vie militaire. Les postes fortifiés *(milecastles)* ont été numérotés d'Est en Ouest sur tout le tracé, en commençant à Wallsend (numéro 0) pour finir à Bowness (numéro 80). Le mile romain faisait environ 1472,5 m, soit sensiblement moins que l'actuel mile anglais (1609 m). De nombreux guides consacrés au mur d'Hadrien font référence à cette numérotation. Le **musée des Antiquités**★ (*à l'université de Newcastle-upon-Tyne* – maquettes et outils divers) assure une bonne présentation du Mur *(voir Newcastle-upon-Tyne)*.

SITES PRINCIPAUX ET CURIOSITÉS LE LONG DU MUR

Emprunter la B 6318, qui est accidentée. Les principales curiosités disposent de parkings (la police conseille de ne laisser aucun objet de valeur dans les voitures) et sont indiquées par une signalisation brun clair. La liste suivante est établie par ordre géographique, en allant d'Est en Ouest.

Segedunum ⊙, à **Wallsend** – Surplombant la rive Nord de la Tyre, les ruines du fort parlent d'elles-mêmes. C'était le dernier poste Est du Mur, protégé par un mur de défense et des fossés. Dans le musée, évocation de la vie de garnison, jolies vues depuis la tour, reconstitution d'une salle thermale.

Corbridge – Le charmant village de Corbridge trouve son origine dans une colonie de civils habitués à suivre les camps militaires, qui se développa autour du fort romain de Corstopitum. C'est là qu'il fut rétabli à l'époque saxonne. Dans le cimetière de Corbridge, on peut voir une intéressante maison fortifiée du 14ᵉ s., Vicar's Pele, haute de trois étages et construite avec des pierres d'époque romaine.

★**Roman Site** ⊙ – *À l'Ouest de Corbridge*. De tous les sites du Mur, c'est celui qui fut le plus longtemps occupé. La commune se développa autour du fort et de sa base d'approvisionnement située au Nord du pont sur lequel passe Dere Street et qui marque donc la jonction avec Stanegate, orientée Est-Ouest. Le Mur court le long de la crête vers le Nord. Le **musée** du camp romain de **Corstopitum** montre le tracé du site, avec ses greniers, sa fontaine, le bâtiment du quartier général et les temples. D'un belvédère s'offre un beau **panorama** sur les vestiges, qui ne constituent qu'une petite partie du centre de la base d'approvisionnement et de la colonie.

Derrière les platanes bordant la route, on aperçoit des pans du mur ; une fois dans le fond de la vallée, prendre la A 6079 sur la gauche.

Immédiatement après, à gauche, apparaît la **tour de Brunton**.

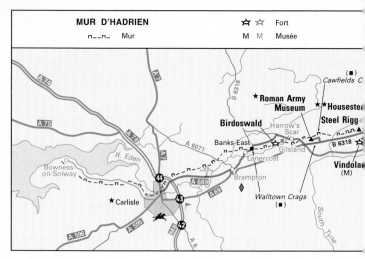

MUR D'HADRIEN — ☆ ☆ Fort — ⌐__⌐_ Mur — M M Musée

★**Hexham Abbey** ⊘ – L'abbaye (674 après J.-C.), dédiée à saint André, fut construite avec des pierres de l'ancien fort romain de Corbridge. Son fondateur, Wilfrid, est le saint auquel les Anglais doivent l'adoption du rite romain au synode de Whitby (664). La terre lui avait été accordée par Etheldreda de Northumbrie. Il ne reste aujourd'hui de l'abbaye de Wilfrid que la **crypte saxonne**★★. Le beau chœur de style gothique Early English et l'imposant transept appartiennent à l'église plus tardive (1180-1250). Dans le bras droit du transept, l'**escalier de nuit** en pierre (12ᵉ s.) montait au dortoir des chanoines. La **chantrerie Leschman**★ (1491) est ornée de curieuses sculptures de pierre à sa base et de boiseries délicatement travaillées sur sa partie supérieure.

★**Chesters** ⊘, à proximité de **Chollerford** – Le fort se trouve juste à l'Ouest de l'endroit où le Mur franchit la Tyne, et on aperçoit les vestiges du pont sur la rive opposée. Le tracé des fondations fait apparaître l'emplacement des quatre portes, du quartier général et des cantonnements. Plus bas, près de la rivière, fascinants vestiges de **thermes**★. Le **musée** rassemble un choix de pierres sculptées trouvées sur le Mur et dans ses environs au 19ᵉ s.

Temple of Mithra, à **Carrawburgh** – *À 5 mn de marche du parking*. Dans un coin de landes aussi désolé que ce massif, l'apparition de ce *mithraeum* – temple de Mithra –, le seul visible des trois découverts à proximité du Mur, est des plus inattendues. Dans le couloir s'élève la statue de la déesse mère, et derrière, des bancs de terre destinés aux pratiquants sont accolés aux parois d'une nef étroite au fond de laquelle se trouvent trois autels. Les originaux sont visibles à Newcastle dans la reconstitution du temple exposée au musée des Antiquités. Le temple fut détruit au début du 4ᵉ s., probablement par des chrétiens qui voyaient dans l'usage du pain et de l'eau du rite mithriaque une caricature de leur propre sacrement.

⌒★**Housesteads** ⊘, près de **Henshaw** – Couvrant 2 ha et perché sur la crête, il est, de tous les forts construits le long du Mur, l'exemple le plus complet. On voit encore parfaitement les fondations de la vaste maison à cour intérieure du commandant, les greniers, les cantonnements, le bâtiment du quartier général, les quatre portes principales, l'hôpital, les latrines collectives à 24 places, ainsi qu'une partie des habitations des civils, regroupées autour de la porte Sud.

Steel Rigg – Le parking situé en haut à l'entrée offre une belle **vue**★ et donne accès aux sections du Mur serpentant à l'Est vers Peel Crags et à l'Ouest vers Winshields Crags. La section du Mur allant de Steel Rigg à Housesteads est appréciée des marcheurs.

Vindolanda ⊘, à **Chesterholm** – Le fort et les habitations civiles sur le Stanegate vers le Sud du Mur datent de la période précédant la construction du Mur. Des reconstitutions grandeur nature ont été réalisées sur une portion du Mur : une tour en pierre, un mur fait de briques de terre (la frontière primitive), et un poste fortifié en bois. Outre les objets de métal, d'os et de pierre, on peut voir au **musée**★ une intéressante collection de tablettes d'écriture, d'articles de cuir, de tissus et d'objets en bois. Des registres, des inventaires de marchandises et des lettres donnent des informations supplémentaires très significatives sur le mode de vie à l'époque romaine.

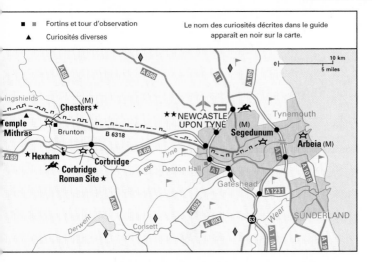

- ■ ■ Fortins et tour d'observation
- ▲ Curiosités diverses

Le nom des curiosités décrites dans le guide apparaît en noir sur la carte.

Prendre la route à droite vers Whiteside ; se garer au parking de la carrière.

Un raidillon permet d'atteindre le **poste fortifié 42, Cawfields Milecastle,** perché d'une manière précaire. De tels fortins pouvaient accueillir 8 à 32 soldats.

★ **Roman Army Museum** ⊙, à **Carvoran** – C'est le plus grand et le plus moderne des musées consacrés au Mur. Il donne, grâce à une présentation audiovisuelle et à des modèles d'armures, d'armes et de costumes romains, une image vivante du Mur et de sa garnison.

Le fort de Carvoran, voisin du musée, n'a pas encore été fouillé ; il se situait sur la frontière précédant l'époque d'Hadrien. Vers l'Est, depuis une carrière, on a une belle vue d'une des plus belles sections du Mur, **Walltown Crags.**

Au bout de la B 6318, prendre la A 69.

Birdoswald ⊙, près de **Gilsland** – De ce fort on a exhumé de belles parties des portes et des greniers.

Modeste, mais efficace

H. Phillips/National Trust

235

HARROGATE★

North Yorkshire – 66 178 habitants
Carte Michelin n° 402 P 22 ou Atlas Great Britain p. 39
Plan dans le Guide Rouge Great Britain and Ireland

Le **pavillon de la Source** (Royal Pump Room ⊘ – 1842) et la salle des fêtes de l'établissement thermal (Royal Baths Assembly Room – 1897) formaient le centre de cette ville thermale au temps de sa splendeur, à la fin du 19ᵉ s., lorsque quelque 60 000 curistes venaient chaque année prendre les eaux. On dénombre 36 sources sur un domaine d'environ un demi-hectare. La plupart d'entre elles procurent une eau sulfureuse. Un aspect intéressant de la ville actuelle est le Stray, étendue de 80 ha de pelouse entourant le centre-ville. D'un bourg qui était à peine indiqué sur une carte en 1821, Harrogate est devenue de nos jours, avec ses belles boutiques, ses hôtels et son **Centre international d'expositions et de conférences**, une belle étape touristique.

Le pavillon de la Source

ENVIRONS

Harlow Carr Botanical Gardens ⊘ – *3 km à l'Ouest par la B 6162*. Les jardins d'agrément, terre d'expérimentation de la Société d'horticulture du Nord, couvrent quelque 28 ha et occupent un site exposé au Nord. Un musée expose d'anciens outils de jardinage. Le jardin des plantes à bulbes (avril et début mai), la roseraie (de juillet à septembre), le massif de plantes vivaces herbacées (fin de l'été), les parterres de bruyère (en fleur toute l'année) et le jardin d'hiver contrastent avec les bordures de ruisseau, plus sobres, pour les plantes qui préfèrent les sols humides et marécageux, les terre-pleins de tourbe offrant de l'ombre, les prairies autour de deux étangs, l'arboretum et le bois.

Knaresborough – *3 km à l'Est par la A 59*. Cette petite ville commerçante sur la Nidd, dominée par les ruines du **donjon du château**, s'est développée à partir de 1130. C'est dans ce château que le connétable Hugh de Morville et ses trois compagnons se réfugièrent, après avoir assassiné **Thomas Becket** dans la cathédrale de Canterbury en décembre 1170. De là, ils partirent en pèlerinage à Jérusalem pour gagner leur pardon : trois y trouvèrent la mort, le quatrième succomba sur le chemin du retour.
Au bord de la rivière se trouvent l'**antre de la Mère Shipton** (Mother Shipton's Cave) et la **source jaillissante** (Dropping Well). L'histoire raconte que la Mère Shipton, née vers 1488, a habité et rendu ses prophéties dans cet antre. La source jaillissante, unique en Grande-Bretagne, est une cascade qui se déverse dans un étang. Les objets suspendus dans ses eaux se recouvrent d'un dépôt calcaire, et semblent « se changer en pierre ».

★★**Harewood House** ⊘, à Harewood – *13 km au Sud par la A 61*. **Edwin Lascelles** entreprit la construction de Harewood House en 1759. Le bâtiment est un essai d'architecture palladienne dû à John Carr, d'York ; l'intérieur, essentiellement néoclassique, est une des réalisations les plus accomplies de **Robert Adam**, qui revenait tout juste d'Italie. Lascelles choisit **Thomas Chippendale** (1718-1779), originaire des environs, d'Otley, pour la confection du mobilier, et **« Capability » Brown** pour l'aménagement du parc.

Le **hall d'entrée** est la seule pièce à avoir conservé sa configuration d'origine due à John Carr. Le beau plafond de plâtre, comme les autres plafonds de la maison, est l'œuvre d'un artisan d'York, Joseph Rose. Partout sont accrochées des toiles de grands maîtres, surtout italiens et anglais, mais il faut noter, dans la salle de réception verte, un superbe Greco (1541-1614), *Un homme, une femme et un singe*. On peut également y admirer une importante collection d'exceptionnelles porcelaines de Chine et de Sèvres rassemblées au début du 19ᵉ s. La **galerie**★ est peut-être le summum de l'œuvre d'Adam à Harewood. Dans le **salon de musique**, Adam conçut le plafond et le tapis d'Axminster pour donner à cette pièce carrée un semblant d'« arrondi ».

Le **parc** contient le **jardin des Oiseaux**. La **serre tropicale** a été rénovée de façon à recréer une des merveilles du monde menacée de disparition, la forêt vierge. Les berges de la rivière et la chute d'eau abritent des plantes, des oiseaux et des papillons qui y vivent comme dans leur environnement naturel.

HAWORTH

North Yorkshire – 4 956 habitants
Carte Michelin n° 402 O 22 ou Atlas Great Britain and Ireland p. 39

Perché sur une colline du Yorkshire que tapisse la lande des Pennines, Haworth, le village de la famille Brontë, ne saurait surprendre un lecteur passionné par *Les Hauts de Hurlevent* ou *Jane Eyre*. Ses cottages aux murs de grès et la lande constituent bien le cadre que l'on imagine à la lecture des romans.

Brontë Parsonage Museum ⊘ – Le presbytère où vécurent le pasteur Patrick Brontë et sa famille garde les souvenirs d'une famille tout à fait exceptionnelle. Meubles, livres, peintures, dessins rappellent qu'ici ont vécu en particulier, Charlotte (1818-1855), Emily (1818-1848), Anne (1820-1849), toutes les trois romancières célèbres.
Leur frère Branwell réalisa d'elles un portrait, aujourd'hui à la National Portrait Gallery de Londres.

Brontë Weaving Shed : Townend Mill ⊘ – À l'origine, Haworth était un village de tisserands. À son apogée, en 1840, 1 200 métiers à tisser à bras étaient en activité. Les métiers à tisser victoriens, que les visiteurs peuvent essayer d'actionner, produisirent le « Brontë Tweed ». Une exposition est consacrée à Timmy Feather, le dernier utilisateur du métier à bras au Yorkshire. Une boutique vend les vêtements en tricot fabriqués à la filature.

Cadre sévère pour imaginations vagabondes, le presbytère d'Haworth

Ch. Vicarage/Robert Harding

Les sœurs Brontë et leur « pays »

Le père, Patrick, Irlandais, veuf en 1821, assez étrange de caractère, d'une sévérité souvent tyrannique, éleva ses six enfants selon de stricts principes victoriens. L'évasion, la liberté, les enfants les trouvèrent dans ce pays de landes et de bruyères où ils pouvaient se détendre et rêver et qui fut la toile de fond des romans. Après le décès de leurs deux sœurs Mary et Elizabeth, les trois filles quittèrent l'institution de Cowan Bridge où leur père les faisait éduquer et où la vie était rude, et vécurent, un peu livrées à elles-mêmes, à Haworth. Leur vive sensibilité leur permit d'écrire en collaboration des histoires fantastiques. Puis, pour gagner leur vie et leur indépendance, après des essais pédagogiques infructueux, elles publièrent la même année (1847) et avec succès, leurs chefs-d'œuvre : *Les Hauts de Hurlevent* (Emily), *Agnes Grey* (Anne), *Jane Eyre* (Charlotte). Restée seule après la disparition de ses sœurs, puis de son père (1853), Charlotte se maria avec le révérend Nichols, suppléant de son père.

Les femmes écrivains n'étaient alors pas foule et les livres des sœurs Brontë, débordants de rêve et de romantisme, occupent une place importante en littérature et également au cinéma, dans les nombreuses adaptations qui en ont été réalisées.

Les sœurs Brontë se sont inspirées de leur région pour situer l'action de leurs romans. On peut ainsi visiter, près de **Batley**, deux maisons décrites sous un autre nom dans *Shirley*, le roman historique de Charlotte : la maison de brique rouge qu'habitait Mary Taylor, une amie intime de Charlotte, décrite sous le nom de Briarmains, héberge aujourd'hui le **Red House Museum** ⏰ *(Oxford Road, à Gomersal)*, ainsi que **Oakwell Hall** ⏰ *(Nutter Lane, à Birstall, sur la A 638)*, manoir élisabéthain en pierre noire doté d'importantes fenêtres à losanges où demeurait la famille Batt, meublé comme il l'était en 1690. Sans doute ceint de douves jadis, il est entouré d'un parc avec jardin naturel et labyrinthe de saules.

ENVIRONS

Top Withens – *5 km à l'Ouest ; 1 h.* À travers la lande, une promenade conduit à la ferme en ruine qui inspira peut-être *Les Hauts de Hurlevent*.

Keighley and Worth Valley Railway ⏰, à **Oxenhope** – *3 km au Sud par la A 6033.* Une gare d'époque édouardienne a été recréée. Les trains à vapeur sillonnent les paysages pittoresques de la lande sur un réseau reliant Oxenhope (sur Penistone Hill) à Haworth, Oakworth, Damems, **Ingrow** (où se trouve un musée ferroviaire – **Museum of Rail Travel**) ⏰ et Keighley. Lorsque les trains circulent, un musée du Chemin de fer est ouvert en face de la gare.

Hebden Bridge – *11 km au Sud par la A 6033.* Un pont de pierre (1510) enjambant Hebden Water fut remplacé ensuite par un pont de bois qui a donné son nom au village. Aujourd'hui, les nombreux moulins et le canal de Rochdale ont été restaurés. Non loin du canal *(à l'Est de la ville, sur la A 646)* se trouve **Walkleys Mill** ⏰, un bâtiment d'époque victorienne (1870) qui abrite des boutiques d'artisanat (souvenirs, vêtements, papeterie). On y explique la fabrication des sabots, du miel, la frappe des monnaies. Le touriste peut également faire son choix parmi les sabots fantaisie qui sont en vente.

De Hebden Bridge *(2,5 km au Nord-Ouest en quittant la A 6033 au bout de Midgehole Road)*, une route étroite à flanc de coteau sinue jusqu'à **Hardcastle Crags**, parcourant les deux vallées escarpées de Hebden Dale et de Crimsworth Dean. Des sentiers conduisent dans les forêts aménagées au 19ᵉ s. aux abords de la propriété de chasse de lord Savile. Une filature de 1801 fait partie du patrimoine industriel de la vallée.

Ponden Mill ⏰, à **Stanbury** – *3 km à l'Ouest, sur la route de Colne.* Une manufacture s'élève dans un site agréable de collines où s'entrecroisent des murets en pierre sèche. C'est aujourd'hui une boutique d'artisanat où l'on peut trouver une foule d'objets pour la maison, des cadeaux et du linge de maison.

Une piste conduit à Ponden Hall (17ᵉ s.) qui inspira Thrushcross Grange, dans *Les Hauts de Hurlevent*.

HEREFORD★

Hereford and Worcester − 48 277 habitants
Carte Michelin n° 403 L 27 ou Atlas Great Britain p. 26
Plan dans le Guide Rouge Great Britain & Ireland

Évêché dès 676, Hereford était une cité florissante qui devint la capitale de la Mercie saxonne, battant sa propre monnaie. En 1070, William FitzOsborn, le bâtisseur du château de Chepstow, établit un nouveau marché au point de rencontre des routes, au Nord de la ville. De nos jours, Hereford est le centre prospère d'une riche région agricole. Entre toutes les maisons à colombage que la ville a conservées, on remarquera l'exceptionnelle **Old House★**, qui date de 1621, bel exemple d'architecture privée de style Jacques Ier.

Tous les trois ans, depuis le 18e s., Hereford accueille le **Festival des trois chœurs**, organisé en alternance avec Gloucester et Worcester.

★★Cathédrale ⊘ − L'édifice, en grès rose, est essentiellement du 12e s. L'imposante tour à la croisée du transept est un ajout du 14e s. Elle fut en grande partie financée par les offrandes des pèlerins qui se rendaient au tombeau de saint Thomas Cantilupe (évêque de 1275 à 1282). Son tombeau, mais sans l'effigie, se trouve dans le bras gauche du transept. La chapelle dédiée à John Stanbury, évêque de 1453 à 1474, est un bel exemple du style gothique Perpendicular. Parmi les trésors de la cathédrale, on trouve la *Mappa mundi★* dressée par Richard of Haldingham, avec Jérusalem pour centre. On peut y voir aussi une très intéressante **bibliothèque à chaînes** : 1 400 livres et plus de 200 manuscrits produits entre le 8e s. et le 15e s., dont une Bible dite « au cidre », ainsi nommée parce que la « boisson forte » de la version officielle y a été traduite par « cidre ». Un petit reliquaire en émail de Limoges du 13e s. contient une relique de saint **Thomas Becket**.

Hereford a la particularité de posséder une seconde bibliothèque d'incunables, celle de l'église de Tous-les-Saints.

Cider Museum and King Offa Distillery ⊘ − *Pomona Place, Whitecross Road.* Installé dans une ancienne cidrerie, un musée retrace la fabrication du cidre à travers les âges, dont l'apogée se situa au 17e s., quand les propriétaires terriens du comté s'approvisionnaient en bouteilles de cidre pour alimenter leur résidence londonienne. Les phases d'élaboration y sont expliquées, et le visiteur apprend les différences entre un *Upright French* et un *Black Huffcape*. On peut également y voir une collection de bouteilles de cidre provenant du monde entier. La distillerie détient une licence qui lui permet de produire de l'eau-de-vie de cidre, en vente à la boutique.

EXCURSIONS

★★Kilpeck Church − *Prendre la A 465 en direction du Sud-Ouest sur 13 km, puis à droite une route secondaire.* L'église **St Mary and St David** fut édifiée de 1134. Nulle part ailleurs en Grande-Bretagne n'ont été conservés d'aussi riches sculptures et ornements de style roman. Le **portail Sud**, avec sa porte et ses colonnes, est particulièrement beau. Des 70 gargouilles sculptées disposées sur la corniche, deux seulement ont un rapport plus ou moins étroit avec la religion. Les gargouilles du mur Ouest sont de pure inspiration viking, et semblent provenir de proues de drakkars.

Église de Kilpeck − Portail Sud

A. F. Kersting

Abbey Dore – *Emprunter la A 465 en direction du Sud-Ouest sur 15 km, puis prendre à gauche une route non signalisée sur 5 km.* L'église paroissiale (1180), qui à l'origine faisait partie d'une abbaye fondée en 1147, est l'une des rares églises cisterciennes d'Angleterre où le culte soit régulièrement célébré. Sa restauration fut financée par lord Scudamore en 1632. John Abel, l'architecte à qui fut confié l'ouvrage, utilisa 204 tonnes de bois d'œuvre pour refaire la charpente de la nef et du sanctuaire. C'est à lui que l'on doit le magnifique jubé sculpté dans du chêne de Hereford. L'église fut à nouveau consacrée à l'occasion de l'anniversaire de lord Scudamore, le jour des Rameaux de l'an 1634.

ILFRACOMBE

Devon – 10 941 habitants
Carte Michelin n° 403 H 30 ou Atlas Great Britain and Ireland p. 6

C'est la station balnéaire la plus renommée de la côte du Devon du Nord, avec ses paysages de falaises, de belles criques et, en toile de fond, de jolies collines boisées et des vallées. À l'origine port de commerce et de pêche, Ilfracombe attira les vacanciers au 19ᵉ s., quand les échanges furent facilités par les bateaux à vapeur avec le pays de Galles et par le chemin de fer avec le reste du pays.

Les collines entourant la ville constituent de beaux belvédères. De **Capstone Hill★** (47 m) s'étend une magnifique **vue★** sur la ville et l'entrée du port, les baies enchâssées dans les rochers et les plages. Depuis **Hillsborough** (136 m), qui s'élève au centre d'un parc, une **vue★★** encore plus impressionnante embrasse la côte. **Lantern Hill** porte un phare qui guide la navigation sur le canal de Bristol.

CURIOSITÉS

Holy Trinity – L'église paroissiale, d'époque romane, fut agrandie au 14ᵉ s. Sa **voûte en berceau★★** comporte d'élégants motifs sculptés.

St Nicholas' Chapel ◷ – *Lantern Hill.* Au début du 14ᵉ s., le phare balisant Lantern Hill fut remplacé par cette chapelle des marins qui, pourvue d'un fanal, guide toujours la marche des navires. De la plate-forme rocheuse où elle se dresse, une belle **vue★** s'ouvre à la fois sur la quasi-totalité du port et sur la mer.

Tunnels Beaches ◷ – *Granville Road.* Au 19ᵉ s., on fora dans la colline séparant la route de la mer un tunnel donnant accès à la crique. Une digue édifiée ensuite pour empêcher la marée d'y pénétrer rend la baignade possible tout au long de la journée.

> ### Baignade
>
> **Tunnels Beaches** *(à l'Ouest du port sur la route de Granville).* La digue empêche la mer de se retirer à marée basse. On peut donc s'y baigner en toute sécurité tout au long de la journée. Le tunnel qui donne accès à la crique fut foré au 19ᵉ s. dans la colline séparant la route de la mer. D'autres endroits se prêtent à la baignade à l'Est du port, à **Rapparee Cove** et **Hele Bay**. Il existe également une **piscine couverte chauffée** à Hillsborough.
>
> **Excursions en bateau** – Location de bateaux au port pour longer la côte ou pêcher en mer.
>
> **Randonnées** – Vers l'Est, le chemin côtier surplombe Hillsborough jusqu'à Hele Bay et domine les falaises vers l'Ouest (Torrs Walk) jusqu'à Lee Bay.

EXCURSIONS

Chambercombe Manor ◷ – *6 km au Sud-Est par la A 399.* Cette jolie maison peinte en blanc et au toit d'ardoise (15ᵉ-17ᵉ s.) s'élève dans un vallon. On peut y admirer des planchers de frêne **chaulés** vieux de trois siècles, un **tronc** du 13ᵉ s. destiné à recueillir le denier de Saint-Pierre (subvention de 1 *penny* versée au pape jusque 1534 environ), une **voûte en berceau**, un **lit à colonnes** d'époque élisabéthaine, un berceau de l'époque de Cromwell, une commode Jacques Iᵉʳ, une **commode à deux corps** (fin du 17ᵉ s.) et une pièce victorienne.

★★**Mortehoe** – *10 km à l'Est.* La tour (fin du 13ᵉ s.) qui fut ajoutée à l'**église** romane **St Mary★** (12ᵉ s.) fut sauvée des ruines par un bienfaiteur anonyme en 1988. On y remarque surtout les fonts baptismaux de style roman et gothique Early English, le travail des boiseries aux extrémités des bancs (16ᵉ s.) et la mosaïque d'anges ornant l'arc du chœur. **Morte Point★** marque la pointe Ouest de la spectaculaire côte de la région et offre de magnifiques **vues,** tant sur le littoral que sur les terres.

★ **Braunton** – *13 km au Sud par la A 361.* La partie la plus ancienne et la plus jolie de ce village se trouve autour de l'**église St Brannock**★ (en grande partie du 13e s.), dont l'imposante tour romane est coiffée d'une flèche couverte de plomb. L'église renferme des sculptures intéressantes : bossages de la voûte en berceau, fonts baptismaux du 13e s., extrémités des bancs du 16e s.

Au Sud-Ouest du village s'étend le **Great Field**, l'un des rares exemples de campagne ouverte en Grande-Bretagne. Au-delà du marais de Braunton, près de la côte, se trouve **Braunton Burrows**★, l'un des plus grands systèmes de dunes de Grande-Bretagne (environ 971 ha), dont les deux tiers sont maintenant classés réserve naturelle nationale.

★ **Barnstaple** – *21 km au Sud.* Cette ville, qui reçut une charte royale dès 930, fut le centre régional commercial, agricole, puis industriel. Attenant à **Butcher's Row**, **Pannier Market** est une halle typique du 19e s. à armature de fonte et verrière : le marché s'y déroule encore le mardi, le vendredi et le samedi. On peut y trouver les produits de la région (crème du Devon, fruits, légumes, confitures avec les morceaux de fruits). Le vendredi est le jour du bétail.

La première construction du pont, **Long Bridge**★ (158 m), date de 1273. Trois de ses seize arches de pierre furent remplacées vers 1539. En aval du pont, **Queen Anne's Walk**, promenade à colonnades reconstruite en 1708 que couronne une statue de la reine Anne, fut conçue pour que les marchands s'y rencontrent et y effectuent leurs opérations financières.

L'**église paroissiale** ⊘ (13e s.) est célèbre pour ses monuments funéraires et pour sa flèche élancée recouverte de plomb. Les **hospices Horwood** et l'**école Alice Horwood** (Church Lane), tous deux du 17e s., sont dotés de jolies fenêtres à meneaux de bois. Dans le **Guildhall** ⊘ (19e s.), le salon Dodderidge, lambrissé de chêne, présente la fameuse collection d'orfèvrerie de la ville. Le **musée du North Devon** (The Square) ⊘ retrace l'histoire de la région.

Au Nord-Est de Barnstaple *(13 km par la A 39)*, **Arlington Court**★★ est une maison de style classique (1820-1823, modifiée en 1865) renfermant des collections variées d'objets d'art accumulés par Miss Rosalie Chichester (1865-1949). La pièce maîtresse en est sa collection de **maquettes de bateaux**, dont 36 furent réalisées par les prisonniers de l'armée napoléonienne.

★★ **Clovelly** – *50 km au Sud-Ouest par Barnstaple et la A 39.* La meilleure introduction à la visite de ce village pittoresque est faite au **Centre d'accueil** (Visitor Centre ⊘), où une courte présentation audiovisuelle met l'accent sur l'histoire de cette communauté de pêcheurs et sa conservation.

Avec ses pavés ronds, escarpée et munie d'escaliers, **High Street** est dite **Down-a-long** ou **Up-a-long**, selon la direction que l'on prend. Elle est bordée de petites maisons des 18e et 19e s. blanchies à la chaux et ornées de fleurs. Les ânes et les mules restent encore le meilleur moyen de transport pour la monter et la descendre... En bas s'étend **Quay Pool**, un petit port restauré du 14e s., protégé de la mer par une digue incurvée qui procure une large **vue**, de l'île de Lundy à Baggy Point. Des *cottages* en pierre, des maisons dotées de balcons, le vieux four à chaux du port, l'auberge jalonnent la plage de galets. À la lisière du village, la tour carrée et nue de l'**église**, au centre d'un cimetière ombragé, s'élève en trois blocs couronnés de créneaux. L'édifice, de style Perpendicular, renferme des monuments intéressants (dalles en cuivre du 16e s., épitaphes du 17e s., sculptures du 18e s.), ainsi que des fonts baptismaux romans et une chaire d'époque Jacques Ier. **Hobby Drive** ⊘, route à péage de 5 km *(interdite aux autos)* qui va à travers bois de la A 39 aux abords du village, culmine à 152 m, offrant de belles vues de la côte et des falaises.

Les remonte-pentes de Clovelly

Clovelly Estate

★★Lundy Island ⊘ – Le nom de l'île dérive du vieil islandais *lunde* signifiant macareux. De fascinants oiseaux et le calme loin des vicissitudes de la vie moderne (il n'y a ni voitures ni téléphone et pas de journaux) font l'attrait de cette île. En dépit de son nom, seuls trente couples de macareux y couvent (mai à juillet). Mais on y trouve des petits pingouins, des guillemots, des fulmars, des puffins, des cormorans huppés, des mouettes tridactyles et de nombreuses espèces de mouettes et goélands. Lundy devint **réserve marine** en 1986, car ses eaux abritent également des phoques gris, des requins pèlerins et des marsouins. Grâce aux eaux claires et à la présence de nombreuses épaves, les conditions de plongée y sont excellentes. L'île, longue de 5 km environ et large de moins de 2, est formée par une masse granitique qui culmine à 122 m au-dessus du canal de Bristol. Habitée à l'âge du bronze et à l'âge du fer, puis par les Celtes, elle fut propriété privée et passa à la Couronne avant de devenir un refuge de pirates quand Bristol commerçait avec le continent, l'Amérique et les Indes Orientales. De 1863 à 1869, lorsque ses carrières furent exploitées de façon industrielle, une route fut tracée et une église construite. Dans les années 1930, les derniers propriétaires privés de l'île y introduisirent les poneys de Lundy (issus d'un croisement des races New Forest et Welsh Mountain), le cerf Sika et le mouton Soay.

Le tour complet de l'île (18 km) nécessite environ 4 h de marche. De la plage d'accostage, dominée par **Marisco Castle** (12ᵉ et 13ᵉ s.), la piste monte au village en passant par **Millcombe House** (1830), édifice en granit de style classique. L'**église St Helena** (1896) a des airs étrangement urbains. De là, le chemin se dirige à l'Ouest vers le **vieux phare** (1819), remplacé en 1896 par le **phare Nord**, maintenant automatisé. Sur la côte Ouest, le sentier passe près d'une **batterie** qui servit de station météo et se poursuit par **Jenny's Cove** (joli point de vue pour admirer les goélands, les pingouins et les macareux moines) et **Devil's Slide** (escalade de roches). Du phare Nord, on peut revenir soit par la côte Est (au-delà des carrières), soit par la route, qui court sur la crête de l'île.

INVERARAY★★

Argyll and Bute
Carte Michelin n° 401 E 15 ou Atlas Great Britain p. 54

La commune, dont les maisons sont toutes blanchies à la chaux, se situe sur les bords du Loch Fyne, non loin du château. Le siège originel (15ᵉ s.) du clan Campbell et son village furent déplacés au 18ᵉ s. Après avoir fait l'objet d'un nouveau projet d'implantation, le village fut reconstruit à quelque distance de là, selon les instructions du 3ᵉ duc d'Argyll qui chargea Roger Morris de l'architecture et William Adam de la supervision des travaux.

★★Château ⊘ – Son architecture extérieure demeure un bon exemple de **gothique** Revival en dépit des modifications qui furent apportées ensuite (lucarnes et toits coniques). Les façades sont ornées de fenêtres lancéolées, et le donjon central s'élève au-dessus de la ligne du toit.

Intérieur – Le 5ᵉ duc rénova l'intérieur dans le style néoclassique en s'inspirant de Carlton House à Londres. La **salle à manger**, en particulier, est un chef-d'œuvre de décors peints et de délicates moulures de plâtre finement ornées. Le salon des tapisseries présente un **plafond** dessiné par Adam, des panneaux décoratifs et des dessus de porte signés Girard. C'est dans la **salle des armures**, où sont exposés de manière décorative des lances, des haches de Lochaber et des sabres, que le joueur de cornemuse personnel du duc joue un pot-pourri d'airs de Campbell pour réveiller la maisonnée.

Au salon, le portrait du 8ᵉ duc de Hamilton par Pompeo Batoni fait face au tableau de Gainsborough, *Conway*. Parmi les **portraits** situés dans le vestibule Nord-Ouest et dans l'escalier, on peut noter ceux du 3ᵉ duc par Allan Ramsay, qui se chargea de la reconstruction des lieux, du 5ᵉ duc par Gainsborough, qui les redécora, et de son épouse, Elizabeth Gunning.

EXCURSIONS

Rive Ouest du Loch Fyne jusqu'à Crinan – *53 km par la A 83*. Le **Loch Fyne★★**, longue baie pénétrant au cœur des monts Argyll, bifurque vers le Sud pour se greffer à la mer. Au 19ᵉ s., la pêche au hareng y était fructueuse.

★Auchindrain – Le **musée de plein air** (Folk Museum) ⊘ évoque la vie des fermes communales. Cette organisation agricole dominait autrefois la vie rurale écossaise, et ces fermes survécurent très tard dans les Highlands. Le musée présente, entre autres, les méthodes de travail, l'intérieur des demeures, les granges et les étables.

Continuer sur la A 83 jusqu'à Lochgilphead, puis prendre la A 816 jusqu'à Cairnbaan. La B 841 va vers l'Ouest jusqu'à Crinan.

L'éminence rocheuse de Dunadd Fort (accès par la A 816) se dresse, abrupte, sur les plateaux orientaux. Il s'agit d'une fortification de la période saxonne. Elle fut la capitale du royaume écossais de Dalriada entre 498 et 843.

★**Crinan** – Délicieux hameau à l'extrémité Ouest du canal de Crinan, qui relie le Sound of Jura au Loch Fyne.

★★**Loch Awe** – *Excursion à partir de Cladich, 16 km au Nord d'Inveraray.* De splendides routes *(la A 819 au Nord de Cladich et la B 840 sur la rive Ouest du lac)* assurent une agréable visite de ce plan d'eau serti dans les forêts.

INVERNESS★

Highland – 62 186 habitants
Carte Michelin n° 401 H 11 ou Atlas Great Britain p. 67
Plan dans le Guide Rouge Great Britain and Ireland

Inverness est situé à l'extrémité Nord du Great Glen, sur la rivière Ness qui fait communiquer le loch Ness avec le Moray Firth et la mer du Nord. C'est la capitale historique des Highlands. Stratégiquement, c'est une ville importante depuis l'époque des Pictes ; saint Coloumba rendit visite au roi Brude dans les environs, et le roi Duncan (assassiné par Macbeth au 11ᵉ s.) y avait son château. Mais sa position stratégique causa sa perte : la ville fut si souvent disputée par les monarques écossais, les clans des Highlands, les partisans de Jacques Iᵉʳ et les Anglais qu'il ne reste plus guère aujourd'hui de bâtiments importants antérieurs au 19ᵉ s.

Castle – Le château actuel, le dernier d'une longue série, date du 19ᵉ s. Il sert aujourd'hui de tribunal et de bâtiment administratif ; depuis l'esplanade (statue de Flora MacDonald), on jouit d'une belle vue sur la ville et la Ness.

★**Museum and Art Gallery** ⊙ – *Castle Wynd.* Au rez-de-chaussée, une exposition originale et bien conçue intitulée « Inverness, pivot des Highlands » décrit le riche héritage de la région. On peut y visiter des pièces consacrées au Great Glen, aux Pictes, aux routes du général Wade et au canal calédonien de Telford. Le mode de vie des Highlanders est présenté à l'étage supérieur.

Balnain House ⊙ – *Huntly Street.* Agréable présentation audiovisuelle des traditions musicales des Highlands et des îles.

St Andrew's Cathedral – *Ardross Street.* Cette église néogothique de 1866-1869 est richement décorée. Les piliers de sa nef sont en granit poli de Peterhead, le retable et la chaire en pierre sculptée. On doit le jubé et le crucifix à Robert Lorimer.

EXCURSIONS

Culloden – *10 km à l'Est par la A 9, puis la B 9006. Centre d'accueil* ⊙ *du National Trust for Scotland.* C'est là que le 16 avril 1746 l'armée jacobite, sous le commandement de Bonnie Prince Charlie, fut massacrée par les troupes gouvernementales commandées par « Cumberland le Boucher », fils cadet de George II, mettant ainsi fin à tout espoir d'un retour des Stuarts sur le trône d'Angleterre. Sur le site du champ de bataille se dressent le tumulus commémoratif et les tombes du clan. Les sentiers délimitent les lignes du front. Le centre d'accueil propose un film et une salle d'exposition qui racontent le déroulement de la bataille. On peut également visiter Old Leanach Cottage, un ancien cottage restauré.

Continuer sur la B 9006 jusqu'à la pierre de Cumberland, puis tourner à droite.

★**Cairns de Clava** – Des trois tumulus néolithiques, entourés de cercles de pierres et d'une petite couronne de galets, celui du milieu a toujours été à ciel ouvert, tandis que les deux autres disposaient d'accès vers les chambres funéraires.

★**Cawdor Castle** ⊙ – *21 km au Nord-Ouest par la A 96, puis à droite par la B 9090.* Construite à la fin du 14ᵉ s. par les barons de Cawdor (titre que les sorcières de Shakespeare font miroiter à Macbeth), la tour centrale constituait le donjon de l'époque. Le château fut complété au 17ᵉ s. Remarquez les très belles tapisseries.

★**Fort George** ⊙, à **Ardersier** – *32 km au Nord-Est par la A 96, puis la B 9006 à gauche.* Située sur une péninsule qui plonge dans l'estuaire de Moray, cette impressionnante forteresse fut construite (1745-1746) sur l'ordre de George II afin d'empêcher une fois pour toutes que l'ordre des Hanovre ne fût troublé par les clans des Highlands. Le fort, ses moyens de défense sophistiqués et les salles du **Regimental Museum** ⊙ évoquent les troupes des 17ᵉ et 18ᵉ s.

Point de Nessie à l'horizon du loch...

★**Cromarty** – *42 km au Nord-Est par la A 9 et la A 832*. À la pointe Nord de Black Isle, le petit port de Cromarty a été décrit avec justesse comme « le joyau de l'architecture écossaise populaire ». Le beau **palais de justice** ⊘ (18ᵉ s.) mérite le coup d'œil.

★**Dornoch** – *88 km au Nord-Est par la A 9*. La route panoramique traverse Black Isle, court le long de la rive Nord de l'estuaire de Cromarty, frôle la jolie petite ville de **Tain** (autrefois important lieu de pèlerinage édifié en pierre de couleur miel), puis traverse l'estuaire de Dornoch pour rejoindre cette ville charmante dotée de kilomètres de plages de sable et de célèbres parcours de golf. Dornoch est dominée par sa cathédrale médiévale, flanquée de sa tour carrée et de sa flèche ouvragée.

Dunrobin Castle, à **Golspie** – *19 km au Nord de Dornoch par la A 9*. La chaussée Mound, construite par **Thomas Telford**, traverse l'extrémité du **loch Fleet**, habitat de prédilection du gibier d'eau. À **Golspie**, visiter l'église St Andrew, où l'on admirera la galerie Sutherland, finement travaillée (1739), et l'**Orcadian Stone Company** ⊘, une exposition minéralogique qui séduira les amateurs.

Siège ancestral des comtes et des ducs de Sutherland, le château de **Dunrobin** ⊘ se dresse sur une **terrasse naturelle** qui domine la mer. Des adjonctions tardives encadrent la tour d'origine, qui date de 1400. Charles Barry à partir de 1850 puis Robert Lorimer au début du 20ᵉ s. réaménagèrent l'intérieur, où sont accrochées de nombreuses **toiles**, dont de nombreux portraits de famille exécutés par des maîtres en la matière (Jamesone, Ramsay, Reynolds, Hoppner, Lawrence et Wright). Le château est entouré de charmants **jardins** classiques, que l'on peut admirer de la terrasse. Dans le pavillon de chasse, une belle collection d'andouillers et de trophées du monde entier est exposée avec des objets archéologiques de la région, dont de belles pierres pictes.

Great Glen – *105 km au Sud-Ouest par la A 82. Prévoir 3 à 4 h*. La faille géologique du Great Glen, d'orientation Sud-Ouest/Nord-Est, traverse les Highlands et relie l'Atlantique à la mer du Nord grâce à une suite d'étroits lochs réunis par le **canal Calédonien** (35 km de long), conçu par **Thomas Telford** entre 1803 et 1822. Aujourd'hui, les lochs et le canal servent principalement à la navigation de plaisance ; certaines agences proposent même des expéditions de « chasse au monstre » sur le loch Ness.

★★**Loch Ness** – Les sombres eaux de ce loch profond (230 m) doivent leur célébrité dans le monde entier à leur mystérieux monstre, surnommé **Nessie**. C'est au 8ᵉ s. qu'un moine de la région l'entrevit pour la première fois. Depuis lors, Nessie ne cesse de captiver, d'intriguer et de défier la technologie moderne (sous-marins, hélicoptères, caméras infrarouges, sonars, etc.), préservant ainsi son identité réelle. Un monument, le long de la route, commémore la mort du coureur automobile John Cobb en 1952, qui périt en tentant de battre le record de vitesse sur l'eau.

Drumnadrochit – Dans ce village, l'**Official Loch Ness Monster Exhibitiona** ⊘ diffuse des informations intéressantes sur l'énigme du monstre du loch Ness.

Urquhart Castle ⊘, à l'Est de **Lewiston** – *Sentier escarpé, puis escalier descendant au bord du loch*. Les ruines occupent un emplacement stratégique sur un promontoire débordant sur le loch. La citadelle faisait partie d'une chaîne censée contrôler cette voie naturelle. Le corps de garde, côté terre, aboutit à une cour. Le belvédère situé dans la tour offre de jolies vues sur le paysage que forment le château, le loch et les montagnes.

Fort Augustus – À cheval sur le canal Calédonien, à l'extrémité Sud du loch Ness, cette petite ville active devient un véritable goulot d'étranglement en été, au moment où les voitures empruntent le pont tournant. Là où se tenait au 18ᵉ s. le fort du général Wade se dresse aujourd'hui l'abbaye de Fort Augustus, connue pour son école catholique.

Après Fort Augustus, la route longe le canal Calédonien, puis contourne le loch Oich. Après Invergarry, elle passe de l'autre côté de la vallée, à Laggan, où les bateaux de plaisance passent les **écluses de Laggan** (Laggan Locks), destinées à compenser la différence de niveau (4 m) entre les lochs Oich et Lochy (16 km de long), flanqués de forêts. Après un monument aux commandos de la Seconde Guerre mondiale, la route descend vers Fort William. Peu avant la ville, à **Torlundy**, un **télésiège** ⊘ donnant accès aux pistes de ski de la chaîne du Nevis procure d'admirables **vues★★** sur la vallée.

★**Fort William** – Fort William se situe sur la rive du loch Linnhe, à l'ombre du point culminant de Grande-Bretagne, le **Ben Nevis** (1 344 m). La ville constitue un point de départ idéal pour découvrir la campagne environnante.

Isle of IONA★

Île d'IONA – Argyll and Bute – 268 habitants
Carte Michelin n° 401 A 14 et 15 ou Atlas Great Britain p. 59
Accès : voir le Guide Rouge Great Britain & Ireland
Circulation automobile interdite

Iona, une île sauvage exposée aux vents, est le site où **saint Columba** établit son monastère il y a 1 400 ans. C'est un des lieux les plus vénérés d'Écosse. Sa communauté connut une belle évolution, comme en témoignent les croix savamment sculptées et les pierres tombales, mais fut décimée par les invasions nordiques aux 8ᵉ et 9ᵉ s. Au début du 13ᵉ s., un nouveau monastère, bénédictin cette fois, s'y établit et disparut à son tour après la Réforme. En 1938, une troisième communauté religieuse – aujourd'hui œcuménique – s'installa dans l'île et un vaste programme de restauration fut achevé en 1966. L'abbaye est un lieu d'accueil, de réflexion et de culte. L'île, fertile, est habitée par une communauté réduite de petits fermiers.

Visite – Prendre la route qui part de l'**ancien couvent** bénédictin (restauré à la fin du 19ᵉ s.) doté de son église médiévale et de ses bâtiments conventuels. Après avoir franchi la porte, on passe devant la **croix Maclean★** (15ᵉ s.), finement sculptée, et le **cimetière paléochrétien** (Reilig Odhrian), où ont été enterrés les rois d'Écosse, de

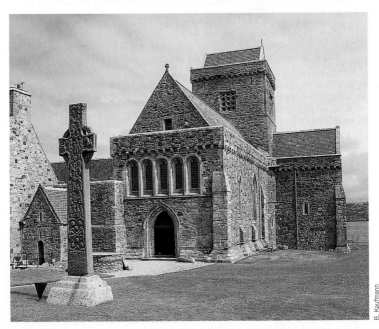

Abbaye et croix à Iona

B. Kaufmann

Kenneth MacAlpine jusqu'à Malcom III. On parvient alors à la **chapelle Saint-Oran★** (12ᵉ s.), le plus ancien bâtiment de l'île, où l'on peut admirer, à l'Ouest, une belle porte romane. Descendre la rue des Morts (Street of the Dead), où trois croix retiendront l'attention du visiteur : la **croix de St-Martin★** (8ᵉ s.), le fût tronqué de la croix de St-Matthieu (9ᵉ-10ᵉ s.), et une réplique de la croix de St-Jean *(original au musée)*. De l'autre côté de la rue, on peut voir la cellule de saint Colomba, Tor Abb.

L'**abbaye** se dresse sur le site de l'ancienne abbaye de saint Colomba ; l'église d'origine (13ᵉ s.) a été agrandie au 15ᵉ s. On a rajouté une tour à la croisée du transept et un bas-côté Sud qui rejoint le chœur. Parmi les ruines de l'église bénédictine du 13ᵉ s., on verra le bras gauche du transept et l'arcade du mur Nord du chœur. La porte à ornement en trèfle à trois lobes fut adjointe lors de la conversion de l'aile Nord en sacristie, au 15ᵉ s. L'arcade à colonnes géminées du cloître vaut le coup d'œil. Le tombeau de saint Colomba se trouve au Nord de la façade principale. Derrière l'abbaye se trouve l'**Infirmary Museum★** ⊙, qui contient une exceptionnelle collection de pierres sculptées datant du Moyen Âge et des premiers chrétiens, ainsi que la **croix de St-Jean★** (8ᵉ s. – restaurée), des effigies médiévales et des dalles funéraires.

IPSWICH

Suffolk — 130 157 habitants
Carte Michelin n° 404 X 27 ou Atlas Great Britain p. 23
Plan dans le Guide Rouge Great Britain & Ireland

Port et centre commercial important au Moyen Âge, cette ville animée, située à la pointe de l'estuaire de l'Orwell, affiche aujourd'hui un caractère essentiellement victorien et moderne. Ipswich a su préserver ses rues anciennes au tracé anglo-saxon ainsi qu'une douzaine d'églises médiévales, dont certaines à simples tours. Des remparts de la tour ne subsistent plus aujourd'hui qu'un nom et une vaste zone piétonnière englobant le quartier commercial de Buttermarket. Le bâtiment de verre Willis Corroon fut construit en 1975 par l'architecte Norman Foster comme l'un des temples de l'assurance, activité majeure d'Ipswich. Les docks (Victorian Wet Dock) et leurs entrepôts, magasins et malteries étaient autrefois les plus grands du monde. Aujourd'hui, ils constituent une promenade agréable dont le clou sera marqué par une visite de la **brasserie Tolly Cobbold** ⊙.

Christchurch Mansion ⊙ – *Christchurch Park. Angle de Soane Street et Bolton Lane.* Situé dans un parc agréable, cet édifice de style Tudor, très restauré, présente des trésors de la ville d'Ipswich et de ses environs dans un cadre d'époque. Il possède une belle collection de peintures d'artistes du 17ᵉ s. originaires du Suffolk, notamment plusieurs Constable (*Le Ruisseau du moulin, La Maison de Willy Lott* et deux tableaux sur la vallée de la Stour représentant la cuisine de son père et un jardin fleuri) et **Gainsborough** *(Portrait de William Wollaston, Le Passage du gué, La Porte du cottage* et une *Vue près de la mer)*. On notera également le *Cabinet peint* (Painted Closet) par lady Drury (début 17ᵉ s.), ainsi que la porcelaine de Lowestoft et les cuisines d'époque. Le hall Tudor (ajouté en 1924) renferme une superbe tapisserie française du roi Arthur (16ᵉ s.).

St Margaret's Church – *Bolton Lane, près de l'entrée de Christchurch Park.* Cette église paroissiale du 14ᵉ s. construite en pierres de taille richement travaillées abrite une remarquable charpente à diaphragmes et une stèle du 13ᵉ s.

Ancient House ⊙ – *Buttermarket.* Véritable pièce montée, cette maison regorge d'éléments décoratifs datant de la Restauration, reliefs en stuc figurant des nymphes, des pélicans et les continents alors connus : l'Asie (un dôme oriental), l'Amérique (une pipe à tabac), l'Afrique (un Africain, tenant une ombrelle, à califourchon sur un crocodile) et l'Europe (une cathédrale gothique). Les armoiries sont celles de Charles II qui visita la maison en 1668. Bien qu'aménagée aujourd'hui en boutique, les visiteurs peuvent admirer les lambris en chêne réalisés vers 1603, les plafonds ouvragés et les carreaux en céramique du 18ᵉ s. Le musée *(premier étage)* contient des peintures murales d'inspiration rococo et des antiquités liées à la maison. La charpente à diaphragmes du 15ᵉ s. est visible depuis la chapelle.

EXCURSIONS

★**Vallée de la Stour** – « J'associe ma jeunesse insouciante à tout ce qui repose sur les rivages de la Stour », écrivit **John Constable** (1776-1837). « Ils ont fait de moi un peintre et je leur en suis reconnaissant. » La petite Stour est le **pays de Constable**, la grande Stour le **pays de Gainsborough**, et entre les deux se situe **Sudbury**, où naquit Gainsborough et où Constable fut écolier.

Prendre la A 12 au Sud sur 13 km, tourner à gauche pour emprunter la B 1070 et suivre les indications.

La Charrette de foin, par Constable (London, National Gallery)

★**Flatford Mill**, à **East Bergholt** – Demeure de **Constable** (son père était meunier), le moulin de 1773, le cottage de Willy Lott et la vallée de la rivière sont les sujets de ses paysages les plus appréciés, dont *La Charrette de foin, Construction de bateau* et *Le Moulin de Flatford*.

3 km à l'Ouest de Flatford ou par le sentier longeant la rivière.

Dedham – Un village typiquement anglais, ayant inspiré de nombreux paysages à Constable, « à Dedham rien ne choque le regard » (Pevsner).

Passer sous la A 12 et emprunter la B 1068, puis la B 1087 sur 10 km.

St James' Church, à **Nayland** – Édifiée au 15e s., on peut aujourd'hui y admirer le tableau de **Constable**, *Le Dernier Souper*.

Prendre la B 1087 vers Bures, puis la B 1508.

Sudbury – Centre de tissage de la soie et ville commerçante, la ville natale du peintre **Gainsborough** peut s'enorgueillir de ses trois monumentales églises de style gothique Perpendicular : St Gregory, St Peter et All Saints, entourées de demeures georgiennes et de maisons à colombage plus anciennes.

C'est dans une demeure de style médiéval tardif, dotée d'une élégante façade du 18e s., **Gainsborough's House**★ ⊘ *(46 Gainsborough Street), que* **Thomas Gainsborough** (1727-1788) vit le jour. On y présente des souvenirs de l'artiste, des travaux qu'il réalisa vers 1740 et 1750 *(au rez-de-chaussée dans le petit salon)*, parmi lesquels le premier portrait connu qu'il fit, d'un garçon inconnu et d'une fille, qui a été coupé en deux, et le *Portrait d'Abel Moysey (dans la salle Aubrey Herbert)*, l'un des plus beaux qu'il produisit (fin des années 1760).

Poursuivre sur 5 km au Nord sur la A 134.

Long Melford – Longue est bien l'adjectif qui convient à cette ville dont la rue principale, de 3 km, est bordée de maisons à colombage des 16e, 17e et 18e s. Elle s'achève sur un vaste triangle de verdure où s'élèvent l'**hôpital de la Trinité** (1573) et l'ancienne **église de la Sainte-Trinité** (fin du 15e s.), l'une des plus belles « églises de la laine » de l'East Anglia. Remarquez le bas-relief en albâtre de l'Adoration des mages (14e s.) et les vitraux du 15e s.

Tout près, entourant les trois côtés d'une cour, se trouve **Melford Hall**★ ⊘, élevé au début de la période élisabéthaine. Seule la **salle principale** a conservé les caractéristiques du style élisabéthain. Le salon est d'un rococo superbe et l'escalier néo-grec (1813) est de Thomas Hopper. Dans la chambre Ouest, où **Beatrix Potter** dormait fréquemment, on peut admirer ses aquarelles.

Snape Maltings – *32 km au Nord-Est en empruntant la A 12, puis sur la droite la A 1094.* Les **malteries** installées depuis le début du 19e s. à Snape sur les bords de l'Alde, réhabilitées en complexe artistique consacré à la musique, hébergent le **Festival d'Aldeburgh**, créé à l'initiative de Benjamin Britten.

IRONBRIDGE Gorge★★

Shropshire
Carte Michelin n° 403 M 26 ou Atlas Great Britain p. 26
19 km à l'Est de Shrewsbury

Les gorges très boisées et riches en minerai de la Severn sont le « lieu de naissance de la révolution industrielle ».

C'est à l'automne 1708 qu'**Abraham Darby** (1677-1717), maître de forges à Bristol, s'installa à Coalbrookdale ; en 1709, il fut le premier à utiliser du coke comme combustible pour sa fonderie à la place du charbon de bois traditionnel. Ses expériences révolutionnèrent l'industrie : elles rendaient possible l'usage du fer dans les domaines du transport (roues, rails), de la construction mécanique (machines à vapeur, locomotives, bateaux) et des travaux publics (immeubles et ponts, dont le symbole de la région, le fameux Iron Bridge). Un important musée industriel est réparti en plusieurs sites tout au long des gorges.

★★IRONBRIDGE GORGE MUSEUM

Visite ⊘ – *On peut aborder le musée par le Nord-Ouest ou le Nord-Est. Le schéma en page suivante indique l'emplacement des différentes curiosités et des principaux parcs de stationnement.*

★**Museum of Iron** – Le **musée du Fer** retrace l'histoire du travail de ce métal et l'épopée de la Coalbrookdale Company. Il est installé dans un grand entrepôt, construit en 1838, dont les fenêtres ont des appuis et des linteaux en fonte. Au temps de la Grande Exposition de 1851, la Coalbrookdale Company employait 4 000 hommes et enfants et produisait 2 000 tonnes de fonte par semaine. La fonte, qui se moule facilement, était alors transformée en piliers, colonnes et autres éléments décoratifs, utilisés pour la construction de gares, de ponts, cheminées et bien d'autres usages. Derrière le parking se dresse la fontaine en fonte restaurée du *Petit garçon au cygne* (Boy and Swan) conçue par John Bell et coulée par la Coalbrookdale Company pour l'Exposition universelle de 1851. Elle a été refondue en 1994 par des artisans du musée de Jackfield *(voir plus loin).*

Darby Furnace – Le **haut fourneau de Darby** vit en 1709 Abraham Darby expérimenter sa technique utilisant le coke dans la réduction du minerai de fer. La fonderie resta en activité jusqu'aux alentours de 1818. Derrière, un bassin (Upper Furnace Pool) fournissait, avec cinq autres réserves d'eau, l'énergie nécessaire à cinq fonderies. Plus au Nord, les belles maisons des maîtres de forges jouxtent les cottages de leurs ouvriers (Carpenters' Row). De l'autre côté, sur le versant Ouest de la vallée, on peut voir deux des maisons de la famille Darby : Rosehill House, construite en 1734 pour supplanter la demeure voisine, Dale House *(restauration en cours),* meublée comme elle aurait pu l'être à l'époque victorienne, grâce au mobilier provenant des autres demeures de la famille. Une exposition est consacrée aux différents membres de la famille Darby.

En poursuivant, on atteint le cimetière quaker.

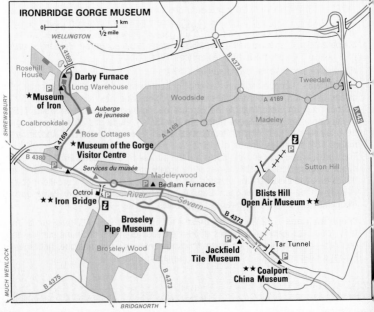

★**Museum of the Gorge and Visitor Centre** – Un ponton et un entrepôt datant des années 1840 ont été restaurés pour accueillir le **musée de la Vallée** et le **Centre d'accueil** (exposition et montage audiovisuel consacrés au site d'Ironbridge).

Iron Bridge (1845)

The Ironbridge Gorge Museum Trust, Ironbridge

★★**Le pont (Iron Bridge)** – Pour remplacer le bac hasardeux, il fallait un pont sur la Severn à Coalbrookdale, les seuls autres ponts existants étant situés à Buildwas et à Bridgnorth. Le projet retenu fut celui d'un architecte de Shrewsbury, Thomas Pritchard, et le permis de construire fut obtenu en février 1776. Commencé en novembre 1777, du temps d'**Abraham Darby III**, le pont, le premier au monde construit en fonte, fut inauguré le 1ᵉʳ janvier 1781. La grande légèreté de ses cinq arches en plein cintre en fait un ouvrage très élégant. D'une portée de 30,60 m, il pèse 384 tonnes. Pour le construire, on fit appel aux techniques utilisées pour les charpentes en bois.
L'ancien **octroi** (Tollhouse) sert de centre d'information et contient une exposition consacrée à l'histoire du pont.
Sur la rive Nord, on peut voir les **hauts fourneaux de Bedlam** (1757), qui furent parmi les premiers à être construits pour la fonte au coke.

Jackfield Tile Museum – *Sur la rive Sud de la rivière ; restauration en cours.* L'ancienne tuilerie possède un petit musée sur les carreaux originaux et le carrelage qui étaient produits ici en énorme quantité au 19ᵉ s. Le visiteur peut voir les bureaux reconstruits comme aux plus beaux jours de la révolution industrielle et assister à une démonstration de fabrication et de décoration de carreaux. Une exposition géologique met en lumière l'origine des matériaux utilisés dans la céramique.
Retourner sur la rive Nord et prendre à droite la B 4373.

★★**Coalport China Museum** – On fabriqua de la porcelaine à Coalport de 1799 jusqu'au transfert de la manufacture à Stoke-on-Trent en 1926. Les anciens ateliers ont été restaurés et transformés en un musée qui montre les techniques de fabrication, ainsi que les produits réalisés à Coalport. La porcelaine de Coalport se reconnaît à sa finesse et à sa riche décoration de fleurs.
Le **Tar Tunnel**, juste à côté, fut creusé en 1786 pour contribuer au drainage de la mine de Blists Hill.

★★**Blists Hill Open Air Museum** – Les 20 ha du **musée de plein air de Blists Hill** transportent le visiteur dans une communauté ouvrière des années 1890, avec sa banque, son pub, sa boucherie, sa mine et sa fabrique de bougies. On peut également voir le **plan incliné** par lequel les bateaux de Blists Hill étaient acheminés jusqu'à la Severn et Coalport. De nombreux bâtiments proviennent d'autres sites industriels et ont été remontés sur place.

Broseley Pipe Museum – *3 km au Sud par la B 4373.* C'est à Broseley, au début du 17ᵉ s., qu'on fabriqua les premières pipes en terre. Le Broseley Pipeworks, avec son équipement d'époque (1881-1957), semble un défi au temps qui passe.

JEDBURGH★

Borders – 4 053 habitants
Carte Michelin n° 401 M 17 ou Atlas Great Britain p. 50

Le bourg royal de Jedburgh, qui chevauche la rivière Jed Water grâce à un pont à trois arches du milieu du 12ᵉ s., était autrefois une ville frontière très disputée. C'est aujourd'hui un centre commercial paisible.

★★**Abbaye** ⊘ – Fondée en 1138 par l'ordre des Augustins, elle compte au nombre des abbayes frontalières fondées par David Iᵉʳ pour développer le monachisme au 12ᵉ s. La construction de l'église à la pierre patinée dura 75 ans. Au 12ᵉ s., le couronnement de Malcolm IV et de nombreux autres événements royaux s'y déroulèrent. Elle fut souvent pillée et attaquée avant d'être finalement détruite en 1545 lors d'un raid. Les ruines illustrent à merveille l'architecture du 12ᵉ s. avec l'imposante **façade principale**, tandis que le rythme et la conception de la **nef** témoignent d'un art parfaitement maîtrisé. L'**abside** (milieu du 12ᵉ s.) est remarquable tant pour ses piliers massifs s'élevant jusqu'aux fenêtres hautes et soutenant les arcs de l'arcade principale que pour les arcs en plein cintre romans et la décoration à chevrons. Du croisillon droit, une porte romane conduit au cloître. Bien que seules les fondations des bâtiments conventuels aient survécu, on peut cependant en deviner le schéma classique.

Bowhill – La galerie

★**Mary Queen of Scots House** ⊘ – Cette charmante maison forte du 16ᵉ s., où Marie Stuart séjourna lorsqu'elle accomplit son voyage de 32 km jusqu'à Hermitage Castle, héberge aujourd'hui l'**Office de tourisme**. Des panneaux de verre gravé, des tableaux et des documents évoquent la vie de l'infortunée reine.

Château et prison ⊘ – La prison, où régnait une rigoureuse morale réformiste, fut construite en 1823 sur le site du château d'origine ; elle était alors considérée comme l'une des plus modernes de son temps. Le bloc administratif commandait les trois blocs carcéraux, équipés du chauffage central, auxquels il était relié par des passages aménagés au premier étage. Une exposition relate l'histoire locale et industrielle de Jedburgh.

EXCURSIONS

★★**Bowhill** ⊘ – *31 km par la A 68 jusqu'à St Boswells, puis par la A 699 et la A 7 jusqu'à Selkirk. La A 708 mène à Bowhill.*
Lieu de résidence dans les Marches du duc de Buccleuch et Queensberry, Bowhill renferme de belles pièces de **mobilier** français, des tapisseries de Mortlake, les reliques du duc de Monmouth et une importante collection de tableaux, parmi lesquels des toiles de Léonard de Vinci, du Lorrain, de Canaletto, Wilkie *(Le Roi George IV en habit des Highlands)*, Reynolds (*L'Hiver* et *The Pink Boy*), Gainsborough et autres maîtres. On y trouve également une impressionnante collection de **miniatures** (Cooper, Hilliard, Oliver, Holbein), ainsi que des objets personnels du duc et de la duchesse de Monmouth.

★**Hermitage Castle** ⊘ – *42 km par la B 6358 et la A 693 jusqu'à Hawick, puis direction Sud par la B 6399.* Dans cette lande reculée, une ruine massive évoque le passé tourmenté des Borders. Forteresse des Gardiens de la Marche, sa position stratégique lui permettait de surveiller la vieille route des hors-la-loi. C'est là que Marie Stuart se rendit précipitamment pour rendre visite au comte de Bothwell (son futur mari) lorsqu'il fut blessé. Hermitage est le résultat d'une suite complexe de périodes de construction, dont la plus ancienne date du milieu du 14ᵉ s. Cette partie a été masquée par les adjonctions ultérieures.

KING'S LYNN

Norfolk – 41 281 habitants

Carte Michelin n° 404 V 25 ou Atlas Great Britain p. 30

Situé dans le golfe du Wash et arrosé par l'Ouse, King's Lynn fut fondé pendant la conquête normande (1066). De cette époque date l'aménagement des deux places principales : Saturday Market et Tuesday Market. Connue au Moyen Âge sous le nom de Bishop's Lynn, la ville était alors un port très actif, membre de la ligue hanséatique, qui exportait textiles et laines. Au 13ᵉ s., elle était protégée par des **remparts**, dont les vestiges sont encore visibles dans Wyatt Street. En retrait de Littleport Street, la **porte Sud** est la seule porte d'entrée encore intacte. L'intérêt du paysage urbain tient à l'héritage exceptionnellement riche de maisons marchandes du Moyen Âge, qui, flanquées de leurs solides entrepôts, bordent l'Ouse. Tous les ans en juillet, la ville organise le **King's Lynn Arts Festival**.

Le centre – Dans Queen Street, de caractère principalement georgien, se dresse **Thorseby College**, institution fondée en 1502 pour former les jeunes prêtres, et convertie au 17ᵉ s. en maison de marchand. Le majestueux bâtiment des douanes, édifié au 17ᵉ s. dans le goût hollandais, abrite l'Office de tourisme local.

De King's Staithe Lane jusqu'aux quais de la rivière, on observera des entrepôts des 16ᵉ et 17ᵉ s., tandis que sur King's Staithe Square se dresse un immense bâtiment dont la double façade de briques rouges est couronnée par une statue de Charles Iᵉʳ et porte une plaque commémorative dédiée à l'explorateur Samuel Cresswell. Plus au Nord, King Street offre une ravissante succession de maisons d'époque faites de matériaux variés, dont **St George's Guildhall**, le plus grand hôtel de ville médiéval aujourd'hui visible en Angleterre, censé avoir accueilli Shakespeare en ses murs. C'est ici que se déroule tous les ans le Festival des Arts.

En haut de King Street, on débouche sur **Tuesday Market**, vaste espace entouré de belles demeures georgiennes et victoriennes.

Tales of the Old Gaolhouse ⊘ – *Saturday Market*. L'ancien hôtel de ville à appareil en damier (1421) abrite le **musée des Récits de l'ancienne prison**. Une visite guidée conduit à travers l'ancien poste de police (minuscules cellules et terrifiants instruments de torture), puis se poursuit dans la salle des insignes, où sont conservés les chartes de la ville, les robes des magistrats municipaux, des ustensiles en argent et la **coupe du roi Jean** (1340). On peut également consulter les registres municipaux où sont consignées les transactions commerciales entre Lynn et d'autres villes hanséatiques, la première inscription remontant à 1307.

Non loin de là, **Town House Museum of Lynn Life** ⊘ présente une belle collection de meubles d'époque.

St Margaret's Church ⊘ – Cette église à tours jumelles érigée à l'origine au 13ᵉ s. sur des fondations peu solides arbore aujourd'hui les traces de styles architecturaux successifs, notamment des grilles de chœur du 14ᵉ s., une chaire georgienne et une horloge lunaire du 17ᵉ s. De grandes dalles funéraires (l'une d'elles représente un grand festin donné en l'honneur d'Édouard III) commémorent deux des maires de Lynn au 14ᵉ s., ainsi que leurs trois épouses.

True's Yard ⊘ – *North End*. Deux cottages forment un petit musée illustrant le labeur quotidien des pêcheurs d'antan.

EXCURSIONS

Castle Rising ⊘ – *6 km au Nord-Est par la A 149*. Entouré par 5 ha d'ouvrages défensifs en terre, comportant notamment des murs de 2 m d'épaisseur, le château fut construit en 1138 par William d'Albini, comte du Sussex, pour sa femme, Ida de Louvain, veuve d'Henri Iᵉʳ. En 1331, il devint la demeure d'une reine tombée en disgrâce, **Isabelle de France**, qui fut complice de l'assassinat de son mari Édouard II et y mourut en 1357.

Mis à part les encorbellements ornés de la charpente du hall, seules la galerie et une chapelle subsistent.

★**Sandringham House** ⊘ – *13 km au Nord-Est par la A 1076, puis la A 149*. « Cher vieux Sandringham, le lieu que j'aime le plus au monde », écrivait George V à propos de la maison de campagne victorienne, propriété de la famille royale depuis 1862. Dans le **salon**, la plus grande pièce de la maison, sont exposés des portraits de famille par Von Angeli et Winterhalter, et des tapisseries du 17ᵉ s. représentant l'empereur Constantin par Brier de Bruxelles. Le corridor est décoré d'armes et d'armures orientales. La reine Victoria disait du salon de réception qu'il était « très long et très beau, avec ses deux cheminées, ses plafonds et ses caissons peints ». De l'argenterie russe et des jades chinois y sont conservés. La salle de bal expose des photos des membres de la famille royale.

★★**Holkham Hall** ⊘, à Holkham – *50 km au Nord, puis à l'Est par la A 149*. Résidence des comtes de Leicester et de Coke de Norfolk (1754-1842), l'inventeur de l'agriculture moderne, Holkham Hall est un palais de style palladien conçu par William

Holkham Hall – Vestibule de marbre

A. F. Kersting

Kent. La pièce la plus monumentale est le vestibule de marbre, fait d'albâtre rose poli ; une galerie de colonnes ioniennes roses met en valeur d'une façon spectaculaire des sculptures néoclassiques. La salle de réception (avec des œuvres de Poussin) et le salon (œuvres de Rubens et de Van Dyck) sont presque aussi majestueux. Dans le salon Sud sont accrochées les toiles *La Femme inconnue* de Titien, *Joseph faisant ses adieux à la femme de Putiphar* de Guido Reni, un Gainsborough et *Coke of Norfolk* par Battoni ; la salle des paysages est consacrée à Poussin et le Lorrain.

★★ Houghton Hall ⊘ – *21 km à l'Est par la A 1076 et la A 148, puis une route secondaire sur la gauche.* Faisant la transition entre le baroque et le style palladien, inspiré par Colen Campbell, Houghton Hall fut construit (1722-1735) par Robert Walpole, le premier Premier ministre anglais. La décoration intérieure des pièces principales due à **William Kent** permet d'admirer de magnifiques plafonds, du mobilier du Kent, des porcelaines de Sèvres dans le salon de marbre, des trônes de Pugin et des tapisseries de Mortlake venant de la branche royale des Stuarts dans le salon des tapisseries, et le *Canard blanc* d'Oudry dans le salon blanc.

★★ Oxburgh Hall ⊘ – *29 km au Sud-Est par les A 10 et A 134, puis une petite route fléchée.* Construit en 1482, ce fut l'un des premiers manoirs fortifiés à être bâti pour le prestige. Le **corps de garde** est, selon Pugin, l'« un des exemples les plus nobles de l'architecture domestique au 15ᵉ s. » ; les ailes qui le flanquent datent elles aussi du 15ᵉ s. La suite des salons est beaucoup plus récente (19ᵉ s.). À l'intérieur, dans le salon de couture, s'arrêter devant les **broderies** très élaborées qui représentent des mammifères, des poissons et des plantes, faites par la reine Marie Stuart et Bess de Hardwick *(voir à PEAK DISTRICT, Hardwick Hall)*. Des lettres d'Henri VIII, de la reine Marie et de la reine Élisabeth Iʳᵉ, ainsi que des sculptures sur bois de Grinling Gibbons sont exposées dans la salle du Roi (notez la cache des prêtres sous le plancher, dans la chambre octogonale adjacente).

Castle Acre – *29 km à l'Est par la A 47, puis la A 1065.* Le **château** ⊘ construit par Guillaume de Varenne (William de Warren), un des plus ardents partisans de Guillaume le Conquérant, n'était, à l'origine, qu'une vaste maison de pierre fortifiée. Le donjon fut construit durant les guerres civiles des années 1140.
Du **prieuré** ⊘, fondé par les moines de Cluny, seuls le mur Ouest, les pièces d'habitation et le porche de la fin du 12ᵉ s. sont encore visibles ; il ne reste que des vestiges du chœur, de la salle capitulaire, des dortoirs et des cuisines.

★ **Quatre églises des Fens** – La région des Fens est célèbre pour ses églises... et ses beaux couchers de soleil, qui viennent rompre et illuminer ses vastes espaces de plat pays.

Quitter King's Lynn et se diriger vers l'Ouest par la A 17. À 8 km, tourner à droite.

Terrington St Clement – De la grande **église St-Clément** ⊘, de style Perpendicular, on admirera la tour Nord-Ouest et la très belle baie placée à l'Ouest. L'intérieur abrite une boiserie georgienne raffinée et des **fonts baptismaux** du 17ᵉ s., ornés de peintures illustrant des scènes du Nouveau Testament.

3 km au Sud-Ouest au-delà de la A 17, en passant par Walpole St Andrew.

Walpole St Peter – L'**église St-Pierre**, construite au 14ᵉ s. au cours de la période de transition entre le gothique Decorated (fenêtre Ouest et tour) et le style Perpendicular (fenêtres du vaisseau de la nef et stalles du chœur), est souvent appelée la « Cathédrale des Fens ».

Son charme provient de l'autel surélevé, des boiseries et des sculptures du porche Sud (17ᵉ s.). D'immenses verrières illuminent cet intérieur magnifique.

West Walton – L'**église Ste-Marie** ⊘, construite au milieu du 13ᵉ s., est d'un style gothique Early English assez extravagant, visible dans la décoration des arcatures et des portes, ainsi que dans les peintures murales situées à hauteur des fenêtres hautes.

2 km en continuant vers Wisbech.

Walsoken – L'**église de Tous-les-Saints** ⊘, « la plus grande église paroissiale romane du Norfolk » (Pevsner), a été élevée en 1146. On remarquera notamment les moulures en zigzag sur les arches des arcades et du chœur, la charpente courbe et à diaphragmes, les contreforts octogonaux des **fonts baptismaux** ornés des Sept Sacrements et d'une Crucifixion, ainsi qu'une peinture murale du 16ᵉ s. représentant le Jugement de Salomon.

KINGSTON-UPON-HULL

East Yorkshire – 310 636 habitants
Carte Michelin n° 402 S 22 ou Atlas Great Britain p. 41
Plan dans le Guide Rouge Great Britain & Ireland

Kingston-upon-Hull, plus communément connu sous le nom de Hull, a un long passé maritime. C'était un important centre de pêche, surtout la pêche à la baleine, et c'est encore un grand port de mer. La **vieille ville**, entre la rivière Humber et la rivière Hull, était ceinte de murs et de fossés ; elle conserve du Moyen Âge et du 17ᵉ s. des voies pavées et des auberges. La plupart des docks furent construits à l'époque georgienne le long du mur Est ; le premier d'entre eux, Queen's Dock, qui remonte à 1778, est devenu le Queen's Gardens (les jardins de la Reine).

À proximité se dresse la statue d'un des citoyens les plus célèbres de Hull, **William Wilberforce** *(voir ci-dessous)*, qui contribua à abolir la traite des Noirs par une loi votée en 1807 : il vécut suffisamment pour assister à l'abolition de l'esclavage dans les territoires britanniques en 1833. Un autre résident célèbre fut **Phillip Larkin** (1922-1991), poète et bibliothécaire de l'université de Hull.

CURIOSITÉS

The Hull Maritime Museum ⊘ – *Queen Victoria Square*. Ce musée, aménagé dans les anciens bureaux portuaires (1871), retrace sept siècles d'histoire maritime de Hull à travers des maquettes, des objets divers et de nombreuses peintures.

Ferens Art Gallery ⊘ – *Queen Victoria Square*. Les collections de la ville vont des œuvres de vieux maîtres européens (Frans Hals, Canaletto) à celles d'artistes contemporains (David Hockney et Henry Moore). On y trouve également un choix d'œuvres illustrant l'histoire maritime de Hull.

William Wilberforce Museum ⊘ – *High Street*. La maison de naissance de William Wilberforce (1758-1833) abrite aujourd'hui un musée de l'esclavage. Y sont évoqués le commerce triangulaire et les plantations, ainsi que la vie et le travail de l'homme qui fut à l'origine de son abolition. Plusieurs pièces présentent des meubles d'époque. On trouvera également des collections de costumes, d'horloges et d'argenterie de Hull.

Si vous désirez téléphoner, les cabines téléphoniques de Hull ressemblent en tout point aux traditionnelles cabines britanniques, si ce n'est qu'elles sont... blanches. Ce détail illustre le fait que la ville de Hull est la seule de Grande-Bretagne à posséder sa propre compagnie de téléphone depuis 1904. Après l'émission d'actions de la compagnie en 1999, la ville détient encore 49 % des parts.

R. McLeod/Robert Harding

Le pont sur la Humber

Streetlife – Transport Museum ⊙ – *High Street*. Ce bâtiment moderne renferme une diligence qui simule les désagréments d'un voyage par ce mode de transport, une bicyclette à bascule sans pédales, un grand bi, des motocyclettes, tramways et automobiles anciennes ainsi qu'un sémaphore ferroviaire.

Holy Trinity Church ⊙ – C'est la plus grande des églises paroissiales de Grande-Bretagne. L'église mesure 87 m de long, la tour 46 m de haut. Les bras de brique du transept, construits vers 1330, sont remarquables. Le niveau inférieur de la tour fut également bâti en brique.

Hull and East Riding Museum ⊙ – *High Street*. Attrayante présentation à l'aide des techniques les plus modernes, de l'histoire géologique et archéologique locale.

Hands on History ⊙ – *South Church Side*. Ce vieux lycée *(grammar school)* en brique rouge est le plus ancien bâtiment civil de la ville (1583-1585). C'est maintenant un centre de documentation historique à l'usage des écoles. Au rez-de-chaussée, une exposition interactive évoque la Grande-Bretagne victorienne. Au premier étage est présentée, à côté d'une petite exposition concernant Toutankhamon, l'histoire de Hull et de ses habitants.

Trinity House – Une corporation religieuse fondée en 1399, devenue en 1541 une corporation de marins qui contrôla la navigation et le fret maritime aux 17e et 18e s., fit élever en 1753-1754 cette maison à fronton.

Humber Bridge – *À l'Ouest de l'agglomération*. Il fut construit à partir de 1972 et inauguré par la reine Élisabeth II le 17 juillet 1981. Jusqu'à l'achèvement en 1988 du pont d'Akashi Kaikyo au Japon, il détint le rang de plus long pont suspendu à portée unique au monde. Long de 1 410 m, Humber Bridge dépasse de 103 m le pont Verrazzano à New York.

EXCURSIONS

★**Burton Constable Hall** ⊙, à Sproatley – *12 km au Nord-Est par la A 165, puis la B 1238 à droite en direction de Sproatley*. Le château fut construit par sir Henry Constable vers 1600. La **façade Est**, en brique, dotée de fenêtres à meneaux et de deux ailes en saillie, est ce que l'on remarque en premier lieu. Le **vestibule** et la grande salle sont des réalisations ultérieures de Thomas Lightoller (1760), tout comme le porche à colonnes toscanes.

La **grande galerie**, conçue par William Constable au milieu du 18e s., comporte un grand nombre de portraits de famille. La **cheminée** de marbre, œuvre d'un maître maçon de Berkeley, est incrustée de fleurs et d'oiseaux dus à Domenico Bartoli. Dans la **chapelle**, la **salle de bal** et les **salles à manger**, les plâtres délicats sont l'œuvre de Guiseppe Cortese, maître italien qui créa le plafond de la salle de tribunal de Berkeley. Dans ces pièces comme dans la **salle chinoise** sont exposés de très beaux meubles de Chippendale.

National Fishing Heritage Centre, à Great Grimsby – *48 km au Sud par la A 15 et la A 180*. Grimsby est le principal port de pêche de Grande-Bretagne, activité qu'il exerce depuis le 11e s. À travers une importante exposition détaillée sur le travail à bord d'un chalutier, on découvre les épreuves de la vie de marin. Grâce à des simulations, les conditions de navigation par temps glacial et celles de la pêche au chalut la nuit (comme se tenir debout sur un pont secoué par la houle) sont recréées. Des marins en retraite font office de guides pour accompagner la visite du chalutier *(45 mn)*, le *Ross Tiger*. On y voit la cale où les poissons vidés étaient conservés dans la glace, la salle des moteurs, les quartiers de l'équipage et la coquerie, le pont et la cabine du capitaine. **Cleethorpes**, au Sud de Grimsby, est une station balnéaire réputée.

LACOCK★★

Wiltshire – 1 068 habitants
Carte Michelin n° 403 N 29 ou Atlas Great Britain p. 17

Ce charmant et paisible village de pierre et de brique a toujours fait l'objet de la sollicitude d'autorités diverses : les chanoines augustins occupant l'abbaye, puis les Talbot, et aujourd'hui le National Trust. Extrêmement pittoresque, il comporte quatre rues disposées autour d'une place et a servi de décor pour plusieurs films d'époque, tels qu'*Orgueil et Préjugés* et *Moll Flanders*.

Les rues – **High Street★**, large rue conduisant à l'abbaye, est bordée de boutiques et de maisons de style, de taille et de conception des plus variés (certaines datent des 14ᵉ et 16ᵉ s.). De vieilles rues et des auberges s'égrènent le long de **West Street** et **East Street** (George Inn ou « The Inn » est la plus vieille auberge du village – 1361). Dans **Church Street** (parallèle à High Street), on peut admirer Cruck House (14ᵉ s.), ainsi que Sign of the Angel Inn (15ᵉ s.). Sur la droite, Church Street conduit à la vieille Market Place.

★**St Cyriac** ⊘ – Cette église de style Perpendicular fut construite durant la période de prospérité de Lacock (14ᵉ-17ᵉ s.), alors que la ville était animée par une industrie textile florissante. Ses caractéristiques les plus remarquables sont son vaste **porche** à pinacles et son vieux **clocher**, le remplage de style Perpendicular de la baie gauche du collatéral gauche, les fenêtres à meneaux du **cottage** (début du 17ᵉ s.) édifié sur le côté Sud, les liernes de ses voûtes du 15ᵉ s. et un tombeau du 16ᵉ s. dans la **chapelle Talbot**, dite aussi chapelle de la Vierge.

★**Fox Talbot Museum of Photography** ⊘ – Ce musée occupe une grange du 16ᵉ s. à la porte de l'abbaye. Il est consacré *(rez-de-chaussée)* aux réalisations de **William Henry Fox Talbot** (1800-1877), pionnier de la photographie, et *(1ᵉʳ étage)* à des travaux de photographes contemporains.

★**Abbey** ⊘ – À l'Est du village se dresse une abbaye fondée au 13ᵉ s. **William Sharington**, un ancêtre de la famille **Talbot**, en fit l'acquisition à la Dissolution et la transforma en une demeure majestueuse. Les cloîtres, la sacristie et la salle capitulaire existent toujours. Les générations successives des Talbot y apportèrent la touche conforme au goût du moment. Ainsi, en 1753, inspiré par le style néogothique, John Ivory Talbot fit reconstruire la grande salle. En 1827-1830, William Henry Fox Talbot fit ajouter trois oriels sur la façade Sud : celui du centre fut le sujet de sa première photographie réussie (1835). Éminent botaniste, mathématicien et astronome, égyptologue, représentant de la ville de Chippenham au Parlement et membre associé de l'Académie royale, il fit planter le parc d'arbres exotiques.

Dans la **tour Sharington**, on peut admirer une très belle table en pierre de style continental (vers 1550), puis, dans la galerie Sud, les tirages du premier négatif sur papier du fameux oriel (l'original se trouve maintenant au Science Museum de Londres), de belles pièces de mobilier (début des 18ᵉ et 19ᵉ s.), de nombreux portraits (dont un tableau de Van Dyck représentant les enfants de Charles Iᵉʳ), des tapisseries d'Aubusson et de Wilton.

EXCURSIONS

★★**Corsham Court** ⊘ – *8 km au Nord*. Construit en 1582, ce manoir élisabéthain fut acheté par Paul Methuen au milieu du 18ᵉ s. Il fut agrandi et modifié à plusieurs reprises (par des architectes comme « Capability » Brown vers 1760, John Nash en 1800 et Thomas Bellamy entre 1845 et 1849) pour pouvoir abriter la considérable collection Methuen composée de **peintures** (Italiens des 16ᵉ et 17ᵉ s., Flamands du 17ᵉ s.), de **statues**, de **bronzes** et de **mobilier**.

La superbe collection présentée dans la **galerie de peinture** comprend aussi bien des œuvres du Caravage, de Guido Reni, du Tintoret, de Véronèse, de Rubens et de Van Dyck que des trumeaux et des tables des frères Adam, des girandoles attribuées à Chippendale et une splendide cheminée de marbre blanc. Le **Cabinet** renferme l'*Annonciation* de Filippo Lippi (1463), des dessertes Chippendale et des trumeaux aux frères Adam, tandis que la plus belle pièce du **salon octogonal**, conçu par Nash, est le *Cupidon endormi* de Michel Ange (1496).

On notera également, dans la **salle à manger**, d'admirables portraits de famille par Reynolds, ainsi que le magnifique mobilier de la **chambre d'apparat** et du **salon de musique**.

★**Malmesbury** – *20 km au Nord*. Au cœur de cette ville marchande – centre de tissage prospère jusqu'au 18ᵉ s. –, sur la place du Marché, se dresse l'une des plus belles croix de marché d'Angleterre. Réalisée en pierre locale en 1490, haute de 12 m, elle dresse dans une orgie d'arcs-boutants, de pinacles, de crénelures et d'arcs, une flèche couronnant un clocheton et une croix.

★**Abbey** ⊘ – Fondée au 7ᵉ s., elle est associée à de célèbres personnages, tels **saint Aldhelm** (639-709), l'un de ses premiers abbés, le grand historien **Guillaume de Malmesbury** (1095-1143), qui en fut le bibliothécaire, Elmer, le « moine volant », qui en 1010

Abbaye de Malmesbury – Porche Sud

s'élança du haut de la tour, vola sur 230 m avant de s'écraser et demeura convaincu que seule l'absence d'une queue ne lui avait pas permis d'aller plus loin, et le philosophe **Thomas Hobbes** (1588-1679). Commencée à la fin du 12ᵉ s., l'église actuelle s'étendait au 14ᵉ s. sur 98 m d'Est en Ouest. En 1479, la flèche et la tour de la croisée du transept furent abattues par une tempête, détruisant dans leur chute la croisée elle-même et l'extrémité du croisillon Est. Un siècle plus tard, la tour Ouest s'effondrait à son tour, emportant trois des baies de la nef, dont il subsiste six actuellement. Au moment de la Dissolution, l'abbaye fut vendue à un tailleur local qui fit don des vestiges aux habitants du village, pour en faire l'église paroissiale en 1541. Le joyau de l'abbaye est le **porche Sud**, exemple remarquable de sculpture et de décoration romanes normandes. Les huit ordres ornant les contours extérieurs du porche sont enrichis d'effets géométriques et de personnages bibliques (mutilés), dans un style qui n'est pas sans rappeler celui des églises du Sud-Ouest de la France (Moissac, Souillac). Sur le tympan, on peut admirer un Christ en gloire ; sur la lunette, apôtres surmontés d'un ange.

Les intéressants piliers romans intérieurs sont ornés de chapiteaux à festons sous des arcs brisés, et le **triforium** est formé de baies en plein cintre sculptées de décorations en zigzag. Du côté Sud, remarquez la galerie de guet, d'où l'abbé pouvait observer le service qui se déroulait derrière le jubé. Une clôture médiévale en pierre, à l'extrémité du collatéral Sud, signale la chapelle de saint Aldhelm, qui fut enterré dans une abbaye antérieure, détruite par le feu en 1050.

LAKE District★★★

Région des LACS – Cumbria
Carte Michelin n° 402 K L 20 ou Atlas Great Britain p. 44

Avec ses 2 280 km² de lacs et de montagnes, c'est le plus grand parc national d'Angleterre, et le plus visité. « Aucune autre région du pays, que je sache, n'embrasse dans un espace si restreint une si grande variété de jeux d'ombre et de lumière avec le beau et le sublime » (Wordsworth).

Les montagnes s'élèvent abruptement depuis les vallées glaciaires, occupées pour la plupart par ces belles étendues d'eau à qui la région doit son nom, et qui rayonnent autour d'un cœur élevé constitué de roches volcaniques. Il y a là des falaises, des escarpements, des précipices, et de nombreux pics célèbres, dont le désert rocailleux du **Scafell Pike** (977 m), point culminant d'Angleterre. Ailleurs, c'est l'ardoise qui a constitué la plus grande partie du paysage : vers le Nord, les hauteurs doucement arrondies, mais néanmoins majestueuses de la chaîne du Skiddaw ; vers le Sud, la région plus accidentée, dont le point le plus haut, **The Old Man** (801 m), règne sur le lac Coniston. Le spectacle des montagnes est mis en valeur par le paysage pastoral des basses terres, si doux autour du lac Windermere qu'on se croirait dans un parc. Les vallées reculées de l'Ouest sont aussi luxuriantes, même si à proximité du sommet de Wasdale s'étend le plus profond et le plus austère des lacs, le Wastwater, dont les impressionnants éboulis des rives plongent de plusieurs mètres.

Les pluies abondantes alimentent les nombreux petits lacs et les ruisseaux qui dévalent les versants. Les sommets sont souvent couverts de nuages et les pentes noyées dans la brume. L'air est doux et la lumière changeante joue sans cesse avec les nuances de couleurs riches et subtiles des rochers et de la végétation : herbes sauvages, bruyère et ajoncs sur les flancs des montagnes, sorbiers couverts de baies et bouleaux à écorce blanche, pins noirs élégamment dressés au bord du lac, et pâturages d'un vert dense s'opposant au surabondant feuillage des chênes et des sycomores.

On retrouve la pierre dans tout ce qui a été façonné par la main de l'homme dans la campagne : vieux ponts, murs en pierre sèche qui montent très haut dans les escarpements, pierres grossièrement taillées des solides étables, cottages et fermes blanchies à la chaux que recouvrent de robustes toits d'ardoise. Bien qu'animés par la circulation et le tourisme, les petits villages eux-mêmes, essentiellement faits de pierre et d'ardoise, font partie intégrante du décor de la montagne dont, récemment encore, on extrayait houille, fer, plomb, cuivre et graphite.

Il y a de nombreuses manières d'apprécier la région des Lacs : flâner le long des rives, faire un tour en bateau, s'aventurer en voiture dans les chemins étroits. C'est avant tout le royaume du randonneur pour qui « il n'existe pas de mauvais temps, mais seulement des vêtements inadéquats ». Adeptes de l'escalade et simples marcheurs seront tentés par les multiples possibilités qu'offre la région des Lacs.

Les routes en lacet à forte pente (parfois à plus de 30 %) sont étroites. Randonneurs et alpinistes emprunteront les itinéraires correspondant à leur niveau ; ils préviendront quelqu'un de leur entreprise ; ils n'oublieront pas de se munir de cartes et de l'équipement indispensable à toute randonnée en montagne ; et ils ne partiront pas à la tombée du jour ni par mauvais temps.

① CIRCUIT DES POÈTES *48 km*

Cet itinéraire concerne la partie centrale très vivante du Lake District et évoque les poètes – **Wordsworth**, **Coleridge** et **Southey** – qui furent inspirés d'une façon ou d'une autre par les paysages. Les centres dynamiques d'Ambleside et, au bord du lac, de Windermere sont deux bons points de départ pour découvrir le Lake District.

★★**Lake Windermere** – Le plus long lac d'Angleterre (16 km) est joliment bordé de pentes boisées et de hautes collines. C'est le plus animé des lacs du District, apprécié autant pour la voile et le ski nautique que pour les **circuits en bateau** ⊘. Ceux-ci permettent aux touristes d'admirer la rive occidentale toute proche, restée intacte, et les nombreux îlots, dont Belle-Isle. **L'Aquarium des Lacs** ⊘ *(suivre la signalisation Lakeside Steamers)* permet de découvrir la vie aquatique dans les lacs et les rivières de cette partie du parc.

Sur la rive Est s'élève la ville de **Windermere**, fondée au 19e s. lors de l'essor touristique de la région et point de départ d'une ligne de chemin de fer.

Bowness-on-Windermere – Ce joli village est réputé pour sa promenade longeant la baie. Un **bac** ⊘ (voitures et piétons) traverse le lac pour atteindre Sawrey. Le **Windermere Steamboat Museum** ⊘, sur les bords du lac, présente une très belle collection de bateaux à vapeur, à moteur et de voiliers.

Hill Top ⊘, à **Near Sawrey**, sur la rive occidentale du lac Windermere – C'est le royaume de Peter Rabbit, Benjamin Bunny, Jemima Puddle-Duck et la retraite de **Beatrix Potter** (qui se considérait avant tout comme éleveuse de moutons et fut embarrassée du succès que lui valurent ses livres pour enfants) ; inchangée depuis sa mort en 1943, la propriété attire chaque année des milliers de curieux à la recherche de leur enfance perdue. À l'intérieur de cette maison du 17e s., on peut voir ses aquarelles, ses maisons de poupées et certains de ses souvenirs.

Le lac Windermere

Hirondelles et amazones

Arthur Ransome (1884-1967) travailla dans l'édition, puis devint correspondant de guerre pendant la révolution russe. Il continua à exercer la profession de journaliste politique indépendant pour *Le Manchester Guardian* tout en rédigeant des ouvrages de critique et des récits de voyages, avant de connaître la popularité comme auteur de livres pour enfants avec *Hirondelles et Amazones* (1931) et les récits qui suivirent. Les aventures estivales des jeunes Walker, qui font de la voile, du camping, vont à la chasse au trésor et échappent à des pirates, ont pour cadre le lac Coniston et le lac Windermere qui ne font qu'un dans les romans de Ransome. Il est néanmoins facile de reconnaître de nombreux endroits des environs qui figurent dans ses récits : Peel Island sur le lac Coniston et Blake Holme sur celui de Windermere deviennent Wild Cat Island ; the Old Man of Coniston devient Kanchenjunga ; Bowness-on-Windermere, Rio ; Silver Home, Cormorant Island ; Belle-Isle, Long Island ; Allen Tarn, Octopus Lagoon ; Bank Ground Farm, Holly Howe.

★**Hawkshead** – Les étroites venelles de ce village traditionnel sont bordées de murets d'ardoise et longent des cottages fleuris. Wordsworth fréquenta l'école secondaire locale de 1779 à 1787.

Une exposition consacrée à **Beatrix Potter** est présentée dans les bureaux qu'occupait son époux, William Heelis, qui était avoué.

★**Coniston Water** – En venant de Hawkshead, une jolie vue plonge depuis la route sur le lac et ses bords, dominés par **The Old Man of Coniston** (801 m). C'est sur ce lac que **Donald Campbell** trouva la mort en 1967 en tentant de battre le record du monde de vitesse sur l'eau.

★**Brantwood** ⊘ – Située sur la rive orientale du lac Coniston, ce fut à partir de 1872 la demeure de **John Ruskin** (1819-1900), écrivain, artiste et réformateur social, une des figures les plus marquantes de l'ère victorienne. Aux murs sont accrochées les exquises aquarelles qu'il réalisa ou qu'offrirent les peintres préraphaélites qu'il soutint. Son bureau, dans une petite tour, offre une **vue**★★ splendide sur Coniston et son cadre lacustre, où, sur la gauche, se reflète la silhouette du « Vieil Homme » (The Old Man).

Revenir sur ses pas et tourner à gauche sur Coniston.

Coniston – Ce petit village d'ardoise grise a été rendu célèbre par la présence de John Ruskin, qui est inhumé dans le cimetière local. Non loin, le petit **musée Ruskin** ⊘ illustre par des dessins, des manuscrits et d'autres souvenirs ses nombreux talents.

Quitter Coniston par la A 593 jusqu'à Skelwith Bridge, puis tourner à gauche en direction de Grasmere.

Grasmere – Le village serait beau même si **Wordsworth** n'avait jamais existé. C'est ici que sa famille résida entre 1799 et 1850 dans deux maisons différentes, Dove Cottage et Rydal Mount. C'est dans le cimetière de l'église St Oswald, du 13ᵉ s., que sont enterrés Wordsworth, de nombreux membres de sa famille et le fils de Coleridge, David Hartley.

★**Dove Cottage** ⊘ – *À la sortie de la ville, juste au bord de la A 591.* Cette auberge du début du 17ᵉ s. fut réaménagée et fut la demeure de **William Wordsworth** et de sa sœur Dorothy de 1799 à 1808. Dove Cottage agit comme un aimant sur les écrivains romantiques du début du 19ᵉ s. : **Samuel Coleridge** (1772-1834), **Robert Southey** (1774-1843) et **De Quincey** (1785-1859). Dans la cuisine où Dorothy préparait aux pensionnaires deux repas par jour (toujours du porridge), il y a trois fauteuils tapissés par les sœurs des poètes, Dora Wordsworth, Sara Coleridge et Edith Southey.

L'étage supérieur comprend un salon donnant sur le lac de Grasmere (à l'époque de Wordsworth, le cottage était isolé), la chambre à coucher principale (occupée d'abord par William, puis par Dorothy), la « pièce aux journaux », dont les murs sont tapissés de papier journal pour l'isoler du froid, et la réserve qui servait aussi de chambre d'amis. Le cottage fut pendant une courte période la demeure de Thomas De Quincey.

Derrière la maison, un musée recèle des manuscrits, des souvenirs et des toiles représentant la région des Lacs.

Rydal Mount ⊘ – Dans le hameau de Rydal qui domine le lac du même nom. Ce cottage datant d'environ 1574, agrandi en maison de fermier au 18ᵉ s., fut la résidence de William Wordsworth (1770-1850) de 1813 à sa mort, période qui le vit passer de la poésie révolutionnaire au statut réactionnaire de « Poète Lauréat ». C'est ici qu'il écrivit le livre qui fut son plus grand succès financier, *Le Guide des lacs*. Sa bibliothèque fait maintenant partie du cabinet de travail, et le plafond du bureau est toujours peint selon les motifs Renaissance qu'il avait copiés lors d'une visite en Italie.

Ambleside – Situé au Nord du lac Windermere, ce village est un endroit agréable à visiter. Old Bridge House est bâtie sur la rivière Rathay. L'église St Mary a été construite en 1854.

② ESKDALE PAR LE COL DE WRYNOSE *80 km*

Partant de Windermere, cet itinéraire conduit aux régions moins fréquentées, plus sauvages et parfois désolées de Ulpha Fell et de Furness Fell. La route franchit deux cols difficiles, aussi la plus grande prudence est-elle de mise sur cette voie étroite aux virages sévères et aux pentes très raides.

Quitter Windermere en direction du Nord par la A 591.

★**Lake District Visitor Centre** ⏱, à **Brockhole** – Peu après **Windermere**, ce centre d'information, géré avec imagination, présente des expositions sur l'écologie, l'histoire de la région des Lacs et une exposition **Beatrix Potter**.

Au Sud d'Ambleside, tourner à gauche pour prendre la A 593 ; après Skelwith Bridge, tourner à droite.

Au début, la route est bordée de talus, puis commence à gravir cette vallée en V aux flancs dénudés, domaine du mouton de montagne. Après avoir franchi le **col de Wrynose**★★ (390 m), s'arrêter pour admirer la vue sur Little Langdale.
La route longe la rivière Duddon, d'un bout à l'autre du Wrynose Bottom, entre les deux cols. Faire halte pour jouir de la splendeur sauvage du paysage et des formes douces et arrondies des sommets qui dépassent rarement 1 000 m, mais sont entaillés d'éboulis vertigineux.

Continuer vers l'Ouest ; la route grimpe à nouveau fortement pour franchir le second col.

★★**Hard Knott Pass** – Les ruines de **Hardknott Fort**, magnifique exemple de fort romain auxiliaire en pierre (2e s. après J.-C.), se dressent à l'extrémité Sud du col (393 m), qui donne sur la vallée plus pastorale d'**Eksdale** à l'Ouest.

Ravenglass and Eskdale Railway ⏱ – Posée en 1875, cette ligne à voie étroite (11,3 km) était destinée à l'acheminement du minerai de fer et du granit. La ligne frôle de hautes chutes et des cascades et descend la vallée de l'Esk, cheminant à travers les pentes basses couvertes de bruyères, de fougères ou d'arbres, pour arriver à **Ravenglass** où l'on peut admirer les oiseaux de mer qui se rassemblent sur l'estuaire. Le petit musée de la gare de Ravenglass est consacré à l'histoire du chemin de fer et aux mines de la région.

L'automobiliste peut revenir par la même route ou faire un long détour par Ulpha, Broughton-in-Furness et Newby Bridge à l'extrémité Sud du lac Windermere.

③ KESWICK ET LES LACS DU NORD *47 km*

En venant de Windermere, on dépasse le Brockhole National Park Centre, Ambleside, Rydal Mount et Dove Cottage, décrits aux excursions précédentes.
La route suit ensuite la montée du Rothay jusqu'à Dunmail Raise, puis redescend sur Thirlmere que couvre de son ombre « le noir sommet de puissance », l'**Helvellyn** (949 m), situé à l'Est. Wordsworth empruntait ce chemin pour rendre visite à Coleridge et Southey, installés à Keswick.

Thirlmere – Magnifié par des montagnes et des forêts, ce lac semble presque trop beau pour être vrai. D'ailleurs il ne l'est pas : la forêt n'est qu'une plantation, le lac un réservoir surélevé de 15 m par un barrage. La route franchit encore deux cols avant de descendre sur Keswick.

Aux abords de la ville, un panneau indique sur la droite le **cercle de pierres de Castlerigg**★ (Castelrigg Stone Circle). Situé sur un affleurement herbeux, il est plus ancien que Stonehenge et garde encore le secret de ses fonctions. Le site offre une **vue** très étendue en direction du Thirlmere et de l'Helvellyn au Sud et, vers l'Ouest, sur le Derwentwater et Keswick.

Keswick – Ce village typique de la région des Lacs, d'origine médiévale, fut le lieu de résidence de Coleridge et de Southey – qui y mourut –, dont les nombreuses familles partageaient Greta Hall *(privé)*. Grâce à sa mine de graphite exploitée dès le milieu du 16e s. à Borrowdale, Keswick peut s'enorgueillir d'avoir vu naître la première fabrique de crayons au monde (1832). Aujourd'hui, le petit mais néanmoins intéressant **musée du Crayon** (Pencil Museum) ⏱ relate le procédé de fabrication des crayons haut de gamme.
Le **musée** ⏱ local contient des manuscrits de Wordsworth et de Southey et les fameuses pierres musicales.

★**Derwentwater** – *5 km de long sur 1,5 km de large.* Ce lac est bordé de rochers très découpés. Southey le tenait pour le plus beau des lacs d'Angleterre.

Lodore Falls (les chutes de Lodore) – La cascade la plus littéraire de la région des Lacs. Selon Southey, « elle tonne et se débat, se fracasse, fait plouf ! explose, siffle et chuinte, elle saute, grogne et gronde, elle tombe et retombe, puis murmure et s'étale » (mais seulement après de fortes pluies).

Plus loin, la charmante vallée de **Borrowdale**, où le graphite fut extrait pour la première fois au milieu du 16e s., conduit au petit hameau de Rosthwaite situé dans une clairière entourée de montagnes, dans un décor caractéristique de la région

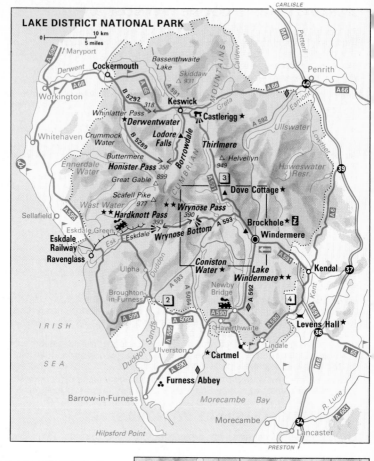

LAKE DISTRICT NATIONAL PARK

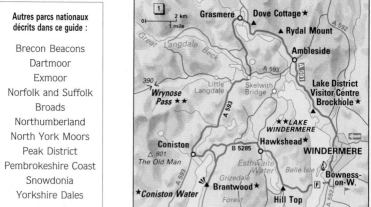

des Lacs. Depuis le **Honister Pass** (358 m), belle vue sur deux des sommets qui dominent la région, le **Great Gable** (899 m) et le **Scafell Pike** (977 m). Une fois le col franchi, la route descend vers **Buttermere**, qu'un delta glaciaire sépare de **Crummock Water**.

Wordsworth House, à **Cockermouth** – *Main Street*. C'est dans cette élégante demeure de style georgien néoclassique (1745) que le poète **Willliam Wordsworth** naquit en 1770 et passa son enfance. Certains de ses propres meubles ou du mobilier contemporain l'habillent encore. On y voit quelques-uns de ses travaux, des documents associés à son œuvre, ainsi que l'arbre généalogique de la famille. Le jardin descend vers la rivière Derwent.

De Cockermouth, retourner sur Keswick soit par la A 66, soit par la B 5292.

La route A 66, plus rapide, longe la berge Ouest du lac de Bassenthwaite, tandis que la route B 5292, plus lente, gravit le col de Whinlatter (318 m), révélant de très beaux panoramas sur le lac.

④ KENDAL ET FURNESS *64 km*

Quitter Windermere par la A 591.

Kendal – Ce « vieux village gris », bâti à partir de la pierre à chaux locale, est le centre prospère d'une vaste région. C'est là que naquit la sixième femme de Henri VIII, **Catherine Parr**, mais le village était célèbre bien avant cette époque pour son négoce de la laine. **Abbot Hall**, maison de campagne du 18e s., est maintenant occupée par une galerie d'art (expositions temporaires et collection de tableaux de George Romney – 1734-1802). En face, de l'autre côté de la cour, le **Museum of Lakeland Life** ⊙ consacre un espace d'exposition à l'écrivain pour enfants, Arthur Ransome. Du château, on peut admirer la ville dans son écrin de collines. Kendal est aussi réputée pour son *Mint Cake*, une friandise enrobée de chocolat, connue pour ses qualités énergétiques et qui constitue l'élément indispensable du sac à dos de tout randonneur.

Continuer en direction du Sud par la A 591, puis la A 590.

★**Levens** ⊙ – Un manoir élisabéthain et une tour du 13e s. constituent la charmante demeure que l'on peut voir de nos jours. La **grande salle**, avec ses lambris de chêne et son plafond décoré, donne un avant-goût des gravures et des **plâtres**, d'époque élisabéthaine, ou ultérieurs, ornant les autres pièces. La salle à manger, tendue de cuir de Cordoue en 1692, possède de magnifiques sièges en noyer d'époque Charles II. Le **jardin topiaire** est le seul à avoir conservé intact son plan de 1690.

Prendre la A 590 vers l'Ouest, puis après Lindale suivre les indications pour atteindre Cartmel par des routes secondaires.

Cartmel – Avec ses maisons des 17e et 18e s. et le corps de garde du prieuré (**Gatehouse**) ⊙, la place du marché de ce village est très élégante. Le **prieuré★** ⊙ est l'édifice médiéval (12e s.) le plus important de la région des Lacs. Il a échappé aux destructions de la Dissolution en devenant église paroissiale. Sa curieuse tour est en fait constituée de deux tours superposées diagonalement.
À l'intérieur, beau vitrail de style Perpendicular et, au-dessus des curieuses miséricordes du chœur, dais remarquablement sculpté datant de 1620.

Prendre la petite route jusqu'à Haverthwaite, puis tourner à gauche sur la A 590.

Furness Abbey ⊙ – Étienne, comte de Boulogne, et plus tard roi d'Angleterre, accorda en 1123 à l'ordre de Savigny un terrain près de Preston pour y bâtir un couvent. En 1127, la communauté se déplaça dans un site plus retiré, à Furness, et fut rattachée à l'ordre de Cîteaux. Les ruines de l'abbaye, en grès rouge, se trouvent dans un vallon reculé. Les murs du transept et du chœur ont pratiquement gardé leur hauteur d'origine, tout comme la tour Ouest. Dans le mur Sud du sanctuaire ont été conservés quatre bancs (**sedilia**) et une vasque (**piscina**). Le vestibule et la salle capitulaire, datant du milieu du 13e s., ont l'élégante simplicité typique des bâtiments cisterciens de l'époque.

LANCASTER

Lancashire – 44 497 habitants
Carte Michelin n° 402 L 21 ou Atlas Great Britain p. 38

Le château de Lancaster et l'église du prieuré St Mary sont établis sur la même colline, au sommet de laquelle les Romains avaient construit le fort chargé de défendre le point de passage sur la rivière Lune.
La ville, qui prospéra au 18e s. grâce au commerce avec les Antilles, possède un bon nombre de belles constructions datant de cette période, notamment le **bâtiment des douanes** de style georgien.

★**Castle** ⊙ – L'imposant corps de garde qui domine l'entrée au sommet de la colline fut construit vers 1407-1413, sur l'initiative de Henri IV, fils de Jean de Gand, duc de Lancastre.
Une grande partie de ce qui restait du château médiéval, notamment le **grand donjon** et la **tour d'Hadrien**, fut incorporé à l'ensemble des nombreux ajouts effectués à la fin du 18e s. Les murs furent reconstruits à cette époque, tout en conservant le tracé d'origine datant du 14e s.
La **salle du comté**, gothique, possède un remarquable plafond de pierre sculptée, et abrite une collection de blasons de monarques et de shérifs. À proximité, sur le site de la grande salle, siège depuis 1176, se trouvent le **tribunal pénal** (Crown Court) et la **salle de la « petite visite »** (Drop Room), pièce d'où les prisonniers étaient conduits au supplice. Il s'agit de trois superbes exemples du style architectural des années 1796-1798.

Priory Church ⊘ – Un prieuré dédié à sainte Marie fut fondé à proximité en 1094, mais l'édifice actuel est de style essentiellement Perpendicular. Le porche Sud date de 1180 environ ; cependant, ce sont surtout les **stalles du chœur**, dont les riches sculptures évoquent un feuillage, qui sont la fierté de l'église.

Maritime Museum ⊘ – *St George's Quay*. Le bâtiment des douanes, conçu par un membre de la famille Gillow en 1764, abrite aujourd'hui le musée de la Mer, où sont illustrés de nombreux aspects de la vie maritime locale. Remarquez le « paquebot » *(packet boat)* destiné au trafic fluvial, la diligence conçue pour « traverser les plages » et l'exposition sur la croissance des villes de bord de mer voisines, telles que Morecambe et Heysham.

EXCURSION

Morecambe et **Heysham** – *8 km à l'Ouest, par la A 589*. Stations balnéaires traditionnelles, elles dominent la large courbe de la baie de Morecambe et donnent sur la péninsule de Furness et les montagnes de la région des Lacs. L'estuaire sert d'abri au gibier d'eau et aux échassiers migrateurs.

Morecambe est dotée d'une longue promenade (8 km), de piscines couvertes et en plein air, d'un parc sur le thème de l'Ouest sauvage et d'un village miniature pour les enfants. Depuis la Promenade Arena, en face du jardin d'hiver, on jouit de magnifiques couchers de soleil.

Heysham, aujourd'hui un port tourné vers l'Irlande et l'île de Man, est le site d'une **centrale nucléaire** ⊘ utilisant deux réacteurs à refroidissement liquide. Sur le promontoire qui domine le port, six tombes ont été creusées à même la roche, probablement par des moines irlandais du 8e s. À proximité se trouvent les ruines de la **chapelle St Patrick**, un bâtiment d'origine saxonne. Sous le promontoire, l'**église St Peter**, d'origine saxonne, fortement remaniée, renferme une pierre tombale anglo-normande en dos d'âne (aile Sud) associant symboles chrétiens et mythologie nordique.

LEEDS★

West Yorkshire – 424 194 habitants
Carte Michelin n° 402 P 22 ou Atlas Great Britain p. 39
Carte détaillée des environs Atlas Great Britain p. 122
Plan d'agglomération dans le Guide Rouge Great Britain & Ireland

Bien que médiévale à l'origine, Leeds est avant tout une grande ville victorienne, dont la population a décuplé entre 1800 et 1900. Classée troisième par la taille parmi les villes de province anglaises, elle a maintenant remplacé l'industrie lourde par l'ingénierie légère et les manufactures de vêtements par le commerce de détail. Les zones piétonnes et les arcades commerçantes attirent la population de tout le Nord de l'Angleterre. Capitale provinciale, Leeds propose, outre les splendides représentations données à l'Opera North, des attractions nocturnes le week-end. Longtemps séparées du centre par la voie de chemin de fer, les rives de l'Aire autrefois industrialisées offrent aujourd'hui de nouveaux centres culturels et de loisirs, au premier rang desquels figure le superbe musée royal de l'Armurerie. Headingley, juste à la sortie de la ville, est le berceau du cricket dans le Yorkshire.

CURIOSITÉS

★★★ **Royal Armouries Museum** ⊘ – *Armouries Drive, sur la rive Sud de l'Aire*. Bien qu'elle dépasse de par sa taille les entrepôts du 19e s. à plusieurs étages situés sur la rive opposée de l'Aire, cette citadelle de brique grise et de marbre est confortablement installée au bord du fleuve, dominant le barrage, l'écluse et le dock Clarence. Elle fut inaugurée en 1996 pour fournir un cadre approprié à une partie de la merveilleuse collection d'armures partiellement exposée à la Tour de Londres. Les techniques d'exposition sont des plus modernes (bornes interactives, écrans vidéo, etc.) et des plus imaginatives, replaçant les objets dans leur contexte. Les six étages de la partie principale du bâtiment s'ouvrent sur The Street, espace central coiffé d'un dôme de verre permettant à chacun de visiter à sa guise. L'ensemble est dominé par le **Hall of Steel**, un donjon vitré haut de 30 m, dont les murs intérieurs portent les armes les plus diverses, présentées dans de merveilleux décors.

Les spacieuses galeries sont consacrées à **la guerre, à la chasse, aux tournois, à la défense** et aux armes d'**Asie**. Parmi les innombrables trésors figurent un masque au rictus grotesque (dont le musée a fait son emblème) offert à l'empereur Maximilien, des fusils de chasse magnifiquement ciselés, une armure japonaise offerte au roi Jacques Ier en 1614 et une armure d'éléphant presque complète. Entre autres curiosités, on peut voir un minuscule revolver de cycliste destiné à dissuader les

---

Leeds pratique

Office de tourisme – **Gateway Yorkshire, Regional Travel and Tourist Information Centre**, PO Box 244, Station Arcade, Leeds City Station, ☎ (0113) 242 5242. Ouvert du lundi au samedi, de 9 h 30 à 18 h et le dimanche de 10 h à 17 h. Consultez également le site internet : www.leeds.gov.uk

Tourisme – Durant l'été, des promenades guidées au départ de Gateway Yorkshire sont proposées. Pour de plus amples renseignements, appeler le Gateway Yorkshire. Des excursions en bateau sur le canal de Leeds sont une façon pittoresque de visiter les environs.

Pubs et restaurants – Restaurants, pubs et boutiques se trouvent sur Leeds Waterfront, autrefois abandonné. **Ancestor Pub**, pub traditionnel, se trouve sur Tetley's Brewery Wharf (quai où sont rassemblés des brasseries et un musée consacré à cette activité). Au pied de la colline après Corn Exchange se trouve un endroit animé le soir, idéal pour dîner. Les restaurants **Poll Court at 42** et **Rascasse** méritent le détour. Pour en savoir plus sur les restaurants, vous pouvez contacter l'Office de tourisme pour obtenir un exemplaire de *Leeds on*, qui vous donnera toutes les informations détaillées sur les restaurants de Leeds et des environs.

Shopping – Briggate et l'élégant **Victoria Quarter** regroupent les boutiques les plus prestigieuses, dont le premier magasin Harvey Nichols établi hors de Londres. Pour tout ce qui a trait à l'artisanat, **Granary Wharf**, ouvert tous les jours, est l'endroit idéal. Pour des amateurs d'objets originaux, **Corn Exchange**, à l'atmosphère bohème, comprend quelque 52 boutiques. Sunday Festival Market ou Kirkgate Market comptent parmi les plus grands marchés couverts de Grande-Bretagne. En 1884, c'est là que Michael Mark ouvrit Penny Bazaar, à l'origine de la création de Mark & Spencer en 1890.

Loisirs – Leeds est réputé pour sa vie nocturne et ses nombreux night-clubs. Pour obtenir plus de détails, contactez l'Office de tourisme. Le Varieties Music Hall, le West Yorkshire Playhouse, le Grand Theatre et Opera House proposent des spectacles pour tous les goûts. Des concerts en plein air (opéra, ballet, pop, jazz et musique classique) se déroulent en été. Un festival international du film et un concours de piano international ont également lieu à Leeds.

---

chiens et un énorme fusil à plombs utilisé par les braconniers pour abattre d'un seul coup des douzaines de canards. Joutes et combats palpitants sont recréés dans le **Tiltyard**, le premier à avoir été construit en Grande-Bretagne depuis des centaines d'années.

Town Hall et **Victoria Square** – Les colonnes corinthiennes de l'**hôtel de ville**, la tour baroque haute de 69 m et la splendeur de l'intérieur en faisaient un symbole de la fierté patriotique quand il fut inauguré par la reine Victoria en 1858. Aux beaux jours, on peut voir les passionnés d'échecs jouer sur un « échiquier géant » tracé sur le sol de la place Victoria.

Millenium Square *(en cours d'aménagement)*, dans le prolongement de Civic Hall, offrira un nouveau centre d'animation pour la cité.

Briggate – Depuis sa création vers 1200, Briggate est l'artère commerçante par excellence. À chaque coin de rue s'ouvrent des arcades dont la plus luxueuse est sans nul doute **County Arcade** *(à côté de Victoria Quarter)*, rehaussée d'une coupole de verre et de vitrines d'acajou, décorée de faïences et de mosaïques provenant d'ateliers artisanaux. Plus à l'Est se dressent deux vastes marchés couverts tout aussi magnifiques l'un que l'autre : **Kirkgate** et **Corn Exchange**, bâtiment ovale construit en 1864 et abritant aujourd'hui plusieurs boutiques spécialisées. **St John's Church** ⊘ est la plus vieille église du centre-ville. Une restauration intelligente menée en 1868 a laissé l'intérieur pratiquement inchangé depuis sa construction en 1632-1634. Somptueux jubé et chaire. Le **Grand Theatre** ⊘ est une construction néogothique de 1878, inspirée de la Scala de Milan ; ce théâtre est le siège de l'« Opéra du Nord ».

★ **City Art Gallery** ⊘ – L'intérêt de ce musée tient à sa collection d'**art anglais des 19e et 20e s.**, et en particulier de peintures datant de la première moitié du 20e s. Les grands artistes de cette époque sont pratiquement tous représentés. Une sélection de sa riche collection d'aquarelles anglaises est également exposée.

Dominant un petit nombre de peintures préraphaélites, on s'arrêtera devant l'impressionnant tableau de Holman Hunt *L'Ombre de la mort*. Le musée possède plusieurs des grandes peintures narratives si populaires au 19e s., entre autres, *Écosse pour toujours !* de lady Butler et quelques scènes d'ambiance caractéristiques du peintre régional Atkinson Grimshaw.

LEEDS

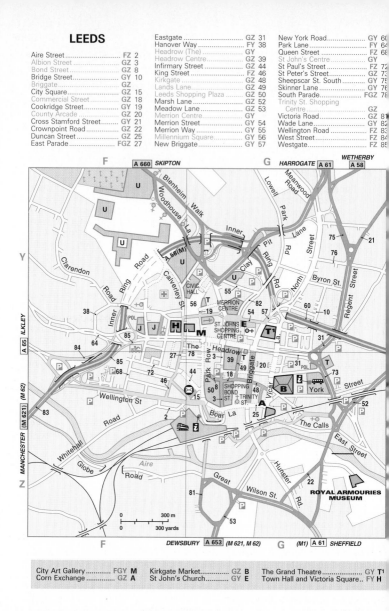

La plupart des peintures du début du 20ᵉ s. sont disposées autour du grand escalier et à l'étage supérieur. En haut de l'escalier, on trouve un bouleversant portrait vorticiste, *Praxitella*, par Wyndham Lewis. La plus étonnante œuvre de l'école de Camden Town est un paysage de Charles Ginner (1914), le *Canal de Leeds*. Remarquez les œuvres très personnelles de Stanley Spencer. Le surréalisme est bien représenté avec des toiles de Paul Nash, John Armstrong, Tristram Hillier et Edward Wadsworth ; la tendance plus tardive du néoromantisme est aussi présente au travers des œuvres de John Minton, Graham Sutherland et John Piper. Les tendances de l'après-guerre, tant britanniques qu'inter-

Portrait couché, de Henry Moore

nationales, sont bien illustrées, notamment dans la troublante *Peinture* de 1950 par Francis Bacon. Parmi les peintures françaises, on retiendra un Courbet, quelques impressionnistes et un somptueux Derain de 1905, *Les Bateaux sur la Tamise*.

Le plus grand sculpteur anglais du 20ᵉ s., Henry Moore (1898-1986), était originaire du Yorkshire. Tout en exposant des œuvres de quelques contemporains, l'**Institut Henry Moore** ⊘ pour l'étude de la sculpture montre une série de ses pièces maîtresses, depuis de petites études raffinées jusqu'au *Portrait couché* de 1929 et à la puissante composition d'après-guerre, les *Porteurs de plats*.

★**Kirkstall Abbey** ⊘ – *3 km du centre-ville par la A 65*. Les austères ruines sont dominées par la tour de la croisée, qui fut élevée entre 1509 et 1528. La construction de cette abbaye cistercienne fut entreprise en 1152 par les moines de Fountains Abbey.

EXCURSIONS

★**Temple Newsam** ⊘, près de **Whitkirk** – *8 km à l'Est par les A 64 et A 63*. Lieu de naissance de lord Darnley, époux de la reine Marie d'Écosse, c'est une maison de brique de style Jacques Iᵉʳ, formant les trois côtés d'une cour. Commencée à la fin du 15ᵉ s., elle fut considérablement modifiée au début du 17ᵉ s. Une inscription de cette époque, à la gloire de Dieu, en l'honneur du roi et pour la prospérité de ses habitants, s'étend tout autour de la balustrade.

À l'intérieur, on trouve une collection exceptionnelle d'**objets d'art décoratif**★ anglais, européens et orientaux. La présentation de ces œuvres est rehaussée par la justesse et le charme de leur disposition, ainsi que par la présence de nombreuses toiles de grands maîtres. Le parc, aménagé à l'origine par Capability Brown, comprend plusieurs jardins.

Lotherton Hall ⊘, près d'**Aberford** – *19 km à l'Est par les A 63 et A 642 (à gauche à Garforth), puis la B 1217*. Cette demeure a été offerte à la municipalité de Leeds en 1968 par la famille Gascoigne qui habitait la région depuis le 14ᵉ s. Une partie des collections d'art de la ville y est désormais exposée. On y trouve du mobilier, des sculptures et de l'argenterie fine provenant de la famille Gascoigne, qui les avait collectés lors de « grands tours » effectués entre 1720 et 1780. Les costumes historiques du 18ᵉ s. à nos jours sont bien représentés. On peut voir en outre une vaste collection de céramiques et de poteries produites entre 1700 et 1920. Dans le parc, où s'élève une petite **chapelle romane** en parfait état, un **parc ornithologique** rassemble plus de deux cents espèces d'oiseaux provenant de tous les continents.

National Coal Mining Museum for England ⊘, à **Middlestown** – *Au Sud de Leeds et à 10 km à l'Ouest de Wakefield sur la A 642*. Jusqu'à sa fermeture dans les années 1980, la mine de Caphouse était un maillon de l'empire industriel britannique. Plusieurs machines et expositions évoquant l'extraction du charbon et la vie des mineurs sont disséminées autour des bâtiments. Le grand moment de la visite est la descente par 140 m de fond dans les anciennes galeries.

★**Nostell Priory** ⊘ – *29 km au Sud-Est par la A 61, puis la A 638*. Ce manoir palladien, situé près du site d'un prieuré du 12ᵉ s. dédié à saint Oswald, a été construit en 1733 par James Paine alors âgé de seulement 19 ans, qui a disposé toutes les pièces principales à l'étage noble, que l'on gagne par un escalier extérieur. Les salons d'honneur, achevés par Robert Adam, comptent parmi ses plus belles réalisations. **Thomas Chippendale**, alors en apprentissage, dessina le mobilier spécialement pour le manoir. La **table de la bibliothèque** et le **mobilier chinois** vert et or de la chambre d'apparat sont de splendides réussites. La **maison de poupées**, dotée d'un mobilier original et d'accessoires, est probablement aussi de lui.

★**Brodsworth Hall** ⊘, à **Brodsworth** – *40 km au Sud-Est de Leeds par la M 1 jusqu'à l'échangeur 40, puis la A 638, une route secondaire (sur la droite) à Upton, et la B 6422*. Conçue en 1860 pour Charles Thelusson par le chevalier Casentini, architecte italien, et construite par Philip Wilkinson, cette imposante maison de campagne est meublée selon le goût victorien à son apogée. Après la Première Guerre mondiale, les besoins de la famille diminuant et les domestiques étant moins nombreux, une partie de la maison fut fermée. Une visite des pièces retrace les évolutions au cours des générations : pièces d'époque victorienne parfaitement conservées (salle de billard et cuisine avec ses fourneaux en fonte), salles de bains partiellement modernisées et autres objets divers (anciens patins à roulettes, cheval à bascule). Dans l'immense parc en cours de restauration, on peut s'étonner devant un jardin de rocaille assez insolite.

★**Yorkshire Sculpture Park** ⊘, à **West Bretton** – *32 km au Sud de Leeds par la M 1 ; par la A 637, 1,5 km au Nord de l'échangeur 38*. Bretton Hall abrite une partie de l'université de Leeds, tandis que les vénérables arbres et douces collines de son parc offrent un cadre merveilleux pour la présentation de sculptures signées Henry Moore ou Barbara Hepworth, tous deux natifs de la région. Le domaine organise également des expositions temporaires et des visites le long de l'Access Sculpture Trail.

LEICESTER

Leicestershire — 318 518 habitants
Carte Michelin n° 404 Q 26 ou Atlas Great Britain p. 28

Connu sous le nom de Ratae Coritanorum à l'époque romaine, Leicester était la capitale du royaume du légendaire roi Lear, le siège des évêques de la Mercie orientale au 8e s., et en 865, au moment des invasions scandinaves, l'une des cinq cités danoises (avec Derby, Lincoln, Nottingham et Stamford). Guillaume Ier y bâtit un château où résidèrent Simon de Montfort, comte de Leicester, et Jean de Gand, duc de Lancastre. Une université, des industries variées ainsi que le National Space Science Center *(ouverture prévue en 2001)* sont venus s'ajouter aux bonneteries sur lesquelles reposait la prospérité de la cité médiévale.

Jewry Wall and Archeology Museum ⊘ – Sur le site où l'on a dégagé les thermes romains, le **musée d'Archéologie** renferme de très beaux vestiges romains parmi lesquels deux belles mosaïques : celle des frères prêcheurs et la mosaïque au paon.

St Nicholas – La plus vieille église de Leicester, dont la construction a commencé à la fin de l'époque saxonne, réemploya d'anciennes briques romaines. La longueur actuelle de l'église date de cette époque (remarquez les petites ouvertures de la nef et le mur du sanctuaire). La tour des 11e et 12e s. fut restaurée en 1905 ; l'attrayante chapelle au Sud du chœur date des environs de 1220.

★**Guildhall** ⊘ – La plus ancienne partie de l'**hôtel de ville** fut construite au 14e s., le reste au 16e s. C'est là que se tint la dernière assemblée des parlementaires de Leicester pendant la guerre civile.
Notez l'impressionnante robustesse des poutres verticales et du plafond en bois dans le grand hall, les verrières de 1500 environ dépeignant les quatre saisons dans le bureau du maire, et au premier étage l'une des premières bibliothèques municipales d'Angleterre.

St Martin's Cathedral ⊘ – La première église St Martin était romane. La cathédrale qui l'a remplacée est de style gothique Early English, avec des fenêtres hautes de style Perpendicular. Notez le mémorial (1589) de la famille Robert Herrick dans l'aile Nord du chœur, le monument funéraire en pierre de Richard III dans le chœur et le toit voûté en chêne du porche Nord datant du 15e s.

★**St Mary de Castro** ⊘ – L'intérieur sombre mais attrayant remonte à 1107. Le trône est l'œuvre la plus remarquable de l'époque romane. L'aile Sud et la tour datent du 13e s., le plafond du chœur du 14e s.

Castle – On peut toujours voir la **grande salle** élevée vers 1150, aujourd'hui cachée derrière la façade du palais de justice de 1695. La **porte à tourelle** (1423), dévastée durant des émeutes en 1832, conduit au **Newarke** (« new work »), une extension des fortifications ajoutée au château par Henri, comte de Lancastre.

Trinity Hospital ⊘ – Au début du 20e s., on reconstruisit pour recevoir les vieillards la majeure partie de l'hospice fondé en 1331 à l'intérieur du Newarke. Mary de Bohun (morte en 1394), mère de Henri V, reposerait dans la chapelle.

Newarke Houses Museum ⊘ – *The Newarke*. Deux maisons du 16e s. hébergent le musée d'Histoire sociale du comté de Leicester.

Wygston's House ⊘ – *St Nicholas' Circle*. Édifice du 15e s. accueillant le musée du Costume (vêtements du 18e s. à nos jours).

★**Museum and Art Gallery** ⊘ – *New Walk*. Riche collection de peintres anglais, parmi lesquels Gainsborough, Wright of Derby, Lawrence, Hogarth, Rossetti, Stanley Spencer, Laura Knight et L.S. Lowry. On y trouve aussi la plus importante collection d'œuvres d'expressionnistes allemands d'Angleterre.

Abbey ⊘ – *Abbey Park, St Margaret's Way*. C'est dans cette abbaye, fondée en 1132 et devenue en richesse la deuxième d'Angleterre, que le cardinal Wolsey, « vieil homme usé par les turbulences de l'État », vint vivre ses derniers instants en 1530. Démolie à la Réforme, ses pierres servirent à la construction de Cavendish House, juste à côté. Maintenant en ruine, elle a autrefois servi de quartier général à Charles Ier, avant la bataille de Naseby (1645).

EXCURSIONS

★**Snibston Discovery Park** ⊘, à **Coalville** – *26 km au Nord-Ouest par la A 50*. Coalville fut une cité minière de 1832 jusqu'à la fermeture de la houillère en 1986. Le carreau désaffecté a été transformé en un parc paysager avec un grand hall d'exposition où sont présentés des sujets scientifiques interactifs, des machines à vapeur et une collection de véhicules anciens, notamment un corbillard deux-en-un du 19e s. avec voiture de deuil et cercueil sur le même châssis.

LEICESTER

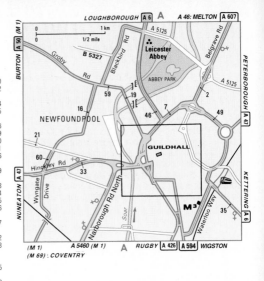

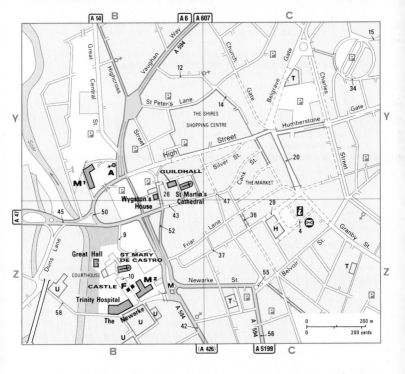

Bosworth Battlefield ⊘, entre **Sutton Cheney** et **Market Bosworth**, près de la A 447 – *22 km à l'Ouest par la A 47, puis la B 582 à droite*. En 1485, la bataille de Bosworth vit la mort de Richard III et l'avènement sur le trône du premier roi de la dynastie Tudor, Henri VII, qui mit fin à la guerre des Deux-Roses. Au bord du champ de bataille a été aménagé un pavillon évoquant les épisodes de l'histoire médiévale et la route prise par les troupes de Richard dans leur retraite. Non loin de là se dresse l'église St James où Richard entendit sa dernière messe.

LEWES★

East Sussex – 15 376 habitants
Carte Michelin n° 404 T, U 31 ou Atlas Great Britain p. 11

L'« éperon » sur lequel est construite la longue rue principale, High Street, de la plus séduisante des cités rurales bascule brutalement dans la gorge creusée par la rivière Ouse à travers les collines environnantes. L'emplacement stratégique du site fut apprécié par Guillaume de Varenne qui y construisit son château peu après la conquête. Avec son épouse, dont on dit qu'elle était la fille de Guillaume le Conquérant, il y établit également un grand prieuré, dont il ne reste presque rien. En 1264, la rébellion de Simon de Montfort contre Henri III aboutit à la défaite des forces royales lors de la **bataille de Lewes**, qui se livra tout près, sur le mont Harry. Hormis ses nombreuses merveilles architecturales, la ville est célèbre pour ses **fêtes du 5 novembre** : retraites au flambeau, courses de tonneaux de goudron, feux d'artifice et feux de joie gigantesques commémorant non seulement Guy Fawkes et la conspiration des Poudres (1605), mais aussi le martyre sur le bûcher de 17 protestants, au milieu du 16e s.

Le Festival de Glyndebourne

À l'Est, derrière le massif crayeux de Caburn qui domine la ville, se trouve la célèbre résidence de campagne Glyndebourne. Le Festival de Glyndebourne a lieu tous les ans de mai à début août depuis 1934 à l'initiative de John Christie (mort en 1962) et de son épouse, la soprano Audrey Mildmay. Initialement consacré aux œuvres de Mozart, le festival au fil des ans a étendu son répertoire de Monteverdi à Stravinski (*La Carrière d'un roué* en 1975 avec des décors de David Hockney). Outre ses qualités musicales, le festival offre le charme incomparable de son environnement et plus particulièrement de son gazon qui à l'entracte accueille les spectateurs, en tenue de soirée, pour le traditionnel pique-nique.

Castle ⊘ – On accède aux ruines du château par Barbican House, jolie maison à colombage du 16e s. dotée d'une façade de la fin de l'époque georgienne. On peut y voir une intéressante exposition sur l'archéologie du Sussex. Une superbe **barbacane** du 14e s., construite en silex, veille sur l'enceinte du château où, curieusement, on trouve deux monticules. Le **donjon** est perché sur l'un d'entre eux, bien au-dessus du niveau des toits. L'une des tours permet d'apprécier de jolies **vues★** sur la ville et les gracieuses ondulations des collines de craie environnantes.

Tout près, on peut visiter le **Lewes Living History Model** ⊘ ; l'histoire de la ville y est mise en scène grâce à un montage audiovisuel et une maquette détaillée.

★ **La ville** – **High Street★** est une rue bien entretenue où l'on trouvera une admirable variété de matériaux de construction traditionnels : silex, pierre, brique, bois, stuc, tuiles, et la spécialité locale, les « toiles mathématiques », que l'on utilisait au 18e s. sur des bâtiments à poutres plus anciens pour simuler les façades de brique, à la mode à l'époque. **Keere Street★** est une rue tout à fait charmante. Elle plonge en pente raide jusqu'à un quartier de la vieille ville fortifiée et vers **Southover Grange**, bâtiment construit avec les pierres du prieuré. Dans Southover High Street, on trouvera la **maison** ⊘ à colombage **d'Anne de Clèves**, aujourd'hui musée consacré à l'histoire locale. Une galerie particulièrement intéressante y est consacrée à l'industrie du fer qui fut autrefois florissante dans les épaisses forêts de chênes du Sussex.

EXCURSIONS

★ **Sheffield Park Garden** ⊘ – *À 15 km au Nord par la A 275.* Ce grand parc paysager des 18e et 19e s., avec ses quatre **lacs** communiquant par des cascades, fut enrichi au début de notre siècle par des milliers d'arbres et d'arbustes du monde entier. Il présente un choix de végétaux exceptionnel, et l'impression offerte par les plantations au bord de l'eau est spectaculaire ; les formes variées des conifères contrastent entre elles et avec le profil exotique du manoir néogothique *(fermé au public)*, à demi caché derrière une succession de buissons ; azalées et rhododendrons produisent un effet de couleur remarquable au printemps, et les feuilles d'automne offrent un spectacle unique.

Bluebell Railway ⊘, à **Sheffield Park** – Des **trains à vapeur** transportent le voyageur sur les 5 km séparant Sheffield Park d'Horsted Keynes. Cet ancien réseau est le premier à avoir été entièrement conservé. Tout – petites gares bien entretenues, personnel en uniforme, wagons et locomotives dans leur splendeur d'antan – évoque l'atmosphère des trains de campagne de jadis.

Charleston Farmhouse ⊘ – *15 km au Sud-Est par la A 27.* En 1916, trois membres du célèbre **Bloomsbury Group**, Clive Bell, critique d'art, son épouse Vanessa (sœur de Virginia Woolf) et Duncan Grant, tous deux peintres post-impressionnistes, se retirèrent dans cette ferme traditionnelle du Sussex jusqu'à la mort de Duncan Grant (1978). La maison et le jardin illustrent par de nombreux éléments leur style caractéristique de décoration (tissus, céramiques, peintures murales, mobilier et cheminées). Leurs propres tableaux ainsi que ceux de leurs amis, dont Derain, Sickert et Augustus John, ornent les murs.

LICHFIELD★

Staffordshire – 28 666 habitants
Carte Michelin n° 402 O 25 ou Atlas Great Britain p. 27

« Un endroit où deviser en bonne compagnie », selon Daniel Defoe. Lichfield, qui est principalement de style georgien, s'enorgueillit de l'une des plus belles cathédrales d'Angleterre qui, en outre, est admirablement située. **Samuel Johnson** (1709-1784) est né à Lichfield. Sa statue s'élève sur la place du marché en face de sa **maison natale**.

★★**Cathédrale** ⓒ – Sur un site chrétien, depuis au moins le 7ᵉ s., le présent édifice a remplacé une cathédrale romane du 11ᵉ s. Commencée en 1195, c'est une magnifique synthèse des styles gothiques Early English, Decorated et Perpendicular. L'enceinte fut assiégée par trois fois durant la guerre civile, la cathédrale terriblement bombardée et la flèche centrale détruite en 1646. Une restauration fut entreprise dès les années 1660. L'intérieur de l'édifice fut substantiellement remanié par Wyatt au 18ᵉ s., mais George Gilbert Scott exécuta, de 1857 à 1901, un travail minutieux et soigné pour rendre à la cathédrale sa grandeur médiévale.

Les trois flèches de la cathédrale

Extérieur – Construite en grès rose et, fait unique en Angleterre, surmontée de trois flèches, la cathédrale a pour attrait essentiel la richesse de sa façade principale, entièrement décorée de statues de saints. Certaines datent du 13ᵉ s., mais la plupart ont été réalisées par **George Scott** à partir de 1880.

Intérieur – C'est l'une des plus petites, des plus étroites, mais des plus belles cathédrales d'Angleterre : les clés de voûte de la charpente de la nef, les chapiteaux décorés, les proportions parfaites de la nef attirent le regard par-delà le transept et la partie Ouest du chœur, vers la chapelle de la Vierge et les beaux vitraux flamands du 16ᵉ s. S'arrêter devant les monuments funéraires d'Anna Steward, écrivain du 18ᵉ s. *(Le Cygne de Lichfield)*, de la diplomate et orientaliste lady Mary Wortley Montagu, de Johnson et de Garrick dans le bras droit du transept, et celui d'Erasmus Darwin dans l'aile Sud du chœur. C'est à cet endroit que l'on peut voir également les *Enfants endormis*, sculpture de Francis Chantrey.

Enclos (The Close) – Joliment situé au bord de l'étang de la cathédrale, parmi des édifices de styles georgien, victorien et néo-georgien. Les plus beaux sont implantés au Nord : la maison du doyen (1704) et l'évêché (1687 – devenu une école), dus à Edward Pierce, un élève de Wren.

Samuel Johnson Museum ⓒ – Samuel Johnson (1709-1784), célèbre écrivain, poète et **lexicographe**, vit le jour dans cette maison construite par son père. L'exposition évoque sa vie et son œuvre, de son enfance à son mariage, ses débuts à Londres, et son amitié avec James Boswell.

EXCURSION

The Bass Museum of Brewing ⓒ, à **Burton-upon-Trent** – *21 km au Nord-Est par la A 38*. Grâce à un bon réseau de transport, un excellent approvisionnement en eau naturellement filtrée (qui ne vient pas de la rivière Trent) et au travail de nombreuses petites brasseries, dont la plupart sont maintenant oubliées, Burton devint la capitale de la bière en Grande-Bretagne. **William Bass** fonda sa brasserie en 1777 : les bâtiments situés dans Horninglow Street datent du 19ᵉ s. et ils renferment maintenant une importante collection. L'histoire de William Bass à Burton y est relatée ainsi que l'élaboration de la bière.

LINCOLN★★

Lincolnshire – 80 281 habitants
Carte Michelin n° 402 S 24 ou Atlas Great Britain p. 36

Dressées sur les hauteurs d'un plateau calcaire, à proximité de la Witham, les trois tours de la cathédrale sont visibles à des kilomètres à la ronde. La ville, d'abord baptisée Lindon, devint Lindum pendant la période romaine, puis Lincoln après la conquête anglo-saxonne.

La partie basse de la ville a en grande partie été transformée en zone piétonne, parsemée çà et là d'églises médiévales. D'étroites rues grimpent vers la partie haute de la ville et son imposante cathédrale, son château et ses vestiges romains. Des plaques explicatives ont été apposées sur tous les bâtiments d'importance historique. L'été, on peut s'embarquer pour une **croisière** ⊙ à l'Ouest de Brayford Pool. On pense que le compositeur **William Byrd** est né à Lincoln (en 1542 ou 1543).

Lindum Colonia – Village établi depuis l'âge du bronze, occupé par la 9e légion vers 60, qui devint, vers 96, une colonie et se confina sur les hauteurs du plateau (17 ha), entouré d'une palissade en bois. Au 3e s., la superficie de Lincoln, alors l'une des quatre capitales provinciales de la Grande-Bretagne romaine, doubla : la ville s'étendit vers le Sud jusqu'à la rivière et fut entourée d'un mur de pierre, épais de 1,5 m et comportant six portes. C'est de l'ancien palais épiscopal ou de la rue dite East Bight que l'on peut se faire la meilleure idée du tracé de ce mur dont il ne subsiste que la porte Nord, **Newport Arch**, unique porte romaine d'Angleterre où passent encore les voitures.

Lincoln au Moyen Âge – Lincoln survécut à la défaite des Romains, devint la capitale du royaume anglo-saxon de Lindsey, et se convertit au christianisme vers 630. La ville fut plus tard l'un des cinq bourgs danois, aux côtés de Derby, Leicester, Nottingham et Stamford. Lincoln acquit de l'importance après la conquête normande et devint l'une des villes les plus prospères de l'Angleterre médiévale avec la construction du château et de la cathédrale. Elle exportait directement sa laine en Flandre, sur des bateaux partant de Brayford Pool, situé sur la Witham. Il subsiste de nombreuses maisons à colombage de cette époque.

★★★LA CATHÉDRALE ET SON ENCEINTE ⊙ 2 h

La première cathédrale, bâtie entre 1072 et 1092 sous la direction de Remigius, fut le résultat d'une campagne de construction courte, expliquant l'homogénéité du style roman. En 1141, le toit de la cathédrale endommagé par un incendie fut reconstruit sur l'initiative d'Alexandre, troisième évêque de Lincoln et bâtisseur du château de Newark *(voir p. 331)*. En 1185, Hugues d'Avallon, moine français, dirigea l'édification de la cathédrale actuelle, dans le style gothique Early English, après qu'un tremblement de terre eut pratiquement détruit l'ensemble de l'édifice roman d'origine.

Extérieur – Visible à des kilomètres à la ronde, la grandiose cathédrale de Lincoln se caractérise par une ampleur dont peu de cathédrales peuvent se glorifier. Le chœur est aussi long que la nef, les tours Ouest sont aussi hautes que la tour de la croisée.

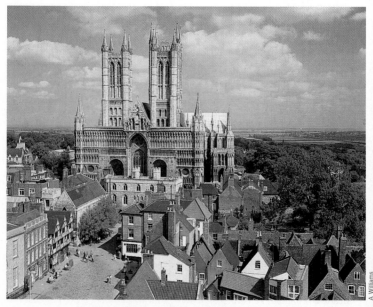

Une barre verticale sur l'horizon, la cathédrale de Lincoln

LINCOLN

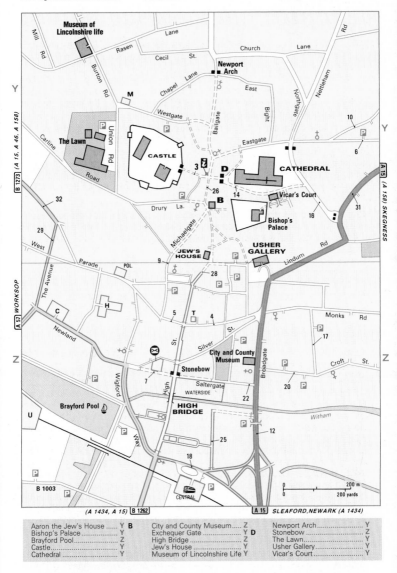

La **façade principale,** admirable dans ses proportions, est composée d'une partie centrale romane sertie dans une muraille de plusieurs étages d'arcatures aveugles de style gothique Early English. Le portail central ne s'ouvre que pour les visites officielles du souverain ou son représentant, pour l'évêque ou les juges. Le charme du flanc Sud réside dans la finesse des sculptures du porche de Galilée et du porche du Jugement. Contourner le bâtiment pour admirer le chevet (1256-1280) dont les contreforts sont de magnifiques exemples de gothique Decorated, le bras gauche du transept, la bibliothèque de Wren et les arcs-boutants de la salle capitulaire.

Intérieur – Ample et harmonieux, l'intérieur combine le grès de Lincoln et le marbre de Purbeck pour créer des colonnes de texture contrastée et qui suppor-

271

tent le triforium, les bas-côtés et les arcs, les fenêtres hautes et les voûtes, témoignages du gothique Early English à son sommet.

Longue de sept travées et enrichie de superbes fonts baptismaux en marbre de Tournai dans la deuxième travée Sud, la **nef** possède de merveilleux vitraux victoriens. La croisée du transept est inondée de la lumière tombant des baies dites **Dean's Eye** (Œil du doyen, vitrail du 13ᵉ s.) dans le bras gauche du transept et de **Bishop's Eye** (Œil de l'évêque, remplage du 14ᵉ s. encastrant des fragments de vitraux du Moyen Âge) dans le bras droit.

Derrière le jubé de pierre du 14ᵉ s., le **chœur St-Hugues** se distingue par les **miséricordes** des stalles en chêne (14ᵉ s.) et surtout par la splendeur de la voûte, la fameuse « voûte folle de Lincoln », la première voûte d'ogives purement décorative d'Europe, curieusement asymétrique mais, selon Pevsner, « plus facile à décrire qu'à perfectionner ».

Avec son riche décor géométrique (de style gothique Early English tardif), lumineux et spacieux, le **chœur de l'ange** doit son nom aux 28 anges de pierre sculptés sous les fenêtres supérieures.

Le vitrail victorien de la haute **fenêtre Est**, elle-même dans la plus pure tradition gothique Decorated, évoque des scènes bibliques. En haut du pilier Nord-Est, le **Diablotin de Lincoln** comme caché sous des feuillages, devenu l'emblème de la ville, a le regard fixé sur la châsse de saint Hugues.

Cloître et salle capitulaire – Au nord du chœur Saint-Hugues, le cloître du 13ᵉ s. possède une voûte de bois (remarquez les clés de voûte : un homme faisant la grimace, un autre tirant la langue). Le bâtiment situé au Nord renferme la **bibliothèque** de Christopher Wren construite au-dessus d'une arcade classique. La salle capitulaire, à l'Est du cloître et datant du début du 13ᵉ s., est dotée d'une belle voûte s'élançant d'un pilier central. C'est ici qu'Édouard Iᵉʳ et Édouard II réunirent certains des premiers Parlements anglais.

Enclos – Parmi les maisons surtout georgiennes et victoriennes, on peut apprécier deux joyaux : l'**ancien palais épiscopal** (Old Bishop's Palace) ⊘ et la **cour du Pasteur** (Vicar's Court). Bâti sur les pentes du plateau, le palais bien qu'en ruine est évocateur de sa grandeur d'autrefois et donne une idée de ce que fut la richesse des prélats médiévaux de Lincoln. La salle Est est romane, la salle Ouest fut construite par saint Hugues, dans un style gothique Early English.

La cour du Pasteur date de 1300 à 1400. Ses quatre bâtiments et sa grange du milieu du 15ᵉ s. située à l'arrière constituent une rare survivance de l'architecture domestique et un des plus jolis exemples du genre en Angleterre.

AUTRES CURIOSITÉS

Castle Hill – La rue, bordée de maisons des 16ᵉ et 19ᵉ s., relie **Exchequer Gate** (14ᵉ s.) à East Gate qui conduit au château.

★**Castle** ⊘ – Il ne reste rien du donjon roman ni de la palissade en bois que fit édifier Guillaume le Conquérant sur un terrain de 5 ha où l'on démolit 166 maisons. Sur la butte du donjon, où s'élève une tour, **Lucy Tower** (fin du 12ᵉ s.), jadis défendue par des douves et un pont-levis, se trouve un cimetière circulaire d'époque victorienne où étaient enterrés les prisonniers (petites pierres tombales). **East Gate** fut ajoutée au 12ᵉ s., **Cobb Hall** au 13ᵉ. Cet ouvrage de défense fut affecté au 19ᵉ s. aux pendaisons publiques. Les murs portent encore des anneaux de fer utilisés pour attacher les chaînes des prisonniers. Une des tours normandes fut agrandie au 14ᵉ s., et surélevée au 19ᵉ s. ; elle reçut alors l'appellation de tour de l'Observatoire. Elle offre une **vue** splendide sur la cathédrale et la campagne alentour. Les murs d'enceinte Est, Nord et Ouest sont ouverts à la promenade *(déconseillée aux personnes ayant le vertige).* Bien qu'assiégé lors des guerres de 1135-1154 et 1216-1217, le château perdit peu à peu son intérêt militaire et devint le centre judiciaire qu'il est demeuré. Le tribunal pénal régional (Crown Court), érigé entre 1822 et 1826, est situé à l'Ouest de ce complexe.

La **prison georgienne**, construite entre 1787 et 1791, est aujourd'hui le lieu d'exposition de l'une des quatre copies encore existantes de la **Grande Charte** de 1215. Dans une salle obscure, une voix récite le texte historique en latin médiéval. Une petite exposition met en lumière l'importance du document pour la démocratie. Dans la **prison victorienne** (1845-1846), les détenus étaient seuls dans les cellules. On y trouve un tableau représentant la fabrication de l'étoupe et la **chapelle de la prison** où le prêtre s'adressait aux prisonniers, isolés dans des stalles individuelles.

Aaron the Jew's House – Cette maison fut construite à peu près à la même époque que Jew's House. Elle possède une belle fenêtre romane (restaurée) ; Aaron, qui n'y a jamais vécu, fut l'un des banquiers anglais les plus prospères.

★**Jew's House** – Construite vers 1170, la maison du Juif est dotée de fenêtres et d'une porte romanes superbement conçues, ainsi que d'une cheminée à contrefort. **Jew's Court**, qui lui est contiguë, fut jadis utilisée comme synagogue.

★ **Usher Gallery** ⊘ – Galerie financée par un legs de James Ward Usher (que la vente des répliques du Diablotin de Lincoln enrichit au début du siècle) pour recevoir sa collection de miniatures des 16ᵉ et 19ᵉ s., ses horloges françaises et anglaises des 17ᵉ et 18ᵉ s., sa porcelaine anglaise, chinoise, de Sèvres, de Meissen, et ses verres aussi bien anglais que du continent. La galerie possède également une remarquable collection de monnaies. Une salle est consacrée aux aquarelles de **Peter de Wint** (1784-1849), qui s'attacha aux paysages du Lincolnshire et à la cathédrale de Lincoln. Les toiles d'artistes locaux comme William Logsdail trouvent aussi leur place ici. La salle Tennyson renferme de nombreux objets personnels du poète, tels des chapeaux, des stylos, des prix lui ayant été décernés et des photographies de ses funérailles.

Stonebow ⊘ – Emplacement de la porte romaine la plus méridionale, Stonebow a remplacé une porte du 14ᵉ s. La partie Est de l'arc est de la fin du 14ᵉ s., la partie Ouest du début du 16ᵉ s. La porte et la maison des Corporations (Guildhall), situées un peu plus haut, furent bâties au 15ᵉ s. Les niches des deux tours, de part et d'autre de l'arc, abritent des statues de la Vierge et de l'archange Gabriel.

★★ **High Bridge** – Il reste un pont médiéval bien qu'il ait été souvent restauré. La Witham coule sous ses voûtes romanes (the « Glory Hole ») et sous les maisons à colombage qu'il porte.
En amont se trouve **Brayford Pool**, le port médiéval de Lincoln, et en aval deux auberges historiques, le « Green Dragon » du 14ᵉ s. et le « Witch and Wardrobe » du 15ᵉ s.

Museum of Lincolnshire Life ⊘ – Ce musée occupe les anciennes casernes de la milice royale du Lincoln Nord et présente une intéressante exposition sur la vie quotidienne au cours des deux derniers siècles avec la reconstitution à l'identique de maisons, de boutiques d'artisans et de magasins. On peut aussi y voir une exposition de divers véhicules, dont des véhicules agricoles.

The Lawn – Les bâtiments et les terrains de l'ancien asile de Lincoln (1820), qui devint plus tard le Lawn Hospital, accueillent aujourd'hui une exposition sur les tâches à l'hôpital, le **Centre archéologique** ⊘ familiarisant les visiteurs avec les travaux des archéologues, et le **Sir Joseph Banks Conservatory**, une petite serre dédiée au botaniste du Lincolnshire qui accompagna le capitaine Cook dans son expédition en Australie.

EXCURSIONS

★ **Doddington Hall** ⊘, à Doddington – *8 km au Sud-Ouest par la A 1434 et la B 1190*. Construit à la fin de l'époque élisabéthaine sous la direction de Robert Smythson qui avait travaillé à Longleat, Hardwick Hall et Wollabon Hall, ce bâtiment en forme de E est ouvert sur l'extérieur et dépourvu de la traditionnelle cour intérieure.
À l'exception du petit salon, l'ensemble fut remis à neuf par Thomas Lumby, entrepreneur local, en 1764. Le **petit salon** est de style Reine Anne. Aux murs, on observera les toiles de Thomas Lawrence, *Sarah Gunman*, de Peter Lely, *Cymon et Iphigénie* et le portrait de *Meg of Meldon*, sorcière de la région, par Ghaerardt. L'escalier est le chef-d'œuvre de Lumby. Dans la **grande galerie** sont exposées peintures et porcelaines.

★ **Belton House** ⊘, à Belton – *42 km au Sud par la A 607, en direction de Grantham*. Manoir de la fin du 17ᵉ s., couronné d'un dôme et d'une balustrade, modifié à la fin du 18ᵉ s. selon les canons néoclassiques par James Wyatt, Belton constitue l'expression parfaite de l'âge d'or de l'architecture domestique, de Wren à Adam. La simplicité classique de la salle de marbre sert de cadre aux tableaux de Reynolds, Hoppner et Romney ; les exquises sculptures en bois du salon sont certainement l'œuvre de Grinling Gibbons. Le salon rouge est orné de *La Madone et l'Enfant* de Fra Bartolomeo. La salle Tyrconnel est parée d'un exceptionnel sol peint, de style néo-grec. Les deux magnifiques tapisseries « orientales » de 1681 situées dans l'antichambre de la chapelle sont de John Vanderbanc (inspirées en partie de miniatures mongoles). Le plafond de la chapelle est l'œuvre d'Edward Goudge, les sculptures de bois d'Edmund Carpenter.

Grantham – *47 km au Sud par la A 607*. La ville se développa au Moyen Âge comme relais sur la route de Londres au Nord. **Isaac Newton** (1643-1727) y naquit, tout comme la première femme Premier ministre de Grande-Bretagne, **Margaret Thatcher**.
Frappé par la beauté de l'**église St Wulfram**★, dont la flèche est l'une des plus hautes de Grande-Bretagne (83 m), Ruskin tomba en pâmoison... St Wulfram, de style Early English essentiellement, présente *(porche Sud)* un exemple rare de **bibliothèque** dont les ouvrages (plus de 300 livres) sont retenus par des chaînes. Face au cimetière se trouve le collège, construit vers 1500, où Isaac Newton étudia. **Angel and Royal Inn** *(High Street)* est l'une des grandes auberges médiévales d'Angleterre implantées par les Templiers. Elle a accueilli des monarques, du roi Jean à Richard III, qui y signa l'ordre d'exécution du duc de Buckingham.

★★ Belvoir Castle ⊘ – *56 km au Sud-Ouest par la A 607 via Grantham, puis à droite à Denton. Suivre la signalisation.* Construit par **John Webb** (élève d'Inigo Jones) en 1654-1668, Belvoir (prononcer « Biveur ») fut métamorphosé en un romantique « château sur la colline » au début du 19ᵉ s. par **James Wyatt**.

Mi-fantaisie gothique, mi-fantaisie baroque, la salle de bal renferme le bréviaire enluminé de **Thomas Becket**, tandis que le salon d'Élisabeth est doté d'un plafond où sont représentés Jupiter, Junon, Mercure et Vénus. Dans la galerie de peinture se trouvent des miniatures (Hilliard et Oliver) et des tableaux, dont *Les Sept Sacrements* (Poussin) et le *Retour du bûcheron* de Gainsborough. Dans la galerie du Régent, longue de 40 m et ornée d'immenses tapisseries des Gobelins narrant *Les Aventures de Don Quichotte*, se trouve la sculpture de Canova, *Les Trois Grâces*.

★ Gainsborough Old Hall ⊘, à **Gainsborough** – *29 km au Nord-Ouest par les A 57 et A 156.* Ce surprenant manoir à colombage, flanqué de deux rangs de bâtiments, fut construit sous la direction de sir Thomas Burgh, entre 1460 et 1480, et reste l'un des anciens manoirs médiévaux les mieux conservés d'Angleterre. Richard III s'y rendit en 1483. À l'origine, tout était en bois, à l'exception de la cuisine, de la tour de brique et de la fenêtre de pierre en saillie. Des éléments élisabéthains furent ajoutés aux bâtiments. La cuisine illustre parfaitement ce qu'était la vie médiévale à l'office. Dans l'aile Est, on peut voir de vastes salles, tandis que l'aile Ouest offre l'exemple des chambres typiques du 15ᵉ s. La tour est meublée comme l'était une chambre à coucher de la fin du 15ᵉ s. Une exposition permanente concernant le vieux manoir et les colons du *Mayflower* y est présentée.

Skegness – *67 km à l'Est par la A 158. Voir Boston, Excursions.*

★ Tattershall Castle et Battle of Britain Memorial Flight – *42 km au Sud-Est par la A 158 jusqu'à Horncastle, puis la A 153 vers le Sud. Voir Boston, Excursions.*

LIVERPOOL★

City of Liverpool – 481 786 habitants
Carte Michelin n° 402 L 23 ou Atlas Great Britain p. 34
Carte détaillée des environs Atlas Great Britain p. 123

Le 28 août 1207, le roi Jean accorda une charte à des « colons » afin d'établir un port sur la Mersey. L'ensablement progressif de l'estuaire de la Dee amena l'abandon du port de Chester au profit de Liverpool, qui devint peu à peu le second port d'Angleterre. Centrée à l'origine sur sept rues que l'on peut emprunter encore de nos jours – Castle St. et Old Hall St., Water St. et Dale St., Chapel St. et Tithebarn St., jusqu'à Hatton Garden St., et le « Pool » (l'étang), un petit bras de mer aujourd'hui longé par Canning St., Paradise St. et Whitechapel St. –, Liverpool dut son expansion au « commerce triangulaire ». Grâce à ce commerce, Liverpool comptait 80 000 habitants dès 1800.

Port d'attache des paquebots de la Cunard et de la White Star, Liverpool fut, au 19ᵉ s., la porte de la Grande-Bretagne sur l'Empire et le monde. La Mersey Docks and Harbour Company employait 20 000 hommes dans l'immédiate après-guerre. De nos jours, avec les porte-containers et la mécanisation des opérations, il reste tout juste un peu plus de 2 500 dockers.

Bien que l'époque de sa splendeur marchande soit depuis longtemps révolue, Liverpool reste une très belle ville, riche d'une architecture magnifique et de superbes immeubles municipaux qui témoignent de la vitalité, des goûts et de la philanthropie de l'ère victorienne.

Comme Birmingham et Manchester, la patrie des Beatles représente une étape très intéressante pour tous les touristes qui s'intéressent aux souvenirs de la révolution industrielle en Angleterre.

Aujourd'hui, après les destructions terribles de la dernière guerre, les vicissitudes économiques non moins tragiques des dernières décennies, Liverpool tente de ressusciter, fière de ses réalisations industrielles modernes, de son dynamisme culturel (Tate Gallery) qui se traduit notamment dans le domaine des loisirs par l'aménagement de l'Albert Dock ou la création du Garden Festival (1984), fière enfin des succès de ses clubs de football : Liverpool (en rouge), Everton (en bleu).

Contrairement aux idées reçues, Liverpool mérite une visite.

Le commerce triangulaire

L'Angleterre exportait ses produits manufacturés (textiles principalement) vers le continent nord-américain et les Antilles. Elle importait des denrées rares (épices, sucres, alcools) qui étaient redistribuées sur toute l'Europe. Ce trafic était aussi l'occasion, sans transiter par les ports anglais, d'acheminer jusqu'en 1807 des esclaves d'Afrique vers les Amériques.

A. Williams

Les immeubles emblématiques de Liverpool, sur Pier Head

CURIOSITÉS

Pier Head – Pour s'imprégner de l'esprit de Liverpool et de la Mersey, regardez, dos à la rivière, en direction de Water Street, les trois imposants immeubles : le **Port of Liverpool Building**, au dôme vert-de-gris, construit en 1907, ses voisins, le **Cunard Building** (1913) et le **Royal Liver Building** (1908) dont les fameux oiseaux « Liver Birds » surmontent les dômes, sont, avant même ses cathédrales, les symboles les plus connus de Liverpool.

★ **Albert Dock** – Une succession d'entrepôts massifs, en brique, entourent un bassin de 3 ha. Achevé en 1846, année où fut instauré le libre-échange, et définitivement fermé en 1972, cet ensemble a maintenant repris vie grâce à l'implantation de boutiques, de cafés et de logements, d'un musée de la Marine et de l'annexe de la Tate Gallery.

★ **Merseyside Maritime Museum** ⊙ – Les multiples aspects de l'intime imbrication de Liverpool et de la mer sont décrits sur cinq niveaux *(commencer la visite par le dernier et descendre)*. Le passé marin de Liverpool est présenté à travers des exposi-

tions sur l'histoire de la construction navale, le développement du port, la navigation et l'essor des assurances maritimes, des maquettes et des peintures. La partie la plus émouvante est celle consacrée aux 9 millions d'émigrants vers le Nouveau Monde qui sont passés par Liverpool entre 1830 et 1930. Le **HM Customs and Excise National Museum** ⊙ relate l'histoire des diverses méthodes de lutte contre la contrebande.
Le musée comporte aussi une partie extérieure avec des navires historiques et une présentation de bateaux, la maison du chef de quai et les tours de pilotage désormais occupées par le **Museum of Liverpool Life** ⊙ qui retrace la vie et les espoirs de la population de cette ville dont l'existence est liée aux docks, aux chemins de fer et aux usines automobiles.

Beatlemania

Revivre ou découvrir la décennie des **Beatles**, les années 1960, le phénomène rock'n'roll, les teenagers, le rythme de la Mersey et la Beatlemania : c'est ce que permet la visite du **Beatles Story** ⊙ *(Britannia Pavilion)*. Le groupe des Fab Four (John, Paul, George et Ringo), leur manager, Brian Epstein, les lieux (le caveau du club The Cavern – au coin de Mathew Street, désigné par l'enseigne **Cavern Walks** et dont le Carven Pub est surmonté d'une statue de John Lennon –, Strawberry Fields, Penny Lane, Hambourg) et les grands succès *(Strawberry Fields, Magical Mystery Tour, Sergeant Pepper's Lonely Hearts Club Band, The Yellow Submarine)* sont présentés dans un parcours vivant et divertissant.

Statue of Eleanor Rigby – *Stanley Street*. La statue d'Eleanor Rigby est l'œuvre de Tommy Steele, un contemporain des Beatles. Comme dans la chanson, elle est assise sur un banc, avec son cabas et son fichu, et partage ses quelques miettes avec les moineaux. Une plaque derrière elle dédie la statue « à tous ceux qui sont seuls ».

LIVERPOOL

★**Tate Liverpool** ⊘ – La famille Tate était originaire de Liverpool, et le choix de la ville pour abriter une partie de la collection nationale d'art du 20ᵉ s. fut heureux. L'architecte **James Stirling**, celui-là même qui dessina la Clore Gallery à la Tate Gallery de

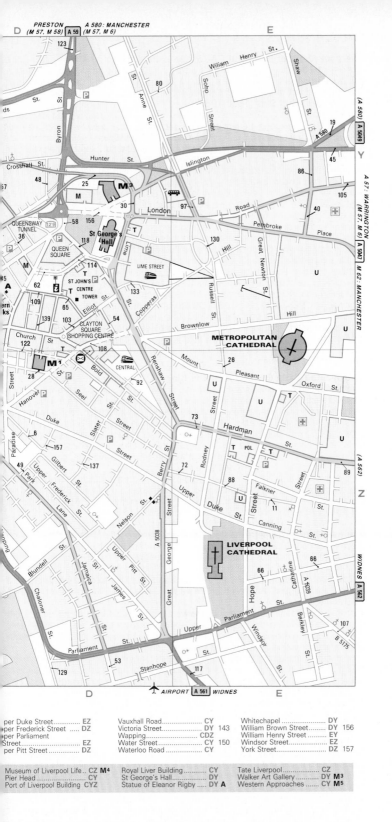

Londres, créa un espace d'exposition sans cloisons en ne conservant que le mur extérieur et l'armature en fonte. L'entrepôt ainsi rénové offre finalement autant d'espace que la galerie mère pour l'exposition semi-permanente de son fonds d'art du 20ᵉ s. et pour des expositions temporaires.

★★ **Liverpool Anglican Cathedral** ⊘ – Sur sa butte dominant la Mersey, cet édifice monumental de grès rouge est la plus vaste église anglicane du monde. Les travaux ont commencé en 1904, et il a fallu la plus grande partie de ce siècle pour construire cette triomphante interprétation de la tradition gothique due à l'architecte Sir **Giles Gilbert Scott** (1880-1960).

Lorsque l'on pénètre dans la nef, l'une des premières impressions est celle qu'a ressentie le poète John Betjeman : *une immensité, une solidité et une hauteur qu'aucun mot ne peut rendre.* À hauteur de l'arche qui sépare la nef Nord du transept Ouest, se retourner et admirer le vitrail de **Carl Edwards** ; son thème extrait de l'Ancien Testament répond au vitrail oriental dont le sujet est, lui, extrait du Nouveau Testament. L'originalité du projet de Scott tient au double transept, Est et Ouest, et à l'**espace central** de 1 400 m², sous la tour, qui offre une vue dégagée sur l'autel et la chaire. La hauteur de la tour (100 m) augmente les dimensions de l'édifice et abrite le carillon le plus lourd du monde (31 t). À cet endroit, on peut voir au sol le monument commémoratif consacré à l'architecte des lieux, qui, jadis, commenta ainsi sa conception : « Ne regardez pas mes arcs, regardez les espaces que j'ai créés. » De confession catholique, il est enterré juste à l'extérieur de l'entrée occidentale. À l'Ouest des deux ailes Sud des transepts se trouve une **chapelle des fonts baptismaux** aux fonts de marbre dont le baldaquin et le dais comportent certains des bois sculptés les plus beaux de la cathédrale. Par le chœur (observez les « Liver Birds » sur les marches conduisant aux stalles), on atteint la **Lady Chapel★** (chapelle de la Vierge) qui servit de cathédrale entre 1910, date à laquelle elle fut achevée, et 1924, date de la consécration de l'édifice principal. Elle contient un retable remarquable et une Madone du 15ᵉ s. de **Giovanni della Robbia.**

La première pierre fut posée par le roi Édouard VII en 1904 ; en 1978, c'est son arrière-petite-fille, la reine Élisabeth II, qui dévoila la plaque commémorative lors de l'office de la consécration, comblant les espoirs que trois générations avaient placés dans l'achèvement de la cathédrale.

★★ **Metropolitan Cathedral of Christ the King** ⊘ – La silhouette si particulière de la **cathédrale** catholique **du Christ-Roi** s'élève à Brownlow Hill. **Edwin Lutyens** fut désigné architecte en 1930, et la première pierre posée le lundi de Pentecôte 1933.

La construction fut interrompue en 1941 ; la crypte fut achevée après la guerre, mais, en raison de l'inflation, le devis initial de la cathédrale était largement dépassé. On invita des architectes à soumettre des projets utilisant la crypte existante et exécutables en cinq ans. Celui de **Frederick Gibberd** fut choisi. Les travaux commencèrent en octobre 1962 et la cathédrale, terminée, fut consacrée le 14 mai 1967, à l'occasion de la fête de Pentecôte.

L'**extérieur** est unique : c'est une extraordinaire structure circulaire en béton, avec des contreforts, dont la lanterne, surmontée de pinacles, s'élève à 88 m. L'entrée principale, dont les portes en fibre de verre et en bronze sont ornées des symboles des évangélistes, se trouve à la base du clocher tronconique.

Dès le porche d'entrée, on aperçoit le maître-autel situé au centre de la nef circulaire de 60 m de diamètre. La tour, avec ses verres utilisant toute l'étendue du spectre des couleurs, et trois jaillissements de lumière blanche qui représentent la Trinité, s'élève au-dessus du **maître-autel**, point central, tant architectural que liturgique. Le baldaquin est suspendu ; les chandeliers sont d'un petit format ; le crucifix est expressément discret afin d'assurer une vue dégagée permettant à chacun de distinguer facilement le célébrant – l'assemblée des fidèles est forte de 2 300 âmes.

À droite, en entrant, se trouve le **baptistère** circulaire. Les fonts baptismaux, dont le dessus d'argent est mat, sont sobres, tout de marbre blanc, en harmonie avec le maître-autel. La plus grande de toutes les chapelles rayonnantes est la **chapelle de la Vierge**, dont on appréciera la douceur et l'élégance.

En dessous, dans la crypte, les vastes voûtes de brique de Lutyens abritent maintenant quatre parties principales, dont le hall paroissial, un lieu destiné aux concerts religieux et à un musée exposant l'histoire de la construction de la cathédrale. Cette dernière partie renferme aussi la **chapelle des Reliques**, monument funéraire des archevêques, qui a pour porte un disque de marbre de 6 t, gravé, qui roule sur lui-même comme la pierre qui scellait le tombeau du Christ.

★★ **Walker Art Gallery** ⊘ – Les collections de peinture britannique et européenne de cette galerie figurent parmi les plus riches du pays.

De nombreux peintres de l'école italienne, depuis le 14ᵉ s., sont représentés, dont Simone Martini, *Jésus au Temple*, école De'Roberti, Pietà. Parmi le fonds très vaste d'œuvres d'Europe du Nord figurent des œuvres de Rembrandt, et la *Nymphe à la fontaine* de Lucas Cranach l'Ancien.

La peinture britannique est présente dans sa totalité, depuis les portraits d'époque élisabéthaine jusqu'aux œuvres les plus importantes de Stubbs *(Cheval effrayé par un lion)*, Wright of Derby *(Dimanche de Pâques à Rome)* et Richard Wilson *(Snowdon vue de Llan Nantlle)* ; on trouve aussi les toiles étranges, typiques, de Fuseli, et de nombreux **préraphaélites**, dont *Lorenzo et Isabella* de Millais, le *Vêtement de plusieurs couleurs* de Ford Madox Brown et des peintures narratives comme celle de W.R. Yeames *Quand avez-vous vu votre père la dernière fois ?* Les rues mal éclairées de Liverpool à l'époque victorienne sont évoquées dans *La Douane* d'Atkinson Grimshaw, un monde bien éloigné de celui des paysans et des pêcheurs de Stanhope Forbes et de George Clausen. Un petit nombre d'impressionnistes français sont accrochés à côté de leurs contemporains britanniques comme Sickert, dont on peut observer les *Baigneurs à Dieppe*.

La sélection des artistes britanniques modernes est intéressante et comprend Gilman, Ginner et Bevan, de l'école de Camden Town, Stanley Spencer et Lucian Freud dont les paysages urbains, respectivement *Villas à Coockham* et *Intérieur près de Paddington*, sont tous deux d'une intensité dérangeante. Le surréalisme du *Paysage de la dernière phase de la lune* de Paul Nash s'oppose à la vision idyllique de Dame Laura Knight du *Printemps dans le bois de St John* ou à la méticulosité des scènes rurales de James McIntosh et Stanley Badmin.

St George's Hall – « L'un des plus beaux bâtiments néo-grecs du monde » (Pevsner), achevé en 1854, abrite une salle de concerts circulaire. Sa galerie à cariatides et son vaste vestibule voûté sont dignes de l'opulence romaine.
L'édifice émerge d'un ensemble administratif néoclassique qui constitue le point central de la ville.

Bluecoat Art Chambers ⊘ – *School Lane*. Cet édifice de l'époque de la reine Anne, qui entoure une cour pavée, vit la création en 1717 d'une école de charité et abrite de nos jours le **Merseyside Arts Trust** et un ensemble d'expositions.

Western Approaches ⊘ – *1-3 Rumford Street*. Pendant la Seconde Guerre mondiale, le quartier général souterrain, avec son labyrinthe de salles, de couloirs et son bunker, joua un rôle déterminant dans la conduite des opérations de la bataille de l'Atlantique.

EXCURSIONS

Southport – *32 km au Nord par la A 565*. Station pleine de charme avec ses rues ombragées, ses jolis parterres de fleurs et ses fameux jardins, Southport offre un saisissant contraste avec Blackpool, sa voisine. Élégante et spacieuse, **Lord Street**, avec ses marquises en fer forgé et ses arcades à verrières, est un parfait exemple de promenade de style victorien.
Sa longue plage (9 km) et ses aires de jeux font la joie des enfants. Avec ses nombreux parcours de golf, dont le **Royal Birkdale** (au Sud), la ville attire les nombreux amateurs de ce sport.

Rufford – *32 km au Nord par la A 59*.
★ **Rufford Old Hall** ⊘ – Construit par sir Thomas Hesketh, qui l'occupa de 1416 à 1458, ce manoir est l'une des plus belles demeures du 15ᵉ s. du Lancashire. La **grande salle** présente un splendide plafond en carène renversée et une clôture richement sculptée. L'aile Charles Iᵉʳ fut reconstruite en brique en 1662. On peut y voir beaucoup de mobilier, d'armes et d'armures d'époque et un musée folklorique.

Martin Mere Wildfowl and Wetlands Centre ⊘ – *À l'Ouest de Rufford par la B 5246*. Réserve ornithologique de 140 ha, c'est le refuge hivernal de milliers d'oies à pattes roses, de cygnes hurleurs d'Islande et de cygnes de Bewick venant de Russie. L'étang est le domaine des flamants, des cygnes noirs et des oies.

Wigan Pier ⊘, à Wigan – *31 km au Nord-Est par la A 59 et la M 58*. En 1936, lorsque **George Orwell** préparait *La Route qui mène au quai Wigan*, il désirait absolument voir ce célèbre quai, mais ne le trouvant pas, il confia : « Hélas ! Le quai Wigan a été démoli et on n'est même plus certain de l'endroit où il se trouvait. » Les entrepôts du canal (1770) ont été restaurés. Ils présentent la vie quotidienne telle qu'elle se déroulait à la fin du 19ᵉ s.

Knowsley Safari Park ⊘, à Prescot – *13 km à l'Est par la A 5047, puis la A 58 ; l'unique entrée est située à l'extrémité Est de la déviation de Prescot*. Le comte de Derby créa ici une ménagerie au 19ᵉ s., où **Edward Lear** réalisa nombre de ses dessins animaliers et raconta aux petits-enfants de lord Derby des aventures qu'il consigna dans son Book of Nonsense. Les 21 espèces animales de toutes les régions du globe qu'elle contient aujourd'hui en font une des collections privées les plus intéressantes.

World of Glass ⊘, à St Helens – *18 km à l'Est par la A 5047, puis la A 57. en direction de St Helens*. On traverse un cône inversé en brique qui rappelle les anciens fourneaux avant d'arriver dans les bâtiments modernes situés à l'emplacement de l'usine Pilkington. Le musée retrace l'histoire du verre depuis l'Égypte ancienne et les splendeurs de Venise et permet de découvrir la magie de la fabrication du verre et ses multiples applications. On explore les tunnels d'un fourneau victorien et on admire l'habileté d'artistes contemporains.

★ **Speke Hall** ⊘, à Speke – *Près de l'aéroport. 13 km au Sud-Est par la A 561*. Ce manoir élisabéthain « noir et blanc » fut construit entre 1490 et 1612 par les générations successives de la famille Norris. Sa partie la plus ancienne est la **grande salle**, dont les lambris, en particulier la grande boiserie de 1564, sont particulièrement beaux. Les nombreuses pièces de petite dimension traduisent la préférence qu'avait l'époque victorienne pour l'intimité et le confort. Dans la cour se dressent deux ifs très vieux, probablement antérieurs à la construction.

Le Wirral

La presqu'île du Wirral est une langue de terre entre la Mersey et la Dee. Pour s'y rendre, prendre le Queensway Tunnel, puis la A 41 vers le Sud.

Birkenhead – Situé sur la rive Ouest de la Mersey, Birkenhead, avec ses grandes terrasses victoriennes et ses imposantes maisons de pierre, s'est rapidement développé au 19ᵉ s. grâce à la mise en route d'un service régulier de ferry dans les années 1820 et à l'ouverture des docks en 1847.

Port Sunlight – *6 km au Sud de Birkenhead par la A 41.* Ce village moderne fut fondé à la fin du 19ᵉ s. par William Hesketh Lever pour offrir aux ouvriers de sa savonnerie un cadre de vie bien différent de celui des taudis surpeuplés courants à l'époque. La société de lord Leverhulme devint Unilever, une des plus grandes entreprises de biens de consommation. Lord Leverhulme fonda également en 1922 la **Lady Lever Art Gallery** ⊙, qui renferme du mobilier d'époque, des peintures britanniques, dont des toiles préraphaélites, et une collection de faïence de Wedgwood.

De Port Sunlight, se diriger vers l'échangeur 4 de l'autoroute M 53, et de là rejoindre Neston par la B 5136.

Ness Gardens ⊙, **à Neston** – Le jardin botanique de l'université de Liverpool possède une vaste collection, en particulier de rhododendrons, d'azalées, de plantes alpines et de bruyères.
Emma, lady Hamilton, la célèbre maîtresse de Nelson, est née à Ness.

Par une route secondaire passant à Willaston, gagner la M 53 (échangeur 5) à l'Est, prendre l'autoroute vers le Sud et sortir à l'échangeur 9.

Ellesmere Port – Le **musée des Péniches** (Boat Museum) ⊙, situé à la jonction des deux canaux, le Shropshire Union Canal et le Manchester Ship Canal, possède plus de 50 péniches anciennes. Les visiteurs peuvent faire un tour sur le canal et assister, dans les ateliers, à des travaux de restauration.

LLANDUDNO

Gwynedd – 18 647 habitants
Carte Michelin n° 403 I 24 ou Atlas Great Britain p. 33
Plan dans le Guide Rouge Great Britain & Ireland

Les plages de sable de Llandudno sont sans danger, ce qui lui assure la fidélité des familles en vacances. C'est également un bon point de départ pour explorer la Snowdonia, toute proche.

Owen Williams, un géomètre de Liverpool, développa la ville dans les années 1850 sur un étroit cordon littoral bordé de part et d'autre par la mer. Son plan quadrillé et les normes strictes à respecter pour les bâtiments ont assuré à la ville un développement harmonieux. Le front de mer et sa splendide promenade sont encore bordés d'hôtels tout en stuc, érigés dans un style appelé communément « Pimlico Palladian ».

Le **môle★**, construit en 1875 dans le style anglo-indien, présente des formes splendides, contrairement à la plupart des structures similaires de cette époque. La famille d'Alice Liddell, qui inspira à **Lewis Carroll** son immortel *Alice au pays des merveilles*, avait coutume de passer ses vacances à Llandudno. Une délicieuse statue du « lapin blanc » a été érigée sur la rive Ouest et des tableaux animés présentant les personnages de plusieurs contes de Carroll constituent l'attraction du **Alice in Wonderland Center** ⊙.

On peut gagner le sommet du **Great Orme** (207 m) par un **tramway★** datant de 1902, par la route ou par un funiculaire. Les plus courageux peuvent même y grimper à pied ! De superbes vues s'ouvrent sur la côte et les montagnes de la région du Snowdon. Le sous-sol est truffé de cavernes et de galeries des **anciennes mines de cuivre** (Great Orme Ancient Copper Mines) ⊙, dont l'exploitation remonte à l'âge du bronze.

EXCURSIONS

★★**Bodelwyddan** – *18 km à l'Est par la A 470 et la A 55.* Transformé au cours du 19ᵉ s. en une forteresse médiévale, le **château** ⊙ est aujourd'hui l'écrin d'une superbe collection de **portraits victoriens** de la **National Portrait Gallery**. Les tableaux ont été accrochés dans des pièces soigneusement meublées et arrangées pour l'évocation de thèmes particuliers. La salle de billard célèbre la vie de la gent masculine, partagée entre le terrain de sport, l'hippodrome et le ring de boxe ; la bibliothèque commémore d'éminents intellectuels et hommes de science, tandis que le salon renferme plusieurs portraits de femmes. Les jardins restaurés ont retrouvé leur forme édouardienne.
De l'autre côté de la A 55 se dresse l'**église St Margaret** ou « l'église de marbre ». Sa splendeur victorienne n'a rien à envier à Bodelwyddan Castle. Construite en 1860 à la mémoire du baron Willoughby de Broke, son intérieur somptueux ne recense pas moins de 13 variétés différentes de marbre.

★★**Rhuddlan Castle** ⊙ – *26 km à l'Est par les A 470, 55 et 547.* Le village, jadis au bord de la mer, se développa pendant la guerre de 1282 et devint la base principale des opérations contre les Gallois. En 1284, c'est là que fut proclamé le « Statut

L'atmosphère Belle Époque du môle et du front de mer

du pays de Galles », comme le rappelle la plaque posée sur le « bâtiment du Parlement » qui se trouve dans High Street : « assurant à la principauté de Galles ses droits juridiques et son indépendance ».

Aujourd'hui, de la splendeur des bâtiments noir et blanc à colombage situés autour de la cour intérieure, il ne reste plus que quelques trous laissés par les poutres, les fondations et la trace du toit. Il est probable que ce soit au château de Rhuddlan qu'Édouard présenta son fils né au pays de Galles, le futur Édouard II, à l'Assemblée des princes, et non pas à Caernarfon, comme le prétend la tradition. Le château fut partiellement démoli après la guerre civile. On accède aux ruines par la **porte Ouest**, détail le mieux conservé. Le rez-de-chaussée et le 1er étage abritaient de confortables appartements équipés de cheminées. L'immense douve asséchée permet de se faire une bonne idée du château. Les murs bas de l'enceinte extérieure, ainsi que le mur et le dock du cours d'eau défensif peuvent facilement être retracés à même le sol.

St Asaph (Llanelwy) – *8 km à l'Est par la A 525.* En 560, saint Kentigern fonda la cathédrale et une communauté monastique sur ce site. La **cathédrale**★ ⊙ actuelle, en grande partie du 13e s. (dans la deuxième plus petite ville du pays possédant une cathédrale, après St David's), abrite la Bible utilisée lors de l'investiture du prince de Galles en 1969 et le monument élevé en l'honneur de l'évêque William Morgan qui traduisit la Bible en gallois en 1588 (« La religion, si elle n'est pas enseignée dans la langue maternelle, demeurera cachée et inconnue »).

★**Denbigh** – *8 km au Sud par la A 525.* La ville commerçante de Denbigh est blottie sur le flanc d'une colline dominant la vallée de la Clwyd à l'Est. De jolies petites rues conduisent aux ruines du **château**★ édifié par Henry de Lacy en 1282. Les trois tours communicantes (14e s.) du corps de garde, dont la conception est semblable à celles du château de Caernarfon, dénotent probablement l'influence du maître maçon du roi, Jacques de Saint-Georges. Les remparts de la ville, dont il ne manque presque rien, datent de la même époque.

> L'explorateur **Henry Morton Stanley** (1841-1904), plus connu des Britanniques pour son mot : « Docteur Livingstone, je suppose ? » que pour ses exploits en Afrique, naquit à Denbigh et fut élevé à St Asaph.

LLANGOLLEN★

Denbighshire – 2 546 habitants
Carte Michelin n° 403 K 25 ou Atlas Great Britain p. 33

Le verdoyant Vale of Llangollen et la vallée de la Dee ont longtemps constitué un itinéraire commodément emprunté par les voyageurs entre l'Angleterre et le Nord du pays de Galles. Petite bourgade commerçante dominée par les ruines de la forteresse galloise de Dinas Bran du 12e s., Llangollen est encore aujourd'hui une étape populaire, car s'y déroulent autour du **Royal International Pavilion** un **festival** *(Eisteddfod)* international annuel de musique et de chants du pays de Galles et de nombreux événements. La ville doit également sa renommée à la présence en ses murs du Centre européen des cultures traditionnelles et régionales (**ECTARC**) ⊙.

Ph Roy/EXPLORER

Plas Newydd – Portail (détail)

★Plas Newydd ⊘ – *À 10 minutes de marche du centre-ville.* À partir de 1780, quand elles arrivèrent d'Irlande et s'installèrent ensemble, ce fut la demeure des « **Dames de Llangollen** ». Si lady Eleanor Butler et Miss Sarah Ponsonby firent beaucoup jaser à l'époque, elles n'en reçurent pas moins un flot de visiteurs distingués. Elles entreprirent aussi de transformer un humble cottage en l'édifice excentrique noir et blanc que nous pouvons admirer aujourd'hui. Elles reposent, à proximité, en l'église St Collen, sous un toit qui aurait été ôté à l'abbaye de Valle Crucis lors de la Dissolution.

EXCURSIONS

Valle Crucis Abbey ⊘ – *3 km au Nord par la A 542.* Les ruines de cette importante abbaye cistercienne fondée en 1201, merveilleusement située, tirent leur nom de **Pillar of Eliseg**, une croix du 9ᵉ s. rendant hommage aux anciens rois de Powys. L'abbaye fut célèbre pour avoir patronné les bardes et Iolo Goch, poète du 14ᵉ s. de Dyffryn, qui est inhumé en ces lieux. La façade principale de style gothique Early English et la **salle capitulaire** dotée de voûtes d'ogives du 14ᵉ s. sont demeurées intactes.

★★Chirk Castle ⊘ – *11 km à l'Est par la A 5.* Chirk Castle, ou Castell y Waun, fut bâti sur le même modèle que Beaumaris *(voir p. 106),* commencé la même année (1295). Son originalité réside dans le fait qu'il fut continuellement occupé depuis cette époque jusqu'à nos jours. On peut apprécier l'adaptation de cette imposante forteresse aux perpétuelles modifications des différentes époques qui suivirent. Les **salles d'apparat** de l'aile Nord font aujourd'hui la gloire de Chirk.
Le château est niché dans un vaste parc paysager d'une grande beauté dont certaines parties ont été conçues à la fin du 18ᵉ s. par William Emes, un disciple de Capability Brown. Près de la demeure, la topiaire des haies et des buissons rappelle les anciens jardins, rasés par Emes. Le joyau de la propriété est sans conteste le **portail en fer forgé★** chef-d'œuvre baroque sorti des forges voisines de Bersham.

★★Pont Cysyllte – *7 km à l'Est par la A 539.* Grand monument de l'ère industrielle, ce magnifique aqueduc fut construit entre 1795 et 1810 par l'éminent ingénieur Thomas Telford pour porter le canal de l'Ellesmere au-dessus de la rivière Dee. Ses 307 m sont longés par un chemin de halage, protégé du vide de 23 m par des garde-fous en acier. Le personnel du canal ne bénéficie en revanche d'aucune protection !

Wrexham/Wrecsam – *21 km au Nord-Est par la A 539, puis la A 483.* Wrexham est la plus grande ville du Nord du pays de Galles. Elle doit sa prospérité de longue date à sa situation entre des gisements de charbon rentables et de riches terres agricoles. **Elihu Yale** (1649-1721) est enterré dans le cimetière de la belle **église St Giles★** ⊘ de style gothique Perpendicular. Il fit de nombreux dons à l'université de Newhaven aux États-Unis, qui prit ensuite le nom d'**université de Yale** en son honneur. Sa famille, installée en Amérique, mais originaire des environs de Wrexham, revint en Grande-Bretagne alors qu'Elihu était âgé de 2 ans. Il passa la majeure partie de sa vie à l'East India Company et son épitaphe commence par ces mots : « Est né aux États-Unis, en Europe fut élevé, en Afrique a voyagé et en Asie se maria, où il vécut longtemps et eut beaucoup d'enfants : à Londres mourut... »
L'église St Giles abrite le mémorial du régiment **Royal Welsh Fusiliers**.

★★Erddig ⊘ – *3 km au Sud de Wrexham, en quittant la A 525.* La demeure de la fin du 17ᵉ s. a été restaurée en 1973 après des affaissements dus aux galeries de mines environnantes. Son mobilier, de grande qualité, a été fabriqué vers 1720, ainsi que de magnifiques porcelaines, tapisseries et peintures. Une collection exceptionnelle de portraits et de photographies y est également exposée. L'atelier du menuisier, la blanchisserie, le fournil, la cuisine et les communs, qui ont été restaurés, donnent tous un aperçu de la vie quotidienne dans un domaine rural. La **chambre d'apparat**, décorée avec un papier peint chinois du 18ᵉ s., abrite un lit de 1720, superbement restauré. Le jardin traditionnel du début du 18ᵉ s. a été préservé, du moins son tracé. Il a fait l'objet d'une restauration récente.

LONDON★★★

LONDRES – 6 679 699 habitants
Plan Michelin n° 34 au 1/8 000 avec index des rues
Carte Michelin n° 404 T 29 ou Atlas Great Britain p. 19-21

Grande capitale et place mondiale de la finance, Londres est également l'un des plus grands centres internationaux de la mode et des loisirs. Certes, une telle combinaison n'a rien d'extraordinaire si ce n'est qu'à Londres les deux types d'activités s'effectuent parallèlement – dans deux cités différentes. Avant le Moyen Âge, la **Cité de Londres** était déjà un centre commercial actif, tandis que le palais et l'abbaye édifiés par Édouard le Confesseur (1042-1066), à 3 km environ à l'Ouest, marquaient le début de la **Cité de Westminster**. Les différences qui les séparent sont encore très perceptibles : la Cité de Londres – la **City** – est la plaque tournante des affaires et de la finance, tandis que la Cité de Westminster – le **West End** – se caractérise par ses magasins élégants, ses théâtres, ses clubs, ses parcs, les Chambres du Parlement et le palais de Buckingham.

UN PEU D'HISTOIRE

Londres est né autour d'un pont de bois bâti par les Romains sur la Tamise. Londinium devint le centre d'un réseau de routes et la ville se développa vite. Dans leur conquête du Sud-Est de l'Angleterre, les Romains ne rencontrèrent que peu de résistance. Seule la reine Boadicée tenta de s'opposer aux légions en attaquant la ville. À la suite de cette tentative, Londinium fut protégée par un mur dont il subsiste des traces dans London Wall Street et au Sud-Est, jusqu'à la Tour.

La City et Westminster – Édouard le Confesseur fit construire en 1060 un palais royal à Westminster, fondant ainsi une cité rivale de Londres. Son successeur, Guillaume le Conquérant, s'y installa en 1066 à l'occasion de son couronnement à l'abbaye de Westminster. Ce n'est toutefois qu'au milieu du 12e s. que Londres devint capitale officielle de l'Angleterre au détriment de Winchester, jusqu'alors le centre administratif le plus important. Les monarques installés à Westminster, la City et son port dynamique gagnèrent beaucoup en liberté et en indépendance, même si en échange les marchands de la City devaient régulièrement financer les campagnes militaires de la Couronne.
Ce n'est que petit à petit que marchands et banquiers s'établirent dans le West End, moins peuplé, ou dans les villages comme Islington, Chelsea ou Holborn.

Le grand Incendie – Après la peste en 1665, la Cité fut ravagée par un gigantesque incendie en 1666 (80 % des bâtiments furent détruits).
Parmi les nombreux plans de reconstruction soumis au roi Charles II, celui de Christopher Wren (1632-1723) fut retenu : il devait faire de Londres une ville d'avant-garde. L'ambitieux projet se heurta à des difficultés dans l'acquisition des terrains, mais l'architecte mena à son terme la reconstruction de la cathédrale St Paul et de 51 églises.

Londres au 18e s. – Ce siècle a été caractérisé à la fois par les conditions de vie désastreuses qui frappaient la plus grande partie de la population : logements, hygiène, transports, et le début d'une urbanisation qui a vu s'édifier de nouveaux quartiers autour des *squares* que formaient les grands domaines aristocratiques du Nord-Ouest de Londres (St James's, Bloomsbury, Marylebone, Mayfair...).

Vue aérienne de la Cité de Londres

Successivement, le style Reine Anne (James Gibbs – 1682-1754) et le style conçu par Robert Adam (1728-1792), où le square est remplacé par une *terrace*, se sont développés. Inspirée de l'antique, la maison construite par Adam présentait un fronton triangulaire, des colonnes et des pilastres. À la fin du 18e s. et au début du 19e s., John Nash (1752-1835) s'attacha à rénover le West End en dégageant des perspectives dont Londres était pratiquement dépourvue.

L'époque moderne – L'agglomération londonienne continua son intense développement durant toute l'ère victorienne, principalement vers l'Ouest.

Le comté de Londres en 1888 auquel succédèrent le Conseil du Grand Londres en 1965 et l'administration directe des *boroughs* à partir de 1986 prirent en charge la gestion de cet immense ensemble de 1 508 km² où vivent 6 700 000 habitants. Un référendum organisé en 1998 s'est montré favorable à l'élection d'un maire, dont les compétences seront différentes de celles du Lord-Maire de la Cité de Londres.

Les terribles destructions causées par les bombardements de la Seconde Guerre mondiale sont à l'origine des immeubles modernes de la Cité de Londres, du quartier de Barbican et du Centre culturel de la rive Sud (South Bank Arts Centre). Le projet le plus ambitieux a toutefois été l'aménagement à l'Est de la Cité de l'ancienne zone des docks (Canary Wharf).

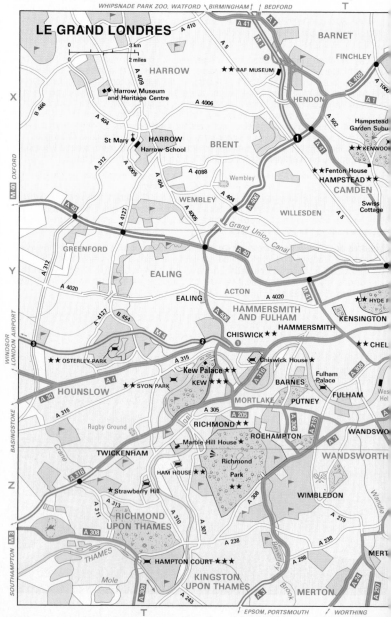

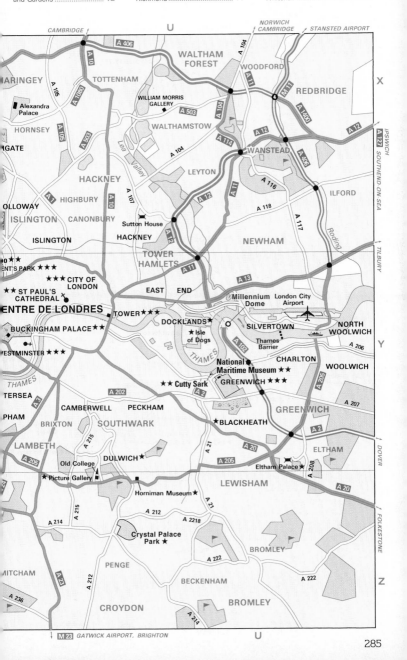

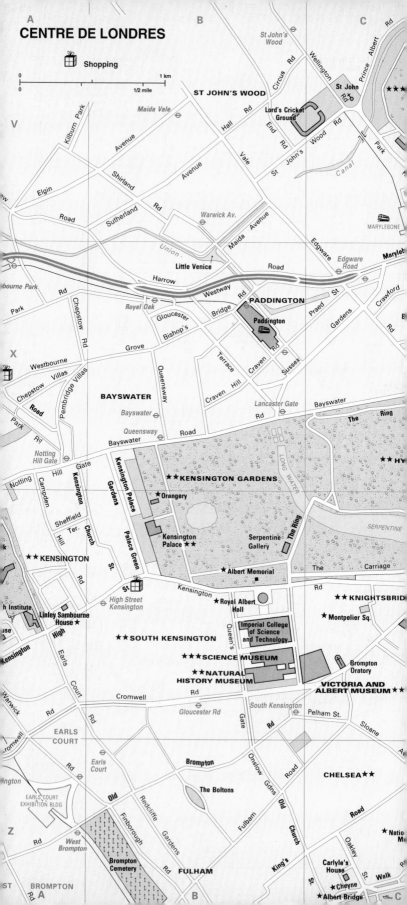

CENTRE DE LONDRES

🎁 Shopping

0   1 km
0   1/2 mile

A   **B**   **C**

St John's Wood

V

Maida Vale

ST JOHN'S WOOD

Lord's Cricket Ground

MARYLEBONE

Kilburn Park

Avenue

Shirland

Sutherland   Rd

Elgin

Road

Warwick Av.

Circus   Rd

Wellington

Prince   Albert   Rd

★★★

St John   Rd

Hall   Rd

Vale

End   Rd

St   John's   Wood

Maida   Avenue

Park

Canal

Edgware

Marylebone

★★★

Union

Little Venice

Harrow

Westway

PADDINGTON

Paddington

Road

Edgware Road

Marylet

Crawford

X

bourne Park

Royal Oak

Gloucester

Bishop's

Grove

Westbourne

Chepstow   Villas

Pembridge   Villas

Park   Rd

Chepstow   Rd

Road

Park

Rd

🎁

Bridge   Rd

Praed   St

Gardens

Rd

Terrace

Craven   Hill

Craven

Sussex

Lancaster Gate

Bayswater

BAYSWATER

Queensway

Bayswater

Queensway

Bayswater   Road

Road

Rd

The   Ring

LONG   WATER

★★ HY

Notting   Hill   Gate

Notting

Campden

Hill

Gate

Kensington

Sheffield   Ter.

Hill

k

★★ **KENSINGTON**

Kensington Palace Gardens

Palace Green

Church   St.

Rd

★★KENSINGTON GARDENS

★ Orangery

Kensington Palace ★★

Serpentine Gallery

The   Ring

SERPENTINE

The   Carriage

★ **Albert Memorial**

Kensington

★ **Royal Albert Hall**

★★KNIGHTSBRID

★ Montpelier Sq.

h Institute

Linley Sambourne House ★

High

St

🎁

High Street Kensington

Rd

Earls   Court

Warwick

Cromwell

Rd

★★SOUTH KENSINGTON

Queen's

Gate

★★★SCIENCE MUSEUM

Imperial College of Science and Technology

★★NATURAL HISTORY MUSEUM

Brompton Oratory

VICTORIA AND ALBERT MUSEUM ★★

Kensington

Cromwell

Rd

Gloucester Rd

South Kensington

Pelham St.

Rd

Sloane

EARLS COURT

Earls Court

Redcliffe   Gardens

Onslow Gdns

Road

Old

Church

CHELSEA★★

Brompton

The Boltons

ington

EARLS COURT EXHIBITION BLDG

Rd

West Brompton

Old

Finborough   Rd

Fulham

Rd

Brompton Cemetery

King's

FULHAM

Carlyle's House

◇ Cheyne

★ Natio Mu

Oakley

Walk

ST   **BROMPTON**   A

Rd

A   **B**

★ **Albert Bridge**

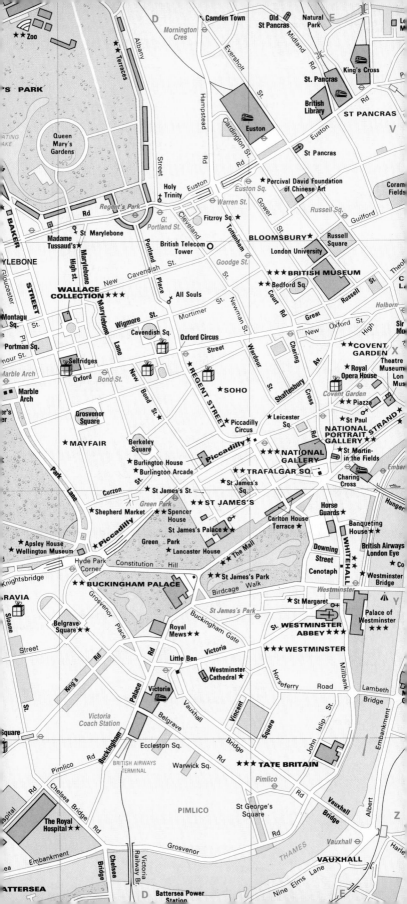

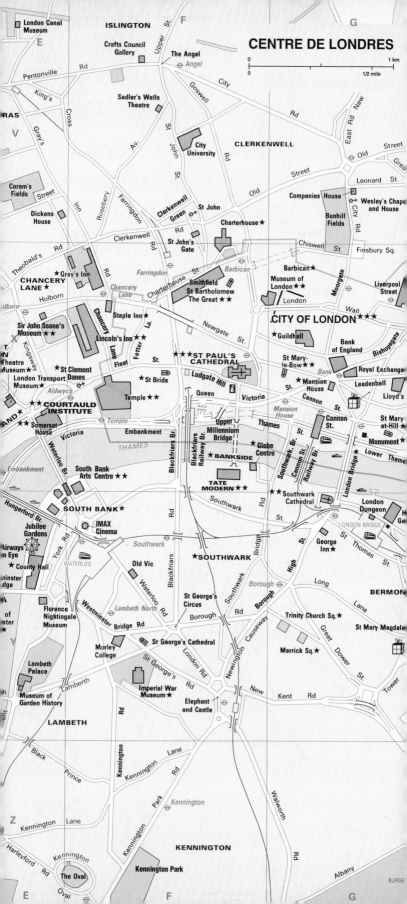

CENTRE DE LONDRES

London Canal Museum
ISLINGTON
E
Crafts Council Gallery
Upper St.
F
G

The Angel
★ Angel
City
Pentonville Rd.
King's Cross
Goswell
City Rd.
Sadler's Wells Theatre
RAS
V
Gray's
Rosebery Av.
St. John St.
CLERKENWELL
East Rd. New
Great
Coram's Fields
Street
City University
Clerkenwell
Old Street
Leonard St.
Companies House
Wesley's Chapel and House
Dickens House
Street
Inn
Farringdon Rd.
Green
St John
Charterhouse ★
Chiswell St.
Bunhill Fields
Finsbury Sq.
Theobald's Rd.
CHANCERY LANE ★
★ Gray's Inn
Chancery Lane
Charterhouse St.
St John's Gate
Farringdon St.
Newgate St.
Smithfield
St Bartholomew
The Great ★★
Barbican
Barbican ★
Museum of London ★★
London
Wall
Moorgate
Liverpool Street
Holborn
Staple Inn ★
CITY OF LONDON ★★★
Sir John Soane's Museum ★★
Lincoln's Inn ★★
Fetter La.
★★ ST PAUL'S CATHEDRAL
★ Guildhall
Bank of England
Bishopsgate
Theatre Museum
Chancery Lane
Fleet
St.
Ludgate Hill
St Mary-le-Bow ★★
Royal Exchange
Leadenhall
London Transport Museum ★
St Clement Danes
★ St Bride
Queen
Victoria
Mansion House
St.
Cannon
St Mary at-Hill
Lloyd's
AND
Aldwych
Temple ★★
★★ COURTAULD INSTITUTE
Mansion House
Thames
Cannon St.
Cannon St.
Monument ★
★★ Somerset House
Victoria
Embankment
Upper Thames
Blackfriars Br.
Blackfriars Railway Br.
Millennium Bridge
★ Globe Centre
BANKSIDE
Southwark Br.
Cannon St. Railway Br.
London Bridge
Lower Thames
St Mary at-Hill
THAMES
Embankment
South Bank Arts Centre ★★
TATE MODERN ★★
★★ Southwark Cathedral
London Dungeon
Hungerford Br.
SOUTH BANK ★
IMAX Cinema
Southwark
Southwark St.
LONDON BRIDGE
H Ga
Jubilee Gardens
Airways n Eye
York Rd.
WATERLOO
Old Vic
Blackfriars
Southwark
Bridge
St
George Inn ★
St Thomas
★ County Hall
minster dge
Waterloo Rd.
★ SOUTHWARK
Borough
High
BERMON
of ster
Florence Nightingale Museum
Westminster Bridge Rd.
Lambeth North
St George's Circus
Borough
Borough Rd.
Newington Causeway
Long Lane
St Mary Magdale
Y
Morley College
St George's Rd.
St George's Cathedral
London Rd.
Trinity Church Sq. ★
Great Dover St.
Lambeth Palace
Lambeth
St George's Rd.
Imperial War Museum ★
Merrick Sq. ★
Museum of Garden History
Elephant and Castle
New Kent Rd.
Tower
LAMBETH
Black
Prince
Kennington Rd.
Kennington Park Rd.
New
Walworth
Z
Kennington Lane
Kennington
Kennington Park
Albany
Harleyford Rd.
Kennington Oval Rd.
The Oval
KENNINGTON
Kennington Park
BURGE
E
F
G

0   1 km
0   1/2 mile

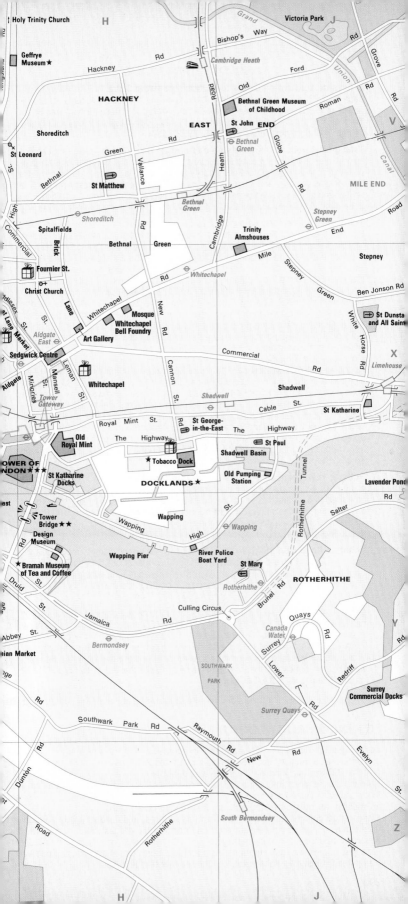

LONDRES PRATIQUE

Offices de tourisme – **London Tourist Board Information Centre**, à Heathrow, terminaux 1, 2, 3, dans de nombreuses stations de métro, ainsi que dans les principales gares (Liverpool Street, Victoria and Waterloo International). **The British Travel Centre**, 1 Lower Regent Street, SW1Y 4NS. **City of London International Centre**, St Paul's Churchyard, EC4, ☎ (020) 7332 1456.

Transport public – Les tickets de métro et de bus sont en vente uniquement auprès des chauffeurs d'autobus et dans le métro. Plusieurs formules sont proposées : carnets de 10 tickets pour voyager dans la zone 1 du métro, des Travelcards valables une journée, des *pass* pour le week-end, des formules à la semaine et des Travelcards familiales. London Transport Enquiries, 55 Broadway, SW1 H ODB, ☎ (020) 7222 1234.

Tourisme – Des excursions en bus à plate-forme partent de Victoria, Green Park, Piccadilly, Coventry Street, Trafalgar Square, Haymarket, Lower Regent Street, Marble Arch, Baker Street, Tower Hill. Certaines excursions sont sans étapes, d'autres prennent des passagers lors de brefs arrêts ou en déposent d'autres qui continueront l'excursion sur le bus suivant. Le prix des tickets est variable. Pour les visites guidées à pied, consultez le London Tourist Board ou *Time Out*, qui donne la liste des circuits touristiques dans Londres. Les **croisières sur la Tamise** démarrent de Westminster Pier, Charing Cross Pier, Tower Pier, Greenwich Pier. Le London Board Riverboat Information Service met à votre disposition un service de renseignements téléphoniques fonctionnant 24 h/24 (boîte vocale – ☎ 09064 123 432). Vous pouvez également vous adresser aux points d'accueil cités ci-dessus. Des croisières nocturnes sont également proposées avec musique et/ou dîner. Pour en savoir plus, consultez *Time Out*.

La **London Waterbus Company** (☎ 020 7482 2550 ou 7482 2660) propose un service régulier sur Regent's Canal, comme *Jason's Trip* (☎ 0020 7286 3428) et Jenny Wren (☎ 020 7485 4433/6210). Frogs Tours propose des visites de 90 mn à bord d'un véhicule amphibie avec commentaires, départ du County Hall (près du pont de Westminster), ☎ 020 7928 3132. Des plans du **Silver Jubilee Walkway** (promenade jalonnée dans Londres, inaugurée lors du 25ᵉ anniversaire du règne de la reine – 16 km), indiquant huit points de vue et comportant des informations touristiques sur les monuments voisins, sont en vente au London Tourist Board.

Pubs et restaurants – Londres propose un grand choix de pubs traditionnels et de bars à vin dans tous les quartiers, ainsi qu'un grand choix de restaurants aux spécialités culinaires les plus variées. Pour en savoir plus, référez-vous au Guide Rouge Michelin (prix et informations détaillées). Prendre le traditionnel « Five o'clock tea » dans les grands hôtels ou à Fortnum & Mason est une expérience inoubliable.

Achats – Knightsbridge (Harrods, Harvey Nichols), Bond Street (mode et antiquités) ; Oxford Street et Regent Street (grands magasins), King's Road (boutiques et antiquités) ; Kensington High Street (grands magasins et boutiques), Covent Garden (boutiques et artisanat), Piccadilly (confection pour homme, sport).

Loisirs – Théâtres, cinémas, night-clubs et salles de concerts se trouvent près de Leicester Square, Piccadilly et Covent Garden. Consultez la presse quotidienne (*Evening Standard*) ou l'hebdomadaire *Time Out* (sortie le mercredi). Des *Theatre Tokens*, acceptés dans plus de 160 théâtres y compris dans ceux du West End de Londres, peuvent être achetés dans les librairies W.H. Smith, John Menzies, Hammicks ou par l'intermédiaire de Ticketmaster ☎ 020 7344 4444 ou TOKENLINE ☎ 020 7240 8800.

LONDRES AUJOURD'HUI

La City grouille de milliers d'hommes et de femmes d'affaires durant la journée, mais est désertée la nuit et les week-ends lorsque les banlieusards, dont certains font jusqu'à 160 km par jour, ont regagné leur domicile.

En revanche, le West End est animé en permanence : la journée par les gens qui font leurs courses et par les employés de bureau, et le soir par les personnes se rendant au théâtre, au pub, au restaurant, en discothèque ou au club.

Bien peu de personnes habitent le centre de Londres, mais beaucoup de Londoniens vivent dans ce qui constituait autrefois une ceinture de villages : bien que totalement absorbés aujourd'hui par la métropole, ces *villages*, devenus quartiers, n'en conservent pas moins un charme dont les habitants sont très fiers. Ainsi, Southwark, Hampstead, Chiswick, Kensington ou Chelsea méritent le détour.

L'atmosphère cosmopolite de Londres a été grandement renforcée à la fin du 20e s., grâce, pêle-mêle, à la démocratisation du transport, à de meilleurs standards de vie, à une immigration en provenance du Commonwealth et à l'adhésion de la Grande-Bretagne à l'Union européenne, autant de facteurs aboutissant à une perspective plus internationale ; l'augmentation de restaurants et de magasins d'alimentation étrangers en constitue le résultat concret.

LES TRADITIONS

Les cérémonies continuent de jouer un rôle important dans la vie londonienne. Le cérémonial de la **relève de la garde** (Changing of the Guard) à Buckingham Palace *(tous les jours à 11 h 30 de mai à octobre, tous les deux jours le reste de l'année)*, à la caserne des Horse Guards *(les jours ouvrables à 11 h, le dimanche à 10 h, sur Horse Guards Parade en été, dans la cour en hiver)* ou à la Tour de Londres ne cesse de fasciner la foule des visiteurs. C'est en tenue d'apparat colorée que la garde royale accueille la reine lors de la cérémonie du **Salut aux couleurs** (Trooping the Colour) le 2e ou le 3e samedi du mois de juin sur l'esplanade de Horse Guards Parade, comme lors de la **séance inaugurale du Parlement** (State Opening of Parliament) en novembre.

Le second samedi de novembre se déroule la **procession du Lord-Maire** (Lord Mayor's Show). Après un périple en carrosse d'apparat doré à travers la City, le Lord-Maire de la Cité de Londres vient prêter serment au palais de justice (Royal Courts of Justice). Le premier dimanche de novembre, un grand nombre d'anciens combattants en voitures d'époque partent de Hyde Park pour le fameux **rallye de Londres à Brighton**.

Plus récemment a été introduite une nouvelle manifestation. L'annuel **marathon de Londres** *(3e semaine d'avril)* voit des centaines de concurrents courir de Greenwich au pont de Westminster à travers les rues bordées de dizaines de milliers de spectateurs leur apportant leur soutien.

VISITE DE LONDRES

Pour une visite approfondie de la ville, il est recommandé de se procurer le Guide Vert Michelin Londres.

Pour qui, effectuant un voyage en Grande-Bretagne, souhaite faire une halte de 2 ou 3 jours à Londres, les quelques paragraphes qui suivent donnent des indications générales sur 12 centres de grand intérêt, classés par ordre alphabétique.

★★★ British Museum ⊙

Quand la collection de sir Hans Sloane fut léguée à la nation en 1753, le Parlement se vit dans la nécessité de fonder le British Museum. Déjà, dans les voûtes de Westminster, on pouvait admirer la collection – d'une richesse incalculable – de sir Robert Cotton (1570-1631), rassemblant des manuscrits médiévaux, ainsi que l'ancienne bibliothèque royale de 12 000 volumes, réunis par les monarques depuis l'époque Tudor. Il devint nécessaire de construire un nouveau bâtiment en raison du nombre croissant de collections offertes. Montagu House fut acheté avec des fonds collectés grâce à une loterie, et le musée ouvrit ses portes en 1759. Les objets étant exposés sans étiquette, Cobbett surnomma le musée « le vieux magasin d'antiquités » (« The Old Curiosity Shop »). Pour abriter la collection naissante, Smirke dessina des plans qui aboutirent au remplacement de l'hôtel Montagu par le bâtiment actuel et ses extensions ultérieures.

Parmi les antiquités égyptiennes, les momies et la **pierre de Rosette** sont des pièces de toute première importance. La collection d'antiquités d'Extrême-Orient est particulièrement variée, tandis que les antiquités grecques et romaines comprennent les **marbres d'Elgin** (sculptures du Parthénon) et le superbe **vase romain de Portland**. Le service de table en argent datant du 4e s. et le **trésor de Mildenhall** sont autant de souvenirs de la Grande-Bretagne sous l'Empire romain.

Troisième millénaire

Le Bristish Museum a fait l'objet d'importants travaux de réaménagement. La **British Library** s'est installée dans un bâtiment neuf et les collections d'ethnographie du **Museum of Mankind** *(fermé au public)* réintégreront le British Museum lorsque les nouvelles salles auront été rénovées *(fin des travaux prévue pour 2003)*.

Le British Museum possède un service de renseignements extrêmement utile sur les expositions : ☎ 020 7636 1555. Fax 020 7323 8614.

Great Court – Le point central de la cour recouverte d'une vaste verrière aux armatures d'acier, œuvre de Sir Norman Foster, constitue la salle de lecture ronde *(voir ci-dessous)*. Le projet qui a consisté à démolir les bâtiments annexes est en voie d'achèvement. La **Great Court** comprend les elliptiques planchers en mezzanine d'un élégant Centre éducatif. Celui-ci renferme des aires de jeu pour les jeunes visiteurs,

Palais de Westminster

une salle de conférence pour les chercheurs et les universitaires, la librairie du musée, des expositions temporaires à thème et des restaurants. Des sculptures seront exposées dans les espaces ouverts. Des sculptures réparties dans la **Concourse Gallery** donnent un aperçu des cultures représentées dans les galeries environnantes.

Old British Library – Institution indépendante du British Museum depuis 1973 et installée depuis dans un nouveau bâtiment à St Pancras *(voir ci-après)*, la **bibliothèque** occupe toujours cependant la **salle de lecture ronde** à coupole (Round Reading Room), ouverte en 1857. Dévolue à une fonction éducative et de recherche, la bibliothèque publique est reliée au système Compass de recherche multimédia sur les collections. Les grandes salles de lecture ont retrouvé leur décoration Regency d'origine ; la King's Library présente une exposition consacrée aux Lumières et la North Library une introduction aux collections ethnographiques.

British Library ⊘ – *Euston Road, à côté de la gare St Pancras.* Le bâtiment asymétrique de brique rouge, d'ardoise, de métal et de granit patiné a suscité des réactions très mitigées. Il garde notamment la **Grande Charte**, la Bible de Gutenberg, des manuscrits enluminés, des autographes d'écrivains, etc. Les salles de lecture ne sont accessibles qu'aux seuls détenteurs de cartes de lecteur.

★★ Buckingham Palace ⊘

Sur le chemin qui conduit de Westminster au Palais de Buckingham, on traverse **St James's Park**★★, plus vieux parc royal de Londres, remontant à 1532, date à laquelle Henri VIII fit construire **St James's Palace**. Le parc fut dessiné au 19ᵉ s. par **Nash** à qui l'on confia également le soin d'édifier **Carlton House Terrace**★ à l'angle Nord du parc.

En 1703, le duc de Buckingham se fit construire un manoir de briques sur les terres que lui avait offertes la reine Anne à la lisière Ouest de St James's Park. En 1762, **George III** acquit le manoir pour son épouse, Charlotte. On ne procéda qu'à peu de transformations avant 1825, date à laquelle George IV fit appel à John Nash qui habilla les murs de vieilles briques du manoir par de la pierre de Bath. Lorsque le roi mourut en 1830, Nash n'eut pas l'autorisation d'achever son ouvrage et c'est **Édouard Blore** qui le termina en 1837 après la mort de Guillaume IV. Dix ans après l'accession de la reine Victoria au pouvoir, on relia les ailes à la façade Est, fermant ainsi la cour avant avec ce qui allait devenir le point de mire des cérémonies publiques : le balcon. L'arc de triomphe en marbre blanc de John Nash servit d'entrée monumentale puis, devenu inutile, fut transféré à son emplacement actuel, au Nord-Est de Hyde Park.

La visite du Palais comprend la Salle du Trône, la Salle à manger, la Galerie de peinture où les portraits royaux voisinent avec les œuvres des grands Maîtres (Rembrandt, Vermeer, Rubens, Van Dyck, etc.).

ANGUS TAVERNER

La **relève de la garde**★★ a lieu à 11 h 30 dans l'avant-cour. Lorsque la reine réside au palais, le pavillon royal flotte sur les toits.

Queen's Gallery★★ ⊘, située à l'emplacement d'une ancienne chapelle privée, présente portraits, peintures, dessins et meubles de la superbe collection royale.

★★**St James's Park** – Dans l'axe du Palais, **The Mall**★★, l'une des plus belles avenues de Londres, met le cap sur Trafalgar Square, bordée sur la gauche par Green Park, trait d'union aéré avec **St James's Palace**★★, palais édifié par Henri VIII en 1532, et sur la droite par St James's Park, le plus ancien parc de Londres. Le parc, à l'origine celui du palais de Henri VIII, fut aménagé au 19ᵉ s. par John Nash ; du pont franchissant le lac, le regard est charmé par la **vue** sur le Palais de Buckingham à l'Ouest, Whitehall à l'Est.

★★★La City

De la Tour de Londres au Temple, la City évoque la naissance de Londres. Une charte accordée aux habitants de la City par Guillaume le Conquérant en 1066 fut confirmée en 1215 par la Grande Charte. L'élection annuelle d'un lord-maire s'est perpétuée depuis 1192, marquée par la cérémonie du Lord Mayor's Show. Devenue centre du négoce, des finances et des corporations autour du **Guildhall**★, la City attirait les écrivains, les artistes, les imprimeurs (Fleet Street). C'est alors que survint le grand incendie.

Percée de grandes artères au 19ᵉ s., reconstruite après les bombardements de 1941, modernisée au 20ᵉ s. (quartier de Barbican), la City accueille toujours quotidiennement des millions d'employés pour seulement quelques milliers de résidents...

★★★**St Paul's Cathedral** ⊘ – Couronnant la City de sa gigantesque coupole, la **cathédrale St-Paul**, chef-d'œuvre de **Christopher Wren** (1632-1723), s'élève sur la colline de Ludgate. Sa silhouette aux lignes majestueuses règne sur Londres comme St-Pierre de Rome sur la Ville éternelle. Après le grand incendie qui ravagea l'ancienne St-Paul, Wren soumit les plans d'une nouvelle cathédrale aux autorités avant d'assurer la surveillance générale des travaux du roi. La première pierre fut posée le 21 juin 1675. Trente-trois ans plus tard, Wren put voir son fils placer au sommet de la lanterne la dernière pierre de l'édifice. Lorsque Wren décéda, quinze ans plus tard, il fut enterré à l'intérieur des murs. Sur son épitaphe – en latin et située sous la coupole –, on peut lire : « Lecteur, si tu cherches son monument, regarde autour de toi. »

Traditionnellement, la cathédrale est le cadre des funérailles des grands chefs de guerre, tels Nelson, Wellington et, en 1965, Winston Churchill.

Extérieur – C'est de l'esplanade située au Sud du monument que l'on découvre la perspective la plus spectaculaire sur son élévation. À la différence du dôme de St-Pierre, qui influença et fascina Wren, le **dôme** de St-Paul n'a pas vraiment la forme d'un hémisphère. Son tambour est à deux niveaux : le niveau inférieur est ceint d'une colonnade et coiffé d'une balustrade, tandis que le niveau supérieur, un peu en retrait de la balustrade, forme une galerie panoramique circulaire, la **Stone Gallery**. Au sommet du dôme, la lanterne est de style baroque anglais caractérisé par sa sobriété, avec des colonnes sur ses quatre côtés ainsi qu'une petite coupole servant de plinthe à la calotte d'or de 2 m de diamètre.

L'**extrémité Ouest**, précédée de deux larges envolées d'escaliers, présente un portique corinthien à deux niveaux et des colonnes composites sous un fronton décoré, surmonté du portrait de saint Paul. De l'autre côté s'élancent les tours les plus baroques jamais réalisées par Wren comme pour mettre en valeur le dôme. Remarquez les riches sculptures extérieures, principalement œuvres de **Gibbons**.

Intérieur – Riche et imposant, il vaut surtout par l'impressionnante envolée de sa **grande coupole** décorée par **Thornhill** de peintures en grisaille évoquant la vie de saint Paul.

Elle est aussi large que la nef et ses bas-côtés réunis (comme à Ely ou à Pavie en Italie). Dans la nef, remarquez l'orgueilleux mausolée de Wellington ; en face dans le bas-côté droit, une peinture de W. Holman Hunt exécutée en 1900, *La Lumière du monde*. De la **galerie des Murmures** située sous la coupole (259 marches), le visiteur sera impressionné par les vues vertigineuses sur le transept et la coupole. Remarquez l'effet acoustique bizarre qui a valu son nom à la galerie. Le **panorama★★★** que l'on a de la **galerie d'Or**, tout en haut de la coupole *(543 marches)*, permet de découvrir Londres et la Tamise. Les bras du transept ont peu de profondeur, le bras gauche servant de baptistère avec ses fonts baptismaux sculptés en 1727 par **Francis Bird**, le droit abritant la superbe statue de Nelson par **Flaxman**. Les magnifiques stalles que l'on peut voir dans le chœur sont l'œuvre de **Grinling Gibbons**. Les grilles des bas-côtés du chœur et la grande clôture dorée qui cerne le sanctuaire ont été réalisées par **Jean Tijou**. La gracieuse sculpture de la Vierge à l'Enfant placée dans le bas-côté Nord est de **Henry Moore** (1984). Dans le déambulatoire de droite, notez l'étonnante statue du poète John Donne, doyen de St-Paul entre 1621 et 1631. La **crypte** abrite les tombeaux de nombreux grands hommes.

★★ **Museum of London** ⊙ – Dans le quartier moderne (1962-1982) de **Barbican★**, à la périphérie Nord de la City, le musée présente l'histoire de Londres de la préhistoire à nos jours, avec des objets aussi variés que les sculptures du temple romain de Mithra, des croix médiévales de pèlerins, le trésor de Cheapside constitué de bijoux de l'époque de Jacques Ier, un diorama du Grand Feu, les portes de la geôle de Newgate, des magasins et des intérieurs du 19e s., le carrosse du lordmaire, les souvenirs du mouvement des femmes pour l'instauration du suffrage universel... On y trouve une reconstitution du développement de la vie en Grande-Bretagne et des services d'utilité publique, de même que divers aspects du Londres de la politique et de la mode.

★★ Kensington

★★ **Kensington Palace** ⊙ – Depuis son acquisition en 1689 par Guillaume III, cette maison du début de l'époque de Jacques Ier (au début du 17e s.) a connu trois périodes : sous la Maison d'Orange, c'était la résidence privée du monarque et **Wren** en fut le principal architecte ; sous les premiers Hanovre, elle devint palais royal et **Colen Campbell** et **William Kent** furent chargés de la décoration ; depuis 1760, c'est une résidence réservée aux membres de la famille royale.

On accède aux **grands appartements** par l'**escalier de la Reine**, conçu par Wren. La **galerie de la Reine** contient des sculptures de Grinling Gibbons et des portraits de Kneller et Lely. Dans le salon de la Reine, on peut voir une peinture de Kneller représentant le premier jardinier royal, **Henry Wise**, à qui l'on confia la réalisation des jardins de Kensington. La **salle du Conseil privé**, l'**antichambre**, la **coupole** et les **salons**, ajoutés pour George Ier (1718-1720), furent décorés par William Kent (1722-1727). L'escalier, construit par Wren en 1689, fut transformé une première fois en 1692-1693 puis, une seconde fois, lorsque Kent recouvrit les murs et le plafond de peintures en trompe l'œil, simulant une coupole ainsi qu'une galerie où passent les courtisans de l'époque. Le plafond peint par Kent représente des scènes de l'histoire d'Ulysse.

La collection d'habits de cour est divisée par époque dans plusieurs salles du rez-de-chaussée et se compose d'habits et uniformes portés lors des cérémonies à la cour depuis 1750, période qui a vu se succéder 12 souverains.

★★ **Kensington Gardens** – Les **jardins de Kensington**, qui passèrent de 10 à 110 ha, connurent leur plus belle période sous les reines Marie, Anne et Caroline (épouse de George II) avec les jardiniers royaux Henry Wise et Charles Bridgeman, qui lui succéda en 1728. C'est au 18e s. que fut creusé en face des grands appartements l'**étang rond**, d'où rayonnent des avenues en direction de la **Serpentine** et de la Long Water, laquelle se termine par les jardins italiens du 19e s., ainsi que par la tonnelle (Alcove) de la reine Anne. Autres réalisations de cette période : la **grande avenue** et l'**orangerie★** (début du 18e s.), dotée d'une superbe pièce centrale de style baroque dessinée par **Hawksmoor** (1705).

★ **Albert Memorial** – Dans la partie Sud des jardins s'élève le mémorial du prince Albert. Au sommet de quatre larges volées d'escaliers, la flèche de style néogothique réalisée par **George Gilbert Scott** est décorée de mosaïques, de pinacles et d'une croix. Au centre, entourée de statues allégoriques et d'une frise de 169 effigies portant les noms de poètes, artistes, architectes et compositeurs, trône une statue de bronze de 4,25 m de haut représentant le prince consort qui entreprit tant pour promouvoir les arts et l'enseignement, jusqu'à sa mort prématurée survenue en 1861. Le mémorial fut inauguré en 1876.

Concert à Hyde Park

British Tourist Authority, Londres

L'effigie d'Albert est tournée vers l'imposant **Royal Albert Hall**★ (1867-1871), de forme ronde, qui est aujourd'hui encore un lieu de rendez-vous animé où se tiennent réunions, conférences, concerts, et notamment à la saison estivale les Promenades Concerts : les célèbres **Proms**.

★★ **Hyde Park** – De l'autre côté de la Serpentine s'étend **Hyde Park**, de style moins formel, et qui, avec les jardins de Kensington, constitue ce que le Premier Pitt appelait « les poumons de Londres ». Deux siècles plus tard, le parc continue de jouer un rôle fondamental pour les touristes et les personnes travaillant dans les bureaux des environs : ils viennent y prendre leur repas de midi, au grand air, tout en donnant à manger aux canards.

Speakers' Corner – Le « coin des orateurs » est une curiosité assez récente du parc ; il fallut attendre 1872 pour que le gouvernement reconnaisse le besoin ressenti par la population de se réunir en public pour donner libre cours à des discussions. Au Nord se trouve **Marble Arch**, un arc de triomphe en marbre italien qui servait de porte d'honneur au palais de Buckingham *(voir plus haut)*. Ce monument, érigé par John Nash en 1827, commémore les batailles de Trafalgar et Waterloo.

★★★ Regent's Park

Dans les premières années du 19e s., de vastes terrains qui avaient été attribués par Cromwell à divers exploitants furent rétrocédés à la Couronne, qui prit le parti de les faire aménager. L'époque était alors aux opérations immobilières d'envergure, et l'une d'elles, **Portland Place**, avait été réalisée dans les décennies précédentes en limite Sud de ces terrains d'après des plans établis par les frères Adam.

On fit appel à **Nash** pour élaborer le plan du nouveau quartier. Il conçut un parc paysager dégageant la perspective au Nord sur les hauteurs de Hampstead et de Highgate et dont les autres côtés seraient bordés de palais divisés en appartements loués à des notables ; en somme, des immeubles locatifs de haut standing... Le projet prévoyait en outre au centre du parc une route circulaire bordée d'un côté d'autres immeubles et auréolant un panthéon surélevé, ainsi que la construction de villas nichées parmi les arbres ; en somme, une cité-jardin de luxe...

La réalisation, entre 1817 et 1825, ne fut que partielle : les villas ne virent pas le jour, ni le panthéon, ni son auréole d'immeubles. La route circulaire intérieure (Inner Circle) ceintura un jardin botanique, aujourd'hui transformé sous le nom de **Queen Mary's Gardens**, jardin floral (roses essentiellement) qui englobe un théâtre de plein air. À la périphérie extérieure d'Inner Circle, The Holme est l'une des rares villas prévues par Nash, tandis que le **collège du Régent** en occupe une autre, reconstruite et agrandie au 20e s.

Outer Circle, anneau routier réalisé à la périphérie du parc, est par contre conforme au projet. Trois de ses bords externes sont longés de splendides **palais**★★ constituant des *terraces* nommées d'après les titres portés par les fils du roi George III. Les corps centraux des longs édifices (certains font plus de 300 m) sont ornés de colonnades, tantôt ioniques, tantôt doriques, tantôt corinthiennes, avec portiques et frontons. Les plus remarquables sont **York Terrace** (front Sud ; en partie renommée Nottingham Terrace), composée de deux blocs symétriques, **Sussex Place** (ailes incurvées et tours à dômes) et **Hanover Terrace** (frontons bleu ciel), toutes deux à l'Ouest, et à l'Est **Cumberland Terrace** (façade monumentale et fronton bleu ciel également) et **Chester Terrace** (la plus longue façade ininterrompue avec 290 m). À l'angle Sud-Est, Nash a édifié une échancrure, **Park Crescent**, dont la courbe à double colonnade ionique est destinée à ouvrir Portland Place sur Regent's Park.

★★**Zoo de Londres** ⊙ – Un terrain de 2 ha fut affecté en 1828 à la Société de zoologie de Londres, qui ouvrit le parc zoologique progressivement étendu pour couvrir actuellement 14 ha. 8 000 animaux de 900 espèces différentes y sont présentés.

La Société de zoologie joue aujourd'hui un rôle prépondérant dans la protection des espèces en danger en étudiant notamment leurs conditions de reproduction comme elle innove à propos des conditions de vie des animaux montrés dans les parcs zoologiques.

★**Madame Tussaud's Waxworks** ⊙ – Le célèbre musée de cire présente avec la famille royale française (Louis XVI et Marie-Antoinette) réalisée par Mme Tussaud elle-même une série de personnages illustres de tous les pays et de toutes les époques, tant hommes d'État que sportifs et artistes ou célèbres meurtriers anglais, mis en scène dans des cadres parfois fort réalistes.

★Soho et Mayfair

★**Soho** – Ce district très cosmopolite où les immigrants tendaient à se regrouper est maintenant le foyer des activités musicales et cinématographiques, des divertissements (restaurants et théâtres) et de la vie nocturne (clubs et discothèques). **Leicester Square**★ est une agréable place piétonne plantée d'arbres où voisinent le **Half-Price Ticket Booth**, auprès duquel l'on peut se procurer des places demi-tarif pour les spectacles londoniens, et une statue de Charlie Chaplin, né dans le quartier de Lambeth. Le **Trocadero Complex** est composé du Trocadero original, un music-hall du 19ᵉ s., et du London Pavilion (1885), théâtre puis cinéma, convertis en magasins et restaurants et accueillant le **Rock Circus** ⊙, qui présente l'histoire du rock and roll.

★**Piccadilly Circus** – Cette célèbre intersection, jadis considérée comme le centre de l'Empire britannique, est toujours dominée par la **statue d'Éros** surmontant la fontaine érigée à la mémoire du philanthrope lord Shaftesbury, en 1892. Shaftesbury Avenue, percée pour assainir une zone recouverte de taudis, constitue désormais le quartier des théâtres.

★**Mayfair** – Il est difficile de croire que l'un des plus élégants quartiers de Londres, réputé pour sa mode, ses hôtels et son art, porte le nom de la foire annuelle du bétail qui avait lieu en mai, mais qui était devenue si extravagante qu'elle fut officiellement supprimée en 1706 ! Aujourd'hui, **Burlington Arcade**★ avec ses boutiques de luxe à vitrines en forme de bow-windows, **Bond Street**★, célèbre pour ses salles de vente (Sotheby's, Phillips, Agnew's, Colnaghi), ses joailleries (Asprey, Cartier), et ses salons de haute couture (Fenwick, Yves Saint Laurent) et **Regent Street**, avec ses élégants magasins (Austin Reed, Aquascutum, Burberry, Jaeger et Liberty's), sont synonymes de qualité alors qu'**Oxford Street** regroupe les plus populaires des grands magasins (John Lewis, Debenhams, DH Evans, Selfridges et Marks and Spencer).

★★★**Wallace Collection** ⊙ – *Hertford House, Manchester Square*. Le 4ᵉ marquis de Hertford (1800-1870), qui vécut le plus souvent à Paris, au château de Bagatelle dans le Bois de Boulogne, consacra sa vie à réunir l'une des plus belles collections d'art français du 18ᵉ s. qui soit au monde. À la collection familiale de maîtres italiens et de peinture hollandaise du 17ᵉ s., il ajouta du mobilier français du 18ᵉ s., des porcelaines de Sèvres, ainsi que des toiles de **Watteau, Boucher** et **Fragonard**. Son fils naturel, Richard Wallace (1818-1890), qui dota Paris des fontaines de son nom, accrut encore la collection, qu'il transféra en Angleterre et dont sa veuve fit don à la nation britannique en 1900.

South Kensington

En 1851, le prince Albert inaugura la **Grande Exposition universelle** (Great Exhibition) à Hyde Park, après deux années de préparatifs et malgré l'opposition parlementaire. Dans le bâtiment de verre, aujourd'hui démoli, le **Palais de Cristal** de **Joseph Paxton**, 13 937 exposants firent les représentants du génie humain et en particulier des réalisations britanniques du 19ᵉ s. L'exposition attira 6 039 195 visiteurs, affluence qui permit de réaliser un bénéfice net à peine inférieur à 200 000 £, somme avec laquelle le prince Albert proposa de créer un grand centre éducatif à South Kensington. Sur les 34 ha achetés alors s'élèvent à présent le Collège royal d'art, le Collège royal d'organistes avec sa façade décorée, la Société royale de géographie, le Collège royal de musique, l'École royale des mines, le Collège impérial de science et d'histoire naturelle, de même que le remarquable musée Victoria et Albert.

***Victoria and Albert Museum** ⊘ – Cette collection fabuleusement riche et variée commença, en partie, par l'acquisition d'œuvres contemporaines réalisées spécialement pour l'Exposition. Elle comprend la collection nationale de meubles, de sculptures britanniques, de textiles, de céramiques, d'argenterie et aquarelles, ainsi que des collections de vêtements, bijoux, sculptures de la Renaissance italienne et en provenance de l'Inde et de l'Extrême-Orient. *(La collection est en complète réorganisation ; des salles peuvent donc être temporairement fermées.)*

***Science Museum** ⊘ – Ce laboratoire-usine des inventions humaines s'étend sur près de 3 ha. Il propose d'innombrables maquettes, des manettes à tirer, des boutons à pousser et propose des expériences à faire soi-même, une aire de lan-

K. Brett

Musée d'Histoire naturelle

cement, un module et un cinéma IMAX. Dans la salle Wellcome, une présentation originale des dernières découvertes dans le domaine de la science, de la médecine et de la technologie distrait les visiteurs tout en stimulant leur imagination.

Natural History Museum ⊘ – Le grand palais symétrique d'Alfred Waterhouse, inspiré de l'architecture médiévale de Rhénanie, fut ouvert en 1881 pour abriter la collection d'histoire naturelle toujours plus grande du British Museum, laquelle illustre aujourd'hui toutes les formes de vie, de la plus petite bactérie à la créature la plus grande, en passant par les fossiles et les dinosaures, les minéraux et les roches, sans oublier la place de l'homme dans l'histoire de l'évolution.

Chelsea – Entre South Kensington et la Tamise, le quartier de Chelsea fut jadis occupé par de magnifiques palais aujourd'hui disparus, dont l'un élevé par Henri VIII. Il a toujours exhalé un charme romantique qui n'a jamais cessé d'attirer les artistes. On prend plaisir à flâner dans ses rues souvent calmes, qui voient évoluer le monde de la bohème. Un vaste édifice ponctue Chelsea à son extrémité sur le fleuve, le **Royal Hospital★★** ⊘. Fondé en 1682 par le roi Charles II à l'image de l'hôtel des Invalides que Louis XIV avait fait construire à Paris, il fut agrandi ensuite par Jacques II, puis par Guillaume et Marie, qui confièrent les travaux à Christopher Wren. On remarquera surtout l'entrée principale, sous son porche octogonal couronné d'une lanterne. Les vieux soldats en sont toujours les hôtes, comme le célèbre **Chelsea Flower Show**, exposition florale très courue qui se déroule chaque été dans les jardins.

★Southwark

La circonscription de Southwark, plus connue des Londoniens comme « The Borough », tire son nom de l'ouvrage (werk) qui défendait la tête Sud du pont de Londres. Au 16e s., elle acquit une renommée sulfureuse en raison de la présence, hors de la juridiction de la City, de bordels et de théâtres. Près du site original du Globe Theatre, où se donnaient les pièces de Shakespeare, s'élève maintenant l'**International Shakespeare Globe Centre** ⊘, construit selon les techniques du 16e s. afin de rendre aux œuvres de Shakespeare un cadre authentique. Quelques édifices médiévaux subsistent, tel **George Inn★**, auberge qui n'a gardé qu'un seul des trois bâtiments à galeries qui entouraient la cour. Les anciens entrepôts ont trouvé de nouveaux usages : **Hays Galleria**, ornée de sculptures modernes, abrite magasins et cafés, le **Bramah Tea and Coffee Museum** ⊘, retrace les modes associées à ces boissons. Les bords du fleuve ont vu s'implanter des restaurants panoramiques sur la Cité et un musée consacré à l'évolution du design contemporain, le **Design Museum** ⊘. Sous les arches de London Bridge Station, le **London Dungeon** (Cachot de Londres) ⊘ présente une sinistre rétrospective des châtiments infligés aux criminels.

★★Tate Modern – *Bankside*. L'ancienne centrale électrique de Bankside, construite par Giles Gilbert Scott de 1957 à 1960, connue comme la « cathédrale de l'âge de l'électricité », a subi une métamorphose originale grâce à l'addition d'une super-structure de verre et de grandes fenêtres en saillie pour accueillir le fonds d'**art international du 20e siècle** de la Tate. L'impressionnante **salle des turbines** (155 m de long sur 35 m de haut), où le pont roulant rappelle le passé industriel du bâtiment, met en valeur de colossales sculptures de Louise Bourgeois. Du niveau supérieur, la vue plonge sur l'ensemble de la salle.

La décision de présenter les collections de manière thématique – paysage, matière, environnement ; nature morte, vie réelle ; nu en mouvement et corps ; histoire, mémoire, société – permet de retracer l'évolution des genres tout au long du 20e siècle jusqu'à nos jours, d'examiner les différents aspects de certaines œuvres et de situer l'art britannique dans un contexte international. Des œuvres d'époques différentes sont mises en parallèle, des associations historiques et stylistiques sont soulignées pour remettre en question la façon dont les visiteurs perçoivent l'art moderne. Monet, Bonnard, Léger, Duchamp, Picabia, Rothko, Picasso, Giacometti, Newmann, Warhol, Spencer, Bacon, Baumgarten et Mc Queen figurent parmi les artistes exposés. Les écoles vont du fauvisme au minimalisme, en passant par le surréalisme, le nouveau réalisme, le pop art, le land art, le Fluxus, le constructivisme russe.

Il ne faut pas manquer les **vues panoramiques★★★** *(depuis l'étage supérieur)* sur la Tamise et la City, avec la cathédrale St-Paul en contrepoint (côté rive Nord), que le spectaculaire **Millenium Bridge** relie au musée. Cette passerelle suspendue, construite en acier inoxydable et ornée de balustrades recourbées, véritable prouesse d'architecture et de technique (370 m de long), donne, la nuit, l'impression d'une coulée de lumière enjambant la Tamise.

★★Southwark Cathedral – Sa partie la plus ancienne est un fragment d'arc normand inséré dans le mur Nord. Les massifs piliers supportant la tour centrale et le **chœur** de style gothique Early English aux harmonieuses proportions datent du 13e s. Le retable, offert par l'évêque Fox en 1520, se présente dans sa somptueuse gloire gothique ; les statues qui occupent les niches ne furent placées qu'en 1905. La nef fut reconstruite entre 1890 et 1897 afin de s'harmoniser avec le chœur. On remarquera surtout la **chapelle Harvard** *(bas-côté Nord du chœur)*, le **monument funéraire** (1616) d'Alderman Humble et de ses épouses *(Nord du retable)*, et les douze **clefs de voûte** provenant de la charpente en bois du 15e s. qui s'affaissa en 1830 *(extrémité Ouest du bas-côté Nord)*.

Tower Bridge – *Voir la rubrique Tower of London.*

HMS Belfast ⊘ – Ancré en amont de Tower Bridge depuis 1971, ce croiseur de 11 500 t se distingua durant la Seconde Guerre mondiale (lors du débarquement en 1944).

★Strand

Large artère commerçante reliant Trafalgar Square à la City, le Strand suivait jadis la rive de la Tamise (d'où son nom) qu'elle séparait du quartier de Covent Garden au Nord. Au temps des Tudors et des Stuarts, les seigneurs de la Cour y avaient leurs demeures, dont les jardins descendaient jusqu'au fleuve. À leur place s'élèvent des hôtels et des théâtres, dont le **Savoy**, édifié à l'emplacement du palais de Savoie, ou le quartier des **Adelphi**, aujourd'hui dénaturé, que conçurent vers 1770 les frères Robert, James et John Adam dans le style qu'ils ont rendu célèbre. Entre ce quartier et la Tamise s'étirent encore les **Victoria Embankment Gardens★**, fréquentés en été par les amateurs de musique. **Somerset House★**, qui fut la résidence des reines d'Angleterre au 17e s., fut détruite et remplacée (1776-1786) par le majestueux palais actuel en pierre de Portland. Celui-ci, conçu par **William Chambers**, membre fondateur et trésorier de la Royal Society, se présente comme un carré uniforme de bâtiments rangés autour d'une cour intérieure vers laquelle ils sont tournés ; la façade Sud repose sur une ligne de massives arcades qui, au 18e s., bordaient le fleuve. Deux bâtiments latéraux furent ajoutés au 19e s. C'est aujourd'hui le siège des galeries de l'Institut Courtauld.

À l'extrémité Est du Strand et au centre de la voie, devant les **Royal Courts of Justice**, palais de justice édifié entre 1874 et 1882 dans le style gothique Perpendicular, se dresse l'**église St Clements Danes★**, construite en 1682 par Wren, incendiée en 1941 et restaurée entre 1955 et 1958, sanctuaire de la Royal Air Force.

★★Covent Garden – Covent Garden Piazza, la première place de Londres, fut dessinée par Inigo Jones en 1631 pour le 4e comte de Bedford, qui avait reçu de Henri VIII les terrains, ancienne propriété de l'abbaye de Westminster. Il ne subsiste rien de la double colonnade qui l'entourait, mais l'**église St Paul** dresse toujours son élégant portique sur le côté Ouest de la place. Au centre, les **bâtiments de Central Market**, dessinés en 1832 par Charles Fowler pour abriter le marché aux fruits et légumes, accueillent depuis le transfert du marché en 1974 de nombreuses boutiques, tandis que se produisent les artistes de rue. L'ancien marché aux fleurs héberge quant à lui le **Theatre Museum** ⊘, une annexe du Victoria and Albert Museum, et le **Transport Museum** ⊘. Le **Royal Opera House**, entièrement rénové, est un des hauts lieux de l'art lyrique international : les plus grands chefs et les plus belles voix s'y produisent chaque saison.

★★**Courtauld Institute Galleries** ⊘ – Depuis 1990, les galeries occupent les salles de Somerset House situées au-dessus de l'entrée sur le Strand. Connus sous le nom de **Fine Rooms**, ces salons, remarquables par leurs proportions et leurs élégants plafonds de plâtre moulé, accueillaient trois sociétés savantes : la Royal Society, la Royal Academy et la Société des antiquaires.

La collection est essentiellement constituée d'œuvres léguées à l'université de Londres : la collection privée d'œuvres **impressionnistes** de Samuel Courtauld comprend des toiles de Manet *(Le Bar des Folies-Bergère)*, Degas, Bonnard, Gauguin, Van Gogh *(Pêchers en fleur, Autoportrait à l'oreille coupée)*, Cézanne *(Lac d'Annecy)* et Seurat ; la Princes Gate Collection, léguée à l'État par le comte Antoine Seilern, inclut trente huiles de **Rubens** et six dessins de **Michel-Ange**, ainsi que des œuvres de Bruegel, Léonard de Vinci, Tiepolo, Dürer Rembrandt, Bellini, le Tintoret et Kokoschka ; les toiles des primitifs italiens et de la Renaissance au 18ᵉ s. furent données par Thomas Gambier-Parry et par le vicomte Lee of Farenham, celles du **groupe de Bloomsbury** par Roger Fry (1866-1934).

★★**Gilbert Collection** – *Somerset House*. Les somptueuses salles en voûte des bâtiments South and Embankment qui offrent des **vues panoramiques**★★ sur la Tamise abritent une étincelante collection d'or et de métal argenté, de boîtes dorées, de mosaïques italiennes et de miniatures témoignant des goûts d'un collectionneur averti. Dans la King's Barge House, une barque de cérémonie du 18ᵉ s. rappelle l'époque où la Tamise était une voie navigable très active.

The **Hermitage Rooms** *(Somerset House)*, qui exposent les collections du prestigieux musée de l'Ermitage de Saint-Pétersbourg par rotation, présentent un aperçu exceptionnel de l'art et de l'histoire russes.

★★**The Temple** – À la jonction du Strand et de Fleet Street, formant trait d'union avec les berges de la Tamise, le Temple est un dédale très pittoresque de cours, de voûtes, de passages et de jardinets. Les terrains appartenaient dès le 12ᵉ s. aux templiers qui louèrent ensuite une partie des bâtiments aux clercs laïques. Après la dissolution des ordres religieux par Henri VIII, le Temple suivit sa vocation et l'enclos devint l'entière propriété des avocats en 1608. Toujours voué aux activités juridiques, c'est un véritable havre de charme et de paix où foisonnent les édifices des 17ᵉ et 18ᵉ s. **Temple Church**★★, bâtie au 12ᵉ s. sur le plan circulaire traditionnel aux églises de l'ordre, restaurée à diverses reprises, présente un porche roman normand. La rotonde, dans le style Transitional, contient quelques gisants de chevaliers (12ᵉ-13ᵉ s.), tandis que le chœur offre un élégant exemple de style Early English.

###★★★Tower of London ⊘

Guillaume Iᵉʳ fit construire une forteresse de bois en 1067, puis la fit remplacer par une forteresse de pierre (vers 1077-1097) pour déjouer les révoltes des Londoniens ; sa position avantageuse à proximité du fleuve permettait de voir les ennemis traverser la Tamise. Les successeurs normands, Plantagenêts et Tudors, surent apprécier cet atout à sa juste valeur et firent agrandir la forteresse qui occupa bientôt 7 ha.

De 1300 à 1810, la Tour abrita l'hôtel de la Monnaie ; du fait de ses ouvrages défensifs, elle protégea les Joyaux de la Couronne et servit de prison.

Dans **Jewel House** sont conservés les **Joyaux de la Couronne**★★★, réalisés de la Restauration de 1660 à nos jours, la plus grande partie des premiers insignes royaux et diamants de la Couronne ayant été vendue ou fondue par Cromwell. Dans la **chapelle St-Pierre-ad-Vincula**, consacrée au 12ᵉ s. et reconstruite aux 13ᵉ et 16ᵉ s., reposent de nombreux ducs et deux des femmes d'Henri VIII, décapitées dans la Tour. Remarquez le buffet d'orgue sculpté par Grinling Gibbons.

La **porte des Traîtres** était l'entrée principale de la Tour lorsque la Tamise était encore la principale voie de circulation de Londres. Elle prit ce nom, plus tard, lorsque le fleuve ne servit plus que de moyen d'accès secret. La Tour Sanglante, où furent probablement assassinés en 1483 les fils d'Édouard IV, ne prit ce nom qu'au 16ᵉ s. **Walter Raleigh** y fut emprisonné de 1603 à 1615. C'est là qu'il écrivit son *Histoire du monde*.

Le donjon, connu sous le nom de **Tour Blanche**★★★ (White Tower), est la partie la plus caractéristique de la Tour ; c'est l'une des premières forteresses de cette dimension réalisées en Europe occidentale. Elle fut commandée par Guillaume Iᵉʳ en 1078 et terminée vingt ans plus tard par Guillaume le Roux. Les murs de pierre hauts de 31 m forment un quadrilatère irrégulier avec, aux angles, une tour circulaire et trois tours carrées. La **collection d'armures**, l'une des plus grandes au monde, fut commencée sous Henri VIII et augmentée sous Charles II. Au second étage, la **chapelle St John**★★ est restée pratiquement telle qu'elle était en 1080 ; c'est une chapelle de pierre de 17 m de long s'élevant sur deux niveaux. De puissants piliers ronds à simples chapiteaux gravés supportent des voûtes d'arêtes qui entourent le chœur et trouvent leur écho au second niveau, sous la voûte en berceau. La **tour Beauchamp**★, construite au 13e s., servait de prison depuis le 14e s. Remarquez les nombreux graffitis gravés dans la pièce principale.

★★**Tower Bridge** ⊙ – Les familières tours gothiques, les accès aux étages supérieurs (ascenseur ou 200 marches) – qui offrent une superbe **vue panoramique**★★★ – et les salles des moteurs ouvertes au public en 1982 constituent la visite qui présente la construction du pont par John Wolfe-Barry et Horace Jones de 1886 à 1894, et explique le fonctionnement du mécanisme hydraulique de levage, en service jusqu'en 1976.

★**St Katharine Docks** – En 1828, **Thomas Telford** fit construire une série de bassins et entrepôts sur le site de l'hôpital Ste-Catherine du 12e s., situé à proximité de la Tour. Ce dock, le plus proche de la City, connut une période de prospérité pendant plus de 100 ans. Abandonné après les bombardements de la guerre, des emplacements de mouillage pour yachts privés et furent aménagés en 1968. Le bâtiment à l'italienne de Telford, restauré sous le nom d'Ivory House, comprend des appartements au-dessus de magasins abrités par des arcades.

★★Trafalgar Square

La célèbre place fut conçue par **Nash** en 1820 pour s'intégrer à l'axe de communication entre Bloomsbury et Westminster. Commencée en 1829, elle fut achevée dans les années 1840, quand **Charles Barry** la nivela et fit construire la terrasse Nord de la National Gallery. En 1842 fut élevée la **colonne de Nelson**, haute de 56 m et composée d'un piédestal, d'une colonne cannelée en granit, d'un chapiteau de bronze, ainsi que d'une statue de 4,50 m représentant le grand amiral qui perdit la vie en remportant la bataille de Trafalgar.

L'église **St Martin-in-the-Fields**★ ⊙, au Nord-Est, fut construite par **James Gibbs** entre 1722 et 1726. Elle est décorée d'un portique corinthien et d'une élégante flèche. Remarquez au Sud la statue équestre de Charles Ier, moulée par Le Sueur en 1633, et, à l'Ouest, **Canada House**, édifice classique en pierre de Bath, érigé entre 1824 et 1827 par Robert Smirke.

★★★**National Gallery** ⊙ – L'embryon de la National Gallery fut constitué par 38 toiles réunies par le courtier **John Julius Angerstein** (1735-1823) et achetées par le Parlement en 1824. Pour les accueillir, on confia à William Wilkins la construction en surplomb de Trafalgar Square d'une galerie ornée d'un portique à colonnes corinthiennes. Elle ne fut achevée qu'en 1838, mais se révéla vite trop petite pour accueillir les collections, sans cesse croissantes. De transferts en agrandissements (la sixième extension, l'aile Sainsbury, fut réalisée en 1991 par Venturi), les collections retrouvèrent leur site originel.

Nous ne pouvons donner qu'un faible aperçu de leur richesse, aussi nous ne citerons que quelques grands noms.

L'**aile Sainsbury** est consacrée aux œuvres antérieures à 1510. Elle renferme des trésors des écoles italienne, flamande et allemande : Giotto, Léonard de Vinci et sa *Vierge à l'Enfant avec sainte Anne et saint Jean-Baptiste*, une *Bataille de San Romano* d'Ucello, Masaccio, Botticelli avec *Vénus et Mars*, Mantegna, Pierro della Francesca avec un *Baptême du Christ* ; Van Eyck et ses célèbres *Époux Arnolfini*, Van der Weyden, Bosch avec un *Couronnement d'Épines*, Gérard David, Memling ; Dürer et le *Père du peintre*.

L'**aile Ouest** abrite la peinture de 15010 à 1600 : Michel-Ange, Le Titien, le Tintoret y côtoient Brueghel l'Ancien et son *Adoration des Mages*, Cranach, Holbein (*les Ambassadeurs*) et Altdorfer.

L'époque classique est rassemblée dans l'**aile Nord**. Vermeer (*Dame debout à l'épinette*) Ruysdael, Rubens, Rembrandt (*Autoportrait âgé*), Hals représentent les Hollandais ; Vélasquez, Zurbaran, Murillo, l'Espagne ; l'Italie est présente avec Le Caravage, Le Guerchin et A. Carrache ; le Lorrain, Poussin, Philippe de Champaigne avec le célèbre portrait du *Cardinal de Richelieu*, les frères Le Nain témoignent de l'art français.

L'**aile Est** conduit de 1700 à 1900 avec les Anglais (Constable, Gainsborough, Turner, Reynolds), des Italiens (Canaletto, Guardi, Tiepolo), le *Duc de Wellington* de Goya, et une très riche collection française des 18e (Chardin, Fragonnard, Boucher, Greuze, etc.) et 19e siècles (David, Ingres, Delacroix, Daumier, Courbet, Corot, les impressionnistes – Monet, Manet, Degas, Renoir, Cézanne... – , Van Gogh et ses *Tournesols*, Gauguin, le Douanier Rousseau...).

★★**National Portrait Gallery** ⊙ – Voisine de la National Gallery, elle présente les portraits de tous les Britanniques, hommes ou femmes, ayant compté dans le pays, du Moyen Âge à nos jours, peints, sculptés ou photographiés par les artistes les plus célèbres du moment.

Whitehall – Des bureaux et édifices officiels bordent Whitehall, voie qui relie Trafalgar Square aux Chambres du Parlement.

Sur la droite, à mi-chemin en descendant vers le Parlement, on peut voir la caserne du régiment des **Horse Guards★** (Household Cavalry Sentries) ⊘, édifice construit au milieu du 18ᵉ s. par William Kent et John Vardy encadrant les trois côtés d'une cour peu profonde, percée d'une arche centrale et surmontée d'une tour-horloge. Les cavaliers de la maison royale, immobiles comme des statues, montent la garde.

Juste en face se dresse la seule partie subsistant de Whitehall Palace, **Banqueting House★★** ⊘ commencée par **Inigo Jones** pour Jacques Iᵉʳ en 1619 (l'entrée Nord et la cage d'escalier furent ajoutées en 1809 et la façade extérieure refaite en 1829). À l'intérieur, très belle salle avec un délicat balcon doré ; au-dessus, des poutres riche-

Ph. Gajic/MICHELIN

Le devoir d'abord...

ment décorées divisent le plafond en compartiments ornés de magnifiques peintures (1634-1635) de Rubens.

Au milieu de la rue s'élève le **Cenotaph**, stèle impressionnante de simplicité réalisée par Lutyens à la mémoire des soldats anglais morts au cours de la Première Guerre mondiale. À proximité se trouve **Downing Street**, bordée de modestes maisons de style georgien, dont le fameux N° 10 devint la résidence officielle du Premier ministre après sa reconstruction par Robert Walpole en 1732.

★★★ Westminster

★★★ **Palace of Westminster** ⊘ – Les rois d'Angleterre du Moyen Âge firent agrandir et embellir le palais d'Édouard le Confesseur, mais la plupart des anciens bâtiments, par la suite occupés par le Parlement, furent ravagés par l'incendie de 1834. La partie la plus ancienne est la grande salle du **Westminster Hall★★** que Guillaume le Roux ajouta au palais de son père entre 1097 et 1099. Cette salle, où se déroulaient banquets royaux et joutes au Moyen Âge, fut transformée et les combles refaits, sur ordre de Richard II, entre 1394 et 1399. Les parties supérieures furent rénovées et on construisit ce qui est peut-être le plus beau **plafond★★★** de bois de tous les temps, un plafond à carène renversée conçu par le maître charpentier du roi, Hugh Herland, et ciselée d'anges volants.

Après l'incendie de 1834, qui, par chance, n'endommagea nullement Westminster Hall, c'est à **Charles Barry** et **Augustus Pugin** que revint le soin de réorganiser le palais, qui prit le nom de **Houses of Parliament**. Ces disciples de l'art gothique dotèrent Londres d'un chef-d'œuvre d'architecture victorienne. Les travaux prirent fin en 1860. Le bâtiment comptait plus de 1 000 pièces, 100 escaliers et 3 km de couloirs, le tout représentant une superficie totale de 3 ha. La tour de l'Horloge – **Big Ben★** –, trait le plus distinctif et le plus célèbre du bâtiment, fut achevée en 1859. Le nom de « Big Ben » concernait à l'origine l'énorme cloche sise dans la tour haute de 96 m ; son diamètre est de 2,75 m, sa hauteur de 2,1 m ; son poids de 13,5 tonnes. La lumière qui brille au-dessus de l'horloge reste allumée lors des séances de la Chambre des Communes.

À la **Chambre des Communes★** (House of Commons) sont aménagés 437 sièges bien qu'elle compte 650 membres. À l'extrémité Nord de cette chambre décorée simplement se trouve le fauteuil – couvert d'un dais – du président *(speaker)*. Les bandes rouges qui bordent les deux côtés du tapis vert marquent la limite infranchissable par les membres qui viennent s'adresser à la Chambre – la distance entre chaque bande équivaudrait à la longueur de deux épées dégainées.

La **Chambre des lords★★** (House of Lords), richement décorée, est garnie d'or et de rouge écarlate (couleur royale). Le trône et les marches surmontés d'un large dais de style gothique, totalement doré, occupent tout le fond de la Chambre. Le plafond doré et divisé en nervures abrite des banquettes de maroquin rouge et le « woolsack », siège du Lord-Chancelier depuis le règne d'Édouard III et adopté comme symbole du rôle joué par l'Angleterre dans le commerce de la laine.

★★★ **Westminster Abbey** ⊙ – L'**abbaye de Westminster**, où Guillaume le Conquérant fut couronné Guillaume Iᵉʳ le jour de Noël 1066, fut édifiée par **Édouard le Confesseur** dans le style roman ; ce n'est qu'après sa reconstruction sous Henri III en 1220 qu'elle acquit cette apparence gothique. Influencé par le style des cathédrales d'Amiens et de Reims, Henri III commença par faire construire la **chapelle de la Vierge** pour y abriter la châsse d'Édouard le Confesseur, canonisé en 1163. On arrêta les travaux après la construction de la nef et il fallut encore attendre deux siècles pour que cette dernière fût achevée. Les tours occidentales de Wren et Nicholas Hawksmoor (1722-1745), rénovées par George Gilbert Scott, prolongeaient l'esprit gothique.

Lorsque **Henri VII** fit construire sa **chapelle** à l'extrémité Est (1503-1519), le style Perpendicular anglais prévalait encore et il s'agit même de la période où il produisit ses plus belles œuvres.

La Dissolution des monastères en 1540 entraîna la confiscation des trésors de l'abbaye, la perte de ses terres, la dispersion de la communauté bénédictine vieille de 600 ans et abritant 50 religieux, mais les bâtiments ne furent pas détruits.

En 1560, la reine Élisabeth Iʳᵉ donna à Westminster le statut de collégiale, siège d'un chapitre de 12 chanoines placés sous l'autorité d'un doyen et relevant de la Couronne.

Intérieur – Les voûtes sont splendides, les sculptures et ciselures des clôtures et arches sont délicates, souvent merveilleuses, parfois humoristiques ; les tombes des chapelles Henri VII et St-Édouard, ainsi que les chapelles rayonnantes, sont solennelles autant qu'expressives (certaines sculptures situées à l'arrière s'inspirent des masques funèbres).

Les bras du transept et les bas-côtés abondent en monuments sculptés, particulièrement le bras droit et son fameux **Poet's Corner**★ (coin des poètes).

C'est dans le sanctuaire situé derrière le chœur que se déroule la fameuse cérémonie du couronnement. Sur la droite se trouve une tapisserie du 16ᵉ s., derrière un grand retable du 15ᵉ s. d'une rare beauté. Un peu plus loin, on peut voir un ancien siège ecclésiastique à baldaquin dont les retombées sont ornées de têtes sculptées (Henri III, Édouard Iᵉʳ).

La **chapelle Henri VII**★★★ avec son superbe plafond à voûtes en éventail est le plus beau des nombreux trésors de l'abbaye. Les étendards des chevaliers Grands-Croix de l'ordre du Bain trônent encore au-dessus des stalles, ornées d'inventives miséricordes des 16ᵉ-18ᵉ s. et d'armoiries d'anciens occupants et de leurs écuyers.

La **chapelle d'Édouard le Confesseur**★★ est riche d'histoire puisque la châsse d'Édouard le Confesseur est entourée des tombeaux de cinq rois et trois reines. Au centre, adossé à une clôture de pierres sculptées (1441), se trouve le **trône du couronnement** sous lequel on place la **pierre de Scone** (voir Edinburgh et Perth).

La **salle capitulaire**★★ ⊙, datant de 1248-1253, est une salle octogonale d'un diamètre de 18 m présentant des voûtes à liernes et à tiercerons retombant sur un pilier central à huit colonnettes en marbre de Purbeck. Ses murs sont en partie recouverts de peintures médiévales.

★★★ **Tate Britain** ⊙ – Le musée s'est développé grâce à l'acquisition par la nation d'un grand nombre de tableaux au cours des 50 ans qui ont suivi la création de la National Gallery en 1824 – legs Turner (1856), donation Chantrey (qui a permis l'achat d'œuvres d'artistes contemporains et de primitifs) – ainsi que de deux importantes collections. En 1891, Henry Tate, courtier sur le marché du sucre et collectionneur d'art moderne, offrit sa collection à la nation et 80 000 livres pour la construction d'un bâtiment. L'emplacement de l'ancienne prison de Millbank fut offert par le gouvernement. La Tate ouvrit ses portes en 1897 en qualité de musée d'art moderne britannique. Les bâtiments furent agrandis et d'importantes donations et dotations de généreux mécènes enrichirent le fonds. Le musée devint juridiquement indépendant de la National Gallery en 1955.

Après l'ouverture de la Tate Modern en 2000, une nouvelle politique a été définie pour Tate Britain dont les bâtiments sont en cours de rénovation dans le cadre du programme de développement du centenaire (fin des travaux prévue pour 2001), afin d'augmenter la surface d'exposition et d'améliorer les conditions d'accès et les installations.

La Tate est exclusivement consacrée à l'**art britannique de 1500 à nos jours** et son fonds comprend des œuvres d'artistes nés en Grande-Bretagne, d'artistes étrangers qui travaillent en Grande-Bretagne ou dont les thèmes concernent ce pays. La réorganisation des collections est centrée sur la création artistique en Grande-Bretagne et illustre la qualité, la diversité, la spécificité, l'originalité et l'influence de l'art britannique sur une période de cinq siècles. La juxtaposition originale d'œuvres anciennes et modernes dans le cadre d'expositions thématiques – Public et Privé, Littérature et Imagination, Rosbif et Liberté, Ici et Ailleurs, Artistes et Modèles – accentue l'impression de continuité à travers les âges tout en ajoutant un élément de surprise qui, même s'il dérange parfois, permet de mieux les comprendre et les apprécier. Certaines salles présentent des peintres de premier plan comme Hogarth, **Blake**, Gainsborough et Hockney. L'**aile Clore** renferme des œuvres de Constable et de **Turner**. Les nouvelles acquisitions sont également présentées et les grandes expositions soulignent la volonté de la Tate de promouvoir l'art britannique.

ENVIRONS DE LONDRES

Promenade en bateau de Westminster à Greenwich ⊘

Par beau temps, il est agréable de faire une excursion à Greenwich par bateau au départ de Westminster, Charing Cross ou Tower Pier, de revenir à pied en empruntant le tunnel pour piétons sous la Tamise pour rejoindre les Island Gardens, les Docklands Light Railway, puis le métro, ou par le train en direction de Charing Cross ou London Bridge Station.

Le cœur de Londres apparaît sous un jour nouveau lorsque l'on descend la Tamise vers Greenwich. Sur la rive située en face de Westminster, l'ancien **County Hall**★, ouvert en 1922, est maintenant dominé par le **British Airways London Eye**. Le **Royal Festival Hall**★, construit en 1951, est l'édifice le plus ancien du **South Bank Arts Centre**★★ où sont regroupés la **Queen Elizabeth Hall**, la **Purcell Room** (1967), qui cache presque la **Hayward Gallery** (1968), et le **National Theatre**★ (1976) de Denys Lasdun, qui comprend trois salles de théâtre sont aisément repérables.

De l'autre côté du fleuve, on aperçoit **Somerset House**★★. Le long de Victoria Embankment sont ancrés deux vaisseaux : le *HMS Wellington*, une frégate de la Seconde Guerre mondiale convertie en salle flottante à l'usage de l'Honorable Compagnie des maîtres de marine, et le *HMS Chrysanthemum*, quartier général de la division londonienne des volontaires de réserve de la Marine royale. Passé Blackfriars Bridge se dressent l'imposante **Tate Modern**★★ et l'élégante passerelle du **Millenium Bridge**. Puis s'avance la très reconnaissable architecture du **Théâtre du Globe**. Après le pont de Cannon Street, une réplique du galion de Francis Drake, la *Golden Hinde*, est amarrée près de la **cathédrale de Southwark**. Vient ensuite le **London Bridge** (1973), précédant la **Tour de Londres**★★★ en face de laquelle est amarré le *HMS Belfast*. Après les **docks Ste-Catherine**★, une boucle du fleuve laisse sur la rive Sud les anciens docks du Surrey, puis sur la rive Nord l'île des Chiens (Isle of Dogs), dominée par le plus haut gratte-ciel londonien, **Canary Wharf Tower**. La structure futuriste du **Dôme du Millenium**, érigée pour symboliser l'entrée dans le troisième millénaire, s'avance fièrement sur la « péninsule » de Greenwich, au loin.

★★★ Greenwich

Greenwich est domaine royal depuis le règne du roi Alfred. Le frère d'Henri V, Humphrey, duc de Gloucester, fit clôturer le parc et transforma le manoir en château qu'il dénomma Bella Court. Les Tudors préféraient Greenwich à leurs autres résidences et Henri VIII, qui naquit en ces lieux, métamorphosa le château en un vaste et somptueux palais et créa la fameuse **armurerie royale**. Jacques Ier Stuart fit édifier le pavillon de la Reine, puis le palais fut abandonné pendant la période républicaine.

Charles II, après la Restauration, fit abattre les bâtiments Tudor et chargea John Webb, un disciple d'Inigo Jones, de construire le pavillon du Roi.

Guillaume et Marie, qui préféraient Hampton Court, firent construire, sous la direction de **Wren**, un **hôtel des Invalides de la Marine** dans lequel le pavillon du Roi fut incorporé. En 1873, ces bâtiments furent transformés en école navale, tandis que le pavillon de la Reine, agrandi de deux ailes en 1807, accueillait le musée national de la Marine en 1937.

On a une belle **vue**★★ du palais de Greenwich depuis les Island Gardens, sur la rive Nord, que l'on peut gagner par un tunnel pour piétons *(ascenseur ou 100 marches)*.

★★ **Royal Naval College** – *University of Greenwich campus*. À l'emplacement du palais Tudor auquel Charles II projetait de substituer un nouveau palais, Wren édifia en 1705, symétriquement au pavillon du Roi, trois corps de bâtiment en réservant, du pavillon de la Reine vers la rivière, une perspective encadrée par deux coupoles identiques au-dessus de la chapelle et du Painted Hall.

Dans le bâtiment du réfectoire, le **Painted Hall**★ est couronné par une coupole, œuvre de **James Thornhill** ; ses exubérantes représentations baroques de Guillaume et Marie, Anne, George Ier et ses descendants, dans une célébration allégorique de la puissance maritime britannique, furent peintes entre 1708 et 1727. La **chapelle**★ par Wren fut redécorée à la suite d'un incendie en 1779 par **Stuart l'« Athénien »** et **William Newton** dans un style rococo en pastel de Wedgwood. Contrastant avec ces délicats motifs, le retable de l'abside représentant *Saint Paul après le naufrage à Malte*, est l'œuvre de **Benjamin West**, auquel on doit aussi les médaillons de pierre de la chaire, réalisée avec la hune d'un vaisseau à trois ponts.

★★Queen's House – Le pavillon, maintenant intégré au **musée national de la Marine★★**, fut commandé pour son épouse Anne de Danemark par Jacques Iᵉʳ à **Inigo Jones**, qui dessina (1615) la première résidence palladienne anglaise. Abandonnés à la mort (1619) de la reine, les travaux reprirent en 1629 après que Charles Iᵉʳ eut donné la maison à la reine Henriette Marie, pour s'achever en 1635. Elle se caractérise par sa couleur, son bel escalier en forme de fer à cheval qui descend de la terrasse sur la façade Nord et sa loggia de la façade Sud, donnant sur le parc.

La visite commence par les caves, avec un historique du bâtiment et une présentation des trésors du musée. Dans les pièces du rez-de-chaussée sont exposées des marines de Van de Velde, alors que le premier étage est meublé selon le protocole du 17ᵉ s. pour répondre aux besoins d'une reine vivant loin d'un époux qu'elle recevait de temps à autre.

★★National Maritime Museum ⊘ – Grâce à une partie de la somme consacrée à sa rénovation, le musée arbore désormais une impressionnante verrière à travée unique, la plus grande d'Europe, située au-dessus de la cour néoclassique. Le musée s'articule autour de thèmes organisés selon une perspective chronologique : « Explorers » débute avec l'histoire de Christophe Colomb et de Cook pour remonter jusqu'aux navigateurs contemporains et à l'exploration sous-marine ; « Passengers » relate l'histoire des migrations et s'attache également aux paquebots de croisière futuristes et à la mode nautique ; « Traders » analyse le développement de l'économie mondiale à travers le commerce maritime ; « Global Gardens » illustrent l'impact des plantes et des produits provenant de terres éloignées et la façon dont ils ont changé notre style de vie ; « Future of the Sea » met l'accent sur l'écologie et l'environnement. Les belles collections d'art du musée seront exposées (en rotation) dans une nouvelle galerie « Art et Mer ». Pour les enfants, le nouveau pont constitue l'attraction vedette reliant la non moins populaire All Hands Gallery.

Préparatifs pour le 21ᵉ s.

Grâce à d'importantes rénovations, Neptune Court deviendra un espace muséologique supplémentaire. Des expositions consacrées à la puissance navale et à l'amiral Nelson, ainsi que la très populaire All Hands Gallery devraient rester ouvertes au public tout au long de l'année. Si vous êtes à la recherche d'un objet ou d'un instrument particulier, vous pouvez téléphoner au musée avant de vous y rendre, afin de savoir s'il est exposé : ☎ (0181) 858 4422.

★Old Royal Observatory ⊘ – Le parc s'étend sur 72 ha ; la colline, culminant à une hauteur de 47 m au-dessus du niveau du fleuve, est couronnée par l'**ancien observatoire royal** et le monument érigé en l'honneur du général Wolfe. En 1675, Charles II confia à Wren le soin « d'édifier un petit observatoire dans notre parc de Greenwich, sur le terrain le plus élevé à l'emplacement ou à proximité de l'ancien château » afin de « déterminer la longitude en mer pour une parfaite navigation et pour les besoins de l'astronomie ». Jusqu'à l'inauguration en 1767 de l'*Almanach nautique* annuel, les cartographes choisissaient le méridien zéro comme bon leur semblait ; puis ils commencèrent à fonder leurs calculs sur celui de Greenwich et, en 1884, 75 % des cartes marines dans le monde prenaient le méridien de Greenwich comme référence.

À l'intérieur de la maison de briques construite par Wren, **Flamsteed House**, se trouve la salle octogonale au plafond élevé, harmonieusement proportionnée, équipée de ce que John Evelyn baptisa « l'instrument le plus perfectionné qui soit ». Le **bâtiment du Méridien** fut ajouté au milieu du 18ᵉ s. pour accueillir la **collection de télescopes★★**, dont le nombre ne cessait de croître.

Remarquez le cercle méridien d'Airey (Transit Circle), par lequel passe le méridien, et à l'extérieur le méridien en cuivre du degré 0, les horloges indiquant l'heure dans différents pays.

★★Cutty Sark ⊘ – Soulignant l'importance maritime de Greenwich, ce majestueux trois-mâts, lancé en 1869 pour pratiquer le commerce du thé en Chine, a été mis en cale sèche près du fleuve. Connu en ses heures de gloire comme le clipper le plus rapide, son record fut de parcourir 584 km en une journée, en déployant toute sa voilure, soit 3 000 m².

À côté, le **Gipsy Moth IV** (16 m), sur lequel Francis Chichester fit le tour du monde en solitaire en 1966-1967, apparaît incroyablement petit.

★★★Hampton Court

Ce superbe **palais** ⊘ de l'époque Tudor fut commencé (1514-29) par le **cardinal Wolsey**, fils d'un boucher d'Ipswich qui parvint à devenir le personnage le plus puissant du royaume après Henri VIII. La taille et la somptuosité de la demeure, reflets de la richesse de Wolsey, ainsi que son impuissance à obtenir du pape le divorce du roi et de Catherine d'Aragon provoquèrent la colère d'Henri VIII qui déposséda son très ambitieux sujet en 1529 ; ce dernier mourut en disgrâce l'année suivante. Henri VIII entreprit alors d'agrandir le palais ; il construisit des ailes sur l'imposante façade Ouest, la **grande salle** avec son magnifique plafond à carène renversée, et transforma luxueusement la **chapelle**. La remarquable **horloge astronomique** dans la cour de l'Horloge (1540) fut transférée au 19ᵉ s. de St James's Palace.

150 ans après la mort d'Henri, Guillaume et Marie projetèrent de reconstruire le palais (qui avait survécu à Cromwell auquel il était réservé), mais en 1688 Wren se limita à des transformations. Il rebâtit les façades Est et Sud, les **grands appartements** et les appartements royaux de taille plus modeste. Ces salles furent décorées par des sculptures de **Grinling Gibbons** et des plafonds peints par **Verrio**. Les appartements renferment une magnifique collection de peintures et un superbe mobilier. L'**orangerie**, aux lignes sobres, conçue par Wren, abrite les *Dessins du triomphe de César* par Mantegna, tandis que les cuisines, les caves à bière du roi et les caves à vin donnent un aperçu de la vie à l'époque Tudor.

Les **jardins**★★★ ⊘ tels que nous les voyons aujourd'hui sont le résultat de plusieurs plans. Charles II avait fait creuser le canal (1,6 km de longueur), et Guillaume III aménagea le jardin dit de la Grande Fontaine. Le célèbre **labyrinthe** triangulaire aménagé au Nord du palais fut élaboré en 1690. Plus au Nord, au-delà des murs du palais, se trouve le parc des Buissons (Bushy Park) avec son **avenue de marronniers** aux couleurs particulièrement éclatantes en mai. En 1768, sous le règne de George III, Capability Brown planta la **Grande Vigne**★ dont les raisins sont vendus fin août-début septembre.

★★★ **Kew Gardens** ⊘ – Les **jardins botaniques royaux**, qui passent pour les plus beaux du pays, furent commencés en 1756 par **Guillaume Chambers**, à la demande d'Augusta, princesse de Galles. Le même architecte dessina les plans de l'**orangerie**★, les trois petits temples classiques et, en 1761, la **pagode**★ de dix étages (50 m). Les jardins s'étendent, de nouveaux bâtiments furent ajoutés, notamment la **serre des palmiers**★★ de Decimus Burton en 1848, récemment rénovée. En 1899, Burton acheva le **jardin d'hiver**★, qui abrite des camélias, une forêt tropicale et des dragonniers. En 1987, la princesse de Galles inaugura le **conservatoire de la Princesse de Galles**, une structure en acier et en verre en forme de diamant, qui reconstitue dix milieux naturels différents, du marécage de la mangrove au désert de sable.

Le **palais de Kew**★★ ⊘, proche du fleuve, fut construit en 1631 pour le marchand londonien Samuel Fortrey. Le bâtiment sombre en briques rouges avec des pignons hollandais caractéristiques fut loué par George II pour la reine Caroline vers 1730 et acheté par George III en 1781. L'intérieur est celui d'une petite demeure de campagne du temps de George III avec, en bas, des pièces lambrissées et, à l'étage, des portraits de famille réalisés notamment par Gainsborough et Zoffany.

Stationnement à Londres et dans les grandes villes

Les autorités locales sont d'une très grande sévérité en matière de stationnement et la mise en fourrière est souvent systématique en cas de non-observance des règles :

– Ne jamais s'arrêter là où le marquage au sol est en zigzag.

– Le marquage jaune ou rouge au sol, lignes simples ou doubles, indique une interdiction de stationner.

A Williams

Les jardins botaniques royaux de Kew

LONGLEAT★★★

Wiltshire

Carte Michelin n° 403 N 30 ou Atlas Great Britain p. 8

Longleat est célèbre pour ses lions, que le 6ᵉ marquis de Bath, le premier à organiser des attractions pour les visiteurs de sa demeure ancestrale, eut l'idée de faire venir, et aussi pour les excentricités de son propriétaire actuel, le 7ᵉ marquis de Bath.

Cette magnifique résidence (16ᵉ s.) bâtie en pierre dorée, à la façade rythmée par trois étages de fenêtres, est surmontée d'une balustrade extrêmement décorative et de souches de cheminées ornementales. L'harmonieux « nouveau style élisabéthain caractéristique » dû à Robert Smythson combine les styles Perpendicular et début Renaissance italien avec le goût français développé dans les châteaux de la Loire et la sobriété géométrique flamande. La demeure est entourée d'un très beau parc situé au bord d'un lac tracé par **Capability Brown** de 1757 à 1762. Le **jardin floral à la française**, une serre à papillons et le plus grand **labyrinthe** du monde (2,5 km d'allées), planté en 1975, sont plus récents.

Longleat est encore la propriété des descendants de sir John Thynne, qui en acheva la construction en 1580 sur le site d'un prieuré augustinien acheté à Henri VIII en 1541. John Thynne voulait que les pièces d'habitation donnent sur le parc plutôt que sur les cours intérieures.

Chacun des représentants de la lignée, de sir John à l'actuel marquis de Bath (l'arbre généalogique dressé depuis 1215 se trouve au pied du grand escalier), éprouva pour un style ou un autre une prédilection qui transparaît dans la décoration intérieure. Au 19ᵉ s., à son retour d'un voyage à Venise, à Florence et à Rome, le 4ᵉ marquis ordonna que plusieurs pièces de la façade Est soient redécorées dans le style italien.

Dans le parc

Des **excursions en bateau** (15 minutes) font faire le tour de Gorilla Island aux visiteurs et leur permettent d'apercevoir les hippopotames et les lions de mer qui y vivent. Un **chemin de fer** à voie étroite circule à travers bois et au bord du lac. Il y a également une **aire de jeux** de 1 ha. La **pêche à la ligne** dans le lac est autorisée (on peut se procurer un permis au bord du lac auprès du garde-pêche).

Symétrie de la façade du château de Longleat

House ⓧ 1 h 30

John Thynne voulait que les pièces d'habitation donnent sur le parc plutôt que sur les cours intérieures. Au rez-de-chaussée, la **grande salle** (fin du 16ᵉ s.), avec son plafond en carène renversée, est décorée aux armes de sir John Thynne (remarquer les armoiries arborant la sauterelle d'or de Gresham) et renferme une magnifique cheminée à étançons. La pièce précédant la bibliothèque, œuvre de John Dibblee Crace, possède du mobilier italien, des portes à encadrement de marbre, des portes incrustées de bois de noyer et des plafonds lambrissés. La **bibliothèque rouge** comporte des plafonds lambrissés en trompe-l'œil qui rappellent ceux des palais romains et vénitiens de la Renaissance italienne, alors que le plafond à caissons dorés de la **salle à manger inférieure** a été réalisé sur le modèle de celui du palais des Doges de Venise (remarquez les deux fauteuils indiens en bois d'ébène des années 1670-1680 et les chaises de salle à manger Guillaume IV en bois de hêtre). Les murs de la **salle du petit-déjeuner** sont tendus de damas jaune et ornés des portraits de famille veillant sur les fauteuils Chippendale et les tables de jeu laquées. Six fenêtres dans les **passages** le long de la façade postérieure de la maison sont décorées de vitraux (16ᵉ et 17ᵉ s.) et les murs sont ornés d'œuvres contemporaines faisant partie de la collection de Wessex du marquis.

À l'étage, la **salle à manger d'apparat** tendue de cuir de Cordoue renferme une table en porcelaine de Meissen (v. 1760), une **grande galerie** (27 m) datant du 17ᵉ s., une imposante cheminée en marbre due à Crace, copiée sur une cheminée du palais des Doges. Le **salon d'apparat** renferme des peintures (surtout italiennes) et du mobilier français du 18ᵉ s. Les **appartements** présentent une collection de vêtements et des cabinets de porcelaine européenne et anglaise. Le plafond de la bibliothèque St-Marc (Venise) a préludé à la conception de celui du salon d'apparat : le Titien et Véronèse ont inspiré Caldera pour les représentations des caissons. Les **chambres royales** comprennent un élégant cabinet de toilette habillé de papiers chinois peints à la main et un salon de musique au plafond doré conçu par Crace. La **chambre du Prince de Galles** tire son nom du portrait au-dessus de la cheminée. En redescendant les escaliers, on traverse les cuisines victoriennes pour visiter les **dépendances** : elles comprennent un abattoir (maquette de la maison), une écurie (collection éclectique de babioles) avec sa sellerie et sa forge, et un second espace d'exposition consacré à **Henry Frederick Thynne**, 6ᵉ marquis de Bath (portrait de **Graham Sutherland**).

Safari Park ⊙ 40 mn

On visite le zoo au volant de sa voiture. Le parc est surtout célèbre pour ses **lions**, mais il renferme aussi des wallabies, des girafes, des zèbres, des lamas, des dromadaires, des chameaux, des rhinocéros blancs, des daims, des singes rhésus (qui grimpent parfois sur la voiture), des éléphants d'Inde, des loups gris du Canada et différentes races de tigres.

LUDLOW★

Shropshire – 9 040 habitants
Carte Michelin n° 403 L 26 ou Atlas Great Britain p. 26

Ancienne propriété de la toute-puissante famille Mortimer, le château de Ludlow devint possession royale lors de l'accession au trône d'Édouard IV. La ville prospéra aux 16ᵉ et 17ᵉ s. car le Conseil pour le pays de Galles et les Marches y siégeait.

★**Castle** ⊙ – Commencé par **Roger de Lacy** peu après l'établissement du cadastre, le château fut construit en pierre de taille sur un site bien défendu par la rivière Teme et de petites falaises calcaires. Après avoir renversé Édouard II en 1326, **Roger Mortimer** contrôla grâce à son pouvoir pratiquement tout le pays depuis son château ; il était alors l'homme le plus puissant et peut-être le plus riche de toute l'Angleterre. Il acheva la construction des bâtiments, qui comprenaient **la grande salle**, et en fit un des palais les plus admirés de l'époque. **Arthur, prince de Galles**, passa à Ludlow sa lune de miel avec sa jeune épouse **Catherine d'Aragon**, pendant l'hiver 1501, et y mourut au début de l'année suivante. La chapelle, dont le portail Ouest est richement décoré, est l'une des cinq chapelles britanniques à présenter un plan circulaire.

C'est dans la grande salle qu'eut lieu, en 1634, la première représentation de la pantomime de **John Milton**, *Comus*.

★**St Laurence's Church** ⊙ – La tour qui domine la campagne environnante est mentionnée dans le recueil de poèmes *A Shropshire Lad* (Un jeune du Shropshire) de A.E. Housman (1859-1936), dont les cendres reposent dans le cimetière proche. L'église fut agrandie en 1199 – ce qui témoigne de la prospérité de la ville – et plusieurs de ses éléments sont d'un style intermédiaire entre le roman et le gothique Early English. Le bras gauche du transept présente les caractéristiques du gothique Decorated, et sa construction manifeste la résurrection de Ludlow après la peste noire qui réduisit d'un tiers la population, en 1349. Les plafonds de la nef et du chœur datent de 1440 environ. Leur décoration a été reprise au 19ᵉ s. en conservant ce qui subsistait des couleurs originelles. Vingt-huit **miséricordes**★ dans les stalles du chœur datent de 1447. Des scènes allégoriques s'entremêlent de thèmes propres aux York et aux Lancastre, car, bien que le roi Henri IV fût un Lancastre, le seigneur des lieux était Richard, duc d'York.

Ludlow – Feathers Hotel

★**Feathers Hotel** ⊘ – Pevsner le décrit comme « la merveille des maisons à colombage où chaque motif décoratif disponible est utilisé sur la façade ». À l'origine, l'hôtel était une maison plus ancienne dont la façade fut rénovée et agrandie en 1619. Le balcon fut ajouté au milieu des années 1840 pour les besoins des campagnes électorales, et l'ensemble fut restauré en 1970.

EXCURSIONS

★**Stokesay Castle** ⊘, à **Craven Arms** – *10 km au Nord par la A 49*. Stokesay est, pour l'Angleterre, l'exemple le mieux préservé de manoir fortifié du 13ᵉ s. Le plafond du hall, composé de poutres modelées et élancées, a été construit par **Lawrence de Ludlow**, marchand de laine qui acquit cette propriété de la famille Say vers 1281. La chambre de l'étage supérieur contient une remarquable cheminée de pierre et des judas permettant d'épier ce qui se passait dans le hall. Les garnitures, y compris l'étagère de cheminée de style flamand, datent du 17ᵉ s.

Offa's Dyke Visitor Centre ⊘, à **Knighton** – *27 km à l'Ouest par les A 49 et 4113*. Officiellement ouvert à Knighton (Tref-y-Clawdd, « la cité du mur ») le 10 juillet 1971, l'**Offa's Dyke Path** (sentier du mur d'Offa) va de Prestatyn au Nord jusqu'à l'estuaire de la Severn, près de Chepstow, au Sud.
Ce sentier de grande randonnée de 285 km offre au marcheur la possibilité de découvrir une contrée de véritable lande, un paysage pastoral et des vallées très boisées ; certains points sont aisément accessibles en voiture, pour ceux qui veulent simplement se dégourdir les jambes sur quelques kilomètres.
Le mur, dont le tracé s'éloigne parfois de celui du sentier, est à peine visible à certains endroits, tandis qu'ailleurs son talus de terre s'élève jusqu'à 4 m, avec un fossé tout aussi profond. Il ne fut vraisemblablement pas toujours défendu par des hommes, comme l'avait été le mur d'Hadrien sur la frontière d'Écosse. Il fut élevé pour renforcer la frontière Ouest (galloise) du royaume par Offa, roi de Mercie de 757 à 796, qui introduisit le *penny* dans la monnaie anglaise. Après avoir annexé l'East Anglia à ses domaines, il était assez puissant pour être en contact diplomatique aussi bien avec la papauté qu'avec Charlemagne.

Croft Castle et **Berrington Hall** – *Circuit de 35 km. Quitter Ludlow en empruntant la B 4361 vers le Sud, puis prendre la B 4362 à droite.*

Croft Castle ⊙ – Il fut propriété de la famille Croft, sauf pendant une interruption de 170 ans, depuis le recensement (Domesday Book) décrété par Guillaume le Conquérant. Les murailles et les tours de ce château de la Marche galloise datent principalement des 14e et 15e s., alors que la structure centrale date du 18e s. L'intérieur est joliment décoré dans un style gothique georgien, avec de remarquables plafonds de plâtre moulé. Le parc est célèbre pour ses vieux arbres.

Revenir vers la B 4361 et prendre à gauche à Luston, en direction de la A 49.

★**Berrington Hall** ⊙ – Commencé en 1778 par Thomas Harley, intendant qui acheminait argent et vêtements en Amérique pour l'armée britannique, ce manoir fut conçu par l'architecte **Henry Holland**, gendre de Lancelot Capability Brown qui dessina les jardins et le plan d'eau. Quand la fille de Thomas Harley épousa le fils de l'amiral Rodney en 1781, les plans d'origine, dressés pour une modeste gentilhommière de campagne, furent révisés en conséquence. De nos jours, l'intérieur abrite une remarquable collection, bien présentée, de mobilier, peintures et objets d'art provenant de France et d'autres pays.

Revenir à Ludlow par la A 49.

Isle of MAN★
Île de MAN – 71 714 habitants
Carte Michelin n° 402 F et G 21 ou Atlas Great Britain p. 42

« De quelque façon qu'on me jette, je tiens debout », proclame la devise de cette île montagneuse de la mer d'Irlande. L'identité mannoise est complexe : colonisée par les Celtes et les Scandinaves, l'île a connu la domination écossaise avant l'anglaise. Sa langue particulière, le mannois, apparentée au gaélique, a disparu. L'île ne fait pas partie du Royaume-Uni, c'est une dépendance britannique régie par ses propres lois qui sont présentées chaque année à une assemblée du peuple réunie en plein air ; vieille de 1 000 ans et dérivant du *Thingvollr* (« assemblée aux champs ») scandinave, elle a lieu au centre de l'île, à Tynwald Green, un site chargé de souvenirs préhistoriques.

Les fermes entourées de petits champs, clos de murs de pierres sèches ou de hauts talus qui composent le paysage typique des terres basses, font place en altitude à une zone de lande sauvage, illuminée, à la fin de l'été, par les bruyères et les ajoncs. Du point culminant de l'île, le Snaefell (621 m), la vue donne, dit-on, sur six anciens royaumes : l'Angleterre, l'Écosse, l'Irlande, le pays de Galles, Man elle-même, et le royaume des Cieux. La côte, qui s'étire sur 160 km, est pratiquement indemne de toute altération due au modernisme, et, dans l'ensemble, d'une beauté exceptionnelle. Elle offre à la fois les plaisirs de la randonnée sur la crête ventée des falaises et l'agrément de plages charmantes.

Ah ! Si les chevaux avaient des ailes...

Robert Harding

Les moyens de transport mannois – L'île attire toujours une foule d'adeptes qui viennent principalement du Nord de l'Angleterre. C'est à la fin du 19e s. et au début du 20e s. que le tourisme de masse y connut son heure de gloire. C'est de cette époque que date un vaste réseau de transports originaux. Des trams surnommés « toastracks » tirés par des chevaux font paisiblement la navette le long du bord de mer à Douglas, des chemins de fer à vapeur à voie étroite desservent le Sud. Le plus remarquable de ces moyens de transport est le tramway électrique qui relie Douglas à Ramsey, station balnéaire du Nord, par le chemin des falaises, et grimpe même jusqu'au sommet du Snaefell.

Les courses du Trophée du tourisme – Des motards se rassemblent chaque année dans l'île depuis 1907 pour disputer le Trophée du tourisme (TT Races).

Douglas – La capitale de l'île tient son indiscutable originalité, face aux stations balnéaires britanniques, de la longue suite d'hôtels de style victorien et édouardien qui épouse la courbe de son bord de mer, et du sable de sa baie. Derrière le front de mer, sur les hauteurs, se trouve le **Manx Museum** (Musée mannois) ⊙ qui possède de belles sculptures chrétiennes primitives dont une rare **Crucifixion** du 9e s. provenant de l'île de Calf of Man. Les galeries consacrées aux traditions populaires présentent la reconstitution d'une ferme mannoise.

EXCURSIONS À PARTIR DE DOUGLAS

Laxey et le Snaefell – *32 km aller et retour par le chemin de fer électrique.*

Quittant Douglas par l'extrémité Est du front de mer, le tramway emprunte la route de crête des falaises avant de se diriger à l'intérieur des terres vers la bifurcation de Laxey. La ligne principale continue jusqu'à Ramsey, à travers un paysage côtier encore plus spectaculaire, l'autre ligne conduisant au sommet du Snaefell.

Marcher environ 1 km dans la vallée.

★★**Laxey Wheel** ⊙ – Ce splendide ouvrage de l'ère industrielle, « *Lady Isabella* », construit en 1854 et devenu l'un des emblèmes de l'île, domine la vallée de Laxey qui connaissait alors l'intense activité des mines de plomb et d'argent.
La quantité d'eau nécessaire pour faire tourner cette roue géante de 22 m de diamètre est fournie par un important réseau de canaux. Un vertigineux escalier en spirale de 95 marches permet d'atteindre la partie supérieure de la tour qui alimente la roue en eau.

★**Snaefell Mountain Railway** ⊙ – Revenu à la station, un autre tramway ancien gravit avec ténacité les flancs de la vallée, puis la voie qui conduit au sommet, pour s'arrêter devant le café situé presque au point culminant. Par temps clair, on jouit d'une **vue**★★★ surprenante sur les contrées bordant la mer d'Irlande.

Le Sud-Ouest – *Environ 32 km. Quitter Douglas par l'une ou l'autre des routes principales en direction du Sud-Ouest et suivre les panneaux indicateurs. Autre possibilité : emprunter le chemin de fer à vapeur de l'île de Man qui dessert toutes les destinations jusqu'à Port Erin.*

Castletown – Les rues et places de cette petite ville portuaire, capitale de l'île jusqu'en 1869, sont disposées autour de **Rushen Castle** ⊙, massif et parfaitement conservé. Le **Musée nautique** (Nautical Museum) ⊙ conserve dans son hangar le schooner Peggy construit en 1791. Son étrange cabine est une imitation des cabines arrière des grands voiliers du temps de Nelson.

Port St Mary – Port de pêche bénéficiant d'une plage de sable orientée au Sud et disposant de nombreuses facilités pour les plaisanciers.

Port Erin – Le terminus du réseau ferré possède un petit musée du chemin de fer et l'aquarium de la station biologique marine. Le site est superbe : une plage de sable dans le creux d'une baie profonde abritée de part et d'autre par de hautes falaises, l'ensemble formant l'un des plus ravissants paysages côtiers de l'île.

★**Cregneash Folk Museum** ⊙ – Les traditions de ce pays de fermage se sont conservées plus durablement dans les zones reculées du Sud-Ouest de l'île. Elles sont très délicatement évoquées dans ce tout petit village où beaucoup de bâtiments ont été restaurés avec soin.

Spanish Head – De l'extrême pointe méridionale de l'île, une vue se développe sur les eaux tumultueuses du goulet du Calf et le **Calf of Man**, îlot habité par les seuls gardiens du phare et de la réserve ornithologique.

MANCHESTER★

Greater Manchester – 402 889 habitants
Carte Michelin n° 402 N 23 ou Atlas Great Britain p. 34-35
Plan d'agglomération dans le Guide Rouge Great Britain & Ireland
Carte détaillée des environs : Atlas Great Britain p. 125

Manchester s'est développé à partir d'un site romain. La ville joua un rôle important durant la guerre civile et lors des révoltes jacobites. En 1745, les marchands de Manchester découvrirent que les discordes politiques entravaient la bonne marche du commerce. Ils optèrent pour le parti des Stuarts en parole, mais n'en profitèrent pas moins de la prospérité apportée par les lois hanovriennes.

En commerçant avec les colonies des Amériques, Manchester devint le centre d'une industrie cotonnière qui se développa rapidement. Fermement partisans du libre-échange, les hommes d'affaires et citoyens de Manchester firent élever en centre-ville le Free Trade Hall, sur le site du **massacre de Peterloo**. Le 16 août 1819, la foule s'était rassemblée sur St Peter's Field pour demander une réforme parlementaire et l'abrogation des *Corn Laws*. Onze personnes furent tuées et de nombreuses autres blessées par la cavalerie envoyée pour disperser les manifestants. Ce jour entra dans l'histoire sous le nom de massacre de Peterloo, référence à Waterloo.

Bien que les filatures ne soient plus source de richesse, la ville, devenue un important centre financier, compte nombre de beaux bâtiments érigés par les marchands victoriens succédant aux impitoyables marchands georgiens. Le visiteur n'a que l'embarras du choix pour organiser ses visites.

À la suite des dégâts causés par une bombe de l'IRA en 1996, un vaste programme de reconstruction a été entrepris pour donner un second souffle à la ville à l'aube du 21e s. Le secteur compris entre St Ann's Street et Victoria Station d'une part et entre Market Street, High Street, Hanover Street et l'Irwell d'autre part fait actuellement peau neuve grâce à l'adjonction de nouveaux immeubles, centres commerciaux, zones piétonnières et places.

Manchester pratique

Office de tourisme – **Visitor Information Centre**, Town Hall Extension, Lloyd Street, ☎ (0161) 234 3157/8. On peut aussi appeler Manchester Visitor 24 hr Phone Guide : des informations destinées aux touristes (hébergement, attractions touristiques, diverses manifestations, excursions et restaurants) y sont accessibles 24 h/24 (☎ 0906 871 5533 – 50 pence la minute). Internet : http://www.manchester.gov.uk

Tourisme – Des excursions à pied et en bus sont proposées au visiteur. Ces visites sont également possibles en compagnie d'un guide qualifié (guide Blue Badge). ☎ (0161) 969 5522. Pour obtenir la liste des différentes excursions, contacter le Visitor Information Centre.

Manchester Ship Canal Cruises propose des excursions sur la voie navigable ouverte par la reine Victoria en 1894 (6 h – 58 km) et la **compagnie Irwell et Mersey Packetboat** sur la rivière Irwell et le *Ship Canal* jusqu'aux quais Salford (50 mn).

Pubs et restaurants – Manchester propose un large éventail de restaurants, pour tous les goûts (une trentaine de restaurants chinois dans **Chinatown**, en centre-ville). Dans **Northern Quarter** et **Princess Street**, grand choix de restaurants. **Rusholme** est excentré, mais c'est aussi le quartier des spécialités indiennes. Pour obtenir de plus amples informations, *Manchester Food and Drink Guide* est à votre disposition gratuitement au Visitor Information Center. Vous pouvez aussi téléphoner au Manchester Visitor 24 hr Phone Guide.

Achats – La plupart des grands magasins se trouvent dans **Market Street** et **Arndale Centre**. Pour les boutiques et les créateurs, voir **King Street** et **St Ann's Square**. Les amateurs de bonnes occasions doivent visiter **Northern Quarter**, **Afflecks Palace** ou **Coliseum Centre**. Trafford Centre est un centre commercial de loisirs et de boutiques pour tous les goûts.

Loisirs – Pour obtenir des informations sur Manchester la nuit, *City Life* paraît en soirée ; il est en vente auprès des marchands de journaux. *Manchester Food and Drink Guide* propose un choix d'endroits où passer la soirée.

Les événements musicaux ont lieu à The Palace, The Royal Exchange, the Opera House, Bridgewater Hall, Free Trade Hall (Hallé Orchestra) et M.E.N. Arena. Les événements sportifs les plus importants se déroulent dans les stades des deux clubs de football (Manchester United et Manchester City), le Velodrome et M.E.N. Arena.

★CASTLEFIELD HERITAGE PARK
À l'extrémité Sud de Deansgate

Manchester s'est développé à partir d'une colonie romaine et des vestiges du **fort romain** ont été mis au jour (porte Nord et une partie du mur d'enceinte).

Au 18e s., Castlefield se trouvait au centre d'un réseau de canaux dont la construction avait débuté dès 1761 avec le canal du duc de Bridgewater. En effet, c'est par voie navigable qu'autrefois l'on transportait les marchandises à travers la chaîne des Pennines. Aujourd'hui, le chemin de halage, ouvert aux piétons, offre une promenade (1,5 km) le long de l'Irwell entre Casterfield et Ship Canal ou Salford Quays.

Liverpool Road Station, la plus ancienne gare de passagers du monde qui fut ouverte en 1830 par la Société de chemin de fer de Liverpool et Manchester, a été transformée en musée des Sciences et de l'Industrie.

★**Museum of Science and Industry** ⊙ – Ce musée des Sciences polyvalent donne une fascinante idée du patrimoine industriel de Manchester. Des expositions y sont regroupées par thèmes. Commencer par l'**entrepôt de Lower Byron Street**, consacré à

l'imprimerie, au textile, aux machines-outils, ainsi qu'à **Xperiment**, centre de la science pratique. Les fleurons de la **salle de l'énergie** sont les locomotives comme la HW Garratt n° 2352. La **galerie nationale du gaz** explique la fabrication du gaz de ville et ses utilisations, ainsi que la découverte du gaz naturel et son extraction en pleine mer. La **galerie nationale de l'électricité** décrit le rôle qu'a joué l'électricité tant dans le domaine domestique que dans celui du développement industriel. Les bâtiments longeant Liverpool Road abritent des expositions sur l'histoire de la ville et les égouts souterrains. Plus loin dans Liverpool Road Station, on a reconstitué la salle de réservation de 1re classe, renfermant une exposition sur la Société de chemin de fer de Manchester et Liverpool, ainsi qu'une copie de la locomotive *Planet*.

La dernière section, la **galerie de l'air et de l'espace**, qui occupe l'ancien hall des expositions de la ville, au-

Musée des Sciences et de l'Industrie

N. Boyd/Robert Harding

delà de Lower Byron Street, illustre l'histoire de l'aviation depuis les exploits des premières machines volantes jusqu'à l'ère spatiale. L'énorme avion de reconnaissance quadrimoteur Avro Shackleton n'est qu'un des nombreux engins produits par la célèbre firme aéronautique de Manchester, Avro.

Granada Studios ⊙ – La visite des studios conduit le visiteur curieux dans les coulisses de la télévision. Si l'on y découvre l'habileté des équipes techniques sur les plateaux de *Coronation Street* et de *Sherlock Holmes*, on y apprend aussi l'histoire du cinéma et on assiste à un spectacle en trois dimensions.

AUTRES CURIOSITÉS

Chetham's Hospital and Library ⊙ – L'hospice fut fondé en 1653 selon les vœux d'un marchand local, Humphrey Chetham, dans ce qui était à l'origine une école pour 40 enfants pauvres. Avec la bibliothèque, une des plus anciennes du pays, il est installé dans les communs de l'ancienne chantrerie. C'est maintenant une école pour jeunes musiciens.

★**Cathédrale** – Cette église qui devint collégiale en 1421 fut promue cathédrale du nouveau diocèse en 1847. Six travées forment la nef – la plus large de toutes les églises d'Angleterre – tandis que le chœur en comporte six. Le **jubé** est une pièce unique de bois sculpté médiéval. Dans le chœur lui-même, les **stalles et leurs dais**★

MANCHESTER

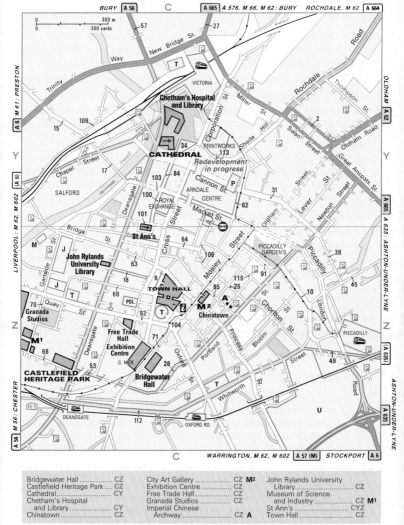

sont remarquablement gravés. Les **miséricordes**, qui datent d'environ 1500, affichent une ressemblance frappante, dans leur style et leur description pleine d'humour de la vie médiévale, avec celles de Beverley et de Ripon qui leur sont contemporaines.

Royal Exchange – Manchester doit sa prospérité au « Roi-Coton », qui transitait par le port de Liverpool. L'eau pure des Pennines, une hygrométrie élevée et une importante main-d'œuvre potentielle contribuèrent à la prospérité des industries cotonnières. Les cotonnades anglaises furent vendues dans le monde entier, tandis que la bourse du coton de Manchester régnait sur le commerce de la fibre. Le cours du coton au dernier jour de fonctionnement de la Bourse est encore affiché sur le tableau surélevé. Aujourd'hui, cette immense salle est partiellement occupée par les 700 sièges du Royal Exchange Theatre.

St Ann's Church ⊘ – Fondée en 1709 et consacrée en 1712, c'est un bel exemple d'église de style Renaissance, d'une architecture néanmoins un peu plus sobre et plus austère. De belles moulures encadrent les plafonds de plâtre, et l'on peut voir dans la chapelle de la Vierge une table d'autel de style Reine Anne, don de sa fondatrice, lady Ann Bland.

Bibliothèque universitaire John Rylands ⊘ – Ce bâtiment construit en 1900 par Basil Champneys abrite la bibliothèque fondée à la mémoire d'un industriel fortuné du textile. Elle possède de nombreux ouvrages datant des débuts de l'imprimerie – 3 000 sont antérieurs à 1501 – et des manuscrits provenant des collections des comtes Spencer et Crawford.

Free Trade Hall – C'est le siège de l'orchestre Hallé, qui compta Thomas Beecham et John Barbirolli parmi ses plus célèbres directeurs. Une statue représentant ce dernier, dirigeant, se trouve dans la salle des sculptures de l'hôtel de ville.

Exhibition Centre – La gare centrale (1876) dessinée par John Fowler, à travée unique, a été transformée en centre international d'exposition et de rencontre, le **G-MEX**.
C'est à proximité, dans l'hôtel du 19ᵉ s. aujourd'hui restauré, que Rolls et Royce se rencontrèrent pour la première fois.

★**Town Hall** – De style gothique Revival, l'hôtel de ville construit par **Alfred Waterhouse** entre 1868 et 1877 est l'un des plus grands bâtiments publics de l'ère victorienne. Sa tour, au dernier étage octogonal, s'élève à 87 m au-dessus de la zone piétonne d'Albert Square. Deux escaliers conduisent de l'entrée basse et voûtée à la **grande salle**, dotée d'un plafond à carène renversée et décorée de douze fresques préraphaélites retraçant l'histoire de Manchester, réalisées de 1876 à 1878 par Ford Madox Brown.

★**City Art Gallery** ⊘ – L'intérieur a récemment retrouvé sa splendeur du 19ᵉ s. et contient une intéressante collection de l'école préraphaélite, avec des œuvres de Millais, Hunt, Rossetti et le *Travail* (1852) de Ford Madox Brown, qui dépeint les diverses classes d'une société industrielle développée. Remarquez les toiles de Stubbs, Turner et Constable. Les paysages industriels du Nord ont été rendus avec beaucoup de sensibilité par **L.S. Lowry** (1887-1976), dont l'atelier a été reconstitué au rez-de-chaussée.

Jewish Museum – *Cheetham Hill Road*. Dans l'ancienne synagogue des Espagnols et Portugais, un bâtiment victorien de style mauresque, le musée retrace l'histoire des Juifs de Manchester, une communauté forte de 40 000 membres depuis le 18ᵉ s.

Chinatown – La communauté chinoise de Manchester est avec celle de Liverpool la plus importante du pays, Londres mise à part. Elle a fait du quartier autour de Faulkner Street son propre territoire, avec des décorations, des fresques et des jardins chinois très vivants, et le monumental portique impérial chinois **(Imperial Chinese Archway)**. Le centre d'art chinois de Charlotte Street expose des œuvres d'art, des productions artisanales et illustre les traditions chinoises.

EXCURSIONS

Manchester United Museum and Trophy Room ⊘, à **Old Trafford** – *North Warwick Road. Au Sud-Est de Manchester par la A 50*. Fourrés sous la tribune Est du stade de Old Trafford, un café et une salle d'exposition évoquent les gloires passées et présentes de l'équipe ; une présentation rend hommage aux victimes de la catastrophe aérienne de Munich. Des visites du stade sont proposées (sauf lorsque des matchs s'y déroulent).

★**The Lowry** ⊘ – *Salford Quays. 3 km à l'Ouest par la A 56. Suivre la signalisation depuis Trafford Road. Également accessible par Metrolink depuis Manchester*. Un remarquable centre d'art moderne met en valeur la restauration des quais Salford et du canal de Manchester avec une passerelle enjambant la voie d'eau et conduisant à Trafford. Comprenant deux théâtres, une vaste esplanade et diverses installations, le centre associe les arts visuels aux représentations théâtrales. Les visiteurs développent leur créativité à l'aide d'images, de sons, de musique, de mouvements et de mots à Artworks, une salle interactive qui bénéficie d'une technologie de pointe.
Une exposition permanente des œuvres de **L.S. Lowry** (1887-1976) occupe la place d'honneur dans ce cadre haut en couleur. Ses tableaux émouvants représentant des silhouettes longilignes donnent un aperçu désabusé de la vie du Nord de l'Angleterre dans les années 1920. Le peintre s'est inspiré des environs lugubres des villes industrielles (*Paysage industriel* et deux versions de *Retour de l'usine*). Ses œuvres complètent les récits de Dickens sur la vie dans ces régions. Cet homme solitaire était également fasciné par les gens et ses portraits sont poignants et sans concession (*Les Infirmes*, *Trois silhouettes* et *Assemblée funéraire*).

★**Whitworth Art Gallery** ⊘ – *Whitworth Park (2,5 km au Sud du centre-ville)*. Des collections de vêtements tricotés et de papiers peints anciens et contemporains sont présentées non loin d'une remarquable exposition d'œuvres d'art moderne, notamment *Blanche-Neige et sa belle-mère* de Paula Rego, des tableaux de Rossetti, Ford Madox Brown, Millais et des caricatures de Gillray et Cruikshank. Des sculptures de Hepworth et de Moore figurent parmi les œuvres présentées dans la Mezzanine Court (1995), dont la façade en brique rouge d'un bâtiment de l'époque du roi Édouard VII constitue l'un des murs.

★**Quarry Bank Mill** ⊘, à **Wilmslow** – *16 km au Sud de Manchester le long de la B 5166 ; sortir à l'échangeur 5 de la M 56*. Dans un parc boisé de 11 ha traversé par la rivière Bollin se dresse une haute filature de coton construite en 1784. Tout d'abord alimentée par un moulin dont l'énorme roue pesait 50 tonnes, elle ne fut pas équipée d'un moteur à vapeur avant les années 1840. Une exposition vivante retrace la production de textiles en coton depuis les plantations jusqu'aux étamines de calicot vendues dans la boutique attenante. Des démonstrations de filage sont organisées autour des métiers à filer, appelés communément « jenny », des tisseuses et des métiers à tisser. Dans la maison des apprentis sont illustrées les conditions spartiates dans lesquelles vivaient les enfants pendant leur formation aux métiers de la filature.

Helmshore Textile Museum ⊘, près de **Haslingden** – *21 km au Nord de Manchester, par la M 66, la A 56 et la B 6232*. Une importante collection de photographies et de machines est installée dans deux anciennes filatures de laine, Higher Mill (1789) et Whitakers Mill (19ᵉ s.). Des démonstrations sont régulièrement présentées au public et des panneaux retracent l'histoire du tissage à l'époque où les villageois vendaient leur urine à un penny le pot pour qu'elle soit utilisée dans le processus du foulage (d'où l'expression « to spend a penny », littéralement « dépenser un penny », qui signifie « uriner »).

Macclesfield – *31 km au Sud de Manchester par la A 6 et la A 523*. Pendant plus de deux siècles, le nom de Macclesfield fut étroitement associé à la production de la soie, réalisée dans la centaine de filatures locales. Deux musées relatent l'histoire de la soie de façon amusante et intelligente : le **musée de la Soie** (Silk Museum) ⊘ aménagé dans l'école du dimanche georgienne de la ville et **Paradise Mill** ⊘, où des guides montrent l'utilisation d'un métier Jacquard à cartes perforées du début du 19ᵉ s., l'ancêtre des automates actuels. Au début de la révolution industrielle, la soie fut le premier textile dont la production sortit du cadre familial. Toutefois, l'essor de la branche apparut précaire : après le boom dû au blocus contre les soies françaises pendant les guerres napoléoniennes, les filatures de soie connurent la récession. Près de 15 000 ouvriers de Macclesfield durent s'expatrier pour la terre promise, créant la ville de Paterson au New Jersey, qui est aussi capitale de la soie.

British in India Museum ⊘, à **Colne** *(Sun Street)* – *37 km au Nord de Manchester par la M 65*. À la périphérie de la localité, derrière une boutique de brocante, dans trois grandes galeries sont amoncelés d'innombrables objets évoquant la vie des Britanniques aux Indes, depuis l'époque de la Compagnie des Indes au 17ᵉ s. jusqu'à l'indépendance de l'Inde (1947). La collection est des plus éclectiques : médailles, dessins, maquettes, lettres, ainsi que des objets plus insolites comme une fenêtre de mosquée, une peau de tigre, et les vêtements indiens raffinés portés par E.M. Foster, auteur de *La Route des Indes*.

Isle of MULL★

Île de MULL – Argyll and Bute – 2 838 habitants
Carte Michelin n° 401 B-C 14 ou Atlas Great Britain p. 59
Accès : voir le Guide Rouge Great Britain & Ireland

Au Nord de l'Écosse, au débouché du loch Linnhe, face à Oban, l'île de Mull, dominée par le Big Ben More (966 m), présente une côte tourmentée de près de 480 km de long et des reliefs variés, tantôt falaises rocheuses, tantôt plages de sable ; les vues de la mer sont magnifiques. À l'intérieur des terres, les pâturages contrastent avec les landes désertes. Les nombreuses traditions de l'île survivent à travers des **festivals** (Mull Music Festival, Tobermory Highland Games).

CURIOSITÉS

Attention, conduire avec prudence car les routes sont tortueuses et étroites. Il y a peu de stations-service.

Tobermory – La ville principale, desservie par le ferry, est limitrophe de la baie de Tobermory, où est enfouie l'épave d'un galion vénitien qui transportait un trésor et naviguait avec l'Armada espagnole (1588).

Torosay Castle ⊘ – *2,5 km au Sud du port de ferries de Craignure.* Torosay (1856), que viennent parfaire les délicieux **jardins**★ dessinés par Robert Lorimer, et offrant des **vues**★ remarquables, est un bel exemple de l'aisance avec laquelle David Bryce maniait le style baronnial écossais.

Duart Castle ⊘ – *5 km de Craignure.* Duart, domaine du chef du clan MacLean, perché sur un promontoire rocheux dominant le détroit de Mull, offre des vues magnifiques. Le donjon date environ 1250, mais le château du 13e s. fut brûlé à la fin du 17e s. Le clan MacLean soutenait la cause des Stuarts et finalement perdit le château et les terres au profit des Campbell après la révolte de 1745. sir Fitzroy MacLean, 26e chef du clan, restaura la forteresse et lui donna son apparence actuelle en 1911. Une exposition présente des souvenirs du clan et de la famille, l'histoire de la restauration du château, ainsi que des cachots.

Staffa ⊘ – L'île basaltique, avec ses incroyables formations rocheuses et ses grottes spectaculaires, située au large, vers l'Ouest, doit sa célébrité à l'ouverture de Mendelssohn, *La Grotte de Fingal,* composée après sa visite en 1829. L'impressionnante beauté de cette île s'est également révélée être une source d'inspiration pour les poètes (Keats, Tennyson, Scott) et les peintres (Turner).

★**Isle of Iona** – *Voir ce nom. Accès à partir de Fionnphort sur le Ross of Mull.*

NEWCASTLE UPON TYNE★

Tyne and Wear – 189 150 habitants
Carte Michelin n° 402 P 19 ou Atlas Great Britain p. 51

Son site spectaculaire, la richesse de son histoire, la spécificité du dialecte parlé par sa population de « Geordies », bons vivants et pleins d'humour, donnent à la capitale incontestée du Nord-Est de l'Angleterre une identité exceptionnellement forte.

Un passage facile à défendre, à l'entrée des gorges de la Tyne, devint avec les Romains, Pons Aelius, un fort parmi bien d'autres le long du mur d'Hadrien. Les Normands y élevèrent le « nouveau château » en 1080. Plus tard, l'abondance des ressources minières, en particulier du charbon, stimula le commerce, les manufactures et la construction mécanique. **George Stephenson** (1781-1848) est né dans les environs, tout comme son fils **Robert**. Au 19e s., le bassin de la Tyne devint un des grands centres industriels de la Grande-Bretagne, dominé par des personnages comme **William Armstrong**, qui devint lord Armstrong (1810-1900), dont les usines de construction mécanique et d'armement, situées à Elswick, ont contribué à équiper les marines du monde entier.

Le déclin plus récent de la région est en partie compensé par la grande vigueur que manifeste Newcastle dans les domaines du commerce, de l'éducation et de la culture, et par les projets bénéficiant d'investissements publics, comme le métro ultramoderne. La ville est un nœud routier important, desservi par les routes principales de la côte Est, où le trafic est intense, en direction de l'Écosse.

Tyneside évoque pour tous les fans de football le club de première division anglais de Newcastle United. Ses dévoués supporters, connus sous le nom de « Toon Army », se rendent en cortège à St James Park, l'un des plus grands stades de Grande-Bretagne, entièrement modernisé.

★★**Site** – L'arrivée par le Sud fait découvrir un **panorama urbain** surprenant. Le bourg isolé de **Gateshead** est relié à la rive Nord de Newcastle par six ponts qui forment une extraordinaire **composition**★. Le plus ancien d'entre eux est l'étrange **High Level Bridge** de **Robert Stephenson** (1848), dont le niveau supérieur est emprunté par le chemin de fer et le niveau inférieur par la route. Le **Swing Bridge** (1876), aux couleurs éclatantes, semblable à un navire, a été conçu par lord Armstrong au point traditionnel de traversée de la rivière.

★**Quayside** – C'est à partir de cette ancienne tête de pont que la ville s'est peu à peu étendue, par des rues à pente très raide et des escaliers vertigineux, jusqu'aux terrains plus plats du Nord. L'aspect spectaculaire du paysage urbain est renforcé par l'imposante présence du **pont de la Tyne** (Tyne Bridge – 1928), dont les monumentaux piliers de pierre font passer le trafic bien au-dessus des immeubles commerciaux d'époque victorienne, entassés les uns contre les autres et au milieu desquels subsistent des bâtiments encore plus anciens, tels l'**hôtel de ville** (17e s.), une remarquable maison à colombage, **Bessie Surtees' House**, et l'**église de Tous-les-Saints**★ (All Saints Church – 18e s.), qui présente un inhabituel **intérieur**★ en ellipse, un portique et un clocher bien proportionnés. Les promenades le long de la rivière, agrémentées de sculptures, de pubs, de bars et d'hôtels, sont très fréquentées. Plusieurs projets pour le millénaire (le nouveau pont pour les piétons et les cyclistes, le centre international pour la vie, au centre-ville, un centre consacré aux arts visuels contemporains qui se trouvera dans les Baltic Flour Mills, avec un centre dédié à la musique et des salles de concerts à proximité) sont destinés à donner un nouvel élan à la ville.

Newcastle pratique

Office de tourisme – **Newcastle Information Centre**, 132 Grainger Street, ☎ (0191) 277 8000 ; **Tourist Information Centre**, Main Concourse, Central Station, Neville Street, ☎ (0191) 277 0030 ; **Tourist Information** Desk, Passenger Terminal, Newcastle International Airport, Woolsington, ☎ (0191) 214 4422.

Transports urbains – La conurbation de Newcastle dispose d'un métro, qui fonctionne de 5 h 30 à 23 h 30. Les rames pour l'aéroport et la côte circulent de 7 mn en 7 mn, et toutes les 3 mn aux heures de pointe dans les limites de la ville. Le Metro Daysaver est un titre de transport donnant droit à un nombre de voyages illimité au cours d'une même journée (valable à partir de 9 h 30). Le Day Rover (vendu dans les NEXUS Travel Centres) peut être utilisé aussi bien dans les bus que dans le métro. Informations au NEXUS Travel, ☎ (0870) 606 2608.

Tourisme – Divers itinéraires thématiques sont proposés au visiteur qui souhaite découvrir Newcastle à pied. Pour plus d'informations et des renseignements sur les itinéraires, contactez le Tourist Information Centre. L'association des guides de la ville (Association of City Guide) organise aussi des visites guidées de la ville (informations, programme et vente des billets au Tourist Information Centre). Des excursions en bateau ont lieu régulièrement sur la Tyne : durant l'été, elles partent de Newcastle Quayside, ainsi que de North et South Shields en été. Pour un supplément d'information, contactez Tyne Cruise, ☎ (0191) 251 5920. Le dimanche après-midi, des promenades en rivière sont organisées par Tyne and Wear Passenger Transport Executive, ☎ (0191) 454 8183.

Pubs et restaurants – **Jesmond Road**, **Shieldfield Road** et **Shields Road** regroupent une grande variété de pubs. L'*Evening Chronicle* signale les pubs proposant des concerts. De nombreux restaurants indiens et chinois se trouvent dans les quartiers de **Bigg Market** et de **Chinatown**. Pour en savoir plus sur les restaurants, consultez *Eating out*, un guide format de poche disponible dans les Tourist Information Centres. Pour les sorties nocturnes, Bigg Market, riche de plus de 160 pubs, est réputé parmi la jeunesse de Newcastle. Autre lieu de prédilection : le quartier de Quayside.

Achats – Le **Metrocentre** à Gateshead est ouvert tous les jours (300 boutiques et divers services). **Eldon Square** est une galerie marchande où sont installés de prestigieuses boutiques et des grands magasins. **Eldon Garden** propose des boutiques plus à la mode. Une visite dans **Northumberland Street** vaut le détour. **Monument Mail** est accessible directement à partir de la station de métro Monument Street. Newcastle Antique Centre, dans Grainger Street, ou le quartier Sud de Jesmond sont les secteurs les plus fréquentés par les amateurs d'antiquités. Grainger Market, Greenmarket *(du lundi au samedi)* et Bigg Market *(mardi, jeudi et samedi)*, le plus vieux marché de la ville dans Bigg Market Street, sont des marchés traditionnels. Le dimanche, un marché a lieu à Quayside, sous le pont de la Tyne. On peut aussi se rendre au marché d'Armstrong Bridge Arts.

Loisirs – *L'Evening Chronicle*, *The Crack* et *The North Guide* énumèrent les loisirs de Newcastle.
Théâtre, musique, opéra et danse se déroulent aux Theatre Royal, Newcastle Playhouse, Tyne Theatre et Opera House. Les groupes en vogue se produisent au Newcastle Telewest Arena, qui est aussi le cadre de grands spectacles et d'événements sportifs.

★**Castle Keep** ⊘ – La ville tient son nom du « nouveau château » que fit bâtir le fils de Guillaume le Conquérant, Robert Courteheuse, en 1080. Le **donjon** est tout ce qui reste du château qui lui succéda au 12ᵉ s. Du sommet de cette énorme bâtisse de pierre, on jouit d'un panorama qui embrasse toute la ville, la rivière et la campagne dans le lointain. En 1848, on n'hésita pas à faire traverser l'enceinte du château par le réseau de voies ferrées qui dessert la gare centrale aux multiples arches ; le donjon est ainsi coupé de la pittoresque **Black Gate** qui se trouve au Nord.
À un peu moins de 2 km à l'Est apparaît l'étrange silhouette des immeubles à plusieurs étages du coloré **Byker Wall**, fruit d'une collaboration heureuse entre les architectes et les habitants de l'ancien quartier ouvrier de Byker.

NEWCASTLE
UPON TYNE

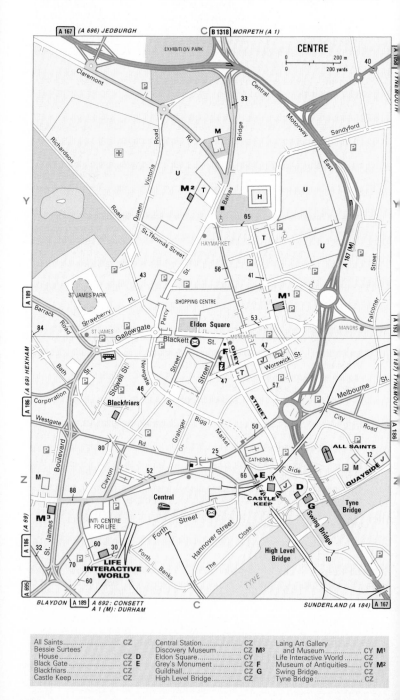

★ **Centre-ville** – Au 19ᵉ s., un projet avisé donna à Newcastle un nouveau centre-ville, d'un classicisme très digne, comprenant de beaux bâtiments publics, de grands marchés couverts, des arcades commerçantes et de vastes rues dont la plus belle est **Grey Street★**, qui descend par une courbe gracieuse depuis le **monument Grey** jusqu'au-delà du portique du Théâtre royal. Dans cette tradition du « Tyneside Classical » se sont insérées des nouveautés comme l'**Eldon Square**, un des plus grands centres commerciaux et de loisirs d'Europe.

★ **Laing Art Gallery and Museum** ⊘ – La collection de la galerie est spécialisée dans le 19ᵉ s., et comporte notamment les œuvres apocalyptiques du visionnaire **John Martin**. On peut admirer de belles expositions de verres et d'argenterie de la région de la Tyne.

A. Williams

Le monument Grey

Blackfriars – Les bâtiments, très restaurés, du couvent dominicain fondé au 13ᵉ s. abritent dorénavant un centre d'artisanat.

★ **Museum of Antiquities** ⊘ – *Université*. Ce musée expose de nombreuses maquettes du mur d'Hadrien *(voir Hadrian's Wall)*, ainsi que de nombreux objets trouvés sur le site. La reconstitution du temple de Mithra de Carrawburgh est réalisée avec les pierres sculptées originales.

LIFE Interactive World – *Times Square*. On analyse l'impact d'une météorite, on étudie les codes de l'ADN, les complexités du cerveau et l'évolution d'une nouvelle vie. Vous apprécierez les projections et expériences passionnantes ainsi que les expositions interactives pleines d'originalité. Le centre de loisirs fait partie de l'International Centre for Life conçu par T. Farrell, spécialisé dans la recherche scientifique, l'enseignement et la déontologie dans le domaine de la génétique humaine et des biosciences.

L'art public

Une initiative audacieuse consistant à mettre les œuvres d'art célébrant l'histoire sociale et l'environnement naturel à la portée de ceux qui vivent dans des zones touchées par la crise, où les industries traditionnelles (extraction du charbon, construction navale, sidérurgie, pêche) sont en déclin en raison de la récession économique, a abouti à des créations d'art moderne passionnantes, parfois controversées, en ville, à la campagne ou au bord de la mer. Les meilleurs exemples d'œuvres d'artistes vivant et travaillant principalement dans le Nord-Est se trouvent à **Sunderland** (*Chemins de la connaissance*, grilles en acier et autres œuvres de Colin Wilbourn ; *Ambit* d'Alison Wilding (1999), de plus de 21 m de long, comprenant 24 cylindres d'acier d'une tonne chacun, flottant sur la Wear *(près du pont de Wearmouth)* et illuminée le soir ; à **Darlington** (*Train*, de David Mach) ; à Middlesbrough (*Bouteille de notes*, de Claes Oldendberg) ; à North Shields (*Stan Laurel*, de Bob Olley). À **Gateshead**, on trouve des peintures murales, des vitraux, des mobiles, des mosaïques, des sculptures environnementales (*Coin venteux*, de Andy Cole) et de colossales structures de métal et de pierre. L'*Ange du Nord*, de Anthony Gormley marque l'entrée Sud de **Tyneside** *(près de la A 1)*. Composée de 200 tonnes d'acier et dotée d'une envergure de 54 m, cette sculpture dresse ses 20 m au sommet de la colline. The **Gateshead Riverside Sculpture Park** ⊘ présente des expositions pleines d'originalité (*Le Cone*, d'Anthony Gormley ; *Rolling Moon*, de Colin Rose ; *Bottle Bank*, de Richard Harris ; *Chèvres*, de Sally Matthews). Le projet **Great North Forest** a pour vocation de donner une impression d'espace et de développer les liens culturels et artistiques entre la population locale et la campagne. Des artistes européens de premier plan participeront au projet Four Seasons. La **Gateshead Art Map** qui indique l'emplacement de ces sculptures passionnantes est disponible à l'Office du tourisme de Gateshead.

Discovery Museum ⓥ – *Blandford Square*. Dans le musée de la science, de la technologie et de l'histoire locale de Newcastle, la place d'honneur revient à Turbinia. Construit à Tyneside en 1894 et pourvu d'une turbine à vapeur d'avant-garde qui lui permettait d'avancer à la vitesse maximale de 32,75 nœuds, ce fut en son temps le vaisseau le plus rapide et la vedette de la revue navale de Spithead de 1897. Des expositions donnent un aperçu des aspirations de la ville au cours des décennies précédentes et souligne son rôle de centre de construction navale de premier plan. Les grandes inventions des pionniers et une section consacrée à la technologie de l'information les complètent.

Blackfriars – Les bâtiments du monastère dominicain fondé au 13ᵉ s., qui ont subi d'importants travaux de restauration, abritent aujourd'hui un centre d'artisanat.

EXCURSIONS

★★**Mur d'Hadrien** – *Voir Hadrian's Wall.*

★★**Beamish** – *16 km au Sud. Quitter Newcastle par l'un des ponts, puis suivre les indications pour Consett, par la A 692. À Sunniside, prendre à gauche la A 6076. 3 km après, tourner à droite, où se trouve l'aire de pique-nique. Un sentier conduit par une vieille voie de roulage jusqu'à Causey Arch, 550 m plus loin.*

Causey Arch – Cet audacieux pont fut construit en 1726, au-dessus d'une des « dunes » très boisées qui caractérisent la région. Son arche de pierre lui a donné un aspect novateur. Au début du 18ᵉ s., près d'un millier de wagonnets traversaient le pont chaque jour. Mais dès le 19ᵉ s., ce moyen de transport laissa la place aux machines à vapeur dont on peut voir un exemplaire remis en service non loin de là, le **Tanfield Railway** ⓥ.

Reprendre la A 6076 en direction du Sud-Ouest, tourner à gauche en entrant dans Stanley, puis encore à gauche, prendre la A 693 vers Chester-le-Street. Après1 km, tourner à gauche et suivre les indications Beamish Museum.

★★**The North of England Open-Air Museum** ⓥ – Cet important musée populaire recrée de façon saisissante la vie dans le Nord de l'Angleterre du début du 19ᵉ s. au tournant du 20ᵉ s. À travers de magnifiques paysages, il évoque également les retombées de la révolution industrielle sur la vie quotidienne dans la région. Des tramways d'époque conduisent les visiteurs à travers le vaste site jusqu'à la ville, où boutiques, maisons, pub et atelier d'imprimerie sont meublés et équipés de manière authentique, recréant la vie urbaine des années 1920. La **gare**, avec son dépôt de marchandises et son poste d'aiguillage, restitue l'ambiance des gares de campagne ; une collection de vieux véhicules est en partie présentée dans un garage du début du 20ᵉ s. À proximité de la **mine**, on peut voir le coron avec les maisons des mineurs et leurs jardinets ; le visiteur peut pénétrer sous terre dans les anciennes galeries d'une mine qui a réellement été exploitée. Les bâtiments de **Pockerley Manor** permettent de reconstituer le mode de vie d'un fermier vers 1820, tandis que l'exposition de matériel ferroviaire a pour pièce maîtresse une superbe réplique grandeur nature de la *Locomotion* de Stephenson (1825).

★**Seaton Delaval Hall** ⓥ, à l'Est de **Seaton Delaval** – *18 km au Nord-Est par la A 189, puis la A 190.* Construite pour l'amiral George Delaval entre 1718 et 1729, cette imposante version nordique d'une villa palladienne est le chef-d'œuvre de **John Vanbrugh**, l'architecte de Blenheim Palace et de Castle Howard. La façade Nord est orientée vers une campagne balayée par les vents et vers le port industriel de Blyth. Deux ailes symétriques flanquent la maison, la plus à l'Est abritant de somptueuses **écuries**. L'intérieur de la partie centrale a été dévasté par un incendie en 1822 et partiellement restauré par deux fois depuis. Un joli portique orne la façade Sud. La famille Delaval était célèbre pour son goût effréné des plaisirs ; elle contribua cependant, au milieu du 18ᵉ s., à bâtir une installation portuaire dans les environs de **Seaton Sluice**.

★**Wallington House** ⓥ, à **Cambo** – *32 km au Nord-Ouest. Emprunter la A 696 sur 29 km, puis prendre à droite la B 6342 et suivre les indications.* La propriété d'origine fut achetée en 1688 par sir William Blackett au failli sir John Fenwick pour la somme de 2 000 £, dont la plus importante partie devait être versée sous forme d'annuités à sir John tant qu'il vivrait. Aussi, lorsque ce dernier fut impliqué dans une tentative d'assassinat contre Guillaume III, sir Walter vota avec toute son énergie le décret de confiscation des biens et de mort civile qui conduisit finalement sir John à l'échafaud et interrompit le versement des annuités ! Mais sir John eut sa revanche à titre posthume : au nombre des biens qui lui furent confisqués par Guillaume III figurait son cheval *White Sorrel* ; c'est cette monture qui, trébuchant sur une taupinière, fit plus tard chuter le roi et causa sa mort. Cet événement est à l'origine du toast que portaient les Jacobites « au petit bonhomme au manteau de velours noir ».

Reconstruite par sir William et rénovée par son héritier sir Walter, la maison est réputée pour ses plâtres du 18e s. de l'Italien Francini. La cour d'origine, transformée en hall, est décorée d'une série de peintures, représentant des scènes de l'histoire de Northumbrie, par William Bell Scott. L'importante collection de porcelaines comprend de nombreuses pièces chinoises et japonaises du 18e s., ainsi que des pièces provenant de Bow et Chelsea. Une des autres curiosités fascinantes de Wallington est sa grande collection de maisons de poupées.

Le **jardin clos**, tout comme le **pont** de James Paine, et tout le village de Cambo sont de parfaits exemples de l'imagination visionnaire de sir Walter. Né pourtant à quelques kilomètres à peine, Capability Brown est pour peu de chose dans le dessin du parc, œuvre de sir Walter lui-même.

Belsay Hall ⊘, à **Belsay** – *23 km au Nord-Ouest par la A 696*. Cette propriété appartenant à une célèbre famille de la région a conservé de nombreuses traces des périodes historiques qu'elle a traversées.

Le robuste donjon fut érigé en 1460 à la frontière entre l'Angleterre et l'Écosse, et la demeure attenante ajoutée au début du 17e s. Les deux constructions furent abandonnées au profit d'un château néoclassique achevé en 1817 ; son austérité est accentuée du fait de son absence d'ameublement. La propriété possède jardins et parcs stylisés, mais son attrait principal provient sans conteste des **jardins** aménagés dans les carrières, autrefois exploitées pour construire le château. Protégés de la rigueur du climat écossais, ils forment un paysage romantique ponctué de falaises de grès et de plantes exotiques. Les bâtiments agrémentés d'arcades de Belsay furent construits au 19e s. en remplacement du village démoli lors de l'extension du parc.

Bede's World ⊘, à **Jarrow** – *11 km à l'Est de Newcastle par la A 184, la A 194 et la A 108*. Considéré comme le premier historien britannique, **Bède le Vénérable** (673-735) n'était encore qu'un enfant lorsqu'il entra au monastère St Peter de Wearmouth, fondé par Benedict Biscop en 674. Encore novice, Bède quitta St Peter pour le monastère voisin de Jarrow, où il écrivit plus tard sa célèbre *Histoire ecclésiastique de la nation anglaise*. La localité lui rend hommage à travers un projet ambitieux intégrant non seulement l'**église St Paul** avec sa tour et son chœur saxons (les seuls vestiges du monastère), mais également Jarrow Hall (fin du 18e s.), où sont évoquées les origines méditerranéennes du christianisme ; on y voit aussi une tentative de recréer les prairies saxonnes qui auraient servi de toile de fond à l'œuvre de Bède.

Sunderland – *20 km au Sud-Est par la A 184*.

Les églises – La tour et le porche saxons du monastère fondé au 7e s. par Benedict Biscop ont bravé le temps, tandis que les autres parties de l'**église St Peter** ⊘ sont une reconstruction menée par George Gilbert Scott au 19e s. L'église domine la rivière Wear, autrefois pôle de construction navale, à une époque où Sunderland rivalisait avec Tyneside. La foi chrétienne ravivée par Benedict et ses successeurs inspira la construction de l'**église St Andrew** ⊘ dans la banlieue de Roker, l'une des plus extraordinaires réalisations de l'architecture religieuse moderne. Son intérieur austère est une interprétation presque expressionniste de l'esprit gothique, rehaussée par de superbes décors et meubles signés de tous les grands noms du mouvement Arts and Crafts.

National Glass Center – *Liberty Way*. Le musée surplombe la Wear, autrefois un centre de construction navale qui faisait rivaliser Sunderland avec Tyneside. Observez les étapes de la fabrication du verre (vitraux, vases, verres, y compris les « ballons ») et découvrez les nombreuses applications essentielles de ce matériau dans le monde moderne (notamment dans le domaine de l'astronomie, de la médecine, des divertissements, de l'information et de la technologie de l'espace). L'histoire du verre et la longue tradition de fabrication du verre de la ville sont illustrées de façon très vivante. On découvre des **vues** panoramiques de la Wear et de la mer du Nord depuis le toit.

Washington Old Hall ⊘, dans la nouvelle ville de **Washington** (District 4) – *11 km au Sud*. Le manoir était le berceau de la famille de **George Washington** (1732-1799), premier président des États-Unis. À l'emplacement des anciens bâtiments se tient un petit manoir de style anglais dont le rez-de-chaussée contient un mobilier typique des 17e et 18e s.

NEW FOREST★★

Hampshire
Carte Michelin n° 403 O, P 31 ou Atlas Great Britain p. 9

Guillaume le Conquérant fit planter à proximité du château de Winchester, après avoir rasé 36 paroisses, une forêt royale consacrée à la chasse ; les braconniers, ou quiconque nuisait aux cerfs ou aux arbres qui la peuplaient, se voyaient infliger de lourdes peines. La Couronne céda la juridiction de la forêt aux Eaux et Forêts en 1924. Des chevaux, des ânes, des cerfs, du bétail et même des porcs se promènent encore en liberté dans les 373 km² de bois, landes et marécages préservés, et s'aventurent assez fréquemment jusqu'à la route. Les automobilistes devront se montrer particulièrement prudents et conduire très lentement.

DANS LA FORÊT

★★**Bolderwood Ornamental Drive** – Cette belle allée, créée au 19ᵉ s., compte aujourd'hui un grand nombre de magnifiques arbres adultes, notamment des chênes et des hêtres. À l'entrée de l'allée, des **sentiers** permettent aux visiteurs d'observer depuis des plates-formes quelques cerfs dans des enclos. Un peu plus loin, certains des chênes et des hêtres sont au moins tricentenaires. À l'extrémité de l'allée, juste avant d'arriver sur la A 35, on trouve le vénérable **chêne de Knightwood** (Knightwood Oak), âgé, dit-on, de 375 ans.

A. Williams

Le chêne de Knightwood

Brockenhurst – Cette petite ville animée, avec son gué situé dans la rue principale, est un bon point de départ pour explorer la forêt. D'ici, on peut aller voir l'allée de Rhinefield ou, inversement, visiter Brockenhurst au retour.

Lyndhurst – C'est dans cette ville coquette, très animée, pôle de New Forest, que siégeaient les gardes forestiers de Sa Majesté, dans la **maison de la Reine** (17ᵉ s.). La fière église victorienne de brique rouge attire l'attention en raison de ses baies, dessinées par Burne-Jones, et de sa fresque de 1864, due à lord Leighton.
Le **New Forest Museum and Visitor Centre** ⊘ *(High Street)* constitue une excellente introduction à la région.

Minstead – Ce joli village, resté en grande partie intact, situé au Sud de la A 31, possède une église de brique rouge, **All Saints Church** (13ᵉ s.), remarquable pour ses galeries superposées, sa chaire à trois niveaux du 17ᵉ s. et ses deux bancs seigneuriaux. Au Nord du village, dans des jardins à l'anglaise, **Furzey Gardens** ⊘, une chaumière du 16ᵉ s. témoigne du mode de vie des paysans de New Forest il y a 400 ans.

New Forest Nature Quest, à Ashurst – Le visiteur est invité à suivre une présentation audiovisuelle avant de partir à la découverte d'une variété de milieux naturels habités par de nombreux animaux : cerfs, renards, ours, blaireaux, serpents et poissons. Chaque espèce est présentée par un garde forestier.

★★**Rhinefield Ornamental Drive** – C'est une majestueuse allée bordée d'arbres plantés en 1859. Ils constituent aujourd'hui la plus belle collection britannique de conifères adultes. Quelques-uns des sapins Douglas et des séquoias culminent à près de 50 m.

Rufus Stone – Au fond d'une paisible vallée, une plaque commémorative signale l'endroit où **Guillaume II le Roux** (Rufus), fils et successeur du Conquérant, fut tué par une flèche en 1100 alors qu'il chassait. Les historiens n'ont jamais pu établir s'il s'agissait d'un meurtre ou d'un accident.

LE LONG DE LA RIVIÈRE

★★Beaulieu – Situé à la source de la rivière Beaulieu, ce petit village est célèbre pour son musée national de l'Automobile (National Motor Museum), qui expose une collection de véhicules à moteur très complète. Le musée a été construit sur les terres du monastère cistercien fondé par le roi Jean en 1204.

Abbey – Après la dispersion des ordres religieux ordonnée par Henri VIII, l'abbaye tomba en ruine et ses pierres furent réemployées pour la construction de fortifications côtières. Il ne reste que les fondations de ce qui fut jadis la plus grande abbaye cistercienne d'Angleterre.
Le cloître a partiellement survécu, notamment l'aile où résidaient les frères convers, qui abrite aujourd'hui une exposition sur la vie monastique, de même que le réfectoire du 13e s. transformé en église paroissiale ; remarquez, masqué par une rangée de colonnes en marbre de Purbeck, l'escalier conduisait à l'ancienne chaire du lecteur.

Palace House – La résidence du premier lord Montagu présente un curieux mélange d'architecture monastique médiévale, de confort victorien et de reliques de la famille Montagu. Mais on s'intéressera surtout au musée de l'Automobile créé par le deuxième lord Montagu.

★★National Motor Museum ⊘ – La collection du **musée national de l'Automobile** réunit plus de 250 véhicules, illustrant l'histoire des véhicules à moteur de 1895 à nos jours. La salle nommée **Classic Car Hall of Fame** rend hommage aux grands pionniers de l'automobile ; ses murs extérieurs sont décorés de répliques des panneaux carrelés qui ornaient l'ancien siège de Michelin à Londres, à Fulham Road.
Parmi les **voitures fabriquées avant 1919**, on peut admirer : une Daimler (12 CV) ; une Renault 1906 (20-30 CV), l'une des premières voitures couvertes ; la splendide Silver Ghost (40-50 CV), qui valut à Rolls-Royce le titre de « meilleure voiture du monde » ; la Model T de Ford, première voiture fabriquée en série. La section consacrée aux années 1930 montre comment la fabrication en série stimula l'industrie automobile américaine et européenne, grâce notamment à l'Austin Seven et à la Morris Cowley 1924.
La section **Courses et Records** mérite le détour pour sa Bluebird 1961, au volant de laquelle **Donald Campbell** atteignit 649 km/h en 1964. La section **Après 1945** est consacrée aux réalisations de l'industrie automobile moderne. La **salle des Véhicules utilitaires** présente une large gamme de camions de livraison et un autobus londonien de 1950. La **galerie de la Motocyclette** retrace avec 80 machines l'histoire de la moto. Au rez-de-chaussée, la salle intitulée **« Wheels »** propose une promenade à travers cent ans d'automobile.

★Buckler's Hard – *3 km au Sud-Est de Beaulieu. 1 h 30.* Ce charmant hameau se compose d'une seule rue, très large et bordée de cottages du 18e s., qui descend vers la rivière Beaulieu. Vers 1740, le village devint un centre de construction navale pour la Royal Dockyard de Portsmouth. Il périclita lorsque le fer remplaça le bois dans la construction navale. Au 20e s., Buckler's Hard attira de nombreux plaisanciers, notamment **Francis Chichester** (1901-1972), dont le tour du monde en solitaire commença et s'acheva dans ce petit port.
Le **Maritime Museum★** ⊘ évoque de nombreux aspects de la vie et du travail à Buckler's Hard au 18e s. Les intérieurs de deux maisons et d'une auberge meublées comme elles devaient l'être dans les années 1790 y sont reconstitués.

Des **promenades en bateau** sont proposées sur le quai.

NORTHAMPTON

Northamptonshire – 179 596 habitants
Carte Michelin n° 404 R 27 ou Atlas Great Britain p. 28
Plan dans le Guide Rouge Great Britain & Ireland

Importante ville au Moyen Âge, il ne reste rien du château (vers 1100) où Thomas Becket fut traduit en justice en 1164, car la ville fut détruite en 1675 par un incendie. Defoe décrit celle qui la remplaça, à la fin du 17e s., comme « la plus réussie et la plus belle de cette partie de l'Angleterre ». L'arrivée du chemin de fer fit oublier le château et une nouvelle ville se développa. Trois édifices incarnent ces trois périodes.

Church of the Holy Sepulchre ⊘ – *Sheep Street*. Une des quatre églises romanes de plan circulaire d'Angleterre, l'**église du Saint-Sépulcre** fut fondée par Simon de Senlis, un vétéran de la première croisade : la nef et son déambulatoire sont circulaires.

All Saints Church – *The Drapery*. Rebâtie après l'incendie de 1675 (le portique est de 1701), l'**église de Tous-les-Saints** est classique, surmontée d'un dôme, et possède un superbe plafond de plâtre.

Guildhall ⊘ – *St Giles Square*. L'**hôtel de ville** fut réalisé dans le style gothique victorien le plus affirmé par Edward Godwin vers 1860, alors qu'il n'avait que 28 ans. L'extérieur est ennobli par des sculptures de rois et reines, tandis que l'intérieur

Église d'Earls Barton

est envahi de notabilités locales, presque perdues au milieu des rinceaux imitant le gothique Early English qui entourent les colonnes de fonte.

★**Central Museum and Art Gallery** ⊘ – *Guildhall Road*. Northampton fut une capitale de la chaussure pendant plus de 500 ans et le musée, plutôt à l'étroit, abrite une collection intéressante de chaussures en tous genres, depuis les sandales héritées des Britanno-Romains jusqu'aux pantoufles de satin du 16e s., en passant par les souliers de la reine Victoria.

EXCURSIONS

Églises anglo-saxonnes – Deux merveilleuses églises antérieures à la conquête normande subsistent dans le comté de Northampton.

★**All Saints** ⊘, à **Brixworth** – *13 km au Nord par la A 508*. La plus grande église saxonne qui subsiste pratiquement dans son intégralité. Elle fut fondée par des moines venus de Lindisfarne, au 7e s., puis reconstruite après avoir été saccagée par les Danois au 9e s., ce qui explique la tour de défense, abri commode lors des raids vikings. Remarquez les tuiles romaines et les arches saxonnes dans la nef et le chœur.

All Saints ⊘, à **Earls Barton** – *13 km à l'Est par la A 45*. La **tour fortifiée** saxonne fut construite sous le règne d'Edgar le Pacifique (959-975), période où l'architecture saxonne connut son âge d'or. Les motifs décoratifs sont nettement inspirés des vieilles maisons à colombage. L'accès occidental et la porte de la tour sont romans.

★★**Boughton House** ⊘, à **Geddington** – *Emprunter la A 43 en direction du Nord-Est pendant 27 km, puis tourner à droite à Geddington*. À l'origine monastère dépendant de l'abbaye d'Edmundsbury *(voir Bury St Edmunds)*, Boughton House fut achetée en 1528 par Edward Montagu qui réalisa les premiers travaux d'agrandissement. Le premier duc de Montagu, qui fut ambassadeur auprès de Louis XIV, fit plus encore : il édifia la façade Nord, commanda des plafonds baroques à Chéron, introduisit le « parquet de Versailles » et agrémenta la maison avec du mobilier, des porcelaines et des peintures de qualité. Même si le quatrième duc (milieu du 18e s.) continua son agrandissement, la maison aux 7 cours, 12 entrées et 365 fenêtres (pour les jours de la semaine, les mois et les jours de l'année) a peu changé depuis 1700.

Parmi les magnifiques **tableaux**, on peut voir dans l'antichambre *L'Adoration des mages* du Greco, un *Jean Baptiste* de Murillo ; dans le petit hall, une *Scène de vendanges* de Téniers le Jeune ; dans le grand hall le *Duc de Southampton* de Gainsborough, ainsi que de nombreuses toiles de Van Dyck, Lely et Kneller.

Milton Keynes – *27 km au Sud par la M 1*. Cette ville prospère, à mi-chemin entre Londres et Birmingham, est la dernière et la plus ambitieuse des villes nouvelles d'après-guerre en Grande-Bretagne. Son site, bien aménagé, de 8 900 ha, englobe trois villes existantes (Stony Stratford, Wolverton et Bletchley) et plusieurs villages anciens, de nouvelles zones résidentielles, des équipements collectifs (théâtre, galerie d'art) et des industries de pointe, le tout situé parmi des espaces verts et relié par un réseau de voies rapides ; le rutilant centre-ville, qui abrite 140 boutiques et possède un parking de 10 000 places, draine la clientèle de ce vaste réservoir de population.

Canal Museum ⊘, à **Stoke Bruerne** – *9 km au Sud par la A 508*. Le vieux moulin qui jouxte l'écluse du Grand Union Canal retrace aujourd'hui l'histoire de ces voies de transport. Dessins, photographies, maquettes, anciens signaux et équipements illustrent la construction des canaux, le fonctionnement des écluses et des plans inclinés, les ingénieurs qui les concevaient, les différents types de péniches pour le transport des biens ou des passagers, les équipages et les moteurs, la décoration traditionnellement colorée à motifs de roses et de châteaux. On peut observer le passage des bateaux à l'une des sept écluses (annoncé dans le jargon éclusier) ou se promener le long du chemin de halage qui conduit au Sud du tunnel de Blisworth (2 820 m), le plus long tunnel navigable de Grande-Bretagne, ouvert en 1805.

Sulgrave Manor ⏱, **à Sulgrave** – *29 km au Sud-Ouest par la A 45, la B 4525 à droite et une route secondaire*. La famille Washington, qui habita le manoir de 1539 jusqu'à son départ pour la Virginie en 1656, est le thème du musée qui y est maintenant installé. La résidence est la propriété commune des peuples américain et britannique. On peut voir dans la grande salle les armoiries de Washington (notez la ressemblance avec la Bannière étoilée), et, dans la salle des Actes et le hall d'entrée, la sacoche de cavalier, l'habit de velours, des médailles et plusieurs lettres de George Washington. Le manoir est un parfait exemple de maison Tudor du temps de Shakespeare.

Althorp ⏱, **à Great Brington** – *8 km au Nord-Ouest sur la A 428. Places de parking limitées pour réduire le nombre de visiteurs*. Cette demeure du 16e s., modifiée au 18e s., a déjà attiré un grand nombre de curieux, désireux d'admirer la demeure familiale de **Diana, princesse de Galles**. Depuis sa mort accidentelle à Paris en août 1997 à l'âge de 36 ans, le flot des visiteurs n'a cessé de croître. Le comte Spencer a fait transformer sa propriété afin d'y ouvrir un **musée** consacré à la mémoire de sa sœur. L'exposition consacrée à la vie de l'une des plus célèbres femmes au monde, et dont la popularité va chez certains jusqu'à l'idolâtrie, se déroule dans les anciens communs de style palladien (vers 1740) réaménagés par Russhied Ali Din, architecte dont l'œuvre est caractérisée par des lignes épurées et résolument contemporaines. Le musée s'articule autour de sept thèmes : Diana femme indépendante, son œuvre publique, son impact dans le monde, ses funérailles, Diana épouse et mère, sa place au sein de la monarchie et parmi les femmes de la famille Spencer. L'exposition comprend de nombreux objets lui ayant appartenu, provenant de sa résidence de Kensington Palace (robe de mariage, nombreuses robes illustrant son goût pour la mode au fil des années et les centaines de recueils de condoléances signés à sa mort). On peut aussi la voir enfant sur des photographies de l'album de famille et des séquences de films, qui n'avaient pas été présentées au public auparavant. L'église de **Great Brington** *(nombre limité de places de parking)* à l'Ouest d'Althorp renferme les tombes de la famille Spencer, à l'exception de celle de la princesse, qui repose dans une petite île au milieu d'un petit lac de la propriété *(accès non autorisé)*.

NORWICH★★

Norfolk – 171 304 habitants
Carte Michelin n° 404 Y 26 ou Atlas Great Britain p. 31

L'une des cités médiévales anglaises les mieux préservées, Norwich est arrosée par la rivière Wensum. Ses rues ont conservé le vieux tracé saxon. La ville connut une grande prospérité au Moyen Âge alors qu'elle était le centre du commerce de la laine de l'East Anglia. C'est de cette période que datent les flèches et tours des quelque trente églises qui ponctuent l'horizon. La ville est dominée par le donjon du château trônant en haut d'une colline ; à ses pieds s'étend le centre du vieux Norwich où les rues pavées, bordées de maisons à colombage, s'ouvrent sur la cathédrale par des portes de pierre.

★★CATHÉDRALE ⏱ 2 h

La cathédrale romane fut commencée en 1096 et consacrée en 1278. La claire-voie du chœur fut reconstruite dans le style gothique Early English au 14e s. et les voûtes de style Perpendicular furent ajoutées au 15e s. et au début du 16e s. Bâties en pierre de Caen spécialement acheminée par un canal creusé depuis Pull's Ferry, la puissante **tour** romane et la **flèche** du 15e s. mettent parfaitement en valeur la nef longue et basse ainsi que les arcs-boutants délicats du chevet. L'édifice dut essuyer nombre d'incendies, émeutes et mises à sac. La flèche fut même emportée par une tempête en 1362. Avec ses 96 m, elle est la plus haute d'Angleterre, après celle de Salisbury.

Intérieur – Au-dessus de la robuste nef romane et des bras du transept, quatre cents clefs de voûte peintes et sculptées décrivent « une bande dessinée de toute l'histoire du rôle de Dieu dans la vie de l'homme, depuis la Création jusqu'au Jugement dernier » (doyen Alan Webster). Deux des piliers torsadés marquent la fin du premier chantier achevé en 1119. Derrière l'autel sont conservés deux fragments de pierre sculptée, supposés appartenir au trône épiscopal saxon. Notez les **miséricordes** des stalles du chœur, le déambulatoire, les chapelles de Jésus et Saint-Luc exposant respectivement L'*Adoration des Mages* de Martin Schwarz (vers 1480) et le célèbre retable Despenser du 14e s.

NORWICH

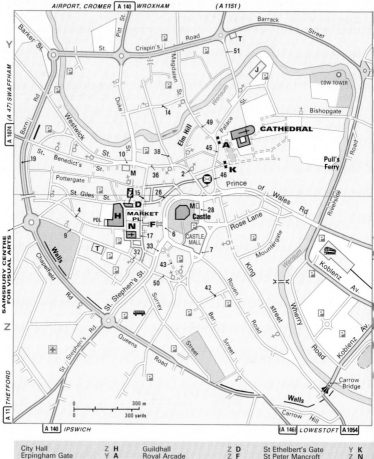

City Hall	Z H	Guildhall	Z D	St Ethelbert's Gate	Y K
Erpingham Gate	Y A	Royal Arcade	Z F	St Peter Mancroft	Z N

Cloister et Close – La **porte du Prieur** reliant la nef au cloître, avec ses représentations sculptées du Christ accompagné de deux anges, deux évêques et deux moines, est l'une des plus belles portes des débuts du style Decorated. Le cloître, dont l'élévation à deux niveaux est la plus vaste en Angleterre, fut reconstruit entre 1297 et 1430 ; sur les murs, des armoiries. Il est orné de superbes voûtes avec 400 clefs de voûte illustrant l'Apocalypse. L'enclos est essentiellement georgien. On y entre par **Erpingham Gate** (1420) ou **St Ethelbert's Gate** (vers 1300) pour atteindre **Pull's Ferry**, l'ancienne vanne d'écluse.

AUTRES CURIOSITÉS

Castle – Situé au cœur de Norwich, le château fut construit en 1160 en haut d'une colline stratégiquement dominante. Les arcades aveugles extérieures, imitées de Castle Rising *(voir King's Lynn, Environs)*, furent fidèlement reproduites dans la pierre de Bath lorsque Salvin remodela le bâtiment (1833-1839). Plus tard, le château fut utilisé comme prison.

★ Norwich Castle Museum ⊙ – Le haut **donjon** de pierre a conservé en grande partie son apparence romane : voûtes, fenêtres, oratoire et puits de 34 m de profondeur. Une visite guidée entraîne des **créneaux** aux **oubliettes** où est retracée l'histoire de Norwich, quatrième ville anglaise en 1066, à travers des vestiges normands et d'époques postérieures. La galerie d'art *(rez-de-chaussée)* présente une riche collection d'œuvres de l'**école de Norwich**, créée au début du 19e s. par le peintre local et autodidacte John Crome (1768-1821), dont l'élève le plus brillant fut John Sell Cotman (1782-1842). Cette école fut largement influencée par les paysagistes hollandais, et les scènes rurales peintes par Crome baignent souvent dans une lumière dorée. On peut voir également des toiles d'artistes contemporains originaires de l'**East Anglia**, tels Alfred Munnings, Edward Seago, ainsi que des œuvres victoriennes et hollandaises. La collection de porcelaine renferme une superbe théière anglaise de 1720 et de belles pièces de Lowestoft. La galerie consacrée à l'écologie montre des dioramas de la côte du Norfolk et les restes de l'éléphant de West Runton, vieux de 600 000 ans. Mis au jour en 1992, la plupart de ses os avaient été dévorés par les hyènes et ressemblent aujourd'hui à des morceaux de bois.

Walls – Les murs de pierre (1294-1320) entourant le centre-ville mesurent un peu moins de 4 km de long, comme ceux de la City à Londres ; c'est de Carrow Bridge et de Carrow Hill qu'on les voit le mieux.

★**Market Place** – Vieille de 900 ans, cette place est le site du plus grand marché de l'East Anglia. Six jours sur sept, des producteurs locaux y installent leurs étals pour vendre leurs produits. La place du Marché est bordée au Nord par la façade en damier du **Guildhall**, dont l'édification fut commencée en 1407. Il abrite aujourd'hui l'Office de tourisme. À l'Ouest se dresse un peu plus haut la silhouette moderne du **City Hall**, considéré comme le plus éminent bâtiment public anglais de l'entre-deux-guerres. Au Sud, la place est limitée par la plus grande église paroissiale de la ville, **St Peter Mancroft**. De style gothique Perpendicular, elle possède un beau plafond à carène renversée, un magnifique vitrail médiéval et des fonts baptismaux du 15ᵉ s. À l'Est de Market Place, la **Royal Arcade**, de style Art nouveau, conduit au château.

Elm Hill – Autrefois centre de l'industrie du tissage, cette pittoresque rue pavée est bordée de maisons médiévales en brique et en bois. Au Nord (Tombland) se dresse l'église **St Simon and St Jude**, de style Perpendicular tardif, aujourd'hui divisée en étages pour accueillir des commerces. Plus bas se trouvent une auberge du 15ᵉ s. couverte de chaume, **Briton Arms** *(côté droit)* et l'église médiévale **St Peter Hungate** ⊘ (reconstruite en 1460). C'est maintenant un musée de l'art ecclésiastique qui présente des surplis brodés, des plaques funéraires en cuivre et des vitraux. En face, on aperçoit la fenêtre Est de **Blackfriars Hall**, qui formait autrefois avec **St Andrew's Hall** le chœur et la nef de l'église du couvent des frères prêcheurs. Cette congrégation vint s'installer à Norwich en 1226. Plus tard, l'église devint le lieu de culte des tisserands flamands. St Andrew's Hall servit de cour d'assises et de halle au blé. Les deux bâtiments aux superbes plafonds à carène renversée ont aujourd'hui un usage public et civique. Les cloîtres furent eux aussi affectés à divers usages et abritent maintenant l'école des Beaux-Arts. Un café a ouvert ses portes dans sa crypte voûtée.

★**Sainsbury Centre for Visual Arts** ⊘ – *Université d'East Anglia, 5 km à l'Ouest du centre-ville.* L'une des constructions les plus impressionnantes des années 1970, le Centre d'rts visuels Sainsbury, fut conçue par Norman Foster. Trente-sept armatures d'acier en forme de prisme composent un volume de 122 m sur 31 m, où l'aménagement intérieur concourt à créer un environnement de « non-musée » de façon à avoir sur les œuvres d'art « un regard sensuel et pas uniquement intellectuel ».
Les œuvres des peintres européens des 19ᵉ et 20ᵉ s., Degas, Seurat, Picasso, Epstein, Bacon, Modigliani, Moore et Giacometti, côtoient admirablement l'art africain, pacifique, oriental et indien, dans un souci délibéré de mélange des genres.

EXCURSIONS

★★**Blickling Hall** ⊘, à **Blickling** – *24 km au Nord, par la A 140.* Ce splendide château de brique, à tourelles et pignons, fut construit entre 1619 et 1625 par **Robert Lyminge**, l'architecte de Hatfield House *(voir St Albans, excursions)* ; parmi les grandes maisons de style Jacques Iᵉʳ, c'est l'une des plus intactes ; les modifications considérables apportées à la fin du 18ᵉ s. par Thomas Ivory de Norwich respectent gracieusement l'harmonie de l'ensemble. Il renferme un escalier très chargé, un plafond de 37 m dépeignant les *Cinq Sens*, et l'*Apprentissage* dans la grande galerie ; la splendide tapisserie de la salle Pierre-le-Grand, représentant la défaite des Suédois à Poltava devant Pierre le Grand, fut offerte par la Grande Catherine au propriétaire des lieux, le comte de Buckingham ; enfin, voir les peintures de Reynolds, Gainsborough et Canaletto.
Le parterre et les jardins actuels datent de la fin du 19ᵉ s., le dessin original des terrains ayant été tracé à la fin du 18ᵉ s., probablement par Humphry Repton ; au fond du parc se trouve un extraordinaire mausolée pyramidal de 12 m de haut.

Knapton – *29 km vers le Nord par la B 1150 jusqu'à North Walsham, puis la B 1145.* Les joyaux de l'église **St Peter and St Paul** sont son double plafond à carène renversée de 1504, portant 138 anges sculptés, tous différents, ainsi que la couverture des fonts baptismaux.

★Norfolk Broads

La région de lacs et de marécages du Norfolk constitue l'un des principaux habitats d'animaux sauvages. On peut y admirer des cerfs d'eau chinois, des martins-pêcheurs, des butors, des hérons, des grèbes huppés et divers insectes

Le « marais » du Norfolk

(machaons et æschnes isocèles, grandes libellules que l'on ne trouve nulle part ailleurs en Grande-Bretagne). De paisibles voies navigables serpentent dans les marais embrumés, à travers les bois épais. Les villages sont réputés pour leurs églises, parfois dotées de toits de chaume et de plafonds à carène renversée.

L'environnement naturel est très fragile. L'équilibre de l'écosystème aquatique est facilement perturbé, par les eaux usées et les engrais chimiques par exemple, qui favorisent la prolifération de certaines algues microscopiques. Les berges peuvent se dégrader lorsque les roselières ne sont plus là pour les protéger des remous provoqués par les bateaux à moteur. La disparition de certaines activités, telle la coupe de la laîche, roseau dont on fait les toitures de chaume (qui se raréfient), concourt au développement de la forêt au détriment de la faune aquatique. Le **Broads Authority** fut créé en 1978 et, sous son égide, de gros efforts ont été faits pour préserver l'écosystème. Un programme de sauvegarde et de conservation est également envisagé.

C'est en bateau que l'on peut le mieux explorer les 300 km de voies navigables et les 14 lacs (provenant du drainage des marais médiévaux) qui composent les Broads.

Quitter Norwich vers le Nord par la A 1151.

Wroxham – Un centre nautique sur le fleuve Bure. Location de bateaux.

Partir en direction du Sud par une route locale, tourner à gauche à Salhouse avant de se diriger vers Ranworth en traversant Woodbastwick.

Ranworth – La tour de style Perpendicular et le porche Sud de style Decorated de l'église **St Helen**★ ne laissent nullement paraître la splendeur de l'intérieur : le plus beau jubé de l'East Anglia (15ᵉ s.), une profusion de saints, d'apôtres et de martyrs peints de couleurs vives (restaurés récemment).

Continuer par South Walsham vers Acle, puis se diriger vers le Nord (A 1064) pour traverser la Bure. Tourner à gauche et prendre la B 1152.

Potter Heigham – Sur le fleuve Thurne, Potter Heigham, avec ses vestiges de l'église **St Nicholas** (tour romane, voûte en bois et toit de chaume), est la capitale des lacs du Nord. C'est à Potter Heigham que se trouve aussi un fameux pont peu élevé dont les navigateurs doivent se méfier !

NOTTINGHAM

Nottinghamshire – 270 222 habitants
Carte Michelin n° 404 Q 25 ou Atlas Great Britain p. 36
Plan dans le Guide Rouge Great Britain & Ireland

Célèbre pour sa dentelle, D.H. Lawrence et son shérif du Moyen Âge, Nottingham était, à l'origine, une colonie danoise dénommée Snotingeham. Défendant la rivière Trent, porte du Nord, elle prit de l'importance et devint un des cinq bourgs danois, avec Derby, Leicester, Lincoln et Stamford. En 1068, Guillaume le Conquérant y édifia le premier fort. C'est dans ce fort, rebâti en pierre, que les partisans du prince Jean se rendirent à Richard Cœur de Lion en 1194, que Mortimer et la reine Isabelle (assassins d'Édouard II) furent faits prisonniers par Édouard III. Richard III en sortit à la tête de ses troupes pour trouver la défaite et la mort à Bosworth Field, en 1485 ; enfin, Charles Ier y déploya ses bannières au début de la guerre civile en 1642.

Une des premières villes à s'industrialiser (le métier à tisser Jenny apparut en 1768), Nottingham fut secouée par les émeutes (1811-1816) des Luddites, ouvriers qui se révoltèrent contre la mécanisation trop rapide de l'industrie et inspirèrent à Byron son premier discours à la Chambre des Lords où il prit leur défense. Les émeutes de 1831 aboutirent à l'incendie du château baroque du duc de Newcastle, opposant à la Réforme. Cent ans après les protestations de Byron, Nottingham donna naissance à un autre écrivain opposé à la société industrielle, le romancier **David Herbert Lawrence** (mort en 1930), né dans la ville voisine d'Eastwood en 1885.

Centre de la région de l'East Midlands, Nottingham a toujours une solide assise industrielle comprenant de nombreuses firmes mondialement connues comme les laboratoires pharmaceutiques Boots, les cycles Raleigh et les cigarettes John Player.

Les albâtres de Nottingham – De 1350 à 1530, la ville fut le siège d'une école de graveurs d'albâtre spécialisés dans l'illustration minutieusement détaillée de scènes de la vie du Christ, de la Vierge et des saints. Les portraits et panneaux des débuts, gravés indépendamment les uns des autres, furent réunis dans un cadre de bois pour former d'importants ensembles iconographiques (les prédelles), relatant différents épisodes de l'Ancien et du Nouveau Testament. Les rares œuvres qui survécurent aux destructions systématiques de la Réforme furent pour la plupart vendues sur le continent.

Nottingham pratique

Office de tourisme – **Tourist Information Centre**, Nottinghamshire County Council, County Hall, Loughborough Road, West Bridgeford, ☎ (0115) 977 3558 ; **Tourist Information Centre**, 1-4 Smithy Row, ☎ (0115) 915 5330 ; www.nottscc. gov.uk/tourism

Tourisme – Blue Badge Guides propose diverses excursions ; pour obtenir de plus amples informations : ☎ (01909) 482 503. Des excursions en bateau (avec possibilité de dîner et de soirées dansantes) sont une façon agréable d'explorer la région : ☎ (0115) 910 0400 et (01642) 608 038.

Pubs et Restaurants – The Salutation Inn, The Belle et Ye Olde Trip to Jerusalem sont des bars traditionnels. Harry Ramsden's est réputé pour ses traditionnels *fish and chips.*

Achats – Les centres commerciaux de **Victoria** et **Broad Marsh** offrent un grand nombre de boutiques prestigieuses. Des boutiques de mode se trouvent aussi dans **Flying Horse Walk** et **Exchange Arcade**. De nombreux magasins d'antiquités se trouvent dans **Derby Road**. La visite du quartier de **Lace Market** à Hockley s'impose. Par tradition, le comté est réputé pour ses marchés. Newark, au Nord-Est de Nottingham, est l'un des bourgs les plus importants avec des marchés se déroulant quatre fois pas semaine.

Loisirs – Maypole Dancing (fête de l'arbre de mai) se tient à Wellow fin mai. Chaque année, le Robin Hood Festival (chant, danse, récits et joutes) a pour cadre la forêt de Sherwood au début du mois d'août. Le Robin Hood Pageant (joutes et autres événements) se déroule en automne. La Goose Fair (début octobre) est la plus grande foire du voyage en Europe.

★**Castle Museum** ☉ – Rien ne subsiste du château roman d'origine, si ce n'est le passage souterrain, **Mortimer's Hole**, qui conduit du château à **Brewhouse Yard** et, un peu plus bas, à **Ye Olde Trip to Jerusalem** (auberge présumée la plus ancienne d'Angleterre). Ce qui a survécu aux événements de 1831 a été transformé en musée et galerie d'art et abrite des objets de l'âge du bronze, des antiquités grecques et romaines, des pièces de céramique, des bijoux, des verres, des peintures italiennes du 16e s., flamandes et françaises du 17e s., anglaises du 18e au 20e s. Dans les étages inférieurs, une exposition retrace l'histoire de la ville, de la préhistoire à nos jours, et présente de beaux exemples d'**albâtres**★ médiévaux de Nottingham.

Castle Gate – Trois des élégantes maisons georgiennes de la rue ont été fort bien transformées en **musée du Costume et du Textile** (Museum of Costume and Textiles ⊘). De belles salles d'époque exposent la fameuse dentelle de Nottingham, ainsi que des costumes (de 1760 à 1960), des éventails, de la lingerie, des poupées et de la broderie, au travers des différentes modes qui se sont succédé au fil des siècles. La tapisserie de 1632, représentant une carte du Nottinghamshire, mérite un examen attentif.

Lace Hall ⊘ – *High Pavement*. Le **musée de la Dentelle** expose le rôle déterminant joué par Nottingham dans l'histoire de la dentellerie britannique. Les procédés artisanaux et industriels de fabrication y sont décrits.

Galleries of Justice Museum ⊘ – *High Pavement*. Ce musée se trouve dans une demeure à l'élégante façade du 18ᵉ s. À travers la visite des lieux, le gardien plonge les visiteurs dans les sinistres conditions pénitentiaires du Moyen Âge et fournit de multiples renseignements sur le système pénal et légal anglais.

Retable d'albâtre (15ᵉ s.)

Nottingham Castle Museum and Art Gallery

Tales of Robin Hood (Contes de Robin des Bois) ⊘ – *Maid Marian Way*. Des voitures conduisent les visiteurs à travers une forêt de Sherwood recréée, illustrant la légende du hors-la-loi médiéval par des maquettes, des effets sonores et olfactifs. On peut également prendre des leçons de tir à l'arc à un stand *(Shoot the Sheriff)* dont les cibles sont à l'effigie du shérif de Nottingham.

EXCURSIONS

★**Wollaton Hall** ⊘ – *4 km à l'Ouest du centre-ville par Ilkeston Road (A 609)*. Exubérante manifestation de la pompe élisabéthaine, cette demeure fut construite par Robert Smythson, dont ce fut la commande la plus importante après Longleat. Comme Longleat *(voir ce nom)*, elle ouvre sur l'extérieur, mais ici Smythson a remplacé la cour intérieure par un hall central éclairé par une claire-voie, assez élevée pour dépasser le faîte du toit. Wollaton House abrite un musée d'histoire naturelle.

D.H. Lawrence Birthplace Museum ⊘, à **Eastwood** – *16 km au Nord-Ouest de Nottingham par la A 610*. Ce tout petit *terraced cottage* (petites maisons de campagne attenantes les unes aux autres), qui a été restauré, fut la première des quatre résidences de la famille Lawrence à Eastwood. Des objets et une présentation audiovisuelle dans le musée évoquent l'enfance de l'écrivain et montrent son influence dans cette petite ville minière.

★**Newstead Abbey** ⊘ – *18 km au Nord de Nottingham en sortant par la A 60*. Abbaye uniquement de nom, le prieuré médiéval fut transformé en résidence privée au 16ᵉ s. Il est surtout connu pour être le berceau de la famille de **lord Byron** (1788-1824). Les salles du 19ᵉ s. comprennent les appartements de Byron et une sélection de ses manuscrits, de ses souvenirs et de ses portraits.
La façade en ruine de l'église, dont la niche à pignons est ornée d'une Vierge assise, est contiguë à l'aile principale. Lacs, jardins et parc contribuent à rendre l'endroit plaisant.

Sherwood Forest – *Le centre d'accueil est à 30 km au Nord de Nottingham en sortant par la A 614, tout près de la A 6075*. Jadis l'une des soixante-cinq forêts royales qui couvraient la majeure partie de l'Angleterre, la forêt de Sherwood était riche en chênes, bouleaux et fougères ; elle échappait à l'agriculture et à l'exploitation forestière par les lois régissant les chasses royales. Ce cadre propice au braconnage vit prospérer les bandes de hors-la-loi mentionnées par les chroniqueurs, comme celles de Godber, Coterel, Folville et **Robin des Bois** (Robyn Hode). Dès le 15ᵉ s., la tradition populaire attribua la totalité des exploits des hors-la-loi au seul Robin.

Par la suite, la forêt fut passablement défrichée pour n'être plus maintenant qu'une étendue de bruyère, entrecoupée de conifères. Il demeure cependant des vestiges intéressants. À 1,5 km au Nord d'**Edwinstowe**, où l'on prétend qu'eut lieu le mariage de Robin des Bois et de Marion, se trouve le **Centre d'accueil et parc rural de la forêt de Sherwood** (Sherwood Forest Visitor Centre and Country Park) ⊘, tout près de la curiosité la plus célèbre de Sherwood, le **Major Oak**, chêne vieux de 500 ans et de 10 m de diamètre. Dans la localité de **Walesby**, 6 km au Nord-Ouest de là, se trouve l'attraction **World of Robin Hood** ⊘ qui fait appel à des effets spéciaux pour recréer Nottingham au Moyen Âge.

Worksop – *48 km au Nord par la A 60*. Ville essentiellement agricole à l'origine, sa réputation au 19ᵉ s. reposait sur le commerce de la drêche, résidu de l'orge utilisée dans la fabrication de la bière qui servait ensuite à l'alimentation du bétail. Une abbaye y fut fondée en 1103 par les augustins. Il ne subsiste rien des bâtiments monastiques, hormis la nef romane de l'abbatiale, où alternent piliers ronds et octogonaux, dont les vestiges serviront de noyau à l'édification de l'**église St Mary and St Cuthbert** au milieu du 19ᵉ s. Au cours des âges, le fief appartint aux plus grandes familles anglaises, les Talbot, les Howard, ducs de Norfolk, jusqu'en 1840, puis les ducs de Newcastle.

Clumber Park ⊘ – *8 km au Sud-Est, au bord de la A 614*. Point de mire de ce grand parc et de ses sentiers de promenade dans les bois, Clumber House, résidence des ducs de Newcastle depuis le début du 18ᵉ s., fut détruite vers 1930. Seule sa silhouette floue subsiste, face au lac, ainsi que la chapelle, le jardin potager, le vignoble, le rucher et des folies que l'on discerne à travers les arbres.

★**Mr Straw's House** ⊘ – *7 Blyth Grove. Signalé depuis la B 6045 après Bassetlaw Hospital*. L'intérêt de cette demeure ne réside pas dans le mobilier d'époque et les intérieurs restaurés, mais dans son étrange atmosphère. En effet, cette maison familiale est figée dans le temps comme si la vie s'y était immobilisée à un moment donné. Les frères William et Walter Straw vécurent toute leur vie dans cette maison édouardienne mitoyenne, mais ils l'ont gardée dans l'état où elle était à la mort de leurs parents (vers 1930). Lorsque William mourut en 1990, à l'âge de 92 ans, il légua la maison au National Trust. Les manteaux et les pèlerines des deux frères sont toujours suspendues dans l'entrée. Des pots de confiture maison et des légumes en conserve sont empilés dans les placards. C'est une visite à la fois fascinante, émouvante et légèrement déconcertante.

★★**Southwell Minster** – *22 km au Nord-Ouest par la A 612*. L'orgueil de cette « ville joliment construite et nette » (John Byng) est sa cathédrale romane à trois tours dont la gloire est le célèbre feuillage sculpté à la fin du 13ᵉ s. par un maître maçon. Bâtie vers 1108 à l'intérieur d'une enceinte romane, elle est la seule cathédrale d'Angleterre à posséder un ensemble complet de trois tours romanes. Admirablement située, entourée de pelouses et de tombes bien espacées, la cathédrale offre une belle **façade principale** flanquée de deux tours et percée au-dessus du portail d'une verrière de style Perpendicular. L'exceptionnel porche Nord est également de style roman.

Le site fut occupé d'abord par une villa romaine, dont on peut voir des fragments de la mosaïque dans le bras droit du transept, puis par une église saxonne.

Intime en dépit de sa sévérité romane, l'**intérieur** change subitement avec le **jubé** du milieu du 14ᵉ s., où figurent 286 représentations d'hommes, de dieux et de démons. Plus splendides encore sont le **chœur** et le **chapitre**, de style gothique Early English (1288) avec la première salle capitulaire de la chrétienté à avoir été voûtée d'une simple arche de pierre ; ces deux lieux présentent des sculptures d'excellente facture.

Newark-on-Trent – *32 km au Nord-Est par les A 612 et A 617*. Si la ville est essentiellement d'époque georgienne (« une des plus élégantes d'Angleterre » selon John Wesley), ses deux curiosités les plus remarquables sont le château et la place du marché.

Élevé par l'évêque Alexandre Lincoln, le **château** vit mourir le roi Jean sans Terre (1216), et le roi Charles abandonner le combat. Rien ne subsiste du donjon qui dominait la Trent. Ce qui a survécu aux trois sièges subis durant la guerre civile sont les démons du portail principal datant de la fin du 12ᵉ s., la muraille Ouest du 13ᵉ s., ainsi que la tour centrale et celle du Nord-Ouest. L'exposition au **Gilstrap Centre** ⊘ retrace l'histoire du château.

La place du marché, dominée par les 77 m de la flèche de l'église **St Mary Magdalene**★ ⊘, est un mélange hybride de styles assez attrayants. À l'intérieur de l'église, on notera les vastes fenêtres du transept, la **plaque funéraire** d'Alan Fleming (mort en 1361), et la **fresque** représentant une danse macabre (vers 1520), sur le mur de la chapelle Sud.

OAKHAM

Rutland – 8 691 habitants
Carte Michelin n° 401 R 25 ou Atlas Great Britain p. 28

Cette élégante bourgade est à nouveau le centre administratif du plus petit comté anglais, Rutland, qui disparut officiellement lors du redécoupage de 1974 mais fut rétabli en 1997. La place du marché, la croix Butter datant du Moyen Âge et ses bras percés de cinq trous, le lycée Tudor et l'église restaurée du 13ᵉ s. qui porte l'une des plus vieilles girouettes anglaises forment une demi-lune autour du château. L'histoire de ce comté peu ordinaire est retracée au **Rutland County Museum** ⊘ *(Catmos Street)*.

★**Castle** ⊘ – On y pénètre par des grilles en fer forgé du siècle dernier, encadrées par une porte du 17ᵉ s. Le château ne comporte plus aujourd'hui qu'une grande salle qui faisait autrefois partie d'un manoir fortifié, construit au 12ᵉ s. pour Walkelin de Ferrers. Plus de 200 fers à cheval de toutes tailles recouvrent les murs de cette salle, l'un des plus beaux exemples d'architecture domestique normande. Le fer à cheval figure dans les armoiries des Ferrers et le châtelain en demandait toujours un en dédommagement à chaque pair du royaume ou membre de la noblesse qui traversait ses terres.

ENVIRONS

★★**Rutland Water** – *4 km à l'Ouest par la A 606 ou au Sud par la A 6003*. L'un des plus grands lacs artificiels de Grande-Bretagne (1 254 ha), il fut créé en 1970 pour alimenter les villes de Peterborough, Corby et Northampton. Des sentiers et des pistes cyclables ont été aménagés sur ses berges. Le **Centre d'observation ornithologique d'Anglia** (Anglian Water Birdwatching Centre ⊘ – *accès par la A 6003*) indique les meilleurs endroits pour observer la faune à couvert et diffuse des programmes télévisés en circuit fermé. Isolée sur la rive Sud du lac *(près de la A 606 et de la A 6121)* se dresse **l'église de Normanton**★ ⊘, maintenant reconvertie en musée d'histoire locale. Autrefois, elle était le cœur du village de Normanton, dont elle reste le seul vestige. Normanton fut abandonné au 18ᵉ s., mais l'église en ruine fut reconstruite par le propriétaire des terres en 1764, puis une seconde fois en 1826. C'est de cette époque que date la tour néoclassique, copiée sur celle de St John à Londres. Lorsque la vallée fut inondée, une campagne fut lancée pour sauver l'église. Les 30 000 livres obtenues servirent à surélever les vitraux afin de les protéger des eaux.

OBAN

Argyll and Bute – 8 203 habitants
Carte Michelin n° 401 D 14 ou Atlas Great Britain p. 60

Ville touristique animée, centre commercial desservant l'arrière-pays et les îles, Oban n'est plus, loin s'en faut, cette ville où en 1773 le docteur Johnson devait se contenter d'une « auberge passable ». Oban doit son développement au chemin de fer et aux bateaux à vapeur, ce qui explique pourquoi le style victorien est prédominant dans la ville.

Traditionnellement, le jour de l'ouverture des **Jeux des Highlands** (Argyllshire Highland Gathering), Oban est le théâtre d'un concours de **cornemuse**. On peut aussi assister à des lancements de marteau, de javelot (il s'agit de jeter le javelot aussi droit que possible, et non pas aussi loin que l'on peut) et à des compétitions de tir.

La **tour McCaig's** (1897), réplique du Colisée, constitue la curiosité d'Oban. Construite par un banquier de la ville pour donner du travail aux chômeurs, elle ne fut jamais achevée.

EXCURSIONS

★★**Loch Awe** – *Prendre la A 85 vers l'Est*. La route suit l'étroit défilé du **col de Brander**, dominé au Nord par les pentes inférieures du **Ben Cruachan** (1 126 m).
Le **loch Awe**, situé en plein pays Campbell, est le plus long lac d'Écosse (plus de 40 km).
Le **château de Kilchurn** surgit de la rive Nord. Forteresse du 15ᵉ s. construite par sir Colin Campbell, elle subit des adjonctions en 1693 et fut abandonnée au milieu du 18ᵉ s.
Cette excursion peut être prolongée vers le Sud, vers Inveraray (voir ce nom) et le loch Fyne.

★★**Glen Coe** – C'est dans cet endroit sauvage et grandiose que les membres du **clan MacDonald**, partisans des Stuarts, furent traîtreusement massacrés en 1692 par les **Campbell**, tenants des Whigs, après avoir prêté serment d'allégeance à la couronne britannique en échange d'un pardon.

À partir du Sud, remonter la vallée longue de 18 km à travers la désolation du Rannoch Moor, le **Meall of Bhuiridh** (le « mont des cerfs bramants », 1 108 m), le **Buachaille Etive Mor** (le « grand berger de l'Etive », 1 022 m) et la vallée glaciaire qui les sépare, le glen Etive. Un rocher au sommet aplati, le Study, qui s'étire sur la droite, marque exactement le début du **Glen Coe**. Une fois dans la vallée, après la chute d'eau, on se sent écrasé par de puissantes faces rocheuses : les **Three Sisters**, buttes témoins du Bidean nam Bian (pic des sommets), qui culminent à 1 141 m, se profilant sur la gauche, et les dents de la chaîne du Anoach Eagach sur la droite ; le loch Achtriochtan s'étend au fond de la vallée. Le **Glen Coe Centre** ⊙ fournit des informations sur les randonnées et les escalades que l'on peut effectuer sur place.

Situé sur les rives du loch Leven, le village de Glencoe possède un petit **musée d'Art et Traditions populaires** (Glencoe Folk Museum) ⊙.

★**Sea Life Centre (Centre de la vie marine)** ⊙ – *18 km au Nord d'Oban, par la A 828.* Dans cet aquarium original, on peut voir des animaux – du phoque à la pieuvre – vivant dans les mers entourant l'Angleterre.

NTS. Édimbourg

Le Glen Coe

Après que Jacques VII fut parti en exil (1688) et que la Convention eut offert la couronne d'Écosse à Guillaume et Marie, les habitants des Highlands, fidèles à la cause des Stuarts, remportèrent une victoire à **Killiecrankie**, mais furent battus à **Dunkeld** (1689) et, en échange d'un pardon, ils furent invités à prêter serment d'allégeance à la couronne britannique. En 1692, quarante membres du clan des MacDonald, pro-Stuart, furent traîtreusement massacrés et leurs demeures brûlées par les Campbell qui cantonnaient chez eux. « Le meurtre trompant la confiance » était un crime d'autant plus odieux, que le chef du clan MacDonald avait respecté les délais fixés pour prêter serment d'allégeance à Fort William..., mais avait été dirigé vers Inveraray. Une enquête officielle révéla par la suite que le ministre de la couronne d'Écosse avait outrepassé les ordres royaux.

ORKNEY Islands★★

Archipel des ORCADES – Orkney – 19 612 habitants
Carte Michelin n° 401 K, L, M 6 et 7 ou Atlas Great Britain p. 74

Des 67 îles qui composent l'archipel des Orcades, une vingtaine seulement sont habitées. Les premiers colonisateurs de l'époque néolithique arrivèrent durant le 4e millénaire avant notre ère.

Il subsiste certaines de leurs habitations et l'on peut observer à travers l'archipel leurs belles pierres tombales. Dès le début de l'âge du fer en Grande-Bretagne, vers le 5e s. avant J.-C., il y eut des villages fortifiés construits autour de massives tours de pierre appelées *brochs*. À la fin du 8e s., les Vikings débarquèrent aux Orcades, détruisant la civilisation picte. Les traditions des Orcades conservent des éléments d'origine scandinave, bien que les îles aient été cédées en 1468 à Jacques III d'Écosse en dot de son épouse danoise.

D'innombrables oiseaux de mer nichent sur les falaises ; phoques et loutres de mer sont nombreux.

★★KIRKWALL *5 952 habitants.*

Capitale depuis l'époque des Vikings, Kirkwall se trouve sur l'isthme séparant les parties Est et Ouest de l'île principale (Mainland). Les maisons (maintenant des boutiques), certaines blasonnées, bordant la rue principale dallée de pierre, ainsi que les passages conduisant à d'élégantes cours intérieures pavées méritent le coup d'œil.

Pendant les **Ba Games** de Noël et du Jour de l'an s'affrontent « ceux d'en haut » et « ceux d'en bas » qui symbolisent la vieille rivalité opposant la cité ecclésiastique à l'autorité séculière représentée par le château maintenant disparu.

★★**St Magnus Cathedral** ⊘ – Édifiée par le comte Rognvald, entre 1137 et 1152, en hommage à son oncle assassiné, le comte Magnus, la cathédrale est de style roman et contemporaine de celle de Durham. L'extérieur, de pierre rouge, est sévère et sans ornements ; la tour et son clocher dominent l'ensemble. Le **triple portail** de la façade principale, plus tardif, ajoute une note originale par sa combinaison de grès rouge et jaune. L'intérieur, quoique assez austère, est d'une belle harmonie, le soin accordé aux proportions créant une impression d'espace que démentent les modestes dimensions de l'ouvrage. Les piliers de section carrée dressés à l'opposé de la tribune d'orgues enchâssent les reliques de saint Magnus (à droite) et du comte Rognvald (à gauche).

★**Earl's Palace** ⊘ – Les ruines du **palais du Comte**, de la première Renaissance, possèdent de splendides fenêtres à encorbellement, des souches de cheminée, et un panneau sculpté surmontant l'entrée principale. Il fut construit entre 1600 et 1607 par le **comte Patrick Stewart**, celui dont on dit que l'exécution pour trahison en 1615 fut retardée pour lui permettre d'apprendre le Pater Noster. Les pièces voûtées du rez-de-chaussée abritent des expositions sur l'histoire des Orcades du début du Moyen Âge à nos jours ; l'escalier monumental conduit à la grande salle et aux appartements princiers.

Bishop's Palace ⊘ – Construit à proximité de la cathédrale au 12ᵉ s. C'est là que mourut le roi Haakon de Norvège à la suite de la bataille de Largs (1263). Presque tout ce qui subsiste date des reconstructions des 16ᵉ et 17ᵉ s.

★**Tankerness House Museum** ⊘ – Belle maison du 16ᵉ s. et remarquable exposition d'initiation à la préhistoire de l'île.

EXCURSIONS

★★**L'Ouest de Mainland** – *Quitter Kirkwall par la A 965.*

Rennibister Earth House – *Accès derrière la ferme par une trappe et une échelle.* La chambre ovale possède cinq murs en retrait et un passage d'entrée. Des ossements humains y furent trouvés, mais on ne sait toujours pas à quoi cette pièce était destinée.

Suivre la A 965 au-delà de Finstown.

★★**Maes Howe** ⊘ – Ce cairn néolithique, antérieur à 2700 avant J.-C., est recouvert d'un tumulus haut de 8 m et large de 35 m. La sépulture fut violée au 12ᵉ s. par les Scandinaves qui y laissèrent de nombreuses inscriptions runiques.

Ring of Brodgar – Situé sur l'étroit passage entre les lochs de Stenness et de Harray et datant de l'âge du bronze, le cromlech de Brodgar compte encore 27 des 60 pierres levées qui le composaient à l'origine. Deux levées de terre franchissent le fossé qui l'entoure.

Unstan Cairn – *Se garer devant la maison ; les clés sont accrochées à un tableau près de la porte de derrière.* Cette chambre funéraire datant du milieu du 4ᵉ millénaire est divisée par des dalles posées verticalement. Elle domine le loch de Stenness.

★**Stromness** – Deuxième ville de l'île et port le plus important. La ville, fondée par les Scandinaves, se développa au 18ᵉ s. comme station baleinière et ultime escale pour les voiliers de la Compagnie de la baie d'Hudson qui ralliaient le Canada. **Pier Gallery** ⊘ expose une collection permanente d'art abstrait composée d'œuvres de l'école de St Ives : Ben Nicholson et Barbara Hepworth. Divers aspects des richesses naturelles des Orcades et de leur histoire maritime sont présentés au **musée** ⊘.

Emprunter la A 965, la A 967 et enfin la B 9056 en direction du Nord.

★★**Skara Brae** ⊘ – Longtemps enfouie dans le sable, Skara Brae existe depuis 5 000 ans. Les sept habitations les mieux conservées sont rectangulaires et entourées d'un dallage. Elles possèdent en leur centre un foyer et sont reliées par un réseau d'égouts souterrains.

★**Brough of Birsay** ⊘ – *Accessible à pied à marée basse.* Les vestiges les plus anciens sont pictes. Au 10ᵉ s., des fermiers scandinaves occupèrent l'île, et le **comte Thorfinn le Puissant** (environ 1009-1065) édifia une église après un pèlerinage à Rome. Elle

Sterne

Pingouin torda

Fou de Bassan

Petrel

J Brun, S Cordier, Ph Prigent, Wild Pat/JACANA

Macareux

Cormoran

devint cathédrale et abrita la sépulture de saint Magnus jusqu'à ce que fût érigée la cathédrale de Kirkwall. Des fouilles ont mis au jour une petite nef oblongue, un petit chœur et une abside arrondie entourés d'un cimetière scandinave. Un peu plus au Sud-Ouest se trouve une suite de **longues maisons scandinaves** faites de pierre et de tourbe, où la partie habitée est à l'étage, les animaux étant parqués au rez-de-chaussée.

Prendre la A 966, puis la A 965 à gauche pour revenir à Kirkwall.

Scapa Flow – *Prendre la A 961 en direction du Sud. Environ 16 km.* Depuis les **Churchill Barriers**, digues construites par des prisonniers italiens pendant la Seconde Guerre mondiale pour relier quatre îles à l'île principale, on a une belle vue sur la base navale où la flotte allemande s'est sabordée en 1919. Au-delà de la première digue se trouve la **chapelle italienne★**, rare et émouvant témoignage de foi dans l'adversité construit par ces mêmes prisonniers dans deux baraques préfabriquées.

Traversée du Pentland Firth – La traversée *(2 h par le ferry assurant la liaison Stromness-Scrabster)* constitue un moyen idéal pour admirer l'impressionnant paysage de falaises de Hoy (« île haute ») : les falaises abruptes de St John's Head (347 m) et le spectaculaire **Old Man of Hoy★★★**, un époustouflant pilier marin de grès rouge (137 m) surgissant des eaux agitées, domaine d'innombrables oiseaux de mer.

B. Kaufmann

Le « Vieil Homme de Hoy »

OXFORD★★★

Oxfordshire – 118 795 habitants

Carte Michelin n° 404 Q 28 ou Atlas Great Britain p. 19 – Schéma : THAMES Valley

L'université la plus ancienne d'Angleterre, Oxford, s'est développée à l'époque saxonne autour d'un couvent du 8ᵉ s., St Frideswide, aujourd'hui cathédrale Christ Church. La ville a conservé son réseau de rues et ses murs d'origine. Des établissements religieux se développèrent et l'université émergea vers 1200. Sécularisé lors de la Réforme, Oxford fournit des martyrs aux deux camps adverses (Latimer, Ridley, Cranmer et Campion : **Martyr's Memorial** dans St Giles Street). C'est ici que naquit en 1583 l'organiste et compositeur **Orlando Gibbons**. Oxford fut également le quartier général des royalistes pendant la guerre civile (Charles Iᵉʳ se réfugia à Christ Church, Henriette-Marie à Merton College) et fut depuis « le siège des causes perdues et... de l'impossible loyauté », selon Matthew Arnold. Le 18ᵉ s. vit émerger de nouveaux bâtiments, mais peu d'idées neuves : les réformes survinrent au 19ᵉ s., d'abord avec le mouvement anglo-catholique d'Oxford, qui chercha à redonner une nouvelle ardeur à l'Église anglicane, puis avec le développement de la recherche scientifique, et finalement avec l'admission des femmes. Malgré les remous qu'engendrèrent à l'époque ces réformes, l'esprit d'Oxford demeura inchangé.

Oxford reste ce creuset incomparable où furent formées des générations de gentlemen qui s'illustrèrent dans tous les domaines de l'esprit et répandirent en Angleterre comme aux quatre coins du monde le meilleur de la civilisation britannique.

Oxford pratique

Office de tourisme – **Tourist Information Centre**, The Old School, Gloucester Green, ☎ (01865) 726 871, fax 01865 240 261.

Tourisme – Diverses promenades guidées de la ville et des collèges sont proposées. Pour de plus amples informations et l'obtention de tickets, consultez l'Office de tourisme. On peut aussi visiter Oxford en bus à plate-forme. Les excursions « hop-on-hop-off » durent environ une heure ; s'adresser à Oxford Classic Tour, ☎ (01235) 819 393.
Pour une excursion en bateau sur le Cherwell ou sur la Tamise, des *punts* avec pilote ou sans pilote sont mis à disposition pour une heure. Il est possible de faire des excursions plus longues sur des bateaux électriques, un bateau à vapeur ou des péniches. Les quais d'amarrage et les stations de *punts* se trouvent à Magdalen Bridge, Folly Bridge et Bardwell Road.

Pubs et Restaurants – *Oxford Food & Drink Guide* est une brochure gratuite donnant des informations nécessaires sur les pubs et les restaurants d'Oxford. Elle est disponible à l'Office de tourisme.

Achats – **Queen Street**, **Magdalen Street** et **Cornmarket Street** sont les principales avenues commerçantes d'Oxford. Librairies, magasins de souvenirs, de cadeaux et d'antiquités se trouvent dans **Broad Street**, **High Street** et **Turl Street**. Un marché en plein air se tient sur **Gloucester Green** chaque mercredi, et un marché d'antiquités y a lieu chaque jeudi. Le **Victorian Covered Market**, ouvert du lundi au samedi, mérite aussi le détour.

LES COLLÈGES DU CENTRE-VILLE *compter une journée*

Attention : de nombreux collèges n'ouvrent leurs portes que l'après-midi. Commencer la visite à Radcliffe Square.

Radcliffe Square – Cœur de l'université, au centre duquel se dresse la rotonde baroque conçue par James Gibbs, **Radcliffe Camera**★ ; au Sud se trouve l'église St Mary, à l'Ouest Brasenose College, à l'Est All Souls College, et au Nord les bâtiments « fédéraux » situés autour de la Bibliothèque Bodléienne et de l'amphithéâtre Sheldon.

A. Williams

Radcliffe Camera

OXFORD

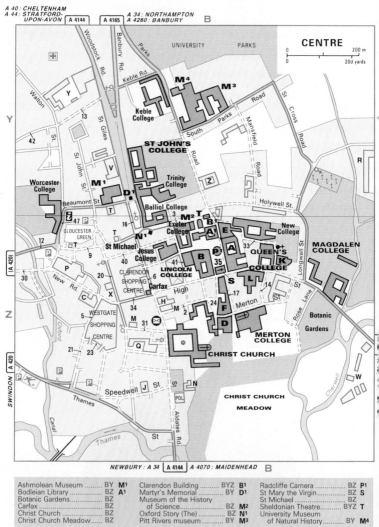

St Mary the Virgin – De style gothique Perpendicular (fin du 15e s.), l'**église** de la Vierge-Marie est dotée d'une tour de style gothique Decorated du 13e s. (offrant une **vue** sur les dômes de la ville, les flèches, les cours quadrangulaires et les collines avoisinantes) et d'un insolite et charmant porche baroque de Nicholas Stone (1637). Église de l'université, St Mary's est contiguë aux premières salles utilisées par l'université **(Congregation House)**, du début du 14e s., où se réunissait le corps administratif, et à la première bibliothèque, située juste au-dessus.

Brasenose College ⊘ – Fondé en 1509. La porte d'entrée et le hall sont également du début du 16e s., la bibliothèque et la chapelle du milieu du 17e s., et la vieille cuisine est une relique du 14e s. provenant de Brasenose Hall (le nom fait allusion au heurtoir de la porte en forme de museau).

All Souls College ⏱ – On y accède par High Street. Il fut fondé en 1438 à la mémoire des morts de la guerre de Cent Ans. La cour d'entrée date du milieu du 15ᵉ s. et la cour Nord, avec ses tours jumelles, plus vaste, réalisée par Nicholas Hawksmoor, est du 18ᵉ s. Entre les deux se dresse la **chapelle★** (1442) de style Perpendicular, où l'on peut admirer de magnifiques retables médiévaux et des vitraux du 15ᵉ s.

★★**Bodleian Library** ⏱ – Une des plus riches bibliothèques du monde, fondée au 14ᵉ s., reconstruite au 17ᵉ, la **Bibliothèque Bodléienne** contient presque 5 millions de livres, manuscrits et cartes. L'entrée conduit à **Old Schools Quadrangle**, cour bâtie en 1439 dans le style Jacques Iᵉʳ si particulier à Oxford. À droite se dresse la **tour des Cinq Ordres**, richement décorée des cinq ordres architecturaux classiques. En face se trouve l'école de théologie, **Divinity School**, célèbre pour les clés de sa **voûte à liernes★**. Au-dessus, la bibliothèque du duc Humphrey (construite en 1610-1612) possède un **plafond★★** finement décoré.

★**Sheldonian Theatre** ⏱ – Premier bâtiment classique construit à Oxford (1664-1669) et première réalisation architecturale de **Wren**, l'**amphithéâtre Sheldon** était le cadre des cérémonies officielles de l'université. La charpente du toit est un véritable chef-d'œuvre, même si dans l'ensemble ce bâtiment témoigne d'une certaine maladresse architecturale.
À proximité, **Clarendon Building**, de style palladien, fut bâti par Hawksmoor en 1713 pour accueillir la presse universitaire. Cet édifice fait aujourd'hui partie de la Bibliothèque Bodléienne.
De l'autre côté, face à Broad Street, on trouve **Old Ashmolean**, actuellement musée de l'Histoire de la science.

Exeter College ⏱ – Fondé en 1314. Il associe la richesse du style Jacques Iᵉʳ et la sobriété du style victorien. La partie la plus ancienne est la **tour de Palmer** (1432) ; la chapelle de Gilbert Scott (1857), bâtie sur le modèle de la Sainte-Chapelle de Paris, possède une tapisserie de Morris et Burne-Jones, qui furent tous deux étudiants à Exeter College.

Trinity College ⏱ – Fondé en 1555, Trinity succéda à Durham College qui disparut lors de la Dissolution. Située en retrait de Broad Street, derrière des jardins, la **chapelle★** est ornée de l'« adorable chérubin » et des sculptures sur bois de Grinling Gibbons. Dans la cour de Durham, on peut voir la bibliothèque (17ᵉ s.), et dans la cour du Jardin, face aux **jardins de Trinity★**, une rangée de bâtiments, au Nord, construits par Wren.

Balliol College ⏱ – Fondé en 1282, son style est entièrement victorien, à l'exception du pourtour de la cour d'entrée qui date du 15ᵉ s.

The Oxford Story ⏱ – Originale présentation de l'université : ses origines, son histoire et son rôle dans la nation britannique.

Jesus College ⏱ – Il fut fondé en 1571. Sa façade est de style Perpendicular très tardif. La cour d'entrée, le hall, la chapelle et la cour intérieure sont de style classique (17-18ᵉ s.).

★**Lincoln College** ⏱ – Il fut fondé en 1427, date à laquelle sa charte lui fut accordée. La chapelle de 1610-1631 située dans la cour arrière est dotée de vitraux flamands du 17ᵉ s. Entre les deux cours se trouvent les deux pièces lambrissées de chêne de **John Wesley**, fondateur du méthodisme, qui enseigna pendant 25 ans au collège. Le réfectoire a conservé sa charpente de bois du 15ᵉ s.

Revenir à Broad Street. Tourner à gauche pour descendre Cornmarket Street.

St Michael at the Northgate – Ce bâtiment, le plus ancien d'Oxford, est doté d'une tour saxonne et d'un intérieur du 13ᵉ s. Les vitraux les plus anciens d'Oxford (vers 1290) sont ceux de la fenêtre Est et représentent saint Nicolas, saint Edmond d'Abingdon, saint Michel, ainsi que la Vierge et l'Enfant.

Carfax ⏱ – La tour du 14ᵉ s. est tout ce qui reste de l'église de St-Martin, centre de la ville saxonne et médiévale. Du haut de la tour, on bénéficie d'une vue exceptionnelle sur High Street.

Continuer au Sud vers St Aldate's.

★★**Christ Church** ⏱ – Sa fondation en 1525 par le cardinal **Wolsey** fut renouvelée en 1532 par Henri VIII. « The House » est le collège Renaissance le plus grand et le plus prestigieux d'Oxford. La chapelle, à l'origine St Frideswide, fut reconstruite à l'époque romane. Au 16ᵉ s., elle fut consacrée cathédrale, la plus petite du pays, tout en restant aussi la chapelle du collège.
La cour la plus spacieuse d'Oxford est la **Tom Quad★**. Les rangées de bâtiments au Sud sont l'œuvre de Wolsey, celles au Nord du Dr Samuel Fell (fin 17ᵉ s.). La statue de la fontaine, au centre, est une copie du *Mercure* de Giovanni da Bologna. Surmontée d'un très beau dôme, la **Tom Tower★**, la principale porte d'accès au collège, fut érigée par Wren, associant baroque et gothique ; au Sud, le **hall★★**, Tudor, est doté à l'entrée d'un magnifique escalier orné d'une voûte en éventail

de **James Wyatt**, d'une charpente à diaphragme richement décorée dont les murs présentent des portraits de Kneller, Romney, Gainsborough, Lawrence et Millais ; au Nord-Est se trouvent la cour Peckwater et la **galerie de peinture** (grands maîtres de la Renaissance italienne). Au Sud du collège, le jardin, Christ Church Meadow, s'étend de St Aldate à la Tamise.

★**Christ Church Cathedral** – Bâtie dans un style roman tardif et dotée d'un toit du 16ᵉ s., c'était à l'origine l'église du prieuré St Frideswide, ce qui explique qu'elle soit aujourd'hui la plus petite cathédrale d'Angleterre. La **voûte du chœur**★ à étoiles (15ᵉ s.) est de toute beauté. Remarquez le vitrail datant d'environ 1330 représentant le martyre de Becket, situé dans la chapelle Lucy, ainsi que la **salle capitulaire** en gothique Early English et le cloître en gothique tardif.

Sortir par Peckwater Quad. Aller vers Oriel Square.

Oriel College ⊘ – Fondé en 1326, il fut entièrement reconstruit entre 1642 et 1649 dans le style Jacques Iᵉʳ. Une seconde cour quadrangulaire fut ajoutée au 18ᵉ s. On doit la bibliothèque à James Wyatt.

Traverser Merton Street.

Corpus Christi College – Fondé en 1517, sa porte (remarquez le plafond et la voûte en éventail) et sa cour d'entrée sont du début de l'époque Tudor. Le **cadran solaire** au centre de la cour fut conçu en 1581 ; le **réfectoire** (16ᵉ s.) présente un beau plafond en carène renversée ; la chapelle (16ᵉ s.) possède un retable (*L'Adoration des bergers*) attribué à l'atelier de Rubens.

Merton College – Fondé en 1264, ses bâtiments sont les plus anciens et les plus étonnants d'Oxford. La cour la plus ancienne, **Mob Quad**, est un carré parfait du 14ᵉ s. sur lequel ouvre la **bibliothèque** (1371-1378), la première du royaume à avoir présenté les ouvrages sur des étagères. La **chapelle** contiguë de style Decorated (1294-1297) ne possède pas de nef ; les vitraux d'origine embrasent les baies.

Dans Merton Street, prendre à gauche Logic Lane et monter jusqu'à High Street.

University College ⊘ – Fondé en 1249, il a conservé une façade incurvée, de style Jacques Iᵉʳ. L'entrée voûtée et richement décorée située à l'Ouest conduit à une vaste cour du milieu du 17ᵉ s. où se trouvent le réfectoire et la chapelle (remarquez les vitraux du 17ᵉ s. peints par Van Linge), alors que l'entrée située à l'Est conduit à une cour plus petite du début du 18ᵉ s. Sous une pièce à coupole, à l'angle Nord-Est de la cour principale, se dresse une statue, érigée par Onslow Ford dans un style néoclassique, représentant nu le poète Shelley, mort noyé.

★**The Queen's College** ⊘ – Érigé en 1340 en l'honneur de la reine Philippa, ce collège fut reconstruit entre 1671 et 1760. C'est le seul collège d'Oxford dont on a uniformisé les styles architecturaux. L'entrée, couronnée d'une coupole, permet d'accéder à la **Front Quadrangle**, cour encadrée sur trois côtés par un cloître et sur le quatrième par un bâtiment abritant le réfectoire et la chapelle. Le **hall**, orné d'une voûte en berceau haute de 18 m, révèle l'influence de Wren ; la **chapelle**, classique, s'élevant sur 30 m, possède une peinture de plafond due à James Thornhill qui décora aussi le dôme de la cathédrale St Paul à Londres. On peut également y admirer des vitraux de Van Linge de 1635, une clôture d'orgue joliment sculptée et un aigle en cuivre de 1662. Derrière la **cour Nord** se trouve la prestigieuse bibliothèque d'Hawksmoor dont le fronton sculpté représente la Sagesse couronnée par un aigle.

Remonter Queen's Lane et New College Lane.

St Edmund Hall ⊘ – Fondé vers 1220, il reste le dernier hall médiéval. Bien que les parties les plus anciennes ne datent que de la moitié du 17ᵉ s., St Edmund a conservé ses petites dimensions, ainsi qu'un charme très anglais. L'église St Peter à l'Est est aujourd'hui la bibliothèque du collège, bien que la crypte, datant d'environ 1150, soit ouverte au public.

New College ⊘ – Fondé par William de Wykeham en 1379, trois ans avant qu'il ne fondât Winchester College *(voir Winchester)*, le collège a conservé quelques-uns de ses bâtiments d'origine. La Grande Cour est l'essence même du style Perpendicular anglais. Le hall est le plus ancien d'Oxford. La **chapelle**★ (15ᵉ s.) est spacieuse et, comme celle de Merton, ne possède pas de nef. Les vitraux des croisillons sont du 14ᵉ s. Le *Lazare* d'Epstein se dresse sous la fenêtre de la façade conçue par Reynolds en 1777. Le cloître est un lieu calme, d'où l'on peut admirer le clocher (1400). Dans les jardins s'élève la plus belle partie des remparts d'Oxford.

Hertford College ⊘ – D'abord baptisé Hart Hall lors de sa construction en 1282, il devient Hertford College au 19ᵉ s.

AUTRES CURIOSITÉS

★★ **Ashmolean Museum** Ⓥ – Construit par C.R. Cockerell dans un style néo-grec très libre (1845), l'Ashmolean s'est développé à partir des collections rassemblées par John Tradescant, jardinier à Hatfield House *(voir St Albans, Excursions)*, et son fils. L'Ashmolean est aujourd'hui un musée de l'université consacré à l'archéologie et abrite des collections riches et variées.

Rez-de-chaussée – On y a regroupé les sculptures grecques et romaines de la collection Arundel dont des fragments de la frise provenant d'un temple athénien, ainsi qu'un buste datant d'environ 480 avant J.-C. Parmi les antiquités égyptiennes, une fresque de la 18ᵉ dynastie représentant une princesse dont, pour la première fois dans l'histoire de l'art, on pouvait percevoir la rondeur des formes malgré la planéité de la surface. L'art décoratif et les beaux-arts de la Chine, du Japon, du Tibet, d'Inde et de Perse sont bien représentés. Dans la salle médiévale, on remarquera surtout le magnifique joyau d'Alfred, de la fin du 9ᵉ s., dont on pense qu'il était destiné à Alfred le Grand. La collection de porcelaines de Worcester est également intéressante.

Premier étage – On y découvre des trésors archéologiques de Crète, de Grèce et d'Étrurie, mais les tableaux méritent une attention particulière. Les œuvres italiennes des 14ᵉ et 15ᵉ s. sont bien représentées avec, entre autres, la merveilleuse *Chasse dans la forêt* d'Uccello et l'onirique *Feu de forêt* de Piero di Cosimo. De l'école italienne de la Renaissance, nous détacherons les tableaux de Bellini, Véronèse, du Tintoret et de Giorgione. On y trouve également de nombreuses œuvres mineures des 17ᵉ et 18ᵉ s. provenant des écoles flamande, hollandaise, anglaise et française. Certaines sont au 2ᵉ étage, dont une œuvre remarquable du Lorrain, *Ascanius tuant le cerf de Sylvia*, l'un de ses paysages lumineux.

Deuxième étage – La section des **préraphaélites** constitue une autre partie intéressante de la collection dont *Famille britannique convertie protégeant un missionnaire chrétien des druides* de Hunt et *Pensées de couvent* de Charles Collins. La sélection des impressionnistes français est complétée par un certain nombre d'œuvres britanniques du 20ᵉ s., provenant essentiellement de l'école de Camden Town. La collection de gravures et de dessins du musée est vaste et comprend de nombreuses œuvres du visionnaire pastoral qu'est Samuel Palmer (1805-1881).

★ **University Museum of Natural History** Ⓥ – « Le bâtiment lui-même deviendra vite insignifiant à côté de ce qu'il contient et des esprits qu'il va former », affirmait avec enthousiasme son fondateur, sir Henry Acland, en 1860. Il avait peut-être tort. Le contenu (dont un dodo, rare exemplaire de cet oiseau qui habitait jadis l'île Maurice) du musée d'Histoire naturelle nous en dit davantage sur l'époque victorienne que sur nos ancêtres les singes, et s'avère insignifiant comparé à l'extraordinaire bâtiment qui le renferme : une cathédrale néogothique en fonte conçue comme une gare de chemin de fer, ornée de délicates sculptures de pierre du 19ᵉ s. représentant animaux et plantes, dues à la famille de sculpteurs-maçons irlandaise, les O'Shea. À l'extrémité, une porte conduit au **Pitt Rivers Museum★**, étrange collection anthropologique composée de masques, d'instruments de musique, de bijoux, de crânes, de totems et d'armures, que l'on a choisi d'exposer selon la catégorie et non le pays auquel ils appartiennent pour présenter des traditions communes à des cultures différentes.

★★ **Magdalen College** Ⓥ – *(prononcer « maudlin »)* Fondé en 1456, il était, à l'origine, l'hôpital St-Jean-Baptiste. Le mur bordant High Street date du 13ᵉ s. La chapelle, le clocher et le cloître, somptueux, sont de style Perpendicular tardif. La chapelle, dépourvue de nef, aménagée dans un style victorien, est ornée de magnifiques gargouilles et contreforts à pinacle. Le **clocher**, haut de 46 m, est encore, comme l'affirmait Jacques Iᵉʳ, « l'édifice le plus parfait d'Oxford ».
Les inoubliables gargouilles situées sur les contreforts du cloître sont un élément caractéristique de la Grande Cour. Derrière le cloître, sur la prairie, se dresse New Building (1733), entre le parc à cerfs de Magdalen et la Cherwell.

★ **St John's College** Ⓥ – Fondé en 1555, il s'étend derrière la façade d'origine du 16ᵉ s. Ses jardins furent dessinés par **Capability Brown**. Devant, la cour abrite les vestiges du collège médiéval St-Bernard (1437), tandis que les colonnades de la cour de Canterbury (1631-1636) apportent une touche de classicisme italien au style Jacques Iᵉʳ qui prédomine à Oxford.

Worcester College Ⓥ – Il fut fondé en 1714 à partir des fondations médiévales de Gloucester College. Les fondations d'origine sont encore présentes sous les cinq maisons monastiques situées au Sud de la cour principale. Les autres bâtiments, classiques, datent du 18ᵉ s., à l'exception de la chapelle dont l'intérieur mélodramatique fut aménagé au 19ᵉ s. par William Burges. Le lac et la tranquillité qui y règne font le charme de ses **jardins.**

Keble College ⊘ – Fondé en 1870 sous la direction de William Butterfield dans la plus pure tradition du style néogothique victorien, Keble est un monument de brique dédié au mouvement d'Oxford et au renouveau gothique. Sa plus haute expression réside dans l'agencement de la **chapelle**, où le tableau *La Lumière du monde* de Holman Hunt est accroché dans le Liddon Memorial Chapel.

Botanic Gardens ⊘ – Créés en 1621, ces jardins sont les plus anciens d'Angleterre. Ils offrent une jolie vue à la fois sur les tours et flèches des collèges, et sur le Cherwell, où grouillent les barques à fond plat durant les mois d'été. Les portes datent d'environ 1630 et furent dessinées par Nicholas Stone qui s'inspira de l'art italien.

PADSTOW★

Cornouailles – 2 855 habitants
Carte Michelin n° 403 F 32 ou Atlas Great Britain p. 3 – Schéma : ST YVES

Padstow fut un port de premier plan pendant des siècles, car c'était le seul qui soit sûr le long de la côte Nord de la Cornouailles, bien que les rochers, les vents contraires et les courants de l'embouchure de l'estuaire de la Camel ne fussent pas faciles à négocier. Le port constitue toujours le cœur de la ville, où le niveau de l'eau est contrôlé par une vanne et où des bateaux de pêche, des yachts et des vedettes sont amarrés. Les quais sont bordés de maisons anciennes, de hangars et de pubs, notamment le restaurant appartenant à Rick Stein, qui vante la fraîche saveur des fruits de mer pêchés sur place dans ses programmes de télévision.

Au 6e s., saint Petroc, débarquant du pays de Galles, fonda une église abbatiale celte avant de poursuivre sa route vers Bodmin. L'église fut détruite avec la ville par les Vikings en 981. Au Moyen Âge, le roi Athelstan accorda à Padstow le droit d'asile, permettant aux criminels d'y chercher refuge. Ce privilège fut supprimé lors de la Réforme, lorsque les terres des environs de Padstow furent attribuées à la famille Prideaux, qui vit toujours à Prideaux Place.

Au cours des siècles, la ville devint un port de pêche doté d'un chantier naval, par où transitaient le kaolin et le minerai de cuivre destinés aux affineries des environs de Bristol, ainsi que du blé, de l'orge, de l'avoine et des fromages. Au cours du 19e s., de nombreux émigrants partirent pour l'Amérique dans des embarcations qui ne dépassaient pas 10 tonnes. Cependant, lorsque la taille des bateaux augmenta, de moins en moins d'entre eux purent franchir la barre de sable située à l'embouchure de l'estuaire et connue sous le nom de **Dom Bar**. La légende raconte qu'elle s'est formée à cause de la malédiction qu'une sirène, abattue par un homme du pays, avait lancée en mourant.

Padstow pratique

Excursions en bateau – Les croisières dépassent l'estuaire de la Camel et emmènent les visiteurs découvrir **Stepper Point**, **Pentire Point**, les **Rumps** et, dans la baie de **Portquin**, les impressionnantes falaises, les grottes et rochers, et peut-être même une épave moderne échouée sur les rochers et battue par les vagues.

Observation des oiseaux – L'**estuaire de la Camel**, protégé par les falaises de Pentire et Stepper Point, constitue un merveilleux refuge pour les échassiers : courlis, grands gravelots, chevaliers gambettes que les faucons pèlerins font souvent s'envoler à tire-d'aile.

Où manger ?

Margot's – *11 Duke Street*. ☎ *01841 533 441*. Atmosphère décontractée et sans façon. Les fruits de mer du pays sont au menu tous les jours.

Brocks – *The Strand*. ☎ *01841 532 565*. Restaurant de style méditerranéen. Le menu varie et met l'accent sur les fruits de mer.

Où dormir ?

Treverbyn House – *Station Road*. ☎ *01841 532 855*. Les chambres de cette grande demeure victorienne avec vue sur la baie sont bien équipées.

St Petroc's – *4 New Street*. ☎ *01841 532 700*. Chambres claires et modernes. Brasserie sans façon et atmosphère confortable.

Dower House – *Fentonluna Lane*. ☎ *01841 532 317*. Hôtel sympathique aux chambres confortables. On y sert une bonne cuisine familiale.

Cross House – *Church Street*. ☎ *01841 532 391*. Demeure de style georgien pleine de charme, agréablement meublée et confortable.

Quayside – En face de la capitainerie (côté Sud) se trouve un groupe de maisons du 16e s. à deux étages, en granit et aux toits d'ardoises, notamment l'**ancien palais de justice** dont la porte est surmontée d'un auvent en forme de coquillage, **Raleigh Cottage** où **Walter Raleigh** percevait les droits de port en qualité de gouverneur de Cornouailles et le minuscule **Harbour Cottage**. **Abbey House** (côté Nord), un ancien couvent du 15e s. devenu une rési-

---

Padstow 'Obby 'Oss

Les célébrations du May Day, dont les origines se perdent dans la nuit des temps, débutent à minuit sur la grand-place de Padstow ou dans Broad Street, au son du Chant du Matin : « Unissons-nous, car l'été arrive. » Le matin, un cheval d'enfant, un démon vêtu de bleu, le **blue 'oss**, et le démon originel vêtu de rouge, le **red 'oss**, font leur apparition et caracolent tout au long de la journée au son de l'accordéon et du tambour. À Noël, Padstow résonne de chants de Noël du 18e s. qui sont propres à la ville.

---

dence privée, s'orne d'un larmier sculpté représentant une tête de religieuse. Derrière le quai s'étend un réseau de rues étroites et de passages assombris par de hautes maisons, dont beaucoup s'ornent de poutres apparentes et d'encorbellements surplombant de petites boutiques.

St Petroc Major – *En haut de la colline*. L'église, dont la tour Ouest crénelée fut édifiée entre 1420 et 1450, renferme des **fonts baptismaux** octogonaux en pierre de Catacleuse sculptés par le **maître de St Endellion**. Le cimetière renferme une hampe de croix celtique ; les grilles en fer forgé datent du 18e s.

Forth an Syns

Le **chemin des Saints** (Saints Way) commence à la porte de l'église paroissiale de Padstow où saint Petroc établit son premier monastère en 520. Il avait peut-être l'intention de traverser la Cornouailles à pied au cours de son voyage à travers le pays de Galles jusqu'en Bretagne. Le chemin remonte Dennis Hill avant de serpenter à travers ce qui a dû être une dangereuse forêt (carrefour de la A 39 et de la route de Wadebridge), puis poursuit sa montée jusqu'aux collines de St Breock (216 m au-dessus du niveau de la mer), longe la longue pierre préhistorique connue sous le nom de Men Gurta (la pierre de l'attente) et un champ d'éoliennes... Lanivet se trouve à mi-chemin, puis le sentier grimpe à nouveau jusqu'à Helman Tor, un affleurement de granit d'où l'on jouit, par temps clair, d'une vue portant jusqu'à quelque 80 km à la ronde.

Saint Petroc était le fils d'un chef de clan gallois que l'on a comparé à saint François d'Assise car il protégeait les animaux ; il sauva un cerf poursuivi par des chasseurs, retira une écharde de l'œil d'un dragon et libéra un monstre marin prisonnier d'un lac. La légende raconte qu'il vogua sur les mers sur une feuille de plantain, peut-être parce qu'on avait coutume à l'époque de tapisser les coracles de feuilles afin de les empêcher de prendre l'eau.

★**Prideaux Place** – La demeure de granit en forme de E, construite par Nicholas Prideaux en 1592 est entourée de jardins et d'un parc boisé dessinés au 18e s. qu'ornent un temple classique, un obélisque, une grotte et une charmille de pierre abritant des urnes romaines.

Il reste de nombreux vestiges ornementaux de l'époque élisabéthaine. Le plafond en plâtre du 16e s. dans la grand-salle *(à l'étage)*, dû à la famille Abbott de Frithelstock, l'un des seuls qui existent encore dans le Sud-Ouest de l'Angleterre, illustre, au milieu d'animaux décoratifs, l'histoire de Suzanne et des deux vieillards. La salle à manger, **ancienne grand-salle**, est couverte de lambris de chêne teint de l'époque élisabéthaine et georgienne ornés d'une frise marquetée et de motifs géométriques de style Jacques Ier. On remarquera la sculpture représentant une silhouette de femme debout sur un sanglier, à gauche de la cheminée. Il s'agirait d'une allégorie d'Élisabeth Ire piétinant l'ignorance ou le vice ; le portrait qui se trouve au-dessus de la cheminée est dû à Nicholas Prideaux.

La demeure renferme de beaux portraits peints par John Opie (1761-1807) qui passa son enfance dans la propriété avant de songer à fréquenter la Cour. Un pastel de Humphrey Prideaux par l'artiste vénitien Rosalba Carriera fut exécuté en Italie pendant son Grand Tour. On admirera également quelques pièces rares en porcelaine chinoise de Nankin du 18e s. fabriquées avec du kaolin de Cornouailles aux tons bleus rehaussés de délicates dorures, exposées au milieu de porcelaines provenant des manufactures de Wedgwood, Spode et Worcester.

Le style gothique du **salon** et de la **bibliothèque** vit le jour au 18e s. Il en est de même pour la **salle Grenville**, construite par le premier comte de Bath, dont les somptueuses sculptures dorées de **Grinling Gibbons** expriment puissamment le goût de la Restauration. On remarquera également des tableaux italiens dus à Antonio Verrio, des portraits de la royaliste Caroline et un admirable seau à rafraîchir le vin.

LE NORD DE LA CÔTE DE CORNOUAILLES
(NORD-EST DE PADSTOW)

Tintagel – Tintagel en particulier et le Sud-Ouest de l'Angleterre en général ont toujours été associés au personnage insaisissable du roi Arthur. C'est également le lieu de la plus importante découverte de tessons provenant de l'Est de la Méditerranée et datant des 5ᵉ et 6ᵉ s. aux îles Britanniques, ce qui suggère qu'il existait à une époque des échanges commerciaux florissants.

★**Old Post Office** – Cette ancienne petite gentilhommière aux murs de près de 1 m d'épaisseur et au toit d'ardoise à l'aspect onduleux renferme un simple mobilier campagnard. Elle date du 14ᵉ s.

Castle – Le **site**★★★ du château d'Arthur *(accès par une route escarpée au départ de la rue principale ; 30 minutes à pied aller et retour, ou en véhicule à quatre roues)*, donnant sur des rochers à pic et dominant la mer, est plus impressionnant que les ruines disséminées du château, qui comprennent les vestiges des murs de la chapelle de 1145 et de la grand-salle, construits sur l'emplacement d'un monastère celtique du 6ᵉ s., ainsi que d'autres murs datant du 13ᵉ s., tout cela postérieur de plusieurs siècles à l'époque d'Arthur...

Le roi Arthur

Arthur, fils de Uther Pendragon, naquit ou échoua à Tintagel ; il y possédait un château où il vivait avec la reine Guenièvre et les **chevaliers de la Table ronde**, dont Gauvin, Lancelot et Tristan, neveu ou fils du roi Marc, qui demeurait lui au château de Dore. Le magicien **Merlin** vivait tantôt dans une grotte située sous le château, tantôt sur un rocher au large de Mousehole. L'épée **Excalibur**, forgée à Avalon, fut retirée de la pierre par Arthur et jetée dans Dozmary Pool. Camelot serait Cadbury Castle *(voir p. 392)*.

La bataille de **Mount Badon**, où, vers 520, Arthur défit les païens saxons, eut probablement lieu à Liddington Castle près de Swindon ou à Badbury Rings dans le Dorset. La bataille de **Camlan**, le dernier combat du roi contre **Mordred**, son beau-fils et usurpateur ou son fils naturel, eut lieu sur les rives de la Camel dans la lande de Bodmin. Mortellement blessé, Arthur partit en bateau au coucher du soleil pour les îles de Blest (îles Sorlingues) ou l'île d'Avalon, qui aurait été située près de Glastonbury, où sa tombe et celle de Guenièvre auraient été « découvertes » au 12ᵉ s.

La légende du roi « qui fut et sera » a été transmise oralement depuis le 8ᵉ s. et existe sous forme écrite depuis le 12ᵉ s. Elle a enflammé l'imagination des poètes et des écrivains à travers les âges : Guillaume de Malmesbury, Geoffrey de Monmouth, Wace, le chroniqueur du 12ᵉ s., Thomas Malory *(Le Morte d'Arthur)*, Chrétien de Troyes, Gottfried de Strasbourg, et plus près de nous Tennnyson *(Idylles du roi)*, T.H. White *(Le Roi qui fut et sera)*... La légende perdure, perpétuée par le tourisme et le mouvement New Age.

★**Boscastle** – *À proximité de la B 3263.* Ce joli village s'étend tout en longueur à flanc de colline, vers un bras de mer pittoresque entouré de promontoires culminant à 92 mètres. C'est le seul **port naturel** entre Hartland Point et Padstow.

★**Poundstock** – Au fond d'un vallon retiré et boisé se nichent une **église**★ des 13ᵉ et 15ᵉ s. à la tour carrée et aux fonts baptismaux du 13ᵉ s., ainsi qu'une maison des corporations du 14ᵉ s.

Bude – Cette ville portuaire située sur les falaises faisant front à l'Atlantique est un lieu de séjour très fréquenté, aux plages de sable doré et aux brisants appréciés des surfeurs. À marée haute, la **digue**★★ qui surplombe le canal de Bude (19ᵉ s.) offre une belle vue sur la mer. Le **musée** fournit des renseignements sur le canal et l'histoire de Bude et de Stratton.

Stratton – Le vitrail Est est l'œuvre de Burne-Jones.

Morwenstow – La paroisse la plus septentrionale de Cornouailles possède une très belle **église**★. La porte Sud de style roman s'orne d'une moulure à zigzags sur de petites colonnes ; il y a deux arcades intérieures, dont l'une repose sur des piliers de style roman et « primitif anglais ». Sous la voûte en berceau se trouvent des fonts baptismaux saxons ornés d'une moulure en torsade (vers 800) et des extrémités de bancs datant du milieu du 16ᵉ s.

Les **falaises**★★ spectaculaires, hautes de 133 m, s'élancent vers les rochers situés au large de la côte.

LE NORD DE LA CÔTE DE CORNOUAILLES
(OUEST DE PADSTOW)

Trevone – Le village et la chapelle à la flèche d'ardoise sont nichés au milieu d'une petite crique sablonneuse protégée par d'implacables rochers au large de la côte.

Trevose Head – 9 km à l'Ouest par la B 3276 et des chemins de traverse ; les derniers 800 m du trajet s'effectuent à pied.

Newquay – Cette station balnéaire à la mode, dont les plages de sable s'étendent au pied de falaises dans une baie abritée faisant face au Nord, doit son nom au nouveau quai construit en 1439. Aux 18ᵉ et 19ᵉ s., Newquay était un port de la sardine, d'où elle était exportée salée en Italie et en Espagne. De cette période date la maison du Crieur (Huar's House), sur le promontoire, d'où le crieur alertait les pêcheurs lorsqu'il voyait des bancs de poissons pénétrer dans la baie.
Newquay bénéficie depuis peu d'un regain de popularité auprès des surfeurs.

★Trerice – Ce petit manoir élisabéthain de pierre grise a été reconstruit de 1572 à 1573 selon un plan en forme de E. La façade Est est richement ornée de pignons à volutes et d'une admirable fenêtre en verre du 16ᵉ s. à meneaux de pierre donnant sur la grand-salle. L'intérieur se caractérise par la beauté de ses stucs du 16ᵉ s. et la qualité de son ameublement.

★★St Agnes Beacon – Du haut de ses 191 m, le signal (beacon) offre une **vue★★** panoramique de Trevose Head à St Michael's Mount. Au premier plan s'étend le paysage typique du Nord de la Cornouailles, balayé par le vent et jalonné de cheminées des anciennes exploitations minières.

PEAK District National Park★★
Parc national de la région des PEAK
S. Yorkshire, Derbyshire, Staffordshire
Carte Michelin n° 402 O, P 23 et 24 ou Atlas Great Britain p. 35

Les régions industrielles densément peuplées de Sheffield, de Manchester, des Potteries et du West Yorkshire ont, à leur porte, le paysage encore intact du **parc national de la région des Peak**. Le parc couvre environ 1 400 km² et s'étend, du Nord au Sud, de Holmfirth à Ashbourne, et, d'Est en Ouest, de Sheffield à Macclesfield. Dans cette partie méridionale de la chaîne Pennine, le calcaire n'a pas été mis au jour par l'érosion. Les paysages résultent de deux types de terrains : vers le Nord, une épaisse couche de grès s'étend jusqu'à l'altitude de la lande et des escarpements du Dark Park, dont le point culminant est le **Kinder Scout** (636 m) ; vers le Sud, une roche plus claire forme le socle du **White Peak**, plateau plus bucolique découpé par des murets de pierre sèche et des vallons particulièrement encaissés.

Décoration des puits

La décoration annuelle des puits est une tradition dans la région des Peak. Dans une vingtaine de villages, des cérémonies religieuses perpétuent, aujourd'hui encore, d'anciennes traditions païennes de dévotion aux divinités de l'eau, traditions qui auraient pu être introduites lors de l'occupation romaine et que les missionnaires chrétiens dédièrent aux saints de l'église primitive. Ainsi, chaque année entre le début du mois de mai et le mois d'août, des cérémonies de ce type se déroulent à Eyam, Youlgreave, Wirksworth et Monyash.

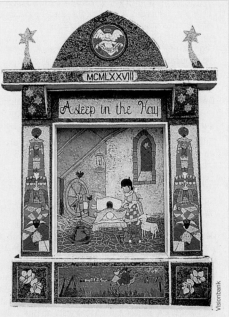

Youlgreave – Puits décoré

C'est sur le Kinder Scout que, le 24 avril 1932, des promeneurs, soucieux d'établir un droit d'accès à tous ces magnifiques endroits sauvages, organisèrent une grande marche. Cinq manifestants furent arrêtés, mais leur marche en faveur du libre passage à travers les terres privées contribua, en fin de compte, à la création des parcs nationaux. Aujourd'hui, les voies ferrées désaffectées sont autant de sentiers de randonnée, les rochers attirent les amateurs d'escalade et les grottes, nombreuses surtout autour de Castleton, permettent aux spéléologues de s'adonner à leur passion.

PARTIE NORD

Les curiosités sont classées par ordre alphabétique

Buxton – Les Romains y découvrirent des sources d'eau chaude et bâtirent des thermes aux environs de l'an 79 de notre ère. C'est à **Old Hall**, dans le Crescent, que la reine Marie d'Écosse séjourna lorsqu'elle fut autorisée, lors de sa longue captivité au manoir de Sheffield, à venir « prendre les eaux » afin de soulager ses rhumatismes ; mais ce n'est qu'avec la construction, en 1780, du Crescent, travaux commandés à John Carr par le cinquième duc du Devonshire, que la ville commença à prendre l'aspect d'une station thermale comme Bath et Cheltenham. Le **Crescent** est toujours, avec l'**Opera House** tout proche, le centre de cette petite ville qui se développa dans les années 1860 avec l'arrivée du chemin de fer, enfin capable de surmonter les pentes les plus raides.

Castleton Caves – William Peveril édifia ici un château de pierre juste après la conquête normande. Aujourd'hui en ruine, le donjon, bâti essentiellement au 12e s., domine toujours le village. Castleton est le point de départ idéal pour visiter les **grottes** locales, qui sont soit des cavités naturelles, soit des galeries de mines de plomb, soit une combinaison des deux. La plus proche est **Peak Cavern** ⊘, dont l'entrée impressionnante est située au pied de la colline sur laquelle se trouve le château. Pendant trois siècles, jusqu'en 1974, des cordiers y étaient installés, leurs maisons étant construites dans l'entrée qui conduit à la grotte. On voit encore des traces noires de suie provenant de leurs cheminées au sommet de la grotte.
À l'Ouest du village, par la B 6061, **Speedwell Cavern** ⊘ est accessible par bateau via un canal souterrain.
Un peu plus à l'Ouest, **Winnats Pass**, un ravin profond entre de hautes falaises calcaires, résulte probablement de l'effondrement de grottes.
À proximité de la A 625, la **Blue John Cavern**★ ⊘ recèle une forme violacée de fluorite appelée le « Blue John ». Il en existe plusieurs veines différentes, chacune ayant sa propre teinte et ses propres motifs, les couleurs dominantes étant le chamois, le pourpre et le noir. Cette pierre semi-précieuse a été travaillée en joaillerie et pour des pièces plus importantes pendant très longtemps ; on a découvert dans les ruines de Pompéi des vases de cette matière. Au cours de la visite de cette longue suite de grottes, le visiteur peut admirer des salles très hautes aux teintes minérales superbes et de nombreuses formations calcaires – des drapés, des stalactites, des stalagmites et des colonnes.
Au sommet du **Mam Tor**, situé juste en face, on a retrouvé les vestiges d'un fort de l'âge du fer, et, dans les fissures du sous-sol calcaire se cachent sans aucun doute des douzaines de grottes encore inexplorées.
Dans **Treak Cliff Cavern** ⊘, un peu plus à l'Est, des squelettes de mineurs de l'âge du bronze, ayant à leurs côtés des outils de silex, furent découverts en 1926.

Derwent Reservoirs – Créées pour l'approvisionnement en eau des villes proches, les **retenues** de **Derwent**, **Howden** et **Ladybower** forment aujourd'hui un ensemble de lacs qui font la joie des plaisanciers, des cyclistes et des marcheurs.

Edale – Point de départ du Pennine Way, le premier sentier de grande randonnée de Grande-Bretagne, ouvert le 24 avril 1965 à l'occasion de l'anniversaire de la marche de Kinder Scout. Le **Pennine Way** court sur 402 km le long de la chaîne Pennine, véritable épine dorsale du Nord de l'Angleterre, depuis Edale jusqu'à Kirk Yetholm dans les Cheviots, en coupant le mur d'Hadrien. Le sentier suit en général un parcours accidenté, difficile pour un marcheur non entraîné. S'il coupe des autoroutes et contourne des zones industrielles, il offre aussi au marcheur des paysages naturels extraordinaires. De nombreux villages et édifices remarquables, ainsi que des sites archéologiques sont disséminés tout au long de son tracé ; ces sites peuvent être atteints aisément moyennant de légers détours. Prendre vers l'Est jusqu'au Packhorse Bridge, l'un des plus beaux ponts du Peak District.

Eyam – Ce village, frappé par la peste à l'automne 1665, décida de se couper du reste du monde en s'imposant volontairement une quarantaine. Un quart seulement des habitants survécut à l'épidémie qui dura douze mois.
Le village fut le siège d'un modeste manoir, **Eyam Hall** ⊘, toujours habité par la famille Wright qui le fit construire en 1671. Bel ameublement et intéressante bibliothèque d'un gentilhomme des siècles passés.

PARTIE SUD

Arbor Low – Non loin du High Peak Trail, une des anciennes voies ferrées désaffectées, Arbor Low est le plus célèbre vestige de la préhistoire sur le plateau. Il est constitué d'un cercle de pierres « en forme d'horloge » entouré d'un talus et d'un fossé.

★**Bolsover Castle** ⊘ – *26 km au Nord-Est de Matlock par Chesterfield et la A 632.* Bolsover est un château de conte de fées perché sur une colline dominant les puits des mines de charbon. Il fut construit pour le comte de Shrewsbury, époux de Bess de Hardwick. Ce monument extravagant est dû à l'architecte de Bess, Robert Smythson ; son fils John et son petit-fils Huntingdon ajoutèrent l'aile dite **Terrace Range** et le **manège** (Riding School). Terminé en 1633, il servit de décor féerique à la pièce allégorique de Ben Jonson : *L'Accueil de l'amour à Bolsover (Love's Welcome to Bolsover).* L'intérieur est riche en cheminées sculptées de style Jacques Ier, en panneaux et plafonds peints, en particulier le **salon des Champs-Élysées** et le **salon du Paradis** qui préfigurent le baroque.

★★★**Chatsworth House** – *Voir ce nom.*

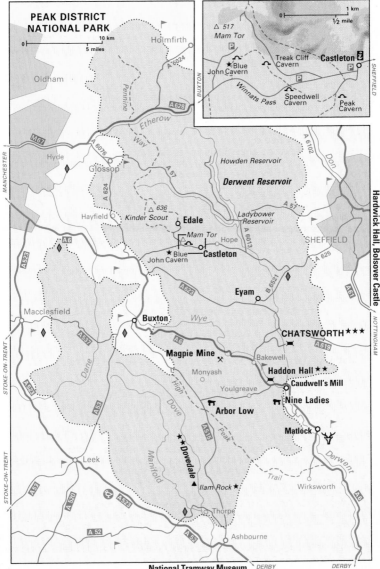

Caudwell's Mill ⊘, à *Rowsley* – *10 km au Nord de Matlock par la A 6.* Ce moulin à farine d'époque victorienne est toujours en activité. Il se dresse sur les bords de la rivière Wye et constitue la seule minoterie actionnée par une roue hydraulique horizontale. Quelques boutiques d'artisanat se trouvent dans ses dépendances.

★★ **Dovedale** – *Au Nord-Est d'Ashbourne.* Spectaculaires gorges de plus de 3 km dans les collines du Derbyshire, où la rivière Dove a érodé le calcaire tendre, mettant au jour des falaises, des cavités et des rochers escarpés.
Après l'entrée des gorges, entre Thorpe Cloud (287 m) et Bunster Hill (305 m), la rivière serpente au pied de petits sommets rocheux nommés Lovers' Leap, The Twelve Apostles et **Ilam Rock**★.
En amont de Dovedale, le village de Bresford Dale est associé à Izaak Walton et John Cotton, les auteurs du *Manuel du parfait pêcheur* (The Compleat Angler). Le temple de la pêche, bâti en 1674 par John Cotton pour célébrer son amitié avec Izaak Walton, existe toujours.

★★ **Haddon Hall**, à *Rowsley* – *12 km au Nord de Matlock par la A 6.* Surplombant la rivière Wye depuis le 12ᵉ s., biscornu, discret et très anglais, le manoir Haddon fut agrandi à plusieurs reprises jusqu'au 17ᵉ s. Il fut restauré de façon charmante par le 9ᵉ duc de Rutland au début du 20ᵉ s.
Comme à l'extérieur, de nombreux styles ont été associés à l'**intérieur**. L'entrée (1370) est médiévale, la salle à manger et la grande chambre sont de style Tudor, et la grande galerie (notez la peinture de Rex Whistler représentant Haddon) est élisabéthaine. Les **tapisseries** de Mortlake représentent les Fables d'Ésope *(Toucher, Entendre, Voir, Goûter et Sentir)*. Ses **peintures murales** sont la fierté de la minuscule chapelle : saint Nicolas calmant la mer (mur Nord), saint Christophe portant Jésus (mur Sud) et la sainte Famille (dans le chœur).
Les **jardins en terrasses**, peut-être antérieurs au 17ᵉ s., sont plantés d'une multitude de roses. Somptueux, ils dévalent joliment vers la rivière et son vénérable pont.

★★ **Hardwick Hall** ⊘ – *32 km à l'Est de Matlock par la A 615 et la A 61 au Nord ; prendre à droite la B 6025, puis, après avoir traversé Tibshelf et la M 1, tourner à gauche dans une route secondaire vers le Nord.* Du modeste manoir, où **Bess de Hardwick** vit le jour, bien peu subsiste aujourd'hui. Elle le fit rebâtir immédiatement après la construction de Chatsworth et après avoir abandonné son mari, le comte de Shrewsbury. Peu satisfaite du résultat, elle fit construire un autre manoir à environ 100 mètres de là, à l'âge de 70 ans. « Hardwick Hall, plus de verre que de pierre » (« Hardwick Hall, more glass than wall ») fut conçu par **Robert Smythson**. Entre les deux demeures familiales si proches, ses descendants préférèrent Chatsworth. Le vieux manoir de Bess tomba en ruine et le nouveau demeura inhabité, figé dans le temps. Il reste un des exemples les plus purs d'architecture et de décoration du 16ᵉ s. en Angleterre.
Les six tours qui encadrent le bâtiment de plan rectangulaire sont surmontées des initiales E.S. (Élisabeth Shrewsbury).
L'**intérieur** est célèbre pour ses étonnantes cheminées élisabéthaines, frises, tapisseries et broderies murales : une des broderies est d'ailleurs de la main de Marie Stuart, reine d'Écosse. Les trois broderies du salon : *Diane et Actéon, La Chute de Phaéton* et *Europe et le taureau* sont de Bess elle-même.

Magpie Mine, à *Ashford* – *17 km au Nord-Ouest de Matlock par la A 6.* Le plomb fut exploité sur le plateau dès l'époque romaine, car les vallons, profonds et encaissés, permettaient un accès facile aux veines de métal et les rivières proches fournissaient une énergie abondante. À partir de 1740, Magpie Mine fonctionna sans interruption durant deux siècles. Aujourd'hui, le hangar et le tas de déblais ne sont plus que les fantômes d'une activité révolue.
Les anciens chantiers d'exploitation et les puits peuvent constituer un danger réel pour les personnes non averties, aussi convient-il d'éviter ces endroits.

Matlock – Dès la fin du 18ᵉ s., de modestes installations thermales furent installées dans ce cadre pittoresque : les sols calcaires au Sud-Est du Peak District ont été creusés par la rivière Derwent pour former une vallée profonde aux versants boisés. À l'époque de la révolution industrielle, un réseau hydroélectrique fut aménagé sur la rivière pour alimenter plusieurs filatures de coton qui avaient ouvert leurs portes le long du cours d'eau. La plus célèbre d'entre elles, **Cromford Mill** ⊘, fut érigée en 1771 par Richard Arkwright. Elle était éclairée la nuit pour permettre le travail 24 h sur 24. Joseph Wright of Derby la choisit comme motif pour l'une de ses études romantiques. Dans un pavillon du début du siècle, autrefois utilisé comme salle communale de Matlock Bath, se trouve le **musée des Mines** (Peak District Mining Museum) ⊘, consacré à l'une des plus anciennes industries de la région : l'extraction du plomb.
Un téléphérique qui franchit les gorges calcaires de la Derwent relie Matlock au sommet de la colline, où se trouvent The **Heights of Abraham**. Une exposition panoramique et une visite souterraine de la grotte Masson décrivent la façon dont les volcans, les océans et la glace creusèrent les grottes. Dans la grotte Rutland, un spectacle son et lumière retrace l'histoire d'une famille de mineurs du 17ᵉ s. Des sentiers sillonnent les bois et le sommet de la colline et l'on découvre de superbes vues depuis la tour Victoria.

Nine Ladies – *10 km au Nord de Matlock par la A 6 et une petite route à gauche*. Ce cercle de pierres entouré de nombreux tumulus témoigne de l'importance de la région pour l'homme du néolithique.

Red House Stables Ⓥ – *4 km au Nord de Matlock par la A 6 (panneaux)*. Ces écuries familiales renferment une collection de voitures de maître toujours utilisées et ayant maintes fois tenu la vedette dans des séries télévisées et au cinéma *(Orgueil et Préjugés, Jane Eyre)*. On peut se promener en attelage à quatre chevaux à travers la jolie campagne du Derbyshire : des excursions touristiques sont proposées au départ de Red House Stables pour visiter les très belles maisons de campagne que sont Haddon Hall et Chatsworth, avec des arrêts dans des auberges de campagne.

★**National Tramway Museum** Ⓥ, **à Crich** – *11 km au Sud-Est de Matlock par la A 6 et la B 5036 jusqu'à Crich*. À leur apogée dans les années 1920, les tramways britanniques transportaient jusqu'à 4,8 milliards d'usagers par an. Mais après la guerre, la plus grande partie des 4 000 km de voies fut démolie, et c'est seulement récemment que ce mode de transport urbain pratique a connu un modeste regain d'intérêt. La Tramway Museum Society assure la préservation des voitures depuis 1955 et s'enorgueillit aujourd'hui de pouvoir présenter à Crich de nombreux spécimens amoureusement restaurés. La visite permet d'abord d'admirer les engins exposés dans le dépôt et le hall d'exposition, puis de remonter à « l'âge du tramway » en empruntant une rue reconstituée. La collection inclut une *elektricka* venue de Prague, un autorail de conception américaine qui circulait à La Haye et un trolley tiré par des chevaux tel qu'on en trouvait au Portugal, mais la majorité des tramways proviennent de Grande-Bretagne. On peut voir des raretés comme une locomotive à vapeur à crémaillère de Blackpool et des réalisations plus conventionnelles comme les trolleys à un étage ou à impériale brillant de tous leurs feux.

PEMBROKESHIRE Coast★★

Côte du PEMBROKESHIRE – Dyfed

Carte Michelin n° 403 E, F 27, 28 et 29 ou Atlas Great Britain p. 14

La péninsule du Pembrokeshire faisait autrefois partie du royaume de Dyfed, « terre de magie et d'enchantements ». Elle regorge non seulement de dolmens et de mégalithes préhistoriques, mais aussi des splendides croix de pierre de la chrétienté celtique. Dès la fin du 11e s., les Gallois d'origine furent chassés du Sud du Pembrokeshire par les Anglo-Normands. Aujourd'hui, la frontière linguistique que l'on connaît sous le nom de **Landsker** suit l'ancienne frontière militaire qui séparait la région septentrionale galloise, à fort caractère celtique, de la région méridionale anglaise, où les noms de lieux sont anglicisés, et où les églises ont des tours carrées.

En 1952, la partie côtière fut classée parc national sous le nom de **Pembrokeshire Coast National Park**. Le plus petit de tous les parcs nationaux est le seul à comporter une majorité de paysages côtiers. L'admirable variété de ses plages s'appuyant sur une ligne de falaises révèle une géologie complexe, parfois spectaculaire, et abrite une vie ornithologique particulièrement riche.

Pembrokeshire Coast Path – De Amroth, près de Tenby, au Sud, jusqu'à Poppit Sands, près de Cardigan, au Nord, les multiples merveilles de la côte sont reliées par une voie de 290 km de long, le **chemin de randonnée de la côte du Pembrokeshire** (Pembrokeshire Coast Path). Les nombreux centres d'information du parc national fournissent tous les détails sur les itinéraires.

Accès à la côte – Surfeurs, amateurs de ski nautique, de navigation, de horsbord et de pêche en mer disposent d'une grande variété de plages de sable ou de galets, de baies et de criques. Certaines sont d'accès difficile. D'autres disposent de parcs de stationnement à quelques mètres de la plage.

DE TENBY À ST DAVID'S *135 km*

Cette partie de l'itinéraire part de Tenby, délicieuse station balnéaire, et aboutit à l'Ouest dans la région lointaine et mystérieuse de St David's. Ce circuit permet d'avoir un bon aperçu des principales curiosités du parc, tout en laissant au visiteur une grande liberté d'exploration.

★★**Tenby (Dinbych-y-pysgod)** – *Voir ce nom.*
Prendre la A 4139 vers l'Ouest. Au bout de 6 km, tourner à gauche sur la B 4585.

Manorbier (Maenorbyr) – « Le plus délicieux des sites gallois », si l'on en croit Gerald Barry, dit Giraldus Cambrensis, voyageur et historien qui naquit ici vers 1146. Vues de la baie, les murailles massives du **château** Ⓥ de sa famille rappellent les grandes forteresses du Levant.

En empruntant une succession de petites routes, aller jusqu'à Bosherston. Si possible, descendre jusqu'à la côte, près de Saint Govan's Head.

La côte déchiquetée qui relie Saint Govan's Head et Linney Head, vers l'Ouest, permet d'admirer de spectaculaires reliefs de calcaire : hautes falaises, arches, piliers, grottes sous-marines, tunnels. On y voit deux piliers massifs : les **Stacks Rocks**★ (Elegug Stacks) et, un peu plus loin, une arche naturelle baptisée le **Green Bridge of Wales.** Près de Bosherton, la **chapelle**★ qui fut fondée par saint Govan pour être la cellule d'un ermite semble faire partie de la falaise. *(Attention : cette zone fait partie du champ de tir de Castlemartin. Au-delà de ce point, le sentier quitte la côte. Avant de visiter les deux dernières curiosités, assurez-vous sur place qu'elles sont accessibles.)*

Pembroke (Penfro) – La ville occupe un site stratégique sur un promontoire long et étroit ; son château impressionnant veille aussi bien sur la ville que sur le port. Depuis toujours, le **château**★★ ○ domine la vie de la ville. Le château, qui n'était à l'origine qu'un enclos ceint de palissades, à l'extrémité de la crête – cette partie constitue aujourd'hui la cour intérieure – fut achevé en 1093. Le grand **donjon** (21 m de haut), avec ses murailles massives (6 m d'épaisseur à la base), fait aujourd'hui la gloire du château. Les visiteurs accèdent à la cour extérieure par le grand corps de garde. En tournant à gauche, on arrive immédiatement à la tour Henri VII, une des cinq tours rondes qui surplombent l'ensemble et protègent le mur d'enceinte. Margaret Beaufort, la jeune épouse d'Edmond Tudor, se réfugia chez son beau-frère Jasper à Pembroke pendant la guerre des Deux-Roses. C'est très probablement dans cette tour, en 1457, que la jeune Margaret, veuve à dix-neuf ans,

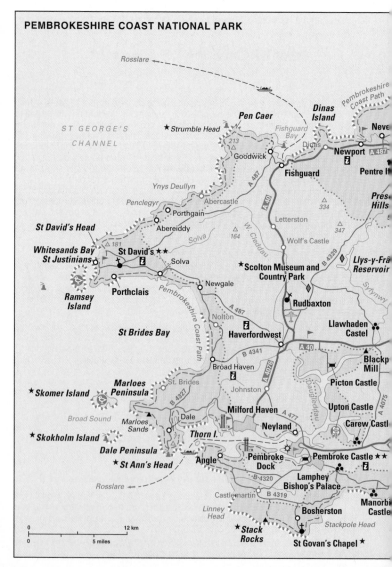

PEMBROKESHIRE COAST NATIONAL PARK

donna le jour à Harri Tudur, qui allait devenir le roi Henri VII. La **grotte Wogan** (Wogan Cavern), au-dessous de la grande salle, est unique en Angleterre. Il s'agit d'une caverne naturelle, de 18 m sur 24, qui servait probablement de réserve et de hangar à bateaux.

Prendre la A 4139 vers le Nord pour rejoindre la A 477.

Du pont à péage moderne, on jouit d'une belle **vue** sur la superbe rade de **Milford Haven**, près de laquelle disparut récemment le navigateur français Éric Tabarly, et qui, si l'on en croit Nelson, est l'une des plus belles du monde. Sir William Hamilton entreprit de construire une ville, un chantier de construction navale et une école de navigation en 1790. Ce projet ambitieux fut encouragé par Lord Nelson. En 1814, l'Amirauté avait fondé son propre chantier à Pembroke Dock.

Malgré la création plus récente d'un terminal pétrolier, l'activité commerciale est en train de dépérir et le port a dû céder la suprématie à Sullom Voe, dans les îles Shetland, en raison du développement de l'exploitation pétrolière en mer du Nord depuis les années 1970. Toute la rade, avec les estuaires de Daugleddau, est devenue un centre de voile, de planche à voile et de ski nautique.

Continuer vers Johnston, puis tourner à gauche et prendre les routes secondaires vers Marloes et la péninsule de Dale. Juste avant Marloes, prendre la B 4327 à gauche.

Le phare et la station de garde-côte situés sur les falaises de grès rouge de **Saint Ann's Head** dominent l'entrée de l'estuaire. À l'Ouest, la côte déchiquetée où les rouleaux de l'Atlantique s'écrasent sur le sable contraste avec les baies abritées et les rades de la côte Est. C'est dans la petite anse de Mill Bay que Henri Tudor (Harri Tudur) débarqua le 7 août 1485 avant de remporter la victoire de Bosworth et ainsi gagner la couronne d'Angleterre.

Se diriger vers le village de Marloes, puis vers l'Ouest jusqu'au parc de stationnement de Marloes Mere.

La grande étendue de sable connue sous le nom de **Marloes Sands** sépare les péninsules de Dale et de Marloes. Sur la plage, on remarquera les **Trois Cheminées**, des roches redressées par de puissants glissements de terrain. Sur les îles de Grassholm, Skokholm et **Skomer★**, aux noms vikings, on peut visiter des sanctuaires ornithologiques, où l'on observera hirondelles des mers, guillemots, fous de Bassan et autres oiseaux marins, notamment l'amusant macareux, qui sert d'emblème au parc national.

Retourner vers l'intérieur jusqu'à Haverfordwest par la B 4327.

Haverfordwest (Hwlffordd) – L'ex-capitale de comté, perchée sur la colline, est d'origine ancienne. Aujourd'hui encore, elle est le centre urbain d'une région étendue.

Prendre la A 487 vers la côte.

Newgale – Ce village de vacances, avec sa grande plage de sable (3,2 km), bordée à l'arrière par une rangée de galets protégeant de la tempête, est très apprécié des familles. Newgale constitue la limite Ouest du Landsker.

Prendre la A 487 jusqu'à Solva.

Solva (Solvach) – Le charmant port de Lower Solva fut construit à l'abri des assauts de la mer. Port de plaisance, mais aussi de pêche.

★★St David's (Ty Ddewi) – *Voir ce nom.*

DE ST DAVID'S À CARDIGAN

85 km. La route côtière mène à Strumble Head

Quitter St David's par la A 487. 3 km après Croesgoch, tourner à gauche en direction de la côte.

351

Quand la mer joue les dentellières...

Au loin, on peut voir **Strumble Head**★ et son phare, le point le plus proche de l'Irlande.

Fishguard (Abergwaun) – La ville basse possède un joli port de plaisance. Brunel voulut faire de Fishguard un port transatlantique digne de rivaliser avec Liverpool. Pendant une courte période, quelques grands paquebots comme le *Mauretania* s'y ancrèrent, mais aujourd'hui on n'y trouve plus que les ferries qui vont de la côte Est de la baie vers Rosslare.

La A 487 longe les baies de Fishguard et de Newport.

À l'Est de Fishguard, les paysages côtiers sont plus sauvages et les falaises plus abruptes.

Suivre la A 487 et, au carrefour indiquant Nevern, prendre à droite. De petites routes conduisent jusqu'à un imposant monument mégalithique.

★**Pentre Ifan** – Ce cromlech massif, qui domine la baie de Newport, se dresse au milieu de pierres levées. Sa pierre de faîte repose, en un élégant équilibre, sur les extrémités des autres pierres. Il domine la baie de Newport, qui fut sans doute un lieu de transit important à l'époque des constructeurs de mégalithes.

Revenir à Nevern.

Nevern – Au milieu des ifs plantés dans le cimetière de l'église St Brynach se dresse une splendide **croix** celtique du 11e s. (4 m de haut), richement sculptée d'entre-lacs.

Castell Henllys ⊘ – Ce fort juché au sommet d'une colline est le cadre d'une exposition audacieuse visant à recréer l'environnement de l'âge du fer : puits de stockage, zones cultivées et ensemble de trois huttes coniques recouvertes de chaume, à l'intérieur noirci par la fumée.

Continuer sur la A 487 vers le Nord. Immédiatement au Sud de Cardigan, prendre à gauche avant la rivière la B 4546.

À **Poppit Sands**, où aboutit aussi le sentier côtier, une longue plage borde l'estuaire de la Teifi.

Revenir sur la A 487 et rejoindre Cardigan au Nord.

Cardigan (Aberteifi) – *Voir ce nom.*

PERTH★

Perthshire and Kinross – 41 916 habitants
Carte Michelin n° 401 J 14 ou Atlas Great Britain p. 62
Plan dans le Guide Rouge Great Britain & Ireland

Cet ancien bourg royal, qui a conservé son atmosphère de ville rurale, est un lieu touristique idéal situé sur la Tay, connue depuis longtemps pour ses saumons et ses moules d'eau douce qui fabriquent de superbes perles. Les plus beaux spécimens ornent les joyaux de la couronne d'Écosse, que l'on peut admirer au château d'Édimbourg.

Perth, « la belle ville », a joué un rôle déterminant dans l'histoire de l'Écosse, dont elle serait certainement devenue la capitale si Jacques Ier n'y avait pas été assassiné en 1457. D'autres événements marquants s'y sont déroulés, y compris le sanglant combat des Clans en 1396 et la destruction des monastères de la ville, consécutive à un sermon incendiaire prononcé par John Knox en 1559.

★**Le quartier georgien** – Lors de l'achèvement de l'élégant pont de Perth en 1772, la ville éclata hors de ses frontières médiévales. On peut admirer de beaux exemples de maisons georgiennes dans Charlotte Street, Atholl Crescent, Rose Terrace et au Nord du centre-ville, Barossa Place.

★**Black Watch Regimental Museum** ⊘ – Le château de Balhousie abrite une collection d'argenterie, de médailles et de drapeaux retraçant l'histoire du régiment. Au début du 18e s., le général Wade fut chargé de pacifier les Highlands ; à cette fin il recruta et arma des groupes de Highlanders. Ces compagnies furent surnommées **The Black Watch** (la garde noire), à cause de la surveillance qu'elles exerçaient sur les Highlands et de la couleur sombre de leur tartan qui contrastait vivement avec le rouge des troupes gouvernementales. La Black Watch devint un régiment en 1739 et demeure encore aujourd'hui au service de la Couronne.

★**Museum and Art Gallery** ⊘ – Outre le département d'histoire naturelle, on peut admirer d'intéressantes collections de verrerie locale, d'argenterie et d'horlogerie. Dans la galerie d'art se trouvent des tableaux d'artistes écossais (H. McCullough, école de Glasgow) et de **John Millais** (*Chill October*), dont l'épouse était originaire de Perth.

Fergusson Gallery ⊘ – Beau bâtiment circulaire, ancien château d'eau, renfermant la galerie où sont exposées les œuvres lumineuses et colorées du peintre écossais J.D. Fergusson (1874-1961).

EXCURSIONS

★★**Scone Palace** ⊘ – *3 km au Nord-Est par la A 93*. Scone est l'un des sites historiques les plus vénérés d'Écosse. Il fut le centre du royaume de **Kenneth MacAlpine** à partir du milieu du 9e s. En 1120, il devint le premier prieuré augustin d'Écosse. À **Moot Hill**, les rois écossais étaient couronnés sur la **pierre de la Destinée** (Stone of Destiny), dite aussi pierre de Scone. Détruite en 1559, l'abbaye finit par devenir le siège des comtes de Mansfield. Le palais néogothique que l'on peut voir actuel-

---

La pierre de la Destinée

Selon la légende, cette pierre aurait été l'oreiller de Jacob. Parvenue en Irlande via l'Égypte et l'Espagne, elle aurait servi de pierre de couronnement aux rois de Tara. Au 6e s., elle fut emmenée à **Iona** *(voir ce nom)* et offerte à saint Colomba. Elle fut par la suite transportée à Dunadd, Dunstaffnage et Dunkeld.

Après la fusion des royaumes des Pictes et des Scots, originaires d'Irlande, Kenneth MacAlpine fut le premier roi à être couronné sur la fameuse pierre à Scone. Dès lors, la pierre fut de tous les couronnements des rois écossais. Mais en 1296, quand Édouard Ier d'Angleterre eut vaincu les Écossais, la pierre partit à Londres, fut gardée à l'**abbaye de Westminster** sous le trône du couronnement et pendant 700 ans continua à jouer son rôle lors des couronnements. Volée en 1950, elle fut retrouvée à l'abbaye d'Arbroath et ramenée sous bonne escorte à Westminster.

Depuis toujours, les controverses se sont déchaînées sur son authenticité. Certains pensent que la pierre originale n'aurait jamais quitté l'Écosse, les Écossais ayant trompé Édouard Ier. Des historiens, après avoir examiné les sceaux de plusieurs rois, avancent qu'ils représentent une pierre plus volumineuse que celle décrite dans les premiers textes, qui parlent d'un bloc de marbre noir taillé en forme de siège. Quoi qu'il en soit, depuis 1996 la pierre a repris le chemin de l'Écosse. Symbole de la nation écossaise, elle est désormais exposée avec les bijoux de la Couronne écossaise au château d'Édimbourg, qu'elle ne quittera qu'à l'occasion des futurs couronnements à Westminster.

lement date de 1808. Ses appartements richement meublés présentent de splendides collections de porcelaines et d'ivoires, des pièces d'horlogerie uniques, des bustes et des portraits, ainsi qu'une collection unique d'objets d'art en papier mâché. Moot Hill, aujourd'hui occupé par une chapelle du 19ᵉ s., se trouve en face du palais. Autrefois, le village de Scone était situé au-delà du vieux portail ; il fut déplacé au 19ᵉ s. lorsque l'on remodela le palais. Dans la pinède de 20 ha, on peut admirer quelques spécimens de pins Douglas ; ils portent le nom du botaniste David Douglas, né à Scone en 1799.

★ **Dunkeld** – *23 km au Nord par la A 9.* Dunkeld, à partir de l'an 700, fut un centre monacal, et rivalisa pendant une brève période avec Scone. Puis on y construisit une majestueuse cathédrale gothique. Aujourd'hui, la minuscule « ville » de Dunkeld est concentrée autour du charmant enclos au bord de l'eau de sa cathédrale partiellement en ruine.

La nef de la **cathédrale** ⊘, du 15ᵉ s., n'a pas de voûte, mais le chœur du 14ᵉ s. fut restauré en 1600 pour servir d'église paroissiale. La salle capitulaire contient le mausolée des Atholl et un petit musée. **Cathedral Street**★ et **The Cross** furent reconstruits après la mise à sac de Dunkeld qui fit suite à la **bataille de Killiecrankie** en 1689 *(voir Pitlochry, Environs)*. La cité est devenue très attrayante en grande partie grâce au National Trust qui restaura habilement de nombreuses maisons des 17ᵉ et 18ᵉ s.

★ **Drummond Castle Gardens** ⊘ – *32 km à l'Ouest. Prendre la A 85 jusqu'à Crieff, puis la A 822 vers le Sud.* À l'origine, vers 1630, ils furent dessinés par John Drummond, deuxième comte de Perth. Vers 1830, le parterre fut italianisé et embelli par l'installation de silhouettes et de statues en provenance d'Italie. Une des plus intéressantes pièces de statuaire est le cadran solaire, conçu et construit par John Mylne, maître maçon du roi Charles Iᵉʳ.

PETERBOROUGH

Cambridgeshire – 134 788 habitants
Carte Michelin n° 404 T 26 ou Atlas Great Britain p. 29
Plan dans le Guide Rouge Great Britain & Ireland

Peterborough fut d'abord un simple village avec en son centre un monastère. Puis il se transforma en ville encerclant une cathédrale, avant de devenir une « cité » aux immeubles de brique. Désormais ville de haute technologie axée sur la finance, l'ingénierie et la briqueterie, Peterborough a vu le nombre de ses habitants doubler en 20 ans. Une zone piétonne a remplacé le vieux centre-ville, mais la vague de rénovation immobilière a épargné la cathédrale, le bel hôtel de ville du 17ᵉ s., l'église St John the Baptist

A. Williams

Les étonnants placages de la façade

de style gothique Perpendicular dans Cowgate et quelques demeures georgiennes à Priestgate. À la sortie Ouest de la ville a été aménagé l'espace boisé de Nene Park *(6 km à l'Ouest),* proposant parcours de golf, lacs et aires de loisirs.

★★**Cathédrale** ⊘ – Peterborough et Ely furent les deux grands monastères des plaines marécageuses. Le monastère saxon bâti avant la conquête normande, vers 655, fut mis à sac par les Danois en 870. Une seconde église saxonne, érigée au 10ᵉ s. comme abbatiale bénédictine, fut détruite par le feu en 1116. L'actuelle cathédrale fut reconstruite entre 1118 et 1238. Les vitraux, le maître-autel, les cloîtres et statues furent détruits par les troupes de Cromwell en 1643.

La **façade principale** de style gothique Early English est remarquable. Ses trois arcs géants et son porche assez incongru, richement décoré, bâti au début du style Perpendicular (14ᵉ s.), sont étonnants. L'intérieur est un superbe exemple d'architecture romane. La nef, le transept et le chœur aux **élévations romanes** sont l'expression même, sobre et solide, de la structure et de la foi. Le **plafond de la nef**, du 13ᵉ s., superbement peint, fournit un exemple étonnant de l'art médiéval. Dans les losanges, on discerne les silhouettes d'évêques, de saints et d'animaux fantastiques. Plus loin, l'œil est attiré par un grand crucifix moderne, ajouté en 1975. Orné de clefs de voûte, le plafond de bois du chœur date du 15ᵉ s. La superbe voûte en éventail d'arrière-chœur illustre le style Perpendicular de la fin du 15ᵉ s. Non loin de là se dresse une sculpture saxonne du 8ᵉ s. (la pierre du Moine ou d'Hedda). Des tapisseries flamandes du 17ᵉ s. sont accrochées dans l'abside dont le plafond fut peint par George Gilbert Scott au 19ᵉ s. Dans le bas-côté Nord du chœur est enterrée Catherine d'Aragon ; dans le bas-côté droit fut provisoirement inhumée de 1587 à 1612 la reine d'Écosse, Marie Stuart. Plusieurs belles effigies bénédictines reposent dans des enfeus.

L'aumônerie du 14ᵉ s. *(au Sud de la cathédrale)* abrite le Visitor Centre où une exposition décrit l'histoire de la cathédrale et la vie des moines à travers des maquettes et des panneaux explicatifs.

Railworld ⊘ – Cette exposition sur les chemins de fer, dédiée aux trains modernes et du futur, forme un saisissant contraste avec le terminus adjacent de la Nene Valley Railway *(voir plus bas)*.

ENVIRONS

★★**Flag Fen Bronze Age Excavation** ⊘ – *4,8 km à l'Est de Peterborough par la A 47 et la A 1130 (panneaux indicateurs)*. Des terres marécageuses entourées par une zone industrielle sont le site de fouilles qui ont mis au jour des vestiges vieux de plus de 3 000 ans. Le petit musée du centre d'accueil présente une excellente exposition de fers de lance en bronze, de pièces de harnachement, de bracelets et de marmites. Le sentier extérieur conduit à la reconstitution d'une hutte circulaire au toit de tourbe, telle qu'on les rencontrait à l'âge du bronze, 1 500 ans avant J.-C. Il passe devant une coupe transversale d'une ancienne voie romaine et aboutit à un hangar où planches et joints sont conservés dans des réservoirs. Dans la salle d'exposition, de grandes piles de bois datant de 1350 avant J.-C. sont immergées dans de la tourbe pour les maintenir humides. Dehors, on aperçoit d'anciennes races de moutons et de cochons.

★**Nene Valley Railway** ⊘ – *13 km à l'Ouest par la A 47 et au Sud par la A 1*. Le petit train à vapeur de la vallée de la Nene traverse Nene Park, empruntant un tunnel et l'embranchement de Yarwell entre Wansford et Peterborough (24 km – 90 mn AR). Les wagons sont équipés de petits tableaux de bord en bois et la fumée s'élevant au-dessus de la plaine éveillera la nostalgie des plus âgés et l'étonnement des plus jeunes. Le train s'arrête à Peterborough pour permettre à la locomotive de changer de sens. Le **musée** de Wansford présente un wagon rempli d'anciens objets ferroviaires et un hangar contenant une locomotive, **Thomas the Tank**, baptisée par le révérend Audry, et du vieux matériel roulant provenant de différents pays.

PITLOCHRY★

Perthshire and Kinross – 3 126 habitants
Carte Michelin n° 403 I 13 ou Atlas Great Britain p. 62

Situé dans la vallée de la Tummel, sur une des routes que le général Wade fit construire dans les Highlands vers 1720, Pitlochry est un lieu touristique agréable où l'on appréciera le magnifique paysage de montagnes, de lochs et de landes. De mai à octobre, concerts et pièces de théâtre sont organisés au Pitlochry Festival Theatre.

Power Station ⊘ – Un barrage de 16 m de haut sur 140 m de long qui a formé le loch Faskally alimente la **centrale hydroélectrique**. Un passage pour les saumons doté d'un hublot d'où l'on peut observer les poissons leur permet de remonter le courant jusqu'à leur lieu de frai.

ENVIRONS

★★**Queen's View** – *16 km à l'Ouest par la B 8019*. Ce magnifique point de vue a été baptisé ainsi après la visite de la reine Victoria en 1866. On y jouit d'un superbe panorama sur le Loch Tummel, sur Schiehallion, en forme de cône (1 083 m d'altitude), situé plus à gauche.

Killiecrankie ⊘ – *8 km au Nord par la B 8019, puis une route secondaire*. C'est sur un haut plateau au Nord de l'étroit défilé de Killiecrankie que fut livrée la **bataille de Killiecrankie** (17 juillet 1689). John Graham (le vicomte Dundee) et ses Highlanders battirent les troupes gouvernementales de Guillaume et Marie. Dundee fut mortellement blessé dans la bataille et les Highlanders, sans leur chef, furent balayés un mois plus tard à Dunkeld, au Sud. Mais il fallut attendre Culloden, en 1746, pour assister à la fin de la saga jacobite. Un sentier qui part du centre d'accueil aboutit au **Soldier's Leap** (Saut du Soldat), d'où, d'après la légende, un soldat du gouvernement en fuite aurait sauté pour se protéger.

★★**Blair Castle** ⊘, à **Blair Atholl** – *12 km au Nord de Pitlochry par la A 9.* Le château de Blair fut la capitale de l'ancien royaume d'Atholl et la demeure du duc d'Atholl jusqu'à la mort du dernier représentant de la branche aînée en 1996. Une bonne partie de la tour construite en 1269 est intacte, et le château, avec ses tourelles, ses créneaux et ses parapets, continue à dominer une route stratégique qui conduit au cœur des Highlands. Le duc d'Atholl est le seul Britannique à posséder une armée privée, les **Atholl Highlanders**, uniques survivants du système des clans, dont les chefs avaient la charge de constituer l'armée du roi. Leur parade annuelle a lieu le dernier week-end de mai.

Intérieur – L'histoire de la famille et celle du château sont intimement liées. Les **portraits** de famille (Lely, Jacob de Wet, Honthorst, Hoppner, Zoffany, Landseer) illustrés par des arbres généalogiques, d'intéressantes collections d'armures et de porcelaine, des souvenirs historiques jacobites (notamment un des exemplaires originaux du Pacte National – National Covenant) retracent leur histoire. L'intérieur, du 18e s., mérite une attention toute particulière, surtout les pièces aux somptueux **plafonds de stuc** de Thomas Clayton (l'escalier, la salle à manger et le salon).

PLYMOUTH★

Devon – 245 295 habitants
Carte Michelin n° 403 H 32 ou Atlas Great Britain p. 3 – Schéma : ST IVES

Plymouth s'est développé à partir de la réunion de trois villes, **Sutton**, **Devonport** et **Stonehouse**. À l'embouchure de la Plym, Sutton était à l'origine un petit port de pêche. Le règne des Plantagenêts favorisa l'extension des échanges commerciaux avec la France. Sous le règne d'Élisabeth Iʳᵉ, le commerce visait l'ensemble du monde, de telle sorte que, pendant une certaine période, Plymouth fut la quatrième ville d'Angleterre après Londres, Bristol et York. À partir du 13e s., Plymouth joua également un rôle fondamental en tant que port naval et militaire d'où partirent soldats et explorateurs : **Drake, Raleigh, Hawkins** et **Grenville** (tous originaires du Devon), **Cook** et les **pères pèlerins**. Le Chantier naval royal (2 ha à l'origine) fut fondé par Guillaume III en 1691 sur Bunkers Hill à Devonport et s'étendit vers le Nord. Pendant la Seconde Guerre mondiale, la ville fut victime des bombardements. Le Plymouth moderne donne un sentiment d'espace et de légèreté. La ville comporte trois quartiers : Hoe et ses environs qui est doté de splendides bâtiments victoriens et édouardiens, Barbican, plus vieux, mais trépidant quartier près du port avec son vieux marché à poissons et ses ruelles, et, enfin, le centre commerçant, reconstruit après la Seconde Guerre mondiale avec des avenues bordées de boutiques.

LE PLYMOUTH NAVAL ET MILITAIRE

The Hoe – De « ce lieu majestueux appelé le Promontoire » (Drayton), **Francis Drake** (1540-1596) aurait vu, un jour de 1588, arriver l'« Invincible Armada » espagnole et décidé de terminer la partie de boules qu'il était en train de jouer (ou d'attendre plus certainement le changement de marée ?) avant de partir au combat. Cet emplacement offre une **vue** idéale du trafic maritime du Sound, port naturel situé à l'embouchure de la Tamar et de la Plym. Le moderne centre d'accueil du **Plymouth Dome★** ⊘ explique le riche héritage de la ville. La **tour de Smeaton**, phare peint en rouge et blanc, fut érigée sur le Promontoire en 1884, après avoir été pendant 123 ans à la merci des tempêtes sur Eddystone Rocks, à environ 23 km au Sud-Ouest de Plymouth. Le **phare d'Eddystone** actuel, construit entre 1878 et 1882, est visible du Promontoire. On l'aperçoit encore mieux de la tour de Smeaton d'où l'on bénéficie d'une **vue★★** magnifique. D'autres monuments témoignent du rôle historique de Plymouth : la **statue de Drake** sculptée par Boehm, l'**Armada Memorial** et le monument aux morts, le **Naval War Memorial**, où sont inscrits 22 443 noms. Le Sound est délimité au Sud par une digue longue de 1,5 km, construite par **John Rennie** entre 1812 et 1841, destinée à contenir la houle de grosse mer provenant du Sud-Ouest.

Royal Citadel ⊘ – À partir du 15e s., le terrain à l'Est du Promontoire fut l'emplacement d'une forteresse. Vers 1590, Drake entreprit la construction d'un fort pour protéger le Sound des marauders espagnols, et ce fut sur cet emplacement que Charles II fit construire de 1666 à 1671 la citadelle royale.
Les **remparts**, longs de 1 km, offrent une belle **vue★★** sur le Sound, Barbican et l'embouchure de la Tamar. À l'origine, à l'entrée principale, **Main Gate**, en pierre de Portland et datant de 1670, se trouvaient un buste de Charles II, ainsi que les

armes et la devise royales. Ceux-ci furent diplomatiquement remplacés par quatre boulets de canon lorsque la citadelle fut livrée à Guillaume d'Orange en 1688 ! La maison de la garde, celle du gouverneur et l'entrepôt, datant du 17ᵉ s., ont tous été reconstruits, et la petite **chapelle St Katherine,** bâtie en 1688, fut agrandie au 19ᵉ s. Les fresques sur le mur Est furent peintes par un sous-officier du Génie royal, décédé pendant la Première Guerre mondiale.

BARBICAN ET LE CENTRE-VILLE

Barbican – Le vieux Plymouth est encore perceptible dans le quartier de Barbican qui s'étend à partir du port de Sutton. Il s'agit là d'un mélange d'aménagements modernes et de maisons médiévales, de porches de l'époque de Jacques II et de ruelles. Sur la jetée, **Mayflower Stone** commémore le départ des pères pèlerins, en 1620, sur le *Mayflower,* navire de 27 m. D'autres traversées célèbres sont également rappelées au souvenir des visiteurs par des pierres ou des plaques disposées sur la jetée. Une **maison élisabéthaine** ⊙, au 32 New Street, et la maison voisine (fin du 16ᵉ s.) témoignent d'une époque prospère pour les marchands et les capitaines, que le commerce et les butins enrichissaient. Ces maisons à colombage et pierre calcaire se caractérisent par leurs fenêtres s'étendant sur toute la largeur du rez-de-chaussée et du premier étage, leurs poutres apparentes, les grandes cheminées et le mobilier en chêne sculpté (16ᵉ-17ᵉ s.).

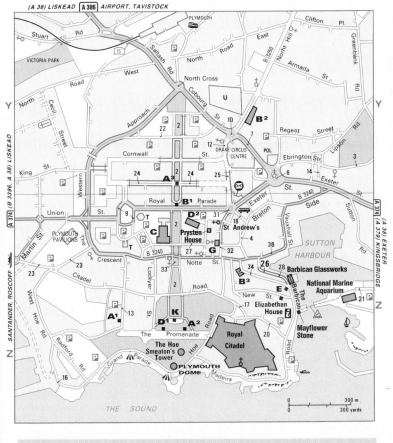

Barbican Glasswork ⊘ – *Sur le front de mer.* L'ancienne halle aux poissons a été transformée en salle d'exposition et atelier pour les souffleurs de verre que l'on voit à l'œuvre, trempant leurs tubes de soufflage dans le verre liquide incandescent.

Coates Black Friars Gin Distillery ⊘ – *En haut de Southside Street.* Cette distillerie est située dans un ancien monastère dominicain fondé en 1425. Une visite guidée permet aujourd'hui d'assister à l'élaboration du gin.

St Andrew's ⊘ – Fondée en 1050 et reconstruite au 15e s., l'église fut bombardée en 1941. Il ne reste que les murs, des colonnes cannelées en granit, les arches du chœur et la tour haute de 41 m. L'église a été reconstruite et de nouveau consacrée en 1957. Elle comprend six **vitraux**, conçus par John Piper (1904-1992), dont les couleurs éclatantes contrastent avec la patine du sol en ardoise de Delabole (Cornouailles).

Sur un rebord de fenêtre *(première fenêtre Ouest, Sud de la porte)* figure ce que l'on désigne du nom d'« **armes parlantes de Drake** » (Drake crest scratching), montrant le *Golden Hinde* (le célèbre navire de Francis Drake) avec une corde partant de son étrave pour encercler une partie du globe. Elles auraient été gravées par un maçon travaillant dans l'église au moment où Drake rentra de son tour du monde (3 novembre 1580). Parmi les **monuments commémoratifs**, on peut admirer une effigie en marbre de Purbeck du 12e ou 13e s., des tablettes dédiées à Martin Frobisher et à Francis Drake, ainsi que les armes royales de Charles Ier, George III et George IV.

Au Sud de l'église se trouve **Prysten House** (maison du prieur) ⊘, la plus ancienne maison de Plymouth (1490). Des moines venant d'un prieuré situé à proximité pour participer aux services de St Andrew y auraient habité au début du 16e s. Cette demeure haute de trois étages comporte une cour intérieure à galeries ouvertes en bois. La salle présente un joli plafond en bois, des poutres encore noircies par la fumée – souvenir de la brève période de la Dissolution –, lorsque la maison était utilisée pour la fumaison du bacon. On peut aussi y admirer de jolies fenêtres à meneaux et des cheminées en granit.

Merchant's House Museum ⊘ – *33 St Andrew's Street.* Cette maison en bois, du milieu du 16e s., dont les fenêtres recouvrent toute la hauteur et la largeur de la façade, doit son style particulier à William Parker, maire de Plymouth de 1601 à 1602, mais aussi marchand et capitaine prospère. Elle abrite le musée du vieux Plymouth qui compte parmi ses expositions une reconstitution d'une des vieilles pharmacies de la ville.

★**City Museum and Art Gallery** ⊘ – *Drake Circus.* Ce grand bâtiment de style victorien n'expose qu'une partie de ses splendides collections consacrées à l'**histoire maritime** de Plymouth (commerce maritime, chantier de construction navale, industries de la ville, histoire de la région et arts contemporains). Les collections permanentes se trouvent à l'étage, dont une partie de la **Cottonian Collection**, qui renferme des peintures, des dessins de maîtres européens, des estampes et des gravures, des livres, des manuscrits, du mobilier et de nombreux objets amassés par plusieurs générations de collectionneurs (avec un grand nombre d'œuvres du peintre **Joshua Reynolds**, né à Plympton St Maurice).

William Cookworthy, qui découvrit le kaolin de Cornouailles et put fabriquer de la **porcelaine à pâte dure** dans cette région à partir 1768, habita aussi Plymouth. Une très belle exposition relate le développement de ce nouveau matériau.

National Marine Aquarium ⊘ – *À l'Est de Sutton Harbour par le pont tournant réservé aux piétons.* Le hall d'accueil offre une belle **vue** de la marina située à l'entrée de Sutton Harbour et de la citadelle. Une exposition décrit le cycle de l'eau qui provient des nuages, tombe sur terre sous forme de pluie et s'écoule dans la mer. Chaque réservoir représente un environnement différent : de la vapeur fraîche, un estuaire, la mer peu profonde, la haute mer, un récif de corail et la faune qui le peuple, des délicats et gracieux hippocampes aux redoutables requins.

ENVIRONS

★★**Saltram House** ⊘ – *5,5 km à l'Est par la A 374, puis au Sud par la A 38.* En 1712, la famille Parker, de Boringdom, acquit ce manoir Tudor que la femme de John Parker entreprit d'embellir en 1750. À sa mort en 1758, son fils, John Parker II, membre du Parlement, en hérita. Par l'intermédiaire de son ami de toujours, **Joshua Reynolds**, né en 1732 dans la région, à Plympton, il fit la connaissance de l'architecte **Robert Adam**, qui travaillait alors en collaboration avec **Thomas Chippendale**. À la suite d'un incendie, Adam, Chippendale, Reynolds et Angelica Kauffmann participèrent à la restauration de Saltram, qui possède ainsi le privilège de présenter quelques-unes des plus belles pièces d'intérieur 18e s. du pays. Malgré les modifications apportées en 1818 – qui vit l'architecte local, John Foulson, ajouter à la bibliothèque un salon de musique, enrichir la façade d'un porche à balustrade orné de colonnes doriques et agrandir les fenêtres situées au-dessus de ce porche –, la maison demeure dans l'ensemble ce qu'elle fut au 18ᵉ s., combinant avec bonheur l'architecture d'Adam, le mobilier de Chippendale, les portraits de Reynolds, les peintures de Kauffmann et une remarquable collection de porcelaines.

★★ Buckland Abbey ⊘ – *15 km au Nord par la A 386, puis par des routes secondaires.* Fondée en 1278, Buckland fut la dernière abbaye cistercienne construite en Angleterre et au pays de Galles. À la Dissolution, elle fut vendue à sir Richard Grenville (1541-1591) qui en fit une belle demeure élisabéthaine. Son célèbre et riche cousin **Francis Drake** la lui racheta ensuite en 1581. La propriété fut depuis transformée en une maison familiale georgienne – c'est du moins l'impression générale qu'elle donne –, puis, après un incendie survenu en 1938, fut restaurée avant de devenir la propriété du National Trust (1946). Le conseil municipal de Plymouth l'utilise comme annexe du musée des Beaux-Arts. Le jardin date surtout du 20ᵉ s., et le jardin d'herbes aromatiques fut planté, dit-on, après une visite de Vita Sackville West, écrivain et amie de Virginia Woolf.

La **grange dîmière** (14ᵉ s.) comporte des contreforts et des pignons. Sa taille témoigne de la prospérité de la communauté avant la Dissolution. La demeure a fort astucieusement exploité les éléments architecturaux de l'ancienne église, adaptés aux besoins de l'architecture civile. Ainsi, l'aile où sir Grenville avait établi ses cuisines a été aménagée à partir des chapelles orientées ouvrant sur l'ancien transept de l'abbatiale. À l'intérieur de la demeure, un couloir lambrissé mène à l'escalier principal, aux murs duquel sont accrochés des relevés topographiques. La **galerie dite des Quatre Vies**, réalisée sur toute la longueur de la nef d'origine, révèle l'évolution de l'abbaye de 1278 à 1988. Les armoiries de Drake figurent sur une tablette de cheminée, dans la croisée Nord. L'aile Sud fut ajoutée vers 1790 afin de rendre l'entrée plus pratique. Dans l'escalier, les panneaux vitrés de la fenêtre furent gravés par Simon Whistler pour commémorer la victoire de Francis Drake sur l'Invincible Armada (1588) lors de son 400ᵉ anniversaire. La **galerie Drake**, ajoutée en 1570, commande le premier étage. Une exposition consacrée à Drake y est actuellement présentée. Une série de portraits orne les murs de la **chambre Drake**, pièce lambrissée ornée de meubles anglais et de style continental. Au bout de la galerie, la **pièce georgienne** reflète un goût complètement différent (portraits et paysages marins, mobilier des 18ᵉ et 19ᵉ s.). La **galerie Pym** renferme quatre peintures murales commandées par lord et lady Astor, illustrant les légendes associées à Francis Drake. La **grande salle**, au cœur de la vieille abbaye, sous la tour, est pavée de carreaux rose et blanc (probablement d'origine hollandaise) et lambrissée de chêne. Les décorations en stuc, pour la plupart d'époque, sont impressionnantes. Le mobilier date surtout des 16ᵉ et 17ᵉ s. La **chapelle**, qui avait d'abord été reconstruite en 1917 à l'emplacement qu'occupait le maître-autel, abrite plusieurs tombes vides. La cuisine avec ses fours à charbon en brique typiquement français et de nombreux ustensiles anciens fut ajoutée au 17ᵉ s.

Côte Sud de la Cornouailles entre Plymouth et Truro – *Voir Truro.*

Joshua Reynolds (1723-1792)

Reynolds, fils d'un pasteur et enseignant du Devon, fut sans conteste le peintre britannique le plus important du 18ᵉ s. Il fut non seulement un brillant portraitiste mondain, intelligent et aux multiples talents, mais aussi l'auteur d'un recueil de théories artistiques qu'il publia sous la forme d'une série de *Quinze discours sur l'art* (de 1769 à 1790). En qualité de président fondateur de la **Royal Academy**, il concilia les idéaux philosophiques du Siècle des lumières avec l'esthétique et la sensibilité du mouvement romantique naissant pour créer une école de peinture véritablement anglaise.

Il fit son apprentissage à Londres (de 1740 à 1743) avec **Thomas Hudson**, le portraitiste en vogue à l'époque, avant de séjourner en Italie pour étudier les styles Renaissance et baroque, en particulier à Rome.

Il est surtout connu pour ses portraits, un genre auquel il excellait et qui était très prisé par les chefs militaires, les hommes d'affaires prospères et les intellectuels de premier plan (notamment le Dr Johnson et Horace Walpole). Reynolds eut l'intelligence de comprendre le prestige que l'art du portrait pouvait conférer à ses mécènes. En représentant ses personnages dans des poses inspirées de la sculpture classique (l'Apollon du Belvédère par exemple) et en les entourant d'attributs allégoriques à la manière de Rubens et de Van Dyck, Reynolds parvenait à faire passer un peu de l'esprit de la peinture ancienne dans le style grandiose de ses portraits. Sa réussite en tant qu'artiste devait beaucoup à sa capacité de varier les poses, les textures et les détails, de façon à donner la représentation la plus flatteuse possible de ses modèles et à capter l'essence propre à chaque personnalité.

PORTMEIRION★★★

Gwynedd

Carte Michelin n° 403 H 25 ou Atlas Great Britain p. 32

Construit sur une péninsule boisée ouvrant des vues magnifiques sur les eaux étincelantes et les bancs de sable de Traeth Bach, ce joli village, adossé aux montagnes de Snowdonia, fut créé par sir Clough Williams-Ellis (1893-1978), un architecte imaginatif et protecteur de la nature. Portmeirion a souvent servi de décor de films, dont le plus célèbre fut *Le Prisonnier* (1966-1967), une célèbre série télévisée interprétée par Patrick McGoohan.

VISITE ⏱ *30 mn*

Fantaisie, mises en scène et effets spéciaux se mêlent dans ce village, conçu pour démontrer que la vie est une fête et l'architecture un plaisir. Son créateur, sir Clough, affirmait que Portmeirion « n'aspirait à rien d'autre qu'à la beauté et la joie ». Aujourd'hui, le village a suffisamment d'attrait pour accueillir chaque jour un grand nombre de visiteurs. Certains prolongent même leur séjour à l'hôtel ou dans les nombreux cottages de vacances aux accents baroques, rococo ou italianisants. Des portes conduisent à **Battery Square**, bordée de quelques-uns des bâtiments les plus anciens de Portmeirion. Le quartier de la Citadelle est dominé par le **campanile** de 24 m, moins grand en réalité que ne le font paraître les illusions d'optique employées par sir Clough. Dans la vallée qui descend vers le rivage s'étend la **Piazza**. Cet écrin de verdure au cœur du village ouvre de belles vues sur le Panthéon et la colonnade de Bristol, l'un des nombreux ensembles sauvés de la démolition et reconstruits ici avec amour. On y trouve un pavillon gothique, un arc de triomphe, une gloriette et d'innombrables détails décoratifs et d'aménagements paysagers réussis. Sur le quai est amarré le **bateau de pierre** qui ajoute une touche finale à la magie déployée par le créateur.

EXCURSIONS

★★**Harlech Castle** ⏱ – *29 km à l'Est par la A 487 jusqu'à Maentwrog, puis au Sud par la A 496. Une route à péage à travers les marais de l'estuaire raccourcit le trajet de 17 km.* Commencé lors de la deuxième campagne d'Édouard Iᵉʳ au pays de Galles, le château de Harlech fut construit entre 1283 et 1289. Du haut de son rocher à 60 m d'altitude, son impressionnante silhouette domine la plaine et offre de belles perspectives sur les sommets de la région du Snowdon, sur la péninsule de Lleyn au-delà de la baie de Tremadog, et, au Sud-Ouest, sur la mer d'Irlande. Sa position protégée, ses murs et « plates-formes d'artillerie » assuraient sa défense. **Jacques de Saint-Georges**, maître maçon de la plupart des châteaux d'Édouard au pays de Galles, fut récompensé de son labeur par sa nomination au poste de gouverneur de Harlech en juillet 1290.

La Piazza

La chanson *Men of Harlech* commémore la défense du château par les Lancastre, pendant huit ans, durant la guerre des Deux-Roses. À l'époque, le château servit de refuge à l'épouse d'Henri VI, Marguerite d'Anjou. La garnison put sortir en triomphe en 1468, et ne pas être massacrée ou pendue – comme le voulait la coutume à l'époque pour les perdants.

Avant d'entrer, prendre le temps d'admirer la massive façade Est, son **corps de garde** et ses larges tours rondes – spectacle intimidant auquel étaient confrontés les agresseurs. On entre par un escalier de bois moderne, à l'emplacement jadis d'un deuxième pont-levis. Celui-ci s'abaissait sur des tours, dont ne subsistent plus que les fondations. De l'intérieur, on apprécie mieux la force et l'importance du corps de garde. Ces fenêtres à remplage donnant sur la cour intérieure laissent pénétrer la lumière qui éclaire largement les appartements, leurs cheminées et la chapelle. On trouve là un très bel exemple de l'architecture « domestique fortifiée » de l'époque, qui contraste avec le caractère purement militaire des tours et de la muraille.

★★**Lleyn Peninsula** – *À l'Ouest par la A 487 et la A 497.* Prolongement géologique du Snowdon, cette péninsule retirée aux paysages sauvages et à la côte pittoresque est l'un des fiefs de l'identité galloise. À sa base s'étend la charmante station balnéaire victorienne de **Criccieth** qui possède un **château** ⊘ gallois du 13ᵉ s., aujourd'hui en ruine. En avançant vers l'Ouest, on parvient au village de vacances populaire de **Pwllheli**. Comme la péninsule ne possède aucune ville de grande importance, il est conseillé de choisir l'une de ces deux localités comme point de départ pour explorer la région.

Dans le village de **Llanystumdwy** *(3 km à l'Ouest de Criccieth)*, le **Lloyd George Museum** ⊘ occupe la maison où le célèbre homme d'État David Lloyd George (1863-1945), député libéral de Caernarfon sans interruption pendant 55 ans et Premier ministre entre 1916 et 1922, passa son enfance. Non loin de l'extrémité de la péninsule, abrités des vents au milieu des arbres, s'étendent les merveilleux jardins de **Plas-yn-Rhiw**★ ⊘, petit cottage attachant, mi-Tudor, mi-georgien.

Les autres attractions ont trait aux paysages naturels de la région : les trois étranges collines de Tre'r Ceiri, les merveilleuses plages de sable et, à la pointe Sud-Ouest, les hauteurs accidentées de **Mynnyd Mawr**★, dominant l'île de pèlerinage de **Bardsey**★.

PORTMOUTH★

Hampshire – *174 690 habitants*
Carte Michelin n° 404 Q 31 ou Atlas Great Britain p. 10

La première base navale de Grande-Bretagne se situe sur l'île de **Portsea**, entre deux ports protégés par des anses quasi fermées, Portsmouth et Langstone. L'île ne fut pratiquement pas habitée avant le 12ᵉ s. Cependant, le début du 15ᵉ s. vit le développement de la base navale et la première forme de radoub au monde y fut construite en 1495. Portsmouth devint, dès la fin du 17ᵉ s., le premier port de guerre du pays. Au 18ᵉ s., lorsque la menace française se fit plus précise, les fortifications furent renforcées. Après les bombardements intensifs de la Seconde Guerre mondiale, la ville fut reconstruite et s'étendit bientôt à l'ensemble de l'île de Portsea et à l'intérieur des terres, entre Portchester et Farlington.

NAVIRES HISTORIQUES **(FLAGSHIP PORTSMOUTH)** ⊘ *Compter 3 h*

★★★**HMS Victory** – Le 21 octobre 1805, au large du cap Trafalgar en Espagne, le splendide trois-mâts de l'**amiral Horatio Nelson** remporta la bataille contre une flotte composée de bâtiments français et espagnols. L'amiral y perdit la vie. Vers 1920, le *Victory* fut mis en cale sèche après 150 années de bons et loyaux services. Il est depuis le siège du Haut Commandement de la Royal Navy avec, à son bord, du personnel actif de la marine et des fusiliers marins. Des travaux de rénovation sont en cours, visant à lui rendre la forme et l'aspect qu'il avait à l'époque de la bataille de Trafalgar.

★★**The Mary Rose** – Le 19 juillet 1545, le quatre-mâts *Mary Rose* (construit en 1509), bâtiment du vice-amiral de la flotte anglaise, gîta et sombra alors qu'il s'apprêtait à riposter à une attaque française. Henri VIII et son armée, qui se trouvaient à Southsea Common, entendirent les cris des hommes qui se noyaient. On retrouva l'épave, vers 1960, conservée par la vase du Solent ; on remonta la coque à la surface en 1982. Aujourd'hui, elle constitue un témoignage irremplaçable de l'époque des Tudors, remarquablement préservée après 437 années passées au fond de l'eau. Une **exposition** sur les nombreux objets retrouvés à bord – trésors et objets personnels de l'équipage – nous donne un bon aperçu de la vie marine d'alors. Une présentation audiovisuelle décrit la spectaculaire opération de sauvetage.

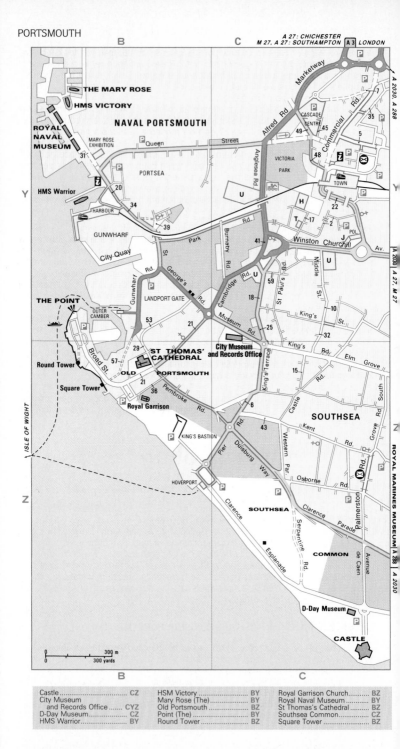

Castle	CZ	HSM Victory	BY	Royal Garrison Church	BZ
City Museum		Mary Rose (The)	BY	Royal Naval Museum	BY
and Records Office	CYZ	Old Portsmouth	BZ	St Thomas's Cathedral	BZ
D-Day Museum	CZ	Point (The)	BY	Southsea Common	CZ
HMS Warrior	BY	Round Tower	BZ	Square Tower	BZ

HMS Warrior 1860 – Ce cuirassé noir, aux lignes pures, fit naguère la fierté de la marine de la reine Victoria. Premier cuirassé de Grande-Bretagne, il fut armé vers 1860 et après cent ans de service dans le cadre de missions diverses, il a été superbement restauré. Le *HMS Warrior* est à présent un musée vivant où chaque facette de la vie dans la marine victorienne est très précisément restituée.

★★**Royal Naval Museum** ⊘ – Le musée de la Marine se trouve à proximité du *HMS Victory* et du *Mary Rose*, au cœur du port de guerre historique, et retrace toute l'histoire de la marine britannique. Depuis ses fenêtres, on aperçoit les bâtiments de la Royal Navy qui, aujourd'hui encore, ont vocation à défendre les côtes de Grande-Bretagne. Ses galeries présentent de très nombreux objets ayant appartenu aux hommes qui servirent leurs pays dans la marine. Elles couvrent une période de mille ans d'histoire, en temps de guerre comme en temps de paix. Les souvenirs de ces marins du passé sont ramenés à la vie par une passionnante série d'expositions modernes.

À voir, dans la galerie Victory, un tableau panoramique de W.L. Wyllie et une maquette évoquant la bataille de Trafalgar.

★ LE VIEUX PORTSMOUTH *Compter 1 h 1/2*

Harbour Ramparts – La vieille ville, qui se développa autour de Camber, au Sud du chantier de construction navale, était autrefois entièrement entourée de remparts. Aujourd'hui, seuls subsistent ceux qui se trouvent côté port, offrant une agréable promenade avec vue sur Gosport et Spithead. À l'extrémité de Broad Street, le **cap** procure une bonne **vue panoramique**★★ du trafic portuaire. La **tour ronde**, construite sur l'ordre de Henri V, fut modifiée sous le règne de Henri VIII, puis, à nouveau, au 19ᵉ s. La **tour carrée**, construite en 1494 et elle aussi maintes fois modifiée, contient, dans un recoin, un buste doré de Charles Iᵉʳ dû à Le Sueur.

★ St Thomas Cathedral
– Construite vers 1180, elle fut à l'origine une chapelle dédiée à **Thomas Becket**, martyrisé en 1170. Seuls le chœur et le transept de style gothique Early English survécurent à la guerre civile. Vers 1690, la nef et la tour furent reconstruites et le joli **dôme** de bois, de forme octogonale – point de repère pour les bateaux – fut ajouté en 1703. Dans le bas-côté Sud du chœur, on trouve le monument funéraire du fameux duc de Buckingham, assassiné au n° 11 de High Street en 1628.

Après qu'elle fut promue au rang de cathédrale (1927), l'église fut agrandie en 1938-1939.

P. Plisson/EXPLORER

Dans la base navale

Royal Garrison Church – L'*église de la garnison royale* était la chapelle d'un hôpital fondé vers 1212 et démoli en 1827. L'église fut bombardée en 1941 et aujourd'hui, seul le superbe chœur de style gothique Early English doté de bossages feuillus et de chapiteaux a conservé son toit.

City Museum and Records Gallery ⊘ – Les collections du musée d'Art portent sur l'histoire et l'art locaux du 17ᵉ au 20ᵉ s.

Southsea – La langue de terre située au Sud de l'île de Portsea n'était qu'un marécage en friche jusqu'au 19ᵉ s., époque où la banlieue riche de Portsmouth et la station balnéaire commencèrent à s'étendre et où le terrain communal devint une aire de loisirs. À l'extrémité Sud de l'île se trouve le **château**★ ⊘, construit par Henri VIII en 1544-1545, partie intégrante de l'ensemble des forteresses défendant les ports le long des côtes méridionale et orientale. Le **donjon** central, entouré de douves à sec, est toutefois essentiellement Tudor. À l'intérieur, une exposition retrace l'expansion des fortifications de Portsmouth, le règne d'Henri VIII et la guerre civile.

D-Day Museum ⊘ – À proximité du château, le **musée du Débarquement** illustre les principales péripéties de la Seconde Guerre mondiale. La pièce maîtresse en est la tapisserie *Overlord Embroidery*, dont les 34 panneaux racontent le déroulement du débarquement.

AUTRES CURIOSITÉS

Maison natale de Charles Dickens ⊘ – *Old Commercial Road, City Centre*. Charles Dickens naquit en 1812 dans une petite maison faisant partie d'une *terrace* et y passa son enfance. La demeure a été restaurée et meublée dans le style de cette époque. En face de la chambre à coucher, on peut visiter une petite exposition renfermant le sofa de velours vert sur lequel Charles Dickens mourut à Gads Hill (Kent), le 9 juin 1870.

★**Royal Marines Museum** ⊘, à **Eastney** – *Sortir par Clarence Parade*. Dans l'ancien mess des officiers, une présentation originale rend compte de la création, de l'histoire et de la mission actuelle du corps des fusiliers marins. Lors de sa fondation, par Charles II, il était constitué de soldats servant à bord de navires. Il acquit sa notoriété à la prise et la défense de Gibraltar en 1704. Tout aussi intéressante est la présentation audiovisuelle du rôle que jouèrent les fusiliers dans les batailles de Zeebrugge et du Jutland, pendant la Seconde Guerre mondiale, en Irlande du Nord et aux Malouines.
Au premier étage, on peut voir une collection de médailles, d'uniformes, de portraits et de pièces d'argenterie, et une exposition sur les fanfares de fusiliers marins.

EXCURSIONS

★**Portchester Castle** ⊘ – *8 km au Nord, par la A 3*. À l'extrémité Nord de l'anse de Portsmouth se trouve un château presque entièrement cerné par la mer. La première phase de sa construction fut entreprise à la fin du 3ᵉ s., à l'époque où les Romains érigèrent des murs de défense de 3 m d'épaisseur et de 6 m de hauteur, délimitant une surface de 3,5 ha. Les murs sont toujours debout, bien que le fort ait été utilisé par les Saxons aux 5ᵉ et 6ᵉ s., avant de devenir un château médiéval, au début du 12ᵉ s., sous le règne de Henri Iᵉʳ. On construisit un mur d'enceinte intérieur, entouré de douves, et un **donjon** massif et austère qui fut rehaussé au milieu du 12ᵉ s. À la fin du 14ᵉ s., Richard II fit bâtir un palais, aujourd'hui en ruine, dans la cour intérieure. En 1133, Henri Iᵉʳ fonda un prieuré augustin à l'intérieur des murs et, bien que le prieuré se déplaçât à Southwick vingt ans plus tard, l'église St Mary subsista. De style roman avec une très belle façade principale, elle recèle des fonts baptismaux du 12ᵉ s.

Royal Armouries Museum of Artillery ⊘, au **Fort Nelson**, **Portsdown Hill** – *14 km au Nord-Ouest par la M 27*. Ce fort victorien superbement restauré faisait partie d'une chaîne de forts construits sur les ordres de lord Palmerston pour défendre Portsmouth contre les invasions françaises. Les forts ayant été bâtis le dos à la mer pour prévenir toute attaque venant des terres, ils furent vite appelés **« les folies de Palmerston »**. Les **vues** s'étendent des remparts sont très belles.
Les casernes ont été reconstituées, et le musée présente une impressionnante collection de pièces d'artillerie comprenant des canons ornementés en bronze d'époque médiévale et originaires d'Inde, de Chine et de Turquie, des batteries anti-aériennes de la Seconde Guerre mondiale et trois des « super-canons » confisqués par les douanes britanniques en 1990, alors qu'ils étaient sur le point d'être exportés illégalement en Irak, « maquillés » en pipelines.

RICHMOND★

North Yorkshire – 7 862 habitants
Carte Michelin n° 402 O 20 ou Atlas Great Britain p. 46

Situé dans la partie inférieure de la vallée de Swaledale et juste à la lisière du Yorkshire Dales National Park, Richmond est une agréable ville de province où se rassemble et commerce toute la région. C'est là que demeurait Frances l'Anson, « la tendre demoiselle » qui épousa l'auteur de la chanson du 18e s., *Sweet Lass of Richmond Hill*, en 1787.

★**Castle** ⊙ – C'est en 1071 qu'Alain le Rouge entreprit la construction de ce château. Le gros œuvre des murs d'enceinte date probablement de cette période. Solidement établi au bord d'une falaise surplombant la rivière, le château n'a cependant joué qu'un rôle extrêmement ténu dans l'histoire de l'Angleterre, épargné qu'il fut tant par la guerre des Deux-Roses que par la guerre civile. On y accède par le donjon, ouvrage de maçonnerie romane, gris, haut de 30 m, assez imposant donc pour soutenir la comparaison avec le donjon de Rochester ou la tour Blanche de Londres. L'arc du 11e s. qui le rattache à la cour intérieure est à remarquer. Le sommet du donjon offre une vue splendide sur la place pavée du marché, et au-delà, sur l'étendue de landes. Des édifices de la cour, le plus intéressant est le **Scolland's Hall**, qui date de 1080. À l'exception du donjon habité de Chepstow, c'est le plus vieux bâtiment de ce type en Angleterre.

★**Georgian Theatre Royal and Museum** ⊙ – *En empruntant Friar's Wynd à partir de Market Place.* Ouvert le 2 septembre 1787, il fut très longtemps utilisé à partir de 1840 comme salle des ventes. Restauré en 1963, c'est le seul théâtre georgien du pays ayant gardé sa forme et ses caractéristiques d'origine.

Green Howards Regimental Museum ⊙ – *Market Place.* Installé dans l'église de la Sainte-Trinité, le musée fut inauguré en 1973 par le colonel en chef du régiment, le roi de Norvège Olaf V. Y sont exposés notamment des uniformes, des médailles, des souvenirs de campagnes, des armes, des insignes et des tableaux de 1688 à nos jours.

EXCURSIONS

Barnard Castle – *24 km au Nord-Ouest par les B 6274, A 66, puis une route secondaire à droite.* Un **château** ⊙ en ruine domine de toute sa hauteur la rive très pentue de la Tees et surplombe la ville qui s'est développée à ses pieds. Il fut construit au début du 11e s. sur une terre offerte par Guillaume II aux Baliol, fondateurs du Baliol College à Oxford en 1263 et de l'abbaye Sweetheart en Écosse. Le château s'organisait autour de quatre cours. Aujourd'hui, la **tour Baliol** (vers 1250) reste le témoin le mieux préservé de cet imposant ensemble.

★**Josephine and John Bowes Museum** ⊙ – *Situé à Barnard Castle même, et non à Bowes ; suivre la signalisation.* Un château à la française érigé au milieu de jardins de 9 ha surprend dans cette région. Sa construction fut décidée en 1869 pour abriter la riche collection de céramiques, de tableaux, de tapisseries, de mobiliers et autres objets d'art amassée par John Bowes et son épouse française. Outre des curiosités comme un automate en argent représentant un cygne, on observera des peintures de première qualité : un magnifique *Saint Pierre* signé du Greco, deux Goya et des œuvres du Primatice, de Boucher, Boudin et Courbet. Une galerie est réservée aux peintures de Joséphine Bowes.

★**Raby Castle** ⊙, **à Staindrop** – *23 km au Nord par la B 6274.* Construit au 14e s. par la famille Nevill, le château de Raby fut confisqué par la Couronne après le « soulèvement du Nord » contre la reine Élisabeth en 1569. En 1626, il fut vendu à sir Henry Vane, trésorier de Charles Ier. Ses descendants – les lords Barnard – l'habitent encore. Malgré son aspect de château à douves du 14e s., l'intérieur date principalement des 18e et 19e s. La demeure contient une belle collection de peintures et de mobilier, ainsi que de beaux spécimens de porcelaine de Meissen. La gracieuse statue d'un **esclave grec** aux mains liées est due à Hiram Powers, sculpteur américain qui fit scandale lorsqu'il la présenta à l'Exposition universelle de 1851. Dans le beau **jardin clos**, on peut admirer de vieux ifs et un figuier de plus de 200 ans.

Sion Hill Hall ⊙, **à Kirby Wiske** – *32 km au Sud de Richmond, non loin de la A 167.* Walter Brieley, qui fut souvent comparé à Edwin Lutyens, a conçu cette demeure en brique rouge pour la famille Stancliffe en 1913. En principe, on peut visiter toute la maison, en particulier le boudoir, la nursery (collection de poupées) et l'office du maître d'hôtel. Herbert Mawer, le dernier propriétaire, a rassemblé une collection éclectique de porcelaine, d'objets d'art, de mobilier et d'horloges. Au **Centre d'oiseaux de proie**, dans le parc, on peut assister à des démonstrations en vol d'aigles, de faucons et de hiboux.

Bolton Castle ⊙, **à Castle Bolton** – *19 km au Sud-Ouest en empruntant la A 6108, puis, sur la droite, une route secondaire.* Richard Scrope entreprit la construction de son château en 1379. C'est dans l'ensemble une confortable résidence de l'époque, établie autour d'une cour intérieure. Pour sa défense, le château disposait de solides tours d'angle, de petites tours et de herses ; toute la partie comprise à l'angle Sud-Est pouvait être fermée pour constituer un donjon indépendant. Marie Stuart y fut retenue prisonnière en 1568-1569. Le château est encore parfaitement conservé, en dépit d'un saccage après la guerre civile.

RIPON★

North Yorkshire – 13 806 habitants
Carte Michelin n° 402 P 21 ou Atlas Great Britain p. 40

Chaque soir à 21 heures, de Market Square s'élève le son du cor « pour régler les montres ». Cette coutume commémore la responsabilité qui incombait au veilleur durant le Moyen Âge de protéger les citoyens pendant la nuit. Une taxe de deux pence par porte de maison lui était annuellement versée, et sur cette « prime d'assurance », il remboursait tout dommage subi pendant sa veille.

★**Cathedral** ⊙ – Élevée au-dessus de la crypte saxonne de l'église St Wilfrid (672), la cathédrale, commencée en 1154, offre au regard du visiteur le spectacle de son imposante façade principale – « la plus belle d'Angleterre » (Pevsner) – de style gothique Early English. La tour présente un contraste de style frappant, car elle s'écroula partiellement en 1450. Les murs Sud et Est furent reconstruits dans le style Perpendicular, alors que les murs Nord et Ouest, de style Transitional, avaient été épargnés.

Immédiatement à droite après le portail Ouest se trouvent les fonts baptismaux et au-dessus, dans l'ouverture la plus occidentale du bas-côté Sud, de petits vitraux ronds du 14ᵉ s., seuls vestiges de la verrière orientale, mise à mal en 1643 par les troupes parlementaires qui détruisirent également les « représentations idolâtres » du **jubé**. Elles furent remises en place par un seul sculpteur au cours de la Seconde Guerre mondiale.

À droite de l'autel, des marches descendent vers la **crypte saxonne** (3,50 m sur 2,50 m et moins de 3 m de hauteur) construite par saint Wilfrid à son retour de Rome. Une partie de la tour centrale s'écroula en 1450. William Bromflete et une poignée d'artisans de l'école dite de Ripon (ils exercèrent leur talent ici même et à Beverley à la fin du 15ᵉ s.) mirent cinq années à sculpter les **miséricordes** des délicates **stalles** du chœur. L'une représente un éléphant et un château (« Elephant and Castle »), dont on a souvent affirmé qu'il s'agissait d'un contresens dans la traduction anglaise du titre d'infante de Castille (« Infanta of Castile ») que portait Éléonore, la femme d'Édouard Iᵉʳ (ce nom a depuis été très largement donné à des pubs). L'impressionnante grille en fer, moderne, de la **chapelle du Saint-Esprit** symbolise les « langues de feu » de la Pentecôte. Le **trésor** renferme une collection d'argenterie donnée à la cathédrale, ainsi que le « joyau de Ripon », une broche saxonne ornée d'ambre et de grenats, trouvée à proximité en 1976.

Market Square – C'est l'une des places les plus vastes du Nord du pays. L'**obélisque**, aux quatre coins duquel on sonne le cor, date de 1781, et célèbre les soixante ans de mandat parlementaire de William Aislabie, qui demeurait aux environs, à Studley Royal *(voir Fountains Abbey)*. L'**hôtel de ville**, construit par Wyatt en 1801, est orné d'un portique ionien sur la frise duquel est gravée la sentence : « Si Dieu ne veille pas sur la cité, le veilleur veille en vain. » Les quatre cors de la ville sont exposés dans le salon du maire, notamment le cor de la charte, vieux de plusieurs siècles et symbole de l'octroi de la première charte à Ripon en 886.

Tout près se tient la **maison du Veilleur** (Wakeman's House), maison à colombage du 14ᵉ s., à deux étages, résidence du dernier détenteur de la fonction, Hugh Ripley, qui devint en 1604, sous la charte octroyée par Jacques Iᵉʳ, le premier maire de Ripon.

Ripon Workhouse Museum of Yorkshire Poor Law ⊙ – *Allhallowgate*. Le musée de la maison de correction de Ripon, bâtiment datant de 1854, montre les sordides conditions de vie (exposition de photographies du 19ᵉ s.) et le régime sévère de ce type d'établissement, seule alternative, le plus souvent, pour les exclus de la société victorienne – les mendiants, les orphelins, les vieillards et les fous. Les vagabonds étaient épouillés dans des baignoires semblables à des cercueils, puis enfermés dans de minuscules cellules pour la nuit ; ils payaient leur dû en cassant des pierres ou en sciant du bois.

Prison and Police Museum ⊙ – *St Marygate*. Dans cette vieille prison, deux siècles de maintien de l'ordre sont relatés, illustrés par divers documents, des estampes et des objets (pilori et poteaux où étaient attachées les personnes que l'on fouettait).

ENVIRONS

★★★**Fountains Abbey** – *Voir ce nom.*

Lightwater Valley ⊙, à **North Stanley** – *5 km au Nord par la A 6108*. Une énorme « planète » orange survole ce parc thématique (71 ha) situé en pleine campagne. La « Planet Lightwater » propose de nombreuses attractions pour tous les âges, allant de « Ladybird », petit train à vapeur pour les tout-petits, à « Ultimate Beast », les plus grandes montagnes russes du monde.

Black Sheep Brewery ⊙, à **Masham** – *13 km au Nord par la A 6108*. Pendant plusieurs générations, la famille Theakston a perpétué une tradition de brasserie à Masham. Lorsque l'entreprise fut reprise en 1989, Paul Theakston conçut cette brasserie à l'intérieur d'un ancien *kiln* (sorte de four en forme de tour, servant à la fabrication des whiskys maltés). La visite explique le fonctionnement du kiln, qui ne joue que sur le phénomène naturel de la pesanteur.

Le monde de James Herriot – *À Thirsk, 20 km au Nord-Est par la A 61.* Les expériences vécues, souvent drôles et mouvementées du vétérinaire devenu auteur lui gagnèrent le cœur de millions de lecteurs à travers le monde et donnèrent lieu à une série télévisée populaire tournée dans le cadre merveilleux des vallons du Yorkshire. La visite de la demeure et du cabinet de James Herriot révèle à quel point le vétérinaire et ses fidèles assistants étaient passionnés par leur travail. Une exposition est consacrée à la série télévisée et à ses interprètes.

★**Newby Hall** ⓥ – *6 km au Sud-Est, par la B 6265, puis une route secondaire.* L'agréable maison d'origine (17ᵉ s.) en brique fut transformée et agrandie au 18ᵉ s. par John Carr et Robert Adam. Elle est célèbre pour les intérieurs qui sont l'œuvre d'Adam, en particulier la **salle des Tapisseries** des Gobelins qui contient les **tapisseries**★ des *Amours des dieux* tissées sur une trame inhabituelle, et la galerie conçue pour accueillir l'exceptionnelle collection de statues classiques que William Wedell avait rapportée d'Italie en 1765. Parmi les autres centres d'intérêt, citons le mobilier Chippendale et une collection de pots de chambre (16ᵉ-19ᵉ s.).

Au Sud de la maison, de beaux **jardins** descendent jusqu'à l'Ure. L'axe principal est constitué par une large allée de gazon, flanquée de bordures herbacées. De part et d'autre s'étendent des jardins compartimentés, plantés pour fleurir à différentes saisons. On trouve de nombreuses plantes rares, arbres et arbustes, ainsi que la collection nationale de cornacées. Un petit train embarque des passagers, longeant la rivière depuis Lime Avenue jusqu'aux jardins de l'Aventure (pour les enfants). Un sentier en forêt permet d'explorer le parc. Près du portail se dresse l'église du Christ-Consolateur, dédiée à Frederick Vyner, tué par des brigands lors d'un voyage en Grèce en 1870. Sa mère commanda à William Burges la construction de cet ouvrage de style gothique Early English.

ROCHESTER

Kent – 23 840 habitants
Carte Michelin n° 404 V 29 ou Atlas Great Britain p. 12

Les Romains bâtirent Durobrivae pour surveiller le passage sur la rivière Medway. Un château fut ensuite érigé par les Normands au 12ᵉ s. Il domine toujours le fleuve, la cathédrale et la ville, jadis fortifiée, que coupe en deux High Street. Rochester et l'estuaire de la Medway ont servi de cadre à plusieurs romans de Charles Dickens auquel est consacré le **Charles Dickens Centre** ⓥ.

★**Castle** ⓥ – Les premières **courtines** furent construites par Gundulf, évêque de Rochester et bâtisseur de la cathédrale (ainsi que de la Tour de Londres). Le **donjon** actuel, édifié en 1127 par Guillaume de Corbeil, archevêque de Canterbury, constitue, par ses vestiges, un exemple hors pair de l'architecture militaire romane. Remarquez la décoration des arcs, ainsi que la grande salle et les bastions du 13ᵉ s.

★**Cathedral** ⓥ – L'évêque Gundulf (1024-1108) suivit Lanfranc en Angleterre et occupa le deuxième siège épiscopal d'Angleterre, de 1077 jusqu'à sa mort en 1108. Par la suite, la cathédrale fut considérablement agrandie par deux fois, aussi date-t-elle en majeure partie des 12ᵉ et 13ᵉ s. La façade principale, romane, présente un intérêt particulier. Elle est riche en arcatures aveugles et les exubérantes sculptures du **porche central** (1160) dénotent une forte influence française. Après les six premières **baies romanes de la nef**, la cathédrale est essentiellement de style gothique Early English. La fresque du chœur évoque la *Roue de la fortune* et remonte au 13ᵉ s., époque où l'ensemble des murs de la cathédrale était peint. Remarquer les sculptures sur le porche de la salle capitulaire (vers 1350) et l'extrémité Ouest de la crypte qui fait partie de l'œuvre originale de Gundulf.

Au Nord, entre les deux transepts, se dresse la **tour de Gundulf** (1100 environ) et au Sud subsistent les ruines du cloître du 12ᵉ s.

Guildhall ⓥ – Ce très beau bâtiment de la Renaissance, surmonté d'une girouette de cuivre reproduisant un navire de ligne (18ᵉ s.), évoque un pan de l'histoire de Rochester en illustrant les bagnes flottants de la Medway ou les bateaux-prisons. Mais des aspects plus plaisants de l'époque victorienne sont présentés dans l'aile adjacente du service des Eaux et Forêts (Conservancy).

Charles Dickens Centre – Dans Eastgate House, demeure élisabéthaine, la technologie moderne apporte un nouvel éclairage à l'univers de Dickens et à ses personnages. Le **chalet suisse** où Dickens écrivait encore l'été précédant sa mort a été transféré de Gads Hill Place dans les jardins.

La conquête romaine

La région de la Medway regorge de sites préhistoriques et romains. Lorsque l'empereur Claude envahit la Grande-Bretagne, les légions romaines atteignirent les environs de Richborough dans le Kent et avancèrent vers l'Ouest. Une pierre non taillée (de 5 m de haut), érigée en 1998 près d'un gué sur la Medway à Snodland, au Sud de Rochester, constitue un **mémorial** tardif à la victoire décisive que les Romains remportèrent sur l'armée du roi celte Cunobelinus (le Cymbeline de Shakespeare) en 43 après J.-C. Cet événement décida du sort de la Grande-Bretagne, qui fut intégrée à l'Empire romain. Selon les historiens modernes, la bataille, décrite par l'historien grec Dio Cassius, eut probablement lieu près de la Medway, à un endroit où l'on pouvait passer à gué, non loin de Snodland.

EXCURSIONS

★★**The Historic Dockyard** ⏱, à **Chatham** – *3 km au Nord-Est de la cathédrale.* Créé sous le règne d'Henri VIII, ce berceau de la puissance maritime britannique vit la construction de près de 500 navires, dont le *Victory* de Nelson *(voir Portsmouth)*. La Royal Navy quitta définitivement les lieux en 1984. Aujourd'hui, la superbe installation de bassins et de chantiers navals reçoit le public et procède à des démonstrations. On peut voir comment fabriquer des drapeaux et des voiles dans l'**atelier des voiles et des pavillons** (Sail and Colour Loft) ou visiter la corderie (347 m de long). Le chantier naval du 18e s. ressuscite aux **Wooden Walls** où l'on peut assister à la construction du *Valiant* tandis que **Lifeboat !** vous emporte à travers l'histoire de la marine par la visite de la collection de bateaux de sauvetage. Parmi les nombreux bâtiments, on peut voir l'imposante porte principale, ornée des armes de George III, le pavillon du Préfet (Commissioner's House) et l'église.

★**Leeds Castle** ⏱ – *18 km au Sud-Est. Prendre la A 229 et la M 20, que l'on quitte à la sortie 8 ; suivre les panneaux.* À l'origine de style roman, édifié sur deux îles au milieu d'un lac, il fut dépeint par lord Conway comme « le plus joli château du monde ». Un **pont de pierre** roman relie le donjon qui se dresse fièrement au bord du lac au bâtiment principal flanqué de tours. L'intérieur est entièrement **meublé de trésors** du 14e au 19e s. Le château est toujours utilisé à l'occasion de réunions importantes : ses fortifications protégèrent les négociateurs égyptiens et israéliens durant les négociations sur la paix au Moyen-Orient en 1977. Le **parc et les jardins** comportent un élevage de canards, une volière, une grotte secrète et un labyrinthe.

Le château de Leeds

A Woolfitt/Robert Harding

ROYAL TUNBRIDGE WELLS

Kent – 60 272 habitants
Carte Michelin n° 404 U 30 ou Atlas Great Britain p. 12
Plan dans le Guide Rouge Great Britain & Ireland

Gracieuse union de styles georgien et victorien au milieu de parcs ouvrant sur des perspectives et d'un vaste terrain communal à demi sauvage : ainsi se présente Tunbridge Wells, qui doit sa prospérité à la découverte accidentelle de ses sources minérales en 1606 par lord North. La ville devint bientôt un endroit très à la mode. Les constructions se multiplièrent, mais lorsque la reine Henriette-Marie y passa six semaines, après la naissance de son fils Charles II, ce fut sous une tente. La reine Anne fit poser un dallage. Les **« Pantiles »** lui doivent leur nom. La reine Victoria y séjourna en vacances : « Cher Tunbridge Wells, je l'aime tant. »

★**The Pantiles** – Les arcades de ses maisons constituent une promenade pittoresque. Le **pavillon des Bains** (1804) possède une source d'eau ferrugineuse. La **bourse des Céréales** (1802), qui fut jadis un théâtre, exhibe des colonnes doriques et Cérès, déesse de la moisson, sur son toit. La **galerie de musique** est un vestige de l'élégance d'antan de la ville. Le **pavillon de l'Union** (1969, par Michel Levell), à l'une des extrémités des Pantiles, est un modèle de réussite du mariage entre le classique et le moderne. L'**église du roi Charles-le-Martyr**, à l'autre extrémité, est une leçon de modestie et de capacité d'adaptation. Construite en 1678, elle vit son plan transformé en carré en 1696, l'intérieur remodelé, et Henri Doogood, le plâtrier de Wren, y aménagea un plafond.

★**Calverley Park** – Il ne s'agit pas vraiment d'un parc, mais plutôt d'une nouvelle ville de style néoclassique bâtie par Decimus Burton. Inspirée par Bath, elle est homogène mais pas uniforme, exubérante par sa taille mais sobre par son style ; se placer à Calverley Park Crescent pour jouir de la belle vue.

EXCURSIONS

Au Nord de Tunbridge Wells

Circuit de 37 km. Quitter Tunbridge Wells par la A 26, prendre à gauche la A 21, puis la A 225 vers Sevenoaks et suivre les panneaux jusqu'à Knole.

★★**Knole** ⊙, **à Sevenoaks** – Commencée en 1456 par Thomas Bourchier, archevêque de Canterbury, cette grande demeure entourée d'un vaste parc devint la propriété de la famille Sackville. Cette dernière l'agrandit vers 1603 et Vita Sackville-West y passa son enfance. Avec ses sept cours (les jours de la semaine), ses 52 escaliers (semaines de l'année) et ses 365 pièces (jours de l'année), elle la comparait à un « village médiéval ». Horace Walpole lui portait un regard différent et évoquait sa « magnifique et modeste simplicité ».

La **grande salle**, la pièce la plus impressionnante, est dotée d'une somptueuse clôture jacobite. Le **grand escalier** en grisaille est décoré d'un nu grandeur nature de la superbe Gianetta Baccelli, maîtresse des lieux dans tous les sens du terme. Le **cabinet de toilette à paillettes** présente le deuxième plus ancien clavecin fabriqué en Angleterre (1622). La galerie Reynolds parle d'elle-même. La **salle de bal** est caractérisée par sa cheminée de style Jacques Iᵉʳ, lambrissée et ornée de frises. La **galerie des dessins** doit son cachet aux copies faites par Mytens des dessins du Nouveau Testament de Raphaël. L'unique fausse note de la demeure est la **salle du Roi**, remplie de grisailles de mauvais goût, de plumes d'autruche, de coûteuses broderies et de décorations en argent – « la seule pièce de mauvais goût de la maison » (Vita Sackville-West).

Se diriger vers le Nord en passant par le centre-ville de Sevenoaks, puis prendre la A 25 en direction de Maidstone. À Ightham, prendre la A 227 à droite.

★★**Ightham Mote** ⊙, **à Ivy Hatch** – Bâti en pierre et bois en 1340, Ightham (prononcer « aiteum ») est le manoir à douves le plus parfait qui subsiste encore en Angleterre *(illustration p. 495)*. Le lieu, assez retiré, a dû favoriser sa préservation. Le châtelet crénelé mène dans la cour intérieure où règnent calme et sérénité. La **grande salle** fut construite vers 1340 : elle comporte de belles fenêtres de style gothique Perpendicular (v. 1480) dont les vitraux comportent cinq blasons. On y remarquera un plafond à trois arches, l'une en bois et les deux autres en pierre, supportées par des corbeaux sculptés de motifs fantasques. La **frise** sculptée au-dessus de la cheminée et les **lambris** furent conçus par Norman Shaw vers 1870. Dans la cage d'escalier, une tête de Sarrasin et les armoiries de la famille Selby sont sculptées sur le noyau de l'**escalier Jacques Iᵉʳ**.

On visite ensuite le corridor des serviteurs, la conciergerie, la crypte (la dernière modification du bâtiment du 14ᵉ s.). À l'étage, on peut admirer la salle de l'oriel, l'ancienne chapelle et une suite de chambres à coucher. Au-delà du couloir de la chapelle (remarquez les ingénieuses réparations sous la fenêtre), on parvient à la **nouvelle chapelle**, qui, d'un point de vue historique, est la pièce la plus intéressante de la maison avec la grande salle. Elle comporte une **magnifique voûte en berceau**

(1470-1480, restaurée en 1890-1891, puis en 1997), et des boiseries peintes du début du 16ᵉ s., décorées avec les attributs des souverains (grenade de la maison d'Aragon, roses des York, des Lancastre et des Tudors). Le salon avec son papier mural chinois peint à la main (18ᵉ s. et restauré), les salles de billard (insolite collection d'égouttoirs) et la bibliothèque sont aussi ouverts au public.

Poursuivre sur la A 227 vers le Sud pour revenir à Royal Tunbridge Wells.

À l'Est de Tunbridge Wells

Circuit de 50 km. Quitter Tunbridge Wells en empruntant la A 267 vers le Sud, puis prendre la B 2169 en direction de Lamberhurst et suivre les panneaux.

Scotney Castle Garden ⊘, à Lamberhurst – À partir d'un bastion, près de la demeure victorienne en pierre, le regard est inévitablement attiré par une scène enchanteresse : les flancs abrupts de la vallée, les vestiges, cernés par des douves, du château de Roger Ashburnham (14ᵉ s.) et la demeure du 17ᵉ s. construite à l'intérieur, les arbres luxuriants et les arbustes. L'ensemble fut conçu au début du 19ᵉ s. par Édouard Hussey pour former le plus pittoresque des paysages aménagés.

Prendre la A 21 et la B 2162 vers le Nord, puis la A 262 vers l'Est.

Goudhurst – La jolie rue du village monte en pente raide jusqu'à l'église paroissiale bâtie au sommet de la colline. Tout autour on voit les vergers et les houblonnières du « jardin d'Angleterre ».

Poursuivre par la A 262 en direction de Sissinghurst.

★**Sissinghurst Castle** ⊘ – En 1930, une magnifique demeure de la période Tudor fut découverte par **Vita Sackville-West** et son mari, **Harold Nicholson**. « Je suis tombée amoureuse ; le coup de foudre. Il fallait agir, le château sombrait dans le sordide et la saleté, le jardin criait au secours. » La tour devint son bureau (remarquez la presse de Hogarth qui imprima la première édition du livre *The Waste Land*, de T.S. Eliot) et le jardin devint leur monument. « Il allie le classicisme le plus rigide dans le dessin à l'originalité la plus débordante dans le choix des plantes. » Les extrémités des allées axiales et leurs jardins ouverts (chacun d'une couleur différente) sont agrémentés d'arches et de statues *(accès limité en nombre).*

Par la A 262, revenir à la A 21, que l'on prend à droite pour rentrer à Royal Tunbridge Wells.

Au Nord-Ouest de Tunbridge Wells

37 km de Royal Tunbridge Wells à Westerham. Partir par la A 264, puis prendre à droite la B 2188.

Penshurst Place ⊘, à Penshurst – Cette maison du poète élisabéthain **Philip Sidney** (1554-1586) fut bâtie dans un charmant village de l'époque néo-Tudor, groupé autour de l'église St John the Baptist (13ᵉ s.), dotée de sa chapelle Sidney. Le manoir d'origine (1346) fut agrandi par des ailes de style du début de l'époque Tudor, Jacques Iᵉʳ et néogothiques. Dans le hall, le toit en châtaignier est soutenu par des sculptures figurant des paysans en grandeur nature, tandis que les salons d'apparat sont garnis d'un mobilier rococo et palladien, dû notamment à Guillaume Kent. Un ravissant **musée du Jouet** (Toy Museum) a été aménagé dans les bâtiments extérieurs, rassemblant des poupées du 19ᵉ s., des chevaux à bascule, des marionnettes et une poupée de la reine Anne.

Poursuivre vers le Nord par la B 2176 pour rejoindre la B 2027, que l'on emprunte sur la gauche avant de bifurquer à gauche vers Chiddingstone.

Chiddingstone – Bâti autour de l'église St Mary, composé de maisons à colombage et à pignon, aux toits de tuiles et aux murs enduits de crépi, le village associe avec un rare bonheur gothique du 14ᵉ s. et style Jacques Iᵉʳ. Le **château** ⊘ fut reconstruit vers 1805 par William Atkinson, l'architecte du palais de Scone, à partir d'une demeure antérieure. Les œuvres furent réunies par Denys Eyre Bower, peut-être l'excentrique anglais le plus remarquable depuis Guillaume Beckford. Contrairement à Beckford, il n'était pas millionnaire, mais employé de banque et doué d'un goût extraordinaire.

La collection comprend un portrait de nu représentant Nell Gwyn par Lely, une miniature de Charles II par Samuel Cooper, des armoiries et des sabres japonais, une belle collection de laques du Japon, ainsi que des souvenirs des Stuarts.

Revenir sur la B 2027 et suivre les panneaux en direction de Hever Castle.

★**Hever Castle** ⊘ – Ce manoir protégé par ses douves, son pont-levis et la herse de son corps de garde rectangulaire et massif, se cache dans un site idyllique. Associé à l'union romantique puis tragique d'**Anne Boleyn** et du roi Henri VIII, il fut acquis en 1903 par le milliardaire américain William Waldorf Astor, qui le restaura somptueusement et réaménagea le parc.

Château de Hever

Le décor des **salles** entourant la cour privée est plus luxueux qu'à l'époque des Boleyn ; la majeure partie des **boiseries**, notamment, recréent magnifiquement le travail des artisans de l'époque Renaissance. Des portraits d'Anne et de Henri (par Holbein) sont exposés. Le livre d'heures que la jeune reine portait sur elle le jour de son exécution, le 19 mai 1536, se trouve dans sa petite chambre. La galerie (30 m de long) abrite des tableaux relatant la vie et l'époque d'Anne Boleyn.

Dans la composition de ses **jardins**, Astor aimait à marier les styles des différentes périodes. Le résultat fut une juxtaposition de divers paysages, dont le plus typique comprend un lac artificiel de 15 ha, auquel l'on accède par une loggia raffinée et un jardin italien : le cadre parfait pour son importante collection de **statues** et de **sculptures antiques** en provenance d'Italie. On y trouve un labyrinthe formé de buissons taillés, ainsi qu'une allée Anne Boleyn sillonnant un beau parc boisé.

Revenir à la B 2027, que l'on prend à gauche, puis, par la B269 à droite, rejoindre la B 2028, que l'on prend en direction de Westerham.

Westerham – Une ancienne ville de marché, coquette, située au sommet d'une colline, où naquit le général Wolfe, conquérant de la Nouvelle-France en 1759. Sa résidence, **Quebec House** ⓥ, possède d'intéressants documents et sa statue est exposée sur la pelouse, à proximité d'une représentation de Churchill assis.

Chartwell ⓥ, *au Sud de* **Westerham** *par une route secondaire* – Résidence de **sir Winston Churchill** (1874-1965), cette demeure de l'époque Tudor, restaurée, est garnie de ses œuvres, dont nombre de peintures. Elle reflète la quiétude dans laquelle vivait ce grand homme d'État. Les murs du jardin furent en partie bâtis par Churchill lui-même et une splendide vue au Sud, vers la campagne vallonnée, s'offre au regard.

Le Weald

Cette région de collines et de vallées, abondamment boisée, s'étend sur environ 160 km entre les escarpements abrupts des North et South Downs. La forêt de jadis, plus étendue qu'aujourd'hui et faiblement peuplée, constituait une réserve en bois apparemment inépuisable. Elle fut utilisée pour la construction de navires et la production de charbon de bois associée à l'exploitation du minerai de fer. L'industrie locale du fer connut son apogée aux 16e et 17e s. ; les multiples étangs, qui, autrefois, fournissaient les nombreuses forges en énergie hydraulique, en sont le témoignage le plus évident. Ces « hammer ponds » ont servi à A.A. Milne pour illustrer *Winnie-the-Pooh (Winnie l'Ourson)*. Quelques témoins de leur production sont rassemblés au musée Anne de Clèves à Lewes *(voir ce nom)*.

La proximité de Londres, alliée au paisible paysage boisé du Weald, a longtemps incité les gens à venir résider dans cette région, aussi bien pour les banlieusards de notre époque que pour les grands propriétaires terriens d'antan. Toute une série de matériaux, pierres, bois, briques et tuiles, a servi à bâtir certaines des demeures champêtres les plus romantiques et les plus charmantes, de même que le hameau plus modeste, le village et le cottage isolé du petit propriétaire.

Quitter Tunbridge Wells par la A 264 vers l'Ouest, puis tourner à gauche et s'engager sur la B 2110.

Les villages de **Groombridge** et **Hartfield** possèdent tous deux de jolies demeures aux toits en tuiles, cernés de bardeaux.

3 km après Hartfield, tourner à gauche en suivant les panneaux indiquant Wych Cross.

Ashdown Forest – Le cœur du Weald, situé sur un vaste plateau sablonneux, est formé par les forêts de bruyère, de pins et de bouleaux. Des parkings et des aires de pique-nique sont autant d'invitations pour le visiteur à apprécier les jolies vues et à découvrir la campagne à pied. Juste avant Wych Cross, trois granges reconstruites, couvertes de chaume, abritent le petit **Centre de la forêt d'Ashdown** (Ashdown Forest Centre) ⊘, qui explique l'histoire naturelle de la région.

RYE★★

East Sussex – 4 127 habitants
Carte Michelin n° 404 W 31 ou Atlas Great Britain p. 12

Avec sa multitude de maisons à toits rouges montant jusqu'à l'église trapue, cette exquise petite ville à flanc de colline est visible de loin, par-delà les vastes étendues de terre. Le début de son histoire fut marqué par des combats sur et avec la mer. Rye, depuis 1191, fut associée aux **Cinque Ports**, la ligue maritime du Kent et du Sussex établie par Édouard le Confesseur afin de fournir navires et hommes pour la défense du royaume. À plusieurs reprises, Rye fut mise à sac par les Français. Elle connut de nombreuses tempêtes qui, par leur violence, firent dévier le cours de la rivière Rother au 13e s., puis détruisirent bien des bâtiments. Rye reste un petit port, que le retrait de la mer a relégué à trois kilomètres à l'intérieur des terres.

Des siècles de paisible déclin n'ont pas bouleversé le délicieux paysage urbain, même si aujourd'hui sa structure médiévale revêt souvent une apparence georgienne. Attirés par son caractère ancien, ses paysages solitaires et l'étrange lumière de sa lande environnante, des artistes et des écrivains, notamment Henry James, sont venus y habiter.

★★LA VIEILLE VILLE

Avec ses petites rues pentues et tortueuses, le vieux quartier offre une grande richesse de matériaux de construction, et des ouvertures inattendues sur la campagne. Ceint par des murs en ruine et les vestiges d'une falaise, il mérite largement d'être exploré à pied.

Depuis les entrepôts de Strand Quay, où un son et lumière accompagnant la présentation d'une **maquette** de Rye (The Story of Rye) ⊘ évoque le passé, on remonte **Mermaid Street★**. On y admirera, entre autres, **Mermaid Inn** (l'Auberge de la Sirène – 11e s., reconstruite au 15e s.), réputée pour avoir été le repaire de cruelles bandes de brigands. Dans la direction de Church Square, on verra la jolie façade georgienne de Lamb House, maison qu'habita **Henry James** à partir de 1897, et qui accueillit plus tard le satiriste E.F. Benson.

St Mary's Church ⊘ – Commencée au 12e s., cette impressionnante construction comporte une célèbre horloge du 16e s., dont le pendule, qui mesure 5,5 m, se balance à l'intérieur du bâtiment. Son cadran très travaillé, situé à l'extérieur du croisillon gauche, est flanqué de figurines peintes de couleurs gaies qui sonnent les quarts d'heure, non les heures. De là, on jouit d'une **vue★** incomparable sur les toits de tuile rouge et la campagne environnante.

Ypres Tower – Cette petite citadelle robuste du 13e s., perchée en haut d'une falaise, a longtemps été une prison. Elle a été aménagée en musée local, le **Rye Castle Museum** ⊘.

High Street – Cette longue rue sinueuse offre de nombreuses merveilles, parmi lesquelles l'**ancien lycée** de 1636 avec son pignon flamand. Les tours rondes de la Landgate marquent l'endroit où un isthme reliait l'île et son port au continent.

EXCURSIONS

★★**Bodiam Castle** ⊘ – 21 km. Prendre la direction du Nord-Ouest par la A 268. Au bout de 18 km, tourner à gauche à Sandhurst, puis prendre les routes secondaires jusqu'à Bodiam. Dans un cadre merveilleux, au creux de petites collines et dominant la rivière Rother, c'est l'archétype du château médiéval entouré de douves. Il fut construit de 1385 à 1388 pour empêcher les Français, en quête de pillages, de remonter la rivière (à l'époque, elle était navigable), et de progresser à l'intérieur des terres. De cette époque, il a conservé son grand corps de garde, sa massive muraille et de hautes (18 m) tours d'angle très massives. L'importance stratégique de ce site est confirmée par la présence d'un ouvrage militaire défensif de briques et béton datant de la Seconde Guerre mondiale (cet ouvrage est appelé *pillbox*, car sa forme évoque les boîtes aux lettres rondes munies d'une fente).

Romney Marsh – *À l'Est par les A 270 et A 259, ou par la B 2075 et des routes secondaires.* Les landes de Walland, Denge et Romney s'étendent à l'infini. Cette région, autrefois isolée, gagna petit à petit sur la mer sur une période de mille ans, offrant ainsi de riches pâturages à ses célèbres moutons. Les petites stations balnéaires de la côte Est, reliées par le chemin de fer miniature **Romney-Hythe-Dymchurch** ⊘, sont assez fréquentées en été. À l'intérieur des terres, de minuscules villages se perdent dans un labyrinthe de sentiers et de cours d'eau. Au pied de l'ancienne falaise, entre Rye et Hyth, coule le **Royal Military Canal**, qui fut creusé pour faciliter le transport des troupes et des munitions lourdes entre les tours de Martello et les batteries côtières.

★**Winchelsea** – *4 km. Prendre la A 259 vers l'Ouest.* Implanté à la fin du 12e s. par Édouard Ier sur un promontoire de grès pour remplacer son homonyme qui, à 5 km, avait été ravagé par la tempête, Winchelsea ne put jamais assumer son rôle de port pour le commerce du vin de Bordeaux. Attaqué par les Français à plusieurs reprises et abandonné par la mer qui s'était retirée, une partie du plan en échiquier demeura inachevée.

Cependant, il reste encore trois portes d'accès, la Pipewell Gate, la New Gate, perdue dans la campagne, au Sud, et la **Strand Gate**, solitaire et désolée, qui scrute la mer du haut de sa falaise. Certaines des habitations des 18e et 19e s. situées dans les paisibles rues bordées d'herbe ont conservé des caves médiévales voûtées, souvenir du commerce du vin. Tout ce qui reste de la grande église de la ville, **St Thomas**, est un chœur impressionnant et des chapelles qui contiennent de beaux **gisants**★ du 14e s.

Hastings Castle ⊘ – *19 km au Sud-Ouest par la A 259.* Les ruines du premier château anglais de Guillaume le Conquérant (à l'origine, sa structure était en bois) se dressent tout en haut de la vieille ville et de la station balnéaire de Hastings. L'histoire du château et la bataille d'Hastings (1066), à l'issue de laquelle Guillaume se fit sacrer roi à Westminster, sont relatées dans une présentation audiovisuelle : **The 1066 Story**. On peut aussi emprunter le **West Hill Cliff Railway** ⊘, funiculaire d'époque victorienne, pour atteindre le château.

★**Battle** – C'est en haut de la colline de Battle que les Normands remportèrent la célèbre **bataille d'Hastings**, le 14 octobre 1066, contre l'armée anglaise du roi Harold. On peut y voir les ruines de l'abbaye commémorative construite par Guillaume le Conquérant. Le petit village situé au pied de la colline fut bâti pour desservir l'abbaye et fut baptisé Battle en l'honneur de l'événement.

★**Abbey** ⊘ – L'imposante mais gracieuse masse du corps de garde du 14e s., richement orné et crénelé, domine les modestes bâtiments de la place du marché. La plus grande partie de la vaste abbaye bénédictine fut détruite lors de la Dissolution, mais on peut encore en discerner les contours.

Le grand autel de l'église abbatiale, érigé sur les instructions de Guillaume à l'endroit même où tomba le roi Harold, est identifié par une plaque.

En descendant la colline abrupte, on peut admirer les impressionnantes ruines du **dortoir** des moines, son haut pignon et ses trois rangées de fenêtres lancéolées dirigées plein Sud vers le champ de bataille. La partie la mieux préservée est l'aile Ouest du cloître, qui abrite aujourd'hui une école privée.

★**Battlefield** – Depuis la **promenade** sur la terrasse, on jouit d'une large vue du vaste site sur lequel fut livrée la plus décisive des batailles du pays. C'est sur cette corniche que Harold déploya son armée, épuisée par une longue marche forcée depuis la ville de York. De l'autre côté de cette vallée marécageuse étaient postés les adversaires normands ainsi que leurs alliés français et bretons, fraîchement débarqués du port tout proche d'Hastings. La bataille, violente et sanglante, dura toute une journée.

Un sentier, le long duquel on trouve des panneaux explicatifs, permet de suivre le déroulement de l'engagement.

La tapisserie de la reine Mathilde à Bayeux (Calvados) raconte l'épopée de l'expédition punitive de Guillaume à l'assaut de Hastings.

ST ALBANS★

Hertfordshire – 80 376 habitants
Carte Michelin n° 404 T 28 ou Atlas Great Britain p. 20

Au tout début, il y avait la rivière dénommée Ver. C'est sur une de ses rives que fut bâtie la cité romaine de **Verulamium**. Plus tard, sur la rive opposée, on utilisa les briques de la ville romaine pour élever une abbaye. Une ville se développa autour, et après la Dissolution des monastères, l'abbaye en devint l'église paroissiale. En 1877, l'église devint cathédrale, tandis que le gros village devenait une ville.

★VERULAMIUM

Troisième plus importante cité de la Grande-Bretagne romaine, Verulamium fut fondée en 49 après J.-C. et reconstruite au moins deux fois par la suite : une fois après avoir été mise à sac par Boadicée en 61, une autre après un incendie général en 155. Le déclin de Rome entraîna la déchéance de Verulamium. Vers 940, ses ruines n'étaient plus qu'un « refuge pour voleurs, détrousseurs de cadavres et femmes de mauvaise vie ».

En 1591, Edward Spencer écrivait : « Il ne reste à Verulamium ni souvenir ni même le moindre petit monument. » Les fouilles entreprises dans les années 1930 par sir Mortimer Wheeler et dans les années 1950 par le professeur Sheppard Frere ont permis de redécouvrir la cité.

Le site est maintenant un parc public : Verulamium Park.

★**Verulamium Museum** ⊘ – *St Michael's Street*. Ce musée, implanté sur le site de l'ancienne cité, expose quelques-unes des plus impressionnantes œuvres romaines découvertes en Grande-Bretagne et offre un aperçu saisissant de la vie de cette époque : ferronnerie, joaillerie, monnaies, verreries, poteries et les exceptionnelles mosaïques du Dieu de la Mer et du Lion.

Roman Theatre ⊘ – *Au Nord-Ouest du musée, sur l'autre versant de Bluehouse Hill*. Presque aussi circulaire qu'un théâtre moderne, il servait à l'origine de cadre pour la célébration d'événements civils ou religieux. La scène fut élargie et on éleva derrière elle une rangée de colonnes pour imiter le théâtre romain conventionnel. Elle fut agrandie une nouvelle fois aux alentours de 300. Watling Street passe juste devant le théâtre qui faisait face au temple, et c'est à l'emplacement du cimetière St Michael voisin que se trouvaient la basilique et le forum.

Hypocauste – *Verulamium Park, au Sud-Ouest du musée*. Les bains d'une grande maison conservés in situ permettent de découvrir le système de chauffage central.

Town Walls – *Verulamium Park, au Sud du musée*. Les murs de silex et de briques, épais de près de 2 m, atteignaient plus de 5 m de hauteur. Deux des bastions qui les renforçaient sont encore visibles ainsi que les fondations de London Gate.

★CATHÉDRALE ⊘ *1 h*

L'abbaye, originellement saxonne, avait été élevée à la mémoire de saint Alban, premier martyr chrétien d'Angleterre. La cathédrale actuelle, surmontée de sa tour centrale romane, fut érigée à partir de 1077 par le Normand Paul de Caen. Il est possible que Paul ait été le fils illégitime de Lanfranc, l'archevêque de Canterbury. Quand Lanfranc réalisa son abbaye à cinq absides, Paul en éleva à sept absides. Cent ans plus tard, l'imposante nef romane fut encore allongée, dans le style gothique primitif anglais. Quand cinq piliers s'écroulèrent du côté Sud, on les remplaça par des piliers de style Decorated. On dota la cathédrale d'une nouvelle façade principale très victorienne en 1879, et d'une salle capitulaire « post-moderne » en 1982.

Intérieur – La beauté ne se trouve pas dans la structure d'ensemble, mais dans les petits détails comme le jubé de 1350, le retable de 1484, la chapelle de la Vierge de 1320, le **tombeau de saint Alban**, les remarquables peintures murales médiévales et les boiseries du plafond.

ENVIRONS

★★**Hatfield House** ⊘, à **Hatfield** – *10 km à l'Est par la A 414*. Le domaine devint la résidence de la famille Cecil après que Henri VIII en eut imposé l'échange contre celui de Theobalds. Le château, l'un des plus beaux et des plus grands de style Jacques Ier en Angleterre, fut édifié par Robert Cecil, qui confia les travaux à **Robert Lyminge**, l'architecte de Blicking Hall *(voir Norwich, Excursions)*. Celui-ci réutilisa les briques du château antérieur pour bâtir, selon le traditionnel plan en E, un palais qu'il agrémenta de détails décoratifs en usant de pierres pour les chaînages d'angle et en installant des balustrades ajourées. La façade Sud, en pierre de Caen, est étonnante. L'**intérieur** présente de nombreuses caractéristiques de son temps. Dans la **salle de marbre** (clôture magnifiquement sculptée, galerie de ménestrels et lambris sont de style Jacques Ier), on remarque une immense tapisserie (17e s.) provenant de Bruxelles, ainsi

Élisabeth Iʳᵉ à Hatfield

C'est sous un chêne, à Hatfield, qu'Élisabeth Iʳᵉ apprit qu'elle allait régner. « C'est l'œuvre du Seigneur et cela nous paraît merveilleux. » De la demeure où elle passa son enfance, un palais construit par le cardinal Morton, « l'un des plus grands monuments au briquetage médiéval du pays » selon Pevsner, il ne reste qu'une salle. Les Cecil ont joué un rôle important dans la vie politique nationale : William Cecil, lord Burghley, fut secrétaire d'État de la reine Élisabeth Iʳᵉ. Robert Cecil lui succéda et exerça également ses fonctions sous Jacques Iᵉʳ (Jacques VI d'Écosse). Au 19ᵉ s., lord Salisbury (1830-1903) fut Premier ministre à trois reprises.

que le plafond réalisé par Taldini. Le *Portrait à l'hermine* d'Élisabeth Iʳᵉ est attribué à Nicholas Hilliard, tandis que celui de sa cousine Marie, reine d'Écosse, serait dû à Rowland Lockey. Le **grand escalier de chêne** est sculpté dans le plus pur style Jacques Iᵉʳ. Remarquez, sur l'un des pilastres au sommet de l'escalier, le relief représentant John Tradescant, jardinier de Charles Iᵉʳ, et le *Portrait à l'arc-en-ciel* d'Élisabeth Iʳᵉ.

La **grande galerie**, étendue au 19ᵉ s. sur toute la longueur de l'étage, présente à une extrémité le service à thé en cristal (tenu pour être un cadeau de fiançailles destiné à la reine Marie et au roi Philippe II d'Espagne) dû à Cellini, et à l'extrémité opposée, un chapeau, des gants et des bas de soie ayant appartenu à la reine Élisabeth. La bibliothèque, riche de 10 000 volumes, contient une mosaïque représentant le bâtisseur, Robert Cecil. On peut y voir aussi une lettre de Marie Stuart, ainsi que l'ordre de son exécution, signé par lord Burghley, père de Robert Cecil. Le vitrail à motifs bibliques de la **chapelle**, de facture flamande, est merveilleusement lumineux. Le **verger** élisabéthain et le traditionnel **jardin de plantes aromatiques** ont été réalisés ultérieurement.

EXCURSIONS

★ **Knebworth House** ⊙, à **Old Knebworth** – *20 km au Nord-Est par la A 414, puis la A 1. Sortir à l'échangeur 6 et prendre la B 656 vers le Nord ; à Codicote, emprunter une route secondaire.* Le bâtiment date de la fin du 15ᵉ s. ; le grand hall, avec sa clôture richement sculptée, a considérablement changé depuis la date de la construction. C'est **Bulwer-Lytton**, auteur d'histoires fantastiques, qui l'a transformé en fantaisie gothique à coupole ; ce style se manifeste particulièrement dans la cheminée à tourelles, les panneaux peints et les vitraux du grand salon d'apparat. Sa pièce préférée était son bureau. Edward Fitzgerald se souvient y avoir rendu visite à Lytton en compagnie de Charles Dickens : « Nous vîmes un potentat oriental aux yeux songeurs, aux manières reposantes, assis sur de luxueux coussins, en train de fumer le chibouk. »

★★ **Woburn Abbey** ⊙, à **Woburn** – *35 km au Nord par la M 10, la M 1 jusqu'à la sortie 12, puis une route secondaire vers l'Ouest.* Abbaye cistercienne durant 400 ans, l'abbaye de Woburn devint résidence privée. L'aile Nord fut rénovée en 1630, mais l'édifice n'atteignit toute sa splendeur qu'avec la réfection de l'aile Ouest en 1747 par **Henry Flitcroft** (1697-1769) et la reconstruction des ailes Sud et Est par **Henry Holland** en 1787 (l'aile Est a été abattue en 1950).

By kind permission of the Marquess of Tavistock

Portrait d'Élisabeth Iʳᵉ, dit à l'Armada, par George Gower

Les **appartements** sont pour la plupart luxueusement meublés. La chambre du **4ᵉ duc** contient la **tapisserie de Mortlake** (des années 1660), inspirée des *Actes des apôtres* de Raphaël. Le plafond clair, datant du milieu du 18ᵉ s., représente les quatre saisons. La sculpture d'Hermaphrodite et Salmacis est de Delvaux.

Les **salles d'apparat** occupent l'aile de Flitcroft : la **chambre à coucher de la reine Victoria**, où sont exposées des eaux-fortes de Victoria et Albert ; le **cabinet de toilette de la reine Victoria**, dont les murs sont couverts de superbes toiles hollandaises et flamandes du 17ᵉ s., parmi lesquelles *Nijmegen on the Vaal* et *Fishermen on ice* d'Albert Cuyp et un portrait de *Jan Snellinck* par Van Dyck ; le **cabinet bleu**, avec son plafond de 1756 et sa cheminée de Duval et Rysbrack ; le **salon d'apparat**, avec son plafond décoré et sa cheminée de Rysbrack ; et la grande salle à manger, riche d'un service en porcelaine de Meissen et d'un portrait de Van Dyck. À l'extrémité de l'aile, la **salle Reynolds** abrite 10 de ses portraits, et la **salle Canaletto** 21 de ses vues de Venise. Dans l'aile rénovée par Holland dont elle est la plus belle pièce, la **bibliothèque** est divisée en trois parties par des colonnes cannelées de style corinthien ; au mur, un *Autoportrait* et le *Vieux Rabbin* de Rembrandt. Divisée aussi par des colonnes que l'on doit à Flitcroft, la **grande galerie** abonde en toiles du 16ᵉ s., dont un portrait d'Élisabeth Iʳᵉ, dit « à l'Armada ».

Dans le **parc**, Flitcroft fit édifier deux écuries et Holland la ravissante laiterie de style chinois. Les 1 200 ha du parc furent dessinés par Humphry Repton. Un millier de cerfs se répartissent en neuf espèces, dont celle des Milu, autrefois le troupeau de l'empereur de Chine, maintenant préservée à Woburn.

Wild Animal Kingdom ⊘ – *Entrée distincte à 1,5 km.* Rien de neuf chez les éléphants, tigres, lions, zèbres, bisons, rhinocéros et gnous que l'on peut voir dans le parc ; dès 1894, on disait de la **réserve d'animaux sauvages** qu'il n'existait pas de plus belle réunion d'animaux, excepté au zoo de Londres.

ST ANDREWS★★

Fife – 11 136 habitants

Carte Michelin n° 401 L 14 ou Atlas Great Britain p. 56/57

Cette station balnéaire de la Fife, avec sa cathédrale, son château et sa très ancienne université, est également réputée pour être la patrie du golf.

UN PEU D'HISTOIRE

À l'origine, le site était occupé par une communauté religieuse vouée à sainte Marie, protégeant les reliques de **saint André**. Au 12ᵉ s., on érigea un prieuré, puis une cathédrale, pour aboutir enfin à la création d'une université. En 1472, St Andrews était devenue la capitale ecclésiastique de l'Écosse. Son importance déclina au 17ᵉ s., lorsque les échanges commerciaux commencèrent à s'orienter vers les colonies américaines, et après l'Acte d'Union en 1707. Mais au 19ᵉ s., St Andrews connut un regain de popularité en tant que centre de tourisme et de golf, avantages qu'il a gardés aujourd'hui.

Putter à St Andrews, ou l'apothéose du golfeur

Le golf

En 1457, Jacques II d'Écosse demanda à son Parlement d'interdire les jeux de football et de golf, car les hommes perdaient leur temps à jouer au lieu de s'entraîner au tir à l'arc et d'aller à l'église. La reine Marie y jouait occasionnellement, et son fils Jacques VI le popularisa en Angleterre.

Fondée en 1754, la Société des golfeurs de St Andrews obtint le statut de « Royal and Ancient » en 1834. Aujourd'hui, cette association est considérée comme la législatrice en matière de golf. De nouveaux parcours ont été aménagés sur l'herbe souple afin de suppléer à l'**Old Course**, vieux de plusieurs siècles. Reconnu comme la Mecque du golf, St Andrews accueille régulièrement le British Open, la Walker Cup, et quelques-uns des plus prestigieux tournois que se disputent, devant des foules impressionnantes, les plus grands champions. Deux de ceux-ci ont vu deux des trous du Old Course immortaliser leur nom : Tom Morris (18e) et Bobby Jones (10e). Le **British Golf Museum** ⏱ retrace 500 ans de l'histoire du golf.

CURIOSITÉS

★**Cathédrale** ⏱ – L'imposante église St-Regulus fut peut-être construite pour abriter les reliques de saint André. Entre 1127 et 1144, Robert de Scone construisit l'église et sa haute tour. Aujourd'hui, du haut de la tour *(151 marches)*, on peut admirer un **panorama**★★ de St Andrews et ses principaux monuments. En 1150, l'église fut remplacée par une cathédrale, la plus grande jamais construite en Écosse. Après la Réforme, ce bâtiment, malgré son prestige passé, servit de carrière de pierre. Aujourd'hui, il est en ruine. Le **musée** dispose d'une belle collection de sculptures de pierre datant du début du christianisme. Les ruines du **château** ⏱ du 13e s. dominent le rivage. Il faisait autrefois partie du palais épiscopal.

Université ⏱ – Fondée en 1410, l'université reçut une bulle papale en 1413. C'était la première en Écosse à bénéficier de ce privilège, la troisième après Oxford et Cambridge. Au 16e s., elle devint un centre réformiste et fut impliquée dans des luttes entre l'Église et la Couronne. Ces tensions contribuèrent au projet de déménagement de l'université à Perth au 17e s. Aujourd'hui, la population estudiantine habite sur place. St Salvator's College, fondé en 1450 par l'évêque James Kennedy, demeure le noyau de la faculté des arts.

La croix de Saint-André

La croix de Saint-André (de couleur blanche sur socle bleu) fut adoptée comme emblème du drapeau écossais au 13e s. Saint André, qui était le saint patron d'Angus, roi des Pictes, devint par la suite le saint patron de l'Écosse. Selon la légende, les reliques de saint André furent introduites en Écosse au 8e s. par saint Rule (Regulus). La croix aux branches diagonales (en X) rappelle le martyre du saint vers l'an 69 : il se jugeait indigne d'être crucifié sur une croix aux bras perpendiculaires.

EXCURSIONS

★★**East Neuk** – *Quitter St Andrews par la A 917*. L'East Neuk est une bande côtière ponctuée de pittoresques villages de pêcheurs rassemblés autour de leur port, riche en architecture locale. C'est dans ces ports qu'autrefois arrivaient les richesses, et c'est là que se développa la prospérité des pêcheries qui faisaient commerce avec les pays baltes et les Pays-Bas. Dunfermline était alors la capitale politique, et St Andrews la capitale ecclésiastique : le Fife était « un manteau de mendiant à franges d'or », pour reprendre l'expression de Jacques VI.

Le plus joli village est **Crail** ; à **Anstruther**, on pourra visiter le **musée des Pêcheries écossaises**★★ (Scottish Fisheries Museum) ⏱ et, à **Pittenweem**, Kellie Lodge, la demeure villageoise à encorbellement des comtes de Kellie.

★**Kellie Castle** ⏱, à **Arncroach** – *16 km au Sud par la B 9131, puis la B 9171*. Il s'agit en fait d'une demeure seigneuriale, un exemple encore intact de l'architecture écossaise traditionnelle des 16e et 17e s. : tourelles à encorbellement, lucarnes à frontons, toits à forte pente. Laissée à l'abandon, elle fut heureusement louée à **sir Robert Lorimer**, l'architecte de la chapelle du Chardon (cathédrale d'Édimbourg). Grâce à lui et à son frère, puis, à la génération suivante, au sculpteur Hew Lorimer, le château retrouva sa gloire passée. Remarquer les plafonds du 17e s., ornés de **moulures de plâtre**, notamment celui du salon de la Vigne.

Leuchars – *10 km au Nord-Ouest par la A 91 et la A 919*. L'**église** ⏱ qui domine le village possède un chœur et une abside du 12e s., ainsi que de très belles illustrations de style roman, avec des figures expressives dominant les arcades des murs extérieurs.

La cathédrale constitue le cœur de cette ville minuscule. Depuis le décret du pape Callixte II au 12ᵉ s., deux pèlerinages à St David's valent un pèlerinage à Rome – privilège partagé seulement par Saint-Jacques-de-Compostelle, en Espagne. Depuis plus de quatorze siècles, il y a à St David's une communauté chrétienne et un culte quotidien. Aujourd'hui, la ville s'est orientée vers le tourisme, car elle est située au point le plus occidental du **sentier côtier du Prembrokeshire** *(voir Pembrokeshire Coast).*

★★ **Cathédrale** ⏱ – Il s'agit de la plus grande église du pays de Galles. Elle est construite dans un creux isolé et apparaît soudain de façon spectaculaire au promeneur qui passe le portail pour accéder à l'enceinte de la cathédrale et du palais épiscopal.

L'église d'origine, construite par **saint David** (v. 462-520) sur les bords de l'Alun, fut brûlée une première fois en 645, puis à nouveau par les Danois en 1078. La construction actuelle débuta en 1180 par Pietro de Leia (1176-1198), moine florentin, troisième évêque normand. On lui doit la partie de la cathédrale qui s'étend jusqu'au mur derrière le maître-autel. La tour s'écroula en 1220, abîmant dans sa chute le chœur et le transept. Un tremblement de terre en 1248 décala les piliers les plus occidentaux de la nef.

L'ensemble du bâtiment se situe sur un plan incliné de 3,5 m et donne une impression saisissante au visiteur qui entre par le porche droit de la façade principale. Le **plafond de la nef** (fin du 15ᵉ s.) est superbement travaillé dans du chêne irlandais ; on peut y reconnaître le dragon gallois sur les pendentifs. Dans le bas-côté droit du chœur se trouve la tombe de l'historien Gerald Barry, dit **Giraldus Cambrensis** ou Gerald of Wales (1146-1223), et, devant le grand autel, la pierre tombale d'**Edmond Tudor**, le grand-père de Henri VIII, qui le fit transférer ici du monastère de franciscains de Carmarthen lors de la Dissolution. Sur le côté gauche du chœur, on peut voir les restes de la châsse de saint David, réalisée en 1275. Au cours de travaux de restauration effectués en 1886, on trouva au fond de la chapelle de la Sainte-Trinité, dans un reliquaire de chêne et de fer, des ossements que le doyen déclara être ceux du saint et de son confesseur, Justinien ; mais une datation au carbone 14 ayant démontré que les reliques dataient du 11ᵉ ou 12ᵉ s., elles sont probablement celles de saint Caradog, qui vivait de poissons sur la plage de Newgale.

Le palais épiscopal semble avoir été laissé là par une autre civilisation

★ **Bishop's Palace** ⏱ – L'enceinte qui cerne la cathédrale et le palais date probablement d'environ 1300. Le palais tel que nous le voyons aujourd'hui fut construit principalement par l'évêque Gower (1328-1347), qui ajouta également le porche Sud et les vitraux de la cathédrale. Il se compose d'une cour bordée sur trois côtés de longs bâtiments et sur le quatrième d'un mur percé d'une porte à arcs-boutants. Le bâtiment comprenant la **salle de l'évêque**, la cuisine, la chapelle et la pièce des femmes était probablement la résidence principale. La grande salle qui se trouve au Sud, son porche très élaboré et son escalier venant directement de la cour intérieure, servaient sans doute à accueillir les hôtes importants. Au 16ᵉ s., l'évêque Barlow, voulant transférer le siège épiscopal à Carmarthen, récupéra le plomb des toits afin de le réemployer à l'édification du nouveau palais épiscopal ; mais on murmure qu'il le vendit pour doter généreusement ses cinq filles, qui épousèrent toutes des évêques.

St Non's Chapel – Juste au Sud de la ville, on aperçoit les falaises et les petites baies de la côte du Pembroke. On y rencontre de nombreux sites associés à saint David, notamment la chapelle en ruine dédiée à sa mère, sainte Non, où, diton, il naquit, la source Ste-Non, et à l'Ouest, la minuscule crique du port de Porth-Clais où la légende veut qu'il ait été baptisé.

ST IVES★★

Cornwall – 10 092 habitants
Carte Michelin n° 403 D 33 ou Atlas Great Britain p. 2
Plan dans le Guide Rouge Great Britain & Ireland

Ce charmant port de pêche, aux ruelles sinueuses et aux rangées de maisons à flanc de colline, est devenu vers 1880 – et demeure – un endroit très fréquenté des peintres après que Whistler et Sickert eurent emboîté le pas à Turner.

La partie la plus attachante du village, dite **The Island**, occupe un petit promontoire où s'alignent des maisons de pêcheurs aux murs peints, serrées le long de ruelles venteuses en escaliers.

CURIOSITÉS

★★**Tate St Ives** – Le magnifique édifice (1993) érigé sur le site d'une usine à gaz bénéficie d'une très belle **vue★★** sur la plage de sable de Porthmeor. Conçue par Eldred Evans et David Shaley, cette galerie d'art de forme asymétrique s'élève en spirales harmonieuses. Dans un espace fonctionnel et clair sont organisées des expositions temporaires d'œuvres contemporaines faisant partie de la collection de la Tate Gallery de Londres *(voir p. 302)*. Ces expositions sont surtout consacrées aux artistes associés à St Ives : Alfred Wallis (1855-1942), Ben Nicholson (1894-1982), Barbara Hepworth (1903-1975), John Wells (1907), Terry Frost (1915), Patrick Heron (1920), à qui l'on doit la verrière du rez-de-chaussée. De nombreuses œuvres de Bernard Leach (1887-1979) sont aussi présentées (céramiques alliant traditions orientales et occidentales).

Les artistes à St Ives

C'est en 1926-1927 que John Park et Borlase Smart, étudiants de Julius Olsson, fondèrent la **St Ives Society of Artists**. Les années suivantes, le peintre Ben Nicholson, les sculpteurs **Barbara Hepworth** et Naum Gabo quittèrent Londres pour s'y installer. C'est à St Ives que Ben Nicholson découvrit **Alfred Wallis**, un pêcheur qui commença à peindre vers 1960 : ses peintures marines naïves, inspirées par ses souvenirs, s'apparentent au style du Douanier Rousseau.

La mer, le paysage du littoral et les bateaux furent les sources d'inspiration principales des artistes de St Ives, et certains, à leur manière, adoptèrent ensuite un style abstrait. Les années 1950 virent arriver une nouvelle génération de peintres, attirés par les splendides paysages des Cornouailles et les modes new-yorkaises. Depuis, de nombreux peintres – **Patrick Heron**, Terry Frost, Peter Lanyon – sont venus à St Ives, fascinés par sa lumière et le mouvement de la mer.

★★**Barbara Hepworth Museum and Sculpture Garden** – C'est en 1943 que Barbara Hepworth s'installa à St Ives avec le peintre Ben Nicholson, son époux : elle y vécut jusqu'à sa mort. Dans sa maison, **sculptures** abstraites de pierre ainsi que des bois polis et lisses témoignent de toute une vie consacrée à la sculpture. Les ateliers renferment des blocs de pierre sur lesquels elle avait commencé à travailler. Cet apparent désordre contraste avec le jardinet ceint d'un muret blanc, endroit paisible où s'élèvent environ vingt compositions de bronze et de pierre.

★**Parish Church** – Cette église du 15ᵉ s. – le baptistère date de 1956 – est consacrée aux apôtres pêcheurs saint Pierre et saint André, ainsi qu'à saint Ia, le premier missionnaire venu à St Ives (en traversant la mer sur une feuille, dit la légende), qui donna son nom à la ville. Elle se dresse près du port et se distingue par sa tour et sa flèche en granit de Zennor. Remarquez la **voûte en berceau**, les **extrémités des bancs de bois** et les fonts baptismaux en pierre. La **chapelle de la Vierge** renferme *Mother and Child* (1953), œuvre de Barbara Hepworth empreinte de tendresse. Elle a aussi conçu une paire de chandeliers en acier inoxydable appelés « Rose de Noël » (1972).

Smeaton Pier – La jetée et son poste d'observation au dôme octogonal furent bâtis en 1767-1770 par John Smeaton. La petite chapelle St Leonard, dédiée aux marins, se dresse sur la rive.

St Nicholas Chapel – Dans The Island, cette chapelle traditionnelle consacrée aux marins a l'aspect d'un phare. Elle commande une large **vue★★** sur la baie.

EXCURSION

★★Penwith *58 km de St Ives à St Michael's Mount*

Péninsule la plus occidentale d'Angleterre, le Penwith possède une beauté austère toute particulière, due au sol granitique, au vent, au bleu de l'océan, à ses petites églises de granit ainsi qu'à ses croix celtiques érigées au bord des routes. Ne pas hésiter à quitter la B 3315 pour admirer la vue des falaises.

Quitter St Ives par la B 3306 à l'Ouest.

Zennor – Le **Musée populaire** (Wayside Folk Museum) ⊙, en plein air, montre comment ont évolué les outils, de la pierre au fer. L'**église★** de granit du 12e s. fut agrandie au 15e s. À l'intérieur se trouvent une mesure à dîme utilisée comme bénitier, des fonts baptismaux en pierre à chaux de Hayle et, à l'extrémité d'un banc, une sculpture du 16e s. de la jolie « **sirène de Zennor** ».

★Chysauster – Le **village préhistorique** ⊙ le mieux conservé de Cornouailles, habité probablement de 100 avant J.-C. à 250 après J.-C., consiste en huit

maisons de pierre circulaires aujourd'hui découvertes, mais à l'origine protégées d'un toit de tourbe ou de chaume, disposées sur deux rangs, juste sous la crête de la colline.

★Geevor Tin Mine ⊙ – *Près du phare de Pendeen.* La visite de ce qui fut l'une des dernières mines de Cornouailles et de son **musée** permet de comprendre par quel procédé étain, cuivre, fer et arsenic sont extraits du sous-sol.

Le lundi 11 août 1999 à 11 h, pour la première fois depuis 1927, une éclipse totale du soleil se produisit. Elle dura 2 mn et 6 s. La bande de totalité couvrait la zone entre St Just et Falmouth ; c'est Geevor qui fut atteinte la première par l'obscurité.

St Just-in-Penwith – Les bâtiments qui bordent la place triangulaire reflètent la prospérité dont jouissait cette ville, centre d'extraction de l'étain, au 19e s. L'**église★** présente une tour à pinacle du 15e s., des murs de granit sculptés, un porche du 16e s. très élaboré, des peintures murales et un tombeau du 5e s. au fond de la nef latérale.

À environ 1,5 km à l'Ouest *(à faire en partie à pied)*, du haut du **cap de Cornouailles★** (70 m), **vue★★** sur Brisons Rocks, Land's End et le phare de Longships.

Juste avant d'atteindre Land's End, la route traverse le petit village de **Sennen**, où se trouve l'église la plus occidentale d'Angleterre. Descendre à pied jusqu'à l'**anse de Sennen★** *(20 mn AR)* afin de profiter de la belle **vue★** sur Whitesand Bay, les brisants et le cap de Cornouailles.

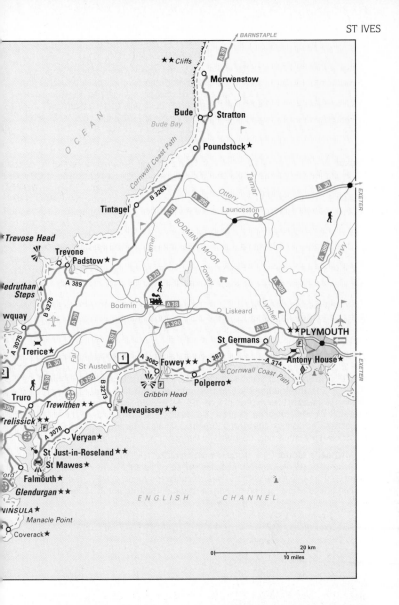

* **Land's End** – *Accès possible en voiture en passant par le centre d'accueil des visiteurs (Visitor Centre)* ⊘, *ou à pied par le sentier côtier.* Le voyage se termine à la pointe magique, la plus occidentale d'Angleterre, là où la houle de l'Atlantique ne cesse de battre le littoral, heurtant les falaises sans répit. Pour profiter pleinement de ce qui est peut-être le plus beau **paysage de falaises★★★** du Sud-Ouest de l'Angleterre, il est préférable de venir tôt le matin et se promener le long du chemin côtier, ou bien au coucher du soleil pour contempler le spectacle des nombreux phares.
En parcourant la B 3315, on bénéficie de jolies vues sur la crique abritée de **Porthcurno★**, ainsi que sur le proche **théâtre de plein air de Minack**, créé en 1929, avec l'océan pour toile de fond, et l'**anse de Lamorna**.

* **Mousehole** – Mousehole est un village très joli et très visité. Le port est presque ceint par un quai de granit de Lamorna et une **digue** datant de 1393. Proche des maisons basses de granit des pêcheurs, au bord de l'eau, se trouve Keighwin Arms, la seule maison épargnée par un raid espagnol en 1595. À 1,5 km au Sud de Mousehole, **Spaniards' Point** est l'endroit où les pillards débarquèrent.

* **Newlyn** – Newlyn est le village de pêcheurs le plus important du Sud-Ouest. La luminosité de l'endroit ainsi que le charme des cottages rassemblés autour du port et à flanc de coteau ont attiré vers 1880 un groupe de peintres qui constitua l'**école de Newlyn**.

Hydromel

L'hydromel, que l'on buvait en Grande-Bretagne avant l'invasion romaine, provient de la fermentation du miel avec du houblon ou de la levure. On le parfumait parfois avec des épices ou des fleurs sauvages. Le « metheglin », une spécialité de l'Ouest de l'Angleterre, était une sorte d'hydromel aromatisé aux herbes et aux épices auquel on attribuait des propriétés aphrodisiaques.

★**Penzance** – *Plan dans le Guide Rouge Michelin Great Britain and Ireland.* Penzance fut incendiée par les Espagnols en 1595. La ville actuelle, essentiellement de style post-1800, est un lieu de séjour très apprécié depuis 150 ans. La large **Western Promenade**, longue de 800 m, ainsi que le Queen's Hotel, construit en 1861, reflètent l'importance précoce de Penzance en tant que station balnéaire. La zone du port offre un merveilleux **panorama**★★★ sur la baie et St Michael's Mount. De ce port coloré, le **Scillonian III** largue les amarres pour les Sorlingues (desservies aussi par hélicoptère selon les conditions atmosphériques). Le **National Lighthouse Centre**★ ⊘ illustre la fascinante histoire des phares. Le centre-ville, notamment **Market Jew Street** et **Chapel Street**★, présente de remarquables maisons de style georgien et Regency, dont le marché couvert, l'étonnante Egyptian House (1835), Abbey House, et Admiral Benbow. Parmi les musées, signalons le **musée cornouaillais de Géologie** (Cornwall Geology Museum) ⊘, le **musée-galerie de Penlee House**★ (Penlee House Gallery and Museum) ⊘ et le musée de la Marine (Maritime Museum) ⊘, où sont exposés des armes et instruments, ainsi que des trésors découverts au fond de la mer.

★★**Trengwainton Garden** ⊘ – *3 km au Nord-Ouest de Penzance.* Le chemin (800 m) menant à la maison est bordé de jardins. Derrière la maison, on découvre un autre jardin où fleurissent azalées et rhododendrons. On y a une très belle **vue**★★ sur la baie. Sir Edward Bolitho et les propriétaires de Trewithen et de Hidcote (Gloucesterhire) financèrent les expéditions de 1927-1928 de Frank Kingdon-Ward, dont le but était de rassembler et ramener des plantes de Bornéo, de Chine et d'Assam. Les azalées et les rhododendrons furent replantés et furent hybridés. Plusieurs jardins clos renferment des magnolias et de nombreux autres arbres à fleurs.

★★**St Michael's Mount** ⊘ – *Digue depuis Marazion.* Des marchands d'étain méditerranéens se seraient, paraît-il, installés sur ce qu'ils appelaient l'île d'Ictis, au 4ᵉ s. avant J.-C. Une légende cornouaillaise raconte comment, en 495, des pêcheurs ont vu l'archange Michel sur un rocher de granit sortant de la mer. L'île devint un lieu

La côte du Penwith

de pèlerinage, et on rapporte qu'un monastère celtique se serait développé sur le rocher du 8ᵉ au 11ᵉ s. Vers 1150, l'abbé Bernard du Mont-St-Michel de Normandie fit construire un monastère bénédictin, qui en tant que propriété étrangère fut saisi par la Couronne en 1425, puis finalement fermé en 1539.

Le rocher fut un point stratégique du Moyen Âge à 1647, lorsque son dernier chef de garnison, le colonel John Aubyn, acheta le **château** et en fit sa résidence familiale. C'est aujourd'hui un édifice aux styles mélangés, du 14ᵉ au 19ᵉ s., avec un porche Tudor portant les armes des St Aubyn, un hall d'entrée du 14ᵉ s., une église restaurée du 14ᵉ s. avec des fenêtres du 15ᵉ s. et un salon « rococo-gothique » du 18ᵉ s.

SALISBURY★★

Wiltshire – 39 268 habitants
Carte Michelin n° 403 O 30 ou Atlas Great Britain p. 9
Plan dans le Guide Rouge Great Britain & Ireland

La nouvelle ville de Salisbury naquit en même temps que la nouvelle cathédrale. Une charte lui fut octroyée en 1227 et la ville fut contrôlée par les évêques jusqu'en 1611. La vieille ville, **Old Sarum★**, place forte de 11 ha située à 3 km au Nord, avait été restructurée par les Romains et les Saxons avant de devenir finalement un point stratégique normand, où furent successivement construites deux cathédrales. De 1078 à 1099, **saint Osmond** fut évêque de la première cathédrale, qui fut détruite par la foudre, puis reconstruite et agrandie par l'**évêque Roger**. Ce dernier transforma le château en palais épiscopal. Lorsque l'évêque Roger perdit le pouvoir en 1139, l'événement marqua le début d'une longue dispute entre le clergé et les hommes du roi à propos du contrôle du château-palais.

Au début du 13ᵉ s., l'insuffisance de l'approvisionnement en eau conjuguée au fait qu'une place forte n'était plus nécessaire incita les citoyens et le clergé d'Old Sarum à bâtir leur troisième cathédrale sur les rives de l'Avon. Les édifices au sommet de la colline tombèrent en ruine, et aujourd'hui on ne voit que les décombres du château et les fondations de la cathédrale. De cette colline, la vue sur la plaine de Salisbury et New Sarum, aujourd'hui Salisbury, est superbe.

★★★CATHEDRAL ⊘

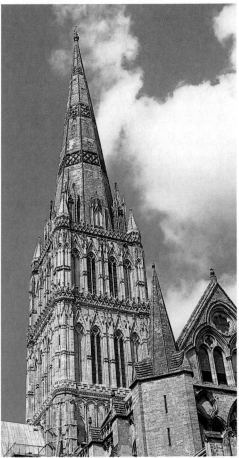

La cathédrale de Salisbury est remarquable pour son architecture, caractéristique du gothique Early English dont elle est l'expression la plus parfaite et la plus pure, mais c'est aussi la seule cathédrale anglaise à présenter une belle unité de style. Sa flèche (123 m) est la plus haute d'Angleterre. Le maître d'œuvre fut surtout Elias de Derham. La construction suivit deux phases : la fondation en pierre (consécration de l'église) et l'achèvement du jubé Ouest (1220-1258 et 1265), d'une part, et l'élévation de la tour et la construction de la flèche, d'autre part (1334-1380). La pierre à chaux gris argenté de Chilmark (19 km à l'Ouest) et le marbre de Purbeck furent utilisés pour son édification.

Flèche de la cathédrale

A. Taverner

383

Extérieur – La **façade principale** présente des portails à gâbles, des rangs de niches abritant des statues, des baies à lancettes, des tours d'angle couronnées de pinacles et de flèches. La pièce maîtresse de la cathédrale est sans conteste la **flèche** principale s'élevant au-dessus de la plus haute tour : elle fut ajoutée au 14e s., mais elle est en parfaite harmonie avec l'ensemble architectural.

Intérieur – Le premier transept (Ouest) illustre la beauté et la pureté du style gothique Early English de la cathédrale. La **nef** (70 m) est immense, divisée en 13 travées avec une élévation à 25 mètres. Les piliers d'arcades de la nef, en marbre de Purbeck lisse, sont couronnés par des chapiteaux moulés. Les arcades gothiques sont surmontées par des rangées de fûts engagés qui s'élèvent jusqu'aux quatre-feuilles (pierre grise brute). Au-delà, un faisceau de minces colonnes noires s'élance jusqu'aux triples baies en lancette de la claire-voie. Les plates-tombes romanes de l'**évêque Roger** (mort en 1139) et de l'**évêque Joscelin** (mort en 1184), la châsse de **saint Osmond** (mort en 1099) et **Guillaume Longuespée**, en cotte de maille (mort en 1226), demi-frère du roi Jean et mari de Ela, fondatrice de l'abbaye de Lacock, se trouvent entre les piliers d'arcades de la nef, du côté droit. À l'origine, les énormes piles de la **croisée** en marbre noir étaient destinées à soutenir la tour basse, mais depuis le 14e s., elles doivent supporter les 6 500 tonnes supplémentaires de la tour centrale et de la flèche. Pour éviter un effondrement et étayer les piles de la croisée, on érigea deux imposants arcs à tirant à travers les bras du premier transept (15e s.), ainsi qu'une voûte de style gothique Decorated au-dessus de la croisée. En dépit du renforcement des contreforts internes et externes, on peut remarquer une inclinaison des piles de la croisée (9 cm). En 1668, **Christopher Wren** déploya son fil à plomb du haut de la flèche alors qu'il inspectait la cathédrale : une plaque de cuivre dans la croisée signale le point de chute à 75,5 cm du centre vers le Sud-Ouest. La plus vieille **horloge** en état de marche en Angleterre (vers 1386) et restaurée en 1931 *(les parties rénovées sont peintes en vert)* se trouve dans le bas-côté droit. Le parement d'autel et les draperies dans la chapelle de l'Union des mères *(bras droit du premier transept)* ont été réalisés avec des matériaux utilisés lors du couronnement de la reine _Élisabeth, en 1953. Dans la **chapelle de la Trinité**, la verrière bleue dédiée aux *Prisoners of Conscience* (1980) a été réalisée par Gabriel Loire, un maître verrier originaire de Chartres. On peut aussi y admirer des fûts en marbre de Purbeck s'élevant vers la voûte. La **visite des toits** *(120 marches)* permet de monter au triforium et à la tour en passant par l'horloge et le clocher, jusque vers la galerie extérieure, à la base de la flèche, ou vers les gouttières.

Cloister and Chapter House – La construction en style gothique Decorated de la salle capitulaire et des cloîtres débuta dès 1263. La voûte d'arêtes de la salle capitulaire octogonale (18 mètres de largeur) repose sur une colonne centrale, entourée par huit fûts cannelés en marbre de Purbeck surmontés de chapiteaux à rinceaux qui s'élancent pour former un réseau de nervures sur la voûte décorée avant de reposer sur un élégant faisceau de minces colonnes encadrant huit grandes fenêtres qui renforcent la luminosité de la salle. Une frise représentant des scènes de l'Ancien Testament (restaurée au 19e s.) décore les nombreux écoinçons situés entre les niches, de chaque côté des sièges des chanoines. L'exposition à l'étage principal présente l'une des quatre copies originales de la **Grande Charte** du roi Jean.

★ CLOSE (Enclos)

L'enclos, spacieux et adouci par les vieilles pierres et les briques ocre-brun des maisons des 16e et 18e s., fut, dans les années 1330, entouré de murs qui devaient le protéger des « citoyens tumultueux ». On utilisa pour l'édification des murs les pierres de la cathédrale et du château abandonnés de Old Sarum. Dans l'angle Nord-Ouest se trouve une deuxième enceinte, appelée **l'enceinte des Choristes**.

St Ann's and Bishop Gates – Les portes du mur Est sont contiguës à la maison de Malmesbury et à l'ancien palais épiscopal, édifice isolé construit vers 1220, actuellement l'école de la cathédrale.

Harnham Gate – Cette lointaine porte dite aussi porte Sud conduit au collège De-Vaux et à l'hôpital St Nicholas, tous deux fermés.

★ **Salisbury and South Wiltshire Museum** ⊙ – *Du côté Ouest de l'enclos.* **King's House**, maison médiévale faite de silex et de brique, baptisée ainsi en raison des séjours qu'y fit Jacques Ier, renferme une collection d'objets trouvés à Stonehenge, une maquette et des reliques de Old Sarum, ainsi qu'une section porcelaines et poteries.

★ **Royal Gloucestershire, Berkshire and Wiltshire Regiment (Salisbury) Museum** ⊙ – *Du côté Ouest de l'enclos.* Le régiment fut formé par la réunion du régiment du Royal Berkshire et celui du Royal Weltshire. Le musée se trouve dans l'ancienne garde-robe, l'un des plus anciens édifices de l'enclos (1254), qui faisait office de salle d'archives et de garde-robe de l'évêque, et qui fut modifié au 15e s., puis converti en résidence. Les hauts faits du régiment y sont maintenant relatés, illustrés par des expositions d'uniformes, d'armes, des dépêches militaires, des plans, des médailles et des tabatières.

★**Mompesson House** ⊘ – *Choristers' Close*. Un beau portail en fer forgé du 18ᵉ s. et la porte d'entrée, au-dessus de laquelle se trouvent les armoiries en pierre sculptée de Charles Mompesson (qui construisit la maison en 1701), conduisent à un intérieur superbement meublé, paré de plâtres baroques. L'escalier de chêne, installé au fond de la salle vers 1740, est la caractéristique architecturale majeure. Remarquez également la collection de **verres anglais** datant de 1700 ; 370 modèles différents de verres sont exposés dans les vitrines d'époque de la salle à manger et du petit salon.

North ou **High Street Gate** – La porte, enrichie d'une statue d'Édouard VII, donne sur l'enceinte des Choristes et sur la ville. On passe par une ruelle bordée de vieilles maisons et par **Matron's College** (1682).

AUTRES CURIOSITÉS

Rues médiévales – Entre la cathédrale et **Market Square** s'étend vers le Nord tout un réseau de rues médiévales, bordées de maisons à pignon et à colombage datant de la période comprise entre les 14ᵉ et 17ᵉ s. Le nom des ruelles rappelle les commerces qui autrefois y prospéraient : la rue des Poissons (Fish Row), la rue des Bouchers (Butcher Row), la rue de l'Argent (Silver Street). Au centre, sur une petite place, se trouve la **croix de la Volaille** (Poultry Cross), croix hexagonale du 15ᵉ s.

★**Sarum St Thomas Church** – *À l'extrémité Nord-Est de High Street*. Cette église de style gothique Perpendicular, datant de 1220, est pourvue d'une tour basse carrée de 1390. À l'intérieur, un Jugement dernier (vers 1475 – le plus grand d'Angleterre), placé au-dessus de l'arc du chœur, représente le Christ en majesté et la nouvelle Jérusalem (peut-être Salisbury au 15ᵉ s.). La **chapelle de la Vierge**, ornée de très petites fresques du 15ᵉ s., possède de splendides **grilles** en fer forgé et de fines **sculptures sur bois**, datant de 1725. Admirez le toit (1470) dont les poutres sont ornées d'anges musiciens.

EXCURSIONS

★★**Wilton House**, à **Wilton** – *6,5 km à l'Ouest par la A 36*. Le 1ᵉʳ comte de Pembroke, William Herbert, devenu propriétaire en 1544 du couvent bénédictin de Wilton supprimé par Henri VIII, se fit construire une résidence sur le site. Les générations suivantes devaient y laisser leur empreinte. Le 4ᵉ comte commanda à **Inigo Jones** en 1630 la conception d'une nouvelle demeure à laquelle il fit ajouter une grande salle pour y exposer sa collection de portraits de **Van Dyck**. C'est le neveu de Jones, John Webb, qui acheva les travaux après un incendie survenu en 1647. Le 8ᵉ comte, fondateur de la **manufacture de tapis** (Royal Wilton Carpet Factory, *dans King Street*) et collectionneur, fit acquérir de nouveaux tableaux et de nouveaux marbres. Quant au 9ᵉ comte, il fut à l'origine de la construction en 1737 du **pont palladien**, de même qu'il fit redessiner le **jardin**. En 1801, le 11ᵉ comte fit appel à **James Wyatt** qui entreprit de considérables transformations. Les façades Ouest et Nord furent reconstruites et un cloître néogothique à deux étages fut bâti dans la cour intérieure d'origine. Récemment, Wilton House a servi de décor au film *La Folie du roi George* (1994).

Visite ⊘ – *1 h.* Les visiteurs pénètrent par les cuisines et la blanchisserie victoriennes. Avant d'atteindre le vestibule et le cloître, remodelé autour de la cour intérieure d'origine, on descend au rez-de-chaussée, dans la **salle gothique** qui recèle des bustes de Sidney Herbert et Florence Nightingale. Dans les deux **fumoirs**, outre les détails moulés des corniches, les portes et les cheminées typiques du style d'Inigo Jones, remarquez les portraits équestres, ainsi que les 55 gouaches de l'école espagnole d'équitation commandées par le 10ᵉ comte. Notez également le splendide **mobilier**. La suite des **appartements d'apparat** conçue par Inigo Jones se caractérise par sa décoration classique rehaussée à la feuille d'or. Le mobilier comprend des pièces signées William Kent et Chippendale fils et des objets français. De nombreux paysages français et hollandais décorent la **petite antichambre**. Dans la **chambre d'angle**, qui regarde à l'Est les cèdres du Liban du parc et au Sud le pont palladien, toiles d'Andrea del Sarto, le Parmesan, Rubens et Frans Hals. Le plafond de la **salle de la colonnade**, qui devait être la chambre d'apparat, est orné d'une fantastique *singerie* du 17ᵉ s. Dans la **grande antichambre**, portraits par Rembrandt, Van Dyck et François Clouet. Éclatante de blanc et d'or, la **salle du Double Cube** (18 x 9 x 9 m), achevée par Webb, est la pièce spécialement conçue par Jones pour la collection du 4ᵉ comte. C'est là aussi que des gens comme Eisenhower et Churchill élaborèrent nombre de plans stratégiques au cours de la Seconde Guerre mondiale, Wilton House servant alors de quartier général au commandement de la zone Sud. La **salle du Cube** (9 x 9 x 9 m) présente un décor blanc et or identique.

La résidence s'élève dans un écrin de verdure : les pelouses qui descendent jusqu'à la rivière, repérable au pont palladien et quelques arbres, se transforment en prés au-delà.

Shaftesbury – *29 km à l'Ouest de Wilton, par la A 30*. La ville s'élève en haut d'un éperon de 213 m constituant un excellent **poste d'observation**★ choisi par le roi Alfred dans sa lutte contre les Danois.

L'**abbaye** ⊘, fondée en 888 par Alfred pour sa fille, devint le couvent le plus riche d'Angleterre. Aussi disait-on aux 15e et 16e s. que si l'abbesse de Shaston (Shaftesbury) épousait l'abbé de Glaston(bury), leurs héritiers disposeraient de plus de terres que le roi... En 1539, Henri VIII supprima les deux abbayes. Aujourd'hui, seul le plan du rez-de-chaussée est visible. La rue la plus attrayante de la ville est **Gold Hill**★, dont la pente pavée est longée d'un côté de petites maisons des 16e, 17e et 18e s., de l'autre par un mur trapu (13e s.) à arcs-boutants, de couleur ocre.

SCARBOROUGH

North Yorkshire – 38 809 habitants
Carte Michelin n° 402 S 21 ou Atlas Great Britain p. 47
Plan dans le Guide Rouge Great Britain & Ireland

L'essor de Scarborough en tant que station remonte à la découverte, en 1626, des vertus thérapeutiques de ses sources ; dès 1676, ses eaux avaient la réputation de soigner un certain nombre de maladies, dont la « mélancolie hypocondriaque ».

Les deux plages de la ville, décrivant une courbe majestueuse, sont séparées par le promontoire où fut édifié au 12e s. un château à l'emplacement d'un poste de surveillance romain. La partie Sud comprend la ville médiévale, l'ancien port de pêche et les plages populaires, le Nord est formé d'étendues rocheuses et sableuses, adossées à des jardins.

La station, particulièrement à la mode à la fin du 19e et au début du 20e s., s'efforce de conserver sa popularité en proposant des attractions modernes, comme **Millennium Experience** ⊘ et le **Sea Life Centre** ⊘. Elle demeure néanmoins un des meilleurs endroits en Grande-Bretagne pour savourer l'atmosphère victorienne de bord de mer, en dépit des altérations sur une partie du front de mer de South Bay, apportées par le centre d'attractions aux couleurs tapageuses.

Scarborough pratique

Office de tourisme – **Tourist Information Centre**, Unit 3, Pavilion House, Valley Bridge Road, ☎ (01723) 373 333.

Loisirs – Des spectacles de variétés, des concerts et des pièces de théâtre (Spa Theatre, Stephen Joseph Theatre), thés et cafés dansants, yachting, Cricket Festival, Motorcycle fixtures and International Bike Week (Salon de la bicyclette et de la moto, à Oliver's Mount Circuit), Foire de Scarborough et Filey's Edwardian Festival.

Pour les enfants, randonnées à dos de poney, fêtes foraines, promenades à dos de lama, bowling, randonnées pédestres et sports aquatiques.

En flânant le long du **front de mer**, qui offre de nombreuses promenades, on aperçoit des trains escaladant les falaises, des ponts enjambant de profonds estuaires, des pavillons, cafés, bungalows, de charmants petits abris et l'énorme **bâtiment thermal** transformé à grands frais en un espace de conférence et de divertissement. L'élégant **Crescent** en demi-lune aménagé à partir de 1833 est bordé de belles villas de pierre dont l'une appartenait à la famille Sitwell. Elle abrite aujourd'hui le **Wood End Museum** ⊘, consacré à l'histoire naturelle et aux souvenirs des Sitwell. La demeure voisine, reconvertie en **musée** (Art Gallery) ⊘, possède plusieurs tableaux du célèbre peintre victorien John Atkinson Grimshaw (1836-1893). La **Rotonde** ⊘, construite entre 1828 et 1829, est un merveilleux exemple muséographique georgien, présentant encore le panorama circulaire original de la géologie des côtes du Yorkshire.

Deux églises – Fondée par des cisterciens vers 1180, **St Mary** ⊘ est l'ancienne église paroissiale de Scarborough. **Anne Brontë**, morte en 1849, est inhumée dans le cimetière. Au siècle dernier, les flots de résidents et de vacanciers fréquentaient **St-Martin-on-the-Hill**, l'un des plus beaux édifices religieux conçus par l'architecte George Frederick Bodley (1827-1907), possédant une remarquable collection d'art religieux préraphaélite.

Theatre in the Round – Le Stephen Joseph Theatre doit une grande partie de sa popularité à l'auteur dramatique résident **Alan Ayckbourn**, dont plusieurs pièces furent données ici en avant-première avant leur représentation à Londres. Le théâtre a déménagé en 1996 dans une ancienne salle de cinéma Art déco.

Confrontation d'époques à Scarborough

A. Williams

EXCURSIONS

Filey Bay – *34 km au Sud par la A 165, puis une route secondaire à gauche.*

Filey – Filey est protégé de la mer du Nord par un cap, **Filey Brigg**. Une plage de sable s'étend au Sud le long de la côte et descend tout droit vers Flamborough Head. Le **musée** ⊘ est installé dans deux cottages de Queen Street datant de 1696.

Reprendre la A 165 vers le Sud (sur 22 km) en direction de Bridlington, puis emprunter à gauche la B 1229 jusqu'à Flamborough ; poursuivre par la B 1259.

★**Flamborough Head** – Ce promontoire (66 m de haut) porte un phare et offre des vues spectaculaires sur la mer et le littoral. La région est une réserve naturelle.

★**Sledmere House** ⊘, à **Sledmere** – *34 km au Sud par la A 64, la B 1249, puis sur la droite la B 1253.* La construction de Sledmere commença en 1751, mais l'extérieur, tel qu'il apparaît de nos jours, est l'œuvre de **Christopher Sykes**, qui mourut en 1801. Des dessins prouvent qu'il fut son propre architecte et dessinateur. C'est **Capability Brown** qui conçut le parc et Joseph Rose qui fit les ornements de plâtre. Parmi les personnes ayant résidé dans cette demeure, citons **Tatton Sykes** (1772-1863), 4ᵉ baronnet, célèbre pour son élevage de moutons et de chevaux, ses courses et son talent pour l'équitation (il posséda des chiens courants pendant plus de quarante ans). À la suite d'un incendie en 1911, un programme de reconstruction a permis à la maison de retrouver globalement l'aspect qu'elle devait avoir au début des années 1800. Le magnifique **salon à l'escalier** et le **grand escalier** conduisent à la **bibliothèque**. Cet ensemble a été récemment redécoré dans des tons qui s'harmonisent idéalement avec le style architectural. Du mobilier Chippendale et Sheraton, des tentures et des peintures françaises, de superbes porcelaines et des statues antiques sont exposés dans les nombreuses pièces raffinées de cette maison « agréable à habiter ».

À 4 km au Sud-Est, à **Garton Hill**, sur la route de Great Driffield (B 1252), le **Sir Tatton Sykes Memorial**, élevé en 1865 et haut de 37 m, est plus étrange encore que n'importe quelle authentique tour gothique.

Le Nord par la côte – *L'excursion peut s'effectuer à pied en prenant le sentier de randonnée dit Cleveland Way.* La côte est bordée de pittoresques falaises calcaires, notamment près de **Bempton**, où elles atteignent 130 m de haut. **Robin Hood's Bay★** *(26 km au Nord de Scarborough par la A 171 et une route secondaire)*, charmant village niché dans une pittoresque baie, était jadis le royaume des contrebandiers. En poursuivant vers le Nord, on peut gagner **Whitby** *(voir ce nom)* et sa belle **abbaye★**.

Isles of SCILLY★

Îles SORLINGUES – Cornouailles – 2 048 habitants
Carte Michelin n° 403 A/B 34 ou Atlas Great Britain p. 2
Accès depuis Penzance et Exeter

Cet archipel battu par les vents présente des traces de la civilisation de l'âge du bronze dans la cinquantaine de **tombes mégalithiques à couloir**, datant d'environ 2000-1000 avant J.-C. que l'on y rencontre. Ces tombes ne sont pas sans lien avec une civilisation bretonne dont l'empreinte est visible à l'Ouest de la Cornouailles, ainsi que dans le comté de Waterford en république d'Irlande. De 400 à 1000, il y avait des ermites chrétiens sur les îles et des moines à Tresco. En 930, Athelstan chassa les Danois des îles et en 1114 Henri Iᵉʳ accorda Tresco à l'abbaye de Tavistock afin qu'un prieuré bénédictin pût y être créé. Vers 1830, Augustus Smith devint « Lord Proprietor » ; les îles connurent quarante années de prospérité, au cours desquelles furent bâties des maisons, des églises et des écoles, ainsi que, à St Mary, cinq chantiers de construction navale. À la même époque, l'**industrie florale** commença à se développer.

Les Sorlingues sont classées site de beauté naturelle remarquable ; leurs côtes font partie du patrimoine et leurs eaux sont un parc marin géré par un syndicat environnemental en collaboration avec le duché de Cornouailles. D'autres sites sont susceptibles d'être intégrés dans un projet de protection des sites d'intérêt scientifique. Lorsqu'on approche des Sorlingues par la mer ou par hélicoptère, on a une très belle **vue★★★** sur les îlots (cinq habités, quarante qui ne le sont pas) et le chapelet de quelque 150 rochers regroupés dans les eaux bleu-vert clair de l'océan.

St Mary's – Avec 5 km dans sa plus grande largeur et 15 km de littoral, St Mary's est l'île la plus importante de l'archipel et regroupe la majeure partie des habitants. La ville principale, **Hugh Town**, s'étend sur toute la longueur de la barre sableuse entre la partie principale de l'île et la colline située à l'Ouest, le **Garrison**. Une porte du milieu du 18ᵉ s., **Guard Gate**, donne accès au **Star Castle** ⊙, construit en 1594 à l'époque de la querelle entre Élisabeth Iʳᵉ et l'Espagne, qui héberge aujourd'hui un **musée★** ⊙. Un chemin à l'intérieur des remparts, le **Garrison Walk★**, fait le tour du promontoire *(2 h)*, offrant ainsi une très belle **vue★★** sur l'ensemble de l'archipel. À 15 minutes de marche de la **tour du télégraphe**, située sur le point le plus élevé de l'île (48 m), se trouve une chambre mortuaire en pierre datant du 3ᵉ s. avant J.-C., **Bants Carn**. Dans une grande crique, **Porth Hellick**, se trouve une tombe de 4 000 ans. Des blocs de granit érodés portant des noms tels que Monk's cowl (capuchon de moine), Kettle (bouilloire) et Pans (casseroles) font de **Peninnis Head** un splendide spectacle.

★**Tresco** – À partir de l'endroit où les bateaux accostent, à l'Ouest (New Grimsby), le chemin monte en longeant **Cromwell's Castle**, une tour de 80 m édifiée en 1651 : ce système de défense devait parer l'éventualité d'une invasion hollandaise. Le long du chemin, on pourra aussi admirer les ruines du **château du roi Charles** (1550-1554). « Seigneur propriétaire » en 1834, Augustus Smith s'installa à Tresco, y fit construire une demeure de style néogothique victorien en utilisant les pierres de l'île et les planches des bateaux naufragés et y créa les célèbres **jardins subtropicaux★★** de l'abbaye, à partir de graines et de plantes originaires de la Méditerranée et des îles Canaries. Ses successeurs étendirent la collection, qui continue de fasciner aussi bien les horticulteurs que les jardiniers amateurs. Depuis les terrasses, on bénéficie d'une **vue magnifique★★** sur les jardins et sur la mer. À la lisière se trouve **Valhalla**, une extraordinaire collection de figures de proue et autres ornements sculptés provenant d'épaves de bateaux échoués au large des îles durant les deux derniers siècles.

D'autres îles peuvent être visitées : **Bryher, St Agnes, St Martin** et **Samson**, île déserte parsemée de nombreux vestiges mégalithiques, ainsi que de ruines de cottages du 19ᵉ s.

Courses de petits canots

Les petits canots en orme d'environ 0,64 cm d'épaisseur, de 8 m 50 à 9 m 15 de long sur 1 m 52 de large et moins de 60 cm de tirant d'eau, furent construits pour concurrencer les vedettes pilotes et servaient à la contrebande. Il leur était interdit de comporter plus de six avirons pour les empêcher d'avoir l'avantage sur les cotres des douaniers. La course de petits canots à six avirons de l'île a lieu le mercredi et le vendredi soir pendant tout l'été, à la rade de St Mary. Elle part de Nut Rock, au large de Samson, à 20 heures précises, et s'achève au quai. Parmi les favoris traditionnels construits par le chantier de construction navale Peters à St Mawes, peut-être le plus important, figurent *Bonnet* (construit en 1830) et *Golden Eagle* (1870), qui sont menés par l'équipe de St Mary, et *Shah* (1873), piloté par les rameurs de St Agnes. L'*Islander* (1989), construit aux îles Sorlingues avec du bois d'orme en provenance de Cornouailles, est sans doute le plus rapide et le plus beau.

Ce sport a bénéficié ces dernières années d'un tel regain d'intérêt qu'il donne lieu à un championnat mondial au mois de mai.

SHEFFIELD

South Yorkshire – 431 607 habitants
Carte Michelin n° 402 P 23 ou Atlas Great Britain p. 35
Plan dans le Guide Rouge Great Britain & Ireland

Les collines où se développa la ville médiévale de Sheffield étaient riches en minerai de fer et sa forêt touffue fournissait le charbon. Les cinq rivières alentour apportèrent la force hydraulique et le grès local, la pierre à aiguiser. Grâce à cet environnement favorable, Sheffield devint, dès le 14e s., le premier producteur anglais de coutellerie de qualité. Le procédé de placage de Sheffield (placage d'articles en cuivre par l'argent en fusion) fut inventé en 1742 par Thomas Bolsover. Bien que son industrie traditionnelle ait en partie décliné, Sheffield demeure un centre manufacturier important et un pôle d'attraction commercial et culturel pour toute la région. L'air y est pur, les vallées plus verdoyantes qu'autrefois et une partie du parc national du Peak District *(voir ce nom)* s'étend dans les limites de ce qui constitue la quatrième ville d'Angleterre.

La rénovation de la ville se poursuit à un rythme rapide : Peace Gardens, un nouveau square pourvu de fontaines, de jeux d'eau et d'un espace prévu pour les spectacles ; Victoria Quays où abondent boutiques chic, bars à la mode et immeubles de luxe ; Millenium Galleries *(inauguration prévue en 2001)* dans le centre-ville, qui accueilleront des expositions provenant du Victoria and Albert Museum ainsi que la collection d'ustensiles en métal de la ville, et Magna, un centre scientifique et technologique interactif implanté dans une ancienne aciérie à Rotherham *(ouverture prévue en 2001)*.

Sheffield pratique

Office de tourisme – *Tourist Information Centre. 3 Tudor Square, Sheffield S1 2LA. Ouvert en semaine de 9 h à 17 h 15, et le samedi de 9 h à 16 h 15.* ☎ *0114 281 4040, 0114 221 1900 (renseignements) ; fax 0114 281 4042 ; www.sheffieldcity.co.uk*

Transports en commun – Les centres d'information situés à Pinstone Street et Exchange Street renseignent les visiteurs sur les bus et les trains et vendent des cartes d'abonnement *(ouverts du lundi au samedi de 8 h à 18 h, et le dimanche de 9 h à 17 h.* ☎ *01709 515 151)*. Le tramway, qui couvre trois itinéraires, constitue un moyen rapide et commode de se déplacer et de visiter la ville.

Tourisme – Contactez le TIC (voir ci-dessus) pour obtenir un plan détaillé du centre-ville (Sheffield – A City in my Pocket).

Achats – Le Moor est une zone commerçante piétonnière où l'on trouve de nombreux grands magasins et un marché (tous les jours, sauf le jeudi et le lundi). Fargate (fermé à la circulation), Pinstone Street et Barkers Pool sont bordées de boutiques de mode. Dans le très bohème Devonshire Quarter se trouve le Forum (plus d'une vingtaine de boutiques, surtout pour les jeunes). Trois marchés traditionnels (ouverts tous les jours sauf le jeudi et le dimanche) se tiennent dans Castlegate Quarter. Orchard Square renferme des grands magasins et des boutiques. Victoria Quays, Abbeydale Road (antiquités) et Ecclesall Road (cadeaux, vêtements et antiquités) méritent également une visite. Deux galeries marchandes sont situées en dehors du centre-ville : Meadowhall (non loin de l'échangeur 34 de la M 1) ☎ 0345 573 618. www.meadowhall.co.uk et Crystal Peaks (non loin de l'échangeur 30/31 de la M 1). ☎ 0114 251 0457.

Loisirs – Sheffield possède de nombreux night-clubs (treize au centre-ville). Pour de plus amples informations, consulter le Dirty Stopout's Guide, disponible gratuitement à l'Office de tourisme. Vous trouverez aussi des renseignements dans l'hebdomadaire Sheffield Telegraph. Les centres commerciaux de Meadowhall et Crystal Peaks renferment plusieurs salles de cinéma. Le complexe de cinéma Showroom et l'Odeon Cinema (neuf salles, à Arundel Gate) se trouvent au centre-ville.
Le Sheffield Ski Village, la patinoire (Sheffield Ice Sports Centre), les terrains de golf, les courses de lévriers et de stock-car et les randonnées comptent parmi les nombreuses activités proposées par la ville. La plupart des manifestations sportives (rugby, athlétisme) et les concerts de rock ont lieu au Don Valley Stadium. Des concerts de rock, des spectacles sur glace et des matchs de hockey sur glace se déroulent aussi régulièrement dans Sheffield Arena. Le Lyceum Theatre, le Crucible Theatre et le City Hall présentent des événements culturels.

Pubs et restaurants – Sheffield ne manque pas d'endroits où se restaurer. Beaucoup de restaurants se trouvent à Ecclesall Road, Abbeydale Road, dans le centre-ville et à Broomhill. On trouve également de bonnes tables et un grand choix de pubs à Division Street, West Street et Devonshire Street.

★**Cutlers' Hall** ⊘ – *Church Street*. Construit en 1832, cet imposant édifice de style antique hellénisant est le troisième hôtel des Couteliers situé à cet emplacement. Il abrite la collection d'argenterie de la corporation et sert de décor à son banquet annuel.

Cathedral of St Peter and St Paul ⊘ – *Church Street*. Consacré cathédrale en 1914, l'édifice cruciforme original date probablement du 12ᵉ s. La majeure partie de ce qui en subsiste est de style Perpendicular. Très altéré par la restauration de 1880, cet édifice fut agrandi dans les années 1930 et 1960. La **chapelle de Shrewsbury** forme aujourd'hui le sanctuaire de la chapelle de la Vierge, à l'angle Sud-Est de la cathédrale à laquelle elle fut ajoutée par le quatrième comte de Shrewsbury (mort en 1538). Son **tombeau**★ le représente en armure et portant la tunique de l'ordre de la Jarretière. La **chapelle St George**, aujourd'hui chapelle du régiment d'York et de Lancastre, comporte un jubé insolite constitué d'épées et de baïonnettes de Sheffield – les épées pointées vers le ciel signifient qu'elles peuvent encore être utilisées pour une guerre éventuelle à l'inverse des baïonnettes qui, elles, sont dirigées vers le bas.

Ruskin Gallery – *Norfolk Street*. Critique d'art, essayiste et poète, **John Ruskin** (1819-1900) fonda l'association St George pour lutter contre les injustices sociales. Son premier musée, fondé à Walkley en 1875, avait pour ambition de donner aux sidérurgistes une chance de profiter « du beau, comme l'efflorescence d'une âme divine habitant la nature, et de l'héroïsme de la vie humaine ». Cette petite galerie d'art présente la collection permanente de l'association, réalisée par une équipe de « copistes » : grâce à leur talent, le peuple put admirer des œuvres d'art et de l'architecture bien avant l'époque de la diffusion de masse. On y admire des copies d'œuvres originales du Titien, de Botticelli et de Carpaccio, de nombreuses œuvres de Charles Fairax Murray et certaines de John Ruskin.

Graves Art Gallery ⊘ – *Dernier étage de la bibliothèque, Surrey Street*. Cette intéressante suite de galeries est réputée pour ses tableaux de maîtres, ses collections d'art français et anglais des 19ᵉ et 20ᵉ s., ainsi que pour une très belle sélection d'aquarelles anglaises.

Mappin Art Gallery and City Museum ⊘ – *Weston Park*. La galerie présente une collection de peintures victoriennes et d'œuvres anglaises des 18ᵉ et 19ᵉ s. notamment celles de Constable et Turner. Dans le musée se trouve la plus grande collection au monde de vaisselle et de coutellerie du vieux Sheffield reflétant l'habileté des artisans d'Europe et d'Asie, de l'âge du bronze à nos jours. Il recèle également une belle collection d'argenterie, d'horlogerie, de céramique et de verrerie. Les galeries d'archéologie locale renferment les remarquables découvertes faites dans la région de Peak District, ainsi que l'exceptionnel heaume anglo-saxon de Benty Grange.

Sheffield Manor ⊘ – *Manor Lane*. Il constituait à l'origine l'annexe Sud du château de Sheffield, dans laquelle **Marie Stuart**, reine d'Écosse, passa près de quatorze des dix-neuf années de sa captivité sous la garde du sixième comte de Shrewsbury et de son épouse, Bess de Hardwick *(voir index)*, avant son procès et son exécution en 1587. La **maison à tourelles** (Turret House), bâtie en 1574, a conservé ses élégants plafonds et abrite un petit musée où ont lieu des expositions liées à l'histoire de la demeure et de la reine captive.

Bishop's House ⊘ – *Meersbrook Park*. Cette maison à colombage, datant de 1500 environ, n'a pratiquement pas changé depuis les dernières transformations de 1753. On y trouve un petit musée illustrant la vie à Sheffield aux époques Tudor et Stuart.

Kelham Island Museum – *Alma Street*. Le développement de Sheffield est lié aux progrès de la sidérurgie. Le musée célèbre l'héritage industriel dont la ville est fière. Des artisans et des couteliers indépendants (Little Mesters) font des démonstrations de techniques traditionnelles dans leurs ateliers. La puissante locomotive à vapeur *River Don* (en activité deux fois par jour) témoigne de l'ingéniosité dont l'homme a fait preuve en exploitant l'énergie hydraulique.

ENVIRONS

Hameau industriel d'Abbeydale ⊘ – *6 km au Sud-Ouest par la A 621*. Dès 1714, et peut-être même plus tôt, on y forgeait des faux à l'aide de marteaux actionnés par des moulins à eau. Le four fut installé au début du 19ᵉ s. et des creusets d'argile étaient fabriqués sur place.
Les usines d'Abbeydale cessèrent leur production en 1933 et furent aménagées en musée en 1970. La maison du directeur et les cottages des ouvriers sont ouverts aux visiteurs, de même que la forge, le moulin, les roues hydrauliques et l'échoppe de rivetage.

Elsecar – *18 km au Nord par la M 1 jusqu'à la sortie 36, puis la A 6135 ; suivre la signalisation jusqu'à Elsecar Heritage*. À l'origine construit comme des ateliers par les comtes Fitzwilliam, cet ensemble de bâtiments en grès a été transformé en centre d'artisanat, de science et d'histoire. Des équipements interactifs dans la Powerhouse illustrent le fonctionnement de l'énergie et la technologie. Des céramiques et des meubles sont fabriqués et vendus dans les ateliers d'artisanat. Le centre d'histoire (Living History Centre) retrace la vie des maîtres et des serviteurs à l'époque des comtes Fitzwilliam.

Earth Centre – *Denaby Main. 22 km au Nord-Est par la A 630, puis la A 6023 ; par le train, descendre à Conisbrough.* Vous y découvrirez les écosystèmes, la biodiversité, le taux de croissance envisageable, le recyclage et autres défis écologiques grâce à des expositions originales et divertissantes : installations interactives, jardins biologiques, circuit sensoriel. Les terrils de deux anciennes mines de charbon ont été transformés en parc écologique à thème aménagé à flanc de coteau. **Planet Earth Experience** aux immenses baies vitrées et aux sculptures colossales présente un spectacle laser dont la musique et la sonorisation ont pour vocation d'inspirer l'optimisme en ce qui concerne l'avenir. Les parterres de roseaux et réservoirs de traitement de **Living Machine** illustrent les biosystèmes. Ings regorge d'oiseaux sauvages.

Conisbrough Castle – *Même itinéraire que précédemment.* L'imposant donjon circulaire (27 m de haut, 16 m de diamètre) aux contreforts énormes (6 m d'épaisseur) surplombe la Don et la petite ville. C'est tout ce qui subsiste du château roman construit au 12e s. par la famille de Warenne. Ce château est le plus ancien d'Angleterre. De récents travaux de restauration l'ont pourvu d'un toit, de deux étages et d'un centre d'information.

SHERBORNE★

Dorset – *7 606 habitants*
Carte Michelin n° 403 M 31 ou Atlas Great Britain p. 8

Sherborne, situé au cœur d'une région d'industrie laitière, avec son imposante abbatiale, ses collèges privés et ses beaux bâtiments aux tons chauds en pierre de Ham Hill, matériau de construction ou simple ornementation, est un centre animé possédant le charme d'un petit évêché.

★★ Abbey ⊘ – L'abbatiale, reconstruite au cours du 15e s., contient des éléments dont l'origine remonte à l'époque saxonne, lorsqu'en 705 Sherborne devint le siège de l'évêque de Wessex, **saint Aldhelm**. L'église romane s'étendait aussi loin à l'Ouest que l'église saxonne, comme le prouve le porche Sud de la fin de l'époque normande. La tour de la croisée (15e s.), bâtie sur d'imposants murs et piliers saxons-normands, est dotée de deux ouvertures et de douze pinacles. Les deux rangées de fenêtres, de style Perpendicular, qui courent sur la façade Sud sont coupées à mi-chemin par les huit ouvertures du transept.

Intérieur – Les piliers du chœur supportent la plus ancienne **voûte en éventail** de grande taille du pays. L'effet est saisissant. En dépit des arcs-boutants, la voûte presque plate s'est affaissée de 17,5 cm en 400 ans. Voûte et arcs-boutants ont dû être reconstruits en 1856. La **voûte de la nef** de la fin du 15e s., légèrement arquée, à la différence de la voûte du chœur, est encore plus impressionnante. Les murs des bas-côtés de style roman, le mur Ouest d'origine saxonne et les piliers d'arcade de la nef furent conservés. Néanmoins, comme la rangée Nord de colonnes était inclinée de 35 cm vers l'Ouest, des bagues rehaussées de corbeaux figurant des anges furent insérées avec une belle claire-voie les surmontant (les fenêtres ne sont pas alignées avec les arcades). Les fûts s'élancent vers une voûte compliquée, formée par un réseau de nervures (tiercerons et liernes) et de décorations de couleur. Un arc splendide et sobre sépare la nef du chœur.
Un des **porches saxons** de l'église originelle peut être admiré à l'extrémité du bas-côté Nord.

★ Castle ⊘ – Ce vieux château, aujourd'hui en ruine (maquette et explications au **musée** de la ville, Abbey Gate), fut construit entre 1107 et 1135. En 1592, il devint la propriété de **Sir Walter Raleigh**, qui décida d'édifier une nouvelle résidence, Sherborne Lodge – formant le noyau de l'édifice actuel communément appelé Sherborne Castle – sur la lointaine rive de l'Yeo. Il créa une maison de quatre étages surmontée d'un pignon hollandais et d'une balustrade, construite en pierre de Ham. Sir John Digby, à qui la propriété fut vendue par Jacques Ier à la suite de l'emprisonnement de Raleigh, fit agrandir le château entre 1620 et 1630, tout en demeurant fidèle au style choisi par Raleigh. Le château est resté dans la famille Digby depuis.
La résidence, entourée d'un parc conçu par **Capability Brown** en 1776-1779, renferme de belles collections de tableaux, meubles et porcelaines. On remarquera surtout le célèbre tableau historique (1600) représentant la reine Élisabeth Ire en procession, le plafond de plâtre (début du 17e s.) du salon rouge, ainsi que la tablette de cheminée héraldique dans le solarium. La salle de chêne est ornée de boiseries datant de 1620 et de deux magnifiques **porches intérieurs** de style Jacques Ier.

EXCURSIONS

Cadbury Castle – *11 km au Nord par la B 3148, puis prendre une route secondaire sur la droite*. Des fouilles récentes ont fourni la preuve que le lieu fut occupé à l'époque préhistorique et qu'un fort fut construit à l'âge du fer, aux environs de 600 avant J.-C. Certains éléments semblent indiquer que les Romains résidèrent dans le château après l'invasion de 43 après J.-C. et que les Saxons le refortifièrent à la fin du 5ᵉ s. Le site, d'où la **vue**★★ est magnifique, aurait été, selon la légende, **Camelot**, le château du roi Arthur.

Crewkerne – *23 km à l'Ouest sur la A 30*. L'**église paroissiale**★ a été reconstruite dans le style gothique Perpendicular avec d'immenses fenêtres provenant d'une église antérieure. La tour, haute de 24 m, comprend un réseau de fenêtres ajourées sur deux niveaux et couronné par des gargouilles, des pinacles et une tourelle à escaliers. La façade principale est marquée par deux **tourelles octogonales** identiques, ornées de nombreuses gargouilles. À l'intérieur, on peut admirer une voûte en éventail sous la tour et des fonts baptismaux carrés en marbre de Purbeck.

SHETLAND Islands★

Les SHETLAND – Shetland – 22 522 habitants
Carte Michelin n° 401 P, Q, R 1 à 4 ou Atlas Great Britain p. 75
Accès : voir Guide Rouge Great Britain and Ireland

Sur les cent îles qui composent l'archipel des Shetland, à une centaine de kilomètres au Nord des Orcades, moins d'une vingtaine sont habitées. Lerwick, la capitale, est située sur la côte Est de l'île principale, Mainland, mesurant 81 km de long du Nord au Sud, et 42 km dans sa plus grande largeur.

Contrairement aux Orcades *(voir Scilly)*, les Shetland présentent peu d'étendues plates. En raison des nombreux bras de mer (les voes), l'économie était encore récemment dominée par la pêche et la petite agriculture. Le choc pétrolier des années 1970 a désorganisé cette économie bien équilibrée, mais aujourd'hui encore, malgré la présence du plus grand port pétrolier d'Europe qu'est Sullom Voe, l'industrie pétrolière n'occupe que le deuxième rang des activités économiques après la pêche, et son impact sur le paysage reste limité.

Le visiteur peut encore jouir partout des charmes de la beauté et de la solitude des espaces sauvages.

Des découvertes archéologiques, dont un village datant de l'âge du fer, près de Sumburgh, ont fourni des témoignages intéressants concernant les premières colonisations.

Lerwick – Le port naturel de la principale ville côtière des Shetland est abrité par l'île de Bressay.

Les ruines de **Clickhimin Broch**★, Fort Charlotte (17ᵉ s.) ainsi qu'un musée local comptent parmi les curiosités de la capitale des Shetland.

Up Helly Aa★★★

Ce festival de feu coloré et animé qui a lieu le dernier mardi de janvier est le souvenir le plus spectaculaire de l'héritage viking. On ne sait s'il faut en attribuer l'origine à un rituel printanier destiné à apaiser les dieux scandinaves ou à marquer la fin des jours saints. Le personnage principal, le **Guizer Jarl** (comte), et ses guerriers, tous vêtus de la parure guerrière des Vikings, dirigent la procession éclairée par des torches dans leur drakkar. Une interprétation tonitruante du chant de la Galère *(Galley Song)* précède la mise à feu de la galère et le chant final, *The Norseman's Home*. Les célébrations se prolongent toute la nuit.

EXCURSIONS À PARTIR DE LERWICK

Jarlshof ⓥ – *Mainland. 40 km au Sud de Lerwick*. Occupé du 2ᵉ millénaire avant notre ère jusqu'au 17ᵉ s., le site de Jarlshof présente six maisons de l'âge du bronze et une tour de la fin de l'âge du fer autour desquelles sont groupées d'autres demeures. De nombreux vestiges de l'époque viking témoignent d'une occupation de plusieurs siècles. Il y avait une ferme à Jarlshof au 13e s., et c'est au 16e s. que le comte Robert Stewart fit bâtir le **New Hall**.

★★★**Mousa Broch**  – *Île de Mousa. 19 km au Sud de Lerwick.* Les brochs sont de petites fermes fortifiées particulières à l'Écosse, dont l'âge d'or se situe vers 500 avant J.-C. Beaucoup se sont écroulés, mais celui de Mousa, qui date vraisemblablement du 1er ou du 2e s. de notre ère, est resté intact. À l'intérieur de l'imposante **tour**, évasée à la base (15 m de diamètre), se trouve une cour protégée, tandis que les escaliers, les chambres et les galeries sont creusés à même l'épaisseur des murs.

Broch de Mousa : tour de réfrigération ? Non, chauffage en commun

B Kaufmann

SHREWSBURY

Shropshire – 64 219 habitants
Carte Michelin n° 403 L 25 ou Atlas Great Britain p. 26
Plan dans le Guide Rouge Great Britain & Ireland

Autrefois capitale des territoires gallois de Powis, Shrewsbury se développa au Moyen Âge autour du château normand construit par Roger de Montgomery en 1083 pour défendre la boucle de la Severn. La ville actuelle possède d'élégants bâtiments georgiens et de l'époque de la reine Anne, un grand nombre de maisons « en noir et blanc » et d'attrayantes impasses et ruelles médiévales appelées ici *shuts*. Les deux principaux ponts sur la Severn sont toujours, après des siècles de tension frontalière, connus sous les noms d'English Bridge et de Welsh Bridge (Pont Anglais et Pont Gallois). Shrewsbury est la ville natale du naturaliste **Charles Darwin** (1809-1882), dont une statue s'élève devant son école devenue bibliothèque, et de **Robert Clive (Clive of India)** (1725-1774), autre citadin célèbre, qu'une statue commémore dans The Square.

★**Abbey**  – Fondée en 1083, l'abbaye des bénédictins se trouve juste à la sortie de la ville, de l'autre côté de l'English Bridge. La tour du 14e s. comporte une statue d'Édouard III, sous le règne de qui elle fut construite. Dans la nef, on peut voir des colonnes romanes du 11e s.

Castle – Restauré au 14e s., le château fut transformé en résidence par Thomas Telford, en 1787, pour sir William Poultney, député (1776-1805) de Shrewsbury. La seule pièce qui nous reste de cette transformation est le bureau du maire, l'édifice devenant en 1926 chambre du conseil. De nos jours, le château abrite le **Shropshire Regimental Museum** .

Ceux qui apprécient les intrigues policières médiévales de Frère Cadfael se dirigeront tout droit vers The **Shrewsbury Quest** *(Abbey Foregate)* pour découvrir la simple vie monastique, se promener dans le jardin d'herbes aromatiques, visiter l'officine et résoudre une énigme moyenâgeuse. On peut y voir également le cabinet de travail de l'auteur, Ellis Peters.

Rowley's House  – Ce bel exemple de maison de marchand à l'époque des Tudors, haute de trois étages et à colombage, date de la fin du 16e s. et sert maintenant de musée consacré à l'histoire locale. Il possède une collection d'**objets romains** provenant de la ville de Viroconium.

EXCURSIONS

★★Ironbridge Gorge Museum – *Voir Ironbridge Gorge.*

★★Weston Park ⊘, à **Weston-under-Lizard** – *27 km à l'Est par la A 5 en traversant Telford.* Cette maison de brique rouge de 1671 a pour originalité d'avoir été construite par une femme, lady Élisabeth Wilbraham, dont la passion pour l'architecture apparaît clairement dans les annotations qu'elle fit du *Premier Livre d'architecture* de Palladio, que l'on peut voir à la bibliothèque.

Outre un mobilier splendide, l'intérieur est remarquable pour la qualité des portraits qu'il contient, la plupart des maîtres de la peinture étant représentés depuis Holbein ; le portrait de lady Wilbraham par Lely est au salon, où l'on peut aussi voir une rareté, un portrait (du révérend George Bridgeman) de la main de Constable. Des cerfs et des races de moutons peu courantes paissent dans le parc dessiné par **Capability Brown**, où l'on trouvera aussi beaucoup d'attractions pour les familles, un train miniature, un endroit autorisé aux animaux domestiques, des aires de pique-nique...

The Aerospace Museum ⊘, à **Cosford** – *37 km à l'Est par la A 5, puis la M 54, que l'on quitte à l'échangeur 3 ; emprunter la A 41 vers le Sud sur 2 km.* Avec ses avions de ligne et ses avions de combat de la Seconde Guerre mondiale, la collection de ce musée, qui rassemble plus de 80 appareils et missiles, comprend des prototypes inhabituels et constitue un fascinant aperçu sur le développement de la technologie, notamment avec le siège éjectable Martin-Baker.

Much Wenlock – *19 km au Sud-Est de Shrewsbury par la A 458.* Cette agréable ville provinciale avec de nombreuses maisons à colombage, dont l'**hôtel de ville** qui date du 16ᵉ s., s'est développée autour du **prieuré★** ⊘ clunisien fondé vers 690, saccagé par les Danois, puis reconstruit. Sa nef, édifiée par le prieur Humbert vers 1220, mesure 106 m de long et fait de cette église l'une des plus grandes églises abbatiales d'Angleterre. Le chapitre, avec ses arcades entrecroisées, est de style roman, tout comme le magnifique **lavabo**. Construit vers 1180, il renferme des plaques de « marbre de Wenlock » gravées très minutieusement et qui représentent le Christ avec saint Pierre et deux apôtres.

La maison du prieur est un des plus beaux bâtiments médiévaux d'Angleterre ; datant du 12ᵉ s., elle fut considérablement agrandie dans les années 1490. Elle est devenue résidence privée lors de la suppression des monastères.

Depuis l'important escarpement calcaire tout proche, **Wenlock Edge★**, qu'a célébré le poète A.E. Housman, on a une **vue** magnifique sur tout le Shropshire.

Montgomery (Trefaldwyn) – *24 km au Sud-Ouest de Shrewsbury par la B 4386.* Bénéficiant d'une charte octroyée par Henri III en 1227, la « ville nouvelle » médiévale de Montgomery se développa en contrebas du **château★**. Elle s'est peu étendue et a conservé intact son plan rectangulaire d'origine, même si maintenant elle possède les caractères d'une ville de marché d'époque georgienne. Dans l'église paroissiale **St Nicholas**, on peut voir le tombeau recouvert d'un dais de Richard Herbert, de sa femme Magdalen et de leurs huit enfants, dont l'un était le poète George Herbert (1593-1633).

★★Powis Castle ⊘, à **Welshpool** – *32 km à l'Ouest par la A 458.* La ville de Welshpool (Y Trallwng) se trouve à l'extrémité Nord de la crête sur laquelle est bâti le château de Powys. Les grosses tours jumelées du portail principal datent des décennies antérieures à 1300. En 1587, le château devint la propriété de sir Edward Herbert, qui l'adapta aussitôt aux normes de confort élisabéthaines. La grande galerie, qui contient un panneau en trompe l'œil du milieu du 17ᵉ s., date de 1592-1593, tandis que la salle à manger et le salon en chêne furent réaménagés au début du 20ᵉ s. Le château abrite les collections du premier **lord Clive** (1725-1774), le vainqueur de Plassey et le fondateur des Indes britanniques, et nombre de belles toiles.

Les **jardins**, dont les terrasses à l'italienne embellissent le site escarpé du château, furent dessinés vers la fin du 17ᵉ s. Comme ils ne firent pas l'objet des attentions rénovatrices de Capability Brown, ils comptent parmi les rares chefs-d'œuvre de l'époque qui nous sont parvenus. Ils procurent à Powis plus une apparence de villa papale des environs de Rome que celle d'un château médiéval gardant les Marches.

Isle of SKYE★★

Île de SKYE – Highland – 8 868 habitants
Carte Michelin n° 401, A, B 11 et 12 ou Atlas Great Britain p. 65

L'île, accessible par un **pont à péage** ⊙, présente tous les charmes et les mystères que l'on peut attendre d'une île des Hébrides. Dans les légendes nordiques et gaéliques, Skye est baptisée l'île du Nuage, ou île Ailée. Les changements rapides d'atmosphère et de temps font partie de l'enchantement insulaire. Le paysage, nu et sans arbres, est spectaculaire et envoûtant – comment pourrait-on mieux admirer les formes majestueuses des Cuillins que lorsque des nuages lourds de pluie s'éloignent en roulant pour laisser place au soleil. Les principales activités des habitants sont l'agriculture à petite échelle, le tourisme et l'exploitation forestière. L'île est une forteresse gaélique : 85 % de la population parle encore cette langue.

★★★**Les Cuillins** – La splendeur de leur paysage fait des Cuillins la curiosité la plus célèbre de l'île. Les **Black Cuillins**, arc de pics pointus long de 10 km, encerclent le Loch Coruisk ; beaucoup font plus de 900 m de haut, et le point culminant est le Sgurr Alasdair (993 m). De l'autre côté du Glen Sligachan, les formes doucement arrondies des **Red Cuillins** de granit rose créent un surprenant contraste.

★**Portree** – Disposée autour d'une baie abritée, la charmante ville de Portree est la capitale de l'île, mais aussi un centre de navigation de plaisance très apprécié.

Kilmuir – Sur la côte Nord de la **péninsule de Trotternish**★★ (adorables vues sur la mer, gendarmes basaltiques), le petit cimetière de ce village contient un monument dédié à **Flora MacDonald** (1722-1790), qui participa à l'évasion de Bonnie Prince Charlie après l'écrasement des Jacobites à Culloden. Elle emmena le prince, déguisé en servante, de Benbecula (Hébrides extérieures) à Portree, où il s'embarqua pour s'exiler en France jusqu'à sa mort.

★**Skye Museum of Island Life** ⊙ – *À la sortie Sud-Est de Kilmuir*. Une petite ferme typique, une maison de tisserand, une forge donnent une idée de la vie rurale au 19ᵉ s.

Dunvegan Castle ⊙ – Avant 1748, la seule entrée de cette forteresse, domaine des MacLeods, se faisait par la mer. Le château est bâti sur une plate-forme rocheuse qui domine le Loch Dunvegan. Parmi les trésors qu'on y conserve, on notera en particulier un fragment de soie baptisé « drapeau de fée » **(Fairy Flag)**. Une légende raconte que ce drapeau fut donné au 4ᵉ chef du clan par son épouse, une fée avec laquelle il vivait depuis vingt ans. Ce drapeau aurait eu le pouvoir de protéger le clan d'éventuelles catastrophes. Deux fois, il fut invoqué. Parmi les autres reliques, on verra le grand sabre du 7ᵉ chef, la coupe Dunvegan et la trompe de Rory Mor, le 15ᵉ chef.

Clan Donald Visitor Centre ⊙ – Dans une partie du **château d'Armadale**, on a aménagé une exposition présentant le « Royaume de la mer », l'histoire des seigneurs des îles et la culture gaélique. Le parc donne l'occasion de profiter de **vues** majestueuses sur le détroit de Sleat.

Ah ! qu'il est doux de profiter de la splendeur des Cuillins...

SNOWDONIA★★★

Région du SNOWDON – Gwynedd
Carte Michelin n° 403 I 24 et 25 ou Atlas Great Britain p. 32

Le parc national, créé en 1951, occupe 2 180 km² de beauté sauvage dans les spectaculaires montagnes de Gwynedd ; c'est le deuxième par la taille des onze parcs nationaux d'Angleterre et du pays de Galles. L'Yr Wyddfa Fawre (Grand Tumulus), ou **Snowdon** (1 085 m d'altitude), domine la région Nord. Le **Cadair Idris** (893 m) culmine au Sud. Le parc comporte 96 sommets de plus de 600 m d'altitude.

DANS LE PARC ET SES ENVIRONS

Beddgelert – Beddgelert est le point de rencontre de trois vallées. Le village est orienté au Sud, vers le passage d'Aberglaslyn.

Le magnifique paysage suffit à séduire le voyageur, mais au 18ᵉ s., l'aubergiste des lieux, désireux d'encourager le commerce, enjoliva une vieille légende, et fabriqua la « Tombe de Gelert ». Cette légende raconte que Llywelyn le Grand avait un lévrier du nom de Gelert. Il le laissa auprès de son fils, alors bébé, et, à son retour, ne retrouva pas l'enfant. En revanche, son chien était là, couvert de sang. Llywelyn, persuadé que Gelert avait tué son fils, abattit la pauvre bête avant de se rendre compte qu'elle avait en réalité sauvé l'enfant d'un loup, dont on découvrit le cadavre tout près.

R O Eames/The National Trust

Dans le massif du Snowdon

★**Betws-y-Coed** – Dans un superbe cadre de collines boisées, à la jonction des rivières Conwy et Llugwy, Betws-y-Coed (la Chapelle dans les Bois) est la porte de la Snowdonia depuis que la grande route Londres-Holyhead (aujourd'hui la A 5), construite par Telford au début du 19ᵉ s., traverse le pays de Galles du Nord. Le **centre d'accueil du parc national** ⊙ a été aménagé dans les immenses écuries de l'hôtel. Un gracieux pont de pierre, Pont y Pair, enjambe la Llugwy qui, tout près, retombe en cascade dans un ravin boisé : ce sont les **chutes Swallow**.

★**Llanberis** – Cette petite ville, dominée par ses carrières d'ardoise, est plus connue comme point de départ de l'ascension du mont Snowdon en chemin de fer. Toutefois, elle possède aussi quelques attractions, notamment le **musée gallois de l'Ardoise★** (Welsh Slate Museum) ⊙, section du Musée national installée dans les ateliers mécaniques de la grande carrière Dinorwig. Les visiteurs peuvent pénétrer dans les profondeurs de la montagne où des cavernes artificielles abritent la **centrale électrique de Dinorwig** ou emprunter un train à vapeur à voie étroite pour longer les berges du lac de Llyn Padarn. Dominant le paysage du haut de son promontoire, la tour de **Dolbadarn Castle**, érigée au début du 13ᵉ s., appartient à une forteresse purement galloise, fait rare dans le Nord du pays.

★★★**Snowdon** – C'est en empruntant le **chemin de fer du mont Snowdon★★** ⊙ à Llanberis qu'il est le plus facile de gravir le plus haut sommet d'Angleterre et du pays de Galles. Construite en 1896, cette voie ferroviaire à crémaillère est la seule de ce type en Grande-Bretagne. Ses locomotives à vapeur centenaires sont occasionnellement remplacées par des diesels. Pour les plus sportifs, le Parc national propose cinq itinéraires pédestres (brochure et carte) : le sentier le plus direct suit l'arête sur laquelle a été construite la voie de chemin de fer ; le plus spectaculaire part du parc de stationnement de Pen-y-Pass, à Llanberis Pass. Pour les marcheurs expérimentés et amateurs de difficultés, un sentier peu praticable longe l'arête pointue de Crib Goch et se poursuit vers le Snowdon Horseshoe, formation de pics et de crête en demi-lune qui dominent Llyn Glaslyn et Llyn Llydaw. Par beau temps, le **panorama★★★** du haut du Snowdon embrasse toute l'île d'Anglesey, l'île de Man et les monts Wicklow en Irlande.

★**Blaenau Ffestiniog** – On trouve encore à Blaenau Ffestiniog une carrière d'ardoise, mais beaucoup moins importante qu'autrefois. Dans les **carrières d'ardoise de Llechwedd★** ⊘, un film raconte l'histoire de l'ardoise du pays de Galles. Un train permet de visiter les carrières, où des tableaux évoquent les conditions de travail au siècle dernier. De Porthmadog, sur la côte, à la « cité de l'ardoise », le **chemin de fer de Ffestiniog★★** ⊘ (21 km), construit en 1836 pour transporter l'ardoise de la carrière au port, sert aujourd'hui à promener les touristes qui peuvent admirer les superbes paysages boisés du Vale of Ffestiniog, ponctués de lacs et de cascades.

Cadair Idris – La grande « chaise du géant Idris » (893 m) est l'une des montagnes les plus imposantes d'Angleterre. Elle émerge au-dessus de la belle vallée du Mawddach et de la petite localité de **Dolgellau★**, dont la place du marché est bordée de bâtiments aux sombres façades. L'ascension la plus facile s'effectue par le Minford Path sur le flanc Sud. **Precipice Walk★**, l'un des sentiers balisés aménagés autour de Dolgellau à la fin du 19e s., offre également de belles vues sur le mont majestueux.

★**Machynlleth** – Cette petite ville aux confins Sud du Parc national doit sa célébrité à un fait historique : Owain Glyndwr y fut couronné prince de Galles en 1404. Elle accueille également **Celtica★** ⊘, réjouissante évocation du monde celte par des systèmes multimédias. Aménagé dans une ancienne carrière d'ardoise, le **Centre de technologie alternative★★** (Centre for Alternative Technology ⊘ – 5 km au Nord par la A 487) est un établissement pionnier inventant, testant et diffusant les idées « vertes » depuis sa création en 1973. Un train électrique conduit aux installations, démontrant les vertus de l'énergie éolienne, solaire et hydraulique de manière à la fois convaincante et divertissante. Le parc cultivé organiquement n'a rien à voir avec l'idéal pittoresque, mais exalte la beauté d'une esthétique écologique.

SOUTHAMPTON

Hampshire – 210 138 habitants
Carte Michelin n° 404 P 31 ou Atlas Great Britain p. 9

Ce grand port fut d'abord une colonie côtière romaine, baptisée Clausentum et installée sur la rive Est de l'Itchen. Dès le 8e s., le port saxon de **Hamwic** desservait la ville royale de Winchester. Depuis, il n'a cessé de croître pour devenir l'un des principaux ports de conteneurs de la Grande-Bretagne. Sévèrement endommagé par les bombardements de la Seconde Guerre mondiale, Southampton s'est remis rapidement de ses blessures dans les années 1950. À côté des vestiges médiévaux, une ville moderne s'est développée, s'appuyant sur une université dynamique et une industrie rajeunie.

L'impressionnante porte Nord, **Bargate★**, construite aux alentours de 1180, fut flanquée de ses grandes tours vers 1285 et son imposante façade Nord fut ajoutée au 15e s. Le mur d'enceinte Ouest, qui fait partie des anciennes fortifications, surplombe de façon spectaculaire **Western Esplanade**, qui jadis longeait la baie de Southampton. Remarquez aussi la **tour Catchcold** du 15e s. et l'**arcade**, qui s'étend de Biddlesgate à la **poterne de l'Ancre bleue** (Blue Anchor Postern). À l'extrémité de Blue Anchor Lane, une grande **maison Tudor★** ⊘ du début du 16e s. est occupée par l'un des musées de la ville ; à l'extérieur, un jardin d'agrément et d'herbes aromatiques, ainsi qu'un labyrinthe ont été recréés.

Un peu plus loin encore, des escaliers conduisent aux vestiges d'une **maison normande**, bel exemple de maison de marchand du 12e s. Elle fut annexée à l'enceinte de la ville au 14e s.

St Michael's Church ⊘ – C'est le plus vieil édifice de la ville médiévale, construit peu après la conquête normande et successivement agrandi au cours du Moyen Âge et du 19e s. Cette église se distingue par son élégante **flèche** de pierre du 18e s., s'élançant d'une **tour** trapue du 11e s. À l'intérieur, remarquez les fonts baptismaux en marbre noir de Tournai, datant approximativement de 1170, deux lutrins en cuivre du 15e s. et le tombeau (1567) de sir Richard Lyster, l'un des anciens résidents de la maison Tudor située dans Blue Anchor Lane (voir plus haut).

De retour sur Western Esplanade, juste après la porte Ouest du 14e s. et l'**hôtel des Marchands** (Merchants' Hall), on peut voir le **mémorial du Mayflower**, érigé en 1913 en souvenir du voyage des « Pères pèlerins » en 1620. La **maison de la Laine** (Wool House), un entrepôt en pierre du 14e s. magnifiquement restauré, est aujourd'hui occupée par le **musée de la Marine** (Maritime Museum) ⊘, où des maquettes de bateaux et des objets témoignent de l'histoire de ce grand port. **God's House**, fondée vers 1185, servait à la fois d'hospice et d'auberge. À droite de celle-ci se trouvent God's House Gate (début du 14ᵉ s.) et **God's House Tower**, construite au début du 15ᵉ s., où le **musée archéologique** ⊘ de la ville a élu domicile.

★**City Art Gallery** ⊘ – Le musée d'Art possède une belle collection d'art moderne, notamment des œuvres de Spencer, Sutherland et Lowry.

Howard's Way Cruise ⊘ – Au départ de Ocean Village, cette promenade rend compte de l'importance du port, bien que son intérêt dépende des navires en escale.

EXCURSIONS

★★**New Forest** – *Voir ce nom.*

Romsey – *15 km au Nord-Ouest par la A 3057.* La ville de Romsey grandit autour d'un couvent fondé en 907 par Édouard l'Ancien, fils d'Alfred le Grand, et en majeure partie reconstruit de 1120 à 1230 environ.

★**Abbey** – Lors de la Dissolution, le couvent ferma ses portes, les bâtiments furent détruits mais la chapelle de l'abbaye demeura et devint l'église paroissiale. La pureté et la simplicité de l'**intérieur**★★★ en font un magnifique exemple de l'architecture romane tardive. Notez tout particulièrement l'élévation du bas-côté Sud du chœur. Au même endroit, la chapelle Est possède un crucifix saxon datant de 1100 environ, représentant le Christ crucifié, encadré de deux anges, de la Vierge et de saint Jean. Une croix du 11ᵉ s., elle aussi de facture saxonne, se trouve à l'extérieur, sur le flanc Sud, près du portail de l'Abbesse, aux magnifiques ornements.

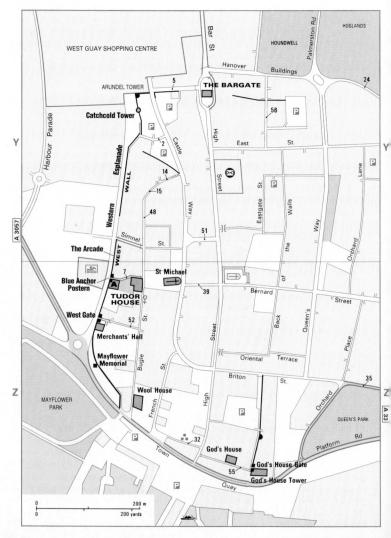

SOUTHAMPTON

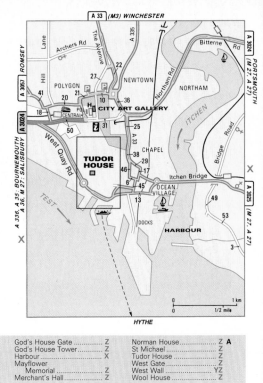

★ **Broadlands** ⊙ – *2 km au Sud-Ouest de Romsey par la A 3090.* En 1736, le premier vicomte Palmerston fit l'acquisition de ce petit **manoir Tudor** et entreprit de le transformer. Son fils, le 2ᵉ vicomte Palmerston, demanda à **Capability Brown** de poursuivre les travaux et refit le bâtiment dans le style néoclassique de Palladio. Un portique à quatre colonnes, surmonté d'un fronton, vint ajouter à la noblesse de la façade Ouest, qui donne sur la belle rivière Test. Le gendre de Brown, **Henry Holland**, créa par la suite la façade Est où se trouvent l'entrée principale et l'élégante salle à manger, qui contient trois magnifiques tableaux de Van Dyck. La demeure mérite aussi le détour pour sa **salle Wedgwood**, ornée de frises et de moulures blanches sur fond bleu, qui renferme une belle collection de pièces de Wedgwood du 18ᵉ s. et quatre portraits de Peter Lely représentant des dames de la cour de Charles II. Remarquez aussi les ravissantes moulures de plâtre blanc et or de la **salle de réception** et les médaillons peints au plafond du salon. À la mort du Premier ministre lord Palmerston, en 1865, le manoir revint à lord Mount Temple, dont la fille Edwina épousa lord Mountbatten (1900-1979) et hérita de la propriété en 1938. L'occupant actuel, qui n'est autre que leur petit-fils, lord Romsey, propose une exposition et une présentation audiovisuelle consacrées à lord Mountbatten.

STAMFORD ★★

Lincolnshire – 17 492 habitants

Carte Michelin n° 404 S 26 ou Atlas Great Britain p. 28

« Belle ville construite entièrement de pierre comme il en fut jamais », selon Celia Fiennes, voyageur et écrivain de la fin du 17ᵉ s. Ville si pittoresque qu'elle fut la première ville anglaise à être instituée zone protégée.

★ **St Martin's Church** – *High Street St Martin's.* Reconstruite vers 1480, St Martin est entièrement de style Perpendicular. La chapelle Nord est dominée par un imposant monument en albâtre dédié à **William Cecil, lord Burghley** (1520-1598).

★ **Lord Burghley's Hospital** – *À l'angle de Station Road et de High Street St Martin's.* Ces charmants hospices furent bâtis sur le site de l'hôpital médiéval St John the Baptist et St Thomas the Martyr en 1597.

Brasenose Gate – *St Paul's Street.* Reconstruite ici vers 1688, cette porte du 14ᵉ s. provient de Brasenose College, aujourd'hui disparu, établi en 1333 par des étudiants sécessionnistes de Brazenose College à Oxford.

★ **Browne's Hospital** ⊙ – *Broad Street.* L'un des hôpitaux médiévaux les mieux conservés d'Angleterre, il fut construit vers 1475, et mettait à disposition des box pour « 10 pauvres » dans ce qui est aujourd'hui la salle du conseil. La chapelle et la salle d'audience sont toutes deux illuminées par d'inoubliables vitraux de 1480 environ.

A. Williams

Burghley House

Museum ⊘ – *Broad Street.* L'histoire de Stamford y est relatée, de ses origines saxonnes jusqu'à son rôle vedette dans une série télévisée de la BBC, *Middlemarch*, une adaptation du roman du même nom de **George Eliot**. Dans un registre plus macabre, on peut y voir un personnage de cire grandeur nature représentant Daniel Lambert, l'homme le plus gros d'Angleterre à cette époque (330 kilos). Il mourut lors d'une visite à Stamford en 1809 et ses vêtements sont exposés ici depuis. À côté se trouve le personnage de cire du nain Charles Stratton, surnommé « Général Tom Pouce ». Après avoir vu les vêtements de Daniel Lambert en 1846, Tom Pouce fit don du costume qui habille le mannequin le représentant.

EXCURSIONS

★★**Burghley House** ⊘ – *Juste au Sud-Est de Stamford.* Un des plus beaux manoirs élisabéthains, construit sur l'initiative de William Cecil, **lord Burghley**, « le plus grand, le plus sérieux, le plus estimé des conseillers que Votre Majesté ait jamais eus » confiait Essex à la reine Élisabeth Iʳᵉ. Largement redécoré à la fin du 17ᵉ s., l'édifice se distingue par ses plafonds peints par Laguerre et Verrio, particulièrement riches et baroques dans la **salle du Paradis** et la **salle de l'Enfer.**
La visite du château est également intéressante pour sa collection de tableaux, qui comprend des œuvres de Paolo Véronèse, Jean Tassel et Francesco Bassano, dans la chapelle ; de Gainsborough, Kneller et Lawrence, dans la salle de billard ; de Bruegel le Jeune, dans la salle en marqueterie. La salle la plus fascinante est celle de la **pagode**. On y admire Henri VIII (de Van Cleve), William Cecil (de Gheeraerts l'Ancien), Élisabeth Iʳᵉ (de Gheeraerts le Jeune) et Olivier Cromwell (de Robert Walker) ; Capability Brown (de Nathaniel Dance) a les yeux fixés sur le parc qu'il a créé.

Deene Park ⊘, à *Deene – 18 km au Sud-Ouest par la A 43, tourner à droite et suivre les indications.* Demeure ancestrale de la famille Brudenell, dont le très célèbre fils fut à la tête de la charge de la Brigade légère en 1854. La maison date des 16ᵉ et 17ᵉ s. Située autour d'une cour centrale, elle fut agrandie aux 18ᵉ et 19ᵉ s.

Intérieur – La partie la plus importante est la grande salle de 1571, dont la splendide décoration Renaissance et le plafond ont été miraculeusement bien conservés. Le minuscule **salon de chêne** est plus intime ; ses boiseries sont de 1630, et on y trouve un portrait de Louise de Keroualle, l'une des favorites de Charles II. Le salon abrite 12 charmants portraits de femmes et d'enfants datant du règne de Jacques Iᵉʳ.

Kirby Hall ⊘, à l'Ouest de **Deene** – *Même itinéraire que Deene Park. Poursuivre sur 3 km après Deene.* Kirby Hall est un bel exemple d'édifice élisabéthain, en pierre, dont la construction commença en 1570, et qui fut remanié au 17ᵉ s. Acheté et achevé en 1575 par sir Christopher Hatton, favori d'Élisabeth Iʳᵉ, ce vaste manoir fut par la suite agrandi et devint l'un des plus somptueux dans son genre. La plus grande partie du bâtiment est aujourd'hui en ruine. Quelques pièces ont cependant échappé au délabrement, notamment la grande salle dont le plafond est incliné. Le grand jardin, conçu à la fin du 17ᵉ s., subit actuellement des travaux qui devraient lui rendre la gloire qu'il connut jadis.

STIRLING★★

Stirling – 30 515 habitants
Carte Michelin n° 401 I 15 ou Atlas Great Britain p. 55
Plan dans le Guide Rouge Great Britain & Ireland

Point stratégique depuis toujours, Stirling a vu sa longue histoire se confondre avec celle de son château, ancienne résidence royale, perché sur un pic imprenable. Aujourd'hui, la ville est un lieu touristique idéal et offre toute une gamme d'excursions d'une journée, notamment dans les Trossachs, au pays de Rob Roy et dans la région de Fife ou des Ochils.

UN PEU D'HISTOIRE

Depuis son site magnifique, Stirling contrôle un passage sur la Forth. Elle a été le témoin de nombreuses batailles (Stirling Bridge en 1297, Bannockburn en 1314). C'est avec David Iᵉʳ qu'elle inaugura son histoire. C'est lui qui donna à la ville sa charte de **bourg royal**. Stirling devint une résidence permanente des Stewart, et son âge d'or survint sous Jacques IV, authentique prince de la Renaissance. Après sa mort à Flodden (1513), son épouse, la reine Margaret, fit couronner leur fils Jacques V à Stirling. La fille de celui-ci, **Marie Stuart**, fut également couronnée dans la chapelle royale, et son propre fils, le futur Jacques VI (Jacques Iᵉʳ d'Angleterre), y fut baptisé en 1566. Quand ce dernier eut choisi pour résidence Whitehall à Londres, Stirling cessa d'être résidence royale.

★★**Castle** ⊘ – C'est en montant et en traversant la vieille ville que l'on accède au château. Sur l'esplanade, une statue de Robert Bruce monte la garde. Les **casemates** abritent une intéressante exposition comprenant des maquettes et des statues grandeur nature.

Palace – Commencé par Jacques IV en 1496, il fut achevé par son fils en 1540. Chef-d'œuvre d'ornementation Renaissance, il eut peu d'influence sur l'architecture écossaise en général.

Sa pièce maîtresse est sans conteste la **façade**★★★ à l'architecture élaborée, que l'on aperçoit mieux encore de Upper Square. Elle montre bien l'évolution du style architectural sur une durée de 150 ans. La façade de la **grande salle** (1460-1488), éclairée par quatre paires de fenêtres, est surmontée d'un toit bordé d'une corniche et d'un parapet crénelé (promenade possible). L'intérieur, empreint de noblesse, est célèbre pour son plafond de chêne en carène renversée, sa galerie des troubadours et ses estrades encadrées par des fenêtres en oriel. Par contraste, le **palais** (1496-1540) proprement dit est décoré de sculptures dans des niches et au-dessus de la corniche. Les **appartements royaux** renferment de très beaux médaillons en chêne du 16ᵉ s., connus sous le nom de **Têtes de Stirling**★★. La chapelle date du début de la Renaissance (1594) ; elle comporte des fenêtres en arc en plein cintre structurant un très beau portail et un intérieur décoré. Le vieux bâtiment du roi héberge un **musée**★ consacré aux régiments des Highlanders Argyll et Sutherland (Regimental Museum) ⊘. Environ 200 ans de hauts faits militaires y sont présentés.

Entrée au château

Vieille ville – La ville médiévale, avec ses ruelles tortueuses et ses rues à pic, suit la pente de la colline à partir du château. Il est préférable de s'y promener à pied. **Argyll's Lodging★** ⊘, superbe manoir, fut construit en 1632 par sir William Alexander, le fondateur de la Nouvelle-Écosse. Partout, on trouvera des exemples du **style décoratif Renaissance écossais★**. Il ne reste plus qu'une façade en ruine de **Mar's Wark**, un palais commencé en 1570 par John Erskine, régent et gouverneur du château, tuteur du jeune prince Jacques.

C'est dans l'**église du Holy Rude★** ⊘ que fut couronné, âgé seulement d'un an, le jeune Jacques VI, en 1567, tandis que John Knox prononçait le sermon. L'église a conservé sa **charpente en chêne** du 15ᵉ s. De l'autre côté de Bothwell House *(39 St John's Street)*, flanquée de sa tour en saillie, se dresse l'**ancienne prison de la ville** (Old Town Jail) ⊘, où l'on peut se rendre compte de la rudesse des conditions de vie en prison. En bas de Broad Street, autrefois centre de la ville, avec sa croix de marché, se trouve la **maison de Darnley**, une maison de ville dans laquelle, dit-on, le mari de Marie Stuart, lord Darnley, restait pendant que la reine s'occupait des affaires d'État au château.

ENVIRONS

National Wallace Monument ⊘ – *1,5 km au Nord-Est. Quitter Stirling par la A 9, puis, arrivé au rond-point Causewayhead, prendre la B 998.* C'est **William Wallace** (1270-1305) qui rallia les forces écossaises contre la loi anglaise. Après sa victoire de Stirling Bridge, en 1297, il reprit le château des mains d'Édouard Iᵉʳ. À la suite de la soumission des Écossais en 1304, Wallace fut capturé et, en 1305, exécuté comme traître, à Londres. Un audiovisuel présente Wallace et son rôle dans l'histoire de l'Écosse. Du belvédère (242 marches) qui surmonte Abbey Craig (110 m), on peut admirer un **panorama★★** sur Stirling et la campagne environnante.

Bannockburn Heritage Centre ⊘ – *3 km au Sud par la A 9.* Une statue équestre de **Robert the Bruce** marque l'emplacement du poste de commandement du roi à la veille de la bataille. En 1313, Bruce avait repris la plus grande partie du royaume conquis par Édouard Iᵉʳ. Le 24 juin 1314, il mit en déroute une armée anglaise pourtant supérieure en nombre, mais mal dirigée par Édouard II. Après Bannockburn, l'Écosse obtint son indépendance, qui ne fut néanmoins officialisée qu'avec la déclaration d'Arbroath (1320) et le traité de Northampton en 1328.

★**Dunblane** – *10 km au Nord par la A 9.* Ville principalement résidentielle, Dunblane est concentrée autour de sa belle **cathédrale★★** ⊘ gothique du 13ᵉ s. Cette cathédrale, depuis l'époque celtique, et notamment depuis la création par David Iᵉʳ de l'évêché en 1150, a toujours été un centre ecclésiastique. Après la Réforme, elle fut laissée à l'abandon, mais jamais pillée. C'est ainsi qu'aujourd'hui encore elle demeure un bel exemple d'architecture gothique du 13ᵉ s. Les vigoureuses sculptures des stalles Chisholm du 15ᵉ s. et leurs miséricordes (sous la fenêtre Ouest) sont particulièrement remarquables. Le superbe chœur, doté de fenêtres élancées en ogive, renferme les **stalles Ochiltree**, très ornées. La **chapelle de la Vierge**, partie la plus ancienne de l'édifice, présente une voûte à nervures et des bossages sculptés. Contre le flanc Sud de la nef se trouve une tour du 12ᵉ s., et la superbe **façade principale★★**, qui domine la rivière Allan, est un véritable chef-d'œuvre.

La maison du Doyen accueille un musée consacré à la cathédrale et à la ville.

★**Doune** – *13 km par la A 84.* Un peu à l'écart du village, le **château★** ⊘ (fin du 14ᵉ s.) possède un grand **donjon-corps de garde** à quatre étages (29 m de haut). Il offrait des logements très raffinés, presque dignes d'y accueillir le roi. C'est un bel exemple des résidences sûres et autonomes de l'époque. Aux 17ᵉ et 18ᵉ s., le village était connu car on y fabriquait de magnifiques pistolets, très décorés. Ils servaient surtout aux hommes des Highlands qui gardaient les troupeaux.

Un rallye automobile, le **Doune Hill Climbs**, y est organisé tous les ans en juin.

STOKE-ON-TRENT

Staffordshire – 266 543 habitants
Carte Michelin n° 403 N 24 ou Atlas Great Britain p. 35
Plan dans le Guide Rouge Great Britain & Ireland

Les cinq villes (qui sont, en fait, six : Stoke, Tunstall, Burslem, Hanley, Fenton et Longton) dans lesquelles Arnold Bennett situe les personnages de ses romans, demeurent, en dépit de leur réunion il y a 50 ans, des entités différentes, chacune ayant conservé sa propre identité. Les poteries ont existé à Stoke bien avant l'époque du potier le plus honoré d'Angleterre, **Josiah Wedgwood** (1730-1795). Des fours datant des environs de 1300 ont été retrouvés à Sneyd Green et des potiers du nom d'Adams et de Wedgwood y travaillaient aux environs de 1600. Mais, cependant, l'ouverture par Josiah Wedgwood de la manufacture Etruria en 1769, l'exploitation du bassin houiller du Staffordshire et le creusement du canal de la Trent à la Mersey transformèrent une industrie locale en industrie nationale et firent d'une industrie un art. La plupart des grands fours de brique (en forme de bouteille ou coniques, tassés, renflés ou élancés) ont maintenant disparu. Il en reste quelques-uns, en particulier à Longton, qui dressent à l'horizon leurs silhouettes facilement reconnaissables.

MUSÉES

★**Gladstone Pottery Museum** ⓒ, à **Longton** – *Uttoxeter Road*. Cette manufacture, la seule qui ait survécu, a conservé ses ateliers d'origine, sa cour pavée et ses fours caractéristiques en forme de bouteille. Ouverte en 1850, la fabrique de Gladstone employait, à ses débuts, 41 adultes et 25 enfants. Elle produisit de la porcelaine jusque vers 1960, époque à laquelle elle fut convertie en musée de la poterie britannique. Une exposition montre l'essor de l'industrie de la poterie du Staffordshire, la variété de ses produits, l'art de les colorer et de les décorer, et les maisons de potiers. Dans les ateliers, on peut voir une démonstration du travail traditionnel des potiers.

★**The Potteries Museum and Art Gallery** ⓒ, à **Hanley** – *Bethesda Street*. Le musée de la ville abrite une des plus belles collections de céramiques de la région des « Potteries ». Partant de la poterie anglaise de 1350, en passant par les débuts de l'art anglais de la faïence (la vaisselle Charles II de **Thomas Toft**), elle s'étend jusqu'aux années de gloire du 18ᵉ s. et aux années prospères du 19ᵉ s. (*Vue de Naples* de Spode et Copland, vases en porcelaine de **Minton**). Cette collection se termine par les folies Art déco de Clarice Cliff, le mouvement du « modern studio » et des exemples de production industrielle courante.

ENVIRONS

★★**Little Moreton Hall** ⓒ, au Nord de **Kidsgrove** – *16 km du centre de Stoke-on-Trent en prenant au Nord la A 500, puis la A 34*. Ce beau manoir à colombage, entouré d'un fossé, possède des boiseries aux motifs riches et originaux, une menuiserie élaborée, des fenêtres à entrelacs et des vitres du 16ᵉ s. Commencé vers 1440 avec la construction de la grande salle, il fut achevé quelque 140 ans plus tard par l'ajout de la grande galerie de John Moreton. Remarquez les entrelacs de la baie vitrée de la grande salle, la frise peinte du parloir qui évoque l'histoire de Suzanne et les vieillards, et, dans la grande galerie, les encorbellements et les figures de plâtre de la Destinée et de la Fortune.

★**The Wedgwood Story** ⓒ, à **Barlaston** – *11 km du centre de Stoke-on-Trent en prenant au Sud la A 500 et la A 34, puis à gauche en direction de Barlaston*. L'usine de Wedgwood, datant de 1938 et située dans un parc, constitue un modèle pour l'époque. On peut y voir des expositions sur la fabrication de la poterie, une superbe collection de faïences de Wedgwood (de style néoclassique, victorien, Art nouveau, Art déco et moderne), et des portraits de Wedgwood par Stubbs, Reynolds, Lawrence et Wright of Derby.

Alton Towers, à **Alton** – *19 km à l'Est de Stoke-on-Trent par les A 50, A 521 et B 5032*. Les tours elles-mêmes, un monument extravagant du 19ᵉ s., ne sont plus aujourd'hui que des ruines pittoresques, mais les superbes jardins et le parc sont assez étendus pour offrir des endroits de grande tranquillité et accueillir un **parc d'attractions** ⓒ.

STONEHENGE★★★

Wiltshire

Carte Michelin n° 403 O 30 ou Atlas Great Britain p. 9

Stonehenge ⓒ, classé sur la Liste du Patrimoine mondial, est le plus célèbre site et monument préhistorique de toute la Grande-Bretagne. Il est vieux de 4 000 ans et la datation au carbone 14 indique que la construction fut entreprise vers 2950 avant J.-C. Trois phases se sont succédé dans sa construction et il fut terminé vers 1550 avant J.-C. Par comparaison avec d'autres célèbres monuments de l'Antiquité, la Grande Pyramide d'Égypte fut édifiée vers 2500 avant J.-C., la civilisation minoenne de Crète exista du 3ᵉ millénaire à 1100 avant J.-C., la première Grande Muraille de Chine fut bâtie vers 1000 avant J.-C., les constructions aztèques (et les calendriers gravés dans la pierre) au Mexique datent du 4ᵉ millénaire, et les statues de l'île de Pâques, de 400-1200 après J.-C. Depuis des siècles, ce lieu, dont la signification reste énigmatique, exalte l'imagination des écrivains, des peintres et de toutes sortes de visiteurs. Bien qu'un grand nombre de pierres se soient effondrées ou aient disparu, on peut encore voir, au solstice d'été, du centre du cercle, le soleil se lever au-dessus de la pierre du Talon (Heel Stone) placée à l'entrée. Il est possible que le

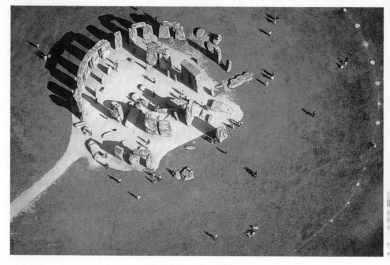

Stonehenge – Vue aérienne

site ait été un observatoire astronomique ou un sanctuaire voué au culte du soleil, ou encore une combinaison des deux. L'axe principal étant aligné sur celui du lever du soleil au solstice d'été, on pense que Stonehenge fut un lieu cérémonial où étaient célébrés le soleil et les changements de saisons. Quoi qu'il en soit, on est certain que le site ne fut pas « édifié par les druides », prêtres des peuples celtiques qui arrivèrent en Grande-Bretagne en 250 avant J.-C., longtemps après qu'eut été achevée la dernière phase de construction.

L'époque – Lorsque la construction débuta, la région était habitée par des chasseurs nomades et par des fermiers sédentaires qui avaient traversé la Manche et la mer du Nord en bateaux de peau. Vers 2000 avant J.-C., le peuple Beaker atteignit le Wessex par les pistes des hauts plateaux de craie et devint une communauté de 12 000 à 15 000 individus, gouvernée par les maîtres du bétail de la plaine de Salisbury qui contrôlaient également l'industrie du métal. Les prêtres devinrent influents et purent, aux moments forts de l'édification de Stonehenge, obliger la population à fournir 600 hommes pour monter un bloc de grès de la vallée de Pewsey et 200 pour l'ériger sur le site.

La construction – Stonehenge fut plusieurs fois remodelé après sa fondation.
Lors de la **première phase**, vers 2950-2900 avant J.-C., un fossé fut creusé, bordé vers l'intérieur d'un remblai composé de fragments de craie et haut de 2 m. Une zone circulaire de 91 m de diamètre fut ainsi définie par ce fossé doublé d'un cercle de 56 trous, appelés Aubrey Holes, d'après le nom de l'archéologue John Aubrey (1626-1697), pionnier de la recherche archéologique sur le site. Au Nord-Est, le remblai et le fossé s'interrompent afin de former une entrée, signalée de l'intérieur par deux pierres verticales et de l'extérieur par la pierre du Talon, **Heel Stone** *(près de la route)*. À l'intérieur de la zone circulaire, quatre blocs de grès **(Station Sarsens)** furent placés aux quatre points cardinaux.
Lors de la **seconde phase**, vers 2100 avant J.-C., un double cercle composé de **pierres bleues** non taillées fut érigé au centre ; ces pierres, pesant chacune 4 tonnes, proviennent des collines de Presely, au Sud-Ouest du pays de Galles, à 386 km de là. Elles furent transportées essentiellement par voie d'eau, puis le long de la large **avenue** reliant les berges de l'Avon à l'entrée du site.
La **troisième phase**, vers 2000 avant J.-C., vit la transformation de la structure. Les cercles de pierres bleues furent remplacés par un cercle de hauts **trilithons**. Ces menhirs étaient fuselés à l'une des extrémités et façonnés en tenon de manière à être assemblés aux linteaux incurvés pourvus de mortaises. Reliés les uns aux autres, les linteaux étaient positionnés sur les pierres au moyen de plates-formes de rondins surélevées progressivement.
À l'intérieur du cercle, cinq trilithons géants, distincts, furent disposés de façon à décrire un **fer à cheval** ; l'ouverture est orientée face à la pierre du Talon. L'entrée fut marquée de nouvelles pierres verticales. Aujourd'hui, seule demeure la pierre du Massacre (Slaughter Stone) qui s'est malheureusement effondrée. Vers la fin de cette **dernière phase**, autour de 1500 avant J.-C., les pierres bleues taillées furent réintroduites et placées selon leur formation actuelle, en fer à cheval, à l'intérieur du précédent composé par les blocs de grès.

STOURHEAD★★★

Wiltshire
Carte Michelin n° 403 N 30 ou Atlas Great Britain p. 8

Le jardin de Stourhead est la parfaite illustration de cet art anglais qui consiste à aménager le paysage. On le doit au banquier Henry Hoare II (1705-1785) dont le père, en 1721, avait ici même construit une maison conçue par l'architecte **Colen Campbell**, pionnier du style palladien anglais. Lorsqu'il dessina le jardin, Henry Hoare s'inspira des paysages que lui avaient fait découvrir ses voyages, mais également des tableaux du Lorrain et de Nicolas Poussin, dans lesquels la nature est rendue présente par des ombres lumineuses et l'attention attirée par des statues ou des édifices classiques.

Le **jardin** ⊘ fut entrepris par la création du **grand lac triangulaire**. Puis vinrent les plantations d'arbres à feuillage caduc et de conifères, « disposés en masses imposantes comme les ombres d'un tableau ». En collaboration avec son architecte Henry Flitcroft, Hoare commença la construction de ces joyaux de l'architecture de jardin que l'on peut apercevoir de l'autre côté du lac lorsqu'on en fait le tour dans le sens inverse des aiguilles d'une montre : le temple de Flore (1744-1746) et la grotte, le cottage gothique, le Panthéon (1753-1754), le temple d'Apollon dressé parmi les arbres, et le pont palladien *(illustration p. 99)*.

En 1765, Hoare acquit la croix de Bristol de 1373, ce qui lui permit de créer un paysage totalement anglais, composé du lac, du pont gazonné et de la croix, avec en arrière-plan l'église et le village de Stourhead.

Les plantations, aujourd'hui florissantes, ont été complétées par de nombreux spécimens exotiques par les successeurs de Hoare.

À l'extrémité du « grand parcours », on remarque la **tour d'Alfred** (1765-1772), une folie en brique rouge triangulaire, érigée à l'endroit où **Alfred**, roi de Wessex, aurait brandi sa bannière lors des invasions danoises. Mais il semblerait plutôt qu'elle commémore l'accession au trône de George III et la paix avec la France (1763). Tout en haut de l'étroite tour *(206 marches)* se trouve un balcon qui offre une très belle **vue** sur les environs.

House ⊘ – La maison de Campbell (1721) est construite d'un seul tenant. Les pavillons latéraux renfermant la galerie de peinture et la bibliothèque furent ajoutés par l'héritier d'Henry Hoare II, sir Richard Colt Hoare (1758-1838). Les biens de la demeure furent presque tous vendus en 1883. En 1902, un incendie détruisit les intérieurs du 18ᵉ s. Néanmoins, la plus grande partie des salles d'apparat du rez-de-chaussée furent sauvées des flammes. Le hall a une forme cubique parfaite et renferme des portraits de la famille Hoare. La **bibliothèque** est surmontée par une voûte en berceau et est considérée comme un exemple particulièrement raffiné du style Regency. Elle recèle de superbes pièces de mobilier **Chippendale**, une eau-forte de **Canaletto** et des dessins au lavis représentant Venise. On peut admirer d'autres trésors artistiques dans l'aile Ouest (mobilier) et dans la **galerie de peinture** : des paysages du **Lorrain** et de **Poussin**, qui ont inspiré Henry Hoare pour le dessin du jardin.

Flamboiement d'automne à Stourhead

STRATFORD-UPON-AVON★★

Warwickshire – 22 231 habitants
Carte Michelin n° 403 P 27 ou Atlas Great Britain p. 27

Stratford est le pays d'Arden : c'est la proche forêt d'Arden qui a fourni les madriers nécessaires à la construction de la ville, et la mère de son plus célèbre enfant s'appelait Mary Arden. **William Shakespeare** (1564-1616) quitta sa ville natale et sa femme, Anne Hathaway, pour Londres, où il connut le succès en tant que dramaturge. Il savait, dans ses pièces, associer la violence, la farce et la philosophie dans des phrases qui comptent parmi les plus puissantes de la langue anglaise. Il revint à Stratford en 1611, assez riche et célèbre pour s'offrir des armoiries, et passa les dernières années de sa vie à New Place.

Stratford est désormais une des destinations touristiques les plus en vogue en Angleterre (environ 3,8 millions de visiteurs chaque année), et par conséquent, la ville peut être très congestionnée, surtout les mois d'été.

Stratford-upon-Avon pratique

Office de tourisme – **Tourist Information Centre**, Bridgefoot, Stratford-upon-Avon. ☎ (01789) 293 127. Internet : http://www.shakespeare.country.co.uk

Transport public – Les visiteurs venant de Londres par le train peuvent acheter un **Shakespeare County Explorer**, billet valable pour 1, 3 ou 5 jours. Si vous achetez un billet AR en train, vous bénéficierez alors d'un nombre de voyages illimité sur les Midland Red Buses de la région. ☎ (0118) 908 3678 ou (08705) 165 165.

Tourisme – **Guide Friday Tours** organise des excursions en bus *hop-on-hop-off* de la ville. Les bus partent toutes les 10 à 20 minutes. Les tickets peuvent être achetés directement auprès du chauffeur ou à l'avance, à l'Office de tourisme, ou encore au Guide Friday Tourism Centre, The Civic Hall, 14 Rother Street ; ☎ (01789) 294 466.
Si vous êtes intéressé par les visites guidées de la région, vous pouvez contacter **Blue Badge Guides**, ☎ (01926) 496 077. Une promenade thématique (2 h) sur Shakespeare part de Sawn Theatre le jeudi et le samedi, tout au long de l'année, à 10 h 30, ☎ (01789) 412 602. **Avon Cruises**, ☎ (01789) 267 073, organise des excursions en bateau au départ de Stratford de Pâques à fin octobre. Pour les locations de vélos, s'adresser à Pashley Cycles, Union Street, ☎ (01789) 292 263 Une brochure (payante) sur les routes cyclables est disponible auprès du TIC.

Pubs et restaurants – Une liste des pubs, des restaurants et des cafés est disponible à l'Office de tourisme.

Achats – **Minories**, **Mulberry Centre**, **Bards Court**, **Red Lion Court** et **Bell Court**. Les principales boutiques se trouvent dans **High Street** et **Henley Street**. Pour les amateurs d'insolite, **Sheep Street** vaut le détour. Un marché de rue se tient tous les vendredis dans **Rother Street**.

Loisirs – Une visite au théâtre est indispensable. Le **Royal Shakespeare Theatre** est le plus grand des théâtres de la Royal Shakespeare Company (RSC) à Stratford, et ses deux restaurants dominent la rivière Avon. Avec son décor intérieur reflet du théâtre élisabéthain, le **Swan Theatre** donne des pièces de Shakespeare et de Ben Jonson. Pour les pièces de théâtre plus contemporaines, voir The Other Place Theatre. Box Office ☎ 01 789 403 403. Stratford possède deux nightclubs : **Celebrities Nightclub** (ouvert le lundi et du mercredi au samedi – ☎ (01789) 293 022) et **Actors Nightclub** (ouvert le vendredi et le samedi – ☎ (01789) 279 988).

★**Shakespeare's Birthplace** ◷ – La maison à colombage qui vit naître le dramaturge est moitié musée (contenant des éditions originales), moitié mémorial. Remarquez les graffitis sur les fenêtres de l'étage supérieur (Scott, Carlyle, Ellen Terry et Henry Irving).

Harvard House ◷ – Cette maison à colombage richement sculptée porte la date 1596, alors qu'elle était la demeure de Katherine Rogers. Le drapeau américain flotte en l'honneur de son fils **John Harvard** (né en 1607), fondateur de l'université Harvard, qui aujourd'hui est propriétaire de cette demeure. À l'intérieur, la Neish Collection of Pewter évoque l'histoire de la Grande-Bretagne, de la domination romaine au 19e s.

New Place – De la demeure, bâtie en 1483, où Shakespeare se retira, il ne subsiste que les fondations, mais on peut visiter juste à côté, dans la maison de la petite-fille de Shakespeare, **Nash's House** ◷, dont la façade a été très restaurée, une exposition sur l'histoire de Stratford.

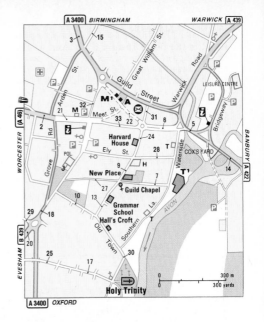

★Hall's Croft ⊙ – Susanna, la fille aînée de Shakespeare, épousa le docteur John Hall et le couple vécut dans cette demeure jusque vers 1616. La maison, en partie du 16ᵉ s., en partie du 17ᵉ s. et restaurée, contient du mobilier et des tableaux d'époque, des notes prises par le médecin sur ses patients et une petite exposition sur la médecine de cette époque.

Guild Chapel – La chapelle de la Guilde de la Sainte-Croix (fondée en 1269), la confrérie la plus importante de Stratford avant la Réforme, est essentiellement de style Perpendicular, et le **chœur** est orné de peintures murales représentant le Christ, Marie, saint Jean, saint Pierre et le Jugement dernier.

Grammar School – *Fermé au public*. Construit vers 1417, le bâtiment fut transformé après la Réforme en une école qui compta Shakespeare parmi ses élèves.

Holy Trinity Church ⊙ – Avec sa tour et son transept de style gothique Early English, sa nef de style Perpendicular, l'église de la Sainte-Trinité n'aurait nul besoin du **tombeau de Shakespeare** *(côté gauche du chœur)* pour être remarquable. « Béni soit l'homme qui respecte ce tombeau, et maudit soit celui qui bougera mes os. » Nul n'y a touché.

« Si la musique est la pâture de l'amour, jouez encore. »

Shakespeare (1564-1616), le plus célèbre des auteurs dramatiques anglais – il l'était déjà de son vivant – fut difficilement accessible au public étranger, non seulement à cause de la barrière linguistique, mais aussi à cause de la prédominance de la culture française et de sa conception du théâtre classique. Toutefois, avec la vague romantique, le culte de Shakespeare commença de fleurir en France, défendu au théâtre par la venue de comédiens anglais en 1825 (après un échec retentissant deux ans auparavant), puis les adaptations de Vigny *(Le More de Venise, Le Marchand de Venise, Roméo et Juliette)*. La musique ne fut pas en reste grâce à Berlioz *(La Tempête*, fantaisie, *Le Roi Lear*, ouverture, *Roméo et Juliette*, symphonie, morceaux inspirés par *Hamlet*, et l'opéra *Béatrice et Bénédicte* inspiré par *Beaucoup de bruit pour rien)*, non plus que la peinture avec Delacroix *(Lady Macbeth* en 1825 et 1849, lithographies et toiles inspirées par des scènes de *Hamlet*, tableaux évoquant Cléopâtre, Othello et Desdémone). À la fin du 19ᵉ s., ce fut le fils de Victor Hugo, François-Victor, qui réalisa les meilleures des nombreuses traductions paraissant à l'époque des œuvres complètes de Shakespeare. Dans les autres pays d'Europe, des opéras inspirés du théâtre de Shakespeare furent écrits par Rossini *(Elisabetta d'Inghilterra, Otello)* et Verdi *(Macbeth, Otello, Falstaff)*. Mendelssohn, quant à lui, composa l'ouverture du *Songe d'une nuit d'été*. Plus tard, Tchaïkovski fit une fantaisie sur *La Tempête*, un poème symphonique sur *Roméo et Juliette* ainsi qu'une ouverture de *Hamlet*. Au 20ᵉ s., l'œuvre de Shakespeare et le 16ᵉ s. continuèrent d'inspirer les compositeurs anglais : Elgar *(Falstaff)*, Vaughan William *(Serenade to Music*, inspiré par *Le Marchand de Venise)*, Holst (l'opéra *At the Boar's Head)* et Benjamin Britten (l'opéra *Songe d'une nuit d'été)*.

Royal Shakespeare Theatre ⊘ – Ouvert en 1932 comme le théâtre à la mémoire de Shakespeare, il est maintenant le siège de la **Royal Shakespeare Company**. À côté se tient le **Swan Theatre** (1986), construit dans les murs mêmes du théâtre d'origine entièrement détruit par un incendie en 1926, dont l'avant-scène et les balcons sont de style Jacques Iᵉʳ. Le musée de la Royal Shakespeare Company contient des peintures, des sculptures et des accessoires de théâtre historiques. Des visites des coulisses sont organisées.

ENVIRONS

Anne Hathaway's Cottage ⊘ – *2 km à l'Ouest par Shottery Road*. C'est plus une ferme qu'un cottage. L'arrière fut reconstruit après un incendie en 1969. À l'intérieur, on peut voir le lit d'Anne Hathaway ; l'extérieur est charmant avec son jardin de plantes aromatiques, son verger et son jardin comprenant les arbres cités dans les comédies de Shakespeare.

★**Mary Arden's House and the Shakespeare Countryside Museum** ⊘, à **Wilmcote** – *6 km au Nord*. La demeure de la mère de Shakespeare, Mary Arden, possède des boiseries heureusement intactes. Entre cette maison et sa voisine, **Glebe Farm** (conservée comme ferme des années 1900), se dressent pigeonniers, étables, écuries et communs.

Shakespeare y a-t-il joué au cerceau ? – Maison de Mary Arden

EXCURSIONS

★★★**Costwolds** – *Voir ce nom*.

★**Ragley Hall** ⊘, à **Alcester** – *16 km à l'Ouest ; près de la A 46, 3 km après le village*. Plus noble qu'imposant, Ragley fut conçu et construit dans le style palladien par Robert Hooke pour la marquise de Hertford entre 1679 et 1683. James Gibbs y ajouta vers 1750 les plus beaux **plafonds** de plâtre qu'il ait jamais réalisés, et, trente ans plus tard, Wyatt édifia le portique colossal. Des toiles de Wootton, Van Loo, Reynolds, Hoppner, Lely et Cornelius Schut sont accrochées aux murs. La surprise vient de l'**escalier Sud**, décoré par Graham Rust entre 1969 et 1983 : au plafond la *Tentation*, et sur les murs des portraits de divinités classiques, de singes, d'oiseaux et de membres actuels de la famille Seymour, le tout dans un style baroque post-réaliste.

★**Upton House** ⊘ – *22 km au Sud-Est par la A 422*. Cette maison de la fin du 17ᵉ s. fut achetée par le vicomte Bearsted, fils du fondateur de la Shell Company, qui y expose sa spectaculaire collection de porcelaines et de peintures. Dans le hall, on peut admirer une vue de Venise par Canaletto et un paysage de Wootton ; dans la **grande galerie**, des peintures flamandes, dont les *Cinq Sens* de Jan Steen, ainsi que des porcelaines de Chelsea et de Bow. Le **boudoir** est exclusivement consacré aux œuvres françaises des 18ᵉ et 19ᵉ s., dont un *Vénus et Vulcain* de Boucher, tandis que la **salle des porcelaines** abonde de porcelaines de Sèvres, de Chine, de Chelsea et de Derby. La salle de jeu contient le *Matin* et la *Nuit* de Hogarth, la **salle de billard**, le *Dindon* de Hondecoeter. Les chefs-d'œuvre de la collection sont réunis dans la **galerie des peintures** où, parmi des œuvres de Holbein, Hogarth, Guardi, Rembrandt (une attribution), le Tintoret, Bruegel l'Ancien et Bosch, figure le *Christ détenu en captivité* du Greco, modèle supposé du retable de la cathédrale de Tolède.

Broughton Castle ⊘ – *35 km. Emprunter la A 422 en direction du Sud-Est jusqu'à Banbury, puis la B 4035 vers le Sud-Ouest*. Le manoir, entouré d'un fossé, date de 1300 environ, et fut agrandi en 1554 et 1599. Il devint le cœur de l'opposition parlementaire à Charles Ier, et c'est dans la salle du Conseil que se réunissaient ses chefs – Hampden, Pym, Warwick – et le maître de céans, lord Saye and Sele. La grande salle, la salle à manger et la chapelle illustrent à la perfection un intérieur des années 1300, tandis que la cheminée de la chambre du roi et le plafond du grand salon sont les plus grandes réussites des travaux engagés à l'époque élisabéthaine. La galerie gothique du 18e s., avec des bustes d'Inigo Jones et Ben Jonson par Rysbrack, s'accorde parfaitement, par sa simplicité et sa réserve, aux années 1300.

SWANSEA

ABERTAWE – Swansea – 172 433 habitants
Carte Michelin n° 403 I 29 ou Atlas Great Britain p. 15
Plan dans le Guide Rouge Great Britain & Ireland

Centre urbain animé du Sud-Ouest du pays de Galles, Swansea est la deuxième ville galloise après Cardiff. Port de commerce et port de plaisance, elle assure la liaison maritime avec Cork. Trois siècles d'intense activité industrielle dans la basse vallée de Swansea en ont fait le plus spectaculaire paysage dévasté de Grande-Bretagne. Depuis la fin des années 1960, un minutieux programme de remise en valeur a permis de voir surgir parcs, petites entreprises, centres commerciaux et magasins, laissant à peine deviner le passé industriel de la région. La famille Vivian, l'une des dynasties industrielles de la chaudronnerie, a consacré une partie de sa fortune à la construction de la **Glynn Vivian Art Gallery★** ⊘. En plein centre de Swansea, ce musée possède, outre sa collection de poteries régionales, une des plus belles expositions sur la diversité de l'art gallois.

Swansea pratique

Office de tourisme – **Tourist Information Centre**, Singleton Street, Swansea SA1 3QG, ☎ (01792) 468 321.

Loisirs – Le quartier maritime, près du front de mer, concentre night-clubs, bars et restaurants. Certains pubs proposent des animations. Les concerts donnés par des orchestres internationaux et des solistes se tiennent au **Brangwyn Hall**, les opéras et les ballets se déroulent au **Grand Theatre**. Citons encore le **Dylan Thomas Theatre**, le **Taliesin Theatre**, le **Cwmtawe Theatre** et le **Penyrheol Theatre**.
Outre les festivals locaux – **Swansea Summer Show** (en août), **Swansea Festival of Music** (automne) –, la région propose le **Margam Festival** (juillet-août), le **Llanelli Festival** (septembre-octobre) et le **Gower Festival**, au cours duquel de petits concerts se déroulent dans les églises (juillet). Hormis l'été, on peut assister aux répétitions de la célèbre **chorale de voix masculines**.
Les activités de plein air que l'on peut pratiquer aisément sont le canoë, la voile, le surf (Bay Caswell et Langland Bay ou Llangennith pour les amateurs de rouleaux de l'Atlantique), la planche à voile (Oxwitch, Port Eynon), le ski nautique (Swansea Bay, Oxwitch Bay), le deltaplane et le parachutisme ascensionnel.
Le centre de loisirs de Swansea permet non seulement de pratiquer la natation, le roller-skate, le squash, etc., mais aussi de goûter au sauna et bains de vapeur.

★Maritime Quarter – Le quartier Sud des docks, datant de la seconde moitié du 19e s., a été transformé en marina constituant le pôle d'un nouveau « village dans la ville », avec des appartements pimpants, des jardins publics et des promenades le long des quais. Sur l'une d'elles se dresse la statue de **Dylan Thomas**, poète natif de Swansea (1914-1953). Le **musée de la Marine et de l'Industrie★** (Maritime and Industrial Museum) ⊘, installé dans un entrepôt remarquablement aménagé, expose divers objets et contient un atelier de tissage entièrement reconstitué. Plusieurs navires désarmés, parmi lesquels un bateau-phare, sont amarrés au quai et des voitures historiques de la Société des tramways des Mumbles sont présentées dans un hangar.

EXCURSIONS

★★ Péninsule de Gower – Superbes plages et magnifiques falaises se succèdent tout au long des 22 km de la côte Sud de la presqu'île qui fut le premier site britannique à recevoir l'appellation de « site naturel d'une beauté exceptionnelle ».

The Mumbles – *7 km à l'Ouest par la A 4067.* Station balnéaire de Swansea, dominée par le château d'Oystermouth, elle était le terminus de la fameuse ligne de Mumbles. Ouverte au trafic en 1804, avec des voitures tirées par des chevaux, cette ligne fut la première au monde à offrir un service régulier pour passagers. Elle fut fermée en 1960.

Quitter The Mumbles par la B 4593 et poursuivre vers l'Ouest par la A 4118 jusqu'à une route secondaire à droite vers Reynoldston.

Par temps clair, les landes de **Cefn Bryn** offrent un **panorama** qui s'étend, bien au-delà du canal de Bristol, jusqu'à la pointe de Hartland, sur la côte du Devon (69 km), aux phares de Brecon (59 km au Nord) et vers l'Ouest aux collines de Preselly (58 km).

Revenir sur la A 4118 et après 3 km à l'Ouest, prendre à droite la B 4247.

★★ Rhossili – L'arrivée dans ce tout petit village, à la pointe Sud-Ouest de la presqu'île, ne laisse pas présager l'extraordinaire **vue** qui s'offre depuis les cottages de garde-côtes qui abritent le bureau d'accueil du National Trust. Les falaises tombent abruptement sur la **baie de Rhossili**, où les rouleaux se brisent sur les 5 km de plage de sable. Tout en haut se trouve Rhossili Down (193 m), tandis qu'au Sud on remarque une barre rocheuse de 2 km de long, **Worms Head**, qui n'est accessible qu'à marée basse.

★ Aberdulais Falls ⊘ – *17 km au Nord-Est par les A 483, A 48 et A 465.* Dans une belle gorge boisée, la rivière Dulais se précipite à travers d'énormes rochers, puis passe devant les vestiges des bâtiments de l'Aberdulais Tinplate Co. datant de 1830. L'histoire industrielle de ce site remonte à 1584, quand on commença à fondre le cuivre. À la fin du 18ᵉ s. et au début du 19ᵉ s., l'endroit fut fréquenté par des artistes (dont Turner) qui aimaient le représenter.

★ Kidwelly (Cydweli) – *34 km au Nord-Ouest par les A 483, A 4070 et A 484.* La première enceinte de l'évêque Roger de Salisbury était certainement achevée au moment de la fondation du prieuré vers 1130, même si le **château** ⊘ actuel date des années 1280. La muraille autour de la cité normande créait ainsi une bastide, à l'image de celles que l'on a découvertes au Nord du pays de Galles, à Conwy et à Caernarfon. L'église St Mary, construite vers 1320 dans le style gothique Decorated, faisait partie à l'origine d'un monastère bénédictin.

★ National Botanic Garden ⊘ – *32 km au Nord de Swansea par la M 4 (échangeur 47), puis par la A 48.* The **Great Glasshouse**, la plus grande serre à travée unique du monde, reconstitue fidèlement un paysage méditerranéen en miniature où 10 000 plantes de 1 000 espèces différentes s'épanouissent dans leur environnement naturel. Le parc fut dessiné sous la Régence et doté de cinq lacs, de bordures de plantes herbacées et d'un double jardin clos, sauvés de l'abandon dans le cadre d'un projet du millénaire. La demeure, **Middleton Hall** (détruite par un incendie en 1931), fut construite par Samuel Cockerell pour Sir William Paxton.

Vallée de la TAMISE★★

Voir THAMES Valley

TAUNTON★

Somerset – 55 855 habitants
Carte Michelin n° 404 K 30 ou Atlas Great Britain p. 7

Taunton est un centre agricole et commercial situé au cœur de la fertile vallée de Taunton (Taunton Deane), région de la pomme à cidre. Mais c'est aussi à Taunton que se trouve le terrain de cricket du comté (Somerset County Cricket Ground – *Priory Street*), qui regroupe un **musée du Cricket**.

Castle – Élevé au cours des 11ᵉ et 12ᵉ s., il est connu pour avoir été la propriété des évêques de Winchester. Durant la guerre civile, Taunton et son château eurent à subir trois sièges. Une partie de l'édifice abrite désormais le **Somerset County Museum★** ⊘.

Après avoir vainement tenté d'usurper le trône en se faisant passer pour Richard, le 2ᵉ fils d'Édouard IV, **Perkin Warbeck** fut jugé dans la grande salle en 1497. Près de deux siècles plus tard, cette même salle fut le théâtre d'un procès plus sanglant. En effet, après sa défaite à Sedgemoor en 1685, le fils naturel de Charles II, le **duc de Monmouth**, et nombre de ses partisans y comparurent devant le juge Jeffreys. 508 rebelles furent condamnés à mort lors de ces tristement célèbres

Assises sanglantes. On ignore toutefois combien furent effectivement exécutés (environ 300 à 500, et 800 à 1 000 furent déportés aux Antilles). Monmouth quant à lui fut exécuté sur Tower Hill un mois plus tard.

★**St Mary Magdalene** – Comme beaucoup d'églises du Somerset, cette splendide église médiévale est flanquée d'une tour élancée en pierre rouge et fauve de Ham Hill. Les bossages et les anges du plafond s'inscrivent dans la vraie tradition artisanale de la région.

★**St James'** – L'église des 14e et 15e s. (à l'exception de l'arcade Nord et des bas-côtés) comporte une tour (37 m) en grès rouge de Quantock et des décorations en pierre de Ham.

EXCURSION

★**Ilminster** – *16 km au Sud-Est*. Quand Guillaume le Conquérant fit établir le cadastre, ce bourg en pierre de Ham, qui prospéra grâce au commerce de la laine aux 15e et 16e s., possédait déjà une **cathédrale**★★ (Minster). L'élément marquant de St Mary est la **tour de croisée** (27 m), construite sur le modèle de celle de Wells. Les baies du clocher, sur deux niveaux, sont surmontées par une profusion de gargouilles et de pinacles, et la tourelle d'escalier est pourvue d'un escalier à vis. L'édifice (15e s.), de style gothique Perpendicular, ne possédait à l'origine qu'une nef centrale. On lui adjoignit des collatéraux au 16e s. Les galeries situées au-dessus de la nef et des bas-côtés furent ajoutées en 1824-1825. Remarquez les voûtes en éventail insérées dans la croisée, ainsi que la chapelle Wadham *(bras gauche du transept)* construite en 1452 pour recevoir les tombeaux de sir William Wadham et de Nicholas Wadham, fondateur du collège Wadham à Oxford.

TENBY★★

DINBYCH-Y-PYSGOD – Pembrokeshire – 5 226 habitants

Carte Michelin n° 403 F 28 ou Atlas Great Britain p. 14

Schéma : PEMBROKESHIRE Coast

Cette petite ville médiévale, sur son promontoire rocheux, combine de façon harmonieuse et homogène tous les charmes de la station balnéaire.

À l'origine, Dinbych-y-Pysgod (le petit fort des poissons) était une minuscule forteresse galloise perchée sur Castle Hill. Puis elle devint un satellite de la place forte normande de Pembroke, fut mise à sac par les Gallois, et, lors de sa reconstruction, entourée de remparts massifs. Sa popularité en tant que ville d'eaux remonte à l'époque des guerres napoléoniennes.

Wales Tourist Board

★★**Le port et le front de mer** – La jetée, les murs de protection massifs, la chapelle des Pêcheurs, les entrepôts avec, à l'arrière-plan, le joli groupement de maisons georgiennes et Regency remontant jusqu'au sommet de la petite falaise constituent un tableau parfait. De superbes plages de sable s'étendent au Nord comme au Sud. Castle Hill possède un musée local présentant des tableaux d'Augustus, Gwen John et d'autres artistes de Tenby. L'île Ste-Catherine, avec son fort de 1869, est séparée du continent à marée haute.

Ville – Landward emprunte pour une bonne part le tracé des murs et enserre un dense réseau de rues médiévales très typiques. La rue s'élargit à hauteur de St Mary, l'une des plus importantes églises paroissiales du pays de Galles, dotée d'une flèche de 46 m de haut. Une maison de marchand de style Tudor (fin du 15e s.), la **Tudor Merchant's House** ⊘, restée quasiment intacte, renferme des cheminées flamandes et du mobilier d'époque.

EXCURSIONS

★**Caldey Island** – *Accès par bac* ⊘. En 1136, Caldey fut offerte à l'ordre des Bénédictins et on y établit un monastère qui remplaça les anciennes installations du 6e s. Aujourd'hui, une communauté cistercienne vivant en autarcie, avec l'aide d'une dizaine de personnes, gère une crémerie et une parfumerie sur l'île.

★**Carew Castle** ⊘ – *8 km à l'Ouest par la A 477*. Une bonne partie du château tel qu'on peut le voir aujourd'hui date de la fin du 13e s. début du 14e s. Cependant, la partie la plus frappante est l'aile Nord, commencée vers 1558 par sir John Perrot, prétendu fils de Henri VIII et de Mary Berkeley, l'épouse de sir Thomas Perrot. La superbe architecture élisabéthaine, avec ses rangées de hautes fenêtres à meneaux qui se reflètent dans l'étang du moulin, donne une image de l'élégance de l'époque.

Le **moulin marémoteur** est le seul de ce type que l'on puisse voir actuellement au pays de Galles. Il fut restauré à la fin du 18e s. Une présentation audiovisuelle explique son fonctionnement. La **croix celtique**, proche de l'entrée du château, est un des premiers monuments chrétiens du pays de Galles. Généreusement ornée de motifs celtiques et scandinaves, elle fut érigée en hommage à Maredudd ap Edwin, cogouverneur de Deheubarth, qui mourut sur le champ de bataille en 1035.

Laugharne – *27 km à l'Est par la A 478, la A 477 et la B 4314 jusqu'à Pendine*. Plus bas sur la côte, Amroth, un ancien village minier, est le point de départ du sentier côtier du comté de Pembroke *(voir Pembrokeshire Coast)*.

Un peu plus loin, par la côte, les **Pendine Sands**, étendue sablonneuse longue de plus de 11 km, sont un lieu parfait pour la baignade et la pêche. En 1924-1926, **Sir Malcolm Campbell** et **Parry Thomas** y établirent des records de vitesse. En 1927, Parry Thomas se tua en essayant de battre le record de l'époque, 281,3 km/h.

Poursuivre vers l'Est par la A 4066.

Laugharne (Talacharn) – **Dylan Thomas** (1914-1953), poète très controversé, habita cette ville de l'estuaire de la Taf à partir de 1938. Sa dernière demeure fut le **hangar à bateaux** (Boathouse) ⊘, qui abrite aujourd'hui un musée consacré à sa vie et à son œuvre. Il est enterré dans le cimetière St-Martin. Le caractère et les hommes de Laugharne sont dépeints dans son œuvre, *Au bois lacté*.

THAMES Valley★★
Vallée de la TAMISE
Carte Michelin n° 404 Q, R 28 et 29 ou Atlas Great Britain p. 18

« Douce Tamise, coule doucement jusqu'à ce que mon chant se termine » (« Sweet Thames ! run softly, till I end my song ») – ce refrain tiré du *Prothalame* (*Prothalamion* – 1596) d'**Edmund Spenser**, maintes fois cité, n'en reflète pas moins la nature paisible du fleuve le plus célèbre d'Angleterre, qui serpente lentement entre les Cotswolds, où il prend sa source, et Kew. Il traverse les paysages typiques de la campagne anglaise et offre des spectacles variés : douces collines, régions boisées, prairies, manoirs, petites villes et villages coquets. Reading est le seul centre industriel de la région.

Recensement des cygnes

Tous les ans au mois de juillet, une procession haute en couleur remonte le cours du fleuve, de Sunbury-on-Thames à Whitchurch Lock. Le gardien des cygnes de Sa Majesté et les représentants de deux corporations londoniennes, l'Honorable Compagnie des teinturiers et l'Honorable Compagnie des négociants en vin, attrapent les jeunes cygnes et leur font une marque sur le bec pour indiquer à qui ils appartiennent. Les cygnes qui n'ont pas été marqués reviennent à la Couronne, ceux dont le bec porte une encoche à la Compagnie des teinturiers, et ceux qui en ont deux à celle des négociants en vin.

Cette cérémonie, célèbre en Grande-Bretagne sous le nom de **Swan Upping**, remonte au 12e s. À l'époque, les cygnes étaient considérés comme animaux royaux et seules quelques personnes étaient autorisées, après le souverain, à en détenir. Afin de mettre un terme aux rivalités que ce privilège suscitait, le roi décida de ne l'accorder qu'aux deux seules corporations des teinturiers et des négociants en vin et de marquer les cygnes qui leur étaient attribués.

Sur de longs tronçons, bien qu'il y ait souvent un chemin de halage, aucune route ne longe le fleuve que l'on ne peut apprécier que d'une embarcation ou lors de balades à pied. L'été, nombre de villes et villages riverains proposent des promenades sur l'eau ou des locations de bateaux, expérience qui ne comporte pas nécessairement autant de risques que le voyage décrit dans l'amusante idylle de **Jerome K. Jerome**, *Trois hommes dans un bateau.*

COURS INFÉRIEUR DE LA TAMISE

Pour une description des principales curiosités du cours inférieur de la Tamise (**Kew Gardens★★★** et **Hampton Court★★★**), voir chapitre *LONDON (Environs).*

DE WINDSOR À OXFORD *114 km – prévoir une journée au moins*

★★★Château de Windsor – *Voir Windsor Castle.*

★★Eton College – *Voir Windsor : Environs.*

Cookham – Ce charmant village a été immortalisé par Stanley Spencer (1891-1959). L'ancienne église, qu'il fréquentait enfant, est devenue la **galerie Stanley Spencer★** ○. Cookham figure dans nombre de ses tableaux, et notamment dans *Le Christ prêchant à la régate de Cookham* et *La Trahison.*

Henley – Les régates vues du ciel

A. Williams

Henley-on-Thames – La première semaine de juillet, des rameurs venus du monde entier affluent vers cette ville charmante pour participer aux **régates**, les plus importantes d'Angleterre qui soient réservées aux amateurs. L'élégant **pont** à cinq arches, dessiné en 1786, est orné de sculptures représentant la tête du Père Tamise (Father Thames) et celle de la déesse Isis. La tour (1550) de l'**église St Mary** ○, construite au 13ᵉ s. et agrandie vers 1400, la domine. Remarquez, à l'intérieur de l'église, le monument funéraire de lady Periam (début du 17ᵉ s.), et, à l'extérieur, l'hospice et la demeure du chantre. La ville possède bon nombre d'auberges à colombage et de maisons georgiennes ou d'époque plus ancienne.

Le **River and Rowing Museum** ○ *(Mill Meadows)* a ouvert ses portes en 1998 dans un très joli bâtiment en partie à bardeaux. Trois thèmes y sont présentés : l'évolution du canotage, des trirèmes grecques jusqu'aux embarcations de compétition les plus récentes ; la faune et la flore de la Tamise, elle-même voie de communication et source de loisirs ; et enfin, l'histoire de Henley-on-Thames et les régates royales de Henley, célèbres dans le monde entier. Des présentations audiovisuelles et interactives agrémentent la visite. Les objets découverts au cours de fouilles archéologiques sont également exposés : pirogue, yole de la Tamise (1909) et chaloupe à vapeur (1876) utilisée par les arbitres des régates.

Dans un superbe parc, **Stonor Park** ○ *(8 km au Nord de Henley par la B 480)*, un élégant manoir (en partie du 13ᵉ s.) joliment meublé évoque, par ses lignes, les époques Tudor et georgienne. Une chapelle (12ᵉ-14ᵉ s.) atteste des racines catholiques de ses fondateurs.

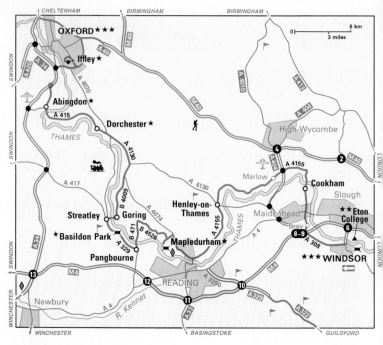

★**Mapledurham** – Un **manoir** ⊙ élisabéthain jouxtant une église du 14ᵉ s. et un moulin à eau datant du 15ᵉ s., en parfait état de marche, donnent une image presque idyllique des bords de l'eau. Le manoir fut achevé vers 1612 par sir Richard Blount. Malgré de multiples modifications au cours des siècles, il reste particulièrement intéressant pour son grand escalier de chêne, ses belles moulures Jacques Iᵉʳ, ses nombreux portraits et sa chapelle, œuvre audacieuse de Strawberry Hill Gothick.

Pangbourne – Le village, où **Kenneth Grahame** vécut de 1922 à 1932 et écrivit son conte pour enfants *Le Vent dans les saules*, se trouve au confluent de la Pang et de la Tamise. C'est à l'auberge du Cygne (Swan Inn), construite en 1642, que la pluie finit par obliger les « trois hommes » de Jerome K. Jerome à abandonner leur bateau et à regagner Londres.

★**Basildon Park** ⊙, à **Basildon** – La splendide villa palladienne en pierre tendre de Bath, dominant une section particulièrement verdoyante de la vallée de la Tamise, fut bâtie par John Carr en 1776. Elle échappa de justesse à la démolition en 1952 grâce à lord et lady Iliffe, qui la restaurèrent et en firent récemment don au National Trust.

La **façade occidentale** est dominée par un immense portique soutenu par quatre colonnes ioniques. Cette demeure, magnifiquement restaurée, regorge de ravissantes moulures sur les murs et les plafonds, notamment dans la salle à manger bleu et or, le salon vert et le hall décoré dans des tons de rose, lilas, vert et gris. La salle octogonale, qui donne sur la Tamise, presque trop somptueuse, fut décorée vers 1840. Outre la belle collection de peintures du 18ᵉ s., on remarque le portrait de lord Iliffe par Graham Sutherland, dans la bibliothèque.

Streatley et **Goring** – Ces villages, ainsi que le barrage et l'écluse de Goring, sont situés dans la section réputée la plus belle de la Tamise et peuvent être le point de départ de très agréables promenades au bord de l'eau.

★**Dorchester** – Ce village historique arrosé par le Thame, affluent de la Tamise, remonte à l'âge du bronze. C'est sur ce site que les Romains établirent leur propre ville, Dorocina. En 635, saint Birinus baptisa le roi Cynegils de Wessex dans la rivière ; une église saxonne fut érigée à l'emplacement de l'actuelle **église abbatiale** de style roman. La majeure partie de l'église est en fait gothique Decorated, et son joyau est sans conteste l'**immense fenêtre Est** à six baies qui date de 1340. Dans le mur Nord, un vitrail représente un **arbre de Jessé**, tout aussi spectaculaire, qui retrace son lacis, la généalogie du Christ. En face se trouvent la piscine et les sièges ecclésiastiques *(sedilia)* dotés de pinacles très ouvragés. Dans le village, on peut encore voir plusieurs relais de poste, ainsi qu'un grand nombre de belles maisons et de chaumières.

★**Abingdon** – La ville s'est développée autour d'une abbaye fondée au 7ᵉ s., dont les seuls vestiges sont le **Chequer** du 13ᵉ s., avec son immense cheminée, la grande galerie (vers 1500), pourvue d'un plafond à poutres de chêne, et le portail du 15ᵉ s., du côté de l'église médiévale St Nicholas. Digne d'intérêt, l'**hôtel du Comté**★ (County Hall), du 17ᵉ s., est dû à Christopher Kempster, qui assista Wren dans la construction du dôme de la cathédrale St Paul. La ligne des toits d'Abingdon est dominée par la flèche du 15ᵉ s. de l'**église St Helen** ⊘, large édifice comportant 5 bas-côtés, presque entièrement reconstruit au 15ᵉ s. ; remarquez les peintures du 14ᵉ s. du plafond dans le bas-côté Nord et le ravissant **hospice**★ du 15ᵉ s., à la limite de l'enceinte.

Iffley – Iffley, aujourd'hui devenu une banlieue d'Oxford, possède une **église**★ ⊘ villageoise romane, l'une des mieux préservées d'Angleterre, avec une tour centrale et une profusion de moulures en zigzag, caractéristiques de la fin du 12ᵉ s.

★★★**Oxford** – *Voir ce nom.*

TINTAGEL
Voir PADSTOW

TOTNES★

Devon – 7 018 habitants
Carte Michelin n° 403 I/J 32 ou Atlas Great Britain p. 4

Selon sir N. Pevsner *(The Buildings of England)*, la vieille ville de Totnes est « l'une des petites villes anglaises les plus prospères ». Elle est située à l'extrémité de la partie navigable de la rivière Dart. L'étroite rue principale sine entre des maisons de brique et de pierre, aux couleurs passées, que construisirent les riches marchands aux 16ᵉ et 17ᵉ s. Fore Street (High Street à partir de East Gate) monte jusqu'à East Gate, une porte fortifiée, vestige des remparts médiévaux. Totnes connut en effet sa période la plus prospère entre 1550 et 1650, lorsqu'elle contrôlait le commerce par mer de vêtements et d'étain vers l'Espagne et la France.

VISITE

Fore Street – **Elizabethan Museum**★ *(n° 70)*, une maison à colombage où est exposé le premier « ordinateur » conçu par Charles Babbage (1792-1871), le **manoir** (maintenant un centre socioculturel) en briques rouge sombre, une maison néogothique de la fin du 18ᵉ s. *(dans Bank Lane)* et d'autres très belles demeures *(nᵒˢ 48 et 52)* témoignent de l'ancienne prospérité de Totnes.

High Street – On peut admirer le **Guildhall** (1553), érigé là où s'élevait un prieuré bénédictin. La maison située au n° 16 est maintenant une banque : elle fut construite en 1585 par un marchand de sardines de la ville (ses initiales figurent sur la façade). Les galeries à piliers de granit de **Butterwalk**★ (où l'on vendait le beurre) protègent les acheteurs de la pluie depuis le 17ᵉ s. Au n° 43, Bogan House, une ancienne maison de marchand d'époque Tudor, mais marquée par des influences allant de l'époque élisabéthaine à l'ère georgienne, abrite le **Devonshire Collection of Period Costume** ⊘ qui retrace l'évolution du costume de 1740 à 1970.

Rampart Walk – Au bout de High Street, tourner tout de suite à droite pour monter une série d'escaliers. Le chemin pavé des vieux remparts longe des *cottages* aux façades pimpantes.

★**St Mary's** – Église abbatiale puis paroissiale, sa tour en grès rouge est décorée de macabres gargouilles. Elle renferme un très beau jubé en pierre de Beer (1459).

Castle – Perché sur un tertre, le château fort (14ᵉ s.) fut construit pour renforcer la motte féodale du 11ᵉ s. et les ouvrages en terre des cours. Les remparts commandent une très belle **vue**★★★ sur toute la vallée de la Dart.

★**British Photographic Museum** – *Dans Bowden House à la frange Sud-Ouest de la ville*. Le musée renferme une importante et fascinante collection d'appareils et d'équipement photographiques qui va des tout premiers appareils aux modèles les plus récents.

ENVIRONS

Dartington Hall ⊘, à **Dartington** – *3 km au Nord-Ouest par la A 385 et la A 384*. Soixante-quinze ans après sa fondation, le succès de Dartington ne se dément pas et poursuit les buts de ses fondateurs, **Leonard** (1893-1974) et **Dorothy Elmhirst** (1887-1968). Prônant l'encouragement du talent et de la responsabilité individuels à travers une éducation progressive et une revalorisation de l'économie rurale, ils créèrent une communauté ouvrière où les gens trouvaient un cadre à leur développement personnel tout en gagnant leur vie.

Quelques années après l'acquisition de la propriété, alors abandonnée, et de ses terrains (335 ha), Dartington devint synonyme d'éducation « avancée » mixte, d'universités d'été, de cours sur l'art, d'expositions et de concerts. L'école de Dartington ferma ses portes en 1987. Le **Dartington Hall Trust** continue à organiser des conférences, des séminaires de formation et un programme culturel varié.

Le manoir, implanté dans de beaux jardins, fut construit vers 1340. Il était en ruine quand les Elmhirst l'achetèrent en 1925. **High Cross House★** ⊙ (1931-1932), peinte en bleu et blanc, fut conçue par l'architecte William Lescaze (1896-1934) ; elle offre un contraste frappant avec les bâtiments plus anciens par son architecture moderniste et internationale. C'était la résidence du directeur de Dartington avant que l'école ne ferme. Elle abrite maintenant les archives du Trust, un centre d'études et des expositions temporaires.

Dartington International Summer School

Ce grand festival de musique qui a lieu tous les ans tire ses origines de l'influence conjuguée de personnalités telles que Imogen Holst, Artur Schnabel, Elizabeth Lutyens, Igor Stravinsky (1957), Benjamin Britten (qui composa le *Viol de Lucrèce* pour Dartington), l'Amadeus String Quartet (qui se forma à Dartington), Peter Maxwell Davies, Mark Elder, Harrison Birtwhistle, Michael Flanders et Donald Swann (qui y mirent au point leurs spectacles de cabaret en soirée intitulés *Pour un oui pour un non*).

Les TROSSACHS★★★

Stirling

Carte Michelin n° 401 G 15 ou Atlas Great Britain p. 55

Les Trossachs sont un des paysages les plus célèbres d'Écosse : leurs montagnes déchiquetées et leurs pentes boisées se reflètent dans les eaux des nombreux lochs. Depuis Callander et le Loch Venachar à l'Est jusqu'au loch Katrine et aux rives du loch Lomond, à l'Ouest, cette superbe région est facile d'accès.

Parc forestier Queen Elizabeth – Dans la région du loch Ard, dès 1794, l'exploitation des ressources forestières a commencé à s'organiser. La Commission forestière acheta le terrain en 1928 ; 17 000 ha furent cédés au parc forestier Queen Elizabeth en 1953. Le centre d'accueil situé au **David Marshall Lodge** ⊙, au Nord d'**Aberfoyle**, fournit toutes les informations nécessaires sur les activités praticables à l'intérieur du parc (randonnées, pistes cyclables, pêche).

DANS LES TROSSACHS ET LEURS ALENTOURS

Entreprendre le trajet suffisamment tôt pour éviter la foule et les cars de touristes, et profiter ainsi au maximum de cette région fascinante et encore sauvage.

★**Callander** – Centre touristique estival animé, il est connu depuis plus d'un siècle, et constitue, à l'Est, le principal accès aux Trossachs.

Loch Venachar – La route des Trossachs (A 821) borde les pentes inférieures du **Ben Ledi** (879 m) qui domine les rives du Loch Venachar, avant d'atteindre l'agglomération de **Brig o'Turk**, à l'embouchure du Glen Finglas. Le village est associé au souvenir de Ruskin et de Millais, dont le séjour ici en 1853 fut suivi par l'annulation du mariage des Ruskin, et le remariage de Effie Ruskin avec Millais. Plus tard, la région devint le lieu de prédilection du mouvement artistique des Glasgow Boys *(voir p. 220).*

★★**Loch Katrine** – *Le centre d'accueil et le parc de stationnement sont à 1,5 km de la A 821. Les véhicules n'accèdent pas aux rives du loch.*

Rob Roy MacGregor (1671-1734)

La plus grande partie de cette région est le fief des MacGregor. C'est là que vivait ce chef de clan et hors-la-loi, héros du roman de Walter Scott, Rob Roy (1818). Rob, son épouse et deux de leurs fils reposent dans le cimetière de Balquhidder, au Nord, au bord du loch Voil. Le Centre d'information touristique de Callander propose une présentation de la région et du célèbre héros local.

Pour ceux qui ne goûtent pas l'escalade, la seule façon de voir ce joli loch, qui alimente Glasgow en eau depuis 1859, est de faire une **promenade en bateau** ⊙ sur le *SS Sir Walter Scott*. Deux des îles du loch – les îles Ellen's et Factors – sont citées dans les œuvres de Walter Scott, le poème *La Dame du lac* et le roman *Rob Roy*. Le poème romantique de Scott a beaucoup

Le *Sir Walter Scott* dans ses œuvres

contribué à populariser les Trossachs. Wordsworth et Coleridge suivirent son exemple en 1830. Le bateau fait demi-tour à Stronachlachar, d'où une route rejoint le Loch Lomond, à l'Ouest.

Au Sud du loch Katrine se dressent les deux pics du **Ben Venue** (727 m). Derrière, un belvédère en haut d'une colline offre un superbe **panorama**★★★ sur les Trossachs, le Ben Venue, le loch Katrine et sa ceinture de montagnes, le Ben An, le réservoir Finglas, le Ben Ledi, avec Brig o'Turk à ses pieds et le loch Venachar.

Aberfoyle – Ce village, aujourd'hui très fréquenté par les touristes en été, doit sa célébrité à Rob Roy qui y enleva le bailli Nicol Jarvie, régisseur du duc de Montrose. Jarvie avait expulsé la famille de Rob. Pour se venger, ce dernier le retint captif sur une île du Loch Katrine, qui porte aujourd'hui le nom du régisseur (Factor's Isle). Une route traverse le parc forestier, vers l'Ouest et le Loch Lomond.

★★**Loch Lomond** – Les eaux bleues de ce lac (200 m de profondeur) sont flanquées de montagnes déchiquetées au Nord et de terrains boisés au Sud. De la rive, à Inversnaid, on voit se dresser, de l'autre côté, les pics du Cobbler, du Bens Vorlich, du Vane et du Ime. La West Highland Way part de Milngavie, au Nord de Glasgow, et longe la rive Est vers le Nord jusqu'à Fort William. Elle passe au pied du **Ben Lomond**★★ (974 m). Ce pic découpé est le plus méridional des Highland Munros. Une excursion en bateau permet d'apprécier les charmes du Loch Lomond : le bateau fait escale dans le très charmant village de **Luss**★, avec ses adorables cottages de pierre, à Tarbet, Inversnaid et Rowardennan.

Lac de Menteith – C'est sur cette étendue d'eau que se tient une des compétitions du Grand Match Nord-Sud organisées par le Royal Caledonian Curling Club. Elle est également très appréciée des pêcheurs. Sur une des minuscules îles, il reste les ruines de l'église et de la salle capitulaire (milieu du 13ᵉ s.) du **prieuré d'Inchmahome** ☉. En 1547, Marie Stuart encore enfant y fut amenée pour des raisons de sécurité, avant son embarquement pour la France et son mariage avec le Dauphin.

TRURO

Cornwall – 16 522 habitants
Carte Michelin n° 403 E 33 ou Atlas Great Britain p. 2 – Schéma : ST IVES

Ancien port fluvial et centre minier, la ville de Truro était considérée aux 18ᵉ et 19ᵉ s. comme la « métropole » du comté, en raison de son théâtre et de ses salles de réception, de sa bibliothèque (1792) et de sa cathédrale (1850). C'est, à l'Ouest de Bath, la ville georgienne la plus notable avec ses maisons du 18ᵉ s., notamment dans Boscawen et Lemon Streets. Les démarches faites au cours des siècles pour que la Cornouailles redevienne un évêché indépendant portèrent finalement leurs fruits, et en 1880 débuta la construction d'une **cathédrale** en pierre. Achevée en 1910, elle associe le gothique normand aux voûtes élancées. À l'extérieur, les trois flèches donnent à l'édifice sa silhouette particulière.

Le **Royal Cornwall Museum**★★ ☉, dans River Street, constitue une docte et vibrante exposition à la gloire de l'Institution royale de Cornouailles, fondée en 1818, un florilège pour la géologie, l'archéologie et l'histoire sociale du duché de Cornouailles autant qu'un recueil d'objets d'art.

LE SUD DE LA CÔTE DE CORNOUAILLES
(DE TRURO A PLYMOUTH)

Quitter Truro par la A 39 au Sud, puis prendre à gauche la B 3289.

★★**Trelissick Garden** ◷, à **Feock** – Au-delà de la résidence classique, les jardins offrent une belle **perspective★★** sur le parc, Falmouth et la mer. Sur le terrain descendant vers la rivière croissent des arbres de diverses espèces, des arbustes, des plantes vivaces et exotiques. En été, les vastes pelouses sont mouchetées d'arbustes en fleurs : hortensias (environ 130 variétés), azalées et rhododendrons. La pommeraie a été créée pour préserver toutes les variétés possibles de pommes de Cornouailles.

Poursuivre par la B 3289 et prendre le bac King Harry ◷ pour traverser les Carrick Roads.

★★**St Just-in-Roseland** – L'**église**, bâtie au 13e s. sur un site celtique du 6e s. et restaurée au 19e s., est flanquée d'un remarquable cimetière en pente, véritable enchantement. Elle se trouve si près de la crique et du petit port qu'à marée haute elle se reflète dans l'eau.

Poursuivre vers le Sud.

★**St Mawes** ◷ – Entre 1539 et 1543, Henri VIII fit ériger ce château en forme de feuille de trèfle, ainsi que le château de Pendennis de l'autre côté de l'estuaire (large de 1,6 km et dit ici Carrick Roads), afin d'en protéger l'entrée. Construit au milieu de jolis jardins, il offre sur la droite une **vue★** splendide sur Manacle Point *(voir plus loin, Lizzard Peninsula)* à 16 km au Sud.

Repartir vers le Nord par la A 3078, et prendre une route secondaire à droite à Ruan High Lanes.

★**Veryan** – Quatre petites **maisons blanches et rondes** aux fenêtres gothiques et aux toits de chaume coniques surmontés d'une croix confèrent à ce village un charme unique.

Revenir à Ruan High Lanes et reprendre la A 3078 vers le Nord.

★**Probus** – La **tour★** de l'église de granit est la plus haute de Cornouailles (38 m). On peut aussi visiter un **jardin★** à la fois intéressant et instructif.

★★★**Trewithen** ◷ – Cette propriété est célèbre pour ses 11 ha de beaux **jardins** à l'anglaise. En saison, on peut y admirer des parterres de rhododendrons, de camélias et de magnolias, dont plusieurs obtenus ici même par hybridation. Le ravissante **maison de campagne** d'époque georgienne (1715-1755) renferme des meubles d'époque, des tableaux et des porcelaines.

Prendre la A 390 vers St Austell, puis une route secondaire à droite après Grampound.

★★**Mevagissey** – Ce pittoresque vieux village de pêcheurs attire par ses anciens hangars à bateaux, son labyrinthe de rues et d'escaliers tortueux, ses filets aux multiples formes, tailles et couleurs. S'attarder sur sa particularité, un port double dont la jetée date de 1770.

★**Heligan** ◷ – *À 2 km environ au Nord-Ouest de Mevagissey par une route secondaire.* Ces « jardins abandonnés » couvrent une superficie de 23 ha ; plantés par Thomas Gray, puis laissés à l'abandon, ils font depuis 1991 l'objet d'une restauration. Ils comprennent le jardin dit de Flore (rhododendrons), un potager clos, un verger, la « Jungle » (arbres exotiques plantés au 19e s.) et la Vallée perdue (espèces exotiques et prairie inondable).

Revenir vers Mevagissey et prendre la B 3273 à gauche ; à St Austell, emprunter la A 390 à droite et parcourir environ 3 km avant de tourner à droite.

★★**Fowey** – Cette petite ville à flanc de coteau, surplombant un admirable havre naturel situé à l'embouchure de la Fowey, a été, jadis, l'un des ports les plus dynamiques d'Angleterre. On peut se promener vers **Gribbin Head** qui offre une **vue★★** étendue splendide sur plusieurs kilomètres. Il est recommandé de faire une excursion en bateau soit le long du port et du littoral aux falaises sombres et abruptes, soit sur la rivière en amont parmi les coteaux boisés. Sur **Fore Street**, bordée de pittoresques maisons anciennes, on visitera l'**église St Nicholas** (érigée sur le site d'une église normande dédiée à saint Fimbarrus) dont on admirera la tour richement ornée, le porche Sud à deux niveaux, la superbe voûte en berceau et les fonts baptismaux romans.

Prendre le bac traversant l'estuaire de la Fowey et poursuivre par la route côtière.

★**Polperro** – Ce charmant vieux village de pêcheurs, aux cottages serrés les uns contre les autres et aux ruelles sinueuses *(interdites à la circulation)* est blotti au fond d'une crique. On y accède par une route escarpée suivant le cours du fleuve. Une ancienne sardinerie sur le front de mer accueille un petit **musée** consacré à la fois aux photographies de Lewis Harding (1806-1893) et à l'histoire de la région, longtemps tributaire de la pêche et de la contrebande.

Se diriger vers Plymouth par la A 387. Peu après avoir rejoint la A 374, tourner à gauche.

St Germans – Au centre de ce vieux village se trouve un superbe hospice construit en 1583. L'**église★** *(à environ 1 km à l'Est du village)* constitue l'un des plus beaux exemples d'architecture romane de Cornouailles. Des tours asymétriques encadrent la majestueuse façade. Remarquez le splendide portail Ouest richement sculpté dans la pierre locale gris-bleu. La fenêtre Est conçue par Burne-Jones s'orne d'un vitrail de William Morris.

Revenir sur la A 374, poursuivre vers Plymouth et traverser Antony.

★ **Antony House** ⊘, à **Antony** – *À gauche de la A 374.* Sir William Carew fit construire cette maison classique en pierre grise en 1721. On y trouve une importante collection de meubles et de remarquables portraits du 18e s., dont trois de Reynolds dans le salon lambrissé, ainsi que le mémorable tableau d'Edward Bower représentant le procès du roi Charles Ier.

Gagner Torpoint et prendre le bac pour Plymouth.

LE SUD DE LA CÔTE DE CORNOUAILLES
(DE TRURO A HELSTON)

Même itinéraire de départ que pour l'autre excursion.

★★ **Trelissick Garden** – *Voir ci-avant.*

Revenir sur la A 39.

★ **Falmouth** – *Plan dans le Guide Rouge Great Britain & Ireland.* Le **château de Pendennis**★ ⊘ se dresse sur la pointe de la presqu'île, à l'entrée de la baie ; de là, une crête peu élevée divise la ville en deux parties. Au Sud, le quartier résidentiel avec ses hôtels domine la baie de Falmouth, alors que la vieille ville et son front de mer font face, au Nord, à l'estuaire du Fal (dont le nom cornouaillais est Carrick Roads). Le **front de mer** s'étend sur plus de 1 km de Greenbank Quay à Prince of Wales Quay. Les maisons du 18e s. et les entrepôts regardent vers la rivière. La **galerie d'art municipale** expose de très belles marines d'époque victorienne et du début du 20e s. Le **musée cornouaillais de la Marine** (Cornwall Maritime Museum) ⊘ relate l'histoire maritime de la région (contrebande, mythes et superstitions, construction navale).

La côte au cap Lizard

R. Besse/MICHELIN

Les **plats traditionnels de Cornouailles** comprennent le fameux Cornish Pasty, le Muggety Pie (tourte à base d'entrailles de mouton), Kiddley Broth (pain trempé dans de l'eau bouillante – autrefois le menu quotidien des mineurs de l'étain) et le Stargazy Pie (tourte préparée avec des sardines).

Prendre la route côtière vers le Sud.

★★**Glendurgan Garden** ⊙, à **Mawnan Smith** – Ce beau jardin, planté de nombreux arbres et arbustes subtropicaux, descend vers le hameau de Durgan, sur la rivière Helford. Il présente un intéressant **labyrinthe** de lauriers et un « Pas de Géant » (mât enrubanné).

Se diriger vers l'Ouest, puis prendre à gauche la B 3291 vers Gweek.

★**Lizard Peninsula** – Il n'existe pas de route côtière longeant la partie la plus méridionale de l'Angleterre. Nous conseillons donc, au visiteur de passage, de faire un choix parmi les curiosités suivantes, desservies par deux routes faîtières qui traversent le Serpentine Rock et d'où partent d'étroites voies d'accès au littoral : la **réserve de phoques**★ (Seal Sanctuary) ⊙ de **Gweek** ; la rive Sud de l'**estuaire de la Helford** ; les **Manacles** (récif sous-marin responsable de nombreux naufrages) au large de Manacle Point ; le village de **Coverack**★, célèbre jadis pour ses pêcheurs-contrebandiers ; **Landewednack**★, avec ses toits de chaume et son **église**★ en serpentine noire veloutée plantée sur une place lustrée ; le **cap Lizard** et son célèbre phare (1751, modifié en 1903), le plus méridional d'Angleterre ; ainsi que les magnifiques **anses de Kynance**★★ et de **Mullion**★★.

De Gweek, rejoindre la B 3083 au Sud-Ouest et la prendre à droite.

Helston – Helston est la ville marchande de la péninsule de Lizard. Le 8 mai (ou le samedi précédent si le 8 est un dimanche ou un lundi), la ville ferme ses portes à la circulation et devient le siège de la célèbre **Flora Day Furry Dance**★★. Les plus spectaculaires des cinq danses processionnelles données à cette occasion sur un parcours de 2,5 km partant de l'hôtel de ville et y revenant sont la procession Hallan-Tow à 8 h 30, la procession des enfants à 10 h et l'Invitation à la danse, exécutée les couples à midi.

Poursuivre vers l'Ouest par la A 394.

TWEED Valley★★

Vallée de la TWEED – Borders

Carte Michelin n° 401 K, L et M 17 ou Atlas Great Britain p. 49, 50 et 57

La Tweed, tout au long de son beau parcours, passe devant de nombreux monuments : châteaux, abbayes, manoirs. L'exploration de ses rives est un enchantement pour le touriste.

La rivière et les paysages – Troisième fleuve d'Écosse en termes de longueur, après la Tay et la Clyde. Elle prend sa source dans les collines Tweedsmuir et rejoint la mer à Berwick-upon-Tweed. Dans son cours inférieur, elle sert de frontière entre l'Angleterre et l'Écosse. En amont, sur son parcours le plus élevé, elle est entourée de montagnes – les monts Cheviot au Sud, les collines Lammermuir au Nord –, et sa vallée est étroite et irrégulière. Entre ces deux parties de son cours, la rivière s'élargit, ses courbes se font majestueuses, dominées par les abbayes en ruine et les villes prospères des Borders.

La vallée de la Tweed est depuis longtemps un lieu de prédilection pour les conquérants. Les forts, construits à l'âge du fer et à l'époque des Romains, ainsi que les demeures monastiques parsèment toute la région, qui fut âprement disputée. Ces temps agités sont commémorés dans de nombreux poèmes et ballades.

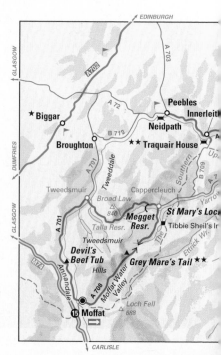

Aujourd'hui, la vallée se consacre surtout à l'agriculture, bien que les industries traditionnelles de la laine et du tricot fassent la richesse des villes.
La Tweed est un des fleuves d'Écosse où les saumons abondent. Ses affluents, où
grouillent bien d'autres espèces de poissons, attirent également les pêcheurs.

DE MOFFAT À LA MER *220 km – une journée*

Moffat – Petite ville à l'entrée de la vallée d'Annan, Moffat est un bon lieu de
départ pour explorer les collines Tweedsmuir, où la Tweed prend sa source.

Prendre la route de Selkirk (A 708).

★★**Grey Mare's Tail** – Cette spectaculaire cascade (60 m) se situe en amont de la
Moffat Water Valley.
La route remonte une vallée étroite en forme de V, franchit le col, puis descend
vers le Little Yarrow Water. C'est là, près du loch St Mary, que se trouve l'auberge
de Tibbie Shiel, le lieu de rendez-vous de l'écrivain **James Hogg**, « le berger d'Ettrick »
(1770-1835), et de ses amis.

*À Cappercleuch, prendre la route à gauche en direction de Tweedsmuir, où l'on
tourne à droite sur la A 701.*

Broughton – C'est dans cet extraordinaire village que se trouve le **John Buchan Centre** ⊘,
hommage à l'écrivain et homme politique **John Buchan**, lord Tweedsmuir (1875-1940).

*À Broughton, la B 7016 vers l'Est rejoint la B 712 en suivant la Tweed. Tourner
à droite au croisement avec la A 72.*
À 1,5 km de Peebles, sur un promontoire rocheux dominant la rivière, on peut voir
le **château de Neidpath** ⊘, château en L du 14e s., très représentatif des constructions fortifiées nécessaires à la sécurité pendant les luttes de clans et de frontières.

Peebles – Peebles, ancienne ville d'eau, constitue un centre idéal pour explorer la
campagne de Tweeddale ou pour la pêche au saumon. L'écrivain **Robert Louis
Stevenson** y vécut, tout comme l'explorateur **Mungo Park** dont les voyages contribuèrent largement à faire connaître l'Afrique. **William Chambers**, l'éditeur du célèbre
dictionnaire du même nom, y naquit et fit don à la ville de l'institut Chambers,
d'une bibliothèque et d'un musée.

Continuer sur la A 72 le long de la rivière jusqu'à Innerleithen, où l'on traverse la Tweed.

★★**Traquair House** ⊘, à la sortie Sud d'**Innerleithen** – Dès 1107, il existait ici un pavillon
de chasse, qui fut transformé en maison forte pendant les guerres d'indépendance.
Les ailes furent ajoutées à la fin du 17e s. Cette demeure, caractéristique de la région,
renferme toute une variété de reliques, de trésors et de traditions, ainsi que beaucoup de souvenirs d'époque Jacques Ier et d'effets personnels ayant appartenu à Marie
Stuart. Notez également la **pièce voûtée** où l'on rassemblait les troupeaux lors des raids,

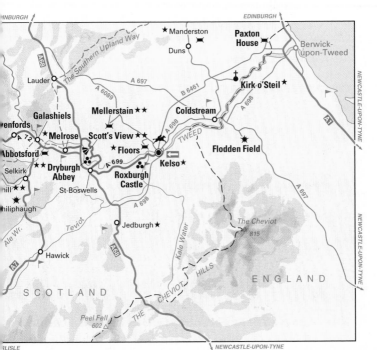

la pièce du prêtre (troisième étage), les **panneaux de bois sculptés** datant du 16ᵉ s. dans la chapelle, et le bâtiment de brasserie (la bière est très appréciée par les amateurs).

Revenir dans Innerleithen, et poursuivre vers l'Est le long de la rivière par les A 72, B 7060, puis A 7 à gauche.

★★**Abbotsford** ⊘, à l'Est de **Galashiels** – Cette fantaisie de pierre est le reflet du goût de **Walter Scott** (1771-1832), l'homme qui fit beaucoup pour populariser l'Écosse et lui donner sa saveur romantique. Scott était le cadet des treize enfants d'un avocat d'Édimbourg. En 1799, il devint shérif du Selkirkshire et acheta une maison à Achiestiel, puis une ferme, qu'il rebaptisa et transforma en ce qui est aujourd'hui Abbotsford. Dans le bureau, on a conservé sa grande table de travail. Après ses difficultés financières de 1826, Scott travailla énormément afin de payer ses créanciers, accomplissant l'exploit d'écrire trois romans par an. Il mourut à Abbotsford, le 21 septembre 1832, les yeux tournés vers la Tweed qui lui était si chère. La maison abrite une collection de quelque 9 000 livres rares, ainsi que des objets relatifs à l'Écosse et à son histoire rassemblés par Scott tout au long de sa vie.

Prendre la A 7, revenir sur la A 72 et tourner à droite.

★**Melrose** – Regroupé autour des ruines de l'abbaye, Melrose se trouve à l'ombre des **collines Eildon**. Ces collines à trois pics sont d'origine volcanique. Autrefois, on pensait qu'elles avaient été créées par Michael Scott, un sorcier du 13ᵉ s., enterré dans l'abbaye. **L'abbaye**★★ ⊘ fut fondée par David Iᵉʳ en 1136. Les bâtiments d'origine furent endommagés au 14ᵉ s., en particulier lors de la retraite de l'armée d'Édouard II, en 1322. Robert Bruce, dont le cœur est enterré ici (plaque commémorative au dessin stylisé, 1998), assura leur reconstruction. Les ruines datent d'une période comprise entre la fin du 14ᵉ s. et le début du 16ᵉ s.
Détail étonnant pour une fondation cistercienne, elles se distinguent par leur profusion de **sculptures décoratives**★★★ : délicates nervures, niches en baldaquin, voûte complexe et pignons ornés. Les ruines de ce qui était peut-être la plus riche abbaye d'Écosse furent restaurées dans les années 1820 à l'initiative de Walter Scott.

Quitter Melrose par la B 6361 qui longe la Tweed. Après le viaduc, tourner à gauche et prendre la A 68. Après avoir traversé la rivière, prendre à droite une petite route qui va vers Leaderfoot, puis remonter vers Bemersyde Hill et tourner à droite sur la B 6356.

★★**Scott's View** – Le belvédère de Scott (181 m) est orienté vers l'Ouest, offrant une vue sur les méandres de la Tweed, jusqu'aux trois sommets coniques des collines Eildon. À l'arrière-plan, on peut voir la maison Bemersyde, offerte par la nation en 1921 au **comte Haig**, qui est enterré à l'abbaye de Dryburgh. En dessous se trouve le vieux Melrose, site d'origine de la colonie cistercienne, blotti dans un méandre de la Tweed.

Suivre la petite route jusqu'à l'abbaye de Dryburgh.

★★**Dryburgh Abbey** ⊘, à **St Boswells** – Cette construction fait partie du groupe d'abbayes des Borders fondées par David Iᵉʳ. Elle fut commencée en 1150. Attaquée à plusieurs reprises par les Anglais dans les années 1300, cette abbaye de pierre rouge velouté fut sévèrement endommagée quand la ville de Dryburgh fut rasée en 1544. Ses ruines, majestueuses, sont nichées dans le **cadre splendide**★★★ d'un méandre de la Tweed. Remarquez l'escalier de nuit qui conduit au dortoir. Walter Scott repose dans la chapelle Est. Les **bâtiments conventuels** sont parmi les mieux conservés.

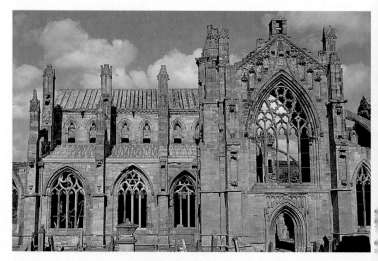

Melrose – Ruines de l'abbaye

Revenir à la B 6356, puis prendre la B 6404 à gauche ; tourner encore à gauche vers Smailholm.

★★ **Mellerstain** ○ – Harmonieusement proportionné, c'est le lieu idéal en Écosse pour admirer les délicats détails des décorations intérieures de Robert Adam. Curieusement, cet architecte écossais travailla dans peu de grandes demeures de son pays natal, à l'exception de Culzean et de Hopetoun House. L'extérieur, en outre, est le fruit des efforts conjugués du père et du fils. Les ailes ont été construites par William, précédant de 45 ans la section centrale crénelée de Robert.

Intérieur – Bien que moins grandiose que Culzean, Osterley ou Syon, il porte l'empreinte d'Adam : les méticuleux **plafonds**★★★ sont mis en valeur par les cheminées assorties, le bois travaillé et l'ameublement. La **bibliothèque**★★★ est sans conteste un vrai chef-d'œuvre. L'œil se déplace du centre du plafond , délicatement décoré par Zucci, jusqu'aux motifs que l'on retrouve à la fois sur les frises, les étagères, les portes, les cheminées et qui donnent à la pièce une certaine unité. Une belle collection de tableaux comprend plusieurs portraits de famille.

Rejoindre la A 6089 légèrement à l'Est et tourner à droite.

★ **Floors Castle** ○ – *À l'entrée de Kelso.* Cette silhouette très particulière, avec ses pinacles, se dresse sur une terrasse qui domine la Tweed. Le bâtiment principal, conçu par **William Adam**, fut agrandi au 19e s. par l'adjonction d'ailes par William Playfair.
Un certain nombre de pièces furent refaites au début de ce siècle par l'épouse américaine du 8e duc de Roxburghe, afin d'accueillir son extraordinaire **collection de tapisseries et de mobilier**.

★ **Kelso** – Dressé au confluent de la Tweed et de son affluent principal, la Teviot, Kelso était à l'origine un simple lieu de passage à gué avant de devenir un centre de commerce prospère. Là encore, on trouve les ruines d'une belle abbaye fondée en 1128, mais plusieurs fois détruite. Le dernier assaut eut lieu en 1545 en dépit de la résistance acharnée qu'opposèrent les moines à Hertford, surnommé le « Prétendant brutal ». La ville propose de beaux exemples d'architecture georgienne – combles avec garde-corps et lucarnes, partie haute des fenêtres rectiligne –, et, sur la **grand-place**★★ pavée, ancienne place du marché, on peut admirer l'élégant hôtel de ville du 19e s.
L'élégant pont fut construit en 1803 par John Rennie et servit de modèle au pont de Waterloo.

Continuer par la A 698 le long de la rivière en direction du Nord-Est.

Coldstream – Commerçante et animée, la ville s'est développée sur un point de traversée de la Tweed. C'est là que le général Monck leva son régiment de troupes du Northumberland, car il était chargé par Cromwell de rétablir l'ordre sur la côte Est de l'Écosse. Le 1er janvier 1660, le général et son régiment se mirent en marche pour Londres. Ce mouvement aboutit à la restauration du roi Charles II. Le petit musée local dispose d'un beau département consacré aux **Coldstream Guards** ○, nom du régiment après 1670.

Prendre la A 697 qui traverse la Tweed vers Cornhill-on-Tweed, puis Branxton.

Flodden Field – En deux heures, le 9 septembre 1513, les soldats de l'armée anglaise, pourtant moins nombreux, massacrèrent l'élite de la chevalerie écossaise et son roi, Jacques IV, qui les avait conduits sur le champ de bataille pour soutenir son « Auld Alliance » récemment renouvelée avec la France.
Un monument sur lequel on peut lire l'inscription « Aux braves des deux nations » commémore Pipers Hill, le centre des positions anglaises.

Revenir à Cornhill-on-Tweed et prendre la A 698, puis prendre une petite route vers Norham, au bord de la rivière.

Norham Castle ○ – Hugh Puiset, évêque de Durham, acheva le massif donjon de pierre de ce château vers 1174. Du 12e au 16e s. Norham contrôla un des principaux points de traversée de la Tweed. C'est dans l'église de Norham, le 20 novembre 1292, que John Balliol prêta serment d'allégeance à Édouard Ier, qui avait été nommé roi d'Écosse trois jours plus tôt, à Berwick.

Continuer vers l'Est en passant par Honcliffe ; ensuite tourner à gauche, traverser la rivière, et tourner à droite sur la B 6461.

Paxton House ○, à **Paxton** – Ce parfait exemple de demeure palladienne fut construit vers 1750 sur des plans des frères Adam (plâtres délicats) et meublée par Chippendale et Trotter. La galerie de tableaux Régence est un dépôt du Musée national d'Écosse.

Continuer sur la B 6461 jusqu'à Berwick-upon-Tweed.

WARWICK★

Warwickshire – 22 476 habitants
Carte Michelin n° 403 P 27 ou Atlas Great Britain p. 27
Plan dans le Guide Rouge Great Britain and Ireland

La « superbe cité comtale » (Pevsner), essentiellement de l'époque de la reine Anne, contraste sans cependant heurter avec le château du 14ᵉ s., « l'édifice médiéval le plus parfait du royaume » (lord Torrington).

★★**Castle** ⊘ – Il s'élève au bord de la rivière Avon sur le site d'une motte normande et d'une cour intérieure, qui, à l'origine, étaient probablement une fortification saxonne. De beaux jardins dessinés par Capability Brown vers 1750 ont été plantés sur le tertre. Robert Marnock, jardinier victorien, ajouta ensuite le jardin des Paons et une roseraie à la française, qui a récemment été restaurée.

Les courtines et le corps de garde datent du 14ᵉ s., la tour de l'Ours et la tour Clarence du 15ᵉ s. La construction du château fut entreprise par Thomas Beauchamp, 11ᵉ comte de Warwick (1329-1369). Son petit-fils Richard (1382-1439), 13ᵉ comte de Warwick, qui dirigea le procès de Jeanne d'Arc, y habita, puis Richard Neville, 16ᵉ comte de Warwick (1428-1471), le plus célèbre de ceux qui portèrent le titre et qui gagna le surnom de « Faiseur de rois » en assurant le succès de la maison d'York sur les Lancastre.

Faisant désormais partie du groupe Tussaud, le château « revit » grâce à des figures de cire recréant les personnages et les événements de son histoire sous forme de tableaux, en commençant par les préparatifs de l'ultime bataille en 1471 de Richard Neville. L'époque Jacques Iᵉʳ est évoquée avec la tour du Fantôme, et la période victorienne par un tableau représentant une partie de jardin organisée en 1898 par la comtesse de Warwick, avec des invités tels le prince de Galles et le jeune Winston Churchill.

Peintures et mobilier de maître sont exposés dans les **salles d'apparat** des 17ᵉ et 18ᵉ s. ; le salon rouge, le salon vert, et le salon dit de cèdre renferment des œuvres de Lely, Van Dyck, du mobilier de Boulle ; un portrait de Henri VIII d'après Holbein orne le boudoir bleu. La visite de l'arsenal, des cachots et des salles de torture ne manque pas d'intérêt.

Warwick – Lord Leycester Hospital

★**Lord Leycester Hospital** ⊘ – *High Street*. Fondé en 1571 par Robert Dudley (le favori de la reine Élisabeth Iʳᵉ), il se compose d'une demeure à colombage entourant une charmante cour. Les parties les plus anciennes sont la chapelle, datant de 1383, et l'hôtel de ville, construit en 1450 par Warwick, le « Faiseur de rois ».

★**Collegiate Church of St Mary** ⊘ – *Church Street*. Édifiée en 1123, la collégiale fut reconstruite après un incendie en 1694. Elle doit sa renommée à la chapelle Beauchamp (15ᵉ s.), qui recèle le **tombeau★**, orné d'un superbe gisant en bronze doré, de Richard Beauchamp, comte de Warwick, ainsi que celui de Robert Dudley, comte de Leicester.

EXCURSION

★Kenilworth Castle ⊘ – *8 km au Nord par les A 46 et 429*. Énormes et inspirant la terreur, ces ruines furent au 13ᵉ s. la demeure de Simon de Montfort. Le roi Édouard II, tout de noir vêtu, y fut gardé prisonnier dans la **grande salle** avant d'être conduit au château de Berkeley pour son exécution en 1327. Fortifié par Jean de Gand (14ᵉ s.), puis résidence des comtes de Leicester (fin du 16ᵉ s.), il fut détruit après la guerre civile, et ses ruines couvertes de lierre inspirèrent à **Walter Scott** son roman *Kenilworth* (1862).

WELLS★★

Somerset – 9 763 habitants
Carte Michelin n° 403 M 30 ou Atlas Great Britain p. 16

Comme la plupart des cathédrales anglaises, Wells a été bâtie à l'extérieur de la ville. Dans ce plus petit évêché d'Angleterre, le calme autour de la cathédrale contraste avec l'activité incessante de Market Square. Avec les autres villes des Mendip (Frome, Glastonbury, Shepton Mallet et Street), Wells fut un centre du commerce lainier au Moyen Âge. L'histoire sociale de Wells et la région des Mendip sont évoquées au **musée** ⊘, qui occupe Chancellor's House sur l'esplanade de la cathédrale.

★★★CATHÉDRALE ⊘

La cathédrale de Wells fut la première cathédrale bâtie en gothique Early English ; élaboration et construction nécessitèrent plus de trois siècles, de 1175 environ à 1508.

Extérieur – Malgré les dégâts causés par les intempéries et, surtout, par les Puritains, la **façade principale** est l'un des plus riches déploiements de sculptures du 13ᵉ s. en Angleterre. Avec ses statues autrefois peintes et dorées, la façade devait ressembler à un magnifique manuscrit enluminé ou à une somptueuse tapisserie. Aujourd'hui, le coucher de soleil la pare d'or, et, la nuit, la lumière des projecteurs lui donne un ton ambré.

Deux fois plus large que haute, cette façade s'étend sur presque 46 m, d'une tour à l'autre, si bien que l'on a évoqué à son propos le terme de façade-écran. Les tours sont construites de façon curieuse et prolongent les lignes des baies couronnées de gâbles de la façade. Remarquez les sveltes pinacles qui coiffent les contreforts, ainsi que les hautes lancettes jumelées – détails qui ne sont présents que pour rompre la rigueur de l'élévation.

Les trois cents statues – dont la moitié grandeur nature – constituent une gradation qui s'achève dans le gâble central avec une frise représentant les apôtres et le Christ entouré de six chérubins ailés. Le Christ Roi fut sculpté par David Wynne lors des travaux de restauration du 20ᵉ s. Le porche Nord conduit à une porte double flanquée de magnifiques rangées d'arcatures aveugles (13ᵉ s.). Logé dans le mur Ouest du bras gauche du transept, un **jaquemart** est animé par deux chevaliers médiévaux sonnant les quarts d'heure avec leurs lances.

A. Taverner

Un joli jeu de droites : la cathédrale de Wells

Intérieur – En entrant dans la **nef**, l'œil est immédiatement attiré par l'**arc en ciseau**, énorme entretoise construite entre 1338 et 1348, en même temps que les arcs similaires situés au Sud et au Nord de la croisée, lorsque la tour de la croisée menaça de s'affaisser. La nef fut achevée en 1239. Remarquez les **chapiteaux**, la chaire de pierre datant d'environ 1547, à l'extrémité Est de la nef, ainsi que la chantrerie Sugar, dotée d'une voûte en éventail, de sculptures d'anges sur la frise et d'une porte dont l'arc est à contre-courbe. La **voûte** et les **fûts des colonnes** présentent de subtiles variations d'aspect selon les secteurs de la cathédrale, pour atteindre leur point culminant, la première dans la chapelle de la Vierge, les seconds dans la salle capitulaire. Remarquez dans le **chœur** l'Arbre de Jessé, vitrail médiéval nommé la **fenêtre d'or**, ainsi que la broderie dont sont parés les dossiers des stalles. Dans le **croisillon droit**, les chapiteaux et **corbeaux** représentent des têtes d'hommes ou des anges, des masques d'animaux cachés parmi des feuilles et des scènes de la vie quotidienne, évoquant par exemple un homme souffrant d'une rage de dents, ou deux hommes surpris en train de voler des pommes dans un verger. Les fonts baptismaux circulaires, dont le dessus date de l'époque Jacques Iᵉʳ, sont le seul témoignage provenant d'une cathédrale plus ancienne autrefois contiguë.

Dans l'**arrière-chœur**, une véritable forêt de nervures jaillit des colonnes pour supporter une **voûte à tiercerons** très compliquée. Notez les **miséricordes** médiévales où l'on peut distinguer un homme tirant une guivre ou Alexandre le Grand emmené au ciel par deux griffons. La chapelle de la Vierge est un octogone irrégulier dont le centre est une très belle clef de voûte peinte qui est le sommet d'une **voûte d'étoiles**. Le vitrail (environ 1315) présente des figures très originales.

Dans le bras gauche du transept prend place une **horloge astronomique** de 1390. Le soleil et une étoile y font le tour du cadran en 24 h. En surplomb, on découvrira un tournoi de chevaliers. Tous les quarts d'heure, un chevalier est terrassé.

Salle capitulaire (Chapter House) – Un large escalier (posé vers 1290) conduit à la splendide construction octogonale du chapitre, achevée en 1306. Du pilier central formé de colonnes engagées rayonnent 32 nervures qui élégamment rejoignent celles qui jaillissent de chaque angle de l'octogone.

Enclos (Precinct) de la cathédrale – C'est par trois portes du 15ᵉ s. que l'on passe des rues de la ville au calme de l'esplanade et que l'on bénéficie de cette extraordinaire vue extérieure de la cathédrale : Brown's Gate (depuis Saler Street), Penniless Porch (angle Nord-Est) et Bishop's Eye (côté Est).

Le **palais du chancelier** (Chancellor's House, *angle Nord-Est*) abrite le **Wells Museum**, qui retrace l'histoire sociale de Wells et de la région des Mendip. **Chain Gate** (1459) permet d'accéder à **Vicar's Close**, une longue rue (137 m) bordée de cottages identiques construits vers 1348 pour les membres du clergé appartenant aux ordres mineurs.

Du côté Sud de l'esplanade, le **palais épiscopal★** (Bishop's Palace), solidement fortifié et ceint de douves, fut bâti il y a 700 ans. À l'intérieur se trouvent des jardins, ainsi que les sources auxquelles la ville doit son nom (well signifie source). Environ 15 millions de litres d'eau ruissellent chaque jour, ce qui équivaut à 180 litres par seconde. On aperçoit également les ruines de l'ancienne salle de réception. En outre, on jouit d'une **vue★★** superbe depuis le chevet de la cathédrale.

AUTRE CURIOSITÉ

★St Cuthbert – Tenue dans l'ombre par sa prestigieuse voisine, la magnifique église paroissiale de style gothique Perpendicular s'élève à l'autre extrémité de la ville. L'élégante **tour** (37 m) comporte des rangées de contreforts élancés encadrant les ouvertures immenses du clocher. À l'intérieur, on peut admirer le **plafond** à caissons du 16ᵉ s. (restauré en 1963) caractéristique du Somerset. On remarquera également une superbe **chaire** (1636) de style Jacques Iᵉʳ et deux anciens **retables** très abîmés, commandés en 1470 (le contrat de commande se trouve également dans l'église).

ENVIRONS

★Wookey Hole ⊘ – *3 km au Nord-Ouest par une route secondaire*. Les **grottes** (caves), creusées dans une falaise haute de 61 m d'où la rivière Axe jaillit en torrent, sont composées de six chambres que traverse la rivière toujours présente, coulant en cascades retentissantes, formant de profonds bassins bleu-vert. Stalactites, stalagmites, mares translucides les décorent. Rien ne prouve qu'elles aient été habitées à l'âge de la pierre. Cependant, il est certain qu'elles le furent par l'homme de l'âge du fer en 150 avant J.-C., puis plus tard par des populations anglo-romaines et celtiques. À la fin de la visite, histoire et légendes se marient dans la **caverne magique de la sorcière** (Witch's Magic Cavern).

Les touristes peuvent également visiter la **papeterie★** ; le papier fut fabriqué pour la première fois à Wookey Hole vers 1600.

Le village de **Cheddar** s'étend depuis les gorges de Cheddar jusqu'à l'église paroissiale à l'extrémité Sud de l'avenue principale. Il a donné son nom au fromage national anglais. Si l'on en croit la légende, l'histoire du **« West Country Cheese »** commença lorsque des moines se rendant en pèlerinage à Glastonbury durent s'abriter d'une terrible tempête dans les grottes de Cheddar. Ils s'aperçurent ensuite que le lait qu'ils transportaient s'était transformé en un délicieux fromage, devenu depuis le cheddar, le fromage anglais par excellence, notamment à l'étranger.

La vérité est nettement moins fantastique, car les grottes restèrent inaccessibles jusqu'au 19e s. En fait, les saints pèlerins furent des moines irlandais qui découvrirent le moyen d'utiliser le surplus de lait de brebis, dont la région abondait à l'époque où le commerce de la laine provoquait un élevage intensif des moutons.

★★**Cheddar Gorge**, à **Cheddar** – *14 km au Nord-Ouest par la A 371*. Cette gorge serpente sur 3 km selon une inclinaison de 16 % du haut des Mendips. Les falaises sont en calcaire, austères et grises là où les murs fissurés et les pinacles s'élèvent verticalement à 107-122 m. À proximité du pied de la gorge, un escalier haut de 274 marches (bancs de repos), l'**échelle de Jacob**, conduit à une **vue panoramique**★ sur les Mendips, Somerset Levels et les Quantocks.

★★**Caves** ⊘ – Les grottes sont situées près du fond de la gorge sur le côté Sud (à gauche en descendant). Cox's Cave fut découverte en 1837 et Gough's Cave en 1890. Une série de chambres suit le cours de ruisseaux souterrains traversant le calcaire poreux. Les couleurs des stalagmites et stalactites, des chutes pétrifiées, des rideaux de dentelle et des colonnes dépendent des minéraux qui composent le calcaire : rouge rouille (fer), vert (manganèse) et gris (plomb). Dans le **Centre du Patrimoine**, des armes, des ustensiles en silex, os et bois de cerf, fer et bronze, de la poterie et le crâne de l'homme de Cheddar indiquent que ces cavernes furent habitées à plusieurs reprises du paléolithique à l'âge du fer (20 000 à 500 avant J.-C.) et même lors de l'époque romaine.

La gorge de Cheddar

A. Taverner

WESTER ROSS★★★

ROSS Occidental – Highland

Carte Michelin n° 401 D, E 10, 11 et 12 ou Atlas Great Britain p. 66

Le front atlantique de la partie Ouest de l'ex-comté de Ross, avec ses magnifiques montagnes et ses lacs sereins, est sauvage et spectaculaire. Les principaux centres touristiques sont Kyle of Lochalsh, Gairloch et Ullapool. De là, le voyageur peut se promener en voiture, à pied, faire de l'escalade, de la pêche ou de la voile, bref, profiter pleinement de cette merveilleuse région.

★★★1 DE KYLE OF LOCHALSH À GAIRLOCH

192 km, y compris le détour par le château d'Eilean Donan – Compter une journée

Ce circuit traverse certains des plus beaux paysages de la région – le loch Maree, parsemé d'îles, la région de Torridon et la péninsule de Applecross. Certaines routes sont très fréquentées en haute saison, mais on trouve toujours des lieux déserts pour apprécier pleinement le paysage. *On veillera à remplir son réservoir d'essence !*

Kyle of Lochalsh – C'est de là que partent les ferries pour l'île de Skye. La ville est très animée l'été.

★**Eilean Donan Castle** ◷, à **Dornie** – *15 km à l'Est de Kyle of Lochalsh par la A 87.* Le château jouit d'un **cadre**★★ idyllique, sur une île du loch, avec les montagnes à l'arrière-plan. Aujourd'hui, il est relié au continent par un pont et les pièces ouvertes au public présentent toute une variété de souvenirs des MacRae. Les MacRae étaient les gardiens du château, gardes du corps de père en fils des Mackenzie. Après l'échec en 1719 d'un abordage jacobite, auquel des troupes espagnoles avaient contribué, le château fut abandonné pendant deux siècles. Une reconstruction complète fut entreprise au 20ᵉ s. Les remparts offrent de belles **vues** sur les trois lochs.

Retourner à Kyle et prendre la route qui longe la côte vers le Nord et permet d'apprécier les jolies vues sur l'île de Skye et les Cuillins.

★**Plockton** – Autrefois terre d'asile pour les réfugiés à l'époque des expéditions dans les Highlands, Plockton, avec sa rue principale bordée de palmiers et sa baie abritée, est devenu un centre de prédilection pour les amateurs de yachting et de planche à voile.

À Achmore, prendre à gauche la A 890. À l'intersection avec la A 896, reprendre à gauche vers Lochcarron. À Tornapress, on peut préférer continuer sur la A 896 jusqu'à Shieldaig, mais la petite route qui traverse la péninsule en passant par Bealach-na-Bo vaut le détour. Elle présente des virages en épingle à cheveux et une déclivité de 25 % : de ce fait, on déconseille aux caravanes et aux conducteurs novices de l'emprunter.

Bealach-na-Bo – 626 m. En montant vers le col, la vallée offre des vues spectaculaires sur les lochs et les montagnes. Du parc de stationnement qui se trouve au sommet, le **panorama**★★★ à l'Ouest de Skye et de ses îles environnantes est superbe.

Applecross – Applecross était le site d'un monastère fondé au 7ᵉ s. par saint Maelrubha. Avec sa plage de sable rouge, c'est aujourd'hui un lieu de vacances.

Continuer soit vers le Nord par la côte, en passant par Fearnmore, jusqu'à Torridon, soit, en rebroussant chemin, par Tornapress, puis Torridon par la A 896.

Torridon – On y trouve un **centre d'information** ◷ sur la région, où un film présente la contrée et où l'on peut obtenir des informations sur les sentiers de randonnée et d'escalade.

Glen Torridon – Cette vallée glaciaire à fond plat est dominée par les sept sommets du **Liathach** (1 054 m) à gauche, et par le **Beinn Eighe** (1 010 m), une longue suite de sept pics, au Nord-Est.

À Kinlochewe, prendre la A 832 à gauche.

Aultroy Visitor Centre ◷ – Le centre explique la passionnante vie écologique de la **réserve naturelle nationale de Beinn Eighe**, la première de Grande-Bretagne. Elle comporte encore de beaux spécimens des premières forêts de pins écossaises.

★★★**Loch Maree** – Le Loch Maree donne un splendide aperçu des beautés et de la grandeur de la côte Ouest. Niché entre un arrondi du Beinn Eighe et le sommet du **Ben Slioch** (980 m) au Nord, il est parsemé d'îles. Sur l'une d'entre elles, l'île Maree, saint Maelrubha établit sa cellule au 7ᵉ s.

★**Victoria Falls** – Un belvédère et un sentier au bord de la rivière permettent d'admirer ces chutes, baptisées ainsi en souvenir de la visite de la reine Victoria en 1877.

Gairloch – Centre idéal pour explorer la région de Torridon et ses collines, et profiter des plages de sable de cette partie de la côte Ouest, ainsi que de ses splendides vues sur les îles Hébrides. Le quai situé à la tête du loch est encore aussi animé qu'un port de pêche. Le **Gairloch Heritage Museum** ◷ illustre la vie d'autrefois ; on peut y voir une pièce de ferme, un magasin, une salle de classe, des ferronneries du 17ᵉ s., ainsi qu'une distillerie de whisky clandestine.

Quand le loch Maree et le Ben Slioch se travestissent en estampe japonaise

★★ ② DE GAIRLOCH A ULLAPOOL *90 km – environ 4 h*

Ce circuit vous fait découvrir la côte, ses baies, ses plages, ses caps et toujours, à l'arrière-plan, un paysage de montagne surprenant.

Prendre la A 832 qui traverse la péninsule de Rubha Reidh.

Avant de descendre jusqu'à la rivière Ewe, s'arrêter et se retourner pour admirer le **panorama★★★** sur le Loch Maree et ses îles boisées.

★★★**Inverewe Gardens** ⊘ – Ces jardins extraordinaires, situés dans un superbe paysage côtier, existent uniquement grâce au Gulf Stream. Là, sous la même latitude que St-Pétersbourg, sur 226 ha de jardins merveilleusement entretenus, de nombreuses espèces végétales sont présentées à leur avantage. La propriété fut achetée pour Osgood MacKenzie en 1862. La péninsule était stérile, exposée aux tempêtes de l'Atlantique, le terrain composé de tourbe acide. On commença par élever une clôture de protection contre les lapins. Pour que ces jardins soient à l'abri du vent, on planta des pins écossais et corses, puis on apporta de la terre. Il lui fallut toute une vie pour faire les plans, puis les plantations. L'œuvre fut poursuivie par sa fille après sa mort, aboutissant à ce superbe hommage. Les jardins ont été offerts au National Trust for Scotland en 1952.

En toute saison, on peut admirer de superbes couleurs : azalées et rhododendrons en mai, rocailles en juin, bordures herbacées au milieu de l'été, bruyères et érables en automne.

Continuer sur la A 832 qui suit la rive du Loch Ewe et traverse la péninsule de Rubha Beag. Tourner à gauche à l'intersection avec la A 835.

★★**Falls of Measach** – La rivière Droma, à cet endroit, descend de 45 m dans la faille boisée de la **gorge de Corrieshalloch★**.

Continuer direction Nord-Ouest sur la A 835.

La route suit la rive Nord du **Loch Broom★★** le long de ses maisons éparpillées. On peut déceler les limites des anciens champs, dans un paysage particulièrement agréable.

★**Ullapool** – Le village fut conçu au 18ᵉ s. par la Société des pêcheries britanniques. Il connut une belle prospérité au moment du « boom du hareng ». La pêche joue encore un rôle important dans l'économie locale, et, en saison, on voit les navires des usines ancrés à l'embouchure du Loch. Ullapool, qui constitue un centre touristique idéal pour la région de Wester Ross, est le terminus des ferries pour Stornoway, paradis des amateurs de yachting et de pêche en mer. Différents bateaux se rendent aux **Summer Isles** ⊘, où l'on peut voir des phoques et des oiseaux marins. L'Office de tourisme situé au terminal du ferry dispose de toutes les informations utiles.

WESTERN Isles

Îles HÉBRIDES – 23 224 habitants
Carte Michelin n° 401 Z, A 8, 9 et 10 ou Atlas Great Britain p. 71
Accès : voir le Guide Rouge Great Britain & Ireland

Ce chapelet d'îles s'étend sur plus de 200 km de Barra Head au Sud à la Butt of Lewis au Nord. Battues par les flots de l'Atlantique et par les vents, dénudées, les îles offrent cependant le miroitement de leurs petits lochs, le sable de leurs superbes plages et la limpidité cristalline de leurs eaux.

La culture gaélique, toujours florissante, est le prétexte tout au long de l'année à des expositions et des festivals d'art gaélique ou de musique (les *Mods*). Les réunions (les *ceilidihs*), les concerts, les compétitions sportives traditionnelles et les foires agricoles sont de fréquentes occasions de fêtes pour la communauté, qui procède toujours à des concours de poésie.

Lewis and Harris – Elles ne forment qu'une île, mais pratiquement coupée en deux par les lochs Est et Ouest de Tarbert. Lewis est constituée principalement de landes aplanies, tandis que Harris est, dans l'ensemble, plus montagneuse. On continue à y travailler la tourbe et à y tisser le célèbre **Harris tweed** (dont la marque est synonyme de qualité).

Stornoway – *Lewis*. Capitale et seule ville de quelque importance de l'île, Stornoway s'étage autour d'un port bien abrité. Un château du 19ᵉ s. (devenu collège) la domine. C'est le point de départ obligé de toute excursion vers l'intérieur, où hôtels et stations-service sont rares. La péninsule d'Eye, au Nord-Est, possède quelques plages de sable fin.

★★**Callanish Standing Stones** – *Lewis. 26 km à l'Ouest de Stornoway, bien signalés à partir de la A 858*. Vieux de plus de 4 000 ans et contemporains de Stonehenge, les **mégalithes de Callanish**, en gneiss du Lewisien, sont disposés en cercle et en alignements aux points cardinaux. On estime généralement qu'ils étaient utilisés pour observer les astres. Au centre, une chambre funéraire fut ajoutée à la fin du néolithique (2500-2000 avant J.-C.).

★**Carloway Broch** – *Lewis. 8 km après les mégalithes de Callanish. Signalé à partir de la A 858*. Bien qu'incomplet, cet exemple de petite ferme fortifiée remontant au 5ᵉ s. avant notre ère conserve suffisamment de vestiges des murs d'enceinte et de la pièce d'entrée pour qu'on admire le savoir-faire des bâtisseurs.

Arnol Black House ⊙ – *Lewis. 10 km après Carloway. Signalée à partir de la A 858*. Typique des demeures de l'île (où sous le même toit de chaume sont réunies la pièce d'habitation, la chambre, la cuisine et l'étable), appelées maisons noires en raison de leur cheminée, l'Arnol Black House a été préservée pour donner une idée de ce qu'était la vie dans l'île il y a un demi-siècle.

St Clement's Church – *Lewis. 97 km au Sud-Est de Carloway par la A 859*. Dans le village de **Rodel**, situé à proximité de la pointe Sud de Harris, se trouve cette église qui renferme le **tombeau**★ exceptionnel de celui qui l'a bâtie au 16ᵉ s., Alexander MacLeod (mort en 1546). Le tombeau est orné de sculptures représentant, entre autres, les douze apôtres, la Vierge et l'Enfant, et la galère qui est l'emblème du seigneur des îles.

Uist et **Benbecula** – Des ponts et diverses chaussées relient entre elles ces îles qui offrent de remarquables paysages de campagne et de mer : vallons et landes, dunes de sable blanc et plages, lochs scintillants et vagues impressionnantes. Les cairns évidés et les cercles de pierre, les châteaux et les chapelles témoignent de la riche histoire des îles. Les amoureux de la nature apprécieront les nombreux sanctuaires de gibier d'eau (cygnes, canards, oies de Graylag et l'insaisissable râle des genêts) et réserves naturelles. En été, les fleurs sauvages abondent, et on peut y faire de belles randonnées ou y pêcher. La population locale vit du petit fermage et de la pêche.

Barra ⊙ – Cette petite île romantique se flatte de son héritage norrois. Elle est réputée pour ses belles plages.

WHITBY

North Yorkshire – 13 640 habitants
Carte Michelin n° 402 S 20 ou Atlas Great Britain p. 47

Autrefois centre de construction navale et de chasse à la baleine, maintenant port de pêche et station balnéaire sur l'estuaire de la rivière Esk, Whitby comprend deux parties bien distinctes : la partie Ouest, plutôt moderne, et la partie Est (vieille ville), riche en histoire et dominée par les vestiges de l'abbaye sur le promontoire. La côte est jalonnée de plages célèbres pour la baignade et la planche à voile, qui s'étendent de **Robin Hood's Bay**★ *(au Sud – voir Scarborough, Excursions)* à **Staithes** et **Saltburn** *(au Nord)*. Le capitaine **James Cook** (1728-1729), grand explorateur, fut apprenti chez un armateur dans cette ville. À noter, pour les amateurs de vampires, que les premiers chapitres de *Dracula* de **Bram Stoker** se déroulent à Whitby.

Controverse sur Pâques

Le calcul de la date de Pâques provoqua bon nombre de querelles au sein de l'Église, du fait qu'il existait beaucoup de traditions qui différaient selon les communautés (juives, romaines, byzantines et alexandrines). Les difficultés survinrent dans les îles Britanniques avec l'arrivée des missionnaires romains qui constatèrent que les églises celtes avaient leur propre système de calcul, lequel suivait celui de saint Jean. Cela menaçait de diviser l'Église d'Angleterre, avec d'un côté, les chrétiens de Northumbrie dirigés par le **roi Oswy** et les évêques saint Colman et saint Chad, optant pour le système celte, et de l'autre, les chrétiens du Sud, dirigés par saint Wilfrid, préférant le système romain. Les débats prirent fin lors du **synode de Whitby**, lorsque le roi Oswy, convaincu par les arguments de saint Wilfrid, selon lesquels le système romain était fondé sur l'autorité de saint Pierre, décida de suivre le gardien des clés du Paradis.

★ **Abbey** ⊘ – Fondé en 657 par **sainte Hilda**, abbesse de Hartlepool, ce monastère mixte aurait été construit sur le site d'un poste de guet romain, sur une portion de terre concédée par Oswy, roi de Northumbrie. La plupart des faits connus de la vie de Hilda proviennent des écrits de **Bède le Vénérable**. Cette femme pieuse de noble origine, pionnière dans la conversion anglo-saxonne au christianisme, établit sa communauté sous la règle de saint Benoît. C'est dans cette abbaye que se déroula le **synode de Whitby** (en 664), moment décisif de l'histoire de l'Église anglaise, à l'issue duquel la méthode romaine de la datation de Pâques fut adoptée, l'emportant sur la méthode celte. Sous la direction d'Hilda, l'abbaye devint aussi un centre d'érudition. Parmi les tout premiers évêques, plusieurs furent instruits à Whitby. C'est là aussi que le poète **Caedmon**, qui travaillait sur les terres de l'abbaye, « chanta la création du monde » ; d'après Bède, il fut le premier poète connu à chanter en langue vernaculaire.

En 867, l'abbaye fut mise à sac par les Danois et les activités monastiques cessèrent durant deux siècles. En 1078, l'un des preux chevaliers de Guillaume le Conquérant, Reinfrid, abandonna l'épée, entra en religion et procéda à une nouvelle fondation. Les vestiges datent de la reconstruction de l'abbaye (1220 et 1320). Le style Early English qui marque aussi d'autres abbayes du Nord (surtout celle de Rievaulx, contemporaine de celle de Whitby) y est remarquable. L'abbaye fut finalement dissoute par Henri VIII, une des dernières grandes maisons abbatiales à l'être, en 1539.

Aujourd'hui, de ce qui fut jadis une grande abbaye, il ne reste que le chevet avec ses fenêtres en ogive de style gothique primitif, le grand chœur à bas-côtés de style Early English, le croisillon gauche et le mur gauche de la nef, comportant une porte et des fenêtres de style Decorated du 14e s., et une partie de la façade principale, jadis présidée par une vaste baie de style Perpendicular. On peut repérer le plan des bâtiments monastiques malgré l'absence presque totale de vestiges (les pierres des édifices médiévaux furent réutilisées dans la construction de l'impressionnante maison abbatiale du 17e s., restaurée et transformée en musée, au Sud-Ouest).

St Mary's Church – Un escalier de 199 marches conduit de la ville à cette église de style roman dans l'ensemble, qui partage les hauteurs de la falaise avec l'abbaye. Les remaniements dont elle fut l'objet sous les Stuarts et à l'époque georgienne ont provoqué un charmant mélange de galeries peintes en blanc, de stalles et de colonnes aussi colorées qu'un sucre d'orge. Mais le plus étonnant demeure la chaire à trois ponts, surmontée d'un abat-voix. Le cimetière de l'église renferme un monument consacré au poète Caedmon.

Captain Cook Memorial Museum ⊘ – *Grape Lane*. Cette maison de la fin du 17e s., où James Cook travailla comme apprenti pour l'armateur John Walker, est désormais un musée qui lui est consacré. La maison, dont les pièces sont meublées dans le style du 18e s., évoque la vie de cette époque. Au cours de la visite, on peut voir des lettres, des documents et divers objets témoignant de la vie de ce grand navigateur et de ses expéditions. La visite se termine dans la mansarde où le jeune apprenti marin aurait pris ses quartiers lorsqu'il était à terre *(exposition spéciale)*.

EXCURSION

★ **Captain Cook Birthplace Museum** ⊘, à **Marton** – *45 km à l'Ouest dans Stewart Park, près de Middlesbrough. Prendre la A 171 jusqu'à Ormesby, tourner à gauche sur la B 1380, puis suivre les indications, ou bien emprunter la route côtière A 174.* Ce musée merveilleusement agencé, a été récemment rénové afin de recevoir les toutes dernières installations interactives. Il se situe proche de l'endroit où se tenait le cottage natal du capitaine Cook et retrace sa jeunesse, sa carrière navale, ses voyages d'études au Canada et en Australie, ainsi que ses trois voyages d'exploration du Pacifique, effectués entre 1768 et 1789.

Un sentier de randonnée dit **Captain Cook Heritage Trail**, *jalonné de petits navires, guidera les admirateurs du capitaine Cook de Middlesbrough à Whitby. L'Office de tourisme local fournit toutes les précisions utiles.*

WICK

Highland – 9713 habitants
Carte Michelin n° 401 K 8 ou Atlas Great Britain p. 74

Wick se situe près de l'embouchure de la rivière du même nom, dérivé d'un terme nordique, *vik*, qui signifie baie. Ville commerçante et prospère, chef-lieu de l'ancien comté du Caithness, elle occupait autrefois le premier rang du pays pour la pêche au hareng et possédait deux ports importants, dont l'un avait été conçu par **Thomas Telford**, puis amélioré par **Stephenson**.

Le Centre du Patrimoine (Wick Heritage Centre) ⊘ rappelle l'histoire de la ville.

EXCURSIONS

★**Duncansby Head** – *31 km au Nord par la A 9.*

John o'Groats – Située à 1 410 km de Land's End, à l'autre extrémité de l'Angleterre, cette commune doit son nom à un Hollandais, Jan de Groot, qui mit en place un service de ferries en direction des îles Orcades au 16ᵉ s. La tour octogonale de l'hôtel rappelle la légende de ce navigateur qui, pour mettre fin aux disputes entre ses sept descendants, fit construire une maison octogonale à huit portes et une table octogonale.

Prendre la petite route vers l'Est.

À l'extrême Nord-Est de l'Écosse continentale, le **cap de Duncansby**★ domine les eaux traîtresses du Firth de Pentland (12 km de large). Le **paysage** est spectaculaire : criques abritées, baies sablonneuses, étroits bras de mer, falaises abruptes et arches rocheuses. Légèrement au large, les **piliers de Duncansby**★★, colonnes rocheuses plantées dans les fonds marins, s'élèvent à 64 m au-dessus de la mer. D'innombrables **oiseaux de mer** se rassemblent sur les rochers.

Monuments préhistoriques du Caithness – *29 km au Sud par la A 9.*

★**Hill o'Many Stanes** – Ces 22 rangs de pierres disposés en éventail furent mis en place à l'âge du bronze. Cette disposition n'est probablement pas sans rapport avec l'astronomie. De pareils plans existent dans d'autres lieux du Nord de l'Écosse.

Continuer sur la A 9, puis tourner à droite à West Clyth et prendre la route secondaire.

★**Grey Cairns of Camster** – L'ensemble date de l'époque néolithique (4 000-1 800 avant J.-C.). Le **grand cairn**★★ (60 m de long sur 10 m de large) comporte deux autres cairns plus anciens, en forme de ruche. Malheureusement, on ne peut y pénétrer qu'à quatre pattes, tout comme dans le **cairn rond**, plus petit, et l'accès aux chambres intérieures est ainsi réservé aux plus agiles...

Île de WIGHT★★

124 577 habitants
Carte Michelin n° 404 P, Q 31 et 32 ou Atlas Great Britain p. 9 et 10
Accès : voir le Guide Rouge Great Britain & Ireland

Île de 380 km², Wight devint une destination de villégiature après que la reine Victoria eut choisi Osborne pour résidence de campagne. La douceur du climat, l'ensoleillement, la variété des paysages attirent les visiteurs. La côte Est offre de belles plages de sable très fréquentées des stations balnéaires de **Sandown**, **Shanklin**, plus élégante, et **Ventnor**, dont le **jardin botanique** s'accroche à la paroi ensoleillée de l'Undercliff. La partie occidentale de l'île, plus calme, se compose d'un moutonnement de collines calcaires qui s'étendent de l'Est de la falaise de Culver jusqu'aux Needles. **Cowes**, principal centre de voile d'Angleterre, voit se dérouler de célèbres régates en août. À **Yarmouth**, joli port, célèbre parmi les plaisanciers sur la côte Ouest, à l'embouchure de la Yar, le **château** ⊘ d'Henri VIII regarde la mer sur deux côtés.

Un **sentier côtier** long de 105 km fait le tour de l'île et offre une vue spectaculaire sur les collines, les falaises et la mer.

Alum Bay – Particularité géologique remarquable, la baie la plus occidentale de l'île, d'où l'on extrayait l'alun, présente des falaises de grès colorées de plus de vingt nuances minérales. Une promenade en bateau jusqu'aux **Needles**, aiguilles à une trentaine de mètres au large, offre par un après-midi ensoleillé une belle vue sur ces falaises très colorées contrastant avec celles de craie qui les enserrent.

Tennyson Down était l'une des promenades favorites du poète **Alfred Tennyson** (1809-1892) durant les années qu'il passa à Farringford ; une croix de granit (haute de 12 m) a été élevée à sa mémoire.

Arreton – Dans le village, un joli **manoir** ⊘ en pierre date de 1639. Les lambris du vestibule et de la salle de réception sont les éléments les plus notables de la décoration d'époque. L'**église St George**, en partie de style roman et Early English, accueille un musée de la radio.

Régates de Cowes (Admiral's Cup)

★**Brading** – Au Sud-Ouest du village, les vestiges d'une **villa romaine**★ du 3e s. permettent d'admirer des mosaïques du 4e s., en bon état, représentant des figures de la mythologie classique. L'**église St Mary**★, construite vers 1200, est surmontée à l'Ouest d'un clocher de la fin du 13e s. Dans la chapelle Oglander se trouvent d'impressionnants tombeaux de cette famille, notamment celui du mémorialiste sir John Oglander (mort en 1655), dont le gisant adopte la tenue des preux. À côté de l'église, une maison à colombage (vers 1500) renferme un **musée de cire** (Wax Works) ⊘. C'est en 1607 que sir John Oglander acheta **Nunwell House**★ ⊘ *(2 km à l'Ouest)*, où Charles Ier a vraisemblablement passé sa dernière nuit de liberté.

★★**Carisbrooke Castle** ⊘ – En 1100, Richard de Redvers édifia, sur l'emplacement d'une forteresse romaine, un donjon et des remparts. Carisbrooke fut le siège de la famille jusqu'à la mort de l'ambitieuse comtesse Isabella, en 1293. Édouard Ier acheta alors le château et y installa les gouverneurs de la Couronne. La princesse Beatrice, fille de la reine Victoria, fut le dernier gouverneur à y résider : elle y mourut en 1944. Le château résista à une attaque française au 14e s., mais fut de nouveau fortifié pour parer une éventuelle invasion espagnole à la fin du 16e s. Durant l'emprisonnement du roi Charles Ier (de 1647 à 1648), avant son procès à Londres, le **jeu de boules** fut aménagé pour son bon plaisir. On prétend qu'il se promenait chaque jour autour des **remparts**. Il fit deux tentatives d'évasion par les fenêtres du château.
Les visiteurs franchissent d'abord le **portail** d'époque élisabéthaine (1598), puis traversent un pont pour parvenir à l'imposant **corps de garde** (14e s.) doté de deux tours semi-circulaires identiques. Les remparts d'époque normande entourent la motte féodale, le donjon, de plan rectangulaire renforcé par des contreforts plats – offrant une **vue**★ magnifique sur les environs –, la chapelle consacrée à saint Nicolas reconstruite en 1904, une série d'appartements privés autour de la **grande salle** (12e s.), qui accueille un musée consacré à l'histoire de l'île. Une exposition interactive sur la vie au château se tient dans Old Coach House. Le nouveau Donkey Centre héberge les fameux ânes de Carisbrooke, qui, dans la **maison du puits**, font régulièrement des démonstrations du « manège » (1587) permettant de puiser l'eau à 49 m de profondeur.

Godshill – Ce village très visité est dominé par son **église** ⊘ (14e-15e s.), dédiée à tous les saints et célèbre pour sa **fresque de la Croix de lys** (milieu du 15e s.), montrant le Christ crucifié sur un lys à trois branches *(bras droit du transept)*. Remarquez aussi le beau monument du début du 16e s. à la mémoire de sir John Leigh et le plan à double vaisseau.

★★**Osborne House** ⊘ – Idéalement située, car bénéficiant de beaux panoramas qui évoquaient Naples au prince Albert, cette immense villa à l'italienne flanquée d'un campanile haut de six étages et agrémentée de jardins en terrasses (achevés en 1851), fut créée par Thomas Cubitt en collaboration avec le prince. La reine

Victoria décrivait Osborne comme « un endroit intime, calme et retiré ». C'était sa résidence favorite et elle y passait les vacances familiales avec ses enfants, ses petits-enfants et ses arrière-petits-enfants.

Après la mort du prince Albert en 1861, Victoria passa une grande partie de ses quarante années de veuvage à Osborne, où elle mourut en 1901. Sur sa demande, la maison est restée telle qu'elle était à la mort du prince Albert. Elle illustre à merveille la vie familiale royale, des salles d'apparat très richement meublées au **salon de la Reine**, à l'atmosphère plus intime, où la reine Victoria et son mari travaillaient côte à côte sur des **bureaux jumeaux** (celui de la reine étant légèrement plus petit). Des photographies de famille et un arbre généalogique révèlent l'importante ramification de descendants, dont beaucoup ont animé la **nursery** royale qui se trouvait au-dessus des appartements de Victoria et d'Albert. Après la mort du prince, la seule modification architecturale notable fut l'adjonction de l'**aile Durbar**, construite en 1890 ; sa pièce principale, insolite, conçue par Bhai Ram Singh et John Lockwood Kipling, le père de l'écrivain Rudyard Kipling, célèbre Victoria, impératrice des Indes. Une promenade en calèche à travers les **jardins** conduit les visiteurs au **chalet suisse**, importé de Suisse et érigé en 1853, où les enfants royaux apprenaient à cuisiner. Leurs collections d'histoire naturelle sont présentées dans un chalet-**musée**, situé près du **fort** miniature, avec la cabine de bains de la reine et une ravissante collection de brouettes miniatures, chacune aux initiales de son royal propriétaire.

Sandown – La petite collection du **musée de Géologie** (Museum of Isle of Wight Geology) ⊘ présente des traces de dinosaures et d'immenses ammonites retrouvées dans Lower Greensand, non loin de Whale Chine. Pour le nouveau millénaire, le projet d'un musée des Dinosaures, doté des toutes dernières techniques multimédia, est en cours.

Fossiles et dinosaures

Plusieurs importantes découvertes concernant les dinosaures ont été faites sur l'île de Wight, dont le carnivore **Neovenator**, proche parent de l'allosaurus du continent américain (qui était voici 115 millions d'années bien plus près de l'Angleterre). Les éboulements des falaises ont révélé des squelettes fossilisés d'espèces inconnues. Les visiteurs peuvent admirer les paléontologues travaillant sur le squelette d'un brachiosaure dans **Dinosaur Farm Museum** ⊘ *(sur la A 3055 qui longe la côte, non loin de Brighstone)*. Beaucoup d'autres découvertes y sont aussi exposées.

Shorwell – L'élément remarquable de ce paisible village au pied des collines est son **église St Peter★**, de style Perpendicular, à l'exception du portail Sud (début du 13ᵉ s.) et de la chapelle (fin du 12ᵉ s.) située immédiatement au Nord et abritant les **tombeaux** de famille des Leigh de Northcourt. Au-dessus de l'entrée, une vaste **peinture murale★** (vers 1440) représente saint Christophe marchant sur l'eau. Voir aussi une bible de Cranmer (1541), un couvercle de bénitier de l'époque Jacques Iᵉʳ, la chaire dotée d'un sablier et d'un panneau peint de l'école hollandaise.

Quarr Abbey – En 1907, les moines bénédictins de Solesmes (Sarthe) achetèrent le manoir victorien de Quarr. Un membre de leur communauté, Dom Paul Bellot, diplômé de l'École des beaux-arts de Paris, dessina les plans de l'abbatiale, qui fut construite en 1911-1912. Ce chef-d'œuvre de construction en brique est le bâtiment moderne le plus impressionnant de l'île. À l'extrémité Est de l'**abbatiale** ⊘ s'élève une solide tour carrée ; la haute tour Sud cylindrique jaillit d'un énorme mur. On pénètre à l'extrémité Ouest par une immense arche de brique surmontée d'un gable en plomb très pentu. La nef, courte et basse, dépourvue de transept, ouvre sur un grand chœur élevé. Un flot de lumière jaune s'y déverse, tombant des grandes fenêtres à travers les superbes arcades internes de la tour Est.

WINCHESTER★★

Hampshire – 36 121 habitants
Carte Michelin n° 404 P, Q 30 ou Atlas Great Britain p. 9
Plan dans le Guide Rouge Great Britain & Ireland

Cette ancienne ville épiscopale fut la capitale du **Wessex** et de l'Angleterre du début du 9ᵉ s. jusque vers 1166. La région fut très tôt habitée (si l'on en juge notamment par la présence du fort datant de l'âge du fer au sommet de St Catherine's Hill), mais il faut attendre l'invasion romaine en 43 après J.-C. pour que la ville, baptisée **Venta Belgarum**, soit véritablement fondée. Après le départ des Romains, elle connut une période de déclin, jusqu'à ce que le roi saxon Cenwall de Wessex y construisît une église (648) et y créât un évêché en 662. À partir de 878, **Alfred le Grand** consolida les défenses du Wessex contre les attaques danoises en édifiant une série de places fortes, dont Winchester fut la plus grande.

Au temps de la conquête normande, la ville était déjà si importante que **Guillaume Iᵉʳ**, qui fut couronné à Londres, le fut aussi à Winchester. Il fit construire un château dans l'angle Sud-Ouest des murs de la ville et y établit une nouvelle cathédrale en 1070.

À partir du 12ᵉ s., Winchester perdit la faveur des monarques qui installèrent leur résidence à Londres. Pendant la guerre civile, le château normand fut en grande partie détruit, la cathédrale endommagée et la ville pillée par les troupes du Parlement. Winchester se rétablit après la Restauration et, en 1682, Charles II demanda à Wren de dresser les plans d'un grand palais, dont la construction ne fut jamais achevée, interrompue par la mort du monarque en 1685.

★★★ CATHÉDRALE ⊘ 2 h

La cathédrale, entourée de pelouses, se trouve à l'emplacement de l'ancienne cathédrale saxonne du 7ᵉ s., dont les fondations furent découvertes vers 1960. L'un des premiers évêques de Winchester, **saint Swithun**, fut inhumé dans le flanc Ouest de l'édifice saxon en 862. Le jour où sa tombe fut transférée dans la nouvelle église, en 1093, bien qu'il eût expressément formulé le vœu d'être enterré à l'extérieur, des pluies torrentielles survinrent. Depuis, la légende veut que s'il pleut le jour de la St-Swithun (15 juillet), il pleuvra 40 jours d'affilée.

William Walkelyn, nommé évêque par Guillaume Iᵉʳ, entreprit la construction de la nouvelle cathédrale en 1079. En 1202, l'aile Est était achevée ; au début du 14ᵉ s., le chœur roman fut refait dans le style Perpendicular ; la reconstruction de la nef et de la façade principale eut lieu de 1346 à 1404. Après de nouvelles modifications de la nef, de la chapelle de la Vierge et du chœur, de 1486 à 1528, la cathédrale gothique la plus longue d'Europe (169 m) prit sa forme définitive.

Lorsque, en 1652, le Parlement ordonna la destruction de la cathédrale (mise à sac pendant la guerre civile), seule une pétition des habitants de Winchester permit de l'éviter. Au début du 20ᵉ s., le flanc Est, bâti sur un sol meuble et prenant appui sur un soubassement en bois de hêtre du 13ᵉ s., commença à s'affaisser, entraînant l'apparition de fissures dans les murs et l'effondrement du toit ; la cathédrale fut sauvée par William Walker, qui travailla seul, de 1906 à 1912, à remplacer par du ciment le bois pourri.

Extérieur – Construit en grande partie en pierre de l'île de Wight, l'extérieur de la cathédrale, avec sa tour trapue de style roman, est remarquable, même s'il présente moins d'intérêt que l'intérieur.

Intérieur – La **nef**, constituée de douze travées, est le trait le plus marquant de la cathédrale. Du temps de l'évêque **William de Wykeham** (1324-1404), les piliers romans furent renforcés pour soutenir d'gracieux arcs de style Perpendicular, surmontés d'un triforium éclairé par de hautes baies à claire-voie, qui s'élèvent jusqu'à la **voûte de liernes de pierre** aux nombreuses clés de voûte. Dans le bas-côté Sud, l'oratoire de l'évêque Edington (mort en 1366) contraste, par sa simplicité, avec celui de William de Wykeham.

Les magnifiques **fonts baptismaux** *(bas-côté Nord)* du 12ᵉ s. sont en marbre noir de Tournai. À proximité se trouvent la tombe de la romancière **Jane Austen** (1775-1817), toute simple, sans aucune mention de ses succès littéraires, ainsi qu'une verrière 1900 aux ornements de cuivre, dédiée à sa mémoire. La **baie de la façade principale** (sublime lorsqu'elle capte les rayons du soleil l'après-midi) est composée de vitraux jadis brisés par les soldats de Cromwell. Dans le **transept**, les arcades formées par les arcs en plein cintre et surmontés par des tribunes aux arcs doublés, elles-mêmes situées sous les arcs irréguliers des fenêtres hautes, forment l'unique partie originale remontant à l'église romane. De très belles fresques du 13ᵉ s. se trouvent dans la **chapelle du Saint-Sépulcre** *(bras gauche du transept)*. Dans le **chœur**, les **stalles** à baldaquin datent de 1308 et comportent une remarquable série de miséricordes, ornées de plus de 500 visages souriants. En 1100, l'enterrement du « cœur impie » du roi Guillaume II le Roux provoqua une vive controverse. Au-dessus du maître-autel se trouve le **retable de pierre** du début du 16ᵉ s., orné de trois rangs de statues (restaurées au 19ᵉ s.) représentant le Christ crucifié, les saints, les rois anglais, les évêques de Winchester, etc. La **voûte** de bois, de style Tudor primitif, porte d'extraordinaires clés de voûte. L'**arrière-chœur** du début du 13ᵉ s., qui a remplacé l'abside romane, est un chef-d'œuvre d'architecture du gothique Early English. Les chapelles et les oratoires sont consacrés aux évêques de Winchester des 15ᵉ et 16ᵉ s. La chapelle de la Vierge, également du début du 13ᵉ s., fut agrandie sous le règne d'Henri VII par l'adjonction d'immenses baies à sept jours, de boiseries Tudor et de **fresques** représentant les miracles de la Vierge. La **Bible de Winchester**, magnifiquement enluminée par les moines du prieuré au 12ᵉ s., représente le joyau d'une riche collection de livres et manuscrits se trouvant dans la bibliothèque *(accès par le bras droit du transept)*.

Enclos (close) de la cathédrale – Parmi les quelques bâtiments monastiques qui restent, au Sud de la cathédrale, on trouve le **doyenné**, ancienne résidence du prieur, avec son porche à trois voûtes et son hall du 15ᵉ s. La **salle des pèlerins** (Pilgrims' Hall), possède, dit-on, le plus vieux **plafond en carène renversée** connu. Juste à côté de l'imposante **porte St Swithun**, on trouve **Cheyney Court**, avec son colombage du 15ᵉ s., et les écuries du début du 16ᵉ s., également à colombage, qui font aujourd'hui partie de Pilgrims' School.

AUTRES CURIOSITÉS

★**College** ⊙ – Le collège universitaire fut fondé en 1382 par l'évêque William de Wykeham pour recevoir 70 élèves sans ressources, 16 choristes et 10 « roturiers » (ils sont aujourd'hui 500) issus de familles aisées, avant qu'ils n'entrent à New College, à Oxford, déjà fondé par Wykeham en 1379. Encore de nos jours, ces élèves sont connus sous le nom de « Wykehamistes ».

On entre dans l'école par la porte dite extérieure (14e s.) donnant sur College Street. Par la porte médiane, on arrive sur Chamber Court, centre de la vie de l'école, encadré par les bâtiments originaux construits par Wykeham à la fin du 14e s. Le **réfectoire**, au premier étage de l'aile Sud, possède de beaux lambris de bois où sont exposés des portraits d'anciens élèves, ainsi que celui du fondateur datant du 16e s. La **chapelle** avec sa haute tour à pinacle du 15e s. fut largement restaurée au 19e siècle., mais a conservé sa **voûte en bois** médiévale – l'une des premières tentatives de construction de voûte en éventail en Angleterre – et ses **stalles** d'origine (14e s.) dotées de belles miséricordes. Au centre du cloître Wykeham (14e s.) se dresse l'**oratoire de Fromond**, construit au début du 15e s., exemple unique en Angleterre de chapelle édifiée à ce type d'emplacement. L'**école** en pierre et brique rouge *(à l'Ouest du cloître)* fut construite entre 1683 et 1687 pour faire face à l'afflux de « roturiers ». Le **cloître de la Guerre**, simple et paisible, dessiné par Herbert Baker et construit en 1924, est dédié à la mémoire des « Wykehamistes » disparus au cours des deux guerres mondiales.

★**Castle Great Hall** ⊙ – La **grande salle** est le seul vestige du château, construit au temps des Normands et délaissé sur l'ordre du Parlement pendant la guerre civile. La salle (34 x 17 x 17 m), réalisée en 1222-1236, est un splendide exemple de salle médiévale, avec sa charpente en bois soutenue par des colonnes de marbre de Purbeck. Exposée du côté du mur occidental, l'on peut admirer la **Table Ronde** (5 m de diamètre) en chêne, mentionnée dans les archives du 14e s. Elle est décorée de peintures représentant, au centre, la rose des Tudors et, tout autour, le roi Arthur et la liste de ses chevaliers.

High Street – À l'extrémité Est *(The Broadway)* trône une statue de bronze, érigée en l'honneur d'Alfred le Grand en 1901. Parmi les bâtiments qui bordent cette rue piétonne, on peut mentionner le **Guildhall**, ancien palais des corporations, qui fut édifié en 1713. C'est aujourd'hui une banque en face de laquelle se trouve **God Begot House**★, maison à colombage, datant de 1558. Remarquez aussi la **croix du Beurre** (15e s.), en pierre sculptée, autour de laquelle se tenaient les marchés.

★★**St Cross Hospital** ⊙ – *2 km au Sud. Agréable promenade à travers champs.* La plus vieille fondation charitable d'Angleterre fut créée par l'évêque Henri de Blois en 1136. La **chapelle** en forme de croix latine, construite entre 1160 environ et la fin du 13e s., est un bel exemple d'architecture de transition du roman au gothique ; les arcs et la voûte du chœur regorgent d'ornements à zigzags. Dans la **chapelle de la Vierge**, on trouve un **triptyque flamand** de 1530 environ. La **salle des Frères** (Brethren's Hall) possède une tribune des musiciens et un impressionnant plafond de bois, doté d'une claire-voie de la fin du 15e s. Une rangée de **cottages** à deux étages du 15e s. borde le côté Ouest de l'enclos.

EXCURSIONS

Mid-Hants Watercress Line ⊙, à Alresford – *13 km au Nord-Est par la A 31 et par la B 3046.* Ce sont les lits de cresson *(watercress)*, que l'on peut toujours apercevoir autour de cette charmante petite ville georgienne, qui ont donné leur nom aux puissantes locomotives à vapeur effectuant un parcours de 16 km par-delà les « Alpes », gravissant des pentes abruptes, jusqu'au bourg de Alton.

Maison de Jane Austen ⊙, à Chawton – *29 km au Nord-Est par la A 31 et la B 3006.* Pendant huit ans, Jane partagea la paisible maison de brique rouge avec sa mère et sa sœur Cassandra. Ce furent les années les plus productives et les plus heureuses de sa création littéraire. La petite table sur laquelle elle écrivit et corrigea ses romans se trouve dans le petit salon-salle à manger, avec sa porte grinçante qui préservait son intimité, l'avertissant d'une visite importune. Des premières éditions sont présentées avec des lettres, des portraits de famille et des travaux d'aiguille.

Maison de Gilbert White ⊙, à Selbourne – *36 km au Nord-Est par les A 31 et B 3006.* Le révérend Gilbert White (1720-1793) fut un célèbre naturaliste. Toute sa vie, il vécut dans sa propriété, The Wakes, dont le long jardin descend jusqu'au pied de Selbourne Hill. C'est dans cette maison qu'il fit ses observations écologiques, publiées plus tard sous le titre *L'Histoire naturelle de Selborne.* La demeure renferme le manuscrit original qui est écrit sous la forme d'une succession de lettres à deux amis, et abrite également le **musée Oates**, consacré au capitaine Lawrence Oates, membre de l'expédition écossaise au pôle Sud.

Marwell Zoological Park ⊙, près de **Lower Upham** – *10 km au Sud-Ouest par la B 2177.* Le parc du 16e s. du manoir de Marwell renferme de nombreuses espèces d'animaux et d'oiseaux (grands fauves, primates, girafes et rhinocéros). L'accent est mis sur la protection des espèces menacées. On peut visiter le monde du pingouin et le monde du maki, les toutes dernières attractions du parc zoologique.

WINDSOR★

Berkshire – 30 136 habitants (Eton compris)
Carte Michelin n° 404 S 29 ou Atlas Great Britain p. 19 – Schéma : THAMES Valley
Plan dans le Guide Rouge Great Britain & Ireland

Windsor est spontanément associé à son **château** *(voir Windsor Castle)*, résidence des monarques anglais depuis plus de neuf siècles. La vieille ville s'étend de part et d'autre du château. La rue principale, **Thames Street**, coupée par la route descendant du château, se poursuit par High Street et Sheet Street. Le réseau de vieilles **rues pavées** délimité par High Street, Castle Hill, Church Lane, Church Street et Albans Street recèle plusieurs jolies maisons à colombage des 16e et 18e s.
On remarquera dans la petite High Street l'**église** paroissiale St John, reconstruite en 1822, et le **palais des corporations**, commencé par Thomas Fitch vers 1637 et achevé par Christopher Wren en 1690. À l'étage, soutenus par des colonnes, des niches abritent les statues de la reine Anne et de son époux, le prince Georges de Danemark.

ENVIRONS

★★**Eton College** – Sans doute la plus connue de toutes les écoles britanniques, le collège d'Eton fut fondé en 1440 par le jeune Henri VI. Il comprenait alors une église, un hospice pour les pauvres et une communauté de prêtres séculiers dispensant un enseignement gratuit à 70 choristes et boursiers. L'année suivante, Henri VI fonda le collège royal de Cambridge, où les élèves pouvaient poursuivre leurs études. Le système s'inspirait de celui mis en place par Guillaume de Wykeham à Winchester *(voir ce nom)* 50 ans auparavant. L'école s'ouvrit ensuite aux élèves non boursiers et devint très populaire parmi la noblesse qui y envoya ses fils.

Visite ⊘ – La **cour intérieure** de l'école, centre de la vie du collège, est dominée à l'Est par la **tour de l'Horloge** (16e s.), en brique rouge. Au Nord se trouve l'**école basse**, bâtiment de brique du 15e s. construit à l'initiative de Henri VI pour accueillir les boursiers. L'**école haute**, sur le côté Ouest, fut ajoutée au 17e s. en raison du nombre croissant d'élèves. Au centre de la cour se dresse une statue de bronze de 1719 représentant le fondateur.
La **chapelle du collège**★★, érigée entre 1449 et 1482, est l'un des plus beaux exemples de style Perpendicular en Angleterre, même si la voûte en éventail fut totalement refaite en 1957. Les **fresques**★ qui évoquent les miracles de la Vierge (côté Nord) et les aventures d'une impératrice mythique (côté Sud) furent réalisées entre 1479 et 1488 ; révélées en 1923, restaurées de 1961 à 1975, on peut aujourd'hui les considérer comme les plus belles fresques anglaises du 15e s. Les vitraux sont dus à Elvie Holme *(baie Est)* et à John Piper. L'on peut aussi apprécier le retable et sa prédelle, ouvrage de tapisserie réalisé par William Morris d'après des cartons de Burne-Jones. Le **cloître** de brique date de l'époque de Henri VI, bien que le deuxième étage des côtés Nord et Est, ainsi que la bibliothèque du collège, au Sud, soient du 18e s. Au-dessous se trouve le réfectoire (15e s.). La crypte abrite un musée, le **Museum of Eton Life**.

Legoland Windsor ⊘ – *3 km au Sud-Ouest par la M 4 et la B 3022.* Des millions de briques de Lego ont été employées pour réaliser les imposants modèles réduits disséminés dans ce parc de 60 ha dominant le château de Windsor. Maquettes en mouvement et villes européennes en miniature illustrent l'habileté des constructeurs professionnels de Lego. Les enfants visiteront le Centre de l'imagination où de multiples attractions sont prévues pour petits et grands.

WINDSOR Castle★★★

Château de WINDSOR – Berkshire
Carte Michelin n° 404 S 29 ou Atlas Great Britain p. 19 – Schéma : THAMES Valley

Le plus grand château de toute l'Angleterre est aussi la plus grande forteresse habitée du monde. Agrandi, rebâti par les souverains successifs, le château de Windsor fut la résidence royale favorite par excellence depuis son origine, vers 1080, lorsque **Guillaume le Conquérant** fit ériger une motte féodale et une cour intérieure sur le site. Vers 1110, elle devint une résidence royale où Henri Ier eut sa première cour. Henri II fit construire les premiers bâtiments en pierre entre 1165 et 1179 et créa une rangée d'appartements dans la cour d'Honneur (à l'Est de la Tour Ronde) et une autre dans la basse cour. Devant la rébellion de ses fils, il modernisa les défenses et fit ériger les premiers remparts en pierre qui remplacèrent les murs de terre, et la tour de bois céda la place à une tour en pierre. Durant le règne de Henri III (1216-1272), ce travail fut pratiquement achevé. Édouard III (1327-1377) reconstruisit les appartements royaux pour son tout nouvel ordre de la Jarretière. Sous le règne de Charles II, les appartements d'apparat furent reconstruits dans le cadre d'un ambitieux projet qui comprenait la reconstruction de la salle St George et la chapelle. L'architecte Hugh May décora alors les intérieurs de façon qu'ils conviennent à un roi et isola les pièces avec des boiseries de chêne décorées de sculptures réalisées par Grinling Gibbons. Néanmoins, les principales modifications furent réalisées au début du 19e s. lorsque George IV chargea Jeffrey Wyattville, son architecte, de construire des murs à mâchicoulis et plusieurs tours, dont l'imposante Tour Ronde qui donne au château sa célèbre silhouette, et de rema-

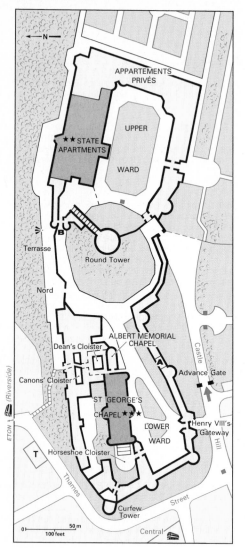

nier les appartements d'apparat auxquels il fit ajouter la salle Waterloo. Cette partie du château subit de lourds dommages lors d'un incendie qui éclata en 1992. Sous le règne de Victoria, une chapelle privée fut érigée en mémoire du prince Albert qui mourut au château le 14 décembre 1861. C'est le seul remaniement architectural de cette époque. La reine Mary, épouse de George V, fit restaurer le château à la fin du 19ᵉ s., qui devint ensuite la résidence des princesses Elizabeth et Margaret durant la Seconde Guerre mondiale. Depuis, il est resté la résidence principale de la famille royale, qui s'y installe au mois d'avril et pour la semaine d'Ascot en juin, qui coïncide avec les cérémonies annuelles de l'ordre de la Jarretière *(voir p. 51)*.

L'accès au château se fait par la **porte Henri VIII** (Henry VIII's Gateway – 1511), qui porte les armes du roi, la rose des Tudors et la grenade de Catherine d'Aragon.

L'impressionnant **donjon** (dit Tour Ronde – Round Tower – bien qu'il soit en fait ovale), qui doit sa hauteur actuelle aux travaux de Wyatville au 19ᵉ s., se dresse à l'emplacement même de la première forteresse de Guillaume Iᵉʳ. Il accueille les archives royales *(ne se visite pas)*. À gauche de la tour, un passage conduit à la **terrasse Nord**, réalisée vers 1570. Elle offre une **vue**★★ sur le collège d'Eton, et, vers l'Est, sur Londres. Entre le mur extérieur et la butte de la tour, la **porte Normande** (Norman Gateway – **B**), avec ses tours jumelées et sa herse toujours en place, fut ouverte par Édouard III en 1359.

À droite de la porte Henri VIII, des **logements** (Military Knight's Lodgings – **A**) sont réservés aux officiers en retraite, qui portent l'uniforme écarlate datant de Guillaume IV. En face, à gauche, une arcade donne accès au **cloître en fer à cheval** (Horseshoe Cloister) construit en brique et en bois par Édouard IV pour le bas clergé, et qui conserve un grand charme malgré sa restauration peu délicate du 19ᵉ s. Derrière, la **tour du Couvre-Feu** (Curfew Tower) fut construite par Henri III, et son toit en poivrière fut ajouté au 19ᵉ s.

L'incendie du 20 novembre 1992

Un incendie éclata dans la chapelle privée de la reine à l'angle Nord-Est de la cour d'honneur. Un projecteur placé en haut de l'autel aurait enflammé un rideau. Les dégâts furent importants, le plafond de bois de la salle St George et la grande salle de réception furent détruits. Les travaux de restauration s'achevèrent en novembre 1997, avec six mois d'avance sur les délais prévus, afin de coïncider avec les noces d'or de la reine. Ce fut le plus grand projet de ce genre durant ce 20ᵉ s. Le coût des travaux s'éleva à 37 millions de Livres et les meilleurs artisans du pays y participèrent.

VISITE ⏱

★★Appartements d'apparat (State Apartments) *1 h 1/2*

Seule l'aile Nord se visite, les parties Est et Sud formant les appartements privés de la reine. À partir de la terrasse Nord, la visite commence par le **grand escalier**, construit pour la reine Victoria en 1866. Sous la statue grandeur nature de George IV, des armes et des armures sont exposées dont celles de Henri VIII. Cet escalier conduit au **grand vestibule** (trophées, armes et armures), dont l'éclairage et la voûte en éventail, conçue par James Wyatt, contrastant avec la pesanteur de l'escalier. La statue de marbre de la reine Victoria assise date de 1871.

Les salles publiques (Public Rooms) – Ces salles donnent un exemple du travail effectué pour George IV par Wyatville (le neveu de Wyatt) de 1820 à 1830. L'architecte eut recours au style gothique pour la décoration des espaces processionnels, et à une forme éclectique du style classique pour les principaux salons de réception. La **salle Waterloo** renferme une série de portraits, peints par Thomas Lawrence, représentant des rois et dirigeants politiques ou militaires ayant contribué à la défaite finale de Napoléon. Cette pièce est maintenant utilisée pour le déjeuner annuel donné par la reine pour les chevaliers de l'ordre de la Jarretière, les bals, les réceptions et les concerts. Les boiseries en bois de tilleul, récupérées dans la chapelle du Roi, ont été réalisées par Grinling Gibbons (vers 1680). C'est dans la **salle du Trône et de la Jarretière** et l'**antichambre du Trône**, où les chevaliers se réunissent, que la reine investit les nouveaux membres avant l'office annuel à la chapelle St George. Ces deux pièces possèdent des lambris et des sculptures de Grinling Gibbons (1648-1721). Le **grand salon de réception** (très endommagé par l'incendie de 1992) a été décoré par Wyatville dans le style français rococo le plus exubérant : tapisseries des Gobelins, plâtres dorés, chandeliers énormes et bustes en bronze. C'est au même artiste que l'on doit la longue et sobre **salle St George** *(restaurée après l'incendie de 1992)*, réalisée à partir de la salle destinée par Édouard III aux chevaliers de l'ordre de la Jarretière et de la chapelle baroque créée par Hugh May pour Charles II. Les 700 armoiries des anciens chevaliers de la Jarretière sont reproduites sur les caissons en plâtre du plafond, réalisés de façon à ressembler au bois.

Le nouveau vestibule, **Lantern Lobby**, de forme octogonale, fut construit après l'incendie à l'emplacement de l'ancienne chapelle privée. L'édifice fut dessiné par Giles Downes ; il comporte une magnifique voûte nervurée de style gothique, entourée d'une galerie.

Le **salon pourpre**, la **salle à manger d'apparat** et la **salle à manger octogonale** sont désormais ouverts au public *(d'octobre à mars)*.

Les appartements de la reine (The Queen's Rooms) – La **salle des gardes** (19ᵉ s.), réorganisée par George IV en musée des hauts faits militaires britanniques, renferme les bustes de Winston Churchill et des ducs de Marlborough et de Wellington. Elle ouvre sur la salle d'attente, dont les murs sont revêtus de boiseries et qui, pour l'essentiel, est restée, comme la **salle d'audience**, en l'état où Charles II l'a connue ; Hugh May les a décorées de plafonds peints par Verrio et de superbes sculptures de Gibbons ; les tapisseries des Gobelins n'y furent tendues qu'à la fin du 18ᵉ s. La cheminée Adam de marbre blanc se trouvant dans la salle d'attente fut apportée du palais de Buckingham par Guillaume IV. Wyatt et son neveu ont choisi ensemble la soie bleue de la **salle de bal de la reine**. L'aîné réaménagea la salle, tandis que Wyatville conçut les plafonds dans l'esprit de ceux du **cabinet de la reine**, pièce à dominante rouge, qui présente certains des premiers verres à vitre en Angleterre. Huit portraits de Van Dyck ornent la salle de bal, le cabinet possédant, pour sa part, divers tableaux dont certains de Holbein.

Les appartements du roi (The King's Rooms) – Autrefois, la reine Victoria donnait des spectacles de théâtre dans le **salon du roi**, qui renferme cinq peintures de Rubens et de ses disciples, un très beau mobilier et de la porcelaine de Chine. La **chambre du roi** subit de nombreux remaniements au cours des siècles. Remarquez le magnifique lit à la polonaise, attribué au Français Georges Jacob, créateur de meubles. Il fut donné à l'occasion de la visite de Napoléon III et de sa femme Eugénie à Windsor en 1855 (leurs initiales sont gravées au pied du lit). De nombreux **chefs-d'œuvre★★**, entre autres de Dürer, Memling, Clouet, Holbein, Rembrandt, Rubens et Van Dyck, ornent les murs tendus de damas rouge du **cabinet de toilette du roi**. Le **petit cabinet de travail du roi** renferme également un très beau mobilier, surtout français, fabriqué avec des bois exotiques sertis de panneaux laqués japonais sur piètement en bronze. La salle à manger a conservé le style de l'époque Charles II (1660-1685) : plafond du peintre italien Antonio Verrio, représentant un banquet des dieux, lambris décorés avec des sculptures de Grinling Gibbons et d'Henry Philips.

Queen Mary's Dolls' House – Réalisée par sir Edwin Lutyens, la maison de poupée fut présentée à la reine Mary en 1924. La fascination que procure cette pièce provient de ce que tout y est scrupuleusement reproduit à l'échelle 1/12 : non seulement les meubles, mais aussi les livres imprimés et reliés en cuir de la bibliothèque, les tableaux, le jardin dessiné par Gertrude Jekyll et même les voitures d'époque dans le garage.

Windsor – La chapelle St George

★★★ St George's Chapel *3/4 h*

Cette chapelle de style Perpendicular fut élevée par Édouard IV pour remplacer la chapelle de Henri III, qui se tenait à l'Est et qu'Édouard III avait agrandie et dédiée au **Très noble Ordre de la Jarretière**. Il fallut plus d'un demi-siècle pour la construire : elle ne fut donc achevée qu'après les chapelles royales d'Eton et du King's College de Cambridge.

Les **« Nobles Animaux »** (Royal Beasts – reconstitutions modernes) qui dominent les arcs-boutants de l'aile Ouest symbolisent la descendance d'Édouard III : les Lancastre côté Sud et les York côté Nord. Dix souverains reposent dans la chapelle, où chaque année, lors de la cérémonie de l'ordre de la Jarretière, la reine et le chevaliers de l'ordre défilent depuis la cour d'honneur.

Nef (Nave) – La nef surprend par sa largeur, mais l'envolée des piliers aux fines colonnes engagées conduit irrésistiblement le regard à la **voûte de liernes** richement sculptée, presque plate, rehaussée de clés de voûte colorées, qui fut achevée en 1528. La fausse boiserie qui sépare les grandes arcades et les fenêtres hautes à claire-voie est coiffée d'anges souriants et couronnés. Les bas-côtés sont remarquables par leurs **voûtes en éventail**. L'impressionnante **verrière Ouest**, de style Perpendicular, représente 75 personnages ; la plupart des vitraux datent du début du 16ᵉ s., les autres du 19ᵉ s.

Chœur (Quire) – Au-delà de la croisée et de sa très belle voûte en éventail, le chœur est surmonté de deux **oriels** : le premier, en pierre, provient de la chapelle d'Édouard IV, on y monte par un petit escalier aménagé dans le mur ; le second, en bois et de style Renaissance, est une galerie prévue par Henri VIII pour Catherine d'Aragon. La **grille en fer forgé** visible en dessous fut réalisée en 1482 par John Tresilian. Les **stalles★★★**, décorées de multiples miséricordes et sculptures, furent exécutées entre 1478 et 1485. Les sièges supérieurs, surmontés d'un dais richement orné, sont réservés aux chevaliers de l'ordre de la Jarretière. Les étendards, armoiries, heaumes, lambrequins et épées marquent la place des chevaliers. Les stalles portent des plaques au nom des chevaliers qui ont appartenu à l'ordre depuis sa fondation en 1348 (environ 700 chevaliers en tout). Le niveau médian est destiné aux chevaliers militaires, aux chanoines qui ne sont pas membres du chapitre, et aux choristes. Les sièges du niveau inférieur sont réservés aux enfants de chœur. Le retable fut reconstruit en 1863 en hommage au prince Albert, tout comme l'ancienne **chapelle de la Vierge**, rénovée et décorée avec de somptueux marbres et peintures murales, le tout enluminé d'or. À voir aussi, dans le bas-côté Sud du chœur, l'**épée de combat** (2 m de long) qui appartenait à Édouard III. Le magnifique **vitrail Est** (9 m de haut sur 8,8 m de large) commémore le prince Albert (les épisodes de sa vie sont représentés sur la partie basse, sous une *Résurrection* et une *Adoration des Rois mages*).

Albert Memorial Chapel – La chapelle d'origine fut embellie par George Gilbert Scott après la mort du prince Albert, le prince consort, et apparaît comme l'expression la plus parfaite du style Revival avec ses mosaïques vénitiennes, ses panneaux de marbre et sa statuaire. Les restes du prince furent ensuite transférés à Frogmore *(voir ci-après)*.

★Parc ⊙

Au milieu du 18ᵉ s., le roi George II chargea son fils Guillaume, duc de Cumberland, d'aménager la vaste forêt de Windsor. 1 942 ha de sous-bois furent nettoyés. Pour assécher les marais, des ruisseaux furent détournés vers des étangs nouvellement creusés, se déversant finalement dans les 53 ha du lac artificiel, le **Virginia Water**. De nos jours, le parc est divisé entre le **petit parc**, qui est privé, et le **grand parc**, dont la plus importante partie est accessible au public. Un des grands attraits de ce lieu est la **longue allée** de 5 km, qui conduit au Sud jusqu'à la statue équestre de George III, dite **Le Cheval de Cuivre**. Charles II avait fait planter des ormes le long de l'avenue en 1685, mais, victimes d'une maladie, ils durent être remplacés en 1945 par des marronniers et des platanes.

Deux anciennes résidences royales se nichent dans le parc : **Royal Lodge**, qui fut le lieu de retraite de George IV, est désormais celui de la reine Élisabeth et de la reine mère ; **Cumberland Lodge**, où résidait Guillaume, duc de Cumberland, lorsqu'il redessinait le parc. Smith's Lawn est une pelouse réservée aux matchs de polo, au-delà de laquelle les **jardins de la Vallée** s'étendent jusqu'au lac, Virginia Water. Les **jardins Savill** ⊙, espace boisé à l'anglaise, furent plantés en 1932 et agrémentés d'une jolie serre en 1995. Au printemps, rhododendrons, azalées, camélias et magnolias offrent un spectacle magnifique, et en été, de nombreuses variétés de lys et de roses resplendissent de couleurs.

Le **mausolée royal**, Frogmore Garden, dans le petit parc, fut élevé en 1862, l'année de la mort du prince Albert. Il fut érigé pour pouvoir enterrer côte à côte la reine Victoria et le prince Albert. L'extérieur est de style roman, surmonté d'un dôme, tandis que l'intérieur, moins austère, traduit la passion du prince consort pour la Renaissance italienne. Frogmore House (1684) est une demeure pourvue d'un mobilier constitué en grande partie de biens accumulés par la reine Mary (meubles en papier mâché noir, fleurs en soie et en cire).

À **Runnymede**, un temple circulaire (1957) commémore la signature de la Grande Charte par le roi Jean en 1215. Tout près s'élèvent un austère mémorial (1965) dédié à John Kennedy et un solennel monument (1953) aux forces aériennes du Commonwealth.

L'Ordre de la Jarretière

C'est l'ordre de chevalerie le plus élevé de la monarchie anglaise, et c'est aussi le plus ancien au monde. Il fut fondé par Édouard III en 1348 tandis que l'Angleterre était engagée dans la guerre de Cent Ans avec la France. Il aurait été inspiré par la légende du roi Arthur (5ᵉ s.) et des chevaliers de la Table ronde.

L'Ordre de la Jarretière ne récompense pas seulement de valeureux militaires, mais honore également ceux dont les conceptions idéalistes et romantiques sont inspirées de la chevalerie chrétienne.

D'après la légende, lors d'un bal commémorant la conquête de Calais en 1347, la jeune et belle Joan de Kent, comtesse de Salisbury, aurait perdu une jarretière. Le roi l'aurait ramassée et la lui aurait rendue en disant en français, dont l'usage était alors de mise : « Honni soit qui mal y pense. » Cette phrase devint la devise de l'Ordre. Les chevaliers de l'Ordre arborent un ruban bleu, en signe d'attachement à des valeurs telles que la loyauté et l'harmonie.

À la création de l'Ordre, Édouard III désigna **25 compagnons chevaliers**, dont l'héritier du trône, le Prince Noir, constituant ainsi sa propre équipe de tournoi. De nos jours, l'Ordre compte toujours 25 chevaliers, dont le prince de Galles, et un représentant de chaque armée (marine, terre et air). Mais depuis les amendements apportés aux lois par le roi George Iᵉʳ, des **chevaliers royaux** peuvent être nommés par le souverain, et le rang de « chevalier étranger » peut être conféré à des monarques ou des régents d'autres nations (pas nécessairement chrétiens, puisque ces distinctions ont été accordées à deux sultans turcs, deux shahs d'Iran et quatre empereurs du Japon).

WORCESTER ★

Hereford and Worcester — 82 661 habitants
Carte Michelin n° 404 N 27 ou Atlas Great Britain p. 27
Plan dans le Guide Rouge Great Britain and Ireland

> Les chœurs des cathédrales de Hereford, Gloucester et Worcester se sont associés pour présenter un programme de concerts connu sous le nom de **Festival des Trois Chœurs** (Three Choirs Festival).

Une grande cathédrale de grès rouge dominant la boucle de la Severn, des maisons à colombage et des demeures georgiennes, sa porcelaine et enfin sa sauce font de Worcester une des plus anglaises des villes anglaises.

CENTRE-VILLE *3 h*

Guildhall – *High Street*. Cet hôtel de ville de brique rouge et de pierre de taille fut achevé en 1724 par la mise en place, dans des niches, des statues de Charles Ier, de Charles II et de la reine Anne, et sur le parapet d'allégories du Travail, de la Paix, de la Justice, de l'Abondance et du Châtiment. À l'intérieur, on admirera la splendide **salle des fêtes** (Assembly Room) ⊘, dont le plafond à l'italienne offre un très beau contraste avec le classicisme dépouillé de la pièce.
Suivre Pump Street, puis tourner à droite dans Friar Street.

Friar Street – Rue bordée de maisons à colombage dont la plus impressionnante, **Greyfriars** ⊘ (environ 1480), possède un ravissant jardin et un intérieur tendu de tapisseries et de broderies.
Prendre à droite College Street, et pénétrer dans la cathédrale par le porche Nord.

★★ **Cathedral** ⊘ – Une ancienne église fut reconstruite à la fin du 11e s. par Wulstan (évêque saxon de Worcester qui dut sa fortune à ses nouveaux maîtres normands et fut par la suite canonisé). Sa superbe **crypte** a survécu, bien que la plus grande partie de la cathédrale, et notamment la tour, ait été reconstruite au 14e s. Le **chœur** est un exemple remarquable du style Early English. On y trouve de nombreux monuments funéraires : notez dans le chœur le **tombeau du roi Jean**, dans la nef le **tombeau Beauchamp** du 14e s., l'effigie d'albâtre (environ 1470) de la Vierge et de l'Enfant dans le bras droit du second transept. La **chapelle funéraire du prince Arthur**, aux réseaux délicats, est une œuvre de style gothique Perpendicular tardif.
Le **cloître**, reconstruit en 1374, possède de merveilleuses clés de voûte médiévales. Le passage situé à l'Est mène à la **salle capitulaire** (environ 1150), superbe exemple de voûte à colonne centrale. La **tour d'Edgar**, jadis entrée principale du monastère médiéval et fortifiée pour se défendre des émeutes anticléricales, se trouve aujourd'hui dans l'enclos paisible de la cathédrale.
Prendre immédiatement à droite Severn Street.

★ **Royal Worcester Porcelain Works** ⊘ – Fondée en 1751, la **manufacture royale de porcelaine de Worcester** doit son succès à l'utilisation de stéatite de Cornouailles pour imiter la porcelaine chinoise, ainsi qu'à sa faculté d'adaptation aux changements de mode (chinoiserie, classicisme, romantisme).
Le **musée de la Porcelaine ★** (Museum of Worcester Porcelain) ⊘ présente quelques-unes des plus belles productions de la manufacture : le vase représentant Wellington et Blucher, de Humphrey Chamberlain ; la femme voilée et le vase de l'exposition de Chicago, de James Hadley ; les chefs-d'œuvre en nids-d'abeilles de George Owen, et les séries d'oiseaux de Dorothy Doughtey.
Prendre à droite King Street jusqu'à Sidbury.

The Commandery ⊘ – Hôpital St Wulstan à l'origine (11e s.), mais datant pour l'essentiel du début du 16e s., l'édifice servit de quartier général à Charles II lors de la bataille de Worcester (1651). Il héberge aujourd'hui un musée consacré à cette dernière.

EXCURSIONS

★ **The Elgar Trail** – *Itinéraire balisé par des « violons ».* Une grande partie de l'œuvre musicale d'**Edward Elgar** (1857-1934), le plus « anglais » des compositeurs, évoque ce paysage de larges vallées tranquilles et de douces collines. Le circuit pédestre qui lui est dédié, long d'environ 65 km, mène de sa **maison natale** (Elgar Birthplace Museum) ⊘, à **Lower Broadheath** à l'Ouest de Worcester, à sa tombe, dans le cimetière catholique de **Little Malvern**, au pied des collines qui l'ont tant inspiré.

Great Malvern – *13 km au Sud par la A 449*. À la fin du 18e s., la petite ville qui s'était développée autour d'un prieuré devint un endroit à la mode en raison des vertus thérapeutiques de ses eaux ; le **pavillon de la Source** et l'établissement de bains furent élevés de 1819 à 1823 dans le style néo-grec. L'**église du prieuré** possède quelques-uns des plus beaux vitraux du 15e s. du pays.
Depuis le **Worcestershire Beacon** (426 m), point culminant des Malvern Hills qui surplombe la ville, la **vue** s'étend sur quinze comtés et trois cathédrales (Worcester, Gloucester et Hereford).

WYE Valley★

Vallée de la WYE

Herefordshire, Worcestershire, Gloucestershire, Monmouthshire

Carte Michelin n° 403 L, M 28 et 29 ou Atlas Great Britain p. 16

La Wye serpente à travers des paysages variés sur les 220 km de son cours, entre Plynlimon et le canal de Bristol. Sa vallée, dans sa dernière partie entre Ross et Chepstow, est encaissée. Des rochers émergent çà et là des flancs de coteaux couverts d'essences magnifiques : chênes, hêtres, ifs et tilleuls. Recherché au 18e s. et au début du 19e s. par les adeptes de paysages romantiques, l'endroit est resté populaire depuis lors. De Monmouth à Chepstow, le sentier de randonnée **Offa's Dyke Long Distance Footpath** *(voir Knighton)* longe la rive orientale sur les hauteurs. Un chemin plus facile et balisé, **Wye Valley Walk**, suit la berge elle-même entre Chepstow et Hereford.

DE ROSS-ON-WYE A CHEPSTOW *52 km – une journée*

Ross-on-Wye – Le **marché couvert★**, construit en grès vers 1620, porte un médaillon représentant Charles II. Il fut offert par John Kyrle, le « grand homme » de Ross, bienfaiteur qui dota la ville de nombreux édifices et qui finança la reconstruction en 1721 du sommet de la flèche de l'**église St Mary** (pour l'essentiel du 13e s.). Dans le cimetière, une croix commémore les 315 victimes de la peste de 1637, qui furent « inhumées côte à côte, nuitamment et sans cercueil ». Les hospices de style Tudor dans Church Street furent restaurés en 1575 par la famille Rudhall, dont plusieurs membres reposent dans l'église.

Prendre la B 4228 vers le Sud sur 5 km, tourner à droite au pont de la Wye et suivre les indications pour atteindre Goodrich Castle.

★**Goodrich Castle** ⊙ – La pittoresque ruine de pierre domine, depuis son éperon rocheux, un ancien passage sur la Wye. Le donjon, avec son entrée d'origine (devenue une fenêtre) au premier étage, est roman ; la plus grande partie du château date des environs de 1300. Pendant la guerre civile, la garnison royaliste fut contrainte de se rendre, en raison de l'utilisation, par les assaillants tout proches, d'un puissant mortier, le « Roaring Meg ». De nos jours, on peut voir ce mortier à Hereford, dans le parc Churchill.

À partir de Goodrich, suivre la direction Symonds Yat, puis Yat Rock. La route devient étroite et raide. Stationnement sur le parking du Service des Forêts.

★**Symonds Yat** – Du haut des 144 m du **Yat Rock**, une célèbre et vertigineuse **vue★** embrasse la superbe boucle de la Wye, et, vers le Nord, les riches terres du Herefordshire.

Poursuivre vers le Sud par les B 4432 et B 4228 ; au carrefour avec la A 4136, tourner à droite vers la forêt de Dean.

Monmouth – Monnow Bridge

443

Forest of Dean – À l'Est de la vallée de la Wye, en aval, s'étendent des collines boisées qui forment ce que Drayton a appelé « la reine de toutes les forêts ». Réserve de chasse royale depuis l'époque du roi Canut, cette forêt a fourni le bois d'œuvre nécessaire à la marine et fut exploitée pour le charbon et le fer. Elle devint en 1938 le premier parc forestier de l'Angleterre et du pays de Galles. La tendance au reboisement en conifères de cette forêt de chênes millénaires a été abandonnée, et le Service des Forêts accueille les visiteurs en leur offrant aires de pique-nique, terrains de camping et sentiers balisés.

À **Soudley**, entre Blakeney et Cinderford sur la B 4227, le **Centre du Patrimoine** (Forest of Dean Heritage Centre) ⊘ expose, entre autres, la reconstitution d'une mine de charbon telle que l'exploitent encore les « mineurs libres » de la forêt.

Revenir au carrefour des B 4228 et A 4136 et se rendre à Monmouth vers l'Ouest.

★**Monmouth** – On pénètre dans la ville par le **pont fortifié** du 13e s. La cité a conservé intact le tracé médiéval de ses rues, mais il reste peu de vestiges du château où naquit Henri V (1387-1422). Sa statue trône dans une niche de la belle **maison du comté** (Shire Hall), de style georgien, qui remplaça en 1724 une halle de style élisabéthain. En dessous se tient une autre figure locale, l'honorable C.S. Rolls, cofondateur de Rolls-Royce et pionnier de l'aviation.

Le souvenir des visites rendues par Nelson à la cité est conservé dans un **musée** non loin de là. **Great Castle House**, le quartier général du régiment royal du génie du Monmouthshire, est un splendide bâtiment de pierre datant de 1673.

Prendre la A 40 vers l'Ouest sur 13 km.

Sur la droite se dresse la silhouette impressionnante du **château de Raglan**★ ⊘. Sa **grande tour**, la « tour jaune du Gwent », édifiée en 1435, est une forteresse dans la forteresse. Elle témoigne de l'insécurité d'une époque où un seigneur devait pouvoir se protéger de ceux-là mêmes qui portaient ses couleurs, pour le cas où ils auraient décidé de changer de camp.

Revenir à Monmouth et prendre la A 466 vers le Sud.

★★**Tintern Abbey** ⊘ – Des pentes raides et boisées, surplombant une vallée tortueuse, créent tout le pittoresque de la plus romantique des ruines. Dans la dernière partie du 18e s., l'abbaye devint une des excursions favorites des poètes romantiques comme William Wordsworth.

Une abbaye cistercienne fut fondée en 1131 par Walter de Clare, seigneur anglo-normand de Chepstow. Contrairement aux bénédictins, les cisterciens vivaient dans le dépouillement et faisaient vœu de silence, « loin des habitations humaines ». La modeste église d'origine fut remplacée à la fin du 13e s., sous le patronage de Roger Bigod, par un bâtiment bien plus somptueux. Le supérieur Richard Wyche livra l'abbaye aux délégués du roi en 1536.

La majeure partie de l'abbaye du 13e s. est conservée. La nef, à l'origine destinée aux frères lais, était séparée du chœur, du sanctuaire et de l'ancien autel par un jubé dont on fit disparaître les vestiges au 19e s., ouvrant une perspective sur la totalité des 72 m de l'église que n'avaient jamais connue les premiers officiants. Plus loin, sur la pelouse, on voit les fondations de la salle capitulaire, de l'infirmerie, du cloître, des cuisines, du réfectoire, ainsi que la résidence de l'abbé et la maison des hôtes.

Poursuivre sur la A 466. Après 4 km, tourner en direction de l'aire de pique-nique et du point de vue fléchés.

Wyndcliff – *Un escalier, raide, de 365 marches gravit la falaise de calcaire qui surplombe la rivière de 240 m* (on peut atteindre également le point de vue par un sentier pédestre plus aisé à partir du parking signalé 750 m plus loin sur la A 466). Depuis le **point de vue du Nid de l'Aigle**★ (Eagle's Nest Viewpoint), le regard porte sur le cours ultime de la Wye, jusqu'à l'arche puissante du pont suspendu de la Severn, dont la construction fut achevée en 1966. Plus loin en aval se trouve le **Second Severn Crossing**, pont à haubans (450 m) de 5 km de long. On y accède par des viaducs à ouverture variable. L'ouvrage fut inauguré en 1996 pour faire face à l'augmentation du trafic entre le pays de Galles et l'Angleterre.

★**Chepstow** – La ville, qui est toujours en partie entourée de murailles, descend en pente raide de la grande porte jusqu'à l'ancien passage sur la Wye, où John Rennie construisit un pont en fer d'une ligne élégante en 1816. C'est le meilleur endroit pour admirer le **château**★★ ⊘. Cette magnifique forteresse fut bâtie en 1067 par William FitzOsbern, l'un des plus proches lieutenants de Guillaume le Conquérant qui le chargea de défendre les frontières occidentales de son territoire.

Il choisit un site avec d'excellentes défenses naturelles : un éperon rocheux étroit et allongé présentant au Nord une paroi à pic sur la rivière, et au Sud un vallon encaissé. Les différentes parties du château sont espacées le long de la crête : à l'Est se trouve le premier mur d'enceinte, défendu par un corps de garde extérieur et la tour de Marten ; derrière le second mur s'élève le cœur du château d'origine, la grande tour de FitzOsbern – un donjon d'habitation qui est sans doute le plus ancien édifice non religieux en pierre de Grande-Bretagne ; le mur supérieur mène à l'extrémité Ouest et à son point culminant, occupé par un ouvrage de défense avancé, la barbacane.

YEOVIL

Somerset – 28 317 habitants
Carte Michelin n° 403 M 31 ou Atlas Great Britain p. 8

Les découvertes archéologiques donnent à penser que le site était habité déjà dès l'âge du bronze. Yeovil, centre du gant et du cuir depuis le 14e s., fut ensuite connu pour le travail du lin. L'ouverture d'une ligne ferroviaire vers Taunton en 1853 dynamisa la ville. La population se développa et les principaux édifices actuels datent des 19e et 20e s. Il y a cependant quelques maisons georgiennes et de vieilles auberges, essentiellement dans **Princess Street**, **Silver Street** et **High Street**. L'**église St John the Baptist**★ ⊘, de style Perpendicular, hérissée de pinacles, fut construite (1380-1400) avec la pierre ocre-fauve et gris-brun extraite de la colline de Ham. De solides arcs-boutants soutiennent le clocher de 27 m. L'église est remarquable pour ses fenêtres, ses clés de voûte sculptées de visages et de masques, sa crypte soutenue par un pilier central octogonal, son lutrin du 15e s. et ses fonts baptismaux. Installé dans un relais de poste du 18e s., le **musée du Somerset du Sud** ⊘ évoque les industries locales et présente des découvertes archéologiques effectuées dans les environs, un assortiment de verrerie, de costumes et d'armes à feu des 18e et 19e s.

ENVIRONS

★★**Fleet Air Arm Museum** ⊘, à Yeovilton – *10 km au Nord ; signalé à partir de la B 3151*. Situé à proximité de la Royal Naval Air Station, où les Sea Harriers et les Sea Kings sont quotidiennement mis à l'épreuve, ce musée est consacré à l'histoire des forces aéronavales anglaises de ses débuts à nos jours. Plus de quarante avions y sont présentés, ainsi que des armes, des tableaux, des photographies, des uniformes, des maquettes, des objets fabriqués et des souvenirs.

Il y a quatre halls, chacun avec des itinéraires conseillés, couvrant différentes périodes de l'histoire des forces aéronavales anglaises : la Première Guerre mondiale, la campagne aéronavale de la Seconde Guerre mondiale, la guerre du Pacifique, l'histoire du porte-avions et les contributions locales à la technologie aéronautique (Concord, Harrier jump-jet). Des présentations annexes illustrent le rôle permanent de la section d'aéroportage de la Royal Navy.

★★**Montacute House** ⊘, à Montacute – *8 km à l'Ouest*. La pierre de la colline de Ham, là encore, servit à la construction du manoir, du village et de l'église paroissiale de style Perpendicular. L'élégante demeure élisabéthaine à trois niveaux fut probablement construite entre 1597 et 1601 par William Arnold à l'initiative de sir Edward Phelips, homme de loi, président de la Chambre des Communes (1604) et chef des Archives (1611). En 1786, un autre Edward Phelips bouleversa la configuration de la maison et fit de l'entrée principale la **façade Ouest**. Il y incorpora le porche, les colonnes et la pierre ornementale qui ornaient Clifton House avant sa démolition. La façade Est, donnant sur une vaste terrasse et sur le jardin, est flanquée de deux pavillons identiques. Les fluctuations de la fortune des Phelips firent qu'à partir de 1911 Montacute dut être loué. Lord Curzon y vécut de 1915 à 1925 et confia la nouvelle décoration à la romancière Elinor Glyn. En 1931, la maison, en mauvais état, fut rachetée par le National Trust.

Intérieur – Le visiteur pénètre dans le corridor par le porche Est, antérieur au 18e s. La **salle à manger** fut aménagée par lord Curzon dans l'ancien office. La cheminée élisabéthaine porte les armes de la famille Phelips, de 1599. La tapisserie reproduisant un chevalier sur un fond de mille fleurs est flamande, la table en noyer (16e s.) est italienne ; noter les jolis portraits de l'époque Tudor. La **grande salle**, salon familial jusqu'après la Restauration, a conservé ses lambris du 16e s., sa clôture de pierre sculptée faite d'arches et de colonnes et son vitrail héraldique. À l'extrémité de la salle se trouve la charmante frise de Skimmington, un relief en plâtre relatant les malheurs d'un mari dominé par sa femme.

Le **petit salon** renferme une cheminée en pierre de Ham d'origine, des boiseries élisabéthaines et une frise représentant de jeunes animaux, ainsi que de très beaux meubles du 18e s. (beau centre de table de Thomas Chippendale le Jeune), tout comme le **salon** (sièges tapissés de damas rouge, par Walter Linnell – 1753). L'escalier de pierre (chacune des marches est faite d'un seul bloc de 2 m) s'envole autour d'un imposant noyau. Les tapisseries datent des 15e et 16e s. Au premier étage, la **chambre de lord Curzon** possède un dessus de cheminée du 17e s., mettant en scène le roi David en prière, un lit du 18e s., une table hollandaise en chêne et un miroir du 18e s. La **chambre pourpre**, ainsi nommée après qu'au 19e s. un papier mural de velours rouge ait remplacé les tapisseries sous la frise de plâtre, est meublée d'un somptueux lit à baldaquin en chêne aux armes de Jacques Ier. La **bibliothèque**, ancienne salle à manger qui présentait l'inconvénient d'être trop éloignée de l'office, est ornée d'un remarquable vitrail héraldique groupant 42 écus représentant les armes des Phelips et celles du souverain, d'amis et de voisins des Phelips. Remarquez aussi la cheminée en pierre de Portland, la frise de plâtre, le portique intérieur Jacques Ier, le plafond mouluré du 19e s. et les étagères.

Tout le second étage est occupé par la **grande galerie** (52 m), éclairée par des oriels à chaque extrémité. C'est la plus grande qui soit. Elle constitue un cadre idéal pour présenter 90 portraits (prêtés par la National Portrait Gallery), expression de l'Angleterre des Tudors et du début du règne de Jacques Ier.

Les **jardins** à la française, par leur dessin rigoureux, mettent en valeur l'architecture du manoir. Pelouses et haies d'ifs s'harmonisent à merveille avec les chaudes nuances de la pierre de Ham. Parterres et roseraie ajoutent de la couleur à l'ensemble.

YORK★★★

North Yorkshire – 123 126 habitants
Carte Michelin n° 402 Q 22 ou Atlas Great Britain p. 40

C'est en 71 de notre ère que la 9e légion romaine édifia la forteresse d'**Eboracum** qui allait devenir la capitale de la province du Nord. C'est ici que Constantin le Grand fut proclamé empereur en 306. Après le départ des légions romaines, les Anglo-Saxons firent d'**Eoforwic** la capitale de leur royaume de Northumbrie. En 627, le roi Edwin y fut baptisé par Paulin. Les Vikings s'emparèrent en 866 de la ville qui devint, sous le nom de **Jorvik**, un des principaux centres d'échanges commerciaux en Europe du Nord. La domination viking s'exerça jusqu'en 954, mais l'influence et les coutumes scandinaves se perpétuèrent bien au-delà de la conquête normande.

Au Moyen Âge, York, dont la prospérité reposait sur la laine, était une ville de 10 000 habitants comprenant quarante églises : la ville du pays la plus riche après Londres. Le déclin du commerce lainier, qui suivit la guerre des Deux-Roses (1453-1487), et la Dissolution des monastères entraînèrent le déclin économique de la cité. Les nombreuses et élégantes constructions georgiennes d'York traduisent davantage le désir des gens aisés du Nord de posséder une maison dans cette ville devenue un centre important de vie sociale et culturelle, qu'elles ne reflètent un retour de la ville à sa situation de jadis.

★★★ YORK MINSTER ☉ 1 h 30

La consécration à saint Pierre de la cathédrale accentue l'étroitesse des liens noués avec Rome après l'union des rites celte et romain en 664 à Whitby *(voir ce nom)*. Cette cathédrale est l'édifice gothique le plus grand au Nord des Alpes. Elle mesure 160 m de long et 76 m de large à hauteur du transept. La voûte s'élève à 27 m et la tour à 60 m. La façade principale, achevée entre 1430 et 1470 par l'adjonction des tours, présente un peu une silhouette « à la française » du 13e s. Il est curieux qu'une telle conception ait eu du succès à une période où l'Angleterre connaissait déjà la gloire de ses propres façades-écrans de Lincoln et Wells.

York pratique

Offices de tourisme – **Tourism Information Centres** : De Grey Rooms, Exhibition Square, ☎ (01904) 621 756 ; Outer Concourse, Railway Station, ☎ (01904) 621 756 ; www.york.tourism.co.uk.

Tourisme – Guide Friday Tour organise des visites *hop-on-hop-off* en bus à plate-forme. Les bus démarrent toutes les 10 à 20 minutes. Les tickets peuvent être achetés auprès des chauffeurs ou à l'avance, dans les offices de tourisme ou à l'agence de Guide Friday, 22a Fishergate, York YO10 4AB, ☎ (01904) 640 896. On peut également admirer York en parcourant ses rues à pied lors d'une visite guidée partant de Exhibition Square, en été à 10 h 15, 14 h 15, 17 h, en hiver à 10 h 15. Yorkwalk ☎ (01904) 640 780. Des excursions en bateau partent de Lendal Bridge et de King's Staith ☎ (01904) 628 324.

Pubs et restaurants – Le Micklegate Bar, le Stonegate Walk et Swinegate méritent une visite. Dans la brochure Days and Nights, vous trouverez la liste des pubs et restaurants de York.

Achats – Stonegate et Swinegate (arrière-cour aménagée) regroupent de très élégantes boutiques édouardiennes (Mulberry Hall). Grands magasins et boutiques se trouvent à Coney Street, Piccadilly, Coppergate et Parliament Street et magasins d'antiquités à Walmgate, Gillygate, Lendal et Duncombe Place.

Loisirs – Divers spectacles (musique, opéra, ballets et pièces de théâtre) se déroulent au Grand Opera House, au Theatre Royal et au Barbican Centre.

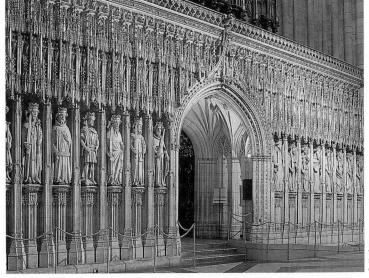

Le jubé

Intérieur – La nef, construite entre 1291 et 1350, est de style gothique Decorated ; le transept date du milieu du 13ᵉ s. Ce sont les parties les plus anciennes visibles aujourd'hui. La **salle capitulaire★★**, de forme octogonale, possède un magnifique plafond voûté en bois et peut être datée d'un peu avant l'an 1300. Le **jubé★★** fut réalisé à la fin du 15ᵉ s. par William Hindeley. Il est orné, de part et d'autre du passage central, de statues des rois d'Angleterre depuis Guillaume le Conquérant. Le plus beau monument funéraire de la cathédrale est le **tombeau** (**1**) de celui auquel on doit l'édifice actuel, **Walter de Gray**, archevêque de 1215 jusqu'à sa mort en 1255. Sa crosse, sa patène, son calice et son anneau sont exposés dans le trésor de la cathédrale.

★★★Vitraux – La cathédrale renferme la plus grande collection de vitraux médiévaux que l'on puisse voir en un même lieu en Angleterre. La **verrière Ouest** (**2**), au découpage curviligne en forme de cœur, fut réalisée en 1339 par maître Robert pour l'archevêque William de Melton. C'était alors la plus grande de la cathédrale, mais elle fut surpassée par la **verrière Est** (**3**) exécutée dans la chapelle de la Vierge par John Thornton, de Coventry, entre 1405 et 1408. Elle constituait la plus vaste surface de vitrail médiéval

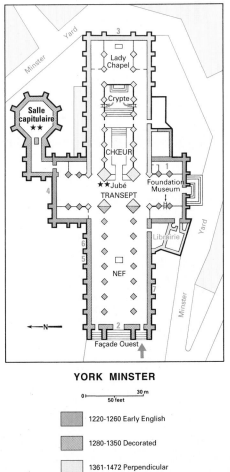

YORK MINSTER

0 |____| 30 m
50 feet

1220-1260 Early English

1280-1350 Decorated

1361-1472 Perpendicular

447

YORK

du pays et avait redonné vigueur à l'école des verriers de York dont la réputation était déjà solidement établie. Le **vitrail des cinq sœurs** (4), lancettes en grisaille datant d'environ 1250, est le plus ancien. Il est encore à son emplacement d'origine dans la cathédrale. Le **vitrail du pèlerinage** (5), de 1312 environ, représente des grotesques, les funérailles d'un singe et des scènes de chasse qui rappellent les miséricordes sculptées à cette époque. À côté, le **vitrail des fondeurs de cloches** (6) fut offert par Richard Tunnoc, enterré dans la cathédrale en 1330. Il y est peint présentant son œuvre à l'archevêque parmi des fondeurs et des sonneurs de cloches. Le **vitrail de Jessé** (7), représentant l'arbre généalogique de Jésus, date de 1310.

Foundation Museum – On s'aperçut en 1966-1967 que les fondations du mur élevé à l'Est et celles des tours Ouest, ainsi que les 16 000 tonnes de la tour centrale étaient en train de s'affaisser. Un programme de consolidation qui dura 5 ans fut entrepris. Des milliers de tonnes de terre et de roche furent remuées, découvrant les murs aussi bien du quartier général romain que ceux de la première cathédrale romane (environ 1080-1110) dont les fondations étaient remarquablement renforcées par du chêne. On coula du béton et les anciennes fondations y furent fixées par des barres d'acier. Le visiteur peut aujourd'hui distinguer les

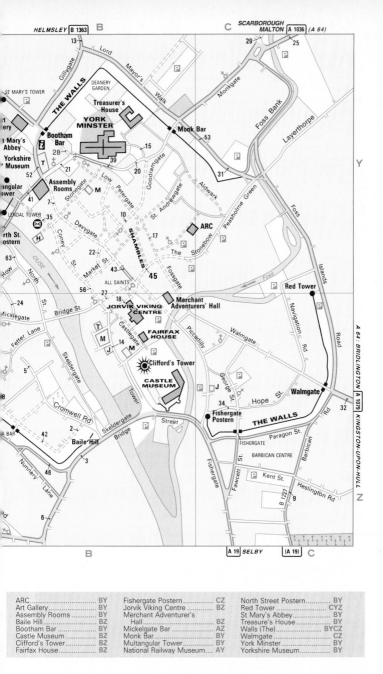

HELMSLEY B 1363 B

SCARBOROUGH
MALTON A 1036 (A 64) C

ST MARY'S TOWER

DEANERY GARDEN

THE WALLS

Treasurer's House

YORK MINSTER

Bootham Bar

Mary's Abbey

Yorkshire Museum

angular ower

LENDAL TOWER

Assembly Rooms

Stonegate

rth St. ostern

OUSE

SHAMBLES

ALL SAINTS

JORVIK VIKING CENTRE

FAIRFAX HOUSE

Clifford's Tower

CASTLE MUSEUM

Merchant Adventurers' Hall

Red Tower

Walmgate

Fishergate Postern

THE WALLS

FISHERGATE

BARBICAN CENTRE

Baile Hill

Cromwell Rd

Skeldergate

A 19 SELBY (A 19) C

A 64: BRIDLINGTON A 1079 KINGSTON-UPON-HULL

ARC	BY	Fishergate Postern	CZ	North Street Postern	BY	
Art Gallery	BY	Jorvik Viking Centre	BZ	Red Tower	CYZ	
Assembly Rooms	BY	Merchant Adventurer's		St Mary's Abbey	BY	
Baile Hill	BZ	Hall	BZ	Treasure's House	BY	
Bootham Bar	BY	Micklegate Bar	AZ	Walls (The)	BYCZ	
Castle Museum	BZ	Monk Bar	BY	Walmgate	CZ	
Clifford's Tower	BZ	Multangular Tower	BY	York Minster	BY	
Fairfax House	BZ	National Railway Museum	AY	Yorkshire Museum	BY	

niveaux clairement indiqués des constructions romaines et romanes. Le **trésor** *(accès par le musée des Fondations)* présente une collection d'argenterie en usage à York entre 1485 et 1858, et de la vaisselle religieuse en or appartenant à la cathédrale ou confiée par des églises de tout le Nord de l'Angleterre.

Près du portail Sud de la cathédrale, une statue en bronze de **Constantin** a été érigée par Philip Jackson en 1998, à l'emplacement présumé où l'armée romaine l'aurait proclamé empereur en 306.

★★★ NATIONAL RAILWAY MUSEUM ⊘

Rattachée au musée national de la Science et de l'Industrie, cette institution présente de manière exemplaire l'histoire du chemin de fer en Angleterre depuis son invention. Le grand hall, un ancien hangar de machines à vapeur, abrite un grand nombre de locomotives, depuis les plus rudimentaires comme l'*Agenoria* de 1829, jusqu'aux diesels et électriques d'aujourd'hui, sans oublier une maquette à taille réelle de la locomotive qui traverse le tunnel sous la Manche. Toutefois, le plus beau spectacle est donné par les modèles légendaires comme la *Stirling 4-2-2* de

449

1870 avec son grand volant, l'élégante *Lode Star* de 1907 ou la superbe *Mallard*, qui atteignit, en 1938, la vitesse de 203 km/h, record du monde de rapidité pour une locomotive à vapeur. La silhouette Art déco de la Mallard contraste avec le fonctionnalisme de l'*Evening Star*, construite en 1960 pour les British Railways et désaffectée huit années plus tard, lorsque la vapeur laissa définitivement la place au diesel et à l'électricité.

Outre l'exposition de vieilles locomotives, le musée s'attache également à présenter la technologie et la culture liées au chemin de fer. Dans le hall Sud et le grand hall sont ainsi réunis des objets d'une extraordinaire richesse et variété. Le *Hund*, chariot primitif dont se servaient les Germains à la fin du Moyen Âge pour le convoyage sur rails de bois, contraste avec l'intérieur somptueux d'une voiture royale. La collection comprend également de beaux ouvrages d'art, des éléments de décor, posters et autres objets liés au train, ainsi qu'un petit train dont le réalisme fera rêver plus d'un modéliste en herbe.

Le hall Sud recrée l'atmosphère d'une grande gare vers 1950. Des plates-formes donnent accès aux locomotives, wagons de première et de deuxième classe, wagons-restaurants et wagons-lits, wagonnets et autre matériel roulant. À l'extérieur sont exposés nombre d'autres spécimens en attente de restauration, ainsi qu'un train miniature.

LA VILLE CLOSE (THE WALLED TOWN)

★★**The Walls** – Une promenade d'à peu près 5 km permet au visiteur de faire le tour de la ville médiévale. La **Multangular Tower**, extrémité Ouest du fort romain, est toujours solide dans le parc du musée du Yorkshire, à proximité des ruines de l'abbaye St Mary. Les murs du 13e s. suivent le tracé des murs romains au Nord de la cathédrale : ils sont édifiés sur le talus de terre érigé par les rois anglo-danois. Les Normands percèrent dans ce talus des portes fortifiées, les « bars » d'aujourd'hui, là où aboutissaient les routes conduisant à la ville. **Bootham Bar** occupe l'emplacement de la porte romaine. Le mur contourne le jardin du doyenné pour atteindre **Monk Bar** et Aldgate. Là, une zone marécageuse et la rivière Foss constituaient les défenses. Un mur en brique construit vers 1490 part de **Red Tower**, passe par **Walmgate** et longe le château par le Sud pour atteindre **Fishergate Postern**, édifiée en 1505 sur ce qui était à l'époque la berge de la rivière. Là, c'est le château qui constitue la défense ; le mur ne reprend qu'après Skeldergate Bridge et **Baile Hill** pour continuer jusqu'à **Micklegate Bar**, porte par laquelle la tradition voulait que le roi entre dans York. C'est à cet endroit qu'étaient exposées, après leur exécution, les têtes des traîtres. De là, le mur s'oriente vers le Nord-Est et conduit à **North Street Postern**, où un bac traversait l'Ouse avant la construction du pont Lendal.

★**York Castle Museum** ⊘ – L'ancienne **prison pour dettes** et l'ancienne **prison de femmes**, deux bâtiments impressionnants datant respectivement de 1705 et 1777, abritent aujourd'hui un musée de la vie quotidienne. « Kirkgate » est la reproduction exacte d'une rue victorienne, avec un **fiacre Hansom**, du nom de Joseph Hansom (1803-1882), un architecte d'York qui en avait perfectionné la conception. Un heaume saxon, le **Coppergate Helmet**, trouvé en 1982 lors des fouilles du centre de Jorvik, est exposé : il est en fer avec des garnitures de cuivre, date de 750 environ et appartenait vraisemblablement à un noble de Northumbrie. On peut voir des costumes, des pubs et des boutiques.

Clifford's Tower – Elle fut élevée entre 1250 et 1275 par Henri III pour remplacer le fort en bois de Guillaume le Conquérant, incendié en 1190 par la population qui assiégeait les Juifs qui s'y étaient réfugiés. Elle porte le nom de Roger de Clifford qui, après sa capture à la bataille de Boroughbridge, fut pendu, enchaîné, au haut de cette tour, le 16 mars 1322.

★**Fairfax House** ⊘ – Construite par le vicomte Fairfax pour sa sœur Anne en 1755, cette maison géorgienne, qui avait, de nos jours, servi cinquante ans durant de salle de danse et de cinéma, fut sauvée de la destruction en 1983-1984. Elle renferme une collection de mobilier, de peintures, d'horloges, et de porcelaines géorgiens. Les plafonds de Cortese et les moulures en bois sculpté ont été méticuleusement restaurés ou remplacés.

★**Jorvik Viking Centre** ⊘ – Lors de travaux de construction effectués entre 1976 et 1981, des archéologues mirent au jour quatre rangées de maisons de la ville viking, abritant des objets remarquablement conservés, comme des bottes, des chaussures et des épingles, ainsi que des plantes et des insectes. Deux des rangées illustrent maintenant ce qu'est une fouille archéologique, les deux autres ayant été reconstruites avec soin. Des « voyages dans le temps » ramènent le visiteur à l'époque de Jorvik, avec le spectacle, les sons et les odeurs qu'on aurait pu connaître un jour d'octobre 948. En février de chaque année, la Société archéologique d'York organise le **Festival viking de Jorvik**, avec courses de drakkars, festins et feux d'artifice.

Merchant Adventurer's Hall 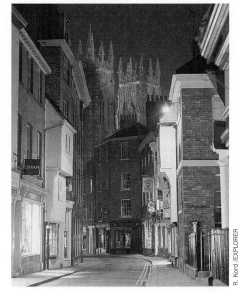 – Crypte de brique avec une chapelle consacrée pour la première fois en 1411 ; elle est surmontée d'une grande salle à colombage édifiée vers 1357.

★**Shambles** – Bordée de maisons à encorbellement, elle est la plus visitée des nombreuses rues pittoresques de la ville. À proximité, **Pavement**, avec son église dédiée à tous les saints, doit son nom au fait d'avoir été la première rue pavée au Moyen Âge.

Archeological Resource Centre – Les enfants pourront y jouer aux apprentis cordonniers, fileurs ou serruriers médiévaux, mais aussi y apprendre l'écriture runique.

Low Pertergate

Assembly Rooms – Conçus par Richard Boyle, 3e comte de Burlington, et construits en 1731, ces salons comportent une **salle égyptienne** admirablement proportionnée, avec des colonnes corinthiennes et des fenêtres à claire-voie. Les salons furent consacrés à la danse et aux jeux à la suite de l'essor de la vie mondaine d'York. La ville possédait à l'époque un service de diligences assurant trois allers et retours pour Londres par semaine.

Yorkshire Museum – Le musée retrace l'histoire de York et de ses environs, depuis l'invasion romaine, en passant par la période viking et le Moyen Âge ; le joyau Middleton et la bague Middleton, tous deux probablement liés à la famille Neville du château de Middleton (au Sud de Richmond), sont les pièces maîtresses de la période médiévale. La section consacrée à l'**abbaye St Mary**, une maison bénédictine fondée en 1088 par Guillaume II le Roux, renferme des ruines qui datent en partie du 13e s. Tous les quatre ans, en juin et juillet, elles servent de décor, dans le cadre du **York Cycle of Mystery Plays**, pour la représentation de mystères relatant la vie du Christ et datant d'environ 1340.

York City Art Gallery – Vaste collection de peintures de 1350 à nos jours, comportant notamment de nombreux portraits et études de nus de **William Etty** (1787-1849), peintre originaire de la ville, inhumé au cimetière St Olave, à Marygate.

Treasurer's House – Reconstruite aux 17e et 18e s., la maison des trésoriers de la cathédrale de York possède une magnifique suite de salons contenant du mobilier et des peintures de diverses époques. La **grande salle** a vu disparaître son faux plafond et exhibe un escalier insolite qui date de 1700 environ. Le plafond de la **salle à manger** (début 18e s.) est constitué de poutres et de panneaux décorés. La fascinante collection de verres illustre l'habileté et l'ingéniosité des verriers. Coupes, pattes et pieds étaient très diversement façonnés : torsadés, cannelés, pliés, gravés, taillés ou à facettes.

EXCURSIONS

Sutton Park, à **Sutton-on-the-Forest** – *13 km au Nord par la B 1363*. Édifiée par Thomas Atkinson vers 1750, la maison contient de beaux lambris et du mobilier du 18e s., ainsi qu'une délicate collection de porcelaines de Meissen et d'Imari. Le **parc** renferme de nombreuses plantes rares et intéressantes.

Castle Howard – *24 km au Nord-Est par la A 64, puis une route secondaire au Nord*. Castle Howard, la grande réalisation architecturale de **John Vanbrugh**, est aussi la première qu'il ait conçue. Soldat devenu dramaturge à son retour en Angleterre en 1692, Vanbrugh attira l'attention de la noblesse libérale de l'époque (whig), grâce peut-être à ses pièces paillardes et pourtant populaires. Il fit la connaissance de **Charles Howard**, 3e comte de Carlisle, par le biais du cercle mondain du Kit Cat Club. Vanbrugh ne fut cependant pas seul pour réaliser ses projets, et quantité de détails sont dus à un architecte déjà confirmé, **Nicholas Hawksmoor**. Le choix de Vanbrugh, amateur passionné, comme concepteur d'une demeure digne du rang occupé par le comte, suscita ce commentaire de Jonathan Swift : « Le génie de Van, qui manque de profondeur et de culture, est terriblement porté sur l'architecture. » Mais ce domaine est assurément la concrétisation de son « génie ».

Le **parc★★★** représente l'un des projets les plus grandioses de l'âge d'or des paysagistes : un ensemble de compositions centrées sur quelques-unes des plus ambitieuses et des plus belles constructions pour jardin jamais réalisées, notamment le **temple des Quatre Vents**, la dernière œuvre de Vanbrugh. La plus extraordinaire de toutes, dominant une hauteur éloignée, est le colossal **mausolée** à colonnes dû à Hawksmoor.

L'imposante entrée de la demeure, surmontée d'un dôme peint et doré s'élevant à 24 m, est familière aux nombreux téléspectateurs britanniques (le château était le décor principal de la série *Brideshead Revisited*).

Les **statues**, notamment celles de la **grande entrée**, proviennent de deux des trois cargaisons d'objets collectés en Italie par le 4e comte, le vaisseau qui emportait la troisième s'étant perdu en mer. Remarquer l'**autel** du temple de Delphes, dont la partie supérieure révèle des encoches destinées à accueillir le tripode qui portait la flamme sacrée. Le **palier chinois** présente, au milieu de bustes sculptés, des porcelaines de Meissen, Crown Derby et Chelsea, ainsi qu'un **vase tulipe** néerlandais datant de 1704 environ.

Le cœur du château est la **grande salle**. S'élevant sur deux étages sous la coupole peinte, elle est à la fois la plus gaie et la plus impressionnante des représentations de l'architecture anglaise. C'est Samuel Carpenter, un maçon du Yorkshire, qui a sculpté colonnes et chapiteaux, et un réfugié huguenot, Nadauld, qui fit de même pour la coupole. La gracieuse guirlande en bois de pin qui orne le **salon de musique** et la **salle des tapisseries** est leur œuvre commune.

Dans la **grande galerie** et son **octogone**, on peut voir des tableaux de Lely, Kneller et Van Dyck. Cependant, les pièces maîtresses sont sans doute les deux **Holbein** : un portrait de Henri VIII, en monarque déçu et éprouvé, réalisé en 1542, juste après l'exécution de Catherine Howard, et un portrait (1538) de Thomas Howard, 3e duc de Norfolk et oncle de Catherine, qui n'échappa lui-même au billot qu'en raison de la mort du roi le jour prévu pour son exécution.

La **chapelle** possède de magnifiques vitraux dus à un artiste du 19e s., Edward Burne-Jones.

Les **écuries** présentent la plus vaste collection privée d'Angleterre de costumes, du 17e s. à nos jours, dans une exposition renouvelée chaque année.

Eden Camp ◷, près de **Malton** – *32 km au Nord-Est par la A 64 et la A 169*. Les baraquements d'un camp de prisonniers de guerre de la Seconde Guerre mondiale abritent aujourd'hui une grande exposition qui, en dépit de quelques interprétations discutables de l'histoire, réussit à recréer l'atmosphère de la « People's War ».

★**Selby Abbey** ◷ – *22 km au Sud par la A 19*. Probablement fondée par les bénédictins en 1069, elle est donc antérieure à celle de Durham et à St Mary d'York. C'est l'abbé Hugh de Lacey qui, vers 1100, entreprit la construction de l'église actuelle. La **façade principale** est une synthèse des trois principales tendances ayant guidé la conception de l'édifice : austérité, simplicité, élégance. Le portail roman, de 1170 environ, est magnifique. Il est surmonté d'une fenêtre de style Perpendicular et, sur les côtés, d'ouvertures munies de lancettes de style Early English ; du reste, ces ouvertures s'inscrivent dans une structure générale du même style. La **nef**, de style roman et dont les énormes piliers sont circulaires, doit beaucoup à celle de Durham. Les arches de l'extrémité orientale ont été faussées de manière spectaculaire par une nappe phréatique trop proche. À l'Est, le **vitrail de Jessé**, bien que considérablement restauré, reste un exemple type de ce qu'on produisait vers 1330. Dans le chœur, un **vitrail du 14e s.** porte les armes de la famille Washington : les étoiles et les bandes qui constituent le motif du drapeau américain. Les **fonts baptismaux romans**, à l'extrémité Ouest du bas-côté Nord, ont un magnifique couvercle en bois du 15e s., une des rares pièces à avoir échappé à l'incendie catastrophique de 1906.

Samuel Smith Old Brewery ◷, à **Tadcaster** – *11 km au Sud-Ouest par la A 64*. Fondée en 1758, cette brasserie pratique toujours les méthodes traditionnelles des brasseurs, confectionne ses propres tonneaux, et assure ses livraisons locales avec des chevaux de trait.

YORKSHIRE Dales★

Vallons du YORKSHIRE – North Yorkshire
Carte Michelin n° 402 N 22 ou Atlas Great Britain p. 39

Au Nord-Ouest de la grande cité manufacturière de Leeds et de Bradford s'étend une région réunissant nombre des particularités des paysages calcaires : éperons rocheux, grottes, rivières souterraines. Dans les amples vallons, tels l'Airedale, le Wensleydale et le Wharfedale, des villages sont harmonieusement disposés au milieu de champs entourés de murets de pierre sèche.

Le **sentier des Pennines** (Pennine Way) traverse la région via Malham, Pen-y-Ghent, Hawes et Hardrow. La plus grande partie des vallons est incluse dans le **Yorkshire Dales National Park★**, d'une superficie de 1 760 km², qui est bordé à l'Est et au Sud par des villes plaisantes : Richmond, Ripon, Harrogate et Skipton.

SKIPTON

La ville est le lieu idéal pour partir à la découverte des vallons du Yorkshire, en voiture ou en **croisière** ⊘ sur le canal de Leeds à Liverpool, qui traverse la chaîne Pennine. High Street, qui monte au château, est quatre fois par semaine le siège d'un marché traditionnel.

★**Castle** ⊘ – Avant sa mort à Bannockburn en 1314, Robert de Clifford le fortifia dans les premières années du 14ᵉ s. La belle **cour au passage secret** (Conduit Court) fut construite par le 10ᵉ comte, mais l'actuel château doit beaucoup aux restaurations entreprises par lady Anne Clifford (1589-1676) après les ravages de la guerre civile. C'est elle qui, en 1657-1658, ajouta un parapet portant la devise des Clifford, *Désormais*, au-dessus du porche principal et établit l'état des restaurations figurant au-dessus de la porte d'entrée du château. C'est du chemin de halage le long du canal que l'on apprécie le mieux le site défensif.

Holy Trinity Church – L'église fut agrandie au 15ᵉ s. ; sa belle toiture date de 1488 et le jubé de 1533. Après la Dissolution des monastères, les membres de la famille Clifford furent inhumés non pas au prieuré de Bolton, où on les enterrait auparavant, mais dans cette église paroissiale. Trois de leurs tombes sont placées à proximité de la barrière de communion du chœur.

Craven Museum ⊘ – *Hôtel de ville.* Ce petit musée est consacré à l'histoire, l'archéologie, l'extraction du plomb, le costume et la vie de la région.

LES VALLONS

★**Bolton Priory** ⊘, à **Bolton Abbey** – *8 km à l'Est de Skipton par la A 59.* Le prieuré de Bolton fut fondé par les augustins vers 1154 dans un endroit de toute beauté sur une boucle de la Wharfe. À la Dissolution des monastères, on arracha le plomb des toits, sauf à la nef de l'église et au corps de garde ; la nef est toujours intacte de nos jours. La façade principale de l'église est d'un style Early English exceptionnel.

De part et d'autre de la rivière, des sentiers mènent depuis les ruines jusqu'au plus fameux site de la Wharfe, le Strid, puis continuent jusqu'à Barden Bridge.

Au **Strid**, la rivière franchit une passe très étroite. Des panneaux mettent en garde les téméraires qui prétendraient la franchir d'un bond – d'aucuns ont essayé et en sont morts, parmi lesquels, dit-on, le propre fils de la fondatrice du prieuré de Bolton, Alicia de Rumilly.

Malham – *16 km au Nord-Est de Skipton par la A 65, puis une route secondaire vers le Nord.* Le village est le siège d'un **centre d'information** ⊘ sur le parc national. Au Nord s'étend **Malham Cove**, un cirque naturel grandiose. Dans les eaux très calcaires du **Malham Tarn** vivent des animaux et des plantes exceptionnels.

Ingleton – *78 km AR. Quitter Skipton au Nord-Ouest par la A 65.*

Yorkshire Dales Falconry and Conservation Centre ⊘, au Sud-Est d'**Austwick** – Ce centre consacré à la conservation des oiseaux de proie est installé dans des bâtiments agricoles en pierre dominant le très beau paysage des vallons. Au cours de démonstrations, on admirera le vol des aigles, des vautours, des faucons, des hiboux et des milans.

Poursuivre par la A 65 jusqu'à Ingleton, où l'on prend la B 6255.

White Scar Caves ⊘ – Ces immenses grottes comprennent une caverne de l'ère glaciaire, des chutes et des courants souterrains, ainsi que d'innombrables stalactites.

Au Nord des grottes, **trois sommets** attirent les marcheurs, qui adorent en escalader les pentes douces : l'**Ingleborough** (723 m), le **Whernside** (736 m) et le **Pen-y-ghent** (694 m), qui offrent de belles vues.

Hardrow Force, à Hawes – *56 km au Nord de Skipton par les B 6265 et 6160 ; à Hawes, prendre la A 684 à gauche.* Il s'agit de la plus grande cascade – d'un seul saut – en Angleterre. Blondin y fit un numéro de funambule, marchant sur une corde raide tout en cuisant une omelette.

YORKSHIRE Moors★

Landes du YORKSHIRE – North Yorkshire

Carte Michelin n° 402 Q, R et S 20 et 21 ou Atlas Great Britain p. 46 et 47

Ces vastes étendues de landes sont d'une beauté sauvage qu'on ne peut oublier. Ces hautes terres couvertes de bruyère s'étendent vers l'Est jusqu'aux falaises accidentées de la côte du Yorkshire. De Pickering et Rievaulx au Sud jusqu'aux abords de l'agglomération industrielle de Middlesbrough au Nord, un parc national, le **North York Moors National Park** couvre 1 432 km².

PRINCIPALES CURIOSITÉS

Helmsley – Ce plaisant village centré autour d'une vaste place est la porte Sud des landes du Yorkshire Nord. Au Nord du village se dresse le **château** 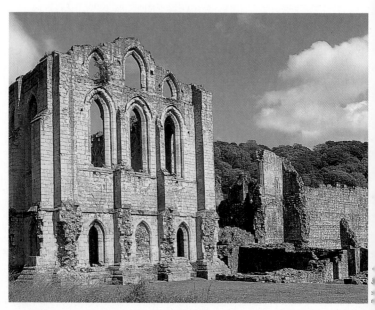, protégé d'une double et imposante enceinte de murs et de fossés. Son donjon original, en forme de D, fut saccagé après la guerre civile. L'aile Ouest et la tour, sur des fondations du 12ᵉ s., sont devenues depuis le 16ᵉ s. des appartements privés (toit et fenêtres en chêne et plafonds enduits).

Le vieux **jardin clos** , sous les murs Sud du château de Helmsley *(entrée par le village)*, est en cours de restauration et retrouvera son aspect originel. Arbres fruitiers et haies herbacées adossées aux murs alterneront avec un jardin d'herbes et un jardin ornemental près des serres. Au centre se dressera la fontaine, à quelques pas de l'étang, et non loin de là des arbustes à baies et un potager.

Duncombe Park – *En périphérie de Helmsley*. La maison de style baroque, rehaussée d'éléments palladiens, fut conçue par William Wakefield, qui s'assura probablement la collaboration de John Vanbrugh. Les ailes furent ajoutées en 1843 par Charles Barry. Les pièces principales, décorées avec tout le faste édouardien, sont ornées de portraits de famille, de meubles anglais et français et d'un service à dessert de Wedgwood, décoré d'un vernis couleur de lune. Les chambres à coucher sont meublées dans les styles français et italien. Au sous-sol, les quartiers des domestiques abritent les archives retraçant l'histoire de la maison.

Le site fut choisi à une époque où l'architecture paysagère connaissait son apogée. Ainsi, les jardins sont dominés par le vert, les seules touches de couleur émergeant des parterres au Sud et au Nord de la maison. La réalisation la plus marquante est la **terrasse courbe**, ouverte vers l'Est au-dessus des méandres de la Rye. Chaque extrémité est marquée par une rotonde grecque, ionique au Nord, dorique au Sud. La terrasse Sud fournit un habitat idéal pour les fleurs sauvages. Elle est adossée à des bois qui abritent le Conservatoire, conçu en 1851 par Barry, pour être érigé dans une clairière.

★★ Rievaulx Abbey – *5 km au Nord-Ouest de Helmsley par la B 1257*. Premier monastère important construit par les cisterciens, Rievaulx fut fondé vers 1132, et les bâtiments monastiques ont probablement été achevés au début du 12ᵉ s. La **nef**, austère, date de 1135-1140 environ. Les murs du **sanctuaire**, de style Early English du 13ᵉ s., s'élèvent encore sur une hauteur de trois étages et témoignent

Abbaye de Rievaulx

un peu de la même sévérité que la nef. Le tombeau du premier abbé, William, se trouve dans le mur Ouest de la **salle capitulaire**. L'ensemble complexe des bâtiments donne une idée des activités de la communauté.

Rievaulx Terrace ⊘ – *4 km au Nord-Ouest de Helmsley par la B 1257*. L'escarpement naturel fut aménagé dans le style paysager en vogue au 18ᵉ s. pour devenir une longue terrasse herbeuse, offrant des vues sur les ruines du monastère de Rievaulx et une partie de la Rye. Au Sud se dresse un temple circulaire de style toscan et au Nord un temple ionique, utilisé autrefois pour prendre des rafraîchissements. Les pièces de service du sous-sol abritent une exposition sur les propriétaires de Duncombe Park qui commandèrent la terrasse.

Pickering – Plaisante bourgade établie sur une falaise calcaire à la limite Sud du parc, Pickering est célèbre pour son **château** ⊘. Défendant une croisée des chemins, qui donnait à ce site toute son importance, il est fait de la roche sur laquelle il repose. Le tertre haut et pentu porte un donjon du 13ᵉ s. qui a probablement succédé à une construction plus ancienne.
Sur les murs Nord et Sud de l'**église St Peter and St Paul**, construite en majeure partie dans le style roman, on peut voir des fresques découvertes en 1851 et restaurées depuis, qui évoquent la vie et les actes des deux saints.
Depuis la gare de Pickering, des locomotives à vapeur tractent encore des trains jusqu'à Grosmont *(29 km)*. Le **North Yorkshire Moors Railway** ⊘ est une section subsistante de la ligne Pickering-Whitby ouverte en 1836 par Stephenson.

Hutton-le-Hole – *13 km à l'Ouest de Pickering par la A 170, puis par une route secondaire vers le Nord*. Dans le village, le **Ryedale Folk Museum** ⊘ présente une vaste collection d'objets témoignant de l'ancienne vie rurale.
On accède aux vestiges épars de l'abbaye de Rosedale du 12ᵉ s. *(6 km au Nord de Hutton-le-Hole en suivant la même route secondaire)* par une pente à 30 % qui fournit une magnifique **vue★** générale sur les landes.

Conditions de visite

Les curiosités soumises à des conditions de visite et dont le nom est accompagné du signe ⊙ dans le corps du guide sont répertoriées ci-après, soit dans leur localité de situation, soit à leur nom propre.

Pour les principaux centres, nous indiquons l'adresse et le numéro de téléphone des offices de tourisme : généralement très efficaces, ces organismes aideront les touristes de passage dans la recherche d'un gîte ou les renseigneront sur les visites guidées de la ville, les expositions, les spectacles et autres manifestations à ne pas manquer.

En raison de l'évolution du coût de la vie et des modifications dont font fréquemment l'objet les jours et heures d'ouverture de nombreuses curiosités, les renseignements sont fournis à titre indicatif. Lorsque nous n'avons pas obtenu d'informations à jour quant à ces tarifs et horaires, les éléments figurant dans l'édition précédente ont été reconduits et apparaissent en italique.

Les responsables de sites, monuments ou musées s'organisent peu à peu pour rendre la visite au moins partiellement possible aux personnes handicapées ; quand des aménagements ont été réalisés en ce sens, nous les mentionnons par le symbole ♿ .

Dernière entrée possible – Les billetteries ferment généralement 30 mn avant l'heure de fermeture ; seules les exceptions sont indiquées ci-après. Quelques sites délivrent par avance des billets à heure fixe en raison de leurs faibles capacités d'accueil.

Prix des billets – *Ils correspondent aux tarifs d'entrée pour un adulte ; il existe des tarifs réduits pour les familles, les enfants, les étudiants et les personnes âgées.*

Abréviations – *EH : English Heritage ; HS : Historic Scotland ; CADW : Welsh Historic Monuments ; NT : National Trust ; NTS : National Trust for Scotland.*

A

ABBEYDALE

Hameau industriel – ♿ Visite de juillet à octobre du lundi au jeudi de 10 h à 16 h, le dimanche de 11 h à 16 h 45. 3 £. Entrée libre pour les enfants de moins de cinq ans et les personnes handicapées. ☎ (0114) 236 7731 ; fax 0114 235 3196 ; www.simp.co.uk

ABBOTSBURY

Swannery – ♿ Visite d'avril à octobre de 10 h à 18 h (dernière entrée à 17 h). 5 £ ; enfants : 3 £. Visite guidée (90 mn). Restaurant. Boutique. ☎ (01305) 871 858 (Swannery). ☎ (01305) 871 130 ; fax 01305 871 092 ; info@abbotsbury-tourism.co.uk ; www.abbotsbury-tourism.co.uk

Sub-Tropical Gardens – Visite de 10 h à 18 h (ou jusqu'au coucher du soleil de novembre à février). Dernière entrée 1 h avant la fermeture. Maison de thé coloniale. 4,50 £. ☎ (01305) 871 387 (jardins). ☎ (01305) 871 130 ; fax (01305) 871 092 ; info@abbotsbury-tourism.co.uk ; www.abbotsbury-tourism.co.uk

ABERDEEN
🚊 Broad Street – ☎ (01224) 632 727

King's College Chapel – ♿ Visite de 9 h (12 h le dimanche) à 17 h. S'adresser à la sacristie, à gauche en entrant dans la cour.

King's College Visitor Centre – ♿ Ouvert de 10 h (12 h le dimanche) à 17 h. Fermé pendant deux semaines au moment des fêtes de fin d'année. Entrée libre. ☎ (01224) 273 702.

St Machar's Cathedral – ♿ Visite de 9 h à 17 h. Brochures en allemand, en français et en japonais. ☎ (01224) 485 988 ; fax 01224 483 688.

Maritime Museum – ♿ Visite de 10 h à 17 h, le dimanche de 12 h à 15 h. Fermé du 1ᵉʳ au 3 janvier, et les 25 et 26 décembre. Entrée libre. ☎ (01224) 337 700.

Museum of Civic History – Fermé jusqu'à nouvel ordre. ☎ (01224) 621 167.

Marischal Museum – Visite de 10 h (14 h le dimanche) à 17 h. Fermé le samedi. Entrée libre. ☎ (01224) 274 301 ; fax 01224 274 302.

Provost Skene's House – ♿ Visite de 10 h à 17 h, le dimanche de 13 h à 16 h. Fermé le 1ᵉʳ janvier et le 25 décembre. Entrée libre. Visite guidée sur rendez-vous. Boutique de cadeaux. ☎ (01224) 641 086 ; info@aagm.co.uk ; www.aagm.co.uk

Art Gallery – ♿ Visite de 10 h (14 h le dimanche) à 17 h. Fermé le 1ᵉʳ janvier et les 25 et 26 décembre. Entrée libre. Visite guidée sur rendez-vous. Boutique de cadeaux. ☎ (01224) 523 700 ; info@aagm.co.uk ; www.aagm.co.uk

ABERDULAIS Falls

NTS. ♿ Visite d'avril à novembre du lundi au vendredi de 10 h à 17 h, le week-end et les lundis fériés de 11 h à 18 h ; en mars le week-end uniquement de 11 h à 16 h. 2,80 £. Visite guidée tous les jours en juillet et août. ☎ (01639) 636 674 ; qaboff@smtp.ntrust.org.uk

ABERFORD

Lotherton Hall – ♿ Visite d'avril à octobre de 10 h (13 h le dimanche) à 17 h ; en mars, novembre et décembre de 10 h (12 h le dimanche) à 16 h. Dernière entrée 3/4 h avant la fermeture. Fermé le lundi (sauf férié) et les 25 et 26 décembre. 2 £. ☎ (0113) 281 3259.

ABERFOYLE

David Marshall Lodge (Queen Elizabeth Forest Park Visitor Centre) – ♿ Visite de mars à octobre tous les jours de 10 h à 18 h ; en novembre et décembre de 11 h à 17 h. Entrée libre. ☎ (01877) 382 258 ; fax (01877) 382 120.

ABERYSTWYTH   🛈 Terrace Road – SY23 2AG – ☎ (01970) 612 125 ; fax (01970) 626 566

National Library of Wales – ♿ Visite de 9 h 30 à 18 h (17 h le samedi). Fermé le dimanche, les jours fériés et pendant la première semaine d'octobre. Entrée libre. ☎ (01970) 632 800 ; fax (01970) 615 709 ; holi@llgc.org.uk ; www.llgc.org.uk

Vale of Rheidol Light Railway – Fin juillet et en août, 4 trains fonctionnent chaque jour du lundi au jeudi, 2 les vendredis, samedis et dimanches ; en avril, mai, juin, septembre et octobre, 2 trains par jour (en général). Durée du voyage entre Aberystwyth et Devil's Bridge : 1 h ; A/R : 3 h incluant un arrêt de 1 h à Devil's Bridge. A/R : 10,50 £. ☎ (01970) 625 819 ; fax (01970) 623 769 ; www.rheidolrailway.co.uk

ABINGDON   🛈 25 Bridge Street – ☎ (01235) 522 711

St Helen's Church – Visite en été du lundi au samedi de 9 h 30 à 16 h, le dimanche de 8 h à 15. Offrande. ☎ (01235) 520 144.

ALCESTER

Ragley Hall – ♿ **Demeure** : visite d'avril à octobre du jeudi au dimanche. Ouvert les lundis fériés. Parc et jardins : visite à la même période et tous les jours pendant les vacances scolaires d'été. Téléphoner pour connaître les heures d'ouverture et les tarifs. ☎ (01789) 762 090 ; fax (01789) 764 791 ; ragley.hall@virginnet.co.uk

ALRESFORD

Mid-Hants Watercress Line – ♿ Fonctionne en juillet et août presque tous les jours, de février à mai et en septembre et octobre les week-ends. 8 £ ; enfants : 5 £. ☎ (01962) 734 866 (répondeur) et 733 810 (informations). watercressline@compuserve.com ; www.watercressline.co.uk

ALLOWAY   🛈 Burns Statue Square, Ayr – ☎ (01292) 288 688

Burns Cottage and Museum – Visite d'avril à octobre de 9 h à 18 h ; le reste de l'année de 10 h (12 h le dimanche) à 16 h. Cottage, musée, monument et jardins : 2,80 £ ; billet combiné avec Tam O' Shanter Experience : 4,50 £. Dépliants en allemand, français et japonais. ☎ (01292) 441 215 ; www.robertburns.org

Tam O'Shanter Experience – ♿ Visite de 9 h à 18 h (17 h de novembre à mars). Fermé les 1er janvier et 25 décembre. 2,80 £. ☎ (01292) 443 700 ; fax (01292) 441 750 ; www.robertburns.org

ALNWICK   🛈 The Shambles – ☎ (01665) 510 665

Château – Visite du 15 avril au 27 octobre de 11 h à 17 h. Dernière entrée à 16 h 15. 6,25 £. Brochures en allemand, espagnol et français. ☎ (01665) 510 777 ; (01665) 511 100 (renseignements) ; www.alnwickcastle.com

ALTON

Parc d'attractions d'Alton Towers – Ouvert d'avril à octobre de 9 h 30 à 19 h, 18 h ou 17 h selon la saison. Haute saison : 21 £ (enfants : 17 £) ; basse saison : 16 £ (enfants : 13 £). Restaurants. ☎ (0990) 204 060 ; fax (01538) 704 097 ; www.altontowers.com

AMBLESIDE   🛈 Old Courthouse, Church Street – ☎ (015394) 32582

The Armitt – Visite de 10 h à 17 h. 2,80 £ ; enfants : 1,80 £. ☎ (015394) 31212.

Île d'ANGLESEY

Plas Newydd

♿ Visite d'avril à octobre de 12 h (jardins à 11 h) à 17 h. Fermé le jeudi, le vendredi et le samedi. Jardin de rhododendrons : visite d'avril à début juin. 4,50 £. Jardin seul 2,30 £. Visite guidée du jardin. Guides. Brochures. Petits guides en allemand, espagnol, français, gallois et néerlandais. Chemin forestier menant au détroit de Menai. Concerts, jazz en plein air, théâtre, festival. ☎ (01248) 714 795 ; fax (01248) 713 673 ; ppnmsn@smtp.ntrust.org.uk

Beaumaris

Château – ♿ Visite de 9 h 30 (11 h le dimanche de fin octobre à fin mars) à 18 h 30 (16 h le dimanche de fin octobre à fin mars). Fermé du 24 au 26 décembre et le 1ᵉʳ janvier. 2,20 £. ☎ (01248) 810 361.

Palais de justice et prison – Visite de Pâques à septembre de 10 h 30 à 17 h. Fermé durant les sessions du tribunal. 3,50 £ ; palais de justice seul : 1,50 £ ; prison seule : 2,75 £. Visite guidée de la prison sur rendez-vous. ☎ (01248) 811 691 (palais de justice) ; (01248) 810 921 (prison).

Holyhead

Ellin's Tower – Visite de Pâques à mi-septembre de 11 h à 17 h. Entrée libre. Visite guidée de la tour, à partir du premier dimanche de mai tous les dimanches à 14 h. ☎ (01407) 764 973. southstack@interramp.co.uk ; www.rspb.org.uk/cymru/defaults.htm

Llangefni

Oriel Ynys Môn – ♿ Visite du mardi au dimanche et les lundis fériés de 10 h 30 à 17 h. Musée : 2,25 £ ; galerie d'art : entrée libre. Guides en anglais et gallois. Boutique. ☎ (01248) 724 444 ; fax (01248) 750 282.

ANSTRUTHER

Scottish Fisheries Museum – ♿ Visite d'avril à octobre de 10 h (11 h le dimanche) à 17 h 30 (17 h le dimanche) ; le reste de l'année de 10 h (12 h le dimanche) à 16 h 30. Fermé les 1ᵉʳ et 2 janvier, 25 et 26 décembre. 3,50 £. Visite guidée (1 h). ☎/fax (01333) 310 628 ; andrew@scottish-fisheries-museum.org

ANTONY

Antony House – NT. Visite de juin à août du mardi au jeudi, le dimanche et les lundis fériés de 13 h 30 à 17 h 30 ; de fin mars à mai et en septembre et octobre du mardi au jeudi et les lundis fériés aux mêmes heures. 4 £. Visite guidée en dehors des heures d'affluence (dernière visite à 16 h 45). ☎ (01752) 812 191.

ARBROATH

Abbaye – HS. Visite de 9 h 30 à 18 h 30 (16 h 30 d'octobre à mars). Fermé le matin le dimanche d'octobre à mars. 2 £. ☎ (01241) 878 756.

ARDERSIER

Fort George – HS. ♿ Visite de 9 h 30 (14 h le dimanche d'octobre à mars) à 18 h 30 (16 h 30 d'octobre à mars). Dernière entrée 45 mn avant la fermeture. 3 £. Restaurant. ☎ (01667) 462 777.

Regimental Museum – Visite de 10 h (14 h le dimanche) à 18 h (16 h d'octobre à mars). Fermé le samedi et, d'octobre à mars, le dimanche. Entrée libre. ☎ (01463) 224 380.

ARLINGTON Court

Maison et jardins victoriens – NT. ♿ Visite d'avril à octobre de 11 h à 17 h 30. Fermé le samedi (sauf férié). Billet combiné : 5,30 £. Parc : ouvert aux mêmes heures. Jardins seuls : 3,30 £. ☎ (01271) 850 296 ; fax (01271) 850 711.

ARNCROACH

Kellie Castle – NTS. Visite du Vendredi saint au lundi de Pâques et de mai à septembre tous les jours, en octobre uniquement le week-end de 13 h 30 à 17 h 30. Dernière entrée à 16 h 45. 4 £. Dépliants en allemand, espagnol, français, italien, japonais et suédois. ☎ (01333) 720 271 ; fax (01333) 720 326.
Jardins et parc : ♿ ouverts de 9 h 30 au coucher du soleil. Offrande (1 £).

Île d'ARRAN

Brodick   ℓ The Pier – ☎ (01770) 302 140 et 302 401 – Fax (01770) 302 395

Château – NTS. ♿ Visite du Vendredi saint ou d'avril à octobre de 11 h à 16 h (16 h 30 en juillet et août). 6 £ (y compris parc et jardin. Guides en allemand et français. Dépliants en allemand, espagnol, français, italien, japonais et néerlandais. ☎ (01770) 302 202 et 302 462 (garde forestier) ; fax (01770) 302 312.

ARUNDEL

Château – ♿ Visite d'avril à octobre de 12 h à 17 h. Dernière entrée à 16 h. Fermé le samedi et le Vendredi saint. 7 £. Guides en allemand et français. Dépliants en allemand, français et néerlandais. ☎ (01903) 882 173 ; fax (01903) 884 581 ; www.arundelcastle.org

ASHBOURNE

🛈 13 Market Place – ☎ (01335) 343 666

ASHDOWN Forest Centre

♿ Visite d'avril à septembre tous les jours de 14 h (11 h le samedi, les dimanches et jours fériés) à 17 h ; le reste de l'année les week-ends et jours fériés de 11 h à 17 h. Fermé les 25 et 26 décembre. Entrée libre. ☎ (01342) 823 583.

ASHURST

New Forest Nature Quest – ♿ Visite de Pâques à fin octobre de 10 h à 17 h. 4,75 £. ☎ (01703) 292 166.

AUCHINDRAIN

Folk Museum – Visite d'avril à septembre de 10 h à 17 h. 3 £ ; enfants : 1,50 £. Visite guidée (1 h). ☎ (01499) 500 235.

AUDLEY END

Château et parc – EH. ♿ Visite d'avril à septembre du mercredi au dimanche et les jours fériés de 11 h (parc et jardins à 10 h) à 18 h. Dernière entrée à 17 h. Visite sur rendez-vous en octobre du mercredi au dimanche de 10 h à 15 h. 6,50 £ ; parc seul : 4,50 £. Feuillets en allemand, français et japonais. Restaurant. ☎ (01799) 522 399.

AULTROY

Visitor Centre – Ouvert de début mai à début septembre de 10 h à 17 h. ☎ (01445) 760 258.

AUSTWICK

Yorkshire Dales Falconry and Conservation Centre – ♿ Visite de 10 h à 17 h. Démonstrations en vol à 12 h, 13 h 30, 15 h et 16 h 30. 4,15 £ ; enfants : 2,50 £. ☎ (01729) 822 832.

AVEBURY

🛈 (en saison) The Great Barn – ☎ (01672) 539 425

Alexander Keiller Museum – EH, NT. ♿ Visite de 10 h à 18 h (16 h d'octobre à mars). Fermé le 1er janvier et du 24 au 26 décembre. 2 £. ☎ (01672) 539 250 ; fax (01672) 539 388.

AVIEMORE

Strathspey Railway – Les trains à vapeur partent tous les jours de la gare principale (trajet : 20 mn environ) de fin mai à fin septembre de 9 h à 16 h ; en avril, mai et octobre le mercredi et le jeudi uniquement. A/R : 6 £. Demander les horaires détaillés au ☎ (01479) 810 725.

AYLESBURY

Buckinghamshire County Museum – Visite de 10 h (14 h les dimanches et jours fériés) à 17 h. 3,50 £. ☎ (01296) 331 441.

B

BAKEWELL

🛈 Old Market Hall, Bridge Street – ☎ (01629) 813 227

BALMORAL Castle

Domaine et expositions – ♿ Visite de mi-avril à juillet de 10 h à 17 h. 4,50 £. Guides en allemand et en français. ☎ (013397) 42334 ; fax (013397) 42043 ; info@balmoral-castle.co.uk ; www.balmoral-castle.co.uk

BAMBURGH

Château – Visite d'avril à octobre de 11 h à 17 h. Dernière entrée à 16 h 30. 4 £. Boutique de cadeaux. Musée de l'aviation. ☎ (01668) 241 515 ; fax (01668) 214 060.

Crathes Castle – NTS. Visite d'avril (ou Vendredi saint) à octobre de 10 h 30 à 17 h 30 (16 h 30 en octobre). Dernière entrée 45 mn avant la fermeture. Billet à heure fixe ou visite sur rendez-vous. Billet combiné château et parc : 6 £. Jardins et parc : ouverts toute l'année de 9 h au coucher du soleil. 6 £ ; parc seul : 4 £. Restaurant. ☎ (01330) 844 525 ; fax (01330) 844 797.

BANFF

🗓 Collie Lodge (de Pâques à septembre) – ☎ (01261) 812 419 – Fax (01261) 815 807

Duff House – ♿ Visite d'avril à octobre de 11 h à 17 h ; de novembre à mars, du jeudi au dimanche de 11 h à 16 h. 3, 50 £. Dépliants en allemand et en français. Restaurant. ☎ (01261) 818 181 ; fax (01261) 818 900.

BANGOR

Penrhyn Castle – ♿ Visite de fin mars à novembre de 12 h (11 h en juillet et août) à 17 h. Fermé le mardi. 5 £. ☎ (01248) 353 084 ou 371 337.

Parc et écuries – Visite aux mêmes dates de 11 h (10 h en juillet et août) à 18 h. 3,50 £. Musée du chemin de fer. ☎ (01248) 353 084 et 371 337 (renseignements : informations sur les manifestations spéciales) ; fax (01248) 371 281.

BANNOCKBURN Heritage Centre

Visitor Centre – NTS. ♿ Ouvert d'avril à octobre de 10 h à 17 h 30 ; en mars et de début novembre au 23 décembre de 11 h à 16 h 30. 2,50 £. Brochures en allemand et français. ☎/fax (01786) 812 664.

BARLASTON

Wedgwood Factory Visitor Centre – ♿ Visite de 9 h (10 h le week-end) à 17 h. 4,95 £. Visite guidée (2 h). Restaurant. ☎ (01782) 204 218 ; www.thewedgwood-story.com

BARNARD Castle

Château – EH. ♿ Visite d'avril à octobre tous les jours de 10 h à 18 h (17 h en octobre) ; le reste de l'année du mercredi au dimanche de 10 h à 16 h. Fermé du 24 au 26 décembre. 2,30 £. ☎ (01833) 638 212.

Josephine and John Bowes Museum – ♿ Visite toute l'année de 11 h à 17 h. 3,90 £. Visite guidée (2 h) de juin à octobre. Brochures en allemand, français, italien et néerlandais. ☎ (01833) 690 606 ; fax (01833) 637 163 ; www.durham.gov.uk/bowesmuseum

BARNSTAPLE

🗓 ☎ (01271) 388 583

Église paroissiale – Visite du lundi au vendredi de 9 h à 15 h. ☎ (01271) 373 837 (pasteur) ou (01271) 344 589 (bureau paroissial).

Guildhall – Visite guidée (30 mn) tous les jours sur demande à l'Office de tourisme ; barnstaple-town-council@northdevon.gov.uk

Museum of North Devon – NACF. ♿ Visite de 10 h à 16 h 30. Fermé les dimanches, lundis et jours fériés. 1 £ ; entrée libre le samedi matin. ☎ (01271) 346 747 ; fax (01271) 346 407.

BARROW-IN-FURNESS

🗓 Forum 28, Duke Street – ☎ (01229) 870 156

BASILDON

Basildon Park – NT. ♿ Visite d'avril à octobre du mercredi au dimanche de 13 h à 17 h 30. Fermé le Vendredi saint et les mercredis suivant un jour férié. 4,20 £. Parc : 1,80 £. Boutique. ☎ (0118) 984 3040.

BATH

🗓 Abbey Chambers, Abbey Church Yard – BA1 1LY – ☎ (01225) 477 101 – Fax (01225) 477 787

Bains romains – ♿ Visite d'avril à septembre de 9 h à 18 h (21 h 30 en août) ; le reste de l'année de 9 h 30 à 17 h. Fermé le 1er janvier et les 25 et 26 décembre. 6,90 £. Billet combiné avec le musée du Costume : 8,90 £. Audioguides en allemand, espagnol, français, italien et japonais. Brochures en allemand et en français. ☎ (01225) 477 785 ; fax (01225) 477 743 ; janet-pitt@bathnes.gov.uk ; www.romanbaths.co.uk

Abbaye – ♿ Visite du lundi au samedi de 9 h à 16 h. Fermé le Vendredi saint et les 24 et 25 décembre (sauf pour les offices). Offrande : 2 £ par personne. Visites guidées sur rendez-vous. Dépliants en allemand, espagnol, français, italien, japonais, néerlandais et russe. ☎ (01225) 422 462 ; fax (01225) 429 990 ; office@bathabbey.org ; www.bathabbey.org

Pavillon de la Source – ♿ Visite d'avril à septembre de 9 h à 17 h 30 (22 h en juillet et août) ; le reste de l'année de 9 h 30 à 17 h. Fermé les 25 et 26 décembre. 7 £. Audioguides. ☎ (01225) 477 785 ; fax (01225) 477 743 ; janet-pitt@bathnes.gov.uk ; www.romanbaths.co.uk

N° 1 Royal Crescent – NACF. Visite de mi-février à novembre du mardi au samedi, les lundis fériés et le lundi pendant le festival de Bath de 10 h 30 à 17 h (16 h en novembre). Fermé le Vendredi saint. 4 £. Dépliants en chinois, japonais, russe et langues européennes. ☎ (01225) 428 126 ; fax (01225) 481 850 ; admin@bptrust.demon.co.uk ; www.bath-preservation-trust.org.uk

Assembly Rooms – NT. ♿ Visite en fonction des cérémonies prévues de 10 h 30 à 17 h. Fermé les 25 et 26 décembre. Audioguides en allemand, espagnol, français, italien et japonais. Entrée libre. ☎ (01225) 477 789 ; fax (01225) 428 184.

Musée du Costume – NACF. ♿ Mêmes conditions de visite que les Assembly Rooms. Audioguide en allemand, espagnol, français, italien et japonais. 4 £. Billet combiné avec les bains romains : 8,90 £. ☎ (01225) 477 789 ; fax (01225) 428 184 ; janet-pitt@bathnes.gov.uk ; www.museumofcostume.co.uk

BATTLE

Abbaye et champ de bataille – EH. Visite de 10 h à 18 h (17 h en octobre, 16 h de novembre à mars). Fermé du 24 au 26 décembre. 4 £. Audioguides en allemand, français et japonais. ☎ (01424) 773 792.

BEAMISH

Tanfield Railway – ♿ Visite de 10 h à 17 h (16 h d'octobre à mars). Entrée libre. Les trains fonctionnent (54 mn) chaque dimanche, le Vendredi saint et le lundi de Pâques, tous les jours de la dernière semaine de juillet à fin août (vacances scolaires d'été), le mercredi et le jeudi et tous les jours en décembre de 11 h à 16 h (North Pole Express, réservation indispensable). Accès : 3,50 £ (enfants : 2 £). ☎ (01207) 280 643.

The North of England Open-Air Museum – Visite d'avril à octobre tous les jours de 10 h à 17 h ; le reste de l'année (visite du village seul) du mardi au jeudi et les week-ends de 10 h à 16 h. Fermeture possible à Noël. En été : 10 £ (enfants : 3 £) ; en hiver : 3 £ (enfants : 2 £). Brochures en allemand, français, japonais et norvégien. ☎ (01207) 231 811 ; fax (01207) 290 933 ; museum@beamish.org.uk ; www.beamish.org.uk

BEAULIEU

National Motor Museum, Palace House et ruines de l'abbaye – ♿ Visite de 10 h à 18 h (17 h d'octobre à avril). Fermé le 25 décembre. 9,25 £ ; enfants : 6,50 £. Brochures en allemand, français et néerlandais. ☎ (01590) 612 345 ; www.beaulieu.co.uk

BELSAY

Belsay Hall – EH. Visite de 10 h à 18 h (ou à la tombée de la nuit, 16 h de novembre à mars). Fermé du 24 au 26 décembre. 3,80 £. ☎ (01661) 881 636. ☎ (01661) 881 636 ; fax (01681) 881 043.

BELTON

Belton House – NT. Visite d'avril à octobre du mercredi au dimanche et les lundis fériés de 13 h (parc et jardins à 11 h) à 17 h 30. 5,30 £. Restaurant. Restaurant. ☎ (01476) 566 116.

Rolls-Royce Alpine Eagle (1913)

BELVOIR

Château – Visite d'avril à septembre les mardis, jeudis, samedis, dimanches et jours fériés de 11 h à 17 h. 5,25 £. Commentaires en allemand, espagnol, français et italien. ☎ (01476) 870 262 ; fax (01476) 870 443.

BERKELEY

Château – Visite en juillet et août tous les jours de 11 h (14 h le dimanche) à 17 h ; en juin et septembre du mardi au dimanche aux mêmes heures ; en avril et mai du mardi au dimanche de 14 h à 17 h ; en octobre le dimanche de 14 h à 16 h 30 ; les lundis fériés de 11 h à 17 h. 5,40 £ ; jardins seuls : 2 £ ; ferme aux papillons seule : 2 £. Visite guidée (1 h) possible. ☎ (01453) 810 332.

BERRINGTON Hall

Manoir – NT. Visite d'avril à octobre du samedi au mercredi ainsi que le Vendredi saint de 13 h 30 à 17 h 30 (16 h 30 en octobre). Jardins : ouverts les mêmes jours de 12 h 30 à 18 h (17 h en octobre). Parc : de juillet à octobre aux mêmes heures que le manoir. 4,20 £. Jardins seuls : 2 £. ☎ (01568) 615 721 ; fax (01568) 613 263 ; berrington@smtp.ntrust.org.uk ; www.ntrustsevern.org.uk

BERWICK-UPON-TWEED   🄸 Castlegate Car Park – ☎ (01289) 330 733

Burrell at Berwick Collection – EH. Visite d'avril ou du Vendredi saint à octobre de 10 h à 18 h (ou jusqu'au coucher du soleil en octobre) ; de novembre à mars ou au Jeudi saint du mercredi au dimanche de 10 h à 16 h. ☎ (01289) 304 493 (EH) ; (01289) 330 933 (Borough Museum and Art Gallery); (01289) 307 426.

Kings Own Scottish Borderers Museum – Visite de 10 h à 16 h. Fermé le dimanche, le 1er janvier et du 24 au 26 décembre. 2,60 £. ☎ (01289) 307 426 ; museum@berwick-upon-tweed.gov.uk

BETWS-Y-COED

Snowdonia National Park Visitor Centre – ♿ Visite de Pâques à octobre de 10 h à 18 h ; le reste de l'année de 9 h 30 à 13 h et de 14 h à 16 h 30. Fermé le 1er janvier et les 25 et 26 décembre. Entrée libre. Brochures en allemand et en français. ☎ (01690) 710 426 ; fax (01690) 710 665.

BEVERLEY   🄸 The Guildhall, Register Square – ☎ (01482) 867 430

Abbatiale – Visite du lundi au samedi de 9 h à 19 h (16 h en hiver, 17 h au printemps et en automne). Offices le dimanche à 8 h, 10 h 30 et 18 h 30. Offrande : 2 £. Visites guidées en allemand et en anglais. ☎ (01482) 868 540 ; fax (01482) 887 520 ; roger.shaw@beverleyminster.co.uk ; www.beverleyminster.co.uk

St Mary's Church – Visite d'avril à septembre du lundi au vendredi de 9 h 15 à 12 h et de 13 h 30 à 17 h (18 h 30 le vendredi de juin à août), le samedi de 10 h à 17 h 30, le dimanche de 14 h à 17 h ; le reste de l'année du lundi au vendredi de 9 h 15 à 12 h et de 13 h à 16 h 15. Brochures en allemand, français et néerlandais. ☎ (01482) 865 709 (église) ; (01482) 860 889 (secrétariat).

BIBURY

Arlington Mill – Visite de 10 h à 18 h. Fermé le 25 décembre. 2 £. Restaurant. ☎ (01285) 740 368.

BIGNOR

Villa romaine – Visite de juin à septembre tous les jours de 10 h à 18 h ; de mars à mai et en octobre du mardi au dimanche de 10 h à 17 h. Ouvert les lundis fériés de mars à mai. 3,50 £. Visite guidée (45 mn) : 15 £. Prêt de brochures en allemand et en français. ☎ (01798) 869 259 ; fax (01798) 869 478.

The BINNS

Demeure – NTS. Visite guidée (40 mn) de mai à septembre du samedi au jeudi de 13 h 30 à 17 h 30. 4 £. Dépliants en allemand, chinois, français, italien, japonais, néerlandais, polonais et russe. ☎ (01506) 834 255.

Parc – Visite de 10 h à 19 h (16 h de novembre à mars).

BIRMINGHAM
🄸 2 City Arcade – ☎ (0121) 643 2514
🄸 National Exhibition Centre – ☎ (0121) 780 4321
🄸 Birmingham Airport – ☎ (0121) 767 7145

Museum and Art Gallery – ♿ Visite de 10 h (10 h 30 le vendredi, 12 h 30 le dimanche) à 17 h. Fermé le 25 décembre et le 1er janvier. Entrée libre. Visites guidées (45 mn) le mardi à 13 h et le week-end à 14 h 30. ☎ (0121) 303 2834 ; www.birmingham.gov.uk/bmag

Barber Institute of Fine Arts – ♿ Visite de 10 h (14 h le dimanche) à 17 h. Fermé le 1er janvier, le Vendredi saint et du 24 au 26 décembre. ☎ (0121) 472 0962 (renseignements 24 h/24) ; (0121) 414 7333 (information) ; fax (0121) 414 3370 ; info@barber.org.uk ; www.barber.org.uk

Aston Hall – Visite d'avril à octobre tous les jours de 14 h à 17 h. Talons aiguilles interdits. Aston Hall aux chandelles (en décembre) : environ 5 £, réservation indispensable. Les enfants de moins de 16 ans doivent être accompagnés. Entrée libre. ☎ (0121) 327 0062.

Museum of the Jewellery Quarter – ♿ Visite du lundi au vendredi de 10 h à 16 h, le samedi de 11 h à 17 h. 2,50 £. ☎ (0121) 554 3598 ; fax (0121) 554 9700.

Soho House – ♿ Visite du mardi au dimanche et les lundis fériés de 10 h (12 h le dimanche) à 17 h. 2,50 £. Brochures disponibles (participation). ☎ (0121) 554 9122 ; www.birmingham.gov.uk/bmag

Sea Life Centre – ♿ Visite de 10 h à 17 h. Fermé le 25 décembre. 8 £ ; enfants : 4,50 £. ☎ (0121) 633 4700.

Jardin botanique et serres – Visite de 9 h (10 h le dimanche) à 19 h ou au coucher du soleil. Téléphoner pour obtenir les heures de visite de la collection de bonsaïs. 4, 30 £ ; les dimanches d'été et les jours fériés : 4,60 £. Restaurant. ☎ (0121) 454 1860 ; admin@bham-bot-gdns.demon.co.uk ; www.bham-bot-gdns.demon.co.uk

New Art Gallery Walsall – ♿ Visite de 10 h (12 h le dimanche) à 17 h. Fermé le lundi. Entrée libre. Restaurant. ☎ (01922) 654 400 ; fax (01922) 654 401 ; info@artgatwalsall.org.uk ; www.artatwalsall.org.uk ; www.artatwalsall.org.uk

BIRSTALL

Oakwell Hall Country Park – Visite de 11 h (12 h le week-end) à 17 h. 1,20 £. ☎ (01924) 326 240.

BLACKPOOL
🚹 1 Clifton Street – ☎ (01253) 478 222

Illuminations – ♿ Visite de septembre à début novembre (jusqu'à minuit ou 1 h le samedi). Dépliants en allemand, arabe, espagnol, français et japonais. ☎ (01253) 478 222 ; fax (01253) 478 210 ; tourism@blackpool.gov.uk ; www.blackpooltourism.com

Blackpool Tower – ♿ Visite de Pâques à novembre et les week-ends d'hiver à partir de 10 h ou 11 h. 10 £. ☎ (01253) 622 242 ; fax (01253) 625 194.

BLAENAU FFESTINIOG

Llechwedd Slate Caverns – Visite de mars à septembre de 10 h à 17 h 15 ; d'octobre à février de 10 h à 16 h 15 (dernières entrées). Fermé le 1er janvier et les 25 et 26 décembre. 6,95 £. Audioguides en allemand et en français. Chiens non admis. Restaurant. Pub victorien. ☎ (01766) 830 306 ; fax (01766) 831 260 ; llechwedd@aol.com ; www.llechwedd.co.uk

Ffestiniog Railway – ♿ Circule de Porthmadog à Blaenau Ffestiniog (2 h 15 A/R) de fin mars à début novembre tous les jours de 9 h à 17 h ; le reste de l'année certains jours seulement aux mêmes heures. 13,80 £ maximum ; gratuit pour les enfants accompagnés d'un adulte. ☎ (01766) 512 340 (horaires précis) ; fax (01766) 514 995 ; info@festival.demon.co.uk ; www.festival.co.uk

BLAENAVON

Mine de Big Pit – ♿ Visite de mars à novembre de 9 h 30 à 17 h, le reste de l'année s'informer par téléphone. Dernière entrée à 15 h 30. Fermeture occasionnelle de décembre à février, téléphoner pour connaître les horaires. 5,75 £. Visite des galeries (1 h ; interdite aux enfants de moins de 5 ans) de 10 h à 15 h 30. ☎ (01495) 790 311 ; fax (01495) 792 618.

BLAIR ATHOLL

Blair Castle – Visite d'avril à octobre de 10 h à 18 h. Dernière entrée à 17 h. 6 £. Brochures en allemand, français et italien. Restaurant. ☎ (01796) 481 207 ; fax (01796) 481 487 ; office@blair-castle.co.uk ; www.blair-castle.co.uk

BLANTYRE

David Livingstone Centre – ♿ Visite de 10 h (12 h 30 le dimanche) à 17 h. 3 £. ☎ (01698) 823 140 ; fax (01698) 821 424.

BLENHEIM Palace

Palais – ♿ Visite de mi-mars à octobre de 10 h 30 à 17 h 30 (dernière entrée à 16 h 45). Billet combiné palais et parc : 9 £. Visites guidées (1 h) en allemand, français et japonais toutes les 10 mn. Brochures (3,50 £) en allemand, espagnol, français, italien et japonais. Jardin d'agrément, jardin d'herbes aromatiques, serre à papillons et sentier écologique. Restaurant. ☎ (01993) 811 325 (répondeur permanent).

Parc – Ouvert toute l'année de 9 h à 16 h 45 sauf le 25 décembre et un samedi de novembre.

Blicking Hall – NT. ♿ Visite d'avril à octobre de 13 h à 16 h 30. Fermé le lundi (sauf férié), le mardi (sauf en juillet et août). Billet combiné demeure et jardins : 6,50 £. Brochures en allemand, français, italien et néerlandais. Restaurant. ☎ (01263) 738 030. Jardins : ouverts les mêmes jours que le manoir de 10 h 30 à 17 h 30 et de novembre à mars uniquement le week-end de 11 h à 16 h. 3,70 £. Parc : ouvert tous les jours du lever au coucher du soleil.

BODELWYDDAN

Château – ♿ Visite d'avril à octobre tous les jours sauf le vendredi de 11 h à 17 h ; le reste de l'année du mardi au jeudi et le dimanche de 11 h à 16 h. Dernière entrée 1 h avant la fermeture. 4 £. Audioguide. Brochure. Dépliants en allemand et en français. Jardins : ouverts les mêmes jours que le château de 10 h (11 h en hiver) à 16 h. 2 £. Parc seul : 1 £. ☎ (01745) 584 060 ; fax (01745) 584 563.

St Margaret's (Marble) Church – ♿ Visite de 9 h à 17 h (plus tard en été). ☎ (01745) 583 034.

BODIAM

Château – NT. ♿ Visite de mi-février à octobre tous les jours de 10 h à 18 h ou au coucher du soleil ; de novembre à mi-février le week-end de 10 h à 16 h ou au coucher du soleil. Fermé du 24 au 26 décembre. 3,60 £. Restaurant. ☎ (01580) 830 436 ; fax (01580) 830 398 ; kboxxx@smtp.ntrust.org.uk ; www.nationaltrust.org.uk

BODNANT Garden

♿ Visite de mi-mars à fin octobre de 10 h à 17 h. 5 £. ☎ (01492) 650 460 ; fax (01492) 650 448.

BOLSOVER

Château – EH. Visite d'avril à octobre tous les jours de 10 h à 18 h (en octobre au coucher du soleil) ; de novembre à mars du mercredi au dimanche de 10 h à 16 h. Fermé du 24 au 26 décembre. 4,20 £. ☎ (01246) 822 844 ; fax (01246) 241 569.

BOLTON ABBEY

Prieuré – ♿ Visite de 8 h (16 h le vendredi) à 18 h (16 h en hiver) . Entrée libre. Visite guidée (30 mn) sur rendez-vous. Dépliants en allemand, danois, espagnol, français, italien, japonais et néerlandais. ☎ (01756) 710 238.

BOSTON
🛈 Blackfriars Arts Centre, Spain Lane – ☎ (01205) 356 656

St Botolph's Church – ♿ Visite de 8 h 30 à 16 h 30. Offrande. Visite guidée (30 à 45 mn), offrande requise. Dépliants en allemand, espagnol, français, grec, italien, néerlandais, norvégien, portugais et russe. Tour : fermé l'hiver par temps de neige ; accès : 2 £. ☎ (01205) 362 864.

Guildhall Museum – Visite d'avril à septembre tous les jours de 10 h (13 h 30 le dimanche) à 17 h ; le reste de l'année du lundi au samedi aux mêmes heures. Fermé entre Noël et le 1er janvier. 1,25 £ (gratuit le jeudi). Feuillets en allemand, français et néerlandais. ☎ (01205) 365 954.

Maud Foster Mill – Visite le mercredi de 10 h à 17 h, le samedi et les jours fériés de 11 h à 17 h ainsi que les jeudis et vendredis de juillet et d'août, le dimanche de 13 h à 17 h. ☎ (01205) 352 188.

BOTHWELL

Château – HS. ♿ Visite de 9 h 30 (14 h le dimanche d'octobre à mars) à 18 h 30 (16 h 30 d'octobre à mars). Fermé le jeudi après-midi et le vendredi d'octobre à mars. 2,75 £. ☎ (01698) 816 894.

BOURNEMOUTH
🛈 Westover Road – BH1 2BU – ☎ (01202) 451 700 ; fax (01202) 451 743

Russell-Cotes Art Gallery and Museum – ♿ Visite de 10 h à 17 h. Fermé le lundi, le Vendredi saint et les 25 et 26 décembre. Entrée libre. Restaurant. ☎ (01202) 451 800 ; info@russell-cotes.demon.co.uk ; www.russell-cotes.bournemouth.gov.uk

BOURNVILLE

Selly Manor – Visite du mardi au vendredi de 10 h à 17 h. Jours fériés et week-ends d'avril à septembre de 14 h à 17 h. 2 £. ☎ (0121) 472 0199.

Cadbury World – ♿ Visite pratiquement tous les jours, mais peut fermer à des dates indéterminées. Téléphoner pour connaître les horaires exacts d'ouverture. 8 £. Restaurants. ☎ (0121) 451 4159 (achat de billets par avance) ou (0121) 451 4180 (renseignements) ; www.cadburyworld.co.ukhtm

BOVEY TRACEY

Devon Guild of Craftsmen – Visite de 10 h à 17 h 30. Fermé les jours fériés en hiver. 1,25 £. ☎ (01626) 832 223.

BOWHILL

Château – ﹠ Visite en juillet tous les jours de 13 h à 16 h 30 ; le reste de l'année sur rendez-vous. 4,50 £. Visite guidée (1 h 15). ☎ (01750) 22204. Parc : ouvert de fin avril à août du samedi au jeudi de 12 h à 17 h ainsi que le vendredi en juillet. Dernière entrée 45 mn avant la fermeture. 2 £. Promenades guidées. ☎/fax (01750) 22204 ; bht@buccleuch.com

BOWNESS-ON-WINDERMERE

Bac du lac Windermere – Fonctionne entre Bowness et Far Sawrey (5 mn). Départs toutes les 20 mn de 6 h 50 (9 h 10 le dimanche) à 21 h 50 ; de 6 h 50 (9 h 50 le dimanche) à 20 h 50 de début novembre à fin mars. Voitures : 2 £ le passage, cyclistes et piétons : 40 p. ☎ (01228) 607 744 ; fax (01228) 606 755.

Windermere Steamboat Museum – ﹠ Visite de mi-mars à octobre de 10 h à 17 h. 3,25 £. ☎ (015394) 45565 ; steamboat@insites.co.uk ; www.steamboat.co.uk

BOWOOD House

﹠ Visite d'avril à octobre de 11 h à 18 h ou au coucher du soleil. 5,70 £. ☎ (01249) 812 102 ; www.bowood-estate.co.uk

BRADFORD

🛈 National Museum of TV, Prince's View – ☎ (01274) 753 678

National Museum of Photography, Film and Television – Visite de 10 h à 18 h. Fermé le lundi (sauf férié). Cinémas ouverts de 10 h à une heure tardive. ☎ (01274) 202 030 ; fax (01274) 723 155.

Wool Exchange – Visite aux heures habituelles d'ouverture des magasins. Librairie Waterstones, cafétéria, boulangerie, bar à bière, marchand de journaux et boutiques de cadeaux (bureaux aux étages supérieurs).

Cathédrale – ﹠ Visite de 8 h à 15 h. Visite guidée (45 mn) : 3,50 £. Brochures en allemand, français, italien et néerlandais. ☎ (01274) 777 720 ; fax (01274) 777 730.

Life Force – ﹠ Visite tous les jours de 10 h à 17 h. 4,90 £. Restaurant. ☎ (01274) 224 540 ; fax (01274) 229 012 ; lifeforce@excite.co.uk ; www.lifeforce.org.uk

Colour Museum – Visite du mardi au sameddi de 10 h à 16 h. Entrée payante. Téléphoner pour connaître les horaires. ☎ (01274) 390 955.

Environs

Shipley Glen Tramway – Fonctionne de mai à septembre en semaine de 12 h à 16 h ; de novembre à mars le week-end de 13 h (12 h le dimanche) à 16 h ; d'avril à octobre le samedi de 12 h à 17 h ainsi que les dimanches et jours fériés de 10 h à 16 h ; en janvier et février le dimanche uniquement. Fermé les 25 et 26 décembre et le 1er janvier. 35 p (aller simple), 60 p (A/R); ☎ (01274) 589 010 ou 492 026.

Brooks Mill – Visite de 9 h 30 à 17 h (20 h le jeudi). Fermé le 25 décembre. Entrée libre. ☎ (01422) 377 337.

Calderdale Industrial Museum – ﹠ Visite uniquement sur rendez-vous (à caractère pédagogique et pour les groupes). ☎ (01422) 358 087 ; fax (01422) 349 310.

BRADFORD-ON-AVON

Tithe Barn – EH. ﹠ Visite de 10 h 30 à 16 h. Fermé le 25 décembre. Entrée libre. ☎ (01345) 090 899.

St Laurence – ﹠ Visite toute l'année de 10 h à 19 h (16 h en hiver). Entrée libre. ☎ (01225) 865 797.

BRANTWOOD

Visite de mi-mars à mi-novembre tous les jours de 11 h à 17 h 30 ; le reste de l'année du mercredi au dimanche de 11 h à 16 h 30. 3,90 £ ; parc seul : 2 £. Feuillets en allemand, français et japonais. Restaurant. ☎ (01539) 441 396 ; fax (01539) 441 263 ; enquiries@brantwood.org.uk ; www.brantwood.org.uk

BRAUNTON

🛈 The Bakehouse Centre, Caen Street – ☎ (01271) 816 400

BRECON

🛈 Cattle Market Car Park – LD 3 9DA – ☎ (01874) 622 485 – Fax (01874) 625 256

Brecknock Museum – ﹠ Visite du lundi au vendredi de 10 h à 17 h, le samedi de 10 h à 13 h et de 14 h à 17 h (16 h le samedi de novembre à février) ; d'avril à septembre le dimanche de 12 h à 17 h. Fermé le Vendredi saint et du 24 décembre au 1er janvier. 1 £. ☎ (01874) 624 121 ; fax (01874) 611 281 ; brecknock .museum @powys.gov.uk

BRECON

Brecon Beacons Mountain Centre – &. Visite tous les jours de 9 h 30 à 17 h (18 h en juillet et août) ; le week-end d'avril à juin et en septembre de 9 h 30 à 17 h 30 ; de novembre à février de 9 h 30 à 16 h. Fermé le 25 décembre. ☎ (01874) 623 366 ; fax (01874) 624 515.

BRIGHTON   🛈 10 Bartholomew Square – ☎ (01273) 292 599

Royal Pavilion – Visite de 10 h à 18 h (17 h d'octobre à mai). Fermé les 25 et 26 décembre. 4,90 £. Visites guidées en allemand, espagnol et français. Dépliants en allemand, espagnol, français, italien, japonais, néerlandais et russe. Brochures en allemand, espagnol, français, italien et néerlandais. ☎ (01273) 290 900 ; fax (01273) 292 871 ; www.royalpavilion.brighton.co.uk

Sea Life Centre – &. Visite de 10 h à 18 h (17 h l'hiver). Dernière entrée 1 h avant la fermeture. Fermé le 25 décembre. 5,95 £ ; enfants : 3,95 £. Dépliants et brochures. ☎ (01273) 290 900.

St Bartholomew's – Visite du lundi au samedi de 10 h à 13 h et de 14 h à 16 h 30. Office du lundi au vendredi à 12 h 15 (messe basse), le samedi à 9 h 30, le dimanche à 9 h 30 (messe basse) et à 11 h (grand-messe solennelle). ☎ (01273) 620 491.

Art Gallery and Museum – En cours de rénovation, téléphoner pour connaître les heures d'ouverture. Entrée libre. ☎ (01273) 290 900 ; fax (01273) 292 841 ; www.museum.brighton.co.uk

Environs

Preston Manor – Visite de 10 h (13 h le lundi, 14 h le dimanche) à 17 h. Fermé le Vendredi saint et les 25 et 26 décembre. 3,20 £ ; billet combiné avec la visite du Royal Pavilion de Brighton : 7 £. ☎ (01273) 292 770 ; fax (01273) 292 771.

Booth Museum of Natural History – &. Visite de 10 h (14 h le dimanche) à 17 h. Fermé le jeudi ainsi que les 1er janvier, Vendredi saint, 25 et 26 décembre. Entrée libre. ☎ (01273) 292 777 ; fax (01273) 292 778 ; boothmus@pavilion.co.uk

BRISTOL   🛈 St Nicholas Church, St Nicholas Street – BS1 1UE –
               ☎ (0117) 926 0767 – Fax (0117) 922 1557
       🛈 Bristol Airport – BS19 3DY – ☎ (01275) 474 444 – Fax (01275) 474 767

St Mary Redcliffe – Visite de 8 h 30 à 17 h. Office le dimanche à 8 h, 9 h 30, 11 h 15 et 18 h 30. Brochures en allemand, espagnol, français, italien japonais et néerlandais. ☎/fax (0117) 929 1487. administrator@stmaryredcliffe.co.uk ; stmaryredcliffe.co.uk

Industrial Museum – &. Visite d'avril à octobre du samedi au mercredi de 10 h à 17 h ; le reste de l'année le week-end aux mêmes heures. Entrée libre. On peut voir la cabine et les machines du Mayflower, un remorqueur à vapeur, les week-ends d'été. Excursions et démonstrations ponctuelles par le Pyronaut. ☎ (0117) 925 1470.

Maison georgienne – NACF. &. Visite d'avril à octobre de 10 h à 17 h. Fermé le jeudi et le vendredi, ainsi que le Vendredi saint. Entrée libre. ☎ (0117) 921 1362.

Cathédrale – Visite de 8 h à 18 h. Fermé l'après-midi du 25 décembre. Offrande suggérée : 2 £. Visites guidées en allemand et en français sur rendez-vous. Brochures et dépliants. ☎ (0117) 926 4879 ; fax (0117) 925 3678.

SS Great Britain and Maritime Heritage Centre – &. Visite de 10 h à 17 h 30 (16 h 30 en hiver). Fermé les 24 et 25 décembre. 6,25 £ ; enfants : 3 £. Visite guidée (1 h) sur rendez-vous. ☎ (0117) 926 0680.

Lord Mayor's Chapel – Visite de 10 h à 12 h et de 13 h à 16 h. Fermé le lundi et le dimanche (sauf pour l'office). Offrande. ☎ (0117) 929 4350.

St John the Baptist – Visite d'avril à octobre du mardi au vendredi de 11 h à 16 h. Entrée libre. ☎ (020) 7936 2285 (The Churches Conservation Trust).

St Stephen's City – Visite de 10 h à 17 h. Fermé le week-end (sauf pour l'office du dimanche). Après 15 h entrer par la porte latérale. ☎ (0117) 927 7977 ; crick@cix.co.uk

City Museum and Art Gallery – NACF. &. Visite de 10 h à 17 h. Fermé les 25 et 26 décembre. Entrée libre. ☎ (0117) 922 3571.

Red Lodge – Visite d'avril à octobre de 10 h à 17 h. Fermé le jeudi et le vendredi. Entrée libre. ☎ (0117) 921 1360 ; www.bristol-city.gov.uk/museums

Exploratory Hands-on Science Centre – &. Visite de 10 h à 17 h. Fermé la semaine de Noël. 5 £. ☎ (0117) 907 9000.

Temple Meads – British Empire and Commonwealth Museum – Ouverture prévue en 2001. ☎ (0117) 925 4980 ; staff@empiremuseum.co.uk ; www.empiremuseum.co.uk

∄ (en saison) 1 Cotswold Court – ☎ (01386) 852 937

Broadway Tower Country Park – ♿ Visite d'avril à octobre de 10 h 30 à 17 h. 4 £ ; enfants : 2,30 £. Restaurant. ☎ (01386) 852 390 ; fax (01386) 858 038 ; broadway-tower@clara.net

BRODIE Castle

NTS. ♿ Visite d'avril (ou du Vendredi saint) à septembre tous les jours de 11 h (13 h 30 le dimanche) à 17 h 30 ; en octobre les week-ends uniquement aux mêmes heures ; le reste de l'année sur rendez-vous uniquement. Dernière entrée à 16 h 30. 5 £. Parc seul : offrande (1£) en saison. Dépliants en allemand, espagnol, français, italien, japonais, néerlandais et suédois. ☎ (01309) 641 371 ; fax (01309) 641 600 ; sblackden@nts.org.uk

Parc : ouvert toute l'année de 9 h 30 au coucher du soleil.

BRODSWORTH

Brodsworth Hall – ♿ Château : visite d'avril au 5 novembre de 13 h à 18 h. Dernière entrée à 17 h. Fermé le lundi (sauf férié). 5 £. Parc : ouvert d'avril au 5 novembre de 12 h à 18 h (fermé le lundi sauf férié) ; du 11 novembre au 25 mars le week-end de 11 h à 16 h. 2,60 £ ; en hiver : 1,60 £. Brochure. ☎ (01302) 722 598 ; fax (01302) 337 165 ; michael.constantine@english-heritage.org.uk

BROMSGROVE

Avoncroft Museum of Historic Building – Visite en juillet et août de 10 h 30 à 17 h (17 h 30 le week-end) ; d'avril à juin et en septembre du mardi au dimanche de 10 h 30 à 16 h 30 (17 h le week-end) ; en mars et en novembre du mardi au jeudi et le week-end de 10 h 30 à 16 h. 4,60 £. ☎ (01527) 831 363 ; fax (01527) 876 934 ; www.avoncroft.org.uk

BROUGHTON (Borders)

John Buchan Centre – Visite à Pâques et de mai à septembre de 14 h à 17 h. 1 £. ☎ (01899) 221 050.

BROUGHTON (Warwickshire)

Château – Visite de mi-mai à mi-septembre les mercredis, dimanches et jours fériés de 14 h à 17 h ; en juillet et août les jeudis aux mêmes heures. 4 £. ☎/fax (01295) 276 070.

BROUGHTY FERRY

Claypotts Castle, Broughty Ferry – HS. Téléphoner pour connaître les horaires de visite. ☎ (01786) 450 000.

BROWNSEA Island

NT. ♿ Accès par bateau depuis Poole, Sandbanks, Swanage et Bournemouth. Visite de fin mars à début octobre de 10 h à 17 h (18 h en juillet et août). Vérifier l'heure de départ du dernier bateau. Taxe de débarquement : 2,60 £, enfants : 1,30 £. Visite guidée de la réserve naturelle : ☎ (01202) 709 445. Théâtre en plein air et diverses manifestations l'été : ☎ (01985) 843 601 ; ☎ (01202) 707 744 ; fax (01202) 701 635.

BUCKFASTLEIGH

Abbaye de Buckfast – ♿ Visite de 5 h 30 à 19 h. Accueil : ouvert de 9 h à 17 h 30 (10 h à 16 h en hiver). Exposition (entrée libre). ☎ (01364) 645 500.

South Devon Railway – ♿ Visite de mars à octobre de 9 h 30 (9 h les jours fériés) à 18 h. 6,50 £. ☎ (01364) 642 338 ; www.southdevonrailway.org

BUCKLAND Abbey

NT. Visite d'avril à octobre de 10 h 30 à 17 h 30 ; le reste de l'année le week-end uniquement de 14 h à 17 h. Dernière entrée 45 mn avant la fermeture. Fermé le jeudi, les 25 et 26 décembre ainsi que du 1er janvier au 16 février. 4,50 £. Dépliants en allemand, espagnol et français. Restaurant. ☎ (01822) 853 607 ; fax (01822) 855 448.

BUCKLER'S HARD

Maritime Museum – Visite de 10 h à 17 h 30 (11 h à 16 h d'octobre à Pâques). 4,50 £. Fermé le 25 décembre. Visite guidée (1 h). Promenade sur la rivière (30 mn) : 2,50 £. ☎ (01590) 616 203.

BURFORD

Cotswold Wildlife Park – ♿ Visite de 10 h à 19 h ou à la tombée du jour. Dernière entrée à 17 h. Fermé le 25 décembre. 6 £ ; enfants de 3 à 16 ans : 4 £. Restaurant. ☎ (01993) 823 006; www.cotswoldwildlifepark.co.uk

BURTON AGNES

Burton Agnes Hall – ♿ Visite du Vendredi saint ou d'avril à octobre tous les jours de 11 h à 17 h, le reste de l'année sur rendez-vous uniquement. 4,50 £. Visite guidée (1 h 15). Dépliants en allemand, français et néerlandais. ☎ (01262) 490 324 ; fax (01262) 490 513 ; www.burton-agnes.co.uk

BURTON-UPON-TRENT

Bass Museum of Brewing – ♿ Visite de 10 h à 17 h. Dernière entrée à 16 h. Fermé le 1er janvier et les 25 et 26 décembre. 4,50 £. ☎ (01283) 511 000 ; fax (01283) 513 509 ; enquiries@bass-museum.com ; www.bass-museum.com

BURY ST EDMUNDS
🖪 6 Angel Inn – ☎ (01284) 764 667

Cathédrale – ♿ Visite de 8 h 30 à 20 h (17 h 30 en hiver). Entrée libre mais offrande (2 £) conseillée. Trésor : 20 p. Visite guidée sur accord préalable. Accès au réfectoire autorisé du lundi au samedi de 10 h à 16 h 30. Brochures et dépliants en allemand, français, italien, japonais et néerlandais. ☎ (01284) 754 933 ; fax (01284) 768 655 ; cathedral@btinternet.com ; www.stedscathedral.co.uk

Moyse's Hall Museum – ♿ Visite de 10 h (14 h le dimanche) à 17 h. ☎ (01284) 757 488.

Manor House Museum – ♿ Visite du dimanche au mercredi de 12 h à 17 h. 2,50 £. ☎ (01284) 757 072 ; fax (01284) 757 079.

Ruines de l'abbaye – EH. Visite du lever au coucher du soleil. Entrée libre. ☎ (01284) 764 667.

St Mary's Church – Visite en fonction de la disponibilité du personnel de Pâques à octobre de 10 h (14 h le dimanche) à 16 h ; le reste de l'année de 11 h à 15 h. Fermé le dimanche de novembre à Pâques. Brochure en français. ☎ (01284) 706 668 ; hr@dial.pipex.com ; www.stedmundsbury.anglican.org/burystedmunds-stmary

BUXTON
🖪 The Crescent – ☎ (01298) 25106

C

CAERLAVEROCK Castle

HS. Visite d'avril à septembre de 9 h 30 à 18 h 30 ; le reste de l'année de 9 h 30 (14 h le dimanche) à 16 h 30. 2,80 £. Restaurant. ☎ (01387) 770 244.

CADW: Welsh Historic Monuments/Crown Copyright

Amphithéâtre romain de Caerleon

CAERLEON

Monuments romains – ♿ Visite d'avril à octobre de 9 h 30 à 17 h ; de novembre à mars de 9 h 30 (13 h le dimanche) à 17 h. Fermé le vendredi de novembre à mars ainsi que le 1er janvier et du 24 au 26 décembre. 2 £ ; billet combiné avec le musée de la Légion romaine : 3,30 £. ☎ (01633) 422 518.

Roman Legionary Museum – ♿ Visite de 10 h (14 h le dimanche) à 17 h. Fermé le 1er janvier, du 24 au 26 décembre et le 31 décembre. 2,10 £ ; billet combiné avec les monuments romains : 3,30 £. ☎ (01633) 423 134 ; fax (01633) 422 869.

CAERNARFON
🖪 Oriel Pendeitsh, Castle Street – LL55 1SE – ☎ (01286) 672 232 – Fax (01286) 678 209

Château – Visite de 9 h 30 (11 h le dimanche de fin octobre à mars) à 18 h 30 (16 h de fin octobre à mars). Fermé le 1er janvier et du 24 au 26 décembre. 4,20 £. ☎ (01286) 677 617.

Fort romain de Segontium – ♿ Visite d'avril à septembre de 10 h (14 h le dimanche) à 17 h (16 h d'octobre à mars). Fermé le dimanche matin jusqu'à 14 h. Prix d'entrée non communiqué. ☎ (01286) 675 625.

Llanbeblig Church – ♿ Visite sur rendez-vous. ☎ (01286) 674 181 ; fax (01286) 673 750.

CAERPHILLY

Château – Visite d'avril à octobre de 9 h 30 à 18 h 30, de novembre à mars de 9 h 30 (11 h le dimanche) à 16 h. Fermé les 1er janvier et du 24 au 26 décembre. 2,50 £. ☎ (029) 2088 3143.

CAIRNGORMS

Télésiège du Cairn Gorm – ♿ Fonctionne selon les conditions météorologiques à partir de Cairn Gorm Day Lodge de 9 h 15 à 16 h 15. A/R : 6 £. ☎ (01479) 861 261 ; fax (01479) 861 207 ; cairngorm@sol.co.uk ; www.aviemore.org/cairngorm

CALDEY Island

Bac – ♿ Fonctionne selon les conditions météorologiques de Pâques à octobre du lundi au vendredi de 10 h à 16 h (traversée : de 20 à 30 mn ; départs toutes les 20 à 30 mn), ainsi que le samedi de juin à août à partir de 10 h 45. 7 £. ☎ (01834) 844 453 (John Cattini).

CALLANDER
🅱 Ancester Square – ☎ (01877) 330 342

CAMBO

Wallington House – NT. ♿ Visite de 13 h à 17 h 30 (16 h 30 en octobre et novembre). Fermé le mardi. 5,40 £. ☎ (01670) 774 283. Jardins : ouverts tous les jours de 10 h à 18 h (16 h de novembre à mars). Parc : ouvert toute l'année du lever au coucher du soleil. Jardins et parc seuls : 3,90 £. Restaurant. ☎ (0167) 774 356.

CAMBRIDGE
🅱 Wheeler Street – ☎ (01223) 322 640

St John's College – ♿ Visite de 10 h à 17 h 30. 1,75 £. Entrée libre de décembre à février. ☎ (01223) 338 600.

Trinity College – Visite de mi-mars à début novembre tous les jours de 10 h à 17 h 30. Fermé mi-juin, le 29 juin, le 30 septembre et le 1er octobre. 1,75 £. Wren Library : visite du lundi au vendredi de 12 h à 14 h, le samedi de 10 h 30 à 12 h 30 pendant l'année universitaire. ☎ (01223) 338 400 ; fax (01223) 339 209.

Gonville and Caius College – Visite de fin mars à début mai et de mi-juin à septembre de 9 h à 14 h et toute la journée d'octobre à mars. Fermé les week-ends et jours fériés. Les groupes de plus de 6 personnes ne sont pas admis. ☎ (01223) 332 400 (loge du gardien) ; www.cai.cam.ac.uk

Trinity Hall – Visite du lever au coucher du soleil. Fermé de mi-avril à fin juin et du 24 décembre au 2 janvier. Fermeture possible occasionnellement en dehors de ces périodes. ☎ (01223) 332 500 ; rac44@cam.ac.uk ; www.trinhall.cam.ac.uk

Clare College – Old Court, Hall and Chapel : visite de 10 h 30 à 17 h. 1,75 £ de Pâques à septembre. Dépliant. Jardins : ouverts aux mêmes périodes sauf en cas de mauvais temps et pendant les travaux d'entretien. ☎ (01223) 333 200 ; fax (01223) 333 219.

Great St Mary's Church – Visite de 8 h à 18 h 15. Tour : visite de 10 h à 16 h 30 ; 1,75 £.

King's College – Parc : fermé de mi-avril à mi-juin et du 25 décembre au 3 janvier. Chapelle : ouverte durant l'année scolaire de 9 h 30 à 15 h 30 (15 h 15 le samedi), le dimanche de 13 h 15 à 14 h 15 et de 17 h à 17 h 30 ; pendant les vacances d'été les jours ouvrables de 9 h 30 à 16 h 30, le dimanche de 10 h à 17 h. Collège et chapelle : 3,50 £. Brochures en allemand, espagnol, français, italien, japonais et néerlandais. ☎ (01223) 331 212 ; fax (01223) 331 212.

Corpus Christi College – Visite de 9 h à 17 h sauf en mai et début juin (période d'examens) où elle est réduite de 14 h à 16 h. Fermé de fin décembre à début janvier (10 jours). ☎ (01223) 338 000 ; www.corpus.cam.ac.uk

St Catharine's College – Visite de 11 h à 17 h. Fermé en mai et juin et à Noël. ☎ (01223) 338 300.

Queen's College – Visite de fin juin à septembre tous les jours de 10 h à 16 h 30 ; de mi-mars à mi-mai tous les jours de 11 h à 15 h (10 h à 16 h 30 les week-ends) ; en octobre les week-ends de 10 h à 16 h 30. 1 £ 20. Brochures en allemand, espagnol, français, italien et japonais. ☎ (01223) 335 511 ; sf114@hermes.cam.ac.uk ; www.qns.cam.ac.uk

Pembroke College Chapel – Visite de 14 h à 17 h. Fermé en mai et juin et à Noël. ☎ (01223) 338 100 ; fax (01223) 338 128 ; www.pem.cam.ac.uk

Fitzwilliam Museum – ♿ Visite de 10 h (14 h 15 le dimanche) à 17 h. Fermé le lundi (sauf certains lundis fériés), le Vendredi saint et du 24 décembre au 1er janvier. Entrée libre. Visites guidées en allemand, espagnol, français ou néerlandais sur rendez-vous. ☎ (01223) 332 900 ; fitzmuseum-enquiries@lists.cam.ac.uk ; www .fitz museum.cam.ac.uk

Kettle's Yard – ♿ Demeure : visite de Pâques à août de 13 h 30 à 16 h 30 ; le reste de l'année de 14 h à 16 h. Fermé le lundi. Galerie : visite du mardi au dimanche de 11 h 30 à 17 h. Fermé le lundi. Entrée libre. ☎ (01223) 352 124 ; kettles-yard-gen@lists.cam.ac.uk ; www.kettlesyard.co.uk

Magdalene College – Collège et chapelle : visite de 9 h à 18 h 30. Hall : visite de 9 h 30 à 12 h 30. Jardin : ouvert de 13 h à 18 h 30. Fermé pendant les examens. Pepy's Library : visite de fin avril à août du lundi au samedi de 11 h 30 à 12 h 30 et de 14 h 30 à 15 h 30, de mi-janvier à mi-mars et de début octobre à début décembre du lundi au samedi de 14 h 30 à 15 h 30 ; www.magd.cam.ac.uk

Jesus College – Cours et jardins : visite de 10 h à 16 h 30. Fermé d'avril à juin et du 24 au 26 décembre. Entrée libre. Visite guidée sur demande auprès de l'Office de tourisme. ☎ (01223) 339 469 ; domestic-bursar@jesus.cam.ac.uk

Emmanuel College – ♿ Visite de 9 h à 18 h. Fermé le 1er janvier et le 25 décembre. Entrée libre.

CANTERBURY
🛈 34 St Margaret's Street – ☎ (01227) 766 567

Cathédrale – ♿ Visite du lundi au samedi de 9 h à 17 h (19 h de Pâques à septembre, sauf le lundi), le dimanche de 12 h 30 à 14 h 30 et de 16 h 30 à 17 h 30. Crypte : visite en semaine de 10 h à 16 h 30, le dimanche de 16 h 30 à 17 h 30. Accès à l'enceinte : 3 £ ; gratuit le dimanche en hiver. Visite guidée (1 h 45) du lundi au samedi : 3,50 £. Audioguides (35 mn) en allemand, espagnol, français, italien, japonais et néerlandais : 2,95 £. Brochures en allemand, espagnol, français, italien, néerlandais, russe ou suédois. ☎ (01227) 762 862 ; fax (01227) 865 222 ; visits@canterbury-cathedral.org ; www.canterbury-cathedral.org

St Augustine's Abbey – EH. Visite de 10 h à 18 h (16 h de novembre à mars). Fermé du 24 au 26 décembre. 2,50 £. Audioguide. ☎ (01227) 767 345.

Roman Museum – ♿ Visite de juin à octobre tous les jours de 10 h (13 h 30 le dimanche) à 17 h ; le reste de l'année du lundi au samedi aux mêmes heures. Dernière entrée à 16 h. Fermé le Vendredi saint et la semaine de Noël. 2,40 £ ; billet combiné avec West Gate Museum et Heritage Museum : 4 £. ☎ (01227) 785 575.

King's School – Parc dans l'enceinte de la cathédrale ouvert de 7 h à 21 h. Entrée comprise dans le tarif d'accès à l'enceinte. Visites guidées en allemand, espagnol, français ou italien incluant celle de l'abbaye St-Augustin sur demande écrite auprès de The Headmaster, The King's School, CANTERBURY CT1 2ES. ☎ (01227) 595 501 ; head-master@kings-school.co.uk ; www.kings-school.co.uk

West Gate Museum – Visite du lundi au samedi de 11 h à 12 h 30 et de 13 h 30 à 15 h 30. Fermé le Vendredi saint et le 25 décembre. 1 £ ; billet combiné avec le Roman Museum et Heritage Museum : 4 £. ☎ (01227) 452 747.

Hospital of St Thomas the Martyr – Visite du lundi au samedi de 10 h à 17 h. Fermé les 25 et 26 décembre. 1 £. Dépliants en allemand et français. ☎ (01227) 471 688.

Greyfriars House – Visite de mi-mai à fin septembre du lundi au samedi de 14 h (12 h 30 le mercredi) à 16 h. Offrande.

Heritage Museum – Visite de juin à octobre tous les jours de 10 h 30 (13 h 30 le dimanche) à 17 h ; le reste de l'année du lundi au samedi aux mêmes heures. Dernière entrée à 16 h. Fermé le Vendredi saint et la semaine de Noël. 2,40 £ ; billet combiné avec le Roman Museum et West Gate Museum : 4 £. ☎ (01227) 452 747.

The Canterbury Tales – ♿ Visite en juillet et août de 9 h à 17 h 30, de mars à juin et en septembre et octobre de 9 h 30 à 17 h 30, le reste de l'année de 10 h (9 h 30 le samedi) à 16 h 30 (17 h 30 le samedi). Fermé le 25 décembre. 5,50 £. Commentaires (45 mn) en allemand, espagnol, français, italien, japonais ou néerlandais. ☎ (01227) 479 227 (renseignements) ; fax (01227) 765 584.

St Dunstan's Church – Visite de 8 h à 17 h. Brochures en allemand et en français. ☎ (01227) 463 654 (pasteur).

St Martin's Church – ♿ Visite de 9 h à 17 h (ou au coucher du soleil en hiver). Visite guidée d'avril à septembre selon disponibilité des guides ou sur rendez-vous. ☎ (01227) 768 072.

Royal Museum and Art Gallery and Buffs Museum – Visite de 10 h à 17 h. Fermé le dimanche, le Vendredi saint et la semaine de Noël. Entrée libre. ☎ (01227) 457 747.

CARDIFF

Château – Parc, mur romain et donjon : visite de 9 h 30 à 18 h (16 h 30 de novembre à février). Fermé les 1er janvier, 25 et 26 décembre. Visite guidée (1 h ou 30 mn) de mars à octobre de 10 h à 17 h (toutes les 20 mn), de novembre à février les jours ouvrables à 10 h 30, 11 h 45, 12 h 45, 14 h et 15 h 15, le week-end à 10 h 30, 11 h 45, 12 h 15, 13 h 30 et 14 h. Visite du parc, du mur romain, du donjon normand et du musée militaire : 2,50 £ (visite guidée : 5 £). Brochures en allemand, espagnol, français, gallois, italien et japonais. ☎/fax (02920) 878 100 ; cardiffcastle@cardiff.gov.uk

National Museum of Wales – ♿ Visite du mardi au dimanche et la plupart des lundis fériés de 10 h à 17 h. 4,50 £. Audioguide et brochure. ☎ (029) 2039 7951 ; fax (029) 2037 3219.

Cardiff Bay Visitor Centre – ♿ Visite de 9 h30 (10 h 30 les week-ends et jours fériés) à 17 h (18 h 30 de mai à septembre). Fermé du 24 au 26 décembre. Entrée libre. Dépliants en allemand, espagnol, français, japonais et néerlandais. ☎ (01222) 463 833.

Techniquest – ♿ Visite du lundi au vendredi de 9 h 30 à 16 h 30, les samedis, dimanches et jours fériés de 10 h 30 à 17 h. 5,50 £. Guides en allemand et français. ☎ (029) 2047 5475 ; fax (029) 2048 2517 ; gen@tquest.org.uk ; www.techniquest.org

Llandaff Cathedral – Visite de 7 h à 19 h. Visite guidée : téléphoner au bureau du doyen pour connaître les horaires. Restaurant ouvert tous le jours de 10 h à 15 h. ☎ (029) 2056 4554.

CARDIGAN

Welsh Wildlife Centre – ♿ Visite tous les jours de 9 h 30 à 17 h. Visitor Centre : ouvert du mercredi au dimanche de Pâques à novembre. 2,50 £. Restaurant. ☎ (01239) 621 600 ; fax (01239) 613 211.

Environs

Coracle Museum – ♿ Visite de Pâques à octobre de 10 h 30 à 17 h 30 ou sur rendez-vous. Fermé le samedi. ☎ (01239) 710 980 ; martinfowler@btconnect.com ; www.coraclecentre.co.uk

CAREW

Château – Visite de Pâques à octobre de 10 h à 17 h. 1,70 £ ; billet combiné avec la visite du moulin : 2,75 £ ; château ou moulin seul : 1,90 £. Visite guidée (1 h). ☎ (01646) 651 782 ou 651 657 ; fax (01646) 651 782.

Moulin – Visite aux mêmes périodes que le château. 1,70 £ ; billet combiné avec la visite du château : 2,50 £. ☎ (01646) 651 782.

CARLISLE

Tullie House – ♿ Visite de 10 h (12 h le dimanche) à 18 h (17 h au printemps et en automne, 16 h en hiver). Fermé les 25 et 26 décembre ainsi que le 1er janvier. Restaurant. ☎ (01228) 534 781 ; fax (01228) 810 249 ; tullie-house@carlisle-city.gov.uk

Cathédrale – ♿ Visite de 7 h 45 à 18 h 15 (17 h le dimanche). Offrande : 2 £. Visite guidée (30 mn à 1 h 30). Dépliants en allemand, espagnol, français, italien, japonais et néerlandais. Restaurant. ☎ (01228) 548 151 ou 535 169 ; fax (01228) 548 151 ; office@carlislecathedral.org.uk ; www.carlislecathedral.org.uk

Château – EH. Visite d'avril à fin septembre de 9 h 30 à 18 h ; en octobre de 10 h à 17 h ; de novembre à mars de 10 h à 16 h. Fermé du 24 au 26 décembre et le 1er janvier. 3 £. Visite guidée tous les jours de juin à octobre, le week-end seulement en mai. ☎ (01228) 591 922.

Church of St Cuthbert with St Mary – Visite de 9 h au coucher du soleil. Tithe Barn : ouvert presque tous les matins. ☎ (01228) 521 982 ; pratt@primex.co.uk

CARRBRIDGE

Landmark Visitor Centre – Visite en juillet et août de 9 h 30 à 20 h ; d'avril à juin et en septembre et octobre de 9 h 30 à 18 h ; le reste de l'année de 9 h 30 à 17 h. Fermé le 25 décembre. 6,20 £. ☎ (01479) 841 613.

CARTMEL

Gatehouse – NT. Visite d'avril à fin octobre de 10 h à 16 h. Fermé le lundi. En cas de fermeture un jour normal de visite, appeler le ☎ (01539) 536 537 pour se faire accompagner. Visite guidée (30 mn) sur accord préalable. ☎ (01539) 536 874 ; fax (01539) 536 602.

Prieuré – Visite de 9 h à 17 h 30 (15 h 30 en hiver) sauf pendant les offices. ☎/fax (01539) 536 261 ; vicar.cartmel@virgin.net

CARVORAN

Roman Army Museum – ♿ Visite en juillet et août de 10 h à 18 h 30 ; en mai et juin de 10 h à 18 h ; en avril et septembre de 10 h à 17 h 30 ; en mars et octobre de 10 h à 17 h ; de mi-novembre à mi-février de 10 h à 16 h. Fermé la deuxième quinzaine de février et la première quinzaine de novembre. 3 £. Billet combiné avec Vindolanda, à Chesterholm : 5,60 £. Visite aux mêmes heures que le musée ainsi que la deuxième quinzaine de février et la première quinzaine de novembre. Dépliants en allemand et français. ☎ (01697) 747 485 ; fax (01697) 747 487 ; www.vindolanda.com

CASTLE ACRE

Château – Visite à des heures convenables. Entrée libre.

Prieuré – Visite d'avril à octobre tous les jours de 10 h à 18 h (17 h en octobre) ; le reste de l'année du mercredi au dimanche de 10 h à 16 h. Fermé du 24 au 26 décembre. 3,20 £. Audioguide. ☎ (01760) 755 394.

CASTLE BOLTON

Bolton Castle – Visite de 10 h à 17 h (16 h de décembre à février). Fermé les 24 et 25 décembre. 4 £. ☎ (01969) 623 981 ; fax (01969) 623 332 ; harry@bolton-castle.co.uk ; www.boltoncastle.co.uk

CASTLE RISING

Château – Visite de 10 h à 18 h (à la tombée de la nuit en octobre, 16 h de novembre à mars). Fermé les lundis et mardis de novembre à mars et du 24 au 26 décembre. 3,25 £. ☎ (01553) 631 330.

CASTLETON

Peak Cavern – Visite d'avril à octobre tous les jours de 10 h à 17 h ; le reste de l'année uniquement les week-ends de 10 h à 17 h. 4,75 £ ; enfants : 2,75 £. Visite guidée (1 h). ☎ (01433) 620 285.

Speedwell Cavern – Visite de 9 h 30 à 17 h (16 h en hiver). 5,25 £ ; enfants : 3,25 £. Visite guidée (1 h). Brochures en allemand et en français. ☎ (01433) 620 512 ; fax (01433) 621 888 ; info@speedwellcavern.co.uk ; www.speedwellcavern.co.uk

Blue John Cavern – Visite de 9 h 30 à 17 h 30 (coucher du soleil en hiver). En janvier, téléphoner pour faire ouvrir. Fermé les 25 et 26 décembre. 6 £. Visite guidée (50 mn). ☎ (01433) 620 642 ou 620 638 ; lesley@bluesehojn.gemsoft.co.uk ; www.blue-john.gemsoft.co.uk

Treak Cliff Cavern – Visite de 9 h 30 à 16 h 20. Dernière entrée à 15 h 20 en hiver). Fermé le 25 décembre et le 1ᵉʳ janvier. 5,50 £. Visite guidée (40 mn). Brochures en allemand, espagnol, français et italien. ☎ (01433) 620 571.

CAWDOR

Château – Visite de mai à mi-octobre de 10 h à 17 h. 5,60 £. Brochures en allemand, français, italien et japonais. Restaurant. ☎ (01667) 404 615 fax (01667) 404 674 ; cawdor.castle@btinternet.com

CHAMBERCOMBE Manor

Visite de Pâques à septembre de 10 h (14 h le dimanche) à 16 h 30. Fermé le samedi. 4 £. Visite guidée (45 mn). ☎ (01271) 862 624.

CHARLESTON Farmhouse

Visite d'avril à octobre du mercredi au dimanche de 14 h à 17 h. Visite guidée uniquement sauf les dimanches et lundis fériés. 5,50 £. Visite guidée spéciale (le vendredi de 14 h à 16 h) : 6,50 £. ☎ (01323) 811 265 ; charles@solution-inc.co.uk

CHASTLETON

Chastleton House – NT. Visite uniquement sur réservation d'avril à octobre du mercredi au samedi de 13 h à 17 h (16 h en octobre). Dernière entrée à 15 h. 5,10 £. ☎ (01608) 674 355.

CHATHAM

Historic Dockyard – ♿ Visite de Pâques à octobre tous les jours de 10 h à 17 h ; en février, mars et novembre le mercredi et le week-end de 10 h à 16 h. 8,50 £ ; enfants : 5,50 £. Restaurant. ☎ (01634) 823 800.

CHATSWORTH

Château et parc – Visite de Pâques à octobre de 11 h à 16 h 30 (17 h pour le parc). 6,75 £. Parc seul : 3,85 £. Visite guidée (1 h) du château sur rendez-vous (100 £ ou 15 £ par personne pour les groupes importants). Brochures en allemand, espagnol, français, italien et japonais. ☎ (01246) 582 204 ; fax (01246) 583 536.

CHAWTON

Maison de Jane Austen – Visite de mars à décembre tous les jours de 11 h à 16 h 30 ; en janvier et février les week-ends aux mêmes heures. Fermé les 25 et 26 décembre. 3 £. ☎ (01420) 83262 ; www.janeaustenmuseum.org.uk

CHEDDAR

Grottes et musée – Visite de Pâques à septembre de 10 h à 17 h ; le reste de l'année de 10 h 30 à 16 h 30. Fermé les 24 et 25 décembre. Visite d'ensemble : 7,50 £ (enfants : 4 £). ☎ (01934) 742 343 ; fax (01934) 744 637 ; www.cheddar-caves.co.uk

CHEDWORTH

Villa romaine – NT. Visite de mai à septembre de 10 h à 16 h ; de mars à avril et d'octobre à mi-novembre du mercredi au dimanche de 11 h à 16 h. Fermé le lundi (sauf férié). 3,60 £. ☎ (01242) 890 256 ; (01684) 855 371 (renseignements) ; chedworth@smtp.ntrust.org.uk ; www.ntrustsevern.org.uk

CHELTENHAM   🖪 77 Promenade – ☎ (01242) 522 878

Museum and Art Gallery – ♿ Visite de 10 h à 17 h 20. Fermé les dimanches et jours fériés, ainsi qu'à Pâques et à Noël. Offrande bienvenue. Visite guidée (1 h) sur accord préalable. ☎ (01242) 237 431 ; fax (01242) 262 334 ; artgallery@cheltenham. gov.uk ; www.cheltenhammuseum.org.uk

Pittville Pump Room – Visite de mai à septembre de 10 h à 16 h 30 ; d'octobre à avril de 11 h à 16 h. Fermé le mardi et les 25 et 26 décembre. Entrée libre au rez-de-chaussée ; musée : 1,50 £. Visite guidée (45 mn) sur rendez-vous (supplément de charge de 50 p par personne). ☎ (01242) 523 852.

Gustav Holst Birthplace Museum – Visite de 10 h à 16 h 20. Fermé les lundis, dimanches et certains jours fériés. 2,25 £. Visite guidée (45 mn) sur accord préalable (supplément de charge de 50 p par personne). ☎ (01242) 524 846.

CHEPSTOW   🖪 Bridge Street – ☎ (01291) 623 772

Château – CADW. Visite de 9 h 30 (11 h le dimanche de fin octobre à mars) à 17 h (18 h de juin à septembre, 16 h de fin octobre à mars). Fermé du 24 au 26 décembre. 3 £. ☎ (01291) 624 065.

CHERTSEY

Thorpe Park – Visite d'avril à octobre de 10 h (9 h 30 pendant les vacances scolaires) à 17 h (19 h 30 les week-ends). 16 £ ; enfants de moins de 14 ans et de plus de 1 m : 11 £. Restaurants. ☎ (0870) 444 4466.

CHESSINGTON

World of Adventures – Visite de mars à octobre de 10 h à 17 h ou 18 h (21 h de mi-juillet à fin août). Dernière entrée à 15 h. 19,95 £ ; enfants de 4 à 13 ans : 15,95 £. Restaurants. ☎ (01372) 727 227.

CHESTER   🖪 Town Hall, Northgate Street – ☎ (01244) 402 111

Cathédrale – ♿ Visite de 7 h 30 à 18 h 30. Entrée libre. Visite guidée (1 h) sur accord préalable. Dépliants en allemand, chinois, espagnol, français, italien, japonais et néerlandais. ☎ (01244) 324 756 ; fax (01244) 341 110 ; office@chestercathedral. org.uk ; www.chestercathedral.org.uk

Town Hall – Salle du Conseil et salle des réunions : visite du lundi au vendredi de 9 h à 17 h sous réserve que ne se déroule aucune cérémonie officielle. ☎ (01244) 324 324.

Grosvenor Museum – Visite de 10 h 30 (14 h le dimanche) à 17 h. Fermé le 1er janvier, le Vendredi saint et du 24 au 26 décembre. Entrée libre. ☎ (01244) 402 008 ; fax (01244) 347 587 ; s.rogers@chestercc.gov.uk ; www.chester.gov.uk/heritage/museum/home.html

St John's Church – Visite de 9 h 30 à 17 h 30 (16 h en hiver sauf pendant l'office). Brochures en allemand, espagnol, français, italien et japonais. ☎ (01244) 683 585 ; fax (01244) 674 246 ; ajohn1@aol.com ; www.chesterteamparish.faithweb.com

Zoo – ♿ Visite à partir de 10 h. Horaires de fermeture variables selon la saison, téléphoner pour connaître les horaires. Dernière entrée 1 h 30 avant la fermeture. 9,50 £ ; enfants de 3 à 15 ans : 7 £. Restaurant. ☎ (01244) 380 280 ; marketing@chesterzoo.co.uk ; www.demon.co.uk/chesterzoo

CHESTERHOLM

Vindolanda – EH. Visite en juillet et août de 10 h à 18 h 30 ; en mai et juin de 10 h à 18 h ; en avril et septembre de 10 h à 17 h 30 ; en mars et octobre de 10 h à 17 h ; en février et novembre de 10 h à 16 h. 3,50 £ ; billet combiné avec le musée de l'Armée romaine à Carvoran : 5,60 £. ☎ (01434) 344 277.

CHICHESTER

Cathédrale – ♿ Visite de 7 h 30 à 19 h (17 h de novembre à Pâques). Vêpres à 17 h 30. Offrande : 2 £. Visite guidée (1 h) sur rendez-vous. Brochures en allemand, espagnol, français, italien, japonais et néerlandais. ☎ (01243) 782 595 ; fax (01243) 536 190.

St Mary's Hospital – ♿ Visite guidée (30 mn) sur rendez-vous uniquement. Fermé les mercredis, week-ends et jours fériés. Offrande. ☎ (01243) 532 516 ou 783 377.

Pallant House – Visite de 10 h (12 h 30 les dimanches et jours fériés) à 17 h. Fermé le lundi (sauf férié). 3 £. Visite guidée en français ou en néerlandais (1 h 30) sur rendez-vous. Brochures en allemand, arabe, croate, espagnol, français, japonais et portugais. ☎ (01243) 774 557 ; fax (01243) 536 038 ; pallant@pallant.co.uk ; www.pallanthousegallery.com

CHIDDINGSTONE

Château – Visite en fonction des cérémonies officielles de juin à septembre du mercredi au vendredi de 14 h (11 h 30 les dimanches et jours fériés) à 17 h 30. 4 £. Brochure en japonais. ☎ (01892) 870 347.

CHILLINGHAM

Castle – Visite de Pâques à septembre de 12 h à 17 h. Fermé le mardi sauf en juillet et août. 4,50 £. ☎ (01668) 215 359. enquiries@chillingham-castle.com ; www.chillingham-castle.com

Wild Cattle – Visite guidée (1 h) d'avril à octobre de 10 h à 12 h et de 14 h à 17 h. Fermé le dimanche matin et le mardi. 3 £. ☎ (01668) 215 250 (gardien du parc).

CHIPPING CAMPDEN

St James' Church – Visite du lundi au vendredi de 10 h à 18 h (16 h en hiver), le samedi de 10 h à 17 h, le dimanche de 14 h à 17 h.

CHIRK Castle

Château – NT. ♿ Visite d'avril à novembre du mercredi au dimanche et les jours fériés de 12 h à 17 h (16 h en octobre). Brochures en allemand, espagnol, français et néerlandais. Jardins : ouverts les mêmes jours de 11 h à 18 h (17 h en octobre). 5 £ ; jardins seuls : 2,80 £. ☎ (0691) 774 701 ; fax (0691) 774 706.

CHOLLERFORD

Chesters – EH. Visite d'avril à octobre de 9 h 30 (10 h en octobre) à 18 h (17 h en octobre) ; de novembre à mars de 10 h à 16 h. Fermé du 24 au 26 décembre. 2,80 £. ☎ (01434) 681 379.

CHYSAUSTER

Prehistoric Village – EH. Visite d'avril à octobre de 10 h à 18 h (17 h en octobre). 1,60 £ ; enfants : 80 p. ☎ (7831) 757 934.

CILGERRAN

Château – CADW. Visite d'avril à fin octobre de 9 h 30 à 18 h 30 ; de fin octobre à mars de 9 h 30 à 16 h. 2 £. ☎ (01239) 615 007.

CIRENCESTER

Church of St John the Baptist – Visite de 9 h 30 à 17 h (sauf pendant l'office). Fermé les 25 et 26 décembre. Visite guidée sur demande au bureau paroissial. Brochures en allemand, français et japonais. ☎ (01285) 659 317 (bureau paroissial).

Corinium Museum – ♿ Visite de 10 h (14 h le dimanche) à 17 h. Fermé du 24 au 26 décembre. 2,50 £. Dépliants en allemand et français. ☎ (01285) 655 611; fax (01285) 643 286 ; simone.clark@cotswold.gov.uk ; www.cotswold.gov.uk/museum.htm

CLAVERTON

American Museum – ♿ Visite de fin mars à début novembre de 14 h à 17 h. Fermé le lundi. Lundis fériés et dimanches qui les précèdent : visite de 11 h à 17 h. Billet combiné pour le musée, le parc et les galeries : 5,50 £. Parc et galeries : 3 £. ☎ (01225) 460 503 ; fax (01225) 480 726 ; www.americanmuseum.org

CLEVEDON

Clevedon Court – NT. Visite d'avril à fin septembre les mercredis, jeudis, dimanches et lundis fériés de 14 h à 17 h. 4 £. Visite guidée sur accord préalable.

CLIFTON

Bristol Zoological Gardens – Visite de 9 h à 17 h 30 (16 h 30 en hiver). Fermé le 25 décembre. 8,20 £ ; enfants : 4,60 £. ☎ (0117) 973 8951 ; fax (0117) 973 6814 ; information@bristolzoo.org.uk ; www.bristolzoo.org.uk

Cathédrale St-Pierre-et-St-Paul – Visite de 7 h à 21 h (20 h en hiver). ☎ (0117) 973 8411 ; fax (0117) 974 4897 ; cathedral@cliftondiocese.com ; www.cliftonca-thedral.org.uk

CLOVELLY

Visitor Centre – ♿ Visite de 9 h 30 (9 h de juillet à septembre) à 18 h ou à la tombée de la nuit. Fermé le 25 décembre. 3,50 £. ☎ (01237) 431 288 ; visitorcentre @clovelly.demon.co.uk

Hobby Drive – Accessible aux seuls piétons de Pâques à mi-octobre de 10 h à 18 h. ☎ (01237) 431 200.

COALVILLE

Snibston Discovery Park – Visite de 10 h à 18 h (16 h de septembre à avril). Fermé les 25 et 26 décembre et une semaine en janvier. 4,75 £ ; enfants : 2,95 £. Visite guidée (1 h) des bâtiments de mine : 1 £. ☎ (01530) 510 851.

COCKERMOUTH

Wordsworth House – NT. Visite d'avril à octobre du lundi au vendredi de 10 h 30 à 16 h 30 ainsi que le samedi en été. Dernière entrée à 16 h. 3 £. ☎/fax (01900) 824 805 ; rwordh@smtp.ntrust.org.uk

COLCHESTER   🗗 Queen Street – ☎ (01206) 282 920

Château – ♿ Visite de 10 h (13 h le dimanche de mars à novembre) à 17 h. Fermé le 25 décembre et le 1ᵉʳ janvier. 3,80 £. Visite guidée des souterrains, du toit et de la chapelle avec supplément de charge. ☎ (01206) 282 931 ; fax (01206) 282 925.

Prieuré St Botolph – ♿ Visite toute l'année. Entrée libre.

COLDSTREAM

Coldstream Guards Museum – Visite d'avril à septembre du dimanche au samedi de 10 h à 16 h, le dimanche de 14 h à 16 h. 50 p. ☎ (01361) 884 114.

COLNE

British India Museum – Visite de mai à septembre le lundi et du mercredi au vendredi de 13 h (11 h le samedi) à 17 h. Fermé du 3 au 15 juillet, du 9 au 16 septembre et les jours fériés. 3 £. ☎ (01282) 613 129 et 870 215 ; fax (01282) 870 215.

COMPTON ACRES

Jardins – ♿ Visite de mars à octobre de 10 h à 18 h. Dernière entrée à 17 h 15. Tarifs disponibles sur demande. ☎ (01202) 700 778 ; sales@comptonacres.co.uk; www.comptonacres.co.uk

CONINGSBY

Battle of Britain Memorial Flight, RAF – Visite guidée (1 h) de 10 h à 17 h. La dernière visite débute à 15 h 30. Fermé le week-end, les jours fériés et 2 semaines après Noël. 3,50 £. ☎ (01526) 344 041.

CONISTON

Ruskin Museum – ♿ Visite de Pâques à mi-novembre de 10 h à 17 h 30. 3 £. Visite guidée (30 mn) pour groupes. Audioguides en allemand, français et japonais. ☎ (01539) 441 164 ; fax (01539) 441 132 ; www.coniston.org.uk

Gondole à vapeur – NT. Départ de Coniston d'avril à novembre à 11 h (sauf le samedi), 12 h, 14 h, 15 h et 16 h. A/R : 4,70 £ ; enfants : 2,80 £. Trajet de Coniston à Brantwood : 4 £ ; enfants : 1,40 £. ☎ (015394) 36003 (renseignements et réservations).

CONWY   🗗 Conwy Castle Visitor Centre, Castle Street – LL32 8LD – ☎ (01492) 592 248

Château – Visite de 9 h 30 à 17 h (18 h de fin mai à septembre, 16 h de novembre à fin mars). Fermé le 1ᵉʳ janvier et du 24 au 26 décembre. 3,50 £. ☎ (01492) 592 358.

Plas Mawr – ♿ Visite d'avril à octobre de 9 h 30 à 17 h (18 h de juin à août, 16 h en octobre). Fermé le lundi et les week-ends fériés. 4 £. ☎ (01492) 580 167.

Aberconwy House – Visite de fin mars à octobre de 11 h à 17 h. Fermé le mardi. 2 £. ☎ (01492) 592 246.

COOKHAM

Stanley Spencer Gallery – ♿ Visite du Vendredi saint à octobre tous les jours de 10 h 30 à 17 h 30 ; le reste de l'année les week-ends et jours fériés de 11 h à 17 h. 1 £. Visite guidée (1 h). Dépliants en 8 langues. ☎ (01628) 471 885.

CORBRIDGE

Camp romain – EH. Visite d'avril à octobre tous les jours de 10 h à 18 h (ou tombée de la nuit en octobre) ; de novembre à mars du mercredi au dimanche de 10 h à 16 h. Fermé de 13 h à 14 h en hiver, en janvier et du 24 au 26 décembre. 2,70 £. Audioguide. ☎ (01434) 632 349.

Segedunum – ♿ Visite de 10 h à 17 h (15 h 30 de septembre à mars). 2,95 £. ☎ (0191) 295 5757 (répondeur) ; www.hadrians-wall.org

CORFE CASTLE

Château – NT. ♿ Visite de mars à octobre de 10 h à 17 h 30 (16 h 30 début mars et fin octobre) ; le reste de l'année de 11 h à 15 h 30. Fermé les 25 et 26 décembre et deux jours fin janvier. 4 £. ☎/fax (01929) 481 294.

COSFORD

Royal Air Force Museum – Visite de 10 h à 18 h. Dernière entrée à 16 h. Fermé le 1er janvier et du 24 au 26 décembre. 5,50 £ ; enfants : 3,50 £. ☎ (01902) 376 200 ; fax (01902) 376 211.

COVENTRY   🅱 Bayley Lane – ☎ (01203) 832 303

New St Michael's Cathedral – Visite de Pâques à septembre de 9 h 30 (12 h le dimanche) à 18 h (17 h 30 d'octobre à Pâques). Offrande : 2 £ ; centre d'accueil : 2 £. Brochures en allemand et en français. Dépliants en allemand, espagnol, français, italien, néerlandais, polonais et russe. ☎ (024) 7622 7597 ; fax (024) 7663 1448 ; information@coventrycathedral.org ; www.coventrycathedral.org

Guildhall of St Mary – Visite (en fonction des cérémonies) de Pâques à septembre du dimanche au jeudi de 10 h à 16 h. Entrée libre. ☎ (024) 7683 3041.

Ford's Hospital – Visite de 10 h à 17 h (coucher du soleil en hiver). Entrée libre. ☎ (024) 7622 3838.

Museum of British Road Transport – ♿ Visite de 10 h à 17 h. Dernière entrée à 16 h 30. Fermé du 24 au 26 décembre. Entrée libre. ☎ (024) 7683 2425 ; fax (024) 7683 2465 ; museum@mbrt.co.uk ; www.mbrt.co.uk

COWSHILL

Killhope Lead Mining Centre – Visite d'avril à octobre tous les jours de 10 h 30 à 17 h ; en novembre le dimanche de 10 h 30 à 16 h. 3 £. ☎ (01388) 537 505.

CRAGSIDE House

Résidence – NT. Visite d'avril à octobre du mardi au dimanche et les lundis fériés de 13 h à 17 h 30 (dernière entrée à 16 h 30). Parc : ouvert à la même période que la résidence de 10 h 30 à 19 h (dernière entrée à 17 h ; de novembre à mi-décembre du mercredi au dimanche de 11 h à 16 h. **Jardins** : ouverts d'avril à octobre à la même période que la résidence de 10 h 30 à 18 h 30. 6,50 £. Parc, jardins et centre touristique seuls : 4 £. Restaurant. ☎ (01669) 620 333 ; (01669) 620 150.

CRAVEN ARMS

Stokesay Castle – EH. Visite d'avril à octobre tous les jours de 10 h à 18 h ; le reste de l'année du mercredi au dimanche de 10 h à 13 h et de 14 h à 16 h. Fermé du 24 au 26 décembre. 3,50 £. ☎ (01588) 672 544.

CRICCIETH

Château – Visite d'avril à septembre de 10 h à 18 h. 2,20 £. L'accès au site est libre le reste de l'année, sauf le 1er janvier et du 24 au 26 décembre. ☎ (01766) 522 227.

CRICH

National Tramway Museum – ♿ Visite d'avril à octobre de 10 h à 17 h 30 (18 h 30 le week-end de juin à août et les lundis fériés) ; de novembre à février les dimanches et lundis de 10 h 30 à 16 h. 6,70 £ ; enfants : 3,30 £. ☎ (01773) 852 565 ; fax (01773) 852 326 ; www.tramway.co.uk

CROFT Castle

NT. ♿ Visite de mai à septembre du mercredi au dimanche et les lundis fériés de 13 h 30 à 17 h 30 (16 h 30 en octobre). Parc et Croft Ambrey : ouverts toute l'année sauf le Vendredi saint. 3,80 £. ☎ (01568) 780 246 ; www.ntrustsevern.org.uk

CROMARTY

Palais de justice – Visite d'avril à octobre de 10 h à 17 h ; en mars, novembre et décembre de 12 h à 16 h. 3 £ (audiotour en allemand et en français compris). Dépliants en allemand, espagnol, français, italien et néerlandais. ☎ (01381) 600 418 ; fax (01381) 600 408 ; courthouse@mail.cali.co.uk ; www.cali.co.uk/users/freeway/courthouse

CULLODEN

Visitor Centre – NTS. ♿ Ouvert d'avril à octobre de 9 h à 18 h ; de début février à mars et en novembre et décembre de 10 h à 16 h. Fermé en janvier et du 24 au 26 décembre. 3,50 £. Visite guidée (1 h) en été. Brochures en allemand et en français. Restaurant. ☎ (01463) 790 607 ; fax (01463) 794 294 ; mackenzie@nts.org.uk

CULROSS

Town House, Study et Palais – NTS. Visite d'avril à septembre tous les jours de 13 h (10 h en juillet et août) à 17 h ; en octobre uniquement les week-ends de 13 h à 17 h. Téléphoner pour vérifier les horaires d'ouverture. 5 £. ☎ (01383) 880 359 ; fax (01383) 882 675 ; cwhite@nts.org.uk ; www.nts.org.uk

CULZEAN Castle

Château – NTS. ♿ Visite d'avril à octobre de 10 h 30 à 17 h 30 ; en dehors de cette période sur rendez-vous. Billet combiné avec l'accès au parc : 7 £. ☎ (01655) 760 269.

Parc – NTS. Ouvert d'avril à octobre de 10 h 30 à 17 h 30. 3,50 £. Guides en allemand et français. Dépliants en allemand, espagnol, français, italien, japonais et néerlandais. Restaurants.

D

DALMENY

Église St Cuthbert – Visite d'avril à septembre le dimanche de 14 h à 16 h ; les autres jours, demander les clés au bureau de poste ou au 5 Main Street (face à l'église). ☎ (0131) 331 1479.

Dalmeny House – Visite en juillet et août le dimanche de 13 h à 17 h 30, le lundi et le mardi de 12 h à 17 h 30. 4 £. Visite guidée. Brochures et dépliants en allemand et en français. ☎ (0131) 331 1888 ; fax (0131) 331 1788.

DAN-YR-OGOF Caves

Visite de Pâques à octobre de 10 h à 15 h (dernière entrée). 7,50 £ ; enfants : 4 £. Boutique d'artisanat. ☎ (01639) 730 284 ; fax (01639) 730 293 ; info@show-caves.co.uk ; www.showcaves.co.uk

DARTINGTON

Dartington Hall – Visite de l'aube au coucher du soleil. Offrande : 2 £. Entrée des voitures autorisée sur accord préalable. ☎ (01803) 862 367.

High Cross House – ♿ Visite d'avril à octobre du mardi au vendredi de 10 h 30 à 16 h 30, le week-end de 14 h à 17 h ; le reste de l'année sur rendez-vous. 2,50 £. ☎ (01803) 864 114.

DARTMOUTH
🛈 The Engine House, Mayor's Avenue – TQ6 9YY – ☎ (01803) 834 224 – Fax (01803) 835 631

Château – EH. Visite d'avril à octobre tous les jours de 10 h à 18 h (17 h en octobre) ; de novembre à mars du mercredi au dimanche de 10 h à 13 h et de 14 h à 16 h. Fermé du 24 au 26 décembre et le 1ᵉʳ janvier. 2,90 £. Chiens non admis. ☎ (01803) 833 588.

DEAL

Château – EH. Visite d'avril à octobre tous les jours de 10 h à 18 h (17 h en octobre) ; le reste de l'année de 10 h à 16 h. Fermé du 24 au 26 décembre et le 1ᵉʳ janvier. 3 £. Audioguides en allemand et français. ☎/fax (01304) 372 762.

Walmer Castle – EH. Visite d'avril à octobre tous les jours de 10 h à 18 h ; de novembre à mars du mercredi au dimanche de 10 h à 16 h ; en janvier et février le week-end de 10 h à 16 h. Fermé du 24 au 26 décembre et lorsque le gouverneur y réside. 4 £. ☎ (01304) 364 288.

DEENE

Deene Park – ♿ Visite de juin à août le dimanche de 14 h à 17 h ; les jours fériés du printemps et de l'été de 14 h à 17 h ; le reste de l'année sur rendez-vous. Manoir et jardins : 5 £ ; jardins seuls : 3 £. Visite guidée (1 h 30) sur rendez-vous. ☎ (01780) 450 278 ou 450 223 ; fax (01780) 450 282.

Kirby Hall – EH. Visite d'avril à octobre tous les jours de 10 h à 18 h (17 h en octobre) ; le reste de l'année le week-end de 10 h à 13 h et de 14 h à 16 h. Fermé du 24 au 26 décembre. 2,50 £. ☎ (01536) 203 230.

DEERHURST

St Mary's Church – Visite de 8 h 30 au coucher du soleil. ☎ (01684) 292 562 ; fax (01684) 273 057.

Chapelle d'Odda – EH. Visite de 10 h à 18 h (16 h d'octobre à mars). Fermé les 1er janvier, 25 et 26 décembre. Entrée libre.

DENBY

Poterie – Visite de 9 h 30 (10 h le dimanche) à 17 h. Fermé les 25 et 26 décembre. 3,75 £. Visite guidée (1 h 15) du lundi au jeudi à 10 h 30 et 13 h. Restaurant. ☎ (01773) 740 799.

DERBY 🏛 Assembly Rooms, Market Place – ☎ (01332) 740 799 (visites guidées et renseignements).

Cathédrale – ♿ Visite de 8 h 30 à 18 h. Offrande suggérée : 2,50 £. Brochures en allemand, espagnol, espéranto, français, italien, japonais, russe. Accès à la tour certains jours uniquement : 1,50 £. Restaurant. ☎ (01332) 341 201 ; fax (01332) 203 991 ; office@derbycathedral.org ; www.derbycathedral.org

Museum and Art Gallery – ♿ Visite de 10 h (11 h le lundi, 14 h les lundis fériés et le dimanche) à 17 h. Fermé les 1er janvier et 25 décembre. Entrée libre. ☎ (01332) 716 659 ; www.derby.gov.uk/museums

Royal Crown Derby Museum – ♿ Visite du lundi au samedi de 9 h 30 à 17 h, le dimanche de 10 h à 16 h. Dernière entrée 1 h avant la fermeture. 3 £. Visite guidée (1 h 30 ; âge minimum : 10 ans) des ateliers à 10 h 30 et 13 h 45 (13 h 15 le vendredi). 6,50 £. Réservation conseillée. Restaurant. ☎ (01332) 712 800 ; fax (01332) 712 899 ; visitor@royal-doulton.com ; www.royal-crown-derby.co.uk

Industrial Museum – ♿ Visite de 10 h (11 h le lundi, 14 h les dimanches et lundis fériés) à 17 h. Téléphoner pour connaître les heures d'ouverture à Noël et au Nouvel An. Entrée libre. ☎ (01332) 255 308.

Pickford's House – Visite de 11 h (10 h le lundi, 14 h les dimanches et jours fériés) à 17 h. Entrée libre. ☎ (01332) 255 363.

DEVIZES 🏛 39 St John's Street – SN 10 1BL – ☎ (01380) 729 408

Devizes Museum – Visite de 10 h à 17 h. Fermé les dimanches et jours fériés. 3 £. Entrée libre le lundi. ☎ (01380) 727 369 ; fax (01380) 722 150.

Kennet and Avon Canal Centre – Visite de 10 h à 17 h (16 h en hiver). Fermé en janvier. 1,50 £. Pour obtenir la carte de la piste cyclable du chemin de halage et des renseignements sur la location de bateaux, écrire en joignant une enveloppe timbrée à vos nom et adresse à : Kennet and Avon Canal Trust, Canal Centre, Couch Lane, Devizes SN 10 1EB. ☎ (01380) 721 279 ; fax (01380) 727 870 ; www.katrust.demon.co.uk

A. Taverner/INCORPORER

Péniches sur le canal Kennet et Avon

DODDINGTON

Doddington Hall – Visite de mai à septembre les mercredis, dimanches et lundis fériés de 14 h à 18 h. Jardin ouvert également de mi-février à avril les dimanches et lundis fériés de 14 h à 18 h. Château et jardin : 4,30 £ ; jardin seul : 2,20 £. ☎ (01522) 694 308 ; fax (01522) 682 584.

DORCHESTER

🖪 Unit 11, Antelope Walk –DT1 1BE –
☎ (01305) 267 992 – Fax (01305) 266 079

Dorset County Museum – Visite de 10 h à 17 h. Fermé le dimanche (sauf de mai à octobre), le Vendredi saint et les 24 et 25 décembre. 3,30 £. ☎ (01305) 262 735 ; fax (01305) 257 180 ; dorsetcountymuseum@dor-mus.demon.co.uk ; www.dorset.museum.clara.net

Environs

Maiden Castle – EH. Visite du lever au coucher du soleil. Entrée libre.

St Catherine's Chapel – EH. Office de mai à novembre en semaine à 20 h.

DORNIE

Eilean Donan Castle – Visite d'avril à octobre de 10 h à 17 h 30. 3,75 £. Visites guidées en allemand, espagnol, français, italien, japonais et néerlandais. ☎/fax (01599) 555 202 ou 555 291.

DOUNE

Château – HS. Visite d'avril à septembre de 9 h 30 à 18 h 30 ; le reste de l'année de 9 h 30 (14 h le dimanche) à 16 h 30. Fermé l'après-midi le jeudi et le vendredi d'octobre à mars. 2,50 £. ☎ (01786) 841 742.

DOVER

🖪 Townhall Street – ☎ (01304) 205 108

Château – EH. Visite de 10 h à 18 h (ou à la tombée de la nuit en octobre, 16 h de novembre à mars). Fermé du 24 au 26 décembre. 6,90 £. Visite guidée des Secret Wartime Tunnels de 10 h à 17 h (15 h de novembre à mars). Audioguides en allemand, français et japonais. ☎ (01304) 201 628.

Roman Painted House – Visite d'avril à septembre du mardi au dimanche (ainsi que les lundis et jours fériés en juillet et août) de 10 h à 16 h 30. 2 £. ☎ (01304) 203 279.

Musée – ♿ Visite de 10 h à 18 h (17 h 30 d'octobre à mars). Fermé les 25 et 26 décembre. 1,70 £ ; entrée libre avec billet d'entrée à White Cliffs Experience. Restaurant. ☎ (01304) 201 066.

White Cliffs Experience – ♿ Visite de 10 h à 18 h 30. Dernière entrée à 17 h. 5,95 £ ; enfants : 3,75 £ (billets combinés avec l'entrée au musée et Dover Bronze Âge Boat Gallery). Commentaires en allemand, espagnol, français et néerlandais. ☎ (01304) 214 566 ; fax (01304) 212 057.

DRE-FACH FELINDRE

Museum of the Welsh Woollen Industry – ♿ Visite d'avril à septembre du lundi au samedi de 10 h à 17 h ; d'octobre à mars du lundi au vendredi aux mêmes heures. Fermé le 1er janvier et du 24 au 26 décembre. 50 p. Visite guidée (1 h) à 11 h et 14 h sur rendez-vous. ☎ (01559) 370 929 ; fax (01559) 371 592.

DREWSTEIGNTON

Castle Drogo – NT. Visite de fin mars à octobre de 11 h à 17 h 30. Fermé le vendredi (sauf Vendredi saint). Jardin : ouvert de 10 h 30 au coucher du soleil. 5,40 £ ; jardin seul : 2,60 £. Dépliants en allemand, espagnol, français, italien, japonais et néerlandais. Restaurant. ☎ (01647) 433 306 ; fax (01647) 433 186.

DRUM Castle

NTS. ♿ Visite d'avril à mai et en septembre de 13 h 30 à 17 h 30 ; de juin à août de 11 h à 17 h 30. Château, jardin et parc : 5 £. Notices explicatives en allemand, espagnol, français, italien, japonais, néerlandais et suédois. Visite de la roseraie en avril et de mai à septembre de 10 h à 18 h. Parc ouvert toute l'année de 9 h 30 au coucher du soleil. Visite du jardin et du parc : 2 £. ☎ (01330) 811 204 ; fax (01330) 811 962 ; agordon@nts.org.uk

DRUMLANRIG Castle

♿ Visite de mai à fin août de 11 h à 17 h (dernière entrée à 16 h). 6 £. Parc et jardins : visite de mai à septembre aux mêmes heures. Restaurant. ☎ (01848) 330 248 ; bre@drumlanrigcastle.org.uk ; www.drumlanrigcastle.org.uk

DRUMMOND Castle

Jardins – Visite le week-end de Pâques et de mai à octobre de 14 h à 18 h (dernière entrée à 17 h). 3 £. ☎ (01764) 681 257 ; fax (01764) 681 550 ; thegardens@drummondcastle.sol.co.uk

DRUMNADROCHIT

Official Loch Ness Monster Exhibition – ♿ Visite de juin à septembre de 9 h à 20 h 30 (18 h 30 en juin et septembre) ; en octobre de 9 h 30 à 18 h ; de Pâques à mai de 9 h 30 à 17 h 30 ; le reste de l'année de 10 h à 16 h. Fermé le 25 décembre. 5.95 £. Restaurant. ☎ (01456) 450 573 ; fax (01456) 450 770 ; brem@loch-ness-scotland.com ; www.loch-ness-scotland.com

DUDLEY

Black Country Living Museum – ♿ Visite de mars à octobre tous les jours de 10 h à 17 h ; de novembre à février du mercredi au dimanche de 10 h à 16 h. Téléphoner pour connaître les heures d'ouverture au moment des fêtes de fin d'année. 7,50 £. Documentation en de nombreuses langues. ☎ (0121) 557 9643 (renseignements) ou (0121) 520 8054 (réservation de groupes) ; fax (0121) 557 4242 ; info@bclm.co.uk ; www.bclm.co.uk

DUFFTOWN

Glenfiddich Distillery – ♿ Visite guidée (1 h 30 – possible en langues étrangères à certaines périodes) de Pâques à mi-octobre tous les jours de 9 h 30 (12 h le dimanche) à 16 h 30 ; le reste de l'année du lundi au vendredi aux mêmes heures. Fermé deux semaines à partir de Noël. Entrée libre. Dépliants en espagnol, français, italien, japonais, néerlandais et suédois. ☎ (01340) 820 373 ; fax (01340) 822 083 ; www.glenfiddich.com

DUMFRIES

🗓 64 Whitesands – ☎ (01387) 253 862 – Fax (01387) 245 555

Robert Burns Centre – ♿ Visite d'avril à septembre du lundi au samedi de 10 h à 20 h, le dimanche de 14 h à 17 h ; le reste de l'année du mardi au samedi de 10 h à 13 h et de 14 h à 17 h. Entrée libre. Dépliants en allemand, espagnol, français, italien et russe. ☎ (01387) 264 808 ; fax (01387) 265 081 ; info@dumfriesmuseum.demon.co.uk ; www.dumfriesmuseum.demon.co.uk

Ferme d'Ellisland – Visite d'avril à septembre de 10 h à 13 h et de 14 h à 17 h (le dimanche de 14 h à 17 h) ; le reste de l'année du mardi au samedi de 10 h à 17 h. 1,50 £. Téléphoner pour vérifier les horaires d'ouverture. ☎ (01387) 740 426.

Burns House – Visite d'avril à septembre tous les jours de 10 h (14 h le dimanche) à 17 h ; le reste de l'année du mardi au samedi de 10 h à 13 h et de 14 h à 17 h. Entrée libre. Dépliants en allemand, espagnol, français, italien, japonais et russe. ☎ (01387) 255 297 ; www.dumfriesmuseum.demon.co.uk

DUNBLANE

Cathédrale – HS. Visite d'avril à septembre de 9 h 30 à 18 h 30 ; le reste de l'année de 9 h 30 (14 h le dimanche) à 16 h 30. ☎ (01786) 823 388.

DUNDEE

🗓 7-21 Castle Street – ☎ (01382) 527 527 – Fax (01382) 434 665

The Frigate Unicorn – Visite de 10 h à 17 h (16 h de novembre à février). Fermé le week-end de novembre à février et durant les vacances de Noël et du Nouvel An. 3,50 £. ☎ (01382) 200 900 ; fax (01382) 200 923.

RRS Discovery – ♿ Visite de 10 h (11 h le dimanche) à 17 h (16 h de novembre à mars). Fermé le 25 décembre et les 1er et 2 janvier. 5,50 £ ; enfants : 4,15 £. Possibilité de billet combiné avec Verdant Works. Visite guidée sur rendez-vous. ☎ (01382) 201 245 ; fax (01382) 225 891 ; info@dundeeheritage.sol.co.uk ; www.rrs-discovery.co.uk

McManus Galleries – ♿ Visite de 10 h 30 (11 h le lundi) à 17 h 30 (20 h les jeudis et vendredis). Fermé le dimanche et les 1er janvier, 25 et 26 décembre. Entrée libre. Visite guidée. ☎ (01382) 432 000.

Verdant Works – ♿ Visite de 10 h (11 h le dimanche) à 17 h (16 h de novembre à mars). 5,50 £. Possibilité de billet combiné avec RRS Discovery. Dépliants en allemand, espagnol, français, italien et norvégien. ☎ (01382) 225 282 ; fax (01382) 221 612 ; indo@dundeeheritage.sol.co.uk ; www.verdant-works.co.uk

DUNECHT

Castle Fraser – NTS. Visite en juillet et août de 11 h à 17 h 30 ; à Pâques et en mai, juin et septembre de 13 h 30 à 17 h 30 ; en octobre uniquement les week-ends de 13 h 30 à 17 h 30. 4,20 £. ☎ (01330) 833 463. Parc : ouvert toute l'année de 9 h 30 à 18 h ou au coucher du soleil. 2 £.

DUNFERMLINE

Abbaye – HS. Visite d'avril à septembre tous les jours de 9 h 30 à 18 h 30. 1,80 £.
Visite guidée. ☎ (01383) 739 026.

Abbot House Heritage Centre – Visite de 10 h à 17 h. Dernière entrée à 16 h 15.
Fermé le 25 décembre et le 1er janvier. ☎ (01383) 733 266 ; fax (01383) 624 908 ;
dht@abbothouse.fsnet.co.uk ; www.abbothouse.co.uk

Andrew Carnegie Birthplace – ♿ Visite d'avril à octobre de 11 h (14 h le dimanche)
à 17 h. 2 £. Visite guidée (30 mn) sur rendez-vous. Démonstration de tissage de mai
à octobre le premier vendredi du mois. Dépliants en allemand, danois, espagnol, français, italien et japonais. ☎ (01383) 724 302 ; fax (01383) 721 862 :
www.carnegiemuseum.co.uk

Musée – Visite du lundi au vendredi de 13 h à 16 h. Fermé le 25 décembre et le 1er
janvier. Entrée libre. Visite guidée (30 mn). ☎ (01383) 313 838 ; fax (01383) 313
837.

DUNKELD

Cathédrale – HS. Visite d'avril à septembre de 9 h 30 à 18 h 30 ; le reste de l'année
de 10 h (14 h le dimanche) à 16 h 30. ☎ (01350) 727 601.

DUNSTANBURGH Castle

EH/NT. ♿ Visite d'avril à septembre tous les jours de 10 h à 18 h (17 h en octobre) ;
le reste de l'année du mercredi au dimanche de 10 h à 16 h. Fermé le 1er janvier et du
24 au 26 décembre. 1,80 £. ☎ (01665) 576 231.

DUNSTER

Château – NT. ♿ Visite de fin mars à octobre du samedi au mercredi de 11 h à 17 h
(16 h en octobre). Billet combiné château, jardin et parc : 5,50 £. Jardin et parc :
visite toute l'année de 11 h à 17 h (16 h d'octobre à mars). Fermé le 25 décembre.
Jardin et parc : 3 £. ☎ (01643) 821 314 et 823 004 (renseignements) ; fax (01643)
823 000.

Water Mill – NT. Visite de juillet à août de 10 h 30 à 17 h. Fermé le samedi (sauf le
Samedi saint) d'avril à juin et en septembre et octobre. 2,10 £. ☎ (01643) 821 759.

DURHAM

Cathédrale – ♿ Visite de 7 h 15 à 18 h (20 h de mai à septembre). Trésor de la cathédrale : visite de 10 h (14 h
le dimanche) à 16 h 30. Dortoir
des moines : visite du lundi au
samedi de 10 h à 15 h 30
(12 h 30 à 15 h 15 le dimanche
des Rameaux à septembre). Visite guidée (1 h) de fin mai à
septembre à 10 h 30 et
14 h 30, ainsi qu'à 11 h 30 en
août : 3 £. Cathédrale : entrée
libre ; trésor : 2 £ ; dortoir :
80 p. Brochures en allemand,
espagnol, français, italien, japonais et néerlandais. Restaurant. ☎ (0191) 386 4266 ;
fax (0191) 386 4267.
Trésor : visite de 10 h (14 h le
dimanche) à 16 h 30. 1 £.
Dortoir des moines : visite du lundi
au samedi de 10 h à 16 h, le
dimanche de 14 h 30 à 15 h 30
et de 16 h 30 à 18 h. 80 p.

Château – Visite guidée
(45 mn) durant les vacances
universitaires tous les jours de
10 h à 12 h et de 14 h à
16 h 30 ; en période universitaire les lundis, mercredis, samedis et dimanches de 14 h à
16 h 30. Fermé pendant les vacances de Noël. 3 £. ☎ (0191)
374 3800 ; fax (0191) 374
7470.

Durham – Nef de la cathédrale

K. Straiton/EXPLORER

481

DURHAM

Oriental Museum – Visite de 9 h 30 à 13 h et de 14 h à 17 h. Fermé le matin les samedis et dimanches ainsi que du 24 décembre au 1er janvier. 1,50 £. ☎/fax (0191) 374 7911 ; oriental.museum@durham.ac.uk ; www.durham.ac.uk

Durham Light Infantry Museum – Visite de 10 h (16 h de novembre à mars) à 17 h. 2,50 £. ☎ (0191) 384 2214 ; www.durham.gov.uk/dli

DUXFORD

Imperial War Museum – ♿ Visite de 10 h à 18 h (16 h de mi-octobre à mi-mars). Fermé du 24 au 26 décembre. 7,40 £ ; enfants : entrée libre. Restaurant. ☎ (01223) 835 000 ; www.iwm.or.guk/duxford.htm

DYRHAM Park

Demeure et jardin – NT. ♿ Visite de fin mars à octobre du vendredi au mardi de 12 h à 17 h 30. Dernière entrée à 17 h. Billet combiné avec la visite du parc : 7,50 £. ☎ (0117) 937 2501.

Parc – Ouvert tous les jours de 12 h à 17 h 30 ou au coucher du soleil. Fermé le 25 décembre. 2,60 £.

E

EARLS BARTON

All Saints – ♿ Visite au printemps et en été. Contrôler les horaires auprès du pasteur. Brochures en allemand et français. Visite guidée possible pour les groupes. ☎/fax (01604) 810 447.

EAST BUDLEIGH

Bicton Gardens – ♿ Visite de 10 h à 18 h (16 h en hiver). 4,95 £. Petit train : 1,30 £. Restaurant. ☎ (01395) 568 465.

EASTBOURNE   🅱 3 Cornfield Road – ☎ (01323) 411 400

Heritage Centre – Visite de mai à octobre de 14 h à 17 h. Fermé le samedi. 1 £. ☎ (01323) 411 189.

EASTNEY

Royal Marines Museum – ♿ Visite du dimanche de Pentecôte à août de 10 h à 17 h ; le reste de l'année de 10 h à 16 h 30. Fermé à Noël. 4 £. ☎ (023) 9281 9385 ; fax (023) 9283 8420 ; info@royalmarinemuseum.co.uk ; www.royalmarinemuseum.co.uk

EASTWOOD

D.H. Lawrence Birthplace Museum – Visite de 10 h à 17 h (16 h de novembre à mars). Fermé du 24 décembre au 1er janvier. 2 £. ☎ (01773) 717 353 ; fax (01773) 713 509.

EDINBURGH   🅱 3 Princes Street – ☎ (0131) 473 3800 – Fax (0131) 473 3881
🅱 Airport – ☎ (0131) 333 2167

The Hub – Ouvert toute l'année à partir de 9 h 30. Vente de billets. ☎ (0131) 473 2000 ; fax (0131) 473 2016 ; thehub@eif.co.uk; www.eif.co.uk

Château – HS. Visite de 9 h 30 à 18 h (17 h de novembre à mars). Dernière entrée 45 mn avant la fermeture. Les horaires sont susceptibles de modification à l'occasion du Military Tattoo ou de cérémonies militaires. Fermé les 25 et 26 décembre. 7 £. Visite guidée possible. Restaurant. ☎ (0131) 225 9846.

Royal Scots Regimental Museum – ♿ Visite d'avril à septembre tous les jours de 9 h 30 à 17 h 30 ; le reste de l'année du lundi au vendredi de 9 h 30 à 16 h. Fermé le 1er janvier et les 25 et 26 décembre. Entrée libre. ☎ (0131) 310 5014 ; fax (0131) 310 5019 ; www.theroyalscots.co.uk

Scotch Whisky Heritage Centre – ♿ Visite de 9 h 30 à 17 h 30 (fermeture plus tardive en été). Fermé le 25 décembre. 5,50 £ (dégustation gratuite de whisky pour les adultes). Visite guidée (45 mn). Brochures en allemand, espagnol, français, italien, japonais, néerlandais et portugais. Restaurant. ☎ (0131) 220 0441 ; fax (0131) 220 6288 ; enquiry@whisky-heritage.co.uk ; www.whisky-heritage.co.uk

Tour de guet – Visite d'avril à octobre de 9 h 30 (10 h le week-end) à 18 h ; le reste de l'année de 10 h à 17 h. Fermé le 25 décembre et le 1er janvier. 4,25 £. Visite guidée (45 mn). Dépliants en allemand, espagnol, français, italien et japonais. ☎ (0131) 226 3709.

Édimbourg – Vue générale

Gladstone's Land – NTS. Visite d'avril (ou Vendredi saint) à octobre de 10 h (14 h le dimanche) à 17 h. 3,50 £. ☎ (0131) 226 5856 ; fax (0131) 226 4851.

Writer's Museum – Visite de 10 h à 17 h. Fermé le dimanche sauf pendant le festival (ouverture à 14 h). ☎ (0131) 529 4901; fax (0131) 220 5057 ; enquiries@writersmuseum.demon.co.uk

Scottish Parliament Visitor Centre – ♿ Durant les sessions parlementaires en semaine de 9 h (10 h le lundi et le vendredi) à 17 h ; durant les vacances parlementaires de 10 h à 17 h. Dernière entrée à 16 h 45. Ouvert certains samedis en août et en septembre ainsi que certains jours fériés. Téléphoner pour connaître les horaires. Fermé à Pâques, du 22 au 26 décembre et les 1er et 2 janvier. ☎ (0845) 278 1999 ; fax (0131) 348 5601 ; sp.info@scottish.parliament.uk ; www.scottish.parliament.uk

Cathédrale Saint-Gilles – Visite de 9 h (13 h le dimanche) à 19 h (17 h le dimanche ainsi que de mi-septembre à avril). Offrande. Thistle Chapel : dépliants en allemand, espagnol, français, italien, japonais et néerlandais. ☎ (0131) 225 9442 ; fax (0131) 220 4763 ; stgiles@hotmail.com ; www.stgiles.net

Parliament Hall – Visite du lundi au vendredi de 10 h à 16 h. Fermé les jours fériés. Entrée libre. Restaurant. ☎ (0131) 225 2595 ; fax (0131) 240 6755.

John Knox House – Visite de 10 h à 16 h 30. Fermé le dimanche, les 1er et 2 janvier et les 25 et 26 décembre. 2,25 £. Visite guidée (30 mn) sur rendez-vous. ☎ (0131) 556 2647 ou 9579.

Museum of Childhood – Visite de 10 h à 17 h. Fermé le dimanche sauf en juillet et août (ouverture à 12 h), du 1er au 3 janvier et les 25 et 26 décembre. Entrée libre. ☎ (0131) 529 4142 ; fax (0131) 558 3103.

The People's Story Museum – Visite de 10 h à 17 h. Fermé le 1er janvier et les 25 et 26 décembre. Entrée libre. ☎ (0131) 529 4057.

Huntly House – Visite de 10 h à 17 h. Fermé le dimanche sauf pendant le festival (ouverture à 14 h). Entrée libre. ☎ (0131) 225 2424 poste 4143 ; fax (0131) 557 3346 ; www.cac.org.uk

Abbaye et palais de Holyroodhouse – ♿ Visite de 9 h 30 à 17 h 15 (15 h 45 de novembre à mars). Fermé pendant les visites royales ou les visites d'État. 6 £. Visite guidée (1 h). Brochures en allemand, français, italien et japonais. ☎ (0131) 556 1096.

Dynamic Earth – ♿ Visite de 10 h à 18 h (17 h de novembre à mars. Dernière entrée 1 h 15 avant la fermeture. Fermé les lundis et mardis de novembre à mars ainsi que les 24 et 25 décembre. 6,95 £. Restaurant. ☎ (0131) 550 7800 ; fax (0131) 550 7801 ; enquiries@dynamicearth.co.uk ; www.dynamicearth.co.uk

Maison georgienne *(7 Charlotte Square)* – NTS. Visite d'avril à octobre de 10 h (14 h le dimanche) à 17 h. Dernière entrée à 16 h 30. 5 £. ☎/fax (0131) 226 3318.

Scott Monument – Visite de 9 h à 20 h (18 h en septembre et octobre, 16 h de novembre à février). 2,50 £. ☎ (0131) 529 4068.

Royal Museum of Scotland – ♿ Visite de 10 h (12 h le dimanche) à 17 h (20 h le mardi). Fermé le 25 décembre. Visites guidées en allemand, français et italien. Audioguide en français. ☎ (0131) 247 4219 ; fax (0131) 220 4819 ; www.nms.ac.uk

National Gallery of Scotland – &. Visite de 10 h (14 h le dimanche) à 17 h (fermeture plus tardive durant le festival). Fermé les 25 et 26 décembre. Entrée libre. Visite guidée sur rendez-vous. ☎ (0131) 624 6200 ; www.natgalscot.ac.uk

Prison de Canongate – Visite tous les jours de 10 h à 17 h. Fermé le 1er janvier et les 25 et 26 décembre. Entrée libre. ☎ (0131) 529 4057 ; fax (0131) 557 3346.

Scottish National Gallery of Modern Art – &. Visite de 10 h (12 h le dimanche) à 17 h (fermeture plus tardive durant le festival). Fermé les 25 et 26 décembre. Entrée libre. Visite guidée sur rendez-vous. ☎ (0131) 624 6200 et 332 2266 (répondeur) ; enquiries@natgalscot.ac.uk ; www.natgalscot.ac.uk

Scottish National Portrait Gallery – &. Visite de 10 h (14 h le dimanche) à 17 h (fermeture plus tardive durant le festival). Fermé les 25 et 26 décembre. Entrée libre. ☎ (0131) 624 6200 ou 332 2266 (répondeur) ; enquiries@natgalscot.ac.uk ; www.natgalscot.ac.uk

Dean Gallery – &. Visite de 10 h (12 h le dimanche) à 17 h (fermeture plus tardive durant le festival). Fermé les 25 et 26 décembre. ☎ (0131) 624 6200 ou 332 2266 (répondeur) ; www.natgal.scot.ac.uk

Royal Museum of Antiquities – Visite de 10 h (14 h le dimanche) à 17 h. Fermé les 1er janvier et 25 décembre. Entrée gratuite. ☎ (0131) 225 7534, poste 219.

Excursions

Royal Yacht Britannia – &. Visite tous les jours de 10 h 30 à 16 h 30 (dernière entrée). Fermé les 1er et 2 janvier et le 25 décembre. ☎ (0131) 555 5566 (réservation permanente) et 555 8800 ; fax (0131) 555 8835 ; enquiries@royalyacht britannia.co.uk ; www.royalyachtbritannia.co.uk

EDWINSTOWE

Sherwood Forest Country Park – &. Ouvert du lever au coucher du soleil.

Sherwood Forest Visitor Centre – &. Visite de 10 h 30 à 17 h (16 h 30 de novembre à mars). Restaurant. ☎/fax (01623) 823 202 et 824 490 ; www.nottscc.gov.uk

EDZELL

Château – HS. Visite de 9 h 30 (14 h le dimanche d'octobre à mars) à 18 h 30 (16 h 30 d'octobre à mars). Fermé l'après-midi le jeudi et le vendredi d'octobre à mars. 2,50 £. ☎ (01356) 648 631.

ELAN Valley

Visitor Centre – &. Visite de Pâques à fin octobre de 10 h à 17 h 30. Entrée libre. ☎ (01974) 831 261.

ELGIN   🛈 17 High Street – ☎ (01343) 542 666 ou 543 388 – Fax (01343) 552 982

Cathédrale – HS. Visite d'avril à septembre de 9 h 30 à 18 h 30 ; le reste de l'année du samedi au mercredi de 9 h 30 à 16 h, le dimanche de 14 h 30 à 16 h 30 et le jeudi de 9 h 30 à 12 h 30. Fermé le vendredi d'octobre à mars. 2,50 £. Billet combiné avec Spynie Palace : 3 £. ☎ (01343) 547 171.

ELLESMERE PORT

Boat Museum – &. Visite d'avril à octobre tous les jours de 10 h à 17 h ; le reste de l'année du samedi au mercredi de 11 h à 16 h. Fermé du 24 au 26 décembre. 5,50 £. Visite guidée (45 mn). ☎ (0151) 355 5017 ; fax (0151) 355 4079.

ELY   🛈 29 St Mary's Street – ☎ (01353) 662 062

Cathédrale – &. Visite d'avril à octobre de 7 h à 19 h, de novembre à mars de 7 h 30 à 18 h (17 h le dimanche). Visite guidée (1 h ; en français uniquement sur rendez-vous) à 10 h 45, 11 h 45, 14 h 15 et 15 h 15 de juin à septembre, à 11 h 15, 14 h 15 et 15 h 15 de Pâques à mai et en octobre et à 11 h 15 et 14 h 15 de janvier à Pâques et de novembre à décembre. 3,50 £. Brochures en allemand, espagnol, français, italien et néerlandais. Restaurant. ☎ (01353) 667 735 ; fax (01353) 665 658 ; www.cathedral.ely.anglican.org

Tour Ouest – Visite en juillet et août du lundi au samedi à 10 h 45, 12 h, 14 h 30 et 16 h, le dimanche à 12 h 30 et 14 h 30. 4 £ ; 3 £ avec ticket d'entrée à la cathédrale.

Octogone – Visite du 1er lundi de mai à septembre du lundi au samedi à 10 h 30, 11 h 45, 14 h 15 et 15 h 30 et le dimanche à 12 h 30 et 14 h 15. 4 £ ; 3 £ avec ticket d'entrée à la cathédrale.

Stained Glass Museum – Entrée payante.

Oliver Cromwell's House – Visite de 10 h à 17 h 30 (17 h d'octobre à mars) ; les dimanches d'hiver de 11 h à 15 h. 3 £. Billet combiné avec la cathédrale, Stained Glass Museum et Ely Museum valable du 1er janvier au 31 décembre : 9 £. ☎ (01353) 662 062.

ERDDIG

Château – NT. Visite de mars à novembre du samedi au mercredi et le Vendredi saint de 12 h à 17 h (16 h en octobre et novembre). Dernière entrée 1 h avant la ferme-ture. Jardins : ouverts les mêmes jours de 11 h (10 h en juillet et août) à 18 h (17 h en octobre et novembre). Parc ouvert du lever au coucher du soleil. Visite complète : 6 £ ; château (sans la visite des appartements familiaux) et jardins : 4 £. Dépliants en allemand, français et néerlandais. Restaurant. ☎ (01978) 355 314 ; fax/rensei-gnements (01978) 313 333 ; erddigetrust.org.uk

ETON College

Cour intérieure, chapelle, cour du cloître et Museum of Eton Life – Visite d'avril à début octobre de 10 h 30 (14 h de mi-avril à fin juin et en septembre) à 16 h 30. Fermé les 15 et 31 mai. La chapelle est fermée les jours ouvrables entre 13 h et 14 h et le dimanche de 12 h 30 à 14 h. 2,70 £. Visite guidée (1 h) à partir de la porte principale à 14 h 15 et 15 h 15 : 4 £. ☎ (01753) 671 177 ; fax (01753) 671 265.

EXETER

☐ Civic Centre, Paris Street – EX1 1RP – ☎ (01392) 265 799 – Fax (01392) 265 260
☐ Alexandra Terrace – EX8 1NZ – ☎ (01395) 222 299
☐ Fore Street, Budleigh Salterton – EX9 6NG – ☎ (01395) 445 275

City Tours – Programme disponible auprès du Centre d'information touristique ☎ (01392) 265 700 (Redcoat Walking Tours) ; fax (01392) 265 260.

Cathédrale – ♿ Visite de 7 h 30 à 18 h 15 (17 h le samedi, 19 h 30 le dimanche). Offrande : 2,50 £. Visite guidée d'avril à octobre du lundi au samedi matin à 11 h et 14 h 30. Brochures en allemand et en français. Dépliants en allemand, danois, espa-gnol, français, hongrois, italien, japonais, néerlandais, portugais, russe, suédois et tchèque. ☎ (01392) 255 573 (bureau paroissial), (01392) 214 219 (visites guidées) ; fax (01392) 498 769 ; admin@exetercathedral.org.uk ; www.exeter-cathedral.org.uk

Royal Albert Memorial Museum – NACF. ♿ Visite de 10 h à 17 h. Fermé le dimanche et le 25 décembre. Offrande. ☎ (01392) 265 858.

Guildhall – Visite du lundi au vendredi en fonction des activités municipales de 10 h 30 à 13 h et de 14 h à 16 h (13 h un samedi sur deux en hiver). Fermé les jours fériés. Offrande. Visite guidée possible. ☎ (01392) 265 500.

St Nicholas Priory – Visite de Pâques à octobre le lundi, le mercredi et le samedi de 14 h 30 à 16 h 30. 50 p. ☎ (01392) 421 252.

Quay House Interpretation Centre – Visite de Pâques à octobre de 10 h à 17 h. Entrée libre. ☎ (01392) 265 213.

EYAM

Eyam Hall – Visite guidée de Pâques à octobre les mercredis, jeudis, dimanches et jours fériés de 11 h à 16 h. 4 £. Centre artisanal ouvert tous les jours sauf le lundi. ☎ (01433) 631 976.

F

FALKLAND

Palais – NTS. Visite du 1er avril (ou du Vendredi saint) à octobre de 11 h (10 h de juin à août, 13 h 30 le dimanche) à 17 h 30. Dernière entrée à 16 h 30. Jardins : visite à la même période de 11 h (13 h 30 le dimanche) à 17 h 30. Dernière entrée à 17 h. 5 £ ; jardins seuls : 2,50 £. Visite guidée (45 mn). Brochures en allemand, espagnol, français, italien, japonais, néerlandais et suédois. ☎ (01337) 857 397; fax (01337) 857 980.

FALMOUTH

☐ 28 Killigrew Street – ☎ (01326) 312 300

Pendennis Castle – EH, NACF. Visite de 10 h (9 h en juillet et août) à 18 h (17 h en octobre, 16 h de novembre à mars). Fermé le 1er janvier et du 24 au 26 décembre. 3,80 £. ☎ (01326) 316 594.

Municipal Art Gallery – ♿ Visite de 10 h à 16 h 30 (13 h le samedi). Fermé le dimanche, le 1er janvier, les 25 et 26 décembre, ainsi que les jours fériés. Entrée libre. ☎ (01326) 313 863 ; fax (01326) 312 662.

Cornwall Maritime Museum – Visite de 10 h à 16 h (15 h de novembre à mars). Fermé le dimanche de novembre à mars. 2 £. ☎ (01326) 316 745.

FARNE Islands

Accès par bateau (selon les conditions météorologiques) depuis Seahouses Harbour de Pâques à octobre tous les jours de 10 h à 14 h (16 h en haute saison). Prix variable selon la saison et la durée de l'excursion (90 mn à 5 h) ; compter environ 8 £ pour une excursion de 3 h (taxe de débarquement en sus).
Renseignements auprès de :
🛈 Seahouses Tourist Information Centre : ouvert tous les jours du Vendredi saint à octobre. De novembre au 24 décembre : ouvert de 11 à 16 h et fermé le lundi et le mardi. De mars à juin et en septembre : ouvert de 10 h à 17 h. En juillet et août : ouvert de 10 h à 18 h. En octobre : ouvert de 11 h à 16 h 30. ☎ (01665) 720 884.
Hanvey's Boat Trips – ☎ (01665) 720 388 ou 720 258.
Billy Shiel Boat Trips – ☎ (01665) 720 308.
John Mackay Boat Trips – ☎ (01665) 721 144.
Jack Shiel Boat Trips – ☎ (01665) 721 825 ou 721 210.

Réserve d'oiseaux (Staple and Inner Farne) – ♿ NT. Visite tous les jours en avril et d'août à septembre de 10 h 30 à 18 h ; de mai à juillet de 10 h 30 à 13 h 30 (Staple Island), de 13 h 30 à 17 h (Inner Farne). Taxe de débarquement : 3 £ en avril, août et septembre, 4 £ pendant la période de reproduction (de mai à juillet). ☎ (01665) 721 099 (centre d'information) ; (01665) 720 651 (gardien).

FARNHAM

Birdworld – ♿ Visite de 9 h 30 à 18 h (16 h 30 de novembre à mars). Dernière entrée 1 h avant la fermeture. Fermé les 23 et 24 décembre. 7,95 £ ; enfants : 4,75 £. ☎ (01420) 22140 ; bookings@birdworld.co.uk ; www.birdworld.co.uk

FEOCK

Trelissick Gardens – NT. ♿ Visite de fin février à octobre de 10 h 30 (12 h 30 le dimanche) à 17 h 30 (17 h de fin février à mars et en octobre). 4,30 £. Galerie d'art et d'artisanat. Restaurant. ☎ (01872) 862 090 ; fax (01872) 865 808.

Bac King Harry – Unit Feock à Philleigh en 5 mn ; ne fonctionne pas le 1er janvier et les 25 et 26 décembre. Passage simple : 2,50 £ par voiture. S'informer des horaires. ☎ (01872) 862 312.

FILEY

Musée – Visite du dernier lundi de mai à septembre tous les jours de 10 h 30 à 12 h 30 et de 14 h à 17 h ; de septembre à fin octobre et de Pâques au dernier lundi de mai le week-end aux mêmes heures. 1,25 £. ☎ (01723) 515 013 et 515 945.

FISHBOURNE

Palais romain – ♿ Visite en août tous les jours de 10 h à 18 h ; de mars à juillet et en septembre et octobre tous les jours de 10 h à 17 h ; de mi-février à mars et de novembre à mi-décembre tous les jours de 10 h à 16 h ; de mi-décembre à janvier le week-end de 10 h à 16 h. 4,20 £. Visite guidée (1 à 2 h) les week-ends et durant les vacances scolaires à 11 h et 14 h 30. Dépliants en allemand et en français. ☎ (01243) 785 859 ; fax (01243) 539 266 ; adminfish@sussexpast.co.uk ; www.sussexpast.co.uk

FLATFORD

Flatford Mill – Visite sur demande à Field Studies Council, Flatford Mill, East Bergholt, Colchester, CO7 6UL. Centre d'information et guides à Bridge Cottage (voir ci-dessous). ☎ (01206) 298 283 ; fax (01206) 298 892 ; fsc.flatford@ukonline.co.uk ; www.field-studies-council.org

Bridge Cottage – (NT) Visite de mai à fin septembre de 10 h à 17 h 30. en mars, avril, octobre et de novembre à mi-décembre du mercredi au dimanche de 11 h à 17 h 30. Fermé le Vendredi saint. Visite guidée des environs à Pâques et de mai à fin septembre l'après-midi (1,80 £). Chiens non admis. ☎ (01206) 298 260 ; fax (01206) 299 193.

FOLKESTONE

Battle of Britain Memorial – Visite d'avril à octobre de 11 h à 17 h ; le reste de l'année on ne peut qu'approcher du mémorial. ☎ (01303) 249 292 ou 276 697.

Kent Battle of Britain Museum – ♿ Visite de Pâques à septembre de 10 h à 17 h ; en octobre de 11 h à 16 h. Dernière entrée 1 h avant la fermeture. 3 £. Photographie interdite. Chiens non admis. ☎ (01303) 893 140.

FORRES

Dallas Dhu Distillery – HS. ♿ Visite d'avril à septembre de 9 h 30 à 18 h 30 ; d'octobre à mars de 9 h 30 (14 h le dimanche) à 16 h 30 (16 h le dimanche). Fermé l'après-midi le jeudi et le vendredi d'octobre à mars. 3 £. ☎ (01309) 676 548.

Speyside Cooperage – Visite de janvier à mi-décembre les jours ouvrables de 9 h 30 à 16 h 30. 2,95 £. Visite guidée. Dégustation. ☎ (01340) 871 108 ; fax (01340) 881 437 ; info@speyside-oopers.co.uk ; www.speysidecooperage.co.uk

FOUNTAINS Abbey

Ruines de l'abbaye et jardin d'eau de Studley Royal – NT. &. Visite de 10 h à 19 h (17 h ou au coucher du soleil d'octobre à mars ; fermeture plus tôt certains jours de juillet). Fermé le vendredi en novembre, décembre et janvier et les 24 et 25 décembre. Fountains Hall et St Mary's Church : NT/EH. Restauration en cours. S'informer des heures d'ouverture auprès du bureau du domaine. 4,30 £. Visite guidée de l'abbaye, du jardin d'eau et du domaine (sans supplément) d'avril à octobre. Illumination de l'abbaye de fin août à mi-octobre le vendredi à 19 h 45 et 20 h 15 (60 p). Restaurant. ☎ (01765) 608 888 ou 601 005 ; fax (01765) 608 889 ou 601 002 ; www.fountainsabbey.org.uk

FOWEY
🛈 Post Office, 4 Custom House Hill – ☎ (01726) 833 616

FRASERBURGH

Museum of Scottish Lighthouses – Visite d'avril à octobre de 10 h (12 h le dimanche) à 18 h ; le reste de l'année de 10 h (12 h le dimanche) à 16 h. ☎ (01346) 511 022.

FURNESS Abbey

EH. &. Visite d'avril à octobre tous les jours de 10 h à 18 h (17 h en octobre) ; de novembre à mars du mercredi au dimanche de 10 h à 16 h. Fermé du 24 au 26 décembre. 2,60 £. Audioguide. ☎ (01229) 823 420.

FYVIE

Château – NTS. &. Visite de Pâques à septembre tous les jours de 13 h 30 (11 h en juillet et août) à 17 h 30 ; en octobre les week-ends uniquement de 13 h 30 à 17 h 30. 6 £. ☎ (01651) 891 266. Parc : ouvert toute l'année de 9 h 30 au coucher du soleil. Offrande : 1 £. Guides en allemand et en français. Dépliants en allemand, espagnol, français, italien et néerlandais. ☎ (01651) 891 107 ; ybell@nts.org.uk ; www.nts .org.uk

G

GAINSBOROUGH

Gainsborough Old Hall – &. Visite du dimanche de Pâques à octobre tous les jours de 10 h (14 h le dimanche) à 17 h (17 h 30 le dimanche) ; le reste de l'année du lundi au samedi de 10 h à 17 h. Fermé le 1er janvier, le Vendredi saint, les 25 et 26 décembre. 2,50 £. Visite guidée (1 h 30) sur demande. Dépliants en allemand, français et néerlandais. ☎ (01427) 612 669 ; fax (01427) 612 779.

GAIRLOCH
🛈 Auchtercairn – ☎ (01445) 712 130

Heritage Museum – &. Visite d'avril à octobre de 10 h à 17 h (13 h 30 en octobre) ; le reste de l'année sur rendez-vous. Fermé le dimanche. 2,50 £. Brochures en allemand, français et italien. Restaurant. ☎ (01445) 712 287 ; jf@ghmr.freeserve.co.uk ; www.ghmr.freeserve.co.uk

GALASHIELS

Abbotsford – Visite de fin mars à octobre de 10 h (14 h le dimanche de mars à mai et en octobre) à 17 h. 3,80 £. Brochures en allemand et en français. ☎ (01896) 752 043 ; fax (01896) 752 916.

GEDDINGTON

Boughton House – &. Visite en août tous les jours de 13 h à 17 h. Parc : ouvert de mai à septembre tous les jours sauf le vendredi aux mêmes heures. 6 £ ; parc seul : 1,50 £. ☎ (01536) 515 731 ; fax (01536) 417 255 ; llt@boughtonhouse.org.uk ; www.boughtonhouse.org.uk

GEEVOR Tin Mine

Visite de 10 h à 17 h (16 h d'avril à octobre) ; fermé le samedi sauf férié ainsi qu'à Noël et au Nouvel An. 5 £. Visite guidée (30 mn). ☎ (01736) 788 662 ; fax (01736) 786 059 ; geevor@ukonline.co.uk ; www.trevithicktrust.com

GILSLAND

Birdoswald – EH. Visite de mars à novembre tous les jours de 10 h à 17 h 30 ; le reste de l'année, extérieur seul sur accord préalable. 2,50 £. Visite guidée (20 mn à 1 h) sur rendez-vous uniquement pour les groupes. ☎ (01697) 747 602.

Angus Folk Museum – NTS. ♿ Visite d'avril à septembre tous les jours de 11 h (10 h en juillet et août) à 17 h ; en octobre uniquement le week-end aux mêmes heures. Dernière entrée à 16 h 30. 2,50 £. Brochures en allemand, espagnol, français et italien. ☎ (01307) 840 288 ; fax (01307) 840 233.

Château – ♿ Visite du 2 avril au 12 novembre de 10 h 30 (10 h en juillet et août) à 17 h 30. Dernière entrée à 16 h 45. 6 £. Visite guidée (50 mn) toutes les 10 à 15 mn, traduction disponible en plusieurs langues. Expositions. Restaurant. Jardins. ☎ (01307) 840 393.

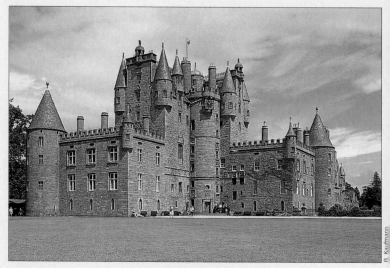

Château de Glamis

GLASGOW   🛈 11 George Square – ☎ (0141) 204 4400 – Fax (0141) 221 3524
🛈 Airport – ☎ (0141) 848 1444 – Fax (0141) 849 1444

Burrell Collection – ♿ Visite de 10 h (11 h le vendredi et le dimanche) à 17 h. Fermé les 25 et 26 décembre et le 1er janvier (parfois le 2 janvier). Entrée libre. Visite guidée (1 h). Restaurant. ☎ (0141) 649 7151.

Pollok House – NTS. Visite d'avril à octobre de 10 h à 17 h ; le reste de l'année de 11 h à 16 h. Fermé les 1er et 2 janvier et les 25 et 26 décembre. 4 £. Entrée libre de novembre à mars. Dépliants en allemand, espagnol, français et italien. Restaurant. Visite guidée. ☎ (0141) 616 6410.

Cathédrale – HS. Visite de 9 h 30 à 18 h 30 (16 h d'octobre à mars), le dimanche de 14 h à 17 h. Fermé les 1er et 2 janvier et les 25 et 26 décembre. Entrée libre. Visite guidée (1 h) de mai à septembre. ☎ (0141) 552 6891.

Provand's Lordship – ♿ Visite de 10 h (11 h le dimanche) à 17 h. Fermé le mardi, le 1er janvier et le 25 décembre. Entrée libre. ☎ (0141) 552 8819.

St Mungo Museum – ♿ Visite de 10 h (11 h les vendredis et dimanches) à 17 h. Fermé les 1er et 2 janvier, 25 et 26 décembre. Entrée libre. ☎ (0141) 553 2557.

People's Palace – ♿ Visite de 10 h (11 h les vendredis et dimanches) à 17 h. Fermé les 1er et 2 janvier, 25 et 26 décembre. Entrée libre. Restaurant. ☎ (0141) 554 0223.

Hunterian Museum – ♿ Visite de 9 h 30 à 17 h. Fermé les dimanches et jours fériés ainsi que les week-ends de septembre. Entrée libre. ☎ (0141) 330 4221 ; fax (0141) 330 3617 ; hunter@museum.gla.ac.uk ; www.gla.ac.uk/museum

Hunterian Art Gallery – ♿ Visite de 9 h 30 à 17 h. Fermé les dimanches et jours fériés. Offrande. ☎ (0141) 330 5431 ; fax (0141) 330 3618 ; hunter@museum.gla.ac.uk ; www.gla.ac.uk/museum

Art Gallery and Museum Kelvingrove – ♿ Visite de 10 h (11 h les vendredis et dimanches) à 17 h. Fermé les 1er et 2 janvier, 25 et 26 décembre. Entrée libre. Visite guidée. Restaurant. ☎ (0141) 287 2700.

Museum of Transport – ♿ Visite de 10 h (11 h les vendredis et dimanches) à 17 h. Fermé les 1er et 2 janvier, 25 et 26 décembre. Entrée libre. Restaurant. ☎ (0141) 287 2623 ; fax (0141) 287 2692.

City Chambers – ♿ Visite guidée (45 mn) à 10 h 30 à 14 h 30 (risque d'annulation). Fermé les jours fériés. Entrée libre. Dépliants en allemand, arabe, espagnol, chinois, français, italien, japonais, portugais et russe. ☎ (0141) 287 4017 ou 4018 ; fax (0141) 287 2018.

Hutcheson's Hall – NTS. ♿ Visite de 10 h à 17 h. Fermé les dimanches et jours fériés et de Noël au Nouvel An. Entrée libre. ☎ (0141) 552 8391 ; fax (0141) 552 7031.

Gallery of Modern Art – ♿ Visite de 10 h (11 h les vendredis et dimanches) à 17 h. Fermé les 1ᵉʳ et 2 janvier et le 25 décembre. Entrée libre. ☎ (0141) 229 1996 ; fax (0141) 636 0086.

Glasgow School of Art – Visite guidée (1 h) du lundi au vendredi à 11 h et 14 h, le samedi à 10 h 30 et à 11 h 30. Fermé du 23 décembre au 4 janvier. 5 £. ☎ (0141) 353 4526 ; fax (0141) 353 4746.

Tenement House – NTS. Visite de mars à octobre de 14 h à 17 h. 3,50 £. Dépliants en allemand, français et italien. ☎ (0141) 333 0183.

GLASTONBURY

⃞ The Tribunal, 9 High Street – BA6 9DP – ☎ (01458) 832 954 – Fax (01458) 832 949

Ruines de l'abbaye – ♿ Visite de 9 h 30 (9 h de juin à août, 10 h de décembre à février) à 18 h ou au coucher du soleil. Fermé le 25 décembre. 3 £. Brochures en allemand et en français. ☎/fax (01458) 832 267 ; glastonbury.abbey@dial.pipex.com ; www.glastonbury.abbey.com

Iron Age Lake Village Museum – EH. Visite d'avril à septembre de 10 h à 17 h (17 h 30 les vendredis et samedis) ; le reste de l'année de 10 h à 16 h (16 h 30 les vendredis et samedis). 1,50 £ ; enfants : 75 p. ☎ (01458) 832 954 ; glastonbury.tic@ukonline.co.uk

Somerset Rural Life Museum – ♿ Visite d'avril à octobre du mardi au vendredi et les lundis fériés de 10 h à 17 h, les samedis et dimanches de 14 h à 18 h ; de novembre à mars du mardi au samedi de 10 h à 15 h. 2,50 £ ; enfants : 1 £. ☎ (01458) 831 197.

GLEN COE

Glen Coe Centre – NTS. Visite de mi-mai à août de 9 h 30 à 17 h 30 ; de mars à mi-mai et en septembre et octobre de 10 h à 17 h. Dernière entrée 1 h avant la fermeture. 50 p. ☎ (01855) 811 307 (Visitor Centre) ou 811 729 ; fax (01855) 811 772 (guides) ; glencoe@nts.org.uk

Glencoe Folk Museum – Visite la semaine de Pâques et de mi-mai à septembre de 10 h à 17 h 30. Fermé le dimanche. 2 £. ☎ (01855) 811 664.

GLENLIVET

Glenlivet Distillery – Visite de Pâques à octobre tous les jours de 10 h (12 h 30 le dimanche) à 16 h (18 h en juillet et août), le reste de l'année sur rendez-vous. Entrée gratuite. ☎ (01807) 783 220 ou 590 427.

GLOUCESTER

⃞ St Michael's Tower, The Cross – ☎ (01452) 421 188

Cathédrale – ♿ Visite de 8 h à 18 h (17 h en hiver). Offrande suggérée : 2,50 £. Visite guidée sur demande. Brochures en allemand, chinois, espagnol, français, italien, japonais et néerlandais. Restaurant. ☎ (01452) 528 095 ; fax (01452) 300 469 ; gloucester.cathedral@btinternet.com ; www.btinternet.com/-gloucester.cathedral

National Waterways Museum – ♿ Visite de 10 h à 17 h. Fermé le 25 décembre. 4,75 £. Possibilité de promenade sur les rivières et canaux tous les jours de Pâques à octobre ; de mi-février à Pâques le week-end. ☎/fax (01452) 318 054 ; paul@nwm-net.com ; www.nwm.org.uk

Museum of Advertising and Packaging (Robert Opie Collection) – ♿ Visite de mars à septembre tous les jours y compris les jours fériés de 10 h à 18 h ; d'octobre à février du mardi au dimanche de 10 h à 17 h. Fermé les 25 et 26 décembre. 3,50 £. ☎ (01452) 302 309 ; sales@robertopie.telme.com ; www.themuseum.co.uk

Gloucester Folk Museum – Visite de 10 h à 17 h. Fermé le dimanche (sauf de juillet à septembre de 10 h à 16 h) et le 1ᵉʳ janvier, le Vendredi saint, les 25 et 26 décembre. 2 £. ☎ (01452) 526 467 ; fax (01452) 330 495.

Excursions

Crickley Hill Country Park – ♿ Parc ouvert 24 h/24. Visitor Centre : visite d'avril à septembre de 12 h 30 (10 h le dimanche) à 17 h. Entrée libre. Chiens admis. ☎ (01452) 863 170.

Painswick Rococo Garden – Visite de mai à septembre de 11 h à 17 h ; de janvier à avril et en octobre et novembre du mercredi au dimanche et les jours fériés aux mêmes heures. 3,30 £. ☎ (01452) 813 204 ; info@rococogarden.co.uk ; www.rococogarden

GOLSPIE

Dunrobin Castle – Visite de juin à septembre de 10 h 30 à 17 h 30 (16 h 30 de mars à mai et en octobre). 5,50 £. ☎ (01408) 633 177 ou 623 268 ; fax (01408) 634 081.

Orcadian Stone Company – Visite du lundi au samedi de 9 h à 17 h 30 et le dimanche en saison de 10 h à 16 h. Fermé le 1ᵉʳ janvier et le 25 décembre. Entrée libre. Exposition : 1 £. ☎/fax (01408) 633 483.

GOMERSAL

Red House Museum – Visite de 11 h (12 h le week-end) à 17 h. Entrée libre. ☎ (01274) 335 100 ; fax (01274) 335 105 ; www.kirkleesmc.gov.uk

GOODRICH

Château – EH. Visite de 10 h à 18 h ou à la tombée de la nuit en octobre ; de novembre à mars de 10 h à 13 h et de 14 h à 16 h. Fermé du 24 au 26 décembre. 3,20 £. ☎ (01600) 890 538.

GOODWOOD House

Goodwood House – ♿ Visite de Pâques à septembre les dimanches et lundis de 13 h à 17 h ; en août du lundi au jeudi et le dimanche aux mêmes heures. Fermé lors de manifestations spéciales. 6 £. ☎ (01243) 755 000 ; enquiries@goodwood.co.uk ; www.goodwood.co.uk

GRANTHAM

GRASMERE

Dove Cottage – Visite de 9 h 30 à 17 h 30. Dernière entrée à 17 h. Fermé de la 2ᵉ semaine de janvier à la 1re semaine de février et du 24 au 26 décembre. 5 £. Visite guidée en japonais. ☎ (01539) 435 544 ; fax (01539) 435 748 ; enquiries@wordsworth.org.uk ; www.wordsworth.org.uk

GREAT BRINGTON

Althorp – Visite en juillet et août uniquement pour les possesseurs de billets à heure fixe (10 £) à demander au ☎ (0870) 167 9000 ; www.althorp.com

GREAT MALVERN

Prieuré – Visite de mars à octobre de 9 h à 18 h 30 (16 h 30 le reste de l'année). Offrande. Dépliants en allemand et en français. ☎ (01684) 561 020 ; fax (01684) 561 020 (bureau paroissial, le matin en semaine uniquement).

GUILDFORD

Hôtel de ville – Visite guidée uniquement les mardis et jeudis à 14 h et 15 h ou sur rendez-vous. Entrée libre. ☎ (01483) 444 035.

Guildford House – Visite de 10 h à 16 h 45. Fermé les dimanches et lundis. Entrée libre. ☎ (01483) 444 740 ; guildfordhouse@remoteguildford.gov.uk ; www.guildfordborough.co.uk

Visite guidée de la ville – De mai à septembre les lundis, mercredis et dimanches à 14 h 30 ainsi que le jeudi à 19 h 30 (sauf en septembre). Participation libre. Point de rencontre à Tunsgate. Renseignements à l'Office de tourisme. ☎ (01483) 444 333.

Musée – Visite de 11 h à 17 h. Fermé le dimanche, le Vendredi saint et les 25 et 26 décembre. Entrée libre. ☎ (01483) 444 750.

Cathédrale – ♿ Visite de 8 h 30 à 17 h 30. Entrée libre. Visite guidée de 9 h 40 à 16 h. ☎ (01483) 565 287 ; info@guildford-cathedral.org

Crypte médiévale – Visite d'avril à septembre du mardi au jeudi de 14 h (12 h le samedi) à 16 h. Entrée libre. ☎ (01483) 444 751.

Château – ♿ Visite d'avril à septembre de 10 h à 17 h 45. 90 p. Parc : entrée libre. ☎ (01483) 444 702.

GWEEK

Seal Sanctuary – ♿ Visite à partir de 9 h. En hiver s'informer des heures d'ouverture et des tarifs. Fermé le 25 décembre. 6,50 £ ; enfants : 4,25 £. Promenades commentées. Observatoire sous-marin. ☎ (01326) 221 874.

H

HADDINGTON

St Mary's Church – ♿ Visite d'avril à septembre du lundi au samedi de 11 h à 16 h, le dimanche de 9 h 30 à 16 h 30. En dehors de ces horaires, demander la clé au presbytère. Visite guidée. Audiotour. Dépliants en de nombreuses langues. Expositions. ☎ (01620) 823 109.

Environs

Lennoxlove – Visite de mi-juin à octobre les mercredis, jeudis, samedis et dimanches de 14 h à 16 h 30. 4 £. Visite guidée (30 mn). Brochures en allemand et en français. ☎ (01620) 823 720 ; fax (01620) 825 112 ; lennoxlove@computerserve.com ; www.lennoxlove.org

HALIFAX

Henry Moore Foundation Studio – ♿ Visite de 12 h à 17 h et lors d'expositions ponctuelles. Fermé le lundi. Entrée libre. ☎ (0113) 234 3158 (renseignements).

Eureka! The Museum for Children – ♿ Visite tous les jours de 10 h à 17 h. Fermé du 24 au 26 décembre. 5,75 £ ; enfants 4,75 £. Audioguide. ☎ (01426) 983 191 ; info@eureka.org.uk ; www.eureka.org.uk

HANLEY

Potteries Museum and Art Gallery – ♿ Visite de mars à octobre de 10 h (14 h le dimanche) à 17 h ; le reste de l'année de 10 h (13 h le dimanche) à 16 h. Fermé du 25 décembre au 1er janvier. Entrée libre. ☎ (01782) 232 323 ; fax (01782) 232 500 ; museums@stoke.gov.uk ; www.stoke.gov.uk/museums

HARDWICK Hall

Manoir – NT. Visite d'avril à octobre les mercredis, jeudis, samedis, dimanches et lundis fériés de 12 h 30 à 16 h 30 (dernière entrée). Brochures en allemand, espagnol, français et japonais. Restaurant. ☎ (01246) 850 430 ; fax (01246) 854 200. Manoir et jardins : 6 £. Jardins : ouverts d'avril à octobre de 12 h à 17 h 30. 3,20 £. Parc : ouvert toute l'année du lever au coucher du soleil.

HAREWOOD

Harewood House – ♿ Visite d'avril à octobre de 11 h à 16 h (dernière entrée). Visite d'ensemble : 7,25 £. Visite guidée (1 h) sur accord préalable. ☎ (0113) 218 1010. Parc et jardin des oiseaux : visite de mars à octobre de 10 h à 16 h 30 (dernière entrée). 6 £ ; enfants : 3,50 £. Parc seul : ouvert de mars à octobre de 10 h à 18 h.

HARLECH   ☐ (en saison) Gwyddfor House, High Street – ☎ (01766) 780 658

Château – CADW. Visite d'avril à octobre de 9 h 30 à 18 h (17 h en octobre) ; le reste de l'année de 9 h 30 (11 h le dimanche) à 16 h. Fermé le 1er janvier et du 24 au 26 décembre. 3 £. ☎ (01766) 780 552.

HARROGATE   ☐ Royal Baths Rooms, Crescent Road – ☎ (01423) 537 300

Royal Pump Room Museum – ♿ Visite de 10 h (14 h le dimanche) à 17 h (16 h de novembre à mars). Fermé le 1er janvier et du 24 au 26 décembre. 2 £. Guide. ☎ (01423) 556 188 ; fax (01423) 556 130 ; www.harrogate.gov.uk.

Environs

Harlow Carr Botanical Gardens – ♿ Visite de 9 h 30 à 18 h ou au coucher du soleil. 4 £ ; enfants : entrée libre. Visite guidée (1 h 30). Restaurant. ☎ (01423) 565 418 ; fax (01423) 530 663.

Darley Mill Centre – Visite de 9 h 30 à 17 h 30 (11 h à 17 h le dimanche). Restaurant ouvert de 9 h 30 à 16 h 30 (11 h à 17 h le dimanche). ☎ (01423) 780 857.

HARTLEPOOL

Quai historique – Visite de 10 h à 17 h. Fermé le 1er janvier et les 25 et 26 décembre. 4,95 £ ; enfants : 2,50 £. ☎ (01429) 860 006.

HASLINGDEN

Helmshore Textile Museums – Visite d'avril à octobre de 14 h (13 h le dimanche et de juillet à août) à 17 h. 3 £. ☎ (01706) 226 459.

HASTINGS

Château – Visite de Pâques à septembre de 10 h à 17 h ; d'octobre à Pâques de 11 h à 16 h 30. 3 £. ☎ (01424) 422 964 ou Office de tourisme.

West Hill Cliff Railway – Visite d'avril à septembre de 10 h à 17 h 30 ; d'octobre à mars de 11 h à 16 h. Fermé le mardi. 70 p ; enfants : 40 p.

HATFIELD

Hatfield House – ♿ Visite d'avril à septembre du mardi au jeudi de 12 h à 16 h ; le week-end de 13 h à 16 h 30, les jours fériés de 11 h à 16 h 30. Fermé le lundi et le vendredi ainsi que le Vendredi saint. Visite guidée (1 h) du château du mardi au jeudi chaque demi-heure de 12 h à 16 h. Brochures en allemand, espagnol, français, italien, japonais et russe. Restaurant. ☎ (01707) 262 823 ; fax (01707) 275 719. Parc et jardins : ouverts les mêmes jours de 11 h à 18 h.

HAWKESHEAD

Beatrix Potter Gallery – NT. ♿ Visite d'avril à fin octobre du dimanche au jeudi et le Vendredi saint de 10 h 30 à 16 h 30. 3 £ ; enfants : 1,50 £. ☎ (01539) 436 355 ; rhabpg@smpt.ntrust.org.uk

HAWORTH

Brontë Parsonage Museum – Visite d'avril à septembre de 10 h à 17 h 30 ; le reste de l'année de 11 h à 17 h. Fermé de début janvier à début février et du 24 au 27 décembre. 4,50 £. Brochure. ☎ (01535) 642 323 ; fax (01535) 647 131 ; bronte@bronte.prestel.co.uk ; www.bronte.org.uk

Brontë Weaving Shed – Visite de 10 h à 17 h 30 (le dimanche de 11 h à 17 h). Fermé le dimanche de Pâques, le 25 décembre et le 1er janvier. Entrée libre. Restaurant. ☎ (01535) 646 217.

HEBDEN BRIDGE

Walkleys Mill – ♿ Visite de 10 h à 17 h (17 h 30 les week-ends et jours fériés). Fermé du 24 au 26 décembre. Entrée libre les week-ends et les jours fériés. ☎ (01422) 842 061.

Environs

Hardcastle Crags – Visite tous les jours. ☎ (01422) 844 518.

HELENSBURGH

Hill House – NTS. Visite d'avril (ou Vendredi saint) à octobre de 13 h 30 à 17 h 30. Dernière entrée à 17 h. Accès limité aux heures d'affluence. 6 £. Guides en allemand, espagnol, français, italien et japonais. ☎ (01436) 673 900 ; fax (01436) 674 685 ; aellis@nts.org.uk ; www.nts.org.uk

HELMSLEY

Château – EH. Visite d'avril à octobre de 10 h à 17 h (ou au coucher du soleil en octobre) ; de novembre à mars de 10 h à 13 h et de 14 h à 16 h. Fermé le lundi et le mardi de novembre à mars ainsi que le 1er janvier et du 24 au 26 décembre. 2,30 £. ☎ (01439) 770 442.

Jardin clos – Visite d'avril à octobre de 10 h 30 à 17 h. 2 £. ☎/fax (01439) 771 427.

Duncombe Park – Château et jardins : visite d'avril à octobre de 11 h à 18 h (ou coucher du soleil). Dernière entrée à 16 h 30. Fermé le samedi et, en avril et octobre, le vendredi ainsi que du Jeudi saint au mardi suivant Pâques. 6 £ ; parc et jardins seuls : 4 £. Restaurant. ☎ (01439) 770 213 ou 771 115 ; fax (01439) 771 114 ; sally@duncombepark.com ; www.duncombepark.com. Chapelle : visite sur demande. Fermé le 28 mai et les 7, 8 et 12 juin. Offrande.

HELSTON

Flora Day Furry Dance – Se déroule le 8 mai (ou le samedi précédent si le 8 mai tombe un dimanche ou un lundi) à 7 h, 8 h 30 (Hall-on-Tow procession depuis St John's), 10 h (enfants), 12 h (couples) et 17 h.

HENLEY-ON-THAMES

🏛 Town Hall, Market Place – ☎ (01491) 578 034 – Fax (01491) 411 766
🏛 25 Bridge Street, Abingdon – ☎ (01235) 522 711

Église St Mary – Visite du lundi au samedi de 8 h à 17 h. Brochures et dépliants en allemand, espagnol et français. ☎ (01491) 577 340 ; fax (01491) 571 827 ; rector.hwr@lineone.net

Stonor Park – Visite le mercredi en juillet et août et le dimanche d'avril à septembre de 14 h à 17 h 30. 4 £. Jardins seuls : 2 £. ☎/fax : (01491) 638 587 ; info@stonor.com ; www.stonor.com

River and Rowing Museum – ♿ Visite de 10 h (10 h 30 le week-end) à 18 h (17 h de novembre à Pâques). Fermé le 1er janvier et les 24 et 25 décembre. Entrée payante. ☎ (01491) 415 600 ; fax (01491) 415 601 ; museum@rrm.co.uk ; www.rrm.co.uk

Castell HENLLYS

Visite d'avril à octobre de 10 h à 17 h. 2,70 £. Visite guidée possible. ☎/fax (01239) 891 319.

HENSHAW

Housesteads – Visite de 10 h à 18 h (16 h en hiver). Fermé du 24 au 26 décembre. 2,80 £. Brochures en français et en allemand. ☎ (01434) 344 363.

HEREFORD   🔢 1 King Street – ☎ (01432) 268 430

Cathédrale – ♿ Visite de 9 h 15 à 17 h 30. Fermé le dimanche. Visite guidée en semaine à 11 h et à 14 h (2,50 £). Dépliants en allemand, espagnol, français, italien et japonais. **Bibliothèque à chaînes et exposition de la mappemonde** : visite de juillet à septembre de 10 h à 16 h 15 (de 11 h à 15 h 15 le dimanche et en hiver). 4 £. Dépliants en allemand, espagnol, français, italien et japonais. ☎ (01432) 374 209.

Cider Museum and King Offa Distillery – Visite d'avril à octobre tous les jours de 10 h à 17 h 30 ; le reste de l'année de 11 h à 15 h. Fermé le lundi de janvier à mars. 2,40 £. ☎ (01432) 354 207.

HERMITAGE Castle

HS. Visite d'avril à septembre de 9 h 30 à 18 h 30. 1,80 £.

HEVER

Château – Visite de mars à novembre de 12 h (jardins à 11 h) à 18 h. Dernière entrée à 17 h. 7,80 £ ; jardins seuls : 6,10 £. Dépliants en allemand, espagnol, français, italien, japonais et néerlandais. Restaurants. ☎ (01732) 865 224 ; fax (01732) 866 796 ; mail@hevercastle.co.uk ; www.hevercastle.co.uk

HEXHAM   🔢 The Manor Office, Hallgate – ☎ (01434) 605 225

Abbaye – ♿ Visite de 9 h à 19 h (17 h d'octobre à avril). Fermé le Vendredi saint. Offrande. Visite guidée (1 h) sur accord préalable. Dépliants en allemand, danois, espagnol, français et néerlandais. ☎ (01434) 602 031 ; fax (01434) 606 116 ; hexhamabbey@ukonline.co.uk

HEYSHAM

Centrale nucléaire – Visite guidée possible sur rendez-vous. ☎ (01524) 855 624 ; fax (01524) 863 460 ; wwww.british-energy.com

HOGHTON Tower

Visite guidée uniquement (1 h) de juillet à septembre du lundi au jeudi et les dimanches et jours fériés de 11 h à 16 h ; le reste de l'année les dimanches et jours fériés (sauf 1er janvier, Vendredi saint et 25 décembre) de 13 h à 17 h. 3 £ ; jardins seuls : 2 £. Visite guidée (1 h). ☎ (01254) 852 986 ; fax (01254) 852 109.

HOLKHAM

Holkham Hall – Visite de fin mai à septembre de 13 h (11 h 30 les dimanches et lundis fériés) à 17 h. Fermé le vendredi et le samedi. 4 £. Billet combiné avec Bygones Museum : 6 £. ☎ (01328) 710 227 ; fax (01328) 711 707.

HOLY Island

Holy Island – Accessible à marée basse uniquement. Horaires affichés à chaque extrémité de la digue. is@berwick-upon-tweed.gov.uk

Lindisfarne Priory – EH. Visite de 10 h à 18 h (17 h en octobre et novembre, 16 h de novembre à mars). Fermé du 24 au 26 décembre. 2,80 £. ☎ (01289) 389 200.

Lindisfarne Castle – NT. Visite d'avril à octobre et le Vendredi saint de 12 h à 15 h. Fermé le vendredi. Téléphoner à l'avance pour vérifier les heures d'ouverture car elles dépendent des marées. 4 £. ☎ (01289) 389 244.

HOPETOUN House

Visite de Pâques à septembre de 10 h à 17 h 30. Dernière entrée à 16 h 30. Résidence et parc : 5,30 £ ; parc seul : 2,90 £. Restaurant. ☎ (0131) 331 2451 ; fax (0131) 319 1885.

HORRINGER

Ickworth House – NT. ♿ Visite de fin mars à début novembre les mardis, mercredis, vendredis, samedis, dimanches et lundis fériés de 13 h à 17 h. Parc : ouvert tous les jours de 7 h à 19 h. Jardin : visite de fin mars à début novembre de 10 h à 17 h (16 h de novembre à mars, en semaine uniquement). 5,50 £ ; parc et jardin : 2,40 £. Visite guidée possible. Brochures en allemand, français, italien, japonais et néerlandais. Restaurant. ☎ (01284) 735 270.

HOUGHTON Hall

♿ Visite de Pâques au dernier dimanche de septembre les jeudis, dimanches et jours fériés de 14 h à 17 h 30. Visite d'ensemble : 6 £ ; parc seul : 3,50 £. Visite guidée (2 h) sur rendez-vous. ☎ (01485) 528 569 ; fax (01485) 528 167 ; www.houghtonhall.com

Castle HOWARD

♿ Visite de mi-mars à début novembre de 10 h (11 h pour la résidence) à 16 h 30 (dernière entrée). 7,50 £. ☎ (01653) 648 444 ; fax (01653) 648 501 ; mec@castlehoward.co.uk ; www.castlehoward.co.uk

HUTTON-LE-HOLE

Ryedale Folk Museum – ♿ Visite de mi-mars à octobre de 10 h à 17 h 30. Dernière entrée à 16 h 30. 3,25 £. Brochures en allemand et en français. ☎ (01751) 417 367.

HYTHE

St Leonard's Church – Visite de 8 h à 17 h. Entrée libre. Crypte : visite de mai à septembre de 10 h 30 à 12 h et de 14 h 30 à 16 h. 50 p. ☎ (01303) 263 739.

I

IFFLEY

Église – Visite tous les jours de 8 h à 18 h. En dehors de ces horaires demander la clé au presbytère. ☎ (01865) 773 516.

ILFRACOMBE

🛈 The Promenade – ☎ (01271) 863 001

Chapelle Saint-Nicolas – Visite de fin mai à mi-octobre de 10 h à 13 h et de 14 h 30 à 17 h ainsi que de 19 h 30 au coucher du soleil de mai à août. Entrée libre.

Tunnels Beaches – ♿ Visite de mai à octobre de 10 h 30 à 18 h. 1,10 £.

INCHMAHOME

Prieuré – HS. Visite d'avril à septembre de 9 h 30 à 18 h 30. 3 £ (incluant le passage par bac). Faire tourner le signal blanc sur la jetée pour attirer l'attention du passeur ; (01877) 385 294.

INGLETON

🛈 (en saison) Community Centre Car Park – ☎ (01524) 241 049

White Scar Caves – Visite guidée (1 h 20, en fonction des conditions atmosphériques) de 10 h à 17 h 30 (dernière entrée). Fermé le 25 décembre. 6,25 £ ; enfants : 3,45 £. Brochures en allemand, espagnol, français et italien. ☎ (01524) 241 244 ; fax (01524) 241 700 ; www.wscave.co.uk

INGROW

Museum of Rail Travel – Visite tous les jours de 11 h à 16 h 30. Fermé les 25 et 26 décembre. ☎ (01535) 680 425.

INNERLEITHEN

Traquair House – Visite d'avril à septembre de 12 h 30 (10 h 30 de juin à août) à 17 h 30 ; en octobre du vendredi au dimanche de 12 h 30 à 17 h 30. 5,20 £. Dépliants en allemand, espagnol, français et italien. ☎ (01896) 830 323 ; fax (01896) 830 639 ; enquiries@traquair.co.uk ; www.traquair.co.uk

🖬 Front Street – ☎ (01499) 302 063 – Fax (01499) 302 269

Château – Visite en juillet et août tous les jours de 10 h (13 h le dimanche) à 17 h 45 ; d'avril à juin et en septembre et octobre du lundi au jeudi et le samedi de 10 h à 13 h et de 14 h à 17 h 45 ainsi que le dimanche de 13 h à 17 h 45. Dernière entrée 3/4 h avant la fermeture. 4,50 £. Visite guidée (1 h) possible en allemand et en français. Visite des jardins sur rendez-vous. Brochures en allemand, français, italien et japonais. ☎ (01499) 302 203 ; fax (01499) 302 421.

INVEREWE Gardens

NTS. ♿ Visite de 9 h 30 à 21 h (17 h de novembre à mars). 5 £. Visitor Centre : ouvert de mi-mars à octobre de 9 h 30 à 17 h 30. Visite guidée (1 h 30) de mi-avril à octobre du lundi au vendredi à 13 h 30. Brochures en allemand et en français. Restaurant. ☎ (01445) 781 200 ; fax (01445) 781 497 ; mcrook@org.uk ; www.nts.org.uk

🖬 Castle Wynd – ☎ (01463) 234 353 – Fax (01453) 710 609

Cathédrale St Andrews – Visite de 8 h 30 à 18 h. Guide. Dépliants en allemand, français, italien et japonais. ☎/fax (01463) 233 535.

Balnain House – ♿ Visite de 10 h à 17 h. Fermé le dimanche sauf en juillet et août. 2,50 £. ☎ (01463) 715 757 ; fax (01463) 713 611.

Museum and Art Gallery – ♿ Visite de 9 h à 17 h. Fermé le dimanche, les 1er, 2 et 3 janvier et les 25, 26 et 31 décembre. Entrée libre. ☎ (01463) 237 114 ; fax (01463) 225 293.

Environs

Tain Through Time – ♿ Visite de fin mars à octobre de 10 h à 18 h ; en hiver le samedi de 12 h à 16 h. 3,50 £. Brochures en allemand, français et néerlandais. ☎/fax (01862) 894 089 ; info@tainmuseum.co.uk ; www.tainmuseum.demon.co.uk

Île d'IONA

Abbaye – Visite de 9 h 30 à 18 h 30 (16 h 30 d'octobre à mars). Billet combiné avec Infirmary Museum : 2,50 £. Visite guidée. ☎ (01681) 700 404.

Infirmary Museum – Visite de 9 h 30 à 18 h 30 (16 h 30 d'octobre à mars). Billet combiné avec l'abbaye : 2,50£. ☎ (01681) 700 404.

🖬 St Stephen's Church, St Stephen's Lane – ☎ (01473) 258 070

Tolly Cobbold Brewery – Visite guidée (1 h 30) à Pâques et de mai à septembre tous les jours à 12 h ; le reste de l'année sur demande. 3,90 £. ☎ (01473) 231 723 (dans la journée) et 281 508 (en soirée) ; fax (01473) 280 045 ; tourist@ipswich.gov.uk ; www.ipswich.gov.uk

Christchurch Mansion – Visite de 10 h à 17 h (16 h 10 de novembre à mars), le dimanche de 14 h 30 à 16 h 30. Fermé le lundi (sauf férié), le 1er janvier, le Vendredi saint, les 25 et 26 décembre. Entrée libre. Visite guidée (1 h 30) payante. Audioguide. ☎ (01473) 433 550 ; museums.service@ipswich.gov.uk ; www.ipswich.gov.uk

Maison ancienne – Buttermarket. Visite du lundi au samedi de 9 h à 17 h.

🖬 The Wharfage – ☎ (01952) 432 166

Musées – Visite de 10 h à 17 h. Certains sont fermés de novembre à mi-février. Billet pour l'ensemble des sites : 10 £ ; enfants : 6 £. Dépliants en allemand et en français. Renseignements du lundi au vendredi : ☎ (01952) 433 522, le week-end : ☎ (01952) 432 166 ; 0800 590 258 (numéro vert pour obtenir la brochure gratuite) ; fax (01952) 432 204 ; www.ironbridge.org.uk

IVY HATCH

Ightham Mote – NT. ♿ Visite de fin avril à octobre de 11 h à 17 h 30. Fermé les mardis et samedis. Éviter les heures d'affluence les dimanches et lundis fériés entre 14 h et 16 h. 5 £. ☎ (01732) 810 378 et 811 145 (renseignements) ; fax (01732) 811 029.

Ightham Mote

K. Hughes/MICHELIN

J – K

JARROW

Bede's World – ♿ Visite de 10 h (12 h le dimanche) à 17 h 30 (16 h 30 de novembre à mars). Fermé le lundi (sauf férié) et le Vendredi saint. Les heures d'ouverture varient à Noël et au Nouvel An. 3 £. Restaurant. ☎ (0191) 489 2106 ; fax (0191) 428 2361 ; visitor.info@bedesworld.co.uk ; www.bedesworld.co.uk

JEDBURGH

🏢 Murray's Green – ☎ (01835) 863 435 ou 863 688

Abbaye – HS. Visite de 9 h 30 (14 h le dimanche d'octobre à mars) à 18 h 30 (16 h 30 d'octobre à mars). 3 £. ☎ (01835) 863 925.

Mary Queen of Scots House – Visite d'avril à octobre du lundi au samedi de 10 h (13 h le dimanche de juin à août) à 16 h 30 ; en mars et novembre de 10 h 30 à 15 h 30 (le dimanche de 13 h à 16 h). 2 £. Brochures en allemand, espagnol, français, italien et néerlandais. ☎ (01835) 863 331 ; fax (01450) 373 457.

Château et prison – Visite de 10 h (13 h le dimanche) à 16 h 30 (17 h le dimanche). 80 p. ☎ (01835) 863 254 ; fax (01450) 378 506.

Loch KATRINE

Promenades en bateau – ♿ Départs de la jetée de Trossachs d'avril à octobre tous les jours à 11 h (sauf le samedi), 13 h 45 et 15 h 15. A/R : 4,60 à 6 £ en fonction de l'heure et de la saison. ☎ (01877) 376 316 ; fax (01877) 376 317 ; www.westscotlandwater.org.uk

KEDLESTON Hall

Demeure – NT. ♿ Visite d'avril à octobre du samedi au mercredi de 12 h à 16 h 30. Dernière entrée à 16 h. Billet combiné : 5 £. Restaurant. ☎ (01332) 842 191 ; fax (01332) 841 972.

Jardin – Visite aux mêmes dates de 11 h à 18 h.

Parc – Visite d'avril à octobre tous les jours de 11 h à 18 h ; en novembre et décembre uniquement le week-end de 12 h à 16 h. 2 £ par véhicule les jeudis et vendredis.

KELSO

Floors Castle – ♿ Visite du Vendredi saint à octobre de 10 h 30 à 16 h 30. 5 £. Brochures en allemand, espagnol, français et italien. Restaurant. ☎ (01573) 223 333 ; fax (01573) 226 056.

KENDAL

Museum of Lakeland Life – Visite de mi-février à décembre de 10 h 30 à 17 h (16 h de mi-février à mars et en novembre et décembre). Fermé de Noël à mi-février. 3 £. ☎ (01539) 722 464 ; fax (01539) 722 494 ; info@abbothall.org.uk ; www.abbothall.org.uk

KENILWORTH

Château – EH. Visite de 10 h à 18 h (17 h en octobre, 16 h de novembre à mars). Fermé le 1er janvier et du 24 au 26 décembre. 3,50 £. Audioguides en allemand, français et japonais. ☎ (01926) 852 078.

KESWICK

Pencil Museum – ♿ Visite de 9 h 30 à 16 h (dernière entrée). Fermé les 1er janvier, 25 et 26 décembre. 2,50 £. ☎ (01768) 773 626 ; museum@acco-uk.co.uk ; www.pencils.co.uk

Keswick Museum – Visite du Vendredi saint à octobre de 10 h à 16 h. 1 £. ☎ (01768) 773 263 ; fax (01768) 780 390 ; hazel.davison@allerdale.gov.uk

KIDSGROVE

Little Moreton Hall – NT. Visite de fin mars à début novembre du mercredi au dimanche et les lundis fériés de 11 h 30 à 17 h ; de novembre au 22 décembre les week-ends de 11 h 30 à 16 h. 4,40 £. Visite guidée (50 mn) presque chaque après-midi. Miniguides en allemand, espagnol, français et italien. Restaurant. ☎ (01260) 272 018.

KIDWELLY

Château – ♿ Visite d'avril à octobre tous les jours de 9 h 30 à 18 h 30 ; le reste de l'année de 9 h 30 (11 h le dimanche) à 16 h. Fermé le 1er janvier et du 24 au 26 décembre. 2,20 £. ☎/fax (01554) 890 104.

KILDRUMMY

Château – HS. Visite d'avril à septembre de 9 h 30 à 18 h 30 ; d'octobre à novembre du samedi au mercredi de 9 h 30 (14 h 30 le dimanche) à 16 h 30 (12 h 30 le jeudi). Fermé le vendredi d'octobre à novembre et de décembre à mars. 2 £. ☎ (01975) 571 331.

KILLIECRANKIE

Site – NTS. Accessible en permanence. Visitor Centre : ♿ Visite d'avril (ou du Vendredi saint) à octobre de 10 h à 17 h 30. Brochures en allemand et en français. Commentaires en allemand, danois, français, italien, japonais et suédois. ☎/fax (01796) 473 233 ; www.nts.org.uk

KILLHOPE

North of England Lead Mining Museum – Visite d'avril à octobre de 10 h 30 à 17 h et les dimanches de novembre de 10 h 30 à 16 h. 3,40 £. ☎ (01388) 537 505 ; kill-hope@durham.gov.uk

KING'S LYNN

🄱 The Custom House, Purfleet Quay – PE 30 1 HP – ☎ (01553) 763 044 – fax (01553) 777 281

Tales of the Old Gaol House – Visite de 10 h à 17 h. Dernière entrée à 16 h 15. Fermé le mercredi et le jeudi de novembre à Pâques. 2,20 £ ; billet combiné avec le musée : 2,40 £. Audiotour gratuit en stéréo. ☎ (01553) 774 297 ; fax (01553) 772 361.

Town House Museum of Lynn Life – Visite de 10 h (14 h le dimanche) à 17 h (16 h d'octobre à avril). Fermé les jours fériés et, d'octobre à avril, le dimanche. 1,80 £. ☎ (01553) 773 450.

St Margaret's Church – Visite de 7 h 45 à 17 h 45 (19 h 45 le dimanche). Visite guidée sur demande auprès de l'Office de tourisme. ☎ (01553) 763 044. ☎ (01553) 766 487 (Mrs James) ou 772 858 (bureau paroissial).

True's Yard – ♿ Visite de 9 h 30 à 16 h. Fermé du 25 décembre au 3 janvier. 1,90 £. Visite guidée sur rendez-vous. ☎ (01553) 770 479 ; truesyard@virgin.net ; www.truesyardmuseum.free-online.co.uk

KINGSTON-UPON-HULL

🄱 1 Paragon Street – ☎ (01482) 223 559
🄱 King George Dock, Hedon Road – ☎ (01482) 702 118

The Hull Maritime Museum – Visite de 10 h à 17 h, le dimanche de 13 h 30 à 16 h 30. Fermé le 1er janvier, le Vendredi saint et du 24 au 26 décembre. Entrée libre. ☎ (01482) 613 902.

Ferens Art Gallery – ♿ Visite de 10 h à 17 h, le dimanche de 13 h 30 à 16 h 30. Fermé le 1er janvier, le Vendredi saint et les 25 et 26 décembre. Entrée libre. ☎ (01482) 613 902 ; fax (01482) 613 710 ; www.hullcc.gov.uk/navigating-hull/index.html

William Wilberforce Museum – Visite de 10 h à 17 h, le dimanche de 13 h 30 à 16 h 30. Fermé le 1er janvier, le Vendredi saint, le 25 décembre et le 1er janvier. Entrée libre. ☎ (01482) 613 902 ; fax (01482) 613 710.

Streetlife - Transport Museum – Fermé jusqu'à nouvel ordre. ☎ (01482) 693 902.

Hull and East Riding Museum – Visite de 10 h à 17 h, le dimanche de 13 h 30 à 16 h 30. Fermé le 1er janvier, le Vendredi saint et les 25 et 26 décembre. Entrée libre. ☎ (01482) 613 902.

Holy Trinity Church – Visite de mars à octobre de 10 h 30 à 15 h (12 h 30 le samedi). Le reste de l'année de 11 h (9 h 30 le samedi) à 14 h. Fermé le dimanche. Risque de modification des heures d'ouverture à Noël. ☎ (01482) 324 835; www.holy-trinity.org.uk

Hands on History – Visite réservée aux groupes scolaires de 10 h à 17 h, le dimanche de 13 h 30 à 16 h 30. Ouvert au public le week-end et pendant les vacances scolaires uniquement. Fermé le 1er janvier, le Vendredi saint, les 25 et 26 décembre. Entrée libre. ☎ (01482) 613 902.

Spurn Lightship – Fermé jusqu'à nouvel ordre. ☎ (01482) 613 902.

Humber Bridge – Péage 1,60 £ par véhicule. ☎ (01482) 641 640 (renseignements 24 h/24).

KINGUSSIE

Highland Folk Museum, Newtonmore – Visite de Pâques à août de 10 h 30 à 17 h 30. En septembre et octobre, téléphoner pour vérifier les heures d'ouverture. Démonstration de techniques artisanales en juillet et août. ☎ (01540) 661 307 ; fax (01540) 661 631 ; highland.folk@highland.gov.uk ; www.highlandfolk.com

Landmark Forest Heritage Park – Visite d'avril à octobre de 10 h à 18 h (19 h de mi-juillet à fin août) ; le reste de l'année de 10 h à 17 h. Fermé le 25 décembre. Haute saison : 6,90 £. Restaurant. ☎ (01479) 841 613 (0800) 731 3446 (renseignements, numéro vert).

KIRBY WISKE

Sion Hill Hall – ♿ Visite du Vendredi saint à septembre du mercredi au dimanche et les lundis fériés de 13 h à 17 h. Dernière entrée à 16 h. 4 £. ☎ (01845) 587 206 ; fax (01845) 587 486 ; enquiries.sionhall@virgin.net ; www.sionhillhall.co.uk

KNARESBOROUGH

Donjon du château – Visite du Vendredi saint à septembre de 10 h 30 à 17 h. 2 £. Visite guidée (40 mn) dans les souterrains à 11 h 30, 12 h 30, 14 h, 15 h et 16 h. ☎ (01423) 556 188.

KNIGHTON

Offa's Dyke Visitor Centre – ♿ Visite de 9 h à 17 h 30 (17 h en hiver). Fermé le week-end en hiver. Offrande. ☎ (01547) 528 753.

L

LACOCK 🅱 Church Street, Melksham – SN 12 6LS – ☎ (01225) 707 424 – Fax (01225) 707 424

Église St Cyriac – Visite de 10 h à 17 h. ☎ (01249) 730 272 ; www.t-jdann.dircon.co.uk

Fox Talbot Museum of Photography – NT. Visite de mars à octobre de 11 h à 17 h ; le reste de l'année le week-end uniquement aux mêmes heures. Fermé le Vendredi saint, à Noël et au Nouvel An. Billet combiné avec l'abbaye et le parc : 5,80 £. Visite guidée sur rendez-vous. Brochures en allemand, espagnol, français, italien, japonais et néerlandais. ☎ (01249) 730 501.

Abbaye – NT. Visite d'avril à octobre de 13 h à 17 h. Fermé le mardi et le Vendredi saint. Parc de mars à octobre de 11 h à 17 h. Fermé le Vendredi saint. Billet combiné avec Fox Talbot Museum : 5,80 £ ; cloître et parc seuls : 4,70 £. ☎ (01249) 730 227 ; fax (01249) 730 227.

Environs

Corsham Court – ♿ Visite de fin mars à septembre du mardi au dimanche et les lundis fériés de 14 h à 17 h 30 ; le reste de l'année le week-end de 14 h à 16 h 30. Fermé en décembre. 5 £ ; jardins seuls : 2 £. Visite guidée possible. ☎/fax (01249) 701 610.

LAMBERHURST

Scotney Castle Garden – NT. Visite d'avril à octobre du mercredi au vendredi de 11 h à 18 h (ou au coucher du soleil), les week-ends de 14 h à 18 h, les dimanches et lundis fériés de 12 h à 18 h. Dernière entrée à 17 h. Fermé le Vendredi saint. 4,20 £. ☎ (01892) 891 081.

LANCASTER 🅱 29 Castle Hill – ☎ (01524) 32878

Château – Visite de 10 h 30 à 16 h. Visite complète : 4 £, partielle : 2,50 £. ☎ (01524) 64998 ; fax (01524) 847 914 ; lynette.morrissey@dpshq.lanscc.gov.uk ; www.lancashire.com/lcc/res/ps/castle/index.htm

Priory Church – Visite de 9 h 30 à 17 h. Visite guidée sur rendez-vous. ☎ (01524) 65338 ; www.lancs.ac.uk/general/priory

Maritime Museum – ♿ Visite de Pâques à octobre de 11 h à 17 h ; le reste de l'année de 12 h 30 à 16 h. Entrée payante. Brochures en allemand, danois, espagnol et français. ☎ (01524) 64 637 ; fax (01524) 841 692.

LAND'S END

Visitor Centre et site – ♿ Visite de 10 h au coucher du soleil. Fermé les 24 et 25 décembre. Droit de promenade sur le site. Restaurant. ☎ (01736) 871 220 ; fax (01736) 871 812 et 871 719 ; info@landsend-landmark.co.uk ; www.landsend-landmark.co.uk

Minack Theatre – Ouvert de mai à fin septembre de 9 h 30 à 17 h 30 et d'octobre à mars de 10 h à 16 h ; représentations à 14 h et 20 h. 6 £. Rowena Cade Exhibition Centre : visite d'avril à octobre de 9 h 30 à 17 h 30 ; le reste de l'année de 10 h à 16 h. 2,50 £. ☎ (01736) 810 181.

Newlyn Pilchard Works – Visite de Pâques à octobre du lundi au vendredi de 10 h à 18 h (14 h le samedi). 2,95 £. ☎ (01736) 332 112.

Prieuré – EH. Visite d'avril à octobre de 10 h à 18 h (17 h en octobre). 2 £. Audioguide. ☎ (01228) 519 880.

Boathouse – Visite d'avril à octobre de 10 h à 17 h ; le reste de l'année de 10 h 30 à 15 h. 2,75 £. ☎ (01994) 427 420.

Église Saint-Pierre-et-Saint-Paul – &. Visite de 8 h 30 à 17 h 30 (15 h 30 en hiver) et le dimanche sauf pendant l'office. Dépliant en français.

Guildhall Museum – NT. Visite de fin mars à début novembre de 11 h à 17 h. Fermé le Vendredi saint. 3 £. ☎ (01787) 247 646 ; almjtq@smtp.ntrust.org.uk

Château – &. Visite de 11 h à 17 h (15 h de novembre à février). Fermé le dernier samedi de juin, le premier samedi de juillet et le 25 décembre. 9,50 £. Visite guidée (sur réservation) et brochures en allemand, espagnol, français, italien, japonais, néerlandais et russe. Restaurant. ☎ (01622) 765 400 ; fax (01622) 735 616 ; www.leeds-castle.co.uk. Parc : ouvert aux mêmes dates à partir de 10 h. 7,50 £.

🚹 The Arcade, Leeds Station – ☎ (0113) 242 5242

Royal Armouries Museum – Visite à partir de 10 h 30. 4,90 £. ☎ (0990) 106 666 ; enquiries@armouries.org.uk ; www.armouries.org.uk

St John's Church – Visite du mardi au samedi de 9 h 30 à 17 h 30. ☎ (0113) 244 1689.

Grand Theatre – &. Visite guidée (1 h) de 10 h à 19 h 30. Fermé le dimanche. 5 £ minimum. ☎ (0113) 222 6222 ; fax (0113) 246 5906.

City Art Gallery – &. Visite de 10 h (13 h le dimanche) à 17 h (20 h le mercredi). Fermé les 1er janvier, 25 et 26 décembre. Dépliants. ☎ (0113) 247 8248 ; fax (0113) 244 9689.

Henry Moore Institute – Visite de 10 h à 17 h 30 (21 h le mercredi). Entrée libre. ☎ (0113) 246 7467 ; fax (0113) 246 1481.

Tetley's Brewery Wharf – Visite de 10 h 30 à 17 h. Fermé les 1er janvier, 25 et 26 décembre. 3,95 £. ☎ (0113) 242 0666.

Kirkstall Abbey – Ruines : visite du lever au coucher du soleil. Entrée libre. Musée : fermé pour réaménagement jusqu'à janvier 2001. ☎ (0113) 230 5492.

🚹 7-9 Every Street, Town Hall Square – ☎ (0116) 265 0555

Jewry Wall and Archeology Museum – &. Visite de 12 h (10 h 30 le samedi, 13 h le dimanche) à 17 h (16 h en hiver). Fermé du 24 décembre à début janvier. Entrée libre. Brochures. ☎ (0116) 247 3021.

Guildhall – Visite de 12 h (10 h 30 le samedi, 13 h le dimanche) à 17 h (16 h en hiver). Fermé le 1er janvier et du 24 au 26 décembre. Visite guidée sur rendez-vous. Brochures et dépliants en allemand et en français. ☎ (0116) 253 2569.

St Martin's Cathedral – &. Visite de 7 h 30 à 16 h 30 (17 h 30 le dimanche). Entrée libre. Visite guidée sur rendez-vous. ☎ (0116) 262 5294 ; cathedral@leicester .anglican.org ; www.cathedral.leicester.anglican.org

St Mary de Castro Church – Visite de Pâques à octobre le samedi et les lundis fériés de 14 h à 17 h. En cas de fermeture, demander les clés au 15 Castle Street. ☎ (0116) 262 8727.

Trinity Hospital Chapel – Visite sur rendez-vous uniquement. ☎ (0116) 255 1551 (De Montfort University).

Newarke Houses Museum – Visite de 12 h (10 h 30 le samedi, 13 h le dimanche) à 17 h (16 h en hiver). Fermé du 24 au 26 décembre. Entrée libre. Brochures en allemand et en français. ☎ (0116) 255 4100.

Wygston's House – Fermé jusqu'à nouvel ordre. ☎ (0116) 247 3056.

Museum and Art Gallery – &. Visite d'avril à octobre de 10 h 30 (14 h le dimanche) à 17 h ; le reste de l'année de 10 h (13 h 30 le dimanche) à 16 h. Fermé du 24 au 26 décembre et le 1er janvier. Entrée libre. ☎ (0116) 255 4100 ; fax (0116) 247 3005 ; shaunknapp@yahoo.co.uk ; www.leicestermuseums.ac.uk

Abbaye – &. Visite de 8 h à 20 h (16 h 30 en hiver). Entrée libre. Promenades commentées sur accord préalable. ☎ (0116) 251 0641.

LEUCHARS

Église – Visite d'avril à octobre de 9 h à 18 h. Offrande. ☎ (01334) 838 884.

LEVENS

Manoir et jardin – Visite d'avril à octobre du dimanche au jeudi et les lundis fériés de 10 h (manoir à 12 h) à 17 h. 5,20 £ ; jardin seul : 3,80 £. Brochures en allemand, français et néerlandais. ☎ (01539) 560 321 ; fax (01539) 560 669 ; levens.hall@farmline.com ; www.levenshall.co.uk

LEWES

🖪 187 High Street – ☎ (01273) 483 448

Château – EH. Visite de 10 h (11 h les dimanches et jours fériés) à 17 h 30. Dernière entrée à 17 h. Fermé le 25, le 26 et le 31 décembre. 3,50 £ (ticket valable pour l'entrée au Living History Model). Billet combiné avec Anne de Cleves House : 4,80 £. Visite guidée (1 h) sur rendez-vous. ☎ (01273) 486 290 ; fax (01273) 486 990.

Lewes Living History Model – Mêmes conditions d'accès qu'au château. Ticket valable pour le château. Dépliants en allemand, danois, espagnol, français, italien, japonais, néerlandais, norvégien, russe, suédois et tchèque.

Anne de Cleves House – Visite de mi-février à décembre de 10 h (12 h le dimanche) à 17 h. De janvier à mi-février le mardi, le jeudi et le samedi de 10 h à 17 h. Fermé le lundi de fin novembre à décembre et du 24 au 28 décembre. 2,50 £. ☎ (01273) 474 610 ; anne@sussexpast.co.uk

LEWISTON

Urquhart Castle – HS. Visite de 9 h 30 à 18 h 30 (16 h 30 d'octobre à mars). Dernière entrée 45 mn avant la fermeture. 3,80 £. ☎ (01456) 450 551.

LICHFIELD

🖪 Donegal House, Bore Street – ☎ (01543) 252 109

Cathédrale – ♿ Visite de 7 h 30 à 18 h 30. Visite guidée sur rendez-vous. ☎ (01543) 306 240. Dépliants en allemand et en français. Restaurant. ☎ (01543) 306 100 ; fax (01543) 306 109.

Samuel Johnson Museum – Visite de 10 h 30 à 16 h 30. Fermé le dimanche de novembre à janvier et les 1er janvier, 25 et 26 décembre. 2 £. ☎ (01543) 264 972 ; curator@sjmuseum.lichfield.gov.uk

LINCOLN

🖪 9 Castle Hill – ☎ (01522) 529 828

Croisières – Service assuré entre Brayford Pool et Pyewipe Inn (près de Saxilby) en 1 h de Pâques à début octobre à 11 h, 12 h, 13 h 30, 15 h et 16 h. Ne fonctionne pas le dimanche. 4 £ ; enfants : 2,50 £. ☎ (01522) 546 853 et (01777) 816 910 en soirée.

Cathédrale – ♿ Visite de 7 h 15 à 20 h (18 h en hiver). 3,50 £. Visite guidée (1 h) tous les jours de mai à septembre à 11 h, 13 h et 15 h, de janvier à mars le samedi à 11 h et à 14 h. Visite guidée des toits (1 h 30 ; âge minimum : 14 ans) chaque samedi à 11 h et 14 h : 2 £. Brochures en allemand, espagnol, français, grec, italien, japonais, langues scandinaves, néerlandais, polonais, portugais, russe et tchèque. ☎ (01522) 544 544 ; www.lincolncathedral.com

Bishop's Old Palace – EH. Visite d'avril à octobre tous les jours de 10 h à 18 h (17 h en octobre) ; le reste de l'année le week-end de 10 h à 13 h et de 14 h à 16 h. 1,90 £. ☎ (01522) 527 468.

Château – Visite de 9 h 30 (11 h le dimanche) à 17 h 30 (16 h en hiver). 2,50 £. Visite guidée possible d'avril à septembre. Brochures en allemand, espagnol, français et italien. ☎ (01522) 511 068 ; fax (01522) 512 150.

Usher Gallery – ♿ Visite de 10 h à 17 h 30 (de 14 h 30 à 17 h le dimanche). Fermé le 1er janvier, le Vendredi saint et les 25 et 26 décembre. 2 £ ; entrée libre le vendredi. Visite guidée (1 h 30). Brochures en allemand, français, italien et néerlandais. ☎ (01522) 527 980 ou 552 811 ; fax (01522) 560 165 ; woodr@lincolnshire.gov.uk

Stonebow – Visite guidée chaque vendredi et le 1er samedi du mois à 10 h 30 et 13 h 30. Entrée libre. ☎ (01522) 873 507.

Museum of Lincolnshire Life – Visite de 10 h à 17 h 30. Fermé le matin le dimanche d'octobre à avril. Entrée payante. ☎ (01522) 528 448 ; fax (01522) 521 264 ; finchj@lincolnshire.gov.uk

Centre archéologique – ♿ Visite de 10 h à 17 h (16 h d'octobre à mars). Fermé le 1er janvier et les 25 et 26 décembre. Entrée libre. ☎ (01522) 873 627 ; fax (01552) 873 625.

LINLITHGOW

Palais – HS. Visite de 9 h 30 (14 h le dimanche) à 16 h 30 (18 h d'avril à septembre). 2,80 £. ☎ (01506) 842 896.

St Michael's Church – Visite de mai à septembre de 10 h (12 h 30 le dimanche) à 16 h 30 ; le reste de l'année du lundi au vendredi de 10 h à 15 h. Visite guidée (30 mn) sur rendez-vous. Dépliants en allemand, français et italien. ☎ (01506) 842 188 ; fax (01506) 206 140 ; stmichaels@connectfree.co.uk

LIVERPOOL

🖪 Merseyside Welcome Centre, Clayton Square – ☎ (0151) 709 3631
🖪 Atlantic Pavilion, Albert Dock – ☎ (0151) 708 8854

Merseyside Maritime Museum – ♿ Visite de 10 h à 17 h. Fermé le 1ᵉʳ janvier et du 23 au 26 décembre. Parc maritime fermé de novembre à avril. 3 £ (ticket combiné avec 8 musées de Merseyside). Feuillets en allemand, espagnol et français. Restaurant. ☎ (0151) 478 4499 ; fax (0151) 478 4590 ; www.nmgm.org.uk/maritime

HM Customs and Excise National Museum – Mêmes conditions de visite que Merseyside Maritime Museum.

Museum of Liverpool Life – Visite de 10 h à 17 h. Fermé le 1ᵉʳ janvier, du 23 au 26 décembre et le 31 décembre. 3 £ (ticket combiné avec 8 musées de Merseyside). ☎ (0151) 478 4080 ; www.nmgm.org.uk

Tate Gallery de Liverpool – ♿ Visite de 10 h à 17 h 50. Fermé le lundi (sauf férié), le 1ᵉʳ janvier, le Vendredi saint, du 24 au 26 décembre et le 31 décembre. Entrée libre ; expositions : 3 £. Visite guidée (30 mn) tous les jours à 14 h. ☎ (0151) 702 7400 ou 702 74 02 (répondeur) ; fax (0151) 702 7401 ; www.tate.org.uk

The Beatles Story – ♿ Visite de 10 h à 18 h (17 h en hiver). Dernière entrée 1 h avant la fermeture. Fermé les 25 et 26 décembre. 7,95 £. ☎ (0151) 709 1963.

20 Forthlin Road, Allerton – Visite d'avril à octobre du mercredi au vendredi ; de novembre à début décembre le samedi uniquement. Téléphoner pour connaître les horaires et les points de rencontre. Tickets en vente auprès du TIC. 5,10 £. ☎ (0870) 900 256 (répondeur) ou (0151) 486 4006 (réservations) ; mspsx@smtp.ntrust.org.uk

Liverpool Anglican Cathedral – ♿ Visite de 8 h à 18 h. Offrande. Visite des tours : 2 £. Visite guidée (1 h) de 10 h à 15 h. Dépliants en 11 langues. ☎ (0151) 709 6271 ; fax (0151) 709 1112.

Metropolitan Cathedral of Christ the King – ♿ Visite de 8 h à 18 h (17 h le dimanche en hiver). Offrande. ☎ (0151) 709 9222.

Paul McCartney, par Sam Walsh

The National Portrait Library, London

Walker Art Gallery – ♿ Visite de 10 h (12 h le dimanche) à 17 h. Fermé le 1ᵉʳ janvier et du 23 au 26 décembre. 3 £. Billet combiné avec 8 musées de Merseyside valable 12 mois. ☎ (0151) 478 4199 ; fax (0151) 478 4190 ; www.nmgm.org.uk

Bluecoat Chambers – Bâtiment : visite de 9 h 30 à 17 h. Fermé les dimanches, jours fériés et les 25 et 26 décembre. Galerie : visite de 10 h 30 à 17 h. Fermé le dimanche et le lundi. Entrée libre. ☎ (0151) 709 5297 ; bluecoat@dircon.con.uk

Western Approaches – Visite de 9 h 30 à 15 h 30. Fermé le vendredi et le dimanche. 4,75 £. ☎ (0151) 227 2008.

LLANBADARN FAWR

St Padarn's Church – Visite du lever au coucher du soleil. Dépliants. ☎ (01970) 623 368.

LLANBERIS

🖪 41a High Street – ☎ (01286) 870 765

Welsh Slate Museum – ♿ Visite de 10 h à 17 h. Fermé le samedi de novembre à mars. 3,50 £. ☎ (01286) 870 630 ; fax (01286) 871 906 ; wsmpost@btconnect.com ; www.nmgw.ac.uk

Snowdon Mountain Railway – ♿ Circule entre Llanberis et le sommet (2 h 30 A/R avec arrêt de 30 mn au sommet) selon les conditions météorologiques de mi-mars à début novembre tous les jours de 9 h ou 9 h 30 à 17 h (ou plus tôt s'il y a peu d'affluence, 15 h 30 le samedi) chaque demi-heure. A/R : 15,80 £ ; enfants : 11,30 £. Entre la mi-mars et mi-mai ou fin mai et après la mi-octobre, il est rare que le train puisse atteindre le sommet. Il achève alors son parcours à Clogwyn ou Rocky Valley.

Tarifs réduits en ce cas. Brochures en allemand, espagnol, français, italien, néerlandais et russe. ☎ (01286) 870 223 ; fax (01286) 872 518 ; www.snowdownrailway.force9.co.uk

The Rabbit Hole – &. Visite toute l'année à partir de 10 h. Fermé à Noël, au Nouvel An et les dimanches d'hiver. Audioguides en français, japonais, néerlandais et russe. Dépliants en allemand, hébreu et italien. ☎/fax (01492) 860 082 ; alice@wonderland.co.uk ; www.wonderland.co.uk

Great Orme Ancient Copper Mines – Visite de mi-février à octobre de 10 h à 17 h. 4,20 £ ; enfants : 2,60 £. Visite guidée possible (1 h). ☎/fax (01492) 870 447 ; gomines@greattorme.freeserve.co.uk ; www.greatorme.freeserve.co.uk

LLANELWY

Cathédrale – &. Visite du lundi au samedi de 8 h à 18 h (16 h en hiver), le dimanche de 12 h 30 à 15 h et de 16 h 30 à 18 h. Entrée libre. Visite guidée (1 h). Dépliants en allemand et en français. ☎ (01745) 583 429 ou 583 597.

LLANGOLLEN
🚹 Town Hall, Castle Street – ☎ (01978) 860 828

Royal International Pavilion – &. Visite du lundi au vendredi de 9 h à 17 h en fonction des cérémonies ; le week-end pour les manifestations spéciales. ☎ (01978) 860 111 ; fax (01978) 860 046 ; enquiries@royal-pavilion.co.uk ; www.royal-pavilion.co.uk

European Centre for Traditional and Regional Cultures (ECTARC) – &. Visite du lundi au samedi de 9 h à 17 h. Expositions : téléphoner pour connaître les horaires. ☎ (01978) 861 514 ; fax (01978) 681 804 ; ectarc@aol.com

Canal Exhibition Centre – Visite de Pâques à octobre tous les jours ; parfois fermé le jeudi et le vendredi en octobre (sauf pendant les vacances scolaires) ; en mars le week-end uniquement. ☎ (01978) 860 702 ; sue@horsedrawnboats.co.uk ; www.horsedrawnboats.co.uk

Llangollen Railway – &. Fonctionne de mai à fin octobre du lundi au vendredi à 11 h, 13 h et 15 h, le samedi à 11 h, 12 h 40, 14 h 20 et 16 h, le dimanche de 11 h à 16 h toutes les heures ; en septembre et octobre uniquement le week-end à 10 h 45, 12 h 30, 14 h 15 et 16 h. A/R : 7,50 £ ; enfants : 3,80 £. Manifestations spéciales. ☎ (01978) 860 951 (répondeur permanent) ou 860 979 (informations) ; office@llanrail.freeserve.co.uk ; www.joyces.demon.co.uk/llangollen

Plas Newydd – Château : visite d'avril à novembre de 12 h à 17 h. Fermé le jeudi et le vendredi. 4,50 £. Brochures en allemand, espagnol et français. Jardin : visite aux mêmes dates de 11 h à 17 h 30. 2,50 £. ☎ (01248) 715 272 ; www.ntrust.org.uk

Environs

Valle Crucis Abbey – Visite de mai à septembre de 10 h à 17 h. 2 £. ☎ (01978) 860 326.

LLANTHONY

Prieuré – Visite de 9 h à 18 h. Fermé de novembre à Pâques, en milieu de semaine (sauf à Noël). ☎ (01873) 890 487.

LLANYSTUMDWY

Lloyd George Museum – &. Visite de juillet à septembre tous les jours de 10 h à 17 h ; en avril et mai du lundi au vendredi et en juin du lundi au samedi et les dimanches fériés aux mêmes heures ; en octobre du lundi au vendredi de 11 h à 16 h 30. 3 £. Visite guidée (1 h). Brochures en allemand et en français. ☎ (01766) 522 071.

LOCH LEVEN Castle

HS. Visite d'avril à septembre de 9 h 30 à 18 h 30. 3 £ incluant le passage par bac. ☎ (07778) 040483.

LONDON
🚹 British Travel Centre, 12 Regent Street – ☎ (0171) 971 0026

British Museum – &. Visite du lundi au samedi de 10 h à 17 h, le dimanche de 12 h à 18 h. Fermé le 1er janvier, le 21 avril, le Vendredi saint et du 24 au 26 décembre. Entrée libre ; droits d'entrée variables pour les expositions temporaires. Visite guidée (1 h 30). Conférences et films. Brochures en allemand, chinois, coréen, espagnol, français, italien et japonais. Restaurant. ☎ (020) 7636 1555 ou 7637 7384 (informations enregistrées pour les personnes handicapées) ; fax (020) 7323 8614.

British Library – &. Visite des salles d'exposition de 9 h 30 (11 h le dimanche) à 18 h (20 h le mardi, 17 h le samedi et le dimanche). Salles de lecture ouvertes uniquement aux lecteurs munis d'une carte. ☎ (020) 7412 7222 (guichet) et 7332 (accueil) ; www.bl.uk

Buckingham Palace – ♿ Visite en août et septembre (billet à heure fixe) de 9 h 30 à 17 h 30. Dernière entrée à 16 h 30. 10,50 £ ; enfants : 5 £. Brochures en allemand, français, italien et japonais. Photographie interdite. ☎ (020) 7799 2331 (répondeur), (020) 7839 1377 (accueil), (020) 7321 2233 (cartes de crédit).

Royal Mews : visite d'octobre à juillet du lundi au jeudi de 12 h à 16 h ; en août et septembre les mêmes jours de 10 h 30 à 16 h 30. 4,30 £, enfants : 2,10 £. Photographie autorisée. ☎ (020) 7799 2331 (répondeur), (020) 7839 1377 (accueil).

Queen's Gallery : fermé pour rénovation. Réouverture en 2002, l'année du Jubilée d'or de la reine.

Relève de la garde – Généralement de mai à début août tous les jours à 11 h 30 ; sinon, un jour sur deux à 11 h 30. ☎ (020) 7414 2497.

St Paul's Cathedral – ♿ Visite du lundi au samedi de 8 h 30 à 16 h. Visite guidée (1 h 30 à 2 h) à 11 h, 11 h 30, 13 h 30 et 14 h.

Galeries : visite de 9 h 30 à 16 h. 5 £. Visite guidée (1 h 30 à 2 h) à 11 h, 11 h 30, 13 h 30 et 14 h. Audioguides en allemand, espagnol, français, italien et japonais. Brochures en allemand, espagnol, français, italien et japonais. Dépliants en allemand, espagnol, français, italien, japonais, néerlandais, polonais et russe. ☎ (020) 7246 8350 et 7248 3104 ; reception@stpaulscathedral.org.uk

Bayswater Road

Museum of London – ♿ Visite de 10 h (12 h le dimanche) à 17 h 50. Fermé le 1er janvier et du 24 au 26 décembre. 5 £. Entrée libre après 16 h 30. Dépliants en allemand, espagnol, français, italien et japonais. ☎ (020) 7600 3699 ; fax (020) 7600 1058 ; info@museumoflondon.org.uk ; www.museumoflondon.org.uk

Kensington Palace – ♿ Visite tous les jours de 10 h à 17 h (16 h de novembre à mars). Dernière entrée 1 h avant la fermeture. Fermé les lundis et mardis de novembre à mars et le 1er janvier, le Vendredi saint et du 24 au 26 décembre. 8,50 £. Visite guidée. ☎ (020) 7937 9561 ; www.hrp.org.uk

Chelsea Old Church – Visite du mardi au vendredi de 14 h à 17 h, le dimanche de 13 h 30 à 18 h. ☎ (020) 7701 4213 (bureau paroissial) ou 7352 8693 (administrateur) ; fax (020) 7795 0092 ; www.domini.org/chelsea-old-church

Zoo – ♿ Visite de 10 h à 17 h 30 (16 h d'octobre à février). Dernière entrée 1 h avant la fermeture. Fermé le 25 décembre. 9 £ ; enfants : 8 £. Restaurant. ☎ (020) 7722 3333 ; fax (020) 7586 5743 ; www.londonzoo.co.uk ; www.weboflife.co.uk

Kenwood House – EH. Demeure : visite d'avril à octobre de 10 h à 18 h (16 h de novembre à mars, 17 h en octobre). Upper Hall (1er étage) est actuellement fermé au public. Fermé les 24 et 25 décembre. Entrée libre. Droit d'entrée pour les expositions du 1er étage. ☎ (020) 8348 1286 ; fax (020) 7973 3891.

Parc : ouvert de 8 h au coucher du soleil. Concerts au bord du lac de juillet à début septembre le samedi (parfois le dimanche). ☎ (020) 7973 3893. Restaurant. Bus 210 (depuis Golders Green ou Archway).

Osterley Park – NT. Demeure : ♿ visite d'avril à octobre du mercredi au dimanche et les lundis fériés de 13 h à 16 h. Fermé le Vendredi saint. 4,20 £. Visite guidée sur rendez-vous. Photographie interdite. ☎/fax (020) 8568 7714.

Parc : ouvert de 9 h à 19 h 30 (ou au coucher du soleil) ; ferme de bonne heure lors des manifestations spéciales. Entrée libre. Underground : Osterley (Piccadilly Line) + 20 mn à pied.

Syon Park – Demeure : visite de mi-mars à octobre les mercredis, jeudis, dimanches et lundis fériés de 11 h à 17 h. Jardins : ouverts tous les jours de 10 h à 17 h 30 (ou au coucher du soleil). Fermé les 25 et 26 décembre. Demeure et jardins : 6 £ ; jardins seuls : 3 £. ☎ (020) 8560 0883 ; fax (020) 8568 0936.

Ham House – NT. ♿ Demeure : visite d'avril à octobre du samedi au mercredi de 13 h à 17 h. Jardins : ouverts les mêmes jours de 10 h 30 à 18 h (ou au coucher du soleil). Fermé le 1er janvier et les 25 et 26 décembre. Chiens non admis. 5 £. ☎ (020) 8940 1950 ; fax (020) 8332 6903.
Bus via Petersham Road, 371 jusqu'à Royal Oak, Ham ou 65 jusqu'à Fox and Duck, Petersham + 20 mn à pied ; underground/train Richmond. Foot ferry de Marble Hill House, Twickenham tous les jours de mars à octobre de 10 h à 18 h. ☎ (020) 8892 9620 (ferry).

Chiswick House – EH. Visite d'avril à septembre de 10 h à 18 h (17 h du 1er au 28 octobre, 16 h 30 du 29 au 31 octobre) ; le reste de l'année du mercredi au dimanche de 10 h à 16 h. Fermé du 4 au 17 janvier et du 24 au 26 décembre. 3,30 £. Visite guidée possible sur demande. Audioguides en allemand et français. ☎ (020) 8995 0508.

Madame Tussaud's Waxworks – ♿ Visite de 9 h (10 h de septembre à mai) à 17 h 30 (dernière entrée). Fermé le 25 décembre. 11,50 £ ; enfants de moins de 5 ans : entrée libre ; billet combiné avec l'accès au Planétarium : 13,95 £, enfants de moins de 16 ans : 8 £. Brochures en allemand, espagnol, français et italien. ☎ (0870) 400 3000 ; fax (020) 7465 0862.

Down House – Visite du mercredi au dimanche de 10 h à 18 h (17 h en octobre, 16 h en novembre et décembre ainsi que de février à mars). Fermé du 24 décembre au 6 février. 5,50 £. ☎ (01689) 859 119.

Rock Circus – ♿ Visite de 10 h (11 h le mardi) à 20 h (21 h les vendredis et samedis). Fermé les 25 et 31 décembre et le 1er janvier. 8,25 £. Brochures en allemand, français et italien. ☎ (020) 7734 7203 ; fax (020) 7734 8023 ; www.rock-circus.com Bus 3, 6, 9, 12, 13, 14, 15, 19, 23, 38, 53 et 88 ; underground Piccadilly Circus, Leicester Square.

Sir John Soane's Museum – Visite du mardi au samedi de 10 h à 17 h ; le 1er mardi de chaque mois de 18 h à 21 h. Fermé les jours fériés, le Vendredi saint et la veille de Noël. Entrée libre. Visite guidée possible le samedi à 14 h 30 (distribution de 22 tickets (3 £) à partir de 2 h ; pas de réservation possible). Groupes sur rendez-vous uniquement. ☎ (020) 7430 0175 (répondeur). ☎ (020) 7405 2107 ; fax (020) 7831 3957 ; www.soane.org

Lincoln's Inn – Visite du lundi au vendredi. Fermé le week-end et les jours fériés. **Chapelle :** ouverte du lundi au vendredi de 12 h à 14 h 30. **Old Hall, New Hall et bibliothèque :** visite guidée (15 personnes minimum, 2 £ par personne) sur demande écrite à The Assistant Under Treasurer, Lincoln's Inn, London WC2A 3TL. Fax (020) 7831 1839 ; mail@lincolnsinn.org.uk ; www.lincolnsinn.org.uk

Gray's Inn – Jardins : visite du lundi au vendredi de 12 h à 14 h 30. Fermé les jours fériés. Squares : ouverts du lundi au vendredi de 9 h à 17 h.

Wallace Collection – ♿ Visite de 10 h (12 h le dimanche) à 17 h. Fermé le 1er janvier, le Vendredi saint, le 1er lundi de mai et du 24 au 26 décembre. Entrée libre. Visite guidée (1 h). Dépliants. Brochures en français et japonais. ☎ (020) 7563 9500 ; fax (020) 7224 2155 ; admin@the-wallace-collection.org.uk ; www.the-wallace-collection.co.uk

Victoria and Albert Museum – ♿ Visite de 10 h à 17 h 45 ; nocturne en saison de 18 h 30 à 21 h 30. Fermé du 24 au 26 décembre. 5 £ ; entrée libre pour les moins de 18 ans et après 16 h 30. Visite guidée (1 h) le lundi à 12 h 30, 13 h 30, 14 h 30 et 15 h 30 ; les autres jours à 10 h 30, 11 h 30, 12 h 30, 14 h 30 et 15 h 30 (point de rencontre au bureau d'accueil – participation gratuite) ; visites guidées de sections particulières tous les jours à 13 h 30 et 15 h 30. Brochures et cartes en 26 langues. Commentaires gratuits en allemand, espagnol, français et italien du lundi au samedi à 14 h. Photographie autorisée sans flash ni trépied. Restaurant. Entrée Cromwell Road et Exhibition Road. ☎ (020) 7942 2000.
Bus C1, 14 et 74 ; underground South Kensington.

Science Museum – ♿ Visite de 10 h à 18 h. Fermé du 24 au 26 décembre. 6,95 £ ; enfants : entrée libre ; entrée libre après 16 h 30. Brochures en allemand, espagnol, français, italien et japonais. Restaurant. ☎ (020) 7942 4455 ou 4454 (bureau d'accueil), 7942 4000 (standard) ; fax (020) 7942 4457 ; sciencemuseum@nmsi.ac.uk ; www.sciencemuseum.org

Natural History Museum – ♿ Visite de 10 h (11 h le dimanche) à 17 h 50. Dernière entrée à 17 h 30. Fermé du 23 au 26 décembre. 7,50 £ ; enfants : entrée libre ; entrée libre après 16 h 30 (17 h le week-end et les jours fériés). Cartes et brochures en allemand, espagnol, français, italien et japonais disponibles au bureau d'accueil et dans les boutiques. ☎ (020) 7942 5000 ; www.nhm.ac.uk
Bus 14, 49, 70, 74 et 345 ; underground South Kensington.

Royal Hospital – Visite de 10 h à 12 h et de 14 h à 16 h. Fermé le matin le dimanche. Parc ouvert tous les jours de 10 h à 16 h. Entrée libre. Dépliants en allemand, arabe, espagnol, français, italien, japonais et néerlandais. ☎ (020) 7881 5224 ; www.chel-seapensioner.org.uk

Carlysle's House – NT. Visite d'avril à octobre du mercredi au dimanche et les jours fériés de 11 h à 17 h. Fermé le Vendredi saint. 3,50 £. Commentaires en allemand, espagnol, français, italien, japonais et russe. Photographie interdite à l'intérieur. ☎ (020) 7352 7087.
Bus 11, 19, 22, 49, 239, 249 et 319.

Queen's House – Ouverture lors d'expositions spéciales. Entrée payante. ☎ (020) 8312 6608 ou 6647 ; fax (020) 8312 6522 ; booking@nmm.ac.uk ; www.nmm .ac.uk

International Shakespeare Globe Centre – ♿ Visite de mai à septembre de 9 h à 12 h 30 (visite du théâtre toutes les 30 mn) et de 14 h à 17 h (exposition seule) ; d'octobre à avril de 10 h à 17 h. Fermé les 24 et 25 décembre et le 1er janvier. 6 £ ; enfants : 4 £. ☎ (020) 7902 1500 ; fax (020) 7902 1515 ; www.shakespeare globe.org
Bus 11, 15, 17, 23, 26, 45, 63, 76, 149, 172, 344 et P11 ; underground Mansion House et London Bridge.

Bramah Tea and Coffee Museum – ♿ Visite de 10 h à 18 h. Fermé les 25 et 26 décembre. 4 £. Conférences privées. Brochures en allemand, français et japonais. ☎ (020) 7378 0222 ; fax (020) 7378 0219 ; e.bramah@virgin.net ; www.bramah museum.co.uk

Design Museum – ♿ Visite de 11 h 30 (10 h 30 le week-end) à 18 h. 5,50 £. Visite guidée sur rendez-vous. Restaurant. ☎ (020) 7403 6933 ; fax (020) 7378 6540 ; enquiries@designmuseum.org.uk ; www.designmuseum.org
Underground Towerhill, London Bridge, Bermondsey ; bus 15, 78, 100 (arrêt Tower Hill) ; 42, 47, 188, P11 (arrêt Jamaica Road/Tooley St).

London Dungeon – ♿ Visite de 10 h à 18 h 30 (17 h 30 d'octobre à mars). Dernière entrée 1 h avant la fermeture. Fermé le 25 décembre. 9,95 £ ; enfants : 6,50 £. Dépliants en allemand et français. ☎ (020) 7403 7221 ; fax (020) 7378 1529.
Bus 17, 21, 22A, 35, 40, 43, 47, 48, 133, 344, 501, 505, 513, D 1, D 11 et P3.

Southwark Cathedral – ♿ Visite de 8 h à 18 h. Brochure. Offrande (2,50 £).
Bus 21, 35, 40, 47, 48, 149, 344, P3 et P11 ; underground London Bridge.

HMS Belfast – Visite de 10 h à 18 h (17 h de novembre à février). Dernière entrée 3/4 h avant la fermeture. Fermé du 24 au 26 décembre. 5 £ ; enfants : entrée libre. Brochures en allemand, espagnol et français. ☎ (020) 7940 6320 ; fax (020) 7403 0719 ; www.hsmbelfast.org.uk ; www.iwm.org.uk

Theatre Museum – ♿ Visite de 10 h à 18 h. Fermé le lundi et les jours fériés. 4,50 £. Visite guidée. Feuillets en allemand, espagnol, français, italien et japonais. Démonstrations de maquillage et ateliers de costumes chaque jour. ☎ (020) 7943 4700 ; c.wright@vam.ac.uk ; www.theatremuseum.org.uk

Transport Museum – ♿ Visite de 10 h (11 h le vendredi) à 18 h. Dernière entrée à 17 h 15. Fermé du 24 au 26 décembre. 5,50 £. Exposition interactive (allemand, espagnol, français et italien). ☎ (020) 7379 6344 ou 7836 8557 (informations 24 h/24) ; fax (020) 7836 4118 ; www.ltmuseum.co.uk

Courtauld Institute Galleries – ♿ Visite de 10 h (12 h le dimanche) à 18 h. Fermé le 1er janvier et du 24 au 26 décembre. 4 £. ☎ (020) 7848 2526 ; fax (020) 7848 2589 ; galleryinfo@courtauld.ac.uk ; www.courtauld.ac.uk

Gilbert Collection – Visite de 10 h (12 h les dimanches et jours fériés) à 18 h. Fermé le 1er janvier et du 24 au 26 décembre. 4 £. Entrée libre le lundi (sauf férié) de 10 h à 14 h. Billet combiné avec Courtauld Gallery : 7 £. ☎ (020) 7240 4080 ; fax (020) 7240 4060 ; info@gilbert-collection.org.uk ; www.gilbert-collection.org.uk
Bus 6, 9, 11, 13, 15, 23, 77a, 91 et 176 ; train Charing Cross, Waterloo, Blackfriars ; underground Temple, Covent Garden et Charing Cross.

Hermitage Rooms – Visite de 10 h (12 h dimanches et jours fériés) à 18 h. Dernière entrée à 17 h 15. Fermé le 1er janvier et du 24 au 26 décembre. 6 £. Ticket à heure fixe, réservation conseillée. ☎ (020) 7845 4630 ; fax (020) 7845 4637 ; info @hermitagerooms.com ; www.hermitagerooms.com

Tower of London – ♿ Visite de 9 h (10 h le dimanche) à 18 h ; de novembre à février de 9 h (10 h le dimanche et le lundi) à 17 h. Dernière entrée 1 h avant la fermeture. Fermé le 1er janvier et du 24 au 26 décembre. 11 £ ; enfants : 7,30 £. Visite guidée des parties extérieures (1 h) par les Yeoman Warders. Chapel of St Peter-ad-Vincula : visite guidée uniquement. ☎ (020) 7709 0765.
Jewel House : Affluence moindre en début de journée. Audioguide en allemand, espagnol, français et italien. Brochures et dépliants en allemand, espagnol, français, italien, japonais et russe.

Royal Regimental Fusiliers : 50 p. ☎ (020) 7488 5611.

Tower Bridge – ♿ Visite d'avril à octobre de 10 h à 18 h 30 ; le reste de l'année de 9 h 30 à 18 h. Dernière entrée 1 h 15 avant la fermeture. Fermé les 24 et 25 décembre et le 17 janvier. 6,25 £ ; enfants : 4,25 £. Audioguides en allemand, espagnol, français, italien et japonais. Brochures en allemand, français, japonais et russe. ☎ (020) 7378 1928 ; fax (020) 7357 7935 ; enquiries@towerbridge.org.uk ; www.tower bridge.org.uk
Bus 15, 42, 47, 78, 100, D 1 et P11 ; underground Tower Hill, London Bridge.

St Martin-in-the-Fields – ♿ Visite de 8 h à 18 h 30. Brochures en allemand, espagnol, français, italien et japonais. ☎ (020) 7930 0089 ; fax (020) 7839 5163. **Récitals de déjeuner** : lundi, mardi et vendredi à 13 h 05 ; entrée libre. **Concerts du soir** : du jeudi au samedi à 19 h 30 ; tickets disponibles au ☎ (020) 7839 8362 ; fax (020) 7839 5163, ou au guichet de la crypte (du lundi au samedi de 10 h à 17 h).

National Gallery – ♿ Visite de 10 h à 18 h (21 h le mercredi). Fermé le 1ᵉʳ janvier, le Vendredi saint et du 24 au 26 décembre. Entrée libre dans les salles principales. Visite guidée (1 h) du lundi au vendredi à 11 h 30 et à 14 h 30 ainsi qu'à 18 h 30 le mercredi ; départ du vestibule de l'aile Sainsbury. Location d'audioguides en allemand, espagnol, français, italien et japonais. Brochures en allemand, espagnol, français, italien et japonais. Photographie interdite. Restaurant. ☎ (020) 7747 2885 ; fax (020) 77747 2423 ; information@ng-london.org.uk ; www.nationalgallery.org.uk
Bus 3, 6, 9, 11, 12, 13, 15, 23, 24, 29, 53, X53, 77A, 88, 91, 109, 139, 159 et 176 ; underground Charing Cross, Leicester Square, Embankment et Piccadilly Circus.

National Portrait Gallery – ♿ Visite de 10 h à 18 h (21 h le jeudi et le vendredi). Fermé le 1ᵉʳ janvier, le Vendredi saint et du 24 au 26 décembre. Entrée libre sauf pour les expositions temporaires. Commentaires sur CD-ROM en espagnol, français et japonais. Restaurant. ☎ (020) 7306 0055 ; fax (020) 7306 0056 ; www.npg.org.uk
Underground Leicester Square et Charing Cross.

Imperial War Museum – ♿ Visite de 10 h à 18 h. Fermé du 24 au 26 décembre. 5 £. Dépliants en allemand et français. ☎ (020) 7416 5320 ou (09001) 600140 (répondeur) ; fax (020) 7416 5321 ; www.iwm.org.uk

National Army Museum – ♿ Visite de 10 h à 17 h 30. Fermé le Vendredi saint, le 1ᵉʳ lundi de mai, le 1ᵉʳ janvier et du 24 au 26 décembre. Entrée libre. ☎ (020) 7730 0717 ; fax (020) 7823 6573 ; pr@national-army-museum.ac.uk ; www.national-army-museum.ac.uk
Bus 11, 19, 22 et 211 jusqu'à King's Road ; 137 jusqu'à Pimlico Road ; 239 (uniquement du lundi au samedi, arrêt juste à côté du musée) ; underground Sloane Square ; train jusqu'à Victoria Station.

Dulwich Picture Gallery – ♿ Visite de 10 h (11 h les week-ends et lundis fériés) à 17 h. Fermé le lundi sauf férié. 4 £. Entrée libre le vendredi. ☎ (020) 8693 5254. En voiture : South Circular, A205, A23, A21, suivre les panneaux indicateurs jusqu'à Camberwell Green, Dulwich, Dulwich Village, Dulwich Picture Gallery ; 12 mn en train de London Bridge à North Dulwich ou de Victoria à West Dulwich ; en bus : P4 de Brixton Station (underground).

Fenton House – NT. Visite d'avril à octobre du mercredi au vendredi de 14 h (11 h les week-ends et lundis fériés) à 17 h ; en mars le week-end uniquement de 14 h à 17 h. 4,20 £. Brochures en allemand, français et japonais. Photographie interdite. ☎/fax (020) 7435 3471.
Bus 46 et 268.

Household Cavalry Sentries – Défilé rituel de la garde tous les jours à 11 h, le dimanche à 10 h en été sur Horse Guards Parade, en hiver dans la cour. ☎ (020) 7414 2353.

Banqueting House – ♿ Visite en fonction des cérémonies officielles de 10 h à 17 h. Fermé le dimanche, le 1ᵉʳ janvier, le Vendredi saint, du 24 au 26 décembre et tous les jours fériés. 3,80 £. ☎ (020) 7930 4179 ou 7839 8919.
Bus 3, 11, 12, 24, 29, 53, 77A, 88 et 159.

Palace of Westminster – Les Chambres du Parlement ne sont accessibles qu'en compagnie d'un membre du Parlement.

Westminster Abbey – ♿ **Cloître** : visite de 8 h à 18 h. **Abbaye** : visite de 9 h 30 à 16 h 45 (14 h 45 le samedi). Dernière entrée 1 h avant la fermeture. Fermé le dimanche. 5 £ ; enfants : 2 £. Dépliants en allemand, espagnol, français, italien, japonais, néerlandais et russe. Audioguides en allemand, espagnol, français, italien, japonais et russe (2 £ en sus). ☎ (020) 7222 5152 ; fax (020) 7233 2072 ; press@westminster-abbey.org ; www.westminster-abbey.org. **Visite guidée** (abbaye, chapelles royales et enceinte abbatiale, 90 mn maximum) avec les bedeaux : du lundi au vendredi à 10 h, 10 h 30 (sauf de novembre à mars), 11 h, 14 h, 14 h 30 (le vendredi, sauf de novembre à mars) et 15 h (sauf le vendredi), le samedi à 10 h, 11 h et 12 h 30 ; 3 £ en sus ; ☎ (020) 7222 7110.

Chapitre de l'abbaye – EH. Visite de 10 h à 17 h 30 (16 h de novembre à mars). Risque de fermeture en fonction des cérémonies officielles. Fermé le 1er janvier et du 24 au 26 décembre. 2,50 £. Le billet inclut la visite de la chapelle du Pyx, du musée et de la tour des joyaux. ☎ (020) 7222 5897.

Chapelle du Pyx et musée – EH. Visite de 10 h 30 à 16 h. Tarif réduit avec la visite du cloître. ☎ (020) 7233 0019.

Bibliothèque du chapitre – Visite de mai à septembre le mercredi de 11 h à 15 h. Entrée libre avec un ticket du chapitre, de la chapelle du Pyx ou du musée.

Jardins – ♿ Visite du mardi au jeudi de 10 h à 18 h (16 h d'octobre à mars). Offrande. ☎ (020) 7222 5152.

Tate Gallery – ♿ Visite de 10 h à 17 h 50. Fermé du 24 au 26 décembre. Entrée libre pour la collection permanente ; droit d'entrée variable pour les expositions temporaires. Brochures en allemand, espagnol, français et italien. Restaurant. ☎ (020) 7887 8008 (répondeur) ou 7887 8000 ; fax (020) 7887 8007 ; information@tate.org.uk ; www.tate.org.uk
Bus 2, 3, 36, 77A, 88, 159, 185, 507, C10 ; underground Pimlico + 5 mn à pied (suivre les panneaux indicateurs) ; train Vauxhall Station.

Tate Modern – ♿ Visite de 10 h à 18 h (22 h le vendredi et le samedi). Ouverture des galeries à 10 h 15. Entrée libre. Restaurant. ☎ (020) 7887 8000 ou 7887 8008 (répondeur) ; information@tate.org.uk ; www.tate.org.uk
Bus 45, 63, 100 et 381 ; underground Southwark, Black Friars.

Environs de Londres

Promenades en bateau – S'informer auprès du London Tourist Board Riverboat Information Service : ☎ (0891) 505 471.

Greenwich   🅱 Old Town Hall, Whitaker Avenue – ☎ (0181) 940 9125

National Maritime Museum – ♿ Visite de 10 h à 17 h. Fermé du 24 au 26 décembre. 7,50 £. Billet combiné avec le Royal Observatory : 10,50 £. Restaurant. ☎ (020) 8858 4422 et 8312 6565 (répondeur permanent) ; www.nmm.ac.uk

Old Royal Observatory – Mêmes horaires que le National Maritime Museum. 5 £. Dépliants en allemand, espagnol, français et italien. ☎ (020) 8858 4422 ; (020) 8312 6565 (répondeur permanent) ; astroline@nmm.ac.uk (renseignements astronomiques) ; www.rog.nmm.ac.uk

Old Royal Naval College – Painted Hall, chapelle et expositions spéciales : visite de 10 h (12 h 30 le dimanche) à 17 h. 3 £. Entrée libre le dimanche. ☎ (020) 8269 4750 ; fax (020) 8269 4757 ; info@greenwichfoundation.org.uk ; www.greenwichfoundation.org.uk

Cutty Sark – Visite de 10 h à 17 h. Fermé du 24 au 26 décembre. 3,50 £. Brochures en allemand et français. Dépliants en allemand, arabe, coréen, danois, espagnol, finlandais, français, grec, hébreu, hongrois, italien, japonais, néerlandais, norvégien, polonais, portugais, russe, slovaque, suédois, thaï et tchèque. ☎ (020) 8858 3445 ; fax (020) 8853 3589 ; info@cuttysark.org.uk ; www.cuttysark.org.uk

Queen Charlotte's Cottage – Visite le week-end et les jours fériés pendant l'été. Mêmes heures d'ouverture que Kew Gardens. Entrée libre avec le ticket de Kew Gardens.

Hampton Court

Palais et labyrinthe – ♿ Visite de 9 h 30 (10 h 15 le lundi) à 18 h (16 h 30 de mi-octobre à mi-mars). Fermé du 24 au 26 décembre. 10,50 £ ; labyrinthe seul : 2,50 £. Visite guidée des Grands Appartements. Restaurant. ☎ (020) 8781 9500 ; www.hrp.org.uk
Jardins – Ouverts de 7 h au coucher du soleil (16 h à 21 h selon la saison).
Tudor Tennis Court et Banqueting House : ouverts en été aux mêmes heures que le palais.

Kew Gardens

Jardins – ♿ Ouverts de 9 h 30 à 15 h 30 (18 h 30 en été, 19 h 30 le week-end). Fermé le 1er janvier et ie 25 décembre. Les serres et les galeries ferment plus tôt que les jardins. 5 £ ; enfants : 2,50 £. Visite guidée au départ de Victoria Gate à 11 h et 14 h (1 £). Cartes en allemand, espagnol, français et japonais. ☎ (020) 8940 1171 ; www.kew.org
Palais – Fermé pour restauration jusqu'en 2000.

LONG MELFORD

Melford Hall – NT. ♿ Visite de mai à septembre du mercredi au dimanche et les lundis fériés de 14 h à 17 h 30 ; en avril et octobre les week-ends et lundis fériés aux mêmes heures. 4,30 £. Dépliants en allemand et français. ☎ (01787) 880 286.

LONGLEAT

Château – ♿ Visite de 10 h à 17 h 30 ; heures de visite réduites de janvier à mars. Fermé le 25 décembre. 4,80 £. Visite guidée (45 mn) entre 11 h et 16 h. Dépliants en allemand et en français. ☎ (01985) 844 400.

Safari Park – Visite de mi-mars à début novembre de 10 h à 16 h (17 h le week-end, les jours fériés et pendant les vacances scolaires). Autres attractions : labyrinthe, chemin de fer à voie étroite, jardin à papillons, coin des animaux familiers. Billet combiné : 14 £. Pêche à la ligne toute l'année (délivrance de permis par le garde-pêche au bord du lac). ☎ (01985) 844 400 ; fax (01985) 844 885 ; longleat@btinternet.com ; www.longleat.co.uk

LONGTON

Gladstone Pottery Museum – ♿ Visite de 10 h à 17 h. Dernière entrée à 16 h. 3,95 £. Dépliants en allemand, espagnol, français et japonais. Restaurant. ☎ (01782) 319 232 ; fax (01782) 598 640 ; gladstone@stoke.gov.uk ; www.stoke.gov.uk/gladstone

LOWER BROADHEATH

Elgar Birthplace Museum – Visite de mai à septembre de 11 h à 17 h ; d'octobre à avril de 13 h 30 à 16 h 30. Fermé de mi-janvier à mi-février et le mercredi d'octobre à avril. 3 £. ☎/fax (01905) 333 224 ; www.elgar.org.uk

LOWER UPHAM

Marwell Zoological Park – ♿ Visite de 10 h à 18 h (16 h en hiver). Fermé le 25 décembre. 8,80 £ ; enfants : 6,30 £. ☎ (01962) 777 407 ou 943 163 (répondeur) : marwell@marwell.org.uk ; www.marwell.org.uk

LUDLOW
🅱 Castle Street – ☎ (01584) 875 053

Château – ♿ Visite de 10 h à 16 h de février à avril et d'octobre à décembre (17 h de mai à juillet et en septembre, 19 h en août). Fermé les jours ouvrables en janvier et le 25 décembre. 3 £. Brochure en français. ☎ (01584) 873 355 (informations 24 h sur 24).

St Laurence's Church – ♿ Visite d'avril à octobre de 10 h (14 h 30 le dimanche) à 17 h 30 ; de novembre à mai de 11 h à 15 h. Fermé le samedi et le dimanche de novembre à mai. Offrande : 1 £. Visite guidée possible. Dépliants en allemand, espagnol, français, italien et japonais. ☎ (01584) 872 073 ; www.stlaurences.org.uk

Feathers Hotel – ♿ Visite de 10 h à 14 h. Entrée libre. Visite guidée (30 mn) sur rendez-vous. ☎ (01584) 875 261 ; fax (01584) 876 030.

LUNDY Island

Accès – Bac toute l'année depuis Bideford, en saison depuis Ilfracombe. Durée de la traversée, quotidienne en saison : 2 h. Taxe de débarquement : 3,50 £ (comprise dans le prix du passage sur le MS Oldeburg). Réservation du passage : ☎ (01237) 470 422 ; lundys@aol.com ; www.lundyisland.co.uk
Pour hébergement éventuel, contactez le Landmark Trust. ☎ (01628) 825 925.

LUTON HOO

Visite de Pâques à mi-octobre les vendredis, samedis, dimanches et lundis fériés de 12 h (manoir à 13 h 30) à 18 h (dernière entrée au manoir à 17 h). 5,50 £ ; jardins seuls : 2,50 £. Brochure en français. ☎ (01582) 22955.

LYDFORD

Castle Inn – Restaurant. ☎ (01822) 820 241 ou 242 ; fax (01822) 820 454.

Gorge – NT. Visite d'avril à octobre de 10 h à 17 h 30 (6 h en octobre) ; de novembre à mars (avec accès aux chutes uniquement) de 10 h 30 à 15 h. 3,50 £. Port de chaussures de marche indispensable. L'excursion ne convient pas aux très jeunes enfants et aux personnes âgées. ☎ (01822) 820 441 ; fax (01822) 822 000.

LYMPNE

Port Lympne Wild Animal Park – Visite en été de 10 h à 19 h (dernière entrée à 17 h) ; en hiver de 10 h à la tombée de la nuit (dernière entrée à 15 h 30). 9,80 £. Navette gratuite. Restaurant. ☎ (01303) 264 647 ; fax (01303) 264 944 ; www.havlotts.net

LYNDHURST
🅱 Main Car Park – ☎ (01703) 282 269

New Forest Museum and Visitor Centre – Visite à partir de 10 h. 2,75 £. Visite guidée sur demande. ☎ (02380) 283 914.

LYTHAM ST ANNE'S

Moulin à vent – Visite de juin à septembre de 10 h 30 à 13 h et de 14 h à 16 h 30. Fermé le lundi et le vendredi. Entrée libre. Visite guidée (1 h), le lundi et le vendredi sur rendez-vous. ☎ (01253) 724 141, poste 3710.

M

MACCLESFIELD

Silk Museum – Visite de 11 h (13 h le dimanche) à 17 h. Fermé le 1er janvier, le Vendredi saint et les 25 et 26 décembre. 2,80 £. ☎ (01625) 613 210 ; fax (01625) 617 880 ; postmaster@silk-macc.u-net.com ; www.silk-macclesfield.org

Paradise Mill – Visite de 13 h à 17 h (16 h en hiver). Fermé le lundi (sauf férié), le 1er janvier, le Vendredi saint et du 24 au 26 décembre. 2,80 £. ☎ (01625) 618 228.

MACHYNLLETH

Celtica – ♿ Visite de 10 h à 18 h. 4,95 £. ☎ (01654) 702 702 ; fax (01654) 703 604 ; bryn@celtica.wales.com ; www.celtica.wales.com

Centre for Alternative Technology – ♿ Visite de 10 h à 17 h 30 (16 h en hiver). Fermé à Noël et au Nouvel An. 5,90 £. ☎ (01654) 702 400 ; fax (01654) 702 702 ; help@catinfo.demon.co.uk ; www.cat.org.uk

MALHAM

Yorkshire Dales National Park Information Centres – ♿ Ouverts d'avril à octobre de 10 h à 17 h. ☎ (01969) 663 424 ; aysgarth@ytbtic.co.uk (Aysgarth Falls) ; (01524) 251 419 ; clapham@ytbtic.co.uk (Clapham) ; (01756) 752 774 ; grassington@ytbtic.co.uk (Grassington) ; (01969) 667 450 ; hawes@ytbtic.co.uk (Hawes) ; (01729) 830 363 ; malham@ytbtic.co.uk (Malham) ; (01539) 620 125 ; sedbergh@ytbtic.co.uk (Sedbergh). Brochures en allemand et français.

MALMESBURY

Abbaye – ♿ Visite de 10 h à 18 h (16 h de novembre à Pâques).

MALTON

Eden Camp – Visite de mi-janvier au 23 décembre tous les jours de 10 h à 17 h. Dernière entrée à 16 h. 3,50 £. ☎ (01653) 697 777 ; (01653) 698 243 ; admin@edencamp.co.uk

Île de MAN

ℹ Town Hall, Derby Road, Peel – ☎ (01624) 842 341

Douglas

ℹ Sea Terminal Building – ☎ (01624) 686 766

Manx Museum – Visite de 10 h à 17 h. Fermé le dimanche, le 1er janvier et les 25 et 26 décembre. Entrée libre. Restaurant. ☎ (01624) 648 000 ; fax (01624) 648 001 ; www.gov.im/mnh

Laxey

Laxey Wheel (Roue de Laxey) – Visite de Pâques à octobre de 10 h à 17 h. 2,75 £. ☎ (01624) 675 522 ; www.gov.im/mnh

Snaefell Mountain Railway – Service vers le sommet : fonctionne selon les conditions météorologiques de mai à septembre de 10 h 30 à 15 h 30. AR (1 h 30) : 6,40 £. ☎ (01624) 663 366 ; fax (01624) 663 637.

Castletown

ℹ Town Hall – ☎ (01624) 825 005

Rushen Castle – Visite de Pâques à octobre de 10 h à 17 h. 4 £. ☎ (01624) 675 522 ; www.gov.im/mnh

Nautical Museum – Visite de Pâques à octobre de 10 h à 17 h. 2,75 £. ☎ (01624) 675 522 ; www.gov.im/mnh

Cregneash Folk Museum

Visite de Pâques à octobre de 10 h à 17 h. 2,75 £. ☎ (01624) 675 522 ; www.gov.im/mnh

MANCHESTER

ℹ Town Hall Extension, Lloyd Street – ☎ (0161) 234 3157/8
ℹ Manchester Airport (Terminal 1) – ☎ (0161) 436 3344
ℹ Manchester Airport (Terminal 2) – ☎ (0161) 489 6412

Cathédrale – ♿ Visite toute l'année. Entrée libre. Visite guidée (0161) 833 2220 ; fax (0161) 839 6226.

Manchester Ship Canal Cruises – ♿ De juin à septembre, le week-end de 10 h à 16 h. ☎ (0151) 330 1444.

Irwell and Mersey Packetboat Company – Horaires communiqués en appelant au ☎ (0161) 736 2108 ou 832 9144.

Museum of Science and Industry – Visite de 10 h à 17 h. Fermé du 24 au 26 décembre. 6,50 £ ; enfants : 2 £. Brochures en allemand, chinois, espagnol, français, italien et japonais. ☎ (0161) 832 1830 (répondeur 24 h/24) ; all@msim.org.uk ; www.msim.org.uk

Granada Studios – Fermés jusqu'en 2001. ☎ (0161) 832 4999 (renseignements).

Chetham's Hospital and Library – Visite guidée (45 mn) sur rendez-vous avec le bibliothécaire. Bibliothèque ouverte de 9 h à 16 h 30. ☎ (0161) 834 7961 ; librarian@chethams.org.uk ; www.chethams.org.uk

St Ann's Church – Visite de 9 h 30 à 16 h 45. Fermé les jours fériés.

Bibliothèque universitaire John Rylands – Visite de 10 h à 17 h 30 (13 h le samedi). Fermé les dimanches et jours fériés et du Vendredi saint au lundi de Pâques inclus. Entrée libre. S'adresser au bibliothécaire pour connaître les horaires des visites guidées. ☎ (0161) 834 5343 ; fax (0161) 834 5574.

City Art Gallery – Fermé jusqu'en 2002. ☎ (0161) 236 1456.

Jewish Museum – Visite du lundi au jeudi de 10 h 30 à 16 h (17 h le dimanche) et le vendredi matin uniquement sur rendez-vous. Fermé lors des fêtes juives. 3 £. Visite guidée (90 mn) sur rendez-vous réservée aux groupes. ☎ (0161) 834 9879 ; fax (0161) 834 9801 ; info@manchesterjewishmuseum.com ; www.manchesterjewishmuseum.com

Whitworth Art Gallery – ♿ Visite de 10 h (14 h le dimanche) à 17 h. Fermé le Vendredi saint. Entrée libre. ☎ (0161) 275 7450.

MANORBIER

Château – ♿ Visite de Pâques à septembre de 10 h 30 à 17 h 30. 2 £. ☎ (01834) 871 317 ou 871 394.

Aérodrome de MANSTON

Spitfire and Hurricane Memorial Building – ♿ Visite de 10 h à 17 h (16 h d'octobre à mars). Fermé le 1er janvier et du 25 au 27 décembre. Offrande. ☎/fax (01843) 821 940 ; www.spitfire-museum.com

MAPLEDURHAM

Manoir – Visite de Pâques à septembre les week-ends et jours fériés de 14 h à 17 h 30. 4 £ ; billet combiné avec le moulin : 6 £. Moulin seul : 3 £. ☎ (0118) 972 3350 ; www.mapledurham.co.uk

MARTON

Captain Cook Birthplace Museum – Visite en été de 10 h à 17 h 30 ; le reste de l'année de 9 h à 16 h. Dernière entrée 45 mn avant la fermeture. Fermé le lundi (sauf férié), le 1er janvier et le 25 décembre. 2,40 £. ☎ (01642) 311 211.

MASHAM

Black Sheep Brewery – Visite de 10 h à 17 h 30. Visite guidée à 11 h, 12 h 30, 14 h, 15 h et 16 h, sauf pendant les vacances de Noël et du Jour de l'an : 4,50 £. ☎ (01765) 680 100 et 689 227 ; sue.dempsey@blacksheep.co.uk ; www.blacksheep.co.uk

MATLOCK

Cromford Mill – ♿ Visite de 9 h à 17 h. Fermé le 25 décembre. Entrée libre. Visite guidée sur demande (2 £). Restaurant. Visite guidée sur demande (2 £). Restaurant. ☎ (01629) 824 297.

Arkright's Cromford Mill – ♿ Visite de 9 h à 17 h. Fermé le 25 décembre. Entrée libre. Visite guidée sur demande (2 £). Restaurant. ☎ (01629) 823 256.

Heights of Abraham – Visite de fin mars à octobre tous les jours de 10 h à 17 h ; de mi-février à fin mars le week-end aux mêmes heures. 6,60 £. Réservation conseillée. Restaurant. ☎ (01629) 582 365 (24 h/24); fax (01629) 580 279 ; office@h-of-co.uk ; www.heights-of-abraham.co.uk

Peak District Mining Museum – ♿ Visite d'avril à septembre de 10 h à 17 h ; d'octobre à mars de 11 h à 15 h. 4 £. Visite guidée sur rendez-vous. ☎ (01629) 583 834.

Red House Stables – Visite de 10 h à 17 h (16 h en hiver). 2,75 £ ; enfants : 1 £. ☎ (01629) 733 583.

MAWNAN SMITH

Glendurgan Garden – NT. Visite de mars à octobre du mardi au samedi et les lundis fériés de 10 h 30 à 17 h 30. Dernière entrée à 16 h 30. Fermé le Vendredi saint. 3,50 £. Brochures en allemand et français. ☎ (01326) 250 906 (aux heures d'ouverture) et (01872) 862 090 (renseignements hors saison) ; fax (01326) 865 808.

MEIGLE

Musée – HS. Visite de 9 h 30 à 18 h 30 (16 h 30 d'octobre à mars). 1,80 £.
☎ (01828) 640 612.

MELBOURNE

Calke Abbey – Visite de mars à octobre de 13 h (11 h pour le jardin seul) à 17 h.
Dernière entrée à 16 h 45. Fermé le jeudi et le vendredi. Parc ouvert toute l'année
pendant la journée. 5,10 £ ; jardin seul : 2,40 £. Restaurant. ☎ (01332) 863 822 ;
fax (01332) 865 272.

MELLERSTAIN

Demeure – Visite de fin avril à septembre du dimanche au vendredi de 12 h 30 à
17 h. 4,50 £. Visite guidée (2 h). Dépliants en allemand, français, italien et néerlandais. ☎ (01573) 410 225 ; fax (01573) 410 636 ; mellerstain.house@virgin.net ;
http://muses.calligrafix.co.uk/mellerstain

Mellerstain – La bibliothèque

MELROSE

Abbaye – HS. Visite de 9 h 30 (14 h le dimanche d'octobre à mars) à 18 h 30 (16 h 30
d'octobre à mars). 3 £. ☎ (01896) 822 562.

MERIDEN

National Motorcycle Museum, Meriden – ♿ Visite de 10 h à 18 h. Fermé du 24
au 26 décembre. 4,50 £. ☎ (01675) 443 311 ; fax (01675) 443 310.

METHLICK

Haddo House – NTS. ♿ Visite le week-end de Pâques et de mai à septembre tous
les jours de 13 h 30 à 17 h 30 ; en octobre les week-ends uniquement aux
mêmes heures. Dernière entrée à 16 h 45. 5 £. Visite guidée (1 h 15). Dépliants en
allemand, espagnol, français, italien et néerlandais. Jardin et parc : ouverts toute
l'année de 9 h 30 à 18 h. ☎ (01651) 851 440 ; fax (01651) 851 888 ; cfer-
guson@nts.org.uk ; www.nts.org.uk

MEVAGISSEY

Lost Gardens of Heligan – ♿ Visite de 10 h à 18 h. Dernière entrée à 16 h 30.
Fermé les 24 et 25 décembre. 5,50 £. ☎ (01726) 845 100 ; fax (01726) 845 101 ;
info@heligan.com ; www.heligan.com

MICKLETON

Jardin de Hidcote Manor – NT. Visite d'avril à début novembre de 10 h 30 à 17 h 30
(16 h 30 à partir d'octobre). Fermé le mardi (sauf en juin et juillet) et le vendredi.
5,70 £. Restaurant. ☎ (01684) 855 370 ; fax (01386) 438 817.

MIDDLESTOWN

National Coal Mining Museum for England – ♿ Visite de 10 h à 17 h. Fermé le 1ᵉʳ janvier et du 24 au 26 décembre. 5,75 £. Visite guidée des galeries (1 h) en 6 langues. Audiotour. ☎ (01924) 848 806 ; fax (01924) 840 694 ; www.ncm.org.uk

MILTON ABBAS

Abbaye – Abbatiale : visite de 10 h à 18 h. Offrande requise : 1,50 £. Résidence : visite à Pâques et pendant les vacances scolaires d'été de 10 h à 18 h. 1,75 £. Dépliants en allemand, français et néerlandais. ☎ (01258) 880 489

MINSTEAD

Furzey Gardens – Visite de 10 h à 17 h (à la tombée de la nuit en hiver). Fermé les 25 et 26 décembre. 3 £ de mars à octobre, 1,50 £ le reste de l'année. ☎ (023) 8081 2464 ; fax (023) 8081 2297.

MONTACUTE

Montacute House – NT. Visite d'avril à octobre de 12 h à 17 h 30. Fermé le mardi. 5,50 £ (accès aux jardins et au parc compris). Restaurant. ☎ (01935) 823 289. Jardins et parc : ouverts d'avril à octobre de 11 h à 17 h, le reste de l'année du mercredi au dimanche de 11 h 30 à 16 h. Jardin seul d'avril à octobre : 3,10 £ ; de novembre à mars : 1,50 £.

MOSSTODLOCH

Baxters – Visite de 10 h à 17 h 30. Entrée gratuite. Visite guidée (1 h). ☎ (01343) 820 666.

MUCH WENLOCK

Prieuré – EH. Visite d'avril à octobre de 10 h à 18 h (ou au coucher du soleil en octobre) ; le reste de l'année de 10 h à 13 h et de 14 h à 16 h. Fermé le lundi et le mardi de novembre à mars, le 1ᵉʳ janvier et du 24 au 26 décembre. 2,70 £. Audioguides en allemand et français. ☎ (01952) 727 466.

Île de MULL

🛈 The Pier, Craignure – ☎ (01680) 812 377 – Fax (01680) 812 497
🛈 Tobermory – ☎ (01688) 302 182 – Fax (01688) 302 145

Torosay Castle – **Château** : visite de Pâques à mi-octobre de 10 h 30 à 17 h. 4,50 £. Visite guidée possible sur rendez-vous. Brochures en allemand, français, italien et japonais. Jardins et parc : ouverts de mai à septembre de 9 h à 19 h, le reste de l'année du lever au coucher du soleil. 3,50 £. ☎ (01680) 812 421 ; fax (01680) 812 470.

Duart Castle – Accès direct par bac possible depuis Oban selon les conditions météorologiques. Visite de mai à mi-octobre de 10 h 30 à 18 h. 3,50 £. Dépliants en allemand, espagnol, français et italien. ☎ (01680) 812 309 ; www.duartcastle.com

Staffa – NTS. Accès possible par bac depuis Ulva Ferry. ☎ (01688) 400 242 ; Fionnphort et Iona. ☎ (01681) 700 338 ou 700 358. Un autocar relie Craignure à Fionnport. ☎ (01680) 812 313. Visite toute l'année. Frais de débarquement. ☎ (0141) 616 2266.

N

NAYLAND

Église – Visite de 9 h à 17 h (ou à la tombée de la nuit).

NEAR SAWREY

Hill Top – NT. Visite d'avril à octobre du samedi au mercredi et le Vendredi saint de 11 h à 16 h 30 (de 10 h 30 à 17 h de juin à août). 3,80 £. Le cottage est si petit qu'aux heures de pointe il est nécessaire de limiter le nombre de visiteurs. ☎ (01539) 436 269.

NESTON

Ness Gardens – Visite de 9 h 30 au coucher du soleil (16 h de novembre à février). Fermé le 25 décembre. 4,50 £ (3,50 £ en hiver). Visite guidée (1 h 30). ☎ (0151) 353 0123 ; www.merseyworld.com/nessgardens

NEW ABBEY

Sweetheart Abbey – HS. Visite d'avril à septembre tous les jours de 9 h 30 à 18 h 30 ; le reste de l'année du samedi au jeudi de 9 h 30 (14 h le dimanche) à 16 h 30 et le jeudi matin. 1,50 £. Billet combiné avec New Abbey Corn Mill : 3 £. ☎ (01387) 850 397.

Shambellie House – Visite d'avril à octobre de 11 h à 17 h. 2,50 £. ☎ (01387) 850 375 ; fax (01387) 850 461.

NEW LANARK

Usine n° 3 – Visite de 11 h à 17 h. Fermé les 1er et 2 janvier et le 25 décembre. 3,75 £. Visite guidée (2 h) sur rendez-vous. ☎ (01555) 661 345 ; fax (01555) 665 738 ; visit@newlanark.org ; www.newlanark.org

NEWARK-ON-TRENT

Gilstrap Centre – ⚹ Visite de 10 h à 18 h (17 h d'octobre à mars). Entrée libre. Visite guidée sur rendez-vous. ☎ (01636) 655 765.

St Mary Magdalen Church – Visite de 8 h 30 à 16 h 30. Fermé le dimanche (sauf l'après-midi en été) et 1 h au moment du repas. Trésor : 35 p. Visite guidée (30 mn) sur rendez-vous. ☎ (01636) 706 473.

NEWBY Hall

⚹ Visite d'avril à septembre du mardi au dimanche et les jours fériés de 12 h à 16 h 30 (dernière entrée). Jardin : ouvert les mêmes jours de 11 h à 17 h (dernière entrée). Manoir et jardin : 6,50 £ ; jardin seul : 4,70 £. Restaurant en terrasse. ☎ (01423) 322 583 ; info@newbyhall.co.uk ; www.newbyhall.co.uk

NEWCASTLE UPON TYNE

🄱 Central Library, Princess Square – ☎ (0191) 261 0610
🄱 Railway Central Station – ☎ (0191) 230 0030
🄱 Newcastle Airport – ☎ (0191) 214 4422

Castle Keep – Visite de 9 h 30 à 17 h 30 (16 h 30 d'octobre à mars). Fermé le Vendredi saint, les 25 et 26 décembre et le 1er janvier. 1,50 £. ☎ (0191) 232 7938.

Laing Art Galley and Museum – Visite de 10 h (14 h le dimanche) à 17 h. Fermé le 1er janvier, le Vendredi saint et les 25 et 26 décembre. Entrée libre. Visite guidée le samedi de 11 h 30 à 12 h. ☎ (0191) 232 7734 ; fax (0191) 222 0952 ; andrew.greg@tyne-wear-museums.org.uk

Museum of Antiquities – Visite de 10 h à 17 h. Fermé le dimanche, le 1er janvier, le Vendredi saint et du 24 au 26 décembre. Entrée libre. Brochures en allemand, français, japonais et russe. ☎ (0191) 222 7849 ; fax (0191) 222 8561 ; m.o.antiquities@ncl.ac.uk ; www.ncl.ac.uk/antiquities

LIFE Interactive World – ⚹ Visite tous les jours de 10 h à 18 h. 6,95 £ ; enfants : 4,50 £. ☎ (0191) 243 8210 (renseignements) et 243 8223 (réservations) ; fax (0191) 243 8201 ; bookings@centre-for-life ; www.lifeinteractiveworld.co.uk

Discoverymuseum – ⚹ Visite de 10 h (14 h le dimanche) à 17 h. Fermé le 1er janvier et le 25 décembre. Entrée libre. ☎ (0191) 232 6789.

NEWMARKET

National Horse Racing Museum – ⚹ Visite en juillet et août tous les jours de 10 h à 17 h ; de Pâques à juin et en septembre et octobre du mardi au dimanche et les lundis fériés aux mêmes heures. 3,50 £. Dépliants en allemand, français et japonais. ☎ (01638) 667 333 ; fax (01638) 665 600 ; museum@nhrm.freeserve.co.uk ; www.nhrm.co.uk

NEWPORT

Tredegar House – Visite en août tous les jours de 11 h 30 à 16 h (dernière entrée), de Pâques à septembre du mercredi au dimanche et les jours fériés. Manoir et parc : 4,75 £. Visite guidée (1 h) de la demeure. Brochure. Manifestations spéciales toute l'année, à Halloween et à Noël. Parking : 1 £. Restaurant. ☎ (01633) 815 880 (aux heures d'ouverture) ; fax (01633) 815 895.

NEWQUAY

🄱 Municipal Offices, Marcus Hill – ☎ (01637) 871 345

Trerice – NT, NACF. ⚹ Visite de fin juillet à septembre de 11 h à 17 h 30 (17 h en octobre). Fermé le mardi et le samedi de fin mars à juillet ainsi qu'en septembre et octobre. 4,20 £. ☎ (01637) 875 404 ; fax (01637) 879 300 ; ctrjpw@smtp.ntrust.org.uk

NEWSTEAD Abbey

Résidence – Visite d'avril à septembre de 12 h à 17 h. Dernière entrée à 16 h. 4 £. ☎ (01623) 793 557. Jardins : ouverts tous les jours de 9 h 30 au coucher du soleil. Fermés le dernier vendredi de novembre. 2 £. ☎ (01623) 455 900 ; fax (01623) 455 904.

NORHAM

Château – EH. Visite d'avril à octobre de 10 h à 18 h (17 h en octobre). 1,80 £. ☎ (01289) 382 329.

NORTH QUEENSFERRY

Deep Sea World – ♿ Visite de fin mars à début novembre de 10 h à 18 h (18 h 30 en juillet et août) ; de novembre à mars les jours ouvrables de 11 h à 17 h, les week-ends et jours fériés de 10 h à 18 h. 6,25 £ ; enfants : 3,95 £. ☎ (0183) 411 411 ou (0906) 941 0077 (renseignements) ; fax (01383) 410 514 ; deepsea@sol.co.uk ; www.deepseaworld.com

NORTH STAINLEY

Lightwater Valley – Visite de juin à août tous les jours, le reste de l'année à des jours variables (s'informer). Le parc ouvre ses portes à 10 h et ferme selon la saison à partir de 17 h, les attractions commencent à 10 h 30. 12,50 £ ; enfants de moins de 1,30 m : 9,95 £. ☎ (01765) 635 368 ou 635 321.

NORTHAMPTON
🛈 10 St Giles Square – ☎ (01604) 622 677

Church of the Holy Sepulchre – ♿ Visite de fin mai à septembre le mercredi de 12 h à 16 h, 1 vendredi sur 2 de 14 h à 16 h et le samedi de 10 h à 14 h. ☎ (01604) 754 782 et 231 800.

All Saints Church – Visite tous les jours de 9 h à 14 h ; les lundis de 16 h à 18 h 30. ☎ (01604) 632 194.

Guildhall – ♿ Visite guidée des pièces principales sur demande. Achat des billets à l'hôtel de ville. ☎ (01604) 233 500, poste 3400.

Central Museum and Art Gallery – ♿ Visite de 10 h (14 h le dimanche) à 17 h. Fermé les 25 et 26 décembre. Entrée libre. Brochures en allemand, français et italien. ☎ (01604) 238 548 ; fax (01604) 238 720 ; www.northampton.gov.uk/museums

NORTHLEACH

Cotswold Countryside Collection – Visite de Pâques à début novembre de 10 h (14 h le dimanche) à 17 h. 2,50 £. Brochures en allemand, français, italien et néerlandais. ☎ (01451) 860 715.

Cotswold Heritage Centre – Visite d'avril à début octobre de 10 h (14 h le dimanche) à 17 h. 2,50 £. Brochures en allemand, français, italien et néerlandais. ☎ (01451) 860 715 ; fax (01451) 860 091 ; simone.clark@cotswold.gov.uk ; www.cotswold.gov.uk/museum.htm

NORTHUMBERLAND National Park

Ancien centre touristique Brewed – Visite de mi-mars à fin octobre de 9 h 30 à 17 h (18 h de juin à août) ; de novembre à mars le week-end de 10 h à 15 h. ☎ (01434) 344 396.

Centre touristique d'Ingram – Ouvert d'avril à septembre de 10 h à 17 h (18 h de juin à août). ☎ (01665) 578 248.

Centre touristique de Rothbury – Ouvert d'avril à octobre de 10 h à 17 h (18 h de juin à août) ; de novembre à mars le week-end de 10 h à 15 h. ☎ (01669) 620 887 ; www.nnpa.org.uk

NORWICH
🛈 Guildhall, Gaol Hill – ☎ (01603) 666 071

Cathédrale – ♿ Visite de 7 h 30 (9 h les jours fériés) à 19 h (18 h en hiver). Offrande. Visite guidée (1 h) sur rendez-vous ou, de juin à octobre du lundi au samedi, selon itinéraire déterminé de 10 h 45 à 14 h 15. Dépliants en allemand, espagnol, français, italien et néerlandais. ☎ (01603) 764 385 ; fax (01603) 766 032.

Castle Museum – Fermé jusqu'à début 2001 pour importants travaux de rénovation. ☎ (01603) 493 625 ; museums@norfolk.gov.uk ; www.norfolk.gov.uk/tourism.museums/museums.htm

St Peter Hungate – ♿ Visite d'avril à octobre de 10 h à 17 h. Fermé le dimanche. Entrée libre. ☎ (01603) 667 231.

Sainsbury Centre for Visual Arts – ♿ Visite de 11 h à 17 h. Fermé le lundi et du 24 décembre au 2 janvier. 2 £. Visite guidée (1 h) sur rendez-vous. Restaurant. ☎ (01603) 456 060 et 592 467 (groupes) ; fax (01603) 259 401 ; scva@uea.ac.uk ; www.uea.ac.uk/scva

NOSTELL Priory

NT. ♿ Fermé pour restauration jusqu'à avril 2001. ☎ (01924) 863 892.

NOTTINGHAM
🛈 County Hall, Loughborough Road – ☎ (0115) 977 3558
🛈 1-4 Smithy Row – ☎ (0115) 947 0661

Castle Museum – ♿ Visite de 10 h à 17 h. Fermé le vendredi de novembre à février, le 1ᵉʳ janvier et les 25 et 26 décembre. 2 £ les week-ends et jours fériés. ☎ (0115) 915 3700 ; fax (0115) 915 3653.

Museum of Costume and Textiles – Visite de 10 h à 16 h. Fermé le lundi et le mardi (sauf fériés), et du 24 décembre au 1er janvier. Entrée libre. ☎ (0115) 915 3541.

Museum of Nottingham Lace – Visite de 10 h à 17 h. Dernière entrée à 16 h. Fermé les 25 et 26 décembre et le 1er janvier. 2,95 £ ; enfants (à partir de 4 ans) : 1,95 £. Machines à confectionner la dentelle : visite de 11 h à 15 h 30. ☎ (0115) 989 7365 ; fax (0115) 989 7301 ; info@nottinghamlace.org ; www.nottinghamlace.org

Galleries of Justice Museum – Visite de 10 h à 18 h. Dernière entrée 1 h 30 avant la fermeture. Fermé le lundi (sauf férié), le 1er janvier et du 24 au 26 décembre. 7,95 £. ☎ (0115) 952 0555 et 952 0558 (renseignements) ; info@galleriesofjustice.org.uk ; www.galleriesofjustice.org.uk

Tales of Robin Hood – ♿ Visite de 10 h à 18 h (17 h en hiver). Dernière entrée à 16 h 30. Fermé les 25 et 26 décembre. 4,95 £ ; enfants : 3,95 £. Restaurant. Audioguides en allemand, espagnol, français, italien, japonais et néerlandais. ☎ (0115) 948 3284 ; fax (0115) 950 1536 ; robinhoodcentre@mail.com

Wollaton Hall – Visite de 11 h (16 h de novembre à mars) à 17 h. Fermé les 25 et 26 décembre, le 1er janvier et le vendredi de novembre à mars. 1,50 £. (Tarifs sujets à modification). ☎ (0115) 915 3900.

O

OAKHAM
🛈 Flore's House, 34 High Street – ☎ (01572) 724 329

Rutland County Museum – ♿ Visite de 10 h (14 h le dimanche) à 17 h (16 h de fin octobre à fin mars). Fermé le 1er janvier, le Vendredi saint et le 25 décembre. Entrée libre (offrande bienvenue). ☎ (01572) 723 654 ; fax (01752) 757 576 ; www.rutnet.co.uk

Château – ♿ Visite de 10 h à 13 h et de 13 h 30 à 17 h (16 h de fin octobre à mars) ; le dimanche de 13 h à 17 h. Fermé le lundi (sauf férié), le Vendredi saint, le 25 décembre et le 1er janvier. Entrée libre. Offrande bienvenue. ☎ (01572) 723 654 ; fax (01572) 757 576 ; www.rutnet.co.uk

OBAN
🛈 Argyll Square – ☎ (01631) 563 122

Sea Life Centre – Visite de mi-février à mi-novembre et pendant les vacances de Noël tous les jours de 10 h à 18 h (16 h d'octobre à Pâques) ; de mi-novembre à mi-février uniquement le week-end. 6,50 £ ; enfants : 3,95 £. Restaurant. ☎ (01631) 720 386 ; www.sealife.co.uk

OKEHAMPTON

Château – EH. Visite d'avril à octobre de 10 h à 18 h (17 h en octobre). 2,30 £. ☎ (01837) 52844.

Museum of Dartmoor Life – Visite de 10 h à 17 h. Fermé le dimanche de Pâques à mai et en octobre, le week-end de novembre à Pâques. 2 £. Dépliants en allemand, français et néerlandais. ☎/Fax (01837) 52295 ; dartmoormuseum@eclipse.co.uk

OLD TRAFFORD

Manchester United Museum and Trophy Room – Visite de 9 h 30 à 17 h (ou 30 mn avant le coup d'envoi les jours de match). Musée et visite complète : 8 £. Musée seul : 5 £. ☎ (0161) 1868 8631.

ORKNEY Islands
🛈 6 Broad Street, Kirkwall – ☎ (01856) 872 856 – Fax (01856) 875 056
🛈 Ferry Terminal Bdlg, The Pier Head, Stromness – ☎ (01856) 850 716 – Fax (01856) 850 777

Brough of Birsay

HS. Visite à des heures raisonnables. Entrée libre.

Kirkwall
🛈 6 Broad Street – ☎ (01856) 872 856

St Magnus Cathedral – Visite d'avril à septembre de 9 h (14 h le dimanche) à 18 h ; d'octobre à mars de 9 h à 13 h et de 14 h à 17 h. Fermé le dimanche d'octobre à mars. Entrée libre. Visite guidée (15 mn). ☎ (01856) 874 894.

Earl's Palace – HS. Visite d'avril à septembre de 9 h 30 à 18 h 30. Billet combiné avec la visite de Bishop's Palace : 1,50 £. ☎ (01856) 871 918.

Bishop's Palace – HS. Mêmes conditions de visite que Earl's Palace.

Tankerness House Museum – Visite de 10 h 30 à 12 h 30 et de 13 h 30 (14 h le dimanche) à 17 h. Fermé le dimanche (sauf l'après-midi en été). 2 £. ☎ (01856) 873 191.

Maes Howe

HS. Visite d'avril à septembre de 9 h 30 à 18 h 30 (16 h 30 d'octobre à mars). Fermé le matin le dimanche d'octobre à mars. 2,50 £. Restaurant. ☎ (01856) 761 606.

Skara Brae

HS. ♿ Visite d'avril à septembre de 9 h 30 à 18 h 30 ; d'octobre à mars de 9 h 30 (14 h le dimanche) à 16 h 30. 4,50 £ en été, 3,20 £ en hiver. Restaurant. ☎ (01856) 841 815.

Stromness   🛈 Ferry Terminal Building – ☎ (01856) 850 716

Pier Gallery – Visite de 10 h 30 à 12 h 30 et de 13 h 30 à 17 h. Entrée libre. ☎ (01856) 850 209.

Musée – ♿ Visite de mai à septembre de 10 h à 17 h. Le reste de l'année du lundi au samedi de 10 h 30 à 12 h 30 et de 13 h 30 à 17 h. 2,50 £. ☎ (01856) 850 025.

OXBURGH Hall

Manoir – NT. ♿ Visite de fin mars à début novembre de 13 h (11 h les lundis fériés) à 17 h ; en mars le week-end uniquement de 11 h à 16 h. Fermé le jeudi et le vendredi. Jardins : mêmes jours d'ouverture, de 11 h à 17 h 30 (16 h le week-end en mars). 5,30 £ ; jardins seuls : 2,60 £. Restaurant. ☎ (01366) 328 258.

OXENHOPE

Keighley and Worth Valley Railway – ♿ Circule entre Keighley et Oxenhope via Ingrow, Oakworth et Haworth (30 mn) de fin juin à septembre tous les jours, le reste de l'année uniquement le week-end et les jours férirés. A/R : 6 £ ; enfants : demi-tarif. ☎ (01535) 647 777 (informations horaires sur répondeur) ou (01535) 645 214 (bureau) ; fax (01535) 647 317 ; www.kwvr.co.uk

OXFORD   🛈 The Old School, Gloucester Green – ☎ (01865) 726 871

Brasenose College – Visite de 10 h à 11 h 30 et de 14 h à 17 h. Fermé les 25 et 26 décembre. 9,50 £ (20 participants à la visite), 19 £ (21 à 35 personnes), 28,50 £ (36 à 50). Brochures en allemand et en français. david.buxton@bnc.ox.ac.uk

All Souls College – Visite du lundi au vendredi de 14 h à 16 h 30 (16 h de novembre à mars). Fermé à Pâques, en août et du 25 décembre au 1er janvier. ☎ (01865) 279 379 ; fax (01865) 279 299.

Bodleian Library – Visite guidée du lundi au vendredi à 10 h 30, 11 h 30, 14 h et 15 h (de mars à octobre à 14 h et 15 h) ; le samedi toute l'année à 10 h 30 et 11 h 30. 3,50 £. ☎ (01865) 277 224.

Sheldonian Theatre – Visite de 10 h à 12 h 30 et de 14 h à 16 h 30 (15 h 30 de mi-novembre à mi-février). Fermé le dimanche, lors des répétitions, des concerts, des manifestations universitaires et pendant les vacances de Pâques et de Noël. 1,50 £. ☎ (01865) 277 299 ; fax (01865) 277 295 ; custodian@sheldon.ox.ac.uk ; www.sheldon.ox.ac.uk

Exeter College – Visite de 14 h à 17 h. Fermé le 1er janvier, à Pâques, et les 25 et 26 décembre. 50 p. ☎ (01865) 279 600 ; fax (01865) 279 630.

Trinity College – Visite presque tous les jours de 10 h 30 à 12 h et de 14 h à 17 h. Fermé à Noël et lors de certaines manifestations universitaires. 2 £. Brochures en allemand, espagnol, français, italien et japonais (1 £). ☎ (01865) 279 900.

Balliol College – Visite de 14 h à 17 h. Fermé 10 jours à Pâques, les 2 dernières semaines d'août, la première semaine de septembre, à Noël et au Nouvel An. ☎ (01865) 277 777 ; fax (01865) 277 803.

The Oxford Story – Visite d'avril à octobre de 9 h 30 à 17 h (17 h 30 en juillet et août) ; le reste de l'année de 10 h à 16 h 30 (17 h le week-end). Fermé le 25 décembre. 5,70 £. Commentaires en allemand, espagnol, français, italien et japonais. ☎ (01865) 728 822 ; fax (01865) 791 716.

Jesus College – Visite de 14 h à 16 h 30. Fermé la semaine de Pâques et celle de Noël. Entrée libre. ☎ (01865) 279 700 ; fax (01865) 279 687 ; lodge@jesus.ox.ac.uk ; www.jesus.ox.ac.uk

Lincoln College – Visite de 14 h (11 h les dimanches et jours fériés) à 17 h. Fermé le 1er janvier et les 25 et 26 décembre. Entrée libre. ☎ (01865) 279 800 ; www.linc.ox.ac.uk

Carfax – Visite de 10 h à 17 h 30 (15 h 30 de novembre à mars). Fermé du 25 décembre au 1er janvier. Accès à la tour : 1,20 £ ; enfants : 60 p. Ne convient pas aux enfants de moins de 5 ans.

Museum of Oxford – Visite du mardi au samedi de 10 h (12 h le dimanche) à 16 h (17 h le samedi). Entrée payante. ☎ (01865) 252 761.

Christ Church – Collège : visite de 9 h 30 (11 h 30 le dimanche) à 17 h 30. Hall : visite aux mêmes horaires avec fermeture entre 12 h et 14 h. Cathédrale : visite de 9 h (13 h le dimanche) à 16 h 30. Chapitre, hall et cathédrale : 3 £. Galerie de peinture : visite de 10 h 30 (sauf le dimanche matin) à 13 h et de 14 h à 17 h 30 (16 h 30 d'octobre à Pâques). 1 £. ☎/fax (01865) 276 492.

Oriel College – Visite pendant l'année universitaire. Entrée libre. ☎ (01865) 276 555.

Corpus Christi College – Visite de 13 h 30 à 16 h 30. Fermé à Pâques et à Noël. Entrée libre. ☎ (01865) 276 700 ; college.office@ccc.ox.ac.uk ; www.ccc.ox.ac.uk

University College – Visite certains jours de l'année. ☎ (01865) 276 602.

The Queen's College – Visite sur rendez-vous uniquement. ☎ (01865) 279 120 ; lodge@queens.ox.ac.uk ; www.queen.ox.ac.uk

St Edmund Hall – &. Visite du lever au coucher du soleil en fonction des cérémonies. Fermé les jours fériés en août, à Pâques et à Noël. Entrée libre. ☎ (01865) 279 000 ; fax (01865) 279 090.

New College – Visite de mai à septembre de 11 h à 17 h ; d'octobre à avril de 14 h à 16 h. 2 £ à Pâques et en été. Brochures en allemand, espagnol, français, italien, japonais, néerlandais et russe. ☎ (01865) 279 590 ; fax (01865) 279 590 ; www.new.ox.ac.uk

Hertford College – Visite de 10 h à 18 h (au coucher du soleil en hiver). Fermé à Pâques et du 24 décembre au 2 janvier. Entrée libre. ☎ (01865) 279 400 ; fax (01865) 279 466.

Ashmolean Museum – &. Visite de 10 h (14 h les dimanches et jours fériés) à 17 h. Fermé le lundi, à Pâques, début septembre pendant la foire de St Giles et à Noël. Entrée libre. Visite guidée (2 h) sur rendez-vous. ☎ (01865) 278 000 ; fax (01865) 278 018 ; www.ashmol.ox.ac.uk

University Museum of Natural History – Visite de 12 h à 17 h. Fermé à Pâques et à Noël. Entrée libre. Dépliants en allemand, espagnol et français. ☎ (01865) 270 949 ; fax (01865) 272 970.

Magdalen College – Visite de 14 h (12 h de fin juin à septembre) à 18 h ou au coucher du soleil. Fermé du 24 au 27 décembre. 2 £. ☎ (01865) 276 050 ; fax (01865) 276 030 ; anthony.woodford@magdalen.ox.ac.uk

St John's College – &. Visite de 13 h à 17 h. Fermé à Pâques et les 25 et 26 décembre. Entrée libre. ☎ (01865) 277 300.

Worcester College – Visite pendant les trimestres universitaires et les vacances universitaires de 9 h à 17 h (ou au coucher du soleil). ☎ (01865) 278 300.

Keble College – Visite de 14 h à 17 h. Fermé les jours fériés et du 24 décembre au 1er janvier. Entrée libre. ☎ (01865) 272 727 ; www.keble.ox.ac.uk

Botanic Gardens – &. Visite de 9 h à 17 h (16 h 30 en hiver). Dernière entrée à 16 h 15. Fermé le Vendredi saint et le 25 décembre. 2 £ d'avril à août. Visite guidée (2 h) sur rendez-vous (5 £ par personne). ☎/fax (01865) 286 690.

P

PADSTOW

🚹 Red Brick Building, North Quay – PLL28 8AF – ☎ (01841) 533 449 – Fax (01841) 532 356
🚹 Town Hall, Wadebridge – PL27 7AQ – ☎/fax (01208) 813 725

Excursions en bateau – Pour obtenir des informations, s'adresser à l'Office de tourisme. ☎ (01841) 533 449 ; fax (01841) 532 356 ; padstowtic@visit.org.uk

Prideaux Place – Visite de fin mai à octobre de 13 h 30 à 17 h et à Pâques tous les jours. Opéras et expositions. ☎ (01841) 532 411.

Environs

Bedruthan Steps – NT. Fermé jusqu'à mars 2001. Accueil des visiteurs et boutique : visite d'avril à octobre de 10 h 30 à 17 h 30. ☎ (01637) 860 563 (boutique), 860 701 (café) ; fax (01208) 862 805.

PAIGNTON

Zoo – &. Visite de 10 h à 18 h (17 h de novembre à février). Fermé le 25 décembre. 7,50 £. Restaurant. ☎ (01803) 697 500 ; fax (01803) 523 457 ; info@paigntonzoo.org.uk ; www.paigntonzoo.org.uk

PAXTON

Paxton House – ♿ Château et galerie : visite guidée d'avril à octobre de 11 h à 17 h (dernière visite à 16 h 15). 5 £ (accès au parc compris). Parc : ouvert d'avril à octobre de 10 h au coucher du soleil. 2,50 £. ☎ (01289) 386 291 ; fax (01289) 386 660 ; info@paxtonhouse.com ; www.paxtonhouse.com

PEEBLES

Neidpath Castle – Visite à Pâques de 11 h à 17 h et de juillet à début septembre de 11 h à 18 h (17 h le dimanche). 3 £. Visite guidée (30 mn) sur rendez-vous. ☎/fax (01721) 720 333 ; www.scot-border.co.uk

PEMBROKE

🚉 Commons Road – ☎ (01646) 622 388
🚉 The Gun Tower, Front Street – ☎ (01646) 622 246

Château – ♿ Visite de 9 h 30 à 18 h d'avril à septembre ; de 10 h à 17 h (16 h de novembre à février) le reste de l'année. Fermé le 1er janvier et du 24 au 26 décembre. 3 £. Visite guidée (1 h) en été du dimanche au vendredi. Brochures en allemand, français et italien. ☎ (01646) 681 510 ; fax (01646) 622 260.

PENSHURST

Penshurst Place – Visite d'avril à octobre tous les jours de 11 h à 18 h. Dernière entrée à 17 h (17 h 30 pour le parc) ; de fin février à mars le week-end uniquement. Demeure et parc : 5,70 £. Parc seul : 4,20 £. Visite guidée (45 mn, possible en français) le matin seulement. Brochures en allemand, espagnol, français, italien, japonais et néerlandais. ☎ (01892) 870 307 ; fax (01892) 870 866 ; www.penshurst-place.com

PENZANCE

🚉 Station Road – ☎ (01736) 362 207

National Lighthouse Centre – Visite de Pâques à octobre de 10 h 30 à 16 h 30. 2,50 £. Dépliants en allemand et en français. ☎ (01736) 360 077.

Cornwall Geology Museum – ♿ Visite d'avril à septembre de 10 h à 16 h 30. Fermé les dimanches et lundis. 2 £. ☎ (01736) 332 400.

Penlee House Gallery and Museum – ♿ Visite de 10 h 30 à 16 h 30. Fermé le dimanche. 2 £. Dépliants en allemand et en français. ☎ (01736) 363 625.

Maritime Museum – Visite de Pâques à octobre de 10 h à 17 h. Fermé le dimanche.

PERTH

🚉 45 High Street – ☎ (01738) 638 353 – Fax (01738) 444 863
🚉 Caithness Glass, Inveralmond (sur A 9, contournement Ouest) – ☎ (01738) 638 481

Black Watch Regimental Museum – Visite de 10 h à 16 h 30 (15 h 30 d'octobre à avril). Fermé le dimanche, le dernier samedi de juin et le samedi d'octobre à avril. Entrée libre. ☎ (0131) 310 8530.

Museum and Art Gallery – Visite de 10 h à 17 h. Fermé le dimanche et de Noël au Nouvel An. Entrée libre. ☎ (01738) 632 488 ; fax (01738) 443 505.

Fergusson Gallery – Visite de 10 h à 17 h. Fermé le dimanche. Entrée libre. ☎ (01738) 441 944 ; fax (01738) 443 505 ; museum@pkc.gov.uk ; www.pkc.gov.uk

PETERBOROUGH

🚉 45 Bridge Street – ☎ (01733) 452 336

Cathédrale – ♿ Visite de 8 h 30 à 17 h 15. Offrande : 3 £. Visite guidée (1 h) sur rendez-vous. Brochures en allemand, espagnol, français et italien. Restaurant. ☎ (01733) 343 342 ; fax (01733) 552 465.

Railworld – ♿ Visite de mars à octobre tous les jours de 11 h à 16 h ; de novembre à février du lundi au vendredi aux mêmes heures. Fermé les 1er janvier et 25 décembre sauf accord préalable. 2,50 £. ☎ (01733) 344 240 ; www.railworld.net

Excursions

Flag Fen Bronze Âge Excavation – Visite de 10 h à 17 h. Dernière entrée à 16 h. Fermé du 25 décembre au 3 janvier. 3,50 £ ; enfants : 2,50 £. Chiens non admis. ☎ (01733) 313 414 ; fax (01733) 349 957 ; office@flagfen.freeserve.co.uk ; www.flagfen.freeserve.co.uk

Nene Valley Railway – ♿ Fonctionne presque tous les jours en août (3 services par jour en semaine, 5 services le week-end) ; de mai à juillet le mercredi (3 services) et le week-end (4 services par jour) ; en septembre, octobre et décembre le week-end (le mercredi également en septembre) ; de février à avril le dimanche (le samedi également en avril) ; les jours fériés. Fermé en novembre et en janvier. 8 £ ; enfants : 4 £. ☎ (01780) 784 440 (horaires) et 784 444 (renseignements).

PETWORTH

Petworth House – NT. Visite de fin mars à octobre du samedi au mercredi, le Vendredi saint et les jours fériés de 13 h à 17 h 30. Dernière entrée 1 h avant la fermeture. Pièces d'apparat : visite du lundi au mercredi. 6 £. Visite guidée (1 h 30) sur rendez-vous le matin du lundi au mercredi (sauf les jours fériés) avec supplément de charge. Domaine : visite toute l'année de 12 h à 18 h. Parc : ouvert de 8 h au coucher du soleil. ☎ (01798) 342 207 ou 343 929 (renseignements) ; fax (01798) 342 963.

PICKERING

Château – EH. Visite de 10 h à 18 h (ou au coucher du soleil, 16 h de novembre à mars). Fermé le lundi et le mardi de novembre à mars ainsi que le 1er janvier et du 24 au 26 décembre. 2,30 £. ☎ (01751) 474 989.

North Yorkshire Moors Railway – Circule entre Pickering et Grosmont d'avril à octobre. A/R : 9,50 £. ☎ (01751) 472 508 ; fax (01751) 476 970.

PITLOCHRY   🚩 22 Atholl Road – ☎ (01796) 472 215 et 472 751 – Fax (01796) 474 046

Power Station – ⚟ Poste d'observation des saumons : accès libre. Visitor Centre : ouvert d'avril à octobre de 10 h à 17 h 30. 2 £. ☎ (01796) 473 152 ; www.scottish-southern.co.uk

PITMEDDEN

Garden – NTS. ⚟ Visite de mai à septembre de 10 h à 17 h 30. 4 £. Notices explicatives en allemand, espagnol, français et italien. ☎ (01651) 842 352 ; fax (01651) 843 188.

PLAS-YN-RHIW

NT. Visite de fin mars à mi-mai du jeudi au lundi, de mi-mai à septembre du mercredi au lundi de 12 h à 17 h ; en octobre le week-end uniquement de 12 h à 17 h. Dernière entrée à 16 h 30. Cottage et jardins : 3,20 £. Jardins seuls : 2 £. Visite guidée sur rendez-vous sauf en juillet et août. ☎ (01758) 780 219.

PLYMOUTH
🚩 Island House, 9 The Barbican – PL1 2LS –
☎ (01752) 264 849 – Fax (01752) 257 955
🚩 Discovery Centre, Crabtree – PL3 6RN – ☎ (01752) 266 030 – Fax (01752) 266 033
🚩 Poundwell Meadow Car Park, Modbury – PL21 0QR – ☎ (01548) 830 159 (d'avril à octobre)

Plymouth Dome – ⚟ Visite de 9 h à 18 h. 4,10 £, incluant l'accès à la tour de Smeaton (fermée jusqu'à nouvel ordre) et à la citadelle. Fermé le 25 décembre. Brochures en allemand, espagnol, français et japonais. ☎ (01752) 600 608 (répondeur) et 603 300 (réservations) ; fax (01752) 256 361.

Royal Citadel – EH. Visite guidée (1 h 15) de mai à septembre à 14 h 30 Se procurer les billets à Plymouth Dome ou à l'Office de tourisme (Barbican). 3 £. ☎ (01752) 775 841.

Smeaton's Tower – Fermé jusqu'à nouvel ordre. ☎ (01752) 600 608 et 603 300 (réservations) ; fax (01752) 256 361.

Maison élisabéthaine (32 New Street) – NT. Visite de mai à septembre de 10 h à 17 h. Fermé le samedi. 2 £. ☎ (01493) 855 746.

Coates Black Friars Gin Distillery – Visite de Pâques à décembre de 10 h 30 à 15 h 45. Fermé le dimanche. 2,75 £. Visite guidée (45 mn). ☎ (01752) 665 292.

St Andrew's Church – ⚟ Visite de 9 h à 16 h. Notices en allemand, espagnol et français. ☎ (01752) 661 414 (administrateur, en semaine de 9 h à 14 h).

Prysten House – Visite d'avril à octobre de 10 h à 15 h 30. Fermé le dimanche. 70 p. ☎ (01752) 661 414.

Merchant's House Museum – Visite le lundi de Pâques et d'avril à septembre du mardi au samedi et les lundis fériés de 10 h à 17 h 30 (17 h le samedi et les lundis fériés). 1 £. ☎ (01752) 304 774 ; fax (01752) 304 775.

City Museum and Art Gallery – NACF. Visite de 10 h à 17 h 30 (17 h le samedi et les lundis fériés). Fermé le lundi (sauf férié), le dimanche, le Vendredi saint, les 25 et 26 décembre. Entrée libre. ☎ (01752) 264 878.

National Marine Aquarium – ⚟ Visite de 10 h à 18 h (16 h de novembre à mars). Dernière entrée 1 h avant la fermeture. Fermé le 25 décembre. 6,50 £ ; enfants : 4 £. ☎ (01752) 600 301 (standard) et 220 084 (renseignements) ; marketing @national-aquarium.co.uk ; www.national-aquarium.co.uk

POLPERRO

Musée – Visite de Pâques à fin octobre de 10 h à 18 h. 1,50 £. ☎ (01503) 272 423.

PONTRHYDFENDIGAID

Strata Florida Abbey – Visite de mai à septembre de 10 h à 17 h. 1,70 £. ☎ (01974) 831 261.

PONTYPRIDD

Historical Centre – &. Visite du lundi au samedi de 10 h à 17 h. 25 p. ☎ (01443) 409 512.

Rhondda Heritage Park – &. Visite d'avril à septembre de 10 h à 18 h. Fermé le lundi d'octobre à mars et les 25 et 26 décembre. Visite guidée jusqu'à 16 h 30. Dépliants en allemand, espagnol, français, italien et japonais. Restaurant. ☎ (01443) 682 036 ; fax (01443) 687 420.

POOLE

Poole Pottery – Visite du musée de 10 h à 16 h. Fermé le week-end. Visite guidée de la poterie de 10 h à 16 h (12 h le vendredi). Téléphoner pour vérifier les horaires d'ouverture. 2,50 £. Magasin ouvert de juillet à septembre de 9 h (10 h le dimanche) à 20 h ; le reste de l'année téléphoner pour obtenir les horaires. ☎ (01202) 669 800.

Aquarium Complex – &. Visite en juillet et août de 9 h 30 à 21 h ; le reste de l'année de 10 h à 17 h. Fermé les 24 et 25 décembre. 4,95 £. ☎ (01202) 686 712.

RNLI Museum – Visite de 9 h 30 à 16 h 30. Fermé le week-end et les jours fériés. ☎ (01202) 663 000 ; fax (01202) 663 167.

Waterfront Museum – &. Visite d'avril à octobre de 10 h (12 h le dimanche) à 17 h, le reste de l'année de 10 h (12 h le dimanche) à 15 h. 2 £ ou 4 £ selon la saison. ☎ (01202) 262 600 ; fax (01262) 262 622 ; www.poole.gov.uk

Scaplen's Court – Visite en août de 10 h (12 h le dimanche) à 17 h. 1,45 £. ☎ (01202) 262 600 ; fax (01202) 262 622 ; www.poole.gov.uk

PORT SUNLIGHT

Lady Lever Art Gallery – &. Visite de 10 h (12 h le dimanche) à 17 h. Fermé le 1er janvier et du 23 au 26 décembre. 3 £. Restaurant. ☎ (0151) 645 3623.

PORTCHESTER

Château – EH. Visite de 10 h à 18 h (ou à la tombée de la nuit en octobre, 16 h de novembre à mars). Fermé du 24 au 26 décembre. 2,70 £. ☎ (023) 9237 8291.

PORTMEIRION

Village – Visite de 9 h 30 à 17 h 30. 4,50 £. ☎ (01766) 770 000 ; fax (01766) 771 331.

PORTSDOWN HILL

Royal Armouries Museum of Artillery – Visite de Pâques à octobre tous les jours de 10 h à 17 h ; le reste de l'année du jeudi au dimanche de 10 h 30 à 16 h. Dernière entrée 1 h avant la fermeture. 4,25 £ ; enfants : entrée libre. ☎ (01329) 233 734 ; dgoudwin@armouries.org.uk ; www.armouries.org.uk

PORTSMOUTH
🖪 The Hard – ☎ (01705) 826 722

Navires historiques – Visite de 10 h à 17 h 30 (17 h de novembre à mars). Dernière entrée 1 h avant la fermeture. Fermé les 24 et 25 décembre. 12,50 £ ; enfants : 9,25 £. Brochures en allemand, espagnol et français. HMS Victory : visite guidée (45 mn) possible. The Mary Rose : audioguides en allemand, espagnol, français, italien et néerlandais. HMS Warrior 1860 : plan du pont en allemand, espagnol, français, italien, japonais et néerlandais. Royal Naval Museum. Restaurant. ☎ (01705) 861 512.

City Museum and Records Office – &. Visite de 10 h à 17 h 30. Fermé du 24 au 26 décembre. ☎ (023) 9282 726 ; fax (023) 9287 5276 ; www.portsmouthmuseum.co.uk

Château de Southsea – Visite d'avril à septembre tous les jours de 10 h à 17 h 30. Dernière entrée à 17 h. 2 £. ☎ (023) 9282 7261 ; fax (023) 9287 5276 ; www.portsmouthmuseum.co.uk

D-Day Museum – &. Visite de 10 h à 17 h 30 (17 h d'octobre à mars). Fermé du 24 au 26 décembre. 4,75 £. Film (14 mn). ☎ (023) 9282 7261 ; fax (023) 9285 5276 ; www.portsmouthmuseum.co.uk

Maison natale de Charles Dickens – Visite d'avril à septembre de 10 h à 17 h 30 et de fin novembre à mi-décembre de 10 h à 17 h. 2 £. ☎ (023) 9282 7261.

PRESCOT

Knowsley Safari Park – ♿ Visite de mars à octobre de 10 h à 16 h (dernière entrée) ; le reste de l'année de 10 h 30 à 15 h (dernière entrée). 7 £. ☎ (0151) 430 9009 ; fax (0151) 426 3677.

PRESTON

Harris Museum and Art Gallery – ♿ Visite de 10 h à 17 h. Fermé les dimanches et jours fériés. Entrée libre. Visite guidée sur rendez-vous. ☎ (01772) 258 248, (01772) 257 112 (renseignements) ; fax (01772) 886 764 ; harris@pbch.demon.co.uk ; www.preston.gov.uk/harris

PROBUS

Jardins de Trewithen – Visite de mars à septembre du lundi au samedi de 10 h à 16 h 30 ; en avril et mai le dimanche seulement aux mêmes heures. 3,50 £. **Demeure** : visite guidée (35 mn) d'avril à juillet les lundis et mardis, en août les lundis fériés de 14 h à 16 h. 3,50 £. Chiens admis (tenus en laisse). ☎ (01726) 883 647 ou 882 764 ; fax (01726) 882 301 ; gardens@trewithen-estate.demon.co.uk

R

RAGLAN Castle

CADW. Visite de 9 h 30 (11 h le dimanche de novembre à fin mars) à 18 h 30 (16 h de novembre à fin mars, 17 h en avril, mai et octobre). Fermé du 24 au 26 décembre. 2,40 £. ☎ (01291) 690 228.

RANWORTH

St Helen's Church – ♿ Visite de 9 h à 18 h (16 h en hiver). Visitor Centre : ouvert aux mêmes heures. Dépliants en allemand et en français. Jardin aromatique pour les non-voyants. www.ranworth.virtualave.net

RAVENGLASS

Ravenglass and Eskdale Railway – ♿ Fonctionne tous les jours de début avril à octobre, partiellement le reste de l'année. Durée du passage : 40 mn. ☎ (01229) 717 171; fax (01229) 717 011.

REDHILLS

Rheged – Visite de 10 h à 18 h (plus tard en été). Film : 4,95 £ ; enfants : 3,50 £. Restaurant. ☎ (01768) 868 000 ; fax (01768) 868 002 ; enquiries@rheged.com ; www.rheged.com

RHUDDLAN

Château – Visite de mai à septembre de 10 h à 17 h. 1,70 £.

RICHBOROUGH Castle

♿ Visite d'avril à fin octobre tous les jours de 10 h à 18 h (17 h en octobre) ; en mars et en novembre du mercredi au dimanche de 10 h à 16 h ; de décembre à février le week-end de 10 h à 16 h. 2,50 £. Audioguide. ☎ (01304) 612 013 ; www.english-heritage.org.uk

RICHMOND   🚹 Friary Gardens, Victoria Road – ☎ (01748) 850 252

Château – EH. Visite d'avril à octobre de 10 h à 18 h (17 h en octobre) ; de novembre à mars de 10 h à 13 h et de 14 h à 16 h. Fermé du 24 au 26 décembre. 2,30 £. ☎ (01748) 822 493.

Georgian Theatre Royal and Museum – Visite de Pâques à octobre du lundi au samedi de 13 h 30 (10 h 30 de fin mai à septembre) à 15 h 30. 2,50 £. Visite de groupes le dimanche possible sur demande. ☎ (01748) 823 710 et 823 021 (guichet).

Green Howards Regimental Museum – Visite de mi-mai à octobre tous les jours de 9 h 30 à 16 h 30 ; d'avril à mi-mai du lundi au samedi de 9 h 30 à 16 h 30 et le dimanche de Pâques de 14 h à 16 h 30 ; en février, mars et novembre du lundi au vendredi de 10 h à 16 h 30. Fermé en janvier, en décembre et les dimanches d'octobre. 2 £. ☎ (01748) 822 133 ; fax (01748) 826 561.

RIEVAULX

Abbey – EH. ♿ Visite en juillet et août de 9 h 30 à 19 h ; d'avril à juin et en septembre et mars de 10 h à 18 h (ou à la tombée de la nuit en octobre, 16 h de mars à mars). Fermé du 24 au 26 décembre. 3,40 £. Audiotour en français, japonais et suédois. ☎ (01439) 798 228.

RIEVAULX

Terrace – NT. Visite d'avril à octobre de 10 h 30 à 17 h (16 h en octobre). Dernière entrée 1 h avant la fermeture. Le temple ionique est fermé entre 13 h et 14 h. 3 £. ☎ (01439) 798 340.

RIPON

🚹 (en saison) Minster Road – ☎ (01765) 604 625

Cathédrale – ♿ Visite de 7 h 30 (8 h les samedis et dimanches, 8 h 30 les lundis et jeudis) à 18 h 30. Offrande : 2 £. Visite guidée (1 h) en allemand, français, italien et néerlandais) : 2 £. Réservation indispensable. Dépliants en 9 langues. ☎ (01765) 604 108 ; www.riponcathedral.org.uk

Ripon Workhouse Museum of Yorkshire Poor Law – Visite en avril et octobre de 10 h 30 à 15 h 30 (dernière entrée). ☎ (01765) 690 799.

Prison and Police Museum – Mêmes horaires de visite que le précédent. ☎ (01765) 690 799.

Environs

The World of James Herriot – Visite de 10 h à 18 h (17 h de novembre à février). 4 £. ☎ (01845) 524 234 ; www.hambleton.gov.uk

Castle RISING

EH. Visite d'avril à octobre tous les jours de 10 h à 18 h ; le reste de l'année du mercredi au dimanche de 10 h à 16 h. Fermé du 24 au 26 décembre. 2,30 £. ☎ (01553) 631 330.

ROCHESTER

🚹 95 High Street – ☎ (01634) 843 666

Château – EH. Visite de 10 h à 18 h (17 h en octobre, 16 h de novembre à mars). Fermé le 1er janvier et du 24 au 27 décembre. 3,60 £. ☎ (01634) 402 276 ; www.shewan.com/rochester/cath/cast.htm

Cathédrale – ♿ Visite de 7 h 30 à 18 h (17 h le samedi). Offrande : 2 £. Brochures en allemand et en français. ☎ (01634) 401 301 ; fax (01634) 401 410 ; rochester-cathedral-ed@yahoo.com

Guildhall Museum – Visite de 10 h à 17 h 30 (dernière entrée à 16 h 45). Fermé à Noël. Offrande. ☎ (01634) 848 717 ; fax (01634) 832 919.

Charles Dickens Centre – Visite de 10 h à 17 h 30 (dernière entrée à 16 h 45). Fermé quelques jours à Noël. 3,60 £. ☎ (01634) 844 176 ; fax (01634) 827 980.

Watts Charity – Visite de mars à octobre du mardi au samedi de 14 h à 17 h. Fermé les jours fériés. Offrande. ☎ (01634) 845 609.

ROMNEY

Romney, Hythe and Dymchurch Railway – Fonctionne de Pâques à septembre tous les jours, en mars et octobre les week-ends uniquement. 9 £ maximum (en fonction de la longueur du voyage). ☎ (01797) 362 353 ; fax (01797) 363 591 ; rhdr@dels.demon.co.uk ; www.rhdr.demon.co.uk

ROMSEY

Broadlands – ♿ Visite de mi-juin à août de 12 h à 17 h 30 (dernière entrée à 16 h). 5,50 £. ☎ (01794) 505 010.

ROSLIN

Rosslyn Chapel – Visite du lundi au samedi de 10 h à 17 h, le dimanche de 12 h à 16 h 45. 4 £. ☎ (0131) 440 2159 ; fax (0131) 440 1979 ; rosslynch@aol.com ; www.rosslynchapel.org.uk

ROWSLEY

Caudwell's Mill – Visite de mars à octobre tous les jours de 10 h à 18 h (16 h 30 en mars) ; de novembre à février le week-end de 10 h à 16 h 30. 3 £. ☎/fax (01629) 734 374.

Haddon Hall – Visite d'avril à septembre de 10 h 30 à 17 h ; en octobre de 10 h 30 à 16 h 30 du lundi au jeudi. 5,75 £. ☎ (01629) 812 855 ; fax (01629) 814 379.

ROYAL TUNBRIDGE WELLS

🚹 Old Fish Market, The Pantiles – ☎ (01892) 515 675

RUFFORD

Old Hall – NT. ♿ Visite de début avril à novembre du samedi au mercredi de 13 h à 17 h. Jardins : ouverts aux mêmes dates de 12 h à 17 h 30. Fermé le Vendredi saint. 3,80 £ ; jardins seuls : 2 £. Restaurant. ☎ (01704) 821 254 ; rrufoh @ntrust .org.uk

Martin Mere Wildfowl and Wetlands Centre – ♿ Visite de 9 h 30 à 17 h 30 (16 h 30 en hiver). Fermé le 25 décembre. 5 £. ☎ (01704) 895 181 ; www.martinmere.co.uk

RUTHWELL

Église – HS. Demander la clé au bungalow neuf construit au bord de la B 724 ou à l'ancien presbytère (aménagé en hôtel).

RUTLAND Water

Anglian Water Birdwatching Centre – &. Visite de 9 h à 17 h (16 h de novembre à mars). 3 £ ; enfants : 2 £. Après 13 h : 2 £ ; enfants : 1 £. ☎ (01572) 770 651 ; awbc@rutlandwater.u-net.com ; www.rutlandwater.u-net.com

Normanton Church – Visite de 11 h à 16 h (17 h les week-ends et lundis fériés). 80 p. ☎ (07885) 135 627.

RYDAL

Rydal Mount – Visite de mars à octobre tous les jours de 9 h 30 à 17 h ; le reste de l'année du mercredi au lundi de 10 h à 16 h. 4 £. Jardins seuls : 1,75 £. Commentaires en 34 langues. ☎ (01539) 433 002 ; fax (01539) 431 738 ; rydalmount@aol.com

RYE
🖪 Heritage Centre, Strand Quay – ☎ (01797) 226 696

Rye Town Model – &. Visite de mars à octobre de 9 h à 17 h 30 ; le reste de l'année de 10 h à 16 h. 2 £ ; enfants : 1 £. Spectacles (30 mn ; en allemand, espagnol et français) chaque demi-heure. Audiotour de Rye en français et japonais. ☎ (01797) 226 696 ; fax (01797) 223 460 ; ryetic@rother.gov.uk ; www.rye.org.uk/heritage

St Mary's Church – Visite de 9 h à 18 h (16 h 30 en hiver). Offrande pour accès au clocher : 2 £. ☎ (01797) 224 935.

Rye Castle Museum – Visite d'avril à octobre du jeudi au lundi de 10 h 30 à 17 h 30. Ypres Tower : visite tous les jours de juillet à septembre ; de novembre à mars uniquement le week-end de 10 h 30 à 16 h. Musée et tour : 3 £. Musée seul : 2 £. ☎ (01797) 226 728.

S

ST ALBANS
🖪 Town Hall, Market Place – ☎ (01727) 864 511

Verulamium Museum – &. Visite de 10 h (14 h le dimanche) à 17 h 30. 3,05 £. ☎ (01727) 751 810 ; fax (01727) 859 919 ; a.coles@stalbans.gov.uk ; www.stalbansmuseums.org.uk

Théâtre romain – Visite de 10 h à 17 h (16 h de novembre à mars) et le 1er janvier sur rendez-vous. Fermé les 25 et 26 décembre. 1,50 £. ☎ (01727) 835 035.

Cathédrale – &. Visite de 9 h à 17 h 45. Offrande suggérée : 2,50 £. Visite guidée (1 h) du lundi au vendredi à 11 h 30 et 14 h 30, le samedi à 11 h 30 et 14 h, le dimanche à 14 h 30. Visite guidée (1 h) sur rendez-vous : 3 £. Restaurant. Spectacle multimédia. ☎ (01727) 860 780 ; fax (01727) 850 944 ; mail@stalbanscathedral.org.uk ; www.stalbanscathedral.org.uk

Environs

Knebworth House – Visite de fin mars à mi-avril et de fin mai à début septembre du mardi au dimanche et les lundis fériés de 12 h (11 h pour le parc) à 17 h (17 h 30 pour le parc) ; de fin avril à fin mai et début septembre le week-end uniquement. 4,50 £. Parc et jardins seuls : 3,50 £. Brochures en allemand, français et italien. Visite guidée (1 h 15) en semaine. ☎ (01438) 812 661 ; fax (01438) 811 908.

ST ANDREWS
🖪 70 Market Street – ☎ (01334) 472 021 – Fax (01334) 478 422

British Golf Museum – &. Visite de Pâques à mi-octobre de 9 h 30 à 17 h 30 ; le reste de l'année de 11 h à 15 h sauf les mardis et mercredis. 3,75 £. ☎ (01334) 478 880 ; fax (01334) 473 306 ; www.britishgolfmuseum.co.uk

Cathédrale – HS. Visite de 9 h 30 à 18 h 30 (16 h 30 d'octobre à mars). Billet combiné avec l'accès au clocher : 2 £ ; billet combiné avec la visite du château : 4 £. ☎ (01334) 477 196.

Château – HS. Visite de 9 h 30 à 18 h 30 (16 h 30 d'octobre à mars). 2,50 £ ; billet combiné avec la visite de la cathédrale : 4 £. ☎ (01334) 477 196.

Université – Visite guidée (départ de la tour de la chapelle du Saint-Sauveur) de juin à août du lundi au samedi à 11 h et 14 h 30. 4,50 £. ☎ (01334) 462 245 ; fax (01334) 463 330 ; histours@st-and.ac.uk

Environs

Scotland Secret Bunker – Visite d'avril à octobre de 10 h à 17 h. 6,45 £. ☎ (01333) 310 301 ; mod@secretbunker.co.uk ; www.secretbunker.co.uk

ST BOSWELLS

Dryburgh Abbey – HS. Visite de 9 h 30 (14 h le dimanche d'octobre à mars) à 18 h 30 (16 h 30 d'octobre à mars). 2,80 £. ☎ (01835) 822 381.

ST DAVID'S

Cathédrale – ᕲ Visite de 7 h (12 h 15 le dimanche) à 18 h. Offrande : 2 £. Visite guidée (1 h 30) en juillet et août du lundi au jeudi à 10 h 45 : 3 £. Brochures en allemand et en français. ☎ (01437) 720 691 ; fax (01437) 721 885 ; www.stdavidscathedral.org.uk

Bishop's Palace – Visite de mai à début octobre de 9 h 30 à 18 h 30 ; de fin octobre à mars du lundi au samedi de 9 h 30 à 16 h et le dimanche de 12 h à 14 h ; de mars à début mai et en octobre de 9 h 30 à 17 h. 2 £. ☎ (01437) 720 517.

ST FAGANS

Museum of Welsh Life – ᕲ Visite tous les jours de 10 h à 17 h. Fermé du 24 au 26 décembre. 5,50 £ d'avril à octobre, 4,50 £ le reste de l'année. Brochures en allemand, français, japonais et néerlandais. ☎ (029) 2057 3500 ; fax (029) 2057 3490 ; post.awc@btconnect.com ; www.nmgw.ac.uk/mwl/

ST GERMANS

Église – Visite de 10 h à 16 h. ☎ (01503) 230 275 ; stephencoffin@onetg.co.uk

ST HELENS

The World of Glass Museum – Visite de 10 h à 17 h. Fermé les 25 et 26 décembre et le 1er janvier. Entrée payante. ☎ (08707) 444 777 (renseignements 24 h/24) ; fax (01744) 616 966 ; info@worldofglass.com ; www.worldofglass.com

ST IVES

Land's End Aerodrome – Vols touristiques : 19 £ (Sennen Cove) ; 30 £ (Porthcurno) ; 59 £ (Penwith lorsque c'est possible). Leçons de pilotage à partir de 23 £. ☎ (01736) 788 771.

Tate Gallery – NACF. ᕲ Visite de 10 h 30 à 17 h 30. Fermé le lundi (sauf en juillet et août) et du 24 au 26 décembre. 3,95 £. Brochure en français. Restaurant. ☎ (01736) 796 226 ; fax (01736) 794 480 ; www.tate.org.uk

Barbara Hepworth Museum – Visite de 10 h 30 à 17 h 30. Fermé le lundi (sauf en juillet et août). 3,75 £. ☎ (01736) 796 226 ; fax (01736) 794 480 ; www.tate.org.uk

ST MAWES

Château – EH. Visite d'avril à octobre de 10 h à 18 h 17 h ou au coucher du soleil en octobre) ; le reste de l'année du vendredi au mardi de 10 h à 16 h. Fermé le 1er janvier et du 24 au 26 décembre. 2,50 £. ☎ (01326) 270 526.

ST MICHAEL'S Mount

NT. Visite d'avril à octobre du lundi au vendredi de 10 h 30 à 17 h 30 (dernière entrée à 16 h 45) ; le reste de l'année s'informer par téléphone. 4,40 £. Dépliants en allemand, français, italien, japonais et néerlandais. Restaurant. ☎ (01736) 710 507 ; fax (01736) 711 544.

SALFORD

The Lowry – ᕲ Visite de 9 h 30 à minuit. Exposition : entrée libre ; ArtWorks : droit d'entrée. Restaurants. ☎ (0161) 876 2020 et 876 2000 (réservations) ; fax (0161) 876 2001 ; info@thelowry.com ; www.thelowry.com

SALISBURY

Cathédrale – ᕲ Visite de 7 h 15 à 18 h 15 (20 h 15 le dimanche de juin à août). Offrande suggérée : 3 £. Visite guidée (en plusieurs langues) du lundi au samedi de 10 h à 16 h et de 18 h 30 à 20 h 15 (de 16 h à 18 h 15 le dimanche de juin à août). Visite des toits de janvier à novembre du lundi au samedi à 11 h (uniquement de mars à octobre), 14 h, 15 h (d'avril à septembre), 18 h 30 (en juin et août) et le dimanche à 16 h 30 (de mai à septembre). La Grande Charte (salle capitulaire) est exposée tous les jours sauf le 25 décembre. Brochures en allemand, espagnol, français, italien et japonais. ☎ (01722) 555 120 ; fax (01722) 555 116 ; visitors@salcath.co.uk ; www.salisburycathedral.org.com

Salisbury and South Wiltshire Museum – NACF. ᕲ Visite de 10 h à 17 h. Fermé le dimanche (sauf l'après-midi en juillet et août) et du 24 au 26 décembre. 3 £. Dépliants en allemand et en français. ☎ (01722) 332 151; fax (01722) 325 611 ; museum@salisburymuseum.freeserve.co.uk

Royal Gloucestershire, Berkshire and Wiltshire Regiment (Salisbury) Museum – Visite d'avril à octobre tous les jours de 10 h à 17 h (fermé le lundi de novembre à mi-décembre ainsi qu'en février et mars). 2,50 £. ☎ (01722) 414 536 ; www.war-drobe.com

Mompesson House – NT. Visite d'avril à octobre du samedi au mercredi de 12 h à 17 h. 3,40 £ ; jardins seuls : 80 p. Dépliants en allemand, espagnol, français, italien, japonais et néerlandais. ☎ (01722) 335 659 ; fax (01722) 321 559 ; wmpkxr @smtp.ntrust.co.uk

SALTAIRE

Galerie 1853 – Visite de 10 h à 18 h. Fermé les 25 et 26 décembre. Entrée libre. ☎ (01274) 531 163.

Reed Organ and Harmonium Museum – Visite de 11 h à 16 h. Fermé le vendredi et le samedi ainsi qu'en décembre et le 1er janvier. 2 £. Visite guidée possible. ☎ (01274) 585 601 ou (0976) 535 980 ; phil@harmoniumservice.demon.co.uk

SALTRAM House

Manoir et galerie – NT. Visite de fin mars à octobre du dimanche au jeudi et le Vendredi saint de 12 h à 17 h (cuisine à partir de 10 h 30). Billets à heure fixe en période d'affluence. 5,80 £. **Jardins** : visite les mêmes jours de 10 h 30 à 17 h 30 et les week-ends de mars de 11 h à 16 h. 2,90 £. Dépliants en allemand, espagnol, français et néerlandais. Restaurant. ☎ (01752) 336 546 ; fax (01752) 336 474.

SAMLESBURY

Old Hall – Visite de mi-janvier à mi-décembre de 11 h à 16 h 30. Fermé le lundi. 2,50 £. ☎ (01254) 812 010 ; fax (01254) 812 174.

SANDRINGHAM House

Château – ♿ Visite de Pâques à mi-juillet et en août et septembre de 11 h à 16 h 45. Parc : ouvert aux mêmes périodes de 10 h 30 à 17 h. 5,50 £ ; parc et musée seuls : 4,50 £. Brochures en allemand et français. Restaurant. ☎ (01553) 772 675 ; fax (01485) 541 571.

SCARBOROUGH
🛈 Unit 3, Pavilion House, Valley Bridge Road – YO11 1UY – ☎ (01723) 373 333 – Fax (01723) 363 785

Millennium Experience – Visite tous les jours de 10 h à 22 h ; de novembre à mars de 10 h à 16 h le week-end uniquement. Dernière entrée 1 h avant la fermeture. Fermé le 25 décembre. 2,95 £ ; enfants : 2,45 £. ☎ (01723) 501 000 ; fax (01723) 501 000 ; fax (01723) 365 272 ; millennium@scarborough.co.uk ; www.eclipse .oo.uk/scarmill

Sea Life Centre – ♿ Visite de 10 h à 17 h (16 h d'octobre à avril). Fermé le 25 décembre. 5,50 £ ; enfants : 3,95 £. Restaurant. ☎ (01723) 376 125 ; www.sealife.co.uk

Wood End Museum – Visite du dernier lundi de mai à mi-octobre du mardi au dimanche de 10 h à 17 h ; le reste de l'année les mercredis, samedis et dimanches de 11 h à 16 h. Entrée payante. ☎ (01723) 367 326.

Art Gallery – Visite du dernier lundi de mai à mi-octobre du mardi au dimanche de 10 h à 17 h ; le reste de l'année du jeudi au samedi de 11 h à 16 h. Entrée payante. ☎ (01723) 374 753.

Rotonde – Visite du dernier lundi de mai à mi-octobre du mardi au dimanche de 10 h à 17 h ; le reste de l'année le mardi et le week-end de 11 h à 16 h. Entrée payante. ☎ (01723) 374 839.

St Mary's Church – Visite de fin mai à mi-septembre du lundi au vendredi de 10 h (13 h le dimanche) à 16 h ; de mi-avril à mi-mai de 14 h à 16 h 30. Fermé le samedi et de mi-avril à mi-mai le dimanche.

Îles SCILLY
🛈 Old Weslyan Chapel, Well Lane, St Mary – TR21 0JD – ☎ (01720) 442 536 – Fax (01720) 422 049

Accès – Par air : de Penzance à St Mary et à Tresco par hélicoptère (☎ (01736) 363 871) ou par avion (☎ (01720) 422 677). Par navette aérienne de l'aérodrome de Land's End à St Mary (15 mn) : 44 £ ; A/R dans la journée : S'informer des tarifs. ☎ (0345) 105 555 ou (01736) 787 017. Par navette aérienne d'Exeter : ☎ (01736) 787 017. Par bateau : de Penzance à St Mary (4 à 5 h) d'avril à octobre. S'informer des tarifs. ☎ (0345) 105 555 ou (01736) 62009.

Îles SCILLY

St Mary

🅱 Porthcressa Bank – ☎ (01720) 422 536

Musée – Visite de juin à août tous les jours de 7 h 30 à 21 h 30 ; de Pâques à octobre tous les jours de 10 h à 12 h et de 13 h 30 à 16 h 30 ; de novembre à Pâques le mercredi de 14 h à 16 h. 1 £. ☎ (01720) 422 337.

National Lighthouse Centre – Visite de Pâques à octobre de 10 h 30 à 16 h 30. Fermé certains samedis. 2,50 £. Dépliants en allemand, italien et français). ☎ (01736) 360 077.

Cornwall Geology Museum – Réouverture prévue en avril 2001. &. Visite du lundi au vendredi de 10 h à 16 h 30 et le samedi de 10 h à 13 h pendant l'été. 2 £. ☎ (01736) 332 400.

Penlee House Gallery and Museum – NACF. &. Visite du lundi au samedi de 10 h 30 à 16 h 30 ; de mai à septembre de 10 h à 17 h. 2 £. ☎ (01736) 363 625 ; info@penlee-house.demon.co.uk ; www.penleehouse.org.uk

Maritime Museum – Visite de Pâques à octobre du lundi au samedi de 11 h à 16 h. Entrée payante. ☎ (01736) 368 890.

Tresco

Jardins subtropicaux de l'abbaye – Visite de 10 h à 16 h. 6 £. Visite guidée (1 h) sur rendez-vous. ☎ (01720) 424 105 ; www.tresco.co.uk

Courses de petits canaux – D'avril à septembre le mercredi et le vendredi à 20 h. Consultez les panneaux pour s'informer des départs de bateaux afin de suivre la course. steve@scilly.demon.co.uk

Environs

Elsecar – Visite de 10 h à 17 h (modification d'horaire possible en hiver). Centrale électrique : 3,25 £. Living History Centre : 1 £. Site et atelier : entrée libre. ☎ (01226) 740 203.
Earth Centre : Visite guidée sur réservation de mi-juillet à début novembre. S'informer des horaires. 3,50 £. Restaurant. ☎ (01709) 513 933 ; fax (01709) 512 010 ; info@earthcentre.org.uk ; www.earthcentre.org.uk

SCONE Palace

&. Visite du premier vendredi d'avril à fin octobre de 9 h 30 à 17 h 15. Dernière entrée à 16 h 45. Le reste de l'année sur rendez-vous. 5,60 £. Visite guidée sur rendez-vous. Brochures en allemand, espagnol, français, italien, japonais et néerlandais. Restaurants. Labyrinthe. ☎ (01738) 552 300 ; fax (01738) 552 588.

SEATON DELAVAL

Seaton Delaval Hall – Téléphoner pour connaître les heures de visite et les tarifs. ☎ (0191) 237 1493.

SELBOURNE

Maison de Gilbert White – Visite du 1er janvier au 24 décembre tous les jours de 11 h à 17 h. 4 £. ☎ (01420) 511 275.

SELBY

Abbatiale – &. Visite de 9 h à 17 h (16 h d'octobre à mars). Fermé les 26 et 27 décembre. Offrande. Visite guidée (45 mn) sur rendez-vous. ☎ (01757) 703 123 ; fax (01757) 708 878.

SEVENOAKS

Knole – NT. Visite d'avril à octobre du mercredi au samedi de 12 h à 16 h, les dimanches et lundis fériés de 11 h à 17 h. 5 £. Parc : ouvert toute l'année. Jardin : visite de mai à septembre le premier mercredi du mois de 11 h à 16 h (dernière entrée à 15 h). ☎ (01732) 450 608.

SHAFTESBURY

Abbaye – Visite d'avril à octobre de 10 h à 17 h. 1,50 £. Visite guidée. ☎ (01747) 852 910 ; fax (01747) 852 910 ; user@shaftsbury.janet.co.uk

SHEFFIELD
🅱 1 Tudor Square – S1 2 HH – ☎ (0114) 273 4671 – Fax (0114) 272 4225

Cutler's Hall – Visite sur rendez-vous pour groupes uniquement. 3 £. ☎ (0114) 272 8456.

Cathedral of St Peter and St Paul – &. Visite de 7 h 30 (7 h 45 le samedi) à 18 h 30. Offrande. Visite guidée (1 h ; en allemand, espagnol, français et russe) sur rendez-vous. ☎ (0114) 275 3434 ; fax (0114) 278 044 (bedeau principal).

Graves Art Gallery – Visite de 10 h (11 h le dimanche) à 17 h du mardi au samedi et les lundis fériés. Fermé le week-end. Entrée libre. ☎ (0114) 278 2600 ; fax (0114) 275 0957.

Mappin Art Gallery and City Museum – ♿ Visite du mardi au dimanche et les lundis fériés de 10 h (11 h le dimanche) à 17 h. Fermé le 1ᵉʳ janvier et du 24 au 26 décembre. Entrée libre. ☎ (0114) 278 2600 ; info@sheffieldgalleries.org.uk ; www.sheffield-galleries.org.uk

Sheffield Manor – Visite sur rendez-vous uniquement. ☎ (0114) 275 9596.

Bishop's House – Visite le samedi et le dimanche de 10 h (11 h le dimanche) à 16 h 30. Entrée libre. ☎ (0114) 278 2600.

Kelham Island Museum – Visite du lundi au jeudi de 10 h à 16 h et le dimanche de 11 h à 16 h 45. 3,50 £. ☎ (0114) 272 2106 ; fax (0114) 275 7847 ; post-master@simt.co.uk ; wwww.simt.co.uk

SHEFFIELD Park

Jardins – ♿ Visite de mars à début novembre du mardi au dimanche et les lundis fériés de 10 h 30 à 18 h ; de début novembre à décembre du mardi au dimanche de 10 h 30 à 16 h. En janvier et février uniquement le week-end de 10 h à 16 h. Dernière entrée 1 h avant la fermeture. 4,60 £. ☎ (01825) 790 231 ; fax (01825) 791 264 ; www.nationaltrust.org.uk/regions.kentesussex

Bluebell Railway – ♿ Fonctionne tous les jours de mai à septembre et le week-end. A/R : 7,80 £ ; enfants : 3,90 £. Demander horaires détaillés au ☎ (01825) 722 370 (répondeur permanent) ou 723 777 (information). Réservations : ☎ (01825) 722 008 (Golden Arrow Pullman) ; www.bluebell-railway.co.uk

SHERBORNE
🄳 3 Tilton Court, Digby Road – DT9 3NL – ☎ (01935) 815 341 – Fax (01935) 817 210 ; tourism@westdorset-dc.dove.uk

Abbaye – Visite de 8 h 30 à 18 h (16 h en hiver). Entrée libre. Visite guidée sur rendez-vous. Brochures en allemand, espagnol, français, italien, japonais et néerlandais. ☎ (01935) 812 452 ; fax (01935) 812 206 ; abbey@sherborne.netkonect.co.uk

Château – Visite d'avril à octobre les jeudis, samedis, dimanches et lundis fériés de 13 h 30 à 16 h 30 (dernière entrée). Parc ouvert aux mêmes dates tous les jours sauf le mercredi de 12 h 30 à 17 h (dernière entrée). 5 £ ; parc seul : 2,40 £. Dépliants en allemand, espagnol, français, italien et néerlandais. ☎ (01935) 813 182 ; fax (01935) 816 727 ; grahm-rogers@talk21.com ; www.sherbornecastle.com

SHETLANDS Islands
🄳 Market Cross, Lerwick – ☎ (01595) 693 434

Jarlshof – HS. Visite d'avril à septembre de 9 h 30 à 18 h 30. 2,50 £. ☎ (01950) 460 112.

Mousa Broch – HS. Accès payant par bateau (15 mn) à partir de la jetée de Sandwick sur rendez-vous avec le propriétaire. ☎ (01950) 431 367.

SHREWSBURY
🄳 The Music Hall, The Square – SY 1 1LH – ☎ (01743) 350 761 – Fax (01743) 358 780

Abbaye – ♿ Visite de mars à octobre de 9 h 30 à 17 h 30 ; le reste de l'année de 10 h 30 à 15 h. Entrée libre. Visite guidée sur rendez-vous. Dépliants en allemand, espagnol, français, italien, japonais et néerlandais. ☎/fax (01743) 232 723 ; www.vir-tualshropshire.co.uk/shrewsbury-abbey

The Shrewsbury Quest – ♿ Visite d'avril à octobre de 10 h à 18 h 30 ; le reste de l'année de 10 h 30 à 17 h 30. Dernière entrée 1 h 30 avant la fermeture. Fermé le 1ᵉʳ janvier et le 25 décembre. 4,50 £. Restaurant. ☎ (01743) 243 324 ; fax (01743) 244 342.

Shropshire Regimental Museum – ♿ Visite de mars à septembre du mardi au dimanche et les lundis fériés de 10 h à 17 h ; le reste de l'année du mercredi au samedi de 10 h à 16 h. Les heures d'ouverture risquent de changer. S'informer. Fermé du 24 au 26 décembre et le 1ᵉʳ janvier. ☎ (01743) 358 516 et 262 292 ; www.shrop-shireregimental.co.uk

Rowley's House – Visite de Pâques à octobre du mardi au dimanche et les lundis fériés de 10 h à 17 h (16 h le dimanche) ; le reste de l'année du mardi au samedi de 10 h à 16 h. Fermé de mi-décembre à début janvier. Entrée libre. ☎ (01743) 361 196 ; fax (01743) 358 411 ; museums@shrewsbury-atcham-gov.uk

SINGLETON

Weald and Downland Open Air Museum – Visite de mars à octobre tous les jours de 10 h 30 à 18 h ; de novembre à février les mercredis, samedis et dimanches de 10 h 30 à 16 h. Dernière entrée 1 h avant la fermeture. 5,20 £ ; enfants : 2,50 £. Dépliants en allemand, français et néerlandais. ☎ (01243) 811 348 ; fax (01243) 811 475.

SISSINGHURST

Jardin du château – NT. Visite d'avril à mi-octobre du mardi au vendredi de 13 h à 18 h 30, le week-end et le Vendredi saint de 10 h à 17 h 30. Billets à heure fixe : 6,50 £. Restaurant. ☎ (01580) 715 330.

SKEGNESS

Church Farm Museum – Visite d'avril à octobre de 10 h 30 à 17 h 30. Fermé le Vendredi saint. 1,50 £. ☎ (01754) 766 658 ; willsf@lincolnshire.gov.uk

SKIPTON 🛂 9 Sheep Street – ☎ (01756) 792 809

Croisières – En juillet et août à 11 h 30, 13 h 30, 15 h et 16 h 30 ; en mai, juin et septembre à 13 h 30 et 15 h ; en avril et octobre à 13 h 30. 3,50 £ ; enfants : 1,50 £. Pennine Boat Trips : ☎/fax (01756) 790 829 ; www.canaltrips.co.uk

Château – Visite de 10 h (12 h le dimanche) à 18 h (16 h d'octobre à février). Fermé le 25 décembre. 4,20 £. Dépliants en 8 langues. ☎ (01756) 792 442 ; fax (01756) 796 100 ; www.skiptoncastle.co.uk

Craven Museum – ♿ Visite d'avril à septembre de 10 h (14 h le dimanche) à 17 h ; le reste de l'année de 13 h 30 (10 h le samedi) à 17 h (16 h le samedi). Fermé le mardi et d'octobre à mars, le dimanche. Entrée libre. ☎ (01756) 706 407 ; fax (01756) 706 412 ; skirrane@cravendc.gov.uk

Holy Trinity Church – Visite de 10 h à 16 h 30 (au coucher du soleil en hiver). ☎ (01756) 700 773 (en semaine de 9 h 30 à 11 h 30) ; adrian@botwright.nildran.co.uk ; www.bradford.anglican.org/parishes/skipnht.htm

Île de SKYE 🛂 Broadford (d'avril à octobre) – ☎ (01471) 822 361 – Fax (01471) 822 141

Pont – 5,40 £ par voiture (4,40 £ en basse saison).

Skye Museum of Island Life – ♿ Visite d'avril à mi-octobre de 9 h 30 à 17 h 30. Fermé le dimanche. 1,75 £. Visite guidée. ☎/fax (01470) 552 206.

Château de Dunvegan – Visite de fin mars à octobre de 10 h à 17 h 30 ; le reste de l'année de 11 h à 16 h. 5,50 £. Jardins : 3,80 £. Fiches explicatives en plusieurs langues. Restaurant. ☎ (01470) 521 206 ; fax (01470) 521 205 ; info@dunvegan-castle.com ; www.dunvegan.castle.com

Clan Donald Visitor Centre – ♿ Visite de Pâques à octobre de 9 h 30 à 17 h 30. 3,50 £. Visite guidée. Dépliants en allemand, espagnol, français et italien. ☎ (01471) 844 305.

Armadale Castle Gardens and Museum of the Isles – ♿ Visite d'avril à octobre de 9 h 30 à 17 h 30 ou sur rendez-vous. 3,85 £. Dépliants en allemand, espagnol, français et italien. Restaurant. ☎ (01471) 844 305 ; fax (01471) 844 275 ; office@cland.demon.co.uk

SLEDMERE

Sledmere House – ♿ Visite du premier dimanche de mai au dernier dimanche de septembre les lundis fériés, du mardi au vendredi et le dimanche de 11 h 30 à 16 h 30 ; du Vendredi saint au lundi de Pâques et en avril le dimanche uniquement 4,50 £. Parc et jardins seuls : 2 £. ☎ (01377) 236 637 ; fax (01377) 236 500.

SLIMBRIDGE

Wildfowl and Wetlands Trust – ♿ Visite de 9 h 30 à 17 h (16 h en hiver). Fermé le 25 décembre. 5,75 £ ; enfants : 3,25 £. Restaurant. ☎ (01453) 890 333 ; fax (01453) 890 827.

SNOWSHILL

Snowshill Manor – NT. Visite d'avril à octobre du mercredi au dimanche de 11 h (manoir à 12 h) à 17 h 30. Dernière entrée à 16 h 15. Ouvert les lundis fériés et les lundis de juillet et août. Risque d'affluence les dimanches et lundis fériés. 6 £. Chiens non admis. Restaurant. ☎ (01386) 852 410.

SOUDLEY

Forest of Dean Heritage Centre – ♿ Visite d'avril à septembre tous les jours de 10 h à 18 h ; le reste de l'année de 10 h à 16 h. Fermé du 24 au 26 décembre. 3,50 £. Dépliants en allemand, français et néerlandais. ☎ (01594) 822 170 ; deanmuse@btinternet.com

SOUTHAMPTON 🛂 9 Civic Centre Road – ☎ (01703) 221 106

Tudor House – Visite du mardi au samedi de 10 h à 12 h et de 13 h à 17 h (16 h le samedi) et le dimanche de 14 h à 17 h. Horaires variables en hiver. Fermé les jours fériés. Entrée libre. ☎ (02380) 635 904 et 332 513 ; www.southampton.gov.uk/leisure/heritage

St Michael's Church – Visite de Pâques à septembre de 11 h à 13 h (sauf le dimanche) et de 14 h à 16 h 30. ☎ (02380) 330 851.

Maritime Museum – Visite du mardi au vendredi de 10 h à 13 h et de 14 h à 17 h (16 h le samedi) et le dimanche de 14 h à 17 h. Horaires variables en hiver. Fermé les jours fériés. Entrée libre. ☎ (02380) 635 904 et 223 941 ; www.southampton.gov.uk/leisure/heritage

Musée archéologique – Visite du mardi au vendredi de 10 h à 12 h et de 13 h à 17 h (16 h le samedi) et le dimanche de 14 h à 17 h. Horaires variables en hiver. Fermé les jours fériés. Entrée libre. ☎ (02380) 635 904 ; www. southampton. gov.uk/heritage

City Art Gallery – ♿ Visite du mardi au dimanche de 10 h (13 h le dimanche) à 17 h (16 h le dimanche). Entrée libre. Visite guidée possible (s'informer par téléphone). ☎ (02380) 832 277 : artgallery@southampton/gov.uk ; wwww.southampton.gov.uk/leisure/arts

Howard's Way Cruise – ♿ Promenades (2 h) toute l'année sur rendez-vous. 7 £ ; enfants : 4 £. ☎ (02380) 223 278 , fax (02380) 571 471 ; www.bluefunnel.co.uk

SOUTHPORT   🛈 112 Lord Street – ☎ (01704) 533 333

SOUTHWELL

Monastère – ♿ Visite de 8 h à 19 h (à la tombée du jour en hiver). Entrée libre, offrande bienvenue. Visite guidée possible sur rendez-vous. Visitor Centre. ☎ (01636) 812 649 ; fax (01636) 815 904.

SPALDING

Ayscoughfee Hall Museum – Musée et centre touristique – ♿ Visite de mars à octobre tous les jours de 10 h (11 h les dimanches et jours fériés) à 17 h : le reste de l'année du lundi au vendredi aux mêmes heures (ouverture du centre touristique à 9 h). Jardins : ouverts toute l'année de 8 h (10 h le dimanche) à 17 h (ou 30 mn après le coucher du soleil). Fermé le 25 décembre. ☎ (01775) 725 468.

Champs de fleurs – ♿ Visite de fin mars à début mai tous les jours de 10 h à 18 h. Dernière entrée à 17 h. 3,50 £. Restaurant. ☎ (01775) 724 843 ; fax (01775) 711 209.

SPEKE

Speke Hall – NT. Visite de fin mars à fin octobre du mardi au dimanche et les lundis fériés de 13 h à 17 h 30 ; de novembre à mi-décembre uniquement le week-end de 12 h à 16 h 30. Jardins et parc : ouverts de fin mars à fin octobre aux mêmes heures que le manoir, le reste de l'année du mardi au dimanche de 12 h à 16 h. Fermé le 1er janvier, le Vendredi saint et les 24, 25, 26 et 31 décembre. 4,10 £ ; jardins et parc seuls : 1,60 £. Brochure. ☎ (0151) 427 7231 ou (0345) 585 702 (renseignements) ; fax (0151) 427 9860.

SPEY BAY

Tugnet Ice House – ♿ Visite de fin avril à fin septembre de 11 h à 16 h. Entrée libre. ☎ (01309) 673 701.

SPROATLEY

Burton Constable Hall – ♿ Visite de Pâques à octobre du samedi au jeudi de 13 h à 17 h. 4 £. Parc : ouvert de 12 h à 17 h. ☎ (01964) 562 400 ; fax (01964) 563 229 ; burtonconstable@btinternet.com ; www.hypnos.co.uk/bchall

STAINDROP

Raby Castle – Visite en juillet et août du dimanche au vendredi de 13 h à 17 h ; en mai et septembre les mercredis et dimanches de 13 h à 17 h ainsi que les week-ends fériés du lundi au mercredi de 13 h à 17 h. Parc et jardins : ouverts de 11 h à 17 h 30. Billet combiné avec la visite du parc et des jardins : 5 £. Parc et jardins seuls : 3 £. ☎ (01833) 660 207 et 660 835 ; fax (01833) 660 169 ; rabyestate@rabycastle.com ; www.rabycastle.com

STAMFORD   🛈 Arts Centre, 27 St Mary's Street – ☎ (01780) 755 611

Browne's Hospital – Visite de mai à septembre le week-end et les lundis fériés ; le reste de l'année sur rendez-vous. 1,50 £. ☎ (01760) 763 746.

Musée – Visite de 10 h (14 h le dimanche) à 17 h. Fermé le dimanche d'octobre à mars, les 25 et 26 décembre et le 1er janvier. Entrée libre. ☎ (01780) 766 317 ; fax (01780) 480 363 ; traceycrawley@lincolnshire.gov.uk

Burghley House – Visite de Pâques à début octobre de 11 h à 17 h. Fermé le 5 septembre. 5,85 £. Visite guidée (1 h 30). Restaurant. ☎ (01780) 752 451; fax (01780) 480 125 ; burghley@burghley.co.uk ; www.burghley.co.uk

STANBURY

Ponden Mill – Visite de 9 h 30 à 17 h 30 (le dimanche de 11 h à 17 h). Entrée libre.
☎ (01535) 643 500.

STEEPLE CLAYDON

Claydon House – NT. Visite de fin mars à octobre du samedi au mercredi et les lundis
fériés de 13 h à 17 h. 4,20 £. Dépliants en allemand, espagnol et français. ☎ (01296)
730 349.

STIRLING

🖪 Dumbarton Road – ☎ (01786) 475 019 – Fax (01786) 450 039
🖪 Stirling Castle Esplanade – ☎ (01786) 479 901
🖪 (de mars à novembre) Aire de service (échangeur 9, M 9) – ☎ (01786) 814 111

Château – HS. Visite de 9 h 30 à 18 h (17 h d'octobre à mars). Dernière entrée 45 mn
avant la fermeture. Visite guidée possible. Billet combiné avec Argyll's Lodging : 6 £.
☎ (01786) 450 000.

Argyll and Sutherland Highlanders Regimental Museum – Visite de Pâques à septembre du lundi au samedi de 10 h à 17 h 45, le dimanche de 11 h à 16 h 45 ; le
reste de l'année tous les jours de 10 h à 16 h 15. Offrande. ☎ (01786) 475 165 ;
www.argylls.co.uk

Argyll's Lodging – HS. Visite de 9 h 30 à 18 h (17 h d'octobre à mars). Dernière
entrée 45 mn avant la fermeture. 2,80 £ ; billet combiné avec le château : 4,50 £.
☎ (01786) 450 000.

Église du Holy Rude – Visite de mai à septembre les jours ouvrables de 10 h à 17 h.
☎ (01786) 475 275 ; www.stir.ac.uk/town/facilities/holyrude/index.html

Old Town Jail – Visite de 9 h 30 à 18 h (16 h d'octobre à mars). Fermé le 1ᵉʳ janvier
et les 25 et 26 décembre. 3,30 £. Visites guidées en allemand, espagnol, français et
italien. ☎ (01786) 450 050.

National Wallace Monument – Visite en juillet et août tous les jours de 9 h 30 à
18 h 30 ; en juin et septembre tous les jours de 10 h à 18 h ; de mars à mai et en
octobre tous les jours de 10 h à 17 h ; de novembre à février du lundi au vendredi
de 10 h 30 à 16 h. Les horaires de fermeture peuvent être modifiés en fonction des
conditions atmosphériques. 3,30 £ ; enfants : 2,30 £. ☎ (01786) 472 140.

STOKE BRUERNE

Canal Museum – Visite de 10 h à 17 h (16 h en hiver). Fermé le lundi en hiver et
les 25 et 26 décembre. 3 £. ☎ (01604) 862 229 ; britishwaterways@sosb.glo-
balnet.co.uk ; www.britishwaterways.co.uk

Grotte du dieu de la rivière

STONEHAVEN

Dunnottar Castle – Visite de Pâques à octobre tous les jours de 9 h (14 h le dimanche) à 18 h (17 h le dimanche) ; le reste de l'année du lundi au vendredi de 9 h au coucher du soleil. 3,50 £. ☎ (01569) 762 173.

STONEHENGE

🖪 Redworth House, Amesbury – SP4 7 HG – ☎ (01980) 622 833 – Fax (01980) 652 541

EH. ⚿ Visite de juin à août de 9 h à 19 h ; de mi-mars à mai et de septembre à mi-mars de 9 h 30 à 18 h (17 h de mi-octobre à fin octobre ; 16 h de fin octobre à mi-mars). Fermé du 24 au 26 décembre. 4 £. Audioguides en 9 langues. ☎ (01980) 624 715.

STOURHEAD

🖪 The Square, Mere – BA12 6JJ – ☎ (01747) 861 211 – Fax (01747) 861 127

Jardin – NT. ⚿ Visite de 9 h à 19 h ou au coucher du soleil (16 h du 19 au 21 juillet). De novembre à février : 3,70 £. Château : visite d'avril à octobre du samedi au mercredi de 12 h à 17 h 30. Jardin ou château seul : 4,80 £ ; billet combiné : 8,50 £. ☎ (01747) 841 152 ; (09001) 335 205 (renseignements).

Château – Visite d'avril à octobre du samedi au mercredi de 12 h à 17 h 30. 4,80 £ ; billet combiné avec le jardin : 8,50 £. ☎ (01747) 841 152.

King Alfred's Tower – NT. Visite de fin mars à octobre de 14 h (11 h 30 le week-end et les lundis fériés) à 17 h 30 ou au coucher du soleil. Fermé le lundi (sauf férié). 1,50 £.

STOWE School

Stowe Gardens – NT. Jardins : visite d'avril à octobre tous les jours sauf le lundi (et le mardi en avril, juin, septembre et octobre) de 10 h à 17 h 30 (dernière entrée à 16 h) ; du 2 au 23 décembre visite du mercredi au dimanche de 10 h à 16 h (dernière entrée à 15 h). Ouvert les lundis fériés. Fermé le 27 mai. 4,60 £. ☎ (01280) 822 850 ou (01494) 755 568 (répondeur) ; fax (01280) 822 437 ; tstm@smtp.ntrust.org.uk

STRATFORD-UPON-AVON

🖪 Bridgefoot – ☎ (01789) 293 127

Shakespeare's Birthplace – ⚿ Visite de mi-mars à mi-octobre de 9 h (9 h 30 le dimanche) à 17 h ; le reste de l'année de 9 h 30 (10 h le dimanche) à 16 h. Fermé le 25 décembre. Billet combiné pour 3 propriétés de Shakespeare : 8,50 £, pour 5 sites : 12 £. Brochures en allemand, français et japonais. ☎ (01789) 204 016 ; info@shakespeare.org.uk ; www.shakespeare.org.uk

Harvard House – Visite de mai à octobre du mardi au samedi et les lundis fériés de 10 h (10 h 30 le dimanche) à 16 h 30. Offrande. ☎ (01789) 204 016.

Nash's House – Visite de mi-mars à mi-octobre de 9 h 30 (10 h le dimanche) à 17 h ; le reste de l'année de 10 h (10 h 30 le dimanche) à 16 h. 3 £. Billet combiné pour 3 propriétés de Shakespeare : 8,50 £ ; pour 5 sites : 12 £. ☎ (01789) 204 016 ; info@shakespeare.org.uk ; www.shakespeare.org.uk

Hall's Croft – Visite de mi-mars à mi-octobre de 9 h 30 (10 h le dimanche) à 17 h ; le reste de l'année de 10 h (10 h 30 le dimanche) à 16 h. Fermé le 25 décembre. 3 £. Billet combiné pour 3 propriétés de Shakespeare : 8,50 £ ; pour 5 sites : 12 £. Brochures en allemand, français, italien et japonais. ☎ (01789) 204 016 ; info@shakespeare.org.uk ; wwww.shakespeare.org.uk

Chapelle de la Guilde de la Sainte-Croix – Visite de 10 h 30 à 17 h. Entrée libre. ☎ (01789) 204 671 ; fax (01789) 297 072.

Holy Trinity Church – Visite de 8 h 30 (9 h de novembre à février) à 18 h (16 h de novembre à février), le dimanche de 14 h à 17 h. Risque de fermeture en cas d'offices spéciaux. 1 £. Dépliants en 17 langues. ☎ (01789) 266 316 ; www.stratford-upon-avon.org

Royal Shakespeare Theatre – Visite guidée (1 h) du théâtre, du Swan Theatre et de la collection de la compagnie du lundi au vendredi toute l'année à 13 h 30 et 17 h 30 (sauf lors de spectacles donnés en matinée), le dimanche d'avril à octobre à 12 h 30, 13 h 45, 14 h 45 et 15 h 45, de novembre à mars à 11 h 30, 12 h 30, 13 h 45 et 14 h 45. Réservation indispensable. Fermé les 24 et 25 décembre. 4 £. Royal Shakespeare Company Collection : visite d'avril à octobre du lundi au samedi de 9 h 15 à la fin de l'entracte du Swan Theatre (le dimanche de 12 h à 16 h 30) ; le reste de l'année tous les jours de 11 h à 16 h. 1,50 £. ☎ (01789) 403 405.

Anne Hathaway's Cottage – Visite de mi-mars à mi-octobre de 9 h (9 h 30 le dimanche) à 17 h ; le reste de l'année de 9 h 30 (10 h le dimanche) à 16 h. Fermé du 23 au 26 décembre. Billet combiné pour 3 propriétés de Shakespeare : 8,50 £ ; pour 5 sites : 12 £. Brochures en allemand, français et japonais. ☎ (01789) 204 016 ; info@shakespeare.org.uk ; www.shakespeare.org.uk

SUDBURY (Derbyshire)

Sudbury Hall – NT. Visite d'avril à octobre de 13 h à 17 h 30 ; le week-end ainsi qu'en juillet et août de 12 h 30 à 17 h. Fermé le lundi (sauf férié) et le mardi. 3,70 £ ; billet combiné avec le musée : 5,90 £. Visite guidée (2 h) sur accord préalable. ☎ (01283) 585 305 ; fax (01283) 585 139.

Musée – Visite aux mêmes horaires que le manoir.

SUDBURY (Suffolk)

Gainsborough's House – Visite de 10 h (14 h les dimanches et jours fériés) à 17 h (16 h de novembre à mars). Fermé le lundi (sauf férié), le Vendredi saint et du 24 décembre au 1er janvier. 3 £. Visite guidée sur demande. Brochures en allemand et en français. ☎ (01787) 372 958 ; fax (01787) 376 991 ; mail@gainsborough.org ; www.gainsborough.org

SULGRAVE

Sulgrave Manor – ♿ Visite guidée uniquement d'avril à octobre du jeudi au mardi de 14 h à 17 h 30 ; de mars à décembre uniquement le week-end et du 27 au 31 décembre de 10 h 30 à 13 h et de 14 h à 16 h 30. Fermé en janvier et du 23 au 26 décembre. 4 £. Manifestations spéciales : 4,50 £. ☎ (01295) 760 205 ; fax (01295) 768 056 ; sulgrave-manor@talk21.com

SUNDERLAND

St Peter's Church – ♿ Visite de Pâques à octobre du mardi au samedi de 14 h à 16 h 30. ☎ (0191) 516 0135.

St Andrew's Church – Visite du lundi au vendredi de 9 h à 13 h. Offrande. Visite guidée sur rendez-vous. ☎ (0191) 516 0135 (administrateur de la paroisse).

National Glass Centre – Visite tous les jours de 10 h à 17 h (19 h à 21 h 30 du vendredi au samedi). Fermé le 25 décembre. 3,50 £. Restaurant. ☎ (0191) 515 5555 ; fax (0191) 515 5556 ; www.nationalglasscentre.com

SUTTON CHEYNEY

Bosworth Battlefield Visitor Centre – ♿ Visite d'avril à octobre de 11 h à 17 h (18 h les week-ends et les jours fériés). 3 £. Promenades guidées. Manifestations spéciales. ☎ (01455) 290 429 ; fax (01455) 292 841.

SUTTON-ON-THE-FOREST

Sutton Park – Château : visite de début avril à septembre de 13 h 30 à 17 h. Parc : ouvert à la même période de 11 h à 17 h 30. ☎ (01347) 810 239 ou 810 249.

SWANSEA

🚹 Singleton Street – ☎ (01792) 468 321
🚹 (en saison) Oystermouth Square, Mumbles – ☎ (01792) 361 302

Glynn Vivian Art Gallery – ♿ Visite de 10 h à 17 h. Fermé le lundi (sauf férié). Entrée libre. ☎ (01792) 651 738 ou 655 006 ; fax (01792) 651 713.

Maritime and Industrial Museum – ♿ Visite de 10 h à 17 h. Vaisseaux historiques et hangar à tramways : visite d'avril à septembre. Fermé le lundi (sauf férié), les 1er janvier, 25 et 26 décembre. Entrée libre. ☎ (01792) 650 351 ou 470 371 ou 470 371 ; swansea.maritime.museum@business.ntl.com ; www.swansea.gov.uk

T

TADCASTER

Samuel Smith Old Brewery – Visite guidée (1 h environ) sur inscription préalable de mi-janvier à mi-décembre du lundi au jeudi à 11 h, 14 h et 19 h. Fermé les jours fériés. Billet à heure fixe uniquement : 4 £. ☎ (01937) 839 201.

TANFIELD Railway

♿ Visite toute l'année de 10 h à 17 h (16 h d'octobre à mars). Entrée gratuite. Le train circule tous les dimanches, les week-ends incluant un jour férié, le Vendredi saint, les jeudis et samedis des vacances d'été (dernière semaine de juillet à fin août), et les samedis et dimanches de décembre (réservation indispensable) de 11 h à 16 h à raison de 6 à 7 départs par jour. 3 £. ☎ (0191) 274 2002.

TATTERSHALL

Château – NT. Visite de fin mars à octobre du samedi au mercredi de 10 h 30 à 17 h 30 ; de novembre à mi-décembre uniquement le week-end de 12 h à 16 h. Fermé le Vendredi saint. 3 £. ☎ (01526) 342 543.

🛈 Paul Street – TA1 3XZ – ☎ (01823) 336 344 – Fax (01823) 340 308

Somerset Cricket Museum – Visite d'avril à novembre du lundi au vendredi de 10 h à 16 h. ☎ (01823) 275 893.

Somerset County Museum – Visite du mardi au samedi et les lundis fériés de 10 h à 17 h (15 h de novembre à Pâques). Fermé le 1er janvier, le Vendredi saint, et les 25 et 26 décembre. 2,50 £. ☎ (01823) 320 200 ; fax (01823) 320 229 ; county-museums@somerset.gov.uk ; www.somerset.gov.uk/museums

St Mary Magdalene Church – Visite du lundi au vendredi de 8 h 30 à 15 h 15 et le samedi de 9 h à 16 h.

🛈 The Croft – ☎ (01834) 842 402

Tudor Merchant's House – NT. Visite d'avril à septembre de 10 h (13 h le dimanche) à 17 h ; en octobre de 10 h (12 h le dimanche) à 15 h. Fermé le mercredi d'avril à septembre et le mercredi et le samedi en octobre. 1,80 £. ☎ (01834) 842 279 (en saison) ou (01558) 822 800 (heures de bureau).

St Clement's Church – Si l'église est fermée, demander la clé (consultez le panneau d'affichage). ☎ (01553) 827 363.

🛈 64 Barton Street – ☎ (01684) 295 027

Abbaye – ♿ Visite de 7 h 30 à 17 h 30. Offrande : 2 £. Vêpres du lundi au jeudi à 17 h. Visite guidée (2 £). Dépliants en allemand, espagnol, français, italien et japonais. ☎ (01684) 850 959 ; fax (01684) 273 113 ; office@tewkesburyabbey.org.uk ; www.tewkesburyabbey.org.uk

Château d'Arthur – EH. Visite de 10 h à 18 h (20 h en juillet et août, 16 h de novembre à mars, 17 h en octobre). Fermé du 24 au 26 décembre et le 1er janvier. 2,90 £ ; enfants : 1,50 £. ☎ (01840) 770 328.

Vieux bureau de poste – NT. Visite de fin mars à fin octobre de 11 h à 17 h 30 (16 h en octobre). 2,20 £. ☎ (01840) 770 024 (aux heures d'ouverture de la poste).

Abbaye – CADW. Visite de 9 h 30 (11 h le dimanche de fin octobre à mars) à 17 h (18 h de juin à septembre, 16 h de fin octobre à mars). Fermé le 1er janvier et du 24 au 26 décembre. 2,40 £. ☎ (01291) 689 251.

Knightshayes Court – Visite d'avril à octobre du samedi au jeudi de 13 h 30 (11 h pour le parc) à 18 h.

Castell Coch – Visite de 9 h 30 (11 h le dimanche de fin octobre à fin mars) à 18 h 30 (17 h de fin mars à fin mai, 16 h de fin octobre à fin mars). Fermé le 1er janvier et du 24 au 26 décembre. 2,50 £. ☎ (029) 2088 3143.

Télésiège vers le massif du Ben Nevis – ♿ Selon les conditions météorologiques, fonctionne de 10 h à 17 h (plus tôt et plus tard en juillet et août). A/R : 6,75 £ ; enfants : 4,15 £. Restaurant. ☎ (01397) 705 825 ; fax (01397) 705 854 ; nevis-range@sol.co.uk ; www.nevis-range.co.uk

Cairnpapple Hill – HS. Visite d'avril à septembre de 9 h 30 à 18 h 30. 1,50 £. ☎ (01506) 634 622.

Kents Cavern – ♿ Visite guidée (45 mn) de 10 h (9 h 45 en juillet et août) à 17 h ; de mi-juin à début septembre de 18 h 30 à 21 h. Dernière visite à 17 h en juillet et août, à 16 h d'octobre à mars. Fermé le 25 décembre. 4,75 £ pendant la journée ; enfants : 3 £. Téléphoner pour connaître les tarifs en soirée. Brochures en allemand et en français. ☎ (01803) 215 136.

Torre Abbey – NACF. Visite d'avril à octobre tous les jours de 9 h 30 à 18 h ; de novembre à mars sur rendez-vous du lundi au vendredi de 10 h à 17 h. 3 £. Visite guidée (1 h) sur rendez-vous. Dépliant en espagnol. ☎ (01803) 293 593 ; fax (01803) 215 948.

TORRIDON

Centre d'information régional – NTS. Ouvert de mai à septembre de 10 h (14 h le dimanche) à 17 h. 1,50 £. ☎ (01445) 791 221 ; fax (01445) 791 378.

TOTNES
🅱 The Plains –TQ 5EJ – ☎ (01803) 863 168 – Fax (01803) 865 771

Elizabethan Museum – Visite de fin-mars à octobre du lundi au vendredi et les lundis fériés de 10 h 30 à 17 h. 1,50 £. Visite guidée (45 mn) sur rendez-vous. ☎ (01803) 863 821.

Guildhall – Visite d'avril à octobre de 10 h 30 à 16 h 30. Fermé les week-ends et certains jours fériés. 1 £. Visite guidée (20 mn). Brochures en allemand, espagnol, français, italien et néerlandais. ☎ (01803) 862 147 ; fax (01803) 864 275.

Château – EH. Visite d'avril à octobre tous les jours de 10 h à 18 h (17 h ou au coucher du soleil en octobre) ; le reste de l'année du mercredi au dimanche de 10 h à 13 h et de 14 h à 16 h. Fermé les 25 et 26 décembre. 1,60 £. ☎ (01803) 864 406.

Devonshire Collection of Period Costume – Visite de fin mai à septembre de 11 h à 17 h. Fermé le week-end. 1,75 £ ; enfants : 75 p. ☎ (01803) 862 857.

British Photographic Museum – Visite le lundi de Pâques et de fin mai à fin septembre du lundi au vendredi ainsi que les dimanches fériés de 12 h à 17 h. 4,95 £. Visite guidée à 14 h, 15 h et 16 h. ☎ (01803) 863 664.

Darlington Hall – Visite du lever au coucher du soleil. Donation (2 £). ☎ (01803) 866 688.

TRENGWAINTON

Jardin – NT. Visite de février à octobre de 10 h 30 à 17 h 30 (17 h en février, mars et en octobre). Fermé les vendredis (sauf le Vendredi saint) et samedis. 3,50 £. ☎ (01736) 362 297 (aux heures d'ouverture) ; fax (01736) 368 142.

TRURO
🅱 Municipal Buildings, Boscawen Street – TRI 2NE – ☎ (01872) 274 555

Royal Cornwall Museum – NACF. Visite de 10 h à 17 h. Fermé les dimanches et jours fériés. 3 £. Visite guidée (1 h). Brochures en allemand, espagnol, français et néerlandais. Courtney Library : visite les mêmes jours de 10 h à 13 h et de 14 h à 17 h. ☎ (01872) 272 205 ; fax (01872) 240 514 ; enquiries@royal-cornwall-museum.freeserve.co.uk ; www.royalcornwallmuseum.org.uk

Probus County Demonstration Garden – ♿ Visite de Pâques à septembre de 9 h 30 à 17 h ; le reste de l'année du lundi au vendredi de 9 h 30 à 16 h. 2,50 £. Visite guidée (1 h 30) sur rendez-vous. ☎ (01726) 882 597 ; fax (01726) 883 868 ; www.probusgardens.org.uk

TUGNET

Ice House – Visite de début mai à fin septembre de 11 h à 16 h. Entrée libre. ☎ (01309) 673 701.

U – V – W

ULLAPOOL
🅱 Car Ferry Terminal – ☎ (01854) 622 200

Promenades aux Summer Isles – D'avril à octobre de 10 h 30 à 16 h 15 selon les conditions atmosphériques. S'informer auprès de Summer Isles Cruises : ☎ (01854) 612 472 et à l'Office de tourisme.

UPTON House

Château – NT. Visite d'avril à octobre de 14 h à 18 h. Fermé le jeudi et le vendredi. 5 £ avec accès au parc ; jardin seul : 2,50 £. ☎ (01295) 670 266.

Parc – Ouvert aux mêmes horaires que le château. 2,40 £.

WADDESDON

Waddeston Manor – NT. ♿ Manoir : visite d'avril à fin octobre du jeudi au dimanche et les lundis fériés (ainsi que les mercredis en juillet et août) de 11 h à 16 h. Domaine et volière : visite de mars à fin décembre du mercredi au dimanche et les lundis fériés de 10 h à 17 h. Manoir et domaine : 10 £. Domaine seul : 3 £. Restaurant. ☎ (01296) 653 211 ou 653 226 (réservations) ; www.waddeston.org.uk

Parc et volière – Visite de mars à fin décembre du mercredi au dimanche et les lundis fériés de 10 h à 17 h. 3 £.

WALESBY

World of Robin Hood – Visite de mi-février à octobre de 10 h 30 à 16 h. Téléphoner pour connaître les heures d'ouverture le reste de l'année. 4,95 £ ; enfants : 3,95 £. Restaurant. ☎ (01623) 860 210 ; fax (01623) 836 003.

WALPOLE ST PETER

St Peter's Church – Visite de 9 h 30 à 16 h. Offrande.

WALSOKEN

All Saints' Church – Visite chaque samedi. Sinon, demander la clé au presbytère, Church Road, ou à Whyte Lodge, Grimmers Road. ☎/fax (01945) 583 740 ; RevJackDavis@compuserve.com

WARKWORTH

Castle – EH. ♿ Visite d'avril à septembre de 10 h à 18 h (17 h en octobre), de novembre à mars de 10 h à 13 h et de 14 h à 16 h. Fermé du 24 au 26 décembre. 2,40 £. ☎ (01665) 711 423.

Hermitage – Visite d'avril à septembre les mercredis, dimanches et jours fériés de 11 h à 17 h. 1,60 £. Accès par bateau : téléphoner au château (ci-dessus).

WARWICK

🛈 The Court House, Jury Street – CV34 4EW – ☎ (01926) 492 212 – Fax (01926) 494 837

Château – Visite de 10 h à 18 h (17 h de novembre à mars). Fermé le 25 décembre. 10,95 £. Brochures en allemand, espagnol, français, italien et japonais. Audioguide en allemand et en français. Restaurants. ☎ (01926) 406 600 (information) ; fax (01926) 401 692 ; customer-information@warwick-castle.com ; www.warwick-castle.co.uk

Lord Leycester Hospital – Visite de 10 h à 17 h (16 h d'octobre à mars). Fermé le lundi, le Vendredi saint et le 25 décembre. 3 £. Brochures en allemand et en français. ☎ (01926) 492 797.

Collegiate Church of St Mary – Visite de 10 h à 18 h (16 h en hiver). ☎ (01926) 403 940.

WASHINGTON

Washington Old Hall – NT. Visite le Vendredi saint et d'avril à octobre du dimanche au mercredi de 11 h à 17 h. 2,80 £. ☎ (0191) 416 6879 ; nwohal@smtp.ntrust .org.uk ; www.ntnorth.demon.co.uk

WELLS

🛈 Town Hall, Market Place – BA5 2RB – ☎ (01749) 672 552 – Fax (01749) 670 869

Musée – Visite de mi-juillet à mi-septembre tous les jours de 10 h à 20 h ; d'avril à juin et en septembre et octobre tous les jours de 10 h à 17 h 30 ; de novembre à mars de 11 h à 16 h. Fermé le mardi de novembre à mars ainsi que les 24 et 25 décembre. ☎ (01749) 673 477.

Cathédrale – Visite de 9 h à 20 h 30 (19 h au printemps, 18 h en hiver). Offrande suggérée : 1,50 £. Dépliants en allemand et en français. ☎ (01749) 674 483.

Bishop's Palace – Visite d'avril à octobre les dimanches et lundis fériés ainsi que du mardi au vendredi de 10 h (14 h le dimanche) à 17 h ; en août le samedi aux mêmes heures lorsqu'il n'y a pas de mariage. 3,50 £. ☎ (01749) 678 691.

Grottes de Wookey Hole – Visite de 10 h (10 h 30 de novembre à février) à 17 h (16 h 30 de novembre à février). Fermé du 17 au 25 décembre. 6,70 £. Visite guidée (2 h) des grottes et de la papeterie. 7,20 £. Dépliants en allemand, espagnol, français et italien. Restaurant. ☎ (01749) 672 243 ; fax (01749) 677 749 ; witch@wookeyhole.demon.co.uk ; www.wookey.co.uk

WELSHPOOL

Powis Castle – NT. Château : visite en juillet et août du mardi au dimanche de 13 h à 17 h ; d'avril à juin et de septembre à novembre du mercredi au dimanche de 13 h à 17 h. Château et jardins : 7,50 £. Visite guidée sur rendez-vous uniquement. Brochures en allemand, espagnol, français et néerlandais. ☎ (01938) 554 338. Jardins : ouverts les mêmes jours que le château de 11 h à 18 h. 5 £.

WEST BRETTON

Yorkshire Sculpture Park – Visite de 10 h à 18 h (16 h l'hiver). Fermé les 24 et 25 décembre. Entrée libre. ☎ (01924) 830 302 (renseignements) ; fax (01924) 830 044.

WEST WALTON

St Mary's Church – Visite de 9 h 30 à 15 h 30. En cas de fermeture, demander les clés aux adresses signalées sur le panneau d'affichage apposé à la porte. Visite guidée possible pour les groupes sur accord préalable. ☎ (01945) 583 667 ; stmarype14@aol.com ; www.ely.anglican.org/parishes/westwalton

Lewis and Harris

Arnol Black House – HS. ♿ Visite de 9 h 30 à 18 h 30 (16 h 30 d'octobre à mars). Fermé le dimanche ainsi que, d'octobre à mars, le vendredi. 2,50 £. ☎ (01851) 710 395.

Barra

Accès – À partir de South Uist par ferry (réservations au ☎ (0990) 650 000) ou par bac pour piétons (Caledonian McBrayne : ☎ (01878) 720 238 ou 720 265). À partir de Glasgow par avion du lundi au samedi (☎ (0345) 222 111).

WESTERHAM

Chartwell – NT. ♿ Visite d'avril à octobre du mercredi au dimanche de 11 h à 17 h et en juillet et août du mardi au dimanche et les lundis fériés. Dernière entrée à 16 h 45. 5,50 £ ; jardin et studio seuls : 2,75 £. Restaurant. ☎ (01732) 750 368 ; fax (01732) 868 193.

Quebec House – NT. Visite d'avril à octobre le mardi et le dimanche de 14 h à 18 h. Dernière entrée à 17 h 30. 2,50 £. Dépliant en français. ☎ (01892) 890 651.

WESTON-UNDER-LIZARD

Weston Park – ♿ Manoir : visite en juillet et août tous les jours de 11 h à 19 h ainsi que le week-end de Pâques et tous les week-ends en mai, juin et septembre (jusqu'au 17 septembre). 5,50 £, parc inclus. ☎ (01952) 850 207. Parc et jardins : ouverts les mêmes jours que le manoir de 13 h à 16 h 30. 4 £. Restaurant. ☎ (01952) 852 100 ; fax (01952) 850 430 ; www.weston-park.com

WESTONBIRT

Arboretum – ♿ Visite de 10 h à 20 h ou au coucher du soleil. Visitor Centre : ouvert toute l'année sauf la semaine de Noël. 4,50 £. ☎ (01666) 880 220.

WHITBY
🛈 Langborne Road – YO21 1YN – ☎ (01947) 602 674 – Fax (01947) 606 137

Whitby Abbey – EH. Visite de 10 h à 18 h (17 h en octobre, 16 h de novembre à mars). Fermé du 24 au 26 décembre. 1,70 £. ☎ (01947) 603 568.

St Mary's Church – Visite de juin à septembre de 10 h à 17 h (12 h d'octobre à mars, 15 h de mars à mai). Offrande (1 £). ☎ (01947) 603 421.

Captain Cook Memorial Museum – Visite d'avril à octobre de 9 h 45 à 17 h ; en mars le week-end uniquement de 11 h à 15 h. 2,80 £. ☎/fax (01947) 601 900 ; captcookmuseumwhitby@ukgateway.net ; www.cookmuseumwhitby.co.uk

The Heartbeat Story – Visite de Pâques à octobre de 11 h à 17 h. ☎ (01947) 896 483.

WHITEKIRK

Tantallon Castle – HS. Visite d'avril à septembre tous les jours de 9 h 30 à 18 h 30 ; d'octobre à mars du samedi au jeudi de 9 h 30 (14 h le dimanche) à 16 h 30 (12 h le jeudi). 2,50 £. ☎ (01620) 892 727.

WHITKIRK

Temple Newsam – ♿ Visite d'avril à octobre du mardi au dimanche et les lundis fériés de 10 h (13 h le dimanche) à 17 h ; le reste de l'année du mardi au dimanche de 10 h (12 h le dimanche) à 16 h. Dernière entrée à 15 h 15. 2 £. ☎ (0113) 264 7321 ; fax (0113) 260 2285.

WICK
🛈 Whitechapel Road – ☎ (01955) 602 596 – Fax (01995) 604 940

Wick Heritage Centre – Visite de juin à mi-septembre de 10 h à 17 h. Fermé le dimanche. 2 £. Brochures en allemand, danois, espagnol, français, italien, néerlandais et norvégien. ☎ (01955) 603 385.

WIGAN

Wigan Pier – ♿ Visite de 10 h (11 h le week-end) à 17 h. Fermé le vendredi, les 25 et 26 décembre et le 1ᵉʳ janvier. 6,95 £. ☎ (01942) 323 666 ; fax (01942) 701 927.

Île de WIGHT
🛈 The Arcade, Fountain Quay, Cowes – ☎ (01983) 291 914 – Fax (01983) 280 078
🛈 81-83 Union Street, Ryde – ☎ (01983) 562 905/867 979 – Fax (01983) 567 610
🛈 8 High Street, Sandown – ☎ (01983) 404 886

Arreton

Manoir – Visite d'avril à octobre de 10 h (12 h le dimanche) à 18 h. Fermé le samedi. 3 £. ☎ (01983) 528 134.

Brading

Villa romaine – Visite d'avril à octobre de 9 h 30 à 17 h ; le reste de l'année sur rendez-vous. 2,50 £. Visite guidée sur rendez-vous. ☏ (01983) 406 223.

Wax Museum – Visite à partir de 10 h. 4,50 £ ; enfants : 4,75 £. S'informer des horaires. ☏ (01983) 407 286 ; fax (01983) 402 112.

Nunwell House – Visite de juillet à septembre du lundi au mercredi de 13 h à 17 h ainsi que les dimanches et lundis fériés de printemps aux mêmes heures. 4 £. Visite guidée (1 h) à 13 h 30, 14 h 30 et 15 h 30. Brochure en allemand. ☏ (01983) 407 240.

Brighstone

Dinosaur Farm Museum – Visite en juillet et août les mardis, jeudis, vendredis et dimanches de 10 h à 17 h ; de Pâques à septembre les jeudis et dimanches de 10 h à 17 h. 2 £ ; enfants : 1 £. Participation à la recherche de fossiles avec billets à heure fixe : 3,50 £ ; enfants : 2,50 £. ☏ (01983) 740 401 et (07970) 626 456 ; www.wightonline.uk.co/dinosaurfarm

Carisbrooke

Château – EH. Visite de 10 h à 18 h (17 h ou au coucher du soleil en octobre, 16 h de novembre à mars). Fermé du 24 au 26 décembre. 4,50 £. Visite guidée : 1£. ☏ (01983) 522 107.

Godshill

All Saints Church – Visite de 9 h (12 h 15 le dimanche) à 17 h (coucher du soleil de novembre à mars). ☏ (01983) 840 895.

Osborne House

EH. Visite d'avril à octobre tous les jours de 10 h à 18 h (17 h en octobre, dernière entrée à 16 h) ; en février et mars et de novembre à mi-décembre les lundis, mercredis, jeudis et dimanches de 10 h à 14 h (visite guidée uniquement, sur réservation). 6,90 £ (accès au parc compris) en été ; 5 £ en hiver ; parc seul (avril à octobre) : 3,50 £. ☏ (01983) 200 022.

Abbaye de Quarr

Abbatiale – Visite de Pâques à octobre de l'aube à 20 h 45. Entrée libre. ☏ (01983) 882 420.

Sandown

Museum of Isle of Wight Geology – Visite de 9 h 30 à 17 h 30 (16 h 30 le samedi). Fermé le dimanche et les 25 et 26 décembre. Entrée libre. ☏ (01983) 404 344.

Yarmouth

Château – EH. Visite d'avril à octobre de 10 h à 18 h. 2,10 £. ☏ (01983) 760 678.

WILLENHALL

The Lock Museum – ♿ Visite de 11 h à 17 h. Dernière entrée à 16 h. Fermé le lundi, le vendredi et le dimanche ainsi que du 24 au 26 décembre. 2 £. ☏/fax (01902) 634 542 ; http://members.tripod.co.uk/lock-museum

WILMCOTE

Mary Arden's House – Visite de mi-mars à mi-octobre de 9 h 30 (10 h le dimanche) à 17 h ; le reste de l'année de 10 h (10 h 30 le dimanche) à 16 h. Fermé le 25 décembre. Billet combiné pour 3 propriétés de Shakespeare : 8,50 £, pour 5 sites : 12 £. Brochures en allemand, français et japonais. ☏ (01789) 204 016 ; info@shakespeare.org.uk ; www.shakespeare.org.uk

WILMSLOW

Quarry Bank Mill – ♿ Visite d'avril à septembre tous les jours de 11 h à 18 h ; le reste de l'année du mardi au dimanche de 11 h à 17 h. Dernière entrée 1 h 30 avant la fermeture. 4,80 £ ; billet combiné avec la maison des apprentis : 6 £.

Apprentice House : visite en août aux mêmes heures que la filature ; d'avril à septembre du mardi au vendredi et les lundis fériés de 14 h à 17 h, les week-ends, pendant les vacances de Pâques (2 semaines) et en août aux mêmes heures que la filature ; le reste de l'année du mardi au vendredi de 14 h à 16 h 30 et du 26 décembre au 5 janvier aux mêmes heures que la filature. 3,80 £. ☏ (01625) 527 468 ; enquiries@quarrybankmill.org.uk ; www.quarrybankmill.org.uk

WILTON House

Visite de Pâques à octobre de 10 h 30 à 17 h 30. Dernière entrée à 16 h 30. 6,75 £.
Parc seul : 3,75 £. Dépliants en allemand, français, japonais et néerlandais. ☎ (01722)
746 729 (répondeur 24 h/24) ; tourism@wiltonhouse.com ; www.wiltonhouse.com

WINCHCOMBE

St Peter's Church – ♿ Visite de 8 h 30 à 17 h. Office le dimanche à 8 h, 10 h et
18 h 30 ; en semaine à 9 h (10 h le mercredi). Brochures en allemand, espagnol, français et japonais. ☎ (01242) 602 067 ; fax (°01242) 602 067.

Sudeley Castle – Visite de mars à octobre de 10 h 30 à 17 h 30. Château et jardins :
6,20 £. Jardins et exposition : 4,70 £. ☎ (01242) 604 357 (répondeur) ; www.strat-
ford.co.uk/sudeley

WINCHESTER　　　　　　　🛈 Guildhall, The Broadway – ☎ (01962) 840 500

Cathédrale – ♿ Visite de 9 h à 17 h. Offrande : 3 £. Accès à la bibliothèque et à la
galerie : 1 £ ; accès au toit et au clocher : 1,50 £. Visite guidée de Pâques à septembre du lundi au samedi à 10 h, 11 h, 12 h, 13 h, 14 h et 15 h sur inscription
préalable : 2,50 £ par personne. Visite de la crypte (en fonction des conditions atmosphériques) du lundi au samedi à 10 h 30, 12 h 30 et 14 h 30. Brochures en allemand,
espagnol, français, italien, japonais, néerlandais et russe. ☎ (01962) 857 225 (réservations adultes) et 857 224 (réservations enfants) ; fax (01962) 847 201 ;
cathedral.office@winchester-cathedral.org.uk

Pilgrim's Hall – Visite sur rendez-vous. ☎ (01962) 854 189. S'informer auprès de
Pilgrims' School, 3 The Close, Winchester.

Collège – Visite guidée toute l'année. 1,50 £. S'informer des horaires. ☎ (01962)
621 209 ; fax (01962) 621 215 ; icds@bursary.wincoll.ac.uk ; www.wincoll.ac.uk

Castle Great Hall – ♿ Visite de 10 h à 17 h (16 h les week-ends d'hiver). Fermé les
25 et 26 décembre. Entrée libre. Visite guidée en été sur rendez-vous. Brochures en
allemand et en français. ☎ (01962) 846 476.

St Cross Hospital – Visite d'avril à octobre de 9 h 30 à 17 h ; de novembre à mars
de 10 h 30 à 15 h 30. Fermé le dimanche, le Vendredi saint et le 25 décembre. 2 £.
Visite guidée (1 h) sur rendez-vous. Brochures en allemand, français et italien.
☎ (01962) 851 375 ; fax (01962) 878 221.

WINDERMERE　　　　　　　🛈 Victoria Street – ☎ (015394) 46499

Croisières sur le lac – ♿ Départs toute l'année de la jetée de Lakeside, d'Ambleside
et de Bowness. Téléphoner pour obtenir les tarifs. Dépliant en japonais. ☎ (01539)
531 188 ; fax (01539) 531 947 ; w.lakes@virgin.net ; www.windermere-lake-
cruises.co.uk

Sous-marin Windermere – Fonctionne tous les jours en été, le week-end en hiver.
Réservation indispensable en raison du nombre limité de places (10). Durée de la
plongée : 1 h 15. 49,50 £. ☎ (01539) 433 990.

Brockhole National Park Centre – **Parc** : ouvert toute l'année. **Visitor Centre** : ouvert
d'avril à novembre de 10 h à 17 h. Entrée libre. ☎ (01539) 446 601 ; infodesk@lake-
district.gov.uk ; www.lake-district.gov.uk

WINDSOR　　　　　　　🛈 24 High Street – ☎ (01753) 852 000

Legoland Windsor – ♿ Visite de mi-mars à octobre de 10 h à 18 h (20 h en été).
18 £ ; enfants de 3 à 15 ans : 15 £. ☎ (0990) 040 404 (renseignements et réservations) ; www.legoland.co.uk

WINDSOR Castle

Château – ♿ Visite de la chapelle St-Georges, des appartements d'apparat, de la
maison de poupée de la reine Mary, de la galerie et du mausolée royal (Albert Memorial
Chapel) de 9 h 45 à 17 h 15 (16 h 15 de novembre à février). Dernière entrée 1 h 15
avant la fermeture. Risque de fermeture imprévue. Fermé le Vendredi saint, le 19 juin
et les 25 et 26 décembre. Visite complète : 10,50 £ (enfants : 5 £). Tarifs réduits
lorsque les appartements d'apparat sont fermés (5 £ ; enfants : 2,50 £). ☎ (01753)
868 286 ou 831 118 (répondeur 24 h/24).

Relève de la garde – En fonction des conditions atmosphériques, tous les jours d'avril
à juin du lundi au samedi à 11 h et un jour sur deux le reste de l'année.

St George Chapel – Visite du lundi au samedi de 10 h à 16 h 15. Risque de fermeture imprévue. Dernière entrée à 16 h 15. ☎ (01753) 865 538.

Frogmore House, jardins et mausolée royal – Visite certains jours en mai et les
week-ends fériés en août. Tarifs variables. ☎ (01753) 869 898. Mausolée royal : visite
uniquement le 24 mai de 10 h à 16 h. Entrée libre.

Savill Gardens – ♿ Visite de 10 h à 18 h (à la tombée de la nuit en octobre, 16 h de novembre à février). Fermé les 25 et 26 décembre. En avril et mai : 5 £ ; de juin à octobre : 4 £ ; de novembre à mars : 3 £. Visite guidée (1 à 2 h) sur rendez-vous pris au moins 14 jours à l'avance. Chiens non admis. Restaurant. ☎ (01753) 847 536 ; www.savillgarden.co.uk

Valey Gardens – Visite du lever au coucher du soleil. ☎ (01753) 847 518.

WISLEY

Jardin – ♿ Visite de 10 h (9 h le dimanche) à 18 h ou à la tombée de la nuit. Fermé le dimanche (sauf pour les membres de la Société royale d'horticulture) et le 25 décembre. 5 £ ; enfants : 2 £. Chiens non admis.

WOBURN

Woburn Abbey – ♿ Visite de fin mars à septembre tous les jours de 11 h (10 h pour le parc à cerfs) à 16 h (17 h les dimanches et jours fériés) ; en octobre et de janvier à mars le week-end et les jours fériés uniquement de 11 h (10 h 30 pour le parc à cerfs) à 16 h. Fermé en novembre et décembre. 7,50 £. Visite guidée (1 h 15) sur rendez-vous. ☎ (01525) 290 666 ; fax (01525) 290 271 ; woburnabey@aol.com

Wild Animal Kingdom – ♿ Visite de mars à octobre tous les jours de 10 h à 17 h ; l'hiver le week-end uniquement de 10 h à 17 h. 12 £ ; enfants : 8,50 £. ☎ (01525) 290 407 ; wobsafari@aol.com ; www.woburnsafari.co.uk

WORCESTER 🅱 Guildhall, High Street – ☎ (01905) 726 311

TIC – Guildhall, High Street. ☎ (01905) 726 311

Guildhall (Assembly Room) – Visite en fonction des cérémonies officielles de 9 h à 16 h 30. Fermé le dimanche et le 25 décembre. ☎ (01905) 722 012 (administrateur).

Greyfriars – NT. Visite d'avril à octobre les mercredis, jeudis et lundis fériés ainsi que le 1er week-end de décembre de 14 h à 17 h. 2,60 £. Feuillets en allemand, espagnol, français et néerlandais. ☎ (01905) 23571.

Cathédrale – ♿ Visite de 7 h 30 à 18 h 30. Offrande : 2 £. Visite guidée (1 h) sur inscription préalable. Brochures en allemand, espagnol, français, italien, japonais, néerlandais et suédois. ☎ (01905) 28854 ; fax (01905) 611 139 ; worcestercathedral @compuserve.com

Royal Worcester Porcelain Works – Visite de 9 h à 17 h 30, le dimanche de 11 h à 17 h. Fermé le dimanche de Pâques et les 25 et 26 décembre. 5 £. Visite guidée de l'usine : 5 £. ☎ (01905) 21247 ; fax (01905) 617 807 ; www.royal-worcester.co.uk

Museum of Worcester Porcelain – Visite de 9 h 30 à 17 h 30, le dimanche de 11 h à 17 h. Fermé le dimanche de Pâques et les 25 et 26 décembre. 3 £. Visite guidée sur rendez-vous. ☎ (01905) 23221 ; fax (01905) 617 807 ; rwgeneral@royal-worcester.co.uk ; www.royal-worcester.co.uk

The Commandery – Visite de 10 h à 17 h, le dimanche de 13 h 30 à 17 h. Fermé le 1er janvier et les 25 et 26 décembre. 3,70 £. Brochures en allemand et en français. ☎ (01905) 361 821 ; fax (01905) 361 822.

WORKSOP

Clumber Park – Le jardin clos, le rucher, la serre aux figuiers, la vigne et l'exposition d'outils de jardin se visitent d'avril à septembre le week-end et les lundis fériés de 11 h à 17 h. 3 £. Restaurant. ☎ (01909) 484 977 ; www.clumberpark.org

Mr Straw's House – Visite d'avril à octobre de 11 h à 16 h 30 uniquement aux possesseurs de billets à heure fixe. Fermé le dimanche et le lundi. 4 £. ☎ (01909) 482 380.

WREXHAM

St Giles Church – ♿ Visite d'avril à octobre du lundi au vendredi de 10 h à 16 h. ☎ (01978) 355 808 ; fax (01978) 313 375.

WYNDCLIFF

Severn Bridge – Péage (uniquement en direction de l'Ouest). 4,20 £ par véhicule. ☎ (01454) 632 436 ; www.severnbridge.co.uk

Y – Z

🛈 Petter's House, Petter's Way – BA20 1SH – ☎ (01935) 471 279 – Fax (01935) 434 065
🛈 Services Area (A 303), Podimore – BA22 8JG – ☎ (01935) 841 302

Église St John the Baptist – Visite tous les jours de 10 h à 15 h. ☎ (01935) 475 396 (pasteur).

Museum of South Somerset – Visite l'été du mardi au samedi de 10 h à 16 h ; l'hiver du mardi au vendredi aux mêmes heures ainsi que tous les lundis de l'année sur rendez-vous. ☎ (01935) 424 774 ; marion.barnes@southsomerset.gov.uk

YEOVILTON

Fleet Air Arm Museum – NACF. ♿ Visite de 10 h à 17 h 30 (16 h 30 de novembre à mars). Dernière entrée 1 h 30 avant la fermeture. Fermé du 24 au 26 décembre. 7 £ ; enfants : 5 £. ☎ (01935) 840 565 ; fax (01935) 842 630 ; inf@fleetairarm.com ; www;fleetairarm.com

YORK

🛈 George Hudson's Street – ☎/fax (01904) 554 491
🛈 De Grey Rooms, Exhibition Square – ☎ (01904) 621 618

York Minster – ♿ Visite de 9 h à 18 h (plus tard l'été) sauf lors de cérémonies spéciales. Entrée libre. Visite guidée (1 h). Dépliants en 16 langues. ☎ (01904) 557 216 ; fax (01904) 557 218 ; vistors@yorkminster.org ; www.yorkminster.org

National Railway Museum – ♿ Visite de 10 h à 18 h. Fermé le 25 décembre et le 1er janvier. 6,50 £. Restaurant. ☎ (01904) 621 261 ; fax (01904) 611 112 ; nrm@nmsi.ac.uk ; www.nrm.org.uk

York Castle Museum – Visite de 9 h 30 à 17 h (16 h 30 en hiver). Fermé les 1er janvier, 25 et 26 décembre. 5,25 £. Dépliants en allemand, français, japonais et néerlandais. ☎ (01904) 653 611 ; fax (01904) 671 078 ; www.york.gov.uk

Fairfax House – Visite de mi-février à décembre de 11 h (13 h 30 le dimanche) à 16 h 30. Fermé le vendredi. 4 £. Visite guidée le vendredi à 11 h et à 14 h (4 £). Brochures en allemand et en français. ☎ (01904) 655 543 ; fax (01904) 652 262 ; www.fairfaxhouse.co.uk

Jorvik Viking Centre – Visite de 9 h à 17 h 30. Les heures d'ouverture varient en hiver. S'informer à l'avance. Fermé le 25 décembre. 5,65 £ ; enfants : 4,25 £. Audiotours en allemand, français et japonais. ☎ (01904) 643 211 (informations 24 h/24) et 543 403 (réservations) : fax (01904) 627 097 ; jorvik@jvcyork .demon.co.uk ; www.jorvik-viking-centre.co.uk

Merchant Adventurer's Hall – ♿ Visite du lundi au samedi de 9 h à 17 h (15 h 30 en hiver) et le dimanche (sauf en hiver) de 12 h à 16 h. Fermé 2 semaines à Noël. 2 £. Dépliants et guides en allemand, danois, espagnol, français, italien, japonais et néerlandais. ☎/fax (01904) 654 818.

Archeological Resource Centre – Visite de 11 h à 15 h 30. Fermé le dimanche, le Vendredi saint et de mi-décembre au 1er janvier. 3,60 £. ☎ (01904) 543 403 ; fax (01904) 627 097 ; www.jorvik-viking-centre.co.uk/arc.html

Yorkshire Museum – ♿ Visite de 10 h à 17 h. Fermé les 25, 26, 31 décembre et le 1er janvier. 4,50 £. ☎ (01904) 629 745 ; yorkshiremuseum@york.gov.uk ; www.york.gov.uk

York City Art Gallery – ♿ Visite de 10 h à 16 h 30. Fermé les 1er janvier et 25 et 26 décembre. ☎ (01904) 551 861 ; fax (01904) 551 866.

Treasurer's House – NT. Visite de fin mars à octobre de 10 h 30 à 17 h. Fermé le vendredi. 3,50 £. Visite guidée (1 h) en soirée, sur rendez-vous. Brochures en allemand et en français. ☎ (01904) 624 247 ; fax (01904) 647 372 ; yorkth@smtp.ntrust.org.uk

ZENNOR

Wayside Folk Museum – Visite d'avril à octobre de 10 h à 18 h (17 h en avril et octobre). Fermé le samedi sauf férié et pendant les vacances scolaires. 2,20 £. ☎ (01736) 796 945.

Index

T – U

V – W

Y – Z

▲ Aberdulais Falls

GET OUTDOORS
Aberdulais Falls
nationaltrust.org.uk
SA10 8EU | 01639 636674
Open Jan–Mar Mon–Fri 11–4,
Apr–Oct daily 10–5, Nov–Dec
Fri–Sun 11–4
Here water thunders into a
natural amphitheatre of rock in a lovely wooded setting.
Cover your ears as it's
impressively noisy; it has also
powered industry for more than
400 years. Currently, the hydro
plant produces electricity,
selling the surplus back to
the national grid.

▶ **PLACES NEARBY**
Cefn Coed Colliery Museum
npt.gov.uk
Neath Road, Crynant, SA10 8SN
01639 750556 | Open May–Sep
daily 10.30–5
Located near the village of
Crynant, five miles north of
Neath, this museum tells the
story of coal mining at Cefn
Coed pit, once the deepest
anthracite coal mine in the
world. Try not to grimace
as you hear how it was also
one of the most dangerous in
Wales, gaining the nickname
'The Slaughterhouse'. The
museum is also host to the
Neath Historical Model
Railway Club.

▶ Aberdyfi

This small thriving seaside village nestles within the
Snowdonia National Park on the north side of the Dyfi
Estuary, a nature reserve rich in birdlife. Although most
seaside resorts on the Welsh coast have access to some
beach or other, Aberdyfi (also known in English as Aberdovey)
has come up trumps with four miles of glorious uninterrupted
sands stretching northwards to Tywyn. In 1941 the UK's
first ever outward-bound centre was opened here and you
can see why. If you come here prepare to get wet and try
many of the water sports on offer, such as sailing, yachting,
sailboarding, rowing, canoeing and going on fishing and boat
trips. If you're not really that way inclined try the championship
golf course, stretching along the links with fantastic views
out to sea.

▲ Bardsey Island (Ynys Enlli)

EAT AND DRINK
Y Gegin Fawr
penllyn.com
Aberdaron, LL53 8BE
01758 760359
This 14th-century building once catered for Bardsey pilgrims. Simply decorated on two floors, specialities include locally caught crab and lobster, homemade cakes and scones.

▶ PLACES NEARBY
Plas-yn-Rhiw
nationaltrust.org.uk
LL53 8AB | 01758 780219
Open daily. Times vary; call or check website for details
This small manor house – part medieval with Tudor and Georgian additions – has delightful gardens to explore with tropical specimens, a waterfall and its own snowdrop wood.

Whistling Sands (Porth Oer)
A splendid, isolated beach with the bonus of a cafe in high season.

▶ Aberdulais
This village in the Vale of Neath grew up around the Aberdulais Falls – a series of beautiful waterfalls and now the site of a hydroelectric station. It has a great industrial heritage, being the home of two ironworks, a copper smelting plant, a corn watermill and a tinplate factory. From here you can explore the Neath and Tennant Canal and the Cefn Coed Colliery Museum. Labour MP Peter Hain has a house in the village, which is also the birthplace of former Welsh champion triathlete, Aled Thomas.

Church, found right by the beach. It's in two halves, one dating back to 1137 and the other an extension from around 1400. The poet R S Thomas (1913–2000) – a nominee for the Nobel Prize for Literature – was the local vicar here between 1954 and 1967 and the church contains interpretations of his life and works.

The island of Bardsey, which has been included in the community of Aberdaron since 1974, lies nearly two miles off the mainland. It's been an important site of religious pilgrimage since Saint Cadfan built a monastery here in AD 516. Even after Henry VIII demolished the monastery in 1537, pilgrims still flocked here; it was said that three visits to Bardsey were the equivalent of one to Rome in religious merit. Pilgrims took a refreshing drink from Aberdaron's St Mary's Well and prayed for a safe crossing before entrusting themselves to the tidal races and whirlpools which gave the island its Welsh name of Ynys Enlli or Isle of Currents. With such a reputation, it's not surprising that many graves have been discovered here, and it is known as the resting place of 20,000 saints. According to local tradition, Merlin, the master magician of the Arthurian legends, retired to the island and was never seen again. Some say it's the burial site of King Arthur, adding to its sense of sacredness.

Today the island is owned by a private trust and is just as famous for its wildlife and rugged scenery. Take your binoculars and enjoy the bird field observatory and holiday accommodation in old farmhouses. Bardsey is of European importance, cited as a nesting place for Manx shearwaters and choughs, while its rare plants and habitats are undisturbed by modern farming practices. Come autumn and chances are you'll spot countless grey seals. You can catch a boat here from Aberdaron or Abersoch.

HIT THE BEACH
Aberdaron beach is popular with both bathers and surfers, while nearby Porth Iago is tiny, rock bound and reminiscent of the Greek Islands. All you need is sunshine.

TAKE A BOAT TRIP
Enlli Charter and Bardsey Boat Trips both run boat excursions from Aberdaron to Bardsey Island.

Bardsey Boat Trips
bardseyboattrips.com
07971 769895

Enlli Charter
enllicharter.co.uk
07836 293 146

GO WALKING
Head along the Llyn coastal path to Pen y Cil Point and soak up the fabulous views of Bardsey Island.

carvery every Sunday and a varied menu with a good selection of dishes, bar food and light snacks. There's also an easy walk leading to a cove with caves and cliffs in the care of the National Trust.

The Harbourmaster

harbour-master.com

SA46 0BT | 01545 570755

The three-storey, former harbourmaster's house has pride of place on the quayside. It's stylish, modern, friendly and sets the standards in these parts – in fact, it's probably the leading restaurant on the west coast. The kitchen makes the most of top-quality local produce, with a typical menu featuring Welsh rarebit and Talsarn bacon, or Cardigan Bay crab and parsley risotto, faggots, mash and peas and stone-baked pizzas. The bar is well stocked too, with Purple Moose Glaslyn, HM Best and Halletts real cider.

The Hive

thehiveaberaeron.com

SA46 0BU | 01545 570445

Hit this cool hangout, famous for its trendy vibes and honey ice cream made on the premises. It offers an American-style menu of burgers and steaks and has a lively bar, with live music sessions every Friday evening from 9pm.

▶ Aberdaron & Bardsey Island

This old whitewashed fishing village with its bustling beach lies at the very tip of the Llyn Peninsula. Often described as the Land's End of North Wales, it was always the last stop for ancient pilgrims before they ventured across the wild and sometimes treacherous waters to Bardsey Island – known as the island of 20,000 saints. The Y Gegin Fawr cafe, found in the centre of the village by the little stone bridge, dates from the 13th century when it was used as a communal kitchen for those intrepid pilgrims. In the 18th and 19th centuries the village developed as a shipbuilding centre and port while the mining and quarrying industries also became major employers, exporting limestone and lead around the world. There are still the ruins of an old pier running out to sea at Porth Simdde – the local name for the west section of Aberdaron Beach.

Today you'll find a popular seaside holiday resort waiting to entertain you. Take your shoes off and enjoy the wide sand and pebble beach, which is popular for fishing, water sports and bathing. The coastal waters are part of the Pen Llŷn a'r Sarnau Special Area of Conservation, one of the largest designated marine sites in the UK. At high tide check out the waves crashing against the exposed and sea-battered St Hywyn's years of World War II. In fact, the town may have partially inspired his fictitious community of Llareggub. Some melodramatic events from his stay are depicted in the 2008 biopic *The Edge of Love*, and a Dylan Thomas trail links New Quay with Aberaeron, which the writer and poet called 'the most precious place in the world'.

TAKE IN SOME HISTORY
Llanerchaeron
nationaltrust.org.uk
Ciliau Aeron, near Aberaeron,
SA48 8DG | 01545 570200
Open daily. Times vary;
call or check website for details
Designed by John Nash (the chap responsible for Buckingham Palace), this is an 18th-century gentry estate with house, walled gardens and home farm. The house is almost unaltered from its heyday, with its own service courtyard of dairy, laundry, brewery and salting house. You can escape for a peaceful walk in the pleasure grounds and parkland. There's also a working organic farm with Welsh Black cattle, Llanwenog sheep and rare Welsh pigs.

ENTERTAIN THE FAMILY
New Quay Honey Farm
thehoneyfarm.co.uk
Cross Inn, SA44 6NN
01545 560822 | Open Easter–Oct
daily 10–5, Nov–24 Dec 10–4;
closed Sun and Mon, except BHs
A few miles out of New Quay, this delightful and informative honey farm is a treat for all the family. Producing some of the finest honey and mead in Wales from hives dotted around the local area, it has a shop selling natural products, a tea room and an exhibition about the honeybee.

TAKE A BOAT TRIP
New Quay Boats
newquayboattrips.co.uk
The Moorings, Glanmor Terrace,
SA45 9PS | 01545 560800
New Quay Boats offers trips lasting a couple of hours and wildlife and bird sightings are high.

HIT THE FESTIVALS
www.aberaeron.info
In July Aberaeron holds the Cardigan Bay Seafood Festival, and in August the Aberaeron Festival has a colourful carnival and procession.

WALK THE CEREDIGION COAST PATH
The popular Ceredigion coast path runs between Aberaeron and New Quay.

EAT AND DRINK
The Crown Inn and Restaurant
the-crown-inn.moonfruit.com
Llwyndafydd, SA44 6BU
01545 560396
Just down the coast from New Quay is this delightful family-friendly pub. The setting is a traditional Welsh longhouse dating from 1799 with award-winning gardens. There's a

the 1830s show there was one woollen manufacturer, one bootmaker, one baker, one corn miller, one blacksmith and shovel maker, two shipwrights, one carpenter and one hat maker here. Once the harbour was built the town became a port regularly visited by steam ships. Unusual architecture grew up around the harbour, namely elegant, flat-fronted, Regency-style buildings, designed by Edward Haycock, a renowned 19th-century architect from Shrewsbury whose work was sufficiently well thought of to feature on British postage stamps. Many of the houses were owned by local sea captains and named after far-flung destinations, such as Gambia and Melbourne. Through the coming decades the town was transformed from a small fishing village into one of the main trading centres of Cardigan Bay, with shipbuilding, ironworks and 35 pubs, around a quarter of which remain today. The site of the local woollen mill still stands on the banks of the River Aeron and the famous Aberaeron shovel was produced in the local ironworks.

Today you can enjoy a small half-tide harbour used for recreational vessels and a town that is charmingly unspoilt and a real architectural gem. Most of the buildings, including The Harbourmaster are on the north side, and a wooden pedestrian bridge crosses the estuary. The shoreline consists of two quite steep pebble beaches that are great for a stroll. Many of the shops are independent. You can get fresh lobster and crab off the pier and buy Aberaeron's renowned honey and honey products, such as ice cream and mustard.

Five miles down the coast is New Quay. As with Aberaeron, the 19th century saw it grow as a hub for shipbuilders, with 300 men employed. Streets of terraced houses crept up the slopes around the hilly bay. Sailing vessels large enough to sail to the Americas and Australia were built here, and the industry supported blacksmiths, sailmakers, rope works and a foundry. It also became a centre for navigation training and New Quay men captained some of the last sailing ships in operation.

Sea-based pursuits are still at the core of this little town's appeal. Big attractions include boat trips along the coast to spot Cardigan Bay's permanent colony of bottlenose dolphins, and courses in kayaking, windsurfing and sailing. Each August the town hosts the Cardigan Bay Regatta as it has done since 1879. You can also go fishing here – off boats or the shore – and the small stall just up from the harbour is simply the best place in the area to buy fresh mackerel.

Dylan Thomas wrote much of *Under Milk Wood* in New Quay, where he lived with his family in a rented bungalow in the last

▲ Aberaeron harbour

▸ Aberaeron & New Quay

Move over Highway 101 – the coastal road between Cardigan and Aberystwyth through the county of Ceredigion is every bit as alluring. Two of the key delights are the towns of Aberaeron and New Quay, 20 miles and 15 miles northeast of Cardigan respectively.

Aberaeron, meaning 'mouth of the River Aeron' – Aeron being a Welsh god of war– is the 'jewel' of Cardigan Bay. Visit and enjoy its pretty architecture and harbour. It has carved out a reputation for fine local food, based largely but not exclusively on the Harbourmaster Hotel and its restaurant. It's also a town steeped in history. Although long been claimed by the sea, in the 12th century the town was ringed by a wooden fortification known as *Castell Cadwgan*, thought to have been constructed by King Cadwgan around the year 1148. In the 19th century the town became a hub for craftworkers. Records from

VISIT THE MUSEUMS | GET OUTDOORS | EXPLORE BY BIKE | GO BACK IN TIME | TAKE A TRAIN RIDE | MEET THE WILDLIFE
TAKE IN SOME HISTORY | HIT THE BEACH | EAT AND DRINK | GET INDUSTRIAL | VISIT THE GALLERIES | GO CANOEING
TRY HORSE-RIDING | PLACES NEARBY | CATCH A PERFORMANCE | GO ROUND THE GARDENS | TAKE A BOAT TRIP

A–Z of Wales

are excellent play facilities for children, a smart reception and shop.

Pencelli Castle Caravan & Camping Park ▶▶▶▶▶

pencelli-castle.com
Pencelli, Brecon, LD3 7LX
01874 665451 | Open Feb–27 Nov
In the heart of the Brecon Beacons, this charming park is bordered by the Brecon and Monmouth Canal. As well as the well-equipped heated toilets with en-suite cubicles, there is a drying room, laundry and shop. Buses to Brecon, Abergavenny and Swansea stop just outside the gate.

Pitton Cross Caravan & Camping Park ▶▶▶

pittoncross.co.uk
Rhossili, SA3 1PT | 01792 390593
Open all year
Surrounded by farmland close to sandy Mewslade Bay, Pitton Cross is a grassy park divided by hedging into paddocks; hard-standings for motorhomes are available. Rhossili Beach is popular with surfers, and walkers can give the nearby Wales Coastal Path a try. Performance kites are sold, and instruction in flying is given. You can have a go at geocaching and paragliding too.

The Plassey Leisure Park ▶▶▶▶▶

plassey.com
The Plassey, Eyton, LL13 0SP
01978 780277 | Open Feb–Nov
A lovely park set in meadowland in the Dee Valley. As well as a campsite, a large complex of Edwardian farm buildings have been converted into a coffee shop, restaurant, beauty studio and craft outlets. There's plenty for the family, from scenic walks and a swimming pool to free fishing and a 9-hole golf course. There's also a sauna, badminton and table tennis.

Trawsdir Touring Caravans & Camping Park ▶▶▶▶▶

barmouthholidays.co.uk
Llanaber, Barmouth, LL42 1RR
01341 280999 | Open Mar–Jan
Well run by friendly owners, this quality park enjoys views to the sea and hills. Tents and caravans have designated areas divided by attractive dry-stone walls, and the site is very convenient for large RVs. There's a great children's play area, plus glorious seasonal floral displays. Don't miss the illuminated dog walk that leads directly to the nearby pub.

Trefalun Park ▶▶▶▶

trefalunpark.co.uk
Devonshire Dr, St Florence, Tenby, SA70 8RD | 01646 651514
Open Easter–Oct
Set within 12 acres of sheltered, well-kept grounds, Trefalun Park offers well-maintained level grass pitches separated by bushes and trees, with plenty of space to relax in. Children will enjoy feeding the park's pets, and there are plenty of activities available at nearby Heatherton Country Sports Park.

The town grew up as a port, with its major exports being slate and oak bark. Shipbuilding was also big business and between 1840 and 1880 some 45 ships were built at the seven Penhelig shipyards on the easterly outskirts. A jetty was built in 1887, with railway lines connecting it to the wharf and the main line. This promoted links with Liverpool and Ireland, from where livestock was imported and taken further inland. Many Aberdyfi men sailed on international voyages from the city. Away from the water the town is surrounded by steep hillsides dotted with sheep farms. Due to its relative proximity to large populated regions of the UK – the West Midlands is just 100 miles to the east – Aberdyfi has become a hotspot for returning visitors and second homes, which has resulted in higher house prices than some other more remote towns. If you want to explore further, check out the little-walked Tarren Hills, which run from Aberdyfi northeast towards Machynlleth. This compact range of hills provides some excellent walking, particularly along the ridge that extends for several miles in a southwest direction from the Tarrens' highest point, Tarren y Gesail (2,188 feet/667m). Although blighted by coniferous forest in parts, there are many neolithic cairns and on a fine day the views of the mountain coast and estuary are superb.

HIT THE BEACH

The beach at Aberdyfi is big, sandy and ideal for family fun.

GET ON THE WATER

Dovey Yacht Club
doveyyachtclub.org.uk
The Wharf, Aberdyfi, LL35 0EB
01654 767607
You'll receive a warm welcome at this friendly club catering for cruisers, sailboarders and kite surfers.

PLAY A ROUND

Aberdovey Golf Club
aberdoveygolf.co.uk
Aberdyfi LL35 0RT
01654 767493 | Open daily including BHs
A fabulous championship course, which has hosted many prestigious events.

EAT AND DRINK

Penhelig Arms Hotel and Restaurant
www.penheligarms.com
Terrace Road, LL35 0LT
01654 767215
This popular waterside inn has been in service since 1870 and offers spectacular views over the mountain-backed tidal Dyfi Estuary. The bar is snug and cosy while the waterfront restaurant offers a brasserie-style experience. In warmer weather you can sit outside on the sea wall terrace.

▶ PLACES NEARBY

Visit Tywyn Beach, four miles to the north. Although mostly pebbled, good sand appears at low tide.

▶ Abergavenny

With its annual local produce market, Abergavenny is a buzzing town and is busy creating a name for itself as the foodie capital of the Usk Valley. Shops brim with local produce and it still holds a weekly cattle market at the same site as it has done since 1863. There are, however, controversial plans led by Monmouthshire County Council to knock down the old market and replace it with a supermarket and library and relocate the site out of town. Whatever the future holds, you'll have plenty to entertain you here. Originally the site of a Roman fort, Gobannium, it became a medieval walled town within the Welsh Marches – the area that historically fluctuated between England and Wales. Indeed, its close proximity to the English border, just six miles away, means it's often described as the 'gateway to Wales'.

Location is a big factor in its appeal. Surrounded by three very distinctly shaped mountains – the cone-shaped Sugar Loaf Mountain and the craggy Ysgyryd Fawr in the north, and the Blorenge in the south – you can easily access the wilderness from here. It's also the perfect base from which to explore slightly further afield into the Black Mountains and Brecon Beacons. Offa's Dyke Path is close by, and the Marches Way, the Beacons Way and the Usk Valley Walk all pass through the town.

Although it took a pounding after the Civil War, Abergavenny's Norman castle is still worth seeing, as is the museum next door. There's no shortage of castles in the surrounding area too. Raglan lies 10 miles east along the A40, while the lesser known 'three castles' of Grosmont, Skenfrith and White Castle (see page 173) are hidden away in low, rolling hills a few miles to the east. Along some of the narrowest country lanes imaginable in the beautiful Vale of Ewyas lie the romantic ruins of Llanthony Priory, founded by Augustinian canons early in the 12th century.

If you find Abergavenny a little too busy, Crickhowell (see page 155), further west up the Usk Valley, is a picturesque village that is also well sited for visiting the many tourist attractions in the area.

TAKE IN SOME HISTORY

**Abergavenny Museum
and Castle**
www.abergavennymuseum.co.uk
Castle Street, NP7 5EE
01873 854282 | Open Mar–Oct
Mon–Sat 11–1, 2–5, Sun 2–5,

Nov–Feb Mon–Sat 11–1, 2–4
Set in the grounds of a ruined Norman castle, the museum, formerly a hunting lodge, tells the story of this historic market town. You can have a picnic here or stroll the grounds

in cooler weather. There are changing exhibitions and a small gift shop.

Llanthony Priory
cadw.wales.gov.uk
North of Abervagenny, off A465
01443 336000 | Open daily 10–4
This partly ruined Augustinian Priory was established in 1103 by the son of a Marcher lord, William de Lacey. After an attack by Owain Glyndwr the priory was left ruinous, but there are still substantial arches, walls and towers to explore that stir the imagination. Located in the beautiful Vale of Ewyas, it basks among hedgerows, woodland and the backdrop of the Black Mountains. You can enjoy the view over a pie and a pint, as there's a pub in the grounds, which is a very pleasant surprise indeed.

VISIT THE GALLERY
Court Cupboard Gallery
courtcupboardgallery.co.uk
New Court Farm, Llantilio Pertholey, NP7 8AU
01873 852011
Open Apr–Dec daily 10.30–5, Jan–Mar 10.30–4
Check out local paintings, pottery, woodturning, jewellery, textiles and ironwork, all for sale in a converted barn. There is a coffee shop here too.

EXPLORE BY BIKE
Hopyard Farm
hopyardcycles.co.uk
Govilon, Abergavenny, NP7 9SE
01873 830219

▲ Abergavenny Castle

What are you waiting for? Hire a bike and start exploring the wonderful Welsh countryside.

TAKE A BOAT TRIP
Beacon Park Boats
beaconparkboats.com
The Boathouse, Llanfoist Wharf, NP7 9NG | 01873 858277
Hire a boat and take a punt on the Monmouthshire and Brecon Canal. Full training is given on arrival, so no prior experience is required.

PLAY A ROUND
Monmouthshire Golf Course
monmouthshiregolfclub.co.uk
Gypsy Lane, Llanfoist, NP7 9HE
01873 852606 | Open all year daily
Set in picturesque parkland, this course has several par 3 holes and a testing par 4 at the 15th.

EAT AND DRINK

Angel Hotel ◉

angelabergavenny.com

15 Cross Street, NP7 5EN

01873 857121

In its heyday, this Georgian hotel was a staging post on the Fishguard to London route. It's still a refuge for travellers, although locals flock here too. Eat in the bar or the more formal restaurant.

Clytha Arms

clytha-arms.com

Clytha, NP7 9BW | 01873 840206

Tucked away off the old Abergavenny to Raglan road, this eye-catching converted dower house offers enchanting views over the Vale of Gwent and Blorenge Mountain. The pub is renowned for its range of real ales, with over 300 guests every year, and a good selection of ciders and perrys.

The Foxhunter ◉◉

thefoxhunter.com

Nantyderry, NP7 9DN

01873 881101

Welsh chef and TV presenter Matt Tebbutt practises what he preaches at his pub in this quiet hamlet on the fringes of the Brecon Beacons. Decked out in traditional yet stylish Welsh decor, the food is seasonal and flavourful, hearty and unpretentious. Tebbutt is also a big fan of foraging.

Goose and Cuckoo Inn

gooseandcuckoo.com

Upper Llanover, NP7 9ER

01873 880277

Popular with walkers, this friendly, whitewashed pub in the Brecon Beacons National Park has views of the Malvern Hills, traditional flagstones in the bar area and a wood-burning stove. It's the perfect place to sip a pint of Rhymney Bitter or one of the 85 single malt whiskies. All the food is homemade on the Aga by landlady Carol Dollery.

The Hardwick ◉◉

thehardwick.co.uk

Old Raglan Road, NP7 9AA

01873 854220

Owner and chef Stephen Terry has gone for the rustic-chic look in terms of decor, and fresh, locally sourced produce for the menu. Be warned, if you're with a large group, service may be a tad slow.

Llansantffraed Court Hotel ◉◉

llch.co.uk

Old Raglan Road, Llanvihangel Gobion, Clytha, NP7 9BA

01873 840678

This Georgian mansion set in 20 acres of landscaped grounds, has all the comforts of a country house, friendly staff and fine artisan products. The restaurant, in the oldest part of the house, is smartly contemporary

Restaurant 1861 ◉◉

18-61.co.uk

Cross Ash, NP7 8PB | 0845 388 1861

Under the stewardship of Simon and Kate King, this restaurant has become a force to be reckoned with in Monmouthshire. The building (no prizes for guessing in what year it was built) was once a pub, and has been made over with a gently contemporary look involving black beams, stone walls, and Welsh slate place mats on bare wooden tables.

Walnut Tree Inn ⊚⊚⊚
thewalnuttreeinn.com
Llandewi Skirrid, NP7 8AW
01873 852797
This simple white-painted inn, located in a hamlet not far from Abergavenny, has been known for excellent food for more than 50 years. With a hero of modern British cooking Shaun Hill now in charge, it looks set to continue that way. The daily changing menu ranges from robust veal sweetbreads with pig's head *cromesquis* to the lighter touch, such as fresh turbot with blood orange and hollandaise sauce.

▶ **PLACES NEARBY**
Big Pit National Coal Museum
Blaenavon, Torfaen, NP4 9XP
see page 97

5 top pubs for a pint

▶ **The Coach** (37 Cowbridge Road, Bridgend, CF31 3DH; 01234 567890) They don't do food, but they've got six ales on at any one time, and change them frequently... plenty to sustain you.

▶ **Y Mochyn Du** (Sophia Close, Cardiff, South Glamorgan CF11 9HW; 029 2037 1599; ymochyndu.com) In Cardiff's leading Welsh pub, you will hear the language spoken at the bar. The walls are covered with memorabilia.

▶ **Tafarn Sinc** (see page 273) Welsh-speaking, old-fashioned, sawdust on the floor; this pub is a one-off.

▶ **Goose and Cuckoo Inn** (see page 68) A small pub up the mountains – everything is homemade and there's lashings of great real ale.

▶ **The Ship Inn** (Tresaith, Cardigan, SA43 2JL; 01239 811816; shiptresaith.com) Overlooking Tresaith Beach, there's no better place to spot dolphins dancing in the waves of Cardigan Bay.

▶ Abergele

You'd be forgiven for thinking this resort is actually one big caravan park. Indeed, come summer, Abergele and its northern suburb, Pensarn, are chockablock, as these portable homes park up close to a five-mile stretch of sand and shingle beaches. There is, however, a bit more to this place. Abergele is also an ancient market town situated between the well-loved holiday resorts of Colwyn Bay (see page 148) and Rhyl (see page 286). Just down the A55 is the famous 'white marble' church at Bodelwyddan, with its shining white limestone spire – a landmark for miles around.

HIT THE BEACH
Abergele Beach

A good beach, albeit of the shingle variety, popular with windsurfers and canoeists, and with car parking. There is also a promenade for a bracing walk along the front.

PLAY A ROUND
Abergele Golf Club

abergelegolfclub.co.uk
Tan-y-Gopa Road, LL22 8DS
01745 824034 | Open all year daily
A stunning course with a testing par 5.

EAT AND DRINK
The Kinmel Arms ◉◉

thekinmelarms.co.uk
The Village, St George, LL22 9BP
01745 832207
This 18th-century stone coaching inn is a combination of bar, with a wood-burning stove and real ales, and restaurant with rooms. The kitchen focuses on the best quality ingredients it can find in Wales and turns out accomplished, imaginative dishes.

▶ Abergynolwyn

Lying in southern Gwynedd, Abergynolwyn was historically known for its slate quarrying. Founded in the 1860s to house workers at the nearby Bryn Eglwys quarry, today farming, forestry and tourism have taken over. The local Railway Inn is named after the Talyllyn Railway, which once reached into the heart of the village. It now terminates at Nant Gwernol station above the village.

TAKE A TRAIN RIDE
Talyllyn Railway

talyllyn.co.uk
Wharf Station, LL36 9EY
01654 710472 | Opening times vary; call or check website for details
A product of the Industrial Revolution, the narrow-gauge Talyllyn Railway was created in 1865 to carry tons of slate from the local Bryn Eglwys quarry down to the sea at Tywyn, a journey of around seven miles. Although the line closed in 1946 following a series of rock falls, it was reopened a few years later as the Talyllyn Railway Preservation Society.
It now carries thousands of passengers every year on a unique trip through the countryside of the beautiful Fathew Valley, stopping at picturesque Dolgoch Falls on the way.

EAT AND DRINK
The Railway Inn

LL36 9YN | 01654 782279
Known far and wide in this part of Wales as a great, atmospheric pub serving fabulous food, you may get frustrated standing at the bar in summer time when it's so popular that the staff are besieged by customers.

▶ Abersoch & St Tudwal Islands

Found on the south side of the Llyn Peninsula, Abersoch is a former fishing town turned holiday resort. With sandy beaches and a picturesque harbour, you'll be tempted to try out dinghy sailing, windsurfing and jet skiing. In summer, lie back on the sand and count the dotted white sails that cover the bay's waters. Just two miles to the southwest, Porth Neigwl (Hell's Mouth) is one of Wales' best surfing beaches. The town hosts a jazz festival each year in June.

Abersoch also has boat trips to Bardsey Island (see page 61), and to St Tudwal's Islands, a pair of small offshore islands bought in 1934 by Clough Williams-Ellis, the creator of Portmeirion, to preserve them from development. St Tudwal was a Breton who studied in Ireland before becoming a hermit on the island in the sixth century. Having prepared himself spiritually, he set out as a missionary for Brittany where he founded a monastery. The ruins of a small medieval priory stand on the more easterly of the two St Tudwal islands.

▼ Harbour in Abersoch

HIT THE BEACH

Abersoch has impressive dunes and lots of sand. There's also a motorboat exclusion zone for bathers and excellent water quality.

LEARN TO SAIL

Lon Sarn Bach

abersochsailingschool.co.uk

Abersoch, LL53 7EE | 01758 712963

Sailing tuition is available or you can hire a dinghy, kayak or pedalo.

SADDLE UP

Cilan Riding Centre

abersochholidays.net

Pwllheli, LL53 7DD | 01758 713276

The centre offers a great way to explore the area.

PLAY A ROUND

Abersoch Golf Club

abersochgolf.co.uk

Golf Road, Abersoch, LL53 7EY

01758 712636 | Opening times vary; call or check website for details

A lovely seaside links, with five parkland holes.

EAT AND DRINK

Porth Tocyn Hotel ◎◎

porthtocynhotel.co.uk

Bwlchtocyn, LL53 7BU

01758 713303

This hotel was converted from a lowly terrace of lead miners' cottages into the homely, unstuffy country house that you'll find here today. Enjoy spectacular views over Cardigan Bay with the peaks of Snowdonia rising in the distance.

▶ PLACES NEARBY

Go surfing at Porth Neigwl (Hell's Mouth) where the wild Atlantic winds make this the ideal spot for catching waves. Be warned: bathing can be very dangerous here as there are often strong undertows and cross-currents.

▶ Aberystwyth

Once known as the fashionable 'Biarritz of Wales', today this seaside town doubles as a lively and cosmopolitan university town. If you fancy a night out on the west coast, this is the town to hit. It's also best for shopping, being the retail hub for many local villages scattered between the mountains and the sea. Known to locals as 'Aber', it's located near to where the rivers Ystwyth and Rheidol join and is really quite isolated with a largely Welsh-speaking population. Despite this, or because of it, it's exceedingly popular with holidaymakers. While here, you can take a stroll along its Victorian promenade, a gracefully curving seafront lined with pastel-shaded guest houses and hotels. The seafront ends at Constitution Hill, which can be climbed on foot or travelled more sedately by the Cliff Railway – 'a conveyance of gentle folk since 1896' – the longest electric cliff railway in Britain and the only one of its kind in Wales.

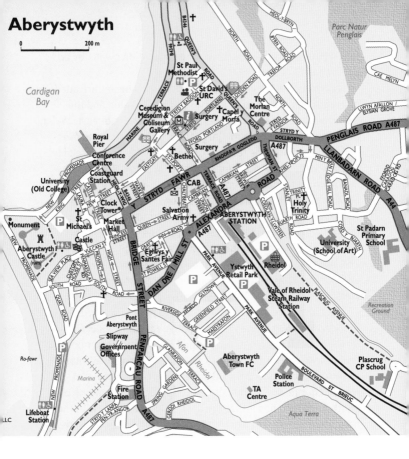

Aberystwyth

0 ————— 200 m

It runs very slowly and gently up a steep gradient to the 430ft-high summit. At the top is another attraction from the Victorian Age – a recreated camera obscura installed in 1985. Here you can have a good look around Cardigan Bay and see more than 25 mountain peaks.

As with so many other Welsh towns, Aberystwyth did not escape Edward I's castle-building craze. The now mainly ruined castle was erected in 1277 as part of his impregnable 'iron ring'. In 1404 the town and castle fell to Owain Glyndwr and for a short time Wales' parliament was based here. During the Civil War the castle was wrecked by Oliver Cromwell's forces. It was effectively blown up and left to disintegrate – no longer having any town walls or gates. In terms of other history, the town developed largely as a fishing hub, although lead mining also played a role. The railway arrived in 1864 and so too did the tourists. Since the late 19th century, Aberystwyth has also been a major Welsh educational centre. Wales' first university opened in a seafront hotel in 1872 with 26 students and a staff of 3. The present university campus is spread out across the hillside above the town and during the nine months of the year that it runs the usual 15,000-strong population swells by an additional 10,000 students.

Nearby is the National Library of Wales, whose unrivalled collection of books and material relating to Wales and the Celtic countries contains venerable manuscripts of early Welsh poetry and laws. Being the largest library in Wales and over 100 years old, it is the leading research centre and incredibly popular with those studying family history. Its collections include books, manuscripts, archival documents, maps and photographs, as well as paintings, film, video and sound recordings. Try and catch one of the lectures or screenings that take place throughout the year, or one of the constantly changing exhibitions in the galleries and exhibition halls. The Welsh Language Society has its base in Aberystwyth and the town has played a prominent part in modern-day Welsh patriotism.

If you are here for a few days, next to Aberystwyth Station is the starting point of the narrow-gauge Vale of Rheidol Railway. Opened in 1902 as a narrow-gauge line to serve lead mines, the timber industry and tourism, it steams its scenic way inland from Aberystwyth to Devil's Bridge. Here is a spectacular wooded gorge where you'll see three bridges, one on top of another (legend has it that the lowest one was built with the help of the Devil). The stunning Mynach Falls are also here, tumbling from a great height past the treetops into the depths of the gorge far beneath your feet.

▼ Aberystwyth

TAKE IN SOME HISTORY

Aberystwyth Castle

aberystwyth.com

New Promenade, SY23 2AU

01970 612125

Built in 1277 for Edward I as part of his 'iron ring', this castle stands overlooking the harbour and took 12 years to build. It got blown up and left to disintegrate during the Civil War and remains in much the same state.

VISIT THE MUSEUMS AND GALLERIES

Ceredigion Museum and Coliseum Gallery

www.ceredigion.gov.uk

Aberystwyth, SY23 2AQ

01970 633088 | Open Apr–Sep Mon–Sat 10–5, Oct–Mar 12–4.30

Historic objects here include the furniture, archaeology, agriculture, seafaring and lead mining industries of the people of Ceredigion.

National Library of Wales

www.llgc.org.uk

Penglais, SY23 3BU | 01970 632800

Open Mon–Fri 9.30–6, Sat 9.30–5

This is the place to come to search through ancient Welsh documents or trace your family history. There are free guided tour Monday mornings at 11am and Wednesday afternoons at 2.15pm. Group guided tours available by prior arrangement.

Oriel y Bont Gallery

orielybont.co.uk

4 Heol y Bont, SY23 1PY

01970 627307 | Open Mon–Fri 10–4.30, Sat 10–5

5 top free days out

▶ **The National Museum & Gallery**, Cardiff page 127

▶ **St Fagans National History Museum**, Cardiff page 294

▶ **National Wool Museum**, Drefach Felindre page 247

▶ **The National Library of Wales**, Aberystwyth see below left

▶ **The National Roman Legion Museum**, Caerleon page 111

Established in 2002, this gallery and workshop has a great range of original art, ranging from the contemporary to the more traditional.

Aberystwyth Arts Centre

aberystwythartscentre.co.uk

The University of Wales, Penglais Campus, SY23 3DE

01970 623232 | Call or check website for details

GET OUTDOORS

Devil's Bridge Falls

devilsbridgefalls.co.uk

Woodlands, Devil's Bridge, Ceredigion, SY23 3JW

01970 890233

These world-famous falls have attracted thousands of visitors since the 18th century, when Romantic poet William Wordsworth was duly inspired to write *To Torrent at the Devil's Bridge* in its honour. Today the Falls Nature Trail provides visitors with a unique opportunity to explore this great natural feature in the Rheidol Gorge on foot.

TAKE A TRAIN RIDE
Vale of Rheidol Railway
rheidolrailway.co.uk
Aberystwyth, SY23 1PG
01970 625819
Catch the steam train from Aberystwyth to Devil's Bridge for a nostalgic experience. The three locomotives were built by the GWR in the mid-1920s.

PLAY A ROUND
Aberystwyth Golf Club
aberystwythgolfclub.com
Brynymor Road, SY23 2HY
01970 615104 | Open daily, including BHs
This is a lovely undulating meadowland course, with good views over Cardigan Bay.

EAT AND DRINK
Academy
52 Great Darkgate Street, SY23 1DW | 01970 636852
This massive derelict former chapel has been given a refit and is now a two-level bar. It's a classic student bar, but the locals can't resist either.

Baravin
baravin.co.uk
1 Llys y Brenin, SY23 2AP
01970 611189
The sister company of Aberaeron's renowned Harbourmaster, this cafe offers tasty, well-presented food along with great views over the bay.

Bella Vita
bella-vita.co
10 Market Street, SY23 1DL
01970 617606
This friendly restaurant serves Italian and modern food in a peaceful atmosphere.

Ship and Castle
shipandcastle.co.uk
1 High Street, SY23 1JG
Named by CAMRA, the Campaign for Real Ale, as pub of the year in 2011, this 1830s local is the best place to come to for a large selection of beer on tap and a cosy, welcoming atmosphere. It also has a reputation for attracting tourists, locals and students.

▶ PLACES NEARBY
Borth Animalarium
animalarium.co.uk
Ynisfergi, Borth, SY24 5NA
01970 871224 | Open Apr–Oct 10–6, Nov–Mar 11–4
This rescue zoo for unwanted animals is for a great family excursion. All kinds of exotic animals live here, including a lynx, meerkats, capuchin monkeys, prairie dogs and hamsters. Many come from other zoos and wildlife parks who could no longer house them, but some come from private owners.

Borth and Ynyslas Golf Club
borthgolf.co.uk
High Street, Borth, SY24 5JS
01970 871202 | Open daily 12–5
This traditional links course provides a tough challenge for all.

▸ Isle of Anglesey *(Ynys Mon)*

▲ Burial chamber at entrance of Bryn Celli Ddu

Compared to the wilds of Snowdonia, the view over to Anglesey can look surprisingly flat and uninspiring. Don't be fooled. This island – the largest in England and Wales at 276sq miles – is a visitor's delight where you can enjoy miles of golden beaches and tiny villages. It has a great number of neolithic sites and castles and one of only two Welsh geoparks. Most of all, for a traveller, it feels somewhat off the main beaten track and very authentically Welsh, as the language is so commonly spoken.

Historically, it's also this authenticity that's made the island stand out. Indeed its ancient name is *Mon mam Cymru*, which means Mother of Wales. Anglesey has always had a spiritual and sacred element. The Celts considered it holy, and the Druids formed a stronghold here, offering human sacrifices during their standoff with the Romans in 60 AD. It was the last part of Wales to fall. Whether or not something of the mystique vanished when it was linked to the mainland is debatable, but no one can deny the engineering feat of Thomas Telford's iconic 570-foot suspension bridge, erected in 1826. It has a 98-foot-high central span, allowing the passage of tall ships through the turbulent Menai Strait below. It was joined in 1850 by Robert Stephenson's Britannia Bridge, which carried a railway providing even further links to mainland north Wales.

Nowadays the island is relatively easy to get around, largely thanks to the new A55 expressway. Once here you'll probably want to visit Beaumaris and its castle. The town has the best in terms of infrastructure and services. Two low-key tourist centres can be found at Llanfair PG and Holyhead.

If you love wildlife, head to South Stack cliffs, where you can see puffins, razorbills, fulmars, guillemots and choughs. For those interested in history, visit the Bronze Age burial mound at Bryn Celli Ddu (east of Llanddaniel Fab), with its stone entrance still intact.

If you want to hike, head to the breezy summit of Holyhead Mountain (708ft/216m), which is the highest point in Anglesey and capped by an Iron Age fort. Alternatively, you can stroll along the dunes from Newborough Warren, in the southeast of the island, to the peninsula and lighthouse of Llanddwyn Island. Other highlights include Cemaes Bay rock pools, a delight for kids, and the Oyster Catcher restaurant and social enterprise scheme in Rhosneigr.

▼ The Menai Strait

GO BACK IN TIME
Bryn Celli Ddu
Burial Chamber
cadw.wales.gov.uk
Nearest town: Llanddaniel Fab,
Anglesey, LL61 6DQ | 01443 336000
Open daily 10–4

The name of his historic site means 'the mound in the dark grove'. It was plundered in 1699 and excavated by archaeologists between 1928 and 1929. During the neolithic period a stone circle and henge stood at the site. An area of burnt material containing a small human bone from the ear, covered with a flat stone, was recovered. The stones were removed in the early Bronze Age when an archetypal passage grave was built over the top of the centre of the henge. A carved stone with a twisting, serpentine design stood in the burial chamber. It has since been moved to the National Museum of Wales in Cardiff and replaced with a replica standing outside. An earth barrow covering the grave is a 20th-century restoration; the original was probably much bigger and believed to have been built to mark the summer solstice.

▶ **PLACES NEARBY**
Beaumaris
see page 86

▶ Bala

With Llyn Tegid – the largest natural lake in Wales – at its centre, you really won't be able to miss Bala. Here are the stats: it's four miles long, three-quarters of a mile wide and, in places, 140 feet deep. Amazingly, it is still capable of freezing over, most recently in the severe winters of 1947 and 1963. Not surprisingly, it's popular for water sports, especially when strong southwesterly winds whip up the waves into white horses. Anglers also love it here too, as pike, perch, roach, trout and salmon are plentiful, but these waters are most famous for a type of freshwater herring called a 'gwyniad', believed to have been trapped here, or so it is believed, since the last ice age.

However, it's the lake's setting that makes it, surrounded as it is by the Aran and Arenig mountains, namely Aran Fawddwy. At a mighty 2,969 feet (905m) it's Wales' highest mountain south of Snowdon. Once locals mistakenly believed nearby Cadair Idris to be a few feet higher and, jealous of its popularity, erected a huge cairn to redress the balance.

Venture into town and you'll find a wide main street of austere architecture, camouflaged by the brightly coloured signs of cafes, gift shops and inns. You'll also notice its strong religious roots in its many chapels and statues dedicated to both Dr Lewis Edwards, founder of the Methodist College, and Reverend Thomas Charles, one the founders of the British and Foreign Bible Society. In the 18th century the town was also known for making flannel, stockings and hosiery. The Bala Lake Railway, one of those splendid narrow-gauge steam railways for which the Welsh are justly famous, has its terminus on the south shore of the lake, just over a half mile from the town.

TAKE A TRAIN RIDE
Bala Lake Railway
bala-lake-railway.co.uk
The Station, LL23 7DD | 01678
540666 | Open Apr–Sep daily;
closed certain Mondays & Fridays;
call or check website for details
Steam locomotives, which once worked in the slate quarries of north Wales, now haul passenger coaches the 4.5 miles from Llanuwchllyn Station along the lake to Bala. Some of the coaches are open so passengers can enjoy the beautiful views of the lake and mountains in all weathers.

GET ON THE WATER
National White Water Centre
ukrafting.co.uk
Frongoch, Bala, LL23 7NU
01678 521083
The Afon Tryweryn runs through Bala and is world famous for its white-water kayaking. Many international kayak and canoe events are held here.

GO FISHING
balaangling.co.uk
Bala and District Angling Association supplies permits on both rivers or lakes for coarse or game fish. Permits are available for a day, week or season; visit the website for details.

HIT THE FESTIVALS
Wa! Bala
www.wabala.co.uk
07879 227819
A pop festival usually held annually in September, featuring many home-grown Welsh bands.

▲ Boats on Bala Lake

▶ Bangor

One of the smallest cities in Britain, Bangor is known more for its buzzing university than anything else. In term time, its typical 12,000 population swells by another 10,000 students, which keep its few kebab shops and cheesy nightclubs going. Old Bangor is a maze of streets leading down to the sea. Gwynedd Museum and Art Gallery can be found in town, and contains many culturally important artefacts and modern exhibitions. Despite its great location on the Menai Strait, you might be less than impressed when you arrive. Some are very down on the town, saying the centre has been destroyed by the soulless Deiniol shopping centre. The city does however remain a transport hub, connecting people to Snowdonia and Anglesey. Built in 1896 and stretching 1,476 feet out into the Menai Strait, the Victorian pier is popular for a stroll. Three miles east is the spectacular Penrhyn Castle, which despite having the appearance of an authentic Norman fortress was actually built in the early 19th century as a sumptuous family home.

TAKE IN SOME HISTORY
Bangor Cathedral
bangor.churchinwales.org.uk
LL57 1LH | 01248 353983
Open Mon–Fri 9–4.30, Sat 10.30–1
This ancient cathedral occupies one of the oldest ecclesiastical sites in Britain. It was founded in 530 AD by St Deiniol who enclosed the sacred site inside a fence constructed by driving poles into the ground and weaving twigs and branches between them. The Welsh term

for this type of fence was 'bangor' – which is how the city got its name. The cathedral's earliest remains are from the 12th century, but these were largely destroyed during the Glyndwr rebellion and subsequent civil war. Much of today's architecture dates from the 19th-century reconstruction that was overseen by renowned architect Sir George Gilbert Scott. The tranquil site also has a small shop and exhibition centre.

Penrhyn Castle
nationaltrust.org.uk
LL57 4HN | 01248 353084
Open March–Nov; times vary, call or check website for details
Located in some of Wales' most picturesque countryside, this 19th-century neo-Norman castle resembles a large, sumptuous manor house. The architect behind it, Thomas Hopper, designed the imaginative fantasy structure for George Dawkins Pennant, a local slate-quarry owner, whose family made their fortune from Welsh slate and Jamaican sugar. Notable rooms include the Great Hall, which is heated by hot air, and the library with its heavily decorated ceiling. The grand staircase is quite startling in both its proportions – three full storeys high – and its cathedral-like structure of lofty arches, carved stonework and stained glass. There is an industrial railway museum in the courtyard, a model railway museum and a doll museum. The whole ensemble is set in 40 acres of beautiful grounds between Snowdonia and the Menai Strait, overlooking the north Wales coast.

VISIT THE MUSEUM AND GALLERY
Gwynedd Museum and Art Gallery
gwynedd.gov.uk
LL57 1DT | 01248 353368
Open Tue–Sat; times vary, call or check website for details
This unique collection reflects the history of north Wales, paying particular attention to the Welsh identity and culture from the 18th century to the present day. A variable programme of arts and crafts, including local works, touring exhibitions and historical displays keeps the collections fresh and exciting. There's also a craft shop selling a range of handmade jewellery, ceramics and glassware.

PLAY A ROUND
St Deiniol Golf Club
st-deiniol.co.uk
Bangor St Deiniol, Pen y Bryn, LL57 1PX | 01248 353098
Open daily; call or check website for details
A superb 18-hole, championship-standard golf course – but watch out for the tricky fourth hole. Founded in 1906, the club features a number of events throughout the year. The bar and restaurant both have great views of the Snowdonia ranges.

▶ **Bardsey Island**
see **Aberdaron & Bardsey Island,** page 61

▶ **Barmouth**

You could be forgiven for thinking this Victorian seaside resort is a 'bit too much like Blackpool'. During the summer months it sees heavy infiltration from those seeking sun, sand and fun. Dodgem cars, funfair rides and chip shops all come alive to cater for the masses. In the town you can explore a web of stairs and alleyways leading up from the High Street to the old town, which is built almost vertically and haphazardly up the cliffs. Further up still is *Dinas Oleu* (the Fortress of Light), the first property ever bequeathed to the National Trust in 1895.

Whatever you think of the town, Barmouth has been blessed with some wonderful sands. It's a blue-flag beach, meaning you can enjoy swimming or surfing in the waters. Across the Mawddach Estuary, Fairbourne also holds blue-flag status. This estuary boasts Wales' only surviving wooden rail viaduct, which has a handy pedestrian walkway across it. Behind the resort lies the Rhinogydd mountain range, where you can hike through some of the finest mountains in Wales.

HIT THE BEACH

Barmouth has a long sandy beach with blue-flag waters. Just south of the Mawddach Estuary is Fairbourne, another great sandy beach, which is ideal for swimming.

CATCH A PERFORMANCE

Dragon Theatre
dragontheatre.co.uk
Jubilee Road, LL42 1EF
01341 281697

LEARN TO SAIL

Merioneth Yacht Club
merionethyachtclub.co.uk
The Quay, Barmouth, LL42 1HB
01341 280000
This club is one of the most popular in the country. The mainly southerly winds provide excellent sailing conditions. There is also an enthusiastic Celtic longboat rowing section.

▶ **PLACES NEARBY**

Bwlchgwyn Farm Pony Trekking Centre
bwlchgwynfarm.co.uk
Fairbourne, LL39 1BX
01341 250107
Enjoy a horse ride along the gorgeous sands at Fairbourne.

Fairbourne Railway
fairbournerailway.com
Beach Road, LL38 2EX
01341 250362 | Open daily Feb–Oct; closed Mon and Fri term time; call or check website for details
This fantastic small steam train travels along the 2.5-mile coastal stretch at Fairbourne.

▶ Barry

'Oh, what's occurin?' If you're a fan of the TV sitcom *Gavin & Stacey*, chances are you'll have heard of Barry. This town, seven miles from Cardiff, was once one of the biggest ports in the world, established specifically to serve the nearby coalfields. Those living in the mining towns also became frequent visitors to this seaside town. You can still come here for the sand – although the beach is not a patch on many of the other Welsh beaches. You can also explore the amusingly named Barry Island Pleasure Park. Technically, Barry Island doesn't exist any more. It was joined to the mainland by a causeway in the 1880s.

MEET THE BIRDLIFE
Welsh Hawking Centre
welsh-hawking.co.uk
Weycock Road, CF62 3AA
01446 734687 | Open Wed–Mon
10.30–5; closed Tue
Be amazed by the speed of graceful falcons and the silent flight of an owl at this top hawking centre. In total, there are more than 200 birds of prey here, including eagles, hawks, owls, buzzards and falcons. The daily flying displays are hugely popular; you may even be able to get involved and have one of the birds land on your gloved hand. For the more timid, there are plenty of friendly tame animals to admire, including guinea pigs, horses and rabbits. The centre is situated in 20 acres of scenic Welsh parkland with ample parking.

GET OUTDOORS
Porthkerry Park
www.valeofglamorgan.gov.uk
Park Road, Barry CF62 3BY
01446 733589 | Open all year daily
This parkland contains 220 acres of woodland and meadows, leading down to a sheltered pebble beach and spectacular cliffs. Picnic sites, nature trails, a forest cafe and adventure playground add to the appeal.

PLAY A ROUND
Brynhill Golf Club
brynhillgolfclub.co.uk
Port Road, CF62 8PN
01446 720277
This course is known for its hard walking and prevailing west wind.

▼ Whitemore Bay, Barry Island

RAF St Athan Golf Club
rafstathangc.co.uk
Clive Road, St Athan, CF62 4JD
01446 751043
If you like your golf with the added challenge of low-flying jets, you'll enjoy playing a round here. To top it off, it's also a very tight course with lots of trees.

St Andrews Major Golf Club
www.standrewsmajorgolfclub.com
Coldbrook Road East, Cadoxton, CF63 1BL | 01446 722227
A scenic, 18-hole parkland course suitable for golfers of all abilities.

EAT AND DRINK
Blue Anchor Inn
blueanchoraberthaw.com
East Aberthaw, CF62 3DD
01446 750329
This pretty, stone-built inn has been trading almost continuously since 1380, the only break being in 2004 when a serious fire destroyed the top half of the building, forcing its closure for restoration. The interior is warmly traditional and there's a selection of real ales on tap. The food comes highly recommended and you can choose to eat in the bar or restaurant.

▶ PLACES NEARBY
Dyffryn Gardens
nationaltrust.org.uk
St Nicholas, CF5 6SU
029 2059 3328 | Open Apr–Oct daily 10–6, Nov–Feb 10–4
Just to the west of Cardiff, these Grade I-listed gardens

5 top *Gavin & Stacey* sites

▶ Stacey's house; 47 Trinity Street, Barry, CF62 7EW

▶ Uncle Bryn's house; 48 Trinity Street, Barry, CF62 7EW

▶ The Arcade where Nessa works; Island Leisure Amusement Arcade, Western Shelter, Barry Island, CF62 5TQ

▶ Where the beach scenes are filmed; Whitmore Bay, Barry Island beach

▶ Where Stacey works in series 3; Marco's Coffee & Ice Cream Bar, near the Western Shelter, Barry Island

offer an outstanding example of Edwardian garden design. Covering more than 55 acres, they feature formal lawns, seasonal bedding plants and an arboretum with trees from all over the world. Within the gardens lies Dyffryn House; dating originally from the late Edwardian times, it's now kitted out in Victorian splendour and open to the public. Thomas Mawson, the leading landscape architect of his generation, designed the gardens between 1906 and 1914, commissioned by visionary John Cory and his son Reginald. Key sights include the Pompeian Garden with its impressive collection of statuary and plants from South Africa, China and Japan. Today, this early interest is reflected in the many impressive oriental trees and shrubs. In front of the house is a stunning water lily canal, surrounded by a great lawn. To the west is a series of garden rooms enclosed by yew hedges, each one with a different theme, such as the Roman garden and fuchsia garden. Beyond, winding walks lead through the informal west garden, where magnolias provide a magnificent display in spring and early summer. In its heyday the walled garden would have played a vital part in the daily life of the household, supplying exotic fruit, vegetables and flowers for the house, but fell into disrepair and has not been accessible to the public for many years.

An ambitious restoration scheme has brought this two-acre site back to life. About a quarter of the area is taken up by two new glasshouses, producing heritage fruit and vegetables in one and exotic plants, including cacti and rare orchids in the other. This garden is truly a feast for the senses.

Old Beaupre Castle
cadw.wales.gov.uk
St Hilary, Cowbridge, CF71 7LT
01443 336000 | Open all year daily 10–4
This ruined manor house was built around 1300 and remodelled during the 16th century to include the addition of the impressive gatehouse and porch.

▶ Beaumaris

One of the most beautiful of Edward I's masterpieces, moated Beaumaris Castle on Anglesey was built in the late 13th century to guard the approaches to the Menai Strait. The concentric walls with their circular towers were never completed to their full height, and the castle never saw military action. You can't help but be impressed by the great hall and chapel in the central tower. You can also enjoy the town's history with such attractions as the former gaol and courthouse, where you can see the grim cells and foreboding 19th-century courtroom.

TAKE IN SOME HISTORY
Beaumaris Castle
see highlight panel opposite

Beaumaris Gaol and Courthouse
visitanglesey.co.uk
Steeple Lane, LL58 8EP
01248 810921 | Open Easter–Sep

Mon–Thu, Sat–Sun 10.30–5,
Oct Sat–Sun, half term and BH Mon;
other times by appointment
This may sound dry but it's actually a really interesting place to visit. It gives a fascinating insight into the world of Victorian prisoners. An audio tour dishes the dirt on

▶ Beaumaris Castle

cadw.wales.gov.uk

LL58 8AP | 01248 810361 | Open Mar–Jun daily 9.30–5, Jul–Aug 9.30–6, Sep–Oct 9.30–5, Nov–Feb Mon–Sat 10–4, Sun 11–4

Sitting majestically on the shores of the Menai Strait, looking from the island of Anglesey across to mainland Wales, this powerful castle took more than 35 years to build, and even so was never finished completely. It was the last of an ambitious series of fortifications built by Edward I following his conquest of Wales. Building began in 1295 with the construction of a wide moat, high walls and strong towers. In the inner ring, two massive twin-towered gatehouses were built, while the outer ring comprised a wall 27 feet high, bristling with defensive towers and its own protected dock. The rooms were furnished to the highest standards and the whole thing thought impregnable. However, this was never put to the test, and no siege machines or artillery have ever been fired at or from its walls. Less than 20 years after building work stopped on the unfinished castle, there were reports that it was already falling into decay.

how the courthouse and gaol operated, and gives authentic insight into social and judicial history, as well as the cases of real people.

TAKE A BOAT TRIP

Starida Sea Services

starida.co.uk

Little Bryn, Beaumaris, LL58 8BS

01248 810251

Head out from the Starida kiosk by Beaumaris Pier into the Menai Strait or to Puffin Island – a bird sanctuary and seal colony haven.

PLAY A ROUND

Henllys Golf Club

henllysgolfclub.co.uk

Henllys Hall, LL58 8HU

01248 811717

A mature parkland course with natural water hazards.

EAT AND DRINK

Bishopsgate House Hotel ◉

bishopsgatehotel.co.uk

54 Castle Street, LL58 8BB

01248 810302

This Georgian town house in mint green looks out from the Beaumaris waterfront over the Menai Strait. A variety of fresh fish dishes are frequently served.

Ye Olde Bulls Head Inn ◉◉◉

bullsheadinn.co.uk

Castle Street, LL58 8AP

01248 810329

This 15th-century pub started life as a staging post and inn on the main route to Ireland, a stone's throw from the gates of Beaumaris' medieval castle. The bar transports drinkers back to Dickensian times (and Charles Dickens himself stayed here), with settles, antique furnishings and artefacts on display, including the town's old ducking stool. The menu is exceptional and you can choose to eat in the brasserie (lunch and dinner), the restaurant (dinner only) or simply enjoy one of the quality cask ales or a glass of champagne in the bar. Quality accommodation is also available.

▶ Beddgelert

This town is all about location, location, location. Tucked away between the Glaslyn and Colwyn valleys, Beddgelert is surrounded by wooded lower crags, rocky slopes, mountain lakes and bluffs of Snowdon. The centrepiece of the village is a pretty twin-arched stone bridge over the lively Glaslyn River. Huddled around the bridge are stone-built cottages, inns, craft shops and cafes. It's so picturesque, Hollywood chose to shoot Ingrid Bergman's film *The Inn of the Sixth Happiness* here in the 1950s.

Beddgelert, which means 'Gelert's grave', takes its name from the Celtic saint Kelert. Some tourist literature would have you believe that Gelert was Llywelyn the Great's faithful dog, killed by his master, who mistakenly believed it had butchered his child. It seems, however, that the myth and the building of the grave were ploys by David Pritchard, the first landlord of the Royal Goat Hotel, built in 1803, to bring more visitors to his new establishment. To the north of the town is the Sygun Copper Mine, known as one of the wonders of Wales. To the south of the village, on the Aberglaslyn Pass and close to the Welsh Highland Railway track, 700-foot cliffs form a cavernous rocky gorge, through which the waters of the Glaslyn transform into violent white torrents. There's an adventurous riverside path here, from which you can see the water in all its glory.

GET INDUSTRIAL
Sygun Copper Mine
syguncoppermine.co.uk
LL55 4NE | 01766 890595
Open Mar–Oct 9.30–5, 27 Dec–2 Jan, Feb half-term holiday 10–4
Discover a spectacular audio-visual underground experience where you can explore the workings of this 19th-century copper mine and see the magnificent stalactite and stalagmite formations. Other activities include panning for gold, metal detecting and a children's playground. Marvel at the fantastic coin collection spanning the eras from Julius Caesar to Queen Elizabeth II, and visit the Time-Line Museum with Bronze Age and Roman artefacts.

EAT AND DRINK
Lyn's Café and Tea Garden
Church Street, Beddgelert, LL55 4YA | 01766 890374
Sited by the River Colwyn in Beddgelert, this cosy cafe has a splendid riverside garden where you can relax with a coffee or tea. Alternatively, choose from a menu of breakfast items, snacks, light meals and lunches, clotted cream teas and evening meals. The cafe is licensed in the evening, when a different atmosphere ensues.

Tanronnen Inn
tanronnen.co.uk
Beddgelert, LL55 4YB
01766 890347
Originally part of the Beddgelert Estate, this stone-built building was once the stables for the passing coach trade in 1809. After conversion into a cottage, it opened as a beer house in 1830. The inn we see today has two attractive small bars serving Robinsons Ales, a large lounge with a roaring open fire, a dining room serving home-cooked meals and some welcoming overnight accommodation.

▶ Benllech

Benllech is a modern resort on Anglesey where you can enjoy a superb sandy beach with some decent cafes and facilities. You can also take a short walk southwards on the coastal path to Red Wharf Bay where there's a huge expanse of sand, tidal mud and salt marshes stretching for 2.5 miles to Llandonna. The bay is absolutely superb for walking and birding – you'll more than likely spot redshanks, curlews, shelducks and oystercatchers. Anglesey's best pub, The Ship Inn (see Red Wharf Bay, page 279), and the best restaurant, The Old Boat House, are also here.

▶ Betws-y-Coed

Betws-y-Coed, pronounced 'betoose ee koyd', is the most popular of all Snowdonia's inland resorts and the natural base for exploring the national park. Sheltered by the enormous Gwydyr hillside forests and sited near the junction of three rivers – the Conwy, Lledr and Llugwy – it was built mostly in Victorian times when an artist colony set up here, attracted by the natural beauty. Some parts are older, however, and you might want to check out the 14th-century Church of St Michael's, one of the oldest in Wales. There's a museum at the railway station, which dates from 1868, boasting a miniature railway, shop and restaurant. The main street, Holyhead Road, has an excellent range of pubs and B&Bs. You'll see plenty of hikers in their wet-weather gear checking out the specialist outdoor shops which sell cheap gear and more luxurious brands. You can happily while away a few hours here picking up bargains. The tourist centre provides maps and advice on day trips in the area. Activities are best organised through the Plas y Brenin National Mountain Centre.

While here, you can also visit the cascading waterfalls – one flows beneath the Pont-y-Pair Bridge, which was built in 1468 at the heart of the town. On sunny days, sunbathers lie on the crags that line the banks. Lying two miles west up the road, the Swallow Falls, best viewed from the north bank of the Llugwy, is another spectacular torrent. The Conwy Falls at the Penmachno end of the town are accessed from the car park of the Otter Restaurant and Café.

Betws-y-Coed also has great bridges. A mile or so away on the road to Capel Curig is the Miner's Bridge, where the miners crossed the river on a steep ladder to their work. Then there's Thomas Telford's iron Waterloo Bridge, built in 1815, which carries the A5 across the River Conwy. The town is also a great starting place for walks into the countryside.

TAKE IN SOME HISTORY
Ty Mawr Wybrnant
nationaltrust.org.uk
LL25 0HJ | 01690 760213
Opening times vary; call or check
website for details
Situated in the Wybrnant Valley, Ty Mawr was the birthplace of Bishop William Morgan (1545–1604), the first translator of the Bible into Welsh.
This first edition appeared in 1588, before the King James Bible, with a revised version published in 1620. It is this later version that continues to be used in Wales today. The house has been restored to give an idea of its 16th-century appearance. The Wybrnant Nature Trail, a short walk, goes on for a mile.

VISIT THE MUSEUM
Conwy Valley
Railway Museum
conwyrailwaymuseum.co.uk
Old Goods Yard, LL24 0AL
01690 710568 | Open all year
daily 10–5.30
The two large museum buildings here have displays on both the narrow- and standard-gauge railways of north Wales, including railway stock and other memorabilia. There are working model railway layouts, a steam-hauled miniature railway in the grounds, and a 15-inch-gauge tramway to the woods. The latest addition is the quarter-size steam *Britannia* loco that is now on display. For children there are mini-dodgems, Postman Pat, a school bus and Toby Tram.

> ### 5 top boutique accommodation websites
>
> ▶ sheepskinlife.com
> ▶ underthethatch.com
> ▶ welsh-country-cottages. co.uk
> ▶ sugarandloaf.com
> ▶ menaiholidays.co.uk

Betws-y-Coed Motor Museum
Station Road, LL24 0AH
01690 710760 | Open Easter–Oct
daily 10.30–5.30
Featuring a unique collection of vintage and thoroughbred cars, this motor museum is housed in the old Betws Farm overlooking the beautiful River Llugwy in the heart of the village. Exhibits include exotic and rare cars such as Bugatti, Aston Martin and Bentley.

EXPLORE BY BIKE
Beics Betws
bikewales.co.uk
Heol y Ficerdy, LL24 0AD
01690 710766 | Call or check
website for details
Cycle through the Gwydyr Forest, taking any of the forestry tracks, miner's tracks or byway routes.

Plas y Brenin
pyb.co.uk
Capel Curig, LL24 0ET
01690 720214
This leading outdoors centre offers a range of courses in climbing, kayaking and mountain biking.

PLAY A ROUND
Betws-y-Coed Golf Club
betws-y-coedgolfclub.co.uk
LL24 0AL | 01690 710556
An attractive course set
between two meandering rivers
with stunning views of the
Snowdon mountain range;
known as the Jewel of
the Nines.

EAT AND DRINK
Llugwy River Restaurant @ Royal Oak Hotel ◉
royaloakhotel.net
Holyhead Road, Betws-y-Coed,
LL24 0AY | 01690 710219
The Royal Oak Hotel is the
tourist honeypot of Betws-y-
Coed, where ambling day
trippers and hardy hikers come
for refuelling. After a thorough
facelift, the Victorian coaching
inn now has a clean,
contemporary interior. The
kitchen takes a modern Welsh
line using top-grade local
produce. Bara brith fruitcake
makes a savoury alternative
to pudding.

Pinnacle Café
pinnaclepursuits.co.uk
Capel Curig, LL24 0EN
01690 720201
This lively walkers' and
climbers' cafe serves good
grub, including all-day
breakfasts, piping-hot mugs of
tea and hot chocolate, jacket
potatoes and delicious cakes.
It's ideal for big pre-walk or
after-walk appetites. Next to
the cafe is a shop selling food
and drink as well as clothing
and other walking supplies.

Stables Bar, Royal Oak
stables-bistro.co.uk
Betws-y-Coed, LL24 0AY
01690 710219
An extension to Betws-y-Coed's
largest hotel, this pub dishes
up tasty bar meals time after
time, and it's often very busy.
On summer evenings there's a
large outside dining area where
you can eat under the trees and
the stars. It's a popular spot
with climbers and walkers.

Tan-y-Foel Country Guest House ◉◉◉
tyfhotel.co.uk
Capel Garmon, LL26 0RE
01690 710507
On a hill just outside the
village, Tan-y-Foel is a mix of
old and modern – parts date
from the 16th century and it's
been refurbished. The deal is a
fixed-price dinner, the menu
changing daily, with two choices
per course, and Welsh
farmhouse cheeses as an
alternative to pudding. The food
is a labour of love and the
dishes are interesting, without
being implausible.

White Horse Inn
Capel Garmon, Betws-y-Coed
LL26 0RW | 01690 710271
A cosy 400-year-old inn with
beamed ceilings, log fires
and a panoramic view of the
Conwy Valley and the
Snowdonia mountains.
The inn is well known for its
fine food, with an emphasis
on good local produce. It also
serves a wide selection of fine
wines and real ales.

▶ PLACES NEARBY

Gwydyr Stables

horse-riding-wales.co.uk
Ty Coch Farm, Penmachno,
Nr Betws-y-Coed | 01690 760248
Open all year. Call or check
website for details
Horse-riding, pony trekking or
extended day trail rides.

Swallow Falls

Swallow Falls, near Betws-y-
Coed, is the most renowned and popular display of
natural water power to be
found in Snowdonia.

Here, the beautiful Afon
Llugwy rages down from the
mountains through granite
chasms until it smashes
against the jagged rocks and
cascades between thickly
wooded banks to reach the
tranquil pool below. A dramatic
and unforgettable sight for
any visitor.

▼ Swallow Falls

▶ Blaenau Ffestiniog

Arrive at Blaenau Ffestiniog in Snowdonia on a rainy day and you'll see nothing but slate. The houses are built from it, they're roofed with it and gardens and backyards are piled up with it. Most of the time, the sky is also the same colour. Locals don't mind though. Slate is Blaenau's heritage and they're proud of it. It's been mined and quarried from the Moelwyn and Manod mountains lying to either side of the town for two centuries. Its ghostly relics are still very much around. In nearby Cwmorthin you can take a track beneath the Moelwyn crags past a forlorn-looking lake into a valley devastated by quarries and mines. There you can still see rusting pulley wheels and the bogies of the old slate carts.

It's not all gloomy though. In recent years the town centre has been regenerated to create a decent shopping experience. A new bus station has been built along with new areas that allow visitors to sit back and enjoy the mountains that pop into view when the clouds lift. Slate is now being used to decorate the town and several structures have been engraved with poetry. Local sayings have also been engraved on slate bands set into the pavements throughout the centre of town.

To encourage the outdoorsy crowd, various walkways have been installed in the nearby forest, as well as a series of downhill mountain-bike trails. A 0.75-mile-long zip wire is also planned, similar to the one launched in nearby Bethesda.If plans go ahead Blaenau Ffestiniog will also have the UK's first vélo-rail, popular in France.

▼ Ffestiniog Railway

GO UNDERGROUND
Llechwedd Slate Caverns
llechwedd-slate-caverns.co.uk
LL41 3NB | 01766 830306
Opening times vary; call or check
website for details
This is truly an adventure into
history. Take a guided tour on
the Miners' Tramway and
experience the life of the
Victorian quarrymen. Or travel
into the deep mine, where a
25-minute underground walk
reveals the social conditions in
which the miners lived as told
by 'the ghost of a Victorian
miner'. Recreated Victorian
shops, plus a licensed
restaurant and a pub complete
the experience.

SADDLE UP
**E Prichard Pony
Trekking Centre**
Felen Rhyd Fach, Maentwrog,
LL41 4HY | 01766 590231
The perfect way to enjoy
the fantastic scenery is
on horseback.

PLAY A ROUND
Ffestiniog Golf Club
ffestinioggolf.org
Y Cefn, LL41 4LS | 01766 762637
A moorland course set in
Snowdonia National Park.

EAT AND DRINK
The Miners Arms
llechwedd-slate-caverns.co.uk
Llechwedd Slate Caverns | LL41 3NB
01766 830306
Housed in two former miners'
cottages on the site of
Llechwedd Slate Caverns,
this welcoming pub is a great
place to finish the underground
tour of the slate mines. Slate
floors, open fires and staff in
Victorian costume emphasise
the heritage theme and this
extends to the menu, which
includes tasty homemade
soup, a 'traditional miner's
lunch' and lobsgows, a
speciality stew that reputedly
dates back to the days of
Blaenau Ffestiniog's trading
links with Hamburg.

▶ Blaenavon World Heritage Site

Designated a UNESCO World Heritage Site in 2000, this town is renowned for its cultural significance and industrial heritage. Lying in southeastern Wales, at the source of the Afon Lwyd, it's set high on a hillside and has a population of around 6,349 – although at the height of its industrial prowess, this was more like 20,000. It grew up around an ironworks, opened in 1788, part of which is now a museum. The steel-making and coal-mining industries followed. The ironworks closed in 1900, and the coalmine in 1980, since when it has become a significant tourist attraction.

If you wish to learn about the industries that took place here, there are two main focus points. The first is the Big Pit National Coal Museum and the second is Blaenavon Ironworks. Big Pit is a genuine coalmine and one of Britain's leading mining museums. The biggest draw is going 300 feet underground with a miner to see what life was like for the thousands of men who worked on the coalface. On the surface you can also visit the colliery buildings, pithead baths and smithy. The ironworks – the setting of the award-winning BBC television series *Coal House* – is the best preserved blast furnace complex of its period and one of the most important monuments to have survived from the early part of the Industrial Revolution. During its heyday in the early 19th century, it was one of the biggest producers of iron in the world. Today you can view the extensive remains of the blast furnaces, the cast houses and the impressively restored water balance tower. Through exhibitions and reconstructions you can also learn about the international significance of the iron industry and the scientific processes involved in the production of iron. You can also build a picture of the social history of the time by viewing the reconstructed shop and row of workers' cottages.

In the town itself, you can also visit the Pontypool and Blaenavon Railway, the Blaenavon Male Voice Choir and many historical walks through Blaenavon's mountains. There you will most likely see red kites and paragliders, both enjoying the thermals. The people are friendly – many who live here today had ancestors who helped build this community.

GET INDUSTRIAL

Blaenavon World Heritage Centre

visitblaenavon.co.uk
Church Road, NP4 9AS
01495 742333 | Open all year
Tue–Sun 9–5 and BHs.
Closed Xmas to New Year

The best starting point to any visit to Blaenavon is the centre, which provides an overview of how this industrial landscape became globally important. Traditional displays and modern videos illustrate the area's extraordinary history, focusing on a range of topics including standards of living, geology and transport systems. Local artists and photographers frequently display their work in the changing exhibitions.

Big Pit National Coal Museum

museumwales.ac.uk
NP4 9XP | 029 2057 3650
Open all year 9.30–5 (times vary in winter); call for underground guide tour availability

The UK's leading mining museum celebrated its 30th anniversary in 2013. The colliery was the workplace for hundreds of men, women and children for more than 200 years. The coal was used in furnaces and to light household fires across the world.

Blaenavon Ironworks

cadw.wales.gov.uk
North Street, NP4 9RN
01495 792615 | Open Apr–Oct, daily 10–5; times vary in winter, call or check website for details

The Blaenavon Ironworks were a milestone in the history of the Industrial Revolution. Constructed between 1788 and 1799, they were the first purpose-built, multi-furnace ironworks in Wales. By 1796 Blaenavon was the second largest ironworks in Wales, eventually closing down in 1904.

TAKE A TRAIN RIDE

Pontypool and Blaenavon Railway

pontypool-and-blaenavon.co.uk
NP4 9ND | 01495 792263
Call or check website for directions and opening hours

Take a nostalgic trip along the Pontypool and Blaenavon Railway line, which used to haul coal and passengers up and down this prolific and historic valley.

INDULGE YOURSELF

Blaenavon Cheddar Company

chunkofcheese.co.uk
80 Broad Street, NP4 9NF
01495 793123

Here you'll find a range of handmade cheeses, some of which are matured down the Big Pit mineshaft. The staff also arranges guided walking and mountain-bike tours.

EAT AND DRINK

The Whistle Inn

Garn-yr-Erw, NP4 9SJ
01495 790403

An old-fashioned public house and restaurant located above the Garn Lakes, with a huge collection of miners' lamps.

▶ Bodelwyddan Castle

bodelwyddan-castle.co.uk

Bodelwyddan, LL18 5YA | 01745 584060 | Opening times vary;
call or check website for details

Set in 260 acres of magnificent parkland in Denbighshire, north
Wales, this 19th-century mock castle, complete with turrets
and battlements, is now the Welsh headquarters of the
National Portrait Gallery. As such, it houses a large collection
of Victorian portraits, including Victorian portraiture
photographs. Interactive displays show how portraits were
produced and used in the Victorian era. The Castle Gallery
hosts a programme of temporary exhibitions and events. To add
to the charms of this historic house and accredited museum,
there are large areas of formal garden and natural woodland.
Imagine you're back in World War I and have a go in the
practise trenches. Perfect for the whole family, it also boasts
an adventure playground, garden maze, Victorian games room,
an old sweet shop and a cafe.

▼ Bodelwyddan Castle

▶ **Bodnant Garden**
see highlight panel overleaf

▶ **Bosherston**

If you like Monet, you'll love Bosherston. The picturesque village is known for its lily ponds, or lakes. These were formed by the Stackpole Estate in three narrow limestone valleys in the late 18th and early 19th centuries, and are protected today as a National Nature Reserve. You reach them by crossing raised causeways that create a path across the water. The lakes also support rare freshwater plants and a healthy population of otters, which feed on the eels, pike, perch, roach and tench that live in the lake. If you want to spot one, be aware: you may have to share your hide with one or more professional wildlife photographers, their long lenses trained on the water. Bats live here too, hunting for insects over the water, as do more than 20 species of dragon and damselfly. Breeding birds include herons, kingfishers, little grebes and moorhens while a dozen types of duck spend the winter on the lakes. The lakes comprise a section of the Pembrokeshire Coast Path, which takes an inland detour here to avoid the army range. Southeast of Bosherston is a wonderful secluded beach at Barafundle Bay, which is well worth the walk. If the nature isn't tranquil enough, why not look around the Norman church of St Michael's – it has a fine, medieval cross in the churchyard.

GET OUTDOORS

The excellent footpath network around Bosherton Lakes ensures you can enjoy the lakes at any time of year. A short circular route from Bosherston car park takes in the water lilies, which are at their best in June and July.

Stack Rocks and the Green Bridge of Wales

pembrokeshirecoast.org.uk
Probably the most photographed feature on the Pembrokeshire coastline is the Green Bridge of Wales (Pen-y-Holt), a huge natural arch formed by the collapsing of two coastal caverns. It can be viewed from the safe platform on Stack Rocks, also known as Elegug Stacks, after the Welsh word for guillemots. It's on military land and accessible only through organised walks run by the Pembrokeshire Coast National Park Authority.

HIT THE BEACH

Barafundle is regularly voted among the top beaches in the world for its great quality sand and water. It's a 10-minute walk from Stackpole Quay. Freshwater West, six miles west of the Stackpole Estate, is a great surf beach.

▶ Bodnant Garden

nationaltrust.org.uk
Conwy LL28 5RE | 01492 650460 | Opening times vary;
call or check website for details

Set high above the River Conwy, with spectacular views over the magnificent Snowdonia range, Bodnant is considered by many people to be the finest garden in Britain. It's famous for its collections of rhododendrons, camellias and magnolias, which in the spring and early summer create a dazzling kaleidoscope of colour. In early summer there's also a long tunnel cascading with laburnum racemes, and the Lily Terrace Pond, studded with many rare water lilies. Bodnant may have initially been established in 1875, with the planting of conifers by wealthy industrialist chemist Henry Pochin, but it was his daughter, the first Lady Aberconway, who really extended it to include herbaceous borders and shrubs, as well as trees. In 1949 the second Lord Aberconway gave the 80 acres to the National Trust. If you've only got a short amount of time hit the Rose Terrace, offering what is probably the finest view in the gardens, and the Croquet Terrace, which boasts a wisteria-clothed fountain.

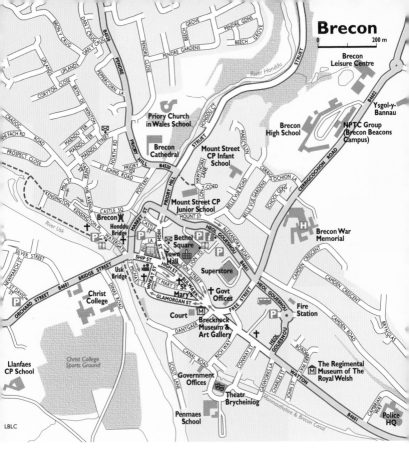

▶ Brecon

Brecon is a traditional mid-Wales' market town nestling in the foothills of the Brecon Beacons National Park in Powys. Found at the junction of two rivers, the Usk and the Honddu, it's always been a popular destination, largely due to its closeness to the national park. Although the Romans made their home here, Brecon's roots date back to the fifth century when it was governed by the Celtic chieftain Brychan, who gave his name to the town. The town grew in importance during Norman times when a Benedictine monastery, a castle and formidable town walls were built. In the Act of Union of 1536 Brecon was listed as one of four local capitals, and in 1542 Henry VIII set up a chancery here, installing the exchequer in the castle.

Today the castle is no more than a ruined wall set in the gardens of a hotel – the Castle of Brecon Hotel. It's a similar story for the town walls as only fragments remain. The town centre is a mixture of Georgian, Jacobean and Tudor architecture, with a network of narrow streets leading off the Bulwark. The 19th-century Shire Hall, with its Athenian-style columns, houses the lively Brecknock Museum and Art Gallery.

Meanwhile, Brecon's military history is well recorded at The Regimental Museum of the Royal Welsh in the Barracks. A market is held on Tuesday and Friday, and each August Brecon swings to its own jazz festival, one of the UK's premier jazz events. But whatever is going on, the one unmissable feature of Brecon is the twin peaks of Pen-y-Fan (2,907ft/886m) and Corn Du (2,863ft/873m). Your eyes can't help but be drawn up to their angular outlines, sculpted northern cliffs and shadowy cwms. Expect to see lots of walkers in their gear pottering around town and enjoying the many wonderful pubs.

TAKE IN SOME HISTORY
Brecon Cathedral
breconcathedral.org.uk
Cathedral Close, Brecon, LD3 9DP
01874 623857
Brecon Cathedral started life as the Benedictine Priory of St John the Evangelist, founded by the Normans in 1093, probably on the site of an older Celtic church. At the Dissolution of the Monasteries in 1538 it became Brecon's parish church. It only became a cathedral in 1923, on the establishment of the Diocese of Swansea and Brecon. It is now the mother church of the Diocese and offers a ministry of worship and welcome to all who visit.

VISIT THE MUSEUM
The Regimental Museum of The Royal Welsh
royalwelsh.org.uk
The Barracks, The Watton, LD3 7EB
01874 613310 | Open all year
Mon–Fri 10–5, Apr–Sep Sat & BHs
10–4; call or check website for special Sun opening times
The museum is dedicated to the South Wales Borderers and Monmouthshire Regiment (now

▼ Pen-y-Fan

the Royal Welsh). In over 320 years of service, the regiment has gained 244 Battle Honours and 43 of its soldiers have received the Victoria Cross. It has been involved in many significant events in British military history.

CATCH A PERFORMANCE
Theatr Brycheiniog
www.brycheiniog.co.uk
Canal Wharf, Brecon, LD3 7EW
01874 611622
Brecon's centre for arts and entertainment has an excellent programme of events throughout the year.

EXPLORE BY BIKE
Bikes and Hikes
bikesandhikes.co.uk
Lion Yard, Brecon, LD3 7BA
01874 610071
This is a popular place to hire a bike, or go on an organised activity, such as climbing, caving or gorge walking.

TAKE A BOAT TRIP
Beacon Park Day Boats
beaconparkdayboats.co.uk
The Tollhouse, Canalside, LD3 7FD
0800 612 2890
Explore the beautiful Monmouthshire and Brecon Canal aboard a boat, available for hire by the day, half-day or hour.

PLAY A ROUND
Brecon Golf Club
brecongolfclub.co.uk
Newton Park, LD3 8PA
01874 622004 | Open all year daily, including BHs

This is an easy-walking parkland course with good river and mountain scenery.

EAT AND DRINK
Giglios Coffee Shop
10-11 Bethel Square, LD3 7JP
01874 625062
A modern licensed coffee shop and restaurant in the heart of Brecon. Here you'll find excellent cream teas, gateaux and sandwiches, such as smoked salmon and cream cheese, Thai green chicken or salmon with dill mayonnaise.

▶ PLACES NEARBY
Cantref Riding Centre
cantref.com
Cantref, Brecon, LD3 8LR
01874 665223
Located in the foothills of the Brecon Beacons, this riding centre has been running for 40 years and caters for riders of all abilities.

The Castle Coaching Inn
castle-coaching-inn.co.uk
Trecastle, LD3 8UH | 01874 636354
This Georgian coaching inn sits on the old London–Carmarthen route in the northern part of the Brecon Beacons National Park. It has lovely old fireplaces and a remarkable bow-fronted window looking out from the bar, where an open log fire burns throughout the winter. Although it becomes lively on weekends, it is still – somehow – very relaxing. Two real ales on tap change weekly,

ensuring a pint in tip-top condition. Wines and a good selection of Scottish and Irish whiskies are also served.

Peterstone Court ❀❀

peterstone-court.com
Brecon Road, Llanhamlach, LD3 7YB
01874 665387 | Opening hours vary; call or check website for details
This handsome Georgian house overlooks the River Usk beneath the brooding peak of Pen-y-Fan. Blending eclectic contemporary style with period elegance, it boasts a fine restaurant and a menu using locally sourced ingredients. For those tired after a long day in the hills, it also has a lovely, pocket-sized spa. What a treat.

The White Swan Inn

white-swan-brecon. co.uk
Llanfrynach, LD3 7BZ 01874 665276
Standing opposite the ancient church of St Brynach this

▼ Brecon village

atmospheric pub offers a warm and cosy welcome. Eat in the spacious Flagstone Restaurant or the more informal bar, offering a lighter snack menu and weekly changing guest ales.

Star Inn

starinntalybont.co.uk
Talybont-on-Usk, LD3 7YX
01874 676635
This popular pub is found right next to the Monmouthshire and Brecon Canal and has an ever-changing choice of real ales – clocking up an impressive 500 plus guests a year. In mid-June and mid-October beer festivals pull in even more fans. Oh, and the food here is pretty special too.

The Usk Inn

uskinn.co.uk
Talybont-on-Usk, LD3 7JE
01874 676251
A short drive or walk from Talybont-on-Usk, on the picturesque Abergavenny to Brecon road, is the Usk Inn, which opened in the 1840s just as the Brecon–Merthyr railway line was being built alongside it. Over the years the pub has been transformed from an ordinary boozer into a country inn with a restaurant and guest rooms. The inn is a popular choice with canalfolk holidaying on the Brecon and Monmouthshire Canal, which passes through the village. It's also useful for access to the rest of South and mid-Wales.

▶ Brecon Beacons National Park

breconbeacons.org

The National Park Visitor Centre, Libanus, Brecon, LD3 8ER | 01874 623366

Open daily summer 9.30–5.30; winter 9.30–4

This national park *(Parc Cenedlaethol Bannau Brycheiniog)* may not have the height and cliffs of Snowdonia, nor the sparkling sea of Pembrokeshire, but it's still got plenty to offer – including lots of thrills and plenty of space. Running from Llandeilo in the west to just past Abergavenny in the east, it covers the finest scenery in south Wales, from rolling, glacial-carved uplands to crashing waterfalls and green hills overlooking patchwork fields. No doubt you'll be drawn to its most famous feature, the precipitous sandstone ridge of **Pen-y Fan** and high point at 2,907 feet (886m). It's found in the most well known part of the park, the central Brecon Beacons *(Bannau Brycheiniog)*, an area that encompasses a group of flat-topped hills, as well as the Georgian town of Brecon (see page 101) and the mountain centre. Elsewhere, the park is divided into three other distinct areas. To the west, there is the wild, lonely **Black Mountain** *(Mynydd Du)*, a bleak moorland expanse dominated by the craggy ridge of Carmarthen Fan. Lying between the A4067 and A470 is *Fforest Fawr* (Great Forest). The area is now a geopark (see page 164), due to the astonishing geology that makes it up – its rocks are 480 million years old. It's also waterfall country, boasting a tremendous series of cascades along gorges. At one of these falls – *Sgwd yr Eira* – there's an opportunity to be brave and squeeze your way along a ledge behind the curtain of the fall. It also encompasses a large cave network, deep in the limestone rock. The eastern flanks comprise the **Black Mountains** *(Y Mynyddoedd Duon)* – not the same as the Black Mountain in the west – that are made up of a series of ridges and lonely valleys. Here, the park encompasses

▼ The River Usk with the Black Mountains in the distance

the ruins of the stunning 13th–century Llanthony Priory (see page 67) and the second-hand bookshop town of Hay-on-Wye (see page 182), famous for its literary festival. This area is also a huge draw for mountain bikers wanting to test their speed, endurance and gravity on the Black Mountains Killer Loop, a 26-mile, cross-country ride that begins in Crickhowell (see page 155).

Similarly taxing rides can be found across the park, along with gentler counterparts. There are, in fact, 14 graded and waymarked bike trails, making it an 'easy' option for those who don't fancy biking while navigating from an Ordnance Survey map.

Walkers are also well catered for across the park. There are hundreds of walking routes, ranging from gentle strolls to big days out. The terrain is often used for Territorial Army and SAS training days and Duke of Edinburgh expeditions. Throughout the summer the park's staff organise guided walks and other activities. Walking cards, maps and route plans can be obtained from the Brecon town tourist office and the main park visitor centre near Libanus, located just to the west of Brecon town on the A470. It suggests great days out for people of all abilities. One of the trips involves a walk up **Sugarloaf** – a conical mountain 1,995 feet (596m) high near Abergavenny (see page 66) – followed by a slurp of wine at its vineyard. Another involves a day in the Black Mountains, visiting Tretower Castle (see page 156) – the highest castle ruins in Wales – followed

▼ Cefn Cyff ridge

by an afternoon watching the skilled pilots of the Black Mountains Gliding Club soar along the mountain ridges. You can also take a trip on a vintage steam train, running alongside the Pontsticill and Pentwyn reservoirs, or drive up to Rhos Fach Common, tucked under Y Das Mountain, and make the most of the Black Mountain scenery. Alternatively, for those wishing to be independent and make their own routes, Ordnance Survey Outdoor Leisure maps 12 and 13 cover much of the park and have trails marked on them.

Daylight hours are not the only time to enjoy the park, however. One of the more peaceful and romantic activities it promotes is stargazing. With its quality dark skies and lack of light pollution from towns, this is one of the best places to spot the Milky Way, major constellations, bright nebulas and meteor showers. You may even lose count of the shooting stars that whizz overhead. The area is now the fifth destination in the world to be awarded International Dark Sky Reserve status, meaning it not only has great skies but also encourages people to enjoy, understand and protect them.

It's not just stars that come out at night, either. The park is home to many nocturnal animals, including barn owls, lesser horseshoe bats, foxes, badgers, dormice, hedgehogs, moths and insects. New research has revealed that light pollution disrupts many of their navigational patterns. Come here and enjoy them.

▶ Bridgend

Bridgend, 22 miles west of Cardiff, is a town of around 40,000 people, many of whom commute into the capital for work, It's not really a tourist trap of any description. The two most notable things are the discounted designer shopping outlet McArthurGlen, located on junction 36 of the M4, and the Merthyr Mawr, a huge stretch of grassy sand dunes and a Site of Special Scientific Interest (SSSI), leading down to the sea. The area was a film location in *Lawrence of Arabia* (1962).

TAKE IN SOME HISTORY
Newcastle Castle
cadw.wales.gov.uk
Newcastle Hill CF31 4JN
01443 336000 | Open all year
daily 10–4
The small castle dates back to the 12th century. It is in ruins, but a rectangular tower, a richly carved Norman gateway and massive curtain walls enclosing a polygonal courtyard can still be seen.

HIT THE BEACH
Managed by Natural Resources Wales, Merthyr Mawr is a great place to slide down the sand dunes. Nature lovers will have fun here too as the area is a designated SSSI owing to its abundance of plants and insect life.

EAT AND DRINK
Bokhara Brasserie ◉
bokhararestaurant.com
Court Colman Manor, Pen-y-Fai,
CF31 4NG | 01656 720212
Set within the Court Colman Manor country house hotel, the Bokhara is decked out in warm colours, with an open-to-view kitchen and a wall of slate – a relatively new feature. Also new is the revamped menu, which now concentrates on the cuisine of the subcontinent, with a number of dishes taken from the old North–West Frontier. The kitchen prides itself on not using colourings or ghee and buying only locally grown and reared produce and meat. Thus Welsh lamb could appear as barrah kebab (chunks of marinated chargrilled meat), as a whole leg (for six people) cooked in aromatic spices, or in a mutton saag curry. The hotel menu, meanwhile, offers 'a taste of Wales', with a range of delights including Glamorgan sausages, cawl (soup or broth), and laver bread (a type of seaweed).

▶ PLACES NEARBY
Coity Castle
cadw.wales.gov.uk
Coity, CF35 6BG | 01443 336000
Open all year daily 10–4
A fantastic stronghold dating from the 12th to 16th centuries, with a hall, chapel and the remains of a square keep.

Cross Inn
crossinncowbridge.co.uk
Church Road, Llanblethian, CF71 7JF
01446 772995

Much loved by visitors, this 17th-century former coaching inn is set in a picturesque corner of the Vale of Glamorgan's countryside on the fringe of the ancient town of Cowbridge, just a few miles from the splendid Heritage Coast. A family-run pub, the Cross Inn has a cosy restaurant and comfortable, character bar with welcoming log fires and a convivial atmosphere. The chefs take great pride in developing daily menus of essentially British food with European influences. Fresh produce is sourced from local farmers and other reliable suppliers, with fish, prime Welsh steaks, poultry and other ingredients delivered every day to supply the bar food, children's meals and the frequently changing restaurant menu.

Southerndown Golf Club

southerndowngolfclub.com
Ogmore-by-Sea, CF32 0QP
01656 880476 | Open all year daily including BHs
A downland-links championship course.

Ogmore Castle

cadw.wales.gov.uk
CF32 0PA | 01443 336000
Open all year daily 10–4
Standing on the River Ogmore, the west wall of this castle is 40 feet high. A hooded fireplace is preserved in the three-storey keep and a dry moat surrounds the inner ward.

The Plough and Harrow

ploughandharrow.org
Monknash, CF71 7QQ
01656 890209
Set in peaceful countryside on the edge of a small village with views across the fields to the Bristol Channel, this area is great for walkers attracted to the coastline. Dating back to 1383, the low, slate-roofed building was originally built as the chapter house of a monastery, although it has been a pub for 500 years. Expect an atmospheric interior, open fires, real ciders, up to eight guest ales on tap and home-cooked food.

Victoria Inn

Sigingstone, CF71 7LP
01446 773943
Unusual white-painted tiling on the upper half of this family-owned inn makes it instantly recognisable as you enter the village. There are photographs, prints and antiques everywhere, while outside there's a beer garden. The Victoria isn't far from Cardiff, so beer drinkers can expect Brain's SA in the bar, with ample support in the form of Hancocks HB from Burton-on-Trent and Sharp's Doom Bar from Rock in Cornwall. The inn does breakfasts, lunches, dinners, a daily roast and other dishes including its 'famous' salmon, sole and haddock pancake garnished with prawns; and homemade faggots.

▲ Roman army barracks, Caerleon

▶ Caerleon

Situated in the Usk Valley, just outside Newport, south Wales,
Caerleon is a fairly nondescript town, famous for once being
the site a permanent Roman legion. It housed the second
Augustan Legion for 300 years, and their fort of *Isca Silurum*
(the former name for Caerleon) was one of the most important
in Wales. Today, substantial excavated remains can be seen
despite locals having, on occasions, used the more accessible
facing stones for their own building purposes. Most impressive
is the great amphitheatre built around AD 80, the most complete
excavated Roman amphitheatre in Britain. Capable of seating
6,000 spectators – the whole legion – ringside seats would have
been a messy affair as gladiator and beast fought tooth and
claw for their lives. The site also has the finest remains of a
Roman barrack building in Europe, which housed 80 men.

VISIT THE MUSEUM
The National Roman Legion Museum
www.museumwales.ac.uk
High Street, NP18 1AE | 029 2057 3550| Open Mon–Sat 10–5, Sun 2–5
The museum illustrates the history of Roman Caerleon and the daily life of its garrison. On display are arms, armour and equipment, with a collection of engraved gemstones, a labyrinth mosaic and finds from the legionary base at Usk. Please telephone for details of children's holiday activities.

GO BACK IN TIME
Caerleon Roman Fortress and Baths
cadw.wales.gov.uk
High Street, NP18 1AE
01633 422518 | Opening times vary; call or check website for details
Frigidarium, tepidarium, caldarium and natatio may sound like one of Harry Potter's spells but, in fact, these words describe the wide range of facilities on offer at the Roman's state-of-the-art leisure complex. In short, it had heated changing rooms, a series of cold and warm baths, covered exercise rooms and even an open-air swimming pool.

PLAY A ROUND
Caerleon Golf Course
www.newport.gov.uk
The Broadway, NP18 1AY
01633 420342 | Open all year daily
A flat parkland course near Newport with beautiful views over the Usk, and two courses, one perfect for beginners.

EAT AND DRINK
The Bell at Caerleon
thebellatcaerleon.co.uk
Bulmore Road, NP18 1QQ
01633 420613
For more than 400 years this 17th-century coaching inn has stood in ancient Caerleon on the banks of the River Usk. Situated close to an ancient Roman burial ground (also believed by some people to be the location of King Arthur's kingdom, Camelot), the pub is particularly well known for its range of local ciders and perrys alongside its Welsh and Breton dishes. Every years there is a real ale and cider festival with barbecues and free entertainment.

▶ Caernarfon
Wedged between the rocky outcrops of Snowdonia and the Menai Strait is Caernarfon's big selling point – its astonishing castle. Indeed, if you're only going to pick just *one* castle to see in Wales, this should probably be the one to see. The town has also got other things in its favour, namely its proximity to the Snowdonia National Park and its strong cultural heritage, as most of the locals are Welsh speakers. History oozes out from the castle into the town. The old walled town has an abundance

of cobbled streets and a mixture of mostly Georgian and Victorian buildings, though some are older, such as St Mary's Church. The waterfront area also shows signs of gentrification meaning the current slightly down-at-heel impression might soon be diluted.

A town trail leaflet, available from the tourist information centre, will guide you from the Castle Square through the old gates, around the old red-light district of Northgate, where you'll see the 15th-century Black Boy Inn, the castle and the old Slate Quay. You might guess from the trail that Caernarfon was very much once a seafaring town. The Maritime Museum on Bank Quay near Victoria Dock adds to this, offering a history of seafaring and industry in the area. Exhibits include models of ships, photographs and artefacts.

TAKE IN SOME HISTORY
Caernarfon Castle
see highlight panel overleaf

VISIT THE MUSEUM
Segontium Roman Museum
segontium.org.uk
Beddgelert Road, LL55 2LN
01286 675625 | Open Tue–Sun
12.30–4; closed Mon except BHs
The museum tells the story of the conquest and occupation of Wales by the Romans and displays the finds from the auxiliary fort of *Segontium*, one of the most famous in Britain.

Combine a visit to the museum with an exploration of the Roman fort.

GET INDUSTRIAL
Inigo Jones Slateworks
inigojones.co.uk
LL54 7UE | 01286 830242
Open all year daily 9–5
Inigo Jones was established in 1861, mainly to make school writing slates. Today the company uses the same material to make architectural, monumental and craft products. A self-guided audio/

▼ The coast at Dinas Dinlle

video tour takes visitors round the slate workshops, and displays the various processes used in the extraction and working of Welsh slate.

TAKE A TRAIN RIDE
Welsh Highland Railway
festrail.co.uk
St Helen's Road, LL55 2YD
01766 516024 | Open Apr–Oct, Santa trains in Dec; open between Xmas and New Year; call or check website for timetable
This is one of the Great Little Trains of Wales (www.greatlittletrainsofwales. co.uk) and was voted Heritage Railway of the Year in 2009. A recently opened piece of track now takes the line from Caernarfon to Porthmadog. Passengers can enjoy the wonderful scenery of Snowdonia from the comfort of modern carriages. There is a refreshment service on all trains. A first-class panorama vehicle, recently named by Her Majesty the Queen, is at the rear of some trains.

HIT THE BEACH
Dinas Dinlle, near Caernarfon is a good, sandy beach popular for water sports.

CATCH A PERFORMANCE
Galeri
galericaernarfon.com
Doc Victoria, LL55 1SQ
01286 685222
Caernarfon's leading centre for film, music, theatre, art and dance.

5 top castles

▶ **Cardiff Castle**
page 126
Designed as a medieval fairy-tale home, with ornate fireplaces, gilded ceilings and carved animals throughout.

▶ **Caernarfon Castle, north Wales**
page 114
This World Heritage Site is a brute of a fortress – it's hard not to be impressed with its polygonal towers.

▶ **Castell Coch, Tongwynlais**
page 120
This red castle is a 19th-century Gothic fantasy situated on a steep hillside. It is the castle of which children dream.

▶ **Powis Castle, mid-Wales**
page 320
Originally built around 1200, this stunning castle is equally famous for its gardens, bursting with rare plants, and its orangery.

▶ **Laugharne Castle, Carmarthen**
page 192
This handsome old castle stands in the sleepy seaside town immortalised by Dylan Thomas.

PLAY A ROUND
Caernarfon Golf Club
caernarfongolfclub.co.uk
Aberforeshore, Llanfaglan,
LL54 5RP | 01286 673783
An immaculately kept course with excellent greens and tree-lined fairways.

▶ Caernarfon Castle

cadw.wales.gov.uk

LL55 2AY | 01286 677617 | Open all year daily Mar–Jun, Sep–Oct daily
9.30–5, Jul–Aug 9.30–6, Nov–Feb, Mon–Sat 10–4, Sun 11–4

In 1282, Llewelyn ap Gruffydd, the last native Prince of Wales, was
killed in an ambush, and Welsh resistance to English occupation
began to crumble. The victorious Edward I offered the Welsh a
prince who was born in Wales, could speak no word of English, and
whose life and reputation no one would be able to stain. He had in
mind his infant son, later Edward II, who became the first English
Prince of Wales. Edward was invested in Wales in 1301, and the
tradition has continued ever since. In 1969, Prince Charles was
invested as the current Prince of Wales in Caernarfon's courtyard,
watched by a worldwide television audience of millions.

Building of the castle started in 1283, but a decade later the
unfinished fortress came under attack during a Welsh rebellion,

and considerable damage was done. Believing he couldn't trust the native Welsh, Edward press-ganged English craftsmen and labourers to rebuild the castle, creating what still remains the grandest and most impressive of all the Welsh castles. Edward intended his castle to be not only a fortress, but also the seat of his government in Wales and his own official residence there. The massive building was also a clear statement of English victory over a defeated nation.

Caernarfon Castle is shaped like an hourglass. Great walls with stones in banded colours (inspired by the walls of Constantinople, which Edward admired while on a crusade) run between the great towers, topped by battlemented wall-walks. The defences of the castle were formidable. In order to gain access to the courtyard, visitors were obliged to cross two drawbridges, pass through five heavy doors and walk under six portcullises. A range of arrow slits and murder holes, through which an unpleasant array of deadly missiles could be hurled down onto unwelcome guests, protected the entire way.

EAT AND DRINK

Black Boy Inn

black-boy-inn.com

Northgate Street, LL55 1RW

01286 673604

Built around 1522, this is one of the oldest pubs in Wales. It's the perfect place for a pint of Snowdonia Ale, relaxing in the fire-warmed, low-ceilinged rooms.

Seiont Manor Hotel ®®

handpickedhotels.co.uk/
seiontmanor

Llanrug, LL55 2AQ | 01286 673366

This charming grey-silver stone building started life in the 18th century as a working farmstead and is now a prestigious country house hotel. With the Snowdonia National Park nearby and Anglesey over the water, there's no shortage of country pursuits. You can catch your own fish in the hotel's lake (the River Seiont flows through the 150-acre grounds) and get the chef to cook it.

Snowdonia Parc Brewpub and Campsite

snowdonia-park.co.uk

Waunfawr, LL55 4AQ

01286 650409

In the heart of Snowdonia, a short drive from Mount Snowdon, this popular walkers' pub is located at Waunfawr Station on the Welsh Highland Railway (see page 113 and page 270). There are steam trains on site (the building was originally the stationmaster's house), plus a microbrewery and campsite. Naturally the pub serves its own Welsh Highland Bitter, along with other ales. The Welsh Highland Railway Rail Ale Festival is held here in mid-May.

▶ PLACES NEARBY

Caernarfon Airworld Aviation Museum

airworldmuseum.co.uk

Caernarfon Airport, Dinas Dinlle, LL54 5TP | 01286 832154

Open Mar–Jun daily 11–5, Jul–Aug 10–6, Sep–Oct 11–5

The perfect outing for anyone interested in flight, this museum tells the story of the RAF and the Mountain Rescue Service. It has plenty of combat aircraft, including the Hawker Hunter, the Vampire and Javelin, and you can sit inside some of the cockpits. You can watch aviation footage in the small cinema and there is a museum gift shop.

▶ Caerwent

If you're interested in history, visit Caerwent – the first town ever built in Wales. Pop in to see the remaining Roman walls, standing some 17 feet high in places, and the ruins of what would have been shops, a Romano-Celtic temple and the forum-basilica. Nowadays, it's sometimes used for open-air events and re-enactments. Recent finds suggest Roman occupation of some kind as late as AD 380. The Wales National Roman Legion Museum and Roman Baths Museum are also in this town. The town also has strong literary associations – Alfred Lord Tennyson wrote *Idylls of the King*, published between 1859 and 1885, while staying here.

GO BACK IN TIME
Caerwent Roman Town
cadw.wales.gov.uk
01443 336000 | Open daily 10–4; a facilitator is on site Tue and Thu at West Gate Barns

A complete circuit of the town wall of *Venta Silurum*, together with excavated areas of houses, shops and a temple.

GO ROUND THE GARDENS
Dewstow Gardens
dewstowgardens.co.uk
Caerwent, Caldicot, NP26 5AH
01291 431020 | Open 5 Apr–2 Nov daily 10–4

There are many gardens with secret rooms concealing architectural and floral delights but none, surely, with the magic and mystery of Dewstow. The white-painted, 19th-century house is surrounded by tidy lawns, rock gardens, a string of pools linked by streams and a border bright with perennials and bulbs. Close by is a labyrinth of passages and pools, grottoes and caverns, waterfalls and rills, excavated and created owing to one man's passion for ferns and tropical plants.

Henry Roger Keane Oakley, a director of the Great Western Railway, bought the Dewstow estate in 1893 and, with incredible vision and determination, embarked on creating a natural-looking habitat for his extensive plant collection. It is thought that a manmade environment on this scale has no equal anywhere in the world.

GET OUTDOORS
Cwmcarn Forest and Campsite
cwmcarnforest.co.uk
Nantcarn Road, NP11 7FA
01495 272001 | Forest Drive: open Mar & Oct 11–5, Apr–Aug 11–7, Sep 11–6; Nov–Feb 11–4 (weekends only). Visitor Centre: Easter–Sep daily 9–5; Oct–Easter Mon–Thu & Sat–Sun 9–5, Fri 9–4.30; call or check website for details of Xmas and New Year opening times

Facilities here include barbecues, picnic and play areas, and forest and mountain walks. All this is in an area where some of the lush hillsides were once scarred and treeless slag heaps. There is a mountain-bike trail and downhill track and a seven-mile scenic drive with spectacular views over the Bristol Channel and the surrounding countryside. Camping is available on site.

▶ Caerphilly

Just over the hill from Cardiff, this small town has produced two great things – first a castle, and second a cheese. In terms of the castle, it's enormous and one of the best preserved specimens in Wales, second only in size to England's Windsor. The site incorporates magnificent remains of its original water defences and most of the inner, middle and outer walls. Work on it began in 1268 by Richard de Clare, Earl of Gloucester and Hereford, to defend his lands against the Welsh. This it did until the Civil War, when explosives used by besieging Parliamentary forces gave the southeast tower its precarious lean.

Caerphilly is also famous for its crumbly white cheese, which rivals other big names such as Cheddar and Leicester for taste and uniqueness. During the summer the town hosts The Big Cheese festival, while in winter there's the Festival of Light, which involves a procession with hundreds of lanterns through the centre of the town.

Sadly, despite these positive associations, the town is slightly rundown and often looked down upon by its Cardiff neighbours. You won't see many tourists here, more locals dressed in fleeces.

TAKE IN SOME HISTORY

Caerphilly Castle

cadw.wales.gov.uk

CF83 1JD | 029 2088 3143

Open Mar–Jun, Sep–Oct daily 9.30–5, Jul–Aug 9.30–6, Nov–Feb, Mon–Sat 10–4, Sun 11–4

When the huge water systems that make up a proportion of this castle's defences are taken into account, this is one of the biggest, and certainly one of the most spectacular, military complexes in Britain. In fact it's so big, it's best to appreciate it from a distance, taking in the vast outer walls, the lakes and the inner concentric castle itself.

After 1066, the Normans established themselves in southern Wales, leaving the unfarmable land in the north to the Welsh. In the mid-13th century, the last of the Welsh-born princes, Llywelyn the Last, decided that he should unite Wales under his own rule. He began to threaten the lands held by the Normans, causing Henry III to build a number of castles to protect them. One such castle was Caerphilly. Work started in 1268, funded by the wealthy baron Gilbert de Clare, Earl of Gloucester and Hertford. Two years later, Llywelyn attacked. How much damage was actually done to the fledgling castle is not known, but de Clare ordered that building should be completed as soon as possible. When Llywelyn attacked again in 1271 he was repelled and, although he was said to have claimed he could have taken it in three days, Caerphilly's defences were probably sufficiently developed to render this an idle boast.

The castle itself comprises a rectangular enclosure with outer and inner walls. The inner walls contain two great gatehouses and the remains of the great hall and domestic areas. The outer walls, well fortified with towers and gatehouses, gave additional protection to the inner ward and were surrounded by a moat. Beyond the moat to the east lay a further complex of defences in the form of great walls studded with towers. The artificial lake lent protection to the north and south sides, while a walled island defended the west.

After the death of de Clare's son, Caerphilly passed to Hugh Despenser, the favourite of Edward II. Edward himself took refuge here from his estranged wife and her lover, although he was forced to flee when she besieged the castle, leaving behind half his treasure and most of his clothes. Oliver Cromwell ordered Caerphilly to be slighted during the English Civil War. After the Civil War was over, local people stole Caerphilly's stones to build houses, and subsidence caused one of its towers to lean dramatically to one side.

▼ Caerphilly Castle

VISIT THE MUSEUM
Llancaiach Fawr Manor
llancaiachfawr.co.uk
Gelligaer Road, Nelson, CF46 6ER
01443 412248 | Open all year
Tue–Sun, 10–5. Closed Mon
(excluding BHs), 24 Dec–2 Jan
Step back in time at this
fascinating living-history
museum. The year is 1645
and you are invited into the
manor to meet the servants
of Colonel Edward Prichard –
an interesting array of
characters from the
puritanical to the gossipy.
Events run throughout the year
so check the website or call for
more details.

▶ **PLACES NEARBY**
Castell Coch
cadw.wales.gov.uk
Tongwynlais, CF15 7JS
029 2081 0101 | Open daily Mar–
Jun & Sep–Oct 9.30–5, Jul–Aug
9.30–6, Nov–Feb Mon–Sat 10–4,
Sun 11–4
Rising out of wooded parklands
that are popular with dog
walkers and mountain bikers
is Castell Coch, a vast, elegant
building with conical towers and
a working drawbridge. Castell
Coch, meaning 'red castle' in
Welsh due to the fact it's built
from red sandstone, is the
quintessential fairytale castle.
It was built during the 19th

▼ Castell Coch

century, at a time when the Victorians were expressing a great interest in the past, especially in the seemingly idyllic, industry-free Middle Ages. Designed by the architect William Burges for the third Marquess of Bute, it was never intended to be a permanent residence, but more for 'occasional occupation in the summer'. If the romantic exterior of the castle is impressive, then the interior is even more so — a breathtaking jumble of rich colours and minute attention to detail. There are fabulously decorated ceilings in many rooms, while the intricately painted wall panels are truly astounding. The total effect is the kind of exuberant gaudiness that is indisputably Victorian. There are some clever and quirky details evident in the wall decoration of the drawing room, such as painted ribbons that seem to support the family portraits, and the frog holding a bottle of cough mixture that is obviously meant to soothe the frog that has been placed in its own throat.

Although Castell Coch has a dungeon, it was never used except by actors – the castle has proved to be a popular ready-made film set. There are also fantastic views of it to be had from the main road heading west out of Cardiff to Pontypridd.

Rhondda Heritage Park
see page 282

▶ Caldicot Castle & Country Park

caldicotcastle.co.uk

Church Road, NP26 4HU | 01291 420241 | Open 29 Mar–1 Nov, daily 11–5

Set in a 55-acre country park, Caldicot is an impressively restored 13th-century castle, built originally by Humphrey de Bohun, the Earl of Hereford. Its elaborate defences included portcullises, heavy gates and murder holes. Although the antiquarian J R Cobb restored the castle as a family home from 1855, much of the original stonework is still intact.

Other architectural details include latrine turrets, a hooded fireplace and window seats. Remember to take a look at the sculpted heads and ornate windows that decorate the turrets of the main gatehouse. The castle offers the chance to explore medieval walls and towers set in tranquil gardens and wooded country parkland. You can even play giant chess or draughts or sit astride a 12-pound, muzzle-loading canon in the courtyard. The River Nedern winds its way through the park and the wildlife pond is home to a variety of wildfowl. Oh – and don't forget to tell the children – the castle is reputed to be haunted by a number of ghosts. Who will you see before you leave?

▶ Cardiff

▲ Welsh National War Memorial

How many other cities have both an outstanding castle and a world-class stadium and events arena right in the thick of things? That's what Cardiff's got – plus great shopping (revamped in the past decade with a stylish, airy mall and large John Lewis) and an array of cool cafes, restaurants and bars. The urban medley creates a modern, buzzing city where buskers entertain the people. They are also there at night, trying to capture the benevolence of a cheery crowd who've been enjoying the city's nightlife, be it at a laidback local pub or a classy nightclub. In fact, the city has got a bit of a reputation for its nightlife – not always in a positive way. To some, particularly those who live in the valleys, it is a hub of drinking, and come the weekend, it's all about cheap shots and pints of lager. Don't visit St Mary Street – the main strip – early on Sunday morning as the whole place reeks and feels in need of a thorough jet wash.

Drinking aside, this is a wonderful modern city but one that's never far from its roots. You can tell that by the number of statues around – some of them often sporting traffic cones on their heads. The Romans kicked things off, building a fort where the current castle stands in AD 75. The name Cardiff probably derives from the Welsh *Caer Taf* (fort on the River Taff). Later, the Normans built a moated castle on the site, whose 12th-century keep still survives in the grounds of the modern-day castle, and a small town began to emerge. Like so many Welsh castles, Owain Glyndwr left Cardiff ruinous, but it was rebuilt by Richard Beauchamp, the Earl of Warwick, and

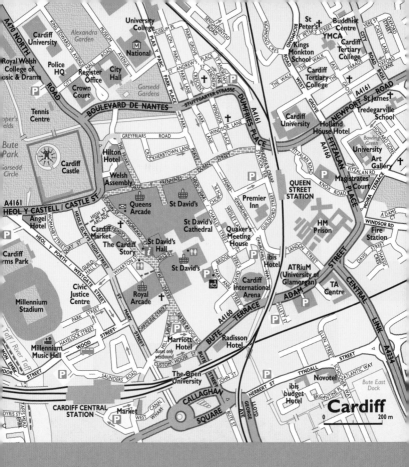

Cardiff

200 m

continued to serve as a residence for several centuries. There are not that many medieval reminders of the city and the only notable one is St John's Church, not far from the new shopping complex. By the turn of the 19th century, only 1,000 people were living here but the landscape changed dramatically with the Industrial Revolution.

The discovery of coking coal allowed the iron-smelting industry to flourish in the valleys to the north and Cardiff became the obvious choice as a port. At this time the wealthy Bute family, who were descendants of the royal Stuarts, moved here. They enlarged the docks and made Cardiff one of the world's largest coal- and iron-exporting ports, even building the canal for the shipment of iron from Merthyr Tydfil down to the capital. They also took possession of Cardiff Castle. The world's richest man – John Patrick Crichton-Stuart, third Marquess of Bute – commissioned William Burges to redevelop the living quarters into the Gothic Victorian style you see today.

The Butes continued their legacy in Cardiff and by 1840 the canal was supplemented by the new Taff Vale Railway. The second Marquess of Bute also completed Butetown's docks and, as other ports were not quite ready, it became the obvious choice from which to ship the seemingly never-ending supply of coal from the valleys.

By the end of the 19th century, the city was transformed, with a population of 170,000. Tiger Bay grew up full of immigrants from all over the world, many Afro-Caribbean. In 1905 Cardiff was granted city status and continued to grow, exporting millions of tonnes of coal. In 1910 the port also saw the launch of Captain Robert Scott's ill-fated expedition to the South Pole. Boomtown couldn't last, however. The depression hit in the 1930s, and the city got badly bombed in World War II. The nationalisation of the coal industry saw the Butes leave town and donate the castle to the city.

▼ Bute Park

In 1955 the city was proclaimed the first ever capital of Wales, beating Caernarfon and Aberystwyth in the vote. It is filled with elegant buildings – a mix of Victorian and Edwardian – the most lovely being the classic Portland stone buildings of the Law Courts, City Hall and the national museum. They make up the civic centre and what is now the university area. The city is also very green, with the biggest open space being Bute Park, originally created as the private garden to the castle, which takes you from the castle to the banks of the River Taff. Here you can catch a waterbus past the famous Cardiff Arms Park and the Millennium Stadium to Cardiff Bay, where the old dockyards have been transformed into a busy, thriving waterfront.

▶ Cardiff Castle

cardiffcastle.com

Castle Street, CF10 3RB | 029 2087 8100 | Open all year daily Mar–Oct 9–6;
Nov–Feb 9–5 (last entry 1 hour before closing)

Located in the heart of the city, Cardiff Castle enjoys a history spanning 2,000 years. Initially, the Romans built a fortress here, then, when the Normans arrived in the 11th century, they built a motte about 40 feet high and topped it with a wooden building. Later, a 12-sided keep was erected, while a gatehouse and stairs were added in the 15th century. Robert, the eldest son of William the Conqueror, was held prisoner here for many years by his youngest brother Henry I, and died in the castle in 1134.

A short distance away from the keep on the hill is a magnificent Victorian reconstruction. These buildings owe their existence to the rich third Marquess of Bute. Bute had long been fascinated by history and employed William Burges, an architect who shared his love of the past, to construct a great palace in the style of a medieval castle. Burges designed rooms as if they were part of a fairytale, with intricately painted ceilings, elaborately marbled bathrooms, spiral staircases and an impressive clock tower. The banqueting hall is the largest room in the castle, and has a fine wooden roof, liberally decorated with brightly coloured shields. The high walls have murals showing scenes from the Civil War, as well as a small painting of the Conqueror's son, Robert, gazing wistfully from behind his barred prison window. The ornate clock tower looks over the city, just as Big Ben does in London.

There are guided tours, a firing line exhibition, which tells the history of the Welsh soldier over the last 300 years, and fabulous banquets available all year. Booking is essential for the banquets.

Woods Brasserie ◎◎
knifeandforkfood.co.uk
Pilotage Building, Stuart Street,
CF10 5BW | 029 2049 2400
This contemporary restaurant
has a strong supply line from
local farms, butchers and
fishermen. It has modern
brasserie ideas, a great-value
table d'hôte menu and an
imaginative carte. Steamed
Gower coast mussels with
chorizo and olive oil are on the
menu, as is caramelised ox
cheek and *foie gras* ballotine.
Carnivores can head straight to
the grill for slabs of prime
Welsh beef.

▸ **PLACES NEARBY**

Llandaff
Although Llandaff is just a
couple of miles from Cardiff's
centre and officially part of the

5 top places to party in Cardiff

▸ **Glam:** A stylish bar with a
huge dance floor, overlooked
by a DJ booth.

▸ **Retro:** A great night out if
you like your old-school
classics.

▸ **Oceana:** One of Cardiff's
biggest clubs, which plays
the latest chart music.

▸ **Metros:** This underground
cellar bar is Cardiff's most
popular alternative venue.

▸ **Aura:** This is for serious
clubbers – house music
and a state-of-the-art
sound system.

city these days, this ancient,
tranquil city seems a world
away. Set on the banks of the
River Taff, its main attraction
is the beautiful Llandaff
Cathedral, standing on one of
the oldest Christian sites in
Britain. In the sixth century,
St Dyfrig, followed by St Teilo,
founded a community here,
close to a forge where the
Romans crossed the river.
Nothing remains of the original
church but a Celtic cross that
stood nearby can still be seen.

Llandaff Cathedral
llandaffcathedral.org.uk
Llandaff, CF5 2LA | 029 2056 4554
Open all year Mon–Sat 9–7, Sun
7–7pm
The present cathedral dates
from 1107 but it suffered heavily
during the Reformation and
Civil War and was even used as
a beer house and a cattle shed.
Almost derelict in the 18th
century and badly damaged by
a World War II bomb, it was
slowly rebuilt in the late 19th
century. This job was entrusted
to architect George Pace, who
painstakingly sought to blend
old with new, while adding a
new sense of spaciousness to
the cathedral, which was
largely done by installing many
clear glass windows.

Caesars Arms
caesarsarms.co.uk
Cardiff Road, Creigiau, CF15 9NN
02920 890486
Just 10 miles from Cardiff, this
smart dining pub and farm shop
is tucked away down winding

TAKE IN SOME HISTORY
Cardiff Castle
see highlight panel opposite

National Museum Cardiff
museumwales.ac.uk
Cathays Park, CF10 3NP
029 2039 7951 | Open all year Tue–
Sun 10–5 and most BHs, call for
Xmas opening times
Home to spectacular collections
from Wales and all over the
world, the museum showcases
displays of art, archaeology,
geology and natural history all
under one roof. The archaeology
gallery traces life in Wales from
the earliest humans 230,000
years ago. Explore the past
through themes such as
conflict, power, wealth, family
and the future – are we really
so different today? Discover the
stories behind some of Wales'
most famous artworks and
enjoy changing displays from
the collection of Impressionist
and post-Impressionist
paintings.You can even have a
close encounter with The Big
Bang or a dinosaur.

CATCH A PERFORMANCE
Chapter Arts Centre is an
ambitious multi-platform
cultural space, with a cafe and
bar, while you'll find a rich
programme of events at St
David's Hall.

Chapter Arts Centre
chapter.org
Market Road, Cardiff CF5 1QE
029 20304400

St David's Hall
stdavidshallcardiff.co.uk
The Hayes, Cardiff CF10 1AH
029 2087 8444

EXPLORE BY BIKE
Pedal Power
cardiffpedalpower.org
02920 390713
Call or check website for
bike pick-up locations.

WATCH A MATCH
Millennium Stadium Tours
see highlight panel overleaf

PLAY A ROUND
St Mellons Golf Club
stmellonsgolfclub.co.uk
CF3 2XS | 01633 680408
Call for details
A parkland course on the
eastern edge of the city – the
two finishing holes are superb.

EAT AND DRINK
Bully's ◎◎
bullysrestaurant.co.uk
5 Romilly Crescent, CF11 9NP
029 2022 1905
'Shabby chic, eclectic' is the
self-styled description of
Bully's: walls crammed with
pictures, gilt mirrors and
framed restaurant menus and
bills, wooden tables, Persian
rugs on the floor and books
everywhere. The kitchen takes
its inspiration from France,
adding some modern European
and Asian touches, and
depends on local produce with
some imports – foie gras, for
instance, fried and served with
rhubarb compôte and sake
dressing as a starter.

Cardiff Marriott Hotel ◉

cardiffmarriott.co.uk
Mill Lane | CF10 1EZ
029 2078 5872

Centrally placed, the Cardiff Marriott is a corporate hotel that's very much in with the in-crowd. Its elegant bar, which opens onto a terrace, is great for when the sun's shining, while the smartly toned restaurant offers occasional live music from the baby grand, and a brasserie menu of French orientation.

The Parc Hotel, Cardiff

thistle.com/theparchotel
Park Place, CF10 3UD
0871 376 9011

Cool big-city vibes and a lively crowd are the big selling points of the Parc's thoroughly contemporary The SOCIAL restaurant and bar. It is a slick but relaxed city-centre hangout where you might just drop in to people-watch over a drink. It would be a shame to miss out on the food, though. The restricted menu plays a straight bat, relying on its use of fine Welsh produce and an uncomplicated approach to deliver clearly defined, often robust flavours.

Park House ◉◉

parkhouseclub.com
20 Park Place, CF10 3DQ
029 2022 4343

Once a private club, Park House is one of the Welsh capital's finest pieces of architectural extravagance. Designed by William Burges, one of the premier practitioners of the Gothic revival, it overlooks the gardens of the National Museum of Wales. The restaurant inside is decorated in pinks and peaches against a background of solid oak panelling, and has a pianist and singer on weekends. The menu is lengthy and ambitious.

Park Plaza Cardiff ◉

lagunakitchenandbar.com
Greyfriars Road, CF10 3AL
029 2011 1111

In the centre of the city, the Park Plaza offers contemporary comfort with plenty of imaginative design features. Ring-form chandeliers and bright upholstery in the bar give way to a more neutral look in the restaurant, with darkwood boards, cream banquettes, a wine store and big windows. The kitchen offers efficient classic cooking with some modern touches.

The Thai House Restaurant ◉

thaihouse.biz
3–5 Guildford Crescent, Churchill Way, CF10 2HJ | 029 2038 7404

When the Thai House set up shop in the heart of Cardiff back in 1985 it was the only place outside of London serving those fragrant and fiery flavours of Southeast Asia. It is still a hugely popular venue that has stood the test of time. Using locally sourced produce and flying in authentic exotica from Bangkok when needed, it has a relaxed atmosphere and pleasant staff.

▶ Millennium Stadium Tours

millenniumstadium.com
Westgate Street, Gate 4, CF10 1NS | 029 2082 2228 | Open all year, Mon–Sat 10–5, Sun 10–4, closed week between Xmas & New Year

Built in the late 1990s, the Millennium Stadium is now the heart of Welsh rugby; if you're lucky enough to be in town on a match day, the atmosphere from within the stands can't be beaten (though you'll probably have to book tickets in advance). If rugby isn't your thing – and if it isn't, don't tell the Welsh – the stadium also hosts football matches, music events and exhibitions. It's the second-largest stadium in the world to have a fully retractable roof, and boasts a resident hawk to keep away the seagulls and pigeons.

▲ Llandaff village green and cathedral

country lanes. Inside the whitewashed building you'll find an appealing bar and dining area, and fine countryside views from the heated patio and terrace. Besides excellent ales from Felinfoel Brewery, the pub also produces honey from its own beehives. Vegetables and herbs from its garden are used in the kitchen, and there's a smokehouse. The inn prides itself on its selection of fresh fish, seafood, meat and game.

Kings Arms

kingsarmspentyrch.co.uk
22 Church Road, Pentyrch,
CF15 9QF | 029 2089 0202
In a leafy village on the outskirts of Cardiff, this Grade II listed pub has a flagstoned snug, exposed lime-washed walls and a log fire in the lounge. The menus and daily blackboard specials promote seasonal Welsh produce, and the Sunday roasts are very popular.

Llanerch Vineyard

llanerch-vineyard.co.uk
Hensol, Pendoylan, Vale of
Glamorgan, CF72 8GG
01443 222716
This is a working vineyard in picturesque countryside with a restaurant, bistro, boutique vineyard hotel rooms, self-guided vineyard tours and cookery classes. Try the great signature Welsh wines.

Miskin Manor Country Hotel ®®

miskin-manor.co.uk
Pendoylan Road, Miskin,
CF72 8ND | 01443 224204
Set on the outskirts of Cardiff in 22 acres of grounds, Miskin Manor supplies history and contemporary style in equal measure. The romantic Meisgyn Restaurant has an atmospheric Gothic edge, but the kitchen team is geared towards modern culinary trends. Vegetables and herbs are grown in the gardens, and the in-house pastry section turns out top-notch bread, cakes and desserts.

▲ Wales Millennium Centre

▶ Cardiff Bay

Since redevelopment began in the 1990s, Cardiff Bay has grown to be almost a town in its own right. Although just a mile from the city centre, it's often treated as a separate destination and visited independently. You may want to visit for the ice cream parlour right on the seafront, or for one of the many pizza houses. Equally, you may want to drink a coffee in the large foyer of the Wales Millennium Centre, listening to one of the local choirs or bands perform there for free most weekends.

Whatever you choose to do here, you cannot escape the history. The discovery of coking coal allowed the iron-smelting industry to boom in the south Wales valleys during the Industrial Revolution and this was the main port of choice. The Bute family enlarged the docks and made Cardiff into one of the world's largest exporters of coal and iron. Tiger Bay, the area between the dock and city, became one of the roughest but most lively multicultural centres in the world, producing

Cardiff Marriott Hotel ◉
cardiffmarriott.co.uk
Mill Lane | CF10 1EZ
029 2078 5872
Centrally placed, the Cardiff
Marriott is a corporate hotel
that's very much in with the
in-crowd. Its elegant bar, which
opens onto a terrace, is great
for when the sun's shining,
while the smartly toned
restaurant offers occasional
live music from the baby
grand, and a brasserie menu
of French orientation.

The Parc Hotel, Cardiff
thistle.com/theparchotel
Park Place, CF10 3UD
0871 376 9011
Cool big-city vibes and a lively
crowd are the big selling points
of the Parc's thoroughly
contemporary The SOCIAL
restaurant and bar. It is a slick
but relaxed city-centre hangout
where you might just drop in
to people-watch over a drink.
It would be a shame to miss out
on the food, though. The
restricted menu plays a straight
bat, relying on its use of fine
Welsh produce and an
uncomplicated approach to
deliver clearly defined, often
robust flavours.

Park House ◉◉
parkhouseclub.com
20 Park Place, CF10 3DQ
029 2022 4343
Once a private club, Park House
is one of the Welsh capital's
finest pieces of architectural
extravagance. Designed by
William Burges, one of the

premier practitioners of the
Gothic revival, it overlooks the
gardens of the National
Museum of Wales. The
restaurant inside is decorated
in pinks and peaches against a
background of solid oak
panelling, and has a pianist and
singer on weekends. The menu
is lengthy and ambitious.

Park Plaza Cardiff ◉
lagunakitchenandbar.com
Greyfriars Road, CF10 3AL
029 2011 1111
In the centre of the city, the
Park Plaza offers contemporary
comfort with plenty of
imaginative design features.
Ring-form chandeliers and
bright upholstery in the bar give
way to a more neutral look in
the restaurant, with darkwood
boards, cream banquettes, a
wine store and big windows.
The kitchen offers efficient
classic cooking with some
modern touches.

The Thai House Restaurant ◉
thaihouse.biz
3–5 Guildford Crescent, Churchill
Way, CF10 2HJ | 029 2038 7404
When the Thai House set up
shop in the heart of Cardiff back
in 1985 it was the only place
outside of London serving those
fragrant and fiery flavours of
Southeast Asia. It is still a
hugely popular venue that has
stood the test of time. Using
locally sourced produce and
flying in authentic exotica from
Bangkok when needed, it has a
relaxed atmosphere and
pleasant staff.

TAKE IN SOME HISTORY
Cardiff Castle
see highlight panel opposite

National Museum Cardiff
museumwales.ac.uk
Cathays Park, CF10 3NP
029 2039 7951 | Open all year Tue–Sun 10–5 and most BHs, call for Xmas opening times

Home to spectacular collections from Wales and all over the world, the museum showcases displays of art, archaeology, geology and natural history all under one roof. The archaeology gallery traces life in Wales from the earliest humans 230,000 years ago. Explore the past through themes such as conflict, power, wealth, family and the future – are we really so different today? Discover the stories behind some of Wales' most famous artworks and enjoy changing displays from the collection of Impressionist and post-Impressionist paintings. You can even have a close encounter with The Big Bang or a dinosaur.

CATCH A PERFORMANCE
Chapter Arts Centre is an ambitious multi-platform cultural space, with a cafe and bar, while you'll find a rich programme of events at St David's Hall.

Chapter Arts Centre
chapter.org
Market Road, Cardiff CF5 1QE
029 20304400

St David's Hall
stdavidshallcardiff.co.uk
The Hayes, Cardiff CF10 1AH
029 2087 8444

EXPLORE BY BIKE
Pedal Power
cardiffpedalpower.org
02920 390713
Call or check website for bike pick-up locations.

WATCH A MATCH
Millennium Stadium Tours
see highlight panel overleaf

PLAY A ROUND
St Mellons Golf Club
stmellonsgolfclub.co.uk
CF3 2XS | 01633 680408
Call for details
A parkland course on the eastern edge of the city – the two finishing holes are superb.

EAT AND DRINK
Bully's ◉◉
bullysrestaurant.co.uk
5 Romilly Crescent, CF11 9NP
029 2022 1905
'Shabby chic, eclectic' is the self-styled description of Bully's: walls crammed with pictures, gilt mirrors and framed restaurant menus and bills, wooden tables, Persian rugs on the floor and books everywhere. The kitchen takes its inspiration from France, adding some modern European and Asian touches, and depends on local produce with some imports – foie gras, for instance, fried and served with rhubarb compôte and sake dressing as a starter.

▶ Millennium Stadium Tours

millenniumstadium.com

Westgate Street, Gate 4, CF10 1NS | 029 2082 2228 | Open all year, Mon–Sat
10–5, Sun 10–4, closed week between Xmas & New Year

Built in the late 1990s, the Millennium Stadium is now the heart of
Welsh rugby; if you're lucky enough to be in town on a match day,
the atmosphere from within the stands can't be beaten (though
you'll probably have to book tickets in advance). If rugby isn't your
thing – and if it isn't, don't tell the Welsh – the stadium also hosts
football matches, music events and exhibitions. It's the second-
largest stadium in the world to have a fully retractable roof, and
boasts a resident hawk to keep away the seagulls and pigeons.

Woods Brasserie ◉◉
knifeandforkfood.co.uk
Pilotage Building, Stuart Street,
CF10 5BW | 029 2049 2400
This contemporary restaurant
has a strong supply line from
local farms, butchers and
fishermen. It has modern
brasserie ideas, a great-value
table d'hôte menu and an
imaginative carte. Steamed
Gower coast mussels with
chorizo and olive oil are on the
menu, as is caramelised ox
cheek and *foie gras* ballotine.
Carnivores can head straight to
the grill for slabs of prime
Welsh beef.

▶ **PLACES NEARBY**
Llandaff
Although Llandaff is just a
couple of miles from Cardiff's
centre and officially part of the

5 top places to party in Cardiff

▶ **Glam:** A stylish bar with a
huge dance floor, overlooked
by a DJ booth.

▶ **Retro:** A great night out if
you like your old-school
classics.

▶ **Oceana:** One of Cardiff's
biggest clubs, which plays
the latest chart music.

▶ **Metros:** This underground
cellar bar is Cardiff's most
popular alternative venue.

▶ **Aura:** This is for serious
clubbers – house music
and a state-of-the-art
sound system.

city these days, this ancient,
tranquil city seems a world
away. Set on the banks of the
River Taff, its main attraction
is the beautiful Llandaff
Cathedral, standing on one of
the oldest Christian sites in
Britain. In the sixth century,
St Dyfrig, followed by St Teilo,
founded a community here,
close to a forge where the
Romans crossed the river.
Nothing remains of the original
church but a Celtic cross that
stood nearby can still be seen.

Llandaff Cathedral
llandaffcathedral.org.uk
Llandaff, CF5 2LA | 029 2056 4554
Open all year Mon–Sat 9–7, Sun
7–7pm
The present cathedral dates
from 1107 but it suffered heavily
during the Reformation and
Civil War and was even used as
a beer house and a cattle shed.
Almost derelict in the 18th
century and badly damaged by
a World War II bomb, it was
slowly rebuilt in the late 19th
century. This job was entrusted
to architect George Pace, who
painstakingly sought to blend
old with new, while adding a
new sense of spaciousness to
the cathedral, which was
largely done by installing many
clear glass windows.

Caesars Arms
caesarsarms.co.uk
Cardiff Road, Creigiau, CF15 9NN
02920 890486
Just 10 miles from Cardiff, this
smart dining pub and farm shop
is tucked away down winding

▲ Llandaff village green and cathedral

country lanes. Inside the whitewashed building you'll find an appealing bar and dining area, and fine countryside views from the heated patio and terrace. Besides excellent ales from Felinfoel Brewery, the pub also produces honey from its own beehives. Vegetables and herbs from its garden are used in the kitchen, and there's a smokehouse. The inn prides itself on its selection of fresh fish, seafood, meat and game.

Kings Arms

kingsarmspentyrch.co.uk
22 Church Road, Pentyrch,
CF15 9QF | 029 2089 0202
In a leafy village on the outskirts of Cardiff, this Grade II listed pub has a flagstoned snug, exposed lime-washed walls and a log fire in the lounge. The menus and daily blackboard specials promote seasonal Welsh produce, and the Sunday roasts are very popular.

Llanerch Vineyard

llanerch-vineyard.co.uk
Hensol, Pendoylan, Vale of
Glamorgan, CF72 8GG
01443 222716
This is a working vineyard in picturesque countryside with a restaurant, bistro, boutique vineyard hotel rooms, self-guided vineyard tours and cookery classes. Try the great signature Welsh wines.

Miskin Manor Country Hotel ◉◉

miskin-manor.co.uk
Pendoylan Road, Miskin,
CF72 8ND | 01443 224204
Set on the outskirts of Cardiff in 22 acres of grounds, Miskin Manor supplies history and contemporary style in equal measure. The romantic Meisgyn Restaurant has an atmospheric Gothic edge, but the kitchen team is geared towards modern culinary trends. Vegetables and herbs are grown in the gardens, and the in-house pastry section turns out top-notch bread, cakes and desserts.

▲ Wales Millennium Centre

▶ Cardiff Bay

Since redevelopment began in the 1990s, Cardiff Bay has
grown to be almost a town in its own right. Although just a
mile from the city centre, it's often treated as a separate
destination and visited independently. You may want to visit
for the ice cream parlour right on the seafront, or for one of
the many pizza houses. Equally, you may want to drink a coffee
in the large foyer of the Wales Millennium Centre, listening
to one of the local choirs or bands perform there for free
most weekends.

Whatever you choose to do here, you cannot escape the
history. The discovery of coking coal allowed the iron-smelting
industry to boom in the south Wales valleys during the
Industrial Revolution and this was the main port of choice. The
Bute family enlarged the docks and made Cardiff into one of
the world's largest exporters of coal and iron. Tiger Bay, the
area between the dock and city, became one of the roughest
but most lively multicultural centres in the world, producing

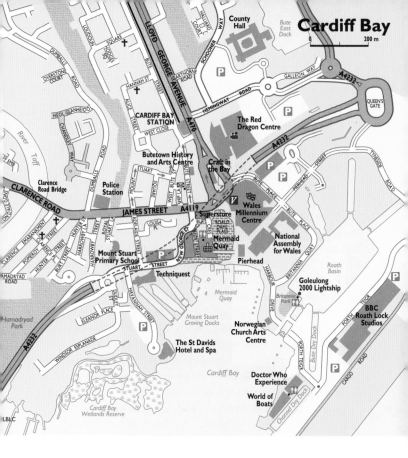

none other than legendary singer Dame Shirley Bassey. Sailors from all corners of the globe patronised the pubs with names like the Bucket of Blood and the House of Blazes. By the 1970s, when the coal industry had been decimated, Cardiff's waterfront had sunk into an industrial wasteland of deprivation and decay, while Tiger Bay had lost its soul. With this in mind, the presiding Welsh Secretary, Nicholas Edwards, announced the establishment of the Cardiff Bay Development Corporation, its mission being to put Cardiff back on the international map and create a thriving maritime city. The harbour at Cardiff had one of the world's most expansive tidal ranges of up to 46 feet between low and high tide, rendering it completely inaccessible for up to 14 hours a day. The idea was to build a barrage that would create a 500-acre freshwater lake out of the bay, although it brought vehement opposition from Friends of the Earth, the RSPB and local residents, who thought this would be an ecological disaster for the thousands of birds whose wetland and mudflat habitats would be submerged beneath the lake. The Welsh Office believed that the scheme would be the catalyst for a complete dockside development and persisted with the plans to cover the silvery mud. In 1993 the Cardiff Barrage Act was passed. The £220-million project included three locks for ships to pass through, sluice gates to control the water level in the lake, and a fish pass to allow the sea trout and salmon to access their spawning area in the Taff and Ely rivers. To compensate for the loss of wildlife habitat, 1,000 acres of farmland were flooded in the Gwent Levels 15 miles to the east to create a freshwater marsh.

The barrage was completed in 1997, along with eight miles of waterfront development, the biggest of its kind in Europe. The area now houses many attractions. Techniquest Science Discovery Centre promotes science and maths in an exciting and palatable way. The Welsh Assembly building – designed by Richard Rogers with energy conservation in mind – stands at the Pierhead, and Butetown History and Arts Centre provides a fun and interactive experience. Close by is the Wales Millennium Centre (see page 135), an international arts centre with restaurants, cafes and a theatre which offers the best in dance, music and theatre. Built from local slate, it has a bilingual inscription: 'In these stones horizons sing' and *Creu gwir fel gwydr o ffwrnais awen*, which in English means 'creating truth like glass from the furnace of inspiration'. Shunning the modern look is the Norwegian Church, where Roald Dahl's parents worshipped – it's now an exhibition and arts centre with a cosy waterfront cafe. You can also go on a guided tour of the barrage, or take a boat trip or sailing lessons. A popular water taxi takes people to and from the bay, city centre and Penarth, while in the nearby Atlantic Wharf Village there's an international standard swimming pool and ice rink. Despite the huge environmental concerns over the redevelopment, the bay is still good for birding. Long-legged waders such as the grey heron, the egret – a small white heron-like bird – and the cormorant, another heron-like bird with a black coat, can be seen waiting patiently and silently for their fish suppers to swim by. The wetland reserve by the Taff Estuary also hosts great crested grebes and snipe.

VISIT THE MUSEUMS AND GALLERIES

Craft in the Bay

makersguildinwales.org.uk
The Flourish, Lloyd George Avenue, Cardiff, CF10 4QH | 029 2048 4611
Open daily 10.30–5.30
Located opposite the Wales Millennium Centre, this shop and gallery is home to the prestigious Makers Guild, a craftmakers' cooperative formed in 1984 to bring together and promote and recognise the best of Welsh craft talent. It has an international reputation for craft and applied art.

The Norwegian Church Arts Centre

norwegianchurchcardiff.co.uk
Harbour Drive, Cardiff Bay,
CF10 4PA | 02920 877959
Open daily 9–6

This is a landmark building in Cardiff Bay with panoramic views over the waterfront. Formerly a church for Norwegian sailors, the iconic building dates back to the Industrial Revolution, when Cardiff Docks was the world's greatest exporter of coal. It now hosts events, classes and exhibitions. There is also a popular tea room.

Wales Millennium Centre

wmc.org.uk
Bute Place, Cardiff Bay, Cardiff,
CF10 5AL | 029 2063 6464

Visit Wales' leading arts centre housing theatre space for musicals, opera, ballet and dance, as well as cafes. It's the home of eight arts organisations, including the national orchestra and national opera, dance, theatre and literature companies.

ENTERTAIN THE FAMILY

Doctor Who Experience

see highlight panel overleaf

Techniquest

techniquest.org
Stuart Street, CF10 5BW
029 2047 5475 | Open all year;
term-time 9.30–4.30; school
holidays 10–5

There's always something new to explore at this exciting science discovery

5 top activities for rainy weather

▸ **Techniquest Science and Discovery Centre,** page 135

▸ **Sand-board at Merthyr Mawr,** page 108

▸ **Take a ride on a narrow-gauge steam train** (greatlittletrainsofwales.co.uk)

▸ **The National Museum,** Cardiff, page 127

▸ **Anglesey Sea Zoo,** page 226

centre, located in the heart of Cardiff Bay. Journey into space in the planetarium, enjoy an interactive Science Theatre Show or experience one of the 160 hands-on exhibits. Techniquest's planetarium has a new projector allowing visitors to see the night sky as never before. There's also a Science Theatre staging curriculum-linked shows for school parties during term time and shows for all the family at other times. Visit the website for details of events running throughout the year.

TAKE A BOAT TRIP

Bay Island Voyages

bayislandvoyages.org.uk
Lock Keeper's Cottage,
Britannia Park, CF10 4WZ
01446 420692

A great way to explore is to cruise around Cardiff Bay.

▶ Doctor Who Experience

doctorwhoexperience.com

Discovery Quay, Porth Teigr, CF10 4GA | 0844 801 3663

Open all year 10–5; closed most Tues in off-season

Fans of Doctor Who will already recognise many Cardiff Bay locations from the popular BBC television series, but the Doctor Who Experience takes things a step further by inviting visitors to become the Doctor's companion on a time-travelling adventure confronting classic monsters from series past. Eleventh Doctor Matt Smith filmed special scenes to be played as you journey through time and space.

Once your enemies have been vanquished, there's an extensive exhibition of props, artefacts and costumes ranging from 1963 right through to the present day, along with Daleks, Weeping Angels, Ood, Cybermen, and even a TARDIS.

▶ Cardigan

Found on the estuary of the River Teifi, Cardigan is a special place to visit, combining historic culture with a cool trendy edge and outdoor vibe. It's largely one long strip of a road – and a perfect example of how an independent high street should look. You won't find a shut shop or anything looking in need of some TLC. Indeed, Cardigan has seen great gentrification of late. Now you'll find boutique B&Bs, upmarket pubs, decent butchers, organic delis and antiques shops. But you'll also find it's got a young hip crowd inspired by the outdoors scene, which in turn is inspired by the river.

In summer a great place to hang out is the Fforest Café, which as well as selling great food sells stylish outdoor gear and Welsh rugs. It's recently launched a pizza bar over the other side of the river, serving up simple pizzas in a makeshift outdoor restaurant right on the water. Howies, the alternative clothing shop, famous for its good quality material and quirky logos, such as 'give peas a chance', was also set up in Cardigan and a shop can still be found on the high street.

The castle, once privately owned, is now in the hands of the local council and undergoing restoration (due to reopen in 2014). Another site is the 17th-century, six-arched bridge over the Teifi where, on occasions, ancient handmade coracles can be seen plying for salmon and sea trout. A weekly market is still held beneath the arches of the 19th-century Guildhall. Most importantly for those travelling with kids, Cardigan boasts the best old-fashioned sweet shop around – Yum Yums, located on the high street. They'll love you forever.

TAKE IN SOME HISTORY

Cardigan Castle

cardigancastle.com
SA43 1JA | 01239 615131
Due to reopen 2014;
check website for details

Built in the 12th century, Cardigan Castle was an important stronghold in the ancient Welsh kingdom of Ceredigion and played a vital role in the history of the country. Decades of neglect left the site of the castle in ruins but, after years of local campaigning, it is now in public hands. It is being brought back to life and is on course to open its doors in the spring of 2014 for community, recreational and educational uses. Excitingly, it will become a centre for learning the Welsh language, culture and crafts, as well as a focus for environmental and horticulture studies. There will be a heritage centre with educational facilities, rooms to hire for training and educational purposes, an Eisteddfod garden with a wet-weather dome, an open-air concert area, a restaurant and self-catering luxury accommodation.

ENTERTAIN THE FAMILY
Yum Yums
yumyumsweets.co.uk
6 Pendre, SA43 1JL | 01239 621201
Open Mon–Sat 9–5.30
Situated on the high street, Yum Yums is a child's paradise. In this old-fashioned sweet shop you can choose your favourite treat and buy it weighed out into a bag by the quarter pound. It has over 500 jars of loose sweets.

5 top volunteering holidays

▶ **National Trust:** Opportunities available at a variety of locations; activities include gardening, surveying and archaeology.

▶ **CAT (Centre for Alternative Technology), Machynlleth:** Short-term or summer placements doing bird monitoring or woodland work.

▶ **Felin Uchaf, Pwllheli:** A creative educational centre offering year-round volunteering.

▶ **RSPB:** Voluntary and practical conservation placements are available at a variety of sites around Wales.

▶ **Cardigan Bay Marine Wildlife Centre:** Summer volunteers are recruited to help with surveying on land and boat, beach cleaning and educational activities.

HIT THE BEACH
Choose from either the pebbly Gwbert or the glorious sandy Poppit, with views across the estuary towards Cardigan Island.

GET ON THE WATER
Fforest Outdoor
fforestoutdoor.co.uk
1 Cambrian Quay, Cardigan, Ceredigion, SA43 1EZ
01239 623633
This unrivalled outdoor pusuits centre is the place to come if you want to canoe, coasteer or kayak to your heart's content. There's also climbing, mountain biking and archery available at Fforest Farm.

▶ PLACES NEARBY
Welsh Wildlife Centre
welshwildlife.org
The Welsh Wildlife Centre, Cilgerran, Cardigan, SA43 2TB | 01239 621600
Open Mar–Dec daily 10–5
In a futuristic glass and timber building on the Teifi Marshes Nature Reserve, this centre is a great place from which to explore the surrounding area. The nature reserve covers woods, meadows, reed beds and marshes along the River Teifi, as well as a former slate quarry and railway bed. The diversity of habitats gives rise to an abundance of wildlife, including otters and one of the largest British colonies of Cetti's warblers. A footpath around the marshes is dotted with hides on ground and treetop level, from which to spot elusive kingfishers or

otters. For kids, there's an adventure playground and an enormous wicker badger to climb all over and explore. The centre has the wonderful Glasshouse cafe and a well-stocked gift shop, selling everything from honey from the marshland bees to a bug box. There's also an exhibition telling the fascinating story of how the ancient Teifi Marshes were created.

Llwynhelyg Farm Shop

llwynhelygfarmshop.co.uk
Sarnau, Llandysul, SA44 6QU
01239 811079 | Open Mon–Sat 9–6
Described as a 'food-lovers paradise', this farm shop has won a host of awards for the quality and diversity of its produce, the majority of which is sourced from the locality and around Wales. Products include home-grown potatoes and salad crops from the farm, fruit and vegetables from local specialist growers and delicious homemade cakes, desserts, pies and quiches to enhance any tea table. The shop is particularly known for its extensive range of Welsh artisan cheeses – it stocks 80 different types.

St Dogmaels

see page 291

Teifi Valley Railway

teifivalleyrailway.org
Station Yard, Henllan, Llandysul,
SA44 5TD | 01559 371077
Call or check website for timetable
This is a narrow-gauge tourist railway located at Henllan, about four miles to the east of Newcastle Emlyn. It also boasts a model railway, about 400 yards long, picnic tables in a children's play area and a crazy golf course, so it's an all-round family attraction. Seasonal events take place throughout the year.

▶ Cardigan Bay

Cardigan also gives its name to its surrounding bay – Cardigan Bay. Just to clarify things, the county now uses the Welsh word for Cardiganshire – Ceredigion, pronounced with a 'dig'. The bay itself is a large inlet of the Irish Sea and stretches from Bardsey Island (see page 61) in the north to Strumble Head (see page 304) in the south. With many beaches and a unique marine life, it's the place to come for spotting bottlenose dolphins, porpoises and Atlantic grey seals. The area is also a Special Area of Conservation (SAC), designated under European law to protect its species and habitats. The Ceredigion coastal path is also a major attraction.

Much of the surrounding land is fertile farmland, dotted with towns and seaside resorts such as Fishguard, New Quay, Aberaeron, Aberystwyth, Borth, Aberdyfi, Barmouth and Porthmadog. It's also a section of coast that major rivers flow into, including the Afon Glaslyn, Teifi, Rheidol, Dyfi, Aeron, Dysynni and Mawddach. Historically, the area supported a strong maritime industry. Cardigan, in particular, was a major hub, once having more than 300 ships registered in its port, seven times as many as Cardiff. Due to being something of a backwater, in many ways this area remains charmingly unspoilt. The nearby heather-clad Preseli Hills (see page 273) are an additional delight.

▶ Carmarthen

Carmarthen may be a town of cultural provenance and history – claiming to be one of the oldest settlements in Wales – but in reality there's not that much to see here and it isn't really a stop for most tourists. The Romans built a fort here, but it was largely destroyed and, unlike many others, hasn't been rebuilt. A few crumbling walls are all that really remain. Between the 16th and 18th centuries it was thought of as Wales' chief city, but the population dwindled in the mid-19th century as workers moved to the coalfields in south Wales. The town is said to be the birthplace of the Arthurian wizard, Merlin. Legend also had it that when a particular tree called 'Merlin's Oak' fell, it would be the downfall of the town as well. In order to stop this from happening, the tree was dug up when it died. Pieces can be found under glass at the Carmarthenshire County Museum.

VISIT THE MARKET
Carmarthen Market
carmarthenmarket.co.uk
Open Mon–Sat, 9.30–4.30;
outdoor market every Wed & Sat
As long as there's been a town here, there's been a market. It's a perfect place to see a collection of crafts all under one roof – antiques stalls, engravers and home-produce outlets.

PLAY A ROUND
Carmarthen Golf Club
carmarthengolfclub.com
Blaenycoed Road, SA33 6EH
Open daily all year & BHs
01267 281588

A well-maintained heathland course with tricky greens and a magnificent clubhouse.

EAT AND DRINK
Y Polyn 🅐🅐
ypolyn.co.uk
Nantgaredig, SA32 7LH
01267 290000
This welcoming country pub is friendly, chatty and informal. It's furnished in true rustic style with bare wood tables, and the happy buzz of customers is testimony to the success of the cooking. There is no desire to innovate for its own sake, just reliable local ingredients cooked with bravura.

▶ PLACES NEARBY

Carmarthenshire County Museum

carmarthenmuseum.org.uk

The Old Palace, Abergwili, SA31 2JG

01267 228696 | Open all year Tue–Sat 10–4.30

Housed in the old palace of the Bishop of St Davids and set in seven acres of grounds, the museum offers a wide range of local subjects to explore, from geology and prehistory to butter making, Welsh furniture and folk art. It also holds temporary exhibitions.

National Botanic Garden of Wales

see page 241

▶ Carreg Cennen Castle

cadw.wales.gov.uk

Near Trapp, 4 miles south of Llandeilo, SA19 6UA | 01558 822291

Open all year daily Apr–Oct 9.30–6.30, Nov–Mar 9.30–4

Of all Wales' castles, this is regularly voted the most 'dramatically situated' and the most romantic ruin. It's found within the Brecon Beacons National Park (see page 105) in a spectacular position – standing proud above a limestone precipice, the 295-foot drop forming a natural defence. Despite this, the Welsh rebel Owain Glyndwr took the castle in the 15th century, and the Yorkists later destroyed it during the Wars of the Roses to prevent its use as a Lancastrian base.

Despite being in a ruinous state since 1462, it is still an impressive sight. It was originally an Anglo-Norman stronghold, designed to repel Welsh advances. Today it still has six towers of differing shapes, including a great twin-towered gatehouse on the north side and three drawbridges over deep pits. The inner court comprises a hall, kitchens, chapel and the so-called 'King's Chamber'. In it is a well-carved stone fireplace and ornate windows facing impressive views. Be sure to check out the passageway cut into the cliff which leads to a natural cave beneath the fortifications. A freshwater spring rises in the cave, which would have been a useful supplement during dry weather when the castle would have had difficulty collecting rainwater to fill the cisterns.

The castle is under the care of Cadw, who have stabilised and, to a limited extent, restored some of the remains. You need to be fit to enjoy it though – it's accessed via a steep climb up the hill from Castell Farm, which is near the car park. A large threshing barn has been converted into tea rooms and a shop, while the majority of the farm buildings, around a traditional farmyard, retain their agricultural purposes. Since 1982 these have formed part of a farm park with rare and unusual breeds of cows and sheep.

▲ Castell Henlyss Iron Age Fort

▶ Castell Henllys Iron Age Fort

castellhenllys.com

Pant-Glas, Meline, SA41 3UT | 01239 891319 | Open all year daily Easter–Oct 10–5, Nov–Mar 11–3 (last entry 30 mins before close); closed 24–31 Dec

There's no other way to describe this site other than a wonderful one-off. Nestled deep in the Pembrokeshire Coast National Park (see page 260), this Iron Age hill-fort, dating back 2,400 years, allows you to step back in time. Excavations began in 1981. Since then, three roundhouses have been reconstructed with hazel wattle walls, oak rafters and thatched conical roofs. A forge, smithy and looms can also be seen, with other attractions such as trails and a herb garden. A main draw for many visitors is being able to sit inside a roundhouse and grind flour to make bread, just as the Celts used to do. Check the website or call for details of special events.

▶ Ceiriog Valley

'A little bit of heaven on Earth' is how the last British Liberal Prime Minister, Lloyd George, described the Ceiriog Valley. Yet, despite its stunning scenery and easy accessibility – being only a few miles from the English border and the busy A5 – this valley is something of a secret. It lies immediately south of the Vale of Llangollen, and has been dubbed 'little Switzerland' for its lush green hills, dotted with small farms that wouldn't go amiss in a Constable landscape. It's also given rise to three notable Welsh poets – John Ceiriog Hughes (1832–87), Huw Morus (1662–1709) and Rev Robert Ellis (1812–75). Hughes, commonly known as 'Ceiriog', is known as the 'Robert Burns of Wales', while Morus, even before he turned 30, was already the most famous poet in Wales. His ballads, written in support of Charles I, were so evocative that Cromwell sent a detachment to silence him. Ellis was an Eisteddfod-winning poet and Minister at Glyn Ceiriog for many years.

The village of **Glyn Ceiriog** is the largest in the Ceiriog Valley. It expanded in the 19th century with the mining of slate and other minerals in the area. Here you can see the remnants of a slate-carrying tramway. You can also visit **Llanarmon Dyffryn Ceiriog**, the most beautiful village in the valley, with a church, two old-world pubs and several whitewashed cottages clustered around a picture-postcard square. Lying by the junction of the River Ceiriog and a tributary, the Gwrachen, the village takes its name from the fifth-century missionary St Garmon. A mound in the churchyard, known as 'Tomen Garmon', is a Bronze Age burial mound, which is believed to be the place where the missionary once stood to preach.

GET OUTDOORS
Pistyll Rhaeadr
see page 265

EXPLORE BY BIKE
Hit the Hills
hitthehills.com
07540 647227
Mountain bike the Berwyns with this national bike-ride specialist.

SADDLE UP
Andy Pughe Pony Trekking
ponytreks.co.uk
Pont-y-Meibion, Pandy, Glyn Ceiriog, Llangollen, LL20 7HS
01691 718686
With ponies and horses to suit all ages and abilitites, this is a fantastic way to explore the beautiful Ceiriog Valley. A whole host of other activities are also available, including clay-pigeon shooting and quad biking, visit the website for details.

GO WALKING
Head off along Offa's Dyke Long Distance Footpath or up the Berwyn Mountains.

EAT AND DRINK
West Arms ◉
thewestarms.com
Llanarmon Dyffryn, Ceiriog, LL20 7LD | 01691 600665
The West Arms is cosy and welcoming with its beamed ceilings and roaring log fires. The food is of international standard with dishes such as local organic lamb braised in cider. Hungry already?

▶ Chepstow

Chepstow is a busy market town, close to the major hubs of Newport and Cardiff, and also Bristol in England. Located on the River Wye, it is also just two miles from the huge River Severn estuary and the old Severn crossing – the white bridge, rather than the newer peppermint green one. Its name derives from the old English *ceap stowe*, meaning marketplace or trading centre. Although some might be slightly down on this town, it does have a splendid Norman castle, perched dramatically on a cliff top above the Wye.

Just outside the town is Chepstow Racecourse – one of Britain's finest – which has hosted the Welsh National each year since 1949. The town is also a gateway to exploring the beautiful border countryside, heading up to Tintern and the Forest of Dean.

Although the town initially developed around its castle, the Middle Ages also saw it become an important port for the import of wines and the export of timber and bark. In the late 18th century, the town was a focus of early tourism as part of the Wye tour. Shipbuilding was also important – during World War I, one of the first national shipyards was established here – as was heavy engineering. Bridges and now wind turbines were frequently built here.

TAKE IN SOME HISTORY

Chepstow Castle

cadw.wales.gov.uk
Chepstow, NP16 5EY
01291 624065 | Open Mar–Jun, Sep–Oct daily 9.30–5, Jul–Aug 9.30–6, Nov–Feb Mon–Sat 10–4, Sun 11–4

One of the first stone castles ever constructed in Britain, building started in 1068, just two years after the invasion of England by William the Conqueror. Chepstow was of great strategic importance and William entrusted one of his best generals, William FitzOsbern, to build the castle and control the Marches. The site is naturally protected on one side by cliffs plummeting into the Wye, and on the other by a valley. The very first building was a simple, two-storeyed rectangular keep. In the 12th century its defences were improved and the castle extended. Although Chepstow was never besieged in medieval times, it played an important role in the Civil War, coming under siege twice while it was being held for King Charles I. After this, its importance declined and it fell into the romantic ruin it is today.

PLAY A ROUND

St Pierre, A Marriott Hotel and Country Club

stpierregolf.com
St Pierre Park, NP16 6YA
01291 625261 | Open all year daily and BHs

The course at this Marriott Hotel and Country Club is set in 400 acres of delightful parkland and there are two 18-hole golf courses on offer here – the oldest being one of the finest in the country.

EAT AND DRINK
Castle View Hotel
hotelchepstow.co.uk
Bridge Street, Chepstow, NP16 5EZ
01291 620349
This 300-year-old, ivy-clad, whitewashed pub looks across to the castle and the River Wye. Superb cuisine showcases British specialities with local produce including steaks, and salmon caught from the Wye. There's a charming small beer garden too. It doesn't get much better than this.

St Pierre, A Marriott Hotel and Country Club ◉
marriottstpierre.co.uk
St Pierre Park, NP16 6YA
01291 625261

The upmarket Marriott St Pierre Hotel does country house splendour with knobs on, but then it does have a head start, being an authentic 14th-century manor with turrets and battlements set in 400 acres of rolling hills. That means enough space for its own golf course and a complement of leisure facilities. The food is tasty and modern – salmon, lamb and puddings of the highest quality.

▶ PLACES NEARBY
Tintern Abbey
cadw.wales.gov.uk
NP16 6SE | 01291 689251
Open all year Mar–Jun, Sep–Oct daily 9.30–5, Jul–Aug 9.30–6, Nov–Feb Mon–Sat 10–4, Sun 11–4
The ruins of this Cistercian monastery church, founded in 1131 by Walter de Clare, Lord of chepstow, are still surprisingly intact. The monastery was established in 1131 and became increasingly wealthy well into the 15th century. During the

▼ Chepstow Castle

Dissolution it was closed and most of the buildings were completely destroyed. During the 18th century many poets and artists, including William Wordsworth, came to see the ruins and recorded their impressions in words and art. It is still a wonderful sight, accentuated by the green wooded valley and neighbouring river.

The Carpenters Arms

chepstow.co.uk/carps
Usk Road, Shirenewton, NP16 6BU
01291 641231

Lying between the rivers Wye and Usk, in the wooded valley of the Mounton Brook, this 400-year-old traditional country pub was formerly a smithy and carpenter's shop. Today it has four bars with flagstone floors, open fires, church pew seating and lots of old chamber pots. Sunday roasts are popular.

Veddw House Garden

veddw.com
The Veddw, Devauden, NP16 6PH
01291 650836 | Open Jun–Aug Sun only 2–5

Although not quite as famous as the National Botanic Garden of Wales, Veddw is every bit as special. In particular, journalists and reviewers who come here often cite it as their favourite. Located five miles northwest of Chepstow, in border country, it comprises mazes, ornamental grasses, and distinct gardens, such as the cornfield garden and hedge garden, with clipped yew trees and vegetable garden. There's also the froth garden, planted with pink roses, geraniums and hydrangeas.

▶ Chirk

This is one for canal enthusiasts. Prepare to be gobsmacked by Thomas Telford's magnificent 10-arched aqueduct, built in 1801 to convey the canal more than 70 feet above the bottom of the valley. As if that's not enough, alongside it is an even taller viaduct, built by Henry Robertson in 1840 to carry the railway. Both were used to carry coal from the once-thriving Flintshire coalfields.

The other main feature of Chirk is its 14th-century castle, which stands proudly overlooking the town and the Ceiriog Valley (see page 142). It is one of the few built by Edward I to survive intact, with the exterior still boasting its original squat towers, dungeon and forbidding walls. Inside, however, much has changed. The Myddelton family, resident since 1595, added staterooms, tapestries, a 17th-century Long Gallery, and medieval decorations. As well as the castle to explore, the grounds are beautiful and there's a lovely circular wooded walk.

TAKE IN SOME HISTORY

Chirk Castle

nationaltrust.org.uk

LL14 5AF | 01691 777701

Castle open Mar–Oct daily 11–5;
garden Feb–Mar Sat–Sun 10–4;
estate all year daily 10–5

Completed during the reign of Edward I, this magnificent 14th-century fortress of the Welsh Marches is the last Welsh castle from that period that is still inhabited. Check out the dungeon and award-winning rock gardens.

▶ **PLACES NEARBY**

Springhill Farm Riding Stables

springhillfarm.co.uk

Selattyn, Oswestry, SY10 7NZ

01691 718406 | Opening times vary; call or check website for details

Overlooking the Ceiriog Valley, the Springhill Farm stables have instant access to off-road riding across attractive tracks, fields and bridleways. Enjoy an hour's trek, take a lesson or book a day trek suitable for levels of ability.

▶ Cilgerran

Cilgerran is on the northern border of Pembrokeshire between St Dogmaels (see page 291) and Cenarth. The village itself stretches along the banks of the River Teifi. The main attraction is the castle, a small construction that is quite triangular in shape. It was built around 1223 by William Marshall, Earl of Pembroke, in a dominant position high above the River Teifi, and was captured and recaptured many times. Today, it features two wooden bridges that cross the defensive ditches. Much of the outer wall is missing although most of the two circular towers remain. There are also some small rooms and dark passageways to explore.

Other attractions in the village include annual coracle races. This event started in 1950 and still attracts competitors from all over the world. The churchyard of St Llawddog is also of some interest, containing a megalithic standing stone. West of the village is Cilgerran Gorge where three slate quarries once flourished. It now provides a base for river activities, largely operated by Fforest Outdoor (see Cardigan, page 137).

TAKE IN SOME HISTORY

Cilgerran Castle

cadw.wales.gov.uk

SA43 2SF | 01239 621339

Opening times vary; call or check website for details

Perched high on a spectacular crag, this 13th-century ruined castle has a suitably romantic air. It makes a great backdrop to the annual coracle regatta where local fishermen in their one-person boats compete against each other in various contests on the River Teifi. Take the Wall Walk to really appreciate the castle's stunning strategic location.

▶ Colwyn Bay

A charming traditional Victorian resort, Colwyn Bay has some fine architecture and a long promenade, unfortunately shared by the parallel railway line. This promenade follows a vast sweep from Old Colwyn to Penrhyn Bay and gives easy access to the beaches, jetties for sailing and fishing and the harbour at Rhos-on-Sea. You can also peddle along a cycle track linking these places. The sands are golden and the water quality getting better all the time – the aim is to get blue-flag status.

The bay is close to the renowned Welsh Mountain Zoo, several golf courses and many areas ideal for climbing and walking. The tiny chapel of St Trillo, built in the sixth century on the beach in Rhos-on-Sea, is worth viewing. The chapel measures only 15 feet by 6 feet and stands over a holy well. It's reputed that Madoc – son of Owain Gwynedd – began his voyage of discovery from here to the Americas in 1170, more than three centuries before Columbus.

ENTERTAIN THE FAMILY
Welsh Mountain Zoo
welshmountainzoo.org
Old Highway, LL28 5UY
01492 532938 | Open all year Apr–Oct daily 9.30–6, Nov–Mar 9.30–5
This caring conservation zoo is set among beautiful gardens with panoramic views. Visitors are encouraged to roam the wooded pathways, relax on the grassy slopes or spend a day learning about endangered species, including snow leopards, chimpanzees, red pandas and Sumatran tigers. There are daily shows by the zoo's penguins, birds, sea lions and chimps, along with various events throughout the year.

PLAY A ROUND
Old Colwyn Golf Club
www.oldcolwyngolfclub.co.uk
Woodland Avenue, Old Colwyn, LL29 9NL | 01492 515581
Sun–Fri and BHs
Designed by renowned golf course designer and patriotic Scot James Braid, this wonderfully hilly 9-hole meadowland course is full of character. There are great views of the Irish Sea and Colwyn Bay from the greens.

EAT AND DRINK
Pen-y-Bryn
brunningandprice.com/penybryn
Pen-y-Bryn Road, LL29 6DD
01492 533360
Looks can be deceiving and, while this unprepossessing 1970s building may look like a medical centre on the outside, inside there's a handsome interior with friendly atmosphere, local ales, a decent wine list and cracking pub food. Make sure you check out the stunning rear garden and terrace, both of which enjoy panoramic views over the sea.

▶ Conwy

Conwy is one of the great treasures of Wales, a place where history parades itself around every corner. Three fine bridges – Thomas Telford's magnificent suspension bridge of 1822, Robert Stephenson's tubular railway bridge, and a newer crossing – all stretch over the estuary beneath the castle, allowing both road and the railway into this medieval World Heritage Site. Pride of place goes to the castle. It dates back to 1287 when Edward I built it as part of his 'iron ring' to repress the rebellious troops of Llywelyn the Great. In the town centre, a statue of the revered Welsh prince dominates Lancaster Square.

Conwy is the most complete walled town in Britain and extremely impressive. The walls themselves are six feet thick and 35 feet high, with three original gates and numerous towers. The walkway along the top of the walls offers splendid over-the-rooftop views of the castle, the estuary and the rocky knolls of the nearby village of Deganwy. At the wall's end, steps descend to the quayside where fishermen sort their nets and squawking seagulls steal scraps. It's a great place to stop for a while and take in the surroundings. In summer, there is a good selection of boat trips, some just around the estuary, others further afield to Anglesey. You might think this quayside is a bit rundown, with its flaky paint and slightly unloved vibe – particularly if compared to neighbouring Llandudno – but regeneration is happening and there are a few fine old buildings to admire, chiefly the half-timbered Aberconwy House, the large mansion of Plas Mawr and St Mary's Church, built on the site of a Cistercian abbey.

TAKE IN SOME HISTORY
Conwy Castle
see highlight panel opposite

Aberconwy House
nationaltrust.org.uk
LL32 8AY | 01492 592246
Opening times vary; call or check website for details
Dating from the 14th century, this is the only medieval merchant's house remaining in the area. Furnished rooms and an audio-visual presentation show daily life in the house at different periods in its history.

Plas Mawr
cadw.wales.gov.uk
High Street, LL32 8DE
01492 580167 | Open 31 Mar–Sep, Tue–Sun 9–5, also BH Mon (last admission 45 mins before closing)
Built between 1576 and 1585 for local merchant Robert Wynn, Plas Mawr – or Great Hall – is regarded as the finest surviving Elizabethan town house in Britain. The house and gardens have been restored to their original appearance with help from Cadw.

Smallest House
thesmallesthouseingreatbritain.co.uk
The Quay, LL32 8BB | 01492 593484
Open Mar–Jun, Oct 10–4
The Guinness Book of Records lists this as the smallest house in Britain. Just six feet wide by ten feet high, it is furnished in the style of a mid-Victorian Welsh cottage.

GET INDUSTRIAL
Conwy Suspension Bridge
nationaltrust.org.uk
LL32 8LD | 01492 573282
Open Mar–Oct daily 11–5 (last admission 4.30)
Completed in 1826 and designed by Thomas Telford, one of the greatest engineers of the late 18th and early 19th century, this was the first bridge to span the river at Conwy. The bridge has been restored and the toll house furnished as it would have been a century ago with the aim of showing how the onset of trade, travel and tourism transformed Conwy.

GO BACK IN TIME
Castle Caer Lleion
To the east of Conwy, on the peak of Conwy Mountain, is a noteworthy and easily accessible Iron Age hill-fort, which has spectacular views of the north Wales coastline. Here you'll find the remains of around 50 stone roundhouses enclosed by thick stone walls. In 1951 archaeological excavations uncovered some sling stones, querns, and pestle and mortars, but nothing of a datable age. The site can be accessed on foot by various footpaths, and by road via the Sychnant Pass and Mountain Road.

HIT THE BEACH
One mile west of the town is Conwy Sands, a great sandy expanse with plenty of dunes.

▶ Conwy Castle

cadw.wales.gov.uk

LL32 8AY | 01492 592358 | Open all year Mar–Jun, Sep–Oct 9.30–5, Jul–Aug 9.30–6, Nov–Feb, Mon–Sat 10–4, Sun 11–4

Although this castle may be slightly overshadowed by Caernarfon, it is still one of the best in Wales and Edward I's most expensive castle. Building of this massive fortress began in 1283 and was completed around 1287. During this very short time, the town's defences were also built, taking in some 0.75 miles of walls, with 22 towers and 3 gateways.

PLAY A ROUND
Conwy (Caernarvonshire) Golf Club
conwygolfclub.com
Beacons Way, Morfa, LL32 8ER
01492 592423 | Open all year daily
Founded in 1890, this true links course has hosted national and international championships since 1898.

EAT AND DRINK
Castle Hotel ◉◉
castlewales.co.uk
High Street, LL32 8DB
01492 582800
Built on the site of a Cistercian abbey and with a Victorian bell-gabled facade, this hotel aims to be 'boutique'. The restaurant, Dawsons, has a contemporary style. Local flavour is big on the menu – try the Conwy mussels, or the Welsh lamb hotpot.

The Groes Inn ◉
groesinn.com
Tyn-y-Groes, LL32 8TN
01492 650545
This charming creeper-clad inn was the first licensed house in Wales and has been welcoming customers since 1573. The walled town of Conwy is just two miles away and the front of the inn has magnificent views of the hills behind. Rambling rooms, beamed ceilings, careworn settles, military hats, historic cooking utensils – this inn has plenty of interest, but don't expect a jukebox or pool table. The menu is great, and

▼ Statue of Owain Glyndwr, 15th-century Prince of Wales, Corwen

be sure to taste the beers, including the pub's very own Groes Ale.

▶ PLACES NEARBY
RSPB Nature Reserve Conwy
rspb.org.uk/conwy
LL31 9XZ | 01492 584091
Open daily 9.30–5

Explore the quiet nature trails, get close up with birds and other wildlife, or simply slurp a good cup of coffee while enjoying the fantastic views. There are lots of activities for big and small people alike, and various events throughout the year.

▶ Corwen

Located on the banks of the River Dee, Corwen is a tiny town with a population of roughly 3,000. It's best known for its links with Owain Glyndwr, who proclaimed himself Prince of Wales here from his nearby manor of Glyndyfrdwy on 16 September 1400. So began his 14-year rebellion against English rule. In 2007 a life-size bronze statue of the prince mounted on his battle horse was installed in the town's square. Besides this famous Welsh ruler, the town – which grew up as a centre for cattle drovers – is known for the motte of its Norman castle, the 13th-century Church of St Mael and St Sulien. Today, the main economy is based around farming.

SEE A LOCAL CHAPEL
Rug Chapel
cadw.wales.gov.uk
Rug, LL21 9BT | 01490 412025
Open Apr–early Nov Wed–Sun 10–5, BH Mon 10–5
Rug Chapel was built in 1637. This rare, little-altered example of a 17th-century private chapel is decorated in a highly elaborate fashion and set in a wooded landscape. The chapel's modest exterior gives little hint of the interior where local artists and carvers were given a free rein, with some spectacular results.

▶ Criccieth

This small seaside town in Cardigan Bay styles itself as the 'pearl in Wales, set on the shores of Snowdonia'. It's popular with families and the main attraction is the ruins of Criccieth Castle, with extensive views. In the centre lies Y Maes, part of the medieval town common. The town is known for its summer fairs and also for the pride it takes in its aesthetics – it won the Wales in Bloom competition each year from 1999 to 2004. It's also associated with the former British Prime Minister, David Lloyd George, who grew up in the nearby village of Llanystumdwy.

TAKE IN SOME HISTORY
Criccieth Castle
cadw.wales.gov.uk
LL52 0DP | 01766 522227
Open Apr–Oct daily 10–5, Nov–Mar
Fri–Sat 9.30–4, Sun 11–4
In 1404 Owain Glyndwr took
Criccieth Castle from the
English by force. Shortly
afterwards, however, it was
badly damaged in a fire and
never really used again. Today,
the castle is in ruins, although
its commanding position on a
promontory overlooking the
picturesque Tremadog Bay
gives an idea of the status it
once must have enjoyed.
A massive gatehouse still
presents a forbidding face to
the world, while the thickness
of its crumbling walls gives
it an aura of strength
and permanence.

PLAY A ROUND
Criccieth Golf Club
cricciethgolfclub.co.uk
Ednyfed Hill, LL52 0PH
01766 522154 | Open all year daily
and BHs
A hilly course on high ground
with generous fairways and
plenty of natural hazards.

▾ Criccieth Castle

EAT AND DRINK

Bron Eifion Country House Hotel ⊛

broneifion.co.uk

LL52 0SA | 01766 522385

Set in lovely landscaped gardens with uplifting views over Snowdonia and the coastline of the Llyn Peninsula, Bron Eifion is a small-scale Victorian country house in the classic style. Inside, its period features have survived unscathed and include the impressive Great Hall with a minstrels' gallery – a perfect spot for aperitifs. The Orangery Restaurant has a repertoire of modern ideas and a wide-ranging menu.

Caffi Cwrt Tearoom

Y Maes, Criccieth LL52 0AG

Try tea, sandwiches and homemade cakes in this charming, old-fashioned, 18th-century cottage, which used to be a Court of Petty Sessions, located just off the village green. The cottage has beamed ceilings and the tea garden has a view of the castle.

▶ **PLACES NEARBY**

Lloyd George Museum and Highgate

gwynedd.gov.uk/museums

Llanystumdwy, LL52 0SH

01766 522071 | Open Mon before Easter, daily 10am–5.30, Apr–May Mon–Fri 10.30–5 (also Sat in Jun), Jul–Sep, daily 10.30–5, Oct Mon–Fri 11–4; other times by appointment; call for details

Explore the life and times of World War I prime minister David Lloyd George in this museum. Highgate, his boyhood home, is recreated, as it would have been when he lived there (1864–80), along with his Uncle Lloyd's shoemaking workshop.

Porthmadog

see page 268

▶ Crickhowell

An upmarket town – nicknamed 'Twickers', due to its high percentage of pukka English inhabitants – Crickhowell has a fine 19th-century high street selling a wide variety of goods. The shops are boutique and individual and there are a few craft outlets and galleries. The town is set close to Sugarloaf Mountain and some stunning Welsh countryside, and is the perfect spot for a weekend away, with plenty of luxury holiday cottages to rent nearby. Expect a plethora of Land Rovers, Barbour jackets and aspiring sorts.

PLAY A ROUND

The Old Rectory Country Hotel and Golf Club

rectoryhotel.co.uk

NP8 1PH | 01873 810373

Open Mon–Sat & BHs

This par 3, 9-hole course is set among some very fine scenery and has all-weather playing facilities.

EAT AND DRINK
The Bear ⍟
bearhotel.co.uk
Brecon Road, Crickhowell,
NP8 1BW | 01873 810408
The Bear has been the heart
of this community since 1432.

5 top cool natural wonders

▶ **The Drowned Forest of Wales**
Head to Borth Beach in
Ceredigion at low tide to see
the remains of a 6,000-year-
old forest.

▶ **Dan-yr-Ogof National Showcaves**
page 157
Explorers have uncovered
10 miles of underground
lakes, stalactites and
stalagmites and magnificent
passages and chambers.

▶ **Pistyll Rhaeadr, Powys**
page 265
With a drop of nearly
246 feet, this is the tallest
waterfall in Wales.

▶ **Wolf's Leap, Cambrian Mountains**
This tight rocky canyon on
the River Irfon is a perfect
spot for wild swimming.

▶ **Glyder Fach, Snowdonia**
page 299
This dramatic mountain
(3,261ft/993m) is crowned
by a famous cantilever rock,
a massive precariously
balanced slab that's a
favourite spot for climbers
to be photographed.

It has flagstoned floors, oak
beams, stone walls and cosy log
fires. The food is a modern
unpretentious repertoire of
excellent quality. Dogs are
welcome and sometimes
even treated to a bowl of
chicken scraps.

Manor Hotel ⍟
manorhotel.co.uk
Brecon Road, Crickhowell,
NP8 1SE | 01873 810212
This is a smart, contemporary
setting serving delicious food in
the Everest Bistro. Nearly all
the meat and poultry served is
raised on the family farm a few
miles away.

▶ PLACES NEARBY
Tretower Court and Castle
cadw.wales.gov.uk
NP8 1RD | 01874 730279
Open Apr–Oct daily 10–5, Nov–Mar
Fri–Sat 10–4, Sun 11–4
This delightful site comprises
a stone Norman tower, with
walls nine feet thick and a
splayed-out bottom to make
it difficult to undermine, and
tiny arched windows. It stands
among trees in the beautiful
Usk Valley. There's also
Tretower Court, built in the
early 15th century. You can
admire the magnificent hall
ceiling made from wood and
the gallery's sliding shutters.
The building is mostly well
preserved, although some
parts have been reconstructed.
There is also a recreated
15th-century garden within
the castle grounds.

▶ Dan-yr-Ogof National Showcaves

showcaves.co.uk

Abercrave, Swansea SA9 1GJ | 01639 730284 | Open Apr–2 Nov daily 10–3

Fancy a spot of caving? Jeff and Tommy Morgan did, way back in 1912. They were the duo that first had the courage to explore this complex of caves under the Brecon Beacons, using candles to light their way and arrows in the sand to find their way back. What they discovered was an array of stalactites and stalagmites, but they were prevented from penetrating too far into the mountain by a lake. Not a pair to be deterred, they soon returned, this time with coracles – traditional one-man fishing boats used on the rivers of west Wales. They crossed one lake, then carried on to cross three more. Eventually, they discovered more magnificent passages and chambers – only to be stopped in their tracks by a very tight space. This hurdle wasn't surmounted until 1963, when Eileen Davies, a local girl and member of the South Wales Caving Club, struggled through it. She and others have now found over 10 miles of unique caves.

Visitors can tour many of these caves, including Bone Cave, where 42 Bronze Age skeletons were found, and the Dome of St Pauls in Cathedral Cave, where waterfalls feed into an underground lake. Cavers believe that this is the tip of the iceberg and that there is still much to discover.

▶ Denbigh

Lying north of Ruthin and south of St Aseph in north Wales, Denbigh can be found in the wide and verdant Vale of Clwyd dividing the rolling Clwydian Hills. It's a medieval county town that grew up around the glove-making industry.

Denbigh means 'little fortress', probably referring to the original hilltop castle belonging to the ancient Welsh princes, rather than the large Norman castle you see today. After defeating the Welsh in 1282, Edward I granted the town to his friend, the English nobleman Henry de Lacy, who became the first Lord of Denbigh. The castle and its town walls were completed not long afterwards and then the action really started, culminating in a successful six-month siege of Royalist troops during the Civil War. Although the castle fell into decay not long afterwards, there's still much to see, including the gatehouse, fronted by two polygonal towers, and walls that give tremendous views of the town and valley.

Beneath the castle, Denbigh has many historical nooks to explore. Narrow alleys such as Back Row thread quietly through the medieval part of the town, revealing buildings from the 15th century. You can also see the remains of a 14th-century Carmelite friary, and the walls of an unfinished cathedral dreamed up by Dudley, Earl of Leicester, favourite of Elizabeth I, but abandoned on his death in 1588.

From Denbigh you can also explore the local Clwydian Hills, which have long been popular with walkers who delight in the heather ridges. Moel Famau, which means 'mother mountain', at 1,818 feet (554m) is the highest of the range. Its summit monument was built in 1810 to celebrate the jubilee of King George III. The square tower and spire were wrecked by a violent gale 50 years later, and the place lay in ruins until 1970, when it was tidied up. To the west, and clearly in view from the ridge, are the concentric earthwork rings of Maes y Gaer, just one of many ancient fortifications on the range.

TAKE IN SOME HISTORY
Denbigh Castle
cadw.wales.gov.uk
LL16 3NB | 01745 813385
Open Mar–Oct daily 10–5;
winter hours vary, call or
check website for details
Even in decay this tower exudes power and importance. Its most impressive feature is its great gatehouse, although the centuries have not treated it kindly. There is also a statue of Edward I, now very weathered. As Edward's funds were limited, he asked his friend the Earl of Lincoln, Henry de Lacey, to build this castle for him. An unusual feature is the steeply sloping barbican that protected the back of the castle.

EXPLORE BY BIKE
Ride North Wales
ridenorthwales.co.uk
C/O Denbighshire Countryside
Service, Loggerheads CP, near
Mold, CH7 6LT | 01352 810614
A mountain biking specialist covering much of north Wales, including the Clwydian Hills, a 22-mile-long chain of hills between Prestatyn and Llandegla. It's the ideal way to explore and enjoy the countryside.

PLAY A ROUND
Denbigh Golf Club
denbighgolfclub.co.uk
Henllan Road, L16 5AA
01745 814159 | Open all year daily
A parkland course in the Vale of Clwyd providing a testing and varied game.

▶ PLACES NEARBY
Ruthin Craft Centre
ruthincraftcentre.org.uk
Park Road, Ruthin, LL15 1BB
01824 704774 | Open all year
daily 10–5.30
As one of the leading craft centres in Britain, Ruthin has three on-site galleries, a number of artists in residence and some interesting changing exhibitions. There are many workshops teaching an array of crafts. There's also contemporary work for sale from some of the country's leading craftworkers.

▶ Dolaucothi Gold Mines

nationaltrust.org.uk

Pumsaint, Llanwrda, SA19 8US | 01558 650177 | Open Mid-Mar to Jun, Sep–Oct daily 11–5, Jul–Aug 10–6

Between Lampeter and Llandovery in a remote part of mid-Wales lies Britain's only known Roman gold mine. In fact, it may date back as early as the Bronze Age. It was also in use from Victorian times until the 1930s.

You can take a long guided tour (children under five are not permitted) exploring the Roman/Victorian caves and passages. Wearing a helmet and carrying a lamp for the underground section, you can also try your hand at panning for gold. Look out for the Roman axe marks still visible in the rock at the entrance to the mining passage.

Please note, underground tours involve steep slopes so stout footwear is essential.

▶ Dolgellau

Ten miles east of Barmouth, Dolgellau sits snugly among rural pastureland in the shadow of Cadair Idris. Climbing and walking on this mountain is the main attraction here. Steeped in Celtic legends and myths, Cadair Idris (the Seat of Idris) is the most romantic of the Welsh peaks. Though not quite reaching the heights of central Snowdonia, it has fine crag-bound tarns, sheer rock faces and wide-sweeping views across what seems like the whole of Wales. It's also set in a green, fertile landscape of oak woods, dashing streams and pretty stone cottages dotted across pastoral foothills. The main starting points for walks are from Minffordd, which lies just north of Tal-y-llyn, and Pont Dyffrydan car park on the Old Cader Road, the start of the route known as the Pony Path.

As for the village itself, it began life in the 12th century but very little remains from that era – even the old Parliament building, *Cwrt Plas yn Dre*, where Owain Glyndwr plotted the downfall of the English in 1398, was pulled down in 1881. The town grew during the 18th and 19th centuries from the proceeds of the wool industry – celebrated every year in the local 'Wool Race' – and also a gold rush. At its peak, more than 500 men were employed in the gold and copper mines in the hills around Dolgellau.

The town once had a significant Quaker community. Rather grimly, a museum in Eldon Square tells how they were persecuted. Rowland Ellis, one of their number, emigrated to Pennsylvania in 1686, where he founded the famous Bryn Mawr women's college at the University of Pennsylvania.

VISIT THE MUSEUM
Quaker Heritage Centre
gwynedd.gov.uk
Sgwar Elson, Dolgellau
01341 424680 | Open summer
daily 10–6, winter Thu–Mon
10–5; check council website to
confirm opening times
This centre tells the story of the
local Quaker community that
lived here, of their persecution
and emigration to Pennsylvania.

WALK THE HIGH ROPES
Go Ape
goape.co.uk/sites/coed-y-brenin
Dolgefeiliau, Gwyrew, LL40 2HZ
0845 643 9215 | Opening times
vary, call or check website for details
Located in Coed-y-Brenin
Forest, where you can leap
and swing from the trees –
including treetop crossings,
wind-in-your-face zip wires
and general monkey business.

▼ Foel Cynwch, Dolgellau

PLAY A ROUND

Dolgellau Golf Club

dolgellaugolfclub.com

Pencefn Road, LL40 2ES

01341 422603 | Open all year daily

One of the most beautiful courses in Wales and a great place to enjoy nine holes.

EAT AND DRINK

Bwyty Mawddach Restaurant ◉

mawddach.com

Pen-y-Garnedd, Llanelltyd,

LL40 2TA | 01341 421752

This old granite barn has been transformed into a simple, modern restaurant. Spread over two floors, there are exposed beams in the vaulted ceiling upstairs, slate floors on the ground floor, and a glass frontage that gives views over the Mawddach Estuary and Cadair Idris. Dishes are well prepared and hearty.

▶ PLACES NEARBY

Castell-y-Bere

cadw.wales.gov.uk

Llanfihangel-y-Pennant,

Abergynolwyn | 01443 336000

Open all year daily 10–4

Ten miles from Dolgellau lies this Welsh castle. Once very powerful, Castell-y-Bere controlled one of the primary routes through central Wales, but today the major road runs further south and the castle is abandoned and lonely. Little remains and only foundations represent the original buildings.

Originally built by Llywelyn the Great in the 1220s, it is probable that the castle was intended to be more a step towards securing his position as Prince of Wales in the minds of his warring compatriots than a stand against the invading Normans. The castle was roughly triangular, following the shape of the rock, with towers at each angle. The entrance was defended by an impressive array of ditches, as well as a drawbridge and a portcullis. During Edward I's wars against the Welsh princes, Castell-y-Bere was besieged and damaged. Although Edward paid more than £260 to have the castle repaired, it was not occupied for long and completely abandoned by 1295.

Cymer Abbey

cadw.wales.gov.uk

LL40 2HE | 01443 336000

Open Mar–Oct daily 10–5,

Nov–Mar 10–4

The abbey was built for the Cistercians in the 13th century. It was never very large, and appears to have been left unfinished. The church is the best-preserved building, with ranges of windows and arcades still to be seen. Sadly, the other buildings have been plundered for stone, but low outlines remain.

Cycle hire at Forest Visitor Centre

beicsbrenin.co.uk

01341 440728

Coed-y-Brenin is a great place for bike rides and is Wales' first trail centre with technical routes and beginner trails.

▶ Dolwyddelan Castle

cadw.wales.gov.uk

LL25 0JD | 01690 750366 | Open Nov–28 Mar Mon–Sat 10–4,
Sun 11.30–4, 29 Mar–Sep Mon–Sat 10–5, Sun 11.30–4, Oct–Mar
Mon–Sat 10–4, Sun 11.30–4

This sturdy three-storey tower appears as almost insignificant
among the sweeping hills of the Welsh countryside. Its precise
origins are obscured by time, but the Princes of Wales built
the castle to guard the ancient pathway that ran from
Meirionnydd to the Vale of Conwy. It's said that one of Wales'
most famous princes, Llywelyn the Great, was born here
around 1173.

Edward I's forces attacked Dolwyddelan Castle in 1283
during his Welsh campaign, and seeing its great strategic
value, the King had it refortified and manned by English
soldiers. The castle itself was originally a rectangular tower
of two storeys but was later given an extra floor and a

▼ Dolwyddelan Castle

battlemented roof line. Later still, thick walls were added to form an enclosure with another rectangular tower, all protected by ditches cut into the rock. Although the Welsh were responsible for building the castle, the style was borrowed heavily from the Norman style. There was a first-floor entrance, protected by a drawbridge. Now cared for by Cadw.

EAT AND DRINK
Elen's Castle Hotel
hotelinsnowdonia.co.uk
Dolwyddelan, Betws-y-Coed,
LL25 0EJ | 01690 750207
Opened as a coaching inn specialising in hunting parties around 1880, it is now a family-run pub featuring an old-world bar with a wood-burning stove and an intimate restaurant with breathtaking views of the mountains and Lledr River. Typical dishes include chicken Cymru (succulent chicken breast served in a leek, mushroom, cream and Caerphilly cheese sauce with seasonal vegetables). Water from the onsite Roman well is said to have healing properties.

▶ Elan Valley

www.elanvalley.org.uk

Located to the west of Rhayader (see page 280) in Powys, this river valley is often known as the Welsh Lake District. It was created between 1893 and 1952 to provide water for the city of Birmingham, and comprises dams and reservoirs along the Cambrian Mountains. Initially the scheme caused controversy as it flooded several existing communities of around 100 people, however, enough time has now passed for the lakes themselves to be recognised as attractions.

The dams are worth an ogle, being built in elaborate Victorian style. Together they now supply around 70 million gallons of water daily for Birmingham and parts of south and mid-Wales.

The area is also famous for its scenery. Over 80 per cent of it is designated as Sites of Special Scientific Interest (SSSIs) and there are more than 80 miles of nature trails and footpaths. You can also cycle here along the popular Elan Valley Trail, making a loop from Rhayader around the reservoirs. It's also used by walkers and horse-riders and is even suitable for buggies and wheelchairs. The valley is also rich in wildlife, namely the red kite, identified by its large wing span and forked tail. More information can be found at the Elan Valley Visitor Centre, which has an exhibition, cafe and maps and information on the local wildlife.

▶ Erddig

nationaltrust.org.uk

LL13 0YT | 01978 355314 | Open all year daily Apr–Oct 11–5,
Nov–Mar 11–4

Enjoy Downton Abbey with its upstairs, downstairs life? If so,
then you'll be sure to love Erddig, an 18th-century house and
country park located close to Wrexham in north Wales.
Whether you consider it to be an architectural masterpiece or
not, it offers great insight into the real life of a gentry family
over 250 years. The extensive downstairs area contains a
unique collection of servants' portraits, while the upstairs
rooms are an amazing treasure trove of fine furniture, textiles
and wallpapers. Outside, an impressive range of outbuildings
includes stables, a smithy, joiner's shop and sawmill. It's the
tour that's the best bit, though. It begins at the working end of
the scale, where the carpenters, blacksmiths, stable hands and
laundry maids toiled away. The workshops are fully equipped
and the sawmill has a display of photographs and a video
showing the extent of the restoration work carried out at Erddig
through the centuries.

After passing through the kitchens and servants' hall, you
reach the grand neoclassical rooms occupied by the Yorke
family until the 1970s. They are still furnished with wonderful
collections of gilt and silver furniture amassed by John Mellor,
ancestor of the Yorkes, who bought Erddig from its original
owner in 1716. Perhaps the most remarkable piece of furniture
is the shining gold and cream state bed, complete with Chinese
silk hangings. This antiquity was very nearly lost when the
house was in a bad state of repair; rain poured through the
collapsing plaster ceiling of the bedroom through the canopy
and into buckets placed on the bed. However, after two years in
the conservation department of the Victoria and Albert
Museum, this magnificent piece of furniture has been restored
to its original condition. In contrast are the sparsely furnished
attic bedrooms where the maids slept, and the nearby
workroom where they spent their rare moments of leisure.

▶ Fforest Fawr Geopark

fforestfawrgeopark.org.uk

Brecon Beacons National Park Authority, Plas y Ffynnon,
Cambrian Way, Brecon, Powys, LD3 7HP | 01874 620415

So much of Wales is tied up in its geology and that's what
makes this geopark so important and special. Which story
do you want to hear? The one about rocks taking 500 million
years to form? Or how ice and volcanic eruptions shaped the

landscape? Or how about the Industrial Revolution, hacking away at precious minerals? Fforest Fawr – meaning 'great forest' – is a vast area of upland country, including mountain and moorland, woods and meadows, that forms part of the Brecon Beacon's National Park and surrounding area. Stretching from Llandovery in the north to Merthyr Tydfil in the south, Llandeilo in the west to Brecon in the east, it covers miles of mountain, moorland, woods, meadows, lakes and rivers. It also encompasses the Dan-yr-Ogof National Showcaves (see page 157) and the Brecon Beacons' mighty reservoirs.

It was made Wales' first European geopark in 2005 and its aim is to promote and support sustainable tourism and local economies, while safeguarding the natural environment. There are a variety of activities on offer. Most involve geo-tourism and are education-based, including schools programmes, guided walks and museum exhibitions. Information can be obtained on the area's geology, wildlife, archaeology, legends, history and much more. For more information, contact the park warden.

▶ Fishguard

Located on Wales' west coast, between Cardigan and St Davids, this town was built in 1906 as a rival to the great shipping ports of Liverpool and Southampton, although it never reached that potential. Fishguard still remains a busy port and the main sailing place in north Pembrokeshire, however, it's largely overlooked, as most people simply use it as a base to pass through on their way to and from Ireland. Despite this, it has great appeal as a small seaside town with attractive fishermen's cottages dotted along the shoreline, a harbour and some decent pubs and places to eat. Perhaps its biggest claim to fame is that it's the setting for the 1971 film adaption of Dylan Thomas' *Under Milk Wood*, starring Richard Burton and Elizabeth Taylor. It also featured – albeit briefly – in John Huston's 1956 version of *Moby Dick*, starring Gregory Peck.

Fishguard is also known as the setting of the last foreign invasion of Britain in 1797. It was an unlucky coincidence. Led by Irish-American William Tate, four large vessels carrying French convicts and mercenaries intended to land at Bristol and march to Liverpool, keeping England busy while the French occupied Ireland. But bad weather blew them ashore at Carregwastad, just north of Fishguard, where they attempted to steal local poultry and get drunk. No such luck, as they were efficiently caught by the local farmers' wives brandishing pitchforks and made to surrender in the local hostelry, the

Royal Oak Inn, where evidence of this ridiculous saga can still be seen today.

The Royal Oak continues to plays an important part in village life today and is one of the venues for the Fishguard Folk Festival held each year in May. During the day, performances at this excellent event are perfect for families, while the more raucous skits take place at the pub in the evenings. Music master classes are also offered.

CATCH A PERFORMANCE
Theatr Gwaun
its4u.org.uk
West Street, Fishguard, SA65 9AD
01348 873421
This is a community theatre run mainly by volunteers but offers a rich programme of film, music and events throughout the year.

5 top cycling tours

▶ Go all over Wales – even on an electric bike – with **Drover Holidays** (droverholidays.co.uk)

▶ Weave your way through the Wye Valley, Cambrian coast and Snowdonia with **Bicycle Beano** (bicycle-beano.co.uk)

▶ Try a six-day, self-guided tour in the Black Mountains with **PedalAway** (pedalaway.co.uk)

▶ Get rough and really mucky in rural Wales with **Wheely Wonderful Cycling** (wheelywonderfulcycling.co.uk)

▶ Tootle around Anglesey with **Crwydro Môn** (angleseywalkingholidays.com/cycling.html)

EXPLORE BY BIKE
Pembrokeshire Bikes
pembrokeshirebikes.co.uk
1 Rushacre Enterprise Park, Redstone Road, Narberth, SA67 7ET
01834 862755
This cycle hire company is based in Narberth but offers a bike delivery service to Fishguard.

GO FISHING
Yet-y-Gors Fishery
yet-y-gors.co.uk
Manorwen, Fishguard, SA65 9RE
01348 873497
Two coarse lakes plus still-water fly-fishing for trout.

SADDLE UP
Llanwnda Riding and Trekking
llanwndastables.co.uk
Penrhiw Fach, Llanwnda, Goodwick, SA64 0HS
01348 873595
A great place where you can enjoy trekking, riding or hacking.

▶ **PLACES NEARBY**
Gellifawr
gellifawr.co.uk
Pontfaen, Newport SA65 9TX
01239 820343
This charming restaurant offers a frequently changing

▲ Fishguard's Old Harbour

menu, designed and prepared using the finest local produce. Here you can sample the best that Wales has to offer with dishes using lamb, beef and poultry reared in Pembrokeshire, and cheese produced by Pant Mawr in Rosebush and locally grown seasonal vegetables.

The menu is flexible and most dishes can be adapted for people with allergies, or the skilled chefs can prepare a meal to suit your needs.

▶ Flint

East of Rhyl and west of Liverpool, Flint has always occupied a strategic position on the western shore of the Dee Estuary. The castle, built between 1277 and 1284, was the first of Edward I's creations to be built during his campaigns to control the Welsh. Owain Glyndwr tried to win it in his 1400 revolt but failed. The town itself is believed to be one of – if not the – oldest charters in Wales, dating from 1284.

TAKE IN SOME HISTORY
Flint Castle
cadw.wales.gov.uk
CH6 5PH | 01443 336000
Open all year daily 10–4
Building work on Flint Castle started in 1277 but no one was grumbling as the enormous workforce – believed to be around 2,300 labourers – were paid handsomely for it, largely owing to the fact that building a castle in such a hostile land was hard and dangerous work. The castle itself was a rectangular enclosure with four round towers at the corners, and was further protected by additional walls, a moat and some deep ditches. One of the

round corner towers was larger than the others and protected by a moat. It also had its own kitchens, living quarters and chapel. Nowadays, this once vitally important castle is leading a quiet life hidden behind the modern town, standing lonely and forgotten on the marshy shores of the River Dee, and bypassed by tourists heading west.

PLAY A ROUND
Flint Golf Club
flintgolfclub.co.uk
Cornist Park, Flint, CH6 5HJ
01352 732327 | Open Mon–Sat
& BHs; Sun pm only
A parkland course incorporating woods and streams.

▶ PLACES NEARBY
Basingwerk Abbey
cadw.wales.gov.uk
Greenfield Valley Heritage Park, Greenfield, CH8 7GH
01443 336000 | Open all year daily 10–4
Founded around 1131 by Ranulf de Gernon, Earl of Chester, the first stone church dates from the beginning of the 13th century. During the Middle Ages a thriving artistic community grew up around the abbey. The last abbot surrendered the house to the Crown in 1536. The abbey is close to the heritage park visitor centre.

Black Lion Inn
theblacklioninn.uk.com
Babell, CH8 8PZ | 01352 720239
A building surely cannot survive for 700 years without acquiring the odd ghost or two, and this former coaching inn is reputed to have plenty, including that of a Canadian man forever asking if he can come in. From its rural location it commands stunning views, and over recent years has become a destination restaurant in north Wales. The bar has comfy sofas to sink into with a glass of one of the locally brewed cask ales. The menu is modern British and every Wednesday is pie night. The last Wednesday of each month is Celtic Music Night, and there's a beer festival in September.

▶ Glamorgan Heritage Coast
glamorganheritagecoast.com
Heritage Coast Visitor Centre, Dunraven Bay, Southerndown, Bridgend, CF32 0RP | 01656 880157
Stretching between Porthcawl (see page 267) and east **Aberthaw** on the coastline of south Wales, not far from Cardiff, Glamorgan Heritage Coast was one of Britain's first designated heritage coastlines, the other two being Dorset and Suffolk. The project, launched in 1973, covers a 14-mile stretch of coastline incorporating Porthcawl, **Dunraven Park**, **Monknash**

Coast, **St Donats** and **Summerhouse Point**. It covers cheerful beach holiday resorts, such as Porthcawl and Barry Island (see page 84), and also striking coastal countryside and lush green hills. The aim is to conserve the 'unique character of its landscape and habitats' for future generations.

If you are interested in walking, this area will appeal for its Heritage Coast Walk. It starts at **Newton Point**, just round the twin beaches of **Sandy Bay** and **Trecco Bay**. South of here and at the mouth of the River Ogmore are the immense sand dunes of **Merthyr Mawr Warren**, the setting for some scenes in the 1962 classic film, *Lawrence of Arabia*.

Further along the coast, at **Southerndown**, the unusual cliffs consist of horizontally bedded limestone alternating with softer shales. Around Dunraven, where they face the prevailing southwesterly winds, the cliffs are unstable and deeply eroded into stripy bands. At **Nash Point**, more striking geology is on show, and many different types of snail shells can be found fossilised in the rock. At the cliff tops, rare meadow and maritime species flourish, while by the Nash Point Lighthouse lies a rare colony of the tuberous thistle, undiscovered here until 1977.

The sparkling white lighthouse was erected in 1832 to warn incoming vessels about the treacherous sandbanks lying at the entrance to the Bristol Channel. This was the last manned lighthouse in Wales, in operation until 1998. Now, the former keepers' cottages are let out as holiday accommodation. There are public tours of the lighthouse, and it is one of the few operational lighthouses to be licensed for weddings. It might look like the ultimate romantic wedding destination, but be warned – the foghorn is tested at least twice a month. Elsewhere on the south-facing coastline around St Donats, the cliffs are sheltered and wearing away much more slowly than those near Dunraven.

The main landmark here is **St Donats Castle**, which dates from around 1300. American newspaper magnate William Randolph Hearst entertained high society here in the 1920s and 1930s, with Charlie Chaplin and John F Kennedy among his guests. In 1962 it became the home of Atlantic College, an international school for 16- to 18-year-olds.

At Summerhouse Point, near Llantwit Major, the remains of a stone-built octagonal summer house from around 1730 are set within an Iron Age hill-fort. The Heritage Coast Walk ends at **Limpert Bay**, just before Breaksea Point, the most southerly extremity of Wales. For more information head to the visitor centre at Dunraven Park.

▶ The Gower Peninsula

With its first-class amenities and Britain's first designated Area of Outstanding Natural Beauty in 1956, the Gower offers roughly 70 square miles of unspoiled coastline, castles and villages. The perfect holiday destination, you can come here to surf, kite surf, boogie board, lie on one of its stunning beaches or explore the inland areas. There are also four National Nature Reserves and ample gardens, parks, cycle-paths and bridleways. The gateway city of Swansea (see page 306) is regularly voted Britain's number-one city for lifestyle.

The peninsula's coastline has two sides to its personality. The northern shore has a low-lying coastline fringed with saltings and marshland. Further east are the sands at **Penclawdd**, where hardy villagers still come to pick cockles. But the most impressive part of the peninsula lies in the far west around Rhossili (see page 283), where sweeping beaches, accessible only on foot, stretch north overlooked by **Rhossili Down**, the highest point on Gower at 633 feet. The land ends in the narrow promontory of **Worms Head**. In the south and southwest, towering limestone cliffs are broken by a succession of sheltered sandy bays, including **Langland** and **Three Cliffs Bay**, and also larger beaches such as Port Eynon, Rhossili and **Oxwich Bay** – another key highlight of the Gower. Lying on the south coast, there is a National Nature Reserve with one of the most diverse coastal habitats in Britain, including salt and freshwater marshes and lagoons set behind the beach and sand dunes. It also supports more than 600 species of flowering plant.

The village of **Oxwich** lies at the western edge of the bay. It's very charming, with thatched and whitewashed cottages, and has been important since the Norman de la Mare family built a castle here. Their tombs can still be seen in the lovely church of St Illtyd, which stands deep in woodland at the edge of the bay, some way from the village.

Further around the coast is Three Cliffs Bay. You'll see why it's so named – it consists of glorious golden sands set beneath the stunning, almost vertical limestone strata of three cliffs. The popular climbers' crags begin a fine stretch of superb cliff scenery past the houses of Southgate to **Pwlldu Head**. Pwlldu means Blackpool, but that's where the similarity with England's version ends, for you'll find yourself looking down from this massive headland to a pebble storm beach at the head of the lovely wooded limestone gorge of the Bishopston Valley. Further round still and you'll come to the more commercial **Caswell Bay**. Surfers love this sandy cove overlooked by pines and self-catering apartments. Next up is The Mumbles, and this is where the world of Gower begins to collide with that of urban Swansea (see page 306). A pier, amusement parlours, ice-cream kiosks and cafes might make country lovers want to retreat rather quickly back to the real Gower, although the children will want to stay, play and eat. You might also want to stop by Mumbles Pier, once a destination for the world's first passenger train service, on a horse-drawn railway from Swansea originally used for carrying coal. Converted for steam trains, then electric trams, it ran from 1807 until 1960.

Although most people come for the beaches, Gower also has two caves – Minchin Hole and Paviland. The latter lies between Rhossili and Port Eynon and is where, in 1823, the Reverend William Buckland, a professor of geology at Oxford University, found a fossilised and anatomically modern human skeleton laid out with seashell and mammoth-bone jewellery and scattered with a red ochre dye. Owing to these adornments it became known as the 'red lady of Paviland'. Buckland thought 'she' was Roman, but modern techniques have established that it was in fact the remains of a young man who died approximately 33,000 years ago.

Inland Gower is mostly heath and grazing farmland broken up into tiny parcels of fields, but it has its fair share of attractions, with a smattering of little villages, such as **Reynoldston**, situated on the Cefn Bryn ridge from where there are far-reaching views of the peninsula. You can walk along here, enjoying fine views of the entire peninsula before retiring to the King Arthur Hotel – a delightful country pub – for a pint. Around one mile to the northwest of the village, on the next rise, is Arthur's Stone *(Maen Ceti)*, an unusually large neolithic chambered tomb consisting of 10 uprights and a massive, 30-tonne capstone. The ruins of 14th-century **Weobley Castle** are also here. Although it was strongly fortified, with further modifications made in the 16th century, the castle later fell into decline and was used as a farmhouse. There's an exhibition on the site tracing its history.

▶ Rhossili Bay

TAKE IN SOME HISTORY

Oxwich Castle

cadw.wales.gov.uk

Gower, Swansea, SA3 1ND

01792 390359 | Open Apr–Oct

daily 10–5

On the Gower Peninsula, this Tudor mansion is a testament in stone to the pride and ambitions of the Mansel dynasty of Welsh gentry. In the E-shaped wing is an exhibition on Gower and 'Chieftains and Princes of Wales'.

Weobley Castle

cadw.wales.gov.uk

West Castle Farm, Llanrhidian, Swansea, SA3 1HB | 01792 390012

Open 29 Mar–Oct daily 9.30–6, Nov–Mar 9.30–5

There aren't many places left where you can stand at the same window as others did half a millennium ago and see the same unspoiled view. You can here. The vista from Weobley – pronounced Web-lee – over the north Gower marshlands and mudflats has hardly changed in centuries. This 12th-century manor house is rich in intricate decorations and has an exhibition on Weobley and other historic sites.

PLAY A ROUND

Fairwood Park Golf Club

fairwoodpark.com

Blackhills Lane, Gower, Swansea, SA2 7JN | 01792 297849

Open all year daily

A parkland championship course – the flattest and longest in Swansea.

EAT AND DRINK

Fairyhill ◎◎

fairyhill.net

Reynoldston, SA3 1BS

01792 390139

For a restorative retreat, this lovely 18th-century country house is hard to beat. Its got bags of style and an interior kitted out to befit a modern country house. It's also set in 24 acres of delightful grounds, with mature woodland, a lake and trout stream, so there's plenty of room to shake off other guests without venturing too far from base. The kitchen larder is stocked with Welsh Black beef, salt marsh lamb, Penclawdd cockles and fresh fish, most of which comes from a 10-mile radius around the Gower.

King Arthur Hotel

kingarthurhotel.co.uk

Higher Green, Reynoldston, SA3 1AD | 01792 390775

This charming inn is set in the pretty sheep-grazed village of Reynoldston at the heart of the Gower Peninsula. Inside you'll find real log fires, bare wood floors and walls decorated with nautical memorabilia. Eat in the restaurant, main bar or family room, where choices range from pub favourites through to healthy salads. Enjoy the food with a choice of well-kept local ales, or one of 11 wines served by the glass.

▶ Greenwood Forest Park

greenwoodforestpark.co.uk

LL56 4QN | 01248 670076 | Open daily, Feb half term, mid-Mar to Oct, 10–5.30; Dec–Feb Enchanted Wood Barn only

If you're traveling in north Wales with a tribe of young ones, it would seem churlish not to stop here. Located within easy distance of Bangor, Anglesey, Betws-y-Coed and Porthmadog, it's the perfect place to let off steam with its many imaginative activities. Highlights include a 230-foot sled run, jungle boat ride and mini tractors. Kids can also build dens, ride the green dragon rollercoaster or try longbow archery. The park is filled with animals from peacocks to rabbits. It has an arboretum and gardens, a sculpture trail and a rainforest boardwalk.

▶ Grosmont, Skenfrith & White Castle, Monmouthshire

Grosmont Castle

cadw.wales.gov.uk

NP7 8EQ | 01443 336000 | Open all year daily 10–4

Skenfrith Castle

cadw.wales.gov.uk

NP7 8UH | 01443 336000 | Open all year daily 10–4

White Castle

cadw.wales.gov.uk

NP7 8UD | 01600 780380 | Open all year daily 10–4

In their bid to control the borderlands of Monmouthshire – an area otherwise known as the Marches – the Normans built a triangle of castles: Grosmont, Skenfrith and White. At first, they were simple wooden structures strengthened by earthworks, but when the lively Welsh refused to stop attacking them, it was decided further, more permanent, fortresses were needed. It came down to one of King John's barons, the Earl of Kent, Hubert de Burgh, to provide them. Of course, things failed to run smoothly and he lost them twice to the Welsh. The upshot of this was that these castles had two main building phases.

Grosmont, for instance, was begun in 1201 with the building of the rectangular hall, while the gatehouse and round towers were only added in his second reign of ownership, between 1219 and 1232. Grosmont is also associated with Jack O'Kent, a local folk hero. The Devil vowed to take O'Kent, whether he was buried in the church or outside it. For that reason, O'Kent arranged to be buried under the wall of the village church, so that he was neither inside nor out.

Skenfrith Castle is not quite as impressive. Built on the River Monnow to command this route – one of the main ones in and out of England – it has a round keep set inside an imposing towered curtain wall, but is largely ruined.

The third castle – the White Castle – was so named for its coating of white rendering, although this can no longer be seen. It stands on a low hill, protected by high curtain walls, six drum towers and a deep water-filled moat.

In 1941, Rudolf Hess, Adolf Hitler's second in command, flew to Scotland to try to negotiate a peace treaty with Britain. Treated as a prisoner of war, he was moved to Wales and held for a while at a hospital near White Castle, and was taken sometimes to feed the swans in the castle moat.

The views from the battlements over the surrounding countryside to the Black Mountains are stunning.
In reality, so is all the scenery in this area – consisting largely of a patchwork of low hills, hidden valleys, fields criss-crossed with hedgerows and small belts of woodland.
If you're feeling fit, there is a fantastic circular walk around the castles, taking in a route of about 20 miles, which begins at Grosmont.

EAT AND DRINK

The Bell at Skenfrith ◉◉
skenfrith.co.uk
Monmouthshire, NP7 8UH
01600 750235
This 17th-century coaching inn is one of the most famous restaurants in Monmouthshire, located on the banks of the River Monnow. Character oozes from the fully restored oak bar. There are flagstone floors, comfortable sofas and old settles, while upstairs are 11 individually decorated bedrooms. On draught are Wye Valley Bitter and Hereford Pale Ale, Kingstone Classic Bitter, and Ty Gwyn local cider. The two AA-Rosette restaurant skilfully uses produce from its own kitchen garden in its regularly changing menus.

Part y Seal
partyseal.co.uk
Grosmont, NP7 8LE | 01981 240814
This traditional country house operates as a tea room, serving morning coffee, light lunches and afternoon teas, all using home-grown seasonal produce from their organic kitchen gardens when available. The gardens are also open to the public, so you can have a look inside the greenhouses. There's also excellent B&B accommodation too.

▲ Harlech's dunes

▶ Harlech

Harlech is a seaside resort lying in Tremadog Bay within the
boundaries of the Snowdonia National Park, south of
Porthmadog on the west coast of Wales. The big draw is its
castle but you can also come to enjoy its sandy beaches. The
castle itself stands on a 200-foot crag and is regularly dubbed
the most 'dramatic' castle in Britain. Although the outer walls
are badly damaged, the inner curtain wall and their great round
corner towers are well preserved. Built for Edward I around
1280, the castle would have been protected by sea cliffs,
although the sea has since receded to reveal coastal plain and
sand dunes. In the spring of 1404, Welsh leader Owain Glyndwr
gathered his forces against the mighty fortress of Harlech, but
the castle was too strong to be taken in a battle and so Glyndwr
began a siege. For many months the castle garrison held out,
despite Glyndwr's efficient blockade of all the supply routes.
Food ran low, then disease broke out. After some soldiers
made an unsuccessful escape bid, Glyndwr stood at the castle's
gate and demanded surrender.

Harlech was Glyndwr's home and headquarters for the next
four years, and it is possible he even held a Welsh parliament
here. Finally, in 1409, Henry IV sent a powerful force to
recapture the castle and stamp out the rebellion. After a short
siege, the castle fell. Glyndwr's wife and children were taken
prisoner, and although Glyndwr himself escaped, the fall of
Harlech marked the beginning of the end for him. Within four
years he had disappeared.

In contrast to the impressive castle, Harlech itself is actually quite small. The old quarter lies on the hillside by the castle, while the holiday quarter, including a hotel, campsites, apartments and the railway, spreads across the plains. Visitors come here for the magnificent beaches, which are positioned with the purple ridges of Snowdonia spanning the skyline. Behind the village, narrow country lanes wind through the impressive Rhinog Mountains, a range that consists of thick beds of gritstone and shale formed in the Cambrian era – some of the world's oldest surface rocks. You can attempt to walk along the ridge but be warned, it's full of deep canyons that act as obstacles. Boulders and scree from the eroded gritstone slabs are frequently covered with knee-deep heather, making the territory somewhat 'ankle-breaking'.

Harlech's also known for its famous marching song, *Men of Harlech*. Inspired by a seven-year siege during the 15th century Wars of the Roses, it remains important in Welsh culture, and became widely known when it featured in the 1964 film *Zulu*.

TAKE IN SOME HISTORY
Harlech Castle
see highlight panel opposite

GET OUTDOORS
Morfa Harlech
This is a large system of sand dunes, salt marshes and mudflats reaching out into Tremadog Bay. Rich in flora, it even contains the purple-pink flowers of the pyramidal and green-winged orchids. The mudflats in the north are good for wading birds and wildfowl. Polecats have been spotted here, as have many species of butterfly, including the dark-green fritillary. Today, Morfa Harlech is considered one of the most important actively growing dune systems in Britain and a National Nature Reserve. As such, it is highly protected and permits are required to stray off the beach and away from the rights of way. It also forms part of Morfa Harlech and Morfa Dyffryn Special Area of Conservation (SAC), Morfa Harlech SSSI and the Pen Llyn a'r Sarnau SAC.

HIT THE BEACH
Harlech has a straight beach with miles of golden sand, and is ideal for swimming.

CATCH A PERFORMANCE
Theatr Harlech
theatrharlech.com
St David's Hill, LL46 2PU
01766 780667
A great theatre, presenting quality shows and concerts to suit all tastes.

PLAY A ROUND
Royal St David's Golf Club
royalstdavids.co.uk
LL46 2UB | 01766 780361
Open all year daily & BHs
A championship links with easy walking.

▶ Harlech Castle

cadw.wales.gov.uk

LL46 2YH | 01766 780552 | Open all year Mar–Jun, Sep–Oct daily 9.30–5, Jul–Aug 9.30–6, Nov–Feb Mon–Sat 10–4, Sun 11–4

This great castle, the site of so many battles and sieges, was one of Edward I's 'iron ring'. Unlike Beaumaris (see page 86), on which building continued for 35 years, Harlech was completed within just seven years (1283–90). Master builder James of St George (1230–1308) personally supervised the building, and it doesn't take much imagination to envisage what a remarkable feat of engineering was required to erect such a vast fortress in such a short space of time.

EAT AND DRINK

**Cemlyn Restaurant
and Tea Shop**
cemlynteashop.co.uk
Stryd Fawr, Harlech, LL46 2YA
01766 780425
This award-winning tea shop
serves more than 20 varieties
of tea, along with coffees,
delicious homemade cakes
and sandwiches. Try local
specialities such as 'Bara brith',
a wonderfully Welsh kind of
fruit cake. If it's sunny, spread
out on the terrace with its
spectacular views of Harlech
Castle, Cardigan Bay and the
mountains beyond.

▶ Haverfordwest & St Brides Bay

Located in the heart of Pembrokeshire, several miles inland
from St Davids, is the county town of Haverfordwest. It was
sited on the Western Cleddau, one of the two wide rivers that
flow into the Milford Haven, and was once a thriving port with
barges, small steamships and coasting vessels regularly
docking on the quayside. The castle, built in the 12th century
by the first Earl of Pembroke, Gilbert de Clare, dominates the
town from a lofty crag above the river. As a Norman stronghold,
Haverfordwest was attacked and burned to the ground by
Llywelyn the Great, but the castle survived, as it did when
besieged in 1405 by Owain Glyndwr.

There wasn't to be a third time lucky, though. Oliver
Cromwell ordered its destruction following the Civil War, and
that's pretty much what happened. Despite this, the substantial
walls and keep are still impressive – second only to Pembroke
in this region. Today Haverfordwest is a thriving market town
and the main shopping centre for the area. Many shops and

▼ Coastpath at Marloes

cafes line the quayside. If you have a few hours to while away, try the town museum, which is housed in the castle off Church Street, and the recently excavated ruins of the Augustinian Priory of St Mary and St Thomas the Martyr, a short walk from the centre of town.

The town is an excellent base from which to explore Pembrokeshire's West Coast and St Brides Bay. This is a huge arch of a bay, facing the Atlantic full on and stretching from Ramsey Island off St Davids Head in the north to Skomer Island off Marloes Peninsula in the south. Due to its endless amount of glorious beaches, it's a perfect haven for families, watersports lovers and surfers. Popular beaches are Newgale and Broad Haven – great for surfing, windsurfing and exploring natural arches and stacks. Then there's Little Haven, a pretty village with a slipway used by the lifeboat, and a beach that's popular with sea anglers. Most spectacular is Marloes Sands, where violent earth movements have thrust the rock strata upwards to form steeply angled rocky cliffs.

Not all the action is on the coast, however. Ramsey Island (see page 290), Skomer Island and Skokholm Island (see page 297) are all a few miles offshore and are wonderful attractions. Skomer, itself, is a Wildlife Trust Nature Reserve, and Ramsey Island, an RSPB Nature Reserve. Skokholm is smaller and home to fantastic birdlife such as rare cloughs. Boats run regularly to Ramsey and Skomer. You'll more than likely spot seals and dolphins en route.

GET OUTDOORS

Scolton Manor Museum and Country Park

pembrokeshire.gov.uk

Scolton Manor, SA62 5QL

01437 731328 (Museum)

01437 731457 (park) | Museum open Easter–Oct daily & BHs 10.30–5.30; country park Apr–Oct 9.30–5.30, Nov–Mar 9.30–4.30

A traditional Victorian country house five miles north of Haverfordwest, Scolton Manor is now the site of the county museum. The house itself has been sympathetically restored to provide visitors with a taste of Victorian society and style, both above and below stairs. The 60 acres of surrounding park and woodland have been used as a country park since the 1970s. The staff endeavours to conserve wildlife, as well as creating opportunities to enjoy what's on offer.

HIT THE BEACH

Broad Haven Beach and Marloes are popular with families and watersports lovers.

GET ON THE WATER

Newsurf

newsurf.co.uk

Newsurf, Newgale, SA62 6AS

01437 721398 | Open all year daily

A water-sports specialist, dealing in surfboards, kayaks and coasteering.

TAKE A BOAT TRIP
Wildlife Trust South and West Wales
welshwildlife.org
Cilgerran, Cardigan, Pembrokeshire
SA43 2TB | 01239 621600
For trips to Skomer and Skokholm telephone the booking office at the Wildlife Trust South and West Wales.

LEARN TO KITE SURF
The Big Blue Experience
bigblueexperience.co.uk
Flat 1 Newgale House, Newgale, Haverfordwest
SA62 6AS | 07816 169359
The local beaches are a fantastic place to learn to kitesurf, kiteboard or powerkite. Classes and courses available for all levels.

SADDLE UP
East Nolton Riding Stables
noltonstables.com
East Nolton Farm, Nolton Haven, SA62 3NW | 01437 710360
Ride along the beach and feel the wind in your hair. Zorbing is also available for those so inclined.

PLAY A ROUND
Haverfordwest Golf Club
haverfordwestgolfclub.co.uk
Arnolds Down, SA61 2XQ
01437 764523 | Open daily & BHs
A flat parkland course and good challenge to golfers of all handicaps. Tailored packages are available for visitors.

EAT AND DRINK
Wolfscastle Country Hotel ◉
wolfscastle.com
Wolf's Castle, SA62 5LZ
01437 741225
The restaurant of this ancient stone-built hotel now sports a spiffy new brasserie look, with more space for diners and a bright and airy ambience. The place sits on a promontory overlooking the delightful Pembrokeshire countryside, while the menu comprises an unfussy repertoire spiced up with a few global influences here and there.

▶ PLACES NEARBY
Llawhaden Castle
cadw.wales.gov.uk
Llawhaden SA67 8HL
01443 336000 | Opening hours vary, call or check website
The castle was first built in the 12th century to protect the possessions of the Bishops of St Davids. The 13th- and 14th-century remains of the bishops' hall, kitchen, bakehouse and other buildings can be seen, all surrounded by a deep moat.

St Brides Inn
saintbridesinn.co.uk
St Brides Road, Little Haven, SA62 3UN | 01437 781266
An ideal stop for walkers on the nearby Pembrokeshire Coastal Path, St Brides Inn has the added attraction of an indoor ancient well, as well as a pretty floral beer garden. Food-wise expect the likes of deep-fried breaded Camembert with warm

cranberry sauce; pork loin stuffed with black pudding and served with cider sauce; and homemade rhubarb and ginger crumble. Lunchtime light bites include a bacon and black pudding bap; and pork and apple sausage and mushroom bap with fried potato.

The Swan Inn
theswanlittlehaven.co.uk
Point Road, Little Haven, SA62 3UL
01437 781880
Arrive early to bag a window table and savour one of the best views in Pembrokeshire.

This free-house pub is 200 years old and sits perched above a rocky cove overlooking St Brides Bay. It buzzes with chatter and contented visitors enjoying well-kept real ales and a good choice of wines in the comfortably rustic bar, furnished with old settles, polished oak tables and leather armchairs. There's also an intimate dining room, with an elegant contemporary-style restaurant upstairs. The menu is modern British, with a commitment to seasonal and local produce.

▼ Little Haven and Broad Haven Beach

▶ Hay-on-Wye

This may be a small town but Hay-on-Wye has a global reputation. Lying in the northeast corner of the Brecon Beacons National Park by the sleepy banks of the River Wye, it's a very special place. First off are the surroundings. It's sheltered by the sweeping slopes of the Black Mountains and has Radnorshire in the north, filled with flower-decked meadows and rolling green hills.

Second is its well-established reputation for secondhand books. This movement began under the leadership of local maverick Richard Booth. He opened his eponymous bookshop in the 1960s, stocking it with literary delights. Rather as Owain Glyndwr proclaimed himself Prince of Wales, Booth then proclaimed himself 'King of Hay', all the while campaigning that bookshops were needed to revive rural areas. It was an ambition that's been more than realised by Hay-on-Wye – today you can browse around 30 bookshops, selling everything from poetry to cookery books to old novels. In 1988 the town also launched its festival of literature and culture, which has since grown into a event attracting huge names and the hottest authors, as well as tourists from all over the world.

Walk the maze of narrow streets and you'll discover many fascinating old buildings, including a 19th-century market. There are plenty of reminders of the town's turbulent history, switching between the English and Welsh on countless occasions. The town is also a popular destination for walkers, as it's on Offa's Dyke Path and the Wye Valley Walk.

HIT THE FESTIVAL

Hay-on-Wye Literary Festival
hayfestival.com
The Drill Hall, 25 Lion Street,
Hay-on-Wye, HR3 5AD
01497 822620
No one summed up this festival better than Bill Clinton in 2001, calling it the 'Woodstock of the mind'. Held annually at the end of May, the festival draws global speakers to talk on everything from politics to publishing to the performing arts. The 2014 line-up includes Stephen Fry, Dame Judi Dench and Toni Morrison.

EAT AND DRINK

The Granary
granaryathay.co.uk
20 Broad Street, Hay-on-Wye,
HR3 5DB | 01497 820790
The splendid licensed cafe has a cosy bistro-style interior and some pleasantly situated outside tables looking across to the town's Victorian clock tower. The food on offer includes sandwiches, jacket potatoes and warming soups, as well as a good selection of full main meals, including curries, pies, sausage and mash, and a good veggie choice.

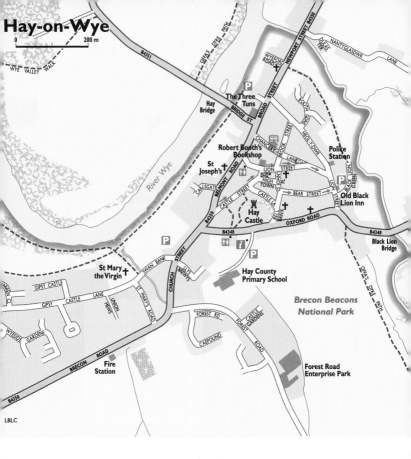

Hay-on-Wye

0 — 200 m

LBLC

Old Black Lion Inn ◉

oldblacklion.co.uk
26 Lion Street, Hay-on-Wye,
HR3 5AD | 01497 820841
Situated close to the Lion
Gate, one of the original
entrances to the old walled
town of Hay-on-Wye, this
is a charming whitewashed
inn. The oak-timbered bar
is furnished with scrubbed
pine tables, comfy armchairs
and a log-burning stove,
perfect for savouring a
pint of Old Black Lion Ale.
The inn has a long-standing
reputation for its food – witness
the AA Rosette – and has a
pretty dining room overlooking
the garden terrace.

Where better to enjoy a plate of
ham hock or foie gras terrine?

The Three Tuns

three-tuns.com
4 Broad Street, Hay-on-Wye,
HR3 5DB | 01497 821855
Despite a devastating fire a few
years ago, this 16th-century
pub has attracted an eclectic
roll call of famous, even
infamous, visitors, from Jools
Holland to the Great Train
Robbers. In the bar is an old
settle, reclaimed from the fire
and restored for that welcome
pint of Wye Valley Bitter
or Butty Bach. The menu
ranges from a homemade
pizza and baked ciabatta to

vanilla fillet of turbot and crab and pea risotto.

▶ PLACES NEARBY

Black Mountain Activities and Adventure Centre
blackmountain.co.uk
LD3 0SD | 01497 847897
Get active with Black Mountain activities – try white-water kayaking, gorge walking, raft building, abseiling, mountain-biking, paintballing or archery.

The Boat House
wyevalleycanoes.co.uk
Glasbury-on-Wye, HR3 5NP
01497 847213
Hire a canoe, a kayak or a double kayak, and paddle down the Glasbury-on-Wye. Next door to the centre is the River Cafe, which welcomes all kinds of river users, from swimmers to canoeists.

The Harp Inn
harpinnradnor.co.uk
Old Radnor, Presteigne, Powys
LD8 2RH | 01544 350655
Further south of Knighton lies The Harp, a 15th-century, stone-built Welsh longhouse with spectacular views of the Radnor Valley. Open the simple wooden door and you step into a cosy lounge and bars with oak beams, log fires, semicircular wooden settles and slate floors; books, board games and hop bines complete the warmly traditional appeal. Real ales from Shropshire are rotated, and an annual June beer festival is hugely popular. The food focus is on fresh and seasonal produce, and local sources are identified on the pleasingly straightforward menu. Artisan bread with rapeseed oil and balsamic dip tides you over while your choices are being prepared. Be sure to try the cheeses.

Llangoed Hall ◉◉
llangoedhall.co.uk
Llyswen LD3 0YP | 01874 754525
Surrounded by the lush green Wye Valley, this grand house has a traditional and elegant dining room, done out in Wedgwood blue, and serves lunch, dinner and afternoon tea.

Llanthony Priory
see page 67

▶ **Holyhead & Holy Island**
Ask anyone of a certain age with links to Ireland what their thoughts are of Holyhead and they will most likely groan and recount terrible stories of driving through the night to get here in order to catch a ferry over to Dublin. It may be the biggest town on Anglesey but this is largely what it's known for – being a transport hub. The rise in cheap flights, however, has diminished this need and the town has something of a faded feel about it. Regeneration designed to enhance 'leisure and

tourism' is slowly happening, however, particularly at the harbour. It's also got a decent maritime museum and Penrhos Beach.

At 719 feet (216m), Holyhead Mountain is one of the best viewpoints in Anglesey, taking in the distant coast of Ireland to the west, the Isle of Man to the north and the jagged peaks of Snowdonia to the southeast. Nearer to hand are a wealth of prehistoric remains and the rocky island of South Stack, with its gleaming white lighthouse – a popular visitor attraction. Also on the wild southwest coast of the island lies another beach, Trearddur Bay. Here the coastline is heavily indented with rocky promontories and low cliffs enclosing small sandy beaches. In the central region there is one superb sweeping sandy cove overlooked by a yacht club, the lifeboat station and the huge whitewashed Trearddur Bay Hotel, which is at the centre of all things local. To the north of Trearddur the rough and rugged coastline becomes truly spectacular.

Holyhead itself is located on Holy Island, a seven-mile stretch of land separated from the mainland by a narrow channel and connected by a four-mile bridge. It's been deemed 'holy' since a Cornish bishop called St Cybi lived here in the sixth century.

VISIT THE MUSEUM
Holyhead Maritime Museum
holyheadmaritimemuseum.co.uk
Newry Beach, LL65 1YD
01407 769745 | Open Easter–Oct
Tue–Sun & BHs 10–4
Step back in time at the oldest lifeboat station in Wales (c.1858), which now houses a wonderful collection of exhibits. Telling the enthralling maritime history of Holyhead, this museum has detailed models of ships from 100 years ago and offers history on local shipwrecks and lifeboat men who saved so many lives. Standing beside it is a World War II air raid shelter housing a permanent exhibition, 'Holyhead at War', where you can even test the air raid warning siren.

▼ South Stack Lighthouse

GET OUTDOORS
RSPB Nature Reserve
South Stack Cliffs
rspb.org.uk/reserves/southstack
Plas Nico, South Stack, LL65 1YH
01407 762100 | Visitor Centre open
all year daily 10–5; Ellins Tower open
Easter–Sep 10–5

Set at the most westerly extremity of the Isle of Anglesey, South Stack is a rocky island crowned by a lighthouse, providing the first hint of land for boats coming from Ireland. Constructed in 1809, the lighthouse is open to visitors. You can climb to the top and tour the engine room and exhibition area. Access from the mainland is by a dizzying footbridge, some 400 steps down massive 200-foot cliffs. In May and June watch out for the thousands of nesting seabirds, including puffins, guillemots and razorbills which throng the cliffs. The RSPB visitor centre at Ellins Tower has telescopes, binoculars and live TV links for viewing the birds without disturbing them. This is also one of the few places in the UK where choughs live and breed.

HIT THE BEACH
There are two beaches in this area – Trearddur Bay, with big sands and seas ideal for canoeing and surfboarding, and Penrhos, another great beach.

PLAY A ROUND
Holyhead Golf Club
holyheadgolfclub.co.uk
Lon Garreg Fawr, Trearddur Bay,
LL65 2YL | 01407 763279
Open all year daily

An undulating seaside course providing players with a varied and testing game, and some delightful views of Snowdonia.

EAT AND DRINK
Trearddur Bay Hotel
trearddurbayhotel.co.uk
Lon Isallt, LL65 2UN
01407 860301

Just a few steps from the blue-flag beach, this large hotel dominates the shoreline. Within the complex, the lively Inn at the Bay offers bar meals in an informal setting, while the Snug is ideal for those wanting a traditional pub atmosphere. The restaurant menu features locally caught seafood, as well as Welsh beef and lamb.

▶ Kidwelly Castle
cadw.wales.gov.uk
SA17 5BQ | 01554 890104 | Open Mar–Jun, Sep–Oct daily 9.30–5, Jul–Aug 9.30–6, Nov–Feb Mon–Sat 10–4, Sun 11–4

Kidwelly is a small town located about 10 miles northwest of the main Carmarthenshire hub of Llanelli. Lying on the River Gwendraeth above Carmarthen Bay, it was first established in the 12th century. Today its main attractions include the former quay – now a nature reserve – a Norman parish church and an industrial museum.

Most important of all, however, is the impressive castle. Founded by the Normans in 1106, it is now a forbidding grey beast that rises above a pretty waterway. Its history has been tempestuous. It was Roger de Caen, the Bishop of Salisbury, who first put up earthworks on the site, some of which can still be seen in the semicircular ditch that curves around the present castle. In 1231, Llywelyn the Great attacked the Norman castle, causing considerable damage. It was rebuilt to withstand one further attack in the 1250s but most of the building that remains today dates from the 1270s. The main castle forms a rectangle, with great circular towers at each corner. A semicircular wall sweeps around one side and the site is protected by defensive earthworks. Unusually, the great gatehouse is not a part of the inner walls, but forms part of the outer walls. The most likely reason for this is that there was not enough firm ground inside the castle to support such a large building. Instead, the interior consists of many small rooms, chambers and interconnecting passages, all of which help make this castle a tremendous example of medieval architecture and style.

HIT THE BEACH

Cefn Sidan is an eight-mile stretch of sandy storm beach, great for spotting jellyfish, as well as fishing and walking.

▶ **PLACES NEARBY**
Kidwelly Industrial Museum
kidwellyindustrialmuseum.co.uk
Broadford, Kidwelly, SA17 4LW
01554 891078 | Open 25 May–28 Sep, Tue, Thu & Sat 10–5; open other times, check with venue
Two of the great industries of

Wales are represented in this museum: tinplate and coal mining. The original buildings and machinery of the Kidwelly tinplate works, where tinplate was handmade, are now on display to the public. There is also an exhibition of coal mining with pithead gear and a winding engine, while history of the area occupies a separate exhibition.

Pembrey Country Park
see Llanelli, page 207

▶ Knighton

Known as the 'town on the dyke,' Knighton stands right on the border, halfway between Ludlow in Shropshire and Llandrindod Wells in Powys. At its heart – literally on the 8th-century dyke – stands a motte-and-bailey castle, the only place along its route where a building straddles it. Elsewhere, the town's main street ascends gently to a fine Victorian clock tower where, back in the early 19th century, men could effectively obtain a divorce by 'selling' their wife at the place where the clock tower now stands. Town tours will point that out to you, as well as other historical features, such as a section of Offa's Dyke, and Bryn y Castell – one of the two Norman castle mounds in Knighton. Market Street is worth a look, boasting Georgian houses and businesses with traditional shopfronts, a far cry from the bright coloured plastic ones of most modern high streets. It also has countless narrow streets to explore, known locally as 'The Narrows'. The town is an excellent base for walking – either the disputed border area of the Marches or the Offa's Dyke Path. The Offa's Dyke Centre on West Street can help with information and advice.

It's worth noting that you can travel to Knighton by the Heart of Wales Railway, which runs from Swansea to Shrewsbury. This scenic railway weaves its way through the lonely hills and valleys of mid-Wales and is popular with walkers who want to do a linear route or those wanting to see the Victorian spa towns of Builth Wells and Llandrindod Wells.

VISIT THE EXHIBITION
The Offa's Dyke Centre
offasdyke.demon.co.uk | West Street, Knighton, Powys LD7 1EN | 01547 528753 | Open summer daily 10–5

This centre holds an interesting interactive exhibition that allows you to explore the dyke, its long-distance footpath and the border area through interesting interactive displays. The free exhibition covers the construction of Offa's Dyke, the Welsh Princes of the Anglo-Saxon period, the flora and fauna of the area, the history of Knighton and the maintenance of the Dyke and the National Trail. The Offa's Dyke Centre also houses the local Tourist Information Centre and a shop.

ENTERTAIN THE FAMILY
Spaceguard Centre
spaceguarduk.com

Llanshay Lane, Knighton, LD7 1LW 01547 520247 | Tours: May–Sep Wed–Sun 10.30, 2, 4, Oct–Apr 2, 4; day or evening group tours can be booked for any time during the year

Who doesn't love the thought of seeing an unidentified flying object – UFO? Well, here at the Spaceguard Centre you can learn all about them. Somewhat bizarrely, it's the only organisation in the UK dedicated to addressing the hazard of Near Earth Objects (NEOs); these consist largely of asteroids and comets that come close to, and sometimes collide with, Earth. The centre aims to provide timely information to the public, press and media, as well as an education service about the threat of asteroid and comet impacts, and the ways in which we can predict and deal with them.

PLAY A ROUND

Knighton Golf Club

knightongolfclub.co.uk

Ffrydd Wood, LD7 1DL

01547 528046 | Open all year

Mon–Sat & BHs

An upland course with fine views and hard walking.

EAT AND DRINK

Milebrook House Hotel ⊚

milebrookhouse.co.uk

Milebrook, LD7 1LT | 01547 528632

When the legendary explorer and travel writer Sir Wilfred Thesiger (1910–2003) took time out from crossing Arabia, he returned home to this handsome 18th-century Marches mansion in the Teme Valley. The riotously colourful gardens must have been balm to his soul. These now supply the kitchen with heaps of fresh, seasonal fruit, vegetables and herbs. The kitchen delivers deceptively simple and well-balanced modern British country-house dishes that impress with their light touch and flavour combos. Simply delicious.

▶ PLACES NEARBY

The Harp Inn

see Hay-on-Wye, page 182

The Judge's Lodging

judgeslodging.org.uk

Broad Street, Presteigne, LD8 2AD

01544 260650 | Open Mar–Oct Tue–Sun 10–5, Nov Wed–Sun 10–4, Dec Sat–Sun 10–4, closed Mon (except BHs)

A few miles south of Knighton you'll find this restored

5 top long-distance walks

▶ **All Wales Coastal Path** (walescoastpath.gov.uk): Opened in May 2012, this 870-mile track is the first continuous path that runs right around the coast of any country in the world. Running from Chepstow in the south to Queensferry in the north, it takes in 18 medieval castles, 12 National Nature Reserves, 41 blue-flag beaches and the major towns of Swansea, Cardiff and Llandudno. It should take around 70 days to walk, start to finish, and is increasingly becoming a bucket-list ambition.

▶ **Cambrian Way** (cambrianway.org.uk): At 275 miles this is a wild and challenging trek north to south over the remote Cambrian Mountains.

▶ **Glyndŵr's Way** (nationaltrail. co.uk/offasdyke): Taking in the sights associated with the great 15th-century hero Owain Glyndwr, this 135-mile route crosses the remote mountains and lakes of mid-Wales.

▶ **Offa's Dyke Path** (nationaltrail.co.uk/ offasdyke): This 177-mile route traces the line of the eighth-century earthwork marking the border between England and Wales.

▶ **Wye Valley Walk** (wyevalleywalk.org): A scenic 136-mile sea-to-source trek following the River Wye from Chepstow to Plynlimon in mid-Wales.

Victorian town house with integral courtroom, cells and service areas. Be prepared to step back into the 1860s, as it's all accompanied by an 'eavesdropping' audio tour with voices from the past. Explore the fascinating world of the Victorian judges, their servants and criminal guests at this award-winning historic house. Various special events take place throughout the year, so telephone for details.

Red Lion Inn
theredlionmidwales.co.uk
Llanfihangel-nant-Melan, LD8 2TN
01544 350220

Between Knighton and Llandrindod Wells, in the wild landscape of mid-Wales, lies this old drovers' inn that still provides water – although nowadays it's for hosing down muddy bikes, rather than for livestock to drink. The beamed lounge bar and locals' bar offer guest real ales. The traditional and modern cookery served in the two small restaurants is based on fresh local produce and includes such delights as Welsh Black beef, Welsh lamb and organic salmon. Highly delicious Welsh cream teas are served during the afternoon.

▶ Lampeter

Lampeter is a town in Ceredigion, best known for its university. With a population of around 3,000, it's fairly small but busy with an up-beat go-getter vibe. Lampeter mainly grew up by developing a crafts industry, catering for the nearby rural area. There were several woollen mills, one of which in the mid-18th century was already producing the complex double-woven tapestry cloth later to become associated with the Welsh woollen industry. There were also carpenters, blacksmiths, saddlers, bootmakers and hatters. The town was one of the main centres on the Welsh drover's road for the dispatch of cattle and sheep to the markets of southeast England. Today, you can be reminded of the town's importance by visiting some of the pubs in town with names such as the Nag's Head, the Drovers and the Three Horseshoes. Another key delight is Jen Jones' Gallery, with probably the finest collection of vintage Welsh quilts and blankets in Wales.

VISIT THE GALLERY
Jen Jones Welsh Quilts and Blankets
jen-jones.com
Pontbrendu, Llanybydder,
Ceredigion, SA40 9UJ

01570 480610
Open Mon–Sat 10–6
This delightful shop is the place to come if you are after some Welsh home furnishings. It has a constantly changing

stock of over 1,000 quilts and blankets, mostly made between 1820 and 1939. All the pieces were handmade, so each is unique. Coming here is a real treat.

EAT AND DRINK

Ty Mawr Mansion 🏵🏵
tymawrmansion.co.uk
Cilcennin, SA48 8DB
01570 470033

In a lofty position above the Aeron Valley, this stone-built Georgian mansion is tucked away in 12 acres of gorgeous grounds. Inside, it's an authentically restored gem, right down to its heritage colour schemes of sunny yellows and lavenders. Most of the restaurant's ingredients come from within a 10-mile radius, often from local farms or the nearby coast. Start, perhaps, with seared Cardigan Bay scallops with cauliflower risotto, chorizo and tempura caper berries, then move on, via a sorbet, to pan-seared fillet and confit belly of local pork served with crackling, parsnip purée and pan juices. For pudding, there may be duck-egg tart with garden rhubarb in the form of compote and sorbet.

▸ PLACES NEARBY

Llanerchaeron
nationaltrust.org.uk
Llanerchaeron, Ciliau Aeron,
SA48 8DG | 01545 570200
Opening times vary, call or
check website for details

Llanerchaeron, a few miles inland from Aberaeron on the Cardigan Bay coast, is centred round a Regency villa designed by 18th-century architect John Nash. The self-sufficient country estate, villa, service courtyard, grounds, working organic farm and outbuildings remain virtually unaltered. The estate also features a walled garden, mature woodland and farmland containing Llanwenog sheep and Welsh Black cattle. Produce and plants from the walled gardens are sold in the visitor building. Call for details of annual events.

▸ Laugharne & West Carmarthen coastline

Lying on the estuary of the River Taf in Carmarthenshire, Laugharne (pronounced 'Larn') is renowned for being the home of Dylan Thomas from 1949 until his death in 1953. It's also thought to have been the inspiration for the fictional town of Llareggub – just spell it backwards and you'll get an idea of what he was thinking – in *Under Milk Wood*.

Much of this sleepy town, 13 miles from Carmarthen itself and overlooked by a Norman castle, is dedicated to the great man. Fans make pilgrimages to the Boathouse where he lived and the shed where he wrote. Sadly, Brown's Hotel where he drank is closed but the churchyard where he is buried remains.

The town was originally known as Abercorran, but this was changed to Laugharne after the Civil War in honour of Major-General Rowland Laugharne, a local army officer who commanded a parliamentarian army before rebelling in 1648.

Besides Dylan Thomas memorabilia, the most notable feature of the town is the castle, perched on a tree-cloaked cliff looking out across the salt marshes and creeks of the estuary and immortalised by the artist J M W Turner in a vibrant 1830s watercolour.

The main street – lined with Georgian houses, antiquarian shops and bistros – leads to the unusual whitewashed town hall, which has a modest clock tower.

The road from Laugharne to Carmarthen Bay leads to Pendine, with its firm beach of sands and shells, which stretches for seven miles from Gilman Point to Laugharne Sands. In the early 20th century the beach was considered ideal for world land speed record attempts, including Malcolm Campbell's 146.16mph record in 1924. These daring endeavours ended with the fatal accident of Parry Thomas-Jones, whose car *Babs* rolled over in the 1927 attempt for the record. *Babs* can be seen in Pendine's Museum of Speed. Note: The beach is owned by the MoD and they do occasionally restrict public access in the area.

TAKE IN SOME HISTORY
Laugharne Castle
cadw.wales.gov.uk
King Street, SA33 4SA
01994 427906 | Open Apr–Oct daily 10–5

The Laugharne Castle of today bears very little resemblance to the building that was erected in the 12th century. The original castle was seized from the English by the Welsh three times before the end of the 13th century; it was then built and extended in several stages. Parts of the ivy-clad building on show today date from the early 14th century, while the gatehouse is thought to be 15th century. The grand entrance arch in the gateway was added later still, probably during the 16th century. In Tudor times Laugharne was leased to Sir John Perrott, said to be the illegitimate son of Henry VIII, who did not find the medieval castle to his courtly taste and set about converting it into a fine Tudor mansion. The castle came under siege during the Civil War, and some of the cannonballs fired at it by the Roundheads have been found deeply embedded in its sturdy stone battlements.

VISIT THE MUSEUM
The Boat House
dylanthomasboathouse.com
Dylans Walk, SA33 4SD
01994 427420 | Open May–Oct & Easter weekend daily 10–5.30, Nov–Apr 10.30–3.30

The celebrated Welsh poet Dylan Thomas spent the last four years of his life living and writing here. His boatshed is now a museum to the life and times of this most troubled writer. The interior is still set up as Dylan left it, with his cluttered desk and discarded papers on the floor. He and his long-suffering wife Caitlin are buried in the nearby churchyard of St Martin's.

HIT THE BEACH

Pendine Sands is an endless beach that once facilitated land speed record attempts by Donald Campbell.

SADDLE UP

Marros Riding Centre

marros-farm.co.uk

Marros, Pendine, SA33 4PN

(Satnav users please use SA33 4PW)

01994 453777

Beach and woodland horse-rides and pony-trekking are available.

EAT AND DRINK

The Cors Restaurant 🍴🍴

thecors.co.uk

Newbridge Road, SA33 4SH

01994 427219

This lovely Victorian rectory has been transformed into a one-off, idiosyncratic restaurant with rooms. It's just off Laugharne's main street, and the trees, shrubs, ponds and modern sculptures in the magical bog garden are spectacular when lit up at night, while the moody interior has a Gothic edge. All in all, it's an atmospheric setting for unaffected, precise cooking that trumpets the virtues of excellent local ingredients. Full-on flavours are more important here than fancy presentation. You'll find smoked haddock brûlée, Welsh lamb and summer fruit pavlova.

▶ Llanberis

OK, Llanberis is never going to win a gong for prettiest town in Wales but there's something about it that just sums up north Wales and is nevertheless appealing. It's found at the bottom of Llanberis Pass, which snakes upwards towards Snowdon and is flanked by famous climbing crags – you'll often see people traipsing up and down on ropes carrying rucksacks.

Llanberis' appeal? It's in the mountains, it's gritty and it's got a great pub, the Heights, where walkers, climbers, kayakers and locals mix. Famously, it's also got Pete's Eats, the heartiest place to dine in these parts. Llanberis has got great history and a stack of B&Bs, campsites and youth hostels making it a tourist hotspot. Although it's just outside the Snowdonia National Park, it's a bit of a hub because the Snowdon Mountain Railway (see page 196) leaves from here.

Today, being the closest urban area to Snowdon, the town is largely linked to tourism, but it doesn't take a genius to work out its main reason for being here – Llanberis is all about the slate. Quarrying in the nearby Elidir Fawr Mountain began in the late 18th century and transformed this once-tiny village into the bustling strip it is today. In its prime, the Dinorwic Quarry employed 3,000 men, many of whom travelled from as far afield as Anglesey to work here. Once boasting the largest artificial cave in the world, it closed abruptly in August 1969. It's now become part of Europe's biggest pumped power station but some of the old quarry workshops are still in existence and form part of the National Slate Museum. Here you can get an insight into the life and work of a miner, watch a craftsman split the rock into fine tiles and see the largest waterwheel on mainland Britain. The museum stands on the edge of the Padarn Country Park, where footpaths climb through woodland to reveal splendid views across the town's glacial lakes towards Snowdon. There's also the chance to ride a narrow-gauge steam train – the Llanberis Lake Railway – which chugs along the shores of Llyn Padarn, from the town centre to Penllyn at the lake's northwestern tip.

For more info on Snowdon, see Snowdonia National Park (page 299).

▼ Dolbadarn Castle

GET INDUSTRIAL
National Slate Museum
museumwales.ac.uk
Gilfach Ddu, Padarn Country Park, LL55 4TY | 029 2057 3700
Open Easter–Oct daily 10–5, Nov–Easter Sun–Fri 10–4
Set among the towering quarries at Llanberis, the National Slate Museum is a living, working site located in the original workshops of Dinorwic Quarry, which once employed a staggering 3,000 men and boys. You can see the foundry, smithy, workshops and mess room which make up the old quarry, and view original machinery, much of which is still in working order. There are fascinating walks, talks and demonstrations all year round.

GET ELECTRIC
The Electric Mountain
fhc.co.uk

Llanberis, LL55 4UR | 01286 870636

Open daily 9.30–5.30

As a bit of background, First Hydro Company manages and operates the pumped storage plants at Dinorwig and Ffestiniog, both of which sell their power to the British electricity market. The Electric Mountain is this company's visitor centre. There's a 60-minute-long tour of the Dinorwig power station, and also a gift shop, cafe and new soft play area for children under 12.

TAKE A TRAIN RIDE
Llanberis Lake Railway
lake-railway.co.uk

Padarn Country Park, LL55 4TY

01286 870549 | Open Apr–Oct Sun–Fri 11–4, Jun–Aug, Nov to mid-Mar limited dates; request a timetable or check website for details

Starting near the foot of Snowdon, these vintage narrow-gauge steam trains, dating from 1889 to 1922, take you on a five-mile return journey along the shore of Lake Padarn, following the route of the old slate railway. You will see spectacular views of Snowdon and nearby mountains. There are Santa Train weekends in December, and an Easter Egg Hunt on Easter weekend. Call for details of these and other events.

Snowdon Mountain Railway
see highlight panel overleaf

5 top industrial heritage sites

▶ **Big Pit National Coal Museum**, page 97

▶ **Blaenavon Ironworks**, page 97

▶ **National Wool Museum**, page 247

▶ **National Slate Museum**, page 194

▶ **Llechwedd Slate Cavern**, page 95

EAT AND DRINK
Pete's Eats
petes-eats.co.uk

40 High Street, Llanberis, LL55 4EU

01286 870117

If you're hungry from a day in the hills, fancy a bit of people watching or simply want to feel like a traveller for a while – reading books while drinking mugs of tea – then this is the place to come. The food is hearty and delicious – it's even got fish finger sandwiches on the menu – and the surroundings are super friendly and welcoming. In short, it's the heart of the village and a must-do.

▶ PLACES NEARBY
Dolbadarn Castle
cadw.wales.gov.uk

LL55 4UD | 01443 336000

Open all year daily 10–4

Found close to the bottom of Llanberis Pass, Dolbadarn Castle is still standing sentinel to the route it once guarded. Although Dolbadarn was never

▶ Snowdon Mountain Railway

snowdonrailway.co.uk

LL55 4TY | 01286 870223

Open mid-Mar to Oct, daily (weather permitting)

The journey of just over 4.5 miles takes passengers more than 3,000 feet up to the summit of Snowdon. On a clear day expect to see the Isle of Man and even the Wicklow Mountains in Ireland. The round trip to the summit and back takes 2.5 hours, including 30 minutes at the summit.

large, it was of great importance to the Welsh princes. In the late 13th century, when Llywelyn the Last retreated to his mountain stronghold to escape from Edward I, the Llanberis Pass was the main route to the farmlands of Anglesey, from where most of Llywelyn's supplies came. The castle's most striking feature is the single 40-foot round tower, thought by some to be the finest surviving example. Entry was on the first floor, via a flight of wooden steps that could be pulled up inside the castle in the event of an attack. On one side of the castle lie gently undulating hills with the lake twinkling in the distance, while on the other stand the stark Snowdonia Mountains.

▶ Llandeilo

Located in Carmarthenshire, at the most westerly point of the Brecon Beacons National Park, Llandeilo is an ancient market town, sitting proudly above the River Tywi. This river – the longest in Wales – begins high in the Cambrian Mountains at 1,601 feet high and flows through the Tywi Forest between Ceredigion and Powys before heading to Carmarthen Bay. The Romans used both it and Llandeilo as a base. Early Christians also made this a main centre; the town, in fact, is named after St Teilo, believed to be a cousin of Wales' patron saint St David. He was a well-travelled man, and at least 45 places of worship are dedicated to him throughout the Celtic world, including churches in Brittany, Cornwall and north Wales. Today, Llandeilo is essentially a rural town, surrounded by woodland, hills and farms, where the Welsh language is still in common use.

TAKE IN SOME HISTORY
Dinefwr Park and Castle
nationaltrust.org.uk
SA19 6RT | 01558 823902
Parkland and Castle, open Jan–Apr, Sep–Dec daily 10–4, May–Aug 10–6; Newton House, cafe and shop open Jan–Apr, Sep–Dec daily 11–4, May–Aug 11–6
This castle and park has been at the heart of Welsh history and influence for more than 2,000 years and was where many important political decisions were made in the 12th century. It was the visionaries George and Cecil Rice, however, who designed the superb 18th-century landscape that you see today. The hands-on exhibition at Newton House gives you an atmospheric experience of the early 20th century. Exhibitions on the first floor tell Dinefwr's story and inspire you to explore the park further.

EAT AND DRINK

The Angel Hotel

angelbistro.co.uk

Rhosmaen Street, SA19 6EN

01558 822765

This gabled inn commands a position near the crest of the long hill rising from Llandeilo's old bridge across the Towy. Popular as a locals' pub, serving reliable Welsh ales, it also offers an intimate place to dine in Y Capel Bach Bistro, an 18th-century gem tucked away at the rear of the hotel. There's an ever-changing specials board and a fixed-price menu.

The Plough Inn ⊛

ploughrhosmaen.com

Rhosmaen, SA19 6NP

01558 823431

This former pub has now morphed into a smartly updated small hotel and restaurant and overlooks the Towy Valley on the edge of the Brecon Beacons. Whether you go for the convivial bar or stylish dining room, there's a please-all menu built on tiptop ingredients sourced from Welsh suppliers, taking in everything from old favourites – steaks from the grill, or crisp belly pork with black pudding – to more ambitious, modern ideas along the lines of crayfish and prawn ravioli with seafood bouillabaisse and chervil foam.

▶ PLACES NEARBY

Aberglasney Gardens

aberglasney.org

SA32 8QH | 01558 668998

Open Apr–Oct 10–6, Nov–Mar 10.30–4

Aberglasney is a 10-acre historic garden and one of the finest in Wales. It contains a host of exotic and unusual plants, a fully restored Elizabethan parapet walk and an award-winning garden, all created within the ruinous courtyard of the mansion. You can also explore the ground floor of the newly renovated mansion. Events such as plant sales, antique exhibitions and craft fairs are regularly held. Call for details.

Carreg Cennen Castle

see page 141

▶ Llandovery

Llandovery is a sleepy market town on the northwest side of the Brecon Beacons. Come here on the weekend, however, and you'd be forgiven for thinking you're in the middle of a Hell's Angels hook-up. Large numbers of motorcyclists congregate here to drink tea and fuel-up at the West End cafe on Broad Street while they're on their spins around the countryside. Tourists come for a different reason – either to access the national park or as a stop-off on their way to Pembrokeshire or west Wales. In reality, there's not much here to get excited about – the castle, a charity-run theatre, a heritage centre and Llandovery College are about it.

The town is also where a wealthy drover established one of the first independent Welsh banks. Indeed, this town's fortunes have been intertwined with drovers – hired by famers to drive cattle to England and settle accounts when thieves made the roads too dangerous. The fact that they were handling large sums of money led to the introduction of banking systems, some of them even issuing bank notes. One of the most successful of these was David Jones' Black Ox Bank, which was taken over at the turn of the 20th century by Lloyds.

TAKE IN SOME HISTORY
Llandovery Castle
Llandovery

Across the road from The Heritage Centre lies the remains of this castle – basically a battered stump. Built in 1116, the castle saw many a battle, changing hands between the Welsh and Normans, finally falling to the English under Edward I in 1277. Welsh forces, under Llywelyn the Last, briefly retook the castle in 1282 before it was attacked during the Owain Glyndwr rebellion in 1403 and left a partial ruin. It is easily accessible via a short walk from Llandovery town centre.

CHECK OUT THE VISITOR CENTRE
The Heritage Centre
beacons-npa.gov.uk
Llandovery, SA20 0AW
01550 720693 | Open Easter–Sep daily 10–1, 1.45–5
This is a gateway centre for the Western and Central areas of the Brecon Beacons National Park. It stocks a wide range of literature about the park and nearby areas and staff can help you book accommodation. It also sells maps, guides, books and souvenirs, as well as a small range of walking and outdoor equipment. It aims to offer unique insight into the history, culture and the myths and legends in this area.

EAT AND DRINK
The Kings Head
kingsheadcoachinginn.co.uk
1 Market Square, SA20 0AB
01550 720393
Overlooking the cobbled market square, this 17th-century inn was once the home of the Llandovery Bank, known as the Black Ox Bank. Now it's all delightful exposed beams and crooked floors. A good few menus are offered – lunchtime specials (Mon–Fri), light bites, bar, carte, grills, vegetarian options and children's meals. Representing the Principality are real ales from Tomos Watkin's Swansea brewery, alongside 6X and Doom Bar.

▶ PLACES NEARBY
Dolaucothi Gold Mines
see page 159

▶ Llandrindod Wells

llandrindod.co.uk

Period shopfronts, frilly wrought-iron canopies and broad avenues lined with villas and hotels mark Llandrindod out as one of the best-preserved Victorian spa towns in Britain. Within Rock Park – one of Wales' earliest public parks dating from the late 1860s – you can visit the original pump rooms and bathhouse, plus bowling green and large lake. Among many period buildings in the town is the Automobile Palace, an early motor showroom housing the National Cycle Collection of some 250 historic bicycles. The town comes to life in late August and dresses in period costume during Llandrindod's Victorian Week. It's also big on complementary therapies so come here if your usual Western medicine isn't doing the trick.

VISIT THE MUSEUM
National Cycle Collection

cyclemuseum.org.uk

The Automobile Palace, Temple Street, Llandrindod Wells LD1 5DL 01597 825531 | Open Apr–Oct Mon–Fri 10–4, Nov–Mar Tue, Thu–Fri 10–4 (weekend by arrangement) This exhibition comprises more than 250 bikes, including 1890s boneshakers, penny-farthings and bamboos, plus slicker modern creations. The people involved are truly inspired and infectious. Local entrepreneur Tom Norton started the collection and the trike on which he used to ride to work is also here.

INDULGE YOURSELF
Rock Park Complimentary Health Centre

actionteam.org.uk

Llandrindod Wells, LD1 6AE 01597 824102 | Call or visit website to make a reservation Soothe your body at this complimentary health centre, offering a range of treatments.

EAT AND DRINK
The Bell Country Inn

bellcountryinn.co.uk

Llanyre, LD1 6DY | 01597 823959 Overlooking the charming spa town of Llandrindod Wells, this thoughtfully modernised inn had its heydey in Georgian times – it was originally a drovers' overnight stop. Nowadays it makes the most of its enviable village location in knolly hill countryside between the rivers Wye and Ithon. The Bell's two bars and popular restaurant offer frequently changing real ales and menus based on the best that the farms, rivers and market gardens of mid-Wales can offer. A classic slow-cooked shank of Welsh lamb with red wine and blackcurrant jus or pan-grilled supreme of salmon may feature, with some tasty calorific puddings to finish. Weekend specials and a pie-and-pint night add even more variety to the proceedings.

The Laughing Dog

thelaughingdog.co.uk | Howey,
LD1 5PT | 01597 822406
The oldest part of this reputedly
haunted, one-time drovers'
pub dates from the 17th
century. The kitchen uses
local sources for its homemade
British cooking, with French
and Indian influences, and
serves a range of fantastic
dishes: Welsh lamb casserole
with chorizo and butter beans;
sesame-baked salmon fillet
with coconut and vegetable
dhal; breast of chicken in pathia
sauce; and Mediterranean
vegetable Wellington.
Among the choice of desserts
is lemon tart with minted
red berry compote. Additional
attractions are the games
room and dog-friendly garden.

▶ **PLACES NEARBY**

Builth Wells Golf Club

www.builthwellsgolf.co.uk
Golf Links Road, LD2 3NF
01982 553296 | Open daily & BHs
An 18-hole undulating
parkland course with a river
running through it.

▼ Llandrindod Wells

▶ Llandudno

If you are looking for an elegant Victorian seaside resort that has it all, then you should come here. Llandudno is not just Wales' largest seaside resort – don't let the word 'large' put you off, by the way – it's also got a host of attractions. There's the longest pier in Wales, for instance, and Britain's only cable-hauled tramway and award-winning beaches.

If all that is too much, you can just wander around the shops, have a night at the theatre, or spend some money in Mostyn, the foremost contemporary art gallery in Wales. The town's popularity has been helped by a growing amount of boutique accommodation, classy dining and big-name retail outlets such as Parc Llandudno.

No wonder US travel writer Bill Bryson described it as his 'favourite seaside resort'. The main appeal is down the beach – the sweeping sandy northern bay is sheltered by the two great limestone promontories of Great Orme and Little Orme.

GO UNDERGROUND

Great Orme Bronze Age Copper Mines
see highlight panel overleaf

GET OUTDOORS

Great Orme Country Park and Nature Reserve
see highlight panel overleaf

HIT THE BEACH

Two excellent sandy beaches lie either side of the Great Orme. The West Beach has a pier and many family-friendly activities, including a traditional Punch and Judy show.

CATCH A PERFORMANCE

Venue Cymru
venuecymru.co.uk
The Promenade, Llandudno
LL30 1BB | 01492 872000
Open Mon–Sat 10–7; closed Sun
Venue Cymru offers a rich timetable of exhibitions, events and concerts on Llandudno's promenade.

LEARN TO SKI

Llandudno Ski and Snowboard Centre
llandudnoskislope.co.uk
Wyddfyd, Great Orme, Llandudno
LL30 2LR | 01492 874707
A great place to learn or practise your moves on the slopes.

PLAY A ROUND

Llandudno Golf Club
maesdugolfclub.co.uk
Hospital Road, LL30 1HU
01492 876450 | Open all year daily & BHs
A testing championship course.

EAT AND DRINK

Badgers Café and Patisserie
badgerstearooms.co.uk
The Victoria Centre, Mostyn Street, Llandudno LL30 2RP
01492 871649
Here waitresses – known as Badgers' Nippies – dressed in Victorian style, serve delicious teas, coffees and cream cakes.

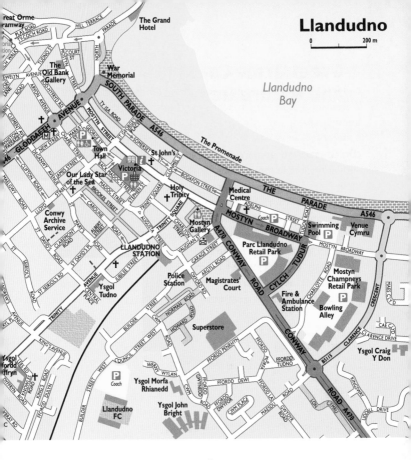

Traditional Welsh treats such as fruity Bara brith and Welsh cakes are on the menu, along with Welsh rarebit, swan meringues and dragon eclairs.

Bodysgallen Hall and Spa ⊛⊛⊛
bodysgallen.com
LL30 1RS | 01492 584466

There is a rather large sense of occasion as you approach Bodysgallen. Set in 200 acres of delightful parkland, the 17th-century hall is the sort of country house for which the word 'stately' was coined. Take in the view, which sweeps across the skyline to Snowdonia, Conwy Castle and the Isle of Anglesey, before pushing on indoors into a bygone era of antiques, oil paintings and stone-mullioned windows. In such a setting, the vibe could end up a tad moribund, but the courteous and always on-the-ball staff banish any hint of starchy formality. The food is a blend of traditional and gently modernised country house ideas. Classic French technique is brought to bear on top-class Welsh materials. For something less formal, try the Bistro 1620 in the old coach house.

▶ Great Orme Country Park and Nature Reserve

conwy.gov.uk

LL30 2XF | 01492 874151

The Great Orme is a limestone headland adjacent to Llandudno. It's an area rich in flora – despite the 200 feral Kashmir goats – and history; as well as the copper mines, there's an Iron Age fort, Stone Age remains and a sixth-century church. There are several paths to the summit, but it's far more fun to take either the tramway, which has been operating since 1902 and is the only cable-hauled tramway left in Britain, or the cable car from Llandudno.

At the summit complex is a crazy golf course and kids' play area, as well as a cafe and gift shop, and there's also a warden service. The views are incredible.

▶ Great Orme Bronze Age Copper Mines

greatormemines.info

Pyliau Road, Great Orme, LL30 2XG | 01492 870447

Open mid-Mar to Oct daily 10–5

Browse this visitor centre with its quirky model of a Bronze Age village. Take a look at some original 4,000-year-old artefacts and a selection of mining tools. After watching two short films, don a helmet and make your way down to the mines. Walking through tunnels mined nearly 4,000 years, you'll get a feel for the conditions our prehistoric ancestors faced in their search for valuable copper ores. Excavation on the surface will continue for decades and one of the team is usually on hand to answer questions.

Imperial Hotel ◉

theimperial.co.uk
The Promenade, LL30 1AP
01492 877466

Where Snowdonia drops away to the sea Llandudno's promenade basks in the sun, a vision of Victorian leisure in the grand manner, with the flesh-coloured Imperial ruling the roost. Chantrey's Restaurant surveys the maritime scene from panoramic windows and there are outdoor tables too, for those wanting to hear the murmuring surf. The kitchen works within the parameters of what's expected in such a context, but productively and with a few modern touches: smoked haddock mousse is wrapped in smoked salmon and garnished with radishes, capers and lemon, before a little fillet of Welsh beef appears, all tricked out with leek and horseradish rösti, smoked bacon, wild mushrooms and a sauce lusty with Great Orme ale.

The Lilly Restaurant with Rooms ◉

thelilly.co.uk
West Parade, LL30 2BD
01492 876513

Parked right on the seafront at the West Shore, this is a stylish place to eat. The dining room is decorated in ecclesiastical purples, with black-and-white table settings, while the views look over Llandudno's headland. The fare is modern Welsh cooking, presented cleanly and using plenty of good local produce, such as rump of excellent Elwy lamb on creamed cabbage, served with a little chop and a portion of meaty suet pudding in minty juices. Fine homemade breads, appetisers and pre-desserts show this to be a kitchen of serious intent.

Osborne House

osbornehouse.co.uk

17 North Parade, L30 2LP

01492 860330

Right on the seafront promenade, this grand town house hotel is luxuriously and romantically decorated. The dining room is a real show-stopper, with beautifully restored period features. Surprisingly, the food is a more relaxed cafe/brasserie-style operation. The long please-all menu offers bags of choice whatever the time of day: a sandwich and bakery menu to more substantial dishes such as grilled sea bass on bacon creamed cabbage, or braised lamb shank with crushed root vegetables and rosemary jus. To finish, retro desserts like treacle tart or sherry trifle hit the spot.

▶ PLACES NEARBY

Colwyn Bay

A lively pier and a good arc of sand sheltered by the Little Orme make this a popular family beach.

Harlequin Puppet Theatre

puppets.uk.com

Rhos-on-Sea Promenade, Colwyn Bay, LL28 4EP | 01492 548166

Britain's only permanent marionette theatre.

Rhos-on-Sea Golf Club

rhosgolf.co.uk

Penrhyn Bay, LL30 3PU

01492 548115 | Opening times vary; call or check website for details

A parkland course with lush fairways.

▶ Llanelli

Llanelli, the largest town in Carmarthenshire, is found on the Loughor Estuary about 10 miles northwest of Swansea. It's not so much a tourist hotspot as a working town, famed for its rugby tradition and tinplate production. Historically a mining town, Llanelli grew significantly in the 18th and 19th centuries with the mining of coal and later the tinplate industry and steelworks. These were largely served by the Llanelli and Mynydd Mawr Railway, which opened in 1803.

By the latter half of the 19th century, Llanelli had become such a significant tin producer that it was called 'Tinopolis'. The closure of coalmines and competition from overseas steel plants meant that Llanelli, like many other towns in south Wales, saw significant and sustained economic decline from the late 1970s. In recent years the town has attempted to promote such outlets as the Machynys Golf Club, new retail parks at Trostre and Pemberton, and the Millennium Coastal Park, in a bid to attract tourism and trade. The town is mostly known for its Scarlet Rugby Union team and its local Welsh bitter, Felinfoel. The brewery is just outside the town.

People from Llanelli are sometimes nicknamed 'Turks'. The origin of this name is uncertain, but one theory is that Turkish sailors once called at the port during their voyages.

GET OUTDOORS

WWT National Wetland Centre Wales

wwt.org.uk
Llwynhendy, SA14 9SH
01554 741087 | Open all year daily 9.30–5; grounds open Mar–Oct until 6

Stretching over 240 acres on the Bury Inlet, the National Wetland Centre is Wales' premier site for the observation of waterbirds and waders, and home to countless wild species. In the beautifully landscaped grounds are more than 650 of some of the world's most spectacular ducks, swans, geese and flamingos – many so tame that you can feed them by hand. There is also a wide range of outdoor activities to try, from embarking on a canoeing safari to pond dipping (some activities are seasonal).

EAT AND DRINK

Sosban Restaurant ◉◉

sosbanrestaurant.com
The Pumphouse, North Dock, SA15 2LF | 01554 270020

This may have once had the unglamorous job of providing hydraulic power for Llanelli's docks. Now, though it's been completely revitalised as an industrial-chic powerhouse on the local gastronomic scene. The 90-foot-high stone tower is a local landmark, which makes it easy enough to find. Once inside, the setting is all walls of arched glass, Welsh slate floors and classy bare wooden tables, all beneath the exposed industrial skeleton of the heritage building. There's an open-to-view kitchen where the team turns out a French-accented, brasserie-style repertoire with a broad appeal.

▶ Llanfair PG

This village on Anglesey has traded on its name (the full version, that is) to become quite a tourist attraction. Arrive at the railway station, and you'll find it hard to resist snapping a picture of: *Llanfairpwllgwyngyll-gogerychwyrndrobwyll-llant-ysiliogogogoch*. At 58 characters, it's the longest place-name in Europe and one of the longest in the world. Somewhat understandably, the town is commonly known as Llanfair PG. The tongue-twister was so named in the 1860s as a publicity stunt to attract tourists to the village, following the construction of the North Wales Coast Railway line between Holyhead and London. Never let it be said that the Welsh aren't enterprising souls. There have been attempts to steal the village's records by rival Welsh towns. The Carmarthenshire village of Llanfynydd unofficially adopted the name

Llanhyfryddawelllehynafolybarcudprindanfygythiadtrienusyrhaf nauole in 2004 in protest at plans to erect a wind farm nearby (the name means 'a quiet beautiful village; a historic place with rare kite under threat from wretched blades').

A station on the Fairbourne Railway was also named *Gorsafawddacha'idraigodanheddogleddollônpenrhynareur draethceredigion* (translated as 'the Mawddach station and its dragon under the northern peace of the Penrhyn Road on the golden beach of Cardigan Bay') for promotional purposes. Neither have stuck or gained any recognition. If you do come here, feel free to visit the nearby visitor centre to have your passport stamped.

▶ **PLACES NEARBY**

Plas Newydd

nationaltrust.org.uk

LL61 6DQ | 01248 714795

Open 16 Mar–6 Nov, Sat–Wed; house 12–5; guided tours 11–12

This grand house is in an idylic location on the sheltered east side of Anglesey, with views across the Menai Strait to the mountains of Snowdonia. There's been a house here since the 14th century, but nothing traditional remains. Instead, the old was swept away in the early 1800s by English architect James Wyatt when he redesigned the house with both Gothic and neo-Classical features. Until 1976 the house was the home of the marquesses of Anglesey. It passed into the care of the National Trust, but reminders of the family are everywhere. There are, for instance, paintings of the first Marquess of Anglesey, who commanded Wellington's cavalry at Waterloo, losing a leg in the last moments of the battle. There's also a collection of uniforms and headdresses, which continue the military theme. In the 1930s the sixth Marquess commissioned leading British artist Rex Whistler to paint a huge mural in the dining room. The artist's largest ever work – some 58 feet long – it was completed just before the outbreak of World War II, during which he lost his life. The mural, featuring Whistler himself as a gardener, now forms the centrepiece of an exhibition of his work.

▶ **Llangefni**

With a population of roughly 5,000, Llangefni is the second largest settlement on Anglesey after Holyhead. However, the two towns are very different in outlook. While Holyhead is very much a port town, Llangefni is the island's main commercial and farming town. It also has a very high Welsh-speaking population, with around 80 per cent of people speaking it.

The town is near the centre of the island on the River Cefni, after which it is named, and its attractions include the Oriel Ynys Mon Museum, which details the history of Anglesey. In the north, there's a Victorian parish church, St Cyngar's, set in a wooded riverside location called the Dingle.

VISIT THE MUSEUM

Oriel Ynys Mon Museum

visitanglesey.co.uk

Rhosmeirch, Llangefni, LL77 7TQ

01248 724444 | Open all year daily 10.30–5

This purpose-built museum and arts gallery displays a wide range of craftwork and dynamic exhibitions. The centre's history gallery gives an introduction to the island's past through sounds, imagery, reconstruction and artefacts. Try the newly refurbished Blas Mwy cafe, popular with tourists and local people alike.

▶ **PLACES NEARBY**

Cefni Reservoir

llyncefni.co.uk

Go freshwater fly-fishing at Cefni Reservoir, a great place for brown and rainbow trout.

▶ Llangollen

This small scenic town sits in the fertile Dee Valley of northeast Wales on the edge of the Berwen Mountains. The river is at the heart of the town and come any fair day you'll see scores of people congregating around the Elizabethan stone bridge, watching the fast waters bursting over the riverbed rocks. The bridge was extended in 1863 for the railway line, which linked Wrexham with Barmouth. Following the railway's closure in the 1960s, a preservation society was formed. Now, the station is a reminder of days gone by, with its historic steam engines and rolling stock lined up on platforms.

It's not just the river and train lines that are the transport hubs here. Of major importance is the Llangollen Canal, running parallel to the railway and road. Pioneered by Thomas Telford, it provides another transport leisure link for horse-drawn narrow boats, which take visitors along the canal and over the spectacular Pontcysyllte Aqueduct, some 120 feet above the River Dee.

Increasingly, Llangollen is becoming a modern tourist attraction, with boutique guest houses, restaurants and cottages springing up. There's also a wealth of independent shops to explore. Llangollen is part of the UNESCO World Heritage Site which runs along 11 miles of the canal from Gledrid to the Horseshoe Falls, taking in the aqueduct. In 2013 the town was awarded Cittaslow status – meaning it is retaining its distinct identity in the face of homogenisation.

▲ Pontcysyllte Aqueduct

TAKE A TRAIN RIDE
Llangollen Railway
llangollen-railway.co.uk
Abbey Road, LL20 8SN | 01978
860979 | Open most weekends,
daily services Apr–Oct, principally
steam-hauled; refer to timetable
for diesel and off-peak
This heritage railway features
steam and classic diesel
services running along the
picturesque Dee Valley. The
journey consists of a 15-mile
round trip between Llangollen
and Carrog. A special coach for
people with disabilities is
available on all services.
Call for more information.

TAKE A BOAT TRIP
Horse Drawn Boats Centre
horsedrawnboats.co.uk
The Wharf, Wharf Hill, LL20 8TA
01978 860702 | Open Easter–Oct
daily 9.30–5; tea room open;
Nov–Mar Sat–Sun 10–4.30

Take a horse-drawn boat trip
along the beautiful Vale of
Llangollen. There is also a
narrowboat trip that crosses
Pontcysyllte Aqueduct – the
largest navigable aqueduct in
the world. There is a full bar
on board and commentary
throughout.

GET ON THE WATER
JJ Canoeing and Rafting
jjraftcanoe.com
Mile End Mill, Berwyn Road,
Llangollen, LL20 8AD
01978 860763
Offering white-water rapid
experiences and much more.

SADDLE UP
Pont-y-Meibion Trekking
ponytreks.co.uk
Pont-y-Meibion, Glyn Ceiriog,
Llangollen, LL20 7HS
01691 718686
Try a pony or quad trek.

PLAY A ROUND
Vale of Llangollen Golf Club
vlgc.co.uk
Holyhead Road, LL20 7PR
01978 860906 | Open daily and BHs
A favoured venue for national and country competitions.

EAT AND DRINK
Britannia Inn
britinn.com
Horseshoe Pass, Llangollen, LL20 8DW | 01978 860144
The popular 14th-century inn built by the monks of nearby Valle Crucis is at the foot of the Horseshoe Pass with fine views down and over the Vale of Llangollen. The cosy inn, which has open fires and beamed ceilings, serves Theakston's ales and a good selection of bar meals, including favourites such as rump steak and chicken Kiev. Children are very welcome, as are well-behaved dogs.

The Hand at Llanarmon ◉◉
thehandhotel.co.uk
Llanarmon Dyffryn Ceiriog, Ceiriog Valley, LL20 7LD | 01691 600666
Still very much at the heart of the local community, this 16th-century free house was once a stopping place for drovers and their flocks on the old drovers' road from London to Anglesey. Original oak beams, burnished brass and large fireplaces set the scene in the bar, where travellers and locals mingle over pints of Weetwood Cheshire Cat. The pub has established a strong reputation for no-nonsense dishes, cooked from scratch with flair and imagination. Typical examples are spicy king prawns with lemon mayonnaise followed by ox cheek bourguignon with cabbage and horseradish mash. The same menu is served in the bar, the restaurant and on the sunny patio garden.

Honey Pots Ceramic Café
honey-pots.com
18 Castle Street, Llangollen, LL20 8NU | 01978 869008
At Honey Pots you can enjoy delicious teas or coffees and tasty cakes and snacks in smart modern surroundings while admiring the views of Dinas Bran's hilltop castle. When you've had your fill, you can turn your hand to designing your own, unique piece of pottery.

▶ **PLACES NEARBY**
The Horseshoe Pass
This mountain pass in Denbighshire, northeast Wales, separates Llantysilio Mountain to the west from Cyrn-y-Brain in the east. The road – the A542 – from Llandegla to Llangollen runs through the pass, reaching a maximum height of 1,368 feet. It travels in a horseshoe shape around the sides of a valley, giving the pass its name. This route dates from 1811, when a turnpike road was constructed across the area. The road is frequently closed in winter due to snowfall or landslides.

Valle Crucis Abbey

cadw.wales.gov.uk
LL20 8DD | 01978 860326
Open end Mar–Oct daily 10–5;
Nov–Mar 10–4

The name of this romantic, tree-framed ruin – one of the most beautiful in Wales – is the 'Vale of the Cross'. Founded in 1202, this Cistercian house fits perfectly the monks' vow to glory in their poverty. The slender windows of the western end are particularly beautiful.

Pontcysyllte Aqueduct

pontcysyllte-aqueduct.co.uk
Station Road, Trevor Basin, Wrexham
LL20 7TG | 01978 292015

When Thomas Telford built this aqueduct in 1805, this 'canal in the clouds' was deemed to be one of the wonders of Britain. To be honest, even with our advancements in engineering over the past two centuries, it's still mind-bogglingly impressive. The challenge Telford faced was how to carry the Ellesmere Canal across the valley of the River Dee near Wrexham in north Wales. His design involved using 18 piers, 126 feet high, and 19 arches, each with a 45-foot span, to carry it across its 1,000-foot length. To keep the aqueduct as light as possible, he used slender masonry piers that were partly hollow and tapered at the summit. Interesting, the mortar came from ox blood, lime and water – with a consistency not dissimilar to treacle toffee. Construction techniques may have come a long way, but this remains the tallest navigable aqueduct in the world and still a breath-taking piece of engineering.

Ty Mawr Country Park

attractionsnorthwales.co.uk
Cae Gwilym Lane, Cefn Mawr,
Wrexham, LL14 3PE | 01978
822780 | Park open all year daily;
visitor centre Easter–Sep daily
10.30–4.30, Oct–Easter Sat–Sun

Like your animals in all shapes and sizes? Come here – there's sheep, donkeys, pigs, rabbits, chickens and more. A kid's paradise, it's also got a great adventure playground and cafe. The River Dee is close by, with great spots for a picnic.

▼ Valle Crucis Abbey

▶ Llangorse Lake

Llangorse is a delightful little village, located towards the east end of the Brecon Beacons. You can't miss the main attraction – it's the largest natural lake in south Wales. Stretching for a mile in length and half a mile in width, it covers an area of 327 acres, although to walk around its circumference would be a five-mile trek. The water has drawn settlers since ancient Celtic times. In the 12th century, clergyman and chronicler Gerald of Wales (Giraldus Cambrensis) commented that 'the beautiful lake had plenty of waterfowl'. A main feature is the central crannog or manmade defensive island. It's thought to date back to AD 890 and to have been one of the royal sites of medieval Brycheiniog, one of the kingdoms of medieval Wales.

Today Llangorse is a lively, community village with local cider and music festivals. The lake also draws a crowd of water-sports lovers and anglers, interested in coarse fishing. All types of boating fun takes place here – including sailing, canoeing and water-skiing, and the surrounding countryside and mountains are delightful for walking and hiking. Those interested in horse-riding can take to the saddle, and you can also get a bird's-eye view of the dramatic landscape if you go up in a glider with the Black Mountains Gliding Club. The excellent Llangorse Rope Centre is the place to go to practise your climbing skills for adventures in bouldering or pot-holing.

The lake is a Site of Special Scientific Interest mainly because it is naturally eutrophic – meaning that the water is high in nutrients, which tends to make it appear slightly murky. It also means, however, that the habitat is highly productive, which goes a long way to explain why this expanse of water is so popular with wildlife.

GET ACTIVE
Llangorse Multi-activity Centre
activityuk.com
The Gilfach, Llangorse, Brecon, LD3 7UH | 01874 658272
A fantastic indoor climbing and riding centre.

TAKE OFF
Black Mountains Gliding Club
blackmountainsgliding.co.uk
The Airfield, Brecon, Powys LD3 0EJ
01874 711463
This is one of the best places in Britain to try your hand at ridge and wave gliding.

▶ Llanrwst

Set on the edge of Snowdonia National Park in north Wales, Llanrwst – pronounced 'lanrust' – is a small town that's often overshadowed by its larger neighbour, Betws-y-Coed (see page 90). It grew up in the 13th century, largely owing to an edict by Edward I who prohibited any Welshman from trading within 10 miles of Conwy Castle. At 13 miles away, Llanrwst became a strategic place for trading, business and crafts. Wool was an important industry here – as was the manufacture of harps.

More recently, of course, its main industry, apart from being a market town, has been tourism. You can admire its narrow three-arch stone bridge – Pont Fawr – said to have been designed by Inigo Jones, a significant architect of the early 17th century. The bridge connects the town with Gwydir, a local fortified manor house dating from 1492, and a 15th-century courthouse known as *Tu Hwnt i'r Bont*. Originally built to carry horses and carts, the bridge has stood up well to modern traffic, not to mention the regular floods. Other attractions are the two 17th-century chapels and St Grwst's Church, which holds the stone coffin of Llywelyn the Great. The Gwydir Forest lies to the southwest of the town, beyond the bridge. On the hills above the town is the Moel Maelogan wind farm. The electricity generated by these turbines is sent to the sub-station in the town.

SEE A LOCAL CHAPEL
Gwydir Uchaf Chapel
cadw.wales.gov.uk
01492 640578 | Open all year daily 10–4. To gain access to chapel call 01492 641687, 24hrs in advance
Built in the 17th century, this simple stone chapel is noted for its painted ceiling and wonderfully varied woodwork.

EAT AND DRINK
Plas Maenan
Country House ◉◉
plas-maenan-hotel.co.uk
Maenan, LL26 0YR | 01492 660232
At 300 feet above the Conwy Valley, this Edwardian manor gives stunning views over the river and Snowdonia National Park. The whole property has been traditionally decorated and the restaurant, candlelit at night, is no exception. The kitchen knows its market and generally follows a

traditional route, from herb-crusted scallops with smoked salmon and tartare sauce to pannacotta or chocolate and orange mousse.

▸ PLACES NEARBY
Llyn Crafnant Fishery
crafnant.free-online.co.uk
Llyn Crafnant, above Conwy Valley near Trefriw | 01492 640818
Llyn Crafnant covers over 60 acres and is well stocked with rainbow and brown trout. Fish from the bank or a boat. Permits and boat hire from the fishery.

The Old Ship
the-old-ship.co.uk
High Street, Trefriw, LL27 0JH
01492 640013
A perfect refuelling stop following a tramp in the hills, this traditional inn is situated in a peaceful village in the wooded

eastern edge of the Snowdonia National Park. Sit by the log fire with a pint of Purple Moose Glaslyn Ale and peruse the daily chalkboard menu. Dishes include pea and ham soup, coq au vin with creamy dauphinoise potatoes, and pub classics such as fish and chips.

Trefriw Woollen Mills

t-w-m.co.uk
Trefriw, LL27 0NQ | 01492 640462
Turbine and shop open all year Mon–Sat 9.30–5.30 (winter 10–5), Easter–Oct open daily; Weaving open mid-Feb to mid-Dec, Mon–Fri 10–1 & 2–5; closed some BHs; additional machinery can be viewed Apr–Oct

The busy clatter of machinery leaves you in no doubt that this is very much a working mill. It's been owned by the same family for more than 140 years and specialises in the manufacture of Welsh double weave, bedspreads and tweeds. You can see the weaving process and the hydroelectric turbines that replaced the waterwheels in the 1930s. Beautiful, hard-to-resist rugs, bedspreads, cushions and skirts are all for sale in the shop. You can also tour the mill and see goods being made or buy them from the shop.

▸ Llansteffan Castle

cadw.wales.gov.uk
01443 336000 | Open all year daily 10–4

As far as location goes, this is simply stunning: this castle stands on a flat green headland overlooking the gorgeous sand flats of the River Tywi in Carmarthenshire. Initially, Norman invaders, recognising the strategic strength of this plot of land, established an earth-and-timber enclosure within the ancient defences of an Iron Age fort. The castle controlled an important river crossing and it changed hands several times during fierce fighting between the Normans and the Welsh. The gradual transformation of the early earth-and-timber stronghold into the powerful masonry castle visible today was undertaken mostly in the 13th century. At the close of the 15th century, King Henry VII granted it to his uncle, Jasper Tudor, who was probably responsible for blocking the great gatehouse passage to create additional accommodation. More recently, it was used as farm buildings before coming under the care of Cadw.

▾ Llansteffan Castle

▲ Llyn Brenig

▶ Llyn Brenig

In the wilderness of north Wales, between Denbigh and Corwen, lies Llyn Brenig. It's a 920-acre reservoir sited high in the wilderness of the Denbigh Moors – an upland region in Conwy. The huge reservoir, formed by the flooding of the Afon Fechan and Brenig valleys, is very popular for fishing, sailing and walking. The visitor centre is full of information on the area, including its archaeological heritage. Unfortunately, some of that heritage lies beneath the water, but on the northeast shores you can discover mesolithic camps with artefacts dating back to 5700 BC.

GET OUTDOORS

Llyn Brenig Visitor Centre
hiraethog.org.uk
Cerrigydrudion, Corwen, LL21 9TT
01490 420463 | Open all year
daily 8–4
Llyn Brenig is one of the largest areas of inland water in Wales, surrounded by a stunning landscape of heather moor and forestry. Visitors can explore a network of waymarked trails on foot or by bike. Bike hire is available. Enjoy home-cooked food and homemade cakes in the cafe with panoramic views. There is outstanding fly-fishing from the bank or boat.

EXPLORE BY BIKE

One Planet Adventure
oneplanetadventure.com
Coed Llandegla Forest, Ruthin Road, Llandegla LL11 3AA | 01978 751656
Hire a bike and choose from over 27 miles of purpose-built bike trails in Llandegla Forest and around Llyn Brenig.

GO FISHING

Permits from Llyn Brenig Visitor Centre | 01490 420463
Day permits for fly-fishing are available from machines on site, and this is a great place in which to hook up with a rainbow trout.

▶ Llyn Peninsula

gwynedd.gov.uk

Sticking 30 miles out into the Irish Sea, the Llyn Peninsula is a sliver of north Wales with a truly distinct identity. Historically it was popular with pilgrims travelling to the nearby island of Bardsey. Now people come to enjoy the excellent beaches and coastline – most of it designated an Area of Outstanding Natural Beauty; its scattering of villages, great wildlife and its very Welsh culture is possibly the most Welsh experience that Wales has to offer.

This perceived remoteness from urban life has lent the area an unspoilt image, which has made it a popular destination for tourists and holiday home owners. These second homes remain a bone of contention among locals, many of whom are forced out of the housing market by incomers. From the 1970s to 1990s, a shadowy group known as Meibion Glyndwr claimed responsibility for hundreds of arson attacks on holiday homes using incendiary devices, some of which took place in Llyn.

At the base of the peninsula is Porthmadog (see page 268), a small town linked to Snowdonia by two steam railways – the Welsh Highland Railway and the Ffestiniog Railway. Two other popular places on the southern coast are Criccieth (see page 153), with a castle on its headland overlooking the beach, and Pwllheli (see page 275). Elsewhere, the peninsula is all about wildlife, tranquillity, and ancient sacred sites. Tre'r Ceiri hill-fort is an Iron Age settlement set beside the coastal mountain of Yr Eifl, while Bardsey Island (see page 61), off the tip of the peninsula, was the site of a fifth-century Celtic monastery.

As for the north coast, it gets more sparsely populated the further westwards you go. The area was largely the preserve of fishermen in days gone by – the locals still fish for crabs and lobsters – but the lonely cliffs, coves and beaches are a real haven for holidaymakers looking for a little elbow room. Porth Oer (see page 63), better known as Whistling Sands owing to the texture of the sand grains that make them whistle underfoot, is a larger beach, backed by steep grassy cliffs, with safe bathing and a cafe.

TAKE IN SOME HISTORY

Plas yn Rhiw

nationaltrust.org.uk
LL53 8AB | 01758 780219
Open 21–27 May & 5–30 Sep
Thu–Mon 12–5, 29 May–2 Sep, Wed–Mon 12–5, 3 Oct–3 Nov Thu–Sun 12–4

Hell's Mouth Bay (Porth Neigwl in Welsh), named for its reputation as a graveyard for sailing ships, is hardly an inviting address for this small delightful manor house which is found on the west shore of the bay. Dating from the medieval period, Plas yn Rhiw was extended in the 1630s and again in the 18th and 19th centuries. Later the house stood empty for years, but thankfully this little gem was rescued, and is now in the care of the National Trust. The 50 acres of gardens and grounds, stretching down to the shoreline, are full of rhododendrons, azaleas and some sub-tropical shrubs. Box hedges and grass paths divide the gardens and a stream and waterfall tumble down towards the bay. The house and grounds are at the centre of an estate that extends for a further 416 acres and includes traditional Welsh cottages, an old windmill and the area known as Mynydd y Graig – a remote and dramatic stretch of Llyn Peninsula coastline.

▶ Machynlleth

It may be only small and in the middle of nowhere but Machynlleth – pronounced 'Ma-hun-khleth' – has a lot going for it. Found in rural west Wales and often known just as Mack, it claims to be the green capital of Wales. This prestigious accolade – for much of Wales is pretty green – stems largely from the Centre for Alternative Technology (CAT, see page 222), located three miles out of town. Although the townspeople were initially sceptical of the eco-warriors who launched the project, they've now embraced not only the tourism that it brings but also the ethos. You won't have to search far to find eco-friendly shops, vegetarian cafes or places to try yoga or herbal remedies.

Machynlleth is also pretty in its own right. A 17th-century, four-arched stone bridge spans the main road leading into the town. Another landmark is the ornately designed Victorian clock tower standing 80-foot tall. It bears witness to the goings on of the main wide Maengwyn Street, where the weekly Wednesday markets are held. Here you'll also find Parliament House, a medieval town house standing on the site of the building where Owain Glyndwr established a parliament in 1404. It now hosts an Owain Glyndwr interpretative centre. All this – and the fact that the town is situated in some beautiful countryside, especially for mountain bikers – makes it well worth a visit.

VISIT THE MUSEUMS AND GALLERIES

Corris Craft Centre

corriscraftcentre.co.uk

Corris, SY20 9RF | 01654 761584

Open 31 Mar–2 Nov daily 10–5; many workshops also open at other times, please call to check

Ever wondered how to blow glassware? Or make silver jewellery? This is the place to find out. It's a collection of workshops, where visitors can meet the craftworkers and see them at work every day. Crafts includes glassware, leatherwork, traditional wooden toys, candles, rustic furniture, designer cards and sewn household items and gifts. As well as an educational centre, it's also a perfect place to find unusual items for the home and garden. Drop in for pottery painting or candle-dipping, or book a workshop to make a piece of rustic furniture or learn how to sew.

MOMA Wales

momawales.co.uk

The Tabernacle, Penrallt Street, SY20 8AJ | 01654 703355

Open Mon–Sat 10–4; closed Sun

A fantastic gallery showing the best of modern Welsh art.

GO UNDERGROUND

Corris Mine Explorers

corrismineexplorers.co.uk

Corris Craft Centre, Corris, SY20 9RF | 01654 761244

Open all year daily 10–5; pre-booking recommended

Explore the virtually untouched historic workings of an old Welsh slate mine. First worked in 1836 and abandoned by the miners 40 years ago, more than 130 years of mining history are captured inside this centre, awaiting discovery. Find old machinery, miner's tools and candles, while listening to tales about the mine.

King Arthur's Labyrinth

kingarthurslabyrinth.co.uk

Corris, SY20 9RF | 01654 761584

Open 31 Mar–Nov daily 10–5

Just occasionally it's been known to rain in Wales. Under those circumstances, it's probably best to be indoors or – even better – underground. Found deep beneath the mountains near Corris, King Arthur's Labyrinth is one of the most exciting and mysterious visitor attractions to be found in mid-Wales. Here, you will sail underground, in the care of a hooded boatman, through a waterfall and back across a thousand years. Submerged in the darkest of the Dark Ages, you will hear tales of the legendary King Arthur and other ancient Welsh figures as you explore the dramatically floodlit underground caverns and winding tunnels.

PLAY A ROUND

Machynlleth Golf Club

machynllethgolf.co.uk

SY20 8UH | 01654 702000

Open all year daily and BHs

A heathland course surrounded by hills; check out the views from the fifth and eighth holes.

EAT AND DRINK
Plas Ynyshir Hall Hotel

ynyshirhall.co.uk

Eglwys Fach, SY20 8TA

01654 781209

We are used to places that Queen Victoria once passed through on her travels through her realm, but this bears rather more of the regal imprint than most. The Queen once owned the hall, where she oversaw the planting of lots of trees – many of which still survive – and saw its value as a bird paradise. She was right. Now 1,000 acres of the original estate are owned by the RSPB. This place is also a gastronomic magnet. Fish from Cardigan Bay and the local rivers is combined with herbs from the gardens and foraged wild ingredients to create a delightful menu. Ever tried foie gras ice cream? Now's the time.

Wynnstay Hotel

wynnstay-hotel.com

Maengwyn Street, SY20 8AE

01654 702941

This is a restaurant and pizzeria, which takes pride in where it sources its ingredients. Aiming to get them from within a 50-mile radius, the website credits them all – from Caws Cymru to Dyfi, even to 'mum' for the plants. There's plenty to choose from, be it Bryn Derw chicken and pork terrine or Cardigan Bay fish casserole. Alternatively, in the bar, try a pizza from the wood-fired oven, with a pint of Monty's Moonrise or Evan Evans Warrior. No piped music will interfere with your enjoyment, but a visiting choir might treat you to an impromptu rendition of *Rhyfelgyrch Gwyr Harlech* (Men of Harlech, see page 176).

▶ PLACES NEARBY
RSPB Nature Reserve Ynys-hir

rspb.org.uk

Visitor Centre, Cae'r Berllan, SY20 8TA | 01654 700222

Reserve open all year daily 9–9 (or sunset if earlier); Visitor Centre open: Apr–Oct daily 9–5, Nov–Mar Wed–Sun 10–4

The mixture of different habitats here is home to an abundance of birds and wildlife. The salt marshes in winter support the only regular wintering flock of Greenland white-fronted geese in England and Wales, in addition to peregrines, hen harriers and merlins. The sessile oak woodland is home to pied flycatchers, wood warblers, and redstarts in the summer, but woodpeckers, nuthatches, red kites, sparrowhawks and buzzards are here all year round. Otters, polecats, 30 types of butterfly and 15 dragonfly species are also present. Guided walks and children's activities are available. Telephone for details of events running throughout the year.

▶ Machynlleth, Centre for Alternative Technology

cat.org.uk

SY20 9AZ | 01654 705950 | Open summer daily 10–5, winter 11–3; closed 23–28 Dec; railway closed in winter

Found just on the outskirts of Machynlleth, this award-winning eco-centre is the place to come to if you want inspiration on how to make the world a better place. It was founded in 1973 by old Etonian businessman-turned-environmentalist Gerard Morgan-Grenville and a handful of helpers.

Now, it has a staff of 90 and many volunteers working on the seven-acre site. Quite early on in your visit to CAT you are told, 'Earth is one big creature working together and, if we don't interfere, it should last forever.' Wishful thinking, perhaps, but this is what the centre is all about – making you think. CAT is dedicated to exploring and demonstrating global sustainability and ecologically sound technologies. Despite its name, it doesn't give undue attention to alternative technology, but focuses instead on general environmentalism. It also avoids the 'doom and gloom' approach and opts for being constructive and positive, demonstrating all kinds of

▼ A wind turbine

environmental technologies in an interesting and informative way. These include solar and hydro-power and a reed-bed sewerage system. Other facilities include a water-balanced funicular railway, a low-energy house, a site-wide electricity grid powered by renewable energy (any excess is sold to the national grid), a hydraulic ram pump and straw-bale buildings. The aim is to give practical visions of how heat, power, water, food and waste can be handled with a minimal eco-footprint.

The centre is also a reliable source of information on almost any aspect of organic gardening and sustainable living, such as how to achieve more with less and how to include nature in our living and working spaces. It also promotes the right of communities to control their immediate environment and can help with practicalities – from changing light bulbs to building a new house. Staff are more than willing to pass on their knowledge in simple, practical ways – it's what they want to do.

Not only is the centre interesting for grown-ups, it's great for kids too. There's plenty of activities and demonstrations explaining solar, wind and wave power. For fun, there's also an adventure playground, a maze, and a smallholding with farm animals. The centre is open to visitors throughout the year and holds residential courses, and publishes information on organic farming, gardening and ecologically friendly living.

▼ Solar panels and wind turbine

▶ Manorbier Castle

manorbiercastle.co.uk/castle

Manorbier, Tenby, SA70 7SY | 01646 871394 | Open Mar–Oct daily 10–5

Overlooking the South Pembrokeshire Heritage Coast, five miles west of Tenby, Manorbier Castle draws visitors from all over – a feat, of course, helped by the beautiful sandy Manorbier Beach at its feet. The castle was begun in the 12th century but managed to avoid major attack from both the Welsh and Cromwell's armies. The first stone buildings were a three-storey-high square tower and a long hall. In the 13th century, the curtain walls were raised with flanking towers and a fine gatehouse, while two large barns were added in the 17th century. Manorbier's considerable defences – including the sturdy walls, battlements, portcullises and ditches – were never put to the test.

The castle is, perhaps, most famous as the birthplace of Giraldus Cambrensis, or Gerald of Wales as he is also known. Gerald was a highly respected scholar who travelled extensively before he became an archdeacon. He was also a dedicated chronicler and his sensitive and incisive observations (written in high-quality Latin) provide an extremely valuable record of life in medieval Wales and Ireland. Alongside his analysis of Welsh politics and history, he described the people and their way of life – how they slept on communal beds of rushes wearing all their clothes, and how their feuding and vengeful natures were balanced by their love of music and poetry.

HIT THE BEACH

Manorbier Beach is sandy, dog-friendly and popular with rock poolers and surfers alike.

▼ Manorbier Castle

EAT AND DRINK

Tudor Lodge Restaurant

tudorlodgejameston.co.uk

Jameston, Manorbier, SA70 7SS

01834 871212

Despite its name, this restaurant has a clean, modern style, its walls hung with contemporary paintings. It also has plenty of atmosphere, helped by the traditional blazing log fires. The food is excellent and prepared using fresh local produce wherever possible, whether it is for light lunches or evening meals.

▲ Sand banks in the Mawddach Estuary

▶ **Mawddach Estuary, Gwynedd**

This beautiful stretch of water is located on the west coast of
Wales between Barmouth (see page 83) and Fairbourne. It's
a walkers' paradise – particularly the route from Dolgellau to
Barmouth – with sensational views of the Snowdonia
Mountains down to sea level. It's not just for walkers, though.
Cyclist and nature lovers all appreciate this stretch of Wales.
It's helped by the fact that the southern bank of the estuary,
along which used to run a section of rail track, has been turned
into Mawddach Trail – an eight-mile path running from
Dolgellau (see page 159) to Morfa Mawddach on the southern
side of the Barmouth railway bridge. It's managed by the
Snowdonia National Park Authority as a route for walkers and
cyclists, and is part of the Sustrans Cross-Wales Cycling Route.

The good water levels in the Mawddach make for superb
angling – salmon, sea trout and eels abound.

▸ Menai Strait

The Menai Strait (*Afon Menai* in Welsh) is a narrow stretch of shallow tidal water about 15.5 miles long, which separates the island of Anglesey from mainland Wales. The industrial era bought the first permanent island–mainland connection with Thomas Telford's iconic 560-foot Menai Suspension Bridge, completed in 1826. Its got a 98-foot-high central span, allowing the passage of tall ships underneath. In 1850 Telford's stunning creation was joined by a second bridge – Robert Stephenson's Britannia Bridge. Originally this carried rail traffic in two wrought-iron rectangular box spans, but after a disastrous fire in 1970, which destroyed everything bar the limestone pillars, it was rebuilt as a steel box girder bridge and now carries both rail and road traffic. Between the two bridge crossings there is a small island in the middle of the strait, *Ynys Gorad Goch*, on which there's a house and outbuildings and the remains of a significant fish trap.

As for the water underneath the bridge, the differential tides at the two ends of the strait cause very strong currents to flow in both directions at different times, creating dangerous conditions. One of the most dangerous areas is known as the Swellies, or Swillies, between the two bridges. Here rocks near the surface create local whirlpools, which can cause small boats to founder on the rocks. This was the site of the loss of the training ship HMS *Conway* in 1953. Entering the strait at the Caernarfon end is also hazardous owing to the frequently shifting sandbanks that make up Caernarfon Bar. On the mainland side at this point is Fort Belan, an 18th-century defensive fort built in the time of the American War of Independence.

MEET THE SEALIFE

Anglesey Sea Zoo

angleseyseazoo.co.uk

LL61 6TQ | 01248 430411

Open all year daily 9.30–5.30

Nestling by the Menai Straits, this all-weather undercover attraction contains a shipwreck bristling with conger eels, a lobster hatchery, a sea horse nursery, crashing waves and the enchanting fish forest. Visit the invertebrates in the No Bone Zone, and watch out for the submarine wolves

MEET THE BUGLIFE

Pili Palas NatureWorld

pilipalas.co.uk

Penmynydd Road, Menai Bridge, LL59 5RP | 01248 712474

Pili Palas is the Welsh for butterfly – and this is the place to come if you want to see lots of them. Enjoy the lush vegetation, tropical birds, bugs and many snakes and lizards. You can get up close during animal handling sessions. Maybe you can even hold a cockroach.

PLAY A ROUND
Llanfairfechan Golf Club
Llannerch Road, LL33 0ES
01248 680144 | Open Mon–Fri
except BHs

A hillside 9-hole course
enjoying panoramic views of the
Strait. The course enjoys good
all-year-round conditions due
to its situation.

▶ Merthyr Tydfil

Often referred to as the 'armpit of Wales', Merthyr has a pretty
bad reputation. Located in a bowl at the head of the south
Wales Taff Valley, ringed by slagheaps and quarries, it is often
the focus of documentaries about generations of families on
benefits – some of whom have never ventured down the valley
into Cardiff. The population is also unhealthy. Figures from a
2013 study by Public Health Wales showed it was the worst
town in Wales for obesity in children.

Most, if not all, of these gloomy statistics are due to the
town's huge boom in the Industrial Revolution and subsequent
decline. In its heyday, 200 years ago, this bowl was on fire with
the largest ironworks in the world, due to its close proximity to
iron ore. Then, rich coal reserves were discovered and by the
early 19th century it was a boom town, with workers coming
from all over the world. The smaller towns of Dowlais,
Penydarren and Cyfarthfa gradually merged into Merthyr,
which, at its peak around 1850, Merthyr had a population of
some 80,000.These people – including women and children –
lived and worked in appalling, disease-ridden conditions and
the town became famous for its political radicalism.

The Merthyr Rising of 1831 was the violent climax of years of
simmering working class unrest. Rebels ripped up debtors' and
account books and apparently cried *caws a bara* ('cheese and
bread') – they wanted a reduction in the price of them – and *I
lawr â'r Brenin* ('Down with the King'). Men working in the pit
were persuaded to join the protest. Eventually, around 10,000
workers marched under a red flag – later adopted
internationally as the symbol of the working classes. The
rioting continued for a month, facing opposition from the army,
although shots were fired and some protestors killed.

Just 50 years later, however, the scene was very different.
The demand for iron and steel dwindled and one by one the
ironworks closed. By 1935, the unemployment rate was an
astonishing 60 per cent and a Royal Commission even
suggested that the town be abandoned, although it never
happened. Today, there are shoots of regeneration, such as the
nearby BikePark Wales (see page 229), which will hopefully
bring much-needed revenue and a new lease of life to the town.

VISIT THE MUSEUM
**Cyfarthfa Castle Museum
and Art Gallery**
museums.merthyr.gov.uk
Cyfarthfa Park, CF47 8RE
01685 727371 | Open Apr–Sep daily
10–5.30, Oct–Mar Tue–Fri 10–4,
Sat–Sun 12–4
Built by ironwork owner William
Crawshay II at the height of the
money-spinning days, this is a
plush and stylish Gothic
mansion. It's set in wooded
parkland beside a beautiful
lake, and now houses a superb
museum and art gallery
covering the last 3,000 years.
The collections of fine art,
social history and objects from
around the world are wonderful
to behold.

TAKE A TRAIN RIDE
Brecon Mountain Railway
breconmountainrailway.co.uk
Pant Station, Dowlais, CF48 2UP

01685 722988 | Call or check
website for scheduled timetable
Opened in 1980, this narrow-
gauge railway follows part of an
old British Rail route, which
closed in 1964 when the iron
industry in south Wales fell into
decline. The present route
starts at Pant Station and
continues for 3.5 miles through
the beautiful scenery of the
Brecon Beacons National Park,
as far as Taf Fechan Reservoir.
The train is pulled by a vintage
steam locomotive and is one of
the most popular railways in
Wales. A special Santa train
service operates in December.

PLAY A ROUND
Choose from Morlais Castle
Golf Club, a moorland course
making for a testing game, or
Merthyr Tydfil Golf Club, a
mountaintop course in the
Brecon Beacons.

▼ The gardens of Cyfarthfa Castle

Merthyr Tydfil Golf Club
merthyrtydfilgolfclub.com
Cilsanws Mountain, Cefn Coed,
CF48 2NU | 01685 373131
Open all year daily and BHs

Morlais Castle Golf Club
morlaiscastlegolf.co.uk
Pant, CF48 2UY | 01685 722822
Opening times vary; call or check
website for details

▸ **PLACES NEARBY**
BikePark Wales
bikeparkwales.com
Gethin Woodland Centre,
Abercanaid, CF48 1YZ (use CF48
4TT for Satnav but, after leaving
the roundabout turn right, not left)
07730 382501
Opened in 2013, BikePark
Wales is the UK's first full-scale
mountain bike park in the heart
of the south Wales valleys, built
by riders for riders. Whatever
your experience of mountain
biking, you'll find something to
enjoy here. Routes are graded
as ski-runs, from green to
black. You can pay to get a lift to
the top or push-up by pedal
power the hard way.

▸ Milford Haven

Milford Haven (*Aberdaugleddau* in Welsh) is located in
Pembrokeshire on a natural harbour that's been in use since
the Middle Ages. Founded in 1790, it was designed to be a
whaling centre, though by 1800 it was mostly used as a Royal
Navy dockyard. In the 1960s it became a commercial dock
aiding the logistical shipment of fuel oil and liquid gas for the
local Esso plant. The town now plays an important part in the
UK's energy sector. Tankers fill the sea, a new gas-fired power
station is in place and huge new storage plants send gas across
south Wales and beyond via a new, underground pipeline.

The port saw action long before the oil refineries moved in,
however. Viking fleets wintered here, and in 1171, Henry II
attacked Ireland from here, as did Cromwell in 1649.

Guarding the entrance to the harbour are the Dale and
Angle peninsulas (both names are Norse). The Dale Peninsula
is the sunniest place in Wales and its sheltered waters have
turned it into a busy sailing and water-sports centre. In the
nearby town, some of its first inhabitants were Quaker whaling
families from Nantucket in New England. Their meeting house
dates from 1811 and the grid pattern of streets they laid out –
three roads rising parallel to the waterway – is still in place.
Major fishing took hold in the 1880s, helping the town to
prosper. The story of the town is told in the Milford Haven
Museum, housed in one of its oldest buildings, the Old Custom
House, dating from 1797 and formerly used for storing whale
oil. The old town docks have also been redeveloped as a
modern marina with cafes and restaurants.

VISIT THE MUSEUM
Milford Haven Museum
milfordhavenmuseum.org.uk
The Old Custom House, The Docks,
SA73 3AF | 01646 694496
Open Mon–Sat 11–5, Sun 12–6
Housed in one of the oldest
buildings in Milford Haven,
the museum collection
reflects the town's history,
but focuses particularly on
the maritime history.

CATCH A PERFORMANCE
Milford Haven Torch Theatre
torchtheatre.co.uk
St Peter's Road, SA73 2BU
01646 695267
There's a rich programme
of events at this super
theatre. Check out the website
for details.

PLAY A ROUND
Milford Haven Golf Club
mhgc.co.uk
Woodbine House, Hubberston,
SA73 3RX | 01646 697762
Open all year daily & BHs
A fantastic parkland course
with excellent greens.

▶ PLACES NEARBY
Celtic Wild Cat
celticwildcat.com
Celtic Charter, 23 Church Road,
SA73 1EB | 01646 600313
Fishing and diving trips, as well
as sightseeing tours on board a
fast catamaran.

▶ Moelfre

This pretty little village on the east coast of Anglesey is best
known for its dramatic and daring lifeboat rescues. You can find
out all about them at the Moelfre Seawatch Centre, which is
located not far from the harbour. Here you can also watch the
iconic red boats head out from the lifeboat station.

Whitewashed fishermen's cottages are scattered on the
headland overlooking a small harbour. There's also a shingle
beach and the little island *Ynys Moelfre*. There are wonderful
cliff-top paths to Dulas Bay, and in the opposite direction to
Benllech and Red Wharf Bay. Moelfre is also on the Anglesey
Coastal Path. In English, Moelfre means 'bald or barren hill'
– which described the land behind the village as it was seen
from the sea.

ENTERTAIN THE FAMILY
Moelfre Seawatch Centre
attractionsnorthwales.co.uk
LL72 8LG | 01248 850978
The centre is a reminder of the
island's rich maritime history.
Enjoy climbing on board a real
20th-century lifeboat and
learning about historic
shipwrecks. The worst was in
1859, when the *Royal Charter*
sank off the coast of Anglesey
in a fierce storm. The men of
Moelfre formed a human chain
to try and save those on board
but, despite their valiant efforts
and many lives saved, 454
people died in the disaster.

HIT THE BEACH

This area has some of the finest beaches in Anglesey, including Traeth Bychan, Porth yr Aber, Moelfre, Porth Helaeth, Traeth Lligwy, Traeth Penrhyn and Traeth yr Ora.

EAT AND DRINK

Ann's Pantry

annspantry.co.uk

The Beach, LL72 8HL

01248 410386

Enjoy a proper Welsh breakfast, simple lunch or hearty dinner in this relaxed cottage set slightly back from the harbour. If you come in summer, make the most of the pretty, lawned garden. Sunday lunch is served in winter. Don't forget to try the cakes.

▶ **PLACES NEARBY**

Din Lligwy

cadw.wales.gov.uk

01443 336000

Open all year daily 10–4

In woodland, a mile or so inland from Moelfre (see opposite) is this wonderfully preserved Celtic settlement. The half-acre site consists of foundations of a number of buildings, with the entire area enclosed by a thick double wall. In a nearby field are the remains of a neolithic burial chamber, the *Lligwy* tomb. A massive capstone weighing about 25 tonnes covers the remains of 15 to 30 people, alongside possessions and pieces of pottery.

▶ Mold

Located in northeast Wales, six miles south of the coastal town of Flint (see page 167), is Mold, a busy little market town that was once the capital of the old county of Flintshire. The splendid parish Church of St Mary, with its 16th-century aisled nave and magnificent 18th-century tower, dominates the lovely High Street and, indeed, the whole of the Alyn Valley. Look out for the unusual and attractive art deco flooring in the war memorial chapel.

CATCH A PERFORMANCE

Clwyd Theatr Cymru

clwyd-theatr-cymru.co.uk

Raikes Lane, Mold, CH7 1YA

0845 3303565

Check out the website for its rich programme of events.

PLAY A ROUND

Watch out for the signature hole on the 18th at Old

Padeswood Golf Club or play at Mold Golf Club, a parkland course with great views of five counties.

Mold Golf Club

moldgolfclub.co.uk

Cilcain Road, Pantymwyn, CH7 5EH

01352 741513

Open all year daily and BHs

Old Padeswood Golf Club

oldpadeswoodgolfclub.co.uk
Station Lane, Padeswood, CH7 4JL
01244 547401 | Open all year daily
& BHs

EAT AND DRINK

Glasfryn

brunningandprice.co.uk
Raikes Lane, Sychdyn, CH7 6LR
01352 750500
Open Mon–Sat 11.30–11, Sun
12–10.30
With magical views over the
Alyn Valley, this imposing dining
pub was converted from a
judge's country residence.
Inside you'll find quirky prints,
old furnishings and wood
flooring. Glasfryn's two beer
festivals are popular with the
locals. The first, in March,
celebrates Welsh food and
drink, while in October is
British Pie Week, together with
Champion Beers of Britain. The
pub has 12 real ale pumps, as
well as comprehensive wine
and malt whisky lists. Fine pub
grub is on offer; there's a great
range of starters and mains,
such as slow-cooked shoulder
of lamb with cinnamon, cumin
and chickpeas, apricot and
date couscous.

▶ PLACES NEARBY

Ewloe Castle

cadw.wales.gov.uk
Deeside, Flintshire, CH5 3BZ
01443 336000
Open all year daily 10–4
Standing in Ewloe Wood are the
remains of Ewloe Castle. It is a
native Welsh castle and Henry II
was defeated nearby in 1157.

Part of the Welsh Tower in the
upper ward still stands to its
original height, and there is a
well in the lower ward. You can
also see remnants of walls and
another tower.

Stables Bar Restaurant

soughtonhall.co.uk
Northop, CH7 6AB
01352 840577
This free house created in a
stable block dates from the
18th century. Original cobbled
floors and roof timbers remain
intact. The selection of real ales
includes Stables Bitter, or
diners can browse the wine
shop for a bottle to accompany
their meal. The menu offers
ciabatta sandwiches, platters to
share and hearty main courses,
while the seasonal à la carte
dinner menu features chicken,
chorizo and polenta croquette
on red onion relish with crispy
pancetta. Enjoy the gardens
in summer.

White Horse Inn

cilcaintoday.org.uk
Cilcain, CH7 5NN
01352 740142
This 400-year-old pub
is the last survivor of the
five that once existed in
this lovely hillside village
at centre of the local gold-
mining industry in the
19th century. Today, the
White Horse is popular
with walkers, cyclists
and horse-riders. The food is
made by the landlady and is
accompanied by a good range
of real ales.

▲ Monnow Bridge

▶ Monmouth

Monmouth may be in Wales – just – but it actually feels more English in nature. This is probably no surprise as it has hopped over the border countless times. It sits at the junction of the River Wye and River Monnow, and is a busy and affluent market town. Famously, King Henry V – victor at the Battle of Agincourt in 1415 – was born here. His statue still stands in the town square, looking down upon a statue of another of the town's favourite sons, Henry Rolls – the aviation pioneer and co-founder of Rolls-Royce.

Today, Monmouth is known for its very good comprehensive and private schools, and the Rockfield Studios. Situated just outside the town, they are where Queen recorded *Bohemian Rhapsody* in 1975, and where, in 1995, Oasis recorded their multimillion selling album *(What's the Story) Morning Glory?* Musicians are frequently spotted in and around the town, so keep your eyes peeled. Each August Monmouth hosts the Monmouth Show – a large rural show that attracts thousands. Tourism is also big business, largely due to Monmouth being such a great base from which to explore the beautiful Wye Valley – and what a lot there is to see. Tintern Abbey (see page 145) is the main attraction. Founded in the 12th century, it's now roofless, yet this doesn't detract from its beauty. Instead, it simply exposes the graceful arches and great windows. Handily, it's located in the most stunning wooded valley, and also next to a pub, river and several circular walks.

VISIT THE MUSEUMS

The Monmouth Museum and Local History Centre

welcometomonmouth.co.uk
New Market Hall, Priory Street,
NP25 3XA | 01600 710630
Open Mar–Oct, Mon–Sat and BH
11–1, 2–5, Sun 2–5, Nov–Feb Mon–
Sat 11–1, 2–4, Sun 2–4

Admiral Horatio Nelson visited Monmouth in 1802. Although his links with the town run little deeper than that, Lady Llangattock, a more-than-slightly obsessive local aristocrat, began collecting Nelson memorabilia, resulting in this quirky museum. It includes original letters, glass, china, silver, medals, books, models, prints and Nelson's original fighting sword. Other displays deal with the more mundane, such as Monmouth's past as a fortress market town, and the development of the Rolls-Royce company.

Monmouth Castle and Regimental Museum

monmouthcastlemuseum.org.uk
Castle Hill, NP25 3BS | 01600
772175 | Open Apr–Oct daily 2–5

In terms of Welsh castle standards, Monmouth is really nothing to write home about, largely because all, bar the great tower, was dismantled in the 17th century. The stone was used to build Great Castle House next door, now the headquarters of the Royal Monmouthshire Regiment. Inside, the museum documents the history of the regiment from the 16th century.

CATCH A PERFORMANCE

Savoy Theatre

monmouth-savoy.co.uk
Church Street, NP25 3BU
01600 772467

This is a great little theatre with a rich and varied programme of events and the added bonus that you can enjoy a glass of wine while watching the show of your choice.

GO CANOEING

Monmouth Canoe and Activity Centre

monmouthcanoe.co.uk
Castle Yard, Old Dixton Road,
Monmouth, NP25 3DP
01600 716083

This is just the place to hire two-person canoes for half days, day trips and longer.

PLAY A ROUND

Enjoy the hilly and challenging parkland course at The Rolls of Monmouth Golf Club – watch out for the magnificent 17th hole. Monmouth Golf Club is another superb local course and its eighth hole, the Cresta Run, is renowned as one of Britain's most challenging.

Monmouth Golf Club

monmouthgolfclub.co.uk
Leasbrook Lane, NP25 3SN
01600 712212 | Open all year
daily & BHs

The Rolls of Monmouth Golf Club

therollsgolfclub.co.uk
The Hendre, NP25 5HG
01600 715353 | Open all year
daily & BHs

EAT AND DRINK

Bistro Prego ◉

pregomonmouth.co.uk

7 Church Street, NP25 3BX

01600 712600

This welcoming little cafe and bistro, located in the heart of Monmouth's old town, is simple in style but big on charm. Prego hums with a constant bustle of local fans won over by its all-day approach, serving everything from light snacks to lunch through to a more involved evening bistro offering. The food here is all about sourcing top-class local ingredients, which are brought together without undue fuss – and, as you may have spotted in the name, a strongly Italian vein courses through it all. The menu skips with flair and imagination from a starter of homemade tagliatelle with a rich ragù of wild boar and mushrooms, to rump of Welsh lamb with buttered savoy cabbage and smoked bacon.

The Inn at Penallt ◉

theinnatpenallt.co.uk

Penallt, NP25 4SE | 01600 772765

This 17th-century inn in a tiny village in the Wye Valley is all nicely traditional and reassuring – slate floors, ceiling beams, wooden furniture by the truckload, a fireplace in the bar and a jolly atmosphere throughout. Really, what more could you ask? However, the food is the draw here too; its appeal due to good quality ingredients prepared in a straightforward way. Fish gets a fair showing, such as grilled sea bass fillet from Anglesey, with simple new potatoes and a warm salad of asparagus and curly endive. Desserts might extend to chocolate pannacotta spiked with rosemary and accompanied by stewed plums.

The Lion Inn

lioninn.co.uk

Trellech, NP25 4PA

01600 860322

Although best known for its food and drink, The Lion Inn once showed true versatility by providing the best-dressed entry in the Monmouth raft race. Built in 1580 as a brewhouse and inn by a former sea captain, it consists of two rooms, both with open fires; one is a traditional bar, the other a restaurant. Debbie Zsigo has run it for 18 years and knows instinctively what works. In the bar, the answer is Butcombe Bitter and Felinfoel Double Dragon and a local cider, Springfield Red Dragon. In the restaurant, you'll find bar snacks, pizzas, light meals and a good range of main dishes – typically local butcher-made faggots, chicken curry, breaded plaice and vegetarian pasta bake. There's a stream and an aviary in the garden, and beautiful views from the suntrap courtyard. Beer festivals are in June and November and there's one for cider-drinkers in August.

▸ PLACES NEARBY

Raglan Castle

cadw.wales.gov.uk

NP15 2BT | 01291 690228

Open Mar–Jun, Sep–Oct daily
9.30–5, Jul–Aug 9.30–6, Nov–Feb
Mon–Sat 10–4, Sun 11–4

This castle is an astonishing
statement of wealth and
power. From the great tower
to the great gatehouse, this
whole castle was built for
show. Mind you, it did hold
off Oliver Cromwell's forces
for 13 weeks in one of the
last sieges of the Civil War.
It's hard to believe that the
castle was taken and
partially destroyed because
what remains is so impressive.
That, and the fact it is different
– owing to being built in
the 1430s, much later than
most of the other castles –
makes it a real treat.
The large bay oriel window
is one of Raglan's defining
features – lighting up the
high table at the end of the
hall. No wonder it was the
BBC's film location of choice
for *Merlin*.

The Beaufort Raglan Coaching Inn and Brasserie ◉

beaufortraglan.co.uk

High Street, Raglan, NP15 2DY

01291 690412

This grandly proportioned
former coaching inn has
always had strong links
with nearby Raglan Castle –
during the Civil War,
Roundhead soldiers
frequented the bar during
the siege of 1646. Nowadays,
the place is equally popular
when re-enactments are
held at the castle, so it's
not unusual to see men in
medieval armour tucking
into a full Welsh breakfast
in the brasserie. The inn
has been beautifully appointed
with many delightful design
features, while holding
strong to its traditional roots.
A display of fishing trophies
dominates the country bar,
where locals and visitors
gather and chat over pints.
The inn offers well-kept
real ales and ciders, as
well as Belgian and German
beers. Food is served in the
lounge, with its carved bar,
deep leather settees and
large stone fireplace, as
well as in the private dining
room and brasserie.
The weekly-changing
specials board includes
fresh fish from Devon.

Fountain Inn

fountaininntrellech.co.uk

Trellech Grange, Tintern, NP16 6QW

01291 689303

This is a fine old inn,
dating from 1611 and set
in lovely countryside, with
a garden overlooking the
Wye Valley. Under new
ownership, diners have a
choice of several curries –
including chicken Kashmiri
and a fruit and vegetable
Jalfrezi – as well as Welsh
Black beef, Welsh lamb and
roasted ham, all served with
fresh vegetables, roast
potatoes, Yorkshire pudding

and beer gravy. There is also a fresh fish menu with whole griddled flounder and beer-battered cod and chips. The owner's passion for real ales and ciders is evident both in the great bar line-up, and at the Easter and September beer festivals.

High Glanau Manor

ngs.org.uk
Lydart, Monmouth, NP25 4AD
01600 860005 | Opening times vary; check website for details

Four miles southwest of Monmouth is this Arts and Crafts manor house. Found high up on a hillside, with breathtaking views over the Vale of Usk to Sugar Loaf and the Brecon Beacons, it was designed in the 1920s by H Avray Tipping, an established garden designer and editor of *Country Life*. Original features include impressive stone terraces, a pergola, herbaceous borders, an Edwardian glasshouse, rhododendrons, azaleas and woodland walks.

The Stonemill and Steppes Farm Cottages ⊛⊛

thestonemill.co.uk
Rockfield, NP25 5SW
01600 716273

The 16th-century millstone remains in the centre of the room, as a reminder of the old building's former working life. Mind you, there's plenty of toil going on in the kitchen today, as it delivers some well-crafted Pan-European food. Oak-timbered ceilings and simple wooden tables keep things rustic and relaxed, and there's a good showing of local ingredients to remind you where you are. Start, perhaps, with roasted butternut squash soup perked up with white truffle oil and Parmesan and sage crostini, before moving on to slow-cooked shoulder of Raglan lamb with a carrot and swede scone, buttered curly kale and confit garlic. For dessert, apple and pear tart with cinnamon ice cream competes with excellent cheeses from Wales and the Borders, including the likes of Black Bomber and Perl Las.

▼ Raglan Castle

▶ Montgomery

Six miles south of Welshpool in the border country of mid-Wales lies Montgomery. It is an impressive name – so called after William I's friend, Roger de Montgomery, who built the castle here. But, although perfectly pleasant, there's not that much to do or see. If you do happen to stroll through, you'll see a fine clock tower adjoined to the red-brick town hall. The 16th-century houses are half-timbered and there are a few places to sup a pint and get a decent night's rest. Walkers of the nearby Offa's Dyke Path often stop off here.

TAKE IN SOME HISTORY
Montgomery Castle
cadw.wales.gov.uk
01443 336000 | Open all year
daily 10–4

Initially an earth-and-timber structure guarding an important ford in the River Severn, Montgomery was considered a suitable spot for the building of an 'impregnable castle' in the 1220s. Building and modifications continued for another 30 or so years, but the final conquest of Wales by Edward I meant the castle lost much of its importance.

EAT AND DRINK
The Dragon
dragonhotel.com
Market Square, SY15 6PA

01686 668359
Dating back to the 1600s, this black-and-white timbered coaching inn is full of historical features and knick-knacks. Much of the stuff apparently got pinched from the castle after Oliver Cromwell destroyed it. Ales from the Montgomery Brewery, wines from the Penarth Vineyard and local Old Monty cider are among the refreshments on offer. This inn serves an excellent range of light snacks and full meals. Snack-wise, you can choose from a huge range of fillings, served in a sandwich, a baguette or a jacket potato. The Dragon is an ideal base for touring, walking Offa's Dyke and fishing on the Severn.

▶ The Mumbles

The Mumbles (*Y Mwmbwls*) is the southernmost headland of the beautiful, curving Swansea Bay and Swansea's most upmarket suburb. It must be posh – actress Catherine Zeta-Jones built a £2 million pad here and singer Bonnie Tyler has a home here too. It's not known where the name Mumbles came from, although some do hazard that it's from the word *mamucium* – thought to derive from the Celtic language meaning breast-shaped hill – or maybe that's just fantasy. Either way, the description is quite accurate. The headland is hilly in shape and contains a lighthouse, built during the 1790s.

It's also home to a mile-long strip of pastel-painted houses and a few trendy bars, and ends with Mumbles Pier, which overlooks a sandy beach and has the usual amusements. Opened in 1898, it was built at the end of Mumbles Railway, which was one of the longest-running railway passenger services in the world. It opened in 1807 and operated horse-drawn engines between here and Swansea until 1906. The area, historically known as Mumbles, has swallowed up Oystermouth, a pretty fishing village with a 13th-century castle.

TAKE IN SOME HISTORY
Oystermouth Castle
Newton Road, SA3 4BE | 01792 369233 | Open Mar–Sep daily 11–5
In 2013, a serious load of cash was spent to help restore this castle. Now, you can explore parts of the castle that have been hidden away for centuries. Check out graffiti from the 14th century (Banksy would approve, no doubt) and the maze of deep vaults and secret staircases, then be sure to marvel at the views from the 30-foot-high glass bridge. Events are held throughout the year.

HIT THE BEACH
Caswell Bay is an excellent small beach, popular with surfers. It also has a good cafe. No dogs allowed May–Sep.

▶ Narberth

For the cool and the crafty, Narberth is the place to come. Located inland in Pembrokeshire, this small town has recently developed a style all its own. The shops are individual and sell boutique goods, ranging from fine art to fine food – a must-do stop is the Spanish deli. There are galleries, cool cafes and great pubs bursting with honky-tonk pianos. If you're into fashion, you'll find everything from sheepskin boots to lingerie and couture dresses.

The centre of town has the Old Town Hall, an impressive structure with a double staircase leading to the entrance. Then there's the Queen's Hall on the High Street, where jazz, blues and comedy are performed throughout the year. The town also has three major events. The big plant sale in the spring is a perfect place for stocking up on garden plants. Narberth Civic Week, which culminates in the renowned Narberth Carnival, takes place in July. Finally, the Narberth Food Festival, at the end of September, brings thousands of food-lovers to the town for tasty treats and an impressive line-up of international culinary talent. The town also runs a Greenway scheme, encouraging people to visit and travel around by bike.

TAKE IN SOME HISTORY
Narberth Castle
visitpembrokeshire.com
Narberth SA67 7BD
Open all year daily
Believed to occupy the site
once occupied by the palace
of Pwll, home to the Prince
of Dyfed, as recounted in
the collection of ancient
tales known as the *Mabinogion*,
Narberth Castle is all about
myths and legends.
The rectangular castle is
now in ruins, but these have
been renovated and were
opened to the public in 2006.

EXPLORE BY BIKE
Pembrokeshire Bikes
pembrokeshirebikes.co.uk
1 Rushacre Enterprise Park,
Redstone Road, Narberth
SA67 7ET | 01834 862755
Based in Narberth, this
company also offers a
bike delivery service
to Fishguard.

EAT AND DRINK
The Grove ®®®
thegrove-narberth.co.uk
Molleston, SA67 8BX
01834 860915
There's quite a history to
this house, with architectural
changes taking place well
in the 1870s. Now it's truly
beautiful, surrounded by 24
acres of lush rolling
countryside and flower
gardens. It makes an
impression on the inside too,
with a touch of individuality and
character to the glorious period
features of the house.

The restaurant has plenty of
traditional charm, with local
artworks on the walls and
tables dressed up for what
lies ahead, and it delivers too,
with smart, clearly focused
contemporary cooking.
The kitchen garden delivers
its bounty, but what can't be
grown in situ is sourced locally
and with care.

The New Inn
newinnamroth.co.uk
Amroth, SA67 8NW | 01834 812368
Originally a farmhouse, this
16th-century inn belongs to
Amroth Castle Estate and
has been family run for nearly
40 years. The pub has
considerable old-world charm
with beamed ceilings, a Flemish
chimney, a flagstone floor and
an inglenook fireplace. It is
situated conveniently close to
the beach, with views towards
Saundersfoot and Tenby from
the dining room upstairs. In a
bid to attract families, there is
even a toddlers' menu in
addition to the children's menu.
Enjoy food or drink outside on
the large lawn complete with
picnic benches.

▶ PLACES NEARBY
Dunes Riding Centre
dunes-riding.co.uk
Cotts Lane, Martletwy, Narberth
SA67 8AB | 01834 891398
Hugely popular with tourists
and suitable for riders of all
abilities and ages.

Oakwood Park
see page 256

▶ National Botanic Garden of Wales

gardenofwales.org.uk

SA32 8HG | 01558 667149 | Open Apr–Sep daily 10–6, Oct–Mar 10–4.30

Roll over Kew Gardens – this bountiful creation is twice the size and equally impressive, though admittedly not as mature. Located 10 miles east of Carmarthen, the National Botanic Garden of Wales only opened in 2000 but it's achieved a lot in that time. Although essentially a teaching and research facility, the garden is laid out with the visitor in mind. There's a Japanese garden, a double-walled garden and a marsh linking the lake and pond. The centrepiece is a great glasshouse – an amazing tinted glass dome with a 19-foot ravine – designed by Norman Foster.

Meanwhile, there are also plants from Mediterranean-style landscapes around the world, enabling you to experience the aftermath of an Australian bush fire, pause in an olive grove or wander through fuchsia collections from Chile. The Tropical House features orchids and palms, while a herbaceous broadwalk forms the spine of the garden and leads to the children's play area and cinema. Land train tours will take you around the necklace of lakes surrounding the central garden.

▶ National Wetland Centre Wales

wwt.org.uk

Llanelli Centre, Penclacwydd Llwynhendy, Llanelli, SA14 9SH

01554 741087 | Reserve open all year daily 9.30–5; grounds open Mar–Oct until 6pm

For bird-lovers and wildlife enthusiasts, this place is a must-do. Located near Llanelli, it's a 450-acre mosaic of pools, streams and lagoons adjoining the salt marshes of Burry Inlet. The variety of habitats means it's a haven for many different plants and animals. Year-round, birds make their home here, but seasonal flocks can boost numbers by to 50,000. If you're lucky you'll catch a glimpse of a bittern – these rare birds are becoming more frequent – black-tailed godwits, hawks and owls and little egrets, virtually unknown in Wales 20 years ago but now thriving.

Other species are also abundant here. Some 20 species of dragonfly have been recorded, alongside water voles, otters, herons and many types of fish. Several rare moths make it their home, including the scarlet tiger moth and rosy wave moth. Plant-wise, there are wild orchids, rock sea lavender, marshmallow and eel-grass – spring and summer are the best times to visit if you want to see them in their true multicolour glory. It's not all watching though – you can get interactive by hand-feeding some of the tamer swans and flamingoes. There are also hides for birding, as well as a Millennium Discovery Centre and a play area with tunnels and a maze.

▶ Neath

Seven miles northeast of Swansea (see page 306) lies Neath, a close-knit town where 'everyone knows everyone'. That's the impression classical singer Katherine Jenkins gives anyway. She describes the people as having 'massive hearts', but also describes the town as being in 'pretty bad shape' – that's why she spent a significant amount of her time raising money for renovations at St David's Church, where she sang as a child and continues to sing at Christmas. Indeed, the town is quite run-down, and not really on the tourist map at all. Instead, it's a busy market and industrial town, with most people visiting in order to go to Trade Centre Wales, a huge car supermarket close to the town. If you're not car shopping, highlights of the town include the 12th-century Benedictine Neath Abbey and a Norman castle.

Nearby, Briton Ferry, with its small dockyard, is now part of the borough although largely overshadowed by the massive viaduct carrying the M4 motorway round the south Wales coast.

TAKE IN SOME HISTORY
Neath Abbey
cadw.wales.gov.uk
SA10 7DW | 01443 336000
Open all year daily 10–4.
The ruins of Neath Abbey, founded around 1130 as a Cistercian abbey and gatehouse, are quite substantial and pretty impressive. Heavy rainfall in recent years has damaged much of the abbey's stonework and repairs are currently under way, restricting access in certain parts. Call or check the website for more details before visiting.

VISIT THE MUSEUM
Cefn Coed Colliery Museum
see Aberdulais, page 63

GET OUTDOORS
Gnoll Estate Country Park
visitnpt.gov.uk/gnollcountrypark
SA11 3BS | 01639 635808
Open summer daily 8–8;
winter 8–5
Once owned by a wealthy industrial family, the Mackworths, the extensively landscaped Gnoll Estate offers tranquil woodland walks, lovely picnic areas and stunning views. The country park was recently voted Best Picnic Spot in Wales – quite an accolade. There's also a nine-hole golf course and coarse fishing. For children there are play areas and an adventure playground. Activities run throughout the year, particularly during school holidays.

▲ Morfa Nefyn

PLAY A ROUND
Neath Golf
neathgolfclub.co.uk
Cadoxton, SA10 8AH

01639 632759 | Open all year daily
and BHs
A historic heathland course
suitable for golfers of all levels.

▶ Nefyn

Located on the northwest coast of the Llyn Peninsula, Nefyn is
a small town of just 2,000 inhabitants. Having said this, it's still
the largest of the surrounding villages and its tempting sandy
beaches are certainly a draw. With a harbour at one end, Nefyn
Beach lies in a beautiful spot below the main village, sheltered
by bushy cliffs. Nearby is the beach of Morfa Nefyn – again
mainly sand – and further along to the west is the small
picturesque fishing hamlet of Porthdinllaen. It's got a rocky

promontory with an Iron Age hill-fort on top and is home to the local lifeboat station. More famous is its pub, the Ty Coch, which lies – somewhat amazingly – right on the sands at the top of the beach.

East of Nefyn, the road turns inland to climb over the shoulders of the neighbouring granite mountains, Yr Eifl. Perched on the east summit is *Tre'r Ceiri*, one of the best-preserved ancient forts in Wales. A gigantic Bronze Age burial cairn lies in the centre of an elaborate ancient settlement, where shattered stone walls enclose dozens of well-formed hut circle foundations. It's well worth taking the zig-zag roadside path through the heather to see them.

HIT THE BEACH

Nefyn is a sweeping bay with two miles of sand, excellent for water sports, sunbathing and swimming.

▶ PLACES NEARBY

Porth Dinllaen
One of the most scenic sandy beaches in Wales with a pub right on the beach.

▶ Nevern

This stunning village is a collection of cottages located on the slopes overlooking the River Nyfer in Pembrokeshire, west Wales, nine miles from Newport and close to the Preseli Hills. A firm candidate for the title of most beautiful village in Wales, it's most famous for its intricately carved Celtic cross of St Brynach, standing more than 12 feet high in the churchyard. There are other carved stones nearby, and the churchyard also has a famous 'bleeding' yew, which secretes blood-red sap.

SEE A LOCAL CHURCH

St Brynach Church
Dating mainly from the 15th century, this church is both important and delightful. On the south side of the church is the Nevern Cross, consisting of two sections of local dolerite stone, cut and fitted together.

▶ PLACES NEARBY

Salutation Inn
salutationcountryhotel.co.uk
Felindre Farchog, Crymych,
SA41 3UY | 01239 820564

This tastefully modernised, 16th-century coaching inn stands on the River Nevern. The owner, John Denley, has 20 years' experience of North African and Middle Eastern restaurants but prefers to cook local delights, such as ham and chips or chicken breast. Gwawr, his wife, is a local girl, and is a fount of local knowledge. Felinfoel, Brains and a local guest ale are on tap in the well-stocked bar.

▶ New Quay

see **Aberaeron & New Quay,** page 58

▶ Newborough Warren & Forest

Near the village of Newborough on Anglesey lies this warren and forest of some 5,607 acres. Comprising a large dune and beach system, this special habitat was created in the 13th century when storms buried farmland beneath sand dunes. Rabbits soon moved in and so, in a bid to protect it, forward-thinking Queen Elizabeth I made it an offence to cut down the dunes' natural vegetation, marram grass, which was used for making mats. Later on, a pine forest was planted to offer further protection. Now a National Nature Reserve and SSSI, the dunes of the area host many species of wild flowers, including the marsh orchid and grass of Parnassus. There are red squirrels, too. The site includes Llanddwyn Bay and Malltraeth Bay, and forms part of the Anglesey Coastal Path.

▼ View from Newborough Warren over Caernarfon Bay

ENTERTAIN THE FAMILY
Anglesey Model Village and Gardens

angleseymodelvillage.co.uk
Newborough, LL61 6RS | 01248
440477 | Open Easter–Sep 10.30–5

Set in one acre of landscaped gardens, this is Wales' most popular model village. Follow the path through an array of Anglesey landmarks, all built on a scale of one-twelfth the full size. It's even got a working model railway stopping at the very famous *Llanfairpwllgwyngyllgogerychwyrndrobwllllantysiliogogogoch* (see page 208). No, that's not been shrunk to size.

SADDLE UP
Tal-y-Foel Riding Centre

tal-y-foel.co.uk
Dwyran, Anglesey, LL61 6LQ
01248 430377

A fantastic riding school offering treks and rides. Accommodation is also available.

▸ PLACES NEARBY
Llanddwyn Island
Isle of Anglesey

Llanddwyn Island, off the southwest coast of Anglesey, is named after St Dwyn, or Dwynwen, a misty female figure from the Dark Ages. Her saint's day, 25 January, has seen a revival in recent years as the Welsh equivalent of St Valentine's Day. She was one of the many children of the legendary King Brychan. The main legend goes that she loved a man named Maelon Dafodrill, and fled to the woods after her father determined she should marry someone else. She begged God to make her forget Maelon, and had a vision of an angel with a potion that would erase her memory of Maelon and turn him into a block of ice. God then gave her three wishes. First she prayed for Maelon to be thawed, next that all true lovers should either achieve their desires or be freed of love's fever, and last that she would never marry. She became the unofficial patron saint of lovers in Wales and her church at Llanddwyn attracted numerous pilgrims. Today, you can come and consult the fish in the saint's holy well, whose movements will foretell your future. The ruins of a chapel still exist.

▸ Newcastle Emlyn

Stop for a cuppa in any of this town's coffee shops and friendly Welsh-speaking locals will greet you and you'll hear the odd toot from a passing tractor. Situated 30-minutes' drive from Llandysul and 20 minutes from Cenarth in Carmarthenshire, it is a stop-off town for those heading to Cardigan Bay on holiday.

Its name may have come from the rebuilding of the castle in the 15th century, its creators wanting to distinguish it from the older Cilgerran Castle further downstream, although this isn't certain. Despite being on a main transport route to the west coast, it's also got a fair amount going for it in its own right. Several antiques shops have popped up in recent years, and it's not far from the Teifi Valley Railway (see page 139), which operates a steam train service. It's also got a local mozzarella-making factory, which employs many of the town's workforce.

The town was the site of the first printing press in Wales, set up in 1718, and was also a centre of the mid-19th-century Rebecca Riots, in which men dressed as women to protest against the toll roads.

VISIT THE GALLERY

Helen Elliott's Studio

helenelliott.net

Toll Gate House Studio, Carmarthen Road, Newcastle Emlyn, SA38 9DA

01239 711735 | Open all year Wed–Sat 11–6; other times by appointment

Helen is one of the country's best-known and best-loved painters – her works are aptly described as 'happy art for happy people'. Inspired by the local area, she paints in a colourful, vivid, naive style with an instantly recognisable approach. Her work has been exhibited in France, Germany, Poland and New York. Her studio and gallery opened by the banks of the River Teifi in 2008 and has been welcoming visitors ever since.

▶ PLACES NEARBY

National Wool Museum

museumwales.ac.uk

Drefach Felindre, SA44 5UP

02920 573070 | Open Apr–Sep daily 10–5, Oct–Mar Tue–Sat 10–5; call for details of Xmas opening

Wales may be famous for its sheep, but it's also renowned for its wool. The whole history of Wales' wool industry is explored at this museum, a former mill, based in the tiny village of Drefach Felindre in the Teifi Valley between Llandysul and Newcastle Emlyn. Once nicknamed the 'Huddersfield of Wales', this town historically turned out shirts and shawls, blankets and bedcovers, woollen stockings and socks – all of which were sold locally and globally. The museum explores this story, and also gives demonstrations on 19th-century textile machinery of the fleece-to-fabric process.

The National Coracle Centre

coracle-centre.co.uk

Cenarth Falls, SA38 9JL

01239 710980 | Open Easter–Oct daily 10.30–5.30; other times by appointment.

Situated by the beautiful Cenarth Falls, this fascinating museum has a unique collection from all over the world, including Tibet, India, Iraq, Vietnam and North America. Cenarth is a centre for coracle fishing, and coracle rides are available in summer. Look out for the salmon leaping by the flour mill.

▲ The Transporter Bridge

▶ **Newport (Monmouthshire)**

In answer to the 2009 hit *Empire State of Mind*, a rap about New York by Jay-Z, featuring Alicia Keys, some locals created *Newport (Ymerodraeth State of Mind)*. ('Ymerodraeth'='empire') Although legal pressures caused Youtube to withdraw the video, the millions who watched it had gotten the point. It's a self-mocking skit that sums up the young, gritty town that's basically got a reputation as a bit of a dump. Even with sculptures like the Steel Wave trying to liven up the place, it's still dank and grey and filled with concrete.

Situated 12 miles from Cardiff (see page 122), on the mouth of the River Usk, the Normans built a castle here, but Newport really grew up in the 19th century when its port became the place from which to export coal around the world – until Cardiff took over in the 1850s. It was also the site of the last large-scale armed insurrection in Britain, the Newport Rising of 1839. Led by the Chartists, a parliamentary reform movement that grew in strength during Queen Victoria's early reign, some

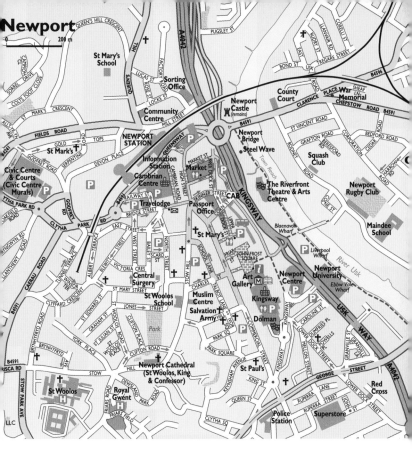

5,000 men from the south Wales valleys converged on Newport on 4 November, intent on taking the town and starting a national uprising. They tried to storm the Westgate Hotel where a violent stand-off with police resulted in 20 people being killed. In the end, it wasn't successful – the leaders were arrested and deported to Australia. The town still remembers and commemorates the uprising with plaques and monuments, and the bullet-scarred entrance pillars to the Westgate.

The docks now may have declined in importance but Newport survived, building on manufacturing and engineering and service – some government departments are here too, such as the passport office. Newport is also trying very hard to reinvent itself. First off, it was granted city status in 2002, beating off competition from five other Welsh rivals. It also opened the Usk footbridge and attracted some big-name discount retail outlets. Most recently, it had a boost when it hosted the 2010 Ryder Cup at the nearby Celtic Manor Resort.

TAKE IN SOME HISTORY
The Newport Ship
newport.gov.uk

Medieval Ship Centre, Newport City Council, Unit 22, Maesglas Industrial Estate, Newport, NP20 2NN

01633 215707 | Check website for open days

It's amazing what you can find stuck in the mud. In 2002, the remains of a 15th-century ship, buried in the River Usk, were discovered during the construction of the new Rover Arts Centre. Extensive research has uncovered that the ship was probably built around 1447 and spent 20 years at sea. It was being dismantled in Newport when something – probably an accident of some sort – caused it to sink instead. Amazingly, it still has onboard pieces of uncut cork – possibly the remnants of cargo; pieces of beeswax – used when sewing sails; fish bones – the crew were probably eating fish; and some balls of shot – suggesting the ship could defend itself against pirates. The ship is now the most complete surviving example of a European vessel intended to trade along the Atlantic seaboard in the 15th century. Lots more work needs to be done to find out more about its incredible history.

GET INDUSTRIAL
The Transporter Bridge
newport.gov.uk/transporterbridge/

West side: NP20 2JG | East side: NP19 0RB | 01633 656656

Open Mar–Sep Wed–Sun 10–5

This is a must-see in Newport. Opened in 1906 to avoid a four-mile detour walking around the river, it has dominated the skyline ever since. Until it was built a ferry used to take passengers across the water, but the extreme rise and fall of the tide meant this wasn't very practical for those needing to cross for work. The bridge cost £98,000 to complete and was opened in September 1906 by Lord Tredegar of Tredegar House. Twenty such bridges were created around the world – today, it is one of only six that remain.

PLAY A ROUND
Tredegar Park Golf Course is a rolling open course with good views, while The Celtic Manor Resort is a world-renowned golf venue boasting three championship courses.

The Celtic Manor Resort
celtic-manor.com

Coldra Woods, NP18 1HQ

01633 413000 | Open all year daily & BHs

Tredegar Park Golf Club
tredegarparkgolfclub.co.uk

Parc-y-Brain Road, Rogerstone, NP10 9TG | 01633 894433

Open all year daily and BHs

EAT AND DRINK
Le Patio at the Manor House ◉
celtic-manor.com

The Celtic Manor Resort, The Manor House, Coldra Woods, NP18 1HQ

01633 413000

If you're splashing out on a golfing week at the sprawling Celtic Manor Resort, you can ring the changes by eating in a different venue every day you're there. Tucked away in the historic part of the old manor house, Le Patio is the place to head for when you need a hit of hearty French country cooking, served in an informal glass-roofed extension done out with bare blonde-wood tables and wicker seats. Starters are as simple as onion soup with croutons and Gruyère, or confit pork terrine with almonds, herbs and sweet garlic served with plum and ginger chutney and onion bread, while mains take in regional classics such as beef Bourguignon with mash, bouillabaisse with rouille and toasted garlic bread. End with cinnamon and apple bavarois with apple sorbet.

Rafters ◉

celtic-manor.com
The Celtic Manor Resort,
Coldra Woods, NP18 1HQ
01633 413000

The upmarket golf-centric Celtic Manor Resort offers a huge spread of dining options, but golfers who fancy eating without having to miss the action can get the best of both worlds in Rafters grill, where the Ryder Cup Course fills the view outside the window. The restaurant is striking, with soaring cedar wood beams climbing high to the ceiling, and a smart contemporary look.

5 top spots to play a round

▸ **The Celtic Manor Resort**, Newport, page 250: A perfect championship course and site of the 2010 Ryder Cup.

▸ **Royal St David's**, Harlech, page 176: The brooding presence of Harlech Castle adds to the thrill of playing these undulating fairways.

▸ **Aberdovey**, page 65: This stunning links course offers a wild and windswept experience.

▸ **Nefyn and District**, page 277: The perfect holiday golf course, set on a narrow strip of land with sheer cliffs on either side.

▸ **Royal Porthcawl**, page 268: Probably Wales' most famous links course; the wind whips in off the Bristol Channel.

The kitchen's main culinary building blocks come from Welsh suppliers, but the chefs also cast their nets a bit wider for starters such as Severn and Wye smoked salmon with sakura cress and honey, mustard and dill sauce. At the heart of things is locally reared prime Welsh beef – rib-eye, sirloin, fillet – or push the boat out with a chateaubriand for two, served with triple-cooked chips, watercress and classic sauces. Puds include crème brûlée with cardamom-spiced oranges or posh sherry trifle.

Terry M at The Celtic Manor Resort ⊛⊛⊛

celtic-manor.com
Coldra Woods, NP18 1HQ
01633 413000

The Celtic Manor is a vast hotel complex with spacious public rooms off a soaring atrium, tournament-level golfing, a spa, fitness centre and even a kiddies' club. It has its fair share of eating options too, with the jewel in the crown being Terry M. The restaurant celebrated five years with three AA Rosettes in 2013, an achievement that's testament to the kitchen's unwavering passion for top-notch ingredients, combined with considerable technical skill and creative flair. Carefully sourced, seasonal produce – meat from selected Welsh farms, fish delivered daily from Cornwall – are given upfront modern treatments, resulting in dishes with fresh, powerful flavours. The menu holds plenty of interest and variety, and dishes are notable for their judicious combinations, with chicken boudin a striking contrast to a starter of seared scallops with white beans. Vegetarians are also well catered for here.

▶ PLACES NEARBY

Tredegar House

newport.gov.uk
NP10 8YW | 01633 815880
House open Easter–Oct, Wed–Sun;
park open all year daily 9–dusk

This 17th-century mansion is an architectural wonders of Wales, and the most significant building from this period in the whole of Britain. Set a few miles from Newport, in 90 acres of beautiful gardens and parkland, it's a red-brick house in fantastic condition.

▼ Tredegar House

For more than 500 years, the house was home to one of the greatest Welsh families, the Morgans – later lords of Tredegar. The Morgan family owned more than 40,000 acres in Monmouthshire, Breconshire and Glamorgan at the end of the 18th century. Their lives impacted on the population of southeast Wales socially, economically and politically, and influenced the heritage of the area. The family provided much of the wealth that enabled nearby Newport to develop. They were also great benefactors to the community; they gave land for the construction of the Royal Gwent Hospital and encouraged the building of recreation and educational facilities. After its eventual sale, and more than 20 years as a school, the estate was purchased by Newport Borough Council. Visiting today, you get a real sense of how this great house worked as you wander through its series of well-appointed rooms. The kitchen, with its roasting range and spit, is particularly fascinating.

▶ Newport (Pembrokeshire)

While its next-door neighbour Fishguard (see page 165) is bustling with cars and lorries rushing to make the ferry to Ireland on time, life in little Newport – tucked away in the far northwest corner of Pembrokeshire – chugs along at a more relaxed pace.

Here the distinctive *Carn Ingli* (Angel Mountain) rises from the back gardens of the villagers' cottages, while small boats bob from their moorings or lean against the sandbars of the Nevern Estuary. Despite being only 1,138 feet (347m) high, *Carn Ingli* is distinctively rugged and cloaked in heather and gorse. On top are the remains of an Iron Age fort, boasting the foundations of early settlers' circular huts.

Newport Castle is part fortress, part manor house, and has been lived in as a private dwelling for the past 150 years. Built in the 13th century, it was held for centuries by the powerful lords of Cemaes. It was often involved in bloody conflict – first in 1215 when captured by Llywelyn the Great, then later by Owain Glyndwr. The River Nevern divides Newport's two beaches. On the north side there's an excellent sandy beach with safe bathing away from the currents. Parrog Beach on the south side is for walkers who can stroll along the cliff tops, past thickets of colourful gorse. Coastal walking is big business here, both for those out on short day trips and for those trekking the Pembrokeshire coastal paths. The views are nothing short of stunning, stretching out over Dinas Island, Morfa Head, Carningli Mountain and Newport Bay.

SADDLE UP
Harvard Stables
havardstables.co.uk

Trewyddig Fawr, Dinas Cross, Newport, SA42 0SR | 01348 811452

Pony-trekking and horse-rides with sea, country and mountain views.

GO WALKING

Newport sands are the perfect place for a stroll – this mile-long beach has a safe swimming zone manned by lifeguards in the summer. Check out the remains of a petrified forest, visible at low tide.

PLAY A ROUND
Newport Links Golf Club
newportlinks.co.uk

SA42 0NR | 01239 820244

Open all year daily & BHs

This is a lovely seaside links with easy walking and great views.

EAT AND DRINK
Llys Meddyg ◎◎
llysmeddyg.com

East Street, Newport, SA42 0SY
01239 820008

Llys Meddyg is easy to spot in the centre of town. It used to be a coaching inn but is now a comfortable restaurant with rooms. There's a stone-walled cellar bar with a wood-burner, an elegant restaurant and a lovely garden for pre-dinner drinks.

The kitchen takes great pains to buy local produce from sustainable sources whenever possible.

Or it goes foraging for ingredients such as pennywort, wild sorrel or beetroot. A seasonal theme runs through the dishes – even down to the puddings, where you can expect blackcurrant soufflé and Eton Mess on the summer menu.

Morawelon Café Bar and Restaurant

Parrog, Newport, SA42 0RW
01239 820565

Set on the Parrog beachfront, you can indulge yourself with cake, tea and coffee or a main meal, such as freshly caught crab. The menu is fairly short but well priced, and the food is high quality and comes in good-sized portions. In short, everything you could wish for.

▶ **PLACES NEARBY**
Pentre Ifan Burial Chamber
cadw.wales.gov.uk

Follow the signs from the A487 east of Newport and the B4329 at Brynberian to Preseli | 01443 336000 | Open all year daily 10–4

As one of the finest megalithic monuments in Britain – and certainly the largest in Wales – this neolithic burial chamber or dolmen occupies a spectacular site on Pembrokeshire's Preseli Hills (see page 273). It's located about three miles south of Newport and ten miles from Cardigan, and boasts a capstone more than 16.5 feet in length and thought to weight some 16 tonnes, delicately

▲ Pentre Ifan

balanced eight feet above ground by three pointed uprights that have supported it for the last 5,000 years. The stones are of the same bluestone that was transported from here and used to construct Stonehenge in Wiltshire. Nearby is Castell Henllys Iron Age Fort (see page 142).

▶ Newtown (Powys)

Newtown may be the largest county in Powys, but that doesn't mean there's much going on here. It's best known as the birthplace of Robert Owen, the 18th-century founder of the Cooperative movement and so-called father of socialism – long before Karl Marx. He was born in 1771 over a saddler's shop in Broad Street and, at the tender age of 10, began work in the town's flourishing textiles industry. He eventually went on to become a self-made man, running and owning some of the largest textile factories in Britain. His former house is now a museum and there are several statues of him dotted around town. It was this textile and flannel industry that enabled the town to grow in the 18th and 19th centuries, fuelled by the completion of the Montgomeryshire Canal. At one time, it was known as the 'Leeds of Wales' but the industry fell into decline after Chartist demonstrations rocked the town in 1838. After this, agriculture became the main focus of the town – which was given the status 'new town' in 1967.

Today a main attraction for visitors is Oriel Davies, one of Wales' major public galleries, which shows contemporary arts and crafts from around the world. The town also holds a food and drink festival each year, usually September, with a recent theme being 'Farm to Fork' promoting locally sourced food.

VISIT THE MUSEUM
Robert Owen Museum
robert-owen-museum.org.uk
The Cross, Broad Street, SY16 2BB
01686 622510 | Open Tue–Thu
11–3; limited opening hours on
other days, please call for details
Robert Owen may only have
lived in Newtown for the first 10
years of his life – returning just
before his death in 1858 – but
the town has every right to
claim Robert Owen as their
own. By the age of 20, this
go-getter was a successful
manager in the mills of
Manchester, but the working
conditions, particularly of
children, appalled him. When
he became a manager of a
large cotton mill at New
Lanark, outside Glasgow, he
created a model environment
– with a village, school and
shop selling goods at a fair
price. He went on to campaign
for better living and working
conditions for all.

CATCH A PERFORMANCE
Theatr Hafren
theatrhafren.co.uk
Llanidloes Road, Newtown,
SY16 4HU | 01686 614555
A lively centre showcasing
local talent and big names.
In recent years, international
star Cerys Matthews has sung
here. Comedienne Lucy Porter
and the Birmingham Stage
Company have also performed.

SADDLE UP
Mill Pony Trekking
midwalesoffrd.co.uk
Bwlch-y-Ffridd, Newtown, SY16 3JE
01686 688440
Open Easter–Oct daily
This centre takes riders for
scenic jaunts over moorland
and by lakes. Children and
nervous riders welcome.

▶ Oakwood Park

oakwoodthemepark.co.uk
Canaston Bridge, Narberth, SA67 8DE | 01834 815170 | Open Easter–Oct;
times vary, call or check website for details
This Pembrokeshire theme park, located five miles south of
Narberth, is known as Wales' biggest family adventure. If you're
feeling fearless then check out 'Megaphobia', a wild wooden
roller coaster voted the best ride in Britain. If that's not enough,
try 'The Bounce', Wales only shoot-and-drop tower, which
shoots riders into the air at high speed then lets them drop.
And if *that's* still not enough, try 'Drenched', the steepest and
wettest ride in Europe. In all, there are more than 30 spine-
tingling rides and attractions. Playtown is aimed at younger
children, while Techniquest is an indoor science and discovery
centre. In August there are fireworks displays and later
opening hours.

For nearby attractions and places to eat, see Narberth,
page 239.

▶ Offa's Dyke Path

The Offa's Dyke long-distance footpath winds 177 miles from Chepstow (see page 144) on the Severn Estuary to sunny Prestatyn (see page 274) in north Wales. It's based on Offa's Dyke, a monument built by King Offa in the 8th century to mark his boundary from that of the Welsh princes. Today, only 80 miles of the dyke remains – it's partly built on and partly overgrown – but the path follows it as closely as it can, forging its way through a range of scenery from river valleys to hills, ancient oak forest to heathland, and high moors to green fields.

In total, the walk spans eight different counties and crosses the Anglo–Welsh border more than 20 times. It explores the tranquil Marches border region, then passes through the Brecon Beacons National Park (see page 105) on the spectacular Hatterall Ridge. It also links three Areas of Outstanding Natural Beauty – the Wye Valley, the Shropshire Hills and the Clwydian Hills. Although it feels like it's always been here, the path is actually pretty recent. The brainchild of both the Offa's Dyke Association and the Ramblers' Association, it took years of patient campaigning to bring it to fruition – which it did in July 1971, when the path was officially opened by Lord Hunt, of Everest fame, at Knighton.

Today it's a very popular trail with both independent trekkers and guided groups. Most people take 12 days to complete it, often adding two rest days to make a fortnight. Some (mad) people have been rumoured to complete it in four days. Doing short day trips or completing sections at a time is also popular. There are many places to stay, eat and drink near the trail, and public transport is available to key points. Towns en route provide welcoming stop-offs for those tackling the path.

▼ Offa's Dyke Path

▶ Parkmill *(Melin y Parc)*

In medieval times this village, found at the bottom of a valley on the Gower Peninsula (see page 170) between the villages of Penmaen and Ilston, lay within a deer park. Today, that's not difficult to imagine as the area is still so heavily wooded.

There's really not much to see in terms of buildings. A former school is now a Girl Guides' activity centre and there's just one small chapel, erected in 1822 and rebuilt in 1890. Visitors mainly flock here for the 12th-century watermill, which powered cloth manufacturing and gave the village its name.

In 1990 Parkmill was renovated and a group of crafts people moved on to the site. They subsequently set up the Gower Heritage Centre, a vibrant crafts and rural life museum. The area is also great for walkers – it's only 15 minutes to Three Cliffs Bay, or you can take a stroll through the woods of Green Cwm to visit the Giant's Grave, a megalithic tomb dating back to 3500 BC.

VISIT THE MUSEUM
The Gower Heritage Centre
gowerheritagecentre.co.uk
Y Felin Ddwr, SA3 2EH
01792 371206 | Open all year
daily 10–5
Themed around a 12th-century, water-powered corn mill, this opened to the public in 1990 as a countryside crafts centre. You can explore the sawmill, wheelwright's shop, miller's cottage, agricultural museum, craft shop and then tuck into tea and cake in the tea room. There's a children's play area and numerous small animals, including chickens and ducks. The centre also makes the most of weekends – often having themes such as cider or Vikings.

TAKE A BOAT TRIP
Gower Coast Adventures
gowercoastadventures.co.uk
07866 250440

Ride the waves by taking a RHIB (rigid hulled inflatable boat) out to explore the coast and wildlife.

SADDLE UP
Parc-Le-Breos Riding Centre
parc-le-breos.co.uk
Penmaen, Gower, SA3 2HA
01792 371636
Half- and full-day pony treks through the beautiful Gower Peninsula.

PLAY A ROUND
Pennard Golf Club
pennardgolfclub.com
2 Southgate Road, Southgate, SA3 2BT | 01792 233131
Call for details
A magnificent links course with an old-fashioned charm.

▶ PLACES NEARBY
King Arthur Hotel
kingarthurhotel.co.uk
Higher Green, Reynoldston, Gower, SA3 1AD | 01792 390775

Set back from the large village green, the King Arthur Hotel is well known for its local Welsh dishes, including game steaks, pork, laver bread and locally caught fish and cockles. There's a cosy atmosphere with log fires for those cold winter days and a pleasant garden for when the sun comes out.

▶ Pembroke Castle

pembroke-castle.co.uk

Pembroke, SA71 4LA | 01646 684585 | Open Apr–Aug daily 9.30–6, Mar, Sep–Oct 10–5, Nov-Feb 10–4

It may be the county town of Pembrokeshire, but in reality Pembroke is all about its breathtaking and atmospheric castle. Built by the Earls of Pembroke, it stands on a crag overlooking the town, surrounded by water on three sides. In its heyday it was one of the biggest and most powerful castles in Wales. The walls are 7 feet thick and 75 feet high, widening to an astonishing 16 feet on the great tower, where they're capped by an unusual stone dome, and it has the distinction of being the only castle in Britain to be built over a natural cavern, a large cave known as the Wogan.

In 1457, Henry Tudor – a descendant of Llywelyn the Great – was born here. In his late 20s, he and his army defeated Richard III at Bosworth Field, after which he was crowned King Henry VII, the first Tudor king and the last monarch to win the throne on the battlefield. The castle is a great place for kids to explore, especially the Dungeon Tower, where you can peer into a smelly old prison cell. There are 100 steps leading to the top and many watchtowers to walk along. Other interesting points include the view from the basement looking straight up at the dome, the medieval graffiti scored into the plaster wall of the Monkton Tower, and the secret underground passageway leading from the great hall to the harbour – a much-needed escape route when the castle was under siege.

Guided tours are available all year, while in summer there are often battle re-enactments, craft shows, dragon days and falconry displays. Shakespeare's plays are regularly performed here, with the castle providing a fitting historical backdrop to the Bard's most popular works.

As for the town below, it's largely a pretty strip of Georgian and Tudor houses and bustling shops, with the dock a couple of miles away. In 1977 Pembroke was designated an Outstanding Conservation Area. If it's peace you're after, a stroll by the river and millpond will take you around the castle walls.

VISIT THE MUSEUM

The Gun Tower Museum

guntowermuseum.org.uk
Pembroke Dock SA72 6JZ
01646 622246 | Temporarily
closed for maintenance,
check website for details

Built in 1851 to protect the
Royal Naval Dockyard at
Pembroke, the gun tower
juts out into the wide waterway
and now houses a museum
illustrating Pembroke's military
heritage. You can learn about
life as experienced by one
of Queen Victoria's soldiers;
see superb models of the old
navy dockyard where more
than 200 ships were built; and
learn about the World War II
flying boats – Pembroke was
the world's largest flying
boat base.

PLAY A ROUND

South Pembrokeshire Golf Club

southpembrokeshiregolfclub.co.uk
Military Road, SA72 6SE
01646 621453 | Open all year
daily & BHs

A lovely hillside course on
an elevated site established
in 1967 on the outskirts
of Pembroke Dock and
recently extended to 18 holes

EAT AND DRINK

BEST WESTERN Lamphey Court Hotel and Spa ⊚

lampheycourt.co.uk
Lamphey, SA71 5NT | 01646 672273

Lamphey Court is a grandiose
Georgian villa in extensive
grounds. Relaunched as a
contemporary spa hotel,
it loses nothing of its original
dignity – although the main
dining now takes place in a
conservatory extension.
Localism is the watchword,
with salt marsh lamb and
pork from local farms, Cardigan
Bay fish and seafood from
the day-boats at Milford.
The menus don't try anything
too daring, but keep the focus
on quality.

▷ **PLACES NEARBY**

Lamphey Bishop's Palace

cadw.wales.gov.uk
Lamphey, SA71 5NT | 01646 672224
Open all year daily 10–4

This ruined 13th-century
palace once belonged to the
Bishops of St Davids, who
used it as a place of tranquillity.
The great hall is a particularly
fine architectural achievement,
so too the western hall
and inner gatehouse – both
still standing.

▷ Pembrokeshire Coast National Park

visitpembrokeshire.com
pcnpa.org.uk | Pembrokeshire SA72 6DY | 0845 3457275

Geologists love this place, with its rocky outcrops, blowholes
and glacial meltwaters. But here, in Britain's only truly coastal
park, there's something for everyone. Most important, for those
seeking to get away from it all, it offers acres of breathing
space, with fresh air whipping in off the Irish Sea. Established

▲ Whitesands Bay

in 1952, the park takes up a third – roughly 240 square miles – of the county, stretching from Preseli (see page 273) in the north, where Stonehenge's bluestones came from, down to Tenby (see page 311) in the south. If you like beaches, this park is ideal. It incorporates Barafundle (see page 99), Marloes, Porthgain and Dinas – some of the best not just in Wales or Britain but the world. Then there's the tiny gem of St Davids (see page 288), named after Wales' patron saint. It's also got the magical islands of Skomer and Skokholm (see page 297), Caldey (see page 314), and Ramsey (see page 290). The action isn't all on the coast. Two inland areas are also in the National Park, namely the Preseli Mountains, and the upper reaches of the Daugleddau Estuary, often called 'the secret waterway' and containing Picton and Carew castles (see page 314). For wildlife lovers, this place is also teeming with huge populations of seabirds, seals, dolphins, porpoises and whales. Even leatherback turtles have been seen here.

The entire park is astonishingly attractive, but a highlight is Whitesands Bay – a long beach with St Davids Head a short walk away. At the very tip of the cliffs is Strumble Head (see page 304), with great views to the south from the Iron Age hill-fort site of Garn Fawr. Fishguard (see page 165) is a harbour town with ferries over to Rosslare in Ireland. Another outstanding viewpoint is Wooltack Point near Marloes, which overlooks Skomer and Skokholm. Bosherston's lily ponds (see page 99)– where otters are often sighted – is another huge attraction, as is the Green Bridge of Wales, a stunning natural arch. Close to there is the climbing hotspot of St Govan (see page 293), and a tiny chapel wedged incongruously in the rocks.

The park also runs an extensive programme of activities and events for both adults and children. These include rockpool safaris, crab catching, bat-spotting walks, themed tours, canoe trips and minibus tours. To find out more information, and get advice on where to go walking or climbing, ask in one of the three national park centres in Tenby (see page 311), St Davids (see page 288) and Newport (see page 253). Most towns have a local tourist information centre too; they're all listed in the free annual *Coast to Coast* newspaper, so pick one up when you get here. It might also be an idea to get a tide timetable – it's an essential for many sections of this coast.

The park is obviously known for its 186-mile coastal path – perhaps the most famous in Britain, now incorporated into the whole Wales coastal path. It weaves around the coast from the more rugged north to the level cliffs in the south. It's one of the most spectacular long-distance walks in Britain and can easily be split into smaller more manageable chunks. If you are trying to decide when to walk, remember that spring and summer are good times for migratory birds and wild flowers. Walk in late summer and you're likely to see migrating whales in the waters below and lots of butterflies. In autumn you'll be sharing the rocks with seals that come ashore to give birth. Winter isn't an ideal time to trek, as lots of the hostels and campsites are closed between October and Easter and buses are less frequent. Be warned: although it might sound tempting to walk alone without having to share the path with hoards of tourists, these are precipitous cliffs and probably aren't best tackled in wild, wet weather.

▸ Penarth

Penarth may be just over the headland from Cardiff – overlooking Cardiff Bay (see page 132) – but it seems a million miles away from the bustling, diverse capital. It's a faded, slightly run-down seaside town, with a shabby pier, ice-cream stands, terrace houses and lots of wooden benches to sit upon and gaze out at the muddy waters. Always a fishing port,

Penarth couldn't help but be affected by Cardiff's huge rise during the Industrial Revolution. Back then, the wealthy coal and iron merchants quite fancied the shingle beach, seaside air and views across Bristol Channel, so built fine villas here. Houses do still come with a high price tag, even if the area is slightly old-fashioned.

The Victorians introduced tourism to the area, when first a long esplanade was constructed on the south shore and then a pier. Flower-decked gardens gave it its nickname – the 'gardens by the sea'. Now those running the waterbuses from Cardiff barrage jokingly refer to it as 'Costa del Penarth, where the palm trees grow'. This new development has brought a bit more life to the area. The boats bring tourists here to see the working part of the barrage – the sea locks, sluices and fish pass – and a chance to watch boats go through the locks. In another regeneration, the old harbour has been replaced by an attractive yacht marina.

VISIT THE GALLERY
Ffotogallery
ffotogallery.org
Turner House, Plymouth Road, CF64 3DH | 029 2070 8870
Open Tue–Sat 11–5
Ffotogallery is the national centre for lens-based media in Wales. Changing photography and print exhibitions encourage and support photographers in Wales in their mission to create an ongoing record of the country's culture. In the school holidays, children are encouraged to participate in fun stuff – like making and using pin-hole cameras.

GO BACK IN TIME
Cosmeston Lakes Country Park and Medieval Village
valeofglamorgan.gov.uk
Lavernock Road, CF64 5UY
029 2070 1678 | Open all year daily 11–5 summer; 11–4 winter; closed Xmas; country park open all year daily

Deserted during the devastating plagues and famines of the 14th century, the original medieval village at Cosmeston Lakes was rediscovered through archaeological excavations. The buildings you see here today have been faithfully reconstructed on top of the excavated remains, creating a living museum dedicated to medieval village life. Special events throughout the year include lively re-enactments, and its an obvious film set. Many scenes from the popular BBC television series *Merlin* were filmed here.

PLAY A ROUND
Glamorganshire Golf Club
glamorganshiregolfclub.co.uk
Lavernock Road, CF64 5UP
029 2070 1185 | Open Mon, Wed–Sun except BHs
A fantastic parkland course overlooking the Bristol Channel.

▶ Pistyll Rhaeadr

pistyllrhaeadr.co.uk

Near Llanrhaeadr-ym-Mochnant, Powys, SY10 0BZ | 01691 780392

OK, so it's not quite Victoria Falls but, at 230 feet, it is Wales' highest single-drop waterfall and somewhat enchanting. Located in the Berwyn Mountains, just west of Oswestry, it's found in a long, sparsely populated valley, which just adds to the peaceful setting. It comprises a narrow ribbon of water dropping into a wooded rock basin, broken in mid-flight by a manmade rock arch placed there to enhance the whole effect.

The falls are open all year round. You can walk to the top of the rocky outcrop on a path, which takes about 20 minutes, but you'll need to wear proper walking shoes – or watch the spectacle from the picnic area at ground level. Other walks can be accessed over an iron bridge that crosses the river, leading to a woodland and public footpath.

EAT AND DRINK

Tan-y-Pistyll Café

pistyllrhaeadr.co.uk

Waterfall Lane,

Llanrhaeadr-ym-Mochnant,

SY10 0BZ

01691 780392

At the base of the falls is this cafe – its name means 'little house under the waterfall'. It serves tea, snacks or light meals – all accompanied by splendid views of the cascading water.

▶ Port Eynon

If you like your beaches busy, with plenty of caravan parks and chip vans nearby, then this is the place to come in summer. It's a 0.75-mile stretch of beach and dunes found at the Gower's (see page 170) most southerly point. While it's not quite at the no-space-for-your beach-towel levels of Devon and Cornwall, it does pack them in when the sun shines. The fact that the village streets are so narrow that there is rarely room for two cars to pass adds to the sense of congestion. Once on the beach, however, there's a real old-fashioned seaside atmosphere, with bucket-and-spade shops and a surfboard outlet. The sands turn into dunes, then rugged cliffs dotted with a line of whitewashed cottages.

If you're too much of an adventurer to want to loll about on a deckchair, then the seven-mile coastal walk to Rhossili Bay (see page 283) is one of the finest on the Gower. Be sure to check out the Paviland Cave.

Historically, Port Eynon got its name from the 11th-century Welsh prince Einon ap Owain, who more than likely built the long-gone port. In its heyday during the 19th century more than 40 oyster skiffs operated from the port, and limestone from a nearby quarry was exported too. The blue-green stones you'll see scattered on the shoreline are not part of Gower geology but ballast from cargo ships. Tales of smuggling are common and it is said that the old salt house – the ruin beneath the cliffs of the western promontory – was used as a storehouse for contraband. At one time there were eight customs and excise officers based here. Next to the salt house is the youth hostel. Formerly a lifeboat station, it was closed following a disastrous rescue attempt in 1916 in which three of the crew died.

HIT THE BEACH

Port Eynon Bay is a commercialised beach with cafes, campsites and gift shops. No dogs May–Sep. Round the point is Oxwich Bay and Rhossili (see page 283).

▶ PLACES NEARBY

Oxwich National Nature Reserve

As an Area of Outstanding Natural Beauty, Oxwich Bay combines an impressive range of wildlife with a superb beach resort. It is an excellent location for swimming, surfing and breathing in fresh sea air. The beach is easily accessible and the reserve supports several diverse wildlife habitats, including freshwater lakes and marshes, swamps, salt marshes, dunes, cliffs and woodland. It is home to more than 600 species of flowering plants and you're likely to see ringed plovers, curlews, oystercatchers and gulls feeding on the wet sands at low tide, along with warblers on the marshes. At the western end is the charming little village of Oxwich and its car park.

▶ Port Talbot

Drive along the M4 from Cardiff to Swansea and you'd be forgiven for thinking you were in a bleak Soviet boom town. Port Talbot is a town eaten up by steelworks – Europe's largest – and a pretty grim sight, particularly considering the green landscape that pervades the rest of Wales.

Blast furnaces billowing out water vapour dominate the skyline. There's also a chemical plant and a deep-water harbour capable of discharging iron-ore vessels. All of this industry renders it the most polluted town in Wales and second most polluted in the UK, after London. Even if you'd driven 12 hours solid on nothing but a tic-tac, you'd think twice about stopping here for food – you'd worry it might be radioactive.

Looking down on it from the M4, it's hard to believe anything other than the works exist here, such is their dominance. Yet, it does. Towards the sea, you'll find Margam Castle, a Grade I-listed building built in Gothic Victorian style and set in the beautiful 850-acre Margam Country Park, which includes an orangery, deer herd, sculpture trail and kids' attractions such as Go Ape!, Visitors to this area rave about the ghost walk too.

For such a soulless town, it has produced a good number of famous people. Actors Richard Burton and Anthony Hopkins come from here. Michael Sheen also grew up here and has come back to perform works – most notably a modern retelling of *The Passion* in 2011, which he performed on Aberavon beach with the National Theatre Wales. The play began at 5.30am on Good Friday with a seafront scene watched by a few hundred, but as the play progressed around 6,000 spectators gathered, who'd heard about the performance through word of mouth. The play carried on through the weekend, with scenes acted throughout the town, returning to the beach on Easter Sunday. Funnyman Rob Brydon was also born in Baglan, a village just outside the town.

TAKE IN SOME HISTORY	WALK THE HIGH ROPES
Margam Castle	**Go Ape! Margam**
margamcountrypark.co.uk	goape.co.uk/sites/margam
Margam, Port Talbot, SA13 2TJ	Margam Country Park, Port Talbot,
01639 881635 | Open in summer	SA13 2TJ | 0845 643 9215
months; call for details	See website for availability
Located in Margam Country	(pre-booking advised)
Park, this castle is actually	Get up to some full-scale
more of a large manor house	monkey business in this treetop
than a castle as we know it.	adventure play ground. Traverse
Check out the spectacular	bridges, zip down wires and
stone staircase and lavishly	pretend you are Tarzan on a
decorated library and	rope course set high above the
dining room.	forest floor.

▶ Porthcawl

Head west from Cardiff (see page 122) for 25 miles and Porthcawl is the first real beach you hit. It's not stunningly breathtaking like the beaches further west, but it's got sand nevertheless, and has decent enough waves for surfing and kite surfing. You wouldn't really want to swim here though, as the water is decidedly murky. It's got a promenade and funfair, and each September hosts an Elvis Festival, where the whole town dons blue suede shoes and greased-up quiffs in honour of the star – lashings of cider help the cause.

The town developed as a coal port during the 19th century, but its trade was soon taken over by more rapidly developing ports such as Barry (see page 84). Northwest lies an impressive array of sand dunes, known as Kenfig Burrows. Hidden in it are the last remnants of the town and Kenfig Castle, which were overwhelmed by sand in about 1400.

GO BACK IN TIME
Kenfig Burrows
kenfig.org.uk
Kenfig National Nature Reserve, Ton Kenfig, Bridgend, CF33 4PT
01656 743386
Open all year daily
A medieval castle and village were buried under sand here in about 1400. All that can be seen is the top of the castle's 50-foot keep, which was uncovered in the early 20th century. The sand network on this Glamorgan coast is the largest in Europe, rising to a height of over 200 feet.

GO WALKING
The Glamorgan Heritage Coast
see page 168

PLAY A ROUND
Royal Porthcawl Golf Club
royalporthcawl.com
Rest Bay, CF36 3UW | 01656 782251

Open Tue, Thu and Fri; Wed am.
Mon; weekends & BH pm
This is one of Britain's greatest links courses.

EAT AND DRINK
Finnegans Fish and Chips
16 New Road, Porthcawl, CF36 5DN | 01656 782883
If anyone knows how to do fish and chips, the Welsh do. This is a multiple award-winning chippie selling a range of freshly cooked fish with hand-cut chips. Served in a box with a wedge of lemon, it's the perfect seaside tea.

Pietro's
32 Esplanade, CF36 3YR
01656 771492
With a superb seafront location, Pietro's serves good coffee and whopping ice-cream sundaes. There are 25 flavours, served by genuine Welsh-Italians.

▸ Porthmadog
Centred on a small harbour, Porthmadog is the most popular holiday resort on the Llyn Peninsula (see page 218), and whichever way you approach the town, you'll find mind-blowing views. The mountain, Moel y Gest, dominates the town and also the Glaslyn Estuary, renowned as a haven for migrating birds and wildlife. The town itself isn't that pretty, but it's got a decent amount of independent shops and places to eat. Most

▲ Porthmadog harbour

people speak Welsh here and are very friendly. It's an ideal base for a few days if you want to explore Snowdonia National Park (see page 299).

The Italianate town of Portmerion (see page 271) is nearby, and Porthmadog is a great place for steam railway buffs, boasting both the Ffestiniog and the Welsh Highlands railways. Jump on a train at either end of town to enjoy the mountain scenery and talk endlessly of Fat Controllers, Thomas the Tank Engine and just everything there is to know about steam. Be sure to look out for the Cob, too – a sea wall across the Glaslyn Estuary that carries the Ffestiniog Railway. Built in 1811 by slate magnate William Alexander Maddocks – after whom the town is named – it effectively flooded the wetland habitat behind it, creating a deep harbour and granting access to great sailing ships, which carried slate mined from Blaenau Ffestiniog (see page 94) around the world. In the late 19th century it's estimated that around 1,000 vessels a year departed from this harbour.

TAKE A TRAIN RIDE
Ffestiniog Railway
festrail.co.uk
Harbour Station, LL49 9NF
01766 516024 | Open late Mar–Oct daily; limited winter service; Santa specials in Dec; open Xmas week and Feb half term; call or check website for a timetable

One of the Great Little Trains of Wales, this railway runs for 13.5 miles through Snowdonia. Originally built to carry slate from the quarries at Blaenau

Ffestiniog to the harbour at Porthmadog, it now carries passengers through the beautiful scenery of the national park. A licensed at-your-seat refreshment service is available on all main trains. Day rover tickets allow you to break your journey to make the most of your day.

The Welsh Highland Railway
festrail.co.uk
Harbour Station, LL49 9NF
01766 516024 | Call or check website for a timetable
Originally completed as a slate railway linking Caernarfon and Porthmadog, this ambitious line lasted only 18 years before closure in 1941. However, following years of dedicated work, the line fully reopened in 2010 to offer passengers a mouth-watering journey through the beautiful mountainous countryside around the outskirts of Snowdon to pretty Beddgelert (see page 88) and through the spectacular Aberglaslyn Pass. At Porthmadog, the line links with the Ffestiniog Railway (see previous page), creating one of Europe's most extensive narrow-gauge railway systems.

HIT THE BEACH
Morfa Bychan is a long, sandy beach ideal for bathing and water sports, while Borth-y-Guest is a beautiful sandy bay, with a horseshoe-shaped promenade of colourfully painted houses.

PLAY A ROUND
Porthmadog Golf Club
porthmadog-golf-club-co.uk
Morfa Bychan, LL49 9UU
01766 514124 | Open all year daily & BHs
This fantastic course offers a mixture of heathland and links with beautiful scenery.

EAT AND DRINK
Royal Sportsman Hotel ⊛⊛
royalsportsman.co.uk
131 High Street, LL49 9HB
01766 512015
Built as a coaching inn in 1862, this unpretentious family-run hotel has been thoroughly updated.
The stone and slate fireplaces are still in place in the lounge and bar, while the kitchen is committed to using fresh Welsh produce. Perfectly roast scallops are joined in a starter by cauliflower done three ways (couscous, purée and tempura). Main courses can seem a tad more traditional, such as fillet of beef with potato terrine, kale and mushroom purée. Desserts show a high level of skill and imagination: limoncello tart, say, or chocolate fondant, its richness cut by ginger and tangerine ice cream.

▶ **PLACES NEARBY**
Criccieth
see page 153

Portmeirion
see page 271

▶ Portmeirion

portmeirion-village.com
LL48 6ER | 01766 770000 | Open Oct–Mar daily 9.30–5.30, Apr–Sep 9.30–7.30

Two miles from Porthmadog on the Llyn Peninsula is Portmeirion, a weird, intriguing yet magical seaside utopia of heavy Italianate influence. You'll either love or hate this Disneyesque village that's completely artificial with no people. Designed by Welsh architect Sir Clough Williams-Ellis in the 1920s, it took more than 50 years to create out of material from abandoned stately homes. Indeed, Clough liked to call it the 'home for fallen buildings'. It was subsequently deemed a conservation area and all the buildings listed.

In reality, Clough's vision wasn't bad. With a strong passion for merging beautiful architecture with nature, he wanted to create a site that didn't defile the surrounding environment. There's no getting away from the fact, however, that it's basically a whimsy – a vision of towers and domes, courtyards and arches. There's multi-coloured houses, many of which are now used as holiday lets, and lots of statues and fountains.

Peacocks also have the run of the streets. Portmeirion pottery, made by Clough's daughter Susan, can also be bought, even though these days it's made in Stoke-on-Trent. The village stands in more than 70 acres of woodlands, and there is even a cemetery for the estate's dogs, started around 1900 by the reclusive old lady from whom Sir Clough bought the estate. It's a touching place, as some of the stories on the headstones can attest, and the tradition of burying much-loved pets here has been continued to this day.

There's nothing real about this place – and that's probably why it's so often used as a film and TV location. In the 1960s the classic television series *The Prisoner* was filmed here and its devotees still make pilgrimages. More recently it became the setting for the popular TV series *Cold Feet*.

▼ Traeth Bach Beach

EAT AND DRINK

Castell Deudraeth ◉

portmeirion-village.com
Portmeirion, LL48 6ER
01766 772400

Portmeirion's designer Sir Clough Williams-Ellis reckoned this castle to be 'the most imposing single building on the estate', and it's easy to see why. It's a textbook essay in Victorian pastiche – a battlemented Gothic castle suited to the era of wing-collars and bustles. Walls covered in paintings by Sir Clough's granddaughter make a refreshing contemporary statement today, and the clean and simple brasserie dishes back it up. Neatly presented smoked duck breast accompanied by glazed cherries and hazelnuts is an assertive opener, perhaps followed by gently cooked salmon with crushed potatoes. Pudding could be a soft-topped apple crumble with salted caramel ice cream. The menus are bilingual – Welsh and English – and the staff is fluent too.

The Hotel Portmeirion ◉◉

portmeirion-village.com
Minffordd, LL48 6ET
01766 770000

The hotel is at the foot of the unique Italianate village, close to the shore, looking over the estuary to Snowdonia beyond. It's a striking place, filled with antiques and artwork. Dishes are well executed and nicely presented without being too flashy. Pan-fried lamb's kidneys appear as a starter with bacon, garlic mash and rich Madeira sauce, and main courses could see pan-fried turbot served up with a cannelloni of crab and an orange and cardamom sauce. Finish with an excellent citrus financier with accompanying caramelised blood oranges and crème fraiche sorbet.

▼ Chantry House

▶ Preseli Hills

These hills may not have the height of Snowdon (see page 299), but what they may lack in stature they more than make up for in mystery and intrigue. Found inland from Fishguard (see page 165) and Newport (see page 253), they comprise the only upland area of the Pembrokeshire Coast National Park (see page 260). At their highest point of Foel Cwmcerwyn, they only reach 1,758 feet (536m) above sea level but are great for walking and fell running. A popular race, the Ras Beca, takes place here each August to commemorate the Rebecca Riots of the 1840s, when men dressed up as women to smash down tollbooths.

These hills are also at the centre of a rich prehistoric landscape. Neolithic tribes lived here long before the 'true' Welsh, the Celts, came from across the sea. Stone tombs lie across the hills, as do hill-forts and standing stones. An ancient track called the Golden Road runs along the hill ridge, passing the stone circle of Bedd Arthur, a site of 13 standing stones in an oval shape.

Most intriguingly of all is the link the Preselis have with Stonehenge in Wiltshire. The rock from which the 31 famous monoliths were carved is an igneous dolerite, exclusive to this region. In fact, it's been pinpointed as coming from the outcrops around Carnmenyn and Carn Goedog at the eastern end of the Preselis. It's thought that the bluestone must have held religious significance for the builders of Stonehenge, and that they somehow transported these four-tonne weights the 240 miles to Wiltshire. No one knows how it was done.

A re-enactment in 2000 by a group of volunteers failed to move a single stone – it slipped from its raft and sank just a few miles into its watery journey down the River Cleddau. Some believe the stones may have been transported by ice age glaciers and dumped in Wiltshire some 12,000 years ago.

EAT AND DRINK

Tafarn Sinc
tafarnsinc.co.uk
Rosebush, Maenclochog,
Clynderwen, SA66 7QU
01437 532214

It's quirky, it's painted red, and has sawdust on the floor. This delightful pub is one of Wales' best. It's the highest licensed pub in Pembrokeshire, set in stunning hilly scenery. Its success today is largely due to the fact it's a Welsh-language pub, albeit a very friendly and welcoming one. It refuses to bow to the 'whims of modernisation' and steadfastly maintains its nostalgic originality. It's full of charm, with old-fashioned furniture and photos. It's also got its own beer – Cwrw Tafarn Sinc – and the food is hearty and delicious.

▶ Prestatyn

This small seaside town, situated on Wales' northeast coast close to the mouth of the River Dee, claims to have a sunny micro-climate all of its own due to being shielded by the mountains. It's famous for its sunny sands and coastline with rolling dunes but it's also very handy for walking. Depending which way you look at it, it's at the start or end of the Offa's Dyke Path (see page 257). Not only this, but it features the North Wales Path, Clwydian Way and the recently launched Dee Way. The area is rich in history and the surrounding countryside offers walks in Areas of Outstanding Natural Beauty, nature reserves and a Site of Special Scientific Interest (SSSI). The town has also been awarded the 'Walkers are Welcome' accreditation – meaning it's an attractive destination, offering top-quality information on local walks and its footpaths are well maintained.

The town itself grew up largely as a fishing village before booming in the 19th and 20th centuries with the arrival of the railways and holidaymakers. It became a hotspot to visit when city-dwelling Victorians decided that there was nothing healthier than a swim in Prestatyn's clean waters and brisk stroll along the promenade. This sunny reputation was so strong that it even got the attention of poet Philip Larkin. In the 1960s he penned a poem called *Sunny Prestatyn*, about a poster that gradually gets vandalized.

In 2003 the town saw the launching of Britain's first major offshore wind farm, five miles off the coast. It now comprises around 30 wind turbines, with a maximum capacity of 60 megawatts – enough to power 40,000 homes if it was sustained. The town has also produced a few famous people – notably John Prescott and maths brainbox Carol Vorderman.

HIT THE BEACH
Enjoy Prestatyn Beach's four-mile stretch of sand.

SADDLE UP
Bridlewood Riding Centre
bridlewood.co.uk
Ty'n-y-Morfa, CH8 9JN
01745 888922
This fantastic riding centre aims to provide a completely safe riding environment so visitors can relax and take in the beautiful scenery and surroundings from the saddle of a horse.

PLAY A ROUND
St Melyd Golf Club and Prestatyn Golf Club both offer great courses and superb views during play.

St Melyd Golf Club
stmelydgolf.co.uk
The Paddock, Meliden Road, LL19 8NB | 01745 854405
Open Mon–Fri, Sun & BHs

Prestatyn Golf Club
prestatyngolfclub.co.uk
Marine Road East, LL19 7HS
01745 854320 | Open Mon–Fri
& Sun except BHs

EAT AND DRINK
The Pendre Coffee Shop
214a High Street, Prestatyn,
LL19 9BP | 01745 853365
Found near the top of the High
Street, this cafe does a mean
hot chocolate complete with
marshmallows and lashings of
cream. It also serves toasted
sandwiches with small salads
and jacket potatoes, just right
for a weekday lunch.

The Red Lion Inn
theredlionmeliden.co.uk
4 Ffordd Talargoch, Meliden,
LL19 8LA | 01745 852565
Located in the village of
Meliden on the outskirts of
Prestatyn, this is a 220-year-old
free house. For those into their
beer, there's a great selection
here. The food is home-cooked
and delicious. The restaurant is
small and friendly and popular
with locals (you may not get
a table). Gleaming brass
ornaments are everywhere and
all this adds up to the fact that
this is truly an unspoiled and
traditional boozer.

▶ Pumlumon Fawr

One of the three great mountains of Wales, Pumlumon Fawr,
at 2,467 feet (752m), lacks the imposing appearance of
Snowdon and Cadair Idris only because it rises from almost
uniformly high ground. But, as the source of three great Welsh
rivers – the Severn, the Wye and the Rheidol – its importance
shouldn't be ignored.

Its boggy and mainly featureless slopes show signs of
previous industry, such as the remains of lead and silver
mines. The easiest approach up to the undistinguished summit
is from Eisteddfa Gurig Farm on the A44, between Ponterwyd
and Llangurig.

▶ Pwllheli

Situated 13 miles from Porthmadog (see page 268) and 21
miles from Caernarfon (see page 111), this is the Llyn
Peninsula's largest town and official capital. It grew up around
its harbour, through which wines from the Continent were
imported, but swiftly became a haven for smugglers and
pirates. Pwllheli also developed as one of the main fishing and
shipbuilding centres in north Wales, often having 30 ships in
production at the same time. The arrival of the railways in the
town allowed it to develop further.

Now Pwllheli is bustling and cheery, its narrow streets
boasting many independent shops, boutiques, traditional pubs,

award-winning chippies and tacky souvenir shops selling seaside rock. There's an open-air market in the main square every Wednesday and Sunday in summer, and a cinema and leisure centre for when the weather's bad. With some 400 berths, Pwllheli Marina is considered one of the best in Britain and is designated a European Centre of Excellence for sailing.

Then, of course, there are the beaches. Handily, they are mainly south facing. They've also been awarded the prestigious European Blue Flag Award. Closest to the marina is Glan y Mor, which is sandy and sheltered, while further away is South Beach – mainly shingle and pebble with a play area and skate park nearby.

Owing to the town's location at the entrance to the peninsula, it's an ideal base from which to explore this northwest corner of Wales. If you're into walking, try the Llyn Coastal Path, some 91 miles long, extending from nearby Porthmadog to Caernarfon on the north coast of the peninsula. Now it forms part of the new Wales Coastal Path, which runs 870 miles around the whole Welsh coast.

▼ The promenade of Pwllheli

WALK THE HIGH ROPES
Ropeworks
ropeworks.co.uk
Hafan y Môr, Chwilog, Pwllheli,
LL53 6HX | 01766 819187
Go climbing on high wires,
aerial crossings and giant
swings; there's even a
climbing wall for the
under-eights.

EXPLORE THE DEPTHS
Shearwater Coastal Cruises and Dive Chartering
shearwatercruises.com
The Marine Centre, Pwllheli,
LL53 7PD | 01758 740899
This a great outfit offering a
range of cruises and diving
expeditions.

PLAY A ROUND
Nefyn and District Golf Club
nefyn-golf-club.co.uk
L53 6DA | 01758 720966
Opening times vary; contact
club for details
Golf in a truly spectacular
clifftop setting. There are 28
holes, divided into 'new' and
'old' courses.

Pwllheli Golf Club
clwbgolffpwllheli.com
Golf Road, LL53 5PS
01758 701644
Open daily all year
Easy walking on this flat
seaside course. There are
outstanding views of Snowdon,
Cader Idris and Cardigan Bay.

EAT AND DRINK

Lion Hotel

lionhoteltudweiliog.co.uk
Tudweiliog, LL53 8ND
01758 770244

Standing at a tangent to the road, beyond a garden with tables and chairs, the 300-year-old Lion Hotel is a real treat. The bar features an extensive list of whiskies, alongside real ales from Big Bog, Cwrw Llyn and Purple Moose breweries, all Welsh of course. Typical pub meals might include spare ribs in barbecue sauce, lamb or chicken balti, or mushroom crumble. Ample parking and a play area for children both help to make it popular with the many families holidaying in the area.

Plas Bodegroes ◉◉

bodegroes.co.uk
Nefyn Road, LL53 5TH
01758 612363

Open since 1986, it's easy to see why the business has been going strong for so long. The white-painted Georgian manor is full of charm and surrounded by stunning gardens brimming with beautiful flowers. Add to that some luxuriously furnished accommodation, a friendly vibe and top-notch cooking in the modern but elegant restaurant and all the bases are covered. For the modern British menu, ingredients are sourced locally, with as many as possible of the herbs, fruits and vegetables picked fresh from the garden. Everything (including the excellent breads) is made in-house. Flavour combinations are well considered, as in a starter of crispy smoked pork cheek with black pudding, Scotch egg and spiced lentil dressing. Fabulous Welsh mountain lamb makes an appearance as a main course with a pea and mint jus. For dessert it could be a toss up between lemon curd parfait with Eton Mess or plum tart with plum ripple ice cream.

Ty Coch Inn

tycoch.co.uk
Porthdinllaen, Morfa Nefyn,
LL53 6DB | 01758 720498

One of Wales' most famous pubs, and arguably one of the best beachside bars in the world, Ty Coch Inn (Red House) has a great atmosphere and a truly wonderful beachfront position, with views across the Irish Sea. Light meals include mussels in garlic butter served with a green salad. Tea and coffee are also available. The pub was featured in the 2006 Demi Moore film *Half Light*. Check the website for a peep through its popular webcam.

▶ **PLACES NEARBY**

Llanbedrog Beach
Owned by the National Trust, this is a long sandy beach west of Pwllheli – sheltered and beautiful.

Penarth Fawr Medieval House
cadw.wales.gov.uk
Chwilog, LL53 6PR
01443 336000
Open all year daily 10–5

A picturesque, well-preserved 15th-century hall-house with an impressive timber roof and aisle-truss. May have been built by Madoc of Penarth in 1416.

▶ Red Wharf Bay

On the east coast of Anglesey, north of Beaumaris and lying between the villages of Pentraeth and Benllech, is this wide and sandy bay. It may be simply a bay and nothing else but as an Area of Outstanding Natural Beauty, it draws the crowds.

Each year its sailing club races in a competition from Beaumaris in the south to Traeth Bychan in the north. The race over 14 miles up the Menai Strait and down the Anglesey coast is an exhilarating sail and all the locals turn out to watch.

HIT THE BEACH
Red Wharf Bay is a sand, mud and cobble beach, ideal for walks.

GET ON THE WATER
Red Wharf Bay Sailing and Watersports Club
redwharfbaysc.co.uk
Traeth Bychan, Marianglas, LL73 8PN | 01248 853754

EAT AND DRINK
The Ship Inn
shipinnredwharfbay.co.uk
LL75 8RJ | 01248 852568
Wading birds flock here to feed on the extensive sands of Red Wharf Bay, making The Ship Inn's waterside beer garden a birder's paradise on warm days. The pub faces east, is sheltered from prevailing winds and catches the morning and afternoon sun perfectly. Before the age of steam, sailing ships landed cargoes here from all over the world. Now the boats bring fresh Conwy Bay fish and seafood to the kitchens of this traditional free house.

Real ales are carefully tended and a single menu applies to both bars and restaurant. A typical starter might be a charred bundle of asparagus with a balsamic and honey dressing. Move on to bangers and mash with onion gravy. Other options include lunchtime sandwiches and wraps and a separate children's menu.

▶ Rhandirmwyn

Once an important lead-mining village, Rhandirmwyn lies in the valley of the Upper Tywi, nine miles north of Llandovery in Carmarthenshire. Indeed, its name makes reference to its historic industry – *rhandir* means an area of land and *mwyn* means mineral. For those who like to play on words, however, *mwyn* has another meaning – that of 'gentle'. In reality, it could mean either – mineral land or gentle land for both are true.

This is a real haven for those who like riverside walks, angling and bird-spotting. Two bird reserves are set scenically among the riverside crags. A short distance upstream, where the River Doethie meets the River Pysgotwr, is one of the wildest gorges in mid-Wales. Just a few miles north of Rhandirmwyn, along winding country lanes, is Llyn Brianne Reservoir, surrounded by plantations of spruce and larch.

GET OUTDOORS

RSPB Nature Reserve Gwenffrwd-Dinas

rspb.org.uk
10 miles north of Llandovery on the minor road to Llyn Brianne | 01654 700222 | Open dawn to dusk. Allow 2hrs to complete the trail circuit
This RSPB reserve consists of a nature trail leading through a large wetland area, oak woodland and then the steep slopes of Dinas. There's a cave in the crags here, where Twm Sion Catti, the Welsh Robin Hood, used to hide from his enemies. Red kites can often be seen soaring above the trees, and in summer you might also see dippers, pied flycatchers, common sandpipers and grey wagtails.

▶ Rhayader

Rhayader's full Welsh name is Rhaeadr Gwy, meaning 'waterfall on the Wye'. Unfortunately – as is the way things go at times – that particular waterfall was blown up in 1780 to make way for the bridge over the river. Situated at a natural crossroads between east and west, north and south, Rhayader has long been a stop-off for travellers. The Romans had a camp nearby in the Elan Valley. Monks travelling between Strata Florida Abbey – an ancient sacred spot near Aberystwyth (see page 304) – and Abbeycwmhir Monastery in Powys also used it as a resting place. So too did drovers taking their livestock to far off markets and returning with goods and news.

Today the historic market town is fairly small and uneventful – the action revolves around a large war memorial clock, standing above a central crossroads – although it is set among some beautiful mid-Wales scenery. Agriculture still plays an important role, as witnessed by the busy weekly livestock markets. Walkers tackling the 136-mile Wye Valley Walk or the hills in the Elan Valley may find reason to stop here. It's also close to great mountain-biking trails and red kite feeding stations.

VISIT THE MUSEUM
CARAD (Rhayader's Community Arts and Heritage Centre)
carad.org.uk
East Street, LD6 5ER
01597 810192 | Open Easter–Oct Tue–Sun 10–6, Nov–Easter 2–4

Half gallery, half museum, this centre aims to showcase the best of Rhayader, its history and the surrounding environment. As well as revolving exhibitions it is host to an array of activities, from circus skills and shadow puppetry to sewing and willow weaving. It is also the venue for live events such as jazz evenings. There's a gallery shop too, selling the eminently collectable creations of local artists and craftworkers.

MEET THE BIRDS
Gigrin Farm Red Kite Feeding Station
gigrin.co.uk
South Street, LD6 5BL
01597 810243 | Open all year daily 9–6

Gigrin Farm, an upland sheep farm on the A470 nearly a mile south of Rhayader, is an official RSPB feeding station for red kites. Thankfully these creatures have been brought back from the brink of extinction and are now flourishing in this area. Feeding time is a spectacle, with the kites and buzzards swooping down at break-neck speed to foil smaller birds, such as crows. The number of kites visiting the feeding station can vary from a dozen to around 400 or so. Feeding the birds is good to watch, and takes place every afternoon, currently at 3pm.

GET OUTDOORS
Gilfach Nature Discovery Centre and Reserve
rwtwales.org
St Harmon, LD6 5LF
01597 823298 | Reserve open all year daily; Visitor Centre and Nature; Discovery Centre open Easter–Sep Sat–Sun, BHs and school holidays

Situated in the Cambrian Mountains, Gilfach is special due to its wide variety of habitats, ranging from high moorland to enclosed meadow, oak woodland to rocky upland river. The reserve supports a tremendous abundance of plants and animals within a relatively small area. You can take a number of planned walks – including the Nature Trail, the Monks Trod Trail and the Oakwood Path. The Nature Discovery Centre offers the opportunity to learn about the various habitats and wildlife. It also features footage from cameras hidden in nestboxes, and games and quizzes.

PLAY A ROUND
St Idloes Golf Club
stidloesgolfclub.co.uk
Trefeglwys Road, Llanidloes, SY18 6LG | 01686 412559
Opening times vary

Located 14 miles north of Rhayader, St Idloes offers golf for all ages, including infants.

▶ Rhondda Heritage Park

rhonddaheritagepark.com

Coed Cae Road, Trehafod, near Pontypridd, CF37 2NP | 01443 682036

Open all year daily 9–4.30; closed Mon in winter

Northwest of Cardiff lies the valleys associated forever with the coal-mining industry. Among them, Rhondda is probably the most famous. Its last pit closed in 1990, changing the face of the area forever, but this heritage parks pays homage to the Rhondda's history and workforce. Based at the former Lewis Merthyr Colliery, which closed in 1983, this heritage park evokes the sounds, smells and sights of what life was like in a working coal mine.

The underground tour, led by ex-miners, vividly recreates working conditions on a shift – there is even a simulated explosion. The multimedia exhibition Black Gold uses the lives of a real miner and his predecessors to illustrate the Rhondda's coal industry from the 1850s, and there are displays about the mining valley communities. A multimedia display explores the daily life for miners and their families. There's also a contemporary art gallery and cafe, with views over the Rhondda Valleys. It houses an ever-changing programme of exhibitions, exclusive artworks, ceramics and jewellery.

For children of all ages there is the Energy Zone play area (Easter–Sep).

▶ Rhosneigr

Located on Anglesey, seven miles southeast of Holyhead (see page 184), lies the lovely little village of Rhosneigr. There's no doubt about it, it's a popular holiday spot. The village contains four caravan sites, three campsites and lots of holiday homes. In fact, this is the most expensive place to purchase a house on Anglesey, the prices driven up by second homes.

The village itself is tiny – just a handful of shops and pubs, and Anglesey Golf Club. Beyond this are the beaches that makes this village so very attractive. They're ideal for swimming, surfing, windsurfing, kite surfing, wakeboarding, shore and boat fishing and water skiing.

HIT THE BEACH

Town Beach is safe, sandy and close to the shops, restaurants and amenities of the village. Broad Beach is a regular Green Coast Award winner ideal for canoeing, surfing and walking.

GO FISHING

Llyn Maelog

01407 810136

Go freshwater fishing in this SSSI lake of around 65 acres with good stocks, including perch, bream and pike.

PLAY A ROUND

Anglesey Golf Club
theangleseygolfclub.co.uk
Station Road, LL64 5QX
01407 811127 | Opening times vary
An 18-hole links course, with sandy soil giving exceptional drainage.

EAT AND DRINK

The Oyster Catcher
oystercatcheranglesey.co.uk
Maelog Lake, LL64 5JP
01407 812829
This is not just a wonderful restaurant, it's also a chefs' academy and social enterprise scheme, inspired by Jamie Oliver's Fifteen. It's all housed in a stunning, glass-fronted, environmentally friendly property. Cadets are trained – with many of them taken on full-time at the restaurant. All profits are put back to train, mentor and support yet more cadets, employing local young people and teaching valuable skills. All this is helped by the fact that the food is modern and delicious, and service is excellent.

▶ Rhossili

Pick up any tourist information brochure of the Gower (see page 170), and chances are there will be a photo of Rhossili on the front. At the western end of the peninsula facing Carmarthen Bay, this beach is the pride of Gower – a perfect, gently arching sandy bay flanked by the 250-foot sandstone cliffs and steep grassy flanks of Rhossili Down. On top there's a bridleway and the updraughts make it a popular spot for hang-gliders and paragliders. On the summit are the Sweyne's Howes burial chambers and Iron Age earthworks.

On the beach, as the breeze is often up, the waves are usually ideal for surfers and bodyboarders. It also has, like most of the coast, huge tidal ranges. Each day the high tide makes islands out of the tiny outcrop of Burry Holms in the north and the one-mile long rocky spit of Worms Head in the south. This most westerly extremity takes its name from the Old English 'orme' meaning 'dragon' or 'serpent'.

The long ridge is a treacherous route across slippery rocks, which should only be attempted by the sure-footed, and then only at low tide. There's basically a four-hour window of opportunity to get across and back. Make sure you don't get too distracted by the seals lying around the rocks, or the puffins during their nesting season of April to July. You don't want to be rescued – although a young Dylan Thomas was once, writing about it in the story *Who Do You Wish Was With Us?* from *Portrait of the Artist as a Young Dog*. More information is available from the National Trust Visitor Centre at Rhossili.

At low tide you can see the ghostly wooden skeleton of the *Helvetia*, a Norwegian barque driven ashore by gales in 1887 and now lodged in the middle of the beach.

This area is all about the beach. Rhossili village itself has just one large hotel and a National Trust information centre. A large car park gives access to the long beach and Worms Head.

LEARN TO SURF

Sam's Surf Shack
samssurfshack.com
SA3 1PL | 01792 390519
Open all year daily from 10am
Just a short walk from the beach you'll find everything you need to hit the beach in style, as well as surf lessons and equipment hire.

EAT AND DRINK

The Bay Bistro and Coffee House
SA3 1PL | thebaybistro.co.uk
01792 390519

This is a bustling sea cafe with good vibrations and jaw-dropping views. A day on the beach makes anything taste good but the hot chocolate, laver bread burger and baked Camembert truly are delicious. There are great cream teas and cakes too. Evening meals include the freshest local fish.

▶ **PLACES NEARBY**

Gower Peninsula
see page 170

5 top beaches

▶ **Barafundle Bay,** Pembrokeshire
page 99

▶ **Rhossili Bay,** Swansea
page 283

▶ **Three Cliffs Bay,** Swansea
page 170

▶ **Tywyn Beach,** Gwynedd
page 65

▶ **Barmouth Beach,** Gwynedd
page 83

▼ Worms Head, Rhossili

▶ Rhyl

The seaside resort of Rhyl, four miles west of sunny Prestatyn (see page 274) on Wales' north coast, was made popular by the Victorians. Found at the mouth of the River Clwyd, it's quite substantial in size, having a population of roughly 25,000, many originally from Liverpool and Manchester who came during and after World War II to escape the bombs. It has wall-to-wall caravan parks, a pleasure beach, plenty of kiss-me-quick hats and a water park for rainy days.

There's no mistaking the fact that the town has faded since its heyday, but regeneration projects, largely funded by the European Union, are under way. Projects include an £85 million Ocean Plaza complex, an overhaul of the promenade and the reopening of the town's miniature railway around the Marine Lake.

ENTERTAIN THE FAMILY
Sun Centre
www.rhylsuncentre.co.uk
East Parade, LL18 3AQ
01745 344433 | Opening times vary; call or check website for timetable
An indoor tropical water park, designed to keep kids of all ages happy for hours – a great standby for rainy days.

MEET THE SEALIFE
SeaQuarium
seaquarium.co.uk
East Parade, LL18 3AF
01745 344660 | Open all year daily 10–6
With its open seafront location, this aquarium feels like it's actually part of the ocean. Its nine different zones feature species from around the world. There's the wonderful world of jellyfish, plus an outdoor SeaLion Cove where you can meet and greet delightful harbour seals. A superb glass exhibit gives great underwater views of their acrobatics in their 33,000-gallon pool.

HIT THE BEACH
The beach at Rhyl has three miles of sand that are great for families.

PLAY A ROUND
Rhyl Golf Club
rhylgolfclub.co.uk
Coast Road, LL18 3RE
01745 353171 | Open all year daily and Bank Holidays
A flat links course with challenging holes at this 125-year-old club.

EAT AND DRINK
The Rhyl Bistro
rhylbistro.co.uk
215 Wellington Road, LL18 1LR
01745 344333
This stylish and friendly bistro tries to cater for all occasions. Food includes Thai smoked salmon fishcakes, deep-fried tempura prawns or homemade chicken liver paté – all is of high quality. It's popular with the tourists and locals, who frequently come in large groups for special occasions.

▶ PLACES NEARBY

Rhuddlan Castle

cadw.wales.gov.uk

LL18 5AD | 01745 590777

Open Apr–Oct daily 10–5; Nov–Mar times vary; call or check website for details

This concentric castle built by Edward I now stands uncomfortably next to a modern housing development. Its once-powerful round towers are crumbling, as time has eaten away at their roofless tops. Yet Rhuddlan was a vital part of Edward I's campaign in Wales and was designed by master castle-builder James of St George. Indeed, it was here that the Statute of Rhuddlan, also known as the Statute of Wales, was issued in March 1284, proclaiming Edward's dominance over the defeated country. This statute lasted until the Act of Union in 1536.

Rhuddlan Castle is diamond-shaped, with towers at each corner, and has two sets of outer walls. It also has its own dock tower. The building of the castle in its present location necessitated a great feat of military engineering. The site was already historically important owing to being on a ford over the River Clwyd. Edward wanted his new castle to have access to the sea, so that boats might supply it with vital provisions, but the Clwyd was a shallow river that meandered lazily towards the sea. Edward cut a new channel – deeper and straighter than the natural one – and 700 years later it still follows this course.

The castle was badly damaged by Parliamentarian forces in 1646 and has been in ruins ever since those days.

Bodrhyddan Hall

bodrhyddan.co.uk

Clwyd, LL18 5SB | 01745 590414

Open Jun–Sep afternoons; call or check website for details

Only a few miles from the north Wales coast, near Abergele, is Bodrhyddan Hall, the home of Lord Langford and his family. Set in its own parkland, it was built by Welsh landowner Sir Henry Conwy in 1700 although the house does contain remnants of a previous 15th-century building, which stood on the same spot. The new house has two storeys and a great hall as its central feature. Towards the end of the 18th century, a lavish dining room was added, then the house was extended still further with the addition of picturesque wings at each end, making the new main entrance, designed in Queen Anne revival style, face west, with a mile-long drive running down towards Rhuddlan.

Rhuddlan Golf Club

rhuddlangolfclub.co.uk

Meliden Road, LL18 6LB

01745 590217

Open Mon–Sat & BHs

An attractive, undulating parkland course with good views.

St Brides Bay

see **Haverfordwest & St Brides Bay,** page 178

St Davids

Set on a windswept plateau, St Davids (note the lack of apostrophe) is Britain's smallest city – granted the status due to its holy stature based around its magnificent 12th-century cathedral. St David, Wales' patron saint, is buried here and the site has been a place of pilgrimage for more than 1,500 years. In the 12th century, it was believed that two visits to St Davids were the equivalent of one to Rome, and the cathedral has been plagued since then.

You don't have to be religious to enjoy this place though. Today, thousands come for the pretty town with its buzzing but laidback vibe, and great links to coastal areas.

TAKE IN SOME HISTORY

St Davids Bishop's Palace

cadw.wales.gov.uk

SA62 6PE | 01437 720517

Open Mar–Jun, Sep–Oct daily 9.30–5, Jul–Aug daily 9.30–6, Nov–Feb Mon–Sat 10–4, Sun 11–4

These extensive and impressive ruins are all that remain of the principal residence of the Bishops of St Davids. The palace shares a quiet valley with the cathedral, which was almost certainly built on the site of a monastery founded in the 6th century by St David. There are two permanent exhibitions: the Lords of the Palace and Life in the Palace of a Prince of the Church.

St Davids Cathedral

stdavidscathedral.org.uk

The Close, SA62 6PE

01437 720202 | Open all year Mon–Sat 8.30–5, Sun 1–5

Begun in 1181 on the reputed site of St Davids sixth-century monastic settlement, the present building was altered between the 12th to the 14th centuries and again in the 16th. The ceilings of oak, painted wood and stone vaulting are of considerable interest. The medieval Shrine of St David, a focus for pilgrimage since the 12th century, was restored in 2012 and now contains five new icons depicting local saints, together with a painted canopy. Guided tours of the catherdral are available. For around nine days in May and June each year, St Davids Cathedral holds a festival of classical music. St Davids' three cathedral choirs attend, as well as many top musicians from around the world.

HIT THE BEACH

Whitesands Bay is one of the best surfing beaches in Pembrokeshire and one of the best tourist beaches in the world.

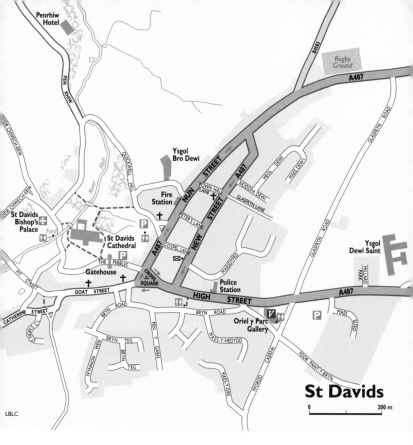

GET ACTIVE
TYF
tyf.com
High Street, SA62 6SA
01437 721611
A great operation offering
coasteering, climbing and
kayaking for those looking to
add a little excitement and
adventure to their lives.

TAKE A BOAT TRIP
Thousand Island Expeditions
thousandislands.co.uk
Cross Square, SA62 6SL
01437 721721
Thousand Island Expeditions
offers family adventure boat
trips across to the RSPB
reserve at Ramsey Island.

EAT AND DRINK
Cwtch ⊛
cwtchrestaurant.co.uk
22 High Street, SA62 6SD
01437 720491
Pronounced 'cutsh', this
evocative Welsh word means
'snug' and 'cosy'. The
restaurant lives up to its name
too, with three small dining
rooms with whitewashed stone
walls, sturdy cross beams
and a mini-library of foodie
books for diners to leaf
through. The cooking takes a
similarly restrained approach,
leaving Pembrokeshire
produce to do the talking
without unwelcome
interference from trendy ideas.

It's clearly a formula that works, as the local following is loyal and keen for more: the place now opens for lunch, when soul-soothing Welsh lamb cawl is served with Caerfai Cheddar and granary bread. Turn up in the evening, and you might trade up to pan-fried sea bass, cockles and samphire, and round things off with puddings that fly the Welsh dragon, such as sticky toffee bara brith pudding with vanilla ice cream.

▶ **PLACES NEARBY**

Ramsey Island
rspb.org.uk
07836 535733
Open Apr–Oct daily 10–4
Located a mile off the coast, this island is an RSPB reserve and SAC (Special Area of Conservation) surrounded by nutrient rich waters which provide a sanctuary to a wide range of wildlife. Whether your passion is whales and dolphins, sea birds, rocks and gorges or just stunning scenery, this is a good place to visit. The cliffs are up to 394 feet high, the perfect place for breeding seabirds in spring and early summer. The island is awash with colour from May to September, with bluebells, then pink thrift and purple heather. You might see choughs and peregrines nesting on the cliffs. Chances are that if you visit in the autumn, you'll see a colony of breeding grey seals. There is a small shop on the island and refreshments are available.

Get here by one of these companies:
ramseyisland.co.uk
thousandislands.co.uk
aquaphobia-ramseyisland.co.uk

▼ Looking towards Ramsey Island

The Shed ⊛

theshedporthgain.co.uk
Porthgain, SA62 5BN
01348 831518

The Shed is situated right on the harbourside of this tiny village, tucked away within the confines of the Pembrokeshire Coast National Park. It's a friendly, relaxed and informal place and, as its name implies, simply decorated and furnished. The daily deliveries of super-fresh fish and shellfish are the main attraction for diners, alongside the self-assured cooking. Timings are spot on, whatever the cooking medium, and the sauces and seasonings are always a well-considered match for the main component, with nothing too over the top – a delightful place for a special evening meal.

The Sloop Inn

sloop.co.uk
Porthgain, SA62 5BN
01348 831449

Possibly the most famous pub on the north Pembrokeshire coast, The Sloop Inn is located in beautiful quarrying village of Porthgain. It's particularly enticing on a cold winter's day. The walls and ceilings are covered with pictures and memorabilia from nearby shipwrecks. The harbour is less than 300 feet from the door and there is a village green to the front and a large south-facing patio. The bar is well equipped – with ales such as Felinfoel and Greene King IPA on the pump – and a varied menu includes breakfasts, snacks, pub favourites, steaks and freshly caught fish.

▶ St Dogmaels

Just across the River Teifi from Cardigan, on Wales' west coast, this delightful village runs steeply up a hill, offering wonderful views of the Teifi Estuary. It's extremely pretty and well kept, with colourful terrace houses, upmarket B&Bs, a great chip shop and riverside pub. It's also where the Pembrokeshire Coastal Path ends, and where the Ceredigion Path begins. Tucked away are the most stunning Benedictine abbey and stylish new visitor centre.

This spiritual and cultural powerhouse was built and founded in the early 12th century for a prior and 12 monks. The building is mostly in ruins, but extensive walls and arches remain. Among the most important remains that can be seen in the adjoining 19th-century parish church is the Sagranus Stone, a seven-foot pillar inscribed in both Latin and Ogham lettering, which helped scholars to decipher this mysterious script from the Dark Ages.

Just beyond the village are the beautiful and extensive Poppit Sands, which lead up to the wild cliffscape of Cemaes Head.

TAKE IN SOME HISTORY

St Dogmaels Abbey and Coach House Visitor Centre

welshabbey.org.uk

Shingrig, SA43 3DX | 01239 615389

Open Mon–Sat 10–4, Sun 11–3

Learn about the abbey at the coach house next door, now converted into a delightful visitor centre. It tells the story of the medieval Tironensian (Benedictine) abbey, holds craft fairs and medieval fun days and a local produce market on Tuesdays. There's also a small cafe and gallery showcasing local art. It has helped regenerate this lively, friendly community and is a great place to visit.

VISIT THE GALLERY

The Lemon Tree Tea Rooms and Gallery

Norwood, High Street, SA43 3EJ

01239 615321 | Opening times vary; call for details

This is a lovely small gallery showcasing the art and crafts of local artisans. The cafe is on the small and simple side but serves perfectly adequate and delicious snacks and light meals. The homemade soups are particularly hearty on a winter's day.

ENTERTAIN THE FAMILY

Go crabbing off the jetty – the perfect way to entertain kids and grown-ups.

HIT THE BEACH

Charmingly named Poppit Sands is a marvellous beach banked by low dunes; there's lots of sand exposed even at high tide and lifeguards in the summer. The local RNLI is stationed here.

EAT AND DRINK

Bowen's Fish and Chip Shop

2 High Street, SA43 3ED

01239 613814

This chip shop does wonderful fish and chips. Be warned, though – the portions aren't off the scale like most chip shops do, so don't share – have your own.

The Ferry Inn

ferry-inn.com

Poppit Road, SA43 3LF

01239 615172

This charming bistro pub sits directly on the Teifi Estuary – any closer and you'd be in it. There's an outdoor decking area and ample seating inside, set in contemporary decor. The food is OK – although more expensive than other locals. In a way, it's a bit like The Harbourmaster further up the coast in Aberaeron, though it hasn't quite reached that standard yet.

Teifi Netpool Inn

teifinetpoolinn.com

SA43 3ET | 01239 612680

With gardens right on the estuary and a play park where you can keep an eye on the kids from a healthy distance, this is a perfect family-friendly holiday pub where you can all relax. Serving good homemade meals, it's slightly off the beaten track and popular with ramblers, cyclists and colourful locals. Known locally just as the Teifi, it has an array of draught beers, ciders and real ales.

▶ PLACES NEARBY
Cardiff
see page 122

Cardigan
see page 137

▶ St Fagans National History Museum
see highlight panel overleaf

▶ St Govan's Chapel

This is one of the real gems of the Pembrokeshire Coast, wedged on sheer cliffs just a stone's throw from crashing waves and camouflaged by rock. Approached by a steep flight of steps down through the cliffs near Bosherston, this tiny chapel is believed to date from the 13th century.

The story goes that it's named after St Govan, an Irish priest who lived in a cave in the cliffs following an incident when he was set upon by thieves. He was saved by the cliffs themselves, which opened up just enough for him to hide in a tiny cave, where he stayed until he was out of danger. The chapel was built on the site where his cave once stood.

The waters from St Govan's well, built just below the chapel but now dried up, were reportedly good for a host of ailments – from sore skin to poor eyesight. A legend says St Govan's body is buried under the chapel's altar. Nearby there's The Bell rock, which is supposed to contain St Govan's silver bell, encased in rock by angels to stop pirates stealing it

Also worth a look are the 50-foot cliffs, which make up this area known as St Govan's Head. They are formidably harsh, dropping into a ferocious sea, and are popular with experienced climbers. Unfortunately, much of the area is under the control of the army's Castlemartin range, so when the roads are closed, the area is out of bounds.

Ten minutes' walk to the west of the chapel lies Huntsman's Leap, also known as Penny's or Adam's Leap, a spectacular gash in the cliffs, which a huntsman is said to have leaped across on horseback during a chase, while further along still is the Green Bridge of Wales or Pen-y-Holt (see page 99), the biggest natural rock arch in the county.

▶ St Tudwal Islands
see **Abersoch & St Tudwal Islands,** page 71

▶ St Fagans National History Museum

www.museumwales.ac.uk

CF5 6XB | 029 2057 3500 | Open daily 10–5

Located a few miles from the centre of Cardiff, St Fagans is Wales' leading open-air museum and its most popular heritage attraction. It stands in the 100-acre grounds of the magnificent St Fagans Castle, a late 16th-century manor house donated to the people of Wales by the Earl of Plymouth – and recreates many lost aspects of Welsh life and culture. Here you'll find a chapel, a farmhouse of timber and stone, a school and a workmen's institute, as well as more than 40 other buildings, which were moved from their original sites and reconstructed here as museum pieces. It's a beast of a site, and you'll need most of a day to enjoy it properly. Highlights include a row of six miners' cottages from Merthyr Tydfil, each one restored and furnished to represent a different period in Welsh history. There's also St Teilos church, which took 20 years to move and reconstruct here. You can see craftspeople at work, making blankets, tools and even cider. There are also native breeds of farm animals – careful of the donkeys, they'll nibble your clothes – and a series of galleries with displays of everyday items covering home life, work, festivals and music. The Welsh language is also celebrated and explained in detail. Be warned – renovations are currently under way, with plans for an improved entrance hall and gallery space.

▲ Saundersfoot

▸ Saundersfoot

Along with neighbouring Tenby (see page 311), this seaside
resort is one of the most popular and visited in Wales. Lying on
Pembrokeshire's south coast in a wooded valley, it grew up
as a fishing village, then boomed as an export port when
anthracite coal was discovered in the area and mines were
built. When the industry faded away in the early 20th century,
the village took advantage of the nearby railway station to
attract tourists from England and eastern Wales.

Today, it has an attractive harbour alongside wonderful
golden sands, with the beach being popular for fishing, sailing
and water sports. It's also making a name for itself as a
gourmet resort, largely due to the high-quality restaurants and
cafes and the local Pembrokeshire produce.

HIT THE BEACH
Saundersfoot Beach is
super accessible, wide,
sandy and has blue-flag
waters, while Glen and
Monkstone beaches are
just a short walk away;
watch out for the razor
clams that spit at you.

EAT AND DRINK
Dragon Palace
dragon-palace.co.uk
Pentlepoir, SA69 9BH
01834 812483
This is a highly regarded
destination restaurant, thought
to be one of the best Chinese
restaurants in Wales. The layout
and decor may not be up to
much, but the food, menu and
service outweigh expectations.

Get hungry for crispy aromatic
duck, smoked shredded chicken
or butterfly prawns in
breadcrumbs. All the food is
fairly priced, making this the
perfect choice for those who
love Chinese food.

St Brides Spa Hotel ⊛
stbridesspahotel.com
St Brides Hill, SA69 9NH
01834 812304
Built to make the very best
of the views out across
Saundersfoot harbour and
Carmarthen Bay, this spa hotel
is a good option in fair weather
or foul. Obviously, there's the
spa to soothe the mind and
body (in 2013, it won Best Day/
Residential Spa at the Welsh
Fashion and Beauty Awards).

But in terms of food there's the Cliff Restaurant, a dining option that's delivering classic dishes based on high-quality regional produce. There's also a bar (the Gallery) with its own menu, and a terrace that is popular in warmer months. You might start with Welsh beef in carpaccio form, marinated in lime, coriander and chilli, followed by a main-course of breast of Gressingham duck with wild garlic mash and finish with orange and cinnamon crème brûlée served with a lemon tuile. The staff are also a big part of the hotel's appeal.

5 top quirky events

▶ **World MTB Chariot Racing Championship**, Llanwrtyd Wells – green-events.co.uk

▶ **The Really Wild Cawl Eating Competition**, Saundersfoot – reallywildfestival.co.uk/ year-round-events

▶ **Welsh Open Stoneskimming Championships**, Llanwrtyd Wells – green-events.co.uk

▶ **Man versus Horse Marathon**, Llanwrtyd Wells – green-events.co.uk

▶ **The Porthcawl Elvis Festival**, Porthcawl – elvies.co.uk

▶ **PLACES NEARBY**

Colby Woodland Garden
nationaltrust.org.uk
SA67 8PP | 01834 811885
Open Feb–Oct daily 10–5
From early spring to the end of June the garden is a blaze of colour, from the masses of daffodils to the rich hues of rhododendrons, azaleas and bluebells. Later, hydrangeas line the shaded walks through the bright colours of summer to the glorious shades of autumn.

Folly Farm Adventure Park and Zoo
folly-farm.co.uk
Begelly, SA68 0XA | 01834 812731
Open all year Mon–Fri 9–5, Sat–Sun 10–5
Folly Farm started as a humble dairy farm but then inspiration struck. After noticing families stopping by the roadside to pet and watch their cattle, the Folly Farm founders decided to spread their wings, and in 1988 Folly Farm was born. The former dairy farm was converted to receive visitors and now guests can stop to visit the cows and see them being milked. Over the last 24 years, 400,000 visitors have enjoyed the exciting and varied attractions each year. From exotic creatures to vintage funfair rides and adventure playgrounds, Folly Farm has something for everyone.

▶ **Skenfrith**
see **Grosmont, Skenfrith & White Castle**, page 173

▶ Skomer & Skokholm Islands

▲ Skomer Island

welshwildlife.org

These two rocky island reserves off the western tip of the Pembrokeshire mainland are one of the richest wildlife sanctuaries in Britain. First and foremost, they are breeding sites for seabirds. With its dark, volcanic cliffs, Skomer – the larger and more famous island – becomes home to 500,000 birds in nesting season, including some 14,000 guillemots, 6,000 breeding pairs of puffins and the world's largest colony of Manx shearwaters – more than 150,000 breeding pairs. Porpoises and dolphins are regular visitors. It's also a site of historical importance due to being isolated and uncultivated, and so archaeological traces from farming in the Bronze and Iron Ages have survived on Skomer for thousands of years. On the cliff tops are the remnants of Bronze and Iron Age farms – small huts, animal pounds, farmsteads and elaborate systems of fields – as well as a standing stone and burial cairns. In the Middle Ages the island was used for grazing cattle, sheep and oxen.

Skokholm, meanwhile, has the first bird observatory built in Britain, founded here in 1933 by naturalist Ronald Lockley, who lived on the island and studied its wildlife. Puffins and the rare Manx shearwaters nest on the island, together with colonies of guillemots, razorbills, storm petrels and about 160 grey seal pups, which are born here each year. It also has a large population of rabbits introduced, it is believed, by the Normans after 1066. Its vegetation is an example of long-term rabbit-managed grassland. Visitors can use accommodation for overnight stays on the island in the summer months; visit the website for more information.

▲ Sunset over Skomer Island from the mainland

TAKE A BOAT TRIP
Dale Sailing Company
pembrokeshire-islands.co.uk
01646 603123
To get here, catch the summer ferry (not Mondays) from Martin's Haven on the headland west of Marloes. Visitor numbers are limited, so go a little out of the main season to avoid disappointment.

▶ PLACES NEARBY
Grassholm
Further offshore, Grassholm is the place to come to if you're a gannet or want to view gannets – there are 39,000 breeding pairs here. Owned by the RSPB, landing is not permitted, although the Dale Sailing Company does a tour round it.